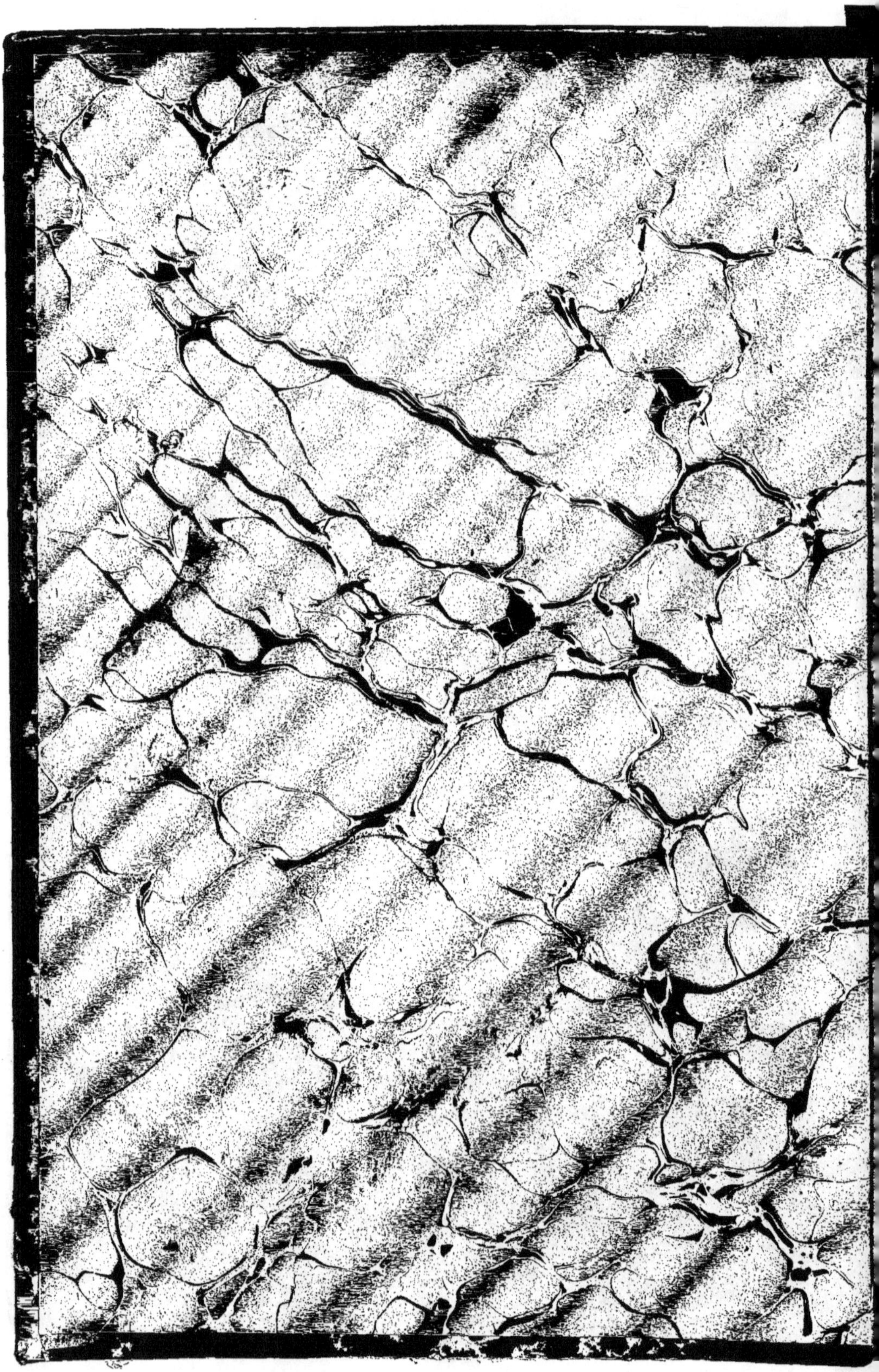

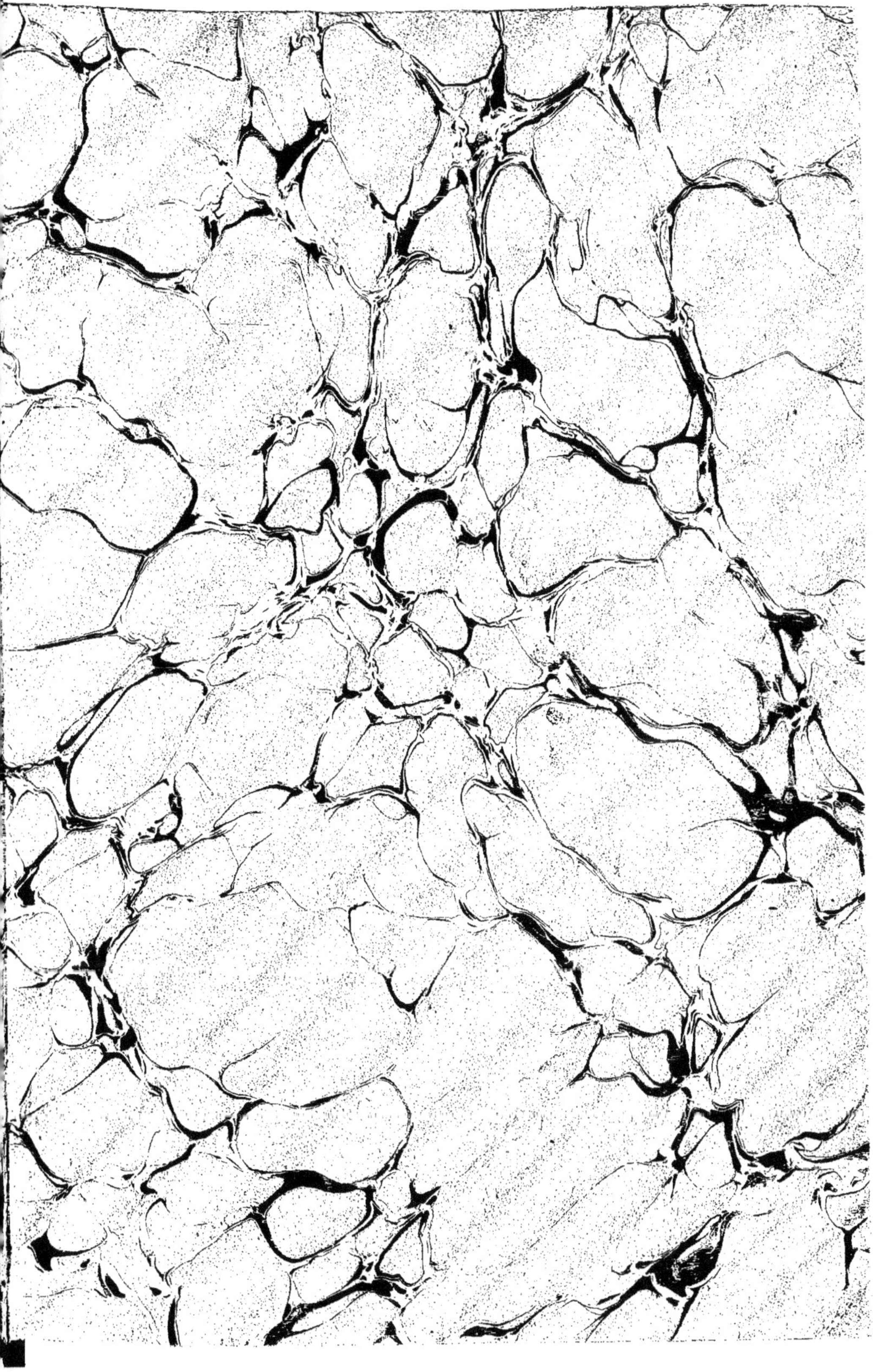

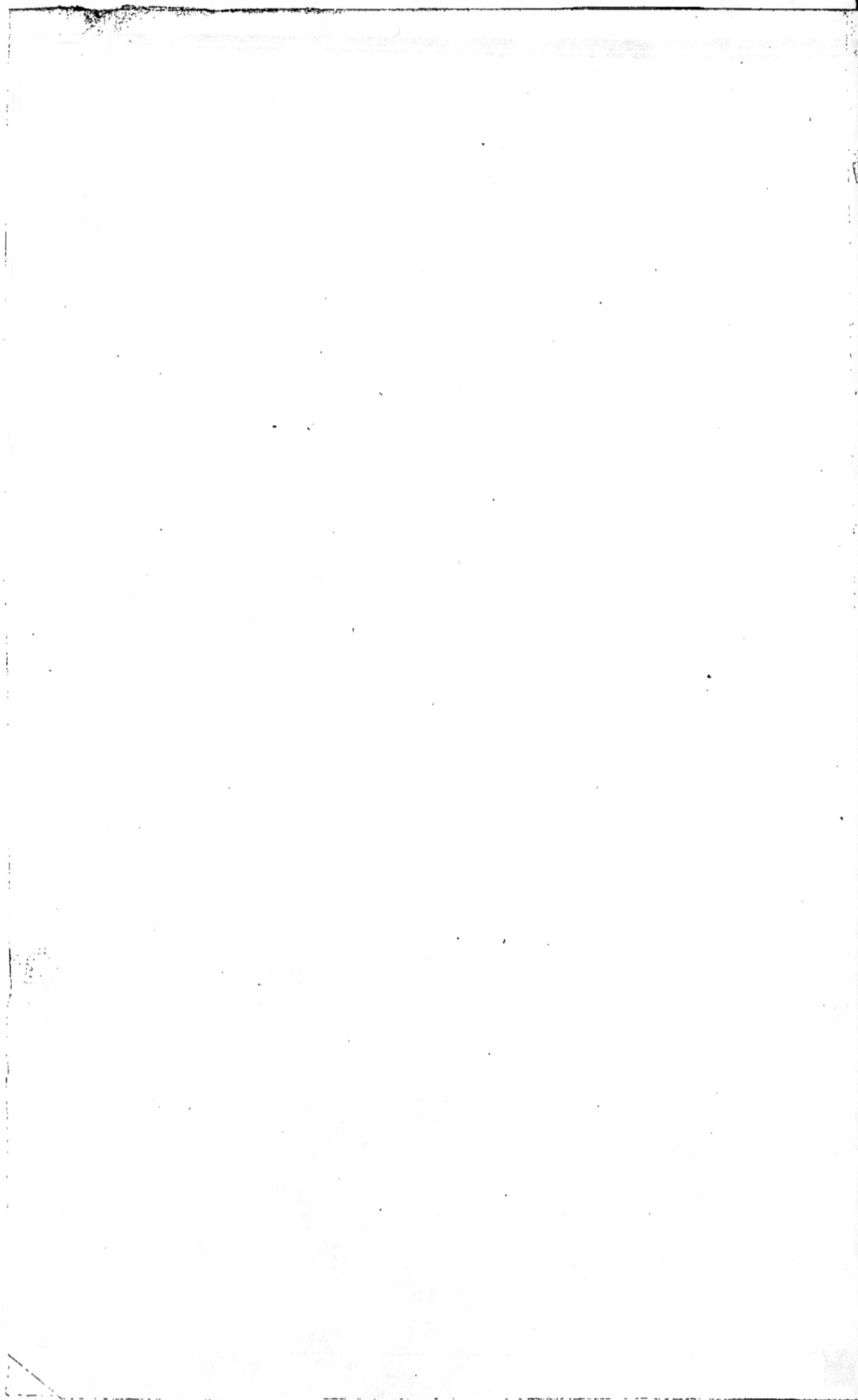

TRAITÉ PRATIQUE

ET

FORMULAIRE

GÉNÉRAL

DU NOTARIAT

DE FRANCE ET D'ALGÉRIE

I

EXPLICATION DE QUELQUES ABRÉVIATIONS.

Rép.	Répertoire général pratique du Notariat.
Cass.	Cassation.
S. 53, I, 425	Sirey, année 1853, 1re partie, p. 425.
S. 54, II, 181	Sirey, année 1854, 2e partie, p. 181.
R. P.	Recueil périodique de l'Enregistrement, par Garnier
J. N.	Journal des Notaires.
R. N.	Revue du Notariat.
Dict. Not. ou D. N.	Dictionnaire du Notariat.
Roll.	Rolland de Villargues.
Zach.	Zachariæ, édition Massé et Vergé.
Demolombe, VI, 441	Demolombe, t. VI, n° 441.
Marcadé, 451, 2	Marcadé, art. 451, n° 2.
Larombière, 1110, 27	Larombière, *Des obligations*, art. 1110, n° 27.
Aubry et Rau, § 357-26 . . .	Aubry et Rau, § 357, renvoi 26.
Demante, III, 130 bis, 1° . . .	Demante, t. III, n° 130 bis, § 1er.
Laurent, V, 223	Laurent, *Principes du Droit civil français*, t. V, n° 223.
Garnier, 1055	Garnier, *Rép. gén. d'Enregistrement*, n° 1055.
Sol.	Solution de l'enregistrement.
Instr.	Instruction de la régie.
Dél.	Délibération de l'enregistrement.

Besançon. — Imprimerie Outhenin-Chalandre fils et Cie.

TRAITÉ PRATIQUE

ET

FORMULAIRE

GÉNÉRAL

DU NOTARIAT

DE FRANCE ET D'ALGÉRIE

SUIVANT UNE

MÉTHODE NOUVELLE

Plaçant la Formule à côté de l'Explication théorique

DIVISÉ EN QUATRE PARTIES

COMPRENANT :

1° LA LÉGISLATION SPÉCIALE AU NOTARIAT
2° LE DROIT CIVIL EXPLIQUÉ SELON L'ORDRE DU CODE CIVIL
3° LE DROIT FISCAL (ENREGISTREMENT et HYPOTHÈQUES)
4° UN TRAITÉ SPÉCIAL SUR LA RESPONSABILITÉ DES NOTAIRES

SIXIÈME ÉDITION

Revue, augmentée et mise au courant : de la Jurisprudence jusqu'au 1er janvier 1881 et de la Législation jusqu'au 1er janvier 1888.

PAR

DEFRÉNOIS

EX - PRINCIPAL CLERC DE NOTAIRE A PARIS

Fondateur et directeur du RÉPERTOIRE GÉNÉRAL PRATIQUE DU NOTARIAT

PREMIER VOLUME

PARIS

ADMINISTRATION

DU RÉPERTOIRE GÉNÉRAL PRATIQUE DU NOTARIAT

40, rue d'Assas, 40

1888

PLAN DE L'OUVRAGE

EXTRAIT DE LA PREMIÈRE ÉDITION.

Nous devons dire à nos lecteurs la pensée qui nous a dirigés en composant cet ouvrage : notre but a été de réunir dans une œuvre unique, d'une étendue modérée, et sous une forme commode, l'ensemble des connaissances théoriques et pratiques qu'il est nécessaire d'acquérir et de posséder pour l'exercice du notariat.

La théorie unie à la pratique : c'est une alliance souvent cherchée, souvent promise, mais rarement réalisée ; et cependant tel est bien le résultat qu'il faut poursuivre aujourd'hui, dans le notariat comme dans les autres professions; l'état général des lumières, l'instruction spéciale qui, dans chaque carrière, se propage et rayonne de plus en plus, en font une indispensable nécessité.

Sans doute les notaires sont des praticiens, c'est-à-dire des hommes vivant et agissant dans le monde des intérêts réels, pratiques, au milieu des affaires de tout genre que suscite incessamment le mouvement des relations sociales, n'ayant aucun besoin de s'égarer dans les nuages de l'abstraction, de sonder les mystères de la métaphysique judiciaire ; mais ils sont, ils veulent être, et ils ont raison de vouloir être des praticiens instruits, en état de remplir avec intelligence les devoirs si complexes de leur profession, sachant découvrir et résoudre les difficultés innombrables que chaque jour leur amène.

Nous sommes loin de l'époque où l'on acceptait comme suffisant un simple recueil de formules ; on a depuis, il est vrai, publié des formulaires avec des explications plus ou moins étendues ; puis, le progrès aidant, des formulaires contenant sur chaque acte un exposé des principes généraux. Nous avons cru que le moment était arrivé d'aller plus loin que nos devanciers, que de simples notes ou exposés ne répondaient plus aux besoins du temps présent, mais qu'il fallait, à côté des formules, donner un traité complet sur toutes les matières du droit.

Pour atteindre ce but, notre ouvrage devait donc revêtir un double caractère, et n'être exclusivement ni un formulaire, ni un traité, mais un traité et un formulaire tout à la fois.

Le traité, c'est la théorie.

Le formulaire, c'est la pratique.

C'est ici que se montre l'incontestable originalité de la méthode que nous avons adoptée : à côté et en regard de chaque formule, de chaque clause, se trouve l'explication théorique, immense avantage qui a pu être apprécié déjà de beaucoup de notaires, et qui nous a valu des encouragements sympathiques.

Non seulement le jeune clerc se trouve ainsi contraint en quelque sorte de se livrer à une étude devenue facile et attrayante, car toute recherche, tout effort lui est évité; son attention est éveillée malgré lui; en jetant les yeux, même par distraction, à côté de la formule qu'il transcrit, sur la même page, il en a l'explication, le fondement légal; si la question est controversée, il trouve, dans un renvoi au bas de la page, le nom des auteurs qui l'ont traitée, la date des arrêts auxquels a donné lieu la controverse; veut-il en faire une étude approfondie, les sources lui sont connues, tous les éléments sont là qui l'invitent au travail.

Mais est-ce donc seulement aux débutants dans la carrière que cette méthode est avantageuse? Les notaires eux-mêmes n'y trouveront-ils pas une précieuse économie de temps? Emportés par le courant des affaires, il ne leur reste guère le loisir de compulser les dictionnaires, les répertoires, les recueils de jurisprudence et encore moins les ouvrages de doctrine. Si dans un seul livre, dans ce simple livre qu'ils appelleront encore leur formulaire, ils sont assurés à l'avance de trouver toutes les solutions possibles, de les trouver instantanément, grâce à des tables faites avec un grand soin, est-ce que pour eux ne se trouvera pas réalisé le livre le plus complet, le plus pratique, le plus utile qu'ils aient pu désirer?

Exagérons-nous en parlant ainsi? C'est le plan de l'ouvrage qui répondra :

Le Traité se compose de quatre parties distinctes, qui auraient pu faire l'objet d'autant de traités spéciaux publiés séparément.

La première partie, intitulée : *Législation du notariat*, comprend l'explication méthodique des lois et règlements qui régissent la profession, comme la loi du 25 ventôse an XI, l'ordonnance royale du 4 janvier 1843, les arrêtés concernant l'Algérie, etc. Dans cette partie on a placé, comme s'y rattachant mieux qu'aux autres, ce qui est relatif à divers actes simples, comme actes de notoriété, certificats de propriété, certificats de vie, etc.

La deuxième partie est un traité complet du *droit civil*, expliqué selon l'ordre du Code civil. Ici quelques observations sont utiles pour faire connaître dans quel esprit ce traité est conçu, ce qui s'y trouve, et ce qu'il n'y faut pas chercher.

En nous conformant à l'ordre adopté par les auteurs du Code civil, nous n'avons pas entendu nous astreindre à les suivre pas à pas, article par article; mais nous avons respecté leur grande et belle division en trois *livres :* 1° des personnes; 2° des choses; 3° des rapports entre les personnes et les choses; ainsi que les divisions secondaires par *titres;* ne cessant même d'observer les subdivisions par *chapitres* et *sections* que pour le besoin des formules qui exigeaient des interversions dans le texte.

Nous avons banni rigoureusement toute dissertation, parce que la concision était pour nous une impérieuse nécessité, et parce que ce que veulent, ce que cherchent avant tout nos lecteurs, ce sont des solutions brièvement données, rapidement obtenues, avec le moyen de les contrôler s'il leur plaît; et c'est cela seulement que nous leur offrons; pour tout ornement de style, nous avons cherché la clarté des idées, la propriété du mot, la concision de la phrase.

Très souvent, avouons-le sans peine, nous nous sommes bornés à reproduire littéralement le texte législatif, sans même y ajouter, à l'exemple de tant d'autres, et sous prétexte de commentaire, une paraphrase inutile et ennuyeuse. Mais, chaque fois que la nécessité s'en est présentée, nous avons dû le développer, le modifier ou l'expliquer, selon que nous le commandaient, soit les règlementations ou les changements résultant des autres Codes ou des lois postérieures, soit les dispositions résultant des lois antérieures encore subsistantes, soit enfin les enseignements fournis par la doctrine et la jurisprudence.

D'autre part, sur chaque question, nous avons mis à contribution les auteurs et les arrêts, et on peut voir, par les notes qui sont au bas des pages, l'abondance et la variété de nos citations.

Ce traité est donc en quelque sorte un Code général de droit civil, refondu dans l'ensemble de la législation, et révisé selon les errements de la jurisprudence la plus récente.

La troisième partie est consacrée au *droit fiscal*, ce qui comprend l'enregistrement et les droits d'hypothèque.

La quatrième et dernière partie contient un traité sur la *responsabilité des notaires*.

Le Formulaire, qui tient dans notre publication une place aussi importante que le

Traité, est certainement le plus complet de tous ceux qui ont paru jusqu'ici; le nombre de nos formules est de 835. Avec la méthode ordinaire, un tel nombre de formules donnerait lieu à une inextricable confusion; mais, grâce à celle que nous avons adoptée, elles se placent naturellement et d'elles-mêmes au fur et à mesure que l'occasion se présente, c'est-à-dire chaque fois que le texte cité ou expliqué est susceptible de donner lieu à un acte quelconque, même à une clause, à une mention, à un simple style; alors nous plaçons la formule, puis au-dessous l'explication qui en est le commentaire légal. Un coup d'œil sur la table qui termine l'ouvrage permet de trouver immédiatement la formule accompagnée de son explication.

Ce ne sont point de nouvelles formules que nous venons proposer; celles qui sont en usage ont été consacrées par le temps, et elles ne sauraient être renouvelées ou même gravement modifiées sans de grands inconvénients. L'autorité dont elles jouissent est le résultat d'une expérience séculaire qu'on ne saurait mépriser sans une témérité présomptueuse.

Est-ce à dire pourtant qu'il faille se condamner à une immutabilité absolue? Non; le respect de la tradition ne doit pas dégénérer en fétichisme; tout change et tout passe sur la scène mouvante du monde, les lois, les mœurs, le langage; les biens eux-mêmes reçoivent, par la création de valeurs nouvelles, des transformations journalières; ce sont ces changements successifs qu'il faut savoir distinguer d'un œil sûr et suivre d'un pas ferme.

Si l'innovation s'accomplit brusquement et qu'au milieu d'un cataclysme social toute une législation vienne à sombrer, comme on l'a vu à la fin du siècle dernier, c'est alors que l'hésitation n'est pas permise; il faut se mettre résolûment à la suite du législateur, et trouver des formules en harmonie avec ses réformes; c'est une tâche laborieuse et pleine de périls, car toute transition d'une législation à une autre fait surgir des questions innombrables, qu'il est donné à la pratique aussi bien qu'à la jurisprudence de résoudre.

Si le jurisconsulte, si le magistrat sont embarrassés et hésitants sur l'application des lois nouvelles, la mission du notaire est plus difficile peut-être, parce qu'elle est plus immédiate et plus journalière; c'est à lui le premier qu'il appartient d'expérimenter, et souvent sous sa responsabilité, la législation qui vient de naître; à lui d'en chercher l'esprit pour en pénétrer les formules nouvelles à créer; c'est en quelque sorte une œuvre législative de seconde main qu'il est chargé d'accomplir; car à la loi générale, dans le cercle qu'elle a tracé et dont il doit reconnaître avec précision la circonférence, il fait succéder la loi spéciale, la convention, qui, suivant le vœu même du législateur, « tient lieu de loi entre les parties. » (Art. 1134 C. civ.)

Heureusement cette époque transitoire est loin de nous; il y a plus d'un demi-siècle que nous avons été dotés de notre Code de lois civiles; c'est assez dire que les formules antérieures, qui ont dû, dès son avènement, se plier à ses prescriptions et recevoir conséquemment des modifications devenues nécessaires, ont, dans leur rédaction nouvelle, subi une épreuve déjà longue.

Si, dans leur ensemble, les formules actuellement usitées sont généralement bonnes, ce n'est pas à dire qu'il n'y ait pas un choix à faire entre elles; leur rédaction est loin d'être uniforme, et la même convention est souvent exprimée de manières très diverses. Quelle sera la rédaction préférable? Ceci n'est pas toujours affaire de style et de goût; et souvent ce ne sera qu'après avoir consulté la jurisprudence et les auteurs qu'il sera possible de faire un choix rationnel; car il n'est peut-être pas une seule clause d'un acte quelconque sur laquelle il n'ait été soulevé des débats plus ou moins épineux.

Il faut donc reconnaître qu'aujourd'hui encore les formules méritent d'être étudiées et commentées comme la loi elle-même.

Ce qui est nécessaire pour la loi générale l'est plus encore pour les formules, *lois privées* qu'aucun commentaire officiel ne précède ou n'accompagne.

Notre traité doit pleinement satisfaire à cette nécessité; en même temps qu'il a sa valeur propre, il est un commentaire détaillé de toutes les formules, et cela de la manière la plus commode et la plus saisissante, donnant sur chaque clause la signification des termes, leur portée légale, avec l'indication et la solution des questions auxquelles elle a donné lieu.

Pour faciliter les recherches, l'ouvrage est terminé par trois tables :

La première est une table alphabétique des formules;

La seconde est une table alphabétique très minutieuse des matières contenues dans les divers traités;

La troisième, une table des articles cités dans le traité, tant du Code civil que des autres Codes, et des lois, ordonnances, décrets et arrêtés.

EXPLICATIONS SUR LA SIXIÈME ÉDITION.

Le *Traité-Formulaire général* a reçu, dans le Notariat et le monde des affaires, un très grand accueil, dû surtout à la méthode nouvelle dont l'auteur a fait usage, et aux nombreux matériaux systématiquement groupés qui facilitent la tâche du praticien.

Plus de 12,000 exemplaires ont été vendus depuis l'apparition de l'ouvrage, remontant à peine à vingt ans.

L'auteur, en raison de ce que le *Traité-Formulaire* est dans toutes les mains, n'a pas voulu le refondre, ce qui aurait obligé ses possesseurs à faire un nouvel achat de l'ouvrage.

Il a préféré le tenir au courant par une combinaison, inconnue jusqu'alors, offrant sans recherche et pour ainsi dire d'une manière instantanée le moyen de trouver tous les documents nouveaux de la législation, de la doctrine et de la jurisprudence sur chacune des questions traitées dans l'ouvrage.

Dans ce but, il a fondé, à partir de 1881, le *Répertoire général pratique du Notariat de France et d'Algérie*, seul Recueil renfermant toute la jurisprudence, et qui, de plus, publie à titre de *supplément* les lois et décrets commentés, au fur et à mesure de leur promulgation, ainsi que les formules inédites nécessitées par les affaires et les lois nouvelles.

Une *Table de concordance* du tout, avec le *Traité-Formulaire général*, permet, sur toute question, de connaître en un instant le dernier état de la doctrine et de la jurisprudence.

La recherche de la jurisprudence étant ainsi facilitée, nous avons cru qu'il était suffisant, en publiant une sixième édition, d'y ajouter les indications relatives à la législation partout où il y a lieu, ce qui a été fait jusqu'à la date du 1er janvier 1888, avec des explications étendues touchant certaines lois, notamment celles : du 5 août 1881 sur les honoraires des notaires, du 20 août 1881 sur les servitudes de voisinage, des 27 juillet 1884 et 8 avril 1886 sur le divorce et la séparation de corps, du 23 octobre 1884 sur les ventes judiciaires d'immeubles, etc.

Le *Traité-Formulaire général du Notariat*, joint à la collection du *Répertoire* depuis 1881, forme donc un ouvrage absolument complet et toujours au courant de la Législation, de la Doctrine, de la Jurisprudence, des Formules nouvelles et de la Pratique notariale.

En tête de l'ouvrage, nous avons complété le *Code du Notariat* qui se trouve au courant, jusqu'à ce jour, non seulement pour la France continentale, mais aussi pour l'Algérie et les colonies.

Mars 1888.

DEFRÉNOIS.

CODE DU NOTARIAT (1).

2 THERMIDOR AN II.

***DÉCRET** portant qu'à compter du jour de sa publication, nul acte public ne pourra, dans quelque partie que ce soit du territoire français, être écrit qu'en langue française.*

ART. 1er. A compter du jour de la publication de la présente loi, nul acte ne pourra, dans quelque partie que ce soit du territoire français, être écrit qu'en langue française. (*Voir nos* 316, 317, 324, 356, 369, 373 *à* 375, 382, 395, 396, 473, 2671, 2672.)

2. Après le mois qui suivra la publication de la présente loi, il ne pourra être enregistré aucun acte, même sous seing privé, s'il n'est écrit en langue française.

3. Tout fonctionnaire ou officier public, tout agent du gouvernement, qui, à dater du jour de la publication de la présente loi, dressera; écrira ou souscrira, dans l'exercice de ses fonctions, des procès-verbaux, jugemens, contrats ou autres actes généralement quelconques, conçus en idiomes ou langues autres que la langue française sera traduit devant le tribunal de police correctionnelle de sa résidence, condamné à six mois d'emprisonnement, et destitué.

4. La même peine aura lieu contre tout receveur du droit d'enregistrement qui, après le mois de la publication de la présente loi, enregistrera des actes, même sous seing privé, écrits en idiomes ou langues autres que la française

25 VENTOSE AN XI.

***LOI** contenant organisation du notariat.*

TITRE I. — DES NOTAIRES ET DES ACTES NOTARIÉS.

SECTION I. — **Des fonctions, ressort et devoirs des notaires.**

ART. 1er. Les notaires sont les fonctionnaires publics établis pour recevoir tous les actes et contrats auxquels les parties doivent ou veulent faire donner le caractère d'authenticité attaché aux actes de l'autorité publique, et pour en assurer la date, en conserver le dépôt, en délivrer des grosses et expéditions. (*Voir nos* 22, 152, 417, 555.)

2. Ils sont institués à vie. (*Voir no* 22.)

(1) Les lois organiques du notariat sont rapportées et expliquées dans le cours de cet ouvrage: avec la table chronologique des lois, décrets et ordonnances placée à la fin du quatrième volume, il est aisé de trouver le texte de chacun des articles de ces lois et les explications qui en forment le commentaire. Néanmoins, afin de satisfaire aux nombreuses observations qui nous ont été faites, nous n'avons pas hésité, en publiant cette nouvelle édition, à reproduire le texte de ces lois en tête de notre premier volume, sous le titre de : *Code du notariat*. Toutefois nous n'ajoutons pas un commentaire à la suite des articles, ce serait répéter ce qui se trouve dans le corps de l'ouvrage; il nous suffit, à la suite de chaque article, de renvoyer aux numéros contenant les explications qui s'y rattachent.

3. Ils seront tenus de prêter leur ministère lorsqu'ils en seront requis. (*Voir nos* 24, 153, 154, 306 *à* 311, 376 *à* 378.)

4. Chaque notaire devra résider dans le lieu qui lui sera fixé par le gouvernement. En cas de contravention, le notaire sera considéré comme démissionnaire; en conséquence, le grand-juge ministre de la justice, après avoir pris l'avis du tribunal, pourra proposer au gouvernement le remplacement. (*Voir nos* 25 *à* 28, 134 *à* 136, 155.)

5. Les notaires exercent leurs fonctions, savoir, ceux des villes où est établi le tribunal d'appel, dans l'étendue du resssort de ce tribunal; — ceux des villes où il n'y a qu'un tribunal de première instance, dans l'étendue du ressort de ce tribunal; — ceux des autres communes, dans l'étendue du ressort du tribunal de paix. (*Voir nos* 29, 156, 157.)

6. Il est défendu à tout notaire d'instrumenter hors de son ressort, à peine d'être suspendu de ses fonctions pendant trois mois, d'être destitué en cas de récidive, et de tous dommages-intérêts. (*Voir nos* 28 *à* 30, 77, 142, 1°, 144, 1°, 185, 12°.)

7. Les fonctions de notaires sont incompatibles avec celles de juges, commissaires du gouvernement près les tribunaux, leurs substituts, greffiers, avoués, huissiers, préposés à la recette des contributions directes et indirectes, juges, greffiers et huissiers des justices de paix, commissaires de police et commissaires aux ventes. (*Voir nos* 33, 34, 35, 135, 159.)

SECTION II.—**Des actes, de leur forme; des minutes, grosses, expéditions et répertoires.**

8. Les notaires ne pourront recevoir des actes dans lesquels leurs parents ou alliés, en ligne directe à tous les degrés, et en collatérale jusqu'au degré d'oncle ou de neveu inclusivement, seraient parties, ou qui contiendraient quelque disposition en leur faveur. (*Voir nos* 24, 295 371, 2642, 4350.)

9. Les actes seront reçus par deux notaires, ou par un notaire assisté de deux témoins, citoyens français, sachant signer, et domiciliés dans l'arrondissement communal où l'acte sera passé. (*Voir nos* 294, 298, 300, 306, 307, 309, 310, 311, 359 *à* 362, 369 *à* 373, 963, 2143, 2643 *à* 2649, 2672, 2673, 2707, 2711, 2716.)

10. Deux notaires, parents ou alliés au degré prohibé par l'art. 8, ne pourront concourir au même acte. — Les parents, alliés, soit du notaire, soit des parties contractantes, au degré prohibé par l'art. 8, leurs clercs et leurs serviteurs, ne pourront être témoins. (*Voir nos* 295, 298, 300, 303, 370, 2642, 2644.)

11. Le nom, l'état et la demeure des parties devront être connus des notaires, ou leur être attestés dans l'acte par deux citoyens connus d'eux, ayant les mêmes qualités que celles requises pour être témoin instrumentaire. (*Voir nos* 345 *à* 350, 392, 393, 7645.)

12. Tous les actes doivent énoncer les nom et lieu de résidence du notaire qui les reçoit, à peine de 100 fr. d'amende contre le notaire contrevenant (1). (*Voir nos* 296, 297, 372.) Ils doivent également énoncer les noms des témoins instrumentaires, leur demeure, (*voir nos* 301 *à* 305, 372), le lieu, l'année et le jour où les actes sont passés (*voir nos* 338 *à* 345, 389, 390, 2674), sous les peines prononcées par l'art. 68 ci-après, et même de faux, si le cas y échoit.

13. Les actes des notaires seront écrits en un seul et même contexte, lisiblement, sans abréviation, blanc, lacune ni intervalle (*voir nos* 324 *à* 325 *bis*, 382); ils contiendront les noms prénoms, qualités et demeures des parties, (*voir nos* 312 *à* 314, 379), ainsi que des témoins

(1) Ces amendes ont été réduites à 20 fr. par l'art. 10 de la loi du 16 juin 1824.

qui seraient appelés dans le cas de l'art. 11 (*voir n*os 345, 392) ; ils énonceront en toutes lettres les sommes et les dates (*voir n*os 324, 382) ; les procurations des contractants seront annexées à la minute (*voir n*os 316, 380), qui fera mention que lecture de l'acte a été faite aux parties (*voir n*os 351, 354 *à* 358, 394, 2675, 2676, 2685 *à* 2687): le tout à peine de 100 fr. d'amende contre le notaire contrevenant (1).

14. Les actes seront signés par les parties, les témoins et les notaires, qui doivent en faire mention à la fin de l'acte. — Quant aux parties qui ne savent ou ne peuvent signer, le notaire doit faire mention, à la fin de l'acte, de leurs déclarations à cet égard. (*Voir n*os 352, 353, 394, 2677 *à* 2684, 2688 *à* 2690.)

15. Les renvois et apostilles ne pourront, sauf l'exception ci-après, être écrits qu'en marge; il seront signés ou paraphés, tant par les notaires que par les autres signataires, à peine de nullité des renvois et apostilles. Si la longueur du renvoi exige qu'il soit transporté à la fin de l'acte, il devra être non-seulement signé ou paraphé comme les renvois écrits en marge, mais encore expressément approuvé par les parties, à peine de nullité du renvoi. (*Voir n*os 328 à 331, 384).

16. Il n'y aura ni surcharge, ni interligne, ni addition dans le corps de l'acte; et les mots surchargés, interlignés ou ajoutés seront nuls. Les mots qui devront être rayés, le seront de manière que le nombre puisse en être constaté à la marge de leur page correspondante, ou à la fin de l'acte, et approuvé de la même manière que les renvois écrits en marge; le tout à peine d'une amende de 50 fr. contre le notaire, ainsi que tous dommages-intérêts, même de destitution en cas de fraude (2). (*Voir n*os 144, 2°, 326, 327, 367, 368, 383, 400.)

17. Le notaire qui contreviendra aux lois et aux arrêtés du gouvernement concernant les noms et qualifications supprimés, les clauses et expressions féodales, les mesures et l'annuaire de l'Etat, ainsi que la numération décimale, sera condamné à une amende de 100 fr., qui sera double en cas de récidive (3). (*Voir n*os 315, 332 *à* 335, 385, 386.)

18. Le notaire tiendra exposé, dans son étude, un tableau sur lequel il inscrira les noms, prénoms, qualités et demeures des personnes qui, dans l'étendue du ressort où il peut exercer, sont interdites et assistées d'un conseil judiciaire, ainsi que la mention des jugements relatifs; le tout immédiatement après la notification qui en aura été faite, et à peine des dommages-intérêts des parties. (*Voir n*os 65, 172, 173, 1372.)

19. Tous actes notariés feront foi en justice, et seront exécutoires dans toute l'étendue de la république. Néanmoins, en cas de plainte en faux principal, l'exécution de l'acte argué de faux sera suspendue par la déclaration du jury d'accusation, prononçant « qu'il y a lieu à accusation » : en cas d'inscription de faux faite incidemment, les tribunaux pourront, suivant la gravité des circonstances, suspendre provisoirement l'exécution de l'acte. (*Voir n*os 3410, 3411.)

20. Les notaires seront tenus de garder minute de tous les actes qu'ils recevront. (*Voir n*os 416 *à* 424, 440.) — Ne sont néanmoins compris dans la présente disposition les certificats de vie, procurations, actes de notoriété, quittances de fermages, de loyers, de salaires, arrérages de pensions et rentes, et autres actes simples qui, d'après les lois, peuvent être délivrés en brevet. (*Voir n*os 453 *à* 486.)

21. Le droit de délivrer des grosses et expéditions n'appartiendra qu'au notaire possesseur

(1) Ces amendes ont été réduites à 20 fr. par l'art. 10 de la loi du 16 juin 1824.
(2) Cette amende a été réduite à 10 fr. par l'art. 10 de la loi du 16 juin 1824.
(3) La loi du 4 juillet 1837, art. 5, réduit cette amende à 20 fr.

de la minute; et, néanmoins, tout notaire pourra délivrer copie d'un acte qui lui aura été déposé pour minute. (*Voir nos* 487 *à* 593, 624 *à* 626.)

22. Les notaires ne pourront se dessaisir d'aucune minute, si ce n'est dans les cas prévus par la loi, et en vertu d'un jugement. (*Voir nos* 425 *à* 428.) — Avant de s'en dessaisir, ils en dresseront et signeront une copie figurée, qui, après avoir été certifiée par le président et le commissaire du tribunal civil de leur résidence, sera substituée à la minute, dont elle tiendra lieu jusqu'à sa réintégration. (*Voir nos* 615 *à* 623.)

23. Les notaires ne pourront également, sans l'ordonnance du président du tribunal de première instance, délivrer expédition ni donner connaissance des actes à d'autres qu'aux personnes intéressées en nom direct, héritiers ou ayants droit, à peine de dommages-intérêts, d'une amende de 100 fr. (1), et d'être, en cas de récidive, suspendus de leurs fonctions pendant trois mois (*voir nos* 142, 2°, 594 *à* 614); sauf néanmoins l'exécution des lois et règlements sur le droit d'enregistrement, et de celles relatives aux actes qui doivent être publiés dans les tribunaux. (*Et sauf aussi pour les sociétés commerciales et les sociétés d'assurances, toute personnes pouvant s'en faire délivrer des expéditions. Loi* 24 *juillet* 1867, *art.* 63, *et décret* 22 *janvier* 1868 *art.* 42.)

24. En cas de compulsoire, le procès-verbal sera dressé par le notaire dépositaire de l'acte, à moins que le tribunal qui l'ordonne ne commette un de ses membres, ou tout autre juge, ou un autre notaire. (*Voir nos* 602 *à* 614.)

25. Les grosses seules seront délivrées en forme exécutoire; elles seront intitulées et terminées dans les mêmes termes que les jugements des tribunaux. (*Voir nos* 554 *à* 569.)

26. Il doit être fait mention, sur la minute, de la délivrance d'une première grosse, faite à chacune des parties intéressées : il ne peut lui en être délivré d'autre, à peine de destitution, sans une ordonnance du président du tribunal de première instance, laquelle demeurera jointe à la minute. (*Voir nos* 144, 3°, 563, 570 *à* 593.)

27. Chaque notaire sera tenu d'avoir un cachet ou sceau particulier, portant ses nom, qualité et résidence, et, d'après un modèle uniforme, le type de la république française.—Les grosses et expéditions des actes porteront l'empreinte de ce cachet. (*Voir nos* 62 à 64, 171.)

28. Les actes notariés seront légalisés, savoir, ceux des notaires à la résidence des tribunaux d'appel, lorsqu'on s'en servira hors de leur ressort, et ceux des autres notaires, lorsqu'on s'en servira hors de leur département. — La légalisation sera faite par le président du tribunal de première instance de la résidence du notaire, ou du lieu où sera délivré l'acte ou l'expédition. (*Voir nos* 627 *à* 638, *et infra, page* XXI, *la loi du* 2 *mai* 1861.)

29. Les notaires tiendront répertoire de tous les actes qu'ils recevront. (*Voir nos* 252 *à* 293.)

30. Les répertoires seront visés, cotés et paraphés par le président, ou, à son défaut, par un autre juge du tribunal civil de la résidence : ils contiendront la date, la nature et l'espèce de l'acte, les noms des parties, et la relation de l'enregistrement. (*Voir nos* 255 *à* 270, 285.)

TITRE II. — RÉGIME DU NOTARIAT.

SECTION I. — **Nombre, placement et cautionnement des notaires.**

31. Le nombre des notaires pour chaque département, leur placement et résidence,

(1) Réduite à 20 fr. par l'art. 10 de la loi du 16 juin 1824.

seront déterminés par le gouvernement, de manière, 1° que dans les villes de cent mille habitants et au-dessus, il y ait un notaire, au plus, par six mille habitants; 2° que dans les autres villes, bourgs ou villages, il y ait deux notaires au moins, ou cinq au plus, par chaque arrondissement de justice de paix. (*Voir nos* 31, 158.)

32. Les suppressions ou réductions de places ne seront effectuées que par mort, démission ou destitution. (*Voir n°* 32.)

33. Les notaires exercent sans patente (*voir n°* 51); mais ils sont assujettis à un cautionnement fixé par le gouvernement, et qui sera spécialement affecté à la garantie des condamnations prononcées contre eux, par suite de l'exercice de leurs fonctions. Lorsque, par l'effet de cette garantie, le montant du cautionnement aura été employé en tout ou en partie, le notaire sera suspendu de ses fonctions, jusqu'à ce que le cautionnement ait été entièrement rétabli; et, faute par lui de rétablir, dans les six mois, l'intégralité du cautionnement, il sera considéré comme démissionnaire et remplacé. (*Voir nos* 52 *à* 56, 167.)

34. Le cautionnement sera fixé par le gouvernement, en raison combinée des ressort et résidence de chaque notaire. (*Voir le tableau, pages* 17 et 18.) — Ces cautionnements seront versés, remboursés et les intérêts payés conformément aux lois sur les cautionnements, sous la déduction de tous les versements antérieurs.

SECTION II. — **Conditions pour être admis et mode de nomination au notariat.**

35. Pour être admis aux fonctions de notaire, il faudra, — 1° jouir de l'exercice des droits de citoyen; — 2° avoir satisfait aux lois sur la conscription militaire; — 3° être âgé de ving-cinq ans accomplis; — 4° justifier du temps de travail prescrit par les articles suivants. (*Voir n°* 40 *à* 48, 160.)

36. Le temps de travail ou stage sera, sauf les exceptions ci-après, de six années entières et non interrompues dont une des deux dernières au moins, en qualité de premier clerc chez un notaire d'une classe égale à celle où se trouvera la place à remplir. (*Voir nos* 210 *à* 212, 161.)

37. Le temps de travail pourra n'être que de quatre années, lorsqu'il en aura été employé trois dans l'étude d'un notaire de classe supérieure à la place qui devra être remplie, et lorsque, pendant la quatrième, l'aspirant aura travaillé en qualité de premier clerc chez un notaire d'une classe supérieure ou égale à celle où se trouvera la place pour laquelle il se présentera. (*Voir nos* 213, 161.)

38. Le notaire déjà reçu, et exerçant, depuis un an, dans une classe inférieure, sera dispensé de toute justification de stage, pour être admis à une place de notaire vacante dans une *classe* immédiatement supérieure. (*Voir nos* 214 *à* 216 *et* 162, 3°.)

39. L'aspirant qui aura travaillé pendant quatre ans, sans interruption, chez un notaire de première ou de seconde classe, et qui aura été, pendant deux ans au moins, défenseur ou avoué près d'un tribunal civil, pourra être admis dans une des classes où il aura fait son stage, pourvu que, pendant l'une des deux dernières années de son stage, il ait travaillé, en qualité de premier clerc, chez un notaire d'une classe égale à celle où se trouvera la place à remplir. (*Voir nos* 217 *à* 219 *et* 162, 1°.)

40. Le temps de travail exigé par les articles précédents devra être d'un tiers en sus toutes les fois que l'aspirant, ayant travaillé chez un notaire d'une classe inférieure, se présentera pour remplir une place d'une classe immédiatement supérieure. (*Voir nos* 220 *à* 222.)

41. Pour être admis à exercer dans la troisième classe de notaires, il suffira que l'aspirant ait travaillé, pendant trois années, chez un notaire de première ou de seconde classe, ou qu'il ait exercé, comme défenseur ou avoué, pendant l'espace de deux années, auprès du tribunal d'appel ou de première instance, et qu'en outre il ait travaillé, pendant un an, chez un notaire. (*Voir nos* 223, 224.)

42. Le gouvernement pourra dispenser de la justification du temps d'étude les individus qui auront exercé des fonctions administratives ou judiciaires. (*Voir nos* 225 *à* 229 *et* 162, 2°.)

43. L'aspirant demandera à la chambre de discipline du ressort dans lequel il devra exercer un certificat de moralité et de capacité. Le certificat ne pourra être délivré qu'après que la chambre aura fait parvenir au commissaire du gouvernement (le procureur impérial) du tribunal de première instance, l'expédition de la délibération qui l'aura accordée. (*Voir nos* 36 *à* 38 *et* 163 *à* 165.)

44. En cas de refus, la chambre donnera un avis motivé, et le communiquera au commissaire du gouvernement (le procureur impérial) qui l'adressera au grand juge, avec ses observations. (*Voir n°* 39.)

45. Les notaires seront nommés par le premier consul (l'Empereur), et obtiendront de lui une commission qui énoncera le lieu fixe de la résidence. (*Voir nos* 49, 166.)

46. Les commissions de notaire seront, dans leur intitulé, adressées au tribunal de première instance dans le ressort duquel le pourvu aura sa résidence. (*Voir n°* 50.)

47. Dans les deux mois de sa nomination, et à peine de déchéance, le pourvu sera tenu de prêter, à l'audience du tribunal auquel la commission aura été adressée, le serment que la loi exige de tout fonctionnaire public, ainsi que celui de remplir ses fonctions avec exactitude et probité. — Il ne sera admis à prêter serment qu'en représentant l'original de sa commission et la quittance du versement de son cautionnement. — Il sera tenu de faire enregistrer le procès-verbal de prestation de serment au secrétariat de la municipalité du lieu où il devra résider, et aux greffes de tous les tribunaux dans le ressort desquels il doit exercer. (*Voir nos* 57 *à* 59, 134 *à* 136 *et* 168.)

48. Il n'aura le droit d'exercer qu'à compter du jour où il aura prêté serment. (*Voir n°* 60.)

49. Avant d'entrer en fonctions, les notaires devront déposer au greffe de chaque tribunal de première instance de leur département, et au secrétariat de la municipalité de leur résidence, leur signature et paraphe. — Les notaires à la résidence des tribunaux d'appel feront, en outre, ce dépôt aux greffes des autres tribunaux de première instance de leur ressort. (*Voir nos* 61, 169, 170, 627 *à* 629 *et infra, page* XXI, *la loi du* 2 *mai* 1861, *art.* 3.)

SECTION III. — **Chambres de discipline.**

50. Les chambres qui seront établies pour la discipline intérieure des notaires seront organisées par des règlements. (*Voir nos* 78, 181, *à* 183, *et infra, page* XV, *l'ordonnance royale du* 4 *janvier* 1843.)

51. Les honoraires et vacations des notaires seront réglés à l'amiable, entre eux et les parties; sinon par le tribunal civil de la résidence du notaire, sur l'avis de la chambre et sur simples mémoires sans frais. (*Voir nos* 66 *à* 77, 174 *à* 180.)

52. Tout notaire suspendu, destitué ou remplacé, devra, aussitôt après la notification qui lui aura été faite de sa suspension, de sa destitution ou de son remplacement, cesser l'exercice de son état, à peine de tous dommages et intérêts, et des autres condamnations prononcées par les lois contre tout fonctionnaire suspendu ou destitué qui continue l'exerice de ses fonctions. — Le notaire suspendu ne pourra les reprendre, sous les mêmes peines, qu'après la cessation du temps de la suspension. (*Voir nos* 132 *à* 133 *bis*, 197, 198.)

53. Toutes suspensions, destitutions, condamnations d'amendes et dommages-intérêts, seront prononcées contre les notaires par le tribunal civil de leur résidence, à la poursuite des parties intéressées, ou d'office, à la poursuite et diligence du commissaire du gouvernement. — Ces jugements seront sujets à l'appel, et exécutoires par provision, excepté quant aux condamnations pécuniaires. (*Voir nos* 126 *à* 145 *et* 186 *à* 199.)

SECTION IV. — **Garde, transmission, tables des minutes, et recouvrements.**

54. Les minutes et répertoires d'un notaire remplacé ou dont la place aura été supprimée pourront être remis par lui ou par ses héritiers à l'un des notaires résidant dans la même commune, ou à l'un des notaires résidant dans le même canton, si le remplacé était le seul notaire établi dans la commune. (*Voir nos* 429, 430, 432, 441.)

55. Si la remise des minutes et répertoires du notaire remplacé n'a pas été effectuée, conformément à l'article précédent, dans le mois à compter du jour de la prestation du serment du successeur, la remise en sera faite à celui-ci. (*Voir nos* 429, 441.)

56. Lorsque la place de notaire sera supprimée, le titulaire ou ses héritiers seront tenus de remettre les minutes et répertoires, dans le délai de deux mois du jour de la suppression, à l'un des notaires de la commune, ou à l'un des notaires du canton, conformément à l'art. 54. (*Voir nos* 430 *et* 445.)

57. Le commissaire du gouvernement près le tribunal de première instance est chargé de veiller à ce que les remises ordonnées par les articles précédents soient effectuées ; et dans le cas de suppression de la place, si le titulaire ou ses héritiers n'ont pas fait choix, dans les délais prescrits, du notaire à qui les minutes et répertoires devront être remis, le commissaire indiquera celui qui en demeurera dépositaire. — Le titulaire ou ses héritiers, en retard de satisfaire aux dispositions des art. 54 et 56, seront condamnés à 100 fr. d'amende par chaque mois de retard, à compter du jour de la sommation qui leur aura été faite d'effectuer la remise. (*Voir nos* 431, 432, 442 *à* 444.)

58. Dans tous les cas, il sera dressé un état sommaire des minutes remises ; et le notaire qui les recevra s'en chargera au pied de cet état, dont un double sera remis à la chambre de discipline. (*Voir nos* 433, 437 *à* 439, 442, 443.)

59. Le titulaire ou ses héritiers, et le notaire qui recevra les minutes, aux termes des art. 54, 55 et 56, traiteront, de gré à gré, des recouvrements, à raison des actes dont les honoraires sont encore dus, et du bénéfice des expéditions. — S'ils ne peuvent s'accorder, l'appréciation en sera faite par deux notaires dont les parties conviendront, ou qui seront nommés d'office parmi les notaires de la même résidence, ou, à leur défaut, parmi ceux de la résidence la plus voisine. (*Voir nos* 146, 147, 200, 434, 449 *à* 451.)

60. Tous dépôts des minutes, sous la dénomination de *chambres de contrats*, *bureaux de tabellionnage*, et autres, sont maintenus à la garde de leurs possesseurs actuels. Les grosses et expéditions ne pourront en être délivrées que par un notaire de la résidence des dépôts, ou, à défaut, par un notaire de la résidence la plus voisine. — Néanmoins, si lesdits dépôts de minutes ont été remis au greffe d'un tribunal, les grosses et expéditions pourront, dans ce cas seulement, être délivrées par le greffier. (*Voir n°* 452.)

61. Immédiatement après le décès du notaire ou autre possesseur de minutes, les minutes et répertoires seront mis sous les scellés par le juge de paix de la résidence, jusqu'à ce qu'un autre notaire en ait été provisoirement chargé par ordonnance du président du tribunal de la résidence. (*Voir nos* 308, 435 *à* 437, 446 *à* 448, 519, 537 *à* 539, 2446.)

TITRE III. — DES NOTAIRES ACTUELS.

62. Sont maintenus définitivement tous les notaires qui, au jour de la promulgation de la présente loi, seront en exercice.

63. Sont également maintenus définitivement les notaires qui, au jour de la promulgation de la présente loi, n'ayant point été remplacés, n'auraient interrompu l'exercice de leurs fonctions ou n'auraient été empêchés d'y entrer, que pour cause soit d'incompatibilité, soit de service militaire.

64. Tous lesdits notaires exerceront ou continueront d'exercer leurs fonctions, et conserveront rang entre eux, suivant la date de leurs réceptions respectives. — Mais ils seront tenus, dans les trois mois du jour de la publication de la présente loi, — 1° de remettre au greffe du tribunal de première instance de leur résidence, et sur un récépissé du greffier, tous les titres et pièces concernant leurs précédentes nomination et réception ; — 2° de se pourvoir, avec ce récépissé, auprès du gouvernement, à l'effet d'obtenir du premier consul une commission confirmative, dans laquelle seront rappelés la date de leur nomination et réception primitives, ainsi que le lieu fixe de leur résidence.

65. Dans les deux mois qui suivront la délivrance de cette commission, chacun desdits notaires sera tenu de prêter le serment prescrit par l'art. 47, et de se conformer aux dispositions de l'art. 49 pour le dépôt des signatures et paraphes. — Le présent article et le précédent seront exécutés, à peine de déchéance.

66. Les notaires qui réunissent des fonctions incompatibles seront tenus, dans les trois mois du jour de la publication de la présente loi, de faire leur option, et d'en déposer l'acte au greffe du tribunal de première instance de leur résidence ; sinon, ils seront considérés comme ayant donné leur démission de l'état de notaire, et remplacés ; et, dans le cas où ils continueraient à l'exercer, ils encourront les peines prononcées par l'art. 52.

67. A compter du jour de leur option, ils auront un délai de trois mois pour obtenir la commission du premier consul, et pour remplir les formalités prescrites aux art. 47 et 49 ; le tout sous les mêmes peines.

DISPOSITIONS GÉNÉRALES.

68. Tout acte fait en contravention aux dispositions contenues aux art. 6, 8, 9, 10, 14, 20, 52, 64, 65, 66 et 67, est nul, s'il n'est pas revêtu de la signature de toutes les parties ; et lorsque l'acte sera revêtu de la signature de toutes les parties contractantes, il ne vaudra que comme écrit sous signature privée : sauf, dans les deux cas, s'il y a lieu, les dommages-intérêts contre le notaire contrevenant. (*Voir nos* 30, 202, 299, 301, 338, 352, 402, 417 *à* 419, 4350, 7636, 7654.)

69. La loi du 6 octobre 1791, et toutes autres, sont abrogées en ce qu'elles ont de contraire à la présente.

4 JANVIER 1843.

***ORDONNANCE** relative à l'organisation des chambres de notaires et à la discipline du notariat.*

Chambre de discipline des notaires et ses attributions.

ART. 1er. Il y a près de chaque tribunal civil de première instance, et dans la ville où il siége, une chambre des notaires, chargée du maintien de la discipline parmi les notaires de l'arrondissement (*Voir n°* 79, 181.)

2. Les attributions de la chambre sont:

1° De prononcer ou de provoquer, suivant les cas, l'application de toutes les dispositions de discipline;

2° De prévenir ou de concilier tous différends entre notaires et notamment ceux qui pourraient s'élever, soit sur des communications, remises, dépôts ou rétentions de pièces, fonds et autres objets quelconques, soit sur des questions relatives à la réception et garde des minutes, à la préférence ou concurrence dans les inventaires, partages, ventes ou adjudications et autre actes; et, en cas de non-conciliation, d'émettre son opinion par simple avis;

3° De prévenir ou concilier également toutes plaintes et réclamations de la part de tiers contre des notaires, à raison de leurs fonctions; donner simplement son avis sur les dommages-intérêts qui pourraient être dus, et réprimer, par voie de censure et autres dispositions de discipline, toutes infractions qui en seraient l'objet, sans préjudice de l'action devant les tribunaux, s'il y a lieu;

4° De donner son avis sur les difficultés concernant le règlement des honoraires et vacations des notaires, ainsi que sur les différends soumis à cet égard au tribunal civil;

5° De délivrer ou refuser tous certificats de bonnes mœurs et capacité à elle demandés par les aspirants aux fonctions de notaire, prendre à ce sujet toutes délibérations, donner tous avis motivés, les adresser ou communiquer à qui de droit;

6° De recevoir en dépôt les états des minutes dépendant des études de notaires supprimées;

7° De représenter tous les notaires de l'arrondissement collectivement sous le rapport de leurs droits et intérêts communs. (*Voir nos* 80, 182.)

3. Toute décision ou délibération sera inscrite sur un régistre coté et paraphé par le président de la chambre.

Ce registre sera communiqué au ministère public à sa première réquisition. (*Voir nos* 81, 189.)

ORGANISATION DE LA CHAMBRE.

4. Les notaires de chaque arrondissement choisissent parmi eux les membres de leur chambre.

La chambre des notaires de Paris est composée de dix-neuf membres; les chambres établies dans les arrondissements où le nombre des notaires est au-dessus de cinquante sont composées de neuf membres; celles de tous les autres arrondissements, de sept. (*Voir nos* 82, 83, 182, 183.)

5. Les chambres ne peuvent délibérer valablement qu'autant que les membres présents et votants sont au moins au nombre de douze pour Paris, de sept pour les chambres composées de neuf membres, et de cinq pour les autres chambres. (*Voir n°* 84).

6. Les membres de la chambre choisissent entre eux un président, un syndic, un rapporteur, un secrétaire et un trésorier. (*Voir n°* 85.)

Le président a voix prépondérante en cas de partage d'opinions; il convoque la chambre extraordinairement quand il le juge à propos ou sur la réquisition motivée de deux autres membres ; il a la police de la chambre. (*Voir n°* 86.)

Le syndic est partie poursuivante contre les notaires inculpés; il est entendu préalablement à toutes délibérations de la chambre, qui est tenue de statuer sur ses réquisitions ; il a, comme le président, le droit de la convoquer; il poursuit l'exécution de ses délibérations dans la forme ci-après déterminée; enfin, il agit pour la chambre dans tous les cas et conformément à ce qu'elle a délibéré. (*Voir n°* 87).

Le rapporteur recueille les renseignements sur les faits imputés aux notaires, et en fait rapport à la chambre. (*Voir n°* 88.)

Le secrétaire rédige les délibérations de la chambre, est gardien des archives et délivre toutes les expéditions. (*Voir n°* 89.)

Le trésorier fait les recettes et dépenses autorisées par la chambre. A la fin de chaque trimestre, la chambre assemblée arrête son compte et lui en donne décharge (*Voir n°* 90.)

7. Le nombre des syndics peut être porté à trois pour Paris, et à deux pour les chambres dont le ressort comprend plus de cinquante notaires. (*Voir n°* 91.)

8. Le président ou le syndic et le secrétaire des chambres établies dans un chef-lieu de cour royale sont nécessairement choisis parmi les notaires résidant au chef-lieu.

Quant aux autres chambres, le président ou le syndic, ou le secrétaire, est nécessairement choisi parmi les notaires de la ville où siége le tribunal de première instance.

Lorsque le secrétaire ne réside pas dans la ville où siége le tribunal, le président ou le syndic a la garde des archives, tient le registre prescrit par l'art. 33 ci-après, et délivre les expéditions des délibérations de la chambre. (*Voir n°* 92.)

9. Une ordonnance royale peut, suivant les localités, réduire ou augmenter le nombre des membres qui doivent composer les chambres, conformément aux dispositions de l'art. 4. Dans ce cas, elle détermine le nombre des membres dont la présence est nécessaire à la validité des délibérations.

L'ordonnance qui réduira le nombre des membres de la chambre déclarera, s'il y a lieu, que les membres sortants pourront être réélus. (*Voir n°* 93.)

10. Indépendamment des attributions particulières données aux membres désignés en l'art. 6, chacun d'eux a voix délibérative, ainsi que les autres membres, dans toutes les assemblées de la chambre ; et néanmoins, lorsqu'il s'agit d'affaires où le syndic est partie poursuivante, il ne prend pas part à la délibération. (*Voir n°* 94.)

11. Les fonctions spéciales attribuées par l'art. 6 à chacun des officiers de la chambre peuvent être cumulées lorsque le nombre des membres qui la composent est au-dessous de sept, dans le cas déterminé par l'art. 9 de la présente ordonnance; et néanmoins les fonctions de président, de syndic et de rapporteur sont toujours exercées par trois personnes différentes.

Quel que soit le nombre des membres composant la chambre, les mêmes fonctions peuvent aussi être cumulées momentanément, en cas d'absence ou empêchement de quelqu'un des membres désignés en l'art. 6, lesquels, pour ce cas, se suppléent entre eux, ou peuvent même être suppléés par un autre membre de la chambre.

Les suppléants sont nommés par le président, ou, s'il est absent, par la majorité des membres présents en nombre suffisant pour délibérer. (*Voir n°* 95.)

DE LA DISCIPLINE.

12. Il est interdit aux notaires, soit par eux-mêmes, soit par personnes interposées, soit directement, soit indirectement :

1° De se livrer à aucune spéculation de bourse ou opération de commerce, banque, escompte et courtage;

2° De s'immiscer dans l'administration d'aucune société, entreprise ou compagnie de finances, de commerce ou d'industrie;

3° De faire des spéculations relatives à l'acquisition et à la revente des immeubles, à la cession des créances, droits succesifs, actions industrielles et autres droits incorporels;

4° De s'intéresser dans aucune affaire pour laquelle ils prêtent leur ministère;

5° De placer en leur nom personnel des fonds qu'ils auraient reçus, même à la condition d'en servir l'intérêt;

6° De se constituer garants ou cautions, à quelque titre que ce soit, des prêts qui auraient été faits par leur intermédiaire ou qu'ils auraient été chargés de constater par acte public ou privé;

7° De se servir de prête-noms en aucune circonstance, même pour des actes autres que ceux désignés ci-dessus. (*Voir nos* 112 *à* 114, 184 *à* 186.)

13. Les contraventions aux prohibitions portées en l'article précédent seront, ainsi que les autres infractions à la discipline, poursuivies, lors même qu'il n'existerait aucune partie plaignante, et punies, suivant la gravité des cas, en conformité des dispositions de la loi du 25 ventôse an XI et de la présente ordonnance. (*Voir nos* 115, 188.)

14. La chambre pourra prononcer contre les notaires, suivant la gravité des cas, soit le rappel à l'ordre, soit la censure simple par la décision même, soit la censure avec réprimande, par le président, aux notaires en personne, dans la chambre assemblée, soit la privation de voix délibérative dans l'assemblée générale, soit l'interdiction de l'entrée de la chambre pendant un espace de temps qui ne pourra excéder trois ans, pour la première fois, et qui pourra s'étendre à six ans en cas de récidive. (*Voir nos* 121, 137 *à* 141, 187 *à* 190.)

15. Si l'inculpation paraît assez grave pour mériter la suspension ou la destitution du notaire inculpé, la chambre s'adjoindra, par la voie du sort, d'autres notaires de l'arrondissement, savoir : celle de Paris, dix notaires, et les autres chambres, un nombre inférieur de deux à celui de leurs membres.

La chambre ainsi composée émettra, par forme de simple avis, et à la majorité absolue des voix, son opinion sur la suspension et sa durée, ou sur la destitution.

Les voix seront recueillies, en ce cas, au scrutin secret, par *oui* ou par *non*; mais l'avis ne pourra être formé qu'autant que les deux tiers, au moins, de tous les membres appelés à l'assemblée seront présents. (*Voir nos* 122, 127, 191 *à* 199.)

16. Quand la chambre, ainsi composée, sera d'avis de provoquer la suspension ou la destitution, une expédition du procès-verbal de sa délibération sera déposée au greffe du tribunal, et une expédition en sera remise au procureur impérial. (*Voir nos* 123 *à* 125.)

17. Le syndic déférera à la chambre les faits relatifs à la discipline, et il sera tenu de les lui dénoncer, soit d'office, soit sur l'invitation du procureur impérial, soit sur la provocation des parties intéressées ou d'un des membres de la chambre.

Le notaire inculpé sera cité à comparaître devant la chambre dans un délai qui ne pourra être au-dessous de cinq jours, à la diligence du syndic, par une simple lettre indicative des faits, signée de lui, et envoyée par le secrétaire, qui en tiendra note.

Si le notaire ne comparaît point sur la lettre du syndic, il sera cité une seconde fois, dans le même délai, à la même diligence, par ministère d'huissier. (*Voir nos* 118 *à* 120, 188 *à* 190.)

18. Quant aux différends entre notaires et aux difficultés sur lesquelles la chambre est chargée d'émettre son avis, les notaires pourront se présenter contradictoirement et sans citation préalable devant la chambre ; ils pourront également y être cités, soit par simples lettres énonçant les faits, signées des notaires qui s'adressent à la chambre, et envoyées par le secrétaire, auquel ils en remettent des doubles, soit par des actes d'huissier, dont ils déposeront les originaux au secrétariat. Les lettres et citations seront préalablement visées par le président de la chambre. Le délai pour comparaître sera fixé par l'art. 17 de la présente ordonnance. (*Voir n°* 96.)

19. Lorsqu'un notaire sera parent ou allié, en ligne directe, à quelque degré que ce soit, et en ligne collatérale jusqu'au degré d'oncle ou de neveu inclusivement, de la partie plaignante ou du notaire inculpé ou intéressé, il ne pourra prendre part à la délibération. (*Voir n°* 97.)

20. La chambre prendra ses délibérations sur les plaintes et réclamations des tiers, après avoir entendu ou dûment appelé, dans la forme ci-dessus prescrite, les notaires inculpés ou intéressés, ensemble les tiers qui voudront être entendus, et qui, dans tous les cas, pourront se faire représenter ou assister par un notaire. (*Voir n°* 98.)

Les délibérations de la chambre seront motivées et signées par le président et le secrétaire à la séance même où elles seront prises. (*Voir n°* 99.)

Chaque délibération contiendra les noms des membres présents. (*Voir n°* 100.)

Ces délibérations n'étant que de simples actes d'administration, d'ordre ou de discipline, ou de simples avis, ne sont, dans aucun cas, sujettes à l'enregistrement, non plus que les pièces y relatives. (*Voir n°* 101.)

Les délibérations de la chambre sont notifiées, quand il y a lieu, dans la même forme que les citations, et il en est fait mention par le secrétaire en marge desdites délibérations. (*Voir n°* 102.)

21. Les assemblées de la chambre se tiendront en un local à ce destiné, dans la ville où elle sera établie. (*Voir n°* 105.)

22. Il y aura chaque année deux assemblées générales des notaires de l'arrondissement.

D'autres assemblées générales pourront avoir lieu toutes les fois que la chambre le jugera convenable.

Les assemblées générales ou extraordinaires seront convoquées conformément aux dispositions de l'art. 6.

Tous les notaires du ressort de la chambre seront invités à s'y rendre, soit pour les nominations dont parle l'art. 25 ci-après, soit pour se concerter sur ce qui intéressera l'exercice de leurs fonctions. (*Voir n°* 103.)

23. Les règlements qui seront faits, soit par l'assemblé générale, soit par la chambre, seront remis au procureur impérial, adressés par lui au procureur général et soumis à l'approbation de notre garde des sceaux, ministre de la justice. (*Voir n°* 106.)

24. La présence du tiers des notaires de l'arrondissement, non compris les membres de la chambre, sera nécessaire pour la validité des délibérations de l'assemblée générale, et pour les élections auxquelles elle procédera. (*Voir n°* 104.)

NOMINATION DES MEMBRES DE LA CHAMBRE ET DURÉE DE LEURS FONCTIONS.

25. Les membres de la chambre seront nommés par l'assemblée générale des notaires convoquée à cet effet.

La moitié au moins desdits membres sera choisie dans les plus anciens en exercice, formant les deux tiers de tous les notaires du ressort.

Deux au moins des membres appelés à faire partie des chambres établies dans un chef-lieu de cour impériale seront nécessairement choisis parmi les notaires résidant au chef-lieu.

Quant aux autres chambres, un de leurs membres sera nécessairement choisi parmi les notaires de la ville ou siége le tribunal de première instance.

La nomination aura lieu à la majorité absolue des voix, au scrutin secret et par bulletin de liste contenant un nombre de noms qui ne pourra excéder celui des membres à nommer.

Le notaire élu membre de la chambre ne pourra refuser les fonctions qui lui auront été déférées qu'autant que son refus aura été agréé par l'assemblée générale. (*Voir nos* 107, 182.)

26. La chambre sera renouvelée par tiers chaque année, pour les nombres qui comportent cette division, et par portion approchant le plus du tiers pour les autres nombres, en faisant alterner chaque année les portions inférieures et supérieures au tiers, mais en commençant par les inférieures, et de manière que dans tous les cas aucun membre ne puisse rester en fonctions plus de trois ans consécutifs, sauf ce qui est dit en l'article précédent. (*Voir nos* 108, 183.)

27. Les membres désignés pour composer la chambre nommeront entre eux, en suivant le mode de l'art. 25, le président et les autres officiers dont parle l'art. 6. Le président sera toujours pris parmi les plus anciens désignés dans l'art. 25, sauf l'application de l'art. 8.

Ces nominations se renouvelleront chaque année; les mêmes pourront être réélus; à égalité de voix, le plus ancien d'âge sera préféré.

Les membres élus officiers ne pourront refuser. (*Voir n°* 109.)

28. La nomination des membres de la chambre aura lieu dans la première quinzaine du mois de mai de chaque année.

L'élection des officiers sera faite, au plus tard, le 15 mai, et la chambre sera constituée aussitôt après cette élection. (*Voir n°* 110.)

DES NOTAIRES HONORAIRES.

29. Le titre de notaire honoraire pourra être conféré par nous, sur la proposition de la chambre et le rapport de notre garde des sceaux, ministre de la justice, aux notaires qui auront exercé leurs fonctions pendant vingt années consécutives. (*Voir nos* 148, 201.)

30. Les notaires honoraires auront le droit d'assister aux assemblées générales. Ils auront voix consultative. (*Voir nos* 149 à 151.)

DES ASPIRANTS AU NOTARIAT.

31. Tout clerc qui aspirera aux fonctions de notaire se pourvoira d'un certificat du notaire chez lequel il travaillera. Ce certificat constatera le grade qu'il occupe dans l'étude du notaire. (*Voir n°* 230.)

32. L'inscription au stage prescrit par les art. 36 et suivants de la loi du 25 ventôse an XI aura lieu sur la production faite par l'aspirant de son acte de naissance et du certificat mentionné en l'article précédent. (*Voir n°* 231.)

33. Il sera tenu à cet effet, par le secrétaire, un registre qui sera coté et paraphé par le président. Les inscriptions audit registre seront signées tant par le secrétaire de la chambre que par l'aspirant. Elles devront être faites dans les trois mois de la date du certificat délivré comme il est dit en l'art. 31. Ce certificat et l'acte de naissance de l'aspirant resteront déposés aux archives de la chambre. (*Voir n°s* 232, 287.)

34. Aucun aspirant au notariat ne sera admis à l'inscription, s'il n'est âgé de dix-sept ans accomplis. (*Voir n°* 233.)

35. Les inscriptions pour les grades inférieurs à celui de quatrième clerc ne seront admises que sur l'autorisation de la chambre, qui pourra la refuser lorsque le nombre de clercs demandé sera évidemment hors de proportion avec l'importance de l'étude.

Le même grade ne pourra être conféré concurremment à deux ou plusieurs clercs dans la même étude. (*Voir n°* 234.)

36. Toutes les fois qu'un aspirant passera d'un grade à un autre, ou changera d'étude, il sera tenu d'en faire, dans les trois mois, la déclaration, qui sera reçue dans la forme prescrite par l'art. 33 ci-dessus. Cette déclaration sera toujours accompagnée d'un certificat constatant son grade. (*Voir n°* 235.)

37. Les chambres exerceront une surveillance générale sur la conduite de tous les aspirants de leur ressort, et pourront, suivant les circonstances, prononcer contre eux soit le rappel à l'ordre, soit la censure, soit enfin la suppression du stage pendant un temps déterminé, qui ne pourra excéder une année.

Il sera procédé contre les clercs dans les mêmes formes que celles prescrites par la présente ordonnance à l'égard des notaires.

Néanmoins les dispositions des art. 15 et 16 ne seront pas applicables.

Dans tous les cas, le notaire, dans l'étude duquel travaillera le clerc inculpé sera préalablement entendu ou appelé. (*Voir n°s* 205 *à* 209.)

38. Dans le mois de la publication de la présente ordonnance, le registre d'inscription prescrit par l'art. 33 sera ouvert au secrétariat des chambres, où ce mode de constater le stage ne serait pas déjà établi.

Tous les aspirants travaillant dans les études du ressort desdites chambres seront tenus de se faire inscrire au plus tard avant le 1er avril prochain, et la première inscription de chacun d'eux, faite dans ledit délai, constatera tout le temps du stage qui leur sera acquis en vertu des certificats qu'ils représenteront, lesquels, pour cette première inscription, devront être visés par le syndic de la chambre.

DE LA BOURSE COMMUNE.

39. Il y aura une bourse commune pour les dépenses de la chambre.

Il n'y sera versé que les sommes nécessaires pour subvenir aux dépenses votées par l'assemblée générale.

La délibération par laquelle l'assemblée générale l'aura établie sera soumise à l'approbation de notre garde des sceaux, ministre de la justice, ainsi qu'il est dit en l'art. 23 ci-dessus.

La répartition des sommes votées entre les notaires de l'arrondissement sera proposée par l'assemblée générale ; le rôle en sera rendu exécutoire par le premier président, sur l'avis du procureur général. (*Voir n°* 111.)

DISPOSITIONS GÉNÉRALES.

40. L'arrêté du 2 nivôse an XII est abrogé.

21 JUIN 1843.

LOI sur la forme des actes notariés.

Art. 1er. Les actes notariés passés depuis la promulgation de la loi du 25 ventôse an XI ne peuvent être annulés par le motif que le notaire en second ou les deux témoins instrumentaires n'auraient pas été présents à la réception desdits actes.

2. A l'avenir, les actes notariés contenant donation entre-vifs, donation entre époux pendant le mariage, révocation de donation ou de testament, reconnaissance d'enfants naturels, et les procurations pour consentir ces divers actes, seront, à peine de nullité, reçus conjointement par deux notaires, ou par un notaire en présence de deux témoins.

La présence du notaire en second ou des deux témoins n'est requise qu'au moment de la lecture des actes par le notaire et de la signature par les parties : elle sera mentionnée à peine de nullité (*Voir nos* 363 *à* 366, 2449.)

3. Les autres actes continueront à être régis par l'art. 9 de la loi du 25 ventôse an XI, tel qu'il est expliqué dans l'art. 1er de la présente loi.

4. Il n'est rien innové aux dispositions du Code civil sur la forme des testaments.

2 MAI 1861.

LOI relative à la légalisation, par les juges de paix, des signatures des notaires et des officiers de l'état civil.

Art. 1er. Les juges de paix qui ne siégent pas au chef-lieu du ressort d'un tribunal de première instance sont autorisés à légaliser, concurremment avec le président du tribunal, les signatures des notaires qui résident dans leur canton et celle des officiers de l'état civil des communes qui en dépendent, soit en totalité, soit en partie. (*Voir nos* 627 *à* 638.)

2. Les notaires et les officiers de l'état civil déposeront leurs signatures et leurs paraphes au greffe de la justice de paix où la légalisation peut être donnée. (*Voir nos* 61, 629.)

3. Il est alloué aux greffiers de la justice de paix une rétribution de vingt-cinq centimes (0, 25c.) par chaque légalisation.

Néanmoins cette rétribution ne sera pas exigée si l'acte, la copie ou l'extrait sont dispensés du timbre. (*Voir n°* 630.)

28 MAI 1816.

LOI qui attribue aux notaires et à certains autres officiers publics, le droit de présenter des successeurs.

ART. 91. Les avocats à la Cour de cassation, notaires, avoués, greffiers, huissiers, agents de change, courtiers, commissaires-priseurs, pourront présenter à l'agrément de Sa Majesté des successeurs, pourvu qu'ils réunissent les qualités exigées par les lois. Cette faculté n'aura pas lieu pour les titulaires destitués.

Il sera statué, par une loi particulière, sur l'exécution de cette disposition, et sur les moyens d'en faire jouir les héritiers ou ayant-cause des dits officiers.

Cette faculté de présenter des successeurs ne déroge point, au surplus, au droit de Sa Majesté de réduire le nombre des dits fonctionnaires, notamment celui des notaires, dans les cas prévus par la loi du 25 vent. an XI sur le notariat.

19 MARS 1864.

LOI qui étend aux notaires, aux greffiers et aux officiers ministériels destitués, le bénéfice de la loi sur la réhabilitation.

ART. 1er. Les notaires, les greffiers et les officiers ministériels destitués peuvent être relevés des déchéances et incapacités résultant de leur destitution.

2. Toutes les dispositions du Code d'instruction criminelle, relatives à la réhabilitation des condamnés à une peine correctionnelle, sont déclarées applicables aux demandes formées en vertu de l'article 1er.

Le délai de trois ans, fixé par le dernier paragraphe de l'article 620 du Code d'instruction criminelle, court du jour de la cessation des fonctions.

28 MAI 1870.

DÉCRET qui reconnaît comme Etablissement d'utilité publique l'Association de prévoyance du Notariat de France.

ART. 1er. — L'œuvre de bienfaisance fondée à Paris sous la dénomination d'*Association de prévoyance du Notariat de France* est reconnue comme établissement d'utilité publique.

2. Sont approuvés les statuts de cette œuvre, tels qu'ils sont annexés au présent décret.

3. Notre ministre, etc.

STATUTS.

TITRE Ier. — COMPOSITION DE L'ASSOCIATION.

ART. 1er. L'association de prévoyance du notariat de France a pour but de venir en aide aux notaires dans le besoin, ainsi qu'à leurs femmes, veuves et enfants. Son siège est à Paris; sa durée est illimitée.

CONDITIONS D'ADMISSION.

2. Peuvent en faire partie toutes personnes ayant exercé ou exerçant les fonctions de notaire en France.

DES MEMBRES HONORAIRES.

3. Toute personne ayant exercé les fonctions de notaire en France a la faculté de ne faire partie de l'association que comme membre honoraire, à la seule condition de verser à la caisse sociale une somme, soit annuelle, soit une fois payée, et qui est laissée à son appréciation.

Les membres honoraires ont le droit d'assister aux assemblées générales et peuvent être nommés membres du conseil d'administration.

L'association se charge de la distribution des sommes qui lui sont adressées par des compagnies de notaires pour être affectées à des secours.

Elle rend compte à ces compagnies de l'exécution de son mandat.

Toute compagnie de notaires chargeant l'association de la distribution des secours par elle votés a le droit :

1° De se faire représenter aux assemblées générales par son président ou par tout autre membre qu'elle délègue à cet objet :

Ces délégués peuvent être nommés membres du conseil d'administration;

2° De recommander auprès de la société les personnes qui lui semblent dignes d'être secourues.

Le conseil d'administration de l'association délibère spécialement sur les recommandations qui lui sont transmises et y répond par une décision motivée.

Les compagnies ne sont jamais liées envers la société.

ADMISSIONS, DÉCHÉANCES ET EXCLUSIONS.

4. Les admissions ont lieu en assemblée générale, au scrutin secret et à la majorité des membres présents.

Le conseil d'administration prononce, dans l'intervalle des assemblées générales, l'admission provisoire des membres nouveaux.

Cessent de plein droit de faire partie de l'association les membres qui n'ont pas payé leur cotisation depuis plus d'une année. Leur déchéance est prononcée par le conseil d'administration, à moins d'excuse reconnue valable.

L'exclusion est prononcée en assemblée générale, au scrutin et sans discussion, sur la proposition et le rapport du bureau, contre tout sociétaire qui se serait rendu coupable d'actes entachant son honorabilité.

Le membre contre lequel l'exclusion est requise doit toujours être invité à se présenter devant le conseil d'administration pour être entendu sur les faits qui lui sont imputés; s'il ne se presente pas, il est passé outre.

Les membres déchus ou exclus n'ont droit à aucun remboursement. Néanmoins, en cas de refus d'admission, le montant de la cotisation versée est restitué.

TITRE II. — DES COTISATIONS.

5. Chaque sociétaire s'engage à payer une cotisation de douze francs par an, sauf ce qui a été dit sous l'article 3.

Tout sociétaire a la faculté de se libérer de cette cotisation annuelle en versant à la caisse sociale une somme de cent cinquante francs une fois payée. Les sommes ainsi payées par anticipation sont considérées comme capitaux ; il en est fait emploi et les intérêts qu'elles produisent sont seuls employés en secours.

TITRE III. — DES SECOURS.

6. Toute demande de secours est adressée au secrétaire de la société.

Le conseil d'administration, après informations prises, statue sur la demande.

Les secours sont alloués :

1° Aux notaires ou anciens notaires faisant ou ayant fait partie de l'association, ou à leurs femmes, veuves et enfants;

2° Aux notaires ou anciens notaires ne faisant ou n'ayant pas fait partie de l'association, ou à leurs femmes, veuves et enfants.

Les personnes indiquées au n° 1 sont secourues de préférence aux autres.

Ils ne peuvent être alloués que sur les ressources acquises, sans jamais engager l'exercice suivant.

En cas d'allocation de secours viagers, il devra, pour en assurer le payement, être immédiatement prélevé sur les ressources acquises une somme nécessaire pour acheter une rente sur l'Etat français égale au montant annuel des dits secours.

TITRE IV. — RESSOURCES ET CHARGES DE L'ASSOCIATION.

7. Les ressources de l'association se composent :

1° Du produit des cotisations;

2° Des dons et legs faits à la société et dont l'acceptation a été régulièrement autorisée;

3° Du revenu des fonds placés.

8. Les charges de l'association se composent :

1° Des frais d'administration;

2° Des secours.

Il est fait un prélèvement fixé par l'assemblée générale sur les revenus annuels pour constituer le fonds de réserve de la société.

9. Les fonds sont placés en rentes sur l'Etat ou en obligations de chemins de fer français.

ÉTAT DE SITUATION.

10. Chaque année, il est dressé un état de situation de la société.

Tout sociétaire a le droit d'en prendre communication au siège de la société dans la quinzaine qui précède la réunion de l'assemblée générale.

En outre, chaque année, il est adressé un exemplaire de ce compte-rendu, après son approbation par l'assemblée générale, à tous les membres de la société, sans qu'il soit besoin d'en faire la demande.

TITRE V. — ADMINISTRATION. — PRÉSIDENT. — CONSEIL. — ASSEMBLÉES GÉNÉRALES.

ADMINISTRATION GÉNÉRALE DE L'ASSOCIATION.

11. L'association de prévoyance du notariat est administrée par un conseil d'administration.

Ce conseil se compose :

1° D'un président;
2° D'un vice-président;
3° D'un secrétaire;
4° D'un trésorier;
5° De dix administrateurs.

Tous les membres du conseil et le président sont nommés par l'assemblée générale.

Ils nomment eux-mêmes leurs vice-président, secrétaire et trésorier.

Les membres du conseil d'administration sont élus pour cinq ans. Ils sont rééligibles.

L'assemblée générale peut, s'il devient nécessaire, augmenter le nombre des membres de ce conseil et de son bureau.

DU PRÉSIDENT.

12. Le président surveille et assure l'exécution des statuts.

Il adresse chaque année à M. le ministre de l'intérieur le compte moral et financier de l'association.

Il préside les assemblées et commissions de l'association.

En cas d'empêchement, il est remplacé par le vice-président.

Il fait toutes propositions, soit au conseil d'administration, soit à l'assemblée générale.

Il signe les comptes rendus avec le secrétaire et le trésorier.

Il signe avec le trésorier les ordonnances de payement, aliénations de valeurs, retraits de fonds de toute nature.

Il veille à l'exécution des décisions du conseil d'administration.

DU CONSEIL D'ADMINISTRATION.

13. Le conseil d'administration dirige l'association dans son ensemble.

Il agit en son nom.

Il se réunit toutes les fois que son président le juge convenable, et au moins deux fois par an.

Il se fait rendre compte, tous les trois mois, de l'état de situation de la société.

Il décide sur toutes les demandes de secours à lui soumises, en fixe l'importance et la durée, autorise l'aliénation des valeurs de la société quand cela est nécessaire.

Il fait toutes propositions à l'assemblée générale, statue sur toutes les questions à lui soumises.

Les décisions sont prises à la majorité des voix des membres présents. En cas de partage, la voix du président est prépondérante.

Pour délibérer valablement, le conseil doit être composé d'au moins quatre membres.

DE L'ASSEMBLÉE GÉNÉRALE.

14. L'assemblée générale est convoquée au moins une fois par an.

Elle nomme les membres du conseil d'administration, arrête les comptes annuels, décide toutes les questions d'intérêt général et toutes celles qui lui sont soumises par le président ou le conseil d'administration.

L'assemblée générale est constituée, quel que soit le nombre des membres présents.

Elle est présidée par le président de l'association, assisté du bureau du conseil d'administration.

Les décisions régulièrement prises sont obligatoires pour tous les membres de l'association.

Les convocations ont lieu :

1° Par lettres adressées au domicile élu ;

2° Par une insertion faite au moins quinze jours à l'avance dans les journaux spéciaux du notariat.

Les décisions sont prises à la majorité des membres présents. Les membres chargés d'en représenter d'autres ont droit à autant de voix qu'ils représentent d'absents.

15. Un règlement intérieur, arrêté par le conseil d'administration, détermine les conditions de détail propres à l'exécution des statuts.

16. L'association s'interdit toute délibération étrangère à son objet de bienfaisance.

TITRE VI. — MODIFICATIONS. — DISSOLUTION.

17. Aucune modification aux présents statuts ne pourra être faite que par une assemblée générale spécialement convoquée, et sur la proposition du conseil d'administration.

Toute modification sera soumise à l'approbation du gouvernement.

Les présents statuts ont été délibérés et adoptés par le conseil d'Etat, dans sa séance du 23 mai 1870.

19 OCTOBRE 1876.

CIRCULAIRE du Ministre de la iustice sur le Notariat.

Monsieur le Procureur général,

Il s'est produit, à la suite des événements de 1870-1871, un assez grand nombre de désastres dans le notariat. Tous les ressorts judiciaires n'ont pas été atteints dans la même proportion ; certains d'entre eux ont eu le privilège d'être entièrement épargnés ; d'autres ont vu les ruines s'accumuler dans l'espace de quelques années. L'inégalité qui existe, à ce point de vue, entre les divers ressorts, démontre que les habitudes du notariat ne sont pas les mêmes dans toutes les régions, que les règlements ne sont pas observés partout avec la même exactitude, et que l'action des chambres de discipline manque, en certains arrondissements, soit de la fermeté, soit de l'autorité nécessaire.

Si les sages prescriptions de l'ordonnance du 4 janvier 1843 avaient été partout respectées, les événements de 1870-1871 n'auraient pas eu les funestes contre-coups que je viens de signaler. Le nombre des destitutions prononcées contre des notaires, qui ne dépassait pas, avant 1870, la moyenne annuelle de 12 ou 13, ne se serait pas élevée subitement, dans les dernières années, au chiffre de 19 ou 20, et même de 28 en 1875. L'ordonnance de 1843, promulguée à une époque où le développement de la fortune mobilière avait amené une fièvre de spéculation, a eu pour but de protéger les notaires contre des entraînements et des tentations auxquels il leur serait parfois difficile de résister.

L'article 12 de cette ordonnance, dont les termes ont besoin d'être rappelés, défend expressément aux notaires « de se livrer à aucune spéculation de bourse ou opération de commerce, banque, escompte et courtage ; de s'immiscer dans l'administration d'aucune société, entreprise ou compagnie de finances, de commerce ou d'industrie ; de faire des spéculations relatives à l'acquisition et à la revente des immeubles, à la cession de créances, droits successifs, actions industrielles et autres droits incorporels ; de s'intéresser dans aucune affaire pour laquelle ils prêtent leur ministère ; de placer en leur nom personnel des fonds qu'ils auraient reçus, même à la condition d'en servir l'intérêt ; enfin de se constituer garants ou cautions, à quelque titre que ce soit, des prêts qui auraient été faits par leur intermédiaire ou qu'ils auraient été chargés de constater par acte public ou privé. »

J'ai le regret de constater que, malgré ces prescriptions, un trop grand nombre de notaires s'adonnent aux pratiques dangereuses qui sont formellement condamnées. Les uns espèrent accroître ainsi les revenus de leur office ; d'autres ne font que céder aux sollicitations d'une partie de leur clientèle; d'autres enfin se croient obligés d'imiter leurs confrères, par une sorte de concurrence regrettable. Quel que soit le mobile qui les porte à violer la loi, tous devraient savoir qu'en s'écartant des règles professionnelles, ils compromettent gravement le caractère dont ils sont investis et s'exposent à la ruine et au déshonneur. Les abus invétérés dans quelques ressorts, et les désastres qui en sont trop souvent la conséquence, sont de nature à ébranler la confiance dont le notariat a besoin d'être entouré pour remplir sa mission.

Cette vieille et nécessaire institution, si respectée et si digne de l'être dans la plupart de ses représentants, finirait par être menacée non seulement dans sa réputation, mais encore dans l'existence de ses privilèges, si nous ne nous efforcions, avec l'aide des chambres de discipline, d'arrêter le mal partout où il se révèle.

Votre premier soin, monsieur le procureur général, devra être d'étudier l'état du notariat dans chacun des arrondissements de votre ressort. Vous devrez, au cours de vos tournées périodiques, ne négliger à cet égard aucun moyen d'information.

En outre, vos substituts seront invités par vous à vous adresser, avant le 1er janvier prochain, des rapports qui me seront ensuite transmis avec vos observations personnelles. Vous me signalerez les causes générales ou locales de tous les abus qui existeraient dans un canton ou dans un arrondissement. Vous vous concerterez, soit par vous-même, soit par l'intermédiaire de vos substituts, avec les présidents des chambres de discipline. Je ne doute pas que celles-ci ne tiennent à honneur de vous aider de leur concours, ou tout au moins de leur bonne volonté, pour ramener à l'observation des règlements les notaires qui s'en écarteraient.

Il ne serait pas inutile que les chambres prissent des délibérations pour rappeler les interdictions contenues dans l'ordonnance de 1843; le texte de ces délibérations pourrait même être affiché dans toutes les études. C'est en usant de ce procédé que certaines compagnies de notaires sont parvenues à détruire plusieurs abus, et à protéger leurs membres contre les sollicitations indiscrètes de certains clients.

Toutes les fois qu'un notaire vous sera dénoncé par vos substituts comme se livrant aux opérations interdites par l'ordonnance, vous n'hésiterez pas à l'avertir, et s'il persiste, à le faire traduire devant la chambre de discipline ou devant le tribunal. Vous me rendrez compte de ces avertissements et de ces poursuites. Les débats des audiences civiles, auxquelles assistent vos substituts, seront assez souvent pour eux une source d'indications utiles qu'ils ne doivent pas négliger; il est rare que les habitudes d'un notaire ne se révèlent pas à l'occasion de quelque débat judiciaire.

Lorsqu'un notaire cédera son office, vous vérifierez avec soin si, dans sa pratique, il s'est conformé aux règlements; vous vous expliquerez sur ce point important dans tous les rapports que vous m'adresserez. Dans le cas où des contraventions fréquentes auraient été relevées, je me verrais forcé de réduire le prix de l'office dans la proportion qui sera nécessaire pour que le successeur ne soit pas, en quelque sorte, obligé de continuer les mêmes errements et d'augmenter les produits de l'étude par des opérations irrégulières. Vous exigerez, en outre, du successeur qui sera proposé à mon agrément, l'engagement formel de renoncer à ces pratiques, et vous me direz s'il présente des garanties morales suffisantes pour qu'on puisse avoir une entière confiance dans sa parole.

Grâce à ces mesures, dont le succès dépend de votre fermeté et de celle des chambres de discipline, j'espère que nous ne serons pas obligés de recourir à des moyens plus énergiques, ni à l'intervention du pouvoir législatif.

Je dois appeler votre attention sur un autre abus moins grave, mais qui peut avoir néanmoins des conséquences fâcheuses : il s'agit du retard que mettent certains notaires à opérer le recouvrement de leurs honoraires et déboursés. En règle générale, ces recouvrements devraient être faits dans l'année; mais souvent, par crainte de mécontenter leurs clients ou pour les retenir plus sûrement, des notaires s'abstiennent pendant plusieurs années de réclamer les sommes dont ils sont créanciers.

Il n'est pas rare qu'un notaire, en se retirant, soit obligé de se consacrer à une véritable liquidation des exercices antérieurs remontant parfois à huit ou dix années. De telles habitudes ne sont pas sans dangers : en effet, le successeur qui compte sur les produits déclarés de l'office, ne touche pendant longtemps qu'avec difficulté une faible partie de ses honoraires et déboursés. S'il n'a pas un fonds de roulement relativement considérable, il est exposé à des tentations ou condamné à des expédients toujours regrettables. Les chambres de discipline pourraient mettre un terme à cet abus si préjudiciable aux intérêts des compagnies, en prenant des délibérations qui obligeraient les notaires à ne pas différer au delà d'une année leurs recouvrements. Ces délibérations devraient être portées à la connaissance du public.

En ce qui vous concerne, je désire que vous exigiez à l'avenir des notaires qui céderont leurs offices un état de recouvrements à opérer; cet état sera divisé en deux colonnes : l'une pour les honoraires, l'autre pour les déboursés. Lorsque le montant des sommes dues excédera la moyenne du produit de plusieurs années, je me réserve de faire subir au prix stipulé dans le traité une réduction motivée par la situation désavantageuse qui sera faite au successeur.

Vos substituts devront s'assurer, par l'examen des livres de comptabilité, que les états de recouvrements, aussi bien que les états de produits des cinq dernières années, sont l'expression de la vérité. Il est essentiel de rappeler aux notaires que leur comptabilité doit être tenue avec soin et régularité; rien n'est plus nécessaire à un notaire que de pouvoir se rendre compte, jour par jour, de sa situation vis-à-vis de chacun de ses clients.

Cependant, je vois, par les rapports qui me sont adressés, que certains notaires, heureusement en petit nombre, n'ont aucune comptabilité, et que d'autres, plus nombreux, n'ont qu'une comptabilité incomplète et mal tenue. Vous ne sauriez trop appeler sur ce point l'attention des chambres de discipline. Les notaires qui se rendent coupables de détournements n'ont pas tous été de mauvaise foi, dès le début de leur exercice; mais souvent le défaut d'écritures les a trompés sur leur situation. Ils se sont aperçus trop tard que leurs dépenses étaient supérieures aux produits de leur étude; placés sur une pente glissante, ils se sont laissé entraîner jusqu'à disposer des fonds de leurs clients.

Je désire que les rapports qui vous seront envoyés par vos substituts, à l'occasion des traités de cession, s'expliquent sur l'état de la comptabilité tenue par le cédant; si cette comptabilité est défectueuse ou insuffisante, ils devront inviter le successeur à en établir une sur de meilleures bases.

J'ai confiance que les recommandations qui précèdent, inspirées par le désir de conserver au notariat sa vieille réputation d'intégrité, ne seront pas sans efficacité, grâce à l'esprit de modération et de fermeté dans lequel vous les appliquerez, et aussi grâce au concours des chambres de discipline et du notariat tout entier.

Je vous prie de m'accuser réception de la présente circulaire, dont je vous envoie des exemplaires pour vos substituts et pour les chambres de discipline de votre ressort.

Recevez, etc.

12 AVRIL 1881.

LOI divisant le canton d'Aubin (Aveyron) en deux cantons, avec droit pour les notaires d'exercer dans les deux cantons.

ART. 1er. Les communes de Decazeville, Boisse-Peuchot, Livinhac, Flagnac, Saint-Parthem, Saint-Santin et Almon (Aveyron) sont distraites du canton d'Aubin et formeront à l'avenir un nouveau canton dont le chef-lieu sera fixé à Decazeville.

2. Les notaires de l'ancien canton auront le droit d'exercer leurs fonctions dans la circonscription des deux nouveaux cantons.

5 AOUT 1881.

LOI qui fixe la prescription pour les frais des notaires et pour les demandes en réduction d'honoraires contre les notaires, avoués et huissiers (1).

ART. 1er. L'action des notaires en payement des sommes dues pour les actes de leur ministère se prescrit par cinq ans à partir de la date des actes. La prescription ne cesse de courir que lorsqu'il y a eu compte arrêté, reconnaissance, obligation ou citation en justice non périmée; les articles 2275 et 2278 du Code civil sont applicables à cette prescription.

Pour les actes dont l'exécution est subordonnée au décès, tels que les testaments et donations entre époux pendant le mariage, les cinq ans ne dateront que du jour du décès de l'auteur de la disposition (*Voir* n° 76).

2. Les demandes en taxe et les actions en restitution des honoraires dus aux notaires pour les actes de leur ministère se prescrivent par deux ans, du jour du payement ou du règlement par compte arrêté, reconnaissance ou obligation (*Voir n°* 72).

3. La taxe des actes notariés, régulièrement faite par le président du tribunal, donnera ouverture à un exécutoire qui sera délivré sur la réquisition du notaire par le greffier. Cet exécutoire sera susceptible d'opposition de la part de la partie.

Les oppositions à taxe seront jugées en audience publique comme en matière sommaire.

Les jugements seront susceptibles d'appel dans les délais et formes ordinaires (*Voir n°* 73 *bis*).

4. Les demandes en taxe et toutes actions en restitution des frais et honoraires contre les avoués ou huissiers seront prescrites par deux ans, du jour du payement ou du règlement par compte arrêté, reconnaissance ou obligation.

5. La présente loi sera applicable aux payements et règlements effectués aux actes passés antérieurement à ce jour, et les prescriptions commencées, et pour lesquelles il faudrait encore, d'après les lois actuelles, plus de deux ans ou de cinq ans, seront acquises par l'expiration de ces délais, en suivant les distinctions déterminées par les articles précédents, à compter de la promulgation de la présente loi (*Voir n°* 72).

6. La présente loi est applicable à l'Algérie et aux colonies.

(1) Notre *Supplément de Législation*, t. I, p. 146, contient un commentaire très développé de cette loi.

7 AVRIL 1882.

LOI qui divise le canton de Gonesse en deux cantons (Gonesse et Raincy), avec le droit pour les notaires de l'ancien canton d'exercer dans les deux cantons.

Art. 1er. Les communes du Raincy, de Livry, Vaujours, Coubron, Clichy-sous-Bois, Montfermeil, Gagny, Neuilly-sur-Marne, Gournay et Noisy-le-Grand, sont détachées du canton de Gonesse et forment un nouveau canton dont le chef-lieu est le Raincy.

2. Les notaires de l'ancien canton de Gonesse auront le droit d'exercer leurs fonctions dans la circonscription des deux nouveaux cantons.

29 DÉCEMBRE 1885.

DÉCRET relatif à la légalisation des notaires sur les certificats de vie.

Art. 1er. Les signatures des notaires, apposées sur les certificats de vie, seront, à l'avenir, légalisées par les présidents des tribunaux de première instance ou par les juges de paix, conformément aux règles posées par l'article 28 de la loi du 25 ventôse an XI et par la loi du 2 mai 1861.

2. Les dispositions réglementaires contraires au présent décret sont et demeurent abrogées.

29 DÉCEMBRE 1886.

LOI qui, en divisant le canton de Bouchain et créant un nouveau canton dont Denain est le chef-lieu, dispose que les notaires de l'ancien canton exerceront dans les deux cantons.

Art. 1er. Les communes d'Abscon, Denain, Douchy, Escaudain, Haveluy, Helesmes et Wavrechain-sous-Denain sont distraites du canton de Bouchain et formeront à l'avenir un nouveau canton dont le chef-lieu sera fixé à Denain.

2. Les notaires de l'ancien canton de Bouchain auront le droit d'exercer leurs fonctions dans la circonscription des deux cantons de Bouchain et de Denain.

19 MARS 1887.

LOI relative à la division du canton de Calais en deux circonscriptions cantonales, et permettant aux notaires de l'ancien canton d'exercer dans la circonscription des deux nouveaux cantons.

Art. 1er. Le canton actuel dont Calais est le chef-lieu est divisé en deux nouveaux cantons, délimités sur le plan par une ligne partant du grand bassin des Chasses, suivant d'abord, du nord-est au sud-ouest, la limite des deux anciennes villes, puis du nord au sud, dans l'ancien Saint-Pierre, la Grande-Rue et la rue des Fontinettes, et enfin la limite des territoires de Coulogne à l'est et de Fréthun à l'ouest.

Le premier de ces cantons, comprenant toute la partie sud-est de l'ancien Saint-Pierre et les communes rurales de Coulogne, Marck et les Attaques, portera la dénomination de canton Sud-Est, et le second, composé de l'ancien Calais et des huit autres communes rurales, celle du canton Nord-Ouest.

2. Les notaires de l'ancien canton de Calais auront le droit d'exercer leurs fonctions dans la circonscription des deux nouveaux cantons.

NOTARIAT D'ALGÉRIE

30 DÉCEMBRE 1842.

ARRÊTÉ du ministre de la guerre portant règlement de l'exercice et de la discipline de la profession de notaire en Algérie.

CHAPITRE I. — **Institution, nomination, nombre et placement des notaires. — Condition d'admissibilité. — Cautionnement. — Prestation de serment. — Obligation de résider. — Incompatibilité. — Incessibilité des offices.**

ART. 1er. Des officiers publics, sous le titre de notaires, sont institués en Algérie pour y recevoir tous les actes et contrats auxquels les parties doivent ou veulent faire donner le caractère d'authenticité attaché aux actes de l'autorité publique, pour en assurer la date, en conserver le dépôt, en délivrer des grosses et expéditions, et remplir toutes autres fonctions qui sont attribuées aux notaires de France, le tout conformément aux dispositions ci-après.

2. Les notaires continueront d'être nommés et, lorsqu'il y aura lieu, révoqués par le ministre de la guerre (1), sur le rapport du procureur général. L'arrêté de nomination fixera la résidence dans laquelle ils devront s'établir.

3. Le nombre des notaires sera réglé par le ministre de la guerre (2), selon les besoins du service. Il est provisoirement fixé, savoir : à huit pour l'arrondissement du tribunal de première instance d'Alger, à deux, pour chacun des arrondissements de Bône, Oran et Philippeville.

4. A l'avenir, nul ne pourra être nommé notaire : 1° s'il n'est Français; 2° s'il n'est âgé de vingt-cinq ans accomplis; 3° s'il n'a satisfait à la loi du recrutement de l'armée; 4° s'il ne jouit de ses droits civils et civiques; 5° si, hors les cas de dispense prévus par l'article suivant, il ne justifie de l'accomplissement du temps de stage ou de travail, dans une étude de notaire, exigé par le même article; le tout indépendamment de ce qui est prescrit en l'art. 6 ci-après (voir décret, 9 octobre 1882, *infra* page XLIII).

5. Le temps de travail requis par le n° 5 du précédent article sera de cinq années entières et consécutives, dont une au moins en qualité de premier clerc, dans l'étude d'un notaire de France ou d'Algérie. Pourront être dispensés de la justification de tout ou partie du temps de stage réglé par le présent article : 1° les avocats, avoués ou défenseurs ayant exercé leur profession, soit en France, soit en Algérie, pendant plus de deux années, 2° les aspirants qui auraient rempli, pendant cinq années au moins, des fonctions adminis-

(1) Actuellement le Président de la République. (Décret, 29 juillet 1858.)
(2) Actuellement le ministre de la justice. C'est à ce ministre que se rattache le notariat d'Algérie.

tratives ou judiciaires; 3° ceux qui auraient précédemment exercé la profession de notaire en Algérie ou en France.

6. Tout aspirant à l'emploi de notaire devra, lors même qu'il se trouverait dans l'un des cas de dispense de stage spécifiés en l'article précédent, se pourvoir préalablement, à l'effet d'obtenir un certificat de moralité et de capacité. Ce certificat sera délivré par une commission formée à Alger, par le procureur général, qui désignera, pour la composer, l'un des magistrats attachés aux tribunaux d'Alger et deux des notaires en exercice dans la même résidence. Cette commission, présidée par le magistrat qui aura été désigné pour en faire partie, procédera à l'examen de la capacité du candidat, après vérification des pièces fournies par celui-ci et information sur sa moralité. Elle dressera du tout procès-verbal, et délivrera ensuite, s'il y a lieu, le certificat de moralité et de capacité. En cas de refus, la délibération motivée que la commission sera tenue de prendre, sera adressée par son président au procureur général, qui la transmettra, avec son avis personnel, au ministère de la guerre, en même temps que la demande de l'aspirant et les pièces produites à l'appui. Nonobstant le refus du certificat, le ministre restera juge des titres du candidat. Pourront, au surplus, être dispensés de l'accomplissement des conditions prescrites par le présent article, les aspirants qui produiraient un certificat de moralité et de capacité, à eux délivré, conformément à l'art. 43 de la loi du 25 vent. an XI, par la chambre de discipline des notaires de leur dernière résidence en France.

7. Les notaires sont assujettis au cautionnement provisoirement fixé, savoir : pour ceux de la résidence d'Alger, à 6,000 fr.; pour ceux des autres localités, à 4,000 fr. Ce cautionnement, qui devra être fourni en numéraire, sera, spécialement et par premier privilège, affecté à la garantie des condamnations qui pourraient être prononcées contre le titulaire, à raison de l'exercice de ses fonctions.

8. Avant d'entrer en fonctions, les notaires prêteront, à l'audience du tribunal de première instance de l'arrondissement dans lequel leur résidence aura été fixée, le serment dont la formule suit : « Je jure fidélité au roi des Français, obéissance à la Charte constitutionnelle, aux lois du royaume, aux ordonnances, arrêtés ou règlements ayant force de loi en Algérie, et de remplir avec exactitude et probité les devoirs de ma profession. » Ils ne seront admis à prêter ce serment qu'après avoir produit le récépissé constatant le versement de leur cautionnement.

9. Aussitôt après avoir prêté serment, et préalablement à tout exercice de leurs fonctions, les notaires devront déposer ou faire déposer leurs signature et parafe, ainsi qu'un extrait certifié du procès-verbal de leur prestation de serment, dans chacun des greffes de la Cour royale, des tribunaux de première instance, de commerce et de paix, et des divers commissariats civils de l'Algérie. Les dépôts de leurs signature et parafe seront renouvelés par eux, toutes les fois que, pour des causes graves et dûment justifiées, ils auront été autorisés à les changer, par ordonnance du tribunal de leur résidence, rendue sur requête, le ministère public entendu.

10. Les notaires seront tenus de résider dans le lieu qui leur aura été assigné par l'arrêté de nomination, et ne pourront s'absenter de l'Algérie sans un congé délivré par le procureur général, qui en fixera la durée et rendra compte au ministre de la guerre. Ils exerceront leurs fonctions, savoir : 1° ceux des villes où est établi un tribunal de première instance, dans l'étendue du ressort de ce tribunal, à l'exception néanmoins de celles des localités dépendant de ce ressort avec lesquelles on ne peut communiquer que par mer; 2° ceux des localités dans lesquelles il n'existe qu'un tribunal de paix ou un commissariat civil, dans l'étendue du ressort de cette juridiction. Néanmoins, le notaire établi à Blidah pourra instrumenter, concurremment avec les notaires d'Alger, dans le ressort des commissariats civils de Boufarick, Douerah, et Koléah (1).

11. Les fonctions de notaires sont incompatibles avec tous autres offices ministériels, avec toutes fonctions publiques salariées et avec toute espèce de négoce.

12. Seront réputés démissionnaires et pourront être immédiatement remplacés : 1° les notaires qui, sans avoir justifié d'une excuse légitime, n'auraient pas prêté le serment prescrit par l'art. 8, et ne seraient pas entrés en fonctions dans les trois mois, à dater du jour où leur nomination leur a été notifiée; 2° ceux dont le cautionnement serait employé, en tout ou en partie, à l'acquit de condamnations pour fait de charge, ou frappé de saisies-arrêts déclarées valables par jugement, même pour des causes étrangères aux faits de charge, et qui n'auraient pas, dans le délai de trois mois, au plus tard, à partir de l'invitation qui leur en sera faite par le procureur du roi, sur l'avis du directeur des finances, soit rétabli en entier ledit cautionnement, soit produit un acte authentique ou un jugement définitif portant mainlevée des oppositions ou saisies-arrêts; 3° ceux qui, s'étant établis hors du lieu qui leur est assigné par l'arrêté de nomination, n'y auraient pas fixé leur résidence dans les trois jours de l'avertissement qui leur sera donné par le procureur du roi; 4° ceux qui se livreraient à l'exercice de fonctions ou de professions incompatibles avec le notariat; 5° ceux qui s'absenteraient de l'Algérie sans congé régulièrement délivré.

13. Les notaires seront tenus de prêter leur ministère toutes les fois qu'ils en seront requis, à moins de motifs légitimes d'abstention qu'ils devront immédiatement communiquer au procureur du roi. Dans le cas où ces motifs ne seraient pas justifiés, le procureur du roi pourra, sur la demande des intéressés, enjoindre aux notaires d'instrumenter; à défaut par eux de déférer à cette injonction, ils seront passibles de telles peines de discipline qu'il appartiendra. Ils seront également tenus, sous les mêmes peines, de représenter gratuitement, lorsqu'ils seront désignés à cet effet, dans les divers cas prévus par les lois, les militaires et marins absents, et de procéder, au besoin, dans l'intérêt de ceux-ci, sans autre indemnité que celle des simples déboursés dûment justifiés, à tous actes du ministère des notaires.

14. Les offices de notaires sont incessibles; il ne pourra être traité, sous aucun prétexte, à prix d'argent ou moyennant tout autre prix, quelle qu'en soit la nature, soit par le titulaire, soit par ses héritiers ou ayants-cause, de la cession de son titre et de sa clientèle, sauf néanmois ce qui sera dit en l'art. 51 ci-après, en ce qui concerne les recouvrements.

CHAPITRE II. — **Actes notariés. — Leur forme. — Fonctions et devoirs des notaires.**

15. Les actes seront reçus par le notaire, en présence de deux témoins, et, s'il s'agit d'un testament par acte public, en présence de quatre témoins mâles, majeurs, européens, ayant au moins une année de résidence en Algérie, jouissant de leurs droits civils, sachant signer et, autant qu'il se pourra, parlant la langue française. Les mêmes témoins ne pourront être habituellement employés. Le tout sans préjudice de la faculté accordée par les lois aux notaires de procéder, sans assistance de témoins, à certains actes, pour lesquels ils sont commis par les tribunaux (2).

16. Toutes les fois qu'une personne ne parlant pas la langue française sera partie ou témoin dans un acte, le notaire devra être, en outre, assisté d'un interprète assermenté,

(1) Voir *infra* le décret du 10 août 1875.
(2) Cet article a été modifié par le décret du 26 octobre 1886 et abrogé.

qui expliquera l'objet de la convention, avant toute écriture, expliquera de nouveau l'acte rédigé, et signera comme témoin additionnel. Les signatures qui ne seraient pas écrites en caractères français seront traduites en français, et la traduction en sera certifiée et signée au pied de l'acte par l'interprète. Les parents ou alliés, soit du notaire, soit des parties contractantes, en ligne directe, à tous les degrés, et en ligne collatérale jusqu'au degré d'oncle ou neveu inclusivement, ne pourront remplir les fonctions d'interprète, dans le cas prévu par le présent article. Ne pourront aussi être pris pour interprètes d'un testament par acte public, les légataires, à quelque titre que ce soit, ni leurs parents ou alliés, jusqu'au degré de cousin germain inclusivement.

17. Les actes des notaires seront écrits en langue française, en un seul contexte, lisiblement, sans abréviations, blanc, lacune ni intervalle. Les sommes et les dates y seront écrites en toutes lettres; les renvois en marge et au bas des pages, et le nombre des mots rayés dans tout le texte de l'acte, seront approuvés par l'initiale du nom propre ou le parafe de chacune des parties, des témoins et du notaire. Ces actes énonceront : 1° les noms et lieu de résidence du notaire qui les reçoit; 2° les noms, prénoms, qualités et demeures des parties, et la mention de leur patente, si l'acte est relatif à leur commerce, profession ou industrie; 3° les noms, âges, professions et demeures des témoins; 4° les noms et demeure de l'interprète, s'il y a lieu; 5° le lieu, l'année, le jour où les actes sont passés; 6° les procurations des contractants, lesquelles, certifiées par les parties qui en feront usage, demeureront annexées à la minute; 7° la lecture faite aux parties par le notaire, et, le cas échéant, l'accomplissement des interprétations prescrites par le premier alinéa de l'article précédent, sans préjudice des formalités spéciales auxquelles certains actes sont assujettis par la loi. Ils exprimeront les sommes en francs, décimes et centimes, et en mesures métriques, toutes les quantitées, poids ou mesures à énoncer. Toutefois, les sommes et quantités pourront être exprimées par les appellations usitées en Agérie, ou dans le lieu du domicile des contractants, pourvu qu'elles soient, à la suite de la traduction ou conversion en dénominations nouvelles, conformes au système décimal ou métrique de France.

18. Les notaires seront tenus d'annexer aux actes par eux reçus l'original ou, en tout cas, la traduction certifiée par un interprète assermenté, et signée des parties, des actes émanés des officiers publics indigènes, ou de tous fonctionnaires étrangers, et auxquels les nouvelles conventions se référeraient. Le contenu desdites pièces devra être, en outre, mentionné sommairement dans l'acte auquel elles seront annexées.

19. Si le nom, l'état et la demeure des parties ne sont pas connues du notaire qui recevra leurs conventions, ils devront lui être attestés par deux témoins connus de lui et ayant les mêmes qualités que celles qui sont requises pour être témoin instrumentaire. En matière de transaction immobilière, ou de contrat hypothécaire, l'existence des immeubles qu'il s'agira d'aliéner ou d'hypothéquer devra être également connue du notaire instrumentaire, ou lui être attestée, ainsi qu'il est dit au premier alinéa du présent article.

20. Lorsque l'état d'une partie qui s'oblige, par acte passé devant eux, ne leur sera pas connu, les notaires devront, indépendamment de l'attestation prescrite par le précédent article, exiger, avant la passation de l'acte, la représentation du contrat de mariage de ladite partie, si elle se déclare mariée, ou son affirmation personnelle et sous serment qu'elle n'a point fait de conventions matrimoniales; et si elle déclare n'être point mariée, son affirmation, également sous serment, que réellement elle ne l'est pas. L'accomplissement de ce qui précède sera expressément constaté dans l'acte par le notaire, à peine contre lui de tous dommages-intérêts, s'il y a lieu.

21. Dans les actes translatifs de propriétés immobilières, les notaires énonceront la nature, la situation, la contenance, les tenants et aboutissants des immeubles, les noms des précédents propriétaires et, autant qu'il se pourra, le caractère et la date des mutations successives.

22. Chaque notaire tiendra exposés dans son étude, 1° un tableau sur lequel il inscrira les noms, prénoms, qualités, professions et demeures des personnes qui, dans l'étendue du ressort où il peut exercer, sont interdites ou assistées d'un conseil judiciaire, ainsi que la mention des jugements y relatifs; 2° un autre tableau où il inscrira également l'extrait des contrats de mariage intervenus entre époux domiciliés dans son ressort, et dont l'un serait commerçant, ledit extrait contenant les indications prescrites par l'art. 68, paragraphe 2 du Code de commerce. Ces inscriptions auront lieu immédiatement après la notification qui devra être faite aux notaires, savoir : par le greffier de la juridiction qui aura rendu le jugement définitif d'interdiction ou de nomination de conseil judiciaire, de l'extrait dudit jugement, et par le notaire qui, dans le cas prévu par le n° 2 du précédent paragraphe, aura reçu le contrat de mariage d'un commerçant, de l'extrait dudit contrat.

23. Les notaires seront tenus d'apposer sur les grosses et expéditions des actes l'empreinte d'un sceau particulier, d'après le modèle adopté pour les notaires de France. Les actes notariés seront légalisés par le président du tribunal civil de la résidence du notaire (1), ou du lieu où sera délivré l'acte ou l'expédition, mais seulement lorsque les grosses ou expéditions qui en seront délivrées devront être employées en dehors de l'Algérie.

24. Si un notaire décède avant d'avoir signé l'acte qu'il a reçu, mais après la signature des parties contractantes et des témoins, le tribunal de première instance du ressort pourra, sur la demande des parties intéressées ou de l'une d'elles, ordonner que cet acte sera régularisé par la signature d'un autre notaire du même arrondissement. Dans ce cas, l'acte vaudra comme s'il avait été signé par le notaire instrumentaire.

25. Les notaires tiendront répertoire de tous les actes qu'ils recevront. Ces répertoires seront visés, cotés et parafés, savoir : ceux des notaires établis dans les villes où siège un tribunal de première instance, par le président ou par un juge de ce tribunal, et ceux des notaires établis en dehors des lieux où siègent les tribunaux de première instance, par le juge de paix ou l'un de ses suppléants, et, s'il n'y a pas de justice de paix, par le commissaire civil de leur résidence. Chaque article du répertoire sera dressé jour par jour, et contiendra : 1° son numéro d'ordre; 2° la date de l'acte; 3° la nature de l'acte; 4° son espèce, c'est-à-dire s'il est en minute ou en brevet; 5° les noms, prénoms et demeures des parties; 6° l'indication des biens, leur situation et le prix, lorsqu'il s'agira d'actes ayant pour objet la propriété, l'usufruit ou la jouissance de biens immeubles; 7° la somme prêtée, cédée ou transportée, s'il s'agit d'obligation, cession ou transport; 8° la relation de l'enregistrement. Les notaires feront aussi mention sur leur répertoire, tous les trois mois, et avant le visa du receveur de l'enregistrement, des noms des clercs qui, pendant le précédent trimestre, auront été en cours de stage dans leur étude, du temps de travail que lesdits clercs auront accompli et de leur rang de cléricature.

26. Les notaires devront, en outre, tenir un registre particulier, qui sera visé, coté et parafé, comme il est dit pour le répertoire en l'article précédent, et sur lequel ils inscriront, à la date du dépôt, les noms, prénoms, professions, domiciles et lieux de naissance des personnes qui leur remettront un testament olographe. Ce registre ne fera aucune mention de la teneur du testament déposé; il sera soumis, de même que le répertoire, au visa des préposés de l'enregistrement. Si, à l'époque où ils auront connaissance du décès de la per-

(1) Ou le juge de paix du canton. (Décret, 19 octobre 1859.)

sonne dont le testament olographe aura été déposés en leur étude, aucune partie intéressée ne se présente pour requérir l'exécution de l'art. 1007 du Code civil, ils devront eux-mêmes faire les diligences nécessaires pour la présentation dudit testament au président du tribunal de première instance du ressort, après en avoir donné avis au procureur du roi. Dans le même cas, les notaires établis dans les lieux où il n'existe pas de tribunal de première instance, et à la distance de cinq myriamètres du siège de ce tribunal, seront autorisés à présenter le testament aux juge de paix, et, s'il n'y a pas de justice de paix, au commissaire civil de leur résidence, qui le fera parvenir clos et cacheté au président du tribunal par l'intermédiaire du procureur du roi, et qui pourra même en faire l'ouverture si les communications étaient interrompues entre le lieu de leur siège et le chef-lieu judiciaire.

27. Seront également autorisés les notaires établis à plus de cinq myriamètres de distance de la ville où siège le tribunal de première instance du ressort, à présenter, dans le cas prévu par le deuxième alinéa de l'art. 1007 du Code civil, les testaments mystiques reçus par eux, soit au juge de paix, soit, à défaut de juge de paix, au commissaire civil de leur résidence, lequel pourra faire l'ouverture desdits testaments, en présence des témoins signataires de l'acte de suscription qui se trouveront sur les lieux, ou eux dûment appelés.

28. Le notaire dépositaire d'un testament contenant des dispositions au profit d'un établissement public devra en donner avis au procureur du roi dans le mois de l'ouverture de ce testament.

29. Indépendamment du répertoire et du registre prescrits par les art. 25 et 26, le notaires tiendront un registre coté, parafé soumis au visa des préposés de l'enregistrement, conformément auxdits articles, sur lequel ils devront mentionner, jour par jour, par ordre de dates, sans blancs, lacunes, ni transports en marge : 1° toutes les sommes ou valeurs qu'ils recevront en dépôt, à quelque titre que ce soit ; 2° les noms, prénoms, professions et demeures des déposants ; 3° la date des dépôts ; 4° l'emploi qui aura était fait des valeurs déposées.

30. Sont, au surplus, rendues communes aux notaires de l'Algérie, sauf les modifications qui précèdent et celles qui seront énoncées ci-après, ou qui sont ou seraient ultérieurement établies par la législation spéciale du pays, les dispositions des lois et règlements de France, relatifs à la forme des actes notariés, à leur effet et aux formalités à remplir par les notaires, notamment celles des art. 8, 10, paragraphe 2, 12 à 18, 20 à 27, 29, 30 et 68 de la loi du 25 ventôse an XI ; 971 à 977, 979, 1317 à 1320 du Code civil.

31. Sont également rendues communes aux notaires de l'Algérie, en tout ce qui n'est pas contraire au présent arrêté et à la législation spéciale du pays ; 1° les attributions particulières conférées par les lois françaises aux notaires de France ; 2° les obligations imposées par les mêmes lois et par les règlements en vigueur dans la métropole à ces officiers publics ; en matière d'enregistrement des actes notariés, de tenue, visa, vérification par les préposés de l'enregistrement et dépôt des répertoires ; 3° les amendes applicables aux notaires de France, pour toutes contraventions, omissions, irrégularités et autres inobservations des règles prescrites par lesdites lois, ainsi que les formes des poursuites à diriger pour le recouvrement de ces amendes.

32. Les notaires exerceront d'ailleurs toutes autres fonctions ou attributions qui leur sont ou qui leur seraient particulièrement conférées par la législation spéciale de l'Algérie. Ils ne pourront faire ni protêts, faute d'acceptation ou de payement de lettres de change et autres effets commerciaux, ni actes d'offres réelles et procès-verbaux de consignation de ces offres, que dans les cas où lesdits actes ne pourraient pas être formalisés par les huissiers.

33. Il est expressément interdit à tout notaire : 1° d'employer, même temporairement, à son profit, les sommes dont il s'est constitué détenteur ou dépositaire en sa qualité de notaire, ou de placer, en son nom personnel, les fonds qu'il aurait reçus de ses clients, à la condition de leur en servir l'intérêt ; 2° de retenir entre ses mains, sans motifs légitimes, les sommes qui doivent être par lui versées à la caisse des dépôts et consignations, dans les divers cas prévus par les lois, ordonnances ou règlements ; 3° de prendre directement ou indirectement un intérêt dans les opérations où il intervient comme notaire, ou d'emprunter, pour ses affaires personnelles, le nom d'un tiers dans les actes qu'il reçoit ; 4° de se constituer garant ou caution, à quelque titre que ce soit, des prêts qui auraient été faits par son intermédiaire ou qu'il aurait été chargé de constater par acte public ou privé ; 5° de faire ou laisser intervenir ses clercs en qualité de mandataires d'une ou de plusieurs des parties qui contractent devant lui ; 6° de se rendre cessionnaire, soit de procès, droits ou actions litigieux ou successifs, alors même qu'ils seraient hors de la compétence du tribunal dans le ressort duquel il exerce ses fonctions, soit d'indemnités ou rentes dues, en Algérie, à des particuliers, par l'Etat ou par la colonie ; 7° de se livrer directement ou indirectement, comme principal obligé, ou comme associé, même en participation, à des spéculations ou entreprises, à une ou plusieurs opérations de bourse, commerce, change, banque, escompte ou courtage ; de s'immiscer dans l'administration d'aucune entreprise ou compagnie de finance, de commerce ou d'industrie ; de spéculer sur l'acquisition et la revente des immeubles, sur la cession des créances, actions industrielles et autres droits incorporels, et de souscrire, à quelque titre, et sous quelque prétexte que ce soit, des lettres de change ou billets à ordre négociables ; 8° d'insérer dans les actes des dispositions dont il retirerait un profit personnel ou de stipuler pour autrui ; 9° de prêter son ministère pour la vente de biens qu'il saurait être inaliénables, ou qui ne pourraient être aliénés qu'après l'accomplissement des formalités prescrites par la législation spéciale de l'Algérie ou les anciennes lois du pays ; 10° de passer des actes pour le compte d'un notaire suspendu de ses fonctions, et de le substituer en quelque manière que ce soit, sauf ce qui sera dit en l'art. 54 ci-après ; 11° de s'associer, soit avec d'autres notaires, soit avec des tiers, pour l'exploitation de son office ; 12° d'instrumenter hors de son ressort, ainsi que d'ouvrir étude, et de conserver le dépôt de ses minutes ailleurs que dans le lieu qui lui a été fixé pour résidence. Le tout sans préjudice de la prohibition contenue en l'art. 14 ci-dessus, et de toutes autres défenses faites aux notaires par celles des dispositions de la loi du 25 ventôse an XI, auxquelles se réfère le présent arrêté.

CHAPITRE III. — **Frais d'actes, honoraires et droits des notaires.**

34. Le tarif établi par les décrets du 16 février 1807, pour le règlement des vacations et droits de voyages des notaires de Paris, est rendu applicable aux notaires de l'Algérie, avec réduction d'un dixième. Les droits d'expédition de grosse de tous actes sont fixés à 2 fr. 50 c. par rôle de trente lignes à la page, et de quinze syllabes à la ligne.

35. Pour tous actes non tarifés par les décrets précités du 16 février 1807, les honoraires seront réglés amiablement entre les parties et le notaire. En cas de difficulté, avant comme après le payement, la taxe des honoraires sera faite par le tribunal de première instance du ressort, en chambre du conseil, sur simples mémoires et sans frais, le ministère public entendu.

36. Le notaire ne pourra réclamer ou recevoir des honoraires de deux parties ayant des intérêts différents, comme de l'emprunteur et du prêteur, de l'acquéreur et du vendeur, excepté dans les contrats d'échange et de société. Les actes délivrés en brevet et les grosses ou expéditions des actes dont il doit être gardé minute, énonceront en détail les sommes reçues ou réclamées par le notaire, en distinguant les déboursés, droits et honoraires, le tout à peine, en cas de contravention, de telles mesures de discipline qu'il appartiendra.

37. Les demandes en payement de droits et honoraires, formées par les notaires de l'Algérie, seront instruites et jugées, sans préliminaire de conciliation, en la même forme que celles des notaires de France.

CHAPITRE IV. — **Discipline des notaires.**

38. Indépendamment des amendes qui seraient encourues par eux, aux termes de l'art. 31 ci-dessus, pour omissions, irrégularités et autres violations ou inobservations des règles prescrites par les lois qui leur sont rendues applicables, les notaires seront passibles, pour les mêmes infractions, comme pour toutes contraventions aux dispositions du présent arrêté, et pour tous manquements aux devoirs de leur profession, de l'application de peines disciplinaires, sans préjudice de peines plus graves, en cas de crime ou de délit.

39. Les peines de discipline applicables aux notaires, sont : 1° le rappel à l'ordre; 2° la censure avec réprimande; 3° la suspension pendant trois mois au plus; 4° la révocation.

40. Le rappel à l'ordre et la censure avec réprimande seront prononcés, lorsqu'il y aura lieu, par le procureur général, d'office, ou sur le rapport du procureur du roi près le tribunal de la résidence du notaire, après que l'inculpé aura été entendu ou dûment appelé. Ils seront toujours notifiés par écrit audit notaire, et il en sera fait mention tant au parquet du procureur général qu'en celui du procureur du roi, sur un registre spécialement tenu à cet effet. Le procureur général informera, sans retard, le ministre de la guerre de tout rappel à l'ordre ou censure avec réprimande qu'il aura prononcés contre des notaires.

41. Lorsqu'il y aura lieu à suspension ou révocation, il sera procédé à l'enquête disciplinaire par le procureur de la résidence du notaire inculpé, qui devra toujours être entendu ou dûment appelé, et pourra fournir, dans le délai qui lui sera fixé, ses explications par écrit sur les griefs dont il lui sera donné communication. Le procureur du roi adressera ensuite les pièces de l'enquête, les explications de l'inculpé, et son rapport au procureur général, qui transmettra le tout, avec son avis personnel, au ministre de la guerre. Il sera statué par le ministre. Néanmoins, en cas d'urgence, le gouverneur général pourra, sur la proposition du procureur général, prononcer provisoirement la suspension, à charge d'en rendre compte immédiatement au ministre de la guerre. Il y aura lieu à cette suspension provisoire, toutes les fois que, par l'effet de condamnations prononcées pour faits de charge, le cautionnement des notaires se trouverait employé en tout ou en partie.

42. La révocation sera toujours prononcée : 1° contre le notaire qui aurait contrevenu à l'une des prohibitions portées aux numéros 1, 2, 3, 4, 5, 6, 7, 9, 10 et 11, de l'art. 33 ci-dessus; 2° contre celui qui, ayant été suspendu, continuerait directement ou indirectement, pendant la durée de la suspension, l'exercice de ses fonctions, ou le reprendrait avant l'expiration de la peine, sans préjudice des peines portées en l'article 197 du Code pénal; 3° contre celui qui, en contravention à l'art. 14 ci-dessus, aurait traité à prix d'argent ou moyennant toute autre indemnité, de la cession de son office, lors même que la convention n'aurait pas été suivie d'effet, et contre le nouveau titulaire, qui, par suite d'une telle convention, aurait obtenu sa nomination; 4° contre celui qui, ayant précédemment subi la peine de la suspension, tomberait dans la récidive.

43. La suspension et même la révocation seront prononcées, selon les cas, contre le notaire qui se trouvera dans l'un des cas prévus par les numéros 8 et 12 de l'art. 33, et contre celui qui, par sa conduite privée et habituelle, ou par un fait grave quelconque, compromettrait sa dignité, sa délicatesse, son honneur ou son caractère d'officier public.

44. Il sera fait mention, sur le registre prescrit par le deuxième alinéa de l'art. 40 ci-dessus, de toutes suspensions prononcées contre un notaire, soit par le ministre de la guerre, soit même, provisoirement, par le gouverneur général, aux cas prévus par l'art. 41.

45. Les décisions portant peine de suspension et de révocation contre un notaire lui seront notifiées, à la diligence du procureur du roi de sa résidence, soit par simple lettre, soit même, s'il en est besoin, par le ministère d'un huissier. Elles seront exécutées à partir du jour de cette notification.

46. Au commencement de chaque année, le procureur général nommera, parmi les notaires d'Alger, un syndic dont les attributions consisteront : 1° à donner son avis, après information, s'il y a lieu, sur toutes les plaintes qui seraient portées contre un notaire de son ressort ; 2° à intervenir officieusement, et comme conciliateur, dans les débats qui s'élèveraient, soit entre des notaires de son ressort, soit entre les mêmes notaires et leurs clients ; 3° à donner son avis, lorsqu'il en sera requis par les magistrats, sur les difficultés que feraient naître les réclamations d'honoraires, vacations et droits, formées par les notaires ; 4° à représenter sa compagnie toutes les fois qu'il s'agira de ses intérêts collectifs, et dans toutes ses relations ou communications avec l'autorité judiciaire. Le syndic nommé continuera ses fonctions jusqu'à son remplacement ; il sera indéfiniment rééligible.

CHAPITRE V. — Remises à faire des minutes et répertoires par les notaires qui cessent leurs fonctions ou par leurs représentants. Recouvrements.

47. Les minutes et répertoires d'un notaire décédé, démissionnaire, révoqué ou remplacé par suite de déchéance, seront remis à son successeur immédiat, et, jusqu'à ce que celui-ci soit installé, déposés, selon les localités et les circonstances, soit en l'étude d'un autre notaire de la même résidence, désigné par le procureur du roi du ressort, soit au greffe du tribunal de première instance, de la justice de paix ou du commissariat civil du lieu. Le procureur du roi veillera à ce que la remise et le dépôt prescrits soient effectués sur inventaire régulier, qui devra être dressé par le notaire ou greffier dépositaire. Le double de cet inventaire, au pied duquel le dépositaire donnera récépissé des minutes et répertoires, sera mis au greffe du tribunal civil du ressort, excepté dans le cas où le dépôt serait opéré dans ledit greffe.

48. Les possesseurs ou détenteurs de minutes qui, dans le cas prévu par le précédent article, refuseraient d'en effectuer la remise, après avoir été mis en demeure par le procureur du roi, seront poursuivis à la requête de ce magistrat devant le tribunal de première instance du ressort, pour être condamnés à l'amende portée par l'art. 57 de la loi du 25 ventôse an XI.

49. Dans le cas de suppression d'office, les minutes et répertoires du notaire supprimé seront remis immédiatement, et après inventaire dressé conformément à l'art. 47, à celui des notaires du même ressort qui sera désigné par le ministre de la guerre, sur la proposition du procureur général.

50. Aussitôt après le décès, la démission ou la notification de la révocation d'un notaire, les minutes, papiers et répertoires de l'étude, seront, s'il y a nécessité, et s'ils ne peuvent être immédiatement transportés, soit dans l'étude, soit dans le greffe, où ils devront être déposés, placés sous les scellés, même d'office par le juge de paix, ou, à défaut de juge de paix, par le commissaire civil de la résidence du notaire, jusqu'à ce que le dépôt puisse en être effectué. L'apposition des scellés aura toujours lieu dans le cas où la résidence du notaire décédé, démissionnaire ou révoqué, se trouverait en dehors du lieu où siège le tribunal de première instance.

51. Lorsque les minutes auront été déposées dans le greffe du tribunal de première instance, ou dans celui d'un tribunal de paix, ou d'un commissariat civil, les grosses et expéditions pourront être délivrées par le greffier dépositaire, qui aura droit, dans ce cas, à la moitié de la rétribution fixée par l'article 34, paragraphe 2 ci-dessus, à charge par lui de se conformer aux règles prescrites aux notaires pour la délivrance desdites grosses et expéditions.

52. Nonobstant la disposition de l'art. 14 du présent arrêté, le nouveau titulaire, ou le notaire qui recevra les minutes, dans le cas de suppression d'office, sera tenu d'indemniser l'ancien titulaire ou ses héritiers, jusqu'à concurrence du montant des recouvrements qui pourraient être à exercer au profit de ceux-ci, à raison des actes dont les frais, honoraires ou droits quelconques resteraient dus. Dans tous les cas, le montant de cette indemnité sera réglé sans frais par le tribunal de première instance, en chambre du conseil, le ministère public et les parties intéressées entendus. Le règlement n'en sera définitif qu'après l'approbation du ministre de la guerre, auquel la décision de la chambre du conseil devra être transmise par le procureur général. Tout traité de gré à gré sur le montant de ladite indemnité sera nul et entraînera la révocation du titulaire qui l'aura souscrit avant ou après la remise des minutes.

CHAPITRE VI. — **Dispositions particulières.**

53. Le notaire qui, par suite d'infirmités physiques ou morales, se trouverait hors d'état de continuer l'exercice de ses fonctions sera remplacé.

54. En cas de maladie, d'absence ou d'empêchement autre que celui résultant, soit d'une suspension disciplinaire, soit de parenté ou d'alliance, les notaires pourront être substitués, avec l'autorisation préalable du procureur du roi de leur ressort, par un autre notaire de la même résidence. La minute de l'acte reçu par le notaire substituant restera en l'étude du notaire substitué, ce qui sera énoncé dans ledit acte. La minute devra, en outre, être portée à la fois sur le répertoire du notaire substitué et sur celui du notaire substituant, avec mention par celui-ci que cette minute est restée au notaire suppléé. Le notaire suppléé et le notaire substituant seront solidairement responsables de toute inobservation des formalités prescrites pour la validité de l'acte, et passibles, selon les circonstances, en cas de contravention, des mêmes peines disciplinaires.

55. Aucun notaire suspendu de ses fonctions ne pourra, pendant la durée de la suspension, se faire substituer, même pour la délivrance des grosses ou expéditions des actes déposés dans son étude. En ce cas, lorsqu'il y aura lieu à délivrance de grosses ou expéditions desdits actes, elle ne pourra être faite que par un autre notaire de la même résidence, spécialement commis à cet effet par le procureur du roi du ressort, sur la demande des parties intéressées, et il sera fait mention expresse de la délégation au bas de la grosse ou de l'expédition délivrée. Dans le même cas, le notaire suspendu sera tenu de communiquer au notaire délégué, sur son récépissé, les minutes à expédier, lesquelles devront ensuite être rétablies dans l'étude où elles sont déposées. Les droits dus pour les grosses ou expéditions ainsi délivrées ne pourront être perçus qu'au profit du notaire commis. Toute contravention au présent article sera punie de révocation, sans préjudice de peines plus graves, s'il y a lieu.

56. Dans les lieux où il n'existe qu'un seul notaire en exercice, si ce notaire est empêché par l'un des motifs énoncés aux deux articles précédents ou pour cause de parenté ou d'alliance, il pourra être provisoirement remplacé, sur la demande expresse des parties intéressées et avec l'autorisation du procureur du roi du ressort, soit par le greffier du tribunal de première instance, soit par celui de la justice de paix, et, à défaut du tribunal de première instance ou de paix, par le secrétaire du commissariat civil de la résidence dudit notaire. En ce cas, l'autorisation délivrée par le procureur du roi, et la cause de l'empêchement du notaire, seront énoncés dans l'acte dressé, ou dans les grosses ou expéditions délivrées par le substituant. La minute de l'acte dressé par le substituant sera déposée dans l'étude du notaire substitué, et, si celui-ci est suspendu de ses fonctions, dans l'étude de celui des notaires les plus voisins qui sera désigné par les parties intéressées. Le substituant se conformera, d'ailleurs, soit pour la rédaction et la forme des minutes ou brevets, soit pour la délivrance des grosses et expéditions, à toutes les règles prescrites pour les notaires, au moyen de quoi ses actes vaudront comme actes notariés. Dans les divers cas prévus par le présent article, le substituant pourra percevoir à son profit, indépendamment des honoraires, la moitié des vacations et droits réglés par l'art. 34 ci-dessus.

57. Dans celles des villes du littoral où sont établis des commissariats civils, et pour lesquelles il n'existe pas de notaires, les secrétaires des commissariats recevront et rédigeront, en la forme des actes notariés, les conventions des parties qui requerront leur ministère à cet effet. En ce cas, ils déposeront et conserveront dans les archives du secrétariat la minute desdites conventions, et pourront, lorsqu'ils en seront requis, en délivrer aux intéressés des expéditions qui leur seront payées d'après le taux réglé par l'article 24 de l'arrêté ministériel du 18 décembre 1842, portant organisation des commissariats civils. Les actes ainsi rédigés ne vaudront que comme écrits sous signature privée, le tout, sans préjudice des attributions exceptionnelles conférées aux mêmes secrétaires par l'arrêté précité, en matière d'inventaire.

58. Les parties intéressées à des actes reçus par un notaire de l'Algérie pourront lever à leurs frais, pour leur sûreté, et déposer au greffe du tribunal de première instance du ressort des expéditions desdits actes, collationnées et signées par le notaire et légalisées par le président du tribunal de la résidence de cet officier public. Le greffier sera tenu de recevoir ce dépôt, sur la réquisition de la partie, et de le garder dans les archives du greffe. Il sera fait mention sommaire dudit dépôt sur un registre tenu à cet effet dans chaque greffe de première instance, et coté et parafé par le président du tribunal.

CHAPITRE VII. — **Dispositions finales.**

59. Sont maintenus, chacun dans sa résidence actuelle, sans qu'il soit besoin de leur délivrer des commissions confirmatives, et seulement à charge par eux de remplir, dans le délai de deux mois, à dater de l'époque où le présent arrêté sera exécutoire, les formalités prescrites par le premier alinéa de l'art. 9 du même arrêté, les notaires précédemment institués et nommés par le ministre de la guerre, et qui seront en exercice au moment de la promulgation des présentes.

60. Les notaires qui auront exercé leurs fonctions avec honneur pendant vingt années consécutives, pourront obtenir le titre de notaire honoraire. Ce titre sera conféré par le ministre de la guerre, sur la proposition du procureur général.

61. Il n'est rien innové par le présent arrêté en ce qui concerne les attributions conservées aux cadis, en matière de notariat, par l'art. 43, paragraphes 2 et 3 de l'ordonnance royale du 26 septembre 1842.

62. Toutes dispositions contraires aux présentes sont abrogées.

63. Le gouverneur général de l'Algérie est chargé de l'exécution du présent arrêté, qui sera publié dans le *Bulletin officiel* des actes du gouvernement de l'Algérie, et dans le *Moniteur algérien*, et qui sera exécutoire à partir du 1er mars 1843.

18 JANVIER 1875.

DÉCRET sur l'exercice du Notariat, en Algérie, par les greffiers de justice de paix.

Le Président de la République française,

Vu le paragraphe 4 de l'article 14 du décret du 29 août 1874 sur l'organisation de la justice en Kabylie, lequel est ainsi conçu :

« Dans les cantons judiciaires où il n'existera pas de notaire, les greffiers de justice de paix pourront être désignés par le garde des sceaux pour en remplir les fonctions. »

Attendu qu'il importe d'étendre cette disposition à toute l'Algérie et de régler en même temps les conditions dans lesquelles les greffiers seront autorisés à exercer les fonctions notariales;

Sur le rapport du garde des sceaux, ministre de la justice,

Décrète :

Art. **1.** Les dispositions du paragraphe 4 de l'article 14 du décret du 29 août 1874 sont applicables à toute l'Algérie.

2. Les greffiers de paix de l'Algérie, autorisés, par le garde des sceaux, à exercer les attributions notariales dans les cantons où il n'existera pas de notaire, n'exerceront que concurremment avec les notaires ayant compétence pour instrumenter dans l'arrondissement judiciaire, dans les limites et sous les réserves et conditions ci-dessous énoncées.

SECTION I. — Exercice entier des fonctions notariales par les greffiers.

3. La plénitude des attributions notariales pourra être conférée aux greffiers de paix lorsqu'ils auront obtenu un certificat de capacité délivré, soit conformément à l'article 45 de la loi du 25 ventôse an XI, par la chambre de discipline des notaires de leur dernière résidence en France, soit par une commission formée au chef-lieu de chaque département de l'Algérie. Cette commission sera composée et procédera conformément à l'article 6 de l'arrêté ministériel du 30 décembre 1842.

4. Tout greffier investi de la plénitude des attributions notariales sera soumis, outre son cautionnement de greffier, à un cautionnement supplémentaire de 1,500 francs.

La totalité des deux cautionnements demeurera affectée par privilège à la garantie des condamnations par lui encourues à l'occasion de l'exercice de ces doubles fonctions.

Avant d'entrer en fonctions, il prêtera le serment professionnel devant le juge de paix; mais il ne sera admis à prêter le serment qu'après avoir produit le récépissé constatant le versement du supplément de son cautionnement.

5. Il sera soumis à tous les règlements en vigueur sur le notariat.

Ses actes produiront le même effet que ceux des notaires, et il aura droit aux mêmes honoraires et émoluments.

SECTION II. — Exercice restreint des fonctions notariales par les greffiers.

6. Lorsque le greffier de paix ne justifiera pas de l'obtention de l'un des deux certificats de capacité énoncés en l'art. 3, la plénitude des attributions notariales ne lui sera jamais dévolue.

Il pourra seulement être autorisé à recevoir et rédiger, en la forme des actes notariés, les conventions des parties qui requerront son ministère à cet effet, à l'exception des actes dont la réception est exclusivement réservée aux notaires.

Les actes ainsi rédigés ne vaudront que comme écrits sous signatures privées. Néanmoins, et sauf les cas où ces actes pourraient être délivrés en brevet par les notaires, il en sera conservé minute qui restera déposée au greffe de la justice de paix.

7. Le greffier pourra être également autorisé à recevoir et à rédiger, en la forme des actes notariés, des procurations qui auront même efficacité et authenticité, comme si elles avaient été reçues et rédigées par un notaire.

8. Il pourra aussi être autorisé à recevoir les testaments en présence de deux témoins et les reconnaissances d'enfants naturels dans la même forme. Néanmoins, ces testaments et reconnaissances seront nuls et non avenus si, en cas de survie du testateur ou de l'auteur de la reconnaissance, ils n'ont pas été renouvelés dans les six mois, avec les formalités ordinaires, devant les officiers publics compétents. Avis devra être donné aux parties de cette disposition lors de la réception de l'acte, et mention en sera faite dans ledit acte sous peine de 100 francs d'amende contre le greffier. Cette contravention sera constatée et poursuivie en la même forme que les autres contraventions en matière de notariat.

9. Le greffier pourra encore, dans les cas prévus par les articles 928 et 942 du Code de procédure civile, être désigné par le juge de paix pour représenter, à la levée des scellés ou à l'inventaire, les intéressés non présents.

Il pourra également dresser les inventaires conformément aux articles 942 et 943 du Code de procédure civile. Dans ce cas, comme dans celui où le greffier aura la plénitude des attributions notariales, le juge de paix pourra ordonner qu'il sera passé outre à l'inventaire, en l'absence d'un officier public pour représenter les intéressés non présents.

10. Le greffier sera soumis, pour tout ce qui sera relatif à ses fonctions notariales, aux règlements en vigueur sur le notariat. Il aura droit, pour les actes par lui reçus, pour l'expédition des actes dont la minute sera déposée au greffe de la justice de paix, et pour les vacations, à la moitié des honoraires ou rétributions alloués aux notaires de l'Algérie. Il lui sera alloué les mêmes indemnités qu'en matière de justice de paix.

SECTION III.

11. Les attributions conférées aux greffiers de paix, en matière notariale, cesseront de plein droit lorsqu'un notaire sera institué dans le canton, et, en ce cas, les minutes et répertoires seront remis à cet officier public.

10 AOUT 1875

DÉCRET relatif au ressort des notaires de Boufarik et Douëra.

ART. **1.** Les notaires établis à Boufarik et à Douëra auront le droit d'instrumenter dans tout le ressort du canton de Boufarik.

9 OCTOBRE 1882.

DÉCRET portant qu'à partir du 1er octobre 1884 certains offices publics ou ministériels en Algérie, ceux des notaires notamment, ne seront conférés qu'à des postulants munis du certificat d'études de droit administratif et de coutumes indigènes.

ARTICLE UNIQUE. A partir du 1er octobre 1884, nul ne pourra être nommé notaire en Algérie, greffier ou avoué à la cour d'appel d'Alger ou aux tribunaux de première instance du ressort, s'il ne justifie, outre les conditions requises par les lois et règlements en vigueur, du certificat d'études de droit administratif et de coutumes indigènes, décerné conformément au titre 1er du décret du 24 juillet 1882.

29 JUILLET 1884.

DÉCRET qui étend, en Algérie, les attributions des greffiers notaries.

Article unique. Les greffiers de justice de paix, en Algérie, exerçant les fonctions notariales, conformément à la section II du décret du 18 janvier 1875, pourront faire les protêts faute d'acceptation ou de payement, sous les conditions prescrites par l'article 176 du Code de commerce.

26 OCTOBRE 1886.

DÉCRET relatif aux actes notariés en Algérie. Conditions prescrites pour être témoins.

Le Président de la République française,

Sur le rapport du garde des sceaux, ministre de la justice,

Vu l'arrêté ministériel du 30 décembre 1842, réglant l'exercice de la profession de notaire en Algérie ;

Le conseil d'Etat entendu,

Décrète :

Art. 1er. Les actes notariés sont reçus en Algérie par le notaire, en présence de deux témoins, et s'il s'agit d'un testament par acte public, en présence de quatre témoins, mâles, majeurs, citoyens français, jouissant de leurs droits civils et justifiant de leur inscription sur les listes électorales, sachant signer et domiciliés dans l'arrondissement communal où l'acte sera passé.

2. L'article 15 de l'arrêté du 30 décembre 1842 est abrogé.

NOTARIAT DES COLONIES

DISPOSITIONS APPLICABLES A TOUTES LES COLONIES

16 JUILLET 1878.

DÉCRET portant que, dans les colonies y dénommées, la présence d'un interprète, au moment de la rédaction des actes notariés, est nécessaire lorsqu'une des parties ou un des témoins ne comprend pas le français.

Article unique. Toutes les fois qu'une personne ne parlant pas la langue française sera partie ou témoin dans un acte passé devant un notaire de la Guyane, du Gabon, du Sénégal, des îles Saint-Pierre et Miquelon, de la Cochinchine, de Mayotte, de Nossi-Bé, de l'Inde, de la Nouvelle-Calédonie, des établissements français de l'Océanie, le notaire devra être assisté d'un interprète assermenté qui expliquera l'objet de la convention avant toute écriture, expliquera de nouveau l'acte rédigé et signera comme témoin additionnel.

Les signatures qui ne seraient pas écrites en caractères français seront transcrites en français et la transcription en sera certifiée et signée au pied de l'acte par l'interprète.

Les parents ou alliés soit du notaire, soit des parties contractantes, en ligne directe à tous les degrés, et en ligne collatérale jusqu'au degré d'oncle ou de neveu inclusivement, ne pourront remplir les fonctions d'interprète dans le cas prévu par le présent article. Ne pourront aussi être pris pour interprètes d'un testament par acte public les légataires à quelque titre que ce soit, ni leurs parents ou alliés jusqu'au degré de cousin germain inclusivement.

GUYANE.

24 FÉVRIER 1820.

ORDONNANCE du gouverneur portant publication à la Guyane de la loi du 25 vent. an XI sur le notariat, avec modifications.

TITRE I. — DES NOTAIRES ET DES ACTES NOTARIÉS.

SECTION Ire. — **Des fonctions, ressort et devoirs des notaires.**

ART. **1** à **4**. (*Conformes aux mêmes articles de la loi de ventôse an XI.*)

5. Les notaires exerceront leurs fonctions dans l'étendue du ressort qui sera fixé par leur commission.

6 et **7**. (*Conformes aux mêmes articles de la loi de ventôse an XI.*)

SECTION II. — **Des actes, de leur forme, des minutes, grosses, expéditions et répertoires.**

8. (*Conforme au même article de la loi de vent. an XI.*)

9. Les actes seront reçus par deux notaires ou par un notaire asssisté de deux témoins, citoyens français, sachant signer et domiciliés dans la ville ou dans le quartier où l'acte sera passé. A défaut de témoins capables, un commissaire-commandant ou un lieutenant-commissaire de quartier en tiendront lieu, comme pourrait le faire un second notaire. Dans les testaments où il faut quatre témoins, si on ne peut se les procurer, un commissaire-commandant ou un lieutenant-commissaire en tiendront lieu.

10 à **17**. (*Conformes aux mêmes articles de la loi de vent. an XI.*)

18. Le notaire tiendra exposé dans son étude un tableau sur lequel il inscrira les noms, prénoms, qualités et demeures des personnes qui, dans l'étendue du ressort où il peut exercer, sont interdites et assistées d'un conseil judiciaire, ainsi que de la mention des jugements relatifs, sans qu'il soit besoin que ces jugements lui aient été signifiés, mais seulement d'après la simple notification qui en aura été faite, et ce, à peine des dommages-intérêts de parties.

19 à **27**. (*Conformes aux mêmes articles de la loi de vent. an XI.*)

28. Les actes des notaires seront légalisés lorsqu'on s'en servira hors de la colonie.

La légalisation sera faite par le président du tribunal de première instance, de qui la signature sera elle-même légalisée par le gouverneur.

29 et **30**. (*Conformes aux mêmes articles de la loi de vent. an XI.*)

TITRE II. — RÉGIME DU NOTARIAT.

SECTION 1re. — Nombre, placement et cautionnement des notaires.

31. Le nombre des notaires dans la colonie, leur placement et résidence, seront déterminés par le commandant et administrateur pour le roi, soit dans une ordonnance coloniale ou dans l'acte de nomination de chaque notaire qui indiquera sa résidence et son ressort.

32. (*Conforme au même article de la loi de vent. an XI.*)

33. Les notaires seront assujettis à fournir chacun sa caution, pour 3,000 fr. en ville, et 1,000 fr. dans les quartiers. Ces sommes seront spécialement affectées à la garantie solidaire des condamnations.

Si, dans les six mois de la condamnation, le notaire ou sa caution n'y avaient satisfait, outre qu'ils en resteraient toujours solidairement redevables, le notaire serait considéré comme démissionnaire et serait remplacé.

34. (*Art.* 35 *et suivants de la loi de vent. an XI.*) Pour être admis aux fonctions de notaire, il faudra :

1° Jouir de l'exercice des droits de citoyen;

2° Être âgé de 25 ans accomplis;

3° Justifier du temps de travail, soit chez le notaire, soit au barreau, soit dans l'exercice de fonctions administratives ou judiciaires, que le gouverneur jugera nécessaire et conciliable avec l'état des études, des connaissances, de la pratique et du barreau, ou de l'ordre judiciaire dans cette colonie.

35. (*Art.* 43 *ibid.*) Le gouverneur exigera de l'aspirant qu'il lui rapporte, autant que possible, un certificat de moralité et de capacité.

36. (*Art.* 45 *ibid.*) Les notaires seront nommés par le gouverneur, sur le rapport du procureur général près la cour royale, et ils obtiendront du gouverneur leur commission.

37. (*Conforme à l'art.* 46 *de la loi de vent. an XI.*)

38. Dans les deux mois, etc. (*Conformes au* 1er § *de l'art.* 47 *de la même loi.*)

Ce serment sera enregistré au greffe. Le pourvu ne sera admis à le prêter qu'en représentant l'original de sa commission et en fournissant sa caution.

39 et **40.** (*Conformes aux art.* 48 *et* 49 *de la loi de vent. an XI.*)

SECTION III. — Discipline.

41. (*Art.* 50 *de la loi de vent. an XI.*) Quand l'importance et la population de la ville de Cayenne le permettront, une chambre de discipline des notaires y sera établie et organisée par ordonnance et règlement spéciaux.

42. (*Art.* 51 *ibid.*) Cependant les honoraires et vacations des notaires y seront réglés à l'amiable, entre eux et les parties, sinon par le tribunal civil, sur l'avis de deux autres notaires et du procureur du roi, et sur simples mémoires, sans frais.

43 et **44.** (*Conformes aux art.* 53 *et* 54 *de loi de vent. an XI.*)

45. (*Art.* 54 *ibid.*) Les minutes et répertoires d'un notaire remplacé ou dont la place aura été supprimée pourront être remis par lui ou par ses héritiers à l'un des notaires résidant dans le même quartier, et, s'il n'y en avait pas dans le quartier, à l'un des notaires de la ville.

46 à **50.** (*Conformes aux art.* 55 *à* 56 *de la loi de vent. an XI.*)

51. (*Art.* 60 *ibid.*) Si les dépôts de minutes ont été remis au greffe du tribunal, les grosses et expéditions pourraient, dans ce cas seulement, être délivrées par le greffier.

52. (*Art.* 61, *ibid.*) Immédiatement après le décès du notaire ou autre possesseur de minutes, les minutes et répertoires seront mis sous les scellés par le juge de paix, ou, à défaut du juge de paix, par le commissaire-commandant ou lieutenant-commissaire de la ville ou du quartier, jusqu'à ce qu'un autre notaire en ait été provisoirement chargé par ordonnance du président du tribunal.

TITRE III. — DES NOTAIRES ACTUELS.

53 à **57**. (*Conformes aux art.* 62, 64, 65, 66 *et* 67 *de la loi de vent. an XI.*)

TITRE IV. — DISPOSITIONS GÉNÉRALES.

58. (*Conforme à l'art.* 68 *de la loi de vent. an XI.*)

59. (*Art.* 69, *ibid.*) Toutes lois et ordonnances antérieures à la présente sont abrogées en ce qu'elles contiendraient de contraire.

60. Continueront au surplus très expressément les notaires de cette colonie à exécuter les dispositions de l'édit du roi du mois de juin 1776 qui les concernent, relativement au dépôt des papiers publics des colonies à Versailles.

28 AOUT 1862.

DÉCRET concernant les actes authentiques à passer dans les quartiers et les appositions et levées de scellés à la Guyane.

TITRE Ier. — DES ACTES A PASSER DANS LES QUARTIERS.

§ Ier. — *Des attributions des commissaires commandants.*

Art. **1er**. Dans les quartiers de la colonie de la Guyane française autres que celui de Sinnamari, les actes dont l'énumération suit pourront être reçus par les commissaires-commandants de ces quartiers où lesdits actes seront passés, au même titre que les notaires, savoir :

1° Les testaments publics ;

2° Les révocations de testaments ;

3° Les consentements à mariage (et les actes respectueux);

4° Les procurations spéciales ;

5° Les révocations de procurations ;

6° Les contrats de prêt, d'échange, de vente, de cautionnement, les reconnaissances de dettes, les promesses de payement et les quittances, lorsque ces actes ne s'appliqueront qu'à des objets purement mobiliers, et que la valeur desdits objets n'excédera pas cinq cents francs ;

7° Les inventaires ;

8° Les ventes publiques d'objets mobiliers et de ceux désignés aux articles 620 et 621 du Code de procédure civile modifié pour la Guyane française.

2. Le commissaire commandant qui recevra ces actes sera assisté du lieutenant-commissaire et, à défaut, du secrétaire de mairie.

Quand il s'agira d'un testament, il appellera en outre deux témoins.

A défaut du lieutenant commissaire et du secrétaire de mairie, il procédera avec le concours de quatre témoins pour les testaments, et de deux témoins pour les autres actes.

3. En cas d'empêchement, le commissaire-commandant sera suppléé par le lieutenant-commissaire. En cas d'empêchement simultané du commissaire-commandant et de son lieutenant-commissaire, les actes pourront être reçus par le secrétaire de mairie, qui se conformera, pour le nombre des témoins, aux deux derniers paragraphes de l'article qui précède.

4. Si les trois fonctionnaires du quartier où l'acte doit être passé se trouvent empêchés, ils seront suppléés par ceux d'un quartier limitrophe.

§ 2. — *Des testaments.*

5. Si le testament est reçu par le commissaire-commandant, avec le concours soit du lieutenant-commissaire, soit du secrétaire de mairie, il doit être écrit par l'un d'eux, à la volonté du commissaire-commandant.

6. Conformément à l'article 974 du Code Napoléon, il suffira qu'un des témoins signe, si le testament est reçu par deux des trois fonctionnaires ci-dessus désignés, et que deux des quatre témoins signent, si le testament est reçu par un seul de ces fonctionnaires.

7. Il n'est pas nécessaire que les témoins des testaments soient domiciliés dans le quartier où ces actes seront passés, ni dans la colonie ; il leur suffira de réunir les conditions de capacité exigées par l'article 980 du Code Napoléon.

8. Les testaments seront reçus en double minute.

Le fonctionnaire qui aura reçu l'acte adressera, par le prochain courrier, une des minutes, cachetée, au juge impérial à Cayenne. Ce dernier dressera procès-verbal de la réception du paquet, de son ouverture et de l'état du testament, dont il ordonnera le dépôt entre les mains du notaire choisi par le testateur, et, à défaut, commis par lui. Le notaire dépositaire accusera réception de ce dépôt au fonctionnaire qui aura rédigé le testament.

L'autre minute restera dans les archives du quartier, et sera, en cas de perte de la première, adressée au juge impérial, qui procédera comme il vient d'être dit.

9. Le notaire dépositaire prendra lecture du testament, et fera connaître au juge impérial son avis sur les causes de nullité dont le testament pourrait être entaché, et le juge impérial en informera le fonctionnaire qui l'aura reçu.

10. Les formalités auxquelles les testaments sont soumis par le Code Napoléon seront observées pour les testaments publics reçus dans les quartiers, et les nullités prononcées par le même Code leur seront également applicables.

§ 3. — *Des actes ordinaires.*

11. Il n'est pas nécessaire que les témoins des actes énumérés aux numéros 2 à 8 inclusivement de l'article 1er soient domiciliés dans le quartier où l'acte sera passé, il suffira qu'ils aient leur résidence dans la colonie.

12. Pour les actes autres que les testaments, la présence du fonctionnaire en second ou des deux témoins n'est requise qu'au moment de la lecture par le fonctionnaire qui les aura reçus et de la signature par les parties ; elle sera mentionnée, à peine de nullité.

13. Les articles 8 et 9 sont applicables aux révocations de testaments.

14. Les inventaires et les procès-verbaux de vente publique seront passés en minute.

15. Les actes énoncés aux numéros 3, 4, 5 et 6 de l'art. 1er du présent décret pourront être passés en simple brevet ou en minute, au choix des parties.

16. Les actes passés en minute seront transmis par la poste au notaire désigné par les parties, pour être rangés au nombre de ses minutes. Il peut refuser ce dépôt, si les droits d'enregistrement ne lui ont pas été consignés par le fonctionnaire qui a reçu les actes.

17. Le notaire dépositaire accusera réception de l'acte au fonctionnaire devant qui il aura été passé. Ce notaire pourra seul en délivrer les grosses, expéditions et extraits.

18. Les parties ne pourront recourir au ministère d'un notaire, pour les inventaires et les ventes publiques, que tout autant que la majorité l'aura décidé, majorité qui devra consister à la fois et dans le nombre des héritiers et dans l'importance des parts héréditaires.

S'il y a des mineurs ou interdits parmi les héritiers le recours au notaire aura lieu sur la seule demande du tuteur ou du curateur.

Dans tous les cas, cette décision sera constatée par le commandant du quartier ou l'un de ses suppléants, et transmise au notaire choisi, qui l'annexera à son procès-verbal.

19. Au cas de l'article 944 du Code de procédure civile, le fonctionnaire requis de procéder à l'inventaire statuera provisoirement, sans préjudice pour les parties du droit de se pourvoir en référé devant le président du tribunal de première instance.

La même attribution est conférée à tout notaire instrumentant dans les quartiers.

Le notaire désigné par les articles 931 et 942 du Code de procédure civile pour représenter les absents, soit à la levée des scellés, soit à l'inventaire, pourra être remplacé par le commissaire-commandant du quartier ou par l'un des deux fonctionnaires appelés à le suppléer.

20. Les ventes publiques auront lieu un jour de dimanche, à la mairie du quartier, à moins que, sur la demande des parties, le fonctionnaire qui devra y procéder n'ait désigné un autre jour et un autre lieu.

Il suffira de mentionner cette décision dans le procès-verbal de vente, sans autre formalité.

La vente sera faite par le commissaire-commandant ou par celui de ses suppléants qu'il aura désigné à cet effet.

21. La vente sera annoncée trois jours auparavant, par trois placards au moins, publié à son de tambour ou de trompe, et affichés, l'un au lieu où l'inventaire a été fait, l'autre à la mairie, et le troisième à la porte de la chapelle paroissiale, sans qu'il soit nécessaire d'aucune annonce dans un journal.

Lorsque la vente n'aura pas lieu à la mairie, un quatrième placard sera publié et affiché au lieu de la vente.

22. La publication et l'apposition des affiches seront faites par un surveillant rural du quartier, qui en dressera procès-verbal, auquel sera annexé un exemplaire du placard.

23. Les sommations d'être présent aux inventaires et aux ventes publiques seront faites par un surveillant rural du domicile de la partie sommée.

24. Si lors de la vente, il s'élève des difficultés, il sera statué provisoirement par le fonctionnaire qui devra y procéder, sans préjudice du droit accordé aux parties par l'article 19.

25. On se conformera pour le surplus aux articles 618, 624, 950 et 951 du Code de procédure civile modifié pour la colonie.

26. Les ventes publiques qui auront lieu dans les quartiers sont dispensées de la déclaration préalable prescrite par l'article 95 de l'ordonnance royale du 31 décembre 1828, sur l'enregistrement.

27. S'il ne s'élève aucune difficulté entre les parties, le produit de la vente leur sera remis par l'officier public qui y aura procédé. En cas de contestation, les fonds seront déposés chez un notaire désigné par les parties.

28. Au cas de l'article 986 du Code de procédure civile, l'autorisation de vendre sera accordée par le commissaire-commandant ou l'un des deux fonctionnaires appelés à le suppléer, sur la réquisition verbale des parties.

Cette autorisation sera annexée au procès-verbal de vente.

29. La forme et les règles prescrites par la loi du 25 ventôse an XI modifiée pour la colonie seront observées pour les actes reçus par les commissaires-commandants et leurs suppléants, sauf les exceptions résultant du présent décret.

Les cas de nullité prévus pour les actes notariés leur sont également applicables.

§ 4. — *Dispositions générales.*

30. Les obligations imposées aux notaires par la loi du 25 ventôse an XI et par l'ordonnance royale du 31 décembre 1828, sur l'enregistrement, sont applicables aux fonctionnaires appelés à exercer les fonctions de notaire dans les quartiers.

Toutefois ils ne pourront être poursuivis en réparation civile pour dommages résultant des actes qu'ils auront reçus.

31. Le répertoire exigé par la loi de ventôse et l'ordonnance de 1828 sera tenu par double.

Le visa de ce répertoire aura lieu dans les deux mois qui suivront l'expiration de chaque trimestre.

32. Le délai pour l'enregistrement des actes reçus dans les quartiers sera de deux mois, sans préjudice de l'augmentation de délai prévue par le deuxième alinéa du n° 1er de l'art. 28 de l'ordonnance de 1828.

Les actes et procès-verbaux dressés en exécution de l'article 8 du présent décret seront enregistrés, en même temps que les testaments, dans le délai fixé par l'article 30 de ladite ordonnance.

33. Chacune des contraventions commises est punie d'une amende de cinq francs.

34. Le ministère des fonctionnaires auxquels le présent décret confère les attributions de notaire est gratuit.

En cas de déplacement, les moyens de transport leur sont fournis, soit en nature, par les parties, soit par une allocation dont les conditions et le mode de payement seront réglés par un arrêté du gouverneur.

35. Pour les actes énoncés aux articles 22 et 23, le surveillant aura droit à un salaire qui sera fixé par un tarif local.

TITRE II. — DES APPOSITIONS ET LEVÉES DE SCELLÉS.

36. Les commissaires commandants de quartier auxquels notre décret du 16 août 1854 n'a pas conféré les attributions de juge de paix procéderont, dans leur quartier respectif, aux appositions et levées de scellés, en se conformant aux dispositions du Code de procédure civile modifié pour la colonie.

En cas d'empêchement, ils seront suppléés par les lieutenants-commissaires.

37. Les fonctions de greffier seront remplies par le secrétaire de mairie.

38. Les testaments et paquets cachetés, trouvés lors des appositions ou levées de scellés, seront adressés, par la poste et par le plus prochain courrier, au juge impérial à Cayenne, sans préjudice des formalités prescrites par le Code de procédure civile.

39. Les délais pour l'enregistrement des procès-verbaux d'apposition et levée de scellés, et pour le visa de répertoire à tenir par le secrétaire de mairie remplissant les fonctions de greffier, seront les mêmes que ceux fixés par les articles 32 et 33 du présent décret.

40. Les dispositions de l'article 35 sont applicables au présent titre.

Le greffier seul, en outre du transport en nature, aura droit à un salaire qui sera déterminé par un arrêté local.

MARTINIQUE et GUADELOUPE.

14 JUIN 1864.

DÉCRET portant organisation du notariat à la Martinique et à la Guadeloupe.

TITRE Ier. — DES NOTAIRES ET DES ACTES NOTARIÉS.

SECTION I. — **Des fonctions, ressort et devoirs des notaires.**

ART. **1.** Les notaires sont les fonctionnaires publics établis pour recevoir tous les actes et contrats auxquels les parties doivent ou veulent faire donner le caractère d'authenticité attaché aux actes de l'autorité publique, et pour en assurer la date, en conserver le dépôt, en délivrer des grosses et expéditions.

2. Ils sont institués à vie.

Continueront néanmoins d'être exécutées les dispositions de l'article 9 de la loi du 19 mai 1849.

3. Ils sont tenus de prêter leur ministère lorsqu'ils en sont requis.

4. Chaque notaire doit résider dans le lieu qui sera fixé par un décret de l'Empereur.

En cas de contravention, il est considéré comme démissionnaire.

Le procureur général peut, après avoir pris l'avis du tribunal, proposer au gouverneur le remplacement provisoire, qui devient définitif après notre approbation.

5. Les notaires exercent leurs fonctions dans l'étendue du ressort du tribunal de première instance où ils résident.

6. Il est défendu à tout notaire d'instrumenter hors de son ressort, à peine d'être suspendu de ses fonctions pendant trois mois; d'être destitué en cas de récidive, et de tous dommages-intérêts.

7. Les fonctions de notaire sont incompatibles avec celle des juges, procureurs impériaux près les tribunaux, leurs substituts, greffiers, avoués, huissiers, préposés à la recette des contributions directes ou indirectes, juges, greffiers et huissiers des justices de paix, commissaires de police et commissaires-priseurs, curateurs d'office aux successions vacantes.

Elles ne sont point incompatibles avec celles de suppléants de juges de paix.

SECTION II. — **Des actes, de leur forme, des minutes, grosses, expéditions et répertoires.**

8. Les notaires ne peuvent recevoir des actes dans lesquels leurs parents ou alliés, en ligne directe à tous les degrés, et en ligne collatérale jusqu'au degré d'oncle ou de neveu inclusivement, seraient parties, ou qui contiendraient quelques dispositions en leur faveur.

9. Les actes autres que ceux auxquels les notaires sont autorisés par la loi à procéder seuls sont reçus par deux notaires ou par un notaire assisté de deux témoins mâles, majeurs, français, jouissant des droits civils, sachant signer, et domiciliés dans l'arrondissement judiciaire où les actes sont passés.

Ils ne peuvent être annulés par le motif que le notaire en second ou les deux témoins instrumentaires n'auraient pas été présents à leur réception.

Toutefois la présence du notaire en second ou des témoins instrumentaires est requise, à peine de nullité, au moment de la lecture par le notaire et de la signature par les parties, des actes contenant donation entre vifs, donation entre époux pendant le mariage, révocation de donation ou de testament, reconnaissance d'enfants naturels, ainsi que des procurations pour consentir ces divers actes. Mention de cette présence doit être faite à peine de nullité (1).

Les testaments sont reçus dans la forme prescrite par le Code Napoléon.

Tous les actes notariés passés conformément aux règlements locaux qui ont régi jusqu'à ce jour le notariat à la Martinique et à la Guadeloupe ne peuvent être annulés par le motif que le notaire en second ou les deux témoins instrumentaires n'auraient pas été présents à la réception desdits actes.

10. Deux notaires parents ou alliés au degré prohibé par l'article 8 ne peuvent concourir au même acte.

Les parents ou alliés soit du notaire, soit des parties contractantes, au degré prohibé par l'article 8, leurs clercs et leurs serviteurs, ne peuvent être témoins.

11. Le nom, l'état et la demeure des parties doivent être connus des notaires, ou leur être attestés dans l'acte par deux citoyens connus d'eux, ayant les mêmes qualités que celles requises pour être témoin instrumentaire.

12. Tous les actes doivent énoncer le nom et le lieu de résidence du notaire qui les reçoit, à peine de vingt francs d'amende.

Ils doivent également énoncer les noms et qualités des témoins instrumentaires, leur demeure, le lieu, l'année et le jour où les actes sont passés, sous peine de dommages et intérêts contre le notaire, qui peut, en outre, s'il y a lieu, être poursuivi comme coupable de faux.

13. Les actes des notaires sont écrits en un seul et même contexte, lisiblement, sans abréviations, blancs, lacunes ou intervalles; ils contiennent les noms, prénoms, qualités et demeures des parties, ainsi que les témoins qui seraient appelés dans le cas de l'article 11.

Ils énoncent en toutes lettres les sommes et les dates; les procurations des contractants sont annexées à la minute, qui fait mention que lecture de l'acte a été faite aux parties; le tout à peine de vingt francs d'amende.

14. Les actes sont signés par les parties, les témoins, et par les notaires qui doivent en faire mention à la fin de l'acte.

Quant aux parties qui ne savent ou ne peuvent signer, le notaire doit faire mention, à la fin de l'acte, de leurs déclarations à cet égard.

15. Les renvois et apostilles ne peuvent, sauf l'exception ci-après, être écrits qu'en marge; ils sont signés ou parafés tant par les notaires que par les autres signataires, à peine de nullité des renvois et apostilles.

Si la longueur du renvoi exige qu'il soit transporté à la fin de l'acte, il doit être non seulement signé ou parafé comme les renvois écrits en marge, mais encore expressément approuvé par les parties, à peine de nullité du renvoi.

16. Il ne doit y avoir ni surcharge, ni interligne, ni addition dans le corps de l'acte; les mots surchargés, interlignés ou ajoutés sont nuls.

Les mots qui doivent être rayés le sont de manière que le nombre puisse en être constaté à la marge de leur page correspondante ou à la fin de l'acte, et approuvé de la même ma-

(1) Voir décret du 16 juillet 1878, *infra*.

nière que les renvois écrits en marge ; le tout à peine d'une amende de dix francs contre le notaire, ainsi que de tous dommages et intérêts et même de destitution, en cas de fraude.

17. Le notaire qui contrevient aux lois et arrêtés concernant les noms et qualifications supprimés, les clauses et expressions féodales, les mesures et l'annuaire de l'Etat, ainsi que la numération décimale, est condamné à une amende de vingt francs, qui est double en cas de récidive.

18. Le notaire tient exposé, dans son étude, un tableau sur lequel il inscrit les noms, prénoms, qualités et demeures des personnes qui, dans l'étendue du ressort où il peut exercer, sont interdites ou assistées d'un conseil judiciaire, ainsi que la mention des jugements d'interdiction ou de nomination d'un conseil judiciaire ; le tout immédiatement après la notification d'un extrait desdits jugements, faite par le greffier du tribunal qui les a rendus, et à peine des dommages et intérêts des parties.

19. Tous actes notariés font pleine foi en justice de la convention qu'ils renferment entre les parties contractantes et leurs héritiers ou ayants-cause.

Ils sont exécutoires dans l'étendue de l'Empire et dans toutes les possessions françaises.

Néanmoins, en cas de plainte en faux principal, l'exécution de l'acte argué de faux est suspendue par la mise en accusation ; en cas d'inscription de faux faite incidemment, les tribunaux peuvent, suivant la gravité des circonstances, suspendre provisoirement l'exécution de l'acte.

20. Les notaires sont tenus de garder minute de tous les actes qu'ils reçoivent.

Néanmoins ne sont pas compris dans la présente disposition les certificats de vie, procurations, acte de notoriété, les quittances de fermages, de loyers, de salaires, d'arrérages de pensions et de rentes, et les autres actes simples qui, d'après les lois, peuvent être délivrés en brevet.

21. Le droit de délivrer des grosses et expéditions n'appartient qu'au notaire possesseur de la minute ; et, néanmoins, tout notaire peut délivrer copie de l'acte qui lui a été déposé pour minute.

22. Les notaires ne peuvent se dessaisir d'aucune minute, si ce n'est dans les cas prévus par la loi et en vertu d'un jugement.

Avant de s'en dessaisir, ils en dressent et signent une copie figurée qui, après avoir été certifiée par le président et le procureur impérial du tribunal de première instance de leur résidence, est substituée à la minute, dont elle tient lieu jusqu'à sa réintégration.

23. Les notaires ne peuvent également, sans l'ordonnance du président du tribunal de première instance, délivrer expédition ni donner connaissance des actes à d'autres qu'aux personnes intéressées en nom direct, héritiers ou ayants droits, à peine de dommages et intérêts, d'une amende de vingt francs, et d'être, en cas de récidive, suspendus de leurs fonctions pendant trois mois ; sauf, néanmoins, le cas dans lesquels les lois et les règlements prescrivent la communication des actes et des registres aux préposés de l'enregistrement, ainsi que la délivrance d'extraits à publier dans l'auditoire des tribunaux.

24. En cas de compulsoire, le procès-verbal est dressé par le notaire dépositaire de l'acte, à moins que le tribunal qui l'ordonne ne commette un de ses membres, ou tout autre juge, ou un autre notaire.

25. Les grosses seules sont délivrées en forme exécutoire ; elles sont intitulées et terminées dans les mêmes termes que les jugements des tribunaux.

26. Il doit être fait mention, sur la minute, de la délivrance d'une première grosse faite à chacune des parties intéressées.

Il ne peut lui en être délivré d'autre, à peine de destitution, sans une ordonnance du président du tribunal de première instance, laquelle demeure jointe à la minute.

27. Chaque notaire est tenu d'avoir un cachet ou sceau particulier portant ses nom, qualité et résidence, et, d'après un modèle uniforme, le type de l'Empire français.

Les grosses et expéditions des actes portent l'empreinte de ce cachet.

28. Lorsque les actes sont produits hors de la colonie, les signatures des notaires qui les ont reçus, ou des dépositaires qui en délivrent copie, sont légalisées par le président du tribunal de première instance de la résidence des notaires ou des dépositaires, ou concurremment par le juge de paix du canton, si ce dernier ne siége pas au chef-lieu du ressort du tribunal. Elles sont aussi légalisées par le gouverneur.

La légalisation est faite. en outre, par notre ministre de la marine et des colonies, lorsque les actes sont produits en France ou dans les colonies orientales.

29. Les notaires tiennent répertoire de tous les actes qu'ils reçoivent.

30. Les répertoires sont visés, côtés et parafés par le président, ou, à son défaut, par un autre juge du tribunal de première instance de la résidence.

Ils contiennent : 1° le numéro d'ordre de l'article; 2° la date de l'acte; 3° sa nature; 4° son espèce, c'est-à-dire la mention qu'il est en minute ou en brevet; 5° les noms, prénoms, qualités et demeures des parties; 6° l'indication des biens, leur situation et le prix, lorsqu'il s'agira d'actes ayant pour objet la propriété, l'usufruit ou la jouissance des biens immeubles; 7° la somme prêtée, cédée ou transportée, s'il s'agit d'obligation, cession ou transport; 8° la relation de l'enregistrement.

Les notaires font mention sur leurs répertoires, tous les trois mois et avant le visa du receveur de l'enregistrement, des noms des clercs qui, pendant le précédent trimestre, ont été en cours de stage dans leurs études, du temps de travail accompli et du rang de cléricature.

31. Les notaires retiennent, aux frais des parties, pour le dépôt des chartes des colonies créé en France par l'édit de juin 1776, une copie figurée des actes dont ils doivent garder minute, à l'exception, toutefois, des inventaires et des ventes sur inventaires.

Cette copie, signée par le notaire en second ou par les témoins instrumentaires, est remise, en même temps que la minute, au receveur de l'enregistrement, qui la collationne et la vise sans frais.

En cas de perte du titre original, elle fait la même foi que lui.

Les notaires tiennent, en outre, répertoire des copies figurées.

32. Les copies figurées ainsi que les répertoires sont, à la diligence du procureur impérial, déposés au greffe du tribunal de première instance, dans les deux premiers mois de chaque année, sous peine d'une amende de cinquante francs contre les retardataires pour chaque mois de retard, et, en outre, de telles poursuites disciplinaires et dommages-intérêts qu'il appartiendra.

33. Les expéditions des actes déposés actuellement par les notaires aux archives coloniales, et celles des actes qui auront été reçus avant l'époque fixée pour l'exécution du présent décret, feront foi en justice et tiendront lieu des originaux, si ceux-ci venaient à être perdus.

TITRE II. — RÉGIME DU NOTARIAT.

SECTION Ire. — **Nombre, placement et cautionnement des notaires.**

34. Le nombre des notaires pour chaque colonie, leur placement et leur résidence sont déterminés par décret de l'Empereur, sur les observations du syndic des notaires et sur l'avis de la Cour impériale, le procureur général entendu.

35. Les suppressions ou réductions d'office ne sont effectuées que par mort, démission ou destitution.

36. Les notaires sont assujettis à un cautionnement, qui demeure fixé comme suit :

Pour les notaires de Saint-Pierre (Martinique) et de la Pointe-à-Pitre :

En immeubles . . . . 15,000 fr.
Ou en argent. 9,000

Pour les notaires de Fort-de-France et de la Basse-Terre :

En immeubles . . . . 12,000 fr.
Ou en argent. 7,000

Pour tous les autres notaires :

En immeubles . . . . 7,000 fr.
Ou en argent. 4,000

Ce cautionnement est spécialement affecté à la garantie des condamnations prononcées contre eux par suite de l'exercice de leurs fonctions.

Lorsque, par l'effet de cette garantie, le montant du cautionnement a été employé en tout ou partie, le notaire est suspendu de ses fonctions jusqu'à ce que le cautionnement ait été entièrement rétabli ; et, faute par lui de le rétablir dans les six mois, il est considéré comme démissionnaire et remplacé.

37. Le cautionnement en immeubles est reçu et discuté par le procureur général, chef du service judiciaire, qui est chargé de pourvoir à l'ensemble des diligences que comportent la constitution et la garantie de ce cautionnement (1).

Sont exécutoires à la Martinique et à la Guadeloupe les lois relatives au versement, au retrait et à l'intérêt du cautionnement en argent des notaires en France.

SECTION II. — **Conditions pour être admis et mode de nomination au notariat.**

38. Pour être admis aux fonctions de notaire, il faut : 1° jouir de l'exercice des droits civils ; 2° avoir satisfait, s'il y a lieu, à la loi du recrutement de l'armée ; 3° être âgé de vingt-cinq ans accomplis ; 4° justifier du temps de travail prescrit par l'article suivant.

39. La durée du stage est de six années entières et consécutives, dont une au moins en qualité de premier clerc, soit dans l'une des colonies des Antilles, soit dans une autre colonie française, soit en France.

Toutefois, si le postulant est licencié en droit, ou s'il justifie avoir travaillé trois années, dont une au moins en qualité de premier clerc, dans une étude d'avoué, le temps de stage est réduit à deux années.

N'est assujetti qu'à la condition d'un an de stage dans une étude de la colonie où il demande à être notaire, celui qui justifie avoir été un an second clerc, ou trois ans troisième clerc à Paris, ou un an premier clerc, ou trois ans second clerc dans une étude de deuxième classe en France.

40. Peuvent être dispensés de la justification du temps d'étude les individus qui ont exercé des fonctions administratives ou judiciaires, les avocats et les anciens avoués ayant cinq ans d'exercice professionnel.

41. Tout postulant doit justifier de sa moralité et de sa capacité.

A cet effet, il présente requête au gouverneur, qui l'autorise à se pourvoir devant la Cour.

(1) Paragraphe modifié par décret du 5 mars 1874.

Il fait viser ses pièces par le procureur général et les dépose au greffe.

Le président désigne un rapporteur, chargé de recueillir des renseignements sur la conduite du requérant et de lui faire subir un examen en présence de deux notaires et d'un membre du parquet désigné par le procureur général.

Extrait de la requête est affiché pendant un mois avec le nom du rapporteur, tant dans l'auditoire de la Cour que dans celui du tribunal où le postulant doit exercer. Il est inséré, à trois reprises différentes et à huit jours d'intervalle, dans une des feuilles publiques de la colonie.

42. Dans les huit jours qui suivent l'expiration des délais ci-dessus, le juge désigné fait son rapport en chambre du conseil, et la Cour, le procureur général entendu, émet son avis.

Cet avis est transmis par le procureur général au gouverneur, qui délivre, s'il y a lieu, une commission provisoire au postulant.

La commission énonce le lieu de la résidence.

Les notaires sont définitivement nommés par nous.

43. Les commissions définitives des notaires sont adressées, dans leur intitulé, par le procureur général, au tribunal de première instance dans le ressort duquel ils ont leur résidence.

44. Dans les deux mois de leur nomination et à peine de déchéance, les notaires sont tenus de prêter, à l'audience du tribunal auquel le rapport de la commission a été adressé, le serment que la loi exige de tout fonctionnaire public, ainsi que celui de remplir leurs fonctions avec exactitude et probité.

Ils ne sont admis à prêter serment qu'en représentant l'original de leur commission et la preuve de la réalisation de leur cautionnement.

Ils sont tenus de faire enregistrer le procès-verbal de prestation de serment au secrétariat de la municipalité du lieu où ils doivent résider et au greffe du tribunal dans le ressort duquel ils doivent exercer.

45. Ils n'ont le droit d'exercer qu'à compter du jour où ils ont prêté serment.

46. Avant d'entrer en fonctions, ils doivent déposer au greffe du tribunal de première instance et au greffe de la justice de paix du canton, s'ils résident hors du chef-lieu d'arrondissement, ainsi qu'au secrétariat de la municipalité de leur résidence, leur signature et leur parafe.

SECTION III. — **Discipline des notaires.**

47. La discipline des notaires appartient au procureur général.

Ce dernier prononce contre eux, après les avoir entendus, le rappel à l'ordre, la censure simple, la censure avec réprimande; il leur donne tout avertissement qu'il juge convenable.

A l'égard des peines plus graves, telles que la suspension, le remplacement ou la destitution, il fait d'office, ou sur les réclamations des parties, les propositions qu'il juge nécessaires, et le gouverneur statue après avoir pris l'avis des tribunaux, qui entendent en chambre du conseil le fonctionnaire inculpé, sauf recours à notre ministre de la marine et des colonies.

La suspension ne peut être prononcée pour une période de plus d'une année; elle peut être provisoirement appliquée jusqu'à ce que le ministre ait statué.

48. Au commencement de chaque année, le procureur général de chaque colonie nomme, parmi les notaires du lieu où siège la Cour, un syndic dont les attributions consistent: 1° à donner son avis, après formation, s'il y a lieu, sur toutes plaintes qui seraient portées contre un notaire de la colonie; 2° à intervenir officieusement et comme conciliateur dans les débats qui s'élèveraient, soit entre des notaires, soit entre les notaires et leurs clients; 3° à donner son avis, lorsqu'il en est requis par les magistrats, sur les difficultés que feraient naître les réclamations d'honoraires, vacations et droits, formées par les notaires; 4° à représenter les notaires toutes les fois qu'il s'agit de leurs intérêts collectifs et dans toutes leurs relations ou communications avec l'autorité judiciaire.

Le syndic sortant peut être indéfiniment renommé; il continue ses fonctions jusqu'à son remplacement.

49. Les honoraires et vacations non tarifés sont réglés à l'amiable entre les notaires et les parties, sinon conformément aux articles 171 et 173 du tarif du 16 février 1807, tel qu'il a été rendu applicable aux Antilles.

50. Il est défendu aux notaires de s'associer, soit avec d'autres notaires, soit avec des tiers, pour l'exploitation de leurs offices.

Il leur est également interdit, soit par eux-mêmes, soit par personnes interposées, soit directement, soit indirectement :

1° De se livrer à aucune spéculation de bourse ou opération de commerce, banque, escompte et courtage; de souscrire, à quelque titre et sous quel prétexte que ce soit, des lettres de change ou billets à ordre négociables;

2° De s'immiscer dans l'administration d'aucune société, entreprise ou compagnie de finances, de commerce ou d'industrie ;

3° De faire des spéculations relatives à l'acquisition et à la revente des immeubles, à la cession des créances, droits successifs, actions industrielles et autres droits incorporels;

4° De s'intéresser dans aucune affaire pour laquelle ils prêtent leur ministère;

5° De placer en leur nom personnel des fonds qu'ils auraient reçus, même à la condition d'en servir les intérêts.

6° De se constituer garants ou cautions, à quelque titre que ce soit, des prêts qui auraient été faits par leur intermédiaire ou qu'ils auraient été chargés de constater par acte public ou privé;

7° De se servir de prête-noms en aucune circonstance, même pour des actes autres que ceux désignés ci-dessus.

51. Les contraventions aux prohibitions portées en l'article précédent sont, ainsi que les autres infractions à la discipline, poursuivies lors même qu'il n'existerait aucune partie plaignante, et punies, suivant la gravité des cas, conformément aux dispositions de l'art. 47.

52. Tout notaire suspendu, destitué ou remplacé, doit, aussitôt après la notification qui lui a été faite de sa suspension, de sa destitution ou de son remplacement, cesser l'exercice de son état, à peine de tous dommages-intérêts et des autres condamnations prononcées par les lois contre tout fonctionnaire suspendu ou destitué qui continue l'exercice de ses fonctions.

Le notaire suspendu ne peut les reprendre, sous les mêmes peines, qu'après la cessation du temps de la suspension.

53. Toutes condamnations à l'amende ou à des dommages-intérêts sont prononcées contre les notaires par le tribunal de première instance de leur résidence, à la poursuite des parties intéressées, ou d'office, à la poursuite et diligence du procureur impérial.

Ces jugements sont sujets à l'appel.

SECTION IV. — Garde, transmission, tables des minutes et recouvrements.

54. Les minutes et répertoires d'un notaire remplacé, ou dont la place a été supprimée, peuvent être remis par lui ou par ses héritiers à l'un des notaires résidant dans la même commune ou à l'un des notaires résidant dans le même arrondissement judiciaire, si le remplacé était seul notaire établi dans la commune.

55. Si la remise des minutes et répertoires du notaire remplacé n'a pas été effectuée, conformément à l'article précédent, dans le mois à compter du jour de la prestation de serment du successeur, la remise en est faite à celui-ci.

56. Losque la place de notaire sera supprimée, le titulaire ou ses héritiers sont tenus de remettre les minutes et répertoires, dans le délai de deux mois du jour de la suppression, à l'un des notaires de la commune ou à l'un des notaires de l'arrondissement judiciaire, conformément à l'article 54.

57. Le procureur impérial près le tribunal de première instance est chargé de veiller à ce que les remises ordonnées par les articles précédents soient effectuées; et, dans le cas de suppression de la place, si le titulaire ou ses héritiers n'ont pas fait choix, dans les délais prescrits, du notaire à qui les minutes et répertoires devront être remis, le procureur impérial indique celui qui en demeurera dépositaire.

Le titulaire ou ses héritiers, en retard de satisfaire aux dispositions des articles 55 et 56, sont condamnés à cinquante francs d'amende par chaque mois de retard. à compter du jour de la sommation qui leur aura été faite d'effectuer la remise.

58. Dans tous les cas, il est dressé un état sommaire des minutes remises, et le notaire qui les reçoit s'en charge au pied de cet acte, dont un double est remis au greffe du tribunal de première instance.

59. Le titulaire ou ses héritiers et le notaire qui reçoit les minutes, aux termes des articles 54, 55 et 56, traitent de gré à gré des recouvrements à raison des actes dont les honoraires sont encore dus, et du bénéfice des expéditions.

S'ils ne peuvent s'accorder, l'appréciation en est faite par deux notaires dont les parties conviennent, ou qui sont nommés d'office par le tribunal parmi les notaires de la même résidence, ou, à leur défaut, parmi ceux de la résidence la plus voisine.

60. Immédiatement après le décès du notaire ou de tout autre possesseur de minutes, les minutes et répertoires sont mis sous scellés, par le juge de paix de la résidence, jusqu'à ce qu'un autre notaire en ait été provisoirement chargé par ordonnance du tribunal de la résidence.

TITRE III. — DES NOTAIRES ACTUELS.

61. Sont maintenus tous les notaires actuellement en exercice.

Ils sont tenus de justifier, dans le délai d'un an, au procureur impérial près le tribunal de première instance dans le ressort duquel est fixée leur résidence, de la réalisation de leur cautionnement, soit en argent, soit en immeubles, sous peine d'être réputés démissionnaires, et remplacés, s'il y a lieu.

62. Ils exercent ou continuent d'exercer leurs fonctions, et conservent rang entre eux suivant la date de leurs réceptions respectives.

DISPOSITIONS GÉNÉRALES.

63. Tout acte fait en contravention aux articles 6, 8, 9, 10, 14, 20 et 52 est nul, s'il n'est pas revêtu de la signature de toutes les parties et lorsque l'acte est revêtu de la signature de toutes les parties contractantes, il ne vaut que comme écrit sous signatures privées, sauf dans les deux cas, s'il y a lieu, des dommages-intérêts contre le notaire.

64. Le gouverneur peut, sur le rapport du procureur général, accorder, pour des motifs graves, des congés aux notaires.

Les intérimaires présentés par eux, dans ce cas, doivent justifier des conditions d'âge, de moralité et de capacité exigées des titulaires.

65. Toutes dispositions contraires au présent décret sont et demeurent rapportées.

16 JUILLET 1878.

DÉCRET qui complète certaines dispositions du décret antérieur du 14 juin 1864.

ART. **1er**. Le paragraphe 3 de l'article 9 du décret du 14 juin 1864 est complété ainsi qu'il suit :

« Toutefois, la présence du notaire en second ou des témoins instrumentaires est requise, » à peine de nullité, au moment de la lecture par le notaire et de la signature par les » parties des actes contenant donations entre-vifs, donations entre époux pendant le » mariage, révocation de donation et de testament, reconnaissance d'enfants naturels, ainsi » que des procurations pour consentir à ces divers actes. Mention de cette présence doit » être faite, à peine de nullité. »

2. Toutes les fois qu'une personne ne parlant pas la langue française sera partie ou témoin dans un acte passé devant un notaire de la Guadeloupe ou de la Martinique, le notaire devra être assisté d'un interprète assermenté, qui expliquera l'objet de la convention avant toute écriture, expliquera de nouveau l'acte rédigé et signera comme témoin additionnel.

Les signatures qui ne seraient pas écrites en caractères français seront transcrites en français, et la transcription en sera certifiée et signée au pied de l'acte par l'interprète.

Les parents ou alliés soit du notaire, soit des parties contractantes, en ligne directe à tous les degrés, et en ligne collatérale jusqu'au degré d'oncle ou de neveu inclusivement, ne pourront remplir les fonctions d'interprète dans le cas prévu par le présent article. Ne pourront aussi être pris pour interprètes d'un testament par acte public les légataires, à quelque titre que ce soit, ni leurs parents ou alliés jusqu'au degré de cousin germain inclusivement.

1er SEPTEMBRE 1882.

DÉCRET concernant le mode de remplacement des notaires de Marie-Galante.

ART. **1er**. En cas de décès des notaires établis dans l'île de Marie-Galante ou dans la partie française de l'île de Saint-Martin, ou dans le cas où les notaires seraient empêchés de recevoir les actes de leur ministère pour cause de parenté, de maladie ou d'absence de l'île légalement constatée, ils seront remplacés de plein droit : les notaires de Marie-Galante par le greffier en exercice près le tribunal de Marie-Galante ; les notaires de Saint-Martin par le greffier près le tribunal de Saint-Martin et, en cas d'empêchement de l'un ou de l'autre greffier, par la personne qui sera nommée par le juge-président du tribunal, qui rendra à cet effet une ordonnance sans frais.

2. Dans l'un et l'autre cas, l'acte reçu par le remplaçant du notaire sera annexé aux minutes de ce dernier et mentionnera l'obstacle qui l'a empêché d'agir.

3. Les articles 8, 17, 19, 20, 32, 49, 50 du décret du 14 juin 1864 sur le notariat sont applicables aux greffiers ou à la personne qui remplacera le notaire.

4. Les dispositions qui précèdent ne modifient pas le droit réservé au notaire par l'art. 64 du décret du 14 juin 1864.

ILE DE LA RÉUNION.

26 JUIN 1879.

DÉCRET sur l'organisation du Notariat à la Réunion.

DISPOSITIONS PRÉLIMINAIRES

ART. 1er. Le notariat est organisé dans la colonie de la Réunion conformément aux dispositions suivantes :

TITRE Ier. — DES NOTAIRES ET DES ACTES NOTARIÉS.

SECTION Ire. — **Des fonctions, ressort et devoirs des notaires.**

2. Les notaires sont des fonctionnaires publics établis pour recevoir tous les actes et contrats auxquels les parties doivent ou veulent faire donner le caractère d'authenticité attaché aux actes de l'autorité publique, et pour en assurer la date, en conserver le dépôt, en délivrer des grosses et expéditions.

Ils sont institués à vie.

Continueront néanmoins d'être exécutées les dispositions de l'art. 9 de la loi du 19 mai 1849.

3. Ils sont tenus de prêter leur ministère lorsqu'ils en sont requis.

4. Chaque notaire doit résider dans le lieu fixé par un décret du Président de la République.

En cas de contravention à la disposition précédente, il est considéré comme démissionnaire, et le procureur général peut, après avoir pris l'avis du tribunal, proposer au gouverneur le remplacement provisoire, qui devient définitif après l'approbation du Président de la République.

5. Les notaires exercent leurs fonctions dans l'étendue du ressort du tribunal de première instance où ils résident.

6. Il est défendu à tout notaire d'instrumenter hors de son ressort, à peine d'être suspendu de ses fonctions pendant trois mois, d'être destitué en cas de récidive, et de tous dommages-intérêts.

7. Les fonctions de notaire sont incompatibles avec celles de membres des cours d'appel et des tribunaux, de greffier, avoué, huissier, préposé à la recette des contributions directes ou indirectes, juge de paix, commissaire de police, commissaire-priseur et curateur d'office aux successions vacantes.

Toutefois, elles ne sont pas incompatibles avec celle de juge suppléant au tribunal civil et de suppléant de juge de paix.

SECTION II. — **Des actes, de leur forme, des minutes, grosses, expéditions et répertoires.**

8. Les notaires ne peuvent recevoir des actes dans lesquels leurs parents ou alliés en ligne directe à tous les degrés, et en ligne collatérale jusqu'au degré d'oncle ou de neveu inclusivement, seraient parties ou qui contiendraient quelques dispositions en leur faveur.

9. Les actes autres que ceux auxquels les notaires sont autorisés par la loi à procéder seuls sont reçus par deux notaires ou par un notaire assisté de deux témoins mâles, majeurs, Français, jouissant des droits civils, sachant signer, et domiciliés dans l'arrondissement judiciaire où les actes sont passés.

Ils ne peuvent être annulés par le motif que le notaire en second ou les deux témoins instrumentaires n'auraient pas été présents à leur réception.

Toutefois, la présence du notaire en second ou des témoins instrumentaires est requise, à peine de nullité, au moment de la lecture par le notaire et de la signature par les parties des actes contenant donation entre-vifs, donation entre époux pendant le mariage, révocation de donation ou de testament, reconnaissance d'enfants naturels, ainsi que des procurations pour consentir à ces divers actes. Mention de cette présence doit être faite, à peine de nullité.

Les testaments sont reçus dans la forme prescrite par le Code civil.

Tous les actes notariés passés dans la colonie antérieurement à la promulgation du présent décret ne peuvent être annulés par le motif que le notaire en second ou les deux témoins instrumentaires n'auraient pas été présents à la réception desdits actes.

10. Deux notaires parents ou alliés au degré prohibé par l'article 8 ne peuvent concourir au même acte.

Les parents ou alliés soit du notaire, soit des parties contractantes, au degré prohibé par l'article 8, leurs clercs et leurs serviteurs ne peuvent être témoins.

11. Toutes les fois qu'une personne ne parlant pas la langue française sera partie ou témoin dans un acte, le notaire devra être assisté d'un interprète assermenté qui expliquera l'objet de la convention, avant toute écriture, expliquera de nouveau l'acte rédigé et signera comme témoin additionnel.

Les signatures qui ne seraient pas écrites en *caractères français* seront transcrites en français, et la transcription en sera certifiée et signée au pied de l'acte par l'interprète.

Les parents ou alliés soit du notaire, soit des parties contractantes, en ligne directe à tous les degrés, et en ligne collatérale jusqu'au degré d'oncle ou de neveu inclusivement, ne pourront remplir les fonctions d'interprète dans le cas prévu par le présent article. Ne pourront aussi être pris pour les interprètes d'un testament par acte public les légataires à quelque titre que ce soit, ni leurs parents ou alliés jusqu'au degré de cousin germain inclusivement.

12. Le nom, l'état et la demeure des parties doivent être connus des notaires ou leur être attestés dans l'acte par deux citoyens connus d'eux, ayant les mêmes qualités que celles requises pour être témoins instrumentaires.

13. Tous les actes doivent énoncer le nom et le lieu de résidence du notaire qui les reçoit, à peine de vingt francs d'amende.

Ils doivent également énoncer les noms et qualités des témoins instrumentaires, leur demeure, le lieu, l'année et le jour où les actes sont passés, sous peine de dommages-intérêts contre le notaire, qui peut en outre, s'il y a lieu, être poursuivi comme coupable de faux.

14. Les actes de notaires sont écrits en un seul et même contexte, lisiblement, sans abréviations, blancs, lacunes ni intervalles; ils contiennent les noms, prénoms, qualités et demeures des parties, ainsi que des témoins qui seraient appelés dans le cas de l'art. 12.

Ils énoncent en toutes lettres, les sommes et les dates.

Si les procurations des contractants n'existent pas en minute dans l'étude du notaire qui reçoit l'acte, elles doivent y être annexées, et il est fait mention que lecture de l'acte a été faite aux parties.

Le tout à peine de vingt francs d'amende.

15. Les actes notariés sont signés par les parties, les témoins et par les notaires, qui doivent en faire mention à la fin de l'acte.

Quant aux parties qui ne savent ou ne peuvent signer, le notaire doit faire mention, à la fin de l'acte, de leurs déclarations à cet égard.

16. Les renvois et apostilles ne peuvent, sauf l'exception ci-après, être écrits qu'en marge; ils sont signés ou parafés tant par les notaires que par les autres signataires, à peine de nullité des renvois et apostilles.

Si la longueur du renvoi exige qu'il soit transporté à la page suivante ou à la fin de l'acte, il doit être non seulement signé ou parafé comme les renvois écrits en marge, mais encore expressément approuvé par les parties, à peine de nullité du renvoi.

17. Il ne doit y avoir ni surcharge, ni interligne, ni addition dans le corps de l'acte; les mots surchagés, interlignés ou ajoutés sont nuls.

Les mots qui doivent être rayés le sont de manière que le nombre puisse en être constaté à la marge de leur page correspondante ou à la fin de l'acte, et sont approuvés de la même manière que les renvois écrits en marge; le tout à peine d'une amende de dix francs contre le notaire, ainsi que de tous dommages-intérêts, et même de destitution en cas de fraude.

18. Le notaire qui contrevient aux lois et arrêtés concernant les noms et qualifications, les mesures ainsi que la numération décimale, est condamné à une amende de vingt francs, qui est double en cas de récidive.

19. Le notaire tient exposé, dans son étude, un tableau sur lequel il inscrit les noms, prénoms, qualités et demeures des personnes qui, dans l'étendue du ressort où il peut exercer, sont interdites ou assistées d'un conseil judiciaire, ainsi que la mention des jugements d'interdiction ou de nomination d'un conseil judiciaire; le tout, immédiatement après la notification d'un extrait desdits jugements, faite par le greffier du tribunal qui les a rendus, et à peine de dommages-intérêts des parties.

20. Tous actes notariés font pleine foi en justice et sont exécutoires dans l'étendue du territoire de la République et dans toutes les possessions françaises.

Néanmoins, en cas de plainte en faux principal, l'exécution de l'acte argué de faux est suspendue par la mise en accusation; en cas d'inscription de faux faite incidemment, les tribunaux peuvent, suivant la gravité des circonstances, suspendre provisoirement l'exécution de l'acte.

21. Les notaires sont tenus de garder minute de tous les actes qu'ils reçoivent.

Néanmoins, ne sont pas compris dans la présente disposition les certificats de vie, procurations, actes de notoriété, les quittances de fermages, de loyers, de salaires, d'arrérages de pensions, de rentes ou même de sommes quelconques, si les parties le requièrent, et les autres actes simples qui, d'après la loi, peuvent être délivrés en brevet.

22. Le droit de délivrer des grosses et expéditions n'appartient qu'au notaire possesseur de la minute, et néanmoins tout notaire peut délivrer copie de l'acte qui lui a été déposé pour minute.

23. Les notaires ne peuvent se dessaisir d'aucune minute, si ce n'est dans les cas prévus par la loi et en vertu d'un jugement.

Avant de s'en dessaisir, ils en dressent et signent une copie figurée qui, après avoir été certifiée par le président et le procureur de la République du tribunal de première instance de leur résidence, est substituée à la minute, dont elle tient lieu jusqu'à sa réintégration.

24. Les notaires ne peuvent également, sans l'ordonnance du président du tribunal de première instance, délivrer expédition ni donner connaissance des actes à d'autres qu'aux personnes intéressées en nom direct, héritiers ou ayants droit, à peine de dommages-intérêts, d'une amende de vingt francs, et d'être, en cas de récidive, suspendus de leurs fonctions pendant trois mois; sauf néanmoins les cas dans lesquels les lois et les règlements prescrivent la communication des actes et des registres aux préposés de l'enregistrement ainsi que la délivrance d'extraits à publier dans l'auditoire des tribunaux.

25. En cas de compulsoire, le procès-verbal est dressé par le notaire dépositaire de l'acte, à moins que le tribunal qui l'ordonne ne commette un de ses membres, ou tout autre juge, ou tout autre notaire.

26. Les grosses seules sont délivrées en forme exécutoire ; elles sont intitulées et terminées dans les mêmes termes que les jugements des tribunaux.

27. Il doit être fait mention, sur la minute, de la délivrance d'une première grosse faite à chacune des parties y ayant droit.

Il ne peut lui en être délivré d'autre part, à peine de destitution, sans une ordonnance du président du tribunal de première instance, laquelle demeure jointe à la minute.

28. Chaque notaire est tenu d'avoir un cachet ou sceau particulier, portant ses nom, qualité et résidence et, d'après un modèle uniforme, le type de la République française.

Les grosses et expéditions des actes portent l'empreinte de ce cachet.

29. Lorsque les actes sont produits hors de la colonie, les signatures des notaires qui les ont reçus, ou des dépositaires qui en délivrent copie, sont légalisées par le président du tribunal de première instance de la résidence des notaires ou des dépositaires, ou concurremment par le juge de paix du canton, si ce dernier ne siège pas au chef-lieu du ressort du tribunal.

La signature du président ou du juge de paix est ensuite légalisée par le gouverneur.

La signature du gouverneur est légalisée par le ministre de la marine et des colonies, lorsque les actes sont produits en France ou dans les colonies françaises des Antilles, de la Guyane, du Sénégal et dépendances, de Saint-Pierre et Miquelon, ou dans les établissements de la côte d'Or, du Gabon et de l'Océanie.

30. Les notaires tiennent répertoire de tous les actes qu'ils reçoivent.

31. Les répertoires sont visés, cotés et parafés par le président ou, à son défaut, par un juge du tribunal de première instance de la résidence.

Ils contiennent : 1° le numéro d'ordre de l'article; 2° la date de l'acte; 3° sa nature ; 4° la mention qu'il est en minute ou en brevet, 5° les noms, prénoms, qualités et demeures des parties; 6° l'indication des biens, leur situation et le prix, lorsqu'il s'agira d'actes ayant pour objet la propriété, l'usufruit ou la jouissance des biens immeubles; 7° la somme prêtée, cédée ou transportée, s'il s'agit d'obligation, cession ou transport; 8° la relation de l'enregistrement.

Les notaires font mention sur leurs répertoires, tous les trois mois et avant le visa du receveur de l'enregistrement, des noms des clercs qui, pendant le précédent trimestre, ont été en cours de stage dans leurs études, du temps de travail accompli et du rang de cléricature.

32. Les notaires retiennent, aux frais des parties, pour le dépôt des chartes des colonies créé en France par l'édit de juin 1776, une copie figurée des actes dont ils doivent garder minute, à l'exception toutefois des inventaires et des ventes sur inventaires.

Cette copie, signée par le notaire qui dresse l'acte, ainsi que par le notaire en second ou par les témoins instrumentaires, est remise en même temps que la minute au receveur de l'enregistrement, qui la collationne et la vise sans frais.

En cas de perte du titre original, elle fait la même foi que ce titre.

Les notaires tiennent en outre répertoire des copies figurées.

33. Les copies figurées ainsi que leur répertoire sont, à la diligence du procureur près le tribunal de première instance, déposées au greffe dans les deux premiers mois de chaque année, sous peine d'une amende de cinquante francs contre les retardataires pour chaque mois de retard, et, en outre, de telles poursuites disciplinaires et dommages-intérêts qu'il appartiendra.

34. Les expéditions des actes déposés actuellement par les notaires aux archives coloniales, et celles des actes qui auront été reçus avant l'époque fixée pour l'exécution du présent décret, feront foi en justice et tiendront lieu des originaux, si ceux-ci venaient à être perdus.

TITRE II. — RÉGIME DU NOTARIAT.

SECTION I. — Nombre, placement et cautionnement des notaires.

35. Le nombre des notaires pour la colonie, leur placement et leur résidence sont déterminés par décret du Président de la République, sur les observations du syndic des notaires et sur l'avis de la cour d'appel, le procureur général entendu.

36. Les suppressions ou réductions d'office ne sont effectuées que par mort, démission ou destitution.

37. Les notaires sont assujettis à un cautionnement qui demeure fixé comme suit :

Pour les notaires de Saint-Denis, Saint-Pierre et Saint-Paul :

En immeubles	15,000 fr.
Ou en argent.	9,000

Pour les notaires de Saint-Louis et de Saint-Benoît :

En immeubles	12,000 fr.
Ou en argent.	7,000

Pour tous les autres notaires :

En immeubles	7,000 fr.
Ou en argent.	4,000

Ce cautionnement est spécialement affecté à la garantie des condamnations prononcées contre eux par suite de l'exercice de leurs fonctions.

Lorsque, par l'effet de cette garantie, le montant du cautionnement a été employé en tout ou en partie, le notaire est suspendu de ses fonctions jusqu'à ce que le cautionnement ait été entièrement rétabli ; et, faute par lui de le rétablir dans les six mois, il est considéré comme démissionnaire et remplacé.

38. Le cautionnement en immeubles est reçu et discuté par le procureur général, chef du service judiciaire, qui est chargé de pourvoir à l'ensemble des diligences que comportent la constitution et la garantie de ce cautionnement.

SECTION II. — Conditions pour être admis et mode de nomination au notariat.

39. Pour être admis aux fonctions de notaire, il faut : 1° jouir de l'exercice de ses droits civils ; 2° avoir satisfait, s'il y a lieu, à la loi du recrutement de l'armée ; 3° être âgé de vingt-cinq ans accomplis ; 4° justifier du temps de travail prescrit par l'article suivant.

40. La durée du stage est de six années entières et consécutives, dont une au moins en qualité de premier clerc, soit dans une colonie française, soit en France, sauf les interruptions nécessitées par l'accomplissement des devoirs imposés par les lois militaires.

Toutefois, si le postulant est licencié en droit ou s'il justifie avoir travaillé pendant trois années, dont une au moins en qualité de premier clerc, dans une étude d'avoué, le temps de stage est réduit à deux années.

N'est assujetti qu'à la condition d'un an de stage dans une étude de la colonie où il demande à être notaire, celui qui justifie avoir été un an premier ou second clerc, ou trois ans troisième clerc à Paris, ou un an premier clerc, ou trois ans second clerc dans une étude de seconde classe en France.

41. Des dispenses peuvent être accordées aux postulants qui ont exercé des fonctions administratives ou judiciaires, aux avocats et aux anciens avoués ayant cinq ans d'exercice professionnel.

42. Tout postulant doit justifier de sa moralité et de sa capacité.

A cet effet, il présente requête au gouverneur, qui l'autorise à se pourvoir devant la Cour.

Il fait viser ses pièces par le procureur général et les dépose au greffe.

Le président désigne un magistrat rapporteur chargé de recueillir des renseignements sur la conduite du requérant et de lui faire subir un examen en présence de deux notaires ou d'un membre du parquet, désignés par le procureur général.

Extrait de la requête est affiché pendant un mois, avec le nom du rapporteur, tant dans l'auditoire de la Cour que dans celui du tribunal de l'arrondissement où le postulant doit exercer. Il est inséré, à trois reprises différentes et à huit jours d'intervalle, dans une des feuilles publiques de la colonie.

43. Dans les huit jours qui suivent l'expiration des délais ci-dessus, le juge désigné fait son rapport en chambre du conseil, et la Cour, le procureur général entendu, émet son avis.

Cet avis est transmis par le procureur général au gouverneur, qui délivre, en cas de nécessité, une commission provisoire au postulant.

La commission énonce le lieu de la résidence.

Les notaires sont définitivement nommés par le Président de la République, sur le rapport du ministre de la marine et des colonies.

44. Dans les deux mois de leur nomination, et à peine de déchéance, les notaires sont tenus de prêter, à l'audience du tribunal dans le ressort duquel leur résidence a été fixée, le serment que la loi exige de tout fonctionnaire public, ainsi que celui de remplir leurs fonctions avec exactitude et probité.

Ils ne sont admis à prêter serment qu'en présentant l'original de leur commission et la preuve de la réalisation de leur cautionnement.

45. Les commissions des notaires sont, à la réquisition du ministère public, lues à l'audience et transcrites ensuite sur le registre du greffe à ce destiné.

Les notaires sont tenus de faire enregistrer le procès-verbal de prestation de serment au secrétariat de la municipalité du lieu où ils doivent résider et au greffe du tribunal dans le ressort duquel ils doivent exercer.

46. Ils n'ont le droit d'exercer qu'à compter du jour où ils ont prêté serment.

47. Avant d'entrer en fonctions, ils doivent déposer leur signature et leur parafe au greffe du tribunal de première instance et au greffe de la justice de paix du canton, s'ils résident hors du chef-lieu d'arrondissement, ainsi qu'au secrétariat de la municipalité de leur résidence.

SECTION III. — **Discipline des notaires**

48. La discipline des notaires appartient au procureur général.

Ce dernier prononce contre eux, après les avoir entendus, le rappel à l'ordre, la censure simple, la censure avec réprimande; il leur donne tout avertissement qu'il juge convenable.

A l'égard des peines plus graves, telles que la suspension, le remplacement ou la destitution, il fait d'office, ou sur les réclamations des parties, les propositions qu'il juge nécessaires.

La suspension ainsi que le remplacement provisoire sont prononcés par le gouverneur, après avis du tribunal, qui entend en chambre du conseil le fonctionnaire inculpé, sauf recours au ministre de la marine et des colonies.

La suspension ne peut être prononcée pour une période de plus d'une année; elle peut être provisoirement appliquée jusqu'à ce que le ministre ait statué.

Le remplacement définitif ainsi que la destitution ne peuvent être prononcés que par un décret du Président de la République, sur la proposition du ministre de la marine et des colonies.

49. Au commencement de chaque année, le procureur général nomme parmi les notaires du lieu où siége la cour un syndic dont les attributions consistent: 1° à donner son avis après information, s'il y a lieu, sur toute plainte qui serait portée contre un notaire de la colonie; 2° à intervenir officieusement et comme conciliateur dans les débats qui s'élèveraient soit entre des notaires, soit entre les notaires et leurs clients; 3° à donner son avis, lorsqu'il en est requis par les magistrats, sur les difficultés que feraient naître les réclamations d'honoraires, vacations et droits formées par les notaires; 4° à représenter les notaires toutes les fois qu'il s'agit de leurs intérêts collectifs et dans toutes leurs relations ou communications avec l'autorité judiciaire.

Le syndic sortant peut être indéfiniment renommé; il continue ses fonctions jusqu'à son remplacement.

50. Les honoraires et vacations non tarifés sont réglés à l'amiable entre les notaires et les parties, si non conformément aux articles 171 et 173 du tarif du 16 février 1807, tel qu'il a été rendu applicable à la Réunion.

51. Il est défendu aux notaires de s'associer soit avec d'autres notaires, soit avec des tiers, pour l'exploitation de leurs offices.

Il leur est également défendu, soit par eux-mêmes, soit par personnes interposées, soit directement, soit indirectement:

1° De se livrer à aucune spéculation de bourse ou opération de commerce, banque, escompte et courtage; de souscrire, à quelque titre et sous quelque prétexte que ce soit, des lettres de change ou billets à ordre négociables;

2° De s'immiscer dans l'administration d'aucune société, entreprise ou compagnie de finances, de commerce ou d'industrie;

3° De faire des spéculations relatives à l'acquisition et à la revente des immeubles, à la cession des créances, droits successifs, actions industrielles et autres droits incorporels;

4° De s'intéresser dans aucune affaire pour laquelle ils prêtent leur ministère;

5° De placer en leur nom personnel des fonds qu'ils auraient reçus, même à la condition d'en servir les intérêts;

6° De se constituer garants ou cautions, à quelque titre que ce soit, des prêts qui auraient été faits par leur intermédiaire ou qu'ils auraient été chargés de constater par acte public ou privé;

7° De se servir de prête-nom en aucune circonstance, même pour des actes autres que ceux désignés ci-dessus.

52. Les contraventions aux prohibitions apportées en l'article précédent sont, ainsi que les autres infractions à la discipline, poursuivies lors même qu'il n'existerait aucune partie plaignante et punies suivant la gravité des cas, conformément aux dispositions de l'article 48.

53. Tout notaire suspendu, destitué ou remplacé, doit, aussitôt après la notification qui lui a été faite de sa suspension, de sa destitution ou de son remplacement, cesser l'exercice de son état, à peine de tous dommages-intérêts et des autres condamnations prononcées par les lois contre tout fonctionnaire suspendu ou destitué qui continue l'exercice de ses fonctions.

Le notaire suspendu de ses fonctions ne peut les reprendre, sous les mêmes peines, qu'après la cessation du temps de la suspension.

54. Toutes condamnations à l'amende ou à des dommages-intérêts sont prononcées contre les notaires par le tribunal de première instance de leur résidence, à la poursuite des parties intéressées; ou d'office, à la poursuite et diligence du procureur de la République.

Ces jugements sont sujets à l'appel.

SECTION IV. — **Garde, transmission, table des minutes et recouvrement.**

55. Les minutes et répertoires d'un notaire remplacé ou dont la place a été supprimée peuvent être remis par lui ou par ses héritiers à l'un des notaires résidant dans la même commune, ou à l'un des notaires résidant dans le même arrondissement judiciaire, si le remplacé était le seul notaire établi dans la commune.

56. Si la remise des minutes et répertoires du notaire remplacé n'a pas été effectuée, conformément à l'article précédent, dans le mois à compter du jour de la prestation de serment du successeur, la remise en est faite à celui-ci.

57. Lorsque la place du notaire sera supprimée, le titulaire ou ses héritiers sont tenus de remettre les minutes et les répertoires, dans le délai de deux mois du jour de la suppression, à l'un des notaires de la commune, ou à l'un des notaires de l'arrondissement judiciaire, conformément à l'article 55.

58. Le procureur de la République près le tribunal de première instance est chargé de veiller à ce que les remises ordonnées par les articles précédents soit effectuées; et, dans le cas de suppression de la place, si le titulaire ou ses héritiers n'ont pas fait choix, dans les délais prescrits, du notaire à qui les minutes et répertoires devront être remis, le procureur de la République indique celui qui en demeurera dépositaire.

Le titulaire ou ses héritiers en retard de satisfaire aux dispositions des articles 56 et 57 sont condamnés à cinquante francs d'amende pour chaque mois de retard, à compter du jour de la sommation qui leur aura était faite d'effectuer la remise.

59. Dans tous les cas, il est dressé un état sommaire des minutes remises, et le notaire qui les reçoit s'en charge au pied de cet acte, dont un double est remis au greffe du tribunal de première instance.

60. Le titulaire ou ses héritiers et le notaire qui reçoit les minutes, aux termes des articles 55, 56 et 57, traitent de gré à gré des recouvrements, à raison des actes dont les honoraires sont encore dus et du bénéfice des expéditions.

S'ils ne peuvent s'accorder, l'appréciation en est faite par deux notaires dont les parties conviennent ou qui sont nommés d'office par le tribunal parmi les notaires de la même résidence ou, à leur défaut, parmi ceux de la résidence la plus voisine.

61. Immédiatement après le décès du notaire ou de tout autre possesseur des minutes, les minutes et répertoires sont mis sous les scellés, par le juge de paix de la résidence, jusqu'à ce qu'un autre notaire en ait été provisoirement chargé par ordonnance du président du tribunal de première instance de la résidence.

TITRE III. — DES NOTAIRES ACTUELS.

62. Sont maintenus tous les notaires actuellement en exercice.

Ils sont tenus de justifier, dans le delai d'un an, au procureur de la République près le tribunal de première instance dans le ressort duquel est fixée leur résidence, de la réalisation de leur cautionnement exigé par l'article 37, soit en argent, soit en immeubles, sous peine d'être réputés démissionnaires ou remplacés, s'il y a lieu.

63. Ils exercent ou continuent d'exercer leurs fonctions et conservent rang entre eux suivant la date de leurs réceptions respectives.

DISPOSITIONS GÉNÉRALES.

64. Tout acte fait en contravention aux articles 6, 8, 9, 10, 15, 21 et 53 est nul s'il n'est pas revêtu de la signature de toutes les parties; et lorsque l'acte est revêtu de la signature de toutes les parties contractantes, il ne vaut que comme écrit sous signatures privées, sauf dans les deux cas, s'il y a lieu, des dommages-intérêts contre le notaire.

65. Le gouverneur peut, sur le rapport du procureur général, accorder, pour des motifs graves, des congés aux notaires.

Les intérimaires présentés par eux, dans ce cas, doivent justifier des conditions d'âge, de moralité et de capacité exigées des titulaires.

66. Toutes dispositions contraires au présent décret sont et demeurent rapportées.

67. Le ministre de la marine et des colonies et le garde des sceaux, ministre de la justice, sont chargés, etc.

SAINT-PIERRE ET MIQUELON.

30 JUILLET 1879.

DÉCRET sur l'organisation du notariat dans la colonie de Saint-Pierre et Miquelon.

Art. **1er**. Le notariat est organisé dans la colonie de Saint-Pierre et Miquelon conformément aux dispositions suivantes :

TITRE Ier. — DU NOTAIRE ET DES ACTES NOTARIÉS.

SECTION Ire. — Des fonctions, ressort et devoirs des notaires.

2. Le notaire est un fonctionnaire public établi pour recevoir tous les actes et contrats auxquels les parties doivent ou veulent faire donner le caractère d'authenticité attaché aux actes de l'autorité publique, et pour en assurer la date, en conserver le dépôt, en délivrer des grosses et expéditions.

L'article 91 de la loi de finances du 28 avril 1816 n'est pas applicable au notaire de Saint-Pierre et Miquelon. Il ne pourra en conséquence présenter de successeur.

3. Le notaire est tenu de prêter son ministère lorsqu'il en sera requis.

4. Le notaire doit résider à Saint-Pierre.

En cas de contravention, il est considéré comme démissionnaire, et le procureur de la République peut, après avoir pris l'avis du tribunal, proposer au commandant le remplacement provisoire, qui devient définitif après l'approbation du Président de la République.

5. Le notaire exerce ses fonctions dans toute l'étendue de la colonie.

Néanmoins, le commandant de la colonie pourra, sur le rapport du chef du service judiciaire et après avoir pris l'avis du conseil d'administration, charger le chef de service administratif, juge de paix à Miquelon de remplir les fonctions de notaire dans l'étendue de son ressort.

Ce fonctionnaire devra se conformer, pour la rédaction des actes et pour les autres formalités, aux dispositions du présent décret. Il pourra, dans tous les cas, recevoir, en présence de quatre témoins et en suivant les autres règles prescrites par le Code civil, les testaments des justiciables de son ressort.

Le notaire de la colonie conservera toutefois le droit de se transporter de tout temps à Miquelon pour y exercer les devoirs de son ministère.

6. Les fonctions de notaire sont incompatibles avec celles de juge titulaire en première instance et en appel, d'officier du ministère public, de greffier et de huissier.

SECTION II.

7. Le notaire ne peut recevoir des actes dans lesquels ses parents ou alliés en ligne directe à tous les degrés, et en ligne collatérale jusqu'au degré d'oncle ou de neveu inclusivement, seraient parties ou qui contiendraient quelques dispositions en leur faveur.

8. Les actes autres que ceux auxquels les notaires sont autorisés par la loi à procéder seuls sont reçus par le notaire assisté de deux témoins mâles, majeurs, français, jouissant des droits civils, sachant signer, et domiciliés dans l'arrondissement judiciaire où les actes sont passés.

Ils ne peuvent être annulés par le motif que les deux témoins instrumentaires n'auraient pas été présents à leur réception.

Toutefois, la présence des témoins instrumentaires est requise, à peine de nullité, au moment de la lecture par le notaire et de la signature par les parties des actes contenant donation entre-vifs, donation entre époux pendant le mariage, révocation de donation ou de testament, reconnaissance d'enfants naturels, ainsi que des procurations pour consentir à ces divers actes. Mention de cette présence doit être faite, à peine de nullité.

Les testaments sont reçus dans la forme prescrite par le Code civil.

Tous les actes notariés passés conformément aux règlements locaux qui ont régi jusqu'à ce jour le notariat aux îles Saint-Pierre et Miquelon ne peuvent être annulés pour le motif que les deux témoins instrumentaires n'auraient pas été présents auxdits actes.

9. Les parents ou alliés soit du notaire, soit des parties contractantes, au degré prohibé par l'article 7, ses clercs et ses serviteurs, ne peuvent être témoins dans les actes.

10. Toutes les fois qu'une personne ne parlant pas la langue française sera partie ou témoin dans un acte, le notaire devra être assisté d'un interprète assermenté qui expliquera l'objet de la convention, avant toute écriture, expliquera de nouveau l'acte rédigé et signera comme témoin additionnel.

Les signatures qui ne seraient pas écrites en *caractères français* seront transcrites en français, et la transcription en sera certifiée et signée, au pied de l'acte, par l'interprète.

Les parents ou alliés soit des parties contractantes, en ligne directe à tous les degrés, et en ligne collatérale jusqu'au degré d'oncle ou de neveu inclusivement, ne pourront remplir les fonctions d'interprète dans le cas prévu par le présent article. Ne pourront aussi être pris pour interprètes d'un testament par acte public les légataires à quelque titre que ce soit, ni leurs parents ou alliés jusqu'au degré de cousin germain inclusivement.

11. Le nom, l'état et la demeure des parties doivent être connus du notaire ou lui être attestés dans l'acte par deux citoyens connus de lui, ayant les qualités requises pour être les témoins instrumentaires.

Tous les actes doivent énoncer le nom et le lieu de résidence du notaire qui les reçoit, à peine de vingt francs d'amende.

Ils doivent également énoncer les noms et qualités des témoins instrumentaires, leur demeure, le lieu, l'année et le jour où les actes sont passés, sous peine de dommages-intérêts contre le notaire, qui peut en outre, s'il y a lieu, être poursuivi comme coupable de faux.

12. Les actes de notaire sont écrits en un seul et même contexte, lisiblement, sans abréviations, blancs, lacunes et intervalles; ils contiennent les noms, prénoms, qualités et demeures des parties, ainsi que des témoins qui seraient appelés dans le cas de l'article 10.

Ils énoncent en toutes lettres les sommes et les dates.

Si les procurations des contractants n'existent pas en minute dans l'étude du notaire qui reçoit l'acte, elles doivent y être annexées, et il est fait mention que lecture de l'acte a été faite aux parties.

Le tout à peine de vingt francs d'amende.

13. Les actes notariés sont signés par les parties, les témoins et par le notaire, qui doit en faire mention à la fin de l'acte.

Quant aux parties qui ne savent ou ne peuvent signer, le notaire doit faire mention à la fin de l'acte de leurs déclarations à cet égard.

14. Les renvois ou apostilles ne peuvent, sauf l'exception ci-après, être écrits qu'en marge : ils sont signés ou parafés tant par le notaire que par les autres signataires, à peine de nullité des renvois et apostilles.

Si la longueur du renvoi exige qu'il soit transporté à la page suivante ou à la fin de l'acte, il doit être non seulement signé ou parafé comme les renvois écrits en marge, mais encore expressément approuvé par les parties, à peine de nullité du renvoi.

15. Il ne doit y avoir ni surcharge, ni interligne, ni addition dans le corps de l'acte, les mots surchargés, interlignés ou ajoutés sont nuls.

Les mots qui doivent être rayés le sont de manière que le nombre puisse en être constaté à la marge de leur page correspondante ou à la fin de l'acte, et sont approuvés de la même manière que les renvois écrits en marge, le tout à peine d'une amende de dix francs contre le notaire, ainsi que de tous dommages-intérêts et même de destitution en cas de fraude.

16. Le notaire qui contrevient aux lois et arrêtés concernant les noms et qualifications supprimés, les clauses et expressions féodales, les mesures et l'annuaire de l'Etat, ainsi que la numération décimale, est condamné à une amende de vingt francs, qui est double en cas de récidive.

17. Le notaire tient exposé dans son étude un tableau sur lequel il inscrit les noms, prénoms, qualités et demeures des personnes qui, dans l'étendue du ressort où il peut exercer, sont interdites ou assistées d'un conseil judiciaire, ainsi que la mention des jugements d'interdiction ou de nomination d'un conseil judiciaire; le tout immédiatement après la notification d'un extrait desdits jugements, faite par le greffier du tribunal qui les a rendus, et à peine de dommages-intérêts des parties.

18. Tous actes notariés font pleine foi en justice et sont exécutoires dans l'étendue du territoire de la République et dans toutes les possessions françaises.

Néanmoins, en cas de plainte en faux principal, l'exécution de l'acte argué de faux est suspendue par la mise en accusation; en cas d'inscription de faux faite incidemment, les tribunaux peuvent, suivant la gravité des circonstances, suspendre provisoirement l'exécution de l'acte.

19. Le notaire est tenu de garder minute de tous les actes qu'il reçoit.

Ne sont pas compris dans la présente disposition les certificats de vie, procurations, actes de notoriété, les quittances de fermages, de loyers, de salaires, d'arrérages de pensions, de rentes ou même de sommes quelconques, si les parties le requièrent, et les autres actes simples qui, d'après la loi, peuvent être délivrés en brevet.

20. Le droit de délivrer des grosses et expéditions n'appartient qu'au notaire possesseur de la minute; néanmoins le notaire peut délivrer copie de l'acte qui lui a été déposé pour minute.

21. Le notaire ne peut se dessaisir d'aucune minute, si ce n'est dans les cas prévus par la loi, en vertu d'un jugement.

Avant de s'en dessaisir, il en dresse et signe une copie figurée qui, après avoir été certifiée par le président et le procureur de la République du tribunal de première instance de la colonie, est substituée à la minute, dont elle tient lieu jusqu'à sa réintégration.

22. Le notaire ne peut également, sans l'ordonnance du président du tribunal de première instance, délivrer expédition ni donner connaissance des actes à d'autres qu'aux personnes intéressées en nom direct, héritiers ou ayants droit, à peine de dommages-intérêts, d'une amende de vingt francs et d'être, en cas de récidive, suspendu de ses fonctions pendant trois mois; sauf, néanmoins, les cas dans lesquels les lois et les règlements prescrivent la communication des actes et des registres aux préposés de l'enregistrement, ainsi que la délivrance d'extraits à publier dans l'auditoire des tribunaux.

23. En cas de compulsoire, le procès-verbal est dressé par le notaire dépositaire de l'acte, à moins que le tribunal qui l'ordonne ne commette un de ses membres ou toute autre personne à cet effet.

24. Les grosses seules sont délivrées en forme exécutoire; elles sont intitulées et terminées dans les mêmes termes que les jugements des tribunaux.

25. Il doit être fait mention, sur la minute, de la délivrance d'une première grosse faite à chacune des parties y ayant droit.

Il ne peut lui en être délivré d'autre, à peine de destitution, sans une ordonnance du président du tribunal de première instance, laquelle demeure jointe à la minute.

26. Le notaire est tenu d'avoir un cachet ou sceau particulier, portant ses nom, qualité et résidence, et, d'après un modèle uniforme, le type de la République française.

Les grosses et expéditions des actes portent l'empreinte de ce cachet.

27. Lorsque les actes sont produits hors de la colonie, la signature du notaire est légalisée par le président du tribunal de première instance de la colonie.

La signature du président est légalisée par le commandant.

La signature du commandant est légalisée par le ministre de la marine et des colonies, lorsque les actes sont produits en France. Elle l'est également, mais sur la demande des parties, lorsque les actes sont produits dans les possessions françaises autres que les colonies d'Amérique et de Taïti.

28. Le notaire tient répertoire de tous les actes qu'il reçoit.

29. Les répertoires sont visés, cotés et parafés par le président du tribunal de première instance.

Ils contiennent : 1° le numéro d'ordre de l'article; 2° la date de l'acte; 3° sa nature; 4° la mention qu'il est en minute ou en brevet; 5° les noms, prénoms, qualités et demeure des parties; 6° l'indication des biens, leur situation et le prix, lorsqu'il s'agira d'actes ayant pour objet la propriété, l'usufruit ou la jouissance de biens immeubles; 7° la somme prêtée, cédée ou transportée, s'il s'agit d'obligation, cession ou transport; 8° la relation de l'enregistrement, s'il y a lieu.

Le notaire fait mention sur son répertoire, tous les trois mois, des noms des clercs qui, pendant le précédent trimestre, ont été en cours de stage dans son étude, du temps de travail accompli et du rang de cléricature.

30. Le notaire retient aux frais des parties, pour le dépôt des chartes des colonies créé en France par l'édit de juin 1776, une copie figurée des actes dont il doit garder minute, à l'exception toutefois des inventaires et des ventes sur inventaires.

Cette copie, signée par le notaire et par les témoins instrumentaires, est remise en même temps que la minute au receveur de l'enregistrement, qui la collationne et la vise sans frais.

En cas de perte du titre original, elle fait la même foi que ce titre.

Le notaire tient en outre répertoire des copies figurées.

31. Les copies figurées ainsi que leur répertoire sont déposés au greffe dans les deux premiers mois de chaque année, sous peine d'une amende de cinquante francs contre le notaire retardataire pour chaque mois de retard, et, en outre, de telles poursuites disciplinaires et dommages-intérêts qu'il appartiendra.

32. Les expéditions des actes déposés actuellement par le notaire aux archives coloniales, et celles des actes qui auront été reçus avant l'époque fixée pour l'exécution du présent décret, feront foi en justice et tiendront lieu des originaux, si ceux-ci venaient à être perdus.

TITRE II. — RÉGIME DU NOTARIAT.

SECTION Ire. — Du cautionnement.

33. Le notaire est assujetti à un cautionnement qui demeure fixé comme suit:

En immeubles . . . . 7,000 fr.
Ou en argent. 4,000

Ce cautionnement est spécialement affecté à la garantie des condamnations prononcées contre le notaire par suite de l'exercice de ses fonctions.

Lorsque, par l'effet de cette garantie, le montant du cautionnement a été employé en tout ou en partie, le notaire est suspendu de ses fonctions jusqu'à ce que le cautionnement ait été entièrement rétabli; et faute par lui de le rétablir dans les six mois, il est considéré comme démissionnaire et remplacé.

34. Le cautionnement en immeubles est reçu et discuté par le chef du service judiciaire, qui prend les dispositions nécessaires pour la constitution et le maintien de ce cautionnement. Sont exécutoires aux îles Saint-Pierre et Miquelon les lois relatives au versement, au retrait et à l'intérêt du cautionnement en argent des notaires de France.

SECTION II. — Conditions pour être admis et mode de nomination au notariat.

35. Pour être admis aux fonctions de notaire, il faut: 1° être Français et jouir de l'exercice de ses droits civils; 2° avoir satisfait, s'il y a lieu, à la loi du recrutement de l'armée; 3° être âgé de vingt-cinq ans accomplis; 4° justifier du temps de travail prescrit par l'article suivant.

36. La durée du stage est de six années entières et consécutives, dont une au moins en qualité de premier clerc, soit dans une colonie française, soit en France.

Toutefois, si le postulant est licencié en droit, ou s'il justifie avoir travaillé pendant trois années, dont une au moins en qualité de premier clerc, dans une étude d'avoué, le temps de stage est réduit à deux années.

N'est assujetti qu'à la condition d'un an de stage dans la colonie celui qui justifie avoir été un an premier ou second clerc, ou trois ans second clerc, dans une étude de seconde classe en France.

37. Des dispenses peuvent être accordées aux postulants qui ont exercé des fonctions administratives ou judiciaires, aux avocats et aux anciens avoués ayant cinq ans d'exercice professionnel.

38. Tout postulant doit justifier de sa moralité et de sa capacité.

A cet effet, il présente requête au commandant, qui l'autorise à se pourvoir devant le conseil d'appel.

Il fait viser ses pièces par le procureur de la République, chef du service judiciaire, et les dépose au greffe.

Le président désigne un magistrat rapporteur chargé de recueillir des renseignements sur la conduite du requérant.

Extrait de la requête est affiché pendant un mois, avec le nom du rapporteur, tant dans l'auditoire du conseil d'appel que dans celui du tribunal de première instance. Il est inséré, à trois reprises différentes et à huit jours d'intervalle, dans la feuille officielle de la colonie.

39. La capacité est constatée par une commission composée du chef du service judiciaire, du juge président du conseil d'appel et du président du tribunal de première instance.

Cette commission, après avoir fait passer un examen au postulant, fera connaître, par un rapport au commandant de la colonie, s'il est admissible ou non.

Le commandant fera parvenir ce rapport et celui du juge rapporteur au ministre de la marine et des colonies et délivrera, s'il y a lieu, une commission provisoire au postulant.

40. Pourront également être appelés aux fonctions de notaire ceux qui justifieront de leur moralité et de leur capacité conformément à l'article 43 de la loi du 25 ventôse an XI, au moyen d'un certificat délivré par la chambre de discipline de la métropole dans le ressort de laquelle le candidat était en dernier lieu inscrit comme stagiaire, et satisferont, en outre, aux conditions de stage imposées par les articles 41 et 42 de la loi pour être admis à exercer comme notaire de troisième classe.

Leurs demandes devront être adressées au ministre de la marine et des colonies.

41. Le notaire est nommé définitivement par le Président de la République, sur le rapport du ministre de la marine et des colonies.

La commission définitive de notaire est adressée dans son intitulé par le procureur de la République, chef du service judiciaire, au tribunal de première instance de la colonie.

42. Dans les deux mois de sa nomination, et à peine de déchéance, le notaire est tenu de prêter devant le tribunal de première instance de la colonie le serment que la loi exige de tout fonctionnaire public, ainsi que celui de remplir ses fonctions avec exactitude et probité.

Il n'est admis à prêter serment qu'en présentant l'original de sa commission et la preuve de la réalisation de son cautionnement.

43. La commission du notaire est, à la réquisition du ministère public, lue à l'audience et transcrite ensuite sur le registre du greffe à ce destiné.

Il est tenu de faire enregistrer le procès-verbal de prestation de serment au secrétariat de la municipalité de Saint-Pierre et au greffe du tribunal de première instance.

44. Il n'a le droit d'exercer qu'à compter du jour où il a prêté serment.

45. Avant d'entrer en fonctions, il doit déposer sa signature et son parafe au greffe du tribunal de premièrè instance, ainsi qu'au secrétariat de la municipalité de Saint-Pierre.

SECTION II. — **Discipline des notaires.**

46. La discipline du notariat appartient au chef du service judiciaire de la colonie.

Il prononce contre le notaire, après l'avoir entendu, le rappel à l'ordre, la censure simple, la censure avec réprimande; il lui donne en outre tout avertissement qu'il juge convenable.

A l'égard des peines plus graves, telles que la suspension, le remplacement ou la destitution, il fait d'office, ou sur les réclamations des parties, les propositions qu'il juge nécessaires, et le commandant statue, après avoir pris l'avis des tribunaux, qui entendent en chambre du conseil le fonctionnaire inculpé, sauf recours au ministre de la marine et des colonies.

La suspension ne peut être prononcée pour une période de plus d'une année : elle peut être provisoirement appliquée jusqu'à ce que le ministre ait statué.

47. Les honoraires et vacations non tarifés sont réglés à l'amiable entre le notaire et les parties, sinon conformément aux articles 171 et 173 du tarif du 16 février 1807 qui est rendu applicable aux îles Saint-Pierre et Miquelon.

48. Il est défendu au notaire de s'associer avec des tiers pour l'exploitation de son office.

Il lui est également défendu, soit par lui-même, soit par personnes interposées, soit directement, soit indirectement :

1° De se livrer à aucune spéculation de bourse ou opération de commerce, banque, escompte et courtage ; de souscrire, à quelque titre et sous quelque prétexte que ce soit, des lettres de change ou billets à ordre négociables;

2° De s'immiscer dans l'administration d'aucune société, entreprise ou compagnie de finances, de commerce ou d'industrie;

3° De faire des spéculations relatives à l'acquisition et à la revente des immeubles, à la cession des créances, droits successifs, actions industrielles et d'autres droits incorporels ;

4° De s'intéresser dans aucune affaire pour laquelle il prête son ministère ;

5° De placer en son nom personnel des fonds qu'il aurait reçus, même à la condition d'en servir les intérêts;

6° De se constituer garant ou caution, à quelque titre que ce soit, des prêts qui auraient été faits par son intermédiaire ou qu'il aurait été chargé de constater par acte public ou privé;

7° De se servir de prête-nom en aucune circonstance, même pour des actes autres que ceux désignés ci-dessus.

49. Les contraventions ou prohibitions apportées en l'article précédent sont, ainsi que les autres infractions à la discipline, poursuivies lors même qu'il n'existerait aucune partie plaignante et punies, suivant la gravité des cas, conformément aux dispositions de l'article 46.

50. Lorsque le notaire est suspendu, destitué ou remplacé, il doit, aussitôt après la notification qui lui a été faite de sa suspension, de sa destitution ou de son remplacement, cesser l'exercice de son état, à peine de tous dommages-intérêts et des autres condamnations prononcées par la loi contre tout fonctionnaire suspendu, destitué ou remplacé qui continue à exercer ses fonctions.

Il ne peut les reprendre, sous les mêmes peines, qu'après la cessation du temps de la suspension.

51. Toutes condamnations à l'amende ou à des dommages-intérêts sont prononcées contre le notaire par le tribunal de première instance de la colonie, à la poursuite des parties intéressées, ou d'office à la poursuite et diligence du procureur de la République.

Ces jugements sont sujets à appel.

SECTION III. — **Garde et transmission des minutes.**

52. Lorsque le successeur d'un notaire démissionnaire aura été nommé et aura prêté serment, son prédécesseur devra immédiatement lui remettre les minutes en sa possession. Il sera, pour cette remise, dressé un état sommaire des minutes remises, et le notaire qui les recevra en prendra charge au pied de l'acte, dont un double sera déposé au greffe du tribunal de première instance. En cas de retard, le notaire démissionnaire est condamné à cinquante francs d'amende pour chaque mois de retard, à compter du jour de la sommation qui lui aura été faite d'effectuer la remise.

53. La remise des minutes devra être opérée entre les mains du greffier, lorsqu'il sera désigné pour remplir l'intérim de l'office, quels que soient, d'ailleurs, les motifs d'empêchements du titulaire.

54. Le titulaire ou ses héritiers et le notaire qui reçoit les minutes, aux termes des articles ci-dessus, traitent de gré à gré des recouvrements à raison des actes dont les honoraires sont encore dus, et du bénéfice des expéditions.

S'ils ne peuvent s'accorder, l'appréciation en est faite par le tribunal.

DISPOSITION TRANSITOIRE.

55. Le notaire actuel est maintenu et confirmé dans ses fonctions.

Il est dispensé de l'obligation de verser le cautionnement prévu par l'article 33.

DISPOSITIONS GÉNÉRALES.

56. Tout acte fait en contravention aux articles 7, 8, 9, 13, 20 et 50 est nul s'il n'est pas revêtu de la signature de toutes les parties contractantes, et lorsque l'acte est revêtu de la signature de toutes les parties contractantes, il ne vaut que comme écrit sous signature privée, sauf, dans les deux cas, s'il y a lieu, des dommages et intérêts contre le notaire.

57. Le commandant peut, sur le rapport du chef du service judiciaire, accorder, pour des motifs sérieux, des congés au notaire.

58. Dans tous les cas où, pour une cause quelconque, le notaire se trouverait empêché de remplir ses fonctions, le tribunal, sur l'avis qui lui sera donné par le chef du service judiciaire, désignera le greffier pour remplir l'intérim de l'office.

59. Toutes dispositions contraires au présent décret sont et demeurent rapportées.

60. Le ministre de la marine et des colonies et le garde des sceaux, ministre de la justice, sont chargés, etc.

INDE.

24 AOUT 1887.

DÉCRET sur l'organisation du Notariat dans les établissements français de l'Inde.

DISPOSITIONS PRÉLIMINAIRES.

ART. 1er. Le notariat est organisé dans les établissements français de l'Inde conformément aux dispositions du présent décret.

Sont supprimés l'ancien notariat et le tabellionnage établis par les édits des 18 novembre 1769, 30 décembre 1775, 27 janvier 1778, et l'arrêté du 6 décembre 1838.

TITRE PREMIER. — DES NOTAIRES ET DES ACTES NOTARIÉS.

SECTION Ire. — Des fonctions, ressorts et devoirs des notaires.

2. Les notaires sont des fonctionnaires publics établis pour recevoir tous les actes et contrats auxquels les parties doivent ou veulent faire donner le caractère d'authenticité attachés aux actes de l'autorité publique, et pour en assurer la date, en conserver le dépôt, en délivrer des grosses et expéditions.

Ils sont institués à vie.

3. Ils sont tenus de prêter leur ministère lorsqu'ils en sont requis.

4. Chaque notaire doit résider dans le lieu qui sera fixé par le décret de nomination.

En cas de contravention à la disposition précédente, il est considéré comme démissionnaire et le procureur général peut, après avoir pris l'avis du tribunal, proposer au gouverneur le remplacement provisoire, qui devient définitif après l'approbation du président de la République.

5. Les notaires exercent leurs fonctions dans l'étendue du ressort du tribunal de première instance où ils résident.

6. Il est défendu à tout notaire d'instrumenter hors de son ressort, à peine d'être suspendu de ses fonctions pendant trois mois, d'être destitué en cas de récidive et de tous dommages-intérêts.

Dans les établissements où il n'existe qu'une étude, le notaire, en cas de décès ou d'empêchement pour cause de parenté, de maladie ou d'absence légalement constatée, sera remplacé par une personne désignée par ordonnance du juge président du tribunal de première instance ou du juge de paix à compétence étendue.

7. Les fonctions de notaire sont incompatibles avec celles de membres des cours d'appel et des tribunaux, de greffiers, d'avoués, d'huissier, de préposé à la recette des contributions directes et indirectes, de juges de paix, de commissaires de police, de commissaires-priseurs et de curateurs aux successions vacantes.

Elles ne sont pas incompatibles avec les fonctions de suppléant non rétribué des juges de paix.

SECTION II. — Des actes, de leur forme, des minutes, grosses, expéditions et répertoires.

8. Les notaires ne peuvent recevoir des actes dans lesquels leurs parents ou alliés en ligne directe à tous les degrés et en ligne collatérale, jusqu'au degré d'oncle et de neveu inclusivement, seraient parties ou qui contiendraient quelque disposition en leur faveur.

9. Les actes autres que ceux auxquels les notaires sont autorisés par la loi à procéder seuls, sont reçus par deux notaires ou par un notaire assisté de deux témoins mâles, majeurs, Français, jouissant des droits civils, sachant signer et domiciliés dans la circonscription où les actes sont passés.

Ils ne peuvent être annulés par ce motif que le notaire en second ou les deux témoins instrumentaires n'auraient pas été présents à leur réception.

Toutefois, la présence du notaire en second ou des témoins instrumentaires est requise, à peine de nullité, au moment de la lecture par le notaire et de la signature par les parties des actes contenant donation entre vifs, donation entre époux pendant le mariage, révocation de donation ou de testament, reconnaissance d'enfants naturels, ainsi que des procurations pour consentir à ces divers actes.

Mention de cette présence doit être faite à peine de nullité.

Les testaments sont reçus dans la forme prescrite par le Code civil.

Les actes notariés passés dans les établissements français de l'Inde antérieurement à la promulgation du présent décret ne peuvent être annulés par le motif que le notaire en second ou les deux témoins instrumentaires n'auraient pas été présents à la réception dedits actes.

10. Deux notaires parents ou alliés au degré prohibé par l'article 8, leurs clercs et leurs serviteurs ne peuvent être témoins.

11. A compter du jour de la promulgation du présent décret, nul acte notarié, dans quelque partie que ce soit des établissements français dans l'Inde, ne pourra être écrit qu'en langue française.

AMENDEMENT.

Toutefois, lorsque les parties ou l'une d'elles en feront la demande, l'acte pourra être reçu dans la langue native la plus usitée dans chaque localité. Dans ce cas, la traduction en langue française devra toujours être immédiatement transcrite au pied de l'acte par les soins du notaire et signé de lui ainsi que de l'interprète assistant, s'il y a lieu.

Les copies, grosses ou expéditions devront toujours être délivrées dans les deux langues.

Les parents ou alliés soit du notaire, soit des parties contractantes en ligne directe à tous les degrés et en ligne collatérale jusqu'au degré d'oncle et de neveu inclusivement, ne pourront remplir les fonctions d'interprète dans le cas prévu par le présent article.

Ne pourront aussi être pris pour interprètes d'un testament par acte public, les légataires à quelque titre que ce soit, ni leurs parents ou alliés jusqu'au degré de cousin germain inclusivement.

12. Le nom, filiation, s'il y a lieu, l'état et la demeure des parties doivent être connus des notaires ou leur être attestés dans l'acte par deux citoyens connus d'eux, ayant les mêmes qualités que celles requises pour être témoins instrumentaires.

13. Tous les actes doivent énoncer le lieu et le nom de résidence du notaire qui les reçoit, à peine de vingt francs d'amende.

Ils doivent également énoncer les nom, filiation, s'il y a lieu, et qualités des témoins instrumentaires, leur demeure, le lieu, l'année et le jour où les actes sont passés, sous peine de dommages-intérêts contre le notaire qui peut, en outre, s'il y a lieu, être poursuivi comme coupable de faux.

14. Les actes des notaires sont écrits en un seul et même contexte, lisiblement, sans abréviations, blancs, lacunes, ni intervalles : ils contiennent les noms, filiation, caste, s'il y a lieu, qualités et demeure des parties ainsi que des témoins qui seraient appelés dans le cas de l'article 9.

Ils énoncent en toutes lettres les sommes et les dates.

Si les procurations des contractants n'existent pas en minute dans l'étude du notaire qui reçoit l'acte, elles doivent y être annexées et il est fait mention que lecture de l'acte a été faite aux parties.

Le tout à peine de vingt francs d'amende.

15. Les actes notariés sont signés par les parties, les témoins et par les notaires qui doivent en faire mention à la fin de l'acte.

Quant aux parties qui ne savent ou ne peuvent signer, le notaire doit faire mention, à la fin de l'acte, de leurs déclarations à cet égard.

16. Les renvois et apostilles ne peuvent, sauf l'exception ci-après, être écrits qu'en marge, ils sont signés ou parafés tant par les notaires que par les autres signataires à peine de nullité des renvois et apostilles.

Si la longueur du renvoi exige qu'il soit transporté à la page suivante ou à la fin de l'acte, il doit être non seulement signé et parafé comme les renvois écrits en marge, mais encore expressément approuvé par les parties, à peine de nullité du renvoi.

17. Il ne doit y avoir ni surcharge, ni interligne, ni addition dans le corps de l'acte ; les mots surchargés, interlignés ou ajoutés sont nuls.

Les mots qui doivent être rayés le sont de manière que le nombre puisse en être constaté à la marge de leur page correspondante ou à la fin de l'acte, et sont approuvés de la même manière que les renvois écrits en marge, le tout à peine d'une amende de dix francs contre le notaire ainsi que de tous dommages-intérêts et même de destitution en cas de fraude.

18. Le notaire qui contreviendra aux lois et arrêtés concernant les noms et qualifications supprimés, les clauses et expressions féodales, les mesures, l'annuaire et la numération officiellement usités dans la colonie, est condamné à une amende de vingt francs, qui est double en cas de récidive.

19. Le notaire tient exposé dans son étude un tableau sur lequel il inscrit les noms, prénoms, filiation, castes, qualités et demeure des personnes qui, dans l'étendue du ressort où il peut exercer, sont interdites ou assistées d'un conseil judiciaire, ainsi que la mention des jugements d'interdiction ou de nomination d'un conseil judiciaire, le tout immédiatement après la notification d'un extrait desdits jugements faite par le greffier du tribunal qui les a rendus et à peine de dommages-intérêts des parties.

20. Tous actes notariés font pleine foi en justice de la convention qu'ils renferment entre les parties contractantes et leurs héritiers ou ayants-cause.

Ils sont exécutoires dans toute l'étendue du territoire de la République et dans toutes les possessions françaises.

Néanmoins, en cas de plainte en faux principal, l'exécution de l'acte argué de faux est suspendue par la mise en accusation ; en cas d'inscription de faux faite incidemment, les tribunaux peuvent, suivant la gravité des circonstances, suspendre provisoirement l'exécution de l'acte.

21. Les notaires sont tenus de garder minute de tous les actes qu'ils reçoivent.

Ne sont pas compris dans la présente disposition : les certificats de vie, procurations, acte de notoriété, les quittances de fermages, de loyers, de salaires, d'arrérages, de pensions, de rentes, de sommes quelconques, si les parties le requièrent, et les autres actes simples qui, d'après la loi, peuvent être délivrés en brevet.

22. Le droit de délivrer des grosses et expéditions n'appartient qu'au notaire possesseur de la minute, et néanmoins tout notaire peut délivrer copie de l'acte qui lui a été déposé pour minute.

Si l'acte dont l'expédition ou la grosse est demandée a été reçue en langue native, le notaire ne pourra en délivrer grosse ou expédition qu'en se conformant aux prescriptions de l'article 11 ci-dessus.

23. Les notaires ne peuvent se dessaisir d'aucune minute, si ce n'est dans les cas prévus par la loi et en vertu d'un jugement. Avant de s'en dessaisir, ils en dressent et signent une copie figurée qui, après avoir été certifiée par le juge président du tribunal de première instance ou le juge de paix à compétence étendue de leur résidence, est substituée à la minute dont elle tient lieu jusqu'à la réintégration.

24. Les notaires ne peuvent également, sans l'ordonnance du président du tribunal de première instance, délivrer expédition, ni donner connaissance des actes à d'autres qu'aux personnes intéressés en nom direct, héritiers ou ayants-droit, à peine de dommages-intérêts, d'une amende de vingt francs et d'être, en cas de récidive, suspendus de leurs fonctions pendant trois mois; sauf, néanmoins, les cas dans lesquels les lois et les règlements prescrivent la communication des registres aux préposés de l'enregistrement ainsi que la délivrance d'extraits à publier dans l'auditoire des tribunaux.

25. En cas de compulsoire, le procès-verbal est dressé par le notaire dépositaire de l'acte, à moins que le tribunal qui l'ordonne ne commette un de ses membres ou tout autre juge ou tout autre notaire.

26. Les grosses seules sont délivrées en forme exécutoire; elles sont intitulées et terminées dans les mêmes termes que les jugements des tribunaux.

27. Il doit être fait mention sur la minute de la délivrance d'une première grosse faite à chacune des parties y ayant droit.

Il ne peut lui en être délivré d'autres, à peine d'une destitution, sans une ordonnance du président du tribunal de première instance ou du juge de paix à compétence étendue, laquelle demeure jointe à la minute.

28. Chaque notaire est tenu d'avoir un cachet ou sceau portant ses noms, qualité et résidence, et, d'après un modèle uniforme, le type de la République française.

Les grosses et expéditions portent l'empreinte de ce cachet.

29. Lorsque les actes sont produits hors de la colonie, les signatures des notaires qui les ont reçus ou des dépositaires qui en délivrent copie sont légalisées par le président du tribunal de première instance ou le juge de paix à compétence étendue.

La signature du président ou du juge de paix est ensuite légalisée par le procureur général.

La signature du procureur général est légalisée par le gouverneur ou l'officier d'administration délégué par lui.

30. Les notaires tiennent répertoire de tous les actes qu'ils reçoivent.

Les répertoires sont visés, cotés et parafés par le président, ou, à son défaut, par un juge du tribunal de première instance de la résidence.

Ils contiennent : 1° le numéro d'ordre de l'article; 2° la date de l'acte; 3° sa nature; 4° son espèce, c'est-à-dire la mention qu'il est en minute ou en brevet; 5° les noms, prénoms, qualités et demeures des parties; 6° l'indication des biens, leur situation et le prix lorsqu'il s'agira d'actes ayant pour objet la propriété, l'usufruit ou la jouissance des biens immeubles; 7° la somme prêtée, cédée ou transportée, s'il s'agit d'obligation, cession ou transport; 8° la relation de l'enregistrement.

Les notaires font mention sur les répertoires, tous les trois mois et avant le visa du receveur de l'enregistrement, des noms des clercs qui, pendant le précédent trimestre, ont été en cours de stage dans leurs études, du temps de travail accompli et du rang de cléricature.

31. Les notaires devront, en outre, tenir un registre particulier qui sera visé, coté et parafé, comme il est dit pour le répertoire en l'article précédent, et sur lequel ils inscriront, à la date du dépôt, les nom, prénoms, profession, domicile et lieu de naissance des personnes qui leur remettront un testament olographe. Ce registre ne fera aucune mention de la teneur du testament déposé.

Si, à l'époque où ils auront connaissance du décès de la personne dont le testament olographe aura été déposé en leur étude, aucune partie intéressée ne se présente pour requérir l'application de l'art. 1007 du Code civil, ils devront eux-mêmes faire les diligences nécessaires pour la présentation dudit testament au président du tribunal de première instance du ressort ou au juge de paix à compétence étendue, après en avoir donné avis au parquet.

32. Indépendamment du répertoire et du registre prescrits par les articles précédents, les notaires tiendront un registre coté et parafé, soumis au visa du receveur du domaine, sur lequel ils devront mentionner jour par jour, sans blancs, lacunes ni transports en marges : 1° toutes les sommes ou valeurs qu'ils recevront en dépôt à quelque titre que ce soit; 2° les nom, prénoms, profession et demeure des déposants; 3° la date des dépôts; 4° l'emploi qui aura été fait des valeurs déposées.

La vérification de ce registre et des fonds ou valeurs reçus par le notaire sera faite ou ordonnée par les soins du parquet au moins une fois par année.

33. Les notaires retiennent aux frais des parties, pour le dépôt des chartes coloniales créé par l'édit de juin 1776, une copie figurée des actes dont ils doivent garder minute, à l'exception toutefois des inventaires ou des ventes sur inventaires.

Pour les testaments, les notaires sont tenus de remplacer la seconde minute par une expédition dans les quinze jours de l'ouverture et de la publication desdits testaments.

Les copies signées, suivant le cas, par le notaire en second ou les témoins instrumentaires sont remises en même temps que la minute au receveur de l'enregistrement, qui la collationne et la vise sans frais.

En cas de perte du titre original, elle fait la même foi que lui.

Les notaires tiennent, en outre, répertoire des copies figurées.

34. Les copies figurées ainsi que les répertoires sont, à la diligence du procureur de la République, déposés au greffe du tribunal de première instance ou de la justice de paix, dans les deux premiers mois de chaque année, sous peine d'une amende de 50 fr. contre les retardataires pour chaque mois de retard, et en outre de telles poursuites disciplinaires et dommages-intérêts qu'il appartiendra.

35. Les expéditions des actes déposés actuellement par les notaires aux archives coloniales et celles des actes qui auront été reçus avant l'époque fixée pour l'exécution du présent décret feront foi en justice et tiendront lieu des originaux si ceux-ci venaient à être perdus.

TITRE II. — RÉGIME DU NOTARIAT.

SECTION Ire. — **Nombre, placement et cautionnement des notaires.**

36. Le nombre des notaires pour les établissements français dans l'Inde, leur placement et leur résidence sont déterminés par décret du président de la République sur l'avis de la cour d'appel, le procureur général entendu.

37. Le nombre des notaires pour Pondichéry et ses districts est fixé à quatre, savoir :

Commune de Pondichéry	1
— d'Oulgaret	1
— de Villenour	1
— de Bahour	1

38. Il y en aura trois à Karikal et ses maganons.

Commune de Karikal	1
— de la Grande-Aldée	1
— de Nédouncadou	1

39. Il n'y aura qu'un seul notaire dans chacun des établissements français de Chandernagor, Mahé et Yanaon.

40. Les suppressions ou réductions d'office ne sont effectuées que par mort, démission ou destitution.

41. Les notaires sont assujettis à un cautionnement qui demeure fixé comme suit:

1° Pour les notaires de Pondichéry, Oulgaret, Villenour, Bahour, Karikal, la Grande-Aldée et Nédouncadou :

En immeubles, 5,000 fr., ou en argent, 8,000 fr.

2° Pour le notaire de Chandernagor:

En immeubles, 1,500 fr., ou en argent, 3,000 fr.

3° Et pour chacun des notaires de Mahé et de Yanaon, en immeubles, 1,000 fr., ou en argent, 2,000 fr.

Ce cautionnement est spécialement affecté à la garantie des condamnations prononcées contre les notaires par suite de l'exercice de leurs fonctions.

Lorsque, par l'effet de cette garantie, le montant du cautionnement a été employé en tout ou en partie, le notaire est suspendu de ses fonctions jusqu'à ce que le cautionnement ait été entièrement rétabli; et, faute par lui de le rétablir dans les six mois, il est considéré comme démissionnaire et remplacé.

42. Le cautionnement en immeubles est reçu et discuté par le procureur de la République du lieu, qui est chargé de pourvoir à l'ensemble des diligences que comportent la constitution et la garantie de ce cautionnement.

Sont exécutoires dans les établissements français de l'Inde les lois relatives au versement, au retrait et à l'intérêt du cautionnement des notaires en France.

SECTION II. — **Conditions pour être admis et mode de nomination au notariat.**

43. Pour être admis aux fonctions de notaire, il faut: 1° jouir de l'exercice de ses droits civils et politiques; 2° avoir satisfait, s'il y a lieu, à la loi sur le recrutement de l'armée; 3° être âgé de 25 ans accomplis; 4° justifier du temps de travail prescrit par l'article suivant.

44. La durée du stage est de six années entières et consécutives dont une au moins en qualité de premier clerc, soit dans une colonie française, soit en France, sauf les interruptions nécessitées par l'accomplissement des devoirs imposés par la loi militaire.

Toutefois, si le postulant est licencié en droit ou porteur du certificat d'aptitude délivré par les écoles de droit des colonies, le stage est réduit à deux années.

N'est assujetti qu'à la condition d'un an de stage dans une étude de la colonie, celui qui justifie avoir été deux ans premier clerc dans une étude de France.

45. Peuvent n'être assujettis à aucune condition de stage les postulants qui justifient avoir exercé pendant cinq ans au moins des fonctions judiciaires en France ou dans les colonies, tels que membre d'une cour, d'un tribunal, juge de paix, les receveurs d'enregistrement, les avocats et avoués ayant dix ans d'exercice professionnel.

Tout postulant doit justifier de sa moralité et de sa capacité.

A cet effet il présente requête au gouverneur, qui l'autorise à se pourvoir devant la cour.

Il fait viser ses pièces par le procureur général et les dépose au greffe.

Le président désigne un rapporteur, chargé de recueillir des renseignements sur la conduite du requérant et de lui faire subir un examen en présence de deux notaires et d'un membre du parquet désignés par le procureur général.

Extrait de la requête est affiché pendant un mois avec le nom du rapporteur, tant dans l'auditoire de la cour que dans celui du tribunal dans le ressort duquel le postulant doit exercer. Il est inséré, à trois reprises différentes et à huit jours d'intervalle, dans une des feuilles publiques de la colonie.

47. Dans les huit jours qui suivent l'expiration des délais ci-dessus, le conseiller désigné fait son rapport en chambre du conseil, et la cour, le procureur général entendu, émet son avis.

Cet avis est transmis par le procureur général au gouverneur qui délivre, s'il y a lieu, une commission provisoire au postulant.

La commission énonce le lieu de la résidence.

Les notaires sont définitivement nommés par le président de la République, sur la proposition du ministre de la marine et des colonies.

48. Les commissions des notaires sont, à la réquisition du ministère public, lues à l'audience et transcrites sur un registre du greffe à ce destiné.

49. Dans les deux mois de leur nomination et à peine de déchéance, les notaires sont tenus de prêter, à l'audience du tribunal dans le ressort duquel ils doivent exercer, le serment que la loi exige de tout fonctionnaire public, ainsi que celui de remplir leurs fonctions avec exactitude et probité.

Ils ne sont admis à prêter serment qu'en présentant l'original de leur commission et la preuve de la réalisation de leur cautionnement.

Ils sont tenus de faire enregistrer le procès-verbal de prestation de serment au secrétariat de la municipalité du lieu où ils doivent résider.

50. Les notaires n'ont le droit d'exercer qu'à compter du jour où ils ont prêté serment.

51. Avant d'entrer en fonctions, ils doivent déposer au greffe du tribunal dans le ressort duquel ils doivent exercer, ainsi qu'au secrétariat de la municipalité, leur signature et leur parafe.

SECTION III. — **Discipline des notaires.**

52. La discipline des notaires appartient au procureur général.

Ce dernier prononce contre eux, après les avoir entendus, le rappel à l'ordre, la censure simple, la censure avec réprimande; il leur donne tout avertissement qu'il juge convenable.

A l'égard des peines plus graves, telles que la suspension, le remplacement ou la destitution, il fait d'office, ou sur la réclamation des parties, les propositions qu'il juge nécessaires, et le gouverneur statue après avoir pris l'avis du tribunal, qui entend, en chambre du conseil, le notaire inculpé, sauf recours au ministre de la marine et des colonies.

La suspension ne peut être prononcée pour une période de plus d'une année; elle peut être provisoirement appliquée jusqu'à ce que le ministre ait statué.

Le remplacement ainsi que la destitution ne deviennent définitifs qu'après qu'ils ont été approuvés par décret du président de la République.

53. Au commencement de chaque année, le procureur général nomme, parmi les notaires en résidence dans le ressort du tribunal de première instance de Pondichéry, un syndic dont les attributions consistent :

1° A donner son avis, après information, s'il y a lieu, sur toutes plaintes qui seraient portées contre un notaire de la colonie;

2° A intervenir officieusement et comme conciliateur dans les débats qui s'élèveraient soit entre des notaires, soit entre les notaires et leurs clients;

3° A donner son avis, lorsqu'il en est requis par les magistrats, sur les difficultés que feraient naître les réclamations d'honoraires, vacations et droits formés par les notaires;

4° A représenter les notaires toutes les fois qu'il s'agit de leurs intérêts collectifs et dans toutes leurs relations ou communications avec l'autorité judiciaire.

Le syndic sortant peut être indéfiniment renommé; il continue ses fonctions jusqu'à son remplacement.

54. Les honoraires et vacations non tarifés sont réglés à l'amiable entre les notaires et les parties, sinon conformément à un tarif qui sera soumis à l'approbation du ministre de la marine et des colonies.

55. Il est défendu aux notaires de s'associer soit avec d'autres notaires, soit avec des tiers pour l'exploitation de leurs offices.

Il leur est également défendu, soit par eux-mêmes, soit par personnes interposées, soit directement, soit indirectement :

1° De se livrer à aucune spéculation de bourse ou opérations de commerce ou d'industrie ;

2° De s'immiscer dans l'administration d'aucune société, entreprise ou compagnie de finances, de commerce ou d'industrie ;

3° De faire des spéculations relatives à l'acquisition et à la revente des immeubles, à la cession des créances, droits successifs, actions industrielles et autres droits incorporels ;

4° De s'intéresser dans aucune affaire pour laquelle ils prêtent leur ministère;

5° De placer en leur nom personnel des fonds qu'ils auraient reçus, même à la condition d'en servir les intérêts ;

6° De se constituer garants ou cautions, à quelque titre que ce soit, des prêts qui auraient été faits par leur intermédiaire ou qu'ils auraient été chargés de constater par acte public ou privé ;

7° De se servir de prête-noms en aucune circonstance, même pour des actes autres que ceux désignés ci-dessus ;

8° Et spécialement de faire ou laisser intervenir ses clercs en qualité de mandataires d'une ou plusieurs des parties qui contractent devant lui.

56. Les contraventions aux prohibitions portées en l'article précédent sont, ainsi que les autres infractions à la discipline, poursuivies, lors même qu'il n'existerait aucune partie plaignante, et punies, suivant la gravité des cas, conformément aux dispositions de l'article 52.

57. Tout notaire suspendu, destitué ou remplacé doit, aussitôt après la notification qui lui a été faite de la décision du gouverneur prononçant sa suspension, sa destitution ou son remplacement, cesser l'exercice de son état, à peine de tous dommages-intérêts et des autres condamnations prononcées par la loi contre tout fonctionnaire suspendu ou destitué qui continue l'exercice de ses fonctions.

Le notaire suspendu ne peut les reprendre sous les mêmes peines qu'après cessation du temps de la suspension.

58. Toutes condamnations à l'amende ou à des dommages-intérêts sont prononcées contre les notaires par le tribunal de première instance de leur résidence à la poursuite des parties intéressées ou d'office à la poursuite et diligence du procureur de la République.

Ces jugements sont sujets à l'appel.

59. Les notaires destitués peuvent être relevés des déchéances et incapacités résultant de leur destitution et jouir du bénéfice de la loi du 14 août 1885 sur la réhabilitation.

60. Toutes les dispositions de la loi du 14 août 1885, relatives à la réhabilitation des condamnés à une peine correctionnelle sont déclarées applicables aux demandes formées en vertu de l'article précédent.

Le délai de trois ans fixé par le dernier paragraphe de l'article 620 du Code d'instruction criminelle court du jour de la cessation des fonctions.

61. Le gouverneur peut, sur le rapport du procureur général, accorder pour des motifs graves des congés aux notaires.

Les intérimaires présentées par eux doivent, dans ce cas, justifier des conditions d'âge, de moralité et de capacité exigées des titulaires.

SECTION IV. — **Garde et transmission des minutes du notariat, en cas de mort, de démission ou destitution des notaires. — Recouvrement.**

62. Dans les arrondissements de Pondichéry et de Karikal, la garde des minutes du notaire décédé, destitué ou démissionnaire, sera, sur réquisition du ministère public et par ordonnance du juge président du tribunal de première instance, provisoirement confié à un autre notaire de l'arrondissement ou au greffier du tribunal.

Dans les arrondissements de Chandernagor, de Mahé et de Yanaon, le greffier sera de plein droit chargé de la garde des minutes.

63. Lorsque le successeur du notaire décédé, destitué ou démissionnaire, aura été nommé et aura prêté serment, les minutes et répertoires seront immédiatement mis en sa possession.

64. Un procès-verbal, dressé en présence du procureur de la République, constatera les remises prévues par les art. 62 et 63.

Il sera accompagné d'un état sommaire des minutes remises; le notaire ou le greffier qui les recevra en prendra charge au pied de l'acte, dont un double sera déposé au greffe du tribunal de première instance.

65. Le titulaire ou ses héritiers et ayants-droit et le notaire qui reçoit les minutes, aux termes des articles ci-dessus, traitent de gré à gré des recouvrements à raison des actes dont les honoraires sont encore dus et du bénéfice des expéditions.

S'ils ne peuvent s'accorder, l'appréciation est faite par le tribunal.

TITRE III. — DES NOTAIRES ACTUELS.

66. Sont maintenus tous les notaires actuellement en exercice.

Ils sont tenus de justifier, dans le délai de six mois, au procureur de la République près le tribunal de première instance ou à l'officier du ministère public près la justice de paix à compétence étendue dans le ressort duquel est fixée leur résidence, de la réalisation de leur cautionnement exigé par l'article 41, soit en argent, soit en immeubles, sous peine d'être réputés démissionnaires et remplacés s'il y a lieu.

67. Ils exercent ou continuent d'exercer leurs fonctions et conservent rang entre eux et suivant la date de leurs réceptions respectives.

DISPOSITIONS GÉNÉRALES.

68. Tout acte fait en contravention des articles 6, 8, 9, 10, 15, 21 et 57 est nul, s'il n'est pas revêtu de la signature de toutes les parties, et lorsque l'acte est revêtu de la signature de toutes les parties contractantes, il ne vaut que comme écrit sous signatures privées, sauf dans les deux cas, s'il y a lieu, des dommages-intérêts contre le notaire.

69. Toutes dispositions antérieures sont et demeurent abrogées.

OCÉANIE ET ILES DE LA SOCIÉTÉ.

18 AOUT 1868.

DÉCRET instituant des greffiers-notaires dans les établissements français de l'Océanie et les Etats du Protectorat des Iles de la Société.

ART. 11. Deux tribunaux de paix sont institués à Taravao et à Anaa.

Les fonctions de juge de paix sont remplies par un officier ou un fonctionnaire désigné par le commandant, commissaire impérial.

Les fonctions de greffier sont remplies par un agent désigné également par le commandant, commissaire impérial.

Le greffier est en même temps chargé des fonctions de notaire.

ART. 40. Le greffier institué près le tribunal supérieur et près le tribunal de première instance remplit, en outre, les fonctions de notaire.

28 DÉCEMBRE 1885.

DÉCRET concernant le gouvernement des établissements français de l'Océanie. — Nomination et discipline des notaires.

ART. 83. § 1er. Le chef du service judiciaire exerce directement la discipline sur les NOTAIRES, les avoués et les autres officiers ministériels, prononce contre eux, après les avoir entendus, le rappel à l'ordre, la censure simple, la censure avec réprimande, et leur donne tout avertissement qu'il juge convenable. Il rend compte au gouverneur des peines qu'il a prononcées.

§ 2. A l'égard des peines plus graves, telles que la suspension, le remplacement ou la destitution, il fait d'office ou sur la réclamation des parties, après avoir pris l'avis des membres des tribunaux supérieurs et de première instance de Papeete, qui, réunis, entendent en chambre du conseil le fonctionnaire inculpé, les propositions qu'il juge nécessaire, et le gouverneur statue, sauf le recours au ministre.

84. Il se fait remettre et adresse au gouverneur, après en avoir fait la vérification, les doubles minutes des actes qui doivent être envoyés au dépôt des archives coloniales en France.

85. Il présente au gouverneur les candidats pour les places d'officiers ministériels, après qu'ils ont subi les examens et satisfait aux conditions prescrites par les règlements.

SÉNÉGAL.

9 AOUT 1854.

DÉCRET instituant les fonctions de greffier-notaire au Sénégal.

ART. 25. Un seul fonctionnaire exerce l'emploi de greffier près les diverses juridictions établies au siège de sa résidence.

Il réunit à ces fonctions celles de notaire.

26. Des emplois de commissaire-priseur encanteur peuvent être conférés par notre ministre de la marine et des colonies à des fonctionnaires spéciaux.

Jusqu'à la création de ces emplois, les greffiers sont exclusivement chargés de procéder à toutes les ventes volontaires de marchandises et autres effets mobiliers, actions et droits incorporels, aux ventes volontaires après décès ou faillite, et aux autres ventes volontaires de navires et bâtiments de mer ou de rivière; les huissiers ont seuls le droit de procéder aux ventes mobilières après saisie.

COCHINCHINE.

22 SEPTEMBRE 1869.

DÉCRET sur l'organisation du Notariat dans le ressort des tribunaux de la Cochinchine.

Art. **1er**. Le greffier institué près la cour impériale et le tribunal de première instance de Saïgon (Cochinchine) cessera de remplir les fonctions de notaire qui lui étaient attribuées par l'article 33 du décret du 25 juillet 1864.

2. Les fonctions de notaire dans le ressort des tribunaux de la Cochinchine seront à l'avenir remplies par des officiers ministériels nommés par notre ministre de la marine et des colonies, sur la proposition du gouverneur de la Cochinchine.

Ces fonctions sont incessibles.

3. L'organisation du notariat, le nombre des charges à créer, les conditions d'âge et d'aptitude seront réglés par des arrêtés provisoirement exécutoires du gouverneur, pris en conseil, et soumis à l'approbation de notre ministre secrétaire d'Etat de la marine et des colonies.

Hors du ressort des tribunaux français les fonctions de notaire seront exercées par des officiers ou des fonctionnaires désignés par le gouverneur.

9 DÉCEMBRE 1886.

DÉCRET qui institue des greffiers-notaires en Cochinchine.

Art. **5.** Il est créée en Cochinchine sept justices de paix à compétence étendue, dont les sièges seront établis à Baria, Bienhoa, Canthô, Long Xuyen, Rach-Gia, Tayninh et Travinh.

9. Les tribunaux de paix à compétence étendue se composent d'un juge de paix et d'un greffier.

Les greffiers exerceront LES FONCTIONS DE NOTAIRE et de commissaire-priseur. Il pourra leur être adjoint un ou plusieurs commis-greffiers selon les besoins du service.

17. Les greffiers de justices de paix à compétence étendue sont nommés par le ministre de la marine et des colonies.

Ils doivent réunir les conditions d'âge et de capacité exigées des greffiers des tribunaux de première instance par les articles 36 et 39 du décret du 25 mai 1881.

Ils prêtent serment entre les mains du juge de paix.

15 NOVEMBRE 1887.

DÉCRET qui institue des greffiers-notaires en Cochinchine.

ART. **6.** Des justices de paix à compétence étendue sont créées à Bien-Hoa, Tay-Ninh, Mytho, Chaudoc et Soctrang.

7. Ces justices de paix sont composées : 1° d'un juge de paix ; 2° d'un suppléant de juge de paix, d'un greffier, et, s'il y a lieu, de commis greffiers. — Les greffiers desdites justices de paix remplissent, en outre, les fonctions de NOTAIRE et celles de commissaire-priseur.

NOUVELLE-CALÉDONIE.

6 JANVIER 1873.

DÉCRET concernant les notaires.

ART. **2.** Les fonctions de notaires sont remplies par des officiers publics, nommés par le ministre de la marine et des colonies.

28 FÉVRIER 1882.

DÉCRET instituant des greffiers-notaires.

ART. **1er.** Il est institué à la Nouvelle-Calédonie trois justices de paix à compétence étendue dont le siège est fixé pour la première à Bourail, pour la deuxième à Ouégoa et pour la troisième à Chépenehé (île Lifou).

2. Les tribunaux de paix sont composés d'un juge de paix et d'un greffier. Le juge de paix est nommé par décret du président de la République.

Le greffier est nommé par le ministre de la marine et des colonies. Toutefois, la fonction de greffier peut être remplie par des agents de l'administration nommés par le gouverneur.

Les greffiers de justices de paix à compétence étendue exercent, en outre, les fonctions de NOTAIRE.

COTE-D'OR ET GABON.

11 SEPTEMBRE 1869.

DÉCRET qui institue des greffiers-notaires dans les établissements français de la Cote-d'Or et du Gabon.

ART. **25.** Les greffiers près les tribunaux d'arrondissement remplissent en même temps les fonctions de notaire.

27 OCTOBRE 1886.

DÉCRET portant création d'un emploi de greffier-notaire près le tribunal de première instance de Libreville (Gabon).

ART. 1er. Un emploi de lieutenant de juge et un emploi de GREFFIER-NOTAIRE sont institués au tribunal de première instance de Libreville.

2. Nul ne peut être nommé greffier, s'il n'est âgé de vingt-cinq ans et licencié en droit. Sont dispensés de la production du diplôme de licencié en droit les candidats qui justifieront avoir rempli pendant deux ans au moins les fonctions de greffier ou celles de commis-greffier pendant cinq ans au moins.

TUNISIE.

27 MARS 1883.

LOI relative au Notariat.

ART. **16**. Les fonctions de notaire continueront à être exercées dans la régence par les agents consulaires français, jusqu'à ce que le notariat y ait été organisé par un règlement d'administration publique.

ANNAM ET TONKIN.

8 FÉVRIER 1886

DÉCRET relatif aux attributions consulaires des résidents et vice-résidents, chefs de poste, en Annam et au Tonkin.

ART. 1er. Les résidents, vice-résidents, chefs de poste et chanceliers en Annam et au Tonkin sont investis des attributions respectives des consuls et chanceliers de consulat. Ils reçoivent et délivrent les actes de l'état civil, LES ACTES DU MINISTÈRE DU NOTARIAT, les certificats de vie, les passeports, les LÉGALISATIONS; ils remplissent les fonctions conférées aux consuls comme suppléant à l'étranger les administrateurs de la marine, reçoivent les dépôts, etc., etc.

2. Ils exercent ces attributions dans les conditions et d'après les règlements applicables dans les chancelleries consulaires.

3. Ils perçoivent, à l'occasion des actes qu'ils délivrent, le taux du tarif en vigueur dans les chancelleries consulaires; le produit de ces taxes est perçu au profit du budget du protectorat.

MADAGASCAR.

11 MARS 1886.

DÉCRET qui investit les résidents, vice-résidents et chanceliers, à Madagascar, des attributions respectives des consuls et chanceliers de consulat.

ART. 1er. Les résidents, les vice-résidents et chanceliers à Madagascar sont investis des attributions respectives des consuls et chanceliers de consulat. Ils reçoivent et délivrent les actes de l'état civil, *les actes du ministère du* NOTARIAT, les certificats de vie, les passeports, les *légalisations;* ils remplissent les fonctions conférées aux consuls comme suppléant à l'étranger les administrateurs de la marine, reçoivent les dépôts, etc.

22 AOUT 1887.

DÉCRET instituant un greffier-notaire à Diego-Suarez.

ART. 1er. Il est institué à Diégo-Suarez (île de Madagascar) une justice de paix à compétence étendue.

Le tribunal institué à l'article précédent se compose :

D'un juge de paix dont les fonctions seront remplies par un officier du grade de capitaine ou de lieutenant, désigné par le commandant;

D'un greffier, qui remplira en même temps les fonctions d'huissier, DE NOTAIRE et de commissaire-priseur.

Le greffier et l'officier du ministère public sont choisis par le commandant parmi les officiers ou agents en service dans cet établissement.

29 OCTOBRE 1887.

DÉCRET instituant un greffier-notaire à Sainte-Marie de Madagascar.

ART. 1er. Il est institué à Sainte-Marie de Madagascar une justice de paix à compétence étendue.

2. Le tribunal de paix se compose : 1° D'un juge de paix dont les fonctions sont remplies par le président ; 2° un officier du ministère public, dont les fonctions sont remplies par le commissaire de police ; 3° un greffier, qui remplit en même temps les fonctions de NOTAIRE, d'huissier et de commissaire-priseur.

Le poste de greffier est confié à un fonctionnaire choisi par le président.

OBOCK.

2 SEPTEMBRE 1887.

DÉCRET qui institue les fonctions de greffier-notaire à Obôck.

ART. 1er. Une justice de paix à compétence étendue est instituée à Obôck.

2. Les fonctions de juge paix sont remplies par l'officier du commissariat chargé du service administratif, ou, à son défaut, par un officier ou fonctionnaire désigné par le commandant.

Les fonctions du ministère public, de GREFFIER-NOTAIRE et d'huissier sont remplies par des officiers, agents ou fonctionnaires désignés par le commandant.

CAMBODGE.

15 NOVEMBRE 1887.

DÉCRET qui institue un greffier-notaire à Pnom-Penh.

ART. 1er. Le tribunal de première instance établi à Pnom-Penh est supprimé.

2. Il est créé dans cette ville une justice de paix à compétence étendue entièrement assimilée aux justices de paix instituées dans l'intérieur de la Cochinchine. (Voir le décret du 15 novembre 1887 *supra* p. LXXXII).

VÉNALITÉ DES OFFICES DANS CERTAINES COLONIES.

19 MAI 1849.

LOI sur le droit de transmission des offices dans les colonies de la Martinique, de la Guadeloupe, de l'Ile de la Réunion et de la Guyane.

ART. 9. Dans les colonies de la Martinique, de la Guadeloupe et dépendances, de l'Ile de la Réunion et de la Guyane française, les dispositions de l'art. 91 de la loi du 28 avril 1816 (*supra* p. XXIV), sont applicables aux notaires, avoués, huissiers, courtiers et commissaires-priseurs.

Sont également exécutoires, dans les mêmes colonies, les dispositions de la loi du 25 juin 1841, concernant les droits à percevoir pour la transmission des offices ministériels.

Les titulaires actuels de ces offices paieront le droit de mutation sur le prix de leur acquisition ou d'après estimation.

INTRODUCTION

obligatoire, quelque nombreux que soient les auteurs et les arrêts invoqués en faveur d'une opinion, fussent-ils unanimes, il n'y aurait dans cet accord qu'un préjugé, puissant sans doute, mais laissant toute liberté à l'interprétation contraire.

8. On doit toutefois noter une différence essentielle entre l'interprétation doctrinale et celle qui résulte des décisions judiciaires; car il est facile de concevoir que, relativement à chaque espèce, l'interprétation des magistrats qui ont rendu la décision est obligatoire pour les parties en cause, en vertu de l'autorité qui s'attache à la chose jugée.

9. A côté de ces deux sources d'interprétation, fournies par les ouvrages de doctrine et les recueils de jurisprudence, il y a les travaux préparatoires de la loi, tels que les exposés de motifs, les rapports, les discussions, etc. Les commentateurs se sont sans doute servis de ces documents, mais plus d'une fois on reconnaîtra qu'il n'est point inutile de recourir soi-même au texte original.

10. Les conventions des parties sont de véritable slois privées (*C. civ., 1134*), dont l'interprétation, en cas de désaccord, appartient également à l'autorité judiciaire.

11. Un corps de magistrats a dû être institué pour prononcer, quand il y aurait lieu, sur l'interprétation des lois et des conventions, et pour, dans tous les cas, en faire l'application ou en ordonner l'exécution.

12. Il sera bon de donner ici quelques notions élémentaires sur l'organisation judiciaire qui nous régit, et qui, dit-on, nous est enviée par les peuples voisins.

13. Mais nous laisserons de côté la justice criminelle, la justice administrative, la justice militaire, même la justice consulaire ou commerciale, pour ne nous occuper que de la juridiction ordinaire et de droit commun : la justice civile.

14. Les *justices de paix* établies dans chaque canton sont au degré inférieur de l'échelle judiciaire : les juges de paix prononcent, sur toutes actions purement personnelles ou mobilières, en dernier ressort jusqu'à la valeur de cent francs, et à charge d'appel au tribunal de première instance jusqu'à la valeur de deux cents francs. Cette compétence a été élevée en ce qui concerne les contestations entre aubergistes et voyageurs, entre logeurs en garni et locataires, entre bailleurs et preneurs, ou pour dommages aux champs et récoltes, curage des fossés et canaux, injures, diffamations, voies de fait, pour les engagements des gens de travail et domestiques, le payement des nourrices, etc. (*Lois 25 mai 1838, 20 mai 1854, 2 juin 1855.*)

15. Les *tribunaux de première instance* viennent ensuite; il en existe un seul par chaque arrondissement; ils connaissent en dernier ressort : 1° des appels de justice de paix; 2° des demandes qui ne s'élèvent qu'à quinze cents francs et au-dessous; 3° des demandes relatives aux droits d'enregistrement et de timbre, et aux amendes pour contraventions commises par les officiers ministériels, à quelque somme qu'elles s'élèvent; — en premier ressort, et sauf appel à la cour d'appel, de toute demande excédant quinze cents francs, à quelque valeur qu'elle s'élève. Les décisions des tribunaux de première instance s'appellent *jugements*. — (*Lois 27 ventôse an VIII, 22 frim. an. VII, art. 65, 11 avril 1838 et 13 juin 1856; décrets 30 mars 1808, 20 avril 1810, 18 août 1810 ; loi 30 août 1883.*)

16. Les *cours d'appel*, au nombre de vingt-six, jugent en dernier ressort : 1° les appels des jugements des tribunaux de première instance; 2° les appels des jugements des tribunaux de commerce. Les décisions des cours d'appel s'appellent *arrêts*. — (*Lois 27 ventôse an VIII, 13 juin 1856; décrets 30 mars 1808, 20 avril et 6 juillet 1818; loi 30 août 1883.*)

17. Au-dessus plane la *cour de cassation*, qu'on appelle aussi *cour suprême, cour régulatrice*. Elle a été instituée paur maintenir l'unité de la législation et pour fixer le vrai sens des lois; le recours à la cour de cassation s'appelle *pourvoi*; il ne peut avoir lieu que pour violation de la loi. La cour de cassation est divisée en trois chambres : 1° la *chambre des requêtes*, qui statue sur l'admission ou le rejet des requêtes en cassation; 2° la *chambre civile*, qui prononce définitivement sur les pourvois en cassation lorsque les requêtes ont été admises; 3° la *chambre criminelle*, qui prononce sur les demandes en cassation en matière criminelle, correctionnelle ou de police, sans qu'il soit besoin d'arrêt préalable d'admission. — (*Décrets 30 novembre 1790, 2 brumaire an IV; lois 14 brum. an V, 27 vent. an VIII; ordonn. roy. 24 août 1815.*)

18. La cour de cassation ne juge pas le fond de l'affaire, elle décide seulement que le jugement ou l'arrêt a bien appliqué la loi, et alors elle rejette le pourvoi; — ou que le jugement ou l'arrêt a violé la loi, et dans ce cas elle casse et renvoie devant les juges compétents pour qu'un nouveau jugement ou arrêt soit rendu.

19. Lorsque, après la cassation d'un premier arrêt ou jugement en dernier ressort, le deuxième arrêt ou jugement rendu dans la même affaire entre les mêmes parties, procédant en la même qualité, est attaqué par les mêmes moyens que le premier, la cour prononce *toutes les chambres réunies*; et, si le deuxième arrêt ou jugement est cassé par les mêmes motifs que le premier, la cour d'appel ou le tribunal auquel l'affaire est renvoyée est tenu de se conformer à la décision de la cour de cassation sur le point de droit jugé par cette cour. (*Loi 1er avril 1837.*)

20. Près les tribunaux et les cours sont attachés les magistrats du ministère public, chargés de veiller au maintien de l'ordre public, de provoquer et d'éclairer les actions de la justice, de faire exécuter les jugements et arrêts. Ces magistrats sont : près chaque tribunal de première instance, un procureur de la république et un ou plusieurs substituts; — près chaque cour d'appel, un procureur général, des avocats généraux et des substituts du procureur général; — près la cour de cassation, un procureur général et six avocats généraux.

21. La législation spéciale à l'Algérie ne doit pas être moins étudiée que celle de la métropole : l'Algérie est devenue terre française; les actes qui y sont passés sont exécutoires dans la mère patrie et peuvent faire l'objet de contestations en France; enfin les notaires d'Algérie se recrutent pour la plus grande partie parmi les clercs de notaire de la France; toutes ces considérations suffisent amplement à justifier la nécessité de connaître la législation spéciale à notre colonie. — En général les lois qui régissent la France régissent en Algérie les conventions et contestations entre Français et étrangers (1). — (*Ordonn. roy. 10 août 1834, art. 21; 28 février 1841, art. 38; 26 septembre 1842, art. 37; loi 16 juin 1851, art. 16.*) — Dans tous les cas où il n'existe pas de dispositions particulières pour l'Algérie, il faut appliquer les lois de la France : le présent travail indique, partout où il y a lieu, la législation spéciale à l'Algérie. — L'organisation judiciaire en Algérie est la même qu'en France, mais il y a en plus les tribunaux de cadis ou muphtis (juges indigènes), chargés de juger les contestations entre musulmans, et d'un autre côté les magistrats sont amovibles. — (*Voir ordonn. roy. 10 août 1834, 6 octobre 1836, 16 janvier 1838, 28 février 1841, 26 septembre 1842, 30 novembre 1844; décrets 19 août 1854, 8 septembre 1856; 15 décembre 1858; 13 décembre 1866; 8 janv. 1870; 29 août 1874; 10 août 1875; 13 décembre 1879; 9 avril 1882, 3 septembre 1884; 10 septembre 1886.*) En ce qui concerne la juridiction française en Tunisie, voir la loi du 27 mars 1883.

(1) Les indigènes musulmans qui contractent entre eux sont présumés avoir contracté selon la loi musulmane, à moins qu'il n'y ait convention contraire. (*Voir ordonn. roy.* 10 *août* 1834, *art.* 31; 28 *février* 1841, *art.* 38; 26 *septembre* 1842, *art.* 37; *loi* 16 *juin* 1851, *art.* 16; *décret,* 13 *décembre* 1866, *art.* 1er, 27 *avril* 1877, 10 *septembre* 1886).

PREMIÈRE PARTIE

LÉGISLATION DU NOTARIAT

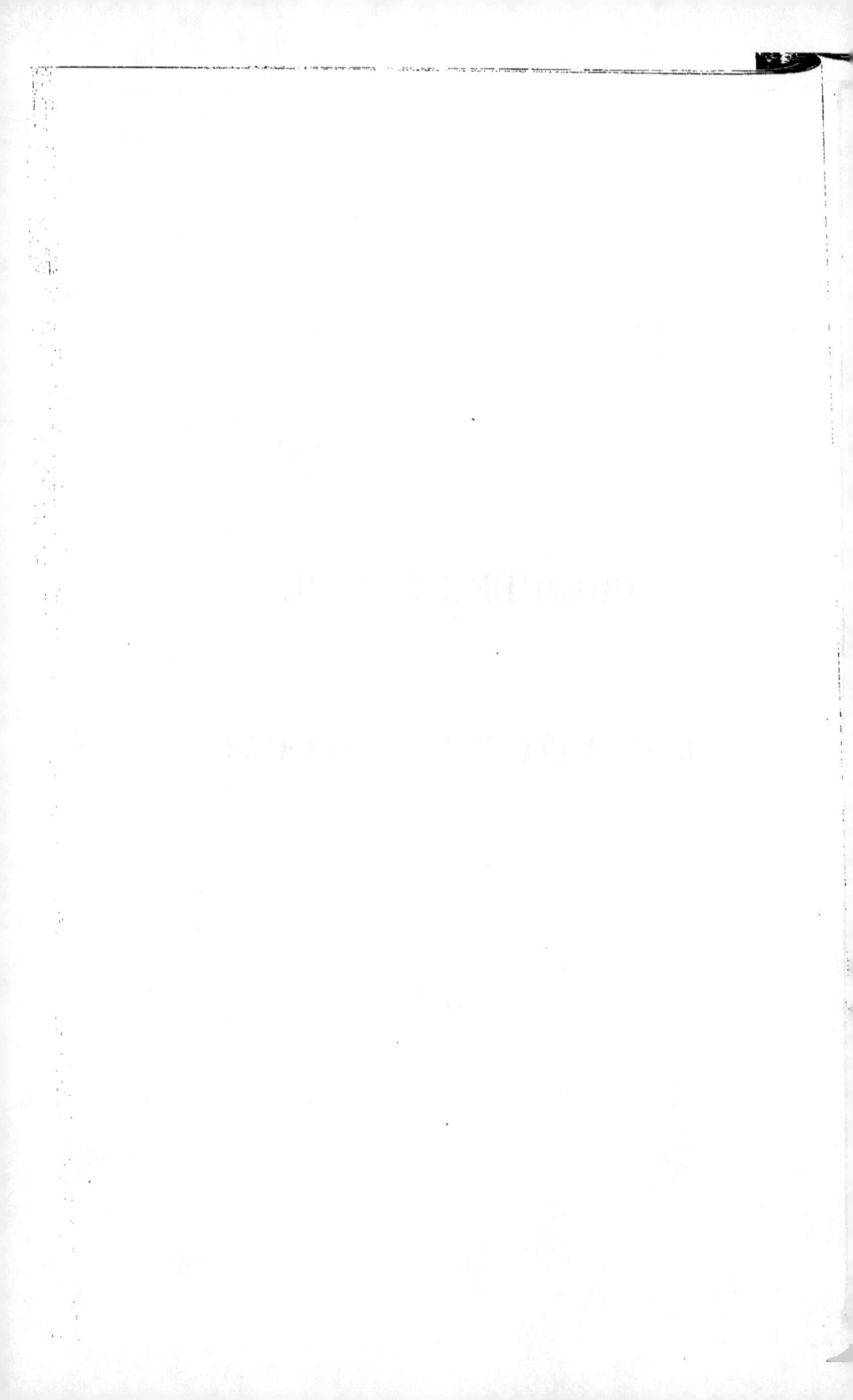

CHAPITRE PREMIER

DES NOTAIRES

SOMMAIRE

§ 1er

NOTAIRES, RÉSIDENCE, RESSORT, NOMBRE, INCOMPATIBILITÉ

22. Les notaires sont les fonctionnaires publics établis pour recevoir tous les actes et contrats auxquels les parties doivent ou veulent faire donner le caractère d'authenticité attaché aux actes de l'autorité publique (1), et pour en assurer la date, en conserver le dépôt, en délivrer des grosses et expéditions. (*Loi 25 vent. an XI, art. 1er.*) Ils sont institués à vie. (*Même loi, 2.*)

23. Biens que qualifiés de fonctionnaires publics,, les notaires ne sont pas des dépositaires ou agents de l'autorité publique dans le sens de l'art. 31 de la loi du 29 juillet 1881, mais de simples particuliers; et l'injure ou la diffamation envers eux pour des faits relatifs à leurs fonctions est réprimée simplement par l'art. 33 de la même loi (2).

24. Les notaires sont tenus de prêter leur ministère lorsqu'ils en sont requis (*même loi, art. 3*); toutefois, ils peuvent et doivent même refuser leur ministère : 1° si les parties sont incapables, par exemple lorsque le contractant n'est pas sain d'esprit ou est atteint d'aliénation mentale (3), ou est en état d'ivresse (4); lorsque le contractant se dit mandataire sans justifier d'une procuration ou en justifiant d'une procuration dont la révocation est notoire (5); 2° s'il s'agit d'actes illicites, c'est-à-dire contraire à l'ordre public, aux bonnes mœurs et à la loi, ou qui contiendraient soit des combinaisons frauduleuses connues du notaire rédacteur (6), soit des déclarations injurieuses ou calomnieuses (7); 3° s'il s'agit d'actes à faire à des

(1) Voir Paris, 16 déc. 1857; Douai, 29 déc. 1863; Cass. 7 mars 1868, 14 mars 1866; J. N. 16237, 16304, 17978, 18478.

(2) Dict. not., *diffamation*, n° 2; Roll. *outrage*, n° 3; Cass., 9 sept. 1836, 17 août 1849; Douai, 14 oct. 1850; Nancy, 21 juill. 1852; Bordeaux, 21 mars 1860; Colmar, 16 oct. 1886. Voir Cass. 15 juin 1883, 21 juin 1884, 4 mars 1887; *Rép.* 1428, 2036, 3573.

(3) Rutg. et Amiaud, I, p. 401; Bordeaux, 5 août 1841, 20 juin 1866. Voir Chambéry, 31 août 1880; *Rép.* 1.

(4) Loret, I, 166; Roll. *notaire*, n° 360; Dict. not., *acte notarié*, n° 54; Rutg. et Amiaud, I, p. 384.

(5) Dict. not., *notaire*, n° 518; Alger, 17 avril 1833.

(6) Loret, I, 167; Dict. not., *acte notarié*, nos 44 et suiv.; Roll. *notaire*, nos 306 et suiv.; Rutg. et Amiaud, I, p. 366. Bordeaux, 21 mars 1859.

(7) Rutg. et Amiaud, I, p. 399, note; Rennes, 14 fév. 1842.

heures ou dans des lieux suspects (1); 4° si le notaire est requis, surtout pour un acte de juridiction contentieuse, comme un inventaire, un acte respectueux, etc., un dimanche ou un jour de fête légale, ces jours étant réservés au repos des fonctionnaires publics (2); 5° si le notaire requis a un intérêt personnel à l'acte ou y est partie; 6° s'il est parent ou allié de l'une des parties au degré prohibé.

25. Chaque notaire doit résider dans le lieu qui lui est fixé par le gouvernement. En cas de contravention, le notaire est considéré comme démissionnaire; et le ministre de la justice, après avoir pris l'avis du tribunal, peut proposer au gouvernement son remplacement. (*Loi 25 vent. an XI, art. 4.*)

26. Un notaire est libre de choisir pour sa résidence telle partie, tel hameau, tel endroit que bon lui semble de sa commune, pourvu qu'il n'en franchisse pas les limites, et peu importe que le choix de l'endroit ait pour effet de le rapprocher d'un lieu où réside un autre notaire (3).

27. Un notaire qui va fréquemment recevoir des actes dans les communes de son ressort, *infra n° 29*, use de la confiance dont il jouit et n'enfreint pas sa résidence (4); d'ailleurs il obéit aux réquisitions de ses clients et remplit un devoir forcé.

28. Mais si un notaire se transporte habituellement et périodiquement dans une commune de son ressort, pour s'y installer dans des auberges ou dans un local qui lui appartient, et y provoquer les clients à passer des actes, il enfreint sa résidence et se rend passible d'une peine disciplinaire (5), de dommages-intérêts envers ceux de ses confrères qui en éprouvent un préjudice (6), et peut même être déclaré démissionnaire par application de l'art. 4 de la loi du 25 ventôse an XI (7). *Infra n*os *134 et suiv.*

29. Les notaires exercent leurs fonctions, savoir : ceux des villes où est établie la cour d'appel, dans l'étendue du ressort de la cour; ceux des villes où il n'y a qu'un tribunal de première instance, dans le ressort de ce tribunal; ceux des autres communes, dans l'étendue du ressort du tribunal de paix. (*Loi 25 vent. an XI, art. 5.*) Par exception, les notaires des anciens cantons qui ont été divisés en deux ont le droit d'instrumenter concurremment dans les deux cantons; il en est ainsi des notaires des anciens cantons : d'Aubin, pour les cantons d'Aubin et de Decazeville; de Gonesse, pour les cantons de Gonesse et d'Ivry; de Bouchain, pour les cantons de Bouchain et Denain, de Calais pour les deux cantons de cette ville. (*Lois, 12 avril 1881, 7 avril 1882, 29 décembre 1886, 19 mars 1887*).

30. Il est défendu à tout notaire d'instrumenter hors de son ressort, à peine d'être suspendu de ses fonctions pendant trois mois, d'être destitué en cas de récidive, et de tous dommages-intérêts. (*Même loi, art. 6.*) En outre, les actes passés hors du ressort sont déclarés nuls comme non authentiques; ils valent seulement comme actes sous seings privés, s'ils sont signés des parties. (*Même loi, art. 68.*)

31. Le nombre des notaires pour chaque département, leur placement et résidence sont déterminés par le gouvernement, de manière : 1° que, dans les villes de cent mille habitants et au-dessus, il y ait un notaire, au plus, par six mille habitants; 2° que, dans les autres villes, bourgs et villages, il y ait deux notaires au moins ou cinq au plus, par chaque ressort de justice de paix. (*Même loi, art. 31.*)

32. Les suppressions ou réductions de places ne sont effectuées que par mort, démission ou destitution. (*Même loi, art. 32.*)

33. Les fonctions de notaire sont incompatibles avec celles de juges, procureur de la république et leurs substituts, de greffiers, avoués, huissiers, préposés à la recette des contributions directes et indirectes, juges, greffiers et huissiers des justices de paix, commissaires de police, commissaires-priseurs (*même loi, art. 7*), membres de conseils de prud'homme (8), greffiers des tribunaux de simple police (9), sous-

(1) Rutg et Amiaud, I, p. 389; Roll., *notaire*, 391 et s. Dict. not., *ibid.*, 576, 577.

(2) Rutg et Amiaud, I, p. 290; Dict. not., *notaire*, n° 578; loi 18 germ. an X, art. 57; Seine, 8 juill. 1835.

(3) Dict. not., *résidence*, n° 14; Roll., *ibid.*, n° 16; décis. min. just. 27 sept. 1845, 4 mai 1846; arrêt cons. d'Etat 30 nov. 1854. Voir cep. décis. min. just. sept. 1861.

(4) Roll., *résidence*, n° 28; Cass. 21 fév. 1827; Paris, 14 mai 1832; décis. min. just. 2 déc. 1836.

(5) Evreux, 27 août 1836; Rouen, 20 juin 1837; Limoges, 9 nov. 1842; Paris, 31 janv. 1843; Toulouse, 31 déc. 1844; Cass., 21 fév. 1827, 1er avril 1868; Bordeaux, 29 nov. 1859; P[illegible]s, 17 mars 1862.

(6) Roll., *résidence*, n° 59; Riom, 18 mai 1833, 28 fév. 1834 et 28 déc. 1846; Rouen, 26 juin 1837 et 9 fév. 1839; Lyon, 30 nov. 1838 et 28 mars 1840; Rennes, 24 août 1841 et 1er avril 1843; Paris, 31 janv. 1843 et 17 mars 1862; Nîmes, 17 juin 1839, 19 déc. 1862; Grenoble, 2 mars 1850, 24 fév. 1875; Bordeaux, 21 août 1854; Caen, 4 juin 1857, 23 juin 1858, 28 mai, 4 et 11 juill. 1861; Cass., 15 juill. 1840, 11 janv. 1841, 30 mai 1859; Aix, 21 fév. 1860, 8 mars 1864; Pau, 28 fév. 1861, 4 fév. 1862; Chambéry, 4 mars 1878; *Rép.* 1162-2.

(7) Roll., *résidence*, n° 34; Dict. not., *ibid.*, nos 83 et suiv.; ordonn. roy. 2 nov. 1835, 26 nov. 1836; décret 30 juin 1860.

(8) Décis. min. just. 1809.

(9) Legraverend, II, 306; Dict. not., *incomp.*, 17.

préfets (1), membres du conseil de préfecture (2), avocats (3), secrétaires de mairie (4), commerçants, soit par eux-mêmes, soit par leurs femmes (5).

34. Mais les notaires peuvent être appelés aux fonctions de maires, adjoints, suppléants de juges de paix (6), juges suppléants des tribunaux civils, pourvu, dans ce dernier cas, qu'ils réunissent les conditions requises par la loi du 20 avril 1810, c'est-à-dire qu'ils soient licenciés en droit, aient prêté serment et exercé comme avocat pendant deux ans (7).

35. Si le notaire accepte des fonctions incompatibles, le ministre peut pourvoir à son remplacement. (*Loi 25 vent. an XI, art. 66*).

§ 2

CONDITIONS D'ADMISSION — NOMINATION

36. L'aspirant aux fonctions de notaire, qui est candidat à une étude à lui cédée, ou vacante par suite de destitution, ou dont il sollicite la création, doit, avant de faire sa demande de nomination, se présenter devant la chambre de discipline du ressort dans lequel il devra exercer et lui demander un certificat de moralité et de capacité. Le certificat ne peut être divisé qu'après que la chambre a fait parvenir au procureur de la république l'expédition de la délibération qui l'a accordées. (*Loi 25 vent. an XI, art. 43.*) Lorsque la délibération de la chambre porte refus du certificat, cela ne prive pas le candidat du droit de s'en faire délivrer une expédition (8); il en est autrement si, après l'avoir obtenu, il a renoncé au traité (9).

37. Pour faire la demande du certificat de moralité et de capacité dont il vient d'être parlé, il faut être parvenu à l'âge requis pour être notaire (10), *infra n° 40, 3°*.

38. Ne sont pas dispensés de l'obtention du certificat de moralité et de capacité les anciens notaires, ni les notaires en exercice, ni les fonctionnaires de l'ordre administratif ou judiciaire, bien qu'ils puissent obtenir les dispenses de stage (11).

39. En cas de refus du certificat, la chambre donne un avis motivé et le communique au procureur de la république qui l'adresse au ministre de la justice avec ses observations. (*Même loi, art. 44.*)

40. Pour être admis aux fonctions de notaire, il faut : 1° Jouir de l'exercice des droits de citoyen (*même loi, art. 35*), c'est-à-dire être Français, *infra n°s 757 et suiv.*, et en possession de tous ses droits civiques et civils, ce qui se justifie par un certificat du maire du domicile de l'aspirant, légalisé par le préfet ou sous-préfet (12); 2° Avoir satisfait aux lois sur la conscription militaire (*même art.*); si le candidat est âgé de trente ans accomplis, la justification n'est plus exigée (*Loi 27 juill. 1872, art. 72*); 3° Être âgé de vingt-cinq ans accomplis. (*Même art.*) Une dispense d'âge ne pourrait être accordée (13); 4° Justifier du temps de travail prescrit par la loi (*même art.*); 5° Ne pas être atteint d'incapacité physique; par exemple, aveugle, sourd, muet (14).

41. Le candidat doit adresser au ministre de la justice sa demande d'admission, contenant les indications suivantes : 1° ses nom, prénoms, profession et domicile; 2° s'il est clerc de notaire, son grade et le nom du notaire chez lequel il travaille; 3° le lieu dans lequel il doit résider; 4° si la demande a pour objet une création ou une place vacante par mort, démission ou destitution, et, dans ce cas, le nom du notaire à remplacer; 5° enfin, si l'aspirant produit un second titre, la désignation exacte de cette étude, le nom du titulaire et la cause de la vacance.

42. Les pièces qui doivent être jointes à la demande sont : 1° la démission du titulaire à remplacer; 2° la présentation faite en faveur de l'aspirant par le titulaire ou par ses héritiers ou ayants cause, à moins qu'il ne s'agisse d'une création ou d'une place vacante par destitution; 3° si le titulaire est mort, son acte de décès, et un intitulé d'inventaire ou un acte de notoriété constatant le nombre et la qualité de

(1) Arrêté Gouvernem., 3 brum. an XII.
(2) Avis conseil d'Etat, 10 vendém. an XIII.
(3) Décret 18 déc. 1810, art. 18, et règlem. 20 nov. 1822, art. 42.
(4) Lettre procur. du roi, Castres, 6 janv. 1848. Voir cep. décis. M. J. 10 mai 1844.
(5) Conseil d'Etat, 2 août 1854; Mende, 8 oct. 1845.
(6) Décis. M. J. 22 janv. 1827.
(7) Dict. not., *incompatibilité*, n° 10.
(8) Epernay, 22 nov. 1861.
(9) Cass., 6 nov. 1866.
(10) Décis. M. J. 9 fév. 1847.
(11) Décis. M. J. 9 juin 1835, 2 avril 1840 et 24 sept. 1846.
(12) Colomb, n° 85; Dict. not., *notaire*, n° 181.
(13) Colomb, n° 161; Roll., *notaire*, 150; Dict. not. *not.*, 200; Décis. M. J. 24, 30 mai, 22, 25 juin 1831, 15 fév., 9 mars 1832, 12 mars 1833, 9 janv. 1837, 29 juill. 1843.
(14) Roll., *notaire*, 163; décis. M. J. 7 janv. 1837.

ses héritiers; 4° la supplique du candidat à fin de nomination; 5° une expédition du traité ou de l'acte authentique qui le remplace, comme s'il s'agit d'un partage, d'une donation; 6° un tableau certifié par le notaire démissionnaire ou ses représentants des actes reçus pendant les cinq dernières années (et non pas de l'année courante) par le notaire à remplacer et une indication des droits d'enregistrement payés; 7° le relevé des actes pendant les dix dernières années; 8° l'état des recouvrements restant à opérer; 9° l'acte de naissance de l'aspirant (1); 10° le certificat de jouissance des droits civils et politiques; 11° un certificat de bonne vie et mœurs délivré par le maire du domicile de l'aspirant (2); 12° le certificat de libération du service militaire, si le candidat à moins de trente ans; 13° les certificats des notaires chez lesquels le candidat à fait son stage, si le notaire chez lequel le candidat a travaillé est mort ou empêché, la chancellerie admet la délivrance du certificat de travail par le successeur ou par la chambre des notaires de la résidence du notaire empêché; 14° extrait du registre de stage; 15° si l'aspirant est gradué en droit, son diplôme universitaire; 16° si l'aspirant à exercé des fonctions administratives ou judiciaires, sa demande à fin de dispense et les pièces qui justifient de l'exercice de ces fonctions, *infra n° 228*; 17° la délibération de la chambre de discipline, qui accorde ou refuse le certificat; 18° le certificat de moralité et de capacité; 19° un inventaire des pièces produites, cotées par l'aspirant, l'inventaire signé de lui; 20° et, au cas où la place à remplir est vacante par suite de destitution, une déclaration sous seings privés, contenant l'engagement de consigner, en cas de nomination, la somme qui sera fixée par le gouvernement à titre d'indemnité, au profit de la famille ou des créanciers du titulaire destitué. Ces pièces sont fournies : celles n°s 5, 6, 7 et 8, en triples originaux, un sur timbre et deux sur papier libre; et toutes les autres en un seul original sur timbre.

43. Le *notaire en exercice* qui demande à être pourvu d'une autre étude est tenu de produire les mêmes pièces, à l'exception cependant de celles relatives aux justifications d'âge, de stage, de libération du service militaire, de jouissance des droits de citoyen; mais, au préalable, son successeur doit avoir été nommé, à moins qu'il se soit démis purement et simplement de ses fonctions.

44. L'*ancien notaire* doit les mêmes justifications, et en plus ce dernier certificat (3).

45. Les *avocats* qui demandent à être pourvus d'une étude de notaire doivent joindre à leur demande, outre les pièces indiquées *supra n° 42* : 1° leur diplôme universitaire avec la mention de leur prestation de serment; 2° un certificat du conseil de l'ordre constatant la durée de leur exercice (4), *infra n° 223.*

46. Les *avoués* doivent produire aussi les pièces indiquées, *supra n° 42*, à l'exception des justifications d'âge et de libération du service militaire; mais ils sont tenus de produire en plus : 1° le décret qui les a nommé avoués; 2° l'acte de prestation de serment; 3° un certificat de leur chambre de discipline constatant leur temps d'exercice (5).

47. *Les fonctionnaires administratifs ou judiciaires* sont tenus de produire également les pièces indiquées, *supra n° 42*, excepté leur acte de naissance, s'ils ont rempli des fonctions auxquelles on ne peut être admis qu'à l'âge de vingt-cinq ans accomplis; ils doivent justifier, en outre, du décret de nomination aux fonctions qu'ils remplissent ou qu'ils ont remplies, plus d'un certificat de l'autorité compétente constatant l'exercice réel et la durée de leurs fonctions (6).

48. Dans tous les cas, les pièces sont remises au procureur de la république près le tribunal civil du domicile du notaire à remplacer, lequel les examine et fait un rapport au ministre de la justice par l'intermédiaire du procureur général.

49. Les notaires sont nommés par décret du chef de l'Etat énonçant le lieu fixe de la résidence (*Loi 25 vent. an XI, art. 45.*); le ministre de la justice est chargé de pourvoir à l'exécution de ce décret.

50. Une ampliation du décret de nomination est adressée au procureur général du ressort et transmise par lui au procureur de la république, lequel est chargé de requérir l'exécution, c'est-à-dire l'admission du pourvu au serment. Cette ampliation est déposée par le procureur de la république au greffe du tribunal, et le notaire peut s'en faire délivrer expédition par le greffier; c'est ainsi qu'on doit appliquer l'article 46 de la loi du 25 ventôse an XI (7).

(1) Pradines, 304.
(2) Pradines, 77 *bis*.
(3) Roll., *not.* 188; Dict. not., *ibid.*, 260.
(4) Roll., *not.* 189; Dict. not., *ibid.*, 261.
(5) Roll., *not.* 190; Dict. not., *ibid.*, 262.
(6) Roll., *not.* n° 191; décis. M. J. 18 avril 1847.
(7) Décis. M. J. 22 mars 1838.

§ 3

PATENTE — CAUTIONNEMENT

51. Les notaires étaient dispensés de la patente par les lois des 25 ventôse an XI, art. 33, et 25 avril 1844; mais la loi du 15 mars 1850, art. 16, les y a soumis, et les a taxés au droit proportionnel du quinzième du loyer.

52. Ils sont assujettis à un cautionnement fixé en raison de la population et du ressort des tribunaux de leur résidence, conformément au tableau se trouvant à la fin du présent paragraphe. (*Lois 25 vent. an XI, art. 33 et 34, et 28 avril 1816, art. 88.*)

53. Le montant du cautionnement doit être versé en espèces dans la caisse du Trésor; les notaires ne peuvent exercer qu'après en avoir fait le versement, *infra n° 58.*

54. Les intérêts du cautionnement en faveur de celui qui l'a versé sont de trois pour cent par an (*loi de finance 1844*); ils sont payables annuellement le premier janvier.

55. Les cautionnements des notaires sont affectés spécialement, par premier privilége, à la garantie des condamnations prononcées contre eux par suite de l'exercice de leurs fonctions. Et lorsque, par l'effet de cette garantie, le montant du cautionnement a été employé en tout ou partie, le notaire est suspendu de ses fonctions jusqu'à ce que le cautionnement ait été entièrement rétabli; faute par lui de rétablir dans les six mois l'intégralité du cautionnement, il est considéré comme démissionnaire et remplacé. (*Loi 25 vent. an XI, art. 33.*)

56. Les cautionnements sont affectés, par privilége de second ordre, au remboursement des fonds qui ont été prêtés aux notaires pour tout ou partie de leur cautionnement, et subsidiairement au payement des créances particulières qui seraient exigibles sur eux. (*Loi 25 niv. an XIII, art. 1er.*)

CAUTIONNEMENTS DES NOTAIRES

(Loi du 28 avril 1816)

RÉSIDENCE DES COURS D'APPEL		RÉSIDENCE DES TRIBUNAUX		
POPULATION	FIXATION des Cautionnements	POPULATION	TRIBUNAUX de Première instance	Justices de paix
5,000 habitants et au-dessous.	4,000 fr.	2,000 habitants et au-dessous.	3,000 fr.	1,800 fr.
5,001 à 6,000....	4,500	2,001 à 2,500....	3,200	1,900
6,001 à 7,000....	5,000	2,501 à 3,000....	3,400	2,000
7,001 à 8,000....	5,500	3,001 à 3,500....	3,600	2,100
8,001 à 9,000....	6,000	3,501 à 4,000....	3,800	2,200
9,001 à 10,000....	6,500	4,001 à 4,500....	4,000	2,300
10,001 à 12,000....	7,000	4,501 à 5,000....	4,200	2,400
12,001 à 14,000....	7,500	5,001 à 5,500....	4,400	2,500
14,001 à 16,000....	8,000	5,501 à 6,000....	4,600	2,600
16,001 à 18,000....	8,500	6,001 à 6,500....	4,800	2,700
18,001 à 20,000....	9,000	6,501 à 7,000....	5,000	2,800
20,001 à 22,000....	9,500	7,001 à 7,500....	5,200	2,900
22,001 à 24,000....	10,000	7,501 à 8,000....	5,400	3,000
24,001 à 26,000....	10,500	8,001 à 8,500....	5,600	3,100
26,001 à 28,000....	11,000	8,501 à 9,000....	5,800	3,200
28,001 à 30,000....	11,500	9,001 à 9,500....	6,000	3,300
30,001 à 32,000....	12,000	9,501 à 10,000....	6,200	3,400

Suite des **CAUTIONNEMENTS DES NOTAIRES**

RÉSIDENCE DES COURS D'APPEL		RÉSIDENCE DES TRIBUNAUX		
POPULATION	FIXATION des Cautionnements	POPULATION	TRIBUNAUX de Première instance	Justices de paix
32,001 à 34,000....	12,500 fr.	10,001 à 11,000....	6,400 fr.	3,500 fr.
34,001 à 36,000....	13,000	11,001 à 12,000....	6,600	3,600
36,001 à 38,000....	13,500	12,001 à 13,000....	6,800	3,700
38,001 à 42,000....	14,000	13,001 à 14,000....	7,000	3,800
42,001 à 46,000....	14,500	14,001 à 15,000....	7,200	3,900
46,001 à 50,000....	15,000	15,001 à 16,000....	7,400	4,000
50,001 à 55,000....	15,500	16,001 à 17,000....	7,600	4,100
55,001 à 60,000....	16,000	17,001 à 18,000....	7,800	4,200
60,001 à 65,000....	16,500	18,001 à 19,000....	8,000	4,300
65,001 à 70,000....	17,000	19,001 à 20,000....	8,200	4,400
70,001 à 75,000....	17,500	20,001 à 25,000....	8,400	4,500
75,001 à 80,000....	18,000	25,001 à 30,000....	8,600	4,600
80,001 à 85,000....	18,500	30,001 à 35,000....	8,800	4,700
85,001 à 90,000....	19,000	35,001 à 40,000....	9,000	4,800
90,001 à 95,001....	19,500	40,001 à 50,000....	9,200	4,900
95,001 à 100,000....	20,000	50,001 à 60,000....	9,400	5,000
100,001 et au-dessus...	25,000	60,001 à 70,000....	9,600	5,100
A Paris...............	50,000	70,001 et au-dessus...	12,000	5,200

§ 4

PRESTATION DE SERMENT

57. Dans les deux mois de sa nomination, à peine de déchéance, le pourvu est tenu de prêter, à l'audience du tribunal au greffe duquel une ampliation du décret de nomination a été déposée, *supra n° 50*, le serment que la loi exige de tout fonctionnaire public, ainsi que celui de remplir ses fonctions avec exactitude et probité. (*Loi 25 vent. an XI, art. 47, et décret 5 avril 1852.*)

58. Pour que le pourvu soit admis à prêter serment, il faut que le dépôt au greffe d'une ampliation du décret de nomination, *supra n° 50*, ait été préalablement effectué; en outre, le pourvu doit justifier de la quittance du versement de son cautionnement. (*Même loi, art. 47.*)

59. Le pourvu est tenu de faire enregistrer le procès-verbal de prestation de serment au secrétariat de la mairie du lieu où il doit résider, et aux greffes de tous les tribunaux dans le ressort desquels il doit exercer. (*Même art.*)

60. Il n'a le droit d'exercer qu'à compter du jour où il a prêté serment. (*Même loi, art. 48.*)

§ 5

DÉPOT DE SIGNATURE ET PARAPHE — SCEAU

61. Avant d'entrer en fonctions, les notaires doivent déposer au greffe de chaque tribunal de première instance de leur département, et au secrétariat de la mairie de leur résidence, leurs signature et paraphe. Les notaires à la résidence des cours d'appel doivent faire, en outre, ce dépôt aux greffes des autres tribunaux de première instance de leur ressort. (*Loi 25 vent. an XI, art. 49.*) Les notaires des cantons où il n'y a pas de tribunal de première instance doivent, en outre, faire ce dépôt au greffe de la justice de paix de leur ressort (1). (*Loi 2 mai 1861, art. 8.*)

62. Chaque notaire est tenu d'avoir un cachet ou sceau particulier portant ses nom, qualité et résidence, et d'après un modèle uniforme, le type de l'Etat, c'est-à-dire la figure de la liberté, et pour exergue : République française. (*Loi 25 vent. an XI, art. 27*; *décret 25 sept. 1870.*)

63. Les grosses et expéditions des actes doivent porter l'empreinte de ce cachet (*même loi, art. 27*); toutefois, l'exécution faite sur une grosse non revêtue du sceau du notaire n'est pas entachée de nullité (2).

64. Il est d'usage d'apposer aussi le cachet sur les actes délivrés en brevet ainsi que sur les certificats de propriété, les certificats de vie, les certificats de contrats de mariage.

§ 6

TABLEAU DES INTERDITS

65. Le notaire tient exposé, dans son étude, un tableau sur lequel il inscrit les noms, prénoms, qualités et demeures des personnes qui, dans l'étendue du ressort où il peut exercer, sont interdites et assistées d'un conseil judiciaire, ainsi que la mention des jugements y relatifs; le tout immédiatement après la notification qui en a été faite au secrétaire de la chambre et à peine de dommages-intérêts des parties. (*Loi 25 vent. an XI, art. 18*).

§ 7

HONORAIRES

66. Les notaires ont droit, à titre d'honoraires, à une rémunération à raison des actes qu'ils reçoivent, de la garde des minutes, des voyages que nécessite l'exercice de leurs fonctions (3), de la délivrance des expéditions et grosses et, généralement, de toutes les missions dont ils se chargent pour leurs clients, telles que : démarches et correspondances (4), recouvrements de prix d'adjudication (5), travaux et soins donnés aux intérêts de leurs clients (6), même comme *negotiorum gestor* (7); mais non pour des missions à raison desquelles ils pourraient être assimilés à des agents d'affaires (8). — Le notaire qui, chargé par son client, a fait des démarches, des voyages, pour la conclusion d'une affaire, a droit à des honoraires spéciaux en sus de ceux dus comme notaire instrumentant (9), à la condition que les soins ne soient pas considérés comme un accessoire de l'acte (10); et si, chargé d'une opération : vente, emprunt ou autre affaire, il a procuré à l'amiable un acquéreur ou un prêteur, avec lequel le vendeur ou l'emprunteur a ensuite traité devant un autre notaire, il a droit, en outre de ses déboursés, à une rémunération qui peut être proportionnelle eu égard au chiffre de l'opération (11).

66 *bis.* L'acte préparé à la réquisition des parties est passible d'un honoraire, lors même qu'il est demeuré imparfait par leur refus de le signer (12), ou qu'elles l'ont ensuite fait recevoir dans une autre étude (13). Quant à l'acte sous seing privé déposé pour minute, il est passible de l'honoraire y attaché suivant sa nature, mais à un taux inférieur à celui alloué quand l'acte est notarié (14). Lorsqu'un acte est annulé par le motif qu'il est simulé comme ayant été reçu dans l'intérêt du notaire, celui-ci n'a aucune action en payement des frais et honoraires y attachés (15).

(1) Voir instr. régie 14 août 1861, n° 2200; J. N. 17206.

(2) Toullier, VIII, 60; Carré et Chauveau, *Proc.*, quest. 1094; Thomine Desmazures, *proc.*, II, 44; Bioche, *Exécut. des jugements*, n° 57; Dict. not., *sceau*, n° 19; Roll. *sceau*, n° 11; Lyon, 7 mai 1825; Bordeaux, 28 janv. 1853. CONTRA : Rouen, 4 fév. 1819; Amiens, 21 nov. 1821.

(3) Amiaud, I, p. 20; Rennes, 21 nov. 1861; Lyon, 19 janv. 1865; Paris, 1er déc. 1882; *Rép.* 1104.

(4) Troplong, *Mandat*, 249, 630; Pont, *Pet. contr.*, I, 886; Paris, 12 mars 1860; Rennes, 21 nov. 1861; Douai, 21 nov. 1876; *Rép.* 2850-1.

(5) Paris, 20 nov. 1866; Langres, 31 déc. 1880; Mont-de-Marsan, 6 fév. 1885; *Rép.* 749, 2460.

(6) T. Lyon, 8 avril 1876.

(7) Seine, 27 avril 1872.

(8) Seine, 28 déc. 1867; Paris, 4 nov. 1885; *Rép.* 3505.

(9) Saint-Etienne, 3 janv. 1877; T. Lyon, 8 avril 1882; Mont-de-Marsan, 6 fév. 1885; T. Nancy, 6 juin 1887; *Rép.* 1989, 2484, 3907.

(10) Amiaud, I, p. 434; Cass., 22 janv. 1884; *Rép.* 2063.

(11) Cambrai, 11 mai 1877; Valognes, 25 janv. 1877; Charolles, 7 mars 1883; Malines, 26 juill. 1883; Dijon, 3 janv. 1884; Mont-de-Marsan, 6 fév. 1885; Marseille, 26 mars 1885; T. Bruxelles, 10 nov. 1886; *Rép.* 1046, 1127, 1622, 1887, 2899, 3574.

(12) Amiaud, I, p. 292; Alger, 20 oct. 1874; *Rép.* 1046.

(13) Louviers, 21 déc. 1882; *Rép.* 1046.

(14) Amiaud, I, p. 407; Chambéry, 24 déc. 1883; *Rép.* 2686.

(15) Paris, 4 nov. 1885; *Rép.* 3525.

67. Les honoraires, suivant la nature des actes, sont : fixes ou proportionnels, ou réglés par vacations. — *Les honoraires fixes* sont ceux attachés aux actes simples, tels que procurations, mainlevées, actes de notoriétés, consentements, acquiescements, etc. — *Les honoraires proportionnels*, calculés à *tant* pour 100 ou du 1000, sont ceux auxquels donnent droit les actes translatifs ou déclaratifs de propriété et les actes créatifs ou extinctifs de créances ou de droits ayant pour objet des sommes, tels sont notamment : — les ventes, sur les prix, diminués des frais s'ils sont en diminution ; — les échanges, sur le plus fort objet échangé ; — les donations, sur la valeur des choses données ; — les partages, liquidations et tirages au sort de lots, sur la masse partageable (1) ; — les obligations, transports et constitutions de rentes, sur les sommes qui en font l'objet ; — les sociétés, sur le capital social ; — les contrats de mariage (2), sur le montant des apports et constitutions de dot ; quand les apports ne sont pas constatés ou ne le sont qu'en partie, le notaire a droit à un honoraire fixe-gradué d'après la fortune présumée des conjoints (3) ; aucun honoraire n'est dû au décès sur les institutions contractuelles que les contrats de mariage renferment (4) ; — les testaments et les donations entre époux pendant le mariage, indépendamment de l'honoraire fixe de rédaction, sur la valeur à l'époque du décès (5) ; sauf le cas de caducité (6), mais non de renonciation (7). — *Les vacations*, qui sont de 9 fr. pour les notaires de première classe, de 6 fr. pour ceux de deuxième classe et de 4 fr. pour ceux de troisième classe, sont dus à l'occasion des actes ayant un caractère judiciaire, tels que : inventaires, procès-verbaux divers, compulsoires, transports de juges, référés, présentation de testaments olographes ou mystiques, etc.

68. Le notaire a une action solidaire contre chacune des parties ayant figuré à un acte, pour le total des déboursés et honoraires (*Loi 22 frim., an VII, art. 20 et C. civ., 1999, 2002*), alors même que l'acte indique la part de frais à la charge de chaque partie et qu'une réclamation a été faite dans cette proportion (8) ; mais il faut que les frais leur soient communs (9). La règle reçoit exception dans les cas suivants : s'il y a eu collusion dommageable envers la partie à laquelle les frais sont réclamés (10) ; si les frais sont demeurés impayés par le notaire qui a négligé pendant un long temps à les réclamer à la partie débitrice (11) ; quand le notaire a expressément renoncé à la solidarité (12), ce qui ne résulterait pas du fait que la partie chargée des frais aurait reçu des fonds par l'intermédiaire du notaire (13). — La partie qui n'intervient à un acte que relativement à une stipulation particulière, est néanmoins tenue solidairement aux frais, comme s'il s'agit d'un prêteur pour obtenir subrogation (14), ou d'un créancier délégataire d'un prix de vente, pour l'accepter (15). Il en est autrement du débiteur cédé qui intervient dans l'acte pour éviter la signification (16).

69. Selon l'art. 51 de la loi du 25 ventôse an XI, les honoraires et vacations des notaires sont réglés à l'amiable entre eux et les parties ; sinon par le tribunal civil de la résidence du notaire, d'après l'avis de la chambre, et sur simple mémoire sans frais. Mais selon l'art. 173 du tarif du 16 février 1807 : « les actes du ministère des notaires, autres que ceux tarifés par la loi, sont taxés par le président du tribunal de première instance de leur arrondissement [ou par un juge le remplaçant (17)], suivant leur nature et les difficultés que leur rédaction a présentées, et sur les renseignements qui lui sont fournis par les notaires et les parties ; » sans que le président soit lié par le tarif des notaires de l'arrondissement, même arrêté

(1) Voir Lyon, 19 janv. 1865 ; Pau, 25 fév. 1867 ; Orléans, 30 janv. 1872 ; Seine, 22 juin 1875 ; Paris, 16 mars 1887 ; *Rép.* 3707.

(2) Die, 9 août 1864 ; Pau, 25 fév. 1867 ; Epernay, 30 avril 1875 ; T. Nîmes, 18 fév. 1880 ; Agen, 11 août 1887 ; *Rép.* 354, 3936.

(3) Voir T. Nîmes, 18 fév. 1880 ; *Rép.* 354.

(4) Aix, 18 juill. 1873 ; T. Nancy, 21 janv. 1884 ; *Rép.* 1079.

(5) Arg. loi 5 août 1881, art. 1er ; *Rép. Législ.*, I, p. 150, n° 7 ; Lyon, 19 janv. 1865 ; Die, 9 août 1864 ; Uzès, 17 janv. 1867 ; T. Grenoble 19 janv. 1868 ; Epernay, 2 juin 1870 ; Alger, 25 avril 1872 ; Condom, 21 mai 1880 ; T. Rouen. 27 nov. 1883 ; Chambéry, 24 déc. 1883 ; Arras, 13 fév. 1884 ; *Rép.* 1711, 1803, 2661. Voir cep. Saint-Quentin, 25 janv. 1884 ; Périgueux, 31 janv. 1884 ; *Rép.* 1829, 1858.

(6) Amiaud, II, p. 165, 4° Roll., *Hon.*, 88 ; *Rép.* 3066-1.

(7) Périgueux, 31 janv. 1884 ; *Rép.* 1858. CONTRA : Moissac, 28 août 1883 ; *Rép.* 1476.

(8) Merlin, *Not.* § 8 ; Dalloz, *ibid.*, 527 ; Roll., *ibid.*, 76, 271 ; Vernet, p. 86 ; Duranton, XI, 202 ; Rodière, 222 ; Larombière, 1202-13 ; Aubry et Rau, § 414-12 ; Pont, *Petits contr.*, I, 1126 ; Rutg. et Amiaud, 1173 ; Aubertin, p. 141 ; Cass., 27 janv. 1812, 26 juin et 15 nov. 1820, 29 avril 1826, 10 nov. 1828, 15 mai 1829, 9 avril 1850 ; Riom, 18 déc. 1838 ; Toulouse, 20 avril 1847 ; Grenoble, 17 avril 1858 ; Dijon, 26 janv. 1867 ; Beauvais, 19 juill. 1871 ; Marseille, 10 nov. 1875 ; Epinal, 30 déc. 1875, Aix, 29 fév. 1876 ; Saint-Etienne, 3 janv. 1877 ; T. Nîmes, 17 déc. 1877 ; Charleroi, 5 juin 1878 ; Bagnères, 3 déc. 1878 ; Limoges, 27 déc. 1878 ; Seine, 21 août 1875, 5 mai 1886 ; *Rép.* 3190, 3640.

(9) Amiaud, II, p. 315 ; Cass., 20 janv. 1869 ; T. Lyon 3 juin 1882 ; T. Bourges, 25 mai 1883. Voir Espalion, 25 sept 1880 ; *Rép.* 955, 1305, 4008.

(10) Eloy, 129 ; Cass., 20 janv. 1869 ; Caen, 14 août 1876 Toulouse, 11 déc. 1880 ; *Rép.* 135.

(11) Rutg. et Amiaud, 1173 ; trib. Auxerre, 31 août 1880 ; trib. Toulouse, 9 fév. 1885 ; Agen, 11 janv. 1888 ; *Rép.* 2645, 4142.

(12) Rutg. et Amiaud, 1173 ; Aix, 29 fév. 1876.

(13) T. Nîmes, 17 déc. 1877.

(14) Seine, 5 mai 1886. Voir Auxerre, 31 août 1880 ; *Rép.* 2, 3190, 3215.

(15) Langres, 14 mai 1884. CONTRA : Agen, 11 janv. 1888 ; *Rép.* 2409, 3640, 4147.

(16) Seine, 5 mai 1886 ; *Rép.* 3190.

(17) Cass., 2 janv. 1872.

avec son prédécesseur (1); un notaire ne peut, sans le consentement de son client, renoncer à ses honoraires, lorsqu'ils ne s'entendent pas sur la fixation du chiffre (2). Cette renonciation, en supposant qu'elle soit admissible, ne saurait résulter que d'un accord (3), sans qu'elle puisse être imposée au notaire comme un usage (4).

70. La jurisprudence, qui ne fait peut-être pas une application exacte des principes (5), décide que, suivant l'art. 173 du tarif, le juge taxateur n'est pas lié par le règlement amiable, de sorte que la taxe des frais et honoraires dus aux notaires, qu'ils soient tarifés ou non, étant d'ordre public, peut être exigée par les parties, nonobstant tout règlement, toute convention et tout payement amiable, sans que le notaire soit fondé à invoquer aucune stipulation ou renonciation dans le but de l'éviter (6). Cette règle est restreinte à la France et à l'Algérie et ne s'étend pas aux colonies où la taxe n'est point admise après règlement amiable (7). Elle ne s'applique pas non plus au notaire auquel les frais ont été payés amiablement, qui n'est pas recevable à réclamer ensuite, sous prétexte d'erreur (8); il en serait autrement s'il n'y avait eu que fixation d'honoraires (9). De même la partie qui, après la taxe, a réglé les honoraires dus à un notaire, est non recevable à y former opposition (10).

71. Les honoraires doivent être taxés suivant la nature des actes et les difficultés que leur rédaction aura présentées, en ayant égard aux usages adoptés dans l'arrondissement (11). Il n'y a pas lieu, pour leur tarification, d'établir une distinction entre les différentes classes de notaires (12). Le juge taxateur peut ne pas admettre en taxe les salaires non dus, perçus par un conservateur des hypothèques, sauf le recours du notaire contre le conservateur (13).

71 *bis*. Le droit de requérir la taxe et de répéter contre le notaire des honoraires trop élevés, ne peut être exercé par chacune des parties que pour la part et portion à raison de laquelle elle y a contribué, sans pouvoir engager les autres parties (14). Si la taxe, afin de restitution, est demandée contre un ancien notaire, le tribunal ne peut accorder la restitution demandée en s'appuyant sur ce qu'il ne représente pas les actes et pièces, dont il est dessaisi; il doit procéder à la taxe en s'entourant des renseignements nécessaires (15).

72. La prescription contre la demande en taxe et l'action en restitution après règlement était de trente ans. Mais, suivant l'art. 2 de la loi du 5 août 1881, « les demandes en taxe et les actions en restitution des honoraires dus aux notaires pour les actes de leur ministère, se prescrivent par deux ans, du jour du payement ou du règlement par compte arrêté, reconnaissance ou obligation (16). » Il en est ainsi des frais payés par un notaire pour les besoins d'une liquidation dressée par lui et qui forment l'un des éléments de la liquidation (17). S'il s'agit d'un règlement antérieur à la loi de 1881, la prescription de deux ans, alors que celle ancienne avait encore un temps plus long pour être accomplie, a couru à partir de sa promulgation (*même loi, art. 5*).

73. La taxe des frais et honoraires dus aux notaires pour les actes par eux reçus, et même ceux préparés ou demeurés imparfaits (18), a lieu sur un mémoire détaillé des frais, écrit sur papier timbré, signé du notaire, et sur l'avis de la chambre des notaires (*Loi 25 vent. an XI, art. 51)*. Toutefois, l'avis préalable de la chambre n'est point obligatoire pour le président du tribunal, l'art. 173 du tarif ne l'ayant pas prescrit (19); il en est de même si la taxe est portée devant le tribunal, quand l'avis ne lui paraît pas nécessaire (20). Le président doit se borner à régler les frais; il excéderait ses pouvoirs s'il déterminait la part

(1) Paris, 20 nov. 1866; Pau, 25 fév. 1867; T. Nimes, 18 fév. 1880; T. Lyon, 3 janv. 1882; T. Nancy, 21 janv. 1884; Chambéry, 24 déc. 1883; Paris, 16 mars 1887; *Rép.* 2662, 3707.

(2) Rutg. et Amiaud, 1208; Bruxelles, 9 août 1856; Rennes, 4 juill. 1865.

(3) Sirey, 66, II, 109 note.

(4) Cass., 27 déc. 1886; *Rép.* 3674.

(5) Voir Robert, *Rép.* 1193, 1510.

(6) Cass., 1er déc. 1841, 14 mars 1853, 22 août 1854, 29 juin 1858, 20 juin 1860, 29 janv. 1867, 25 juill. 1871, 2 et 9 janv. 1872, 12 avril 1875, 29 juin 1880.

(7) Fort-de-France, 31 janv. 1880.

(8) Décis. M. J. 4 déc. 1826; Saint-Amand, 15 janv. 1855.

(9) Rutg. et Amiaud, 1208 *bis* et *quater;* Castellane, 25 nov. 1880; *Rép.* 136.

(10) Cass., 13 mars 1866. Voir cep. Domfront, 15 juin 1887; *Rép.* 4036.

(11) Orléans, 30 janv. 1872; T. Anvers, 1er avril 1873; T. Lyon, 3 juin 1882; *Rép.* 954.

(12) Lyon, 12 janv. 1884; *Rép.* 2408.

(13) T. Fontainebleau, 4 déc. 1884; *Rép.* 2292.

(14) Seine, 22 juin 1875.

(15) Cass., 25 fév. 1878.

(16) Voir Defrénois, *Rép.* 2971-1.

(17) Cass., 10 nov. 1880; *Rép.* 3356.

(18) Alger, 20 oct. 1874; Douai, 21 nov. 1876.

(19) Rennes, 28 juin 1821; Bourges, 29 déc, 1829; Douai, 17 janv. 1831; Orléans, 7 janv. 1852; Cass., 24 mars 1825, 19 mars 1828, 12 fév. 1838. CONTRA : Roll., *Hon.*, 267; Instr. M. J. 10 juin 1825; Cass., 19 avril 1826, 17 mars 1829.

(20) Aurillac, 7 juin 1861; Cass., 24 juill. 1849, 9 mars 1858, 29 juill. 1862, 19 juin 1865, 2 janv. 1872, 27 juill. 1875. CONTRA : Dict. not., *Hon.*, 360; Cass., 3 déc. 1825, 17 mars 1829; Guéret, 12 juill. 1832.

à la charge d'une partie dans les frais et s'il fixait le point de départ des intérêts (1). La cour d'appel, saisie d'une contestation relative à des honoraires dus à un notaire, peut commettre un de ses membres pour procéder à la taxe (2).

73 *bis*. La taxe, régulièrement faite par le président du tribunal, donne ouverture à un exécutoire qui est délivré par le greffier, après le dépôt du mémoire taxé, sur la réquisition du notaire (*Loi 5 août 1881, art. 3*), et permet à celui-ci de faire commandement au débiteur et poursuivre la saisie-arrêt de ses biens (3). Cet exécutoire est indépendant de celui que le juge de paix délivre pour les déboursés de timbre et d'enregistrement, *infra*, nos 639 et suiv. — La partie, pour arrêter les poursuites dirigées contre elle en vertu de l'exécutoire délivré par le greffier, doit former opposition à la taxe avec assignation devant le tribunal civil de la résidence du notaire, qui juge en audience publique comme en matière sommaire (*même loi, art. 3; C. proc., 404, 405*), et non en chambre du conseil (4). L'opposition à l'exécutoire est, comme en matière de jugement par défaut, recevable jusqu'à l'exécution (5). — Le jugement qui prononce sur l'opposition, quel que soit le chiffre de la taxe, est susceptible d'appel dans les délais et formes ordinaires (*même loi, art. 3; C. Proc., 443, 403*). Toutefois, il peut ordonner l'exécution provisoire nonobstant appel (6).

73 *ter*. L'exécutoire délivré par le greffier est un acte non de juridiction, mais de pur commandement qu'une simple opposition met en litige; par suite il n'emporte pas l'hypothèque sur les biens du débiteur (7).

FORMULE 1. — Etat de frais et honoraires, et ordonnance de taxe.
(No 73.)

ÉTAT des frais et honoraires dus à Me DORLAN, notaire à....., pour un acte de prêt hypothécaire de 8,000 fr., par lui reçu le 14 avril 1887, souscrit par :

M. Eloi-Denis MARTIN, cultivateur, et Mme Thérèse-Louise GENET, sa femme, demeurant à....., au profit de M. Gustave LAMY, rentier, demeurant à.....

Timbre minute	2 40
Enregistrement	100 »
Timbre de la grosse en six rôles	5 40
Timbre des bordereaux	1 20
Droit d'inscription	17 40
Etat d'inscriptions	8 60
Rédaction des bordereaux	8 »
Honoraires	80 »
Rôles	12 »
Répertoire	» 50
Timbre du présent état	» 60
Total	236 10

Certifié véritable par Me DORLAN, notaire soussigné, le six février mil huit cent quatre-vingt-huit.

(Signature.)

NOUS PRÉSIDENT du tribunal civil de....., fixons les déboursés et honoraires de l'acte d'obligation ci-dessus énoncé, à la somme de deux cent trente-quatre francs dix centimes, et autorisons la délivrance d'un exécutoire afin d'en avoir payement.

Donné au palais de justice, à....., le huit février mil huit cent quatre-vingt-huit.

(Signature.)

---

(1) Cass., 31 juill. 1878.

(2) Caen, 14 août 1876.

(3) Cass., 7 mai 1850; Saint-Marcellin, 11 avril 1867, 29 janv. 1870.

(4) Nevers, 19 août 1884; *Rép.* 2191.

(5) Périgueux, 31 janv. 1884; *Rép.* 1919.

(6) Amiens, 10 août 1882; *Rép.* 956.

(7) Troplong, *Priv.*, 447; Amiaud, II, p, 268; Paris, 16 déc. 1879; Cass., 28 janv. 1828, 9 nov. 1880. CONTRA : Pont. *Priv.*, 581; Amiaud, loi 1882, 46; Aubry et Rau, § 265-15; Valence, 4 août 1884; Privas, 15 juill. 1886; Alger, 23 juill. 1886; *Rép.* 2116, 3376, 3409.

74. Le droit qui appartient aux notaires d'obtenir un exécutoire après taxe, ne fait pas obstacle à ce que le débiteur soit actionné en justice à fin de condamnation faisant courir les intérêts et emportant hypothèque judiciaire (1), même quand un exécutoire a été obtenu (2). Cette action est irrecevable si elle n'a pas été précédée d'une taxe faite par le président du tribunal (3).

74 *bis*. Le notaire aussi, a le droit de former opposition à la taxe si les honoraires alloués lui paraissent insuffisants. Dans ce cas, de même que dans celui où après la taxe du président il veut obtenir un jugement de condamnation non susceptible d'opposition, il assigne le débiteur, sans préliminaire de conciliation (4), devant le tribunal civil de sa résidence [celle du notaire (5)], ce qui est applicable à tous honoraires dus pour travaux des notaires se rattachant à leurs fonctions, par exemple, pour démarches, actes préparés (6), et peu importe que l'action soit formée par un créancier subrogé aux droits du notaire (7). Le juge de paix ne peut en connaître, quelque modique que soit le chiffre de la demande (8). — L'opposition à la taxe, de la part du notaire ou de la partie, ne peut plus avoir lieu quand ils y ont acquiescé soit expressément soit tacitement (9). — En ce qui concerne les sommes dues aux notaires comme mandataires ordinaires de leurs clients, par exemple, une avance pour l'acquit des droits de succession, pour une expédition demandée dans une étude, ou autre cause, la poursuite peut être exercée sans taxe préalable (10), le tribunal compétent est celui du domicile du défendeur (11), et le juge de paix peut en connaître jusqu'à la limite de sa compétence (12).

75. Les frais et honoraires dus au notaires, même les déboursés d'enregistrement, ne produisent d'intérêt que du jour de la demande (13), à moins qu'il ne s'agisse d'avances comme mandataires (14). Mais le

FORMULE 1 *bis*. — **Exécutoire délivré par le greffier.**
(N° 73 *bis*.)

Nous greffier près le tribunal civil de.....

Pour l'exécution de l'ordonnance de taxe rendue par M. le président du tribunal civil de....., le huit février présent mois, relativement à la somme de deux cent trente-six francs dix centimes, montant des frais et honoraires dus à Me Dorlan, pour l'acte y mentionnée, laquelle ordonnance représentée par Me Dorlan a été déposée au greffe et, en conséquence, est transcrite en tête des présentes.

Délivrons exécutoire à Me Dorlan, notaire, pour ladite somme de deux cent trente-six francs dix centimes, afin qu'il puisse exercer toute contrainte dans le but d'en avoir payement.

En conséquence, le Président de la République mande et ordonne, etc. (*Le surplus comme en la formule* 126).

En foi de quoi le présent exécutoire a été signé par nous greffier.

Fait au greffe, à...., le quatorze février mil huit cent quatre-vingt-huit.

(Signature.)

(1) Largentières, 21 mars 1882; T. Chambéry, 30 oct. 1882; Langres, 14 mai 1884; Bourges, 21 juill. 1887; Cass., 3 août 1887; *Rép.* 1071, 2382, 3735, 3758.

(2) Largentières, 21 mars 1882; La Châtre, 13 mars 1884. Contra : Seine, 19 août 1882; Alger, 23 juill. 1886; Privas, 15 juill. 1886; Brives, 10 nov. 1886; *Rép.* 750, 957, 1900, 3376, 3395, 3409.

(3) T. Colmar, 10 mars 1854, Cass., 7 mai 1879, 7 mai 1850; T. Grenoble, 7 août 1874; Tulle, 5 janv. 1884; *Rép.* 1944.

(4) C. proc. 60; L. 25 vent. an XI, art. 51; Augan, I, p. 208; Décis. M. J. 5 prair. an XIII; Rutg. et Amiaud, 1196; Livourne, 17 janv. 1843; Pau, 11 janv. 1861; T. Toulouse, 23 fév. 1867; Bruxelles, 17 mars 1884; *Rép.* 2530.

(5) Carré, *Proc.* I, 141; Loret, I, 494; Rutg. et Amiaud, 1195; Décis: M. J. 19 déc. 1843; Orléans, 1er mars 1832; Gaillac, 30 août 1844; Louviers, 28 juin 1854; Paris, 21 juill. 1856, 14 mars 1861; Pau, 11 janv. 1861; Douai, 21 nov. 1876.

(6) Douai, 21 nov. 1876; Charolles, 7 mars 1883; Dijon, 3 janv. 1884; *Rép.* 1046, 1127, 1622.

(7) Rutg. et Amiaud, 1201; Pau, 11 janv. 1861.

(8) Roll., *Hon.*, 242; Décis. M. J., 5 prair. an XIII, 25 fév. 1807, 13 sept. 1819; Paris, 5 déc. 1830, 21 juill. 1856; Chatellerault, 17 mai 1841; Thiers, 26 mai 1846; Poitiers, 27 janv. 1846; Cass., 21 avril 1845, 7 déc. 1847, 25 janv. 1859; *Rép.* 2010.

(9) Cass., 27 juill. 1875.

(10) Riom, 20 janv. 1880; *Rép.* 3.

(11) Cass., 21 juin 1865; T. Mâcon, 21 fév. 1881; *Rép.* 1046, 1127.

(12) Rutg. et Amiaud, 1199; Cass., 21 juin 1865; *Rép.* 2010.

(13) Troplong, *Mandat*, 684; Larombière, 1153-35; Laurent, XVIII, 17; Caen, 7 juin 1837; Dijon, 22 avril 1844; Orléans, 2 déc. 1853; Cass., 15 avril 1830, 11 nov. 1833, 24 juin 1840, 18 mars 1850, 24 janv. 1853; Metz, 17 déc. 1858; T. Grenoble, 7 août 1874; Paris, 4 nov. 1885; *Rép.* 2537, 2854. Contra : Pont, *Mandat*, 1096; Amiaud, I, p. 458; La Flèche, 10 juin 1833; Grenoble, 14 juill. 1838; Riom, 8 déc. 1838; Bourgoin, 23 déc. 1842, 25 fév. 1843.

(14) Paris, 28 mars 1837; Pau, 25 fév. 1807; Riom, 20 juin 1880; Bruxelles, 23 janv. 1884; *Rép.* 4, 2537.

débiteur des frais et honoraires peut valablement s'engager à en servir les intérêts (1); il en est ainsi de la clause d'un cahier de charges portant que, en cas de retard de payement des frais à l'époque fixée, les intérêts courront au taux légal (2), et si un client a payé volontairement les intérêts de frais et honoraires, il n'est pas fondé à en réclamer la restitution (3). — De même, le notaire tenu, par suite de taxe, à une restitution d'honoraires, ne saurait être condamné aux intérêts de la somme à restituer à compter du jour du payement, mais seulement du jour de la demande en justice (4).

75 *bis*. Les honoraires, même non taxés, peuvent faire l'objet d'une compensation conventionnelle, sauf la réduction qui pourrait résulter ensuite d'une taxe requise dans les deux ans (5). — Le fait par un notaire de recevoir, sans réserve, les frais d'un acte, alors que ceux d'actes antérieurs lui sont encore dus, n'établit pas une présomption de payement de ces frais (6). — Le notaire auquel des frais sont dus, peut retenir les pièces qui lui ont été remises pour préparer les actes y donnant lieu (7), même un titre de rente sur l'Etat (8), comme aussi les pièces cotées dans un inventaire.

76. L'action des notaires en payement des sommes dues pour les actes de leur ministère se prescrit par cinq ans à partir de la date des actes (*Loi 5 août 1881, art. 1er*), ou de la dernière date si un acte a plusieurs dates; ce qui s'applique aux déboursés s'y rattachant faits à une date postérieure. — Pour les actes dont l'exécution est subordonnée au décès, tels que les testaments et donations entre époux pendant le mariage, les cinq ans ne datent que du jour du décès de l'auteur de la disposition. La prescription, par analogie avec l'art. 2274, cesse de courir lorsqu'il y a eu compte arrêté, reconnaissance, obligation, ou citation en justice non périmée (*même art.*). Dans ces divers cas, la prescription devient trentenaire (9). — La prescription de deux ans, comme toutes les petites prescriptions, court contre les mineurs et interdits, sauf leur recours contre leurs tuteurs (*même art. et C. civ., 2278*). Elle court aussi contre les absents (10). — Le notaire ou ses héritiers auxquels la prescription est opposée peuvent déférer le serment décisoire à ceux qui l'opposent, sur la question de savoir si la somme réclamée a été réellement payée (*même art. et C. civ., 2275*). Aucune autre preuve ne peut être faite, pas même au moyen de l'interrogatoire sur faits et articles (11).

77. Lorsque deux notaires concourent à un même acte, *infra n° 296*, les honoraires se partagent par moitié et non pas proportionnellement aux intérêts de leurs clients respectifs (12); toutefois, s'il s'agit d'une liquidation, le tribunal peut allouer une part plus forte au notaire en premier, pour avoir préparé le travail et réuni les éléments ayant servi de base (13). Le partage a lieu alors même qu'un notaire du chef-lieu d'une cour d'appel ou d'un tribunal de première instance concourt, comme notaire en second, à un acte dont la minute reste à un notaire du ressort n'ayant pas qualité pour instrumenter au chef-lieu (14). Mais il n'est point dû de partage aux notaires lorsqu'ils assistent à un acte passé hors de leur ressort (15).

§ 8

CHAMBRE DES NOTAIRES

78. Conformément à l'art. 50 de la loi du 25 ventôse an XI, les chambres de discipline intérieures des notaires ont été organisées, d'abord par un arrêté du 2 nivôse an XII, puis par une ordonnance royale du 4 janvier 1843 qui a abrogé l'arrêté de l'an XII. Les chambres de notaires forment un être moral assimilable à un établissement public, en conséquence, elles peuvent, avec l'autorisation du gouvernement, recevoir des dons et legs, acquérir, etc. (16).

(1) Cass., 24 janv. 1853, 29 juin 1860; Riom, 20 juin 1880; *Rép.* 4, 2537.

(2) Cass., 24 janv. 1853.

(3) Rutg. et Amiaud, 1208 *ter*.

(4) Rutg. et Amiaud, 1208 *bis*; Cass., 22 juill. 1878; Paris, 14 mars 1882; Epernay, 11 juill. 1884; *Rép.* 990, 1968.

(5) Cass., 29 nov. 1852, 22 juill. 1878.

(6) Rutg. et Amiaud, 1193; voir cep. Bordeaux, 8 déc. 1835.

(7) Amiaud, II, p. 262; Rutg. et Amiaud, 1191; Aubertin, p. 131; Bordeaux, 30 mars 1847; Cass., 17 janv. 1866, 10 août 1870; *Rép.* 3734.

(8) Dijon, 27 janv. 1887; *Rép.* 3734.

(9) Marcadé, 2274-4; Aubry et Rau, § 774-80; Laurent, XXII, 143; Cass., 29 juin 1842; Paris, 12 fév. 1851; Caen, 29 juill. 1874. Voir cep. Troplong, *Presc.*, 990.

(10) Troplong, *Presc.*, 709; Duranton, XXI, 285; Cass., 25 oct. 1813; Grenoble, 24 août 1850; Cass., 19 juill. 1869.

(11) Troplong, *Presc.*, 993; Laurent, XXII, 519; Cass., 29 nov. 1837, 27 juill. 1853, 7 nov. 1860, 7 janv. 1861, 18 nov. 1876, 10 avril 1878. CONTRA : Marcadé, 2275-5.

(12) Voir Agen, 15 juill. 1887; *Rép.* 1676-18, 3936.

(13) T. Nîmes, 15 janv. 1885; *Rép.* 2589.

(14) Cass., 6 janv. 1879; Versailles, 18 juin 1880; *Rép.* 1656

(15) Délib. not., Paris, 25 fév. 1819; Cass., 20 avril 1853, 24 juill. 1854; Blois, 16 janv. 1884; Cass., 16 janv. 1884; *Rép.* 1656, 1680.

(16) Aubry et Rau, § 54-14; Rutg. et Amiaud, p. 1406 *note*; Ordonn. 21 juill. 1830; Décrets 25 mars 1850, 15 mars 1882

il n'y a pas de tribunal de première instance doivent, en outre, faire ce dépôt au greffe de la justice de paix de leur ressort (1). (*Loi 2 mai 1861, art. 8.*)

62. Chaque notaire est tenu d'avoir un cachet ou sceau particulier portant ses nom, qualité et résidence, et d'après un modèle uniforme, le type de l'Etat, c'est-à-dire la figure de la liberté, et pour exergue : République française. (*Loi 25 vent. an XI, art. 27; décret 25 sept. 1870.*)

63. Les grosses et expéditions des actes doivent porter l'empreinte de ce cachet (*même loi, art. 27*); toutefois, l'exécution faite sur une grosse non revêtue du sceau du notaire n'est pas entachée de nullité (2).

64. Il est d'usage d'apposer aussi le cachet sur les actes délivrés en brevet ainsi que sur les certificats de propriété, les certificats de vie, les certificats de contrats de mariage.

§ 6

TABLEAU DES INTERDITS

65. Le notaire tient exposé, dans son étude, un tableau sur lequel il inscrit les noms, prénoms, qualités et demeures des personnes qui, dans l'étendue du ressort où il peut exercer, sont interdites et assistées d'un conseil judiciaire, ainsi que la mention des jugements y relatifs; le tout immédiatement après la notification qui en a été faite au secrétaire de la chambre et à peine de dommages-intérêts des parties. (*Loi 25 vent. an XI, art. 18*).

§ 7

HONORAIRES

66. Les notaires ont droit, à titre d'honoraires, à une rémunération à raison des actes qu'ils reçoivent, de la garde des minutes, des voyages que nécessite l'exercice de leurs fonctions (3), de la délivrance des expéditions et grosses et, généralement, de toutes les missions dont ils se chargent pour leurs clients, telles que : démarches et correspondances (4), recouvrements de prix d'adjudication (5), travaux et soins donnés aux intérêts de leurs clients (6), même comme *negotiorum gestor* (7); mais non pour des missions à raison desquelles ils pourraient être assimilés à des agents d'affaires (8). — Le notaire qui, chargé par son client, a fait des démarches, des voyages, pour la conclusion d'une affaire, a droit à des honoraires spéciaux en sus de ceux dus comme notaire instrumentant (9), à la condition que les soins ne soient pas considérés comme un accessoire de l'acte (10); et si, chargé d'une opération : vente, emprunt ou autre affaire, il a procuré à l'amiable un acquéreur ou un prêteur, avec lequel le vendeur ou l'emprunteur a ensuite traité devant un autre notaire, il a droit, en outre de ses déboursés, à une rémunération qui peut être proportionnelle eu égard au chiffre de l'opération (11).

66 *bis*. L'acte préparé à la réquisition des parties est passible d'un honoraire, lors même qu'il est demeuré imparfait par leur refus de le signer (12), ou qu'elles l'ont ensuite fait recevoir dans une autre étude (13). Quant à l'acte sous seing privé déposé pour minute, il est passible de l'honoraire y attaché suivant sa nature, mais à un taux inférieur à celui alloué quand l'acte est notarié (14). Lorsqu'un acte est annulé par le motif qu'il est simulé comme ayant été reçu dans l'intérêt du notaire, celui-ci n'a aucune action en payement des frais et honoraires y attachés (15).

(1) Voir instr. régie 14 août 1861, n° 2200; J. N. 17206.

(2) Toullier, VIII, 60; Carré et Chauveau, *Proc.*, quest. 1094; Thomine Desmazures, *proc.*, II, 44; Bioche, *Exécut. des jugements*, n° 57; Dict. not., *sceau*, n° 19; Roll. *sceau*, n° 11; Lyon, 7 mai 1825; Bordeaux, 28 janv. 1853. CONTRA : Rouen, 4 fév. 1819; Amiens, 21 nov. 1821.

(3) Amiaud, I, p. 20; Rennes, 21 nov. 1861; Lyon, 19 janv. 1865; Paris, 1er déc. 1882; *Rép.* 1104.

(4) Troplong, *Mandat*, 249, 630; Pont, *Pet. contr.*, I, 886; Paris, 12 mars 1860; Rennes, 21 nov. 1861; Douai, 21 nov. 1876; *Rép.* 2850-1.

(5) Paris, 20 nov. 1866; Langres, 31 déc. 1880; Mont-de-Marsan, 6 fév. 1885; *Rép.* 749, 2460.

(6) T. Lyon, 8 avril 1876.

(7) Seine, 27 avril 1872.

(8) Seine, 26 déc. 1867; Paris, 4 nov. 1885; *Rép.* 3505.

(9) Saint-Etienne, 3 janv. 1877; T. Lyon, 8 avril 1882; Mont-de-Marsan, 6 fév. 1885; T. Nancy, 6 juin 1887; *Rép.* 1989, 2484, 3907.

(10) Amiaud, I, p. 434; Cass., 22 janv. 1884; *Rép.* 2063.

(11) Cambrai, 11 mai 1877; Valognes, 25 janv. 1877; Charolles, 7 mars 1883; Malines, 20 juill. 1883; Dijon, 7 janv. 1884; Mont-de-Marsan, 6 fév. 1885; Marseille, 26 mars 1885; T. Bruxelles, 10 nov. 1886; *Rép.* 1046, 1127, 1622, 1887, 2890, 3574.

(12) Amiaud, I, p. 292; Alger, 20 oct. 1874; *Rép.* 1046.

(13) Louviers, 21 déc. 1882; *Rép.* 1046.

(14) Amiaud, I, p. 407; Chambéry, 24 déc. 1883; *Rép.* 2686.

(15) Paris, 4 nov. 1885; *Rép.* 3525.

67. Les honoraires, suivant la nature des actes, sont : fixes ou proportionnels, ou réglés par vacations. — *Les honoraires fixes* sont ceux attachés aux actes simples, tels que procurations, mainlevées, actes de notoriétés, consentements, acquiescements, etc. — *Les honoraires proportionnels*, calculés à *tant* pour 100 ou du 1000, sont ceux auxquels donnent droit les actes translatifs ou déclaratifs de propriété et les actes créatifs ou extinctifs de créances ou de droits ayant pour objet des sommes, tels sont notamment : — les ventes, sur les prix, diminués des frais s'ils sont en diminution ; — les échanges, sur le plus fort objet échangé ; — les donations, sur la valeur des choses données ; — les partages, liquidations et tirages au sort de lots, sur la masse partageable (1) ; — les obligations, transports et constitutions de rentes, sur les sommes qui en font l'objet ; — les sociétés, sur le capital social ; — les contrats de mariage (2), sur le montant des apports et constitutions de dot ; quand les apports ne sont pas constatés ou ne le sont qu'en partie, le notaire a droit à un honoraire fixe-gradué d'après la fortune présumée des conjoints (3) ; aucun honoraire n'est dû au décès sur les institutions contractuelles que les contrats de mariage renferment (4) ; — les testaments et les donations entre époux pendant le mariage, indépendamment de l'honoraire fixe de rédaction, sur la valeur à l'époque du décès (5) ; sauf le cas de caducité (6), mais non de renonciation (7). — *Les vacations*, qui sont de 9 fr. pour les notaires de première classe, de 6 fr. pour ceux de deuxième classe et de 4 fr. pour ceux de troisième classe, sont dus à l'occasion des actes ayant un caractère judiciaire, tels que : inventaires, procès-verbaux divers, compulsoires, transports de juges, référés, présentation de testaments olographes ou mystiques, etc.

68. Le notaire a une action solidaire contre chacune des parties ayant figuré à un acte, pour le total des déboursés et honoraires (*Loi 22 frim., an VII, art. 20 et C. civ., 1999, 2002*), alors même que l'acte indique la part de frais à la charge de chaque partie et qu'une réclamation a été faite dans cette proportion (8) ; mais il faut que les frais leur soient communs (9). La règle reçoit exception dans les cas suivants : s'il y a eu collusion dommageable envers la partie à laquelle les frais sont réclamés (10) ; si les frais sont demeurés impayés par le notaire qui a négligé pendant un long temps à les réclamer à la partie débitrice (11) ; quand le notaire a expressément renoncé à la solidarité (12), ce qui ne résulterait pas du fait que la partie chargée des frais aurait reçu des fonds par l'intermédiaire du notaire (13). — La partie qui n'intervient à un acte que relativement à une stipulation particulière, est néanmoins tenue solidairement aux frais, comme s'il s'agit d'un prêteur pour obtenir subrogation (14), ou d'un créancier délégataire d'un prix de vente, pour l'accepter (15). Il en est autrement du débiteur cédé qui intervient dans l'acte pour éviter la signification (16).

69. Selon l'art. 51 de la loi du 25 ventôse an XI, les honoraires et vacations des notaires sont réglés à l'amiable entre eux et les parties ; sinon par le tribunal civil de la résidence du notaire, d'après l'avis de la chambre, et sur simple mémoire sans frais. Mais selon l'art. 173 du tarif du 16 février 1807 : « les actes du ministère des notaires, autres que ceux tarifés par la loi, sont taxés par le président du tribunal de première instance de leur arrondissement [ou par un juge le remplaçant (17)], suivant leur nature et les difficultés que leur rédaction a présentées, et sur les renseignements qui lui sont fournis par les notaires et les parties ; » sans que le président soit lié par le tarif des notaires de l'arrondissement, même arrêté

(1) Voir Lyon, 19 janv. 1865 ; Pau, 25 fév. 1867 ; Orléans, 30 janv. 1872 ; Seine, 22 juin 1875 ; Paris, 16 mars 1887 ; *Rép.* 3707.

(2) Die. 9 août 1864 ; Pau, 25 fév. 1867 ; Epernay, 30 avril 1875 ; T. Nimes, 18 fév. 1880 ; Agen, 11 août 1887 ; *Rép.* 354, 3936.

(3) Voir T. Nimes, 18 fév. 1880 ; *Rép.* 354.

(4) Aix, 18 juill. 1873 ; T. Nancy, 21 janv. 1884 ; *Rép.* 1679.

(5) Arg. loi 5 août 1881, art. 1er ; *Rép. Législ.*, I, p. 150, n° 7 ; Lyon, 19 janv. 1865 ; Die, 9 août 1864 ; Uzès, 17 janv. 1867 ; T. Grenoble 19 janv. 1868 ; Epernay, 2 juin 1870 ; Alger, 25 avril 1872 ; Condom, 21 mai 1880 ; T. Rouen, 27 nov. 1883 ; Chambery, 14 déc. 1883 ; Arras, 13 fév. 1884 ; *Rép.* 1711, 1803, 2661. Voir cep. Saint-Quentin, 25 janv. 1884 ; Périgueux, 31 janv. 1884 ; *Rép.* 1829, 1858.

(6) Amiaud, II, p. 165, 4° Roll., *Hon.*, 88 ; *Rép.* 3066-1.

(7) Périgueux, 31 janv. 1884 ; *Rép.* 1858. CONTRA : Moissac, 28 août 1883 ; *Rép.* 1476.

(8) Merlin, *Not.* § 8 ; Dalloz, *ibid.*, 527 ; Roll., *ibid.*, 76, 271 ; Vernet, p. 86 ; Duranton, XI, 202 ; Rodière, 222 ; Larombière, 1202-13 ; Aubry et Rau, § 414-12 ; Pont, *Petits contr.*, I, 1126 ; Rutg. et Amiaud, 1173 ; Aubertin, p. 141 ; Cass., 27 janv. 1812, 26 juin et 15 nov. 1820, 29 avril 1826, 10 nov. 1828, 15 mai 1829, 9 avril 1850 ; Riom, 18 déc. 1838 ; Toulouse, 20 avril 1847 ; Grenoble, 17 avril 1858 ; Dijon, 26 janv. 1867 ; Beauvais, 19 juill. 1871 ; Marseille, 10 nov. 1875 ; Epinal, 30 déc. 1875, Aix, 29 fév. 1876 ; Saint-Etienne, 3 janv. 1877 ; T. Nimes ; 17 déc. 1877 ; Charleroi, 5 juin 1878 ; Bagnères, 3 déc. 1878 ; Limoges, 27 déc. 1878 ; Seine, 21 août 1875, 5 mai 1886 ; *Rép.* 3190, 3640.

(9) Amiaud, II, p. 315 ; Cass., 20 janv. 1869 ; T. Lyon 3 juin 1882 ; T. Bourges, 25 mai 1883. Voir Espalion, 23 sept 1886 ; *Rép.* 955, 1365, 4008.

(10) Eloy, 129 ; Cass., 20 janv. 1869 ; Caen, 14 août 1876 Toulouse, 11 déc. 1880 ; *Rép.* 155.

(11) Rutg. et Amiaud, 1173 ; trib. Auxerre, 31 août 1880 ; trib. Toulouse, 9 fév. 1885 ; Agen, 11 janv. 1888 ; *Rép.* 2645, 4147.

(12) Rutg. et Amiaud, 1173 ; Aix, 29 fév. 1876.

(13) T. Nimes, 17 déc. 1877.

(14) Seine, 5 mai 1886. Voir Auxerre, 31 août 1880 ; *Rép.* 2, 3190, 3215.

(15) Langres, 14 mai 1884. CONTRA : Agen, 11 janv. 1888 ; *Rép.* 2409, 3640, 4147.

(16) Seine, 5 mai 1886 ; *Rép.* 3190.

(17) Cass., 2 janv. 1872.

avec son prédécesseur (1); un notaire ne peut, sans le consentement de son client, renoncer à ses honoraires, lorsqu'ils ne s'entendent pas sur la fixation du chiffre (2). Cette renonciation, en supposant qu'elle soit admissible, ne saurait résulter que d'un accord (3), sans qu'elle puisse être imposée au notaire comme un usage (4).

70. La jurisprudence, qui ne fait peut-être pas une application exacte des principes (5), décide que, suivant l'art. 173 du tarif, le juge taxateur n'est pas lié par le règlement amiable, de sorte que la taxe des frais et honoraires dus aux notaires, qu'ils soient tarifés ou non, étant d'ordre public, peut être exigée par les parties, nonobstant tout règlement, toute convention et tout payement amiable, sans que le notaire soit fondé à invoquer aucune stipulation ou renonciation dans le but de l'éviter (6). Cette règle est restreinte à la France et à l'Algérie et ne s'étend pas aux colonies où la taxe n'est point admise après règlement amiable (7). Elle ne s'applique pas non plus au notaire auquel les frais ont été payés amiablement, qui n'est pas recevable à réclamer ensuite, sous prétexte d'erreur (8); il en serait autrement s'il n'y avait eu que fixation d'honoraires (9). De même la partie qui, après la taxe, a réglé les honoraires dus à un notaire, est non recevable à y former opposition (10).

71. Les honoraires doivent être taxés suivant la nature des actes et les difficultés que leur rédaction aura présentées, en ayant égard aux usages adoptés dans l'arrondissement (11). Il n'y a pas lieu, pour leur tarification, d'établir une distinction entre les différentes classes de notaires (12). Le juge taxateur peut ne pas admettre en taxe les salaires non dus, perçus par un conservateur des hypothèques, sauf le recours du notaire contre le conservateur (13).

71 *bis*. Le droit de requérir la taxe et de répéter contre le notaire des honoraires trop élevés, ne peut être exercé par chacune des parties que pour la part et portion à raison de laquelle elle y a contribué, sans pouvoir engager les autres parties (14). Si la taxe, afin de restitution, est demandée contre un ancien notaire, le tribunal ne peut accorder la restitution demandée en s'appuyant sur ce qu'il ne représente pas les actes et pièces, dont il est dessaisi; il doit procéder à la taxe en s'entourant des renseignements nécessaires (15).

72. La prescription contre la demande en taxe et l'action en restitution après règlement était de trente ans. Mais, suivant l'art. 2 de la loi du 5 août 1881, « les demandes en taxe et les actions en restitution des honoraires dus aux notaires pour les actes de leur ministère, se prescrivent par deux ans, du jour du payement ou du règlement par compte arrêté, reconnaissance ou obligation (16). » Il en est ainsi des frais payés par un notaire pour les besoins d'une liquidation dressée par lui et qui forment l'un des éléments de la liquidation (17). S'il s'agit d'un règlement antérieur à la loi de 1881, la prescription de deux ans, alors que celle ancienne avait encore un temps plus long pour être accomplie, a couru à partir de sa promulgation (*même loi, art. 5*).

73. La taxe des frais et honoraires dus aux notaires pour les actes par eux reçus, et même ceux préparés ou demeurés imparfaits (18), a lieu sur un mémoire détaillé des frais, écrit sur papier timbré, signé du notaire, et sur l'avis de la chambre des notaires (*Loi 25 vent. an XI, art. 51)*. Toutefois, l'avis préalable de la chambre n'est point obligatoire pour le président du tribunal, l'art. 173 du tarif ne l'ayant pas prescrit (19); il en est de même si la taxe est portée devant le tribunal, quand l'avis ne lui paraît pas nécessaire (20). Le président doit se borner à régler les frais; il excéderait ses pouvoirs s'il déterminait la part

(1) Paris, 20 nov. 1866; Pau, 25 fév. 1867; T. Nimes, 18 fév. 1880; T. Lyon, 3 janv. 1882; T. Nancy, 21 janv. 1884; Chambéry, 24 déc. 1883; Paris, 16 mars 1887; *Rép.* 2662, 3707.

(2) Rutg. et Amiaud, 1208; Bruxelles, 9 août 1856; Rennes, 4 juill. 1865.

(3) Sirey, 66, II, 109 note.

(4) Cass., 27 déc. 1886; *Rép.* 3674.

(5) Voir Robert, *Rép.* 1193, 1510.

(6) Cass., 1er déc. 1841, 14 mars 1853, 22 août 1854, 29 juin 1858, 20 juin 1860, 29 janv. 1867, 25 juill. 1871, 2 et 9 janv. 1872, 12 avril 1875, 29 juin 1880.

(7) Fort-de-France, 31 janv. 1880.

(8) Décis. M. J. 4 déc. 1826; Saint-Amand, 15 janv. 1855.

(9) Rutg. et Amiaud, 1208 *bis* et *quater;* Castellane, 25 nov. 1880; *Rép.* 136.

(10) Cass., 13 mars 1866. Voir cep. Domfront, 15 juin 1887; *Rép.* 4036.

(11) Orléans, 30 janv. 1872; T. Anvers, 1er avril 1873; T. Lyon, 3 juin 1882; *Rép.* 954.

(12) Lyon, 12 janv. 1884; *Rép.* 2408.

(13) T. Fontainebleau, 4 déc. 1884; *Rép.* 2292.

(14) Seine, 22 juin 1875.

(15) Cass., 25 fév. 1878.

(16) Voir Defrénois, *Rép.* 2971-1.

(17) Cass., 10 nov. 1886; *Rép.* 3856.

(18) Alger, 20 oct. 1874; Douai, 21 nov. 1876.

(19) Rennes, 28 juin 1821; Bourges, 29 déc. 1829; Douai, 17 janv. 1831; Orleans, 7 janv. 1852; Cass., 24 mars 1825, 19 mars 1828, 12 fév. 1838. CONTRA : Roll., *Hon.*, 267; Instr. M. J. 10 juin 1825; Cass., 19 avril 1826, 17 mars 1829.

(20) Aurillac, 7 juin 1861; Cass., 24 juill. 1849, 9 mars 1858, 29 juill. 1862, 19 juin 1865, 2 janv. 1872, 27 juill. 1875. CONTRA : Dict. not., *Hon.*, 360; Cass., 8 déc. 1825, 17 mars 1829; Guéret, 12 juill. 1832.

à la charge d'une partie dans les frais et s'il fixait le point de départ des intérêts (1). La cour d'appel, saisie d'une contestation relative à des honoraires dus à un notaire, peut commettre un de ses membres pour procéder à la taxe (2).

73 *bis*. La taxe, régulièrement faite par le président du tribunal, donne ouverture à un exécutoire qui est délivré par le greffier, après le dépôt du mémoire taxé, sur la réquisition du notaire (*Loi 5 août 1881, art. 3*), et permet à celui-ci de faire commandement au débiteur et poursuivre la saisie-arrêt de ses biens (3). Cet exécutoire est indépendant de celui que le juge de paix délivre pour les déboursés de timbre et d'enregistrement, *infra*, n°s 639 et suiv. — La partie, pour arrêter les poursuites dirigées contre elle en vertu de l'exécutoire délivré par le greffier, doit former opposition à la taxe avec assignation devant le tribunal civil de la résidence du notaire, qui juge en audience publique comme en matière sommaire (*même loi, art. 3*; *C. proc., 404, 405*), et non en chambre du conseil (4). L'opposition à l'exécutoire est, comme en matière de jugement par défaut, recevable jusqu'à l'exécution (5). — Le jugement qui prononce sur l'opposition, quel que soit le chiffre de la taxe, est susceptible d'appel dans les délais et formes ordinaires (*même loi, art. 3*; *C. Proc., 443, 463*). Toutefois, il peut ordonner l'exécution provisoire nonobstant appel (6).

73 *ter*. L'exécutoire délivré par le greffier est un acte non de juridiction, mais de pur commandement qu'une simple opposition met en litige; par suite il n'emporte pas l'hypothèque sur les biens du débiteur (7).

FORMULE 1. — Etat de frais et honoraires, et ordonnance de taxe.
(N° 73.)

ÉTAT des frais et honoraires dus à Mᵉ DORLAN, notaire à....., pour un acte de prêt hypothécaire de 8,000 fr., par lui reçu le 14 avril 1887, souscrit par :

M. Eloi-Denis MARTIN, cultivateur, et Mᵐᵉ Thérèse-Louise GENET, sa femme, demeurant à....., au profit de M. Gustave LAMY, rentier, demeurant à.....

Timbre minute	2 40
Enregistrement	100 »
Timbre de la grosse en six rôles	5 40
Timbre des bordereaux	1 20
Droit d'inscription	17 40
Etat d'inscriptions	8 60
Rédaction des bordereaux	8 »
Honoraires	80 »
Rôles	12 »
Répertoire	» 50
Timbre du présent état	» 60
Total	236 10

Certifié véritable par Mᵉ DORLAN, notaire soussigné, le six février mil huit cent quatre-vingt-huit.

(Signature.)

NOUS PRÉSIDENT du tribunal civil de....., fixons les déboursés et honoraires de l'acte d'obligation ci-dessus énoncé, à la somme de deux cent trente-quatre francs dix centimes, et autorisons la délivrance d'un exécutoire afin d'en avoir payement.

Donné au palais de justice, à....., le huit février mil huit cent quatre-vingt-huit.

(Signature.)

(1) Cass., 31 juill. 1878.
(2) Caen, 14 août 1876.
(3) Cass., 7 mai 1850; Saint-Marcellin, 11 avril 1867, 29 janv. 1870.
(4) Nevers, 19 août 1884; *Rép.* 2191.
(5) Périgueux, 31 janv. 1884; *Rép.* 1919.
(6) Amiens, 10 août 1882; *Rép.* 956.
(7) Troplong, *Priv.*, 447; Amiaud, II, p, 268; Paris, 16 déc. 1879; Cass., 28 janv. 1828, 9 nov. 1880 CONTRA : Pont, *Priv.*, 581; Amiaud, loi 1882, 46; Aubry et Rau, § 265-15; Valence, 4 août 1884; Privas, 15 juill. 1886; Alger, 23 juill. 1886; *Rép.* 2116, 3370, 3409.

74. Le droit qui appartient aux notaires d'obtenir un exécutoire après taxe, ne fait pas obstacle à ce que le débiteur soit actionné en justice à fin de condamnation faisant courir les intérêts et emportant hypothèque judiciaire (1), même quand un exécutoire a été obtenu (2). Cette action est irrecevable si elle n'a pas été précédée d'une taxe faite par le président du tribunal (3).

74 *bis*. Le notaire aussi, a le droit de former opposition à la taxe si les honoraires alloués lui paraissent insuffisants. Dans ce cas, de même que dans celui où après la taxe du président il veut obtenir un jugement de condamnation non susceptible d'opposition, il assigne le débiteur, sans préliminaire de conciliation (4), devant le tribunal civil de sa résidence [celle du notaire (5)], ce qui est applicable à tous honoraires dus pour travaux des notaires se rattachant à leurs fonctions, par exemple, pour démarches, actes préparés (6), et peu importe que l'action soit formée par un créancier subrogé aux droits du notaire (7). Le juge de paix ne peut en connaître, quelque modique que soit le chiffre de la demande (8). — L'opposition à la taxe, de la part du notaire ou de la partie, ne peut plus avoir lieu quand ils y ont acquiescé soit expressément soit tacitement (9). — En ce qui concerne les sommes dues aux notaires comme mandataires ordinaires de leurs clients, par exemple, une avance pour l'acquit des droits de succession, pour une expédition demandée dans une étude, ou autre cause, la poursuite peut être exercée sans taxe préalable (10), le tribunal compétent est celui du domicile du défendeur (11), et le juge de paix peut en connaître jusqu'à la limite de sa compétence (12).

75. Les frais et honoraires dus au notaires, même les déboursés d'enregistrement, ne produisent d'intérêt que du jour de la demande (13), à moins qu'il ne s'agisse d'avances comme mandataires (14). Mais le

FORMULE 1 *bis*. — Exécutoire délivré par le greffier.
(N° 73 *bis*.)

Nous greffier près le tribunal civil de.....

Pour l'exécution de l'ordonnance de taxe rendue par M. le président du tribunal civil de....., le huit février présent mois, relativement à la somme de deux cent trente-six francs dix centimes, montant des frais et honoraires dus à Me Dorlan, pour l'acte y mentionnée, laquelle ordonnance représentée par Me Dorlan a été déposée au greffe et, en conséquence, est transcrite en tête des présentes.

Délivrons exécutoire à Me Dorlan, notaire, pour ladite somme de deux cent trente-six francs dix centimes, afin qu'il puisse exercer toute contrainte dans le but d'en avoir payement.

En conséquence, le Président de la République mande et ordonne, etc. (*Le surplus comme en la formule* 126).

En foi de quoi le présent exécutoire a été signé par nous greffier.

Fait au greffe, à...., le quatorze février mil huit cent quatre-vingt-huit.

(Signature.)

(1) Largentières, 21 mars 1882; T. Chambéry, 30 oct. 1882; Langres, 14 mai 1884; Bourges, 21 juill. 1887; Cass., 3 août 1887; *Rép.* 1071, 2382, 3735, 3758.

(2) Largentières, 21 mars 1882; La Châtre, 13 mars 1884. Contra : Seine, 19 août 1882; Alger, 23 juill. 1886; Privas, 15 juill. 1886; Brives, 10 nov. 1886; *Rép.* 750, 957, 1990, 3376, 3395, 3409.

(3) T. Colmar, 16 mars 1854; Cass., 7 mai 1839, 7 mai 1850; T. Grenoble, 7 août 1874; Tulle, 5 janv. 1884; *Rép.* 1944.

(4) C. proc. 60; L. 25 vent. an XI, art. 51; Augan, I, p. 208; Décis. M. J. 9 prair. an XIII; Rutg. et Amiaud, 1196; Livourne, 17 janv. 1843; Pau, 11 janv. 1861; T. Toulouse, 23 fév. 1867; Bruxelles, 17 mars 1884; *Rép.* 2530.

(5) Carré, *Proc.* I, 141; Loret, I, 494; Rutg. et Amiaud, 1195; Décis. M. J. 19 déc. 1843; Orléans, 1er mars 1832; Gaillac, 30 août 1844; Louviers, 28 juin 1854; Paris, 21 juill. 1856, 14 mars 1861; Pau, 11 janv. 1861; Douai, 21 nov. 1876.

(6) Douai, 21 nov. 1876; Charolles, 7 mars 1883; Dijon, 8 janv. 1884; *Rép.* 1046, 1127, 1622.

(7) Rutg. et Amiaud, 1201; Pau, 11 janv. 1861.

(8) Roll., *Hon.*, 242; Décis. M. J., 5 prair. an XIII, 25 fév. 1807, 13 sept. 1819; Paris, 5 déc. 1830, 21 juill. 1856; Chatellerault, 17 mai 1841; Thiers, 26 mai 1846; Poitiers, 27 janv. 1846; Cass., 21 avril 1845, 7 déc. 1847, 25 janv. 1859; *Rép.* 2010.

(9) Cass., 27 juill. 1875.

(10) Riom, 20 janv. 1880; *Rép.* 3.

(11) Cass., 21 juin 1865; T. Mâcon, 21 fév. 1881; *Rép.* 1046, 1127.

(12) Rutg. et Amiaud, 1199; Cass., 21 juin 1865; *Rép.* 2010.

(13) Troplong, *Mandat*, 684; Larombière, 1153-35; Laurent, XVIII, 17; Caen, 7 juin 1837; Dijon, 22 avril 1844; Orléans, 2 déc. 1853; Cass., 15 avril 1830, 11 nov. 1833, 24 juin 1840, 18 mars 1850, 24 janv. 1853; Metz, 17 déc. 1858; T. Grenoble, 7 août 1874; Paris, 4 nov. 1885; *Rép.* 2537, 2854. Contra : Pont, *Mandat*, 1096; Amiaud, I, p. 458; La Flèche, 10 juin 1831; Grenoble, 14 juill. 1838; Riom, 8 déc. 1838; Bourgoin, 23 déc. 1842, 25 fév. 1843.

(14) Paris, 28 mars 1837; Pau, 25 fév. 1867; Riom, 20 juin 1880; Bruxelles, 23 janv. 1884; *Rép.* 4, 2537.

débiteur des frais et honoraires peut valablement s'engager à en servir les intérêts (1); il en est ainsi de la clause d'un cahier de charges portant que, en cas de retard de payement des frais à l'époque fixée, les intérêts courront au taux légal (2), et si un client a payé volontairement les intérêts de frais et honoraires, il n'est pas fondé à en réclamer la restitution (3). — De même, le notaire tenu, par suite de taxe, à une restitution d'honoraires, ne saurait être condamné aux intérêts de la somme à restituer à compter du jour du payement, mais seulement du jour de la demande en justice (4).

75 *bis*. Les honoraires, même non taxés, peuvent faire l'objet d'une compensation conventionnelle, sauf la réduction qui pourrait résulter ensuite d'une taxe requise dans les deux ans (5). — Le fait par un notaire de recevoir, sans réserve, les frais d'un acte, alors que ceux d'actes antérieurs lui sont encore dus, n'établit pas une présomption de payement de ces frais (6). — Le notaire auquel des frais sont dus, peut retenir les pièces qui lui ont été remises pour préparer les actes y donnant lieu (7), même un titre de rente sur l'Etat (8), comme aussi les pièces cotées dans un inventaire.

76. L'action des notaires en payement des sommes dues pour les actes de leur ministère se prescrit par cinq ans à partir de la date des actes (*Loi 5 août 1881, art. 1er*), ou de la dernière date si un acte a plusieurs dates; ce qui s'applique aux déboursés s'y rattachant faits à une date postérieure. — Pour les actes dont l'exécution est subordonnée au décès, tels que les testaments et donations entre époux pendant le mariage, les cinq ans ne datent que du jour du décès de l'auteur de la disposition. La prescription, par analogie avec l'art. 2274, cesse de courir lorsqu'il y a eu compte arrêté, reconnaissance, obligation, ou citation en justice non périmée (*même art.*). Dans ces divers cas, la prescription devient trentenaire (9). — La prescription de deux ans, comme toutes les petites prescriptions, court contre les mineurs et interdits, sauf leur recours contre leurs tuteurs (*même art. et C. civ., 2278*). Elle court aussi contre les absents (10). — Le notaire ou ses héritiers auxquels la prescription est opposée peuvent déférer le serment décisoire à ceux qui l'opposent, sur la question de savoir si la somme réclamée a été réellement payée (*même art. et C. civ., 2275*). Aucune autre preuve ne peut être faite, pas même au moyen de l'interrogatoire sur faits et articles (11).

77. Lorsque deux notaires concourent à un même acte, *infra n° 296*, les honoraires se partagent par moitié et non pas proportionnellement aux intérêts de leurs clients respectifs (12); toutefois, s'il s'agit d'une liquidation, le tribunal peut allouer une part plus forte au notaire en premier, pour avoir préparé le travail et réuni les éléments ayant servi de base (13). Le partage a lieu alors même qu'un notaire du chef-lieu d'une cour d'appel ou d'un tribunal de première instance concourt, comme notaire en second, à un acte dont la minute reste à un notaire du ressort n'ayant pas qualité pour instrumenter au chef-lieu (14). Mais il n'est point dû de partage aux notaires lorsqu'ils assistent à un acte passé hors de leur ressort (15).

§ 8

CHAMBRE DES NOTAIRES

78. Conformément à l'art. 50 de la loi du 25 ventôse an XI, les chambres de discipline intérieures des notaires ont été organisées, d'abord par un arrêté du 2 nivôse an XII, puis par une ordonnance royale du 4 janvier 1843 qui a abrogé l'arrêté de l'an XII. Les chambres de notaires forment un être moral assimilable à un établissement public, en conséquence, elles peuvent, avec l'autorisation du gouvernement, recevoir des dons et legs, acquérir, etc. (16).

(1) Cass., 24 janv. 1853, 29 juin 1880; Riom, 20 juin 1880; *Rép.* 4, 2537.
(2) Cass., 24 janv. 1853.
(3) Rutg. et Amiaud, 1208 *ter*.
(4) Rutg. et Amiaud, 1208 *bis*; Cass., 22 juill. 1878; Paris, 14 mars 1882; Epernay, 11 juill. 1884; *Rép.* 990, 1968.
(5) Cass., 29 nov. 1852, 22 juill. 1878.
(6) Rutg. et Amiaud, 1193; voir cep. Bordeaux, 8 déc. 1835.
(7) Amiaud, II, p. 262; Rutg. et Amiaud, 1191; Aubertin, p. 131; Bordeaux, 30 mars 1847; Cass., 17 janv. 1866, 10 août 1870; *Rép.* 3734.
(8) Dijon, 27 janv. 1887; *Rép.* 3734.
(9) Marcadé, 2274-4; Aubry et Rau, § 774-80; Laurent, XXII, 143; Cass., 29 juin 1842; Paris, 12 fév. 1851; Caen, 29 juill. 1874. Voir cep. Troplong, *Presc.*, 990.
(10) Troplong, *Presc.*, 709; Duranton, XXI, 285; Cass., 25 oct. 1813; Grenoble, 24 août 1850; Cass., 19 juill. 1869.
(11) Troplong, *Presc.*, 993; Laurent, XXII, 519; Cass., 29 nov. 1837, 27 juill. 1853, 7 nov. 1860, 7 janv. 1861, 18 nov. 1876, 10 avril 1878. CONTRA : Marcadé, 2275-5.
(12) Voir Agen, 15 juill. 1887; *Rép.* 1676-18, 3936.
(13) T. Nîmes, 15 janv. 1885; *Rép.* 2589.
(14) Cass., 6 janv. 1879; Versailles, 18 juin 1880; *Rép.* 1656
(15) Délib. not., Paris, 25 fév. 1819; Cass., 20 avril 1853, 24 juill. 1854; Blois, 16 janv. 1884; Cass., 16 janv. 1884; *Rép.* 1656, 1680.
(16) Aubry et Rau, § 54-14; Rutg. et Amiaud, p. 1406 *note*; Ordonn. 21 juill. 1830; Décrets 25 mars 1850, 15 mars 1882

I. — *Siége et attributions de la chambre*

79. Il y a près de chaque tribunal civil de première instance, et dans la ville où il siége, une chambre des notaires chargée du maintien de la discipline parmi les notaires de l'arrondissement. (*Ordonn. royale 4 janv. 1843, art. 1er.*)

80. Les attributions de la chambre sont :

1° De prononcer ou de provoquer, suivant les cas, l'application de toutes les dispositions de discipline (*même ordonn., art. 2*);

2° De prévenir ou concilier tous différends entre notaires, et notamment ceux qui pourraient s'élever, soit sur des communications, remises, dépôts ou rétentions de pièces, fonds et autres objets quelconques, soit sur des questions relatives à la réception et garde des minutes, à la préférence ou concurrence dans les inventaires, partages, ventes ou adjudications et autres actes; et, en cas de non conciliation, d'émettre son opinion par simple avis. (*Même art.*) A défaut de conciliation, la chambre, devant seulement donner son avis, ne peut prononcer une peine disciplinaire pour refus par un notaire de se conformer à cet avis (1);

3° De prévenir ou concilier également toutes plaintes et réclamations de la part de tiers contre des notaires à raison de leurs fonctions; donner simplement son avis sur les dommages-intérêts qui pourraient être dus, et réprimer, par voie de censure et autres dispositions de discipline, toutes infractions qui en seraient l'objet, sans préjudice de l'action devant les tribunaux, s'il y a lieu (*même art.*);

4° De donner son avis sur les difficultés concernant le règlement des honoraires et vacations des notaires, ainsi que sur les différends soumis à cet égard au tribunal (*même art.*);

5° De délivrer ou refuser tous certificats de bonnes mœurs et capacité à elle demandés par les aspirants aux fonctions de notaire, prendre à ce sujet toutes délibérations, donner tous avis motivés, les adresser ou communiquer à qui de droit (*même art.*);

6° De recevoir en dépôt les états des minutes dépendant des études de notaire supprimées (*Même art.*);

7° De représenter tous les notaires de l'arrondissement collectivement sous le rapport de leurs droits et intérêts communs. (*Même art.*) (2).

II. — *Registre des délibérations*

81. Toute décision ou délibération soit de la chambre de discipline des notaires, soit de l'assemblée générale des notaires, *infra n° 103*, est inscrite sur un registre coté et paraphé par le président de la chambre. Ce registre est communiqué au ministère public à sa première réquisition. (*Même ordonn., art. 3.*)

III. — *Organisation de la chambre*

82. Les notaires de chaque arrondissement choisissent parmi eux les membres de leur chambre. (*Même ordonn., art. 4.*)

83. La chambre des notaires de Paris est composée de dix-neuf membres; les chambres établies dans les arrondissements où le nombre des notaires est au-dessus de cinquante sont composées de neuf membres; celles de tous les autres arrondissements de sept. (*Même art.*)

84. Les chambres ne peuvent délibérer valablement qu'autant que les membres présents et votants sont au moins au nombre de douze pour Paris, de sept pour les chambres composées de neuf membres, et de cinq pour les autres chambres. (*Même ordonn., art. 5.*)

85. Les membres de la chambre choisissent entre eux un président, un syndic, un rapporteur, un secrétaire et un trésorier. (*Même ordonn., art. 6.*)

86. Le président a voix prépondérante en cas de partage d'opinions; il convoque la chambre extraordinairement quand il le juge à propos, ou sur la réquisition motivée de deux autres membres; il a la police de la chambre. (*Même art.*)

---

(1) Arrêts de cass. de délibérat. de chambres, 30 juill. 1850. 27 août 1851, 29 janv. 1855, 30 juin 1856, 12 nov. 1856. Voir aussi Cass. 7 avril 1862; J. N. 14439, 15449, 15861.

(2) Voir Lyon, 24 déc. 1863; Rennes, 4 juill. 1865; J. N 17943, 18395.

87. Le syndic est partie poursuivante contre les notaires inculpés; il est entendu préalablement à toutes délibérations de la chambre, qui est tenue de statuer sur ses réquisitions; il a, comme le président, le droit de la convoquer; il poursuit l'exécution de ses délibérations dans la forme ci-après; enfin, il agit pour la chambre dans tous les cas, et conformément à ce qu'elle a délibéré. (*Même art.*)

88. Le rapporteur recueille les renseignements sur les faits imputés aux notaires et en fait rapport à la chambre (*même art.*); si une décision disciplinaire est rendue par la chambre sans l'assistance et le concours du rapporteur, elle est entachée de nullité (1).

89. Le secrétaire rédige les délibérations de la chambre, est gardien des archives, et délivre toutes les expéditions. (*Même art.*)

90. Le trésorier fait les recettes et dépenses autorisées par la chambre. A la fin de chaque trimestre, la chambre assemblée arrête son compte et lui en donne décharge. (*Même art.*)

91. Le nombre des syndics peut être porté à trois pour Paris, et à deux pour les chambres dont le ressort comprend plus de cinquante notaires. (*Même ordonn., art. 7.*)

92. Le président, ou le syndic, et le secrétaire des chambres établies dans un chef-lieu de cour d'appel sont nécessairement choisis parmi les notaires résidant au chef-lieu; quant aux autres chambres, le président, ou le syndic, ou le secrétaire, est nécessairement choisi parmi les notaires de la ville où siége le tribunal de première instance. Lorsque le secrétaire ne réside pas dans la ville où siége le tribunal, le président ou le syndic a la garde des archives, tient le registre prescrit par l'art. 33, *infra n° 232*, et délivre les expéditions des délibérations de la chambre. (*Même ordonn., art. 8.*)

93. Un décret peut, suivant les localités, réduire ou augmenter le nombre des membres qui doivent composer les chambres, conformément aux dispositions de l'art. 4, *supra n° 83*. Dans ce cas, il détermine le nombre des membres dont la présence est nécessaire à la validité des délibérations. Le décret qui réduit le nombre des membres de la chambre déclare, s'il y a lieu, que les membres sortants peuvent être réélus. (*Même ordonn., art. 9.*)

94. Indépendamment des attributions particulières données aux membres désignés en l'art. 6, *supra nos 85 et suiv.*, chacun d'eux a voix délibérative, ainsi que les autres membres, dans toutes les assemblées de la chambre; et, néanmoins, lorsqu'il s'agit d'affaires où le syndic est partie poursuivante, il ne prend pas part à la délibération (*même ordonn., art. 10*); s'il y a plusieurs syndics, comme ils forment à eux tous le ministère public qui est un et indivisible, si la poursuite est dirigée par l'un d'eux, les autres ne peuvent prendre part à la délibération (2).

95. Les fonctions spéciales attribuées par l'art. 6, *supra nos 85 et suiv.*, à chacun des officiers de la chambre peuvent être cumulées lorsque le nombre des membres qui la composent est au-dessous de sept, dans le cas déterminé par l'art. 9, *supra n° 93*; et néanmoins les fonctions de président, de syndic et de rapporteur sont toujours exercées par trois personnes différentes. Quel que soit le nombre des membres composant la chambre, les mêmes fonctions peuvent aussi être cumulées momentanément en cas d'absence ou empêchement de quelqu'un des membres désignés en l'art. 6, *supra nos 84 et suiv.*, lesquels, pour ce cas, se suppléent entre eux, ou peuvent même être suppléés par un autre membre de la chambre. Les suppléants sont nommés par le président, ou, s'il est absent, par la majorité des membres présents en nombre suffisant pour délibérer. (*Même ordonn., art. 11.*) Si, par suite d'absence ou d'empêchement, les membres présents ne se trouvent pas en nombre suffisant pour que la chambre puisse délibérer valablement, les notaires présents dans la ville chef-lieu de la réunion au jour de la séance sont appelés de droit, selon leur rang d'ancienneté dans l'ordre du tableau (3)., ou par la voie du sort (4).

IV. — *Procédure devant la chambre — décisions — notification*

96. Lorsque des actions sont portées devant la chambre, relativement aux différends entre notaires et aux difficultés sur lesquelles la chambre est chargée d'émettre son avis, les notaires peuvent se présenter contradictoirement et sans citation préalable devant la chambre; ils peuvent également y être cités, soit par simples lettres énonçant les faits, signées des notaires qui s'adressent à la chambre, et envoyées par le

(1) Cass. 26 août 1862, 12 déc. 1866; J. N. 17535, 18652.

(2) Carré, n° 431; Ortolan, I, 22, 23; le Sellyer, II, 542; Mangin, I, 105; Dict. not., *discipl. not.*, n° 134.

(3) Chamb. not. Vitry-le-Français, 15 déc. 1852; J. N. 15408.

(4) Cass. 21 fév. 1865, 14 janv. 1867; J. N. 18223, 18725.

secrétaire, auquel ils en remettent des doubles, soit par des actes d'huissier, dont ils déposent les originaux au secrétariat. Les lettres et citations sont préalablement visées par le président de la chambre. Le délai pour comparaître ne peut être au-dessous de cinq jours. (*Même ordonn., art. 18.*) (1).

97. Lorsqu'un notaire est parent ou allié en ligne directe, à quelque degré que ce soit, et en ligne collatérale jusqu'au degré d'oncle ou de neveu inclusivement, de la partie plaignante ou du notaire inculpé ou intéressé, il ne peut prendre part à la délibération. (*Même ordonn., art. 19.*)

98. La chambre prend ses délibérations sur les plaintes et réclamations des tiers après avoir entendu ou dûment appelé, dans la forme ci-dessus prescrite, les notaires inculpés ou intéressés, ensemble les tiers qui veulent être entendus, et qui, dans tous les cas, peuvent se faire représenter ou assister par un notaire. (*Même ordonn., art. 20.*)

99. Les délibérations de la chambre sont motivées et signées par le président et le secrétaire à la séance même où elles sont prises. (*Même art.*)

100. Chaque délibération contient les noms des membres présents. (*Même art.*)

101. Les délibérations n'étant que de simples actes d'administration, d'ordre ou de discipline, ou de simples avis, ne sont, dans aucun cas, sujettes à l'enregistrement, non plus que les pièces y relatives. (*Même art.*)

102. Les délibérations de la chambre sont notifiées, quand il y a lieu, dans la même forme que les citations, *supra n° 96 et infra n° 119*, et il en est fait mention par le secrétaire en marge des délibérations. (*Même art.*)

V. — *Assemblée générale*

103. Il y a chaque année deux assemblées générales des notaires de l'arrondissement. D'autres assemblées générales peuvent avoir lieu toutes les fois que la chambre le juge convenable. Les assemblées générales ou extraordinaires sont convoquées conformément aux dispositions de l'art. 6, *supra nos 85 et suiv.* Tous les notaires du ressort de la chambre sont invités à s'y rendre, soit pour les nominations dont parle l'art. 25, *infra n° 107*, soit pour se concerter sur ce qui intéresse l'exercice de leurs fonctions. (*Même ordonn., art. 22.*)

104. La présence du tiers des notaires de l'arrondissement, non compris les membres de la chambre, est nécessaire pour la validité des délibérations de l'assemblée générale et pour les élections auxquelles elle procède. (*Même ordonn., art. 24.*)

VI. — *Local des assemblées*

105. Les assemblées générales et celles de la chambre se tiennent en un local à ce destiné, dans la ville où elle est établie. (*Même ordonn., art. 21.*)

VII. — *Règlements*

106. Les règlements entre notaires, faits, soit par l'assemblée générale, soit par la chambre, sont remis au procureur de la rép. adressés par lui au procureur général, et soumis à l'approbation du ministre de la justice. (*Même ordonn., art. 23.*) Les règlements ne doivent en général s'occuper que des rapports des notaires entre eux, de la police intérieure et de la bourse commune. (*Instr. min. just., 12 janv. 1843.*) Si un règlement comprend des dispositions autres et que le ministre ait refusé d'approuver quelques articles, ces articles sont dénués de force exécutoire et ne peuvent servir de base à aucune délibération de la chambre (2).

VIII. — *Nomination des membres de la chambre, et durée de leurs fonctions*

107. Les membres de la chambre sont nommés par l'assemblée générale des notaires convoqués à cet effet. La moitié au moins des membres est choisie dans les plus anciens en exercice formant les

(1) Sur la procédure à suivre, voir Cass. 3 juin 1863, 14 mars. 10 mai, 4 juill. et 18 août 1864, 21 fév. 1865, 18 avril 1866, 17 juin 1867; J. N. 17766, 18012, 18029, 18058, 18164, 18223, 18516, 18993.

(2) Trib. Rambouillet, 26 mars 1852, Voir aussi Cass. 10 déc. 1862; J. N. 17592.

deux tiers de tous les notaires du ressort. Deux au moins des membres appelés à faire partie des chambres établies dans un chef-lieu de cour d'appel, sont nécessairement choisis parmi les notaires résidant au chef-lieu. Quant aux autres chambres, un de leurs membres est nécessairement choisi parmi les notaires de la ville où siége le tribunal de première instance. La nomination a lieu à la majorité absolue des voix, au scrutin secret et par bulletin de liste, contenant un nombre de noms qui ne peut excéder celui des membres à nommer. Le notaire élu membre de la chambre ne peut refuser les fonctions qui lui ont été déférées qu'autant que son refus a été agréé par l'assemblée générale. (*Même ordonn., art. 25.*)

108. La chambre est renouvelée par tiers chaque année, pour les nombres qui comportent cette division, et par portion approchant le plus du tiers pour les autres nombres, en faisant alterner chaque année les portions inférieures et supérieures au tiers, mais en commençant par les inférieures, et de manière que, dans tous les cas, aucun membre ne puisse rester en fonction plus de trois ans consécutifs, sauf ce qui est dit en l'art. 25. (*Même ordonn., art. 26.*)

109. Les membres désignés pour composer la chambre nomment entre eux, en suivant le mode de l'art 25, *supra n° 107*, le président et les autres officiers dont parle l'art. 6, *supra nos 85 et suiv.* Le président est toujours pris parmi les plus anciens désignés dans l'art. 25, *supra n° 107*, sauf l'application de l'art. 8, *supra n° 92*. Ces nominations se renouvellent chaque année; les mêmes peuvent être réélus; à égalité de voix, le plus ancien d'âge est préféré. Les membres élus officiers ne peuvent refuser. (*Même ordonn., art. 27.*)

110. La nomination des membres de la chambre a lieu dans la première quinzaine du mois de mai de chaque année. L'élection des officiers est faite au plus tard le quinze mai, et la chambre est constituée aussitôt après cette élection. (*Même ordonn., art. 28.*)

IX. — *Bourse commune*

111. Il y a une bourse commune pour les dépenses de la chambre. Il n'y est versé que les sommes nécessaires pour subvenir aux dépenses votées par l'assemblée générale. La délibération par laquelle l'assemblée générale l'établit doit être soumise à l'approbation du ministre de la justice, ainsi qu'il est dit en l'art. 23, *supra n° 106*. La répartition des sommes votées entre les notaires de l'arrondissement est proposée par l'assemblée générale; le rôle en est rendu exécutoire par le premier président, sur l'avis du procureur général. (*Même ordonn., art. 39.*)

§ 9

DISCIPLINE NOTARIALE

I. — *Faits qui peuvent motiver l'exercice de l'action disciplinaire*

112. Les notaires exercent une délégation de la puissance souveraine; à ce titre, ils sont tenus à la probité la plus sévère, à la délicatesse la plus scrupuleuse, et le moindre manquement de leur part aux règles de la probité ou de la délicatesse donne lieu à l'exercice de l'action disciplinaire, c'est-à-dire à l'application d'une peine de discipline intérieure, édictée à leur égard en dehors des peines prévues par les lois pénales. L'action disciplinaire est indépendante de l'action civile ou de l'action criminelle dont un notaire est ou a été l'objet à raison des mêmes faits (1).

113. En conséquence, l'action disciplinaire et l'action civile ou criminelle peuvent être cumulées (2); ainsi, un notaire poursuivi pour un crime ou un délit, peut, à raison des mêmes faits, être poursuivi disciplinairement devant la chambre ou devant le tribunal civil, la maxime *non bis in idem* n'étant pas applicable en cette matière (3); peu importe qu'il ait été condamné ou acquitté (4), ou qu'il soit intervenu une ordonnance de non-lieu (5), ou que l'action publique soit éteinte par la prescription (6).

(1) Cass. 12 avril 1837; J. N. 9619.

(2) Bordeaux, 20 déc. 1842; Paris, 5 déc. 1831; Amiens, 21 août 1843; J. N. 11611, 11817.

(3) Dict. not., *destitution*, n° 64; Cass. 13 mai 1807, 31 oct. 1811, 30 déc. 1824, 24 juin 1828, 16 mai 1859; Bordeaux, 3 déc. 1807; Trib. Nimes, 19 juin 1835; Lure, 3 juillet 1844; Thionville, 8 mai 1844; Mâcon, 13 nov. 1844; J. N. 16608.

(4) Toulouse, 22 mai 1826; Limoges, 21 juin 1838; Douai, 8 janv. 1840; Agen, 18 janv. 1842; Bordeaux, 31 août 1849; Cass. 27 déc. 1836, 12 avril 1837, 21 août 1849, 21 mai 1851; J. N. 5763, 5764, 9491, 9619, 10327, 11207, 13880, 14376.

(5) Trib. Mayenne, 12 déc. 1837; Cass. 2 août 1848; Limoges, 9 nov. 1852; J. N. 10039, 13480, 14933.

(6) Cass. 30 déc. 1824, 23 avril 1839; Limoges, 24 juin 1838. CONTRA Bourges, 20 avril 1825; J N. 5197, 5452, 10327, 10361.

114. Tous les faits portant atteinte à l'honneur, à la probité, à la simple délicatesse peuvent tomber sous l'application de la juridiction disciplinaire. L'ordonnance de 1843 a spécialement interdit aux notaires agissant par eux-mêmes ou par personnes interposées, soit directement, soit indirectement :

1° De se livrer à aucune spéculation de bourse ou opération de commerce, banque, escompte et courtage (*ordonn. 4 janv. 1843, art. 12*);

2° De s'immiscer dans l'administration d'aucune société, entreprise ou compagnie de finance, de commerce ou d'industrie (*même art.*);

3° De faire des spéculations relatives à l'acquisition et à la revente des immeubles, à la cession des créances, droits successifs, actions industrielles et autres droits incorporels (*même art.*);

4° De s'immiscer dans aucune affaire pour laquelle ils prètent leur ministère (*même art.*);

5° De placer en leur nom personnel des fonds qu'ils auraient reçus, même à la condition d'en servir l'intérêt (*même art.*);

6° De se constituer cautions ou garants, à quelque titre que ce soit, des prêts qui auraient été faits par leur intermédiaire, ou qu'ils auraient été chargés de constater par acte public ou privé (*même art.*);

7° De se servir de prête-nom en aucune circonstance, même pour des actes autres que ceux désignés ci-dessus. (*Même art.*)

115. L'énumération des prohibitions dont il est question au numéro précédent est seulement énonciative; elle laisse intact le droit des chambres de notaires et des tribunaux de poursuivre toutes autres infractions à la discipline, lors même qu'il n'existerait aucune partie plaignante, et de les punir suivant la gravité des cas, en conformité des dispositions de la loi du 25 ventôse an XI et de l'ordonnance du 4 janvier 1843. (*Même ordonn., art. 13.*) Voir divers exemples de condamnations à des peines disciplinaires, *infra nos 137 à 145.*

II. — *Des peines disciplinaires*

116. Les peines disciplinaires, suivant la gravité des cas, sont :

1° Le rappel à l'ordre, *infra nos 121 et 137*;

2° La censure simple, *infra nos 121 et 138*;

3° La censure avec réprimande, *infra nos 121 et 139*;

4° La privation de voix délibérative, *infra nos 121 et 140*;

5° L'interdiction temporaire de l'entrée de la chambre, *infra nos 121 et 141*;

6° La suspension, *infra nos 127, 142 et 143*;

7° La destitution, *infra nos 127, 144 et 145*;

8° Le remplacement, *infra nos 134 à 136.*

117. Aucune autre peine ne peut être prononcée en matière de discipline; ainsi, les chambres de discipline ni les tribunaux ne peuvent ajouter l'amende à la peine disciplinaire (1), ni remplacer cette peine par une amende, l'amende ne devant être prononcée que dans les cas spéciaux pour lesquels elle est édictée (2), ni ordonner l'impression et l'affiche du jugement qui prononce une peine disciplinaire (3).

III. — *Action disciplinaire devant la chambre*

118. Le syndic défère à la chambre les faits relatifs à la discipline, et il est tenu de les lui dénoncer, soit d'office, soit sur l'invitation du procureur de la rép. soit sur la provocation des parties intéressées ou d'un des membres de la chambre. (*Ordonn. 4 janv. 1843, art. 17.*)

119. Le notaire inculpé est cité à comparaître devant la chambre dans un délai qui ne peut être au-dessous de cinq jours, à la diligence du syndic, par une simple lettre indicative des faits, signée de lui et envoyée par le secrétaire, qui en tient note; si le notaire ne comparaît pas sur la lettre du syndic, il est cité une seconde fois, dans le même délai, à la même diligence, par ministère d'huissier. (*Même art.*)

120. La procédure devant la chambre, les formalités relatives aux décisions qu'elle prononce, et le mode de notification des décisions sont indiqués *supra nos 96 à 102.*

(1) Roll. *discipl. not.*, n° 173; Dict. not., *ibid.*, n° 321; Paris, 16 mars 1833; J. N. 8078.

(2) Cass. 11 janv. 1841, 14 janv. 1867, Paris, 29 juin 1852; J. N. 10868, 14733, 18725.

(3) Roll. *discipl. not.*, n° 175; Dict. not., *ibid.*, n° 336; Rouen, 19 déc. 1842; Cass. 28 août 1854 et 22 mai 1855; J. N. 15325, 15564.

121. La chambre, suivant la gravité des cas, peut prononcer l'une des peines suivantes :

1° Le rappel à l'ordre (*ordonn. 4 janv. 1843, art. 14*);

2° La censure simple par la décision même (*même art.*);

3° La censure avec réprimande, par le président, au notaire en personne, dans la chambre assemblée (*même art.*);

4° La privation de voix délibérative dans l'assemblée générale (*même art.*);

5° L'interdiction de l'entrée de la chambre pendant un espace de temps qui ne peut excéder trois ans, pour la première fois, et qui peut s'étendre à six, en cas de récidive. (*Même art.*)

122. Si l'inculpation paraît assez grave pour mériter la suspension ou la destitution du notaire inculpé, la chambre s'adjoint, par la voie du sort, d'autres notaires de l'arrondissement, savoir : celle de Paris, dix notaires, et, les autres chambres, un nombre inférieur de deux à celui de leurs membres. La chambre, ainsi composée, émet, par forme de simple avis, et à la majorité absolue des voix, son opinion sur la suspension et sa durée, ou sur la destitution. Les voix sont recueillies, en ce cas, au scrutin secret, par *oui* ou par *non*; mais l'avis ne peut être formé qu'autant que les deux tiers au moins de tous les membres appelés à l'assemblée sont présents. (*Même ordonn., art. 15.*)

123. Quand la chambre, ainsi composée, est d'avis de provoquer la suspension ou la destitution, une expédition du procès-verbal de sa délibération est déposée au greffe du tribunal, et une expédition en est remise au procureur de la rép. (*Même ordonn., art. 16.*)

124. Si la décision de la chambre prononçant une peine disciplinaire ou un avis de suspension ou de destitution est par défaut, il peut y être formé opposition; mais l'opposition n'est recevable que pendant la huitaine, à compter du jour de la signification de la décision par lettre du syndic, *supra n° 119*, et elle doit contenir les moyens d'opposition. (*C. Pr. 158, 161.*)

125. Si la décision est contradictoire, elle est souveraine; en conséquence, elle n'est pas sujette à l'appel; mais, comme tout autre jugement, elle peut, en cas d'incompétence ou d'excès de pouvoir, ou de violation de la loi, ou d'inobservation des formes protectrices de la liberté des débats, être déférée à la cour de cassation et annulée par cette cour (1)

IV. — *Action disciplinaire devant les tribunaux*

126. L'action disciplinaire est purement civile : l'inculpé est assigné avec ajournement à huitaine (*C. Pr. 72*), puis l'instruction a lieu, et le jugement est rendu en audience publique; le notaire inculpé peut être contraint par le tribunal de comparaître en personne.

127. Les peines disciplinaires à raison desquelles les poursuites peuvent être dirigées devant les tribunaux sont :

1° La suspension, *infra nos 142 et 143*, pendant une durée que les tribunaux ont la latitude de fixer, mais qui doit être limitée. (*Arg. de l'art. 15, ordonn. du 4 janv. 1843.*) Elle ne peut être étendue jusqu'à l'époque ou un successeur aura été nommé au notaire suspendu ou jusqu'à ce que sa place ait été supprimée (2);

2° La destitution, *infra nos 144 et 145.*

128. Quant aux peines de discipline intérieure, elles ne peuvent être poursuivies que devant les chambres de notaires (3), *supra nos 118 et suiv.*; cependant, sur une action en destitution ou en suspension dirigée contre un notaire, le tribunal peut, au lieu de la destitution ou de la suspension, prononcer une des peines de discipline intérieure indiquées, *supra n° 121* (4).

129. Les poursuites en suspension et en destitution (et celles tendant à des condamnations d'amende et dommages-intérêts, lorsqu'il y a lieu) sont portées devant le tribunal civil de la résidence du notaire

(1) Dict. not., *discipl. not.*, n° 263; Roll., *ibid.*, n° 107; Trib. Rouen, 9 janv. 1843; Cass. 5 avril 1841, 19 août 1844, 10, 11 mars 1846, 16 nov. 1846, 10 avril 1849, 30 juill. 1850, 30 juill., 27 août 1851, 1er mars 1853, 29 janv. 1855, 12 nov. 1856, 26 août 1862; J. N. 11650, 12643, 13868, 14429, 14540, 14923, 15449, 17535.

(2) Roll. *suspension*, n° 13; Dict. not., *ibid.*, n° 13; Montpellier, 25 fév. 1833; J. N. 9043.

(3) Dict. not., *discipl. not.*, n° 280; Nancy, 9 juin 1843; Cass. 1er avril 1844, 20 janv. 1847. CONTRA Roll. *discipl. not.*, n° 6; Bourges, 23 juill. 1827; Paris, 9 janv. 1837; Douai, 1er fév. 1839; Amiens, 16 avril 1845; Cass. 13 mars 1807, 25 juin 1836, 23 déc. 1839; J. N. 9289, 11079, 11965, 12092.

(4) Dict. not., *discipl. not.*, n° 326; instr. min. just. 12 janv. 1843; Trib. Blois, 8 fév. 1837; Tulle, 25 mai 1842; Joigny, 18 juin 1843; Cours Bourges, 23 juill. 1827; Douai, 15 janv. 1835, 1er fév. 1839, 8 avril 1840, 14 août 1849; Paris, 9 janv. 1827, 29 juin 1852; Limoges, 19 nov. 1842; Poitiers, 2 fév. 1844; Rouen, 26 mai 1815, 1er fév. 1853; Cass. 15 juin 1836, 23 déc. 1839, 8 avril 1845, 20 nov. 1848; J. N. 9078, 9289, 9495, 10696, 11079, 11596, 11959, 11987, 12514, 14733, 15027, 15054.

inculpé, à la poursuite des parties intéressées, ou d'office à la diligence du procureur de la rép. (*Loi 25 vent. an XI, art. 53.*)

130. Les jugements portant suspension ou destitution (ou toute autre peine disciplinaire) sont sujets à appel (*même art.*) : l'appel doit être interjeté suivant les formes réglées par le Code de procédure, et il ne peut être formé par simple déclaration au greffe, comme en matière correctionnelle (1); mais il n'y a pas lieu à la consignation de l'amende de fol appel (2).

131. Ces jugements sont exécutoires par provision, excepté quant aux condamnations pécuniaires (*même art.*); ainsi, l'exécution n'est suspendue ni par l'opposition, si le jugement est rendu par défaut (3), ni par l'appel, ni par le pourvoi en cassation.

132. Tout notaire suspendu, destitué ou remplacé, *infra nos 134 et suiv.*, doit, aussitôt après la notification qui lui a été faite de sa suspension, de sa destitution ou de son remplacement, cesser l'exercice de son état, à peine de tous dommages et intérêts, et des autres condamnations prononcées par les lois contre tout fonctionnaire suspendu ou destitué qui continue l'exercice de ses fonctions (4) [*même loi, art. 52, et C. pén. 197*], et en outre, à peine de nullité des actes, à moins qu'ils ne soient signés par toutes les parties contractantes, auquel cas ils valent seulement comme écrits sous signatures privées. (*Même loi, art. 68.*)

133. Le notaire suspendu ne peut reprendre ses fonctions, sous les mêmes peines, qu'après la cessation du temps de la suspension. (*Même loi, art. 52.*)

133 *bis*. Le notaire destitué est, par le seul fait du jugement portant destitution, déchu du droit d'être électeur et éligible (*Loi 31 mai 1850, art. 8, 7°*), d'être juré (*Loi 24 nov. 1872, art. 2, 7°*); mais il peut être relevé de ces déchéances. (*Loi 19 mars 1864.*)

V. — *Remplacement du notaire, prononcé administrativement*

134. Le ministre de la justice n'a pas de pouvoirs disciplinaires sur les notaires, l'art. 103 du décret du 30 mars 1808 n'étant pas applicable aux notaires (5).

135. Mais le ministre peut proposer au chef de l'Etat le remplacement des notaires dans les cas suivants :

1° Si le notaire ne réside pas dans le lieu qui lui est fixé par le gouvernement ou enfreint habituellement sa résidence, *supra nos 25 et 28*;

2° S'il accepte des fonctions incompatibles avec celles du notariat, *supra n° 35*;

3° Si le notaire dont le cautionnement a été diminué par l'exécution de condamnations prononcées contre lui ne le rétablit pas intégralement dans les six mois, *supra n° 55*;

4° Si le notaire nommé ne prête pas serment dans les deux mois de sa nomination, *supra n° 57*.

136. Lorsqu'un notaire est prévenu de faits de nature à entraîner sa destitution, le ministre peut le faire et le fait quelquefois inviter officieusement à donner sa démission; ce qui lui conserve le droit de céder son office.

VI. — *Exemples de condamnations à des peines disciplinaires*

RAPPEL A L'ORDRE

137. On a décidé que des notaires étaient passibles du rappel à l'ordre, *supra n° 121*, pour : 1° refus d'exécuter une délibération de la chambre portant condamnation en vertu du règlement (6); 2° refus de se rendre à une assemblée générale régulièrement convoquée (7); 3° production d'un traité simulé pour obtenir une nomination de notaire (8); 4° contravention aux règlements de la compagnie et aux devoirs des notaires entre eux dans une question de préférence pour une liquidation (9); 5° réception de l'acte public d'une vente d'immeubles sans y appeler l'un de ses confrères qui avait rédigé le projet sous seing

(1) Lettre proc. gén. Paris, 20 avril 1820; Cass. 6 janv. 1835; Douai, 17 juin 1835; Rennes, 7 janv. 1839; Limoges, 31 déc. 1849; Toulouse, 16 janv. 1851; Caen, 6 déc. 1858. CONTRA Montpellier, 27 déc. 1852. J. N. 8741, 9078, 13963, 14977; Jur. N. 11568.

(2) Douai, 17 juin 1835; décis. min. just. et fin. 22 et 30 sept. 1851; instr. régie 22 juill. 1852, n° 1929, § 2; J. N. 14728.

(3) Décis. min. just. 14 sept. 1843; J. N. 11826.

(4) Voir Colmar, 25 mai 1858; J. N. 16680.

(5) Cass. 12 déc. 1835; J. N. 8955.

(6) Délibération 22 déc. 1837; Dict. not., *discipl. not.*, n° 165.

(7) Douai, 1er fév. 1849; Trib. Tulle, 31 mai 1843; Corte, 5 juin 1847; Chamb. not. Saint-Malo, 1er nov. 1849; J. N. 11070, 13278, 13906.

(8) Rennes, 1er avril 1840.

(9) Chamb. not. de Paris, 23 nov. 1840; J. N. 14428.

privé de la vente (1); 6° adjudication dans une auberge et au milieu de distribution de vins (2); 7° délivrance d'un certificat de vie concernant une personne décédée, bien qu'il n'y ait pas eu d'intention criminelle (3); 8° concours prêté sciemment à des actes combinés dans le but de faire fraude aux droits d'enregistrement (4); 9° manque de respect envers les magistrats dans une délibération prise en assemblée générale (5) ou en réunion de chambre (6); 10° dissimulation connue du notaire d'une partie du prix dans un contrat de vente, dans le but de diminuer les droits d'enregistrement (7); 11° transport habituel dans un autre lieu les jours de foires et de marchés pour y passer des actes (8); 12° refus de signer en second un acte rédigé en double minute (9).

CENSURE SIMPLE

138. La censure simple, *supra n° 121, 2°*, a été prononcée contre des notaires pour : 1° refus de se rendre à une assemblée générale régulièrement convoquée (10); 2° négligence à satisfaire à l'engagement formel pris devant la chambre de remettre dans la huitaine un compte demandé par un client (11); 3° infraction à la résidence en quittant l'étude et la résidence pour aller dans les foires et marchés des lieux voisins provoquer les clients, s'installer dans les auberges pour les recevoir et y passer des actes (12); 4° opérations commerciales incompatibles avec l'exercice du ministère du notaire (13); 5° rédaction d'une contre-lettre destinée à détruire l'effet d'un acte authentique en date du même jour (14); 6° refus par un président de chambre de discipline d'obéir à l'invitation du ministère public de réunir la chambre (15); 7° négligence à délivrer une grosse, et adjudication par un maître clerc hors de la présence du notaire (16); 8° avoir comme président et syndic de la chambre assumé la responsabilité d'une délibération prise en vertu d'un article du règlement non approuvé par le ministre (17); 9° avoir inventorié comme note à l'appui d'un bail verbal, dans le but d'échapper au droit fiscal, un bail sous seings privés, depuis enregistré (18); 10° s'être immiscé dans des placements sur simples billets (19); 11° avoir manqué de respect aux magistrats dans une délibération prise en assemblée générale (20).

CENSURE AVEC RÉPRIMANDE

139. Il a été décidé que des notaires étaient passibles de la censure avec réprimande, *supra n° 121, 5°*, pour : 1° avoir écrit une lettre d'affaires en termes injurieux (21); 2° n'avoir pas fait immédiatement l'envoi à un client de fonds reçus pour lui (22); 3° avoir reçu sciemment un acte de promesse de dot simulée, afin de faire obtenir à un militaire la permission de contracter mariage (23); 4° avoir contrevenu aux règles de la résidence, et avoir reçu des actes dans des cabarets (24); 5° s'être fait représenter par un clerc dans des adjudications d'immeubles, et avoir laissé le même clerc gérer l'étude (25); 6° avoir cherché à exercer sur un mandataire chargé de vendre un immeuble une influence déloyale et lui avoir proposé, entre autres choses, de dissimuler dans l'acte partie du prix de vente (26); 7° avoir produit un traité simulé pour obtenir la nomination (27); 8° avoir rédigé des actes sous seings privés destinés à couvrir des stipulations illicites, par exemple, un contrat pignoratif imaginé pour déguiser l'usure (28); 9° avoir donné l'authenticité à des actes passés hors de la présence du notaire par un clerc (29); 10° avoir procédé à une adjudication dans une auberge et invité les adjudicataires à payer une certaine somme pour faire face aux dépenses d'un repas donné à ceux-ci, et auquel le notaire et son clerc assistaient (30); 11° avoir reçu le contrat de mariage d'une mineure qui avait fui le domicile paternel et n'était assistée

(1) Cass. 16 fév. 1863; J. N. 17669.
(2) Metz, 2 juin 1845; Chamb. not. Thionville, 16 janv. 1845; J. N. 12515.
(3) Trib. Étampes, 3 mars 1846; Die, 23 juin 1846; J. N. 12966.
(4) Trib. Péronne, 28 avril 1852; Bordeaux, 14 mars 1859; Jur. N. 9916, 11366.
(5) Trib. Brignoles, 24 août 1855; J. N. 15609.
(6) Grenoble, 22 fév. 1853; J. N. 14962.
(7) Trib. Loches, 4 fév. 1857; J. N. 16046.
(8) Caen, 6 déc. 1858; Trib. Bergerac, 16 janv. 1855; J. N. 15547; Jur. N. 11568.
(9) Cass. 18 juin 1862; J. N. 17461.
(10) Douai, 15 juin 1835; Chamb. not. Bergerac, 3 juill. 1835; J. N. 9078.
(11) Chamb. not. Blois, 8 nov. 1836; Trib. Blois, 8 fév. 1837; J. N. 9640.
(12) Limoges, 9 nov. 1842.
(13) Trib. Quimper, 31 oct. 1844; voir Cass. 18 août 1864.
(14) Trib. Schlestadt, 18 nov. 1844; J. N. 12506.
(15) Trib. Paimbœuf, 22 nov. 1844; J. N. 12187.
(16) Paris, 29 juin 1852; J. N. 14733.
(17) Trib. Rambouillet, 26 mars 1852; J. N. 14625.
(18) Trib. Montdidier, 15 juill. 1853; J. N. 15025.
(19) Trib. Chartres, 4 fév. 1859.
(20) Trib. Brignoles, 24 août 1855; J. N. 15609.
(21) Chamb. not. 8 nov. 1836; J. N. 9546.
(22) Chamb. not. Schlestadt, 3 janv. 1848; J. N. 13327
(23) Chamb. not. 9 déc. 1843; J. N. 11864.
(24) Poitiers, 2 fév. 1844; J. N. 11987.
(25) Chamb. not. Blois, 9 juill. 1844; J. N. 12150.
(26) Trib. Joigny, 19 janv. 1845; J. N. 11959.
(27) Rouen, 24 mai 1845; J. N. 12514.
(28) Trib. Saint-Marcellin, 16 avril 1847; J. N. 13255.
(29) Metz, 25 août 1847; J. N. 13190.
(30) Rennes, 1er fév. 1848.

d'aucun parent (1); 12° s'être, à l'occasion d'une demande d'honoraires, emporté en injures et en menaces contre un client (2); 13° avoir différé l'enregistrement d'un acte sur la demande des parties, puis, après le délai de l'enregistrement, avoir changé la date, de manière à éviter la perception du double droit (3); 14° avoir insisté auprès d'aspirants qui voulaient acquérir un office de notaire, afin qu'ils se prêtassent à dissimuler une partie du prix (4); 15° avoir, lors d'une vente de biens de mineurs, réclamé des honoraires plus élevés que ceux alloués par le tarif (5); 16° avoir laissé les clercs tenir un répertoire sur papier libre, d'où les actes étaient reportés sur le répertoire timbré tous les deux ou trois mois (6).

PRIVATION DE VOIX DÉLIBÉRATIVE

140. Des notaires ont été privés de voix délibérative, *supra n° 121, 4°*, pour : 1° avoir contrevenu à la promesse faite à la chambre de ne pas suivre un procès (7); 2° avoir, comme jeune notaire, et malgré les avertissements de la chambre, gardé auprès de soi son prédécesseur, soit comme associé, soit même à titre de simple collaborateur, et s'être fait assister par lui dans les travaux de l'étude (8); 3° avoir tenu des propos mensongers sur le compte d'un candidat aux élections municipales (9); 4° avoir insulté gravement un client en lui disant qu'il n'était pas digne de porter la décoration de la Légion d'honneur qui lui avait été décernée (10); 5° avoir manqué de respect aux magistrats dans une délibération prise en assemblée générale (11); 6° avoir fait une concurrence illégale à un confrère (11 *bis*).

INTERDICTION DE L'ENTRÉE DE LA CHAMBRE

141. L'interdiction de l'entrée de la chambre, *supra n° 121, 5°*, a été prononcée contre des notaires pour : 1° avoir consenti à recevoir un acte moyennant un honoraire inférieur au taux fixé par le tarif de l'arrondissement (12); 2° avoir manqué de respect à la chambre en lui opposant un déclinatoire qu'elle avait rejeté (13).

SUSPENSION

142. La loi prévoit quatre cas de suspension :

1° Si le notaire instrumente hors de son ressort (*loi 25 vent. an XI, art. 6, supra n° 50*);

2° Si, hors les cas prévus par la loi, il délivre des expéditions ou donne connaissance des actes à d'autres qu'aux personnes intéressées et qu'il y ait récidive (*même loi, art. 23, infra n° 595*);

3° Si le montant du cautionnement du notaire a été absorbé en tout ou en partie par des condamnations judiciaires (*même loi, art. 33, supra n° 55*);

4° Si le notaire, qui procède à l'inventaire après le décès du titulaire d'un majorat, ne se fait pas représenter le certificat constatant la notification du décès au commissaire du gouvernement près le sceau des titres, et n'en fait pas mention dans l'intitulé de l'inventaire. (*Décret 4 mai 1809, art. 12, infra n° 144, 7°.*)

143. Mais, en ce point, la loi n'est pas limitative; il est constant, au contraire, que la suspension des notaires peut être prononcée dans tous les autres cas de faute grave. Ainsi, on a décidé que des notaires étaient passibles de suspension pour : 1° délivrance d'un faux certificat de stage (14); 2° désordre dans les affaires de l'étude, suite de l'incurie et de la négligence du titulaire qui, ne payant pas ses dettes, a subi des condamnations par corps (15); 3° avoir fabriqué des billets à ordre et en avoir fait usage (16); 4° avoir dissimulé dans une contre-lettre une partie du prix de l'office (17); 5° s'être fait représenter par un clerc dans une vente de meubles (18); 6° réception d'un acte sans attestation de l'individualité des parties non connues du notaire (19); 7° avoir enlevé une jeune fille recherchée en mariage (20); 8° s'être

(1) Bordeaux, 8 nov. 1853; J. N. 15146.
(2) Paris, 16 mai 1854; J. N. 15241.
(3) Agen, 16 août 1854; J. N. 15368.
(4) Bordeaux, 27 avril 1857; J. N. 16068.
(5) Trib. Charleroi (Belgique), 27 nov. 1855; J. N. 15922.
(6) Trib. Châteaudun, 5 déc. 1856; J. N. 16039.
(7) Chamb. not. Angers, 22 oct. 1838; J. N. 10876.
(8) Chamb. not. Marseille, 17 juill. 1845; Cass. 26 nov. 1846.
(9) Chamb. not. Meaux, 22 juill. 1847; Cass. 10 avril 1849; J. N. 13867.
(10) Chamb. not. Loches, 19 oct. 1859; Cass. 28 juill. 1862; J. N. 17515.
(11) Trib. Brignoles, 24 août 1855 : J. N. 15609.
(11 *bis*.) Cass. 18 avril 1866; J. N 18516; voir Cass. 17 juin 1867; Jur. N. 13346.
(12) Chamb. not. Loches, 18 nov. 1844; J. N. 12317.
(13) Chamb. not. Chartres, 4 avril 1850; Cass. 27 août 1851 J. N. 14439.
(14) Poitiers, 10 août 1824; Agen, 28 fév. 1825; J. N. 5007 5000.
(15) Toulouse, 13 juin 1836; Bordeaux, 16 août 1853, J. N 9434, 15140.
(16) Douai, 8 janv. 1840; Jur. N. 4649.
(17) Trib. Saintes, 5 fév. 1840; Cours Paris, 5 mars 1852 Nîmes, 16 mai 1853; J. N. 14630; Jur. N. 4648, 10077.
(18) Trib. Louhans, 18 août 1843; Béthune, 15 janv. 1846; J. N 11925, 12664.
(19) Amiens, 21 août 1843; J. N. 11816.
(20) Trib. Nantes, 21 août 1843; J. N. 11832.

livré à des opérations de banque, et avoir reçu sous le nom d'un tiers un acte qui intéressait personnellement le notaire rédacteur (1); 9° avoir reçu l'acte de vente d'un terrain, puis avoir rédigé une contre-lettre sous seings privés annulant la vente, et cela, dans le but de tromper un véritable acquéreur sur la valeur de ce terrain (2); 10° avoir enlevé deux feuilles du répertoire et les avoir remplacées par de nouvelles feuilles cotées par le président comme feuilles supplémentaires (3); 11° avoir détourné la clientèle de ses confrères (4); 12° avoir exercé des voies de fait (un soufflet) envers des particuliers (5); 13° avoir, par des manœuvres, apporté des entraves à la liberté des enchères dans une adjudication d'immeubles (6); 14° avoir quitté le lieu de résidence et s'être rendu périodiquement dans d'autres communes, les jours de foires et de marchés, pour y recevoir des actes (7); 15° avoir négligé, comme président de la chambre de discipline, de répondre à des lettres du procureur de la rép. (8); 16° avoir, après la confection d'un acte et en l'absence des parties, ajouté à l'approbation des mots rayés celles de traits de plume faits pour remplir un blanc (9); 17° se livrer à la spéculation sur l'achat et la revente des immeubles et recevoir, le sachant, un acte dans lequel il a été commis un stellionat (10); 18° tenir un café ou permettre à sa femme de tenir un café, au mépris de l'avertissement donné par la chambre de discipline de ne pas le conserver (11); 19° avoir délivré l'expédition d'un acte avant qu'il ait été enregistré, et, à ce moyen, avoir constaté le payement d'un droit non perçu à l'enregistrement (12); 20° avoir signé les actes qu'un confrère suspendu a reçus pendant la durée de sa suspension, et, ainsi, lui avoir donné le moyen de continuer de recevoir des actes (13); 21° avoir présenté pour son successeur un aspirant qui n'était que le prête-nom d'un autre candidat trop jeune pour être notaire, et avoir abandonné sa résidence, en laissant, moyennant le payement d'une somme annuelle, la direction et les produits de l'étude à deux clercs, dont l'un encore minenr (14); 22° avoir refusé de se rendre à une assemblée générale régulièrement convoquée (15); 23° avoir dissimulé, dans le traité officiel de son office, la condition de faire, pendant un temps déterminé, participer le prédécesseur aux bénéfices de l'étude (16); 24° avoir dissimulé, dans le traité produit à l'administration, une partie du prix de l'office, et avoir, depuis sa nomination, formé une demande en réduction de prix reconnue abusive et mal fondée (17); 25° s'être rendu intermédiaire dans des prêts onéreux, et surtout s'être porté garant de ses clients envers les prêteurs (18); 26° avoir reçu sciemment un acte de vente portant dissimulation du prix et avec la condition que, s'il n'y a pas de surenchère, l'acquéreur revendra et partagera avec le vendeur, alors surtout que cette convention a eu pour but le payement d'une créance personnelle au notaire (19); 27° perception d'honoraires supérieurs à ceux alloués par le tarif de la compagnie et refus de comptes ou de détails aux clients (20); 28° réception d'un acte combiné dans le but de faire payer une créance au notaire rédacteur, et conséquemment dans son intérêt (21); 29° avoir, étant président de la chambre, manqué de respect aux magistrats dans une délibération prise en assemblée générale (22); 30° avoir reçu sciemment des actes qui fraudent le Trésor ou nuisent à des tiers (23); 31° avoir dans un café compromis sa dignité (24).

DESTITUTION

144. La destitution est expressément prononcée par la loi dans les cas suivants :

1° Si le notaire instrumente hors de son ressort et qu'il y ait récidive (*loi 25 vent. an XI, art. 6, et supra n° 30*);

2° S'il y a eu fraude au moyen de surcharges, interlignes, additions, ratures dans le corps d'un acte (*même loi, art. 16, infra n° 330*);

(1) Trib. Pontarlier, 9 nov. 1843; J. N. 11978.
(2) Caen, 13 nov. 1843.
(3) Trib. Libourne, 22 nov. 1843; J. N. 12037.
(4) Trib. Castellane, 5 janv. 1844; J. N. 12069.
(5) Trib. Thionville, 8 mai 1844; J. N. 12173.
(6) Trib. Mâcon, 13 nov. 1844; J. N. 12270.
(7) Toulouse, 31 déc. 1844; Trib. Bourbon-Vendée, 1er avril 1846; Bordeaux, 29 nov. 1859; Paris, 17 mars 1862; Cass. 22 août 1860; J. N. 12781, 16812, 16942; Jur. N. 7020, 12120.
(8) Trib. Paimbeuf, 21 avril 1845; J. N. 12187.
(9) Rennes, 14 juill. 1845; J. N. 12477.
(10) Nîmes, 28 juill. 1845; J. N. 12491.
(11) Trib. Mende, 8 oct. 1845; J. N. 12494.
(12) Trib. Lure, 19 déc. 1845; J. N. 12721.
(13) Trib. Lure, 23 mai 1846; J. N. 12729.
(14) Trib. Nantes, 28 mai 1846; J. N. 12819.
(15) Trib. Blaye, 13 janv. 1848; Jur. N. 8319.
(16) Douai, 23 janv. 1850; Jur. N. 8914.
(17) Dijon, 19 juill. 1850; Cass. 6 nov. 1850. Voir aussi Paris, 5 mars 1852; J. N. 14217, 14639.
(18) Bordeaux, 10 août 1853; Orléans, 6 fév. 1854; J. N. 15140, 15171. Voir Grenoble, 11 août 1863; J. N. 17904.
(19) Bordeaux, 21 mars 1859; Jur. N. 11366.
(20) Paris, 8 août 1851; J. N. 14450.
(21) Trib. Nontron, 2 juin 1852, J. N. 15968.
(22) Trib. Brignoles, 24 août 1855; J. N. 15609.
(23) Paris, 22 nov. 1856; J. N. 15962.
(24) Orléans, 21 mai 1864; J. N. 18071.

3° Si le notaire a délivré une seconde grosse sans l'autorisation du président du tribunal (*même loi, art. 26, infra n° 570*);

4° Lorsque l'omission par un notaire du dépôt du contrat de mariage d'un commerçant est le résultat d'une collusion (*C. comm., art. 68*);

5° Si le notaire ne laisse pas de copie exacte des protêts et ne les inscrit pas en entier, jour par jour et par ordre de date, dans le registre particulier qu'il doit tenir à cet effet (*C. comm., 176*);

6° Si le notaire, dépositaire de deniers dont le versement à la caisse des consignations est ordonné par la loi, n'effectue pas ce versement (*ordonn. 3 juillet 1816, art. 10*);

7° Si le notaire, qui procède à l'inventaire après le décès du titulaire d'un majorat, ne se fait pas représenter le certificat constatant la notification du décès au commissaire du gouvernement près le sceau des titres, et n'en fait pas mention dans l'intitulé de l'inventaire (*décret du 4 mai 1809, art. 12, supra n° 142, 4°*);

8° Si le notaire, soit ouvertement, soit par acte simulé, soit par interposition de personne, prend ou reçoit quelque intérêt que ce soit dans les actes d'adjudication renvoyés devant lui (1) [*C. pén., 175*];

9° Si un notaire a été condamné à une peine emportant la dégradation civique, *infra n° 788*; dans ce cas, il se trouve destitué de plein droit. (*C. pén., 34.*)

145. Les notaires peuvent être destitués dans tous les autres cas où les tribunaux reconnaissent qu'il y a eu faute assez grave (2) pour entraîner cette peine. C'est ainsi qu'il a été jugé que des notaires étaient passibles de destitution pour : 1° escroquerie (3), habitude d'usure (4), abus de confiance (5), spécialement dans le cas de détournement de sommes confiées aux notaires par des clients à titre de mandat ou de dépôt (6); 2° adjudication au notaire lui-même et à son gendre, sous le nom d'une personne interposée, de la coupe d'un bois qu'il était chargé de vendre en sa qualité d'officier public (7); 3° faux en écriture publique, usage d'actes faux, altération d'actes pour diminuer les droits d'enregistrement ou pour tout autre motif (8); 4° dissimulation à l'administration des conditions du traité d'acquisition d'un office, notamment d'une clause obligeant l'acquéreur, après un certain temps, à donner sa démission en faveur d'un candidat qui lui serait désigné par son cédant (9); 5° avoir pris part à un mouvement insurrectionnel contre l'autorité publique (10); 6° commettre habituellement des contraventions relativement à la date, à l'enregistrement des actes, à leur approbation et au défaut de signature des parties (11); 7° avoir faussement énoncé dans un acte la date, la présence des parties, la lecture de l'acte et le lieu où il a été passé (12); 8° avoir détourné des sommes considérables au préjudice de ses clients (13); 9° s'être associé avec un tiers dans l'exploitation de son office et s'être livré, soit directement, soit par voie d'association, à des opérations commerciales ou industrielles (14); 10° avoir, au mépris de la suspension prononcée contre lui, continué de recevoir des actes et les avoir fait signer par un de ses confrères (15); 11° avoir opposé en compensation le coût d'expéditions non demandées et sans utilité pour le client (16); 12° indélicatesse et manquement aux devoirs de la profession (17); 13° avoir, dans divers actes, contrefait la signature du notaire en second, et avoir délivré des expéditions et grosses d'actes dépourvus de la signature du notaire en second (18); 14° avoir, pour échapper au double droit d'enregistrement encouru par sa négligence, altéré la date de plusieurs actes (19); 15° avoir dissimulé dans une contre-lettre une partie du prix de l'office (20); 16° avoir produit un traité simulé, et avoir déserté l'étude pour cause de déconfiture momentanée (21).

(1) Cass. 18 avril 1817. Dict. not., *destit.*, n° 22.

(2) Dict. not., *destit.*, n° 26; Cass. 13 mai 1807, 13 déc. 1810, 31 oct. 1811, 20 nov. 1811, 24 juin 1828, 20 juill. 1841, 28 août 1854; Metz, 21 mai 1826; Limoges, 24 juin 1838; Nîmes, 20 août 1840; Agen, 18 juin 1842; Poitiers, 6 déc. 1843; Bordeaux, 3 déc. 1827, 31 mai 1849; Toulouse, 22 mai 1854; J. N. 567, 684, 3864, 6409, 6664, 10327, 10839, 11069, 11207, 11886, 13880, 15273.

(3) Cass. 13 mai 1807, 31 oct. 1811; J. N. 3854.

(4) Bordeanx, 3 déc. 1827; Metz, 20 mai 1826; Cass. 24 juin 1828; J. N. 6409, 6446.

(5) Cass. 30 déc. 1824; Paris, 5 déc. 1831.

(6) Trib. Amiens, 21 août 1843; Trib. Lure, 3 juill. 1844; Bordeaux, 2 mars 1859; J. N. 11817, 13020, 16661.

(7) Cass. 30 déc. 1811; J. N. 753.

(8) Cass. 13 janv. 1825; Limoges, 21 juin 1838; Bordeaux, 31 août 1849 et 22 juill. 1850; Trib. Mayenne, 12 déc. 1837; J. N. 10039, 13880.

(9) Nîmes, 20 août 1840; Orléans, 7 fév. 1846; J. N. 10839, 12743.

(10) Agen, 18 janv. 1842; Paris, 28 mai 1852; J. N. 11207, 14694.

(11) Bordeaux, 20 déc. 1842; J. N. 11611.

(12) Poitiers, 6 déc. 1843; Cass. 2 août 1848; J. N. 11886, 13480.

(13) Trib. Lure, 3 juill. 1844.

(14) Trib. Nantes, 15 avril 1845; J. N. 12422.

(15) Trib. Lure, 23 mai 1846; J. N. 12729.

(16) Limoges, 25 juin 1846.

(17) Poitiers, 6 déc. 1858.

(18) Bordeaux, 31 août 1849; J. N. 13880.

(19) Bordeaux, 8 mars 1854; Jur. N. 10458.

(20) Toulouse, 22 mai 1854; Cass. 22 août 1854; J. N. 15278, 15325.

(21) Trib. Seine, 21 juill. 1852; J. N. 14737.

§ 10

CESSIBILITÉ DES OFFICES

146. Les notaires peuvent présenter à l'agrément du gouvernement des successeurs, pourvu qu'ils réunissent les qualités exigées par les lois, *supra* nos *56 et suiv.* Cette faculté n'a pas lieu pour les titulaires destitués. (*Loi 28 avril 1816, art. 91.*)

147. En vertu de cette disposition, les offices constituent un droit de propriété *sui generis*, et, en conséquence, ils sont cessibles. Nous reviendrons sur cette matière, au titre *de la vente.*

§ 11

DES NOTAIRES HONORAIRES

148. Le titre de notaire honoraire peut être conféré par le gouvern. sur la proposition de la chambre et le rapport du ministre de la justice, aux notaires qui ont exercé leurs fonctions pendant vingt années consécutives. (*Ordonn. 4 janvier 1843, art. 29.*)

149. Les notaires honoraires ont le droit d'assister aux assemblées générales, où ils ont voix consultative. (*Même ordonn., art. 50.*)

150. Les notaires honoraires ne jouissent pas de l'inamovibilité attachée aux fonctions de notaire; en conséquence, ils peuvent être destitués par le ministre de la justice, qui ne statue qu'après avoir pris l'avis de la chambre (1).

151. En outre, ils sont, comme les notaires en exercice, soumis à l'action disciplinaire de la chambre (2), mais non à celle des tribunaux, l'art. 53 de la loi du 25 ventôse an XI n'étant pas applicable aux notaires honoraires (3).

APPENDICE AU CHAPITRE PREMIER

NOTAIRES D'ALGÉRIE

SOMMAIRE

§ 1er

NOTAIRES — RÉSIDENCE — RESSORT — NOMBRE — INCOMPATIBILITÉ

152. Les notaires sont les officiers publics institués en *Algérie* pour y recevoir tous les actes et contrats auxquels les parties doivent ou veulent faire donner le caractère d'authenticité attaché aux actes de

(1) Coulomb., ord. 1843, no 301; Dict. not. *destit.*, no 121.
(2) Décis. min. just. 24 juin 1846; Dict. not. *discipl. not.*, no 35.
(3) Dict. not., *discipl. not.*, no 36; Agen, 9 déc. 1850; Jur. N. 9243.

l'autorité publique pour en assurer la date, en conserver le dépôt, en délivrer des grosses et expéditions (1) et remplir toutes autres fonctions qui sont attribuées aux notaires de France, le tout conformément aux dispositions ci-après. (*Arrêté du ministre de la guerre du 30 décembre 1842, art. 1er.*)

153. Les notaires sont tenus de prêter leur ministère toutes les fois qu'ils en sont requis, à moins de motifs légitimes d'abstention, *supra n° 24*, qu'ils doivent immédiatement communiquer au procureur de la rép. Si ces motifs ne sont pas justifiés, le procureur de la rép. peut, sur la demande des intéressés, enjoindre aux notaires d'instrumenter; à défaut par eux de déférer à cette injonction, ils sont passibles de peines disciplinaires. (*Même arrêté, art. 13.*)

154. Ils sont également tenus, sous les mêmes peines, de représenter gratuitement, lorsqu'ils sont désignés à cet effet, dans les divers cas prévus par les lois, les militaires et marins absents, et de procéder, au besoin, dans l'intérêt de ceux-ci, sans autre indemnité que celle des simples déboursés, dûment justifiés, à tous actes du ministère des notaires. (*Même art.*)

155. Les notaires sont tenus de résider dans le lieu fixé par le décret de nomination, *infra n° 166*, et ne peuvent s'absenter de l'Algérie sans un congé délivré par le procureur général, qui en fixe la durée et en rend compte au gouverneur général de l'Algérie. (*Même arrêté, art. 10.*)

156. Ils exercent leurs fonctions, savoir :

1° Ceux des villes où est établi un tribunal de première instance, dans l'étendue du ressort de ce tribunal, à l'exception néanmoins de celles des localités dépendant de ce ressort avec lesquelles on ne peut communiquer que par mer (*même art.*);

2° Ceux des localités dans lesquelles il n'existe qu'un tribunal de paix ou un commissariat civil, dans l'étendue du ressort de cette juridiction. (*Même art.*)

157. Néanmoins, les notaires établis à Blidah peuvent instrumenter, concurremment avec les notaires d'Alger, dans le ressort des commissariats civils de Bouffarich, Douérah et Coléah. (*Même art.*)

158. Le nombre des notaires est réglé par le Président, sur le rapport du ministre de l'Algérie, selon les besoins du service. (*Même arrêté, art. 5.*)

159. Les fonctions de notaires sont incompatibles avec tous autres offices ministériels, avec toutes fonctions publiques salariées et avec toute espèce de négoce. (*Même arrêté, art. 11.*)

§ 2

CONDITIONS D'ADMISSION — STAGE — NOMINATION

160. Nul ne peut être nommé notaire : 1° s'il n'est Français; 2° s'il n'est âgé de vingt-cinq ans accomplis; 3° s'il n'a satisfait à la loi du recrutement de l'armée; 4° s'il ne jouit de ses droits civils et civiques; 5° si, hors les cas de dispense prévus par l'art. 5, *infra n° 162*, il ne justifie de l'accomplissement du temps de stage ou de travail, dans une étude de notaire, exigé par le même article; voir l'art. 6. (*Ibid., art. 4; décret 21 avril 1866, art. 10*); et, en outre, un certificat d'étude de droit administratif et indigène. (*Décret, 9 oct. 1882.*)

161. Le temps de travail requis par le n° 5 de l'art. 4, *supra n° 160*, est de cinq années entières et consécutives, dont une au moins en qualité de premier clerc dans l'étude d'un notaire de France ou d'Algérie. (*Même arrêté, art. 5.*)

162. Peuvent être dispensés de la justification de tout ou partie du temps de ce stage :

1° Les avocats, avoués ou défenseurs ayant exercé leur profession, soit en France, soit en Algérie, pendant plus de deux années (*même art.*);

(1) Toutefois : 1° dans celles des villes du littoral où sont établis des commissariats civils, et pour lesquelles il n'existe pas de notaire, les secrétaires des commissariats reçoivent et rédigent, en la forme des actes notariés, les conventions des parties qui requièrent leur ministère à cet effet. En ce cas, ils déposent et conservent dans les archives du secrétariat la minute desdites conventions, et peuvent, lorsqu'ils en sont requis, en délivrer aux intéressés des expéditions qui leur sont payées d'après le taux réglé par l'art. 24 de l'arrêté ministériel du 18 décembre 1842, portant organisation des commissariats civils. Les actes ainsi rédigés ne valent que comme écrits sous signature privée. Le tout sans préjudice des attributions exceptionnelles conférées aux mêmes secrétaires par l'arrêté précité en matière d'inventaire. (*Arrêté du 30 déc. 1842, art. 37.*)

2° Les cadis (officiers publics indigènes) constatent et rédigent, en forme authentique, les conventions dans lesquelles les musulmans sont seuls intéressés. Toutefois, lorsqu'il n'existe point de notaire français en résidence dans un rayon de vingt kilomètres, le cadi peut constater et rédiger toutes les conventions dans lesquelles un musulman est partie. (*Ordonn. roy. 26 sept. 1842, art. 43, et arrêté du 30 déc. 1842, art. 61.*)

2° Les aspirants qui ont rempli, pendant cinq ans au moins, des fonctions administratives ou judiciaires (*même art.*);

3° Ceux qui ont précédemment exercé la profession de notaire en Algérie ou en France. (*Même art.*)

163. Tout aspirant à l'emploi de notaire doit, lors même qu'il se trouverait dans l'un des cas de dispense de stage spécifiés au numéro précédent, se pourvoir préalablement à l'effet d'obtenir un certificat de moralité et de capacité. (*Même arrêté, art. 6.*)

164. Ce certificat est délivré par une commission formée à Alger par le procureur général, qui désigne, pour la composer, l'un des magistrats attachés aux tribunaux d'Alger et deux des notaires en exercice dans la même résidence. Cette commission, présidée par le magistrat qui a été désigné pour en faire partie, procède à l'examen de la capacité du candidat, après vérification des pièces fournies par celui-ci et information sur sa moralité. Elle dresse du tout procès-verbal et délivre ensuite, s'il y a lieu, le certificat de moralité et de capacité. En cas de refus, la délibération motivée que la commission est tenue de prendre est adressée par son président au procureur général, qui la transmet, avec son avis personnel, au ministre, en même temps que la demande de l'aspirant et les pièces produites à l'appui. Nonobstant le refus du candidat, le ministre reste juge des titres du candidat. (*Même art.*)

165. Peuvent, au surplus, être dispensés de l'accomplissement des conditions prescrites au numéro précédent les aspirants qui produisent un certificat de moralité et de capacité, à eux délivré, conformément à l'art. 43 de la loi du 25 ventôse an XI, par la chambre de discipline des notaires de leur résidence en France. (*Même art., et supra nos 36 et suiv.*)

166. Les notaires sont nommés et, lorsqu'il y a lieu, révoqués par décret du Président. (*Même arrêté, art. 2, arrêté du 20 août 1848, art. 7, et décret 29 juillet 1858, art. 4.*) Le décret de nomination fixe la résidence dans laquelle les notaires doivent s'établir. (*Arrêté du 30 décembre 1842, art. 2.*)

§ 3

CAUTIONNEMENT

167. Les notaires sont assujettis à un cautionnement, savoir : ceux de la résidence d'Alger, à 6,000 fr., et ceux des autres localités à 4,000 fr. Ce cautionnement, qui doit être fourni en numéraire, est spécialement, et par premier privilége, affecté à la garantie des condamnations qui peuvent être prononcées contre le titulaire, à raison de l'exercice de ses fonctions. (*Même arrêté, art. 7.*)

§ 4

PRESTATION DE SERMENT

168. Avant d'entrer en fonctions, les notaires prêtent, à l'audience du tribunal de première instance de l'arrondissement dans lequel leur résidence a été fixée, le serment dont la formule suit : « Je jure fidélité à la république, obéissance à la Constitution, aux lois de la France, aux ordonnances, décrets, arrêtés ou règlements ayant force de loi en Algérie, et de remplir avec exactitude et probité les devoirs de ma profession. » Ils ne sont admis à prêter ce serment qu'après avoir produit le récépissé constatant le versement de leur cautionnement. (*Même arrêté, art. 8.*)

§ 5

DÉPOT DE SIGNATURE ET PARAPHE — SCEAU

169. Aussitôt après avoir prêté serment, et préalablement à tout exercice de leurs fonctions, les notaires doivent déposer ou faire déposer leurs signature et paraphe, ainsi qu'un extrait certifié du procès-verbal de leur prestation de serment, dans chacun des greffes de la cour d'appel, des tribunaux de première instance, de commerce et de paix, et des divers commissariats civils de l'Algérie. (*Même arrêté, art. 9.*)

170. Les dépôts de leurs signature et paraphe sont renouvelés par eux toutes les fois que, pour des causes graves et dûment justifiées, ils ont été autorisés à les changer, par ordonnance du tribunal de leur résidence, rendue sur requête, le ministère public entendu. (*Même art.*)

171. Les notaires sont tenus d'apposer sur les grosses et expéditions des actes l'empreinte d'un sceau particulier, d'après le modèle adopté pour les notaires de France. (*Supra n° 62, même arrêté, art. 23 et 30.*)

§ 6

TABLEAUX DES INTERDICTIONS ET DES CONTRATS DE MARIAGE

172. Chaque notaire tient exposés dans son étude : 1° un tableau sur lequel il inscrit les noms, prénoms, qualités, professions et demeures des personnes qui, dans l'étendue du ressort où il peut exercer, sont interdites ou assistées d'un conseil judiciaire, ainsi que la mention des jugements y relatifs, *supra n° 65*; 2° un autre tableau où il inscrit également l'extrait des contrats de mariage intervenus entre époux domiciliés dans son ressort, et dont l'un serait commerçant; ledit extrait contenant les indications prescrites par l'art. 68, paragraphe 2 du Code de commerce. (*Même arrêté, art. 22 et 30, et loi 25 vent. an XI, art. 18.*)

173. Ces inscriptions ont lieu immédiatement après la notification qui doit être faite aux notaires, savoir : par le greffier de la juridiction qui a rendu le jugement définitif d'interdiction ou de nomination de conseil judiciaire, de l'extrait de ce jugement; et par le notaire qui, dans le cas prévu par le paragraphe 2 du précédent numéro, a reçu le contrat de mariage d'un commerçant, de l'extrait de ce contrat. (*Même art.*)

§ 7

FRAIS ET HONORAIRES

174. Le tarif établi par les décrets du 16 février 1807, pour le règlement des vacations et droits de voyage des notaires de Paris, est applicable aux notaires de l'Algérie, avec réduction d'un dixième. (*Même arrêté, art. 34.*)

175. Les droits d'expédition ou de grosse de tous actes sont fixés à 2 fr. 50 c. par rôle de trente lignes à la page et de quinze syllabes à la ligne. (*Même art.*)

176. Pour tous actes non tarifés par les décrets précités du 16 février 1807, les honoraires, *supra n°s 66 et suiv.*, sont réglés amiablement entre les parties et les notaires. (*Même arrêté, art. 35.*)

177. En cas de difficulté, avant comme après le payement, la taxe des honoraires est faite par le tribunal de première instance du ressort, en chambre du conseil, sur simples mémoires et sans frais, le ministère public entendu. (*Même art., supra n°s 72 et suiv.*) Voir *supra n°s 66 à 77.*

178. Le notaire ne peut réclamer ou recevoir des honoraires de deux parties ayant des intérêts différents, comme de l'emprunteur et du prêteur, de l'acquéreur et du vendeur, excepté dans les contrats d'échange ou de société. (*Même arrêté, art. 36.*)

179. Les actes délivrés en brevet et les grosses ou expéditions des actes dont il doit être gardé minute doivent énoncer en détail les sommes reçues ou réclamées par le notaire, en distinguant les déboursés, droits et honoraires, le tout à peine, en cas de contravention, de telles mesures de discipline qu'il appartiendra. (*Même art.*)

180. Les demandes en payement de droits et honoraires formés par les notaires de l'Algérie sont instruites et jugées, sans préliminaire de conciliation, en la même forme que celles des notaires de France. (*Supra n° 74, même arrêté, art. 37.*)

§ 8

SYNDIC DES NOTAIRES

181. En Algérie il n'y a pas de chambres de notaires.

182. Au commencement de chaque année, le procureur général nomme, parmi les notaires d'Alger, un syndic dont les attributions consistent :

1° A donner son avis, après information, s'il y a lieu, sur toutes plaintes portées contre un notaire de son ressort (*même arrêté, art. 46*);

2° A intervenir officieusement, et comme conciliateur, dans les débats qui s'élèvent, soit entre les notaires de son ressort, soit entre les mêmes notaires et leurs clients (*même art.*);

3° A donner son avis, lorsqu'il en est requis par les magistrats, sur les difficultés que font naître les réclamations d'honoraires, vacations et droits formées par les notaires (*même art.*);

4° A représenter sa compagnie, toutes les fois qu'il s'agit de ses intérêts collectifs, et dans toutes ses relations ou communications avec l'autorité judiciaire. (*Même art.*)

183. Le syndic nommé continue ses fonctions jusqu'à son remplacement; il est indéfiniment rééligible. (*Même art.*)

§ 9

DISCIPLINE NOTARIALE

184. Les notaires de l'Algérie sont aussi soumis à l'exercice de l'action disciplinaire, *supra nos 112 et suiv.*

185. La loi indique, mais d'une manière limitative, certaines prohibitions dont la violation donne lieu à l'application d'une peine disciplinaire; ainsi il est expressément interdit à tout notaire :

1° D'employer, même temporairement, à son profit, les sommes dont il s'est constitué détenteur ou dépositaire en sa qualité de notaire, ou de placer en son nom personnel les fonds qu'il a reçus de ses clients, à la condition de leur en servir l'intérêt (*même arrêté, art. 53*);

2° De retenir entre ses mains, sans motifs légitimes, les sommes qui doivent être par lui versées à la caisse des dépôts et consignations, dans les divers cas prévus par les lois, ordonnances, décrets ou règlements (*même art.*);

3° De prendre, directement ou indirectement, un intérêt dans les opérations où il intervient comme notaire, ou d'emprunter pour ses affaires personnelles le nom d'un tiers dans les actes qu'il reçoit (*même art.*);

4° De se constituer garant ou caution, à quelque titre que ce soit, des prêts faits par son intermédiaire ou qu'il a été chargé de constater par acte public ou privé (*même art.*);

5° De faire ou laisser intervenir ses clercs en qualité de mandataires d'une ou de plusieurs des parties qui contractent devant lui (*même art.*);

6° De se rendre cessionnaire soit de procès, droits ou actions litigieux ou successifs, alors même qu'ils seraient hors de la compétence du tribunal dans le ressort duquel il exerce ses fonctions, soit d'indemnités ou rentes dues en Algérie à des particuliers par l'État ou par la colonie (*même art.*);

7° De se livrer directement ou indirectement, comme principal obligé ou comme associé, même en participation, à des spéculations ou entreprises, à une ou plusieurs opérations de Bourse, commerce, change, banque, escompte ou courtage; de s'immiscer dans l'administration d'aucune entreprise ou compagnie de finance, de commerce ou d'industrie; de spéculer sur l'acquisition et la revente des immeubles, sur la cession des créances, actions industrielles et autres droits incorporels; et de souscrire, à quelque titre et sous quelque prétexte que ce soit, des lettres de change ou billets à ordre négociables (*même art.*);

8° D'insérer dans les actes des stipulations dont il retirerait un profit personnel, ou de stipuler pour autrui (*même art.*);

9° De prêter son ministère pour la vente de biens qu'il saurait être inaliénables, ou qui ne pourraient être aliénés qu'après l'accomplissement des formalités prescrites par la législation spéciale de l'Algérie ou les anciennes lois du pays (*même art.*);

10° De passer des actes pour le compte d'un notaire suspendu de ses fonctions et de le substituer en quelque manière que ce soit, sauf ce qui est dit en l'art. 54, *infra n° 537* (*même art.*);

11° De s'associer, soit avec d'autres notaires, soit avec des tiers, pour l'exploitation de son office (*même art.*);

12° D'instrumenter hors de son ressort, ainsi que d'ouvrir étude, et de conserver le dépôt de ses minutes ailleurs que dans le lieu fixé pour sa résidence (*même art.*);

13° De ne faire ni protêts, faute d'acceptation ou de payement de lettres de change et autres effets commerciaux, ni actes d'offres réelles et procès-verbaux de consignation de ces offres, que dans les cas où ces actes ne pourraient pas être formalisés par des huissiers (*même arrêté, art. 52*);

14° De prêter son ministère pour la réception d'actes portant acquisition d'immeubles situés en Algérie, ou création d'établissements immobiliers en Algérie, au profit d'employés civils ou militaires de l'Algérie (*ordonn. royale 1er oct. 1844, art. 22*);

15° De prêter son ministère pour la réception d'actes portant aliénation d'un droit de propriété ou de jouissance sur le sol du territoire d'une tribu, dont la propriété individuelle n'aurait pas été préalablement constatée par la délivrance des titres, *infra n° 1424 bis.* (*Décret 23 mai 1865, art. 32.*)

16° De céder son titre ou sa clientèle, *infra n° 200.*

186. En outre et indépendamment des amendes encourues par les notaires pour omissions, irrégularités et autres violations ou inobservations des règles prescrites par la loi du 25 ventôse an XI, qui leur sont rendues applicables (*art. 51 de l'arrêté*), ils sont passibles, pour toutes autres contraventions aux dispositions de cet arrêté, et pour tous manquements aux devoirs de leur profession, *supra nos 157 et suiv.*, de l'application des peines disciplinaires, sans préjudice des peines ordinaires, en cas de crimes ou de délits. (*Même arrêté, art. 33 et 58.*)

187. Les peines de discipline applicables aux notaires sont, selon l'art. 39 de l'arrêté :

1° Le rappel à l'ordre;

2° La censure avec réprimande;

3° La suspension pendant trois mois au plus;

4° La révocation.

188. Le rappel à l'ordre et la censure avec réprimande sont prononcés, lorsqu'il y a lieu, par le procureur général, d'office, ou sur le rapport du procureur de la rép. près le tribunal de la résidence du notaire, après que l'inculpé a été entendu ou dûment appelé. (*Même arrêté, art. 40.*)

189. La condamnation est notifiée par écrit au notaire, et il en est fait mention, tant au parquet du procureur général qu'en celui du procureur de la rép. sur un registre spécialement tenu à cet effet. (*Même art.*)

190. Le procureur général informe, sans retard, le ministre de tout rappel à l'ordre ou censure avec réprimande qu'il a prononcés contre des notaires. (*Même art.*)

191. Lorsqu'il y a lieu à suspension ou révocation, il est procédé à l'enquête disciplinaire par le procureur de la rép. de la résidence du notaire inculpé, qui doit toujours être entendu ou dûment appelé, et peut fournir, dans le délai qui lui est fixé, ses explications par écrit sur les griefs dont il lui est donné communication. (*Même arrêté, art. 41.*)

192. Le procureur de la rép. adresse ensuite les pièces de l'enquête, les explications de l'inculpé et son rapport au procureur général, qui transmet le tout, avec son avis personnel, au ministre. (*Même art.*)

193. Il est statué en ce qui concerne la suspension par le ministre, et en ce qui concerne la destitution par le Président sur la proposition du ministre. (*Même art. et décret du 4 août 1858, art. 4.*)

194. Le gouverneur général de l'Algérie, en cas d'urgence, peut, sur la proposition du procureur général, prononcer provisoirement la suspension, à charge d'en rendre compte immédiatement au ministre, notamment toutes les fois que, par l'effet de condamnations prononcées pour faits de charge, le cautionnement des notaires se trouve absorbé en tout ou partie. (*Même arrêté, art. 41.*)

195. La révocation est toujours prononcée :

1° Contre le notaire qui a contrevenu à l'une des prohibitions portées aux paragraphes 1, 2, 3, 4, 5, 6, 7, 9, 10 et 11 du n° 185 ci-dessus (*même arrêté, art. 42*);

2° Contre celui qui, ayant été suspendu, continuerait directement ou indirectement, pendant la durée de la suspension, l'exercice de ses fonctions ou le reprendrait avant l'expiration de la peine, sans préjudice des peines portées en l'art. 197 du C. pén. (*même art.*);

3° Contre celui qui, en contravention à l'art. 14, *infra n° 200*, aurait traité à prix d'argent, ou moyennant toute autre indemnité, de la cession de son office, lors même que la convention n'aurait pas été suivie d'effet, et contre le nouveau titulaire qui, par suite d'une telle convention, aurait obtenu sa nomination (*même art.*);

4° Contre celui qui, ayant précédemment subi la peine de la suspension, tomberait dans la récidive. (*Même art.*)

196. La suspension et même la révocation sont prononcées, selon les cas, contre le notaire qui se trouve dans l'un des cas prévus par les paragraphes 8, 12, 14 et 15 du n° 185 ci-dessus, et contre celui qui, par sa conduite privée et habituelle ou par un fait grave quelconque, compromet sa dignité, sa délicatesse, son honneur ou son caractère d'officier public. (*Même arrêté, art. 43, ordonn. royale 1er octobre 1844, art. 22, loi 16 juin 1851, art. 14.*)

197. Il est fait mention sur le registre dont il est question, *supra n° 189*, de toutes suspensions prononcées contre un notaire. (*Même arrêté, art. 44.*)

198. Les décisions portant peine de suspension et de destitution contre un notaire lui sont notifiées, à la diligence du procureur de la rép. de sa résidence, soit par simple lettre, soit même, s'il en est besoin, par le ministère d'un huissier. Elles sont exécutées à partir du jour de cette notification. (*Même arrêté, art. 45.*)

199. Sont réputés démissionnaires et peuvent être immédiatement remplacés :

1° Les notaires qui, sans avoir justifié d'une excuse légitime, n'auraient pas prêté le serment prescrit par l'art. 8, *supra n° 168*, et ne seraient pas entrés en fonction dans les trois mois, à dater du jour où leur nomination leur a été notifiée (*même arrêté, art. 12*);

2° Ceux dont le cautionnement serait employé, en tout ou en partie, à l'acquit de condamnations pour faits de charge, ou frappé de saisies-arrêts déclarées valables par jugement, même pour des causes étrangères aux faits de charge, et qui n'auraient pas, dans le délai de trois mois au plus tard, à partir de l'invitation du procureur de la rép. sur l'avis du directeur des finances, soit rétabli en entier leur cautionnement, soit produit un acte authentique ou un jugement définitif portant main levée des oppositions ou saisies-arrêts (*même art.*);

3° Ceux qui, s'étant établis hors du lieu qui leur est assigné par le décret de nomination, n'y auraient pas fixé leur résidence dans les trois jours de l'avertissement à eux donné par le procureur de la rép. (*même art.*);

4° Ceux qui se livreraient à l'exercice de fonctions ou professions incompatibles avec le notariat (*même art.*);

5° Ceux qui s'absenteraient de l'Algérie, sans congé régulièrement délivré (*même art.*);

6° Ceux qui, par suite d'infirmités physiques ou morales, se trouveraient hors d'état de continuer l'exercice de leurs fonctions (*même arrêté, art. 53*).

§ 10

INCESSIBILITÉ DES OFFICES

200. Les offices de notaire sont incessibles (1); il ne peut être traité, sous aucun prétexte, à prix d'argent ou moyennant tout autre prix, quelle qu'en soit la nature, soit par le titulaire, soit par ses héritiers ou ayants cause, de la cession de son titre et de sa clientèle, sauf néanmoins ce qui est dit, *infra n° 449*, en ce qui concerne les recouvrements. (*Même arrêté, art. 14.*)

§ 11

DES NOTAIRES HONORAIRES

201. Les notaires qui ont exercé leurs fonctions avec honneur pendant vingt années consécutives peuvent obtenir le titre de notaire honoraire. Ce titre est conféré par le ministre sur la proposition du procureur général. (*Même arrêté, art. 60.*)

(1) Voir *Moniteur algérien* 25 avril 1859.

§ 12

DISPOSITIONS RELATIVES AUX NOTAIRES DE FRANCE COMMUNES AUX NOTAIRES DE L'ALGÉRIE

202. Sont communes aux notaires de l'Algérie, sauf les modifications contenues en l'arrêté du 30 décembre 1842 et celles qui étaient alors ou seraient ultérieurement établies par la législation spéciale du pays, les dispositions des lois et règlements de France, relatifs à la forme des actes notariés, à leur effet, et aux formalités à remplir par les notaires, notamment celles des articles 8, 10 § 2, 13 à 18, 20 à 27, 29, 30 et 68 de la loi du 25 ventôse an XI; 971 à 977, 979, 1317 à 1320 du Code civil. (*Même arrêté, art. 50.*)

203. Sont également communes aux notaires de l'Algérie, en tout ce qui n'est pas contraire à l'arrêté du 30 décembre 1842 et à la législation spéciale du pays : 1° les attributions particulières conférées par les lois françaises aux notaires de France; 2° les obligations imposées par les mêmes lois et par les règlements en vigueur dans la métropole à ces officiers publics, en matière d'enregistrement des actes notariés, de tenue, visa, vérification par les préposés de l'enregistrement et dépôt des répertoires; 3° les amendes applicables aux notaires de France pour toutes contraventions, omissions, irrégularités et autres inobservations des règles prescrites par lesdites lois, ainsi que les formes des poursuites à diriger pour le recouvrement de ces amendes. (*Même arrêté, art. 51.*)

204. Les notaires exercent, d'ailleurs, toutes autres fonctions ou attributions qui leur sont particulièrement conférées par la législation spéciale de l'Algérie. (*Même arrêté, art. 52.*)

CHAPITRE DEUXIÈME

CLERCS DE NOTAIRES — STAGE

SOMMAIRE

§ 1er

CLERCS DE NOTAIRES

205. On appelle clercs de notaires ceux qui travaillent dans l'étude d'un notaire.

206. Les clercs se distinguent en *clercs stagiaires* et en *clercs employés* : les *clercs stagiaires*, aussi appelés aspirants au notariat, se destinent à la carrière du notariat, et, dans ce but, sont inscrits sur le registre tenu au secrétariat de la chambre, pour constater le stage, *infra n° 252*; les *clercs employés* sont ceux qui, ne se destinant pas à la carrière du notariat, ne se sont pas fait inscrire au registre de stage. On distingue aussi les clercs en *externes* et *internes*; mais les uns comme les autres peuvent être admis au stage (1), à moins que le règlement intérieur de la chambre n'ait fixé pour chaque étude le nombre des clercs titulaires (2).

(1) Décis. min. just. 23 juin 1838; J. N. 10190.

(2) Décis. min. just. 3 avril 1847; J. N. 13181.

207. Les clercs sont sous l'autorité du notaire qui les emploie; c'est lui qui les admet dans son étude, peut les renvoyer, fixe leurs grades, dirige leurs travaux, etc.

208. Les clercs sont classés par premier, deuxième, troisième, quatrième, etc.; le premier clerc, que l'on appelle aussi principal clerc, ou maître clerc, a sous les ordres du notaire la direction de l'étude, distribue, de l'avis du notaire, le travail entre les autres clercs, et exerce sur ceux-ci une autorité et une surveillance ordinairement tempérées par les rapports d'âge et de collaboration (1).

209. Les chambres de notaires, *supra, nos 79 et suiv.*, exercent une surveillance générale sur la conduite de tous les clercs (aspirants au notariat) de leur ressort, et peuvent, suivant les circonstances, prononcer contre eux, soit le rappel à l'ordre, soit la censure, soit enfin la suppression du stage pendant un temps déterminé qui ne peut excéder une année. Il est procédé contre les clercs, dans les mêmes formes que celles prescrites par l'ordonnance du 4 janvier 1843 à l'égard des notaires, *supra nos 96 et suiv.* Néanmoins les dispositions des art. 15 et 16, *supra nos 122 et 123*, ne sont pas applicables. Dans tous les cas, le notaire dans l'étude duquel travaille le clerc inculpé est préalablement entendu ou appelé. (*Ordonn. 4 janvier 1843, art. 37.*)

§ 2

STAGE

I. — *Durée du stage*

210. Le temps de travail ou stage prescrit pour être notaire est, sauf les exceptions ci-après, de six années entières et non interrompues, dont une des deux dernières au moins en qualité de premier clerc, chez un notaire d'une classe égale à celle où se trouve la place à remplir. (*Loi 25 vent. an XI, art. 36.*)

211. On ne considère pas comme interruption du stage : 1° une maladie grave dûment constatée (2); 2° le temps passé sous les drapeaux (3); 3° le temps employé dans les écoles de droit (4), ou de notariat, ou dans les études d'avoués, ou chez les avocats, ou enfin chez les receveurs d'enregistrement (5); 4° l'exercice de fonctions publiques analogues à celles de notaire : ainsi celles d'huissier (6), de greffier de justice de paix (7), de surnuméraire d'enregistrement (8), de sous-chef de bureau dans une préfecture (9).

212. Lorsque le stage est acquis, il donne à l'aspirant le droit de se faire nommer notaire, quand même depuis lors il aurait cessé de travailler dans une étude de notaire, mais pourvu que ses occupations postérieures ne soient pas étrangères au notariat (10).

213. Le temps de travail peut n'être que de quatre années lorsqu'il en a été employé trois dans l'étude d'un notaire de classe supérieure à la place qui doit être remplie, et lorsque, pendant la quatrième, l'aspirant a travaillé en qualité de premier clerc chez un notaire d'une classe supérieure ou égale à celle où se trouve la place pour laquelle il se présente. (*Même loi, art. 37.*)

214. Le notaire déjà reçu et exerçant depuis un an dans une classe inférieure est dispensé de toute justification de stage, pour être admis à une place de notaire dans une classe immédiatement supérieure. (*Même loi, art. 38.*)

215. La dispense de stage, dans le cas du numéro précédent, ne s'applique pas seulement au notaire actuellement en exercice, mais aussi à l'ancien notaire qui, après avoir exercé pendant plus d'un an, a donné sa démission (11).

216. Mais la dispense de stage n'a lieu que lorsque le candidat passe à une classe immédiatement supérieure, et non lorsqu'il veut franchir deux classes à la fois, par exemple s'il veut passer de la

(1) Dict. not. *clercs*, n° 44.
(2) Décis. min. just. 14 nov. 1837 et 9 juill. 1847; J. N. 13154.
(3) Décis. min. just. oct. 1834; J. N. 8618.
(4) Coulomb, n° 372; Décis. min. just. 10 déc. 1843; J. N. 11850.
(5) Roll. *stage*, n° 23; Dict. not., *stage*, n° 21.
(6) Décis. min. just. 1825.
(7) Décis. min. just. 8 sept. 1836.
(8) Décis. min. just. juill. 1837.
(9) Décis. min. just. 10 sept. 1847; J. N. 13181.
(10) Favard, *rép. not.*, sect. 4; Coulomb, n° 117; Dict. not., *stage*, n° 36; Roll., *stage*, n° 33; Décis. min. just. 5 janv. 1829, 7 sept. 1836, 22 juin 1838; CONTRA Loret, I, p. 432; Massé, liv. I, chap. 5; J. N. 10190.
(11) Coulomb, n° 413; Roll. *stage*, n° 459; Dict. not. *stage*, n° 70.

troisième à la première classe; dans ce cas, il doit justifier du temps de travail exigé pour la première classe (1).

217. L'aspirant qui a travaillé pendant quatre ans, sans interruption, chez un notaire de première ou de seconde classe, et qui a été, pendant deux ans au moins, avocat ou avoué près d'un tribunal civil, peut être admis dans une des classes où il a fait son stage, pourvu que, pendant l'une des deux dernières années de son stage, il ait travaillé en qualité de premier clerc chez un notaire d'une classe égale à celle où se trouve la place à remplir. (*Même loi, art. 39.*)

218. Dans ce cas, les quatre années de stage et les deux années d'exercice forment les six années de stage voulues par l'art. 36, *supra n° 210*; mais les années de cléricature et les années d'exercice comme avocat ou avoué doivent être distinctes et successives, et non simultanées (2).

219. La disposition concernant l'avocat s'applique à l'avocat stagiaire, pourvu qu'il ait exercé réellement la profession (3).

220. Le temps de travail exigé par les articles précédents, *supra nos 210 à 217*, doit être d'un tiers en sus toutes les fois que l'aspirant, ayant travaillé chez un notaire d'une classe inférieure, se présente pour remplir une place d'une classe immédiatement supérieure. (*Même loi, art. 40.*)

221. Ainsi le stage de six années, dont une année comme maître clerc, doit être de huit années, dont un an un tiers (seize mois) comme maître clerc (4).

222. Par argument de l'art. 40, *supra n° 220*, on a décidé qu'un clerc n'ayant travaillé que dans une étude de troisième classe pouvait aspirer à une étude de première classe, en justifiant d'un stage de moitié en sus, c'est-à-dire de neuf ans, dont dix-huit mois en qualité de premier clerc (5).

223. Pour être admis à exercer dans la troisième classe de notaires il suffit :

1° Que l'aspirant ait travaillé pendant trois années chez un notaire de première ou de seconde classe (*même loi, art. 41*), sans qu'il soit nécessaire que l'aspirant ait rempli les fonctions de premier clerc (6);

2° Ou qu'il ait exercé comme avocat (même stagiaire, pourvu qu'il ait réellement exercé, *supra n° 219*) ou comme avoué auprès du tribunal de première instance ou de la cour d'appel, pendant l'espace de deux années, et qu'en outre il ait travaillé pendant un an chez un notaire, *supra n° 218* (*même art.*). Ces deux années peuvent avoir été employées partie en qualité d'avocat et le surplus en qualité d'avoué (7).

224. La loi compte double le temps de travail dans une étude de première ou deuxième classe pour exercer dans une étude de troisième classe, *supra n° 223, 1°*, mais seulement lorsque le temps est de trois années entières; s'il a duré moins de trois ans, il n'est admis que pour sa valeur (8).

225. Le gouvernement peut dispenser de la justification de tout ou partie du temps d'étude les individus qui ont exercé des fonctions administratives ou judiciaires. (*Même loi, art. 42.*)

226. Ainsi, comme fonctionnaires administratifs : les membres du conseil d'État (9), les maires, adjoints (10), commissaires de police (11), directeurs des domaines, conservateurs des hypothèques, inspecteurs, vérificateurs et receveurs d'enregistrement (12); mais non les conseillers municipaux, secrétaires de mairie (13), surnuméraires d'enregistrement (14), officiers d'état-major, élèves de l'école polytechnique (15), licenciés ou docteurs en droit (16), sous-chefs de bureau dans les préfectures (17).

227. Et comme fonctionnaires judiciaires : les magistrats, depuis la cour de cassation jusqu'aux jus-

(1) Coulomb, n° 414; Loret, *sur l'art. 38*; Roll. *stage*, n° 60; Décis. min. just. 28 sept. 1845; Dict. not., *stage*, n° 72.

(2) Roll. *stage*, n° 69; Dict. not., *stage*, n° 81; Décis. min. just. 25 sept. 1843; J. N. 11840.

(3) Roll. *stage*, n° 67; Dict. not., *stage*, n° 79; Décis. min. just. 3 avril 1847; J. N. 13181.

(4) Roll. *stage*, n° 78; Dict. not., *stage*, n° 93; Décis. min. just. 2 avril 1845; J. N. 12062. Voir cependant Dict. not., *ibid.*, n° 94.

(5) Coulomb, n° 435; Décis. min. just. 10 mai 1833, 26 août 1834, juin 1838; CONTRA Loret, art. 40; Roll. *stage*, n° 83; Dict. not., *stage*, n° 99.

(6) Loret, *sur l'art. 41*; Coulomb, n° 442; Roll. *stage*, n° 90; Dict. not., *stage*, n° 102.

(7) Coulomb, n° 456; Roll. *stage*, n° 96.

(8) Roll. *stage*, n° 91; Dict. not., *stage*, n° 106; Coulomb, n° 445; Décis. min. just. 19 juin, 30 août 1838, 2 déc. 1843, 25 sept. 1846 et 5 juill. 1847; J. N. 10169, 11892, 12854, 13150.

(9) Coulomb, n° 464; Roll. *stage*, n° 103; Dict. not., *stage*, n° 117.

(10) Coulomb, n° 465; Roll. *stage*, n° 104; Dict. not., *stage*, n° 118; Décis. min. just. 24 août 1846; J. N. 12841.

(11) Coulomb, n° 469; Roll. *stage*, n° 106; Dict. not., *stage*, n° 120.

(12) Coulomb, n° 469; Roll. *stage*, n° 107; Dict. not., *stage*, n° 121; Décis. min. just. 14 juill. 1840, 18 avril 1847; J. N. 11833, 13181.

(13) Décis. min. just. 24 juin 1831, 12 avril 1836; J. N. 9309.

(14) Décis. min. just. 13 juin 1835; J. N. 9086.

(15) Décis. min. just. 19 déc. 1845; J. N. 13181.

(16) Même décision.

(17) Décis. min. just. 10 sept. 1847; J. N. 13181.

tices de paix, et leurs suppléants (1), les membres de la cour des comptes (2), les greffiers, même ceux des tribunaux de commerce, de paix et de simple police (3) ; mais non les membres des tribunaux de commerce (4), ni les avocats, avoués, huissiers (5).

228. La dispense de stage doit être demandée à la chambre de discipline, en même temps que le certificat de moralité et de capacité, afin que la chambre donne son avis, puis être présentée avec les pièces jointes à la demande de nomination (6), *supra n° 42*.

229. Le stage fait en Algérie, *supra n° 161*, peut servir en France sans autre justification que celle résultant des certificats des notaires chez lesquels l'aspirant a travaillé, l'inscription au registre de stage n'étant point exigée en Algérie ; seulement, l'on pourrait exiger que les certificats fussent visés par les procureurs de la rép. de la résidence des notaires (7); ou demander un extrait du répertoire, *infra n° 287*.

II. — *Constatation du stage*

230. Tout clerc qui aspire aux fonctions de notaire se pourvoit d'un certificat du notaire chez lequel il travaille. Ce certificat constate le grade qu'il occupe dans l'étude du notaire. (*Ordonn. 4 janvier 1843, art. 31.*)

231. L'inscription au stage prescrit par les art. 36 et suiv. de la loi du 25 ventôse an XI, *supra n°s 210 et suiv.*, a lieu sur la production faite par l'aspirant de son acte de naissance et du certificat mentionné au numéro précédent. (*Même ordonn., art. 32.*)

232. Il est tenu, à cet effet, par le secrétaire, un registre coté et paraphé par le président. Les inscriptions au registre sont signées tant par le secrétaire de la chambre que par l'aspirant. Elles doivent être faites dans les trois mois de la date du certificat délivré comme il est dit *supra n° 230*. Ce certificat et l'acte de naissance de l'aspirant restent déposés aux archives de la chambre. (*Même ordonn., art. 33.*)

233. Aucun aspirant au notariat n'est admis à l'inscription s'il n'est âgé de dix-sept ans accomplis. (*Même ordonn., art. 34.*)

234. Les inscriptions pour les grades inférieurs à celui de quatrième clerc ne sont admises que sur l'autorisation de la chambre, qui peut la refuser lorsque le nombre des clercs demandés est évidemment hors de proportion avec l'importance de l'étude. Le même grade ne peut être conféré concurremment à deux ou plusieurs clercs dans la même étude. (*Même ordonn., art. 35.*)

235. Toutes les fois qu'un aspirant passe d'un grade à un autre, ou change d'étude, il est tenu d'en faire, dans les trois mois, la déclaration qui est reçue dans la forme indiquée *supra n° 232*. Cette déclaration est toujours accompagnée d'un certificat constatant son grade. (*Même ordonn., art. 36.*)

APPENDICE

STAGE PRESCRIT POUR ÊTRE NOTAIRE EN ALGÉRIE

236. La durée du stage prescrit pour être notaire en Algérie est indiquée *supra n° 161*.

237. On a dit aussi, *supra n° 162*, quelles personnes peuvent être dispensées de la justification de tout ou partie du stage.

238. Le stage des clercs d'Algérie se constate par une mention au répertoire, *infra n° 287*. — *V. toutefois supra n° 229*.

(1) Coulomb, n°s 471 et 475 ; Roll. *stage*, n° 110; Dict. not., *stage*, n° 128.
(2) Décis. min. just. 14 nov. 1835.
(3) Coulomb, n° 476; Décis. min. just. 18 oct., 11 sept. 1829, 13 oct. 1830, avril et déc. 1831, juill. 1832, juin 1835, 25 janv., 16 juin, nov. 1836, juill. 1837, 27 août 1844; J. N. 9136, 12269.
(4) Coulomb, n° 475; Dict. not., *stage*, n° 131, CONTRA Roll., *stage*, n° 113.
(5) Coulomb, n° 478; Roll. *stage*, n° 115; Dict. not., *stage*, n° 135; décis. min. just. 27 sept. 1835, avril 1836; J. N. 9029, 9309.
(6) Coulomb, n° 480.
(7) Coulomb, n° 319; Roll. *stage*, n° 128; Dict. not., *stage*, n° 149.

CHAPITRE TROISIÈME

TIMBRE DES ACTES

SOMMAIRE

239. Les actes des notaires, sauf ceux dont il est question *infra* n° 337 *bis*, doivent être écrits sur du papier timbré au timbre de dimension. (*Loi 13 brum. an VII, art. 12, n° 1er.*) Ce timbre est de cinq sortes : la demi-feuille de petit papier, qui se paye 60 centimes; la feuille du même papier, 1 fr. 20; la feuille du moyen papier, 1 franc 80 centimes; la feuille de grand papier, 2 fr. 40, et la feuille de dimension supérieure ou grand registre, 3 fr. 60. (*Ibid., art. 8, lois 28 avril 1816, art. 62, et 2 juillet 1862, art. 17 et 23 août 1871, art. 2.*)

240. Les notaires peuvent écrire leurs actes indifféremment sur l'un ou l'autre de ces papiers; toutefois, dans l'usage, on ne fait emploi pour les minutes que des trois premiers.

241. D'habitude, les actes sont écrits sur les trois quarts à droite de chaque page de papier; l'autre quart à gauche, resté en blanc, s'appelle marge ; on y écrit les renvois nécessités par les oublis, les changements ou les erreurs de rédaction, et l'indication du nombre des lignes, chiffres et mots rayés, *infra* nos 326, 367.

242. La loi n'apporte dans la manière d'écrire les actes aucune autre restriction que celles tracées *infra* n° 324 *et suiv.*; chaque page peut donc contenir un nombre de lignes, et les lignes un nombre de syllabes illimité.

243. Si un acte est écrit sur du papier non timbré, ou sur du papier frappé d'un timbre hors d'usage, il donne lieu, outre l'acquit du droit de timbre, à une amende de 20 francs; mais il n'est dû qu'une amende par chaque acte, quand même on y aurait employé plusieurs feuilles de papier non timbré, ou frappé d'un timbre hors d'usage. (*Lois 13 brum. an VII, art. 26, n° 5 et 16 juin 1824, art. 10.*) L'amende est de 50 francs si l'acte est sous seings privés. (*Loi 2 juillet 1862, art. 22.*)

244. L'empreinte du timbre ne peut être couverte d'écriture (1) ni altérée, à peine de 5 francs d'amende (*lois 13 brum. an VII, art. 21 et 26, nos 1 et 2, et 16 juin 1824, art. 10*), ce qui s'applique au timbre sec aussi bien qu'au timbre noir (2); mais on ne peut réclamer au contrevenant le droit de timbre altéré (3).

245. Le papier timbré qui a été employé à un acte quelconque ne peut plus servir pour un autre acte, quand même le premier n'aurait pas été achevé, sous peine de 20 francs d'amende (*Lois 13 brum. an VII, art. 22 et 26, et 16 juin 1824, art. 10.*) Cette amende est de 50 francs si l'acte est sous seings privés. (*Loi 2 juillet 1862, art. 22.*)

246. Il est défendu aux notaires de faire un acte en conséquence d'un autre acte non écrit sur papier timbré du timbre prescrit ou non visé pour timbre, à peine d'une amende de 20 francs (*lois 13 brum. an VII, art. 24 et 26, n° 5, et 16 juin 1824, art. 10*); toutefois, les notaires peuvent instrumenter par suite d'un acte sous seings privés non timbré ou frappé d'un timbre insuffisant, à la condition de l'annexer, d'acquitter l'amende de 50 francs pour défaut de timbre, *supra* n° 243, et de le soumettre au visa

(1) Mais on peut écrire sur le verso de l'empreinte des timbres noir et sec. Décis. min. fin. 16 juin 1807.
(2) Cass. 4 juill. 1815.
(3) Roll. *timbre*, n° 160; Dict. not. *timbre*, n° 140; Trib. Belfort, 30 août 1832.

du timbre en même temps qu'ils font enregistrer leurs actes. (*Loi 16 juin 1824, art. 13, délib. 5 janvier 1826.*) De même les notaires peuvent, sans contravention, mentionner dans un acte notarié un acte passé à l'étranger ou dans celles des colonies françaises où le timbre n'est pas établi, à la charge de le soumettre à l'impôt du timbre avant l'enregistrement de l'acte ou en même temps. (*Loi 13 brum. an VII, art. 13. Décis. min. fin. 18 septembre 1832.*)

247. La lettre missive, le simple mandat donné par lettre, qui servent dans un acte public, doivent, au préalable, être présentés à la formalité du timbre ou du visa pour timbre, mais ils ne sont pas sujets à l'amende pour défaut de timbre (1).

248. Il ne peut être fait ni expédié deux actes à la suite l'un de l'autre sur la même feuille de papier timbré, à peine de 20 francs d'amende contre le notaire contrevenant, outre la perception des droits de timbre. L'amende est de 5 francs si l'acte est sous seings privés. (*Lois 13 brum. an VII, art. 23 et 26; 16 juin 1824, art. 10; sol. rég. 14, 31 août et 21 oct. 1863.*)

249. Toutefois on excepte de cette disposition les actes qui sont le complément d'autres actes.

250. Ainsi peuvent être écrits ou expédiés sur la même feuille de papier timbré, à la suite ou en marge d'autres actes, ou en suite d'expéditions d'autres actes, et quand même le timbre serait devenu hors d'usage par suite du changement de timbre (2) :

1° Les ratifications des actes passés en l'absence des parties, à la suite des actes ratifiés (*loi 13 brum. an VII, art. 23*) ; mais il n'en est plus de même si la ratification s'applique à plusieurs actes ne faisant pas suite les uns aux autres ;

2° Les quittances de prix de ventes (3) et celles de remboursement de rentes et d'obligations, à la suite des actes constitutifs des créances (*même art.*) : ainsi, lorsqu'il y a plusieurs débiteurs en vertu d'un même acte, les quittances données à chacun d'eux peuvent être écrites à la suite les unes des autres sur le même papier qui a servi à l'acte, mais non sur du papier ajouté à celui de l'acte ; alors il y a contravention (4) ;

3° Les inventaires, procès-verbaux, et autres actes qui ne peuvent être consommés dans un même jour et dans la même vacation (*même art.*) ;

4° Plusieurs quittances pour à-compte d'une seule et même créance, ou d'un seul terme de fermage ou loyer, à la suite les unes des autres (*même art.*) ;

5° La notification d'un acte respectueux, à la suite de l'acte respectueux (5); mais les deuxième et troisième notifications ne peuvent être écrites en suite l'une de l'autre, ni en suite de la première (6) ;

6° L'adhésion à un acte de société, en suite de cet acte (7) ;

7° La modification à un cahier de charges amiable ou judiciaire, à la suite du cahier de charges (8) ;

8° Le procès-verbal d'adjudication amiable ou judiciaire, à la suite du cahier de charges et des dires et observations des parties (9) ;

9° Le codicille, à la suite du testament (10) ;

10° La délivrance de legs, à la suite du testament (11) ; mais non à la suite de l'acte de consentement à exécution du testament (12) ;

11° La déclaration de command, à la suite de la vente (13) ;

12° Les changements et modifications à un contrat de mariage, à la suite du contrat (*C. N., 1397*) ;

13° L'acte de résiliation d'un contrat de mariage, à la suite du contrat (14) ;

14° L'acte de dépôt d'une ratification, à la suite de l'acte ratifié (15) ;

(1) Décis. min. fin. 25 oct. 1808.

(2) Décis. 4 brum. an XI, inst. 22 prair. an XI, n° 137; décis. min. fin. 11 nov. 1826; journ. enreg., *art. 6577*; journ. des not., *art. 17497*.

(3) Même lorsque le prix est payé à des créanciers inscrits en vertu d'une indication de payement contenue au contrat; Trib. Seine, 4 janv. 1854; J. N. 15125. Voir aussi Trib. Havre, 22 mars 1848. CONTRA Trib. Romorantin, 28 août 1841 ; Tours, 22 mars 1850.

(4) Trib. Dreux, 11 mai 1842; Cass. 12 mars 1844; inst. régie, 3 août 1844, n° 1713, § 10; J. N. 11502, 11951.

(5) Sol. régie, 16 juin 1832; J. N. 7973.

(6) Décis. min. fin. 18 fév. 1832; J. N. 7674

(7) Décis. min. fin. 5 janv. 1829.

(8) Sol. régie, 8 sept. 1831.

(9) Délib. 31 déc. 1817 et 16 avril 1829; Trib. Senlis, 5 mars 1829; instr. 29 juin 1842, n° 1667, § 1er; J. N. 2449, 6870, 11395

(10) Délib. 11 juin 1823; J. N. 4692.

(11) Trib. Falaise, 22 déc. 1823; sol. 27 fév. 1831; J. N. 4540 7408.

(12) Décis. min. fin. 1er juin 1829; CONTRA Roll., *timbre*, n° 96; Dict. not., *acte en suite*, n° 64.

(13) Décis. min. fin. 12 pluv. an VII et 19 fév. 1819; instr. régie 2 prair. an VII.

(14) Sol. régie, 30 juill. 1841; J. N. 11803.

(15) Douai, 5 mars 1841; Trib. Falaise, 22 déc. 1823; délib. régie, 11 fév. 1824; J. N. 4540.

15° Le procès-verbal de tirage au sort entre les héritiers, à la suite de l'acte de liquidation et partage (1);

16° Le retrait de réméré, à la suite du contrat de vente (2);

17° L'acte d'arrêté d'un compte de tutelle, à la suite de l'acte de présentation de ce compte (3);

18° Les révocations de procurations, de testaments, à la suite des actes révoqués (4);

19° Les décharges à l'officier public des prix de vente de meubles ou récoltes, à la suite des procès-verbaux de vente (5);

20° Les décharges des dépôts faits aux notaires, à la suite des actes qui constatent les dépôts (6);

21° La dénonciation d'un protêt à l'endosseur, à la suite du protêt (7);

22° Le procès-verbal de vente de bois appartenant à une commune, à la suite du cahier de charges dressé par le maire de la commune (8);

23° Les actes constatant l'acceptation des créanciers et les payements faits en conséquence, à la suite de l'acte d'atermoiement offert par un débiteur ou ses héritiers (9);

24° Un des deux bordereaux d'inscription, à la suite ou en marge du titre. (*C. N., 2148.*)

251. Mais cette exception n'est plus applicable lorsque les actes qui font suite à d'autres n'en sont pas le complément; ainsi, il a été décidé qu'on ne peut écrire ni expédier sur la même feuille de papier :

1° L'acceptation de donation, à la suite de la donation (10);

2° L'acceptation du transport par le débiteur, à la suite du transport (11);

3° Le dépôt du cahier de charges d'une vente en justice, à la suite du cahier de charges (12);

4° Le procès-verbal tendant à une remise d'adjudication en justice, ou contenant la modification de quelques clauses du cahier de charges, à la suite de l'acte de dépôt (13); mais il peut être écrit à la suite du cahier de charges, *supra n° 250, 7°*;

5° Le procès-verbal d'adjudication en justice, à la suite de l'acte de dépôt (14); mais il peut être écrit à la suite du cahier de charges, *supra n° 250, 8°*;

6° La vente amiable, à la suite du procès-verbal antérieur constatant que l'immeuble a été mis en vente et n'a pas été vendu (15);

7° Le cautionnement, à la suite de l'acte qui crée la créance ou l'engagement cautionnés (16);

8° Un acte de désistement de privilége, hypothèque, action résolutoire, à la suite de l'acte constitutif de ces droits (17);

9° La prorogation de délai, à la suite de l'acte constitutif de la créance dont l'exigibilité est prorogée (18);

10° L'acte de dépôt, à la suite de la pièce déposée (19);

11° Les quittances d'arrérages de rentes, à la suite de l'acte de constitution (20);

12° La quittance d'une créance, à la suite de l'acte de donation ou de transport de cette créance (21).

(1) Sol. régie, 25 sept. 1848; J. N. 13610.

(2) Délib. régie, 5 déc. 1823; J. N. 4736.

(3) Roll., *timbre*, n° 78; Trib. Charleville, 5 mai 1838; Chartres, 11 fév. 1837; Châteaudun, 30 mars 1838; sol. régie, 17 juill. 1862. Voir cependant Décis. min. fin. 19 janv. 1832; J. N. 10248, 17489.

(4) Décis. min. just. 15 juin 1812; instr. régie, 23 juin 1812, n° 591.

(5) Avis cons. d'Etat 7 et 21 oct. 1809; J. N. 311.

(6) Délib. régie, 11 janv. 1826; instr. gén. 16 juin 1826, n° 1189, § 8; J. N. 5567, 5717.

(7) Délib. régie, 22 oct. 1807.

(8) Sol. régie, 18 janv. 1850, 30 mai 1851; J. N. 14001.

(9) Trib. la Flèche, 14 fév. 1838; délib. régie, 24 avril 1838; J. N. 10014.

(10) Trib. Chartres, 28 déc. 1839; Épernay, 30 avril 1840; Valognes, 14 mars 1846; Guincamp, 30 nov. 1847.

(11) Trib. Saint-Dié, 6 mars 1835; Arcis-sur-Aube, 25 août 1836; Metz, 27 nov. 1837; Dreux, 27 juin 1838; Cass. 16 juillet 1838; instr. régie, 31 déc. 1838, n° 1577, § 18; CONTRA Trib. Falaise, 22 déc. 1823; Rennes, 7 fév. 1835; Evreux, 15 avr. 1837; J. N. 4540, 9166, 9655.

(12) Sol. 5 janv. 1829; Cass. 24 mars 1829; J. N. 6387.

(13) Cass. 24 mars 1839; instr. 28 juin 1839, n° 1282, § 13.

(14) Décis. 5 mars 1819; instr. 30 déc. 1833, n° 1446, § 13, et 29 juin 1840, n° 1615, § 2; Trib. Château-Thierry, 19 août 1833; Reims, 7 fév. 1835; Metz, 27 nov. 1837; Cass. 8 janv. 1838 et 5 nov. 1839; J. N. 8199, 9140, 9919, 10528, 12189.

(15) Trib. Blois, 23 août 1837; Troyes, 10 mai 1838; Rochefort, 13 janv. 1842; Besançon, 2 mai 1844; Abbeville, 5 fév. 1850; Laon, 12 juill. 1856; Valognes, 15 juill. 1857; Fontainebleau, 16 juill. 1862; CONTRA Trib. Orléans, 28 août 1843; Dict. not., *acte en suite*, n° 29; J. N. 9844, 11966, 15929, 16170.

(16) Trib. Vouziers, 17 sept. 1841; délib. 16 et 20 juin 1846.

(17) Trib. Mantes, 1er juill. 1843.

(18) Décis. min. fin. 11 août 1831; J. N. 7495.

(19) Décis. min. fin. 15 mars 1818 et 5 mars 1819; délib. régie 29 déc. 1816; J. N. 2925.

(20) Délib. régie, 12 mai 1833; Trib. Epernay, 26 janv. 1838.

(21) Délib. régie, 19 juill. 1832.

CHAPITRE QUATRIÈME

REPERTOIRES

SOMMAIRE

FORMULES

252. Le répertoire est un cahier ou registre, sur lequel les notaires sont tenus d'inscrire, jour par jour, les actes qu'ils reçoivent. (*Lois 22 frim. an VII, art. 49, et 25 vent. an XI, art. 29.*)

253. Les répertoires doivent être faits avec du papier timbré de dimension débité par la régie, à peine de 20 francs d'amende (*lois* 13 *brum. an VII, art. 12, nº 2, et 16 juin 1824, art. 10*), et non pas avec du papier timbré à l'extraordinaire (1), sous peine de la même amende. (*Lois 13 brum. an VII, art. 26, et 16 juin 1824, art. 10.*) Ordinairement le timbre employé aux répertoires est celui à 2 fr. 40, recommandé par une circulaire du ministre de la justice du 28 mars 1840.

254. L'empreinte du timbre ne peut être couverte d'écriture ni altérée, *supra nº 244*; mais, si les colonnes sont imprimées, les impressions des en-tête et les barres peuvent sans contravention couvrir l'empreinte du timbre (2); de même les numéros et les dates peuvent être placés sur l'empreinte du timbre, pourvu qu'elle ne soit pas maculée (3).

255. Les répertoires doivent être visés, cotés et paraphés par le président, ou, à son défaut, par un autre juge du tribunal de première instance de la résidence du notaire (*loi 25 vent. an XI, art. 30*), ou par le juge de paix en ce qui concerne les notaires de canton, *infra nº 629*, le tout avant l'inscription des actes; cependant, la loi ne prononçant pas d'amende, les notaires n'en seraient pas passibles pour

(1) Circ. min. just. 28 mars 1840 : J. N. 408
(2) Décis. min. fin. 26 mai 1820 : J. N. 3780.
(3) Sol. régie, 28 mai 1832, 3 déc. 1834 et 3 avril 1835; délib. régie, 6 août 1832 ; J. N. 7731, 7850.

l'inobservation de cette formalité, ni pour le retard à la remplir (1) ; mais ils pourraient être poursuivis disciplinairement par le ministère public (2).

256. Les notaires, en succédant à leurs prédécesseurs, peuvent inscrire leurs actes à la suite des actes reçus par ceux-ci, et sur le même répertoire, en indiquant seulement par un titre la date de leur entrée en exercice (3).

257. Les répertoires sont à colonnes, et chaque article doit contenir (Form. 2) : 1° son numéro ; 2° la date de l'acte ; 3° sa nature et son espèce ; c'est-à-dire s'il est en brevet ou en minute, et sa qualification ; 4° les noms, prénoms des parties et leur domicile (4) ; 5° l'indication des biens, leur situation, et le prix lorsqu'il s'agit d'actes qui ont pour objet la propriété, l'usufruit, ou la jouissance de biens fonds ; 6° la relation de l'enregistrement. (*Lois 22 frim. an VII, art. 50, et 25 vent. an XI, art. 30.*)

258. Tous les actes et contrats reçus par les notaires, même ceux passés en brevet, doivent être inscrits sur le répertoire, jour par jour, sans blanc, interligne ni grattage, et par ordre de numéros,

---

FORMULE 2. — Répertoire de notaire. (Nos 252 à 278.)

Nous, président du tribunal civil de première instance de N..., département de..., en exécution de l'article 30 de la loi du 25 ventôse an XI, avons coté et paraphé, par premier et dernier feuillet, le présent cahier contenant cinquante feuillets, pour servir de répertoire des actes en minute et en brevet qui seront reçus par Me Paul D..., notaire à N...

En notre cabinet, au palais de justice à N..., le trente décembre mil huit cent soixante...

NUMÉROS du RÉP.	DATES des ACTES	NATURE ET ESPÈCE DES ACTES		NOMS, PRÉNOMS ET DOMICILES DES PARTIES. INDICATION, SITUATION ET PRIX DES BIENS	ENREGISTREMENT	
		BREVETS	MINUTES		DATES	DROITS
				ANNÉE 186... (*Janvier*)		
1	2		Adjudication	DURAND, requête de Louis, et Jeanne LENOIR, sa femme, demeurant à C..., à : 1° Charles LUBIN, demeurant au même lieu, de 82 ares 60 centiares de terre en labour, à C..., lieu dit le Sablier, moyennant 2,000 fr. payés comptant ; 2° Louis JUMEL, demeurant au même lieu, de 75 ares de bois à C..., lieu dit le Valon, moyennant 1,200 fr..........................	9	193 »
2	2		Bail	MOURET (Désiré), demeurant à E..., à Jean LEBLOND, demeurant au même lieu, d'une ferme sise à E..., consistant en corps de ferme, terres de labour et bois, contenant 80 hectares, moyennant, outre les impôts, un fermage annuel de 6,000 fr.......	9	138 60
3	2	Cahier de charges		MURET, pour parvenir à la vente des immeubles dépendant de la succession bénéficiaire de Guillaume MURET, en son vivant demeurant à B..........	9	2 20

(1) Délib. régie, 24 oct. 1834 ; Roll. *rép.*, n° 16 ; Dict. not., *rép. des not.*, n° 23.
(2) Sol. régie, 29 avril 1839.
(3) Roll. *rép.*, n° 20 ; Dict. not., *rép. des not.*, n° 18.
(4) La loi ne parlant pas de la qualité ou profession des parties, il n'est pas nécessaire qu'elle soit mise sur le répertoire.

à peine de 5 francs d'amende pour chaque omission, *infra* n° 269. (*Lois 22 frim. an VII, art. 49, 25 vent. an XI, art. 29, et 16 juin 1824, art. 10.*)

259. Les seuls actes que les notaires soient dispensés de porter sur leurs répertoires sont les certificats de vie délivrés aux retraités de l'État, des départements ou des communes (1); quant aux certificats de propriété, les notaires ne sont dispensés de les répertorier qu'autant qu'ils sont exempts d'enregistrement (2); mais l'usage est de les répertorier dans tous les cas (3); par là on évite des difficultés avec le fisc : ainsi jugé que le certificat de propriété délivré à des héritiers pour toucher une somme due par une commune est sujet à l'enregistrement et doit être répertorié (4).

260. Lorsqu'un acte porte deux dates, comme il n'est parfait qu'à sa dernière date, c'est à cette date qu'il doit être porté sur le répertoire (5); il va de soi qu'il n'y aurait pas contravention s'il était porté sur le répertoire aux diverses dates.

261. Les actes concernant les communes ou les administrations publiques qui ne deviennent parfaits

NUMÉROS du RÉP.	DATES des ACTES	NATURE ET ESPÈCE DES ACTES		NOMS, PRÉNOMS ET DOMICILES DES PARTIES	ENREGISTREMENT	
		BREVETS	MINUTES	INDICATION, SITUATION ET PRIX DES BIENS	DATES	DROITS
				Janvier 186... (suite)		
4	2		Dépôt	MURET, du cahier de charges qui vient d'être répertorié, par Louis D..., avoué, demeurant à N......................	9	2 20
5	3		Cautionnement	MOINET (Luc), demeurant à N..., de Louis LESIMPLE, demeurant à D..., en faveur de Jean LERICHE, demeurant à D..., pour raison de 1,000 fr..............	9	5 50
6	4	Certificat de propriété		MOREL, concernant Charles MOREL, demeurant à B..........................	4	2 20
7	4		Mariage (contrat de)	LAJOIE (Charles-Denis), demeurant à B..., et Louise CARVILLE, demeurant au même lieu..........................	9	11 »
8	5		Mainlevée	DAVY (Noël), demeurant à N..., d'une inscription prise contre Charles BLARD, demeurant à C......................	9	2 20
9	5		Obligation pour prêt	AMY (Charles-Louis), et Louise BOURGEOIS, sa femme, demeurant à C..., au profit de Eugénie CLOQUET, demeurant à E..., de 3,000 fr........................	9	33 »
10	6	Procuration		AGNAN (Jean), demeurant à D..., pour recueillir une succession...............	6	2 20
11	6		Donation et	BOINET (Louis), demeurant à L..., à : 1° Jean BOINET, demeurant à L...; 2° Eugène BOINET, demeurant au même lieu; 3° et Louise BOINET, épouse de Anselme DUFAY, demeurant aussi au même lieu, ses enfants, de divers biens immeubles.		
			Partage	ENTRE LES DONATAIRES, tant des biens don-		

(1) Décis. min. fin. 2 août 1808; J. N. 92.

(2) Décis. min fin. 1er août 1821.

(3) Pradier, *Rev. du notar.*, 1862, II, p. 186.

(4) Trib. Épernay, 8 juin 1855; Vesoul, 26 déc. 1864; Jur. N. 12803; le contraire a été jugé pour des certificats de propriété relatifs à des livrets de caisse d'épargne; Trib. Strasbourg, 1er déc. 1857; Cass. 9 mars 1859; J. N. 15581, 16324, 16539.

(5) Délib. 26 sept. 1805, 22 mars 1823, 29 mars 1831; Trib. Fontainebleau, 13 août 1838; Roll. *rép.*, n° 31; Dict. not. *rép. des not.*, nos 93 et suiv. V. sol.; 10 août 1865; R. P. 2195.

que par l'approbation du préfet, *infra* nº 337, doivent cependant être répertoriés à la date de leur rédaction (1).

262. Les inventaires, procès-verbaux de ventes de meubles ou de récoltes, et les autres procès-verbaux qui se font en plusieurs séances, sont répertoriés à la date de la première vacation seulement, puis on ajoute à la suite de cette date celles des autres vacations (2).

263. Le cahier de charges dressé pour parvenir à une vente judiciaire, et l'acte qui en constate le dépôt, doivent l'un et l'autre être répertoriés; il ne suffit pas de répertorier le dépôt portant annexe du cahier de charges (3).

264. De même, l'état liquidatif dressé par le notaire et le procès-verbal de lecture auquel il est annexé doivent être répertoriés l'un et l'autre; il ne suffit pas de répertorier le procès-verbal (4); le notaire doit aussi répertorier le procès-verbal dressé préalablement à la liquidation pour fixer le jour de la comparution des parties devant lui (5).

NUMÉROS de RÉP.	DATES des ACTES	NATURE ET ESPÈCE DES ACTES		NOMS, PRÉNOMS ET DOMICILES DES PARTIES INDICATION, SITUATION ET PRIX DES BIENS	ENREGISTREMENT	
		BREVETS	MINUTES		DATES	DROITS
				Janvier 186... (suite)		
				nés que de ceux provenus de la succession de Louise Danel, leur mère, décédée femme de Louis Boinet..........	14	221 »
12	6		Transport	Sabin (Luc), demeurant à C..., à Denis Lucas, rentier, demeurant au même lieu, sur Jean Culet, demeurant à G..., de 10,000 fr. Nota. Cet acte a été reçu par Me D..., comme substituant Me M..., notaire en la même ville; en conséquence, la minute est en la possession de ce dernier..............................	14	110 »
13	6		Quittance	Hamet (Noël), demeurant à E..., à Auguste Dubois, demeurant en la même ville, de 4,200 fr............................	14	23 10
14	7		Vente	Durand (Louis), et Louise Lenoir, sa femme, demeurant à L..., à Désir Lubin, demeurant à N..., d'une maison sise à N..., rue du Meilet, moyennant 20,000 fr. de prix..................	12	1210 »
15	7 (Suite du nº 1er)		Vente	Durand (Louis), et Jeanne Lenoir, sa femme, demeurant à C..., à Jean Lubin, demeurant au même lieu, d'une maison sise à C..., rue de l'Eglise, moyennant 2,000 fr.................	12	121 »
16	7	Copie collationnée		Bulard, requête de Denis, demeurant à N..., d'un partage entre Louis Lehec et Charles Lehec, demeurant à N..., passé devant Me A..., notaire à K..., le 6 juin 1831......................	7	2 20

(1) Décis. min. fin. 27 frim. an XIII; instr. gén. 3 fruct. an XIII, 29 juin 1808 et 7 fév. 1812, nos 290, 386 et 561; J. N. 149.

(2) Décis. min. fin. 18 août 1812; instr. régie, 28 août 1812, nº 596; J. N. 579, 885.

(3) Trib. Altkirch, 13 déc. 1843; Bourg, 21 janv. 1845; Reims, 13 déc. 1845; CONTRA Roll. *rép.*, nº 37; Trib. Laval, 6 mars 1843.

(4) Trib. Metz, 31 déc. 1827; Evreux, 16 janv. 1841; délib. régie, 18 fév. 1834; J. N. 8432, 10900; CONTRA Roll. *rép.*, nº 39; Dict. not., *rép. des not.*, nº 66.

(5) Trib. Altkirch, 24 nov. 1843; Vesoul, 20 juill. 1853; 4 avril 1854; Jur. N. 10197.

265. Lorsqu'une minute se trouve à la suite d'une autre minute, il est utile de le relater dans le répertoire, autrement il serait difficile de la trouver au cas de recherche.

266. Lorsqu'un acte est reçu par un notaire comme substituant son confrère absent ou malade, *infra* n° *506*, il est porté à la fois sur le répertoire du notaire substituant et sur celui du notaire substitué, avec mention par le notaire substituant que la minute reste au notaire substitué (1); toutefois, si l'acte est en brevet, il suffit qu'il soit porté sur le répertoire du notaire substitué (2). Quant aux actes passés en double minute, ils doivent, sous peine d'amende, être inscrits au répertoire de chacun des notaires (3).

267. Les actes reçus par le notaire commis pour la garde des minutes d'une étude vacante par suite du décès du titulaire, et pour recevoir les actes de cette étude pendant la vacance, *infra* n° *508*, sont portés sur le répertoire de l'étude vacante et non sur celui du notaire commis.

268. La décharge donnée à un notaire, sur son procès-verbal de vente de meubles, est portée sur son répertoire si elle est reçue par lui; mais si elle est reçue par un autre notaire, elle est portée sur le répertoire de ce notaire avec indication que la minute reste à son confrère (4).

NUMÉROS du RÉP.	DATES des ACTES	NATURE ET ESPÈCE DES ACTES		NOMS, PRÉNOMS ET DOMICILES DES PARTIES	ENREGISTREMENT	
		BREVETS	MINUTES	INDICATION, SITUATION ET PRIX DES BIENS	DATES	DROITS
				Janvier 186... (suite)		
17	2 et 8		Échange	SERVAIS (Louis), demeurant à B..., et Léon LEBLÉ et Louise JANE, épouse de ce dernier, demeurant au même lieu, contenant cession par SERVAIS, aux époux LEBLÉ, de 82 ares de terre en labour, à B..., lieu dit l'Ane-Mort, section D, n° 48; et cession, par les époux LEBLÉ à SERVAIS, de 75 ares de terre en labour, même commune, lieu dit le Marais, section B, n° 43, sans soulte...	11	27 50
18	8		Testament	AMY (Charles), demeurant à N...........	»	» »
19	8		Dépôt de testament	SORET (Louis-Charles), en son vivant, demeurant à N..., par Prosper S..., greffier, demeurant à N.................	14	7 70
20	8 11 et 16		Inventaire	DURET, après le décès de Jacques-Louis, en son vivant demeurant à N...; à la requête de : 1° Louise DAVY, sa veuve, demeurant à N..., tant en son nom que comme tutrice légale de Elise DURET, sa fille mineure; 2° Benoît DURET, demeurant à N..............	13	19 80
				Visé, vérifié et comparé au registre le présent répertoire contenant deux cent quatre-vingt-seize actes inscrits, depuis le dernier visa jusqu'à ce jour, y compris six testaments relevés à la table, sans omission, interligne ni irrégularité.		
				N..., le neuf janvier mil huit cent soixante...		
				(Signature du receveur.)		

(1) Inst. gén. régie, 11 nov. 1819, n° 909; Journ. des not., rt. 13829.

(2) Sol. régie, 16 déc. 1843.

(3) Roll. *rép.*, n° 75; Dict. not. *rép. des not.*, n° 61; Trib. Pithiviers, 26 nov. 1857; J. N. 16285.

(4) Instr. régie, 11 nov. 1819, n° 909.

269. L'omission d'un article au répertoire est prouvée et l'amende est encourue : 1° par l'intercalation de l'article en interligne (1) ; 2° par la rature d'un ou plusieurs actes, suivie de l'inscription d'un ou de plusieurs actes d'une date antérieure, surtout lorsque les articles rayés ont été réinscrits ensuite (2). Il y a autant d'amendes de 5 francs dans le premier cas qu'il y a d'intercalations (3), et dans le second cas qu'il y a d'actes d'une date antérieure aux inscriptions raturées (4).

270. Mais il n'est pas dû d'amende pour les ratures et surcharges tant qu'il n'en résulte pas la preuve d'une omission (5) ; il n'en est pas dû non plus pour les doubles emplois, erreurs dans la série des numéros, ou autres irrégularités ne formant pas une omission (6), ni pour les abréviations.

271. Les notaires sont tenus de présenter tous les trois mois leurs répertoires aux receveurs de l'enregistrement de leur résidence, qui les visent et qui énoncent dans leur *visa* le nombre des actes inscrits. Cette présentation doit avoir lieu, chaque année, dans les premiers dix jours de chacun des mois de janvier, avril, juillet et octobre, à peine d'une amende de 10 francs, quelle que soit la durée du retard. (*Lois 22 frim. an VII, art. 51 et 16 juin 1824, art. 10.*)

272. Ainsi, à défaut de présentation avant la fermeture du bureau de la journée du 10, l'amende est due (7) ; cependant si le 10 est un jour férié, les répertoires peuvent, sans contravention, n'être présentés au *visa* que le 11 (8).

273. Le receveur d'enregistrement constate le *visa* dans une case à la date du jour de la présentation ; il indique le nombre des actes reçus depuis le dernier *visa*, les omissions, doubles emplois, renvois, intercalations et ratures, et le chiffre des amendes s'il y en a ; il relate cet enregistrement sur le répertoire (9).

274. Le receveur doit apposer le *visa* le jour même de la présentation. Il ne peut retenir le répertoire plus de 24 heures (10).

275. Un notaire a été suspendu de ses fonctions pour avoir enlevé les feuilles de son répertoire et fait ainsi disparaître le *visa* d'un employé de l'enregistrement, en y substituant d'autres feuilles cotées par le président du tribunal comme feuilles supplémentaires (11).

276. Indépendamment de la présentation au *visa* du receveur, les notaires sont tenus de communiquer leurs répertoires, à toute réquisition, aux préposés de l'enregistrement qui se présentent chez eux pour les vérifier, à peine, en cas de refus, d'une amende de 10 francs. (*Lois 22 frim. an VII, art. 52 et 16 juin 1824, art. 10.*)

277. Si un préposé se présente en l'absence du notaire pour vérifier le répertoire, le clerc peut refuser de le lui communiquer, et le notaire n'est point passible d'amende pour ce refus de communication (12).

278. Les notaires doivent encore donner communication de leurs répertoires : 1° aux parties intéressées en nom direct, leurs héritiers ou ayants droit ; 2° à ceux qui ont obtenu en justice le droit d'exiger cette communication. (*Arg. pr. 839, 846.*)

COPIE DE RÉPERTOIRE

279. Les notaires sont tenus d'effectuer, dans les deux premiers mois de chaque année, au greffe

---

FORMULE 2 *bis*. — Copie de répertoire. (N°s 279 à 282.)

Copie du répertoire des actes reçus par Me Paul D..., notaire à N..., département de..., pendant l'année mil huit cent soixante...

---

(1) Cass. 19 déc. 1808 ; inst. 23 mars 1835, n° 1156, § 10 ; Trib. Castel-Sarrazin, 29 août 1842.

(2) Décis. min. fin. 16 déc. 1824 ; Cass. 28 mars 1827 ; instr. gén. 23 mars 1825, n° 1156, § 10, et 30 juin 1827, n° 1240, § 8 ; Trib. Seine, 29 déc. 1848 ; J. N. 5009, 6107, 13609.

(3) Sol. régie, 26 germ. an XIII.

(4) Trib. Rambouillet, 29 déc. 1837 ; Fontainebleau, 13 août 1838 ; Seine, 29 déc. 1848 ; J. N. 13669.

(5) Délib. 6 mars 1824, appr. par min. fin. 8 avril suivant ; J. N. 4096.

(6) Roll. *rep.*, n° 50 ; Dict. not., *rép. des not.*, n° 134.

(7) Sol. régie, 22 vent. an VIII ; Cass. 31 janv. 1814.

(8) Sol. régie, 2 sept. 1814 et 30 juill. 1835.

(9) Décis. min. fin. 9 sept. 1806 ; instr. gén. 9 oct. suivant ; n° 318.

(10) Lettre de l'administration du 8 avril 1812.

(11) Trib. Libourne, 22 nov. 1843 ; J. N. 12037.

(12) Trib. Saverne, 18 nov. 1834 ; Cass. 21 mars 1849 J. N. 8824. 13334.

du tribunal de première instance de leur arrondissement, le dépôt du double, par eux certifié et écrit sur papier au timbre proportionnel (1), du répertoire des actes qu'ils ont reçus dans le cours de l'année précédente, à peine d'une amende de 10 fr., quelle que soit la durée du retard. (*Lois 29 septembre, 6 octobre 1791, titre 3, art. 16, 16 floréal an IV, art. 1er, et 16 juin 1824, art. 10, déc. min. fin., 9 septembre 1806.*) A la fin de la copie on ajoute, pour les besoins de la statistique, l'indication du nombre des actes reçus pendant l'année et le chiffre des versements faits au bureau d'enregistrement pour l'enregistrement de ces actes. [FORM. 2 *bis*.]

280. Le dépôt doit être fait dans les deux premiers mois au plus tard. Ainsi, le dépôt fait le 1er mars est tardif et l'amende est encourue, quand même le dernier jour du mois de février serait un jour férié (2).

281. Le double doit être la copie exacte du répertoire (3).

282. Les greffiers des tribunaux de première instance constatent par un acte (4) la remise qui leur est faite du double du répertoire. Cet acte est exempt d'enregistrement (5).

APPENDICE

RÉPERTOIRE ET REGISTRES PRESCRITS EN ALGÉRIE

§ 1. — RÉPERTOIRE

283. Les notaires d'Algérie tiennent répertoire [FORM. 3] de tous les actes qu'ils reçoivent. (*Arrêté ministériel du 30 décembre 1842, art. 25.*)

284. Ces répertoires sont visés, cotés et paraphés, savoir : ceux des notaires établis dans les villes où siége un tribunal de première instance, par le président ou par un juge de ce tribunal, et ceux des notaires établis en dehors des lieux où siégent les tribunaux de première instance par le juge de paix ou l'un de ses suppléants, et, s'il n'y a pas de justice de paix, par le commissaire civil de leur résidence. (*Même art.*)

Copier textuellement le répertoire de l'année; à la fin mettre la mention suivante :

Me D... certifie véritable la présente copie; il déclare avoir reçu onze cent quatre-vingt-dix-sept actes pendant le cours de l'année mil huit cent soixante..., et avoir payé au bureau d'enregistrement, pour l'enregistrement de ces actes, soixante-dix-neuf mille quarante-deux francs dix centimes.

N..., le vingt-six février mil huit cent soixante...

(Signature du notaire.)

FORMULE 3. — Répertoire des notaires d'Algérie. (Nos 283 à 287.)

I. *S'il s'agit du répertoire d'un notaire établi dans une ville où siége un tribunal de première instance :*

Nous, président du tribunal civil de première instance de BLIDAH (Algérie), en exécution de l'article 25 de l'arrêté ministériel du 30 décembre 1842, avons coté, etc. (*Le surplus comme en la formule 1.*)

II. *S'il s'agit du répertoire d'un notaire établi dans un lieu où il n'y a qu'une justice de paix :*

Nous, juge de paix (ou nous, suppléant du juge de paix) du canton de N..., etc. (*Le surplus comme dessus.*)

(1) Décis. 14 vendém. an VII; circ. 6 brum. suiv.
(2) Décis. min. fin. 5 mai 1807, min. just. 17 sept. 1809; Cass. 6 juin 1809, 4 juill. 1820, 15 mars 1822; Orléans, 26 mai 1858; J. N. 259, 1889, 3064, 3827, 16425.
(3) Roll. *rép.*, no 112; Dict. not. *rep. des not.*, no 182.
(4) Décis. min. fin. et just. 24 mai et 27 juin 1808; instr. 23 juill. 1808, no 392.
(5) Décis. min. just. et fin. 24 et 30 juin 1812; instr. 14 juill. 1812, no 590.

285. Chaque article du répertoire est dressé jour par jour et contient : 1° son numéro d'ordre; 2° la date de l'acte; 3° la nature de l'acte; 4° son espèce, c'est-à-dire s'il est en minute ou en brevet; 5° les noms, prénoms et demeures des parties; 6° l'indication des biens, leur situation et le prix lorsqu'il s'agit d'actes ayant pour objet la propriété, l'usufruit ou la jouissance des biens immeubles; 7° la somme prêtée, cédée ou transportée s'il s'agit d'obligation, cession ou transport; 8° la relation de l'enregistrement. (*Même art.*)

286. Voir, en ce qui concerne la tenue du répertoire, le visa et la vérification des préposés de l'enregistrement, *supra les n°s 232 à 278*, qui sont applicables aux notaires de l'Algérie. (*Même arrêté, art. 50 et 51.*)

287. Les notaires sont, en outre, tenus de faire mention sur leur répertoire, tous les trois mois, et avant le visa du receveur de l'enregistrement, des noms des clercs qui, pendant le précédent trimestre, ont été en cours de stage dans leur étude, du temps de travail que ces clercs ont accompli et de leur rang de cléricature. (*Même arrêté, art. 25.*)

288. Les formalités relatives au dépôt d'une copie du répertoire, *supra n°s 279 à 282*, sont communes aux notaires de l'Algérie [Form. 3 *bis*]. (*Même arrêté, art. 51.*)

§ 2. — REGISTRE DE DÉPOTS DE TESTAMENTS OLOGRAPHES

289. Les notaires d'Algérie doivent, outre le répertoire, tenir un registre particulier, qui est visé, coté et paraphé, comme il est dit pour le répertoire *supra n° 284*, et sur lequel ils inscrivent, à la date du dépôt, les noms, prénoms, professions, domiciles et lieux de naissance des personnes qui leur remettent un testament olographe. [Form. 4.] Ce registre ne fait aucune mention de la teneur du testa-

III. *S'il s'agit du répertoire d'un notaire établi dans un lieu où il n'y a ni tribunal de première instance ni justice de paix :*

Nous, commissaire civil à la résidence de N..., etc. (*Le surplus comme dessus.*)

NUMÉROS du RÉP.	DATES des ACTES	NATURE ET ESPÈCE DES ACTES		NOMS, PRÉNOMS ET DOMICILES DES PARTIES INDICATION, SITUATION ET PRIX DES BIENS SOMME PRÊTÉE, CÉDÉE OU TRANSPORTÉE	ENREGISTREMENT	
		BREVETS	MINUTES		DATES	DROITS
				JANVIER 186...		

L'inscription des actes au répertoire a lieu dans la même forme qu'en la formule 1 ci-dessus.

Avant de présenter le répertoire au visa trimestriel, le notaire appose la mention suivante :

Le soussigné Me N..., notaire à Blidah, déclare que les clercs de son étude sont :

1° M. Louis Doré, né à Louviers (Eure), le 14 juin 1838, remplissant les fonctions de premier clerc depuis le 1er mai 1858, ayant été second clerc dans la même étude depuis le 6 avril 1855, date de son entrée à l'étude, jusqu'au 1er mai 1858, date de sa promotion aux fonctions de premier clerc;

2° M. Louis-Charlemagne Maguin, né à Blidah (Algérie), le 16 avril 1841, remplissant les fonctions de deuxième clerc depuis le 1er mai 1858, date de son entrée à l'étude.

FORMULE 3 *bis*. — Copie de répertoire. (N° 288.)

Voir *supra* formule 2.

FORMULE 4. — Registres tenus par les notaires de l'Algérie pour constater les dépôts de testaments olographes. (N°s 289 à 292.)

Nous, président du tribunal civil de première instance de Constantine (Algérie), en exécution de l'art. 26 de l'arrêté ministériel du 30 décembre 1842, avons coté et paraphé par premier et dernier feuillet le présent cahier contenant cinquante feuillets, pour

ment déposé; il est soumis, de même que le répertoire, au visa des préposés de l'enregistrement. (*Même arrêté, art. 26.*)

290. Si, à l'époque où ils ont connaissance du décès de la personne dont le testament olographe a été déposé en leur étude, aucune partie intéressée ne se présente pour requérir l'exécution de l'art. 1007, C. N., ils doivent eux-mêmes faire les diligences nécessaires pour la présentation dudit testament au pré-

---

servir à constater les *dépôts de testaments olographes* faits aux mains de Mᵉ Charles F..., notaire à Constantine.

En notre cabinet, au palais de justice de Constantine, le vingt-huit juin mil huit cent soixante...

(Signature.)

Si le registre est coté par le juge de paix ou par un commissaire civil, voir la formule précédente.

Le 15 juillet 186., M. Louis-Honoré Varnier, marchand, demeurant à Constantine, rue de l'Empire, nº 14, né en France, à Versailles, département de Seine-et-Oise, le six août mil huit cent dix-sept, a déposé entre mes mains un paquet clos par une enveloppe cachetée avec de la cire rouge, portant l'empreinte d'un cachet aux initiales H. V., en me déclarant que ce paquet contient son testament olographe.

Le 4 octobre 186., M. Vincent Delaitre, négociant, demeurant à Constantine, rue de l'Émir, nº 3, né à Bruxelles (Belgique), le trois juin mil huit cent vingt-cinq, a déposé entre mes mains un papier non clos ni cacheté, qu'il a déclaré être son testament olographe.

Visé le présent registre constatant le dépôt de deux testaments olographes, sans contravention.

Constantine, le 9 octobre 186.. (Signature du receveur.)

FORMULE 5. — Registre tenu par les notaires de l'Algérie pour constater les dépôts de sommes ou valeurs. (Nº 293.)

Même mention de cote et paraphe qu'en la formule 4, si ce n'est qu'au lieu des mots soulignés on met ceux-ci : dépôts de sommes ou valeurs.

NUMÉROS d'ordre	DATES des DÉPÔTS	NOMS, PRÉNOMS professions et domiciles DES DÉPOSANTS	SOMMES ou valeurs déposées	CAUSE DU DÉPOT et destination DES SOMMES OU VALEURS	EMPLOI FAIT DES SOMMES OU VALEURS DÉPOSÉES	SOMME ou valeur remise
1	4 janvier 186 .	M. Durand (Charles-Louis), marchand, demeurant à Bône.	3,000 f. en argent.	Pour être remis après transcription, sans inscription, à M. Benjamin Burard, agriculteur, demeurant à Bône, pour le prix de la vente par lui faite à M Durand, par contrat devant moi en date de ce jour.	Les 3,000 fr. faisant l'objet du dépôt ci-contre ont été remis à M. Burard le 12 janvier 186 . (Signature de M. Burard.)	3,000 f.
2	8 janvier 186 .	M. Caron (Théodore), négociant, demeurant à Bône.	10,000 f.	Remis à titre de dépôt, pour être restitués à toute demande, à M. Caron.	Les 10,000 fr. ci-contre ont été restitués à M. Caron le 4 février 186 . (Signature de M. Caron.)	10,000 f.

Visé le présent registre contenant la constatation de deux dépôts, sans contravention.

A............... le neuf janvier mil huit cent soixante....

(Signature du receveur.)

sident du tribunal de première instance du ressort, après en avoir donné avis au procureur de la rép. (*Même art.*)

291. Dans le même cas, les notaires établis dans les lieux où il n'existe pas de tribunal de première instance, et à la distance de plus de cinq myriamètres du siége de ce tribunal, sont autorisés à présenter le testament au juge de paix, et, s'il n'y a pas de justice de paix, au commissaire civil de leur résidence, qui le fait parvenir clos et cacheté au président du tribunal par l'intermédiaire du procureur de la rép. et qui peut même en faire l'ouverture si les communications sont interrompues entre le lieu de leur siége et le chef-lieu judiciaire. (*Même art.*)

292. Sont également autorisés les notaires établis à plus de cinq myriamètres de distance de la ville où siége le tribunal de première instance du ressort à présenter, dans le cas prévu par le deuxième alinéa de l'art. 1007, C. N., les testaments mystiques reçus par eux, soit au juge de paix, soit, à défaut du juge de paix, au commissaire civil de leur résidence, lequel peut faire l'ouverture des testaments en présence des témoins signataires de l'acte de suscription qui se trouvent sur les lieux, ou eux dûment appelés. (*Même arrêté, art. 27.*)

§ 3. — REGISTRES DE DÉPOTS DE SOMMES OU VALEURS

293. Indépendamment du répertoire prescrit par l'art. 25, *supra n° 283*, et du registre de dépôt de testament olographe prescrit par l'art. 26, *supra n° 289*, les notaires de l'Algérie [FORM. 5] doivent tenir un registre coté, paraphé, soumis au visa des préposés de l'enregistrement, conformément auxdits articles, sur lequel ils doivent mentionner, jour par jour, par ordre de date, sans blancs, lacunes ni transports en marge : 1° toutes les sommes ou valeurs qu'ils reçoivent en dépôt, à quelque titre que ce soit; 2° les noms, prénoms, professions et demeures des déposants; 3° la date des dépôts; 4° l'emploi qui a été fait des valeurs déposées. (*Même arrêté, art. 29.*)

CHAPITRE CINQUIÈME

CADRE D'ACTE

—

SOMMAIRE

FORMULES

§ 1. — PRÉAMBULE

294. Les actes sont reçus par deux notaires, dont l'un, celui qui rédige l'acte, s'appelle *notaire en premier*, et l'autre s'appelle *notaire en second* [FORM. 6] (1), ou par un notaire assisté de deux témoins [FORM. 8] (2). (*Loi 25 vent. an XI, art. 9.*) Les actes (sauf ceux pour lesquels la présence réelle du notaire en second ou des témoins est prescrite par la loi du 21 juin 1843, *infra n° 365 et suiv.*) ne sont pas nuls pour avoir été signés par le notaire en second, ou par les témoins, hors la présence des parties (3); et le notaire, qui atteste dans un acte l'assistance du notaire en second ou des témoins dans une commune où ils ne se trouvaient pas à l'époque de l'acte, n'est pas pour cela soumis à une action disciplinaire (4).

295. Deux notaires, parents ou alliés entre eux, ne peuvent concourir à un même acte (*ibid., art. 10*). Ils ne peuvent non plus recevoir des actes dans lesquels leurs parents ou alliés seraient parties [même en qualité de mandataire (5), tuteur (6), syndic d'une faillite, ou administrateur d'un hospice ou d'un bureau de bienfaisance (7)], ou qui contiendraient quelque disposition en leur faveur (8). (*Ibid., art. 8.*) Dans les deux cas, la prohibition s'applique, en ligne directe, à tous les degrés, et en ligne collatérale jusqu'aux degrés d'oncle ou de neveu inclusivement. (*Ibid., art. 8 et 10.*) A plus forte raison, les notaires ne peuvent recevoir des actes dans lesquels ils seraient parties ou qui contiendraient des dispositions en leur faveur (9), ni accepter pour une partie absente une stipulation d'un acte de leur ministère; par exemple, ils ne peuvent accepter une obligation pour prêt au nom du prêteur (10). L'acte fait en contravention aux dispositions qui viennent d'être rappelées est nul comme acte authentique (*ibid., art. 8*); et lorsque l'acte contient une clause au profit du notaire rédacteur, il est absolument nul à son égard et ne peut même valoir comme acte sous seings privés (11).

296. L'indication du nom et du lieu de résidence du notaire, et aussi de sa qualité de notaire [FORM. 6] (12), est prescrite à peine de 20 fr. d'amende contre le notaire contrevenant (*ibid., art. 12, et loi 16 juin 1824, art. 10*); toutefois, cette disposition ne concerne que le notaire en premier, elle ne s'applique pas au notaire en second (13). Cependant, si le notaire en second est appelé par l'une des parties, on est dans l'usage d'énoncer ses nom et lieu de résidence [FORM. 7], mais cette énonciation n'est pas obligatoire (14).

§ 1. — PRÉAMBULE

FORMULE 6. — Deux notaires, un seul en nom. (Nos 294 à 296.)

PAR-DEVANT Me Paul DORLAN et l'un de ses collègues, notaires à Paris (ou à Évreux, Eure), soussignés.

FORMULE 7. — Deux notaires en nom. (No 296 et 297.)

PAR-DEVANT Me Paul DORLAN et Me Jean DUBAIS, son collègue, tous deux notaires à E..., soussignés.

(1) Roll. *acte notarié*, n° 123; Dict. not., *ibid.*, n° 86.

(2) Lorsqu'un plus grand nombre de notaires ou de témoins que celui réglé par la loi concourent à la réception d'un acte notarié, s'agit-il même d'une donation ou d'un testament, il n'y a pas lieu pour cela à la nullité de l'acte : Roll. *acte not.*, n° 134 et *tém. instr.*, n° 47; Dict. not, *tém. instr.*, n° 25; Cass. 6 avril 1809; Limoges, 7 déc. 1809; Riom, 7 fév. 1855; J. N. 15546.

(3) Argum. Loi 2 juin 1843, art. 3; Dict. not., *acte not.*, n° 96; Amiens, 16 avril 1845; J. N. 12360.

(4) Amiens, 10 juill. 1862; Cass. 31 mai 1865; J. N. 17562, 18308. CONTRA Limoges, 9 nov. 1842; Trib. Tournon, 5 fév. 1843; Amiens, 16 avril 1845; J. N. 12360.

(5) Décis. min. just. 5 fév. 1823; Roll., *parenté*, n° 71; Dict. not., *parenté*, n° 90; Cass. 29 déc. 1840; J. N. 6801, 10880; CONTRA Duranton, VIII, 428; Cass. 30 juill. 1834; Grenoble, 28 mars 1832; J. N. 7766, 8632.

(6) Dict. not., *parenté*, n° 100; Cass. 29 déc. 1840; J. N. 10880.

(7) Roll. *parenté*, n° 74; Dict. not., *parenté*, n° 96; CONTRA Loret, I, p. 207.

(8) Ces mots *en leur faveur* veulent dire en faveur des parents et alliés des notaires, aussi bien que des notaires eux-mêmes : Merlin, Rép. *notaire*, V, n° 4; Loret, I, 208; Duranton, XIII, 28; Dict. not., *notaire*, n° 387; CONTRA Grenier, *don.*, n° 249; Toullier, VIII, 73 : Roll. *notaire*, n° 405.

(9) Roll. *not.*, n° 430; Grenier, *don.*, I, 249; Toullier, VIII, 73; Duranton, XIII, 28; Douai, 15 janv. 1834; Amiens, 6 mars 1844; Angers, 13 mars 1847; Orléans, 5 mai 1849; Caen, 20 fév. 1856; Cass. 19 août 1844, 15 juin 1853; J. N. 12072, 13187, 13733, 14993, 16031; Limoges, 1er juill. 1865; J. N 18339.

(10) Roll. *accept. pour une partie absente*, n° 2; Dict. not. *acceptation*, n° 12; Toulouse, 31 juill. 1830; Besançon, 17 juill. 1844; Cass. 3 août 1847, 11 juin 1859, 4 août 1864; Amiens, 9 avril 1856; Rennes, 7 déc. 1866; J. N. 7744, 13121, 15805, 10051, 10095, 10702.

(11) Orléans, 5 mai 1849; Caen, 20 fév. 1856; Cass. 15 juin 1853, 29 juill. 1863; Douai, 11 janv. 1862; Angers, 3 août 1866; Liége, 5 janv. 1867; J. N. 13733, 14993, 16031, 17791, 17833, 18698; Jur. N. 13221. V. Douai, 10 fév. 1850; J. N. 14301.

(12) Décidé que l'omission de la qualité de notaire entraîne nullité. Merlin, *Test.*, sect. 2, § 5, art. 3; Roll. *acte not.*, n° 72; CONTRA Toullier, V, 556; Dict. not., *acte notarié*, n° 215.

(13) Carré, p. 400; Favard, *acte not.*, § 2, n° 8; Roll. *acte not.*, n° 181; Dict. not., *ibid.*, n° 219.

(14) Roll. *acte not.*, n° 185; Dict. not., *ibid.*, n° 220.

297. On doit indiquer les nom et lieu de résidence du notaire en second et sa qualité de notaire [Form. 7] dans les cas où sa présence réelle est nécessaire, conformément à la loi du 21 juin 1843 (1). (*Infra n° 363.*)

298. Les témoins instrumentaires [Form. 8] doivent être citoyens français, *infra nos 757 et suiv.* (c'est-à-dire majeurs, mâles, jouissant des droits civils et politiques); savoir signer et être domiciliés dans l'arrondissement communal où l'acte est passé. (*Loi 25 vent. an XI, art. 9.*) Ne peuvent être témoins instrumentaires : 1° ceux qui sont parents ou alliés (2), soit du notaire, soit des parties contractantes, aux degrés mentionnés *supra n° 295* (*ibid., art. 10*); 2° les clercs et les serviteurs des parties ou du notaire (*même art.*); 3° ceux qui ont été condamnés à la dégradation civique ou à une peine entraînant dégradation civique [peine de mort, travaux forcés même à temps, déportation, détention, réclusion, bannissement] (*const. 22 frim. an VIII; C. p., 8, 28, 34; loi 31 mai 1854*); 4° ceux qui ont été condamnés correctionnellement avec interdiction d'être témoins dans les actes (*C. pén., 24*), mais seulement pendant le temps déterminé par l'arrêt ou le jugement; 5° les étrangers (3), quand même ils auraient été admis à jouir en France de leurs droits civils (4); 6° ceux qui n'entendent pas la langue des parties (5) ou la langue dans laquelle l'acte est rédigé (6); 7° ceux qui n'ont pas la capacité physique, tels sont : les aveugles, les sourds, les sourds-muets (7), mais non les muets (8); 8° et, d'après une décision récente, les faillis non réhabilités, en raison de ce que, suivant l'art. 5 de la constitution du 22 frimaire an VIII, l'exercice des droits de citoyen français est suspendu par l'état de débiteur failli (9), et que le décret organique du 2 février 1852, art. 15, a confirmé cette prohibition en les excluant de la liste électorale (10); mais cette décision nous paraît contestable (11). C'est au notaire, sous sa responsabilité, de s'assurer de la capacité des témoins (12).

299. Les dispositions énoncées au n° qui précède sont prescrites à peine de nullité. (*Loi 25 vent. an XI, art. 12, 68.*)

300. Les témoins peuvent être parents entre eux (13); cependant les notaires très-prudents évitent toujours avec raison d'appeler des témoins parents entre eux aux degrés mentionnés *supra n° 295* (14).

FORMULE 8. — Notaire assisté de deux témoins. (N° 294 et nos 298 à 304.)

1° *Acte ordinaire.*

Par-devant Me Paul Dorlan, notaire à E..., soussigné;

Assisté de M. Jacques-Vincent Dubois, propriétaire, et M. Théodore-Charles Bertin, principal clerc d'avoué, demeurant tous les deux à E.....,

Témoins instrumentaires requis.

(1) Argum. circ. chamb. not. Paris, 24 juin 1843; Roll. *loc. cit.*, n° 184; Dict. not., *ibid*, n° 79.

(2) Peu importe que l'époux qui produisait l'alliance fût décédé sans postérité au jour de la réception de l'acte. *Voir les autorités et arrêts cités en regard de la form. du testament par acte public.*

(3) Toutefois, si une erreur commune fait passer un étranger pour Français, les tribunaux peuvent, en considération de l'erreur, ne pas annuler l'acte dans lequel il a été témoin. Montpellier, 17 avril 1847; Cass. 28 fév. 1821; 18 janv. 1830; 28 juin 1831; 24 janv. 1839; 4 fév. 1850; J. N. 3928, 7081, 7580, 13186, 13975.

(4) Grenier, *don.*, n° 247; Toullier, V, 393; Duranton, IX, 105; Cass. 23 janv. 1811, 23 avril 1824; Colmar, 13 fév. 1818; Toulouse, 10 mai 1826.

(5) A moins que les témoins ne soient assistés d'un interprète, *infra n° 347;* Grenier, *don.*, I, 223; Toullier, V, 395; Dict. not. *interprète*, n° 3; Roll. *interprète*, n° 3; Douai, 1er juill. 1856; J. N. 15893.

(6) Grenier *don.*, n° 255; Toullier, V, 393; Dict. not., *tém. instr.*, n° 39; Roll., *ibid*, n° 30; Douai, 1er juill. 1856; J. N. 15893. V. Cass. 31 juill. 1867.

(7) Grenier *don.*, n° 254; Toullier, V, 394; Duranton, XIII, 104, Coin-Delisle, 980, 22; Troplong, *don.*, n° 1678; Dict. not., *tém. instr.*, n° 37; Roll. *tém.*, n° 31; Zach. § 639, note 4; Marcadé, *980*, 2; Douai, 1er juill. 1856; J. N. 15893.

(8) Toullier, V, 392; Duranton, XIII, 104; Dict. not., *tém. instr.*, n° 41; Marcadé, *980*, 2; Troplong *don.*, n° 1679; Coin-Delisle, *980*, 23; contra Grenier, *don.*, n° 254.

(9) Selon la même constitution, l'exercice des droits de citoyen français était aussi suspendu par l'état d'héritier immédiat détenteur à titre gratuit de la succession totale ou partielle du failli, et par l'état de domestique à gages, attaché au service de la personne ou du ménage; mais ces dispositions ont été abrogées, notamment par le décret organique du 2 février 1852, qui ne prive plus ces personnes du droit d'être électeur

(10) Trib. Saint-Brieuc, 4 août 1862; conforme, mais avant la constitution de 1848; Merlin, *tém. instr.*, § 6, n° 4; Carré, *org. judic.*, n° 585; Coin-Delisle, *art.* 7, C. N. Renouard, *faillites.* II, P. 480; Berradide, *ibid*, II, 1309; Esnault, *ibid*, n° 152; Rouen, 13 mai 1839; J. N. 10433, 17543; contra Cass. 10 juin 1824; Liége, 15 fév. 1827; J. N. 4773.

(11) En effet, il a été dérogé à la constitution de l'an VIII par les arrêtés électoraux de 1848, et par la loi électorale du 18 mars 1849, qui ne privait plus d'une manière absolue le failli du droit d'élire; d'un autre côté, le décret organique de 1852 ne s'occupe pas de sa capacité civile, il le range seulement dans la catégorie des individus qui sont privés du droit politique de vote dans les élections; Demolombe, I, 143; J. N., *art. 17543*; Trib. Amiens, 9 mars 1864; J. N. 18001.

(12) Grenier *don.*, n° 247; Roll. *respons. not.*, n° 73; Douai, 1er juill. 1856; J. N. 15893.

(13) Grenier *don.*, n° 252; Toullier, V, 403; Duranton, IX, 117; Vazeille, *975*, 6; Poujol, *975*, 17; Coin-Delisle, *980*, 44; Roll. *parenté*, n° 118; Dict. not., *ibid*, n° 131; Bruxelles, 25 mars 1806; Lett. min. just. 7 oct. 1809; J. N. 17207.

(14) Formulaire J. N. *sur l'art. 10*, n° 20; Dict. not. *parenté*, n° 132.

301. Les actes doivent, à peine de nullité, contenir l'énonciation du nom et de la demeure des témoins instrumentaires (*même loi, art. 12, 68*); mais la loi n'exige l'indication ni des prénoms, ni de la profession des témoins instrumentaires (1); cependant, il est préférable de les indiquer (2) [Form. 8].

302. On doit avoir soin de bien orthographier les noms des témoins; pourtant, l'erreur dans l'orthographe du nom d'un témoin n'est pas une cause de nullité de l'acte, si d'ailleurs l'identité est constatée (3).

303. Dans les actes où la présence réelle des témoins n'est pas exigée, il est conforme à la loi de ventôse an XI de mettre l'énonciation des témoins en tête de l'acte [Form. 8] et de dire : *Assisté de...*; ce sont les propres termes de la loi. (*Même loi, art. 10.*)

304. Il est utile, après l'indication des noms, prénoms, professions et demeures des témoins, d'ajouter leur qualité de témoins instrumentaires (4).

305. Dans les actes pour lesquels la présence réelle des témoins est exigée, *infra nos 363 et suiv.*, il est essentiel, pour se conformer aux prescriptions de la loi, de dire : *En présence de...* [Form. 8, 2°], et il est préférable de mettre les noms des témoins à la clôture de l'acte; cela devient même une nécessité lorsque l'acte porte plusieurs dates, *infra nos 342 et suiv.*

306. Un notaire peut être empêché d'instrumenter, soit parce qu'il est absent du lieu de sa résidence, soit parce qu'il est malade ou pour toute autre cause; alors le notaire empêché peut être substitué [Form. 9] par un de ses collègues ayant capacité d'instrumenter et au lieu de la réception des actes et au lieu de la résidence du notaire substitué (5). Dans ce cas, le notaire substituant reçoit l'acte dans la forme ordinaire de ses actes, en mentionnant toutefois qu'il substitue son collègue (6), *infra n° 359.*

307. La substitution de notaire, ayant pour principal motif de ne pas déplacer les minutes, peut avoir lieu pour toute espèce d'actes amiables (7), même pour les testaments (8). C'est à tort qu'un usage contraire, en ce qui concerne les testaments, s'est établi dans quelques pays.

308. Lorsqu'un notaire meurt pendant son exercice, l'étude est gérée par un confrère, et les actes passés pendant la vacance doivent y rester afin que les clients habitués à y trouver les minutes qui les concernent ne soient pas exposés à les chercher ailleurs; alors le notaire commis pour la garde des

---

2° *Acte pour lequel la présence réelle des témoins est exigée.* (N° 305.)

Par-devant Me Paul Dorlan, notaire à E....., soussigné,
En présence des témoins ci-après nommés.

FORMULE 9. — Notaire substituant un confrère absent ou malade. (Nos 306 et 307.)

Par-devant Me Paul Dorlan et son collègue, notaires à E....., soussignés;
Ledit Me Dorlan substituant, pour cause d'absence (ou maladie), Me Charles Mignot, son confrère, notaire en la même ville.

FORMULE 10. — Notaire recevant un acte comme gérant l'étude d'un confrère décédé. (N° 308.)

Par-devant Me Paul Dorlan et son collègue, notaires à E..... soussignés;
Ledit Me Dorlan commis à l'effet de recevoir les actes de l'étude de feu Me Petit, notaire à E....., suivant ordonnance de M. le président du tribunal civil de E....., en date du.....

---

(1) Toullier, VIII, 85; Dict. not., *acte not.*, n° 234.
(2) Roll. *acte not.*, nos 191, 192; Dict. not., *ibid.*, n° 234; Gagnereau, I, p. 207; Coulomb. sur l'art. 10.
(3) Roll. *acte not.*, n° 190; Cass. 24 juill. 1840 et 8 déc. 1845; J. N. 10934, 12580; contra Trib. Versailles, 21 janv. 1835; J. N. 8912.
(4) Roll. *acte not.*, n° 199; Dict. not. *Formul.* Voir *style et acte notarié*, n° 238.
(5) Voir cependant Dict. not. *subst. de not.*, n° 8.
(6) Déc. min. fin, 11 nov. 1819; J. N. 3193; Roll., *acte notarié*, nos 59 et suiv.
(7) Mais elle n'est pas admise pour les actes qu'un notaire reçoit en vertu d'une délégation judiciaire. Roll., *acte notarié*, n° 60; Dict., not. *subst. de not.*, n° 10.
(8) Roll. *subst. de notaire*, n° 5; Dict. not., *ibid*, n° 13, et J. N. 14076.

minutes, conformément à l'art. 61 de la loi du 25 ventôse an XI, est commis en même temps pour recevoir les actes de l'étude (1), *infra n° 361*. [Form. 10.]

309. Le notaire peut instrumenter sans assistance d'un second notaire ni de témoins [Form. 11] lorsqu'il est commis en justice pour procéder à un partage ou à une licitation (2); mais cette assistance lui est nécessaire pour procéder à une vente judiciaire (3).

310. Lorsqu'un acte est écrit pour demeurer à la suite d'un précédent acte, on a l'habitude, pour indiquer qu'il fait suite, de commencer par ces mots : *Et aujourd'hui...* [Form. 12.]

311. Il est d'usage pour les procès-verbaux, tels que : inventaires, comparutions par suite de sommations, comptes et partages judiciaires, adjudications amiables ou judiciaires, actes respectueux, protêts, etc., d'énoncer en tête le jour, le lieu et l'heure où ils sont passés (4). [Form. 13.]

§ 2. — PARTIES

312. Les actes des notaires doivent contenir les noms, prénoms, qualités et demeures des parties [Form. 14], à peine de 20 fr. d'amende contre le notaire contrevenant (*lois 25 vent. an XI, art. 13, et 16 juin 1824, art. 10*), même lorsque les actes sont rédigés à la suite d'un autre acte resté en minute. Il ne suffit donc pas de se référer à cet acte pour les noms, prénoms, qualités et demeures des parties (5); à moins cependant que l'acte ne soit divisé en plusieurs vacations, car alors il n'y a plus nécessité de répéter les noms.

313. L'énonciation des noms, prénoms, qualités et demeures des parties est aussi exigée à l'égard : 1° des mineurs représentés par leurs tuteurs, ou dont on se porte fort (6); 2° de ceux dont on se porte fort (7); 3° des mandataires (8).

FORMULE 11. — Notaire instrumentant seul. (N° 309.)

Par-devant Mᵉ Paul Dorlan, notaire à E....., soussigné,

Commis à l'effet des présentes opérations suivant jugement rendu par le tribunal civil de E...., le ....

FORMULE 12. — Acte à la suite. (N° 310.)

Et aujourd'hui.....

Par-devant Mᵉ......

FORMULE 13. — Procès-verbaux divers. (N° 311.)

L'an mil huit cent soixante....., le mardi quatre janvier,

A E....., rue de... en l'étude de Mᵉ Paul Dorlan, notaire,

Par-devant ledit Mᵉ Paul Dorlan et son....., etc.

§ 2. — PARTIES

FORMULE 14. — Comparution. (Nᵒˢ 312 à 315.)

A comparu M. Théodore-André Dumont, avocat, conseiller général du département d....., demeurant à N..., rue de....., n°...

---

(1) Debelleyme, *ordonn.*, p. 489, 490, 493; Roll. *minute*, n° 164 et *subst. de not.*, n° 12; Dict. not. *minute*, n° 416.

(2) C. Pr., 977; Locré *Pr.*, t. IV, p. 316; Carré, *Pr.*, art. 977; Roll. *minute*, n° 164, et *partage judic.*, n° 101; Dict. not., *acte notarié*, n° 75.

(3) Roll. *vente judic.*, n° 188; Dict. not., *ibid*, n° 31; Caen, 9 juill. 1840; J. N. 13937.

(4) Roll. *acte not.*, nᵒˢ 282, 297; Dict. not., *ibid*, nᵒˢ 172, 177, 615.

(5) Trib. Ancenis, 10 juill. 1835; Metz, 22 juill. 1836; Hazebrouck, 23 mars 1845; Cass. 14 juin 1843; Paris, 28 mai 1842; J. N. 10744, 11339, 11663, 12451; contra Tribunaux Seine, 5 janv. 1842; Parthenay, 22 juill. 1845; Montfort, 26 déc. 1844; Paris, 4 mars 1842; J. N. 11283, 12427.

(6) Cass. 29 déc. 1840 et 18 janv. 1848; Rennes, 31 août 1841; J. N. 10880, 11129; contra Douai, 16 avril 1849; Trib. Saint-Etienne, 27 déc. 1852; J. N. 13787, 14906.

(7) Trib. Gray, 24 fév. 1835; Metz, 6 janv. 1841; Rennes, 31 août 1841; Douai, 13 déc., 1842; Cass. 29 nov. 1840, 18 janv. 1848; J. N. 10880, 11121, 11607; Trib. Belfort, 10 déc. 1861; contra Rennes, 30 juin 1845; Alby, 24 nov. 1863; J. N. 18003.

(8) Roll. *jurisp. not.*, art. 3155, 3545; contra Trib. Gray, 24 fév. 1835; Metz, 2 août 1836; J. N. 9185.

314. Par les qualités des parties, on entend surtout la profession (1), et si l'une des parties n'en a pas, on l'indique en ces termes : *Sans profession* (2).

315. On ne peut donner aux parties des qualifications féodales ou nobiliaires supprimées, ou qui ne leur appartiennent pas, à peine d'une amende de 20 fr., qui est double en cas de récidive. (*Lois 25 vent. an XI, art. 17, 16 juin 1824, art. 10, et 6 juin 1858.*)

316. Les parties peuvent se faire représenter aux actes par leurs mandataires en vertu de procurations délivrées en minute ou en brevet. [Form. 15.] L'expédition de la procuration si elle est en minute, ou l'original si elle est en brevet, doit rester annexée à l'acte (minute ou brevet) dans lequel le mandataire agit en vertu du mandat, à peine de 20 fr. d'amende contre le notaire contrevenant (3) [*lois 25 vent. an XI, art. 13, et 16 juin 1824, art. 10*], quand même les parties reconnaîtraient l'existence du mandat, et dispenseraient le notaire de l'annexe (4). Toutefois, si la procuration est déjà au rang des minutes du notaire qui reçoit l'acte, soit parce qu'elle a été passée en minute devant lui, soit parce qu'elle est annexée à la minute d'un précédent acte, il suffit de se référer à la minute de la procuration ou à la précédente annexe (5).

317. Lorsque les parties ou l'une d'elles sont étrangères (ou françaises, mais parlant un idiome) et ne comprennent pas le français [Form. 16], leurs volontés manifestées dans leurs langues maternelles doivent être traduites et expliquées en français (6).

318. Si le notaire et les témoins (ou le second notaire) connaissent tous la langue de la partie qui ne sait parler français [Form. 16, 1°], le notaire les fait connaître par une traduction orale aux autres parties et écrit ensuite les conventions en langue française (7), sauf, s'il s'agit d'une langue étrangère, à faire une traduction de l'acte à mi-marge dans cette langue, ce qui lui est facultatif, et ce qui est, d'ailleurs, conseillé par quelques auteurs (8).

FORMULE 15. — Mandataire. Annexe de procuration. (N° 316.)

A comparu M. Charles Leroux, propriétaire, demeurant à E.....,

Agissant au nom et comme mandataire de M. Jérôme Assire, propriétaire, demeurant à B....., département de......., aux termes de la procuration qu'il lui a donnée, suivant acte passé devant Mᵉ K..... et son collègue, notaires à B....., le......, et dont le brevet original, enregistré et légalisé, est demeuré ci-annexé, après avoir été du comparant certifié véritable, et que dessus il a été apposé une mention le constatant, signée de M. Leroux et des notaires (*ou si la procuration est annexée à un précédent acte*), et dont le brevet original est demeuré annexé à la minute d'un contrat de vente reçu par Mᵉ Paul Dorlan, l'un des notaires soussignés, le.......

FORMULE 16. — Étranger ne comprenant pas le français. (Nᵒˢ 317 à 320.)

1° *Traduction par le notaire.*

A comparu M. John Buler, contre-maître d'usines, demeurant à E.....,

Anglais de naissance et ne comprenant pas la langue française, ayant manifesté ses volontés en anglais à Mᵉ Dorlan, notaire soussigné, qui les a traduites et expliquées à

(1) Roll. *acte notarié*, n° 113; Dict. not., *ibid.*, n° 265.

(2) Roll. *acte notarié*, n° 216; Dict. not., *ibid.*, n° 267; Trib. Bordeaux, 21 août 1835; Trib. Metz, 2 août 1836.

(3) La comparution dans un acte d'une personne en qualité de *mandataire verbal* ne donne pas lieu à l'amende pour défaut d'annexe, mais si le mot *verbal* était omis, on supposerait l'existence d'une procuration non-annexée et le notaire serait passible d'amende. Roll. *annexe*, nᵒˢ 9 et 12; Dict. not. *annexe*, n° 24; Trib. Morlaix, 20 avril 1845; J. N. 13045.

(4) Roll. *annexe*, n° 9; Dict. not., *ibid.*, n° 17; Metz, 10 déc. 1817; J. N. 2823.

(5) Dict. not. *annexe*, n° 42; Circ. min. just. et fin. 28 mars 1807, 17 nov. 1809, 4 juill. 1818; arg. Metz, 8 avril 1824.

(6) Toullier, VIII, 99; Favard, *Langue française*, Dict. not., *interprète*, n° 2; Roll. *interprète*, n° 2.

(7) Merlin, *Testament*, § 2, art. 5; Dict. not., *interprète*, n° 7; Roll. *interprète*, n° 8 *bis*; Cass. 4 mai 1807; Douai, 1ᵉʳ fév. 1816; Metz, 19 déc. 1816; J. N. 2590, 2822.

(8) Arrêté du 24 prairial, an XI; Toullier, VIII, 99, 396; Roll. *interprète*, n° 42; Dict. not., *ibid.*, n° 14.

319. Mais si les notaires ou les témoins, ou l'un d'eux, ne connaissent pas la langue de l'étranger (ou l'idiome), il y a lieu, sous peine de nullité de l'acte (1), de faire assister l'étranger d'un interprète (2) nommé par les parties, ou, si elles ne peuvent s'entendre sur le choix, par le président du tribunal (3) [FORM. 16, 2°]. La mission de l'interprète est d'entendre les volontés de l'étranger manifestées dans sa langue maternelle, de les traduire et expliquer aux autres parties et aux notaires et témoins, pour qu'ensuite les conventions soient écrites par le notaire en français, sauf à en faire la traduction à mi-marge de l'acte, ainsi qu'il est dit au numéro précédent.

320. L'interprète doit réunir les qualités prescrites par l'article 382 du Code d'instruction criminelle; il est même prudent qu'il ait aussi les qualités prescrites pour être témoin instrumentaire (4), et ne soit pas l'un des témoins instrumentaires (5); enfin, il est bon d'exiger de lui le serment (6).

321. Par argument tiré de l'art. 936 du C. civ., on décide généralement que le sourd-muet, lorsqu'il sait lire et écrire, a la capacité nécessaire pour passer tous les actes de la vie civile (7), sans avoir besoin d'aucun autre secours que celui de l'écriture pour manifester sa pensée (8) [FORM. 17, 2°]; que le sourd-muet illettré, seul, a besoin de l'assistance d'un interprète (9) [FORM. 17, 1°]; mais il a été jugé qu'un acte passé entre un sourd-muet et une autre personne est nul si le notaire n'a fait intervenir comme interprète du sourd-muet que l'autre partie contractante, alors même que le sourd-muet est lettré, a pris lecture de l'acte et a écrit de sa main : *Je comprends bien l'acte et c'est ma volonté*, et que le notaire est responsable du préjudice éprouvé par le sourd-muet (10).

322. Il est donc toujours prudent de faire assister le sourd-muet, qu'il sache ou non lire et écrire, en observant les formalités tracées *supra nos 319 et 320* (11). Par interprète, il faut entendre toute per-

M..... (*l'autre partie*); étant fait observer que les témoins instrumentaires (*ou* le notaire en second) connaissent aussi la langue anglaise, et ont entendu et compris les volontés de M. BULER.

2° *Traduction par un interprète.*

A COMPARU M. John BULER, contre-maître d'usines, demeurant à E.....,

Anglais de naissance, ne comprenant pas la langue française, assisté de M. Emmanuel LABBÉ, professeur d'anglais au lycée de E...., demeurant à E...., ici présent, interprète choisi par les parties pour entendre les volontés de M. BULER, manifestées en langue anglaise, les rendre et expliquer à M..... (*l'autre partie*), et aux notaire et témoins soussignés, et qui à promis par serment prêté aux mains de Me DORLAN, notaire soussigné, de remplir fidèlement sa mission.

FORMULE 17. — Sourd-muet. (Nos 321 à 323.)

1° *Assisté d'un interprète.*

A COMPARU M. Désiré-Vincent DUMONT, propriétaire, demeurant à E.....,

Sourd-muet de naissance, assisté de M. Louis OURLY, propriétaire, ancien professeur de dactylologie et de mimique, demeurant à E....., interprète choisi par les parties pour connaître par la dactylologie et la mimique les volontés de M. DUMONT, les rendre et expliquer à M. ..... (*l'autre partie*), et aux notaires et témoins soussi-

(1) Dict. not. *interprète*, n° 15.

(2) C. Instr. crim., art. 332; Toullier, VIII, 99; Roll., *interprète*, n° 8; Dict. not., *acte notarié*, n° 326.

(3) Roll. *interprète*, n° 11; Dict. not., *acte notarié*, n° 391.

(4) Toullier, VIII, 99; Roll., *interprète*, n° 7; Dict. not. *interprète*, n° 10.

(5) Roll., *interprète*, n° 10; Dict. not., *ibid.*, n° 9; CONTRA Toullier, VIII, 99; Cass. 19 déc. 1815; J. N. 1884.

(6) Roll. *interprète*, nos 14, 15; Dict. not., *acte notarié*, n° 327.

(7) Cass. 30 janv. 1844; Paris, 3 août 1855; J. N. 11888, 15630; mais il ne peut faire de testament par acte public. Sur la question de savoir s'il peut faire une donation entre vifs, voir *infra*, *au titre des donations et testaments.*

(8) Roll. *sourd-muet*, n° 20; Dict. not., *ibid.*, n° 12.

(9) Roll. *sourd-muet*, n° 23. Voir Dict. not., *sourd-muet*, n° 20.

(10) Trib. Seine, 10 mars 1855; J. N. 15478.

(11) Si les notaires et témoins savent comprendre les signes du sourd-muet et se faire comprendre par lui, le notaire peut servir d'interprète, *supra* n° 318; Roll., *sourd-muet*, n° 24; arg. Cass. 30 janv. 1844; J. N. 11888.

sonne comprenant les signes du sourd-muet et pouvant se faire comprendre par lui, et non pas seulement ceux qui se servent de la dactylologie ou d'une mimique étudiée.

323. Toutefois, lorsque le sourd-muet est parfaitement lettré, on peut s'écarter de ces formes en annexant à l'acte une réquisition au notaire, écrite par le sourd-muet sur une feuille de papier timbré, et énonçant ses intentions d'une manière claire et précise (1) [Form. 17, 2°].

§ 3. — CORPS DE L'ACTE

324. Les actes des notaires doivent être écrits en langue française (2), en un seul et même contexte, lisiblement, sans abréviation, blanc, lacune ni intervalle; ils doivent énoncer en toutes lettres les sommes et les dates, le tout à peine de 20 fr. d'amende contre le notaire contrevenant. (*Lois 25 vent. an XI, art. 15, et 16 juin 1824, art. 10.*)

325. Il ne doit y avoir d'autres abréviations que celles permises par l'usage (3) [Form. 18], comme les *numéros* des demeures des parties, des inscriptions de rentes sur l'État, des actions des banques et sociétés, les volumes et numéros des transcriptions et inscriptions, les folios et cases des enregistrements (4).

325 *bis*. Les lignes d'un acte doivent être toutes à une distance égale les unes des autres, afin qu'il n'y ait ni blanc, ni lacune, ni intervalle. Si, cependant, il existe des blancs dans un acte, on doit tirer dans les blancs des barres transversales à l'encre, en observant pour les intervalles des barres les mêmes distances que celles des lignes d'écriture de l'acte [Form. 19], et les barres doivent être approuvées ainsi qu'il sera dit *infra* n° 368.

---

gnés, et qui a promis, par serment prêté aux mains de Mᵉ Dorlan, notaire soussigné, de rapporter fidèlement les intentions du sourd-muet.

2° *Non assisté d'interprète.*

À comparu M. Désiré....., etc.

Sourd-muet de naissance, sachant parfaitement lire et écrire, non assisté d'interprète, mais ayant remis à Mᵉ Dorlan, notaire soussigné, une réquisition énonçant ses intentions, laquelle réquisition écrite par le sourd-muet sur un timbre à cinquante centimes, est demeurée ci-jointe après que dessus il a été apposé une mention de l'annexe signée des parties, des notaires et témoins.

§ 3. — CORPS DE L'ACTE

FORMULE 18. — Abréviations permises. (Nos 324 et 325.)

Mᵉ pour maître, — Mʳ pour monsieur, — Madᵐᵉ pour madame, — Sʳ pour sieur, — dᵉ pour dame, — Madˡˡᵉ pour mademoiselle, — led. pour ledit, — lad. pour ladite, — vol. et n° pour volume et numéro, — cᵉ pour case, — r° et v° pour recto et verso.

FORMULE 19. — Blanc. (N° 325 *bis*.)

L'immeuble vendu appartient à Monsieur Lucas et à Madame veuve Dumont,

---

---

ainsi qu'il résulte des énonciations suivantes.

---

(1) Coin-Delisle, 936, 7.

(2) Loi 2 therm. an II, arrêté, 24 prair. an XI; Duranton, XIII, p. 67; Bounier, *preuves*, n° 374; Roll., *langue des actes*, nos 4 et suiv.; Dict. not., *acte not.*, n° 167; Marcadé, 969 et 972, 2.

(3) Roll *abrév.*, nos 5, 6, 7; Dict. not., *ibid.*, nos 5 et suiv.

(4) Roll. *chiffres*, n° 6; Dict. not., *abrév.*, n° 11.

326. Il n'y aura ni surcharge (1), ni interligne, ni addition dans le corps de l'acte, et les mots surchargés, interlignés ou ajoutés, seront nuls (2). Les mots (3) qui devront être rayés le seront de manière que le nombre puisse en être constaté à la marge de leur page correspondante ou à la fin de l'acte, et approuvé de la même manière que les renvois écrits en marge, *supra nos 328 et 329*, le tout à peine d'une amende de 10 fr. contre le notaire, ainsi que de tous dommages et intérêts, et même de destitution en cas de fraude, *infra no 367*. (*Lois 25 vent. an XI, art. 16, et 16 janvier 1824, art. 10.*) Il y a lieu à amende pour les surcharges, même lorsque les mots surchargés sont reproduits à la marge, avec approbation par les parties (4).

327. Les mots sont rayés par une barre à l'encre tirée sur chaque mot nul; les mots composés tels que *ledit*, *ayant cause*, *l'an*, *susdésigné*, etc., ne comptent que pour un mot (5). Lorsque des lignes entières sont rayées, on peut se dispenser de compter les mots de ces lignes en énonçant le nombre de lignes rayées (6). Pour éviter toute erreur, toute difficulté, il est d'une bonne prudence de numéroter les mots, chiffres, lignes rayés (7).

328. Les renvois ou apostilles ne peuvent, sauf l'exception ci-après, *infra no 328*, être écrits qu'en marge (Form. 20, 1o); ils doivent être signés ou paraphés tant par les notaires que par les autres signataires à peine de nullité des renvois et apostilles (*loi 25 vent. an XI, art. 15*); mais le notaire n'est pas passible d'amende pour défaut de signature ou paraphe (8).

329. Le paraphe s'appose soit par un trait de plume représentant un signe uniformément adopté, soit par les initiales des noms et prénoms dont se compose la signature. Ainsi, la signature étant *Louise Leroy*, le paraphe est **L. L.**; si la signature est *femme Benoit, née Morel*, le paraphe est **F. B. M.**

330. Si la longueur du renvoi exige qu'il soit transporté à la fin de l'acte (Form. 20, 2o), il doit être non-seulement signé ou paraphé comme les renvois écrits en marge, mais encore expressément approuvé par les parties à peine de nullité (9) du renvoi (*même loi, art. 15*), avec énonciation de la signature ou du paraphe, ou de la déclaration de ne savoir ou ne pouvoir signer, aussi à peine de nullité du renvoi (10). Ce renvoi, devant être spécialement signé ou paraphé, doit être placé après les signatures de l'acte et non avant (11).

331. Lorsque le renvoi est nul pour défaut d'approbation ou de signature, le notaire est responsable des conséquences de la nullité (12).

FORMULE 20. — Renvoi. (Nos 328 à 331.)

1o *En marge.*

* notaire	Par-devant Me Dorlan, * à L..., soussigné,
** témoins	Assisté des ** ci-après nommés,
*** Auguste	A comparu M. Louis *** Leroy, marchand, et Mme Jeanne, etc.

2o *A la suite de l'acte.*

On l'écrit à la suite de l'acte en laissant le blanc nécessaire pour les signatures, et on ajoute cette mention :

Le renvoi qui précède, contenant ..... lignes, écrit à la fin de l'acte, à raison de sa longueur, est expressément approuvé par les parties qui l'ont signé (*ou* paraphé) avec les notaires (*ou* les témoins et le notaire), à l'exception de...., qui a réitéré sa déclaration de ne savoir signer, le tout après lecture.

---

(1) La moindre surcharge donne lieu à l'amende, même lorsqu'elle a pour effet de corriger une faute d'orthographe. Dict. not., *surcharge*, no 29; Paris, 6 déc. 1853; J. N. 15093.

(2) Voir Toulouse, 7 déc. 1850; Die, 20 juin 1866; J. N. 18708

(3) Ce qui ne s'applique pas aux signatures; en conséquence il n'y a pas lieu à amende pour défaut d'approbation de la rature d'une signature. Trib. Versailles, 16 fév. 1859; J. N. 16590.

(4) Trib. Saint-Amand, 12 août 1837; Bourges, 19 janv. 1838; Vire, 1er fév. 1840, Avesnes, 15 sept. 1840; Châteaubriant, 1er juill. 1841; Rennes, 14 mars 1843; Fougères, 29 janv. 1845; J. N. 9976, 9977, 11024, 12287; contra Toullier, VIII, 110; Roll., *surcharge*, nos 26, 28; Tribunaux Clermont-Ferrand, 20 juin 1816; Saint-Girons, 4 déc. 1850; J. N. 14560.

(5) Dict. not. *rature*, no 5; Roll., *rature*, no 4; Trib. Montdidier, 20 mars 1846; J. N. 12807. V. Die, 20 juin 1866; J. N. 18708

(6) Roll., *rature*, no 5; Dict. not., *rature*, no 9; Trib. Seine, 12 déc. 1855; J. N. 15764.

(7) Roll., *ratures*, no 6; Dict. not., *ibid.*, no 11.

(8) Roll. *renvoi*, no 43; Dict. not., *renvoi*, no 85; délib. régie, 1er juin 1825; déc. min. fin. 6 juill. 1825; Cass. 25 avril 1809, 11 janvier 1841; Rennes, 5 mai 1834; Bourges, 19 janv. 1838 Douai, 18 mai 1841; J N. 9713, 10868, 11315.

(9) Caen, 8 nov. 1854; Jur. N. 10306.

(10) Cass. 30 mars 1840; J. N. 10620.

(11) Dict. not. *renvoi*, nos 46 et suiv.

(12) Caen, 8 nov. 1854; Jur. N., 10306.

332. Les lois des 18 germinal an III et 19 frimaire an VIII ont établi un système décimal de poids et mesures qui a été rendu obligatoire par la loi du 4 juillet 1837.

333. Toutes dénominations de poids et mesures autres que celles voulues par ce système et indiquées Form. 21 sont interdites dans les actes des notaires et autres officiers publics, à peine d'une amende de 20 fr., et dans les actes sous seings privés, registres de commerce, avis, annonces, etc., à peine d'une amende de 10 fr. (*Lois 25 vent. an XI, art. 17, 16 juin 1824, art. 10, et 4 juillet 1837, art. 15.*)

334. Ce système descendant jusqu'à des fractions infiniment petites, il pourrait y avoir contravention si on se servait d'équivalents pour indiquer une fraction; si, par exemple, on disait *un demi-hectolitre* au lieu de dire *cinquante litres* (1); ceci nous semble pourtant rigoureux.

335. Mais lorsque, dans un acte notarié, on fait l'analyse d'un précédent acte contenant les anciennes dénominations de poids, mesures et numération décimale, on peut reproduire textuellement ces anciennes dénominations sans être passible d'amende (2).

336. Les actes concernant les fabriques, les hospices et autres établissements publics, ne deviennent définitifs qu'autant qu'ils sont approuvés par le préfet. (*Loi 15 mai 1818, art. 5.*) [Form. 22.] Pour obtenir cette approbation, le notaire fait une copie de l'acte sur papier libre, *infra n° 514 bis*, en indique la destination, la signe et l'adresse à la préfecture, ou, s'il le préfère, la remet au représentant des fabriques, hospices, etc..., pour être adressée à la préfecture. Le préfet, sur le vu de cette copie, rend un arrêté d'approbation dans la forme ordinaire des arrêtés, et en délivre une copie sur papier non timbré (*loi 13 brum. an VII, art. 16*), que le notaire joint à l'acte, sans qu'il soit nécessaire de la faire viser pour timbre, ni de faire un acte de dépôt, ni de constater l'annexe par une mention (3). Le délai d'enregistrement, *infra nos 6160 à 6162*, court du jour de la remise par le maire, au notaire, de l'arrêté d'approbation, remise qui doit être constatée par une attestation du maire, datée et signée en marge de

FORMULE 21. — Poids et mesures, numération décimale. (Nos 332 à 335.)

Une distance de trois myriamètres huit kilomètres six hectomètres quatre-vingts mètres; — deux mètres huit décimètres neuf centimètres d'étoffe; — deux hectares quatre-vingt-cinq ares trente-six centiares de terrain; — cent cinquante hectolitres quatre-vingts litres huit décilitres neuf centilitres de boisson, de blé, de farines, etc.; — quatorze stères quatre-vingt-cinq centistères de bois; — douze cents kilogrammes neuf hectogrammes quatre-vingts grammes quatre centigrammes; — cent francs vingt centimes.

FORMULE 22. — Acte soumis à l'approbation du préfet, ou du directoire central des églises protestantes. (N° 336.)

Lorsqu'un acte est soumis à l'approbation du préfet, avant de le clore on y insère la formule suivante :

APPROBATION

Le présent acte, en ce qui concerne la fabrique de..... (*ou* le département de..... *ou* l'hospice de....., etc.), ne deviendra définitif qu'après son approbation par M. le préfet du département de.....

Ou si l'acte concerne la fabrique d'une église protestante de la Confession d'Augsbourg :

APPROBATION

Le présent acte, en ce qui concerne la fabrique de l'église protestante de...., de la confession d'Augsbourg, ne deviendra définitif qu'après son approbation par le directoire central.

(1) Tribunaux Lisieux, 21 déc. 1842; Compiègne, 18 janv. 1844; J. N. 13561, 11912; contra Dict. not., *poids et mesures*, n° 48.

(2) Roll. *poids et mesures*, n° 64; Dict. not., *ibid.*, n° 44; Déc. min. fin. et comm. 5 août 1842; Instr. gén. 20 août 1842, n° 1671; Caen, 21 juill. 1835; Tribunaux Saint-Lô, 11 avril 1835; Meaux, 28 mai 1840; Coulommiers, 24 août 1840; Orléans, 18 déc. 1840; Seine, 9 déc. 1840; Pointe-à-Pitre (Guadeloupe), 10 juill. 1852; J. N. 10960, 14989.

(3) Roll. *bail des biens des communes*, n° 20, Dict. not., *bail administratif*, n° 27; Lettres min. just. 22 fév. 1830, 17 mai, 1er août 1832; autre lettre insérée dans avis Pr. gén. Caen, 9 juill. 1852; Instr. min. de l'int. 6 sept. 1853 et min. fin. 8 mars 1854; inst. régie, 13 juin 1854, n° 2003, § 1er; J. N. 14848, 15301.

l'arrêté (1). De même, les notaires qui reçoivent des actes concernant l'administration des biens des fabriques des églises protestantes de la Confession d'Augsbourg, et dont l'exécution est subordonnée à l'approbation du directoire central, sont autorisés à en délivrer à ce directoire, préalablement à l'enregistrement des copies sur papier non timbré, au vu desquelles l'approbation peut être donnée par un arrêté qui reste annexé à la minute (2).

§ 4. — CLOTURE

337. Il est des actes qui ne sont pas assujettis au droit de timbre et d'enregistrement; ainsi : *Doivent être visés pour timbre et enregistrés gratis* [Form. 23] : 1° les contrats, quittances et autres actes faits par suite d'expropriation pour cause d'utilité publique (*loi 3 mai 1841, art. 58*); 2° les actes de notoriété, de consentement et les actes de reconnaissance d'enfant naturel (3), dont la production est nécessaire pour le mariage des indigents, la légitimation de leurs enfants naturels et le retrait de ceux de ces enfants qui ont été déposés dans les hospices. (*Loi 10 déc. 1850, art. 4.*) — *Sont exempts du droit de timbre et d'enregistrement*, et conséquemment ne sont soumis ni au visa pour timbre ni à l'enregistrement [Form. 24] : 1° les procurations, certificats de propriété, etc...., à produire pour le transfert des titres de rente provenus de la consolidation de livrets de caisse d'épargnes (*loi 21 nov. 1848, art. 7*); 2° les certificats, actes de notoriété et autres pièces exclusivement relatives à l'exécution de la loi sur les caisses de retraite (*loi 20 juill. 1886, art. 24*) ; 3° les actes intéressant les sociétés de secours mutuels dûment autorisées (*loi 18 juillet 1850, art. 9*); 4° les actes et pièces relatifs au partage des biens indivis entre l'État et les particuliers en Algérie. (*Décret 2 avril 1854, art. 22.*)

338. Les notaires doivent énoncer le lieu où les actes sont passés [Form. 25], sous peine de nullité des actes, et même de faux si le cas y échoit. (*Loi 25 vent. an XI, art. 12 et 68.*) Par *lieu*, il faut entendre le *pays* et la *maison* où l'acte est passé (4); toutefois, l'omission de la maison ne serait pas une cause de nullité pourvu que le pays fût indiqué (5).

339. Lorsqu'un acte a été signé en divers lieux, il est du devoir du notaire de le constater (6). [Form. 25, 3°.]

---

§ 4. — CLOTURE

FORMULE 23. — Clôture d'un acte à viser pour timbre et à enregistrer gratis. (N° 337.)

Dont acte, à viser pour timbre et à enregistrer gratis, en conformité de l'art.... de la loi du.....

FORMULE 24. — Clôture d'un acte exempt de timbre et d'enregistrement. (N° 337.)

Dont acte, exempt du droit de timbre et d'enregistrement, en conformité de l'art.... de la loi du.....

FORMULE 25. — Lieu de la passation de l'acte. (Nos 338 et 339.)

1° *Étude du notaire*

Fait et passé à E....., en l'étude de Me Dorlan, notaire.

2° *Demeure d'une des parties*

Fait et passé à E....., rue....., n°..., en la demeure de M.....

3° *Plusieurs endroits*

Fait et passé à E....., en l'étude de Me Dorlan, notaire, pour M. Lefroid et M. Lucas, et à G....., en sa demeure, pour M. Dumont.

---

(1) Décret 12 août 1807, art. 2; ordonn. 7 oct. 1818, art. 5; déc. min. fin., 4 août 1838 et 22 janv. 1855; instr. régie 8 mars 1855, n° 2025, § 2; J. N. 15479.

(2) Déc. min. fin. 18 fév. 1854; J. N. 15301.

(3) Il suffit, pour ces divers actes, que le visa pour timbre ait lieu lors de leur présentation à la formalité de l'enregistrement. Délib. régie, 25 nov. 1853; instr. régie, 13 juin 1854, n° 2003, § 10; J. N. 15308. V. Avignon, 15 déc. 1859; J. N. 17728.

(4) Carré, p. 401; Roll., *acte not.*, 268; Dict. not., *ibid.*, n° 288; Cass. 28 fév. 1816.

(5) Toullier, VIII, 82; Berriat-Saint-Prix, *Pr.*, p. 84; Duranton, XIII, 42; Roll., *acte not.*, n° 271; Dict. not., *ibid.*, n° 287; Rennes, 9 mars 1809; Bruxelles, 10 juin 1819; Cass. 28 fév. 1816 et 23 nov. 1855; Riom, 18 mai 1841; J. N. 1930, 2552, 6038, 11185.

(6) Roll., *acte not.*, n° 316; Dict. not., *ibid.*, n° 300.

340. Les notaires doivent énoncer l'année et le jour du mois où les actes sont passés, sous peine de nullité, et même de faux si le cas y échoit. (*Loi 25 vent. an XI, art. 12, 68.*) [Form. 26.] Il n'est pas utile d'énoncer l'heure, à moins qu'il ne s'agisse d'un contrat de mariage, lorsque le mariage a lieu le même jour, ou d'un acte rétribué par vacations (1). L'année et le jour du mois doivent être énoncés selon l'annuaire de l'État, à peine d'une amende de 20 fr., qui est double en cas de récidive. (*Loi 25 vent. an XI, art. 13, et 16 juin 1824, art. 10.*)

341. Un acte, de même qu'il peut être passé à divers lieux, peut porter plusieurs dates [Form. 26, 2°], ce qui arrive lorsqu'il est signé à des jours différents par les parties; alors, il ne devient parfait qu'à sa dernière date, et c'est à cette date qu'il doit être porté sur le répertoire, *supra* n° *260*. Quant au délai, pour l'enregistrement des actes portant plusieurs actes, voir ce qui sera dit au *traité d'enregistrement*.

341 *bis*. En ce qui concerne la présence réelle du notaire en second et des témoins, lorsqu'elle est exigée pour la validité de l'acte, voir *infra* n^os^ *363 et suiv.* [Form. 27.]

342. On a annulé un acte de donation entre-vifs par le motif qu'ayant été fait à deux dates différentes, l'une pour le donateur, l'autre pour le donataire, il ne résultait pas des énonciations que les témoins avaient été réellement présents avec les parties à chacune des deux dates (2); il est donc prudent de bien énoncer la présence des témoins aux différents endroits.

FORMULE 26. — Date de l'acte. (N°s 340 et 341.)

1° *Seule date*

L'an mil huit cent soixante....., le deux janvier.

2° *Plusieurs dates*

L'an mil huit cent soixante....., le deux janvier, pour M. Lefroid;
Le quatre du même mois, pour M. Lucas;
Et le six aussi du même mois, pour M. Dumont.

3° *Acte daté au commencement*

Fait et passé, etc.
Les jour, mois et an susdits.

FORMULE 27. — Clôture d'un acte pour lequel la présence réelle des témoins est exigée

1° *Seul lieu et seule date.* (N° 341 *bis.*)

Fait et passé à E....., en l'étude de Me Dorlan, notaire, soussigné,
L'an.....
En présence de M. Louis-Florentin Duval, avocat, et M. Jacques Duplessis, propriétaire, demeurant tous les deux à E....., témoins instrumentaires.

2° *Plusieurs lieux et plusieurs dates.* (N°s 342 à 344.)

Fait et passé à E....., en l'étude de Me Dorlan, notaire soussigné, pour M. et Mad^me^ Morgan,
L'an mil huit cent soixante....., le quinze janvier,
En présence de M. Louis-Florentin Duval, avocat, et M. Jacques Duplessis, propriétaire, demeurant tous les deux à E....., témoins instrumentaires,
Et à G....., en sa demeure, pour M. Lebourgeois,
Le dix-huit du même mois;
En présence aussi de Mrs Duval et Duplessis, ci-dessus nommés, qualifiés et domiciliés, témoins instrumentaires.

(1) Décret 10 brum. an IV; Roll., *vacation*, n° 10; Dict. not., acte not., n° 292.

(2) Riom, 3 janv. 1852; Jur. N. 9632.

343. Le *Journal des Notaires*, dans une dissertation insérée *art. 14025*, conseille d'éviter, autant que possible, les actes à double date lorsqu'ils sont soumis à la présence réelle du notaire en second ou des témoins. S'il s'agit d'une donation et qu'elle ait lieu à une date pour le donateur, et à une autre date pour le donataire, ce recueil considère l'acceptation comme postérieure à la donation; de là la nécessité d'une signification de l'acceptation au donateur, ou d'une dispense de signification.

344. Le même recueil (*même art.*) enseigne que, pour qu'une donation à double date soit valable, il faut la présence réelle du même notaire en second ou des mêmes témoins à chaque consentement nettement constaté. En cas d'impossibilité matérielle, à raison de la distance et du refus des témoins de se déplacer, il faudrait une acceptation séparée; ce qui nous semble un peu rigoureux.

345. Le nom, l'état et la demeure des parties (1) [même du mandataire et des adjudicataires dans une vente aux enchères (2)] doivent être connus des notaires ou leur être attestés dans l'acte par deux citoyens ayant les mêmes qualités que celles requises pour être témoins instrumentaires. [Form. 28.] (*Loi du 25 vent. an XI, art. 11.*) Les noms, prénoms, qualités et demeures des témoins certificateurs doivent être énoncés dans l'acte, à peine d'une amende de 20 fr. contre le notaire contrevenant. (*Lois 25 vent. an XI, art. 13, et 16 juin 1824, art. 10.*)

346. Le défaut d'attestation par deux témoins de l'individualité d'une partie inconnue du notaire ne vicie pas l'acte d'une cause de nullité (3); mais le notaire (4) assume une responsabilité qui le rend passible des dommages-intérêts des parties si elles éprouvent un préjudice (5), même lorsque le notaire ne fait qu'un acte sous seings privés, un billet, par exemple (6); et, de plus, il est passible d'une peine disciplinaire (7).

347. Les témoins certificateurs, assumant une responsabilité (8) qui couvre celle du notaire, peuvent être pris parmi les parents ou alliés soit des notaires, soit des parties, au degré prohibé par l'art. 8 (9).

348. Jugé que les témoins instrumentaires peuvent en même temps certifier l'individualité des parties (10), mais il est préférable d'éviter ce cumul.

349. Lorsque de deux personnes, seules parties à un acte, l'une est connue des notaires et l'autre inconnue, il ne suffit pas, pour mettre la responsabilité du notaire à couvert, que la partie connue certifie l'individualité de la partie inconnue et décharge le notaire de toute responsabilité, car il peut y avoir entre les parties supposition de personnes avec intention de frauder (11).

350. A l'égard des marins et militaires nouvellement arrivés dans un port ou dans une garnison où

FORMULE 28. — Témoins certificateurs

1° *Témoins domiciliés.* (Nos 345 à 349.)

En présence de M. Denis-Charlemagne Lenormand, marchand de nouveautés, et M. Charles-Maximilien Letourneur, fabricant de coutils, demeurant tous les deux à E...., témoins qui ont attesté aux notaires soussignés le nom, l'état, la demeure du comparant et sa capacité civile de contracter.

2° *Témoins militaires.* (No 350.)

En présence de M. Louis Delord, sergent au quatre-vingt-dix-huitième régiment de

(1) C'est-à-dire l'individualité des parties, mais les notaires ne sont point assujettis à faire certifier la capacité des parties; ce soin appartient aux parties contractantes seules. Pau, 17 mars 1860; Moniteur Tribunaux, 1860, p. 568; cependant l'attestation de la capacité, quoique non obligatoire, à toujours lieu dans l'usage.

(2) Roll., *individualité*, n° 8; Dict. not., *ibid.*, n° 8.

(3) Toullier, VIII, 71; Duranton, XIII, 38; Roll., *individualité*, n° 8; Dict. not., *ibid.*, n° 40; Rouen, 13 fév. 1823; J. N. 5450.

(4) En premier, et non le notaire en second; Dict. not., *individualité*, n° 55; contra Nantes, 21 janv. 1834; Rennes, 19 juill. 1834; Cass. 11 nov. 1835; J. N. 8355, 8522.

(5) Toullier, VIII, 71, Duranton, XIII, 38; Dict. not., *individualité*, n° 42; Roll., *individualité*, n° 5; Paris, 19 mai 1806; Toulouse, 29 janv. 1820 et 19 déc. 1821; Amiens, 14 juill. 1823; arg. Cass. 30 déc. 1828 et 4 avril 1831; Paris, 29 janv. 1847; Riom, 11 janv. 1859; J. N. 12951, 16536.

(6) Cass. 20 janv. 1852; J. N. 14601.

(7) Cass. 18 déc. 1810; Turin, 13 janv. 1813; Poitiers, 21 mai 1824; Liége, 23 déc. 1850; Tribunaux Amiens, 21 août 1843; Toulouse, 8 fév. 1854; Jur. N. 10458; contra Trib. Périgueux, 1er oct. 1852; J. N. 14840.

(8) Roll., *individualité*, n° 47; Dict. not., *ibid.*, n° 28.

(9) Roll., *individualité*, n° 22; Dict. not., *ibid.*, n° 28.

(10) Roll., *individualité*, n° 23; Dict. not., *ibid.*, n° 29; Rouen, 13 fév. 1823; Cass. 7 mai 1825; J. N. 5450.

(11) Roll., *individualité*, n° 40; Dict. not., *ibid.*, n° 50; Poitiers, 21 mai 1824; contra Angers, 19 janv. 1828.

ils ne sont pas connus, on est dans l'usage de faire certifier leur individualité par deux officiers ou deux sous-officiers [Form. 29, 2°], et cela suffit pour mettre la responsabilité du notaire à couvert (1).

§ 5. — LECTURE, SIGNATURE

351. Avant la signature d'un acte, le notaire est tenu d'en donner lecture, et il doit faire mention que cette lecture a été faite aux parties, à peine de 20 fr. d'amende. [Form. 29 et suiv.] (*Loi 25 vent. an XI, art. 13, et 16 juin 1824, art. 10.*) — Le notaire donne en outre lecture, ce qu'il doit mentionner dans l'acte : s'il s'agit d'un contrat de mariage, des art. 1391 et 1394 du Code civil, *infra* Form. 507; et s'il s'agit, autrement que par adjudication, d'une transmission d'immeubles par vente, échange ou partage, ou d'une cession de fonds de commerce, des art. 12 et 13 de la loi du 23 août 1871; le tout à peine d'une amende de 10 francs. (*C. civ. 1394; Lois 23 août 1871, art. 14, 28 fév. 1872, art. 8, 3 août 1875, art. 11.*)

352. Les actes sont signés par les parties, les témoins et les notaires, qui sont tenus d'en faire mention à la fin de l'acte. [Form. 29.] Quant aux parties qui ne savent ou ne peuvent signer, le notaire doit faire mention à la fin de l'acte de leurs déclarations à cet égard [Form. 30] (*loi 25 vent. an XI, art. 14*), le tout à peine de nullité. (*Même loi, art. 68.*) (2).

353. La signature d'usage est : celle des hommes, leurs noms de famille, quelquefois avec un prénom : *Morel* ou *L. Morel;* celle des filles, leur nom de famille et leur prénom : *Louise Leroy;* celle des femmes mariées, leur nom de jeune fille suivi de celui de femme : *Lise Leroy, femme Morel;* celle des gérants de société commerciale, leur raison sociale : *Maupin-Lesueur et Cie*.

354. Si l'une des parties est atteinte de quasi-surdité, la lecture doit avoir lieu à très-haute voix, et il est bon de mentionner que cette partie a déclaré avoir entendu. [Form. 31.]

355. Lorsqu'un individu est atteint d'une surdité complète, on ne peut lui donner une lecture qu'il n'entendrait pas; mais, s'il sait lire, on lui donne l'acte à lire, ce qu'il suffit de mentionner (3). [Form. 32.] S'il ne sait pas lire, on le fait assister de personnes dont il comprend les signes, *supra n° 322.*

---

ligne, 3e bataillon, 4e compagnie, et M. Eugène Fleury, fourrier au même régiment, même bataillon, 1re compagnie, tous deux en garnison à E..., témoins qui ont attesté aux notaires soussignés l'individualité du comparant et sa capacité civile de contracter.

§ 5. — LECTURE, SIGNATURE

FORMULE 29. — Lecture de l'acte, — de dispositions de la loi. (N° 351.)

Après lecture, les parties ont..... — *S'il s'agit d'une mutation immobilière ou d'une cession de fonds de commerce :* Après lecture tant des présentes que des articles 12 et 13 de la loi du 23 août 1871 concernant les dissimulations, les parties ont....., etc.

FORMULE 30. — Signatures. — Parties ne sachant ou ne pouvant signer. (N°s 352, 353.)

Après lecture, les parties ont signé avec les notaires (*ou* avec les témoins et le notaire). (*Si une partie signe de la main gauche à cause d'un mal à l'autre main, on ajoute :*) Étant fait observer que M..... a signé de la main gauche, à cause de la paralysie (*ou autre infirmité*) de sa main droite. — *Ou bien :* après lecture, M. Lefroid a signé avec les notaires; quant à MM. Lucas et Dumont, ils ont déclaré, sur l'interpellation à eux faite individuellement : M. Lucas ne savoir signer, et M. Dumont ne pouvoir signer à cause du tremblement de sa main droite..... *ou* à cause de la cécité dont il est atteint.

FORMULE 31. — Partie atteinte de quasi-surdité. (N° 354.)

Après lecture à très-haute voix, à cause de la faiblesse de l'ouïe de M. Dumont, qui a déclaré avoir entendu, les parties ont signé avec les notaires.

FORMULE 32. — Individu complétement sourd. (N° 355.)

Après lecture aux parties par Me Dorlan, l'un des notaires soussignés, et après que

---

(1) Roll., *individualité*, n° 27; Dict. not., *ibid.*, n° 34.
(2) V. Caen, 14 nov. 1865; Pau, 5 fév. 1866; Lyon, 13 avril 1867.
(3) Coin-Delisle, 936, 2; Roll., *sourd-muet*, n° 22; Dict. not., *acte notarié*, n° 330.

356. La lecture à l'étranger ne comprenant pas le français doit lui être faite dans sa langue maternelle :

1° Par le notaire, si les notaire et témoins comprennent tous la langue de l'étranger, *supra n° 517* [Form. 33, 1°];

2° Et par l'interprète si les notaire et témoins ne connaissent pas la langue de l'étranger, *supra n° 519*. [Form. 33, 2°.]

Tout ce qui est dit au présent numero s'applique aussi aux Français qui parlent un idiome et ne comprennent pas la langue française, et la formule 33 leur est applicable.

357. Ce qui précède s'applique au sourd-muet assisté d'un interprète, *supra n° 522*, sauf que la lecture au sourd-muet a lieu par signes. [Form. 34, 1°.]

358. Lorsque le sourd-muet sait lire, *supra n° 523*, il suffit qu'il prenne lui-même lecture de l'acte (1). [Form. 34, 2°.]

359. L'acte reçu par un notaire comme substituant son collègue, *supra n° 506* [Form. 35], est porté sur les répertoires du notaire substituant et du notaire substitué, et, s'il est en minute, reste au notaire substitué, ce qui doit être mentionné dans l'acte (2), *supra n° 266*.

360. L'acte est enregistré au bureau d'enregistrement du notaire substitué, et c'est ce dernier qui perçoit les honoraires, délivre les grosses, expéditions, etc. (3).

---

lecture a été prise par M. Dumont, atteint d'une surdité complète, les parties ont signé avec les notaires.

FORMULE 33. — Étranger ne comprenant pas le français. (N° 356.)

1° *Traduction par le notaire*

Après lecture des présentes par Me Dorlan, d'abord en langue anglaise à M. Buler, puis en français à M.... (*l'autre partie*), les parties ont signé avec les notaires.

2° *Traduction par l'interprète*

Après lecture du présent acte par M. Labbé, interprète, à M. Buler, au moyen de la traduction en langue anglaise, et après lecture en français par Me Dorlan à M.... (*l'autre partie*) et à l'interprète, les parties ont signé avec l'interprète et le notaire. (*Si l'étranger signe en caractères particuliers, on ajoute* :) Étant fait observer que M.... (*l'étranger*) a signé son nom dans les caractères de sa langue.

FORMULE 34. — Sourd-muet. (Nos 357 et 358.)

1° *Assisté d'un interprète*

Après que lecture du présent acte a été prise par M. Dumont, sourd-muet, qu'une nouvelle lecture lui a été donnée par M. Ourly, en signes mimiques, et après lecture par Me Dorlan à l'interprète et aux autres parties, les parties ont signé avec l'interprète et les notaires.

2° *Non assisté d'interprète*

Après que lecture du présent acte a été prise par M. Dumont, sourd-muet, et après lecture par Me Dorlan à M.... (*l'autre partie*), les parties ont signé avec les notaires.

FORMULE 35. — Clôture d'un acte reçu par un notaire comme substituant son confrère (Nos 359 et 360.)

Après la mention de la lecture et de la signature, on ajoute :

Le présent acte, porté sur le répertoire de Me Dorlan, notaire substituant, et de Me Mignot, notaire substitué, reste au rang des minutes de ce dernier.

---

(1) Coin-Delisle, 956, 7; Roll., *sourd-muet*, nos 22, 25.

(2 et 3) Déc. min. fin. 11 nov. 1819; Dict. not., *subst. de not.*, n° 14.

361. Les actes reçus par un notaire commis pour la garde des minutes d'un collègue décédé, *supra* n° *308* [FORM. 36], sont portés sur le répertoire de l'étude du notaire décédé, *supra n° 267*, et ils restent dans l'étude de ce dernier notaire; mais le notaire commis doit s'en faire décharger par le successeur (1).

362. Si un notaire est constitué dépositaire en vertu d'un acte passé devant lui, il y a lieu de le décharger du dépôt lorsqu'il en fait la remise; la décharge, dans ce cas, est reçue par un autre notaire, elle est portée sur le répertoire de ce notaire seul, *supra n° 268*, et est enregistrée à son bureau d'enregistrement; mais la minute reste en la possession du notaire dont elle opère la libération, ce qui est constaté par la clôture de la décharge (2). [FORM. 37.]

§ 6. — CONSTATATION DE LA PRÉSENCE RÉELLE DU NOTAIRE EN SECOND OU DES DEUX TÉMOINS

363. Les actes notariés contenant donation entre-vifs, donation entre époux pendant le mariage, révocation de donation ou de testament, reconnaissance d'enfants naturels et les procurations pour consentir ces divers actes doivent, à peine de nullité [dont le notaire est responsable (3)], être reçus conjointement par deux notaires, ou par un notaire en présence de deux témoins. La présence réelle du notaire en second ou des deux témoins n'est requise qu'au moment de la lecture des actes par le notaire et de la signature par les parties; elle doit être mentionnée (4), à peine de nullité. (*Loi 21 juin 1843, art. 2.*) [FORM. 38 à 43.]

364. On décide généralement que la présence réelle du notaire en second ou des deux témoins n'est point exigée à peine de nullité pour les actes portant acceptation de donation, ni conséquemment pour les procurations portant pouvoir d'accepter (5); mais dans la pratique l'usage est d'énoncer la présence réelle pour ces actes, et il est prudent de se conformer à cet usage.

FORMULE 36. — Clôture d'un acte lorsqu'un notaire le reçoit comme gérant l'étude d'un confrère décédé. (N° 361.)

Après la mention de lecture et signature, on ajoute :

Le présent acte, porté sur le répertoire de l'étude de feu Me PETIT, reste au rang des minutes de cette étude.

FORMULE 37. — Clôture d'une décharge à un notaire, reçue par son collègue. (N° 362.)

Après la mention de la lecture et de la signature, on ajoute :

La minute du présent acte restée à Me.... (*le notaire* à *qui la décharge est donnée*).

§ 6. — CONSTATATION DE LA PRÉSENCE RÉELLE DU NOTAIRE EN SECOND OU DES DEUX TÉMOINS

FORMULE 38. — Toutes les parties signent. (Nos 363 à 366.)

La lecture du présent acte par Me DORLAN et la signature par les parties ont eu lieu en présence de Me MIGNOT, notaire en second (*ou* en présence des deux témoins instrumentaires).

FORMULE 39. — Parties ne sachant ou ne pouvant signer. (Nos 363 à 366.)

La lecture du présent acte par Me DORLAN, la signature par M. LEFROID, et la déclaration : par M. LUCAS de ne savoir signer, et par M. DUMONT de savoir signer, mais ne le pouvoir pour cause de tremblement de sa main droite, ont eu lieu en présence, etc. (*Voir* form. 38.)

---

(1) Debelleyme, *ordonnances*, p. 489, 490, 493; Roll., *minute*, n° 164, et *subst. de not.*, n° 12; Dict. not., *minute*, n° 417.

(2) Décis. min. fin. 11 nov. 1819.

(3) Dict. not., *acte notarié*, n° 135; Trib. Arras, 14 janv. 1847; Douai, 13 juin 1847; CONTRA Dijon, 12 août 1847; J. N. 13114.

(4) Voir Douai, 15 juin 1847; Dijon, 12 août 1847; Cass 8 nov. 1848; 28 nov. 1849; J. N. 13114, 13554, 13917.

(5) Jurisp. not., *dissertation*, art. 6991; Journal du not. 2e *série*, n° 626; Dict. not., *acte not.*, nos 112 et suiv. et *accept de don.*, n° 162; Journal des not., *dissertation*, art. 14106.

365. La présence réelle du notaire en second ou des témoins n'est pas obligatoire à peine de nullité dans les actes onéreux qui ont pour objet de déguiser une donation (1), ni dans les contrats de mariage (2), alors même qu'ils contiennent des donations aux époux ou entre époux (3). Cependant, si les contrats de mariage contiennent des stipulations en dehors des conventions habituelles du contrat de mariage, telles que : démission anticipée de biens, révocation de donation ou testament, reconnaissance d'enfants naturels, il est nécessaire de se conformer aux dispositions de la loi du 21 juin 1843. Nous conseillons de s'y conformer également pour les procurations à l'effet de faire une donation par contrat de mariage. Là, c'est une seule personne qui agit, la garantie de la réunion de famille n'existe pas, et la forme solennelle paraît rentrer dans l'esprit de la loi.

366. Les actes respectueux et les protêts sont également soumis à la présence réelle du notaire en second ou des témoins, bien qu'ils ne soient pas compris dans la loi du 21 juin 1843 (4); mais il n'y a pas nécessité de mentionner la présence réelle.

FORMULE 40. — Partie atteinte de quasi-surdité. (Nos 363 à 366.)

La lecture du présent acte par Me Dorlan, la déclaration par M. Dumont d'avoir entendu cette lecture, et la signature par les parties ont eu lieu en présence, etc. (*Voir* form. 38.)

FORMULE 41. — Individu complètement sourd. (Nos 363 à 366.)

La lecture du présent acte donnée par Me Dorlan aux parties, la lecture du même acte prise par M. Dumont, atteint d'une surdité complète, et la signature par les parties ont eu lieu en présence, etc. (*Voir* form. 38.)

FORMULE 42. — Partie ne comprenant pas le français. (Nos 363 à 366.)

1° *Traduction par le notaire*

La lecture du présent acte par Me Dorlan, d'abord par la traduction en langue anglaise à M. Buler, puis en langue française aux autres parties, et la signature par les parties ont eu lieu, etc. (*Voir* form. 38.)

2° *Traduction par un interprète*

La lecture du présent acte, d'abord par la traduction en langue anglaise par l'interprète à M. Buler, puis en langue française par Me Dorlan aux autres parties et à l'interprète, et la signature par les parties et l'interprète ont eu lieu en présence, etc. (*Voir* form. 38.)

FORMULE 43. — Sourd-muet. (Nos 363 et 366.)

1° *Assisté d'un interprète*

La lecture du présent acte, d'abord par l'interprète à M. Dumont, sourd-muet, en signes mimiques, puis par Me Dorlan aux autres parties et à l'interprète, et la signature par les parties et l'interprète ont eu lieu en présence, etc. (*Voir* form. 38.)

2° *Non assisté d'interprète*

La lecture du présent acte, d'abord prise par M. Dumont, sourd-muet, puis donnée par Me Dorlan aux autres parties, et la signature par les parties ont eu lieu, etc. (*Voir* form. 38.)

(1) Dict. not., *acte notarié*, n° 108; Limoges, 15 mai 1847; Cass. 6 fév. 1849 et 16 août 1853; Rouen, 27 fév. 1852; Amiens, 16 nov. 1852; Paris, 17 juill. 1854; J. N. 13091, 13647, 14714; Jur. N. 10341.

(2) Discussion loi du 21 juin 1843; Jurisp. not., *art.* 5726, 5727; Journ. des not., *art.* 15044; Troplong, *contr. de mar.*, n° 184; Rodière et Pont, *ibid.*, t. I, n° 130; Bordeaux, 27 mars 1853; J. N. 15044.

(3) Circulaire, chamb. not. Paris 21 juin 1843; Dict. not., *acte notarié*, nos 119 et suiv.; Bordeaux, 27 mars 1853; J. N. 15044.

(4) Dict. not., *acte notarié*, n° 139 et *acte respectueux*, n° 74.

§ 7. — CONSTATATION DES RATURES

367. Selon un usage constant, c'est à la fin de l'acte, à la marge, en face de l'énonciation de la lecture et de la signature, qu'on indique le nombre des mots, chiffres, lignes rayés (1), *supra n° 330*. [FORM. 44 à 46.] Lorsque l'acte est divisé en plusieurs parties signées, on énonce les ratures de chaque partie signée en marge de chacun des endroits où l'on constate la lecture et la signature. La mention de l'approbation des mots rayés mise à la suite des derniers mots qui forment la clôture de l'acte, ou dans le corps de l'acte lui-même, serait insuffisante (2).

368. Les barres tirées dans les lignes laissées en blanc, *supra n° 325*, doivent être approuvées par les parties au moment de la signature de l'acte, dans la même forme que les mots rayés, à peine de l'amende de 20 fr. à laquelle donne lieu un blanc (3). [FORM. 46.]

APPENDICE AU CHAPITRE CINQUIÈME

CADRE D'ACTE PASSÉ EN ALGÉRIE

SOMMAIRE

§ 7. — CONSTATATION DES RATURES

FORMULE 44. — Mots rayés. (N°s 326, 327, 367.)

Rayé dix-sept mots comme nuls dans le cours de l'acte ci-contre.	Après lecture, les parties ont signé avec les notaires.

FORMULE 45. — Mots et chiffres rayés. (N°s 320, 327, 367.)

Rayé dix-sept mots et cinq chiffres comme nuls dans le cours de l'acte ci-contre.	Après lecture, les parties ont signé avec les notaires.

FORMULE 46. — Mots et chiffres rayés, barres tirées dans les blancs. (N°s 325 *bis* et 368.)

Dans le cours de l'acte ci-contre rayé onze mots, cinq chiffres et trois lignes écrites comme nuls, et tiré deux barres dans autant de lignes laissées en blanc.	Après lecture, les parties ont signé avec les notaires.

(1) Roll., *rature*, n° 10; Dict. not., *rature*, n° 18; Bruxelles, 28 mars 1849; J. N. 13918.

(2) Orléans, 28 mars 1821, Montpellier, 13 fév. 1829; Bruxelles, 28 mars 1849; J. N. 13919.

(3) Circul. garde des sceaux 8 juill. 1823 et 30 août 1825; Trib. Versailles, 19 déc. 1845; Seine, 20 janv. 1846; Amiens, 3 déc. 1841; Rennes, 14 juill. 1845; Paris, 11 déc. 1847; Orléans, 29 janv. 1852; Cass. 21 juill. 1852; Ancenis, 28 avril 1865; J. N. 13274, 14746, 18577; Nivelle, 15 fév. 1866; R. P. 2453; CONTRA Roll., *blanc*, n° 17; Trib. Seine, 30 mai 1832 et 5 janv. 1842; V. Die, 20 juin 1866; J. N. 18708

§ 1. — PRÉAMBULE

369. Les actes notariés sont reçus en Algérie par le notaire, en présence de deux témoins, et s'il s'agit d'un testament par acte public, en présence de quatre témoins, mâles, majeurs, citoyens français, jouissant de leurs droits civils et justifiant de leurs inscriptions sur les listes électorales, sachant signer et domiciliés dans l'arrondissement communal [c'est-à-dire administratif et judiciaire] où l'acte est passé. (*Décret, 26 octobre 1886*, modifiant l'art. 15 de l'arrêté ministériel du 30 décembre 1842.)

370. Des parents ou alliés, soit du notaire, soit des parties contractantes, en ligne directe à tous les degrés, et en ligne collatérale jusqu'au degré d'oncle ou de neveu inclusivement, leurs clercs et leurs serviteurs ne peuvent être témoins. (*Arrêté ministériel, 30 décembre 1842, art. 30 et loi 25 ventôse an XI, art. 10*, § 2.)

371. Ce qui est dit *supra nº 295* est applicable aux notaires d'Algérie, à l'exception de la disposition

APPENDICE. — CADRE D'ACTE PASSÉ EN ALGÉRIE

§ 1. — PRÉAMBULE

FORMULE 47. — Notaire et témoins. (Nºs 369 à 372.)

PAR-DEVANT Mᵉ L....., notaire à Bône (Algérie),

En présence de MM. Louis-Auguste PERRIER, pharmacien, et Charles-Vincent WARGNIER, agriculteur, tous les deux demeurant à Bône,

Témoins instrumenteurs requis.

relative à la parenté entre notaires, les actes, en Algérie, ne pouvant être reçus que par un seul notaire en présence de témoins. (*Même arrêté, art. 30 et 33, § 8.*)

372. Les actes doivent énoncer : 1° les nom et lieu de résidence du notaire qui les reçoit; 2° les noms, âge, profession et demeure des témoins, *supra nos 296 et 301.* (*Même arrêté, art. 17.*)

373. Toutes les fois qu'une personne ne parlant pas la langue française est partie ou témoin dans un acte, le notaire doit, outre les témoins ordinaires, *supra no 369,* être assisté d'un interprète assermenté (*Même arrêté du 30 déc. 1842, art. 22, et décret du 25 avril 1851*), qui explique l'objet de la convention avant toute écriture, explique de nouveau l'acte rédigé, et signe comme témoin additionnel. (*Même arrêté, art. 16.*) [FORM. 51.]

374. Les parents ou alliés, soit du notaire, soit des parties contractantes, en ligne directe à tous les degrés, et en ligne collatérale jusqu'au degré d'oncle ou de neveu inclusivement, ne peuvent remplir les fonctions d'interprète dans le cas prévu au numéro précédent. Ne peuvent non plus être pris pour interprètes d'un testament les légataires, à quelque titre que ce soit, ni leurs parents ou alliés, jusqu'au degré de cousin germain inclusivement. (*Même art.*)

375. Les actes doivent énoncer les noms et demeure de l'interprète, ainsi que l'accomplissement des interprétations prescrites *supra no 373.* (*Même arrêté, art. 17.*)

376. En cas de maladie, d'absence ou d'empêchement autre que celui résultant soit d'une suspension disciplinaire, soit de parenté ou d'alliance, les notaires peuvent être substitués, avec l'autorisation préalable du procureur de la rép. de leur ressort, par un autre notaire de la même résidence. [FORM. 52.] Le notaire suppléé et le notaire substituant sont solidairement responsables de toute inobservation des formalités prescrites pour la validité de l'acte, et passibles, selon les circonstances, en cas de contraventions, des mêmes peines disciplinaires. (*Même arrêté, art. 54.*)

377. Aucun notaire suspendu de ses fonctions ne peut, pendant la durée de la suspension, se faire

---

FORMULE 48. — Notaire instrumentant seul. (No 369.)

Voir formule 11.

FORMULE 49. — Acte à la suite. (No 310.)

Voir formule 12.

FORMULE 50. — Procès-verbaux divers. (No 311.)

Voir formule 13.

FORMULE 51. — Interprète. (Nos 373 à 375.)

Si le notaire est assisté d'un interprète, on ajoute après l'énonciation des témoins instrumentaires :

En outre, Me L....., assisté de M. Ulysse BRAVARD, interprète assermenté près le tribunal civil de Bône, demeurant à Bône, appelé par les parties pour entendre leurs volontés sur l'objet de leurs conventions, manifestées par M. MOHAMMED-BEN-ABDEL en langue arabe, et par M. DUVAL en langue française, que M. BRAVARD a rendues et expliquées, avant toute écriture en langue arabe et en langue française, aux parties et aux notaire et témoins.

Si c'est un des témoins qui ne parle pas français :

En outre..... appelé par les parties, qui a expliqué avant toute écriture l'objet de la convention, en langue espagnole, à M. WER, témoin espagnol ne connaissant pas le français.

FORMULE 52. — Notaire substituant l'un de ses collègues. (Nos 376 et 377.)

PAR-DEVANT Me D....., notaire à Mostaganem (Algérie), soussigné,

Ledit Me D..... substituant, pour cause d'absence momentanée, Me C....., son collègue, notaire en la même ville, en vertu de l'autorisation de M. le procureur de la rép. près le tribunal civil de Mostaganem, contenue en sa lettre du.....

En présence de..... (*Le surplus comme en la formule 47.*)

substituer, même pour la délivrance des grosses ou expéditions des actes déposés dans son étude, sous peine de révocation, sans préjudice de peines plus graves s'il y a lieu. Cependant, s'il est nécessaire de délivrer des grosses ou expéditions desdits actes, *voir infra n° 537*. (*Même arrêté, art. 55.*)

378. Dans les lieux où il n'existe qu'un seul notaire en exercice, si ce notaire est empêché par un des motifs énoncés aux art. 54 et 55, *supra nos 376 et 377*, ou pour cause de parenté ou d'alliance, il peut être provisoirement remplacé, sur la demande expresse des parties intéressées et avec l'autorisation du procureur de la rép. du ressort, soit par le greffier du tribunal de première instance, soit par celui de la justice de paix, et, à défaut du tribunal de première instance ou de paix, par le secrétaire du commissariat civil de la résidence du notaire. [Form. 53.] En ce cas, l'autorisation délivrée par le procureur de la rép. et la cause de l'empêchement du notaire doivent être énoncées dans l'acte dressé ou dans les grosses ou expéditions délivrées par le substituant. Le substituant doit se conformer d'ailleurs, soit pour la rédaction et la forme des minutes ou brevets, soit pour la délivrance des grosses ou expéditions, à toutes les règles prescrites pour les notaires, au moyen de quoi ses actes valent comme actes notariés. Dans les divers cas prévus au présent numéro, le substituant peut percevoir à son profit, indépendamment des honoraires, la moitié des vacations et droits réglés par l'art. 35, *supra n° 174 et suiv.* (*Même arrêté, art. 56.*)

§ 2. — PARTIES

379. Les actes des notaires doivent énoncer les noms, prénoms, qualités et demeures des parties [Form. 54], à peine de 20 fr. d'amende. (*Même arrêté, art. 17 et 51.*) A cet égard, voir les dispositions concernant les notaires de France, rapportées *supra nos 312 à 315*, qui sont applicables aux notaires de l'Algérie. (*Même arrêté, art. 50.*)

380. Ils doivent aussi énoncer les procurations des contractants, lesquelles, certifiées par les parties qui en font usage, demeurent annexées à la minute, à peine de 20 fr. d'amende contre le notaire contrevenant. (*Même arrêté, art. 17, 51.*) A cet égard, voir *supra le n° 316*, qui est applicable aux notaires de l'Algérie. (*Même arrêté, art. 50.*)

381. En ce qui concerne les sourds-muets [Form. 55], voir ce qui est dit *supra nos 321 à 325*.

§ 3. — CORPS DE L'ACTE

382. Les actes des notaires doivent être écrits en langue française, en un seul contexte, lisiblement,

---

FORMULE 53. — Greffier (ou secrétaire du commissariat civil) substituant un notaire. (N° 378.)

Par-devant Me B....., greffier de la justice de paix à la résidence de Bouffarick, arrondissement de Blidah (Algérie).

Ledit Me B..... substituant, pour cause d'absence momentanée, Me M....., seul notaire à la résidence de Bouffarick, à la réquisition expresse des parties ci-après nommées, et en vertu de l'autorisation de M. le procureur de la rép. près le tribunal civil de Blidah, contenue en sa lettre du.....

En présence de.. .. (*Le surplus comme en la formule 47.*)

§ 2. — PARTIES

FORMULE 54. — Comparution. (Nos 379 et 380.)

A comparu M. Vincent Tudlay, négociant, demeurant à Oran, rue Impériale, n° 14;

Agissant tant en son nom personnel qu'au nom et comme mandataire de M. Denis Tudlay, son frère, etc. (*Le surplus comme en la formule 15.*)

FORMULE 55. — Sourd-muet. (N° 381.)

Voir formule 17.

§ 3. — CORPS DE L'ACTE

FORMULE 56. — Abréviations permises. (N° 382.)

Voir formule 18.

sans abréviation, blanc, lacune ni intervalle. [Form. 56, 57.] Les sommes et les dates doivent être écrites en toutes lettres; le tout à peine de 20 fr. d'amende contre le notaire contrevenant. (*Même arrêté, art. 17, 31.*) Voir à cet égard *supra les nos 324 et 325* qui sont applicables aux notaires de l'Algérie. (*Même arrêté, art. 30.*)

383. Le nombre des mots rayés dans tout le texte de l'acte doit aussi être approuvé par l'initiale du nom propre ou le paraphe de chacune des parties, des témoins, et du notaire, à peine de 10 fr. d'amende contre le notaire contrevenant. (*Même arrêté, art. 17, 31.*) Voir *supra les nos 330 et 331*, applicables aux notaires de l'Algérie. (*Ibid., art. 30.*)

384. Les renvois en marge et au bas des pages [Form. 58] doivent être approuvés par l'initiale du nom propre ou le paraphe de chacune des parties, des témoins et du notaire. (*Même arrêté, art. 17.*) Voir *supra les nos 328 à 331*, applicables aux notaires de l'Algérie. (*Ibid., art. 30.*)

385. Les actes doivent exprimer les sommes en francs, décimes et centimes, et en mesures métriques les quantités, poids ou mesures. [Form. 59.] Toutefois, les sommes et quantités peuvent être exprimées par les appellations usitées en Algérie ou dans le lieu du domicile des contractants, pourvu qu'elles soient, à la suite de la traduction ou conversion en dénominations nouvelles, conformes au système décimal ou métrique de France, le tout à peine de 20 fr. d'amende contre le notaire contrevenant. (*Même arrêté, art. 17 et 31; ordonn. roy. du 26 déc. 1842, art. 5; supra nos 332 à 336.*)

386. Dans les actes translatifs de propriétés immobilières, les notaires doivent énoncer la nature, la situation, la contenance, les tenants et aboutissants des immeubles, les noms des précédents propriétaires [Form. 60, 61], et, autant qu'il se peut, le caractère et la date des mutations successives. (*Même arrêté, art. 21.*)

387. Les notaires sont tenus d'annexer aux actes par eux reçus l'original, ou, en tout cas, la traduction certifiée par un interprète assermenté, *supra nos 373 et suiv.*, et signée des parties, des actes émanés des officiers publics indigènes ou de tous fonctionnaires étrangers, et auxquels les nouvelles conventions se réfèrent. [Form. 62.] Le contenu desdites pièces doit être, en outre, mentionné sommairement dans l'acte auquel elles sont annexées. (*Même arrêté, art. 18.*)

FORMULE 57. — Blancs. (Nos 325 *bis*.)

Voir formule 19.

FORMULE 58. — Renvoi. (Nos 328 à 331 et no 384.)

Voir formule 20.

FORMULE 59. — Poids et mesures. — Numération décimale. (No 385.)

Voir formule 21.

FORMULE 60. — Désignation d'immeuble. (No 386.)

Une maison construite en pierre, couverte en ardoises, située à Alger, rue...., etc. (*Le surplus, voir formule 254.*)

FORMULE 61. — Origine de propriété. (No 386.)

L'immeuble susdésigné appartient à M...., etc.

FORMULE 62. — Énonciation d'acte reçu par un officier public indigène. (No 387.)

Aux termes d'un écrit en langue arabe reçu par Mohammed-ben-Mouloud, cadi à la résidence de Médéah, le....., le nommé..... et le nommé......., tous deux musulmans, ont....., etc. (*Mentionner sommairement les conventions y contenues.*) Ledit acte et la traduction, qui en a été certifiée par M. Cohen-Solal, interprète assermenté près le tribunal civil de Médéah, non encore enregistrés, mais devant l'être avant ou en même temps que ces présentes, sont demeurés ci-annexés après avoir été signés des parties, et que sur chacun d'eux il a été apposé une mention de l'annexe.

388. Lorsque l'état d'une partie qui s'oblige, par acte passé devant eux, ne leur est pas connu, les notaires doivent, indépendamment de l'attestation prescrite par l'art. 19, *infra nos 392 et 393*, exiger, avant la passation de l'acte, la représentation du contrat de mariage de ladite partie si elle se déclare mariée, ou son affirmation personnelle et sous serment qu'elle n'a point fait de conventions matrimoniales, à moins, si elle est mariée depuis le 1er janvier 1851, qu'elle ne lui représente son acte de mariage constatant qu'elle n'a pas fait de conventions matrimoniales (*C. N.*, *76*), et, si elle déclare n'être point mariée, son affirmation, également sous serment, que réellement elle ne l'est pas. [FORM. 63.] L'accomplissement de ce qui précède doit être expressément constaté dans l'acte par le notaire, à peine contre lui de tous dommages et intérêts s'il y a lieu. (*Même arrêté, art. 20.*)

388 *bis.* Lorsqu'un acte est soumis à l'approbation du préfet ou d'un directoire central, *voir supra n° 337*.

§ 4. — CLOTURE

389. Les actes doivent énoncer le lieu, l'année et le jour où ils sont passés [FORM. 64] (*même arrêté, art. 17*), à peine de nullité et même de faux si le cas y échoit. (*Loi 25 vent. an XI, art. 68, auquel renvoie l'art. 30 de l'arrêté.*)

390. En ce qui concerne le lieu et la date, *voir supra nos 358 et suiv.*

391. Pour la clôture de l'acte, lorsque la présence réelle des témoins est exigée [FORM. 66], *voir supra nos 342 à 344.*

FORMULE 63. — État des personnes. (N° 388.)

1° *Représentation de contrat de mariage*

M. et Mme....., ont représenté au notaire soussigné une expédition de leur contrat de mariage passé devant Me......., notaire à....., le......., duquel il résulte qu'ils sont soumis au régime de la communauté réduite aux acquêts.

2° *Absence de contrat de mariage*

M. et Mme..... ont affirmé, par serment prêté aux mains du notaire soussigné, qu'ils se sont mariés à la mairie de....., le....., sans avoir fait de contrat de mariage (*ou* M. et Mme..... ont représenté au notaire soussigné l'expédition de leur acte de mariage inscrit sur les registres de l'état civil de la mairie de....., le....., et constatant qu'ils n'ont pas fait de conventions matrimoniales).

3° *Partie non mariée*

M..... (*ou* Mlle .....) a affirmé par serment, prêté aux mains du notaire soussigné, qu'il (*ou* qu'elle) n'est et n'a jamais été marié.

FORMULE 63 *bis.* **— Acte soumis à l'approbation du préfet.** (N° 338 *bis.*)

Voir formule 22.

§ 4. — CLOTURE

FORMULE 64. — Lieu. (Nos 389 et 390.)

Voir formule 25.

FORMULE 65. — Date. (Nos 389 et 390.)

Voir formule 26.

FORMULE 66. — Clôture d'un acte lorsque la présence réelle des témoins est exigée. (Nos 342 à 344.)

Voir formule 27.

392. Si le nom, l'état et la demeure des parties ne sont pas connus du notaire qui reçoit leurs conventions, ils doivent lui être attestés [FORM. 67] par deux témoins connus de lui et ayant les mêmes qualités que celles qui sont requises pour être témoins instrumentaires (*supra nos 369, 370, et même arrêté, art. 19*). Les noms, prénoms, qualités et demeures des témoins certificateurs doivent être énoncés dans l'acte, à peine de 20 fr. d'amende contre le notaire contrevenant. (*Loi 25 vent. an XI, art. 13; même arrêté, art. 30; supra nos 345 à 349.*)

393. En matière de transaction immobilière ou de contrat hypothécaire, l'existence des immeubles qu'il s'agit d'aliéner ou d'hypothéquer doit être également connue du notaire instrumentaire ou lui être attestée, ainsi qu'il est dit au précédent numéro. (*Même arrêté, art. 19.*)

394. Les actes doivent énoncer la lecture faite aux parties par le notaire, à peine de 20 fr. d'amende (*loi 25 vent. an XI, art. 13; même arrêté, art. 17, 31*); ils doivent aussi, à peine de nullité, énoncer les signatures des parties, du notaire et des témoins, ou la déclaration que les parties ne savent ou ne peuvent signer. (*Loi 25 vent. an XI, art. 14; même arrêté, art. 30.*) Voir à cet égard *supra les nos 351 à 355*, qui sont applicables aux notaires de l'Algérie (*même arrêté, art. 30*).

395. Après que l'acte a été rédigé et avant sa signature, l'interprète doit l'expliquer à celle des parties qui ne connaît pas la langue française, ce que l'acte doit énoncer. [FORM. 69.] (*Même arrêté, art. 16 et 17; supra nos 373 et suiv.*)

396. Les signatures qui ne sont pas écrites en caractères français doivent être traduites en français, et la traduction en est certifiée et signée au pied de l'acte par l'interprète. [FORM. 69.] (*Même arrêté, art. 16.*)

397. La minute de l'acte reçu par le notaire substituant reste en l'étude du notaire substitué, ce qui est énoncé dans l'acte. [FORM. 70]. La minute doit, en outre, être portée à la fois sur le répertoire du notaire substitué et sur celui du notaire substituant, avec mention par celui-ci que cette minute est restée au notaire suppléé. (*Même arrêté, art. 54.*)

398. Au cas où le notaire est substitué par un greffier ou par le secrétaire du commissariat civil,

---

FORMULE 67. — Témoins certificateurs. (Nos 392 et 393.)

En présence de MM. Auguste DUBOIS, négociant, et Charles-Louis BELIN, marchand, âgés, le premier, de cinquante-deux ans et, le second, de trente ans, tous les deux demeurant à Philippeville depuis plus d'un an, témoins qui ont attesté au notaire soussigné : 1° le nom, l'état et la demeure de M...., et sa capacité civile de contracter; 2° l'existence de l'immeuble ci-dessus vendu (*ou* hypothéqué, échangé, loué, donné, etc.).

FORMULE 68. — Lecture; signature. (No 394.)

Voir formules 29, 30, 31, 32, 34.

FORMULE 69. — Explication de l'acte par l'interprète. (Nos 395 et 396.)

Après que M. BRAVARD, interprète, a eu lu et expliqué le présent acte en langue arabe à MOHAMMED-BEN-ABDEL, et après lecture donnée par Me L....., les parties ont signé avec M. BRAVARD, témoin additionnel, les témoins instrumentaires et le notaire; étant fait observer que la signature par MOHAMMED-BEN-ABDEL est écrite en caractères arabes et va être traduite par M. BRAVARD (*ou s'il ne sait signer* : à l'exception de MOHAMMED-BEN-ABDEL qui, sur l'interpellation faite par M. BRAVARD, lui a déclaré ne savoir écrire ni signer).

FORMULE 70. — Clôture d'un acte reçu par un notaire comme substituant un confrère. (No 397.)

Voir formule 35.

FORMULE 71. — Clôture d'un acte reçu par un greffier ou secrétaire du commissariat civil, comme substituant un notaire. (No 398.)

Après la mention de lecture et signature, on ajoute :

Le présent acte, porté sur le répertoire de Me B...., greffier substituant, sera déposé au rang des minutes de Me M....., notaire substitué.

supra n° *378* [Form. 71], la minute de l'acte dressé par le substituant doit être déposée dans l'étude du notaire substitué, et si celui-ci est suspendu de ses fonctions, dans l'étude de celui des notaires les plus voisins qui est désigné par les parties intéressées. (*Même arrêté, art. 36.*)

398 *bis.* Lorsque la présence réelle des deux témoins est exigée, *voir supra* n°s *362 à 366.*

399. Lorsque le notaire est assisté d'un interprète à raison de ce que l'une des parties ne connaît pas la langue française, *supra n° 373*, et si l'acte est de ceux pour lesquels la présence réelle des témoins est exigée, *supra n° 362*, on doit constater que la lecture et l'explication, par l'interprète à la partie dans la langue dont elle parle, ont eu lieu en présence des témoins [Form. 73]; de même, on doit constater que la traduction de la signature et, si la partie ne signe pas, que sa déclaration de ne savoir signer ont eu lieu en présence des témoins.

400. Les ratures dans l'acte sont constatées ainsi qu'il est dit *supra n°s 367 et 368.*

401. Si un notaire décède avant d'avoir signé l'acte qu'il a reçu, mais après la signature des parties contractantes et des témoins, le tribunal de première instance du ressort peut, sur la demande des parties intéressées ou de l'une d'elles, ordonner que cet acte sera régularisé par la signature d'un autre notaire du même arrondissement. [Form. 75.] Dans ce cas, l'acte vaut comme s'il avait été signé par le notaire instrumentaire. (*Même arrêté, art. 24.*)

FORMULE 72. — Constatation de la présence réelle des deux témoins. (N°s 362 à 366.)

Voir formules 38, 39, 40, 41, 43.

FORMULE 73. — Constatation de la lecture et de l'explication par l'interprète. (N° 399.)

La lecture et l'explication en langue arabe du présent acte par M. Bravard, interprète, à Mohammed-ben-Abdel, la lecture aux parties par Me L....., la signature par les parties et par M. Bravard, et la traduction en français de la signature de Mohammed-ben-Abdel par M. Bravard ont eu lieu en présence des témoins instrumentaires. (*Ou si l'Arabe ne sait signer* : la signature par..., l'interpellation de signer que M. Bravard déclare avoir faite à Mohammed-ben-Abdel, la réponse de celui-ci et l'affirmation de M. Bravard que Mohammed-ben-Abdel lui a déclaré ne savoir signer ont eu lieu en présence des témoins instrumentaires.)

FORMULE 74. — Constatation des ratures. (N°s 367 et 368.)

Voir formules 44, 45 et 46.

FORMULE 75. — Signature d'un acte par un autre notaire que celui qui l'a reçu, par suite de son décès. (N° 401.)

Après les signatures, le notaire signataire met cette mention :

Me L....., notaire à Constantine, étant décédé le....., avant d'avoir signé le présent acte qu'il avait reçu, ledit acte a été signé cejourd'hui..... par Me V....., notaire en la même ville, en vertu d'une ordonnance sur requête rendue par le tribunal civil de Constantine, le.....

(Signature.)

CHAPITRE SIXIÈME

ACTE IMPARFAIT

—

SOMMAIRE

FORMULES

402. On appelle acte imparfait celui qui n'a point acquis sa perfection par suite de l'inaccomplissement de toutes les formalités voulues pour sa validité; tel est : 1° celui qui n'est point signé de toutes les parties y dénommées, ou ne contient point, de la part d'une ou de plusieurs des parties, ne sachant point signer, une déclaration précise suppléant au défaut des signatures; jugé, à cet égard, que le président du tribunal a pu considérer comme acte imparfait, et ordonner qu'il en soit délivré copie, un testament écrit par le notaire, mais resté inachevé, le testateur ayant perdu connaissance au moment où allaient s'accomplir les dernières formalités légales, et n'ayant plus recouvré le sentiment (1); 2° l'acte revêtu de la signature de toutes les parties ou contenant les déclarations de ne savoir signer, mais non signé des témoins instrumentaires ou des notaires; 3° enfin, l'acte revêtu des signatures des parties, des témoins et du notaire, mais qui n'est point authentique par l'incompétence ou l'incapacité du notaire, ou par un défaut de forme (2). [*Loi 25 vent. an XI, art. 68.*]

403. Nous verrons, au titre des *Contrats ou Obligations*, si un acte imparfait peut produire quelque effet.

404. Si l'une des parties signataires d'un acte resté imparfait croit avoir intérêt de le produire, elle peut s'en faire délivrer une copie par le notaire qui en est dépositaire.

405. Mais le notaire ne peut de sa seule autorité en faire la délivrance. A cet effet, la loi trace les règles suivantes :

406. La partie qui veut obtenir copie d'un acte resté imparfait présente requête, par le ministère d'un avoué, au président du tribunal civil de la résidence du notaire qui en est dépositaire. (*C. Pr., 841.*)

FORMULE 76. — Procès-verbal de délivrance d'acte imparfait. (Nos 402 à 412.)

L'an mil huit cent soixante....., le lundi neuf janvier, à midi,

A E....., en l'étude de Me D....., notaire,

PAR-DEVANT ledit Me D..... et l'un de ses collègues, notaires à E....., soussignés,

A COMPARU M. Denis LAPLACE, propriétaire-cultivateur, demeurant à N.....,

Lequel a dit ce qui suit :

A la date du quinze décembre dernier, Me D..... a rédigé un contrat énonçant que M. Louis DUBOIS, cultivateur, et Mme Héloïse SANSON, son épouse, demeurant ensemble à G....., ont vendu à M. LAPLACE, comparant, une maison sise à N....., édifiée sur un terrain en cour et jardin, de la contenance de dix-huit ares, section A, nos 81, 82 et 83 du plan cadastral, dépendant de la communauté existant entre M. et Mme DUBOIS, moyennant

(1) Caen, 15 déc. 1857; Cass. 28 avril 1862; J. N. 16412, 17424. CONTRA Bordeaux, 5 août 1841; J. N. 11160.

(2) Pigeau, II, p. 326; Roll., *acte imparfait*, nos 5 et suiv.; Dict. not., *ibid.*, no 2. V. Cass. 6 janv. 1866; J. N. 18435.

407. A la suite de la requête, le président ordonne la délivrance de la copie, s'il y a lieu. (*C. Pr. 842.*)

408. La partie, munie de l'original de l'ordonnance, se présente devant le notaire et requiert la délivrance de la copie dont elle offre de payer les frais, ainsi que ceux du procès-verbal.

409. Si le notaire croit devoir la délivrer, il fait préalablement enregistrer l'acte imparfait, et ensuite fait la délivrance de la copie. (*C. Pr. 842.*)

410. La comparution, les dires et la délivrance sont constatés par le notaire, qui en dresse un procès-verbal [Form. 76], auquel l'ordonnance reste annexée (1).

411. Si le notaire ne croit point devoir délivrer la copie, ce qui est prévu par les art. 842 et 843, C. Pr. (2), il énonce son refus dans le procès-verbal constatant la demande de copie; alors la partie doit introduire contre le notaire un référé devant le président du tribunal (*C. Pr. 843.*)

412. Si le président reconnaît que le refus n'était pas fondé, le notaire est passible d'une action en dommages-intérêts, lorsque la partie a éprouvé quelque préjudice par suite du retard (3).

413. Le notaire doit faire mention de l'ordonnance du président au bas de la copie délivrée. (*C. Pr. 844.*) [Form. 77.]

414. La copie d'un acte imparfait se délivre dans la même forme que les expéditions, en conséquence elle n'est signée que du notaire dépositaire de l'acte, et n'a pas besoin d'être enregistrée.

415. Tout ce qui est dit, *supra nos 402 à 414*, s'applique aux notaires de l'Algérie. (*Arrêté du 30 déc. 1842, art. 30 et 31.*) Il en est de même des Form. 76 et 77.

---

deux mille francs de prix, stipulés payables le quinze décembre mil huit cent soixante...., avec intérêt à cinq pour cent par an, à partir du jour du contrat.

Cet acte est resté imparfait entre les mains de Me D....., l'un des notaires soussignés, qui ne l'a ni revêtu de sa signature, ni fait revêtir de la signature d'un de ses collègues, ni porté sur son répertoire, par le motif que Mme Dubois s'est refusée à le signer.

Suivant une ordonnance sur requête, rendue par M. le président du tribunal civil de E....., le six janvier présent mois, enregistrée, M. Laplace, comparant, a été autorisé à se faire délivrer une copie de ce contrat.

L'original de laquelle ordonnance est demeuré ci-annexé, après que dessus mention de l'annexe a été apposée.

En conséquence, M. Laplace a requis Me D....., l'un des notaires soussignés, de lui délivrer la copie dudit acte imparfait.

A l'instant, Me D....., après avoir fait enregistrer l'acte imparfait, en a délivré au comparant une copie entièrement conforme à l'original.

De tout ce que dessus a été dressé le présent procès-verbal, qui a été fait et rédigé dans le lieu susindiqué.

Les jour, mois et an susdits.

Après lecture, le comparant a signé avec les notaires.

FORMULE 77. — Expédition d'acte imparfait. (Nos 413 à 415.)

Après avoir copié littéralement et d'une manière conforme à l'original, on rapporte les signatures et la relation de l'enregistrement, puis on ajoute la mention suivante :

L'an mil huit cent soixante....., le neuf janvier, ces présentes ont été collationnées par Me D...., notaire à E...., soussigné, sur l'acte dont copie précède, revêtu seulement des signatures de MM. Laplace et Dubois, et délivrées à M. Laplace, l'une des parties, en vertu d'une ordonnance de M. le président du tribunal civil de E...., en date d'hier, dont l'original enregistré est demeuré annexé à la minute du procès-verbal de délivrance de la présente copie dressé par Me D....., soussigné, et son collègue, cejourd'hui, le tout étant en la possession de Me D.....

---

(1) Dict. not., *acte imparfait*, no 29.

(2) Dict. not., *acte imparfait*, no 33; Roll., *ibid.*, no 30; Pigeau, II, p. 334; Carré, *sur l'art. 842 Pr.*

(3) Carré, *loc. cit.*; Dict. not., *acte imparfait*, no 37.

CHAPITRE SEPTIÈME

MINUTES — BREVETS — DÉPOTS

—

SOMMAIRE

§ 1. — MINUTES

SOMMAIRE

416. On appelle minute l'original d'un acte notarié resté en la possession du notaire rédacteur, pour en délivrer expédition, grosse, extrait.

417. Les notaires, sous la seule exception des actes en brevet, *infra nºˢ 455 et suiv.*, sont tenus de conserver minute de tous les actes qu'ils reçoivent, à peine de nullité (1) et de tous dommages-intérêts, s'il y a lieu, contre le notaire. (*Loi 25 vent. an XI, art. 1ᵉʳ, 20, 68.*)

418. Toutefois l'acte qui est signé de toutes les parties, et dont il ne serait pas resté minute, vaudrait comme écriture sous signature privée, sauf aussi, s'il y a lieu, les dommages-intérêts contre le notaire, à raison du préjudice qui pourrait résulter du défaut d'authenticité.

419. Mais pour que l'acte vaille comme écrit sous seings privés, il faut qu'il ne soit pas du nombre de ceux pour lesquels la forme authentique est exigée à peine de nullité, tels que les donations, testaments, contrats de mariage, procurations relatives à ces divers actes.

420. Lorsque l'acte est reçu par un notaire avec l'assistance de son collègue non dénommé ou de deux témoins, *supra nº 294*, c'est à lui qu'appartient la garde de la minute.

421. Mais si l'acte est reçu par deux notaires en nom, à raison de ce que les deux notaires ont été appelés par leurs clients, parties à l'acte, auquel des deux notaires appartient, dans ce cas, la garde de la minute? Habituellement, c'est à celui des notaires dont les clients ont le plus d'intérêt à la conservation de l'acte; ainsi, au notaire de l'acheteur, du prêteur, du débiteur qui se libère, etc.; au surplus, les statuts locaux règlent toutes les difficultés susceptibles d'être soulevées à cet égard.

422. Les notaires, étant tenus de garder dépôt de leurs minutes, sont responsables de leur conservation envers les parties et la société (2); si une minute est égarée, le notaire doit la rechercher par tous les moyens possibles, même par la visite domiciliaire si un tiers s'en est emparé, ou si elle lui a été remise par mégarde. Si elle est perdue, le notaire est responsable du dommage occasionné par cette perte. (*C. N. 1140.*)

---

(1) Toutefois jugé qu'un acte notarié n'est pas nul par le seul fait que le notaire instrumentaire en a déposé la minute dans l'étude d'un autre notaire, lors même que ce dernier, à raison de son alliance avec l'une des parties intéressées, ou comme intéressé lui-même à l'acte, était incapable de le recevoir. Nîmes, 4 mai 1857; Cass. 6 janv. 1862; J. N. 17352.

(2) Roll., *perte d'un acte*, nº 7; Dict. not., *perte d'acte*, nº 2, et *minute*, nº 190; Douai, 1ᵉʳ juill. 1816; Riom, 28 fév. 1825; Rennes, 16 avril 1836; arg. Cass. 20 janv. 1841. J. N. 2115, 9576. Voir Paris, 22 juin 1866; J. N. 18567.

423. Mais si la perte est survenue par suite d'accidents de force majeure, comme le feu du ciel, des ravages de guerre, une inondation, un incendie, le notaire n'en pas responsable (1), surtout s'il s'est immmédiatement adressé au procureur de la rép. pour faire constater le fait (2).

424. Dans les cas indiqués au numéro précédent, il est de l'intérêt du notaire et des parties que la preuve des conventions soit rétablie; à cet effet, le notaire ou la partie intéressée peut obtenir, sur requête présentée au président du tribunal, l'autorisation de faire rapporter les expéditions ou extraits délivrés, afin qu'il en soit pris une copie qui tienne lieu de minute (3). En outre, le notaire, après autorisation du juge de paix obtenue sur requête, peut compulser sur les registres d'enregistrement les relations des actes dont les minutes ont été détruites (4). [*Loi 22 frim. an VII, art. 58.*] Il peut aussi se faire délivrer une copie de sa copie de répertoire (5).

425. Les notaires ne peuvent se dessaisir de leurs minutes dans aucun cas autre que celui indiqué *infra n° 616* (*loi 25 vent. an XI, art. 22*), ni des procurations ou autres pièces y annexées ou déposées au rang de leurs minutes, ni des actes imparfaits (6).

426. C'est en qualité d'officiers publics que les notaires sont dépositaires des minutes de leurs études; s'ils cessent d'être notaires, ils perdent le droit de les conserver.

427. A cet égard, on doit distinguer si la cessation des fonctions a lieu par suite de cession de l'office, ou par suite de remplacement administratif du titulaire ou de suppression de l'office.

428. Dans le premier cas, la cession de l'office comprend en même temps celle des minutes, des répertoires, tables des minutes, etc., dont la remise doit être faite au successeur après sa prestation de serment (7).

429. Au cas de remplacement, les minutes et répertoires du notaire remplacé peuvent être remis par lui ou par ses héritiers à l'un des notaires résidant dans la même commune ou à l'un des notaires résidant dans le même canton, si le remplacé était le seul notaire établi dans la même commune (*loi 25 vent. an XI, art. 54*); cette remise doit avoir lieu dans le mois, à compter du jour de la prestation de serment du successeur, faute de quoi la remise des minutes est faite à celui-ci. (*Ibid., art. 55.*)

430. Au cas de suppression d'office, les minutes et répertoires du notaire dont l'office est supprimé peuvent aussi être remis par lui ou par ses héritiers de la manière indiquée au numéro précédent (*ibid., art. 54*); cette remise doit avoir lieu dans le délai de deux mois du jour du décret de suppression. (*Ibid., art. 56.*)

431. Le procureur de la rép. près le tribunal de première instance est chargé de veiller à ce que ces remises soient effectuées; et dans le cas de suppression d'office, si le titulaire ou ses héritiers n'ont pas fait choix, dans les délais prescrits, du notaire à qui les minutes et répertoires doivent être remis, le procureur de la rép. indique celui qui en demeure dépositaire. — Le titulaire ou ses héritiers, en retard de satisfaire aux dispositions des art. 54 et 56, *supra n° 430*, sont condamnés à 20 fr. d'amende par chaque mois de retard, à compter du jour de la sommation qui leur a été faite d'effectuer la remise. (*Même loi, art. 57 et loi 16 juin 1824, art. 10.*)

432. La remise dont il est question aux numéros qui précèdent doit comprendre, outre les minutes et répertoires, toutes les pièces concernant l'étude, les actes imparfaits, les testaments olographes non encore ouverts, les pièces, notes, documents concernant les clients (8), etc.

433. Dans tous les cas, il est dressé un état sommaire des minutes remises, et le notaire qui les reçoit s'en charge au pied de cet état, dont un double est remis à la chambre de discipline (*loi 25 vent. an XI, art. 58*); cet état est dressé en présence du juge de paix lorsque les scellés ont été apposés (9); mais un inventaire détaillé n'est pas nécessaire (10). L'état sommaire se fait par acte authentique ou sous seings privés, dans ce dernier cas en double (11). A défaut de récolement, le successeur est sans action contre son prédécesseur pour une perte de minute (12).

(1) Roll., *perte d'un acte*, n° 4; Dict. not., *perte d'acte*, n° 3.
(2) Dict. not., *minute*, n° 207.
(3) Roll., *perte d'un acte*, n° 24; Dict. not., *minute*, n° 209.
(4) Roll., *perte d'un acte*, n° 24.
(5) Dict. not., *minutes*. n° 213.
(6) Dict. not., *minutes*, n°s 227 et suiv.
(7) Roll., *minutes*, n° 183.
(8) Nîmes, 12 mars 1850; Jur. N. 8783.
(9) Déc. min. just. 22 mai 1828; J. N. 6944.
(10) Déc. min. just. 24 avril 1828; J. N. 6847.
(11) Déc. min, just. 30 mai 1838; J. N. 10052.
(12) Trib. Nantes, 29 août 1846; J. N. 12857.

434. Le titulaire ou ses héritiers, et le notaire qui reçoit les minutes aux termes des art. 54, 55 et 56 (*supra nos 429 et suiv.*), traitent de gré à gré des recouvrements, à raison des actes dont les honoraires sont encore dus, et du bénéfice des expéditions. S'ils ne peuvent s'accorder, l'appréciation en est faite par deux notaires dont les parties conviennent ou qui sont nommés d'office parmi les notaires de la même résidence ou, à leur défaut, parmi ceux de la résidence la plus voisine. (*Même loi, art. 59.*)

435. Au cas de décès d'un notaire, les minutes et répertoires sont immédiatement mis sous les scellés par le juge de paix de la résidence, jusqu'à ce qu'un autre notaire en ait été provisoirement chargé par ordonnance du président du tribunal de la même résidence (1). [*Même loi, art. 61, supra n° 308 et infra n° 519.*]

436. Il y a lieu aussi à l'apposition des scellés sur les minutes et répertoires, et à leur dépôt provisoire entre les mains d'un autre notaire, dans chacun des cas suivants : 1° destitution d'un notaire (2); 2° suspension d'un notaire, si le jugement de suspension l'ordonne (3); 3° si le notaire est sous le coup de poursuites criminelles ou correctionnelles, et à partir du jour où il est en état d'arrestation (4); 4° si le notaire est en fuite pour cause de mauvaises affaires (5).

437. La remise des minutes est constatée également par l'état sommaire dont il est parlé *supra n° 433*; au cas de décès, elle doit être faite en présence des héritiers (6).

438. Les vérificateurs et inspecteurs de l'enregistrement ne peuvent, sous quelque prétexte que ce soit, même avec le consentement des notaires, vérifier les minutes des actes ailleurs que dans les études des notaires (7).

439. *État sommaire des minutes remises par M.* DARAT, *ancien notaire à N..., à Me* DORLAN, *notaire en la même ville, son successeur, par suite des récolements faits sur les répertoires*

NOMS ET PRÉNOMS DES NOTAIRES DONT LES MINUTES ONT ÉTÉ TRANSMISES	DATES DU COMMENCEMENT ET DE LA FIN DE CHAQUE EXERCICE	OBSERVATIONS
DUBOIS (Louis-Jérôme).....	Du 14 avril 1703 (8) au 25 janvier 1748.	Manquent les minutes d'un contrat de mariage du 6 juin 1708 et d'une vente du 13 août 1745. Il ne manque aucune autre minute.
PETIT (Balthazar)..........	Du 26 janvier 1748 au 1er août 1788.	Il ne manque aucune des minutes portées au répertoire.
MAURIN (Théodore)........	Du 2 août 1788 au 24 décembre 1816.	Même observation.
BAULAY (Vincent)..........	Du 25 décembre 1816 au 6 avril 1837.	Il manque un titre nouvel du 30 juillet 1830, n° 481. Il ne manque aucune autre minute.
DARAT (Charles)...........	Du 7 avril 1837 au 24 septembre 186... (jour de la réception de Me DORLAN).	Il ne manque aucune des minutes portées au répertoire.

Fait double à N..., le... (Signatures.)

(1) Mais si immédiatement après le décès d'un notaire ses héritiers traitent de la remise des minutes à un autre notaire, il n'y a plus lieu à la mesure du dépôt provisoire ordonné par l'art. 61. Colmar, 14 juin 1811; ordonn. président de Barcelonette, 8 déc. 1845; J. N. 717, 12605.

(2) Dict. not., *minutes*, n° 383;

(3) Déc. min. just. 9 juill. 1847; Limoges, 24 nov. 1851; Orléans, 21 janv. 1854; Lyon, 27 janv. 1855; Cass. 22 mai 1854; J. N. 13110, 14527, 15265, 15637

(4) Déc. min. just. 23 fév. 1810; Roll., *minutes*, n° 168.

(5) Dict. not., *minutes*, n° 390; Roll., *minutes*, n° 169.

(6) Dict. not., *minutes*, n° 404.

(7) Déc. min. fin. 1er fév. 1855; Instr. régie 1er mai 1853, n° 2027, § 3; J. N. 15517.

(8) Il est assez d'usage de ne pas remonter au delà de l'année 1700, les minutes si anciennes faisant rarement l'objet de recherches; J. N. 13207.

APPENDICE AU § 1. — MINUTES D'ACTES PASSÉS EN ALGÉRIE

SOMMAIRE

440. Les dispositions relatives aux notaires de France rapportées *supra n°s 416 à 426, 432 et 438* sont communes aux notaires de l'Algérie. (*Arrêté minist. du 30 déc. 1842, art. 30 et 31.*)

441. Les minutes et répertoires d'un notaire décédé, démissionnaire, révoqué, ou remplacé par suite de déchéance, sont remises à son successeur immédiat; et, jusqu'à ce que celui-ci soit installé, déposés, selon les localités et les circonstances, soit en l'étude d'un autre notaire de la même résidence, désigné par le procureur de la rép. du ressort, soit au greffe du tribunal de première instance, de la justice de paix ou du commissariat civil du lieu. (*Même arrêté, art. 47.*)

442. Le procureur de la rép. veille à ce que la remise et le dépôt prescrits soient effectués sur inventaire régulier qui doit être dressé par le notaire ou greffier dépositaire. (*Même art.*)

443. Le double de cet inventaire, au pied duquel le dépositaire donne récépissé des minutes et répertoires, est mis au greffe du tribunal civil du ressort, excepté dans le cas où le dépôt est opéré dans ledit greffe. (*Même art.*)

444. Les possesseurs ou détenteurs de minutes qui, dans le cas prévu par l'art. 47, *supra n° 441*, refuseraient d'en effectuer la remise, après avoir été mis en demeure par le procureur de la rép. seraient poursuivis à la requête de ce magistrat devant le tribunal de première instance du ressort, pour y être condamnés à 20 fr. d'amende par chaque mois de retard, à compter du jour de la mise en demeure. (*Même arrêté, art. 48, et loi 25 vent. an XI, art 57.*)

445. Dans le cas de suppression d'office, les minutes et répertoires du notaire supprimé sont remis immédiatement, et après inventaire dressé conformément à l'art. 47, *supra n° 441*, à celui des notaires du même ressort qui est désigné par le ministre de la justice sur la proposition du procureur général. (*Même arrêté, art. 49.*)

446. Aussitôt après le décès, la démission, ou la notification de la révocation d'un notaire, les minutes, papiers et répertoires de l'étude sont, s'il y a nécessité, et s'ils ne peuvent être immédiatement transportés, soit dans l'étude, soit dans le greffe, où ils doivent être déposés, placés sous les scellés, même d'office par le juge de paix, ou, à défaut de juge de paix, par le commissaire civil de la résidence du notaire, jusqu'à ce que le dépôt puisse en être effectué. (*Même arrêté, art. 50.*)

447. L'apposition des scellés a toujours lieu dans le cas où la résidence du notaire décédé, démissionnaire ou révoqué, se trouve en dehors du lieu où siége le tribunal de première instance. (*Même art.*)

448. Au cas où il y a lieu à la délivrance d'expédition ou grosse, voir *infra n°s 537 et suiv.*

449. Nonobstant l'incessibilité des offices, *supra n° 200*, le nouveau titulaire, ou le notaire qui reçoit les minutes dans le cas de suppression d'office, est tenu d'indemniser l'ancien titulaire ou ses héritiers, jusqu'à concurrence du montant des recouvrements qui peuvent être à faire au profit de celui-ci, à raison des actes dont les frais, honoraires ou droits quelconques restent dus. (*Même arrêté, art. 52.*)

450. Dans tous les cas, le montant de cette indemnité est réglé sans frais par le tribunal de première instance, en chambre du conseil, le ministère public et les parties intéressées entendus. Le règlement n'en est définitif qu'après l'approbation du ministre, auquel la décision de la chambre du conseil doit être transmise par le procureur général. (*Même art.*)

451. Tout traité de gré à gré sur le montant de l'indemnité est nul et entraîne la révocation du titulaire qui l'a souscrit avant ou après la remise des minutes. (*Même art.*)

Expéditions déposées aux greffes des tribunaux d'Algérie d'actes passés en Algérie

452. Les parties intéressées à des actes reçus par un notaire d'Algérie peuvent lever à leurs frais, pour leur sûreté, et déposer aux greffe du tribunal de première instance du ressort, des expéditions desdits actes, collationnées et signées par le notaire, et légalisées par le président du tribunal ou le juge paix de la résidence de cet officier public, *infra n° 656*. Le greffier est tenu de recevoir ce dépôt, sur la réquisition de la partie, et de le garder dans les archives du greffe. Il est fait mention sommaire du dépôt sur un registre tenu à cet effet dans chaque greffe de première instance, coté et paraphé par le président du tribunal. (*Même arrêté, art. 58.*)

§ 2. — BREVETS

SOMMAIRE

453. On appelle brevet l'acte dont il ne reste pas minute et qui est délivré en original.

454. L'acte pouvant être reçu en brevet se distingue de celui qui ne peut être reçu qu'en minute par la nature de ce qu'il comprend : lorsqu'un acte contient des conventions synallagmatiques ou des stipulations que les tiers peuvent invoquer, ou a pour objet une chose d'un intérêt perpétuel pour les parties, leurs héritiers et représentants, il ne peut, à peine de nullité, *supra n° 417*, être reçu qu'en minute. Mais si l'acte est unilatéral, ne contient pas des stipulations que les tiers puissent invoquer, ou n'a pour objet qu'une chose d'un intérêt momentané, il peut être délivré en brevet. Toutefois il est difficile de fixer la ligne de démarcation précise.

455. On peut délivrer en brevet :

1° Les certificats de vie. (*Loi 25 vent., an XI, art 20.*)

2° Les procurations (*même art.*); toutefois les procurations pour faire ou accepter une donation, pour révoquer une donation ou un testament, pour reconnaître un enfant naturel (*arg. loi 21 juin 1843, art. 2*), pour transférer tout ou partie d'une rente sur l'État d'un chiffre supérieur à 50 fr. ou plusieurs rentes sur l'État dont les chiffres réunis excèdent 50 fr. (1) [*ordonn. roy. 5 mars 1825*], doivent être reçues en minutes;

3° Les actes de notoriété (*loi 25 vent. an XI, art. 20*); cependant il est préférable de conserver minute des actes de notoriété qui ont pour objet de constater, à défaut d'inventaire, le nombre et la qualité des héritiers, ou la non-existence d'héritiers à réserve, ou des rectifications de noms et prénoms (2).

4° Les quittances de loyers, fermages, salaires, arrérages de pensions ou rentes (*même art.*), intérêts de capitaux, restitution de fruits, frais et dépens, fournitures de marchandises ou denrées, façons d'ouvrages et autres objets semblables (3); mais non les quittances de sommes capitales dues en vertu d'actes dont il a été gardé minute, par exemple : les quittances de remboursement de rentes et obligations dont il existe minute (4).

5° Les autres actes simples qui d'après les lois peuvent être délivrés en brevet (*même art.*); tels sont : les consentements à mariage, à noviciat, à engagement militaire; les autorisations maritales; les mainlevées de saisies, d'oppositions; les certificats de propriété; les obligations pour prêt, à quelque somme qu'elles s'élèvent, et même celles contenant une affectation hypothécaire (5); mais elles doivent être reçues en minute si elles contiennent promesse d'emploi de deniers, remise en gage, nantissement, antichrèse, si elles ont pour cause des aliments, ou la réparation d'un dommage, ou l'extinction d'une contestation.

---

(1) Si le transfert de la rente doit être fait par l'entremise du trésor, la procuration peut toujours être faite en brevet, et même sous seings privés, quel que soit le chiffre de la rente. *Décret 6 février 1862.*

(2) Dict. not., *notoriété*, n°s 25 et suiv.

(3) Garnier-Deschênes, n° 90.

(4) Cass. Belgique, 20 mai 1853; J. N. 15190.

(5) Pont. Priv., n°s 665, 942; Dict. not., *brevet*, n° 60; Roll., *brevet*, n° 12; Délib. not., Paris, 31 mars 1808.

456. Quant aux autres actes, quel que soit leur peu d'importance, ils doivent, à peine de nullité, *supra n° 447*, être reçus en minute.

457. Il va de soi qu'on peut passer en minute les actes qui sont susceptibles d'être reçus en brevet, le brevet étant l'exception.

458. Les brevets, pour faire foi de leur authenticité, doivent porter l'empreinte du cachet du notaire qui les délivre, *supra nos 64, 169.*

459. On verra, *infra nos 462 et suiv.*, que les brevets peuvent, après la délivrance, changer de nature et devenir minutes au moyen du rapport pour minute à un notaire. Afin d'éviter les difficultés entre les parties à raison des frais du rapport, il est bon, lorsqu'un acte délivré en brevet est susceptible d'exécution, de dire par qui les frais de rapport pour minute et de délivrance de grosse seront acquittés, *infra n° 465.*

460. Algérie. Les dispositions rapportées *supra nos 455 à 459* sont communes aux notaires de l'Algérie. (*Arrêté minist. 30 déc. 1842, art. 30.*)

§ 3. — BREVETS RAPPORTÉS POUR MINUTE

SOMMAIRE

FORMULE

461. Les actes délivrés en brevet, *supra n° 455*, ne peuvent être revêtus de la formule exécutoire; en conséquence, ils ne sont pas susceptibles d'exécution parée.

462. Si le créancier veut obtenir un titre exécutoire, il rapporte le brevet au notaire rédacteur de l'acte ou à son successeur, *infra n° 464*, qui en constate le rapport par un acte de dépôt signé du créancier [Form. 78], le joint à cet acte, et de cette manière le place au rang de ses minutes; ensuite, le notaire en délivre grosse, expédition ou extrait, de même que si l'acte avait été précédemment reçu en minute (1).

463. Autrefois le rapport pour minute se constatait sur le brevet par une mention du notaire indiquant le jour du rapport; mais l'art. 43 de la loi du 22 frimaire an VII défend aux notaires, sous peine d'une amende réduite à 10 fr. (*loi 16 juin 1824, art. 10*), de recevoir aucun acte en dépôt sans dresser acte du dépôt; le rapport pour minute, constituant un dépôt, doit être constaté par un acte (2).

464. Nous avons dit, *supra n° 462*, que le rapport pour minute est fait au notaire rédacteur de l'acte ou à son successeur; mais cette règle, qu'il est préférable de suivre, n'est cependant pas de rigueur: les parties ont la faculté de déposer pour minute le brevet à un autre notaire, et celui-ci peut, de même que le notaire rédacteur, en délivrer grosse, expédition ou extrait (3).

FORMULE 78. — Rapport pour minute. (Nos 461 à 465.)

Par-devant Me N..... et l'un de ses collègues, notaires à X....., soussignés,

A comparu M. Charles Lagrange, propriétaire, demeurant à X.....,

Lequel a rapporté pour minute à Me N....., l'un des notaires soussignés, le brevet original d'un acte passé devant ledit Me N..... et l'un de ses collègues, le quatorze avril mil huit cent soixante....., aux termes duquel M. Charles Duval, cultivateur, et

(1) Roll. et Dict. not. Voir *Rapport pour minute.*

(2) Toullier, VIII, p. 608; Dict. not., *rapport pour minute*, n° 28; Délib. régie 6 janv. 1837; Trib. Quimper 24 janv. 1843; J. N. 9567, 11616; contra Loret, I, 316; Bordeaux, 3 juin 1836; Cass. 21 juin 1837; J. N. 9330, 9680.

(3) Dict. not., *rapport pour minute*, n° 22; Trib. Aubuisson, 13 juill. 1844.

465. Les frais de l'acte de rapport et ceux de délivrance de grosse ou expédition sont à la charge du débiteur, s'ils ont été nécessités par son refus de payement, constaté par une sommation ou par un commandement fait en vertu même de la grosse, et restés infructueux; dans le cas contraire, ils restent à la charge du créancier (1). Pour éviter toute difficulté à cet égard, il est bon d'énoncer dans l'acte passé en brevet les stipulations des parties à raison de ces frais, *supra n° 459*.

§ 4. — PIÈCES DÉPOSÉES POUR MINUTE

SOMMAIRE

FORMULES

466. Le dépôt de pièces est l'acte constatant qu'une personne a déposé des pièces à un notaire pour être mises au rang de ses minutes. [FORM. 79.]

467. Les dépôts de pièces ont lieu principalement : 1° lorsqu'une partie veut se procurer expédition ou extrait d'une pièce quelconque; par exemple, d'une procuration; 2° quand il est nécessaire d'énoncer dans un certificat de propriété des pièces qui ne sont pas en la possession du notaire, *infra n° 717*; 3° pour assurer l'existence d'un brevet ou d'un acte sous seings privés auquel plusieurs personnes peuvent avoir à recourir, comme une ratification, une quittance, une décharge, etc.; 4° lorsque des titres ou des pièces intéressent plusieurs personnes; 5° lorsqu'il s'agit de donner l'authenticité à un titre sous seings privés au moyen de la reconnaissance d'écriture ou de signature, *infra*, au titre des *Contrats et*

Mme Hortense LEBLOND, son épouse, demeurant ensemble à C....., se sont reconnus débiteurs envers M. LAGRANGE, comparant, d'une somme de mille francs, qui a été stipulée remboursable le....., et productive d'intérêts sur le pied de cinq pour cent par an, sans retenue, payables chaque année, en un seul terme, le.....

Le brevet original de cette obligation est demeuré ci-annexé, après que dessus il a été apposé une mention de l'annexe qui a été signée du comparant et des notaires. Dont acte. Fait et passé, etc.

PIÈCES DÉPOSÉES POUR MINUTE

FORMULE 79. — Dépôt pur et simple d'une pièce pour minute. (Nos 466 à 472.)

PAR-DEVANT Me N..... et l'un de ses collègues, notaires à X....., soussignés,

A COMPARU M. Louis DELORGE, propriétaire, demeurant à X.....,

Lequel a, par ces présentes, déposé à Me N....., l'un des notaires soussignés, et l'a requis de mettre au rang de ses minutes à la date de ce jour, pour qu'il en soit délivré expédition ou extrait à qui il appartiendra, le brevet original d'un acte passé devant Me D.... et son collègue, notaires à Paris, le vingt-sept décembre mil huit cent soixante..., aux termes duquel M. Sigisbert MOUTON, marchand de nouveautés, et Mme Claire DUCHEMIN, son épouse, demeurant ensemble à Paris, faubourg Saint-Antoine, n° 16, ont ratifié

---

(1) Dict. not., *rapport pour minute*, n° 33.

Obligations; 6° pour une grosse concernant plusieurs personnes, afin d'en délivrer des ampliations, *infra n° 587*; 7° pour les testaments olographes ou mystiques, *voir au titre des Donations et Testaments*, etc. D'ailleurs, tous actes, toutes pièces peuvent être déposés au rang des minutes d'un notaire, pourvu qu'ils ne soient pas contraires à la loi ni aux mœurs.

468. Il est défendu à tout notaire de mettre aucun acte déposé au rang de ses minutes sans dresser acte du dépôt, à peine de 10 fr. d'amende (*lois 22 frim. an VII, art. 43, et 16 juin 1824, art. 10*); mais si le dépôt est fait au notaire à titre confidentiel ou pour un temps momentané, ou pour le mettre à même de donner un conseil, ou comme dépositaire particulier, il est dispensé d'en dresser acte (1), et comme conséquence il n'est pas tenu d'en donner communication aux préposés de l'enregistrement (2).

469. Lorsque la pièce déposée est un acte sous seings privés, et surtout si les signatures en sont reconnues, il est utile de la décrire de manière qu'aucune altération ne puisse y être faite par la suite; cette description a lieu par l'énonciation succincte des dispositions de l'acte, et par l'indication du nombre des feuilles, de leur format, du nombre des pages écrites, des renvois, des mots rayés, des surcharges, des interlignes et autres défectuosités.

470. L'acte de dépôt a pour effet de mettre les pièces déposées au rang des minutes du notaire, qui est tenu de les conserver de même que les actes par lui reçus en minute; elles ne peuvent être retirées de ses mains; mais le notaire en délivre expédition ou extrait, et même la grosse si la pièce a été déposée par toutes les parties avec reconnaissance des signatures.

471. Les notaires peuvent recevoir en dépôt des actes sous seings privés ou passés en pays étranger non encore timbrés, sous la condition de les soumettre à la formalité du timbre avant ou en même temps qu'ils requièrent l'enregistrement des actes, et de demeurer personnellement responsables tant des droits de timbre et d'enregistrement que des amendes des actes déposés. (*Loi 16 juin 1824, art. 13*; *délib. régie, 5 janv. et 30 mars 1825.*)

472. Le notaire fait certifier la pièce déposée et énonce l'annexe par une mention signée du déposant et des notaires [Form. 80, 2°]; toutefois, si la pièce déposée est un acte public passé dans la même commune, ou un brevet, une grosse ou une expédition d'un acte reçu par le notaire même qui reçoit le

---

purement et simplement un contrat passé devant Me N..., qui en a gardé minute, et l'un de ses collègues, notaires à X..., le vingt-six novembre mil huit cent soixante..., contenant vente par M. Delorge, comparant, comme se portant fort pour M. et Mme Mouton, avec promesse de ratification, à M. Charlemagne Lenormand, ancien négociant, propriétaire, demeurant à X....., d'une maison située à X....., rue de....., n°..., moyennant dix-sept mille cinq cents francs, payés comptant.

Ce brevet original, enregistré et légalisé, est demeuré ci-annexé après avoir été de M. Delorge certifié véritable, et que dessus il a été apposé une mention le constatant, signée de M. Delorge et des notaires.

Dont acte. Fait et passé, etc.

FORMULE 80. — Mentions d'annexe à apposer sur les pièces déposées. (N° 472.)

1° *Pièce simplement déposée*

Annexé à la minute d'un acte qui en constate le dépôt, reçu par Me N..... et son collègue, notaires à X....., soussignés, le.....

2° *Pièce annexée et certifiée véritable*

Certifié véritable, signé et annexé à la minute..., etc. (*Le surplus comme au n° 1er. — Si la partie ne sait signer, voir formule 83, n° 2.*)

---

(1) Tribunaux Saint-Marcellin, 19 août 1834; Villefranche, 17 fév. 1837; Chartres, 14 juill. 1838; Metz, 2 mai 1837; J. N. 8780, 9633, 10148.

(2) Dict. not., *communication*, nos 51 et suiv.; *Dépôt de pièces*, nos 37 et suiv.; Roll., *ibid.*, nos 31 et suiv.; Cass. 4 août 1811 et 14 août 1854; Douai, 29 déc. 1852 et 16 déc. 1861; Metz, 5 oct. 1853; Trib. Mâcon 11 fév. 1862; J. N. 14905, 15085, 15318, 17341, 17384; contra Trib. Sarreguemines 13 déc. 1850; Avesnes, 31 juill. 1851; Brioude, 7 fév. 1860; J. N. 14537, 14563, 16845.

dépôt, il suffit d'une annexe signée par les notaires, ou par le notaire et les témoins. [Form. 80, 1°.] *Voir infra n° 485.*

473. Lorsqu'on veut déposer au rang des minutes d'un notaire des pièces écrites en langue étrangère, on doit préalablement en faire faire la traduction.

474. Cette traduction a lieu par une personne connaissant la langue du pays où le dépôt est fait et la langue étrangère dans laquelle l'acte est écrit.

475. L'interprète, qu'il soit choisi par les parties ou nommé d'office par le président du tribunal civil, à défaut par les parties de s'entendre sur le choix (1), doit être commis à l'effet de faire la traduction, par ordonnance du président du tribunal civil rendue sur requête.

476. Après avoir prêté serment entre les mains du président du tribunal, l'interprète fait la traduction, qu'il écrit sur du papier au timbre de dimension (2), puis il la signe et la certifie conforme à l'original, qu'il signe et paraphe *ne varietur.*

477. Si plusieurs pièces sont traduites à la fois, la traduction de chaque pièce doit être écrite sur une feuille de timbre séparée (3).

478. Le dépôt comprend à la fois la pièce écrite en langue étrangère et la traduction qui en a été faite par un interprète [Form. 81]; le déposant les certifie véritables par la mention d'annexe signée de lui et des notaires.

479. Lorsque la pièce étrangère traduite est un acte de l'état civil non soumis en France à l'enregistrement, la pièce originale n'est pas soumise à la formalité de l'enregistrement, ni le procès-verbal de traduction de cet acte (4).

480. En Algérie, le dépôt des actes émanés des officiers publics indigènes ou de tous fonctionnaires étrangers est régi par les dispositions rapportées *supra n° 587.* (Voir aussi la Form. 62.)

FORMULE 81. — Dépôt d'une pièce écrite en langue étrangère. (N°s 473 à 480.)

Par-devant M°.....

A comparu M. Théodore Leroux, avocat, demeurant à X.....,

Lequel a, par ces présentes, déposé à M°....., l'un des notaires soussignés, et l'a requis de mettre au rang de ses minutes, à la date de ce jour, pour qu'il en soit délivré expédition ou extrait à qui il appartiendra :

1° L'original d'un acte passé devant M° ....., notaire à Barcelone (Espagne), en présence de témoins, le.....; écrit en langue espagnole, dûment légalisé, aux termes duquel M. Charles Magnin, négociant, demeurant à Barcelone, rue d'Alcala, a constitué pour son mandataire M. Leroux, comparant;

2° Et l'original d'un procès-verbal dressé par M. Vincent Lepuis, professeur de langue au lycée de X....., demeurant à X....., interprète commis par ordonnance de M. le président du tribunal civil de X....., en date du....., et ayant prêté serment entre les mains de ce magistrat, ainsi que le constate un acte dressé au greffe du même tribunal le.....; lequel procès-verbal contient la traduction en langue française de la procuration qui vient d'être relatée.

Ladite procuration non encore visée pour timbre ni enregistrée, mais devant être soumise à l'accomplissement de ces formalités avant ou en même temps que l'enregistrement des présentes, et ledit procès-verbal de traduction non encore enregistré, mais devant l'être avant ou en même temps que ces présentes, sont demeurés ci-annexés, après avoir été du comparant certifiés véritables, et que sur chacun d'eux il a été apposé une mention le constatant, signée du comparant et des notaires.

Dont acte. Fait et passé, etc.

(1) Roll., *interprète,* n° 12.
(2) Déc. min. just. 30 flor. an XII; solut. 13 oct. 1819.
(3) Roll., *dépôt de pièces,* n° 42.

(4) Roll., *traduction,* n° 22; Trib. Strasbourg 10 août 1857; Délib. régie 27 août 1858; Instr. régie 2 oct. 1858, n° 2132, § 7; J. N. 16192, 16429.

§ 5. — ANNEXE DE PIÈCES

SOMMAIRE

FORMULES

481. On a vu, *supra n° 467*, dans quels cas il y a lieu au dépôt de pièces.

482. Il y a lieu à *annexe*, c'est-à-dire à la jonction d'une pièce à un acte, lorsque la pièce sert de justification ou d'appui à une déclaration; à une énonciation, ou encore lorsque l'annexe est exigée par la loi, comme s'il s'agit d'une procuration, *supra nos 316, 380*, ou d'une autorisation maritale.

483. Dans le présent travail, on indique, chaque fois qu'une annexe a lieu, l'utilité de l'annexe.

484. L'acte auquel une pièce est annexée doit énoncer l'annexe [Form. 82], qui autrement pourrait être considérée comme un dépôt au notaire, nécessitant, sous peine d'amende, la réception d'un acte spécial (1), *supra n° 468*.

485. En outre, afin de constater l'identité de la pièce annexée, et ainsi de prévenir toute supposition de pièces, il est utile de mettre sur chaque pièce annexée une mention qui en constate l'annexe. Cette

ANNEXE DE PIÈCES

FORMULE 82. — Indication, dans les actes, d'annexes de pièces. (Nos 481 à 484.)

1° *Pièce simplement annexée*

Le brevet original de laquelle procuration (*ou autre pièce*) est demeuré ci-annexé, après que dessus il a été apposé une mention de l'annexe signée des notaires (*ou* des notaire et témoins).

2° *Pièce annexée et certifiée véritable*

Le brevet original de laquelle procuration (*ou autre pièce*) est demeuré ci-annexé, après avoir été de M..... certifié véritable, et que dessus il a été apposé une mention le constatant signée de M..... et des notaires (*ou* des notaire et témoins); *ou si la partie ne sait signer* : signée des notaires seulement, M..... ayant déclaré ne le savoir.

FORMULE 83. — Mentions d'annexe. (Nos 485 à 486.)

1° *Pièce simplement annexée*

Annexé à la minute d'un contrat de vente reçu par Me N..... et son collègue, notaires à X....., soussignés (*ou* par Me N....., notaire à X....., soussigné, en présence des témoins aussi soussignés), le.....

2° *Pièce annexée et certifiée véritable*

Certifié véritable, signé et annexé... (*Le surplus comme au n° 1er.*)

Si la partie ne sait signer :

Certifié véritable, signé par les notaires seulement (*ou* par les notaire et témoins seulement), attendu la déclaration faite par M...... de ne savoir signer; et annexé à la minute, etc... (*Le surplus comme au n° 1er.*)

(1) Décis. min. fin. et just. 18 avril 1817; J. N. 2119.

mention comprend le certifié véritable par les parties et l'indication de l'annexe à l'acte; elle est signée par les parties, les notaire et témoins [Form. 83, 2°]; cependant, si la pièce annexée est un acte public passé dans la même commune, ou un brevet, ou une grosse ou expédition d'un acte reçu par le notaire même qui reçoit l'acte où l'annexe est faite, il suffit que la mention comprenne l'indication de l'annexe et soit signée des notaire et témoins. [Form. 83, 1°.]

486. La loi ne portant aucune prescription en ce qui concerne les mentions d'annexe, leur inobservation ne donnerait pas lieu à une amende.

CHAPITRE HUITIÈME

COPIES D'ACTES

SOMMAIRE

§ 1. — EXPÉDITIONS

SOMMAIRE

FORMULES

487. On appelle expédition [Form. 84] la copie littérale de la minute d'un acte par le notaire qui en est dépositaire. (*Loi 25 vent. an XI, art. 21.*)

488. Le notaire détenteur de l'acte peut seul la délivrer. (*Même art.*)

489. Ceux qui ont le droit de requérir la délivrance des expéditions sont les personnes intéressées en nom direct, leurs héritiers ou ayants droit, leurs mandataires ayant pouvoirs généraux ou spéciaux à cet effet (1).

490. Par ayants droit, on entend les héritiers du sang, les donataires ou légataires universels ou à titre universel, et les acquéreurs à titre particulier, onéreux ou gratuit de la chose qui fait l'objet de l'acte ; mais on n'y comprend point ceux dont il a été parlé dans l'acte ni ceux en faveur desquels il a été fait des stipulations dans l'acte, dans les cas où ils n'y sont point intervenus, et quand même ils les auraient acceptées (2); si ces derniers veulent en obtenir l'expédition, ils doivent se faire autoriser sur requête par le président du tribunal (3).

491. Le notaire qui refuse de délivrer copie ou expédition d'un acte à ceux qui ont le droit de l'exiger y est contraignable par corps (*C. Pr. 839*) en vertu d'un jugement sommaire, exécutoire nonobstant opposition ou appel (*C. Pr.*; *840*); de plus, il s'expose aux dommages-intérêts des parties (4).

492. La remise de l'expédition étant une présomption de payement des frais de l'acte (5), le notaire peut en refuser la délivrance tant que ces frais ne lui sont pas payés. (*C. Pr. 851.*)

493. L'expédition doit être la copie fidèle de la minute; on ne doit y rien ajouter ni rien en retrancher, sauf bien entendu lorsqu'on en fait un extrait littéral, *infra n° 543.*

494. Toutefois l'usage a consacré les changements indiqués en la Form. 84 (6).

EXPÉDITIONS

FORMULE 84. — Expédition délivrée par le notaire rédacteur de l'acte. (Nos 487 à 508.)

Par-devant Me D..., et l'un de ses collègues, notaires à N..., département de..., soussignés,

Ont comparu M................., etc.

Copier l'acte textuellement; toutefois l'usage a consacré les changements ci-après indiqués.

Lorsqu'on trouve dans l'acte les phrases suivantes :

I. L'acte dont la minute précède;
II. Le présent acte;
III. Est demeuré ci-joint et annexé;

Ou bien :

Est demeuré annexé aux présentes;
IV. Dont la minute sera enregistrée avant ou en même temps que ces présentes,

On les modifie par celles qui suivent :

I. L'acte dont l'expédition précède;

Ou si l'expédition ne précède pas :

L'acte dont la minute précède celle des présentes;
II. La minute des présentes;
III. Est demeuré joint et annexé à la minute des présentes;
IV. Dont la minute a été enregistrée avant ou en même temps que celle des présentes.

(1) Dict. not., *copie*, n° 86, et *expéd.*, n° 23; Paris, 2 mai 1808: contra Roll., *expédition*, n° 39

(2) Dict. not., *expéd.*, n° 28; Roll., *ibid.*, n° 41.

(3) Pigeau, *Proc.*, II, p. 327; Roll., *expéd.*, n° 41; Dict. not., *copie*, nos 84 et suiv., et *expéd.*, n° 26; Rouen, 13 mai 1826; Toulouse, 12 mars 1838; J. N. 5871, 10062.

(4) Bourges, 17 juin 1829; J. N. 7295.

(5) Dict. not., *hon.*, n° 393; Roll., *ibid.*, n° 292; Cass. 18 nov. 1813, 4 avril 1826, 26 janv. 1858, 6 fév. 1860; Douai, 13 fév. 1834; Toulouse, 17 mars 1857; Trib. Seine, 17 août 1858; Langres, 16 juin 1859; J. N. 1334, 5775, 16269, 16373; contra Trib. Mâcon, 20 déc. 1859; Mon. Trib. 1860, p. 35.

(6) Dict. not., *expéd.*, nos 83 et suiv.

495. Ceux à qui les expéditions sont délivrées peuvent exiger la représentation de la minute et la comparer avec l'expédition, afin de s'assurer qu'elle en est bien la copie fidèle (1).

496. L'usage est de ne point rapporter les signatures des parties dans l'expédition lorsqu'elle est délivrée par le notaire même qui a reçu l'acte (2); mais on les rapporte lorsque le notaire délivre l'expédition d'un acte reçu par un de ses prédécesseurs; on les rapporte aussi à la fin des expéditions de pièces déposées ou annexées et des copies collationnées (3) : un arrêt a admis l'usage de ne pas rapporter les signatures lorsque l'expédition est délivrée par le notaire rédacteur (4), mais en déclarant que cet usage était regrettable; c'est pourquoi nous croyons préférable de rapporter les signatures dans toutes les expéditions, même dans celles délivrées par le notaire rédacteur.

497. Avant de copier la relation d'enregistrement on indique, lorsque l'acte a été reçu par deux notaires, celui qui en est resté dépositaire (5); si l'acte a été reçu par un notaire assisté de deux témoins, on modifie ainsi la formule : *En suite (ou en marge) de la minute des présentes est la relation d'enregistrement dont la teneur suit...*

498. L'enregistrement doit être rapporté dans les expéditions par une transcription littérale et entière de la mention faite sur la minute par le receveur, à peine de 5 fr. d'amende. (*Lois 22 frim. an VII, art. 44 et 16 juin 1824, art. 10.*)

499. Lorsqu'on fait l'expédition d'une pièce revêtue de la légalisation, il ne suffit pas d'énoncer que cette pièce est dûment légalisée, il faut transcrire la mention de la légalisation (6).

500. L'expédition est signée par le notaire qui la délivre; il signe aussi ou paraphe seulement, ainsi qu'il le juge convenable (7), les renvois et les bas de page; il n'est point d'usage de faire signer les expéditions par un notaire en second; au surplus, cela n'est pas nécessaire (8), quand même l'acte aurait été reçu en la présence réelle d'un notaire en second (9).

501. Une mention marginale, signée par le notaire et placée en face des dernières lignes de l'expédition, indique le nombre des rôles et lignes, ainsi que celui des renvois et des mots rayés comme nuls (10).

502. A la fin de l'expédition, au-dessus de la mention marginale dont il vient d'être parlé, on appose le cachet du notaire.

503. Lorsque la minute renferme des irrégularités, par exemple des ratures, surcharges, interlignes, blancs, additions non approuvées, des renvois non signés ou paraphés par les parties, le notaire doit

---

Après avoir copié l'acte en entier, on rapporte ainsi qu'il suit les signatures des parties, des témoins et du notaire.

Signé : DUCHEMIN, LAMARE, Louise DUMONT, femme LAMARE, DUBOIS, L. BARET, ces deux derniers témoins, et D....., notaire.

Puis on ajoute :

En suite (*ou* en marge) de la minute des présentes, demeurée en la possession de Me D....., notaire soussigné, est la mention d'enregistrement dont la teneur suit :

Enregistré à N..., le ..., etc. (*Copier textuellement la mention d'enregistrement.*)

A la fin de l'expédition, à la marge, en face des dernières lignes du corps de l'expédition, on met la mention suivante :

Expédition sur *tant* de rôles et *tant* de lignes contenant *tant* de renvois et *tant* de mots rayés comme nuls, — *ou* ne contenant ni renvoi ni rature, — *ou* contenant *tant* de renvois, mais ne contenant aucune rature, — *ou enfin* contenant tant de mots rayés comme nuls, mais ne contenant aucun renvoi.

---

(1) Paris, 22 juill. 1809; J. N. 382.

(2) Ferrière, *liv. XVI, chap. Ier*; Massé, *liv. XIII, chap. 19*; Augan, p. 115; Dict. not., *expéd.*, no 111; Roll., *ibid.*, no 78; Bordeaux, 29 fév. 1832.

(3) Massé, *liv., XIII, chap. 19*; Dict. not., *expéd.*, no 114.

(4) Lyon, 30 août 1848; J. N. 13531.

(5) Ferrière, *liv. Ier, chap. 15*; Dict. not., *expéd.*, no 115; Roll., *ibid.*, no 80.

(6) Délib. chamb. not. Paris, 25 sept. 1817; Règl. not. Paris, 27 avril 1847, art. 8.

(7) A Paris, les notaires signent en entier les renvois et paraphent les bas de page. Règl. not. Paris, art. 13, § 2.

(8) Roll., *expéd.*, no 49; Dict. not., *expéd.*, nos 131 à 134; Règl. not. Paris, art. 15, § 1er; Paris, 25 janv. 1834; J. N. 8389.

(9) Dict. not., *expéd.*, no 34.

(10) Règl. not. Paris, art. 15, § 2.

copier textuellement, toutefois en ayant soin de faire connaître par sa mention de collation les irrégularités contenues en la minute (1).

504. Les expéditions ne peuvent être écrites sur un timbre inférieur à 1 fr. 80 c., à peine de 10 fr. d'amende (*loi 13 brum. an VII, art. 26, et 16 juin 1824, art. 10*); mais elles peuvent l'être sur du timbre à 2 f. 40 et à 3 f. 60; généralement on se sert du timbre à 1 fr. 80 c.; on peut aussi employer du parchemin revêtu d'un timbre à l'extraordinaire. (*Loi 13 brum. an VII, art. 18.*) Des expéditions peuvent être écrites en suite d'autres expéditions et sur le même timbre, dans les cas énumérés *supra nº 250*, mais non dans d'autres cas. (*Voir à cet égard supra nº 251.*) Les actes qui sont exempts de timbre ou doivent être visés gratis pour timbre, *supra nº 337 bis*, peuvent être expédiés sur papier également exempt de timbre ou à viser gratis pour timbre.

505. Les papiers employés aux expéditions ne peuvent contenir, compensation faite d'un feuille à l'autre, savoir : plus de vingt-cinq lignes par page sur papier à 1 fr. 80 c.; plus de trente lignes sur papier à 2 f. 40, et plus de trente-cinq lignes sur papier à 3 f. 60, à peine de 5 fr. d'amende. (*Loi 13 brum. an VII, art. 20 et 26, et 16 juin 1824, art. 10.*) Les expéditions doivent contenir quinze syllabes à la ligne (*Tarif, art. 174*); si elles contenaient plus de quinze syllabes par ligne, il ne serait point dû d'amende (2); mais l'amende serait due si elles contenaient un plus grand nombre de lignes que celui prescrit, quand même les lignes auraient moins de quinze syllabes, aucune compensation n'étant admise à cet égard (3); ou encore si, ne contenant que le nombre de lignes prescrit, chacune de quinze syllabes, il se trouvait en marge un ou plusieurs renvois, venant ainsi augmenter le nombre de lignes (4).

506. Les expéditions, de même que les actes, doivent être écrites en un seul et même contexte, lisiblement, sans abréviation, blanc, lacune ni intervalle, et énoncer en toutes lettres les sommes et les dates, à peine de 20 fr. d'amende. (*Lois 25 vent. an XI, art. 15, et 16 juin 1824, art. 10.*) Si on expédie un acte sous seings privés dans lequel les dates et les sommes sont en chiffres, on doit les mettre en toutes lettres, sous peine de l'amende qui vient d'être indiquée (5).

507. Les expéditions pouvant se trouver entre les mains de personnes peu lettrées, il est d'une grande utilité que l'écriture en soit bien nette et bien lisible; cette recommandation est loin d'être superflue.

508. On peut même mettre de l'art dans la confection d'une expédition. On fait une expédition avec art : d'abord lorsque l'écriture est belle, correcte; ensuite lorsqu'on a soin de bien la cadrer en mettant en évidence, par une écriture plus grosse, en *ronde* ou en *bâtarde*, les noms des notaires, ceux des parties, l'objet de l'acte, le prix, les titres, etc.

509. Lorsque, dans l'acte dont on délivre expédition, des parties ont été représentées par des mandataires, on doit ajouter à la fin de l'expédition une copie des procurations, ou au moins des extraits littéraux en ce qui concerne les pouvoirs de concourir à cet acte. (FORM. 85.)

FORMULE 85. — Expédition d'une minute et d'une procuration (ou autre pièce) y annexée. (Nos 509 et 510.)

PAR-DEVANT, etc. (*Comme en la formule précédente.*)

Après l'enregistrement, on ajoute :

Suit la teneur de la procuration (*ou autre pièce*) annexée.

On copie littéralement la pièce annexée en rapportant les signatures et les mentions d'enregistrement, de légalisation, d'annexe, etc.

Si au lieu de copier littéralement la procuration on en fait un extrait :

DE LA PROCURATION ci-devant datée et énoncée portant cette mention : Enregistré, etc. (*copier littéralement*),

Il résulte qu'elle est spéciale à l'effet de... (*copier les pouvoirs*);

(1) Duranton, XIII, 258; Carré, *organis. judiciaire*, nº 422; Dict. not., *expéd.*, nº 27; Roll., *ibid.*, nº 74.
(2) Instr. régie, nº 942.
(3) Dict. not., *expéd.*, nº 179; Trib. Roanne, 2 mars 1843.
(4) Trib. Senlis, 16 fév. 1841 et Châteaubriant, 24 sept. 1842; J. N. 10937, 11499. V. Sol. régie, 30 août 1865; J. N. 18375.
(5) Dict. not., *expéd.*, nº 103.

510. Quand les actes sont soumis à l'approbation du préfet, *supra* n° *337*, le notaire transcrit à la suite le décret ou l'arrêté portant autorisation et l'arrêté d'approbation (1).

511. Chaque fois qu'un mandataire passe un acte dans une étude, il doit, si la procuration n'est pas dans cette étude, justifier de sa qualité par la représentation de l'original ou d'une expédition de la procuration, qui reste annexée à l'acte, *supra* n° *516*. Il peut avoir ensuite une pareille justification à faire dans une autre étude, ou il peut avoir le désir de posséder une copie de sa procuration, alors le notaire qui détient l'original ou une expédition de la procuration peut lui en délivrer expédition ou extrait. [Form. 86 et 87.]

512. Tout notaire peut délivrer copie d'un acte qui lui a été déposé pour minute. (*Loi 25 vent. an XI, art. 21.*) [Form. 88.]

513. Les notaires, en délivrant expédition des actes déposés au rang de leurs minutes, ne sont pas tenus, quoique le contraire ait été jugé, mais à tort selon nous, d'y joindre la copie textuelle de l'acte de dépôt lui-même.

514. En tous cas, l'omission de copier l'acte de dépôt ne saurait avoir pour effet d'enlever à l'expé-

---

Ou bien :

Il résulte qu'elle contient entre autres pouvoirs ceux de... (*Les copier.*)

Extrait par Me D....., notaire soussigné, du brevet original de ladite procuration, annexé à la minute de l'acte dont expédition précède.

FORMULE 86. — Expédition d'une procuration (ou autre pièce) annexée à la minute d'un acte reçu par le notaire qui délivre l'expédition. (N° 511.)

Copier littéralement; à la fin rapporter les signatures et transcrire les mentions d'enregistrement, de légalisation et d'annexe, puis ajouter :

Ces présentes ont été collationnées par Me D....., notaire à N....., département de......, soussigné, sur le brevet original de la procuration dont la teneur précède, annexé à la minute d'un contrat de vente reçu par ledit Me D..... et son collègue, le quatorze mars mil huit cent soixante.....

FORMULE 87. — Expédition d'une pièce annexée à la minute d'un acte reçu par un prédécesseur. (N° 511.)

Copier de même qu'en la formule 86, puis ajouter :

L'an mil huit cent soixante....., le quinze janvier, la présente expédition a été collationnée par Me D....., notaire à N....., soussigné, sur le brevet original de la procuration dont la teneur précède, annexé à la minute d'un contrat de vente reçu par Me X..... et son collègue, notaires à N....., le premier septembre mil huit cent quarante-deux, étant en la possession de Me D....., comme successeur immédiat de Me X.....

FORMULE 88. — Expédition de pièce déposée pour minute. (Nos 512 à 514.)

On expédie l'acte de dépôt; à la suite on ajoute :

Suit la teneur de la pièce déposée.

Puis on copie cette pièce en rapportant toutes les mentions d'enregistrement, de légalisation, d'annexe, etc., qui s'y trouvent.

Si l'on ne copie que la pièce déposée, l'expédition se fait ainsi :

Les soussignés, etc.

Copier littéralement, rapporter les signatures et les mentions d'enregistrement, de légalisation, d'annexe; ensuite ajouter :

La présente expédition a été collationnée par Me D....., notaire à N....., soussigné, sur l'un des originaux de l'acte sous seings privés dont la teneur précède, déposé au rang

---

(1) Dict. not., *expéd.*, n° 94.

dition le caractère d'authenticité qui lui est imprimé, surtout quand elle porte (en tête ou à la fin) la mention qu'elle est extraite des minutes du notaire qui la délivre (1).

514 *bis*. La copie à délivrer aux communes, hospices ou autres établissements publics, d'actes sujets à l'approbation préfectorale (ou aux fabriques des églises protestantes de la confession d'Augsbourg, d'actes concernant l'administration de leurs biens, dont l'exécution est subordonnée à l'approbation du directoire central), *supra n° 356*, est écrite sur papier non timbré dans la forme ordinaire des expéditions; on y joint une mention au bas indiquant sa destination. [Form. 89.] Cette copie donne lieu, en faveur du notaire, à l'émolument pour rôle fixé par l'art. 174 du tarif du 10 février 1807. (*Bulletin du minist. de l'intérieur, 1858, p. 150, n° 123.*)

515. On a dit, *supra n° 490*, que les tiers, en faveur desquels une stipulation a été faite dans un acte où ils ne sont pas intervenus, ne peuvent obtenir la délivrance d'une expédition de cet acte qu'autant qu'ils y ont été autorisés par ordonnance du président du tribunal civil. Dans ce cas, il n'est pas nécessaire, comme en cas de compulsoire, que les parties à l'acte soient appelées, il suffit d'énoncer l'ordonnance à la fin de l'expédition délivrée; on peut en outre en faire le dépôt pour minute, afin qu'elle serve de décharge au notaire. [Form. 90.]

516. On a vu, *supra n° 488*, que le notaire dépositaire de la minute d'un acte peut seul en délivrer expédition. S'il est empêché de la délivrer par suite d'absence, de maladie ou pour toute autre cause, il est d'usage, de même que pour la réception des actes, de le faire substituer pour cette délivrance par un de ses collègues (2). [Form. 91.] Toutefois, des conservateurs d'hypothèques ont refusé quelquefois d'opérer des radiations et subrogations requises en vertu d'expéditions délivrées par un notaire substi-

---

des minutes de Me D....., suivant acte reçu par lui et son collègue, le deux juin mil huit cent soixante.....

FORMULE 89. — Expédition destinée à obtenir l'approbation préfectorale ou autre (3).
(N° 514 *bis*.)

Après la copie de l'acte on met la mention suivante :

La présente expédition destinée à M. le préfet du département de..... (*ou* au directoire central des églises protestantes de la confession d'Augsbourg), afin d'obtenir l'approbation de l'acte dont la copie précède, a été délivrée sur papier non timbré, en conformité d'une circulaire de M. le ministre de l'intérieur, en date du six septembre mil huit cent cinquante trois. (*Ou, en ce qui concerne la confession d'Augsbourg :* d'une décision de M. le ministre des finances, en date du dix-huit février mil huit cent cinquante-quatre.)

FORMULE 90. — Expédition délivrée en vertu d'ordonnance du président. (N° 515.)

Mention à mettre à la fin de l'expédition :

L'an mil huit cent soixante....., le dix janvier, la présente expédition a été délivrée à M. Jean Darbois, rentier, demeurant à N....., en vertu d'une ordonnance rendue sur requête par M. le président du tribunal civil de N..., le six du même mois, dont l'original enregistré a été déposé à Me D....., notaire à N..., soussigné, suivant acte reçu par lui et son collègue, cejourd'hui.

FORMULE 91. — Expédition délivrée par un notaire comme substituant son confrère.
(N° 516.)

A la fin de l'expédition on ajoute la mention suivante :

L'an mil huit cent soixante....., le dix janvier, ces présentes ont été collationnées par Me D....., notaire à N....., soussigné, comme substituant Me K....., son confrère,

---

(1) Trib. Orange 7 fév. 1854; J. N. 15199.

(2) Dict. not., *copie*, n° 60, et *expéd.*, n° 64; Roll., *subst.*, n° 7; Montluçon, 12 janv. 1855; J. N. 18189.

(3) Formule communiquée par un de nos plus dévoués souscripteurs, M. Robin, principal clerc de notaire à Nevers (Nièvre).

tuant, et leur refus semble fondé, car les seules copies auxquelles foi soit attachée sont celles délivrées par le notaire *dépositaire* de l'acte. (*Loi 25 vent. an XI, art. 21.*)

517. Les notaires peuvent délivrer des expéditions des actes reçus par leurs prédécesseurs [Form. 92]; dans ce cas l'usage est de rapporter les signatures, *supra n° 496.*

518. Lorsqu'un notaire délivre l'expédition d'un acte reçu par l'un de ses prédécesseurs dont il n'avait pas encore été délivré d'expédition, elle constitue une première expédition et, à ce titre, fait foi comme première expédition, *infra, au titre des contrats et obligations.*

519. Le notaire commis en vertu de l'art. 61 de la loi du 25 ventôse an XI pour la garde des minutes d'un confrère décédé est le dépositaire légal de ces minutes; à ce titre, il peut en délivrer des grosses, expéditions et extraits [Form. 93], qui font foi de même que s'ils étaient délivrés par le titulaire même de l'office vacant (1).

520. Lorsqu'un notaire a besoin, comme intéressé personnellement, de l'expédition d'un acte dont la minute est confiée à sa garde [Form. 94], il ne peut se la délivrer à lui-même, mais il peut se la faire délivrer par un de ses collègues; à cet effet, il présente au président du tribunal de première instance une requête afin de nomination d'un de ses collègues pour en faire la délivrance, et le notaire commis met au bas de l'expédition l'énonciation de l'ordonnance qui l'a autorisé à la délivrer et dont il reste dépositaire (2). [*C. Pr., 842.*]

---

notaire en la même ville, momentanément absent, sur la minute de l'acte dont copie précède, étant en la possession de Mᵉ K.....

FORMULE 92. — Expédition d'un acte reçu par un prédécesseur. (Nᵒˢ 517 et 518.)

Copier littéralement l'acte, rapporter les signatures et la mention d'enregistrement, puis ajouter :

L'an mil huit cent soixante....., le dix janvier, la présente expédition a été collationnée par Mᵉ D....., notaire à N....., soussigné, sur la minute de l'acte dont la teneur précède, étant en sa possession comme successeur médiat (*ou* immédiat) de Mᵉ X.....

FORMULE 93. — Expédition délivrée par un notaire dépositaire provisoire des minutes de son confrère décédé. (N° 519.)

Copier littéralement l'acte, rapporter les signatures et la mention d'enregistrement, puis ajouter :

L'an mil huit cent soixante....., le dix janvier, la présente expédition a été collationnée par Mᵉ D....., notaire à N....., soussigné, sur la minute de l'acte dont la teneur précède, étant actuellement en sa possession, par suite du dépôt provisoire fait en ses mains des minutes de Mᵉ L....., notaire à N....., décédé, suivant ordonnance de M. le président du tribunal civil de N....., en date du.....

FORMULE 94. — Expédition délivrée par un collègue du notaire possesseur de la minute, à raison de l'empêchement de ce dernier. (N° 520.)

Copier littéralement l'acte, rapporter les signatures et la mention d'enregistrement, puis ajouter :

L'an mil huit cent soixante..., le quinze janvier, la présente expédition a été collationnée par Mᵉ D....., notaire à N..., soussigné, commis à cet effet suivant ordonnance de M. le président du tribunal civil de N....., en date du dix du même mois, enregistré, sur la minute de l'acte dont la teneur précède, représentée par Mᵉ X....., notaire à N....., comme successeur immédiat de Mᵉ B..... ; ladite ordonnance, rendue sur requête présentée par Mᵉ X....., est annexée à la minute du procès-verbal dressé par le notaire soussigné, cejourd'hui, constatant la délivrance de la présente expédition à Mᵉ X.....

---

(1) Décis. min. just. 22 juin 1813; Dict. not., *copie*, n° 23; *expéd.*, n° 62; *minutes*, n° 414; Roll., *minutes*, n° 162. Voir Trib. Quimper, 6 août 1849; J. N. 13971.

(2) Roll., *expéd.*, n° 32, et *subst. de not.*, n° 9; Dict. not., *expéd.*, n° 32.

521. L'expédition d'un testament olographe délivré pour obtenir l'envoi en posession prescrit par l'article 1008 du Code civil doit contenir, non-seulement la copie du testament olographe, mais ausi en tête la copie de l'acte de dépôt. [Form. 95 et 96.] (*C. N. 1008.*) *Supra n° 513.*

522. Le légataire particulier étant partie intéressée au testament peut s'en faire délivrer une expédition entière, sans que le notaire puisse s'y refuser sous le prétexte qu'il suffit au légataire d'avoir un extrait en ce qui concerne son legs (1). Cependant, si les autres dispositions du testament sont évidemment sans intérêt pour lui, ou s'il en est quelques-unes qui doivent rester secrètes, le notaire peut se refuser à lui délivrer une expédition entière, sauf au légataire à prendre la voie du compulsoire pour obtenir la délivrance de l'expédition (2).

523. Aucune expédition des testaments ne peut être délivrée aux légataires avant le décès du testateur; mais en ce qui concerne le testateur, s'il désire avoir une expédition de son testament, le notaire est tenu de la lui délivrer; il indique dans ce cas l'époque de la délivrance et la réquisition du testateur. [Form. 97.] Il en est de même des donations entre époux de biens à venir faites pendant le mariage (3).

524. Lorsqu'un notaire se dessaisit d'une minute dont le dépôt au greffe est ordonné pour cause de vérification d'écriture ou pour tout autre motif, il la remplace par une copie figurée, *infra n° 615.*

FORMULE 95. — Expédition d'un testament olographe déposé. (Nos 521 et 522.)

Après la copie littérale du testament, de son visa et de la mention d'enregistrement, on met la mention suivante :

Il est ainsi en l'original du testament olographe de M. Louis Guérin, en son vivant rentier, demeurant à N....., où il est décédé le deux janvier mil huit cent soixante...., ledit testament étant en la possession de Me D.... , notaire à N....., soussigné, comme ayant été déposé au rang de ses minutes, suivant acte reçu par lui et son collègue, le dix du même mois de janvier, en vertu d'une ordonnance de M. le président du tribunal civil de N....., contenue en son procès-verbal d'ouverture et de description, en date du trois du même mois.

FORMULE 96. — Expédition d'un testament olographe déposé à un prédécesseur. (Nos 521 et 522.)

Après une pareille copie on met la mention suivante :

L'an mil huit cent soixante....., le dix janvier, la présente expédition a été collationnée par Me D....., notaire à X....., soussigné, sur l'original du testament olographe de M. Louis Delas, en son vivant propriétaire, demeurant à N....., où il est décédé le deux juin mil huit cent quarante; ledit testament déposé au rang des minutes de Me B....., notaire à N...., suivant acte reçu par lui et son collègue, le quatre du même mois, en vertu d'une ordonnance de M. le président du tribunal civil de N....., contenue en son procès-verbal d'ouverture et de description, en date du deux du même mois de juin, étant en la possession de Me D....., comme successeur immédiat de Me B...

FORMULE 97. — Expédition de testament authentique délivrée au testateur. (N° 523.)

Copier littéralement, puis ajouter :

L'an mil huit cent soixante....., le seize janvier, la présente expédition a été délivrée par Me D....., notaire à N....., soussigné, à M..... (*le testateur*), sur sa réquisition, et en conséquence avant l'enregistrement du testament, cet enregistrement ne devant avoir lieu qu'après le décès du testateur.

FORMULE 98. — Expédition de copie figurée. (Nos 524 à 526.)

Copier, rapporter les mentions et ajouter :

L'an mil huit cent soixante....., le vingt janvier, ces présentes ont été collationnées·

(1) Trib. Brignolles, 13 août 1856; J. N. 15901.
(2) Dict. not., *expéd.*, n° 47. Voir Paris, 16 juill. 1866; J. N. 18559.
(3) Roll., *expéd.*, nos 18, 19; Dict. not., *expéd.*, n° 40; Troplong, *donat.*, n° 1510; Déc. min. fin. 25 avril 1809; Coin-Delisle, 974. 83.

525. Si une expédition ou une grosse de cette minute est demandée pendant qu'elle est au greffe, elle est faite par le notaire sur la copie figurée; en la délivrant, le notaire mentionne qu'elle est collationnée sur la copie figurée, et énonce le procès-verbal se trouvant en suite de cette copie, *infra n° 621*. [FORM 98.]

526. Quant au greffier dépositaire de la minute, il ne peut, sous aucun prétexte, en délivrer aux parties ni grosse, ni expédition, ni extrait. (*C. Pr., 245, 2°.*)

526 *bis*. En ce qui concerne l'acte imparfait et l'expédition qui en est faite, voir *supra n°s 402 et suiv.*

527. La copie collationnée est la copie faite par un notaire (1) d'une pièce qui lui est représentée et qu'il rend. [FORM. 100.] L'extrait collationné est l'extrait fait par un notaire d'une pareille pièce.

528. La copie collationnée ou l'extrait collationné sont considérés comme des actes du ministère du notaire, en conséquence, ils doivent être reçus par deux notaires, ou par un notaire assisté de deux témoins, portés sur le répertoire (2) et enregistrés.

529. L'usage est de les écrire sur le même papier et de la même manière que les expéditions ordinaires, mais on peut les écrire sur papier timbré de toute dimension et sans observer le nombre des lignes, ni celui des syllabes (3).

530. Une même copie collationnée peut comprendre plusieurs pièces; dans ce cas, les pièces sont copiées les unes à la suite des autres, et il n'est fait qu'un seul style général à la fin; si un style était placé à la suite de chaque pièce copiée, il y aurait plusieurs actes écrits à la suite les uns des autres, et le notaire serait passible d'amende (4).

531. Il est dû au notaire, pour honoraire de la copie collationnée, le même honoraire que celui dû pour la délivrance de l'expédition.

---

par Mᵉ D....., notaire à N....., sousigné, sur la copie figurée de l'acte dont la teneur précède; ladite copie figurée étant en la possession de Mᵉ D....., comme tenant lieu entre ses mains de la minute qui a été déposée par lui au greffe du tribunal civil de N..., en exécution d'un jugement contradictoire de ce tribunal, en date du deux dudit mois de janvier, ainsi qu'il résulte d'un procès-verbal en date du quatre du même mois, étant en suite de la copie figurée.

FORMULE 99. — Expédition d'acte imparfait. (N° 526 *bis*.)

Voir formule 77.

FORMULE 100. — Copie collationnée. (N°s 527 à 531.)

Copier littéralement la pièce représentée en indiquant les signatures, puis ajouter :

L'an mil huit cent soixante....., le vingt janvier, ces présentes ont été collationnées par Mᵉ D..... et l'un de ses collègues, notaires à N....., département de....., soussignés, sur l'expédition (*ou* sur l'original *ou* la copie) du contrat de vente dont la teneur précède, représentée à Mᵉ D....., et par lui à l'instant rendue.

Si la copie collationnée est reçue par un notaire assisté de deux témoins :

L'an mil huit cent soixante....., le vingt janvier, Mᵉ D....., notaire à N....., soussigné, assisté de MM. Louis DUBOIS et Charles LEGENDRE, tous les deux propriétaires, demeurant à N....., témoins instrumentaires aussi soussignés, a collationné la présente copie sur l'expédition du contrat de vente dont la teneur précède, représentée à Mᵉ N..., et par lui à l'instant rendue.

---

(1) Ferrière, *Parfait notaire*, livre Iᵉʳ, chap. 27; Dict. not., *copie collationnée*, n° 12.

(2) Décis. min. fin. 9 prair. et 26 mess. an XII; Instr. régie 1ᵉʳ mess. an XII, n° 232; Trib. Castel-Sarrazin, 29 avril 1842.

(3) Même décis. et inst.; Dict. not., *expéd.*, n° 24.

(4) Dict. not., *copie collationnée*, n° 31.

APPENDICE AU § 1. — EXPÉDITIONS DÉLIVRÉES EN ALGÉRIE

SOMMAIRE

FORMULES

532. Les dispositions rapportées *supra nos 487 à 510* sont communes aux notaires de l'Algérie. (*Arrêté 30 déc. 1842, art. 30.*) Toutefois, en Algérie, les expéditions doivent avoir trente lignes à la page et quinze syllabes à la ligne, *supra no 173.*

533. Si l'expédition est d'une pièce annexée, voir *supra no 511.*

534. Si l'expédition est d'une pièce déposée pour minute, voir *supra nos 512 à 514.*

535. Si une expédition est délivrée en vertu d'ordonnance du président, voir *supra no 515.*

536. Lorsqu'un notaire est empêché pour l'une des causes exprimées *supra no 376*, il peut être substitué pour la délivrance des expéditions et grosses, avec l'autorisation préalable du procureur de la rép. de son ressort, par un autre notaire de la même résidence. [Form. 105.] Cette disposition résulte implicitement de l'art. 54 de l'arrêté du 30 décembre 1842, et plus spécialement de l'art. 56 du même arrêté : selon ce dernier article, lorsqu'il n'existe qu'un seul notaire dans un pays, il peut se faire substituer pour la délivrance des expéditions et grosses par un greffier, *supra no 378*; donc, s'il existe deux notaires, il peut, à plus forte raison, se faire substituer par son collègue.

FORMULE 101. — Expéditions ordinaires. (No 532.)

Voir formules 84 et 85.

FORMULE 102. — Expédition d'une pièce annexée. (No 533.)

Voir formules 86 et 87.

FORMULE 103. — Expédition de pièce déposée pour minute. (No 534.)

Voir formule 88.

FORMULE 104. — Expédition délivrée en vertu d'ordonnance du président. (No 535.)

Voir formule 90.

FORMULE 105. — Expédition délivrée par un notaire comme substituant son confrère. (No 536.)

L'an....., le....., ces présentes ont été expédiées et collationnées par Me C....., notaire à Mostaganem (Algérie), soussigné, comme substituant, pour cause de maladie, Me D....., son collègue, notaire en la même ville, sur la minute du contrat de vente dont la copie précède, étant au rang des minutes de Me D....., et ce, en vertu de l'autorisation de M. le procureur de la rép. près le tribunal civil de Mostaganem, contenue en sa lettre du.....

537. Lorsqu'un notaire est suspendu de ses fonctions, s'il y a lieu à la délivrance de grosses ou expéditions d'actes passés en son étude, elle ne peut être faite que par un autre notaire de la même résidence, spécialement commis à cet effet par le procureur de la rép. du ressort, sur la demande des parties intéressées, et il est fait mention expresse de la délégation au bas de la grosse ou de l'expédition délivrée. [Form. 106.] Dans le même cas, le notaire suspendu est tenu de communiquer au notaire délégué, sur son récépissé, les minutes à expédier, lesquelles doivent ensuite être rétablies dans l'étude où elles sont déposées. Les droits dus pour les grosses ou expéditions ainsi délivrées ne peuvent être perçus qu'au profit du notaire commis. Toute contravention à ce qui est dit au présent numéro est punie de révocation, sans préjudice de peines plus graves s'il y a lieu. (*Même arrêté, art. 55.*)

538. La délivrance d'une expédition ou d'une grosse par un greffier, pour cause d'empêchement du notaire [Form. 107], est réglée par les dispositions qui ont été rapportées *supra n° 578.*

539. Lorsque, en vertu de la désignation faite par le procureur de la rép. *supra n° 441*, les minutes ont été déposées au greffe du tribunal de première instance, ou d'un tribunal de paix ou d'un commissariat civil, les grosses et expéditions peuvent être délivrées par le greffier dépositaire [Form. 108], qui a droit dans ce cas à la moitié de la rétribution fixée par l'art. 35, § 2, *supra n° 175*, à charge par lui de se conformer aux règles prescrites aux notaires pour la délivrance des grosses et expéditions. (*Même arrêté, art. 51.*)

540. Pour l'expédition d'un testament, voir *supra n°s 521, 522, 523.*

541. En ce qui concerne les expéditions de copie figurée, voir *supra n°s 524 à 526.*

542. Voir les explications relatives à la copie collationnée *supra n°s 527 à 531.*

FORMULE 106. — Expédition d'acte d'un notaire suspendu délivrée par un confrère.
(N° 537.)

L'an....., le....., ces présentes ont été expédiées et collationnées par Me B....., notaire à Constantine (Algérie), soussigné, sur la minute du contrat de vente dont copie précède, se trouvant au rang des minutes de Me N....., notaire en la même ville, suspendu, laquelle lui a été communiquée par Me N....., et a été, après collation, rétablie dans l'étude de ce dernier notaire; Me B...., commis spécialement à cet effet par M. le procureur de la rép. près le tribunal civil de Constantine, suivant ordonnance en date du...

FORMULE 107. — Expédition d'acte d'un notaire empêché, délivrée par un greffier.
(N° 538.)

L'an....., le....., ces présentes ont été expédiées et collationnées par Me L....., greffier près le tribunal civil de..... (*ou* près la justice de paix de..... *ou* du commissariat civil de.....), soussigné, sur la minute de l'acte dont copie précède se trouvant au rang des minutes de Me N....., notaire à....., empêché pour cause de maladie; Me L.... autorisé à cet effet sur la demande des parties par M. le procureur de la rép. près le tribunal civil de....., suivant ordonnance en date du.....

FORMULE 108. — Expédition délivrée par le greffier d'un acte déposé au greffe par suite du décès du notaire. (N° 539.)

L'an....., le....., ces présentes ont été expédiées et collationnées par Me L....., greffier du tribunal civil de..... (*ou* de la justice de paix de..... *ou* du commissariat civil de.....), sur la minute du contrat de vente, dont copie précède, étant au nombre des minutes de feu Me. N...., notaire à....., décédé le....., déposées au greffe dudit tribunal (*ou* du commissariat civil), suivant ordonnance de M. le procureur de la rép. près le tribunal civil de....., en date du......

FORMULE 109. — Expédition de testament. (N° 540.)

Voir formules 95, 96 et 97.

FORMULE 110. — Expédition de copie figurée. (N° 541.)

Voir formule 98.

FORMULE 111. — Copie collationnée. (N° 542.)

Voir formule 100.

§ 2. — EXTRAITS

SOMMAIRE

FORMULES

543. L'extrait est la relation littérale ou par analyse, de quelques-unes des dispositions d'un acte; dans le premier cas, il prend le nom d'*extrait littéral*; dans le second celui d'*extrait analytique*.

EXTRAITS. (Nos 543 à 553 *bis*.)

FORMULE 112. — Extrait littéral d'une quittance pour faire radier une inscription

D'un acte passé devant Me Dorlan, notaire à N....., soussigné, qui en a gardé minute, et son collègue, le dix janvier mil huit cent soixante....., sur lequel est la mention suivante :

Enregistré à N....., le seize février mil huit cent soixante..., folio cent, verso, case deux. Reçu vingt francs et deux francs pour décime. *Signé* Veret.

Contenant quittance

Par M. Honoré Moreau, propriétaire, demeurant à E.....,

A M. Charles Lormeau, propriétaire, demeurant à C.....,

De la somme de quatre mille francs, montant en principal de l'obligation souscrite par M. Lormeau au profit de M. Jean Doré, rentier, demeurant à E....., suivant acte passé devant Me Dorlan, l'un des notaires soussignés, qui en a gardé minute, et son collègue, le huit juin mil huit cent....., et que M. Doré a transportée à M. Moreau par autre acte passé devant le même notaire, qui en a aussi gardé minute, et son collègue, le seize juin mil huit cent.....

Il est extrait littéralement ce qui suit :

Par suite de ce payement, M. Moreau donne mainlevée pure et simple, avec désistement de tous droits d'hypothèque, et consent la radiation entière et définitive d'une inscription prise au profit de M. Doré contre M. Lormeau, au bureau des hypothèques de E....., le dix juin mil huit cent soixante....., vol. 461, n° 132, dans l'effet de laquelle M. Moreau a été subrogé.

En opérant la radiation de cette inscription, M. le conservateur sera déchargé.

Extrait par Me Dorlan, notaire soussigné, de la minute dudit acte étant en sa possession.

Me Dorlan certifie que le présent extrait présente tout ce qui a rapport à la radiation de l'inscription, et que l'acte dont il s'agit ne contient ni réserve, ni restriction, ni modification. (N° 546.)

544. L'*extrait littéral* devant être la copie textuelle d'une partie des dispositions d'un acte, on ne doit faire à la partie extraite aucun changement ni même aucune modification de style, autres que ceux autorisés par l'usage pour les expéditions, *supra n° 494*.

FORMULE 113. — Extrait littéral d'une procuration annexée

SUIVANT ACTE passé en brevet devant Me..... et son collègue, notaires à..., le..., portant les mentions suivantes :

Enregistré..... etc......

Vu pour légalisation des signatures de....., etc.....

M. Gervais GUILBOUT, propriétaire, demeurant à.....

A constitué pour son mandataire :

M. Louis DUMORT, agent d'affaires, demeurant à.....,

Auquel il a donné entre autres pouvoirs ceux qui suivent, copiés littéralement :

Vendre, etc. (*Copier les pouvoirs.*)

EXTRAIT par Me....., notaire à....., soussigné, du brevet original de ladite procuration, annexé à la minute d'un contrat de vente reçu par lui et son collègue, le.....

FORMULE 114. — Extrait littéral de testament olographe

DU TESTAMENT de M. Charles MANOIR, en son vivant propriétaire, demeurant à N....., où il est décédé le six janvier mil huit cent soixante....., fait sous la forme olographe, en date, à N....., du quatorze juin mil huit cent soixante, portant cette mention :

Enregistré à N....., etc... (*Copier l'enregistrement.*)

DÉPOSÉ au rang des minutes de Me DORLAN, notaire à N....., soussigné, suivant acte reçu par lui et son collègue, le dix janvier mil huit cent soixante....., en vertu d'une ordonnance de M. le président du tribunal civil de N....., contenue en son procès-verbal d'ouverture et de description en date du huit du même mois.

IL EST EXTRAIT LITTÉRALEMENT CE QUI SUIT :

Copier littéralement la disposition qui fait l'objet de l'extrait.

EXTRAIT par Me DORLAN, notaire soussigné, de l'original du testament étant en sa possession.

FORMULE 115. — Extrait d'intitulé d'inventaire

L'INVENTAIRE après le décès arrivé à N....., le quatre janvier mil huit cent soixante..., de M. Charles NORMAND, en son vivant propriétaire, demeurant à N....., rue....., n°..., a été dressé par Me DORLAN, notaire à N..., soussigné, qui en a gardé minute, et son collègue, le douze février mil huit cent soixante.....,

A la requête de :

Mme Louise-Désirée LEJEUNE, propriétaire, demeurant à N....., veuve de M. Charles NORMAND,

Ayant agi :

1° A cause de la communauté ayant existé entre elle et M. NORMAND, aux termes de leur contrat de mariage, passé devant Me C....., qui en a gardé minute, et son collègue, notaires à N....., le six avril mil huit cent trente-cinq;

2° A cause de la donation que son mari lui a faite, aux termes du même contrat, pour le cas arrivé d'existence d'enfant, de l'usufruit, avec dispense de fournir caution, de la moitié de ses biens meubles et immeubles;

3° En qualité de créancière de la communauté et même de la succession de son mari, pour raison de ses reprises et conventions matrimoniales;

545. On emploie de préférence la forme littérale pour les extraits en forme de grosse, *infra n° 568*, les extraits de testaments [Form. 114], les extraits à produire aux bureaux d'hypothèques pour l'accomplissement de formalités hypothécaires, comme transcription, radiation, subrogation [Form. 112], les extraits de procuration [Form. 113], etc.

4° A cause de son usufruit légal sur les biens de ses enfants mineurs ci-après nommés, jusqu'à ce qu'ils aient atteint l'âge de dix-huit ans;

5° Enfin, en qualité de tutrice naturelle et légale de : 1° M. Ovide Normand, né à N... le quatre juin mil huit cent.....; 2° et Mlle Berthe Normand, née à N..... le six août mil huit cent....., ses deux enfants encore mineurs, issus de son mariage avec M. Normand;

En présence de :

1° M. Edward Normand, étudiant en droit, demeurant à N.....;

2° Et M. Bernard Duvallet, négociant, demeurant aussi à N.....;

Ce dernier ayant agi en qualité de subrogé-tuteur des deux mineurs Normand, nommé à cette fonction, qu'il a acceptée, suivant délibération du conseil de famille de ces mineurs, prise sous la présidence de M. le juge de paix du canton nord de N....., ainsi qu'il résulte du procès-verbal que ce magistrat en a dressé, assisté de son greffier, le quatre février mil huit cent soixante.....

M. Edward Normand, M. Ovide Normand et Mlle Normand issus du mariage d'entre feu M. Normand et la dame restée sa veuve, et en cette qualité seuls habiles à hériter, chacun pour un tiers, de M. Charles Normand, leur père.

Sur ledit inventaire est la mention suivante :

Enregistré....., etc.

Extrait par Me Dorlan, notaire soussigné, de la minute dudit inventaire étant en sa possession.

FORMULE 116. — Extrait de partage amiable

Aux termes d'un acte passé devant Me Dorlan, notaire à N....., soussigné, qui en a gardé minute, et son collègue, le cinq janvier mil huit cent soixante....., portant cette mention :

Enregistré..... (*Copier littéralement.*)

M. Jean Marchand, fabricant de coutil, demeurant à E.....;

M. Paul Marchand, docteur en médecine, demeurant au même lieu;

M. Edgar Marchand, avocat, demeurant en la même ville;

Et M. Charles Dubois, négociant, et Mme Louise Marchand, son épouse, de lui autorisée, demeurant ensemble à N.....;

MM. Marchand et Mme Dubois héritiers chacun pour un quart de M. Pierre Marchand, leur père, en son vivant propriétaire, demeurant à N....., où il est décédé le neuf septembre mil huit cent soixante....., veuf non remarié de Mme Rose Hardy, ainsi que ces qualités sont constatées en un acte de notoriété à défaut d'inventaire, reçu par Me Dorlan, notaire soussigné, qui en a gardé minute, et son collègue, le vingt du même mois de septembre,

Ont d'abord fait observer qu'il n'a pas été apposé de scellés sur les meubles et papiers de la succession, et qu'en raison de l'accord existant entre eux ils n'ont point fait faire d'inventaire, ayant entendu, au surplus, que les masses active et passive dressées en l'acte dont voici extrait leur tinssent lieu d'inventaire; ils ont déclaré, en outre, qu'il n'était point à leur connaissance que le défunt eût fait un testament.

Puis ils ont procédé amiablement entre eux au partage, en quatre lots, des biens meubles et immeubles dépendant de la succession de M. Marchand, et des rapports effectués par quelques-uns d'eux.

546. Une instruction générale de la régie du 24 août 1838, n° 1569, autorise (1) les conservateurs d'hypothèque à recevoir des extraits littéraux pour transcription, radiation, subrogation, etc..., pourvu qu'à la suite de l'extrait le notaire certifie qu'il reproduit tout ce qui a rapport à la transcription, subrogation ou radiation, et que l'acte ne contient ni réserve, ni restriction, ni modification. [FORM. 112.]

547. L'*extrait analytique* est la reproduction par analyse d'une partie des dispositions d'un acte. Il

La masse totale s'est élevée à cent vingt-deux mille six cent quatre-vingts francs; ci	122,680 fr.	» c.
Dont le quart pour chacun des copartageants s'est trouvé être de trente mille six cent soixante-dix fr.; ci	30,670	»

PREMIER LOT. — M. JEAN MARCHAND

Pour remplir M. Jean MARCHAND de son quart dans les biens compris en la masse, ses copartageants lui ont cédé et abandonné, à titre de partage :

1° Les objets mobiliers dont la description suit (*les décrire*) : Montant de l'estimation, huit cents francs; ci	800	»
2° Une rente annuelle et perpétuelle de cent francs, au capital de deux mille francs, etc. (*la désigner comme elle l'est en la masse*); ci..	2,000	»
3° Deux actions au porteur du chemin de fer du Nord, n°s 841 et 842, libérées à quatre cents francs, d'une valeur, d'après le cours de la Bourse au jour du décès de M. MARCHAND, de neuf cent cinquante francs, soit ensemble dix-neuf cents francs; ci	1,900	»
4° Une créance au capital de deux mille francs, due par M. Vincent DELARUE, etc. (*la désigner comme en la masse*); ci	2,000	»
5° Une pièce de terre en nature de labour, etc. (*la désigner comme en la masse*), pour quatre mille francs; ci	4,000	»
6° Une autre pièce de terre, etc. (*désignation de la masse*), pour deux mille francs; ci	2,000	»
7° Deux hectares quarante-six ares faisant partie d'un enclos entouré de haies vives, planté d'arbres fruitiers, sis commune de G.... dans le village, de la contenance de quatre hectares vingt ares, section G, n° 25, à prendre au levant du côté attenant à M. Parfait, de manière à borner d'un côté M. Parfait, d'autre côté la portion attribuée à M. Edgard Marchand, d'un bout au nord M. Vital, d'autre bout la rue, pour huit mille quatre cents francs; ci	8,400	»
8° Six mille cinq cents francs, montant du rapport effectué par M. Jean MARCHAND, pour le montant de la donation, etc..., et dont il a fait confusion en lui-même; ci	6,500	»
9° Et trois mille soixante-dix francs à toucher de Mme DUBOIS sur les dix mille francs dont elle a effectué le rapport pour le montant de la donation à elle faite par M. MARCHAND, son père, etc..... (*comme en la masse*)	3,070	»
Somme égale aux droits de M. Jean MARCHAND	30,670	»

ORIGINE DE PROPRIÉTÉ DES IMMEUBLES

Les immeubles entrés dans le lot de M. Jean MARCHAND, appartenaient à M. Pierre MARCHAND comme les ayant recueillis, etc. (*Copier l'origine de propriété contenue au partage à raison des immeubles entrés dans le lot.*)

(1) C'est une faculté accordée aux conservateurs; ils peuvent donc, sous leur responsabilité, accepter des extraits, mais ils ne peuvent y être contraints et ils ont toujours le droit d'exiger des expéditions entières. Décis. min. fin. 8 août 1838; Trib. Orléans. 28 janv. 1839. Voir aussi Trib. Strasbourg, 29 juill. 1861; J. N. 17189.

n'est plus nécessaire de copier textuellement; cependant, il est toujours d'une grande prudence de copier les dispositions donnant lieu à l'extrait, en ne faisant que les modifications de style nécessitées par la forme analytique; par exemple, l'extrait analytique étant l'indication ou l'attestation d'un fait accompli, on n'y parle jamais au présent, tous les temps présents énoncés dans l'acte doivent être rapportés dans l'extrait au temps passé. De même les dates indiquées dans l'acte par ces mots *le quinze avril dernier*...

ACCEPTATION

Chacun des copartageants a accepté le lot à lui attribué; Mme DUBOIS avec l'autorisation de son mari, et tous abandonnements nécessaires ont été consentis.

ACQUIT DES DETTES

Les dettes de la succession de M. MARCHAND consistaient en :

1° Cinq mille francs dus à....., etc. (*Copier l'indication des dettes telle qu'elle est contenue en l'acte*).

Il a été dit que toutes ces dettes seraient acquittées par les copartageants, chacun pour un quart, au fur et à mesure de leur exigibilité.

CONDITIONS DU PARTAGE

Il a été stipulé :

1° Que les copartageants prendraient les immeubles entrés dans leurs lots dans l'état où ils se trouvaient, avec leurs dépendances, et sans garantie de contenance; qu'en conséquence ils ne pourraient exercer aucune réclamation les uns envers les autres pour raison de la différence, en plus ou en moins, entre la contenance réelle des immeubles attribués et celle mentionnée au partage, quand même cette différence serait de plus d'un vingtième;

2° Que les copartageants, au moyen des abandonnements consentis et conformément aux dispositions de l'art. 883 du Code civil, se trouvaient propriétaires des objets composant leurs lots, à partir rétroactivement de l'instant du décès de M. MARCHAND,

Et qu'ils en auraient la jouissance par la perception à leur profit des fruits, intérêts et arrérages dont ces objets étaient productifs, à partir du même jour;

3° Que les copartageants acquitteraient séparément les contributions foncières et autres charges publiques de toute nature, auxquelles les immeubles entrés dans leurs lots pouvaient et pourraient être assujettis, aussi à partir du jour du décès de M. MARCHAND;

4° Qu'ils supporteraient les servitudes passives, apparentes ou occultes, continues ou discontinues, pouvant grever les immeubles à eux attribués, sauf à s'en défendre et à profiter de celles actives s'il en existait, à leurs risques et périls;

5° ....

Continuer de rapporter les conditions concernant celui des copartageants pour qui on fait l'extrait.

EXTRAIT par Me DORLAN, notaire soussigné, de la minute dudit partage, étant en sa possession.

FORMULE 117. — Extrait de tirage au sort de lots lorsqu'il n'y a que des immeubles à partager

D'UN PROCÈS-VERBAL dressé par Me DORLAN, notaire à N....., soussigné, qui en a gardé minute, et son collègue, le sept janvier mil huit cent soixante....., sur lequel est la mention suivante :

Enregistré, etc.....

CONTENANT entre :

1° M. Charles DELATTRE, propriétaire-cultivateur, demeurant à C.....;

2° M. André DELATTRE, aussi propriétaire-cultivateur, demeurant à C.....;

3° Et M. Vincent LEMARIÉ, propriétaire-cultivateur, et Mme Louise DELATTRE, son épouse, de lui autorisée, demeurant ensemble à G.....;

le quinze avril présent mois... doivent être rapportées dans l'extrait en remplaçant les mots *dernier* ou *présent mois* par l'indication de l'année, ainsi le *quinze avril mil huit cent soixante*... Cette phrase de l'acte : *il y a deux ans*, doit être remplacé dans l'extrait par celle-ci : *il y avait deux ans lors de l'acte, dont voici extrait*. Ces mots dans l'acte : *ces présentes* ou *le présent acte* sont remplacés par ceux-ci : *l'acte dont voici extrait*. [FORM. 115 à 125.]

Mme LEMARIÉ, mineure émancipée par son mariage, ayant pour curateur légal son mari;

MM. DELATTRE et Mme LEMARIÉ seuls héritiers, chacun pour un tiers, de M. Pierre DELATTRE, leur frère, en son vivant propriétaire-cultivateur, demeurant à C....., où il est décédé le premier avril mil huit cent soixante....., ainsi que ces qualités sont constatées en l'intitulé de l'inventaire après le décès de M. Pierre DELATTRE, dressé par Me DORLAN, notaire soussigné, qui en a gardé minute, et son collègue, le douze mai mil huit cent soixante.....

TIRAGE AU SORT des lots formés des biens immeubles dépendant de la succession de M. Pierre DELATTRE, en conséquence d'un jugement rendu par le tribunal civil de N....., le vingt-cinq août mil huit cent soixante....., aux termes duquel le tribunal a ordonné la liquidation et le partage de la succession de feu M. DELATTRE, a commis Me DORLAN, l'un des notaires soussignés, pour y procéder, et a nommé pour experts MM. Louis DUMONT et Léon DULAS, propriétaire-cultivateur à C......., qui ont été chargés de visiter les immeubles, les estimer et en composer trois lots.

Lesdits lots composés par MM. DUMONT et DULAS, ainsi qu'il résulte de leur rapport en date des dix-neuf et vingt septembre mil huit cent soixante....., déposé au greffe du tribunal civil de N..... le dix octobre suivant, et entériné suivant jugement rendu par le même tribunal le dix novembre même année; aux termes duquel les parties ont été renvoyées devant Me DORLAN, notaire soussigné, pour procéder devant ce notaire au tirage au sort des lots; une expédition desquels jugement et rapport d'experts est demeurée annexée à la minute de l'acte de tirage au sort de lots, dont voici extrait.

IL RÉSULTE que le premier lot échu à M. André DELATTRE a été composé des immeubles dont la désignation suit.

DÉSIGNATION

Désigner les immeubles composant le lot.

ORIGINE DE PROPRIÉTÉ

L'établir suivant les indications contenues au procès-verbal de tirage au sort.

CONDITIONS

Par le rapport d'experts et par le procès-verbal de tirage au sort de lots, il a été stipulé :

1° Que....., etc.

Indiquer les conditions contenues au rapport d'experts et au procès-verbal de tirage au sort.

On a énoncé dans le procès-verbal de tirage au sort, dont voici extrait, que la liquidation mobilière de la succession de M. DELATTRE a été dressée par Me DORLAN, notaire soussigné, à la date du dix-sept novembre mil huit cent soixante.....

EXTRAIT par Me DORLAN, notaire soussigné, de la minute dudit procès-verbal de tirage au sort de lots, étant en sa possession.

FORMULE 118. — Extrait de partage anticipé par père et mère

AUX TERMES d'un acte passé devant Me DORLAN, notaire à N....., soussigné, qui en a gardé minute, en présence de témoins, le vingt-sept janvier mil huit soixante....., portant cette mention :

Enregistré, etc.;

M. Louis BUHOT, propriétaire-cultivateur, et Mme Rosalie DAGUIN, son épouse, de lui autorisée, demeurant ensemble à C.....,

548. L'extrait analytique est d'un emploi très-utile pour les actes qui présentent une certaine complication. Ainsi, lorsqu'on veut extraire d'une liquidation l'attribution faite à l'un des intéressés, on serait obligé, en employant la forme littérale, à la transcription d'une grande partie de l'exposé, puis des masses, puis de la fixation des droits des parties, puis des attributions, puis des conditions; on aurait le désavantage d'être très-long et de manquer de clarté; au contraire, par l'extrait

Mariés sous le régime de la communauté, aux termes de leur contrat de mariage, passé devant Mᵉ MARESCAL, notaire à N....., le six janvier mil huit cent douze,

ONT FAIT DONATION ENTRE-VIFS, à titre de partage anticipé, conformément aux dispositions des articles 1075 et suivants du Code civil,

A 1° M. Charles BUHOT, cultivateur, demeurant à C.....;

2° Et Mᵐᵉ Charlotte BUHOT, épouse de M. Léon DUPAS, cultivateur, avec lequel elle demeure à G.....;

M. BUHOT fils et Mᵐᵉ DUPAS, seuls enfants, et présomptifs héritiers chacun pour moitié, de M. et Mᵐᵉ BUHOT, donateurs, présents à la donation, qu'ils ont acceptée expressément, Mᵐᵉ DUPAS avec l'autorisation de son mari, aussi présent,

DE LEURS BIENS IMMEUBLES.

Puis M. et Mᵐᵉ BUHOT, donateurs, avec l'assentiment des donataires, ont fait la division des biens donnés entre ces derniers.

PREMIER LOT. — M. BUHOT FILS

Pour remplir M. BUHOT fils de sa moitié dans les biens donnés, M. et Mᵐᵉ BUHOT, donateurs, avec l'assentiment de M. et Mᵐᵉ DUPAS, lui ont attribué à titre de partage...

Désigner les immeubles entrés dans le lot.

A la charge par M. BUHOT fils de payer à titre de soulte, pour plus-value de son lot, à Mᵐᵉ DUPAS, sa sœur, une somme de DEUX MILLE FRANCS.

ORIGINE DE PROPRIÉTÉ

L'énoncer comme dans l'acte.

Chacun des donataires a accepté le lot à lui attribué, Mᵐᵉ DUPAS avec l'autorisation de son mari, et tous abandonnements nécessaires ont été consentis.

CONDITIONS DE LA DONATION ET DU PARTAGE

Par l'acte dont voici extrait il a été stipulé :

1° Que, etc.

Rapporter toutes les conditions qui peuvent concerner le donataire pour lequel on fait l'extrait.

EXTRAIT par Mᵉ DORLAN, notaire soussigné, de la minute dudit acte étant en sa possession.

FORMULE 119. — Extrait de partage anticipé par survivant de père et de mère

D'UN ACTE passé devant Mᵉ DORLAN, notaire à N..., soussigné, qui en a gardé minute, en présence de témoins, le vingt-sept janvier mil huit cent soixante....., portant cette mention :

Enregistré, etc...

CONTENANT,

PREMIÈREMENT : DONATION entre-vifs, A TITRE DE PARTAGE ANTICIPÉ, conformément aux dispositions des articles 1075 et suivants du Code civil,

Par Mᵐᵉ Césarine LELOUTRE, propriétaire, demeurant à N....., veuve de M. Jacques DALET, en son vivant négociant, demeurant à N....., où il est décédé le quinze juillet mil huit cent soixante...

A 1° M. Louis DALET, négociant, demeurant à Paris, boulevard Sébastopol, n° 12;

2° M. Léon DALET, banquier, demeurant à N.....;

analytique on va droit au but sans s'inquiéter de la partie de l'acte laissée de côté, et on peut être clair sans cesser d'être concis.

549. L'extrait peut être à la fois littéral et analytique : tel est l'extrait faisant l'objet de la FORM. 112, qui est analytique en ce qui concerne la quittance, et littéral en ce qui concerne la mainlevée.

3° Et Mme Thérèse DALET, épouse de M. Théodore BLOT, fabricant de draps, avec lequel elle demeure à N.....,

Ses enfants, et seuls présomptifs héritiers chacun pour un tiers, qui ont accepté expressément, Mme BLOT avec l'autorisation de son mari ;

En outre, seuls héritiers, chacun pour un tiers, de feu M. DALET, leur père,

De ses biens immeubles,

Et de ses droits d'usufruit étant de moitié sur les biens immeubles dépendant de la succession de M. DALET, son défunt mari, usufruit qui résultait de la donation contenue au contrat de mariage de M. et Mme DALET, père et mère, passé devant Me B....., notaire à N....., le six avril mil huit cent quinze.

DEUXIÈMEMENT : PARTAGE entre les donataires tant des biens donnés que de ceux provenus de la succession de M. DALET, leur père, ainsi que des rapports effectués par quelques-uns d'eux;

IL RÉSULTE que, pour remplir M. Louis DALET de son tiers dans les biens compris en la masse, M. Léon DALET et M. et Mme BLOT, avec l'assentiment de Mme veuve DALET, lui ont cédé et abandonné à titre de partage :

Désigner les immeubles et rapports entrés dans le lot :

CONDITIONS DE LA DONATION ET DU PARTAGE

Par l'acte dont voici extrait il a été stipulé :

1° Que..., etc.

Rapporter toutes les conditions qui peuvent concerner le donataire pour lequel on fait l'extrait.

EXTRAIT par Me DORLAN, notaire soussigné, de la minute dudit acte étant en sa possession.

FORMULE 120. — Extrait de procès-verbal d'adjudication amiable

AUX TERMES d'un procès-verbal d'adjudication dressé par Me DORLAN, notaire à N...., soussigné, qui en a gardé minute, et son collègue, le vingt janvier mil huit cent soixante....., portant cette mention :

Enregistré à N....., le vingt-huit juin mil huit cent soixante....., f° 14, v°, case 3e et suivantes, reçu, vente MARAIS, cinquante-cinq francs, et pour décime cinq francs cinquante centimes. Signé.....

M. Eugène MANIN, propriétaire, et Mme Césarine DOULET, son épouse, de lui autorisée, demeurant ensemble à N.....,

ONT VENDU, en s'obligeant solidairement entre eux à la garantie de fait et de droit la plus étendue,

A M. Germain MARAIS, cultivateur, demeurant à C....., présent à l'adjudication, qu'il a acceptée,

Une pièce de terre sise commune, etc. (*La désigner.*)

Moyennant MILLE FRANCS de prix principal, qui ont été stipulés payables en bonnes espèces de numéraire à N....., en l'étude de Me DORLAN, notaire soussigné, dans le délai de deux ans du jour de l'adjudication, avec intérêt sur le pied de cinq pour cent par an, sans retenue, à partir du même jour, payable chaque année en un seul terme.

ORIGINE DE PROPRIÉTÉ

L'immeuble ci-dessus désigné appartenait à M. MARAIS, de son chef, etc. (*Copier l'origine de propriété.*)

550. L'extrait d'un acte, de même que l'expédition, ne peut être délivré qu'aux parties intéressées, leurs héritiers et ayants cause, *supra n° 489*.

551. L'extrait ne peut être délivré que par le notaire dépositaire de la minute. Au surplus, ce qui est dit *supra nos 488 à 516*, en ce qui concerne les expéditions, est applicable aux extraits.

ÉTAT CIVIL

Les vendeurs ont déclaré, sous les peines de droit :

1° Qu'ils étaient mariés en premières noces sous le régime de la communauté, aux termes de leur contrat de mariage, passé devant Me Dorlan, notaire à N....., soussigné, le six juin mil huit cent.....;

2° Qu'ils n'étaient et n'avaient jamais été tuteurs de mineurs ou d'interdits.

CONDITIONS

Il a été stipulé :

1° Que l'adjudicataire de l'immeuble susdésigné en aurait la pleine propriété à partir du jour de l'adjudication, et qu'il en prendrait la jouissance le vingt-neuf septembre mil huit cent soixante.....;

2° Qu'il acquitterait les impôts de toute nature à la charge de cet immeuble, à partir du premier janvier mil huit cent soixante.....;

3° Qu'il supporterait les servitudes passives, apparentes ou occultes, continues ou discontinues, qui pouvaient grever ledit immeuble, sauf à lui à s'en défendre et à profiter de celles actives, s'il en existait, à ses risques et périls;

4° Que l'adjudicataire ni les vendeurs ne pourraient exercer aucune réclamation l'un envers l'autre pour raison de la différence en plus ou en moins qui pourrait exister entre la contenance réelle dudit immeuble et celle susexprimée, quand même cette différence serait de plus d'un vingtième;

5° Qu'il ne serait remis aucun titre de propriété à l'adjudicataire, mais qu'il pourrait se faire délivrer à ses frais toutes expéditions et tous extraits d'actes qu'il appartiendrait.

Extrait par Me Dorlan, notaire soussigné, de la minute dudit procès-verbal d'adjudication étant en sa possession.

FORMULE 121. — Extrait de procès-verbal d'adjudication précédé d'un cahier de charges

Aux termes d'un procès-verbal, etc.... *(Comme en la formule précédente.)*

Enregistré, etc.... *(Comme en la formule précédente.)*

Ledit procès-verbal d'adjudication précédé d'un cahier de charges dressé par les mêmes notaires, le même jour, portant cette mention :

Enregistré, etc....

M. Eugène Manin, etc.... *(Le surplus jusqu'à conditions, comme en la formule precédente.)*

CONDITIONS

Par le cahier de charges il a été stipulé :

1° Que.... etc. *(Voir pour le tout la formule précédente.)*

Extrait par Me.... notaire soussigné des minutes desdits cahier de charges et procès-verbal d'adjudication étant en sa possession.

FORMULE 122. — Extrait de cahier de charges pour joindre à une vente en suite

Aux termes d'un cahier de charges dressé par Me...., notaire à..., soussigné, qui en a gardé minute, et son collègue, le...., portant cette mention :

Enregistré, etc.

552. Les extraits doivent être écrits sur le même timbre de dimension que les expéditions, *supra* nº 506 à 510. Ils peuvent être écrits à la suite d'autres expéditions ou extraits, et sur le même timbre, dans les cas énumérés *supra* nº 250.

M. Eugène MANIN. *(Le surplus comme en la formule 120.)*

ONT MIS EN VENTE

Une pièce de terre en labour etc.... *(La désigner.)*

ORIGINE DE PROPRIÉTÉ

L'immeuble ci-dessus désigné appartenait, etc....

ÉTAT CIVIL

Comme en la formule 120.

CONDITIONS

Il a été stipulé :

1° Etc.... (*Les mêmes conditions qu'en la formule 120, plus, si le prix est resté dû, celle suivante* :)

6° Que l'adjudicataire de l'immeuble susdésigné payerait son prix principal d'adjudication, à N..., en l'étude de Mᵉ...., notaire soussigné, le...., avec intérêt sur le pied de cinq pour cent par an, sans retenue, à partir du jour de la vente, payable chaque année en un seul terme, le....

EXTRAIT par Mᵉ...., notaire soussigné, de la minute dudit cahier de charges étant en sa possession.

FORMULE 123. — Extrait de cahier de charges et de procès-verbal d'adjudication en cas de vente judiciaire

I. *Extrait de cahier de charges*

AUX TERMES d'un cahier de charges dressé en brevet par Mᵉ X....., notaire à N....., soussigné, le deux janvier mil huit cent soixante....., portant cette mention :

Enregistré, etc.

Ledit cahier de charges déposé au rang des minutes du même notaire, suivant acte reçu par lui et son collègue, le même jour, portant la mention suivante :

Enregistré, etc.

Aux requête, poursuites et diligences de .

1° M. Louis DELORD, marchand, demeurant à N.....

2° M. Georges LEROUX, propriétaire, et Mᵐᵉ Louise DELORD, son épouse de lui autorisée, demeurant ensemble à N.....

En présence des ci-après nommés ou eux dûment appelés :

1° Mᵐᵉ Désirée MOULIN, propriétaire, demeurant à N....., veuve de M. Charles DELORD.

Tant en son nom personnel qu'au nom et comme tutrice naturelle et légale de Charlotte DELORD, sa fille mineure, issue de son mariage avec M. Charles DELORD.

2° Et M. Vincent LEHUARD, propriétaire, demeurant à N.....

En qualité de subrogé-tuteur de la mineure Charlotte DELORD, nommé à cette fonction, qu'il a acceptée, suivant délibération....., etc.....

M. DELORD, Mᵐᵉ LEROUX et la mineure DELORD, seuls héritiers, chacun pour un tiers, de M. Charles DELORD, leur père, en son vivant négociant, demeurant à N..., où il est décédé le quinze octobre mil huit cent soixante....., ainsi que le constate l'intitulé de l'inventaire, après son décès, dressé par Mᵉ X....., notaire à N....., soussigné, le dix-huit novembre suivant;

553. Ils doivent contenir la copie entière de la relation d'enregistrement, *supra* n° 498.

553 *bis*. Au surplus, tout ce qui est dit sous le paragraphe relatif aux expéditions, *supra* nos 487 531, s'applique aux extraits. Il en est de même des mentions de collation qui terminent les expéditions

---

Mme veuve DELORD ayant été commune en biens avec M. DELORD, son mari, aux termes de leur contrat de mariage, passé devant Me....., notaire à....., le.....

Et donataire, avec dispense de fournir caution, de l'usufruit de la moitié des biens de la succession de son mari, en vertu de la donation contenue au même contrat de mariage.

En exécution d'un jugement rendu par le tribunal civil de N..., le quinze décembre mil huit cent soixante...., ordonnant qu'aux requêtes, poursuites et diligences de M. DELORD et de M. et Mme LEROUX, en présence de Mme veuve DELORD, ou elle dûment appelée, il serait, après l'accomplissement des formalités voulues par la loi, procédé à la vente, à titre de licitation, des immeubles dépendant tant de la communauté ayant existé entre M. DELORD *de cujus* et la dame restée sa veuve que de la succession de M. DELORD, par le ministère de Me X....., notaire soussigné, commis à cet effet,

Il a été compris parmi les immeubles mis en vente celui dont la désignation suit, formant le deuxième lot :

Une maison située à X....., rue Chartraine, n° 45, comprenant au rez-de-chaussée, etc.....

Dont la mise à prix a été fixée par le jugement à dix mille francs.

ORIGINE DE PROPRIÉTÉ

L'immeuble ci-dessus désigné dépendait, etc.

ÉTAT CIVIL

Il a été dit que l'état civil des vendeurs serait indiqué lors du procès-verbal d'enchères.

LOCATION

L'immeuble ci-dessus désigné était loué à M. Louis LAFFAIRÉ, marchand, demeurant à N....., pour neuf années qui ont commencé à courir le premier janvier mil huit cent soixante....., moyennant un loyer annuel de six cents francs, payable chaque année en deux termes égaux, les premier janvier et premier juillet, suivant bail passé devant Me....., notaire à....., le.....

CHARGES ET CONDITIONS

Il a été stipulé :

1° Que l'immeuble ci-dessus désigné serait adjugé avec la garantie de fait et de droit la plus étendue ;

2° Que....., etc.

Rapporter toutes les charges et conditions contenues au cahier de charges.

EXTRAIT par Me X....., notaire soussigné, du brevet original dudit cahier de charges et de l'acte qui en constate le dépôt, le tout étant en sa possession.

II. *Extrait du procès-verbal d'adjudication* (1)

ET AUX TERMES d'un procès-verbal d'adjudication dressé aussi par Me X....., notaire à N....., soussigné, qui en a gardé minute, et son collègue, le quatorze février mil huit cent soixante....., portant cette mention :

Enregistré à N...., le.... folio...., recto, case...., reçu, vente à M. JACQUET, six cent cinq francs, et pour décime soixante francs cinquante centimes. Signé....

---

(1) Cet extrait peut être écrit à la suite de l'extrait du cahier de charges et sur le même timbre, *supra* n° 250, 8°.

lorsqu'elles sont délivrées par un notaire autre que le rédacteur de l'acte, toutefois en faisant le changement suivant : *L'an..., le..., ces présentes ont été extraites par... de...*

Aux requête, poursuites et diligences de M. Louis Delord et de M. et Mme Leroux,

En présence de Mme veuve Delord et de M. Lehuard,

Tous nommés, qualifiés et domiciliés en l'extrait qui précède ; ayant agi aux mêmes qualités que celles exprimées au cahier de charges.

Il a été d'abord exposé :

Que suivant exploit du ministère de....., huissier à N....., en date du six janvier mil huit cent soixante....., Mme veuve Delord et M. Lehuard ont été sommés de prendre communication du cahier de charges dont extrait précède, et de se trouver à N....., en l'étude de Me X....., au jour fixé pour la vente, afin d'y assister ;

Que des placards indicatifs de la vente ont été apposés à....., aux endroits voulus par la loi, ainsi que le constate un procès-verbal dressé sur un exemplaire des placards, par Me....., huissier à N....., en date du dix-huit janvier mil huit cent soixante....., et visé des maires des communes où les appositions ont eu lieu ;

Que la vente a encore été rendue publique par une insertion faite dans le journal le..., s'imprimant à N....., feuille du vingt janvier mil huit cent soixante....., dont un exemplaire, signé de l'imprimeur et légalisé par M. le maire de N....., porte cette mention : Enregistré, etc.

Puis les parties ont fait les déclarations suivantes sur leur état civil :

1° Que..... etc. (*Relater l'état civil ainsi qu'il est contenu au procès-verbal.*)

Et enfin, après lecture tant du cahier de charges et de l'acte qui en constate le dépôt que du procès-verbal d'enchères, il a été procédé à l'adjudication des immeubles mis en vente.

M. Charles Jacquet, propriétaire, demeurant à N....., dernier enchérisseur, présent à l'adjudication qu'il a acceptée,

A été proclamé adjudicataire de la maison sise à N....., rue Chartraine, n° 45, formant le deuxième lot.

Moyennant la somme de DIX MILLE SEPT CENTS FRANCS de prix principal.

Et en outre à la charge de payer à Me....., avoué à N....., poursuivant la vente, et en sus du prix, la somme de deux cent quatre-vingt-cinq francs pour la part à la charge du deuxième lot, dans les frais faits pour parvenir à la vente.

Le tout payable aux époques et de la manière exprimées au cahier de charges.

Extrait par Me X....., notaire soussigné, de la minute dudit procès-verbal d'adjudication, étant en sa possession.

FORMULE 124. — Extrait en un seul contexte de cahier de charges et d'adjudication judiciaire (1)

Aux termes :

1° D'un cahier de charges dressé en brevet par Me X....., notaire à N....., soussigné, le deux janvier mil huit cent soixante..... portant cette mention :

Enregistré, etc.

Ledit cahier de charges déposé au rang des minutes de Me X....., suivant acte reçu par lui et son collègue le même jour, portant la mention suivante :

Enregistré, etc.

2° Et d'un procès-verbal d'adjudication dressé par le même notaire, qui en a gardé minute, et son collègue, le quatorze février mil huit cent soixante..... portant cette mention :

Enregistré, etc.

---

(1) Le procès-verbal d'adjudication pouvant être écrit à la suite du cahier de charges et sur le même timbre, *supra* n° 250 8°, on peut dans un même extrait foudre le cahier de charges avec le procès-verbal d'adjudication et, à ce moyen, ne faire qu'un seul extrait du tout.

Aux requête, poursuites et diligences de :

1° M. Louis Delord, marchand, demeurant à N.....

2° M. Georges Leroux, propriétaire, et Mme Louise Delord, son épouse, de lui autorisée, demeurant ensemble à N.....

En présence des ci-après nommés :

1° Mme Désirée Moulin, propriétaire, demeurant à N....., veuve de M. Charles Delord.

Tant en son nom personnel qu'au nom et comme tutrice naturelle et légale de Charlotte Delord, sa fille mineure, issue de son mariage avec M. Delord son mari ;

2° Et M. Vincent Lehuard, propriétaire, demeurant à N.....

En qualité de subrogé-tuteur de la mineure Delord, nommé à cette fonction qu'il a acceptée suivant délibération, etc.....

M. Delord, Mme Leroux et la mineure Delord, seuls héritiers, chacun pour un tiers, de M. Charles Delord, leur père, en son vivant négociant, demeurant à N...., où il est décédé, le quinze octobre mil huit cent soixante....., ainsi que le constate l'intitulé de l'inventaire après son décès, dressé par M. X....., notaire soussigné, le dix-huit novembre suivant ;

Mme veuve Delord ayant été commune en biens avec M. Delord, son défunt mari, aux termes de leur contrat de mariage passé devant Me...., notaire à...., le.....

Et donataire, avec dispense de fourni. caution, de l'usufruit de la moitié des biens de la succession de son mari, en vertu de la donation contenue au même contrat de mariage.

En exécution d'un jugement rendu par le tribunal civil de N...., le quinze décembre mil huit cent soixante... ordonnant qu'aux requête, poursuites et diligences de M. Delord et de M. et Mme Leroux, en présence de Mme veuve Delord ou elle dûment appelée, il serait, après l'accomplissement des formalités voulues par la loi, procédé à la vente, à titre de licitation, des immeubles dépendant tant de la communauté ayant existé entre M. Delord *de cujus* et la dame restée sa veuve que de la succession de M. Delord, par le ministère de Me X....., notaire soussigné, commis à cet effet,

Il a été, après l'accomplissement des formalités voulues par la loi, procédé à la vente par adjudication, à titre de licitation, des immeubles dont il vient d'être question.

M....., présent à l'adjudication qu'il a acceptée, a été proclamé adjudicataire

Du deuxième lot, comprenant une maison sise à N...., rue Chartraine, n°...., etc. *(La désigner.)*

Moyennant la somme de..... de prix principal.

Et en outre à la charge de payer à Me....., avoué à N....., poursuivant la vente, et en sus du prix, la somme de..... pour la part à la charge du deuxième lot dans les frais faits pour parvenir à la vente.

Le tout payable aux époques et de la manière ci-après exprimées.

ORIGINE DE PROPRIÉTÉ

L'immeuble ci-dessus désigné dépendait, etc..... *(Etablir l'origine de propriété telle qu'elle l'est au cahier de charges.)*

ÉTAT CIVIL

Les parties ont déclaré : 1° que..... etc. *(Relater l'état civil contenu au procès-verbal.)*

CONDITIONS

Par le cahier de charges il a été stipulé :

1° Que..... etc. *(Rapporter les conditions concernant l'adjudicataire pour lequel on fait l'extrait.)*

Extrait par Me X....., notaire soussigné, tant de l'original dudit cahier de charges et de la minute de l'acte, qui en constate le dépôt, que de la minute du procès-verbal d'adjudication, le tout étant en sa possession.

FORMULE 125. — Extrait d'échange

Aux termes d'un acte passé devant Me....., notaire à N....., soussigné, qui en a gardé minute, et l'un de ses collègues, le..... portant cette mention :

Enregistré, etc.

M. Louis Chemin, cultivateur, et Mme Héloïse Dumor, son épouse de lui autorisée, demeurant ensemble à C.....

Ont cédé à titre d'échange, en s'obligeant solidairement à la garantie de droit,

A M. Gervais Carré, cultivateur, et Mme Léonore Barbet, son épouse de lui autorisée, demeurant ensemble au même lieu, qui ont accepté.

Une pièce de terre en nature de labour, située commune de C....., lieu dit l'Epine-Ronde, de la contenance de quatre-vingt-cinq ares soixante-cinq centiares, section B, n° 85 du plan cadastral, qui appartenait en propre à Mme Chemin, comme faisant partie du lot à elle échu par le partage de la succession de M. Denis Carré, son père, opéré suivant acte passé devant Me....., notaire à....., le....., ainsi que le tout est plus amplement énoncé en l'acte dont voici extrait (1).

Et au même titre d'échange, M. et Mme Carré ont cédé, avec la même garantie solidaire,

A M. et Mme Chemin, qui ont accepté,

Une pièce de terre en nature de labour, située commune de C....., lieu dit l'Arbre-Sec, section D, n° 6 du plan cadastral, de la contenance de quatre-vingt-neuf ares soixante et un centiares, bornant d'un côté, etc.

ORIGINE DE PROPRIÉTÉ

La pièce de terre cédée par M. et Mme Carré dépendait de la communauté qui existait entre eux, au moyen de l'acquisition, etc..... *(Relater l'origine de propriété telle qu'elle est contenue en l'acte d'échange.)*

CONDITIONS

Il a été stipulé :

1° Que M. et Mme Chemin auraient la propriété et la jouissance de l'immeuble à eux cédé, à partir du jour de l'acte dont voici extrait;

2° Qu'ils en acquitteraient les impôts de toute nature à compter du même jour;

3° Que les échangistes supporteraient les servitudes passives, apparentes ou occultes, continues ou discontinues qui pouvaient grever les immeubles échangés, sauf à eux à s'en défendre et à profiter de celles actives, s'il en existait, à leurs risques et périls;

4° Qu'ils ne pourraient exercer aucune réclamation les uns envers les autres, pour raison de la différence, soit en plus, soit en moins, qui pourrait exister entre la contenance réelle des immeubles échangés et celle exprimée, quand même cette différence serait de plus d'un vingtième;

5° Que l'échange avait lieu sans soulte de part ni d'autre;

6° Que les frais de l'acte d'échange seraient acquittés par les échangistes, chacun pour moitié;

7° Que M. et Mme Chemin se reconnaissaient en possession des titres de propriété de l'immeuble à eux cédé.

ÉTAT CIVIL

M. et Mme Carré ont déclaré :

1° Qu'ils étaient mariés en premières noces, sous le régime de la communauté, aux termes de leur contrat de mariage passé devant Me....., notaire à....., le.....;

2° Qu'ils n'étaient et n'avaient jamais été tuteurs de mineurs ou interdits, ni comptables de deniers publics.

Extrait par Me....., notaire soussigné, de la minute dudit acte d'échange étant en sa possession.

(1) Cette énonciation a pour objet de faire connaître si l'immeuble reçu en échange de celui cédé devient propre au mari ou à la femme, ou s'il dépend de la communauté, l'échange ayant pour effet de donner à l'immeuble reçu la qualité originaire de celui cédé.

§ 3. — GROSSES

SOMMAIRE

FORMULES

I. PREMIÈRES GROSSES

554. La grosse [Form. 126] est la copie d'un acte portant en tête le même intitulé que les lois, et à la fin un mandement aux officiers de justice, pareil à celui qui est employé pour les jugements; elle a pour effet de donner à l'acte la force exécutoire. (*C. Pr. 545; loi 25 vent. an XI, art. 25.*)

555. Le droit de délivrer des grosses n'appartient qu'au notaire possesseur de la minute (*même loi, art. 1, 21*), soit qu'il l'ait reçue lui-même, soit qu'elle ait été reçue par un de ses prédécesseurs (1), ou par un de ses collègues comme le substituant; en conséquence :

1º Une grosse ne peut être délivrée utilement par un notaire comme substituant son confrère absent (2);

2º Si l'acte a été reçu par un notaire comme substituant son confrère absent, c'est au notaire substitué, dépositaire de la minute, à délivrer la grosse (3), car il peut, mieux que tout autre, certifier le

I. PREMIÈRES GROSSES

FORMULE 126. — Formule exécutoire. (Nºs 554 à 563.)

Au nom du peuple français.

Faire l'expédition entière (voir Formule 84) *en faisant les changements indiqués en la même formule, notamment lorsqu'on y trouve ces mots :* la grosse des présentes; *les remplacer par ceux-ci :* la présente

(1) Loret, I, p. 341; Roll., *grosse*, nº 39.
(2) Dict. not., *grosse*, nº 91 et *subst. de not.*, nº 26; Roll., *subst. de not.*, nº 8.
(3) Bien entendu, si le notaire substituant est resté quelque temps en posession de la minute, il a pu pendant le temps de sa possession en délivrer la grosse; de même si l'empêchement du notaire substitué continue, le notaire substituant peut, comme rédacteur de l'acte, et en spécifiant la durée de l'empêchement, en délivrer aussi la grosse. Roll., *subst. de not.*, nº 16.

contenu en la copie; et si la représentation du titre est exigée (*C. N.* 1334), c'est le notaire dépositaire de la minute qui est tenu de faire cette représentation, de comparer le titre avec la copie délivrée; il a donc, à plus forte raison, le droit d'en délivrer la grosse (1);

3° Le notaire commis pour la garde provisoire des minutes d'une étude vacante par décès, étant le dépositaire légal de ces minutes, peut en délivrer les grosses (2);

4° La grosse d'un acte passé dans une étude pendant la vacance, par suite du décès du titulaire, et conséquemment reçu par le notaire commis pour la garde des minutes, *supra n° 508*, est délivrée pendant la vacance par le notaire commis, mais après la vacance, par le successeur qui en est dépositaire légal (3).

556. Les actes donnant lieu à la délivrance de grosses sont ceux qui, contenant obligation de choses certaines et liquides ou pouvant être liquidées, ont été reçus dans la forme authentique et sont susceptibles d'exécution parée contre le débiteur, tels sont notamment : 1° les baux (grosse pour le bailleur); 2° les cautionnements (grosse pour le créancier bénéficiaire de la caution); 3° les ouvertures de crédit (grosse pour le créditeur); 4° les échanges et partages avec soulte (grosse pour le créancier de la soulte); 5° les licitations (grosse pour les copropriétaires créanciers du prix); 6° les obligations pour prêt (grosse pour les prêteurs); 7° les constitutions de rente (grosse pour les crédi-rentiers); 8° le partage anticipé avec charges (grosse pour le donateur et, s'il y a soulte, grosse pour le créancier de la soulte); 9° le transport (grosse pour le cessionnaire), mais seulement lorsqu'il a lieu avec garantie de la solvabilité du débiteur et obligation par le cédant de payer à défaut par le débiteur de le faire (4); ou lorsque, même ne portant point de garantie, le débiteur intervient au transport et s'oblige à payer au cessionnaire; le cédant peut aussi se faire délivrer une grosse du transport, mais seulement lorsque le prix du transport reste dû; 10° la vente (grosse pour le vendeur); 11° les contrats de mariage (grosse pour les futurs époux), mais seulement lorsque les contrats contiennent des donations ou autres obligations en faveur des futurs époux de sommes, rentes ou choses certaines et liquides, restées dues; la future épouse a aussi droit à la délivrance d'une grosse à raison de ses apports en mariage dont son mari se reconnaît comptable et qui, ainsi, en devient débiteur envers elle; 12° les billets à ordre reçus en minute [grosse pour le créancier] (5), etc.

557. Les actes sous seings privés déposés au rang des minutes d'un notaire peuvent aussi être délivrés en forme de grosse, mais seulement lorsque le dépôt en a été fait par le débiteur lui-même, avec reconnaissance d'écriture et de signature (6).

558. Les parties intéressées à la délivrance de la grosse peuvent seules la requérir; l'on entend par là ceux qui ont le droit de poursuivre l'exécution de l'acte, c'est-à-dire les créanciers : les débiteurs

---

grosse, *y ajouter la copie des procurations s'il y en a; puis, à la suite du tout, ajouter la formule suivante :*

En conséquence la République mande et ordonne :

A tous huissiers sur ce requis de mettre ces présentes à exécution;

A nos procureurs généraux et à nos procureurs près les tribunaux de première instance d'y tenir la main;

A tous commandants et officiers de la force publique de prêter main-forte lorsqu'ils en seront légalement requis;

En foi de quoi, ces présentes ont été scellées et signées et délivrées à M....., pour lui servir de titre exécutoire.

Ou si l'acte constate des créances en faveur de plusieurs personnes et qu'une grosse soit délivrée à chacune d'elles :

En foi de quoi ces présentes ont été scellées et signées et délivrées à M....., pour lui

---

(1) Roll., *subst. de not.*, n° 16; CONTRA Dict. not., *grosse*, n° 89.

(2) Dict. not., *grosse*, n° 92.

(3) Trib. Quimper, 6 août 1849; J. N. 13971; CONTRA Dict. not., *grosse*, n° 90.

(4) Bioche, *exécution des jugements et actes*, n°s 14 et 15; Dict. not., *grosse*, n°s 61 et 62.

(5) Roll., *grosse*, n° 26; Besançon, 13 août 1864 : J. N. 18106.

(6) Roll., *grosse*, n° 9, Cass. 27 mars 1821.

ne peuvent dans aucun cas en obtenir la délivrance; l'acquéreur ne peut se faire délivrer une grosse de son contrat d'acquisition, car il ne peut en vertu du contrat poursuivre l'exécution parée. Au surplus, nous avons dit, *supra n° 556*, à qui la grosse doit être délivrée selon chaque nature d'acte.

559. Lorsque dans un même acte il y a plusieurs parties intéressées, par exemple s'il contient obligation de sommes au profit de plusieurs personnes divisément, chacune d'elles a droit à la délivrance d'une grosse dans laquelle on exprime qu'elle lui est délivrée pour lui servir de titre exécutoire à raison de sa créance (1); mais si l'acte contient obligation d'une somme au profit de plusieurs personnes conjointement, par exemple titre-nouvel d'nne rente au profit de plusieurs héritiers du créancier, il n'y a lieu de délivrer qu'une seule grosse, bien que la rente soit divisible; cependant chaque héritier pourrait se faire délivrer une grosse sous forme d'ampliation (2), *infra nos 587 et suiv.*

560. La grosse, comme copie d'acte, est soumise à toutes les règles établies pour les expéditions, *supra nos 487 et suiv.*, elle n'en diffère qu'en ce qu'elle contient la formule exécutoire.

561. La formule exécutoire actuelle [Form. 126] ayant été substituée aux anciennes formules par décret du 2 septembre 1871, elle est la seule qui puisse donner force d'exécution à un acte.

562. Lorsque à la suite de l'expédition en forme de grosse le notaire copie une procuration annexée à l'acte, la copie de l'acte et celle de la procuration ne font qu'un seul tout, et c'est à la fin seulement qu'il doit placer la formule exécutoire (3).

563. Il doit être fait mention sur la minute de la délivrance d'une première grosse faite à chacune des parties intéressées (*loi 25 vent. an XI, art. 26*) avec indication de la partie à laquelle elle est délivrée, si plusieurs ont droit à la délivrance d'une grosse. Cette mention est paraphée par le notaire.

564. La nouvelle formule exécutoire, *supra n° 561*, étant assez moderne, il n'est pas rare de rencontrer des grosses revêtues des précédentes formules; or, comme on ne peut commander l'exécution d'un

---

servir de titre exécutoire jusqu'à concurrence de sa créance au capital de....., faisant partie de celles dues en vertu de l'obligation dont la grosse est ci-dessus.

Ou s'il s'agit d'une rente viagère constituée à plusieurs personnes pour des portions distinctes :

En foi de quoi ces présentes ont été scellées et signées, et délivrées à M....., pour lui servir de titre exécutoire à raison de sa rente viagère de....., faisant partie de celles créées par l'acte dont la grosse est ci-dessus.

FORMULE 127. — Grosse d'un acte reçu par un prédécesseur. (Nos 554 à 563.)

On copie l'acte avec la formule exécutoire comme plus haut, et on la termine ainsi :

En foi de quoi ces présentes ont été scellées et signées et délivrées à M....., pour lui servir de titre exécutoire; *(si la grosse est délivrée à l'héritier du créancier on ajoute :)* en sa qualité de seul et unique héritier de M....., son père, décédé à....., le....., ainsi que le constate l'intitulé de l'inventaire après son décès, dressé par Me....., le....., (*ou* l'acte de notoriété, etc.....)

A la suite on ajoute :

L'an....., le....., ces présentes ont été mises pour la première fois en forme exécutoire, et collation en a été faite par Me....., notaire à....., soussigné, sur la minute de l'acte dont copie précède, étant en sa possession, comme successeur immédiat (*ou* médiat) de Me....., ancien notaire à.....

FORMULE 128. — Formule exécutoire ajoutée aux grosses délivrées avant le 2 septembre 1871. (Nos 564 à 567.)

En tête :

Au nom du peuple français. (*Le surplus comme en la formule 126.*)

---

(1) Dict. not., *grosse*, nos 76, 78, 80.
(2) Dict. not., *grosse*, n° 77.
(3) Dict. not., *grosse*, n° 153; Rennes, 13 fév. 1838; Cass. 12 juin 1839; J. N. 10411.

acte ou d'un jugement qu'au nom du chef de l'Etat, les porteurs des expéditions des jugements et arrêts, des grosses et expéditions délivrées avant le 6 septembre 1870, qui veulent les faire mettre à exécution, doivent préalablement les présenter soit aux greffiers des cours et tribunaux, s'il s'agit d'expéditions de jugements et d'arrêts, soit aux notaires, s'il s'agit de grosses d'actes notariés, afin que la formule nouvelle soit ajoutée à celle dont elles étaient revêtues précédemment. [FORM. 128.] Ces additions sont faites sans frais. (*Décret 2 sept. 1871, art. 3.*)

565. On doit ajouter la formule entière, ce qui est en tête comme à la fin de l'acte, sans effacer la formule ancienne ni aucune de ses parties (1).

566. L'addition peut être faite par un greffier et un notaire autres que ceux qui ont délivré la grosse (2).

567. Le défaut d'addition de cette nouvelle formule sur les grosses entraîne la nullité des poursuites (3).

568. On peut faire un extrait en forme de grosse [FORM. 129]; cela est même nécessaire lorsqu'un même titre contient des créances sur plusieurs personnes et qu'une seule de ces créances donne lieu à des poursuites; mais comme, suivant l'art. 673 C. Pr., le commandement fait au débiteur doit contenir copie entière du titre en vertu duquel il est fait, l'extrait dans ce cas ne peut être fait que dans la forme littérale (4).

569. Pour éviter toute difficulté sur le droit de délivrer des grosses par extrait, il est prudent que le notaire se fasse autoriser par l'acte à les délivrer.

II. SECONDES GROSSES

570. Un notaire ne peut délivrer une seconde grosse ou une ampliation, à peine de destitution, sans une ordonnance du président du tribunal de première instance, laquelle doit demeurer jointe à la minute

---

A la fin :

AU NOM DU PEUPLE FRANÇAIS. (*Le surplus comme en la même formule.*)

En foi de quoi ces présentes ont été signées par Me....., notaire à.....

Formule ajoutée en conformité du décret du deux septembre mil huit cent soixante-onze

A..... le..... mil huit cent..... (Signature.)

FORMULE 129. — Extrait en forme de grosse. (Nos 568 et 569.)

AU NOM DU PEUPLE FRANÇAIS. (*Le surplus comme en la formule 126.*)

D'UN ACTE, etc.

Enregistré,

Il est extrait littéralement ce qui suit :

Copier la disposition de même que formule 112.

EXTRAIT par Me..... etc.

En conséquence, etc. (*Le surplus comme en la formule 126.*)

II. SECONDES GROSSES

FORMULE 130. — Procès-verbal de délivrance de seconde grosse lorsque le débiteur ne comparaît pas. (Nos 570 à 586.)

L'an....., le....., à midi.

A....., rue de....., en l'étude de Me....., notaire;

PAR-DEVANT ledit Me..... et l'un de ses collègues, notaires à....., soussignés.

---

(1) Dict. not., *grosse*, no 144.

(2) Dict. not., *grosse*, no 146; lett. min. just. 17 juill. 1848; J. N. 13720.

(3) Cass. 22 mai 1828; Paris, 20 janv. 1849; Toulouse, 24 janv. 1849; Orléans, 14 août 1849; Jur. N. 8557, 8799; CONTRA, Paris, 3 janv. 1852; J. N. 14599.

(4) Roll., *grosse*, no 52; *extrait*, no 14; Dict. not., *grosse*, nos 106, 108; *extrait*, no 14.

(*loi 25 vent. an XI, art 26*) ; mais le successeur qui délivre une seconde grosse [Form. 127] dans l'ignorance de la délivrance de la première par son prédécesseur, qui a omis d'en faire mention sur la minute, n'est passible d'aucune peine (1).

571. Il peut y avoir lieu à la délivrance d'une seconde grosse lorsque la première est perdue ou lorsque, par suite de vétusté ou d'accident, elle est dans un état tel qu'on ne puisse plus en faire usage ; dans ce dernier cas il suffit à celui qui demande une seconde grosse de représenter les lambeaux de la première pour que l'autorisation lui soit de suite accordée (2).

572. Si la première grosse est perdue, le débiteur ne peut contester la délivrance d'une seconde grosse en arguant de la non-représentation pour se prétendre libéré; c'est à lui de justifier de sa libération, et s'il n'en justifie pas, il ne peut empêcher la délivrance de la seconde grosse (3).

573. Lorsque la première grosse a été annulée par le motif qu'elle manquait des formalités voulues pour sa validité, la seconde grosse, qui n'est alors véritablement qu'une première, peut être délivrée sans l'accomplissement des formalités prescrites pour la seconde grosse (4).

574. La partie qui veut se faire délivrer une seconde grosse présente, à cet effet, requête par ministère d'avoué, au président du tribunal de première instance dans le ressort duquel est domicilié le notaire possesseur de la minute (5) ; en vertu de l'ordonnance qui intervient, elle fait sommation au notaire de faire la délivrance aux jour et heure indiqués, et aux parties intéressées d'y être présentes, faute de quoi le commandement fait en vertu de la seconde grosse serait nul (6) ; mention est faite de cette ordonnance au bas de la seconde grosse [Form. 130], ainsi que de la somme pour laquelle on peut exécuter, si la créance est acquittée ou cédée en partie. (*C. Pr. 844.*)

575. Il n'y a pas de délai de rigueur pour la sommation au notaire ; le demandeur peut n'indiquer que le plus court, c'est-à-dire celui de vingt-quatre heures ; mais en ce qui concerne les parties, si elles sont éloignées, le délai est augmenté d'un jour par trois myriamètres de distance. (*C. Pr. 1033.*)

A comparu M. Charles Leblanc, rentier, demeurant à.....

Lequel a dit que, par exploit du ministère de....., huissier à...., en date du....., il a fait sommation à M. Désir Liévois, cultivateur, demeurant à....., de se trouver cejourd'hui aux lieu et heure susindiqués pour être présent, s'il le juge à propos, à la délivrance qui doit être faite au comparant, en vertu d'une ordonnance de M. le président du tribunal civil de....., rendue le....., étant au bas de la requête présentée le même jour, de la seconde grosse d'un acte passé devant Mᵉ....., notaire à....., prédécesseur immédiat de Mᵉ....., l'un des notaires soussignés, qui en a la minute, le....., contenant obligation par M. Liévois, au profit de M. Leblanc, comparant, d'une somme de....., pour prêt, actuellement exigible, et productive d'intérêts ; la première grosse de cet acte étant adirée.

Les originaux desquelles sommation, requête et ordonnance sont demeurés ci-annexés après que, sur chacun d'eux, il a été apposé une mention d'annexe signée des notaires.

En conséquence, M. Leblanc requiert que la grosse de ladite obligation lui soit délivrée tant en l'absence qu'en la présence de M. Liévois.

Et il a signé après lecture. (Signature.)

Attendu qu'il est trois heures de relevée et que M. Liévois ne comparaît pas, ni personne pour le représenter, M. Leblanc a requis les notaires soussignés de donner défaut contre lui, et de procéder à l'instant à la délivrance de la seconde grosse de l'obligation susrelatée ;

Les notaires soussignés, obtempérant à cette demande, ont donné défaut contre

---

(1) Loret, I, 289; Dict. not., *grosse*, nᵒ 163; Roll., *grosse*, nᵒ 88.

(2) Gagneraux, I, 505; Dict. not., *grosse*, nᵒ 158.

(3) Dict. not., *grosse*, nᵒ 159; Cass. 22 mars 1826; J. N. 5740.

(4) Cass. 24 mars 1835; J. N. 8828.

(5) Toullier, VIII, 455; Demian, *Pr., art. 844;* Dict. not., *grosse*, nᵒ 172; contra Pau, 31 août 1837.

(6) Bordeaux, 24 août 1855; J. N. 15654.

576. Si le débiteur ne comparaît pas chez le notaire au jour et à l'heure fixés par la sommation, on l'attend pendant trois heures (1), puis le notaire prononce défaut contre lui et passe outre à la délivrance de la seconde grosse, en son absence (2).

577. Lorsque le débiteur consent, par acte authentique, à la délivrance de la seconde grosse [FORM. 131], il n'est plus nécessaire de faire de sommations, ni même d'obtenir l'ordonnance du président (3); cependant, selon l'usage le plus ordinairement suivi, l'ordonnance est exigée dans tous les cas.

578. Le notaire constate, par un procès-verbal dressé dans la forme des actes notariés (4), la délivrance de la seconde grosse, la comparution ou le défaut des parties appelées, le consentement ou l'opposition à la délivrance, etc. (5).

579. Si le débiteur présent au procès-verbal s'oppose à la délivrance de la seconde grosse, le notaire délaisse les parties à se pourvoir en référé (*C. Pr. 845*) devant le président du tribunal [FORM. 132], sauf au président, s'il s'élève des contestations sérieuses, à renvoyer le référé à l'audience, où il est procédé sommairement (6).

M. LIÉVOIS, et de suite il a été procédé à la délivrance de la seconde grosse, conformément à l'ordonnance ci-dessus relatée.

De tout ce que dessus il a été dressé le présent procès-verbal, qui a été fait et rédigé dans le lieu susindiqué, les jour, mois et an susdits.

Et, après lecture, M. LEBLANC a signé avec les notaires.

FORMULE 131. — Procès-verbal de délivrance de seconde grosse lorsque le débiteur y consent. (N° 577.)

L'an..... etc.

Le surplus comme en la formule précédente jusqu'à la signature du comparant, après quoi on ajoute :

A l'instant est intervenu M. LIÉVOIS, ci-dessus nommé, qualifié et domicilié,

Lequel a dit comparaître pour satisfaire à la sommation à lui faite et ne pas s'opposer à la délivrance de la seconde grosse.

Et il a signé après lecture. (Signature.)

En conséquence, à la demande de M. LEBLANC, et du consentement de M. LIÉVOIS, il a été procédé de suite à la délivrance de la seconde grosse de l'acte d'obligation, conformément à l'ordonnance ci-dessus relatée.

De tout ce que dessus, il a été dressé le présent procès-verbal qui a été fait et rédigé dans le lieu susindiqué, les jour, mois et an susdits.

Et, après lecture, les parties ont signé avec les notaires.

FORMULE 132. — Procès-verbal sur une demande en délivrance de seconde grosse, lorsque le débiteur s'y oppose. (Nos 579 et 580.)

L'an..... etc. *(Le surplus comme en la formule 130, jusqu'à la signature du comparant, après quoi on ajoute :)*

A l'instant est intervenu M. LIÉVOIS, ci-dessus nommé, qualifié et domicilié,

Lequel a dit qu'il comparaît sur la sommation à lui faite par l'exploit susrelaté, et qu'il s'oppose à la délivrance de la seconde grosse demandée par M. LEBLANC, attendu qu'il lui a remboursé le montant de l'obligation pour laquelle cette seconde grosse est demandée; que lors de ce remboursement il a négligé de retirer la grosse de l'obligation qui, à cette époque, était peut-être déjà adirée; qu'il ne peut aujourd'hui faire la preuve de ce remboursement, mais qu'il demande un délai de quinze jours pour en justifier.

Et il a signé après lecture. (Signature.)

(1) Dict. not., *grosse*, n° 183.

(2) Toullier, VIII, 461; Carré, *sur l'art. 845 Pr.*

(3) Toullier, VIII, 453; Duranton, XIII, 62; Bioche, *copie*, n° 38; Dict. not. *grosse*, n° 164; Roll., *ibid.*, n° 89; CONTRA Gagneraux, I, 508.

(4) Toullier, VIII, 458; Dict. not., *grosse*, n° 196; Roll., *grosse*, n° 117.

(5) Pigeau, II, 331; Demian, p. 523; Carré, *art. 845*; Toullier, VIII, 461.

(6) Demian, p. 523; Carré, *art. 845.*

580. Lorsque, sur le référé, la délivrance de la seconde grosse est ordonnée, le créancier fait signifier copie de l'ordonnance ou du jugement au notaire, avec certificat de non-opposition ni appel (*C. Pr. 548*) et sommation de lui faire cette délivrance.

581. Le notaire annexe au procès-verbal de délivrance l'ordonnance ou le jugement et les exploits de sommation.

582. Les frais occasionnés par la délivrance de la seconde grosse sont à la charge de celui qui l'a obtenue.

583. La seconde grosse est la copie textuelle de l'acte, revêtue comme les autres grosses de la formule exécutoire; il ne nous parait pas nécessaire d'expédier avec la grosse le procès-verbal de délivrance (1).

584. Il suffit de mentionner au bas de la seconde grosse [Form. 133] : 1° qu'elle est délivrée en forme de grosse pour la seconde fois; 2° l'ordonnance ou le jugement qui a ordonné la délivrance; 3° le procès-verbal qui constate cette délivrance; 4° si la créance a été acquittée ou transportée en partie, et dans ce cas que la seconde grosse est délivrée pour servir de titre exécutoire jusqu'à concurrence de la somme restée due. (*C. Pr. 844.*)

585. La seconde grosse, légalement délivrée, est exécutoire comme la première grosse.

586. La loi n'exige pas qu'il soit fait mention sur la minute de la délivrance de la seconde grosse; mais on comprend qu'il soit préférable de le faire.

III. AMPLIATIONS

587. On appelle ampliation [Form. 134 à 136] la grosse délivrée par un notaire, sur la grosse originale déposée au rang de ses minutes ou annexée à la minute d'un acte reçu par lui.

A quoi M. Leblanc a répondu qu'il persiste dans sa demande en délivrance de seconde grosse, et qu'il refuse d'accorder le délai demandé, se réservant de se pourvoir par les voies de droit, afin d'obtenir cette délivrance.

Et il a signé après lecture.

(Signature.)

Attendu les difficultés survenues entre les parties, au sujet de la délivrance de la seconde grosse demandée, les notaires soussignés les renvoient à se pourvoir devant qui il appartiendra.

De tout ce que dessus a été dressé le présent procès-verbal, qui a été fait et rédigé dans le lieu susindiqué, les jour, mois et an susdits.

Et, après lecture, les parties ont signé avec les notaires.

FORMULE 133. — Style en suite de la seconde grosse. (N° 584.)

L'an....., le....., ces présentes ont été mises en forme de grosse pour la seconde fois, et délivrées à M. Charles Leblanc, rentier, demeurant à....., par Me....., notaire à....., soussigné, détenteur de la minute de l'acte dont copie précède, comme successeur immédiat de Me...., en vertu de l'ordonnance de M. le président du tribunal civil de... en date du....., et conformément au procès-verbal dressé par ledit Me..... et son collègue, cejourd'hui, en suite de l'acte dont la grosse précède, auquel procès-verbal est demeuré annexé l'original de l'ordonnance.

III. AMPLIATIONS

FORMULE 134. — Ampliation d'une grosse déposée par plusieurs créanciers ayant un titre commun. (Nos 587 à 593.)

A la suite de la copie littérale de la grosse, on ajoute le style suivant :

Il est ainsi à la grosse de l'acte de prêt, ci-dessus transcrite, déposée pour minute à Me N...., notaire à...., soussigné, suivant acte passé devant lui et son collègue, le..., le tout demeuré en la possession de Me N.....

---

(1) Pigeau, II, 329; contra Toullier, VIII, 459; Roll., *grosse*, n° 119; Dict. not., *grosse*, n° 198.

588. Il y a lieu de recourir à l'ampliation toutes les fois qu'une grosse est commune à plusieurs personnes, ce qui arrive :

1° Lorsque parmi les titres et pièces d'une succession, il se trouve des grosses relatives à des créances ou à des rentes qui sont divisées entre plusieurs héritiers par l'acte de partage [FORM. 136];

2° Lorsqu'un titre crée des créances en faveur de plusieurs personnes, et qu'il n'en a été délivré qu'une grosse, avec indication qu'elle sera commune à tous les créanciers [FORM. 134];

3° Lorsqu'un créancier en vertu d'un titre authentique fait transport de sa créance à plusieurs personnes pour des portions déterminées, ou fait transport d'une portion de sa créance et se réserve le surplus [FORM. 135];

4° Lorsque les biens affermés par un bail authentique sont ensuite divisés entre plusieurs personnes qui se trouvent ainsi avoir droit chacune à une portion de fermage;

5° Lorsque le créancier, par suite de la division de sa dette entre les héritiers de son débiteur originaire, est obligé de les poursuivre à des lieux divers et éloignés les uns des autres, ce qui le met dans la nécessité d'avoir une grosse pour chaque poursuite (1);

6° Lorsque la grosse d'un titre nouvel est commune à plusieurs personnes et que chacune d'elles désire en avoir une.

589. Dans tous ces cas, la personne qui a besoin d'une ampliation présente requête par le ministère d'un avoué, au président du tribunal civil de la résidence du notaire dépositaire de la grosse, si elle a

---

Ces présentes délivrées à M. Louis DUVAL, rentier, demeurant à....., pour lui servir de titre exécutoire jusqu'à concurrence de la somme principale de....., qui lui appartient, en qualité de prêteur, dans la créance résultant de l'acte de prêt dont copie précède, et ce, en vertu d'une ordonnance rendue sur requête par M. le président du tribunal civil de....., le....., et conformément au procès-verbal de comparution dressé par Me N..... et son collègue, ce jourd'hui....., auquel procès-verbal est demeuré annexé l'original de l'ordonnance.

FORMULE 135. — Ampliation d'une grosse annexée à un acte de transport partiel d'une créance. (No 588, 3°.)

1° Ampliation délivrée au cessionnaire

Il est ainsi à la grosse de l'obligation ci-dessus transcrite, annexée à la minute d'un acte reçu par Me...., notaire à...., soussigné, contenant transport par M. Louis AUBERT, propriétaire, demeurant à....., à M. Jean LECHAT, rentier, demeurant aussi à....., de la somme principale de..... à prendre dans celle de..... formant l'importance de l'obligation, en se réservant lui-même le surplus de la créance;

Ces présentes délivrées à M. LECHAT pour lui servir de titre exécutoire jusqu'à concurrence de ladite somme principale de....., dans le montant de l'obligation dont copie précède, et ce, en vertu..... etc. *(Le surplus comme en la formule précédente.)*

2° Ampliation délivrée au cédant

Il est ainsi..... etc. *(Le surplus comme au numéro qui précède.)*

Ces présentes délivrées à M. AUBERT pour lui servir de titre exécutoire jusqu'à concurrence de la somme de....., qu'il s'est réservée par le transport qui vient d'être énoncé dans le montant de l'obligation dont la copie précède, et ce, en vertu..... etc.

FORMULE 136. — Ampliation de la grosse d'une créance attribuée dans un partage à plusieurs. (No 588, 1°.)

Il est ainsi à la grosse de l'obligation ci-dessus transcrite, annexée à la minute d'un acte reçu par Me....., notaire à....., soussigné, et son collègue, le....., contenant

---

(1) Gagneraux, I, p. 507; Toullier, VIII, 456; Pigeau, II, p. 330 et suiv.; Carré, *org. jud.*, no 15; Roll., *ampliation*, no 1er.

déjà été déposée ou annexée, ou de la résidence du notaire chez lequel elle se propose d'en faire le dépôt; en vertu de l'ordonnance obtenue, elle fait sommation au notaire de faire la délivrance aux jour et heure indiqués, et aux parties intéressées d'y être présentes; mention est faite de cette ordonnance au bas de l'ampliation, ainsi que de la somme due au créancier qui obtient l'ampliation, et pour laquelle il pourra exécuter. (*C. Pr. 844.*)

590. L'autorisation du président ni les sommations ne sont plus nécessaires si le débiteur consent, par acte authentique, à la délivrance de l'ampliation (1); cependant l'usage contraire s'est établi en ce qui concerne l'autorisation, *supra n° 577.*

591. Tout ce qui est dit *supra n°s 570 à 586* pour la délivrance de la seconde grosse est applicable à la délivrance de la grosse par ampliation.

592. De même que la seconde grosse, l'ampliation légalement délivrée est exécutoire comme la première grosse.

593. Algérie. — Tout ce qui est dit *supra n°s 554 à 592* est applicable aux notaires de l'Algérie; il en est de même des formules 126 à 136. (*Arrêté du 30 déc. 1842, art. 30.*)

§ 4. — COMPULSOIRE

SOMMAIRE

FORMULES

594. On appelle compulsoire [Form. 137 et 138] la voie prise pour se faire délivrer expédition ou extrait d'un acte dans lequel on n'a pas été partie (*C. Pr. 846*); on donne le même nom au procès-verbal dressé par le notaire à cette occasion.

595. Les notaires ne peuvent, sauf le cas de compulsoire, délivrer expédition ni donner connaissance des actes à d'autres qu'aux personnes intéressées en nom direct, héritiers ou ayants droit, *supra n° 489*, à peine de dommages-intérêts, d'une amende de 20 fr. et d'être, en cas de récidive, suspendus de leurs

partage de la succession de M. Pierre Miot, en son vivant propriétaire, demeurant à....., où il est décédé le.....

Ces présentes délivrées à M. Paul Miot, marchand, demeurant à....., l'un des héritiers de M. Pierre Miot, pour lui servir de titre exécutoire jusqu'à concurrence de la somme principale de..... qui lui a été abandonnée en toute propriété et jouissance par le partage ci-dessus relaté, à prendre dans celle de..... montant en principal de l'obligation dont la copie précède, et ce, en vertu..... etc.

IV. COMPULSOIRE

FORMULE 137. — Procès-verbal de compulsoire en présence de toutes les parties.
(N°s 594 à 614.)

L'an....., le....., dix heures du matin,
A....., rue de....., en l'étude de Me....., notaire,
Par-devant ledit Me....., et l'un de ses collègues, notaires à....., soussignés,

(1) Dict. not., *ampliation*, n° 21; contra Gagneraux, I, p. 509.

fonctions pendant trois mois, sauf néanmoins l'exécution des lois sur l'enregistrement, et de celles relatives aux actes qui doivent être publiés dans les tribunaux. (*Lois 25 vent. an XI, art. 23, et 16 juin 1824, art. 10.*)

596. Le compulsoire ne peut être demandé que dans le cours d'une instance (*C. Pr. 846*); il ne pourrait donc pas être ordonné dans les cas où il n'y a pas instance pendante (1).

597. Celui qui, dans le cours d'une instance, veut se faire délivrer une expédition par compulsoire d'un acte dans lequel il n'a pas été partie se pourvoit de la manière suivante : (*C. Pr. 846.*)

598. La demande à fin de compulsoire est formée par requête d'avoué à avoué : elle est portée à l'audience sur un simple acte et jugée sommairement, sans aucune procédure. (*C. Pr. 847.*)

599. Le tribunal ordonne le compulsoire ou il rejette la demande (2) si la partie n'a pas qualité et intérêt pour l'obtenir, ou si le titre n'a pas un rapport direct à l'objet en litige et ne peut avoir aucune influence dans la cause (3) ; dans tous les cas, le compulsoire ne peut être ordonné sur toutes les minutes d'un notaire, il doit être restreint à certains actes déterminés et spécifiés avec précision par le demandeur (4).

600. Le jugement ordonnant un compulsoire est exécutoire nonobstant appel ou opposition. (*C. Pr. 848.*)

601. La partie qui a obtenu la permission de compulser signifie le jugement à la partie adverse, avec sommation de se trouver à jour et heure fixes en l'étude du notaire; pareille signification est faite au notaire, avec sommation de représenter la pièce aux jour et heure indiqués (5).

602. Les procès-verbaux de compulsoire ou collation sont dressés, et l'expédition ou copie délivrée par le notaire dépositaire de l'acte, à moins que le tribunal qui l'a ordonné n'ait commis un de ses membres, ou tout autre juge du tribunal de première instance, ou un autre notaire. (*C. Pr. 849; loi 25 vent. an XI, art. 24.*)

603. Mais le procès-verbal étant soumis aux règles générales des actes notariés, le notaire doit être assisté d'un second notaire ou de deux témoins (6). [Form. 137.]

A comparu M. Charles Delorme, agent d'affaires, demeurant à....., rue....., n°...

Assisté de Me Plassard, avoué près le tribunal civil de.....

Lequel a dit ce qui suit :

Par jugement du tribunal civil de....., en date du....., enregistré, rendu contradictoirement entre M. Delorme, comparant, et M. Louis Ledoux, propriétaire, demeurant à....., rue....., M. Delorme, a été autorisé à se faire délivrer, par compulsoire, l'expédition d'un contrat passé devant Me....., l'un des notaires soussignés, qui en a gardé la minute, et son collègue, le....., contenant vente par M. Honoré Bulard, rentier, demeurant à....., à M. Ledoux, d'une maison sise à....., rue....., n°....., contiguë à celle de M. Delorme. (*Ou si l'on ne doit délivrer qu'un extrait :* l'extrait d'un contrat passé devant Me....., l'un des notaires soussignés, qui en a gardé minute, et son collègue, le....., contenant vente par M. Honoré Bulard, rentier, demeurant à....., à M. Ledoux, d'une maison sise à....., rue....., n°....., contiguë à celle de M. Delorme, en ce qui concerne seulement la charge imposée à M. Ledoux, de souffrir le passage auquel M. Delorme a droit pour accéder du jardin de sa maison, au bras de rivière bornant la propriété de M. Ledoux.)

En vertu de ce jugement, et par exploit du ministère de....., huissier à E....., en date du....., M. Delorme a fait sommation : 1° à M. Ledoux, de se trouver ce jourd'hui, heure présente, au lieu où il est procédé pour être présent à la délivrance qui lui serait

---

(1) Roll., *compulsoire*, n° 9; Carré, *quest. 2876*; Paris, 4 juill. 1809 et 8 fév. 1810; Douai, 4 mai 1838; Trib. Gueret, 20 août 1858; J. N. 5871, 9922, 16697; contra Berriat-Saint-Prix, *Pr., II, p. 660, note 16;* Dict. not., *compulsoire*, n° 8; Rouen, 13 mars 1826; Arg. Toulouse, 12 mars 1838; Trib. Saint-Pol, 22 juin 1837; J. N. 5871, 9922.

(2) Dict. not., *compulsoire*, n° 9; Cass. 2 mai 1838.

(3) Carré, *art. 846;* Roll., *compuls.*, n° 10; Rennes, 27 juill. 1809; Cass. 28 janv. 1835; J. N. 9067.

(4) Cass. 28 janv. 1835; Grenoble, 2 mars 1850; J. N. 9067; Jur. N. 9188.

(5) Dict. not., *compulsoire*, n° 19; Roll., *compulsoire*, n° 21.

(6) Roll., *compulsoire*, n° 24; Bioche, *ibid.*, n° 46 · Dict. not., *ibid.*, n° 22.

604. Dans tous les cas, les parties peuvent assister au procès-verbal et y insérer tels dires qu'elles jugent à propos. (*C. Pr. 850.*)

605. Habituellement les parties sont assistées de leurs avoués, à cause des dires à faire et du référé qui peut avoir lieu (1). [*Tarif, art. 92.*]

606. Si les frais et déboursés de la minute de l'acte sont dus au notaire, il peut refuser expédition tant qu'il n'est pas payé desdits frais, outre ceux d'expédition. (*C. Pr. 851.*)

607. Lorsque, par d'autres motifs, le notaire refuse la délivrance de l'expédition, on lui donne assignation à bref délai, sans préliminaire de conciliation, devant le tribunal saisi de l'instance, pour y énoncer les causes du refus; si le tribunal juge que le refus est mal fondé, il peut condamner le notaire aux dépens et dommages-intérêts à cause du retard, et à la délivrance de l'expédition sous peine d'y être contraignable par corps. (*C. Pr. 839.*)

608. Les parties peuvent collationner l'expédition ou copie sur la minute dont lecture est faite par le notaire; si elles prétendent qu'elles ne sont pas conformes, il en est référé à jour indiqué par le procès-verbal, au président du tribunal, lequel fait la collation; à cet effet, le dépositaire est tenu d'apporter la minute (*C. Pr. 852*); alors c'est le président assisté du greffier qui dresse le procès-verbal de collation (2). Les frais de procès-verbal, ainsi que ceux de transport du notaire, sont avancés par le requérant. (*C. Pr. 852.*)

609. Quant la pièce est compulsée par un autre notaire que celui dépositaire de la minute ou de l'original, ce dernier prépare une expédition de la pièce compulsée. Il représente la minute ou l'original au notaire commis pour le compulsoire; celui-ci collationne l'expédition remise par le notaire dépositaire et en fait mention, tant au pied de la minute ou de l'original qu'à la suite de cette expédition (3).

610. Le procès-verbal de compulsoire peut être délivré en brevet, mais alors la grosse du jugement qui

---

faite de l'expédition (*ou* de l'extrait) dont il s'agit; 2° et à Me....., de se trouver en son étude, aux mêmes jour et heure, pour en faire la délivrance.

En conséquence, M. Delorme requiert, pour le cas où M. Ledoux ne se présenterait pas, ni personne pour le représenter, qu'il soit prononcé défaut contre lui, et passé de suite à la délivrance de l'expédition (*ou* de l'extrait) dudit contrat.

La grosse du jugement et l'original de l'exploit, représentés par M. Delorme, sont demeurés ci-annexés, après que sur chacun d'eux il a été apposé une mention d'annexe signée par les notaires.

Et après lecture M. Delorme a signé avec M. Plassard, son avoué.

(Signatures.)

A cet instant est intervenu M. Ledoux ci-dessus nommé, qualifié et domicilié,

Assisté de Me Placet, avoué, à....., son avoué constitué,

Lequel a dit comparaître au désir de la sommation à lui faite, afin d'être présent à la délivrance demandée.

Et après lecture il a signé avec Me Placet, son avoué.

(Signatures.)

Les notaires soussignés ont donné acte à MM. Delorme et Ledoux de leurs dires et comparutions.

Puis Me....., l'un des notaires soussignés, a immédiatement produit la minute du contrat de vente ci-dessus relaté, et en a fait l'expédition (*ou* l'extrait en ce qui concerne la servitude de passsage dont il est ci-dessus parlé), qui a été collationnée et reconnue conforme à la minute; et après avoir été signée par Me....., et scellée de son cachet, elle a été remise à M. Delorme qui le reconnaît.

De tout ce que dessus, il a été dressé le présent procès-verbal qui a été fait et rédigé dans le lieu susindiqué, les jour, mois et an susdits.

Et après lecture MM. Delorme et Ledoux ont signé avec leurs avoués et les notaires.

---

(1) Carré, *sur l'art. 850 Pr.*; Roll., *compulsoire*, n° 31; Dict. not., *ibid.*, n° 26.

(2) Carré, *sur l'art. 852*; Roll., *compulsoire*, n° 36; Dict. not., *ibid.*, n° 24.

(3) Dict. not., *compulsoire*, n° 33.

ordonné y demeure annexée, et l'expédition de la pièce compulsée est écrite à la suite du procès-verbal; dans ce cas, le procès-verbal doit être écrit sur du timbre à 1 fr. 80 c. ou au-dessus (1).

611. Si l'une des parties ne comparaît pas au procès-verbal de compulsoire, il est prononcé défaut contre elle, mais seulement une heure après celle fixée pour la comparution, ce dont il est fait mention dans le procès-verbal (2). [FORM. 138.]

612. Indépendamment de ce qui est constaté au procès-verbal de compulsoire, le notaire fait mention de la collation et de la date de la délivrance sur les expéditions qu'il tire des actes ou autres pièces, en déclarant que la collation a eu lieu snr la minute ou l'original, en vertu de la commission ou du jugement de compulsoire (3). [FORM. 139.]

613. Si l'expédition est délivrée par un autre notaire, *supra n° 609*, c'est à ce dernier à faire la mention.

614. Tout ce qui est dit *supra n°s 594 à 613* s'applique aux notaires de l'Algérie. (*Arrêté min. du 30 déc. 1842, art. 50.*)

§ 5. — COPIE FIGURÉE

SOMMAIRE

Ce que c'est que la copie figurée, n° 615.
Quand y a-t-il lieu de la faire? n°s 615 à 617.
Formes de la copie figurée, n°s 618 à 622.
ALGÉRIE. Mêmes formalités qu'en France, n° 623.

FORMULE

Form. 140. Copie figurée.

615. La copie figurée [FORM. 140] est celle qui, étant faite d'une manière conforme à la minute, est

---

FORMULE 138. — Procès-verbal de compulsoire en l'absence de la partie sommée. (N° 611.)

L'an....., etc.

Le surplus comme en la formule précédente jusqu'à la signature du comparant.

Attendu qu'il est midi et que M. LEDOUX n'a point comparu, ni personne pour le représenter, il est prononcé défaut contre lui.

Et obtempérant à la réquisition de M. DELORME, Me....., l'un des notaires soussignés, a immédiatement produit la minute du contrat de vente ci-dessus relaté, et en a fait l'expédition qui a été reconnue conforme à la minute, puis après avoir été signée de Me....., et scellée de son cachet, elle a été remise à M. DELORME, qui le reconnaît.

De tout ce que dessus, il a été dressé le présent procès-verbal, qui a été fait et rédigé dans le lieu susindiqué, les jour, mois et an susdits.

Et après lecture, M. DELORME a signé avec Me PLASSARD, son avoué, et les notaires.

FORMULE 139. — Expédition délivrée par suite de compulsoire. (N° 612.)

On fait l'expédition ainsi qu'il est dit supra FORM. 84, *et l'on ajoute la mention suivante* :

L'an....., le....., ces présentes ont été collationnées par Me....., notaire soussigné (*ou* ont été extraites par Me....., de.....), et délivrées, par suite de compulsoire, à M. DELORME, agent d'affaires, demeurant à....., rue....., en vertu d'un jugement rendu par le tribunal civil de....., le....., ainsi que le constate un procès-verbal dressé par Me....., notaire soussigné, qui en a gardé la minute, et son collègue, ce jourd'hui.

COPIE FIGURÉE

FORMULE 140. — Copie figurée. (N°s 615 à 623.)

On copie textuellement l'acte, en reproduisant les fautes d'orthographe ou autres, et les erreurs de

---

(1) Dict. not., *compulsoire*, n°s 35 et 38.
(2) Carré, *sur l'art. 850 Pr.*; Roll., *compulsoire*, n°s 29 et 30; Dict. not., *ibid.*, n° 20.
(3) Dict. not., *compulsoire*, n° 34.

destinée à remplacer momentanément cette minute dans l'étude du notaire lorsque celui-ci est contraint de s'en dessaisir en vertu d'autorité de justice, par exemple, dans les cas de vérification d'écriture, de comparaison de pièces, ou de poursuites en faux. (*C. Pr. 201, 221 ; inst. crim. 452, 455.*)

616. C'est ce qui résulte de l'art. 22 de la loi du 25 vent an XI, portant : Les notaires ne peuvent se dessaisir d'aucune minute, si ce n'est dans les cas prévus par la loi et en vertu d'un jugement. Avant de s'en dessaisir, ils en dressent et signent une copie figurée, qui, après avoir été certifiée par le président et le procureur de la rép. du tribunal civil de leur résidence, est substituée à la minute, dont elle tient lieu jusqu'à sa réintégration.

617. Les art. 203 C. Pr. et 455 C. d'inst. crim. disposent également que : S'il est nécessaire de déplacer une pièce authentique, l'officier public qui en est dépositaire en fait préalablement une *copie figurée* (1) [le texte dit *expédition* ou *copie collationnée*], laquelle est vérifiée sur la minute ou l'original par le président du tribunal de son arrondissement, qui en dresse procès-verbal ; puis la copie figurée est mise par le dépositaire au rang de ses minutes, pour en tenir lieu jusqu'au renvoi des pièces ; et il peut en délivrer des grosses ou expéditions, en faisant mention du procès-verbal qui a été dressé. [FORM. 98.]

618. Le déplacement des minutes ne peut avoir lieu qu'en vertu d'un jugement ou d'une ordonnance indiquant les minutes dont le déplacement est ordonné, le lieu de leur dépôt, et les jour et heure où ce dépôt doit être fait ; il est fait sommation au notaire de faire le dépôt, et il est tenu de l'effectuer sous peine d'y être contraignable par corps. (*C. Pr. 201, 204, 221 ; Inst. crim. 452.*)

619. Le jugement ou l'ordonnance, et l'acte de dépôt, servent de décharge au notaire envers tous ceux qui ont intérêt à la minute déposée. (*C. inst. crim. 452.*)

620. Le notaire a droit d'être payé du coût de la copie figurée, des frais d'apport, de dépôt et de reprise de minute ; en cas de demande en vérification d'écriture, tous ces frais sont dus par le demandeur en vérification, sur la taxe qui en est faite par le juge qui a dressé le procès-verbal, d'après lequel il est délivré exécutoire. (*C. Pr. 203.*)

621. La copie figurée doit être le tableau trait pour trait de la minute, et dès lors, outre le contenu de l'acte et les signatures, elle doit indiquer les ratures, renvois, surcharges, blancs, lacunes, intervalles, les fautes d'orthographe, toutes les imperfections de l'original, enfin toutes les mentions de délivrance de grosses et expéditions, de remboursements, transports, prorogations ou autres (2). Bien entendu, les renvois, surcharges, ratures, interlignes, etc., ne doivent pas être faits aux mêmes places que sur l'original ; il suffit d'indiquer ces imperfections dans une mention finale.

rédaction, on relate les signatures, on transcrit textuellement les mentions d'enregistrement, d'annexe et autres, puis on ajoute la mention suivante :

L'an....., le....., la copie qui précède du testament olographe de M. HARDY, écrite sur une feuille de papier au timbre de....., contenant l'approbation de..... renvois et de....., mots rayés comme nuls, a été faite textuellement sur l'original par Me N....., notaire à....., soussigné, dépositaire de l'original de ce testament, par suite du dépôt qui en a été fait au rang de ses minutes le....., en vertu d'une ordonnance de M. le président du tribunal civil de....., en date du.....

L'original est écrit sur une feuille de papier au timbre de....., il contient : à la première page, un renvoi paraphé du testateur ; à la même page, douzième ligne, trois mots rayés, treizième ligne, huit mots rayés ; à la même page, vingtième ligne, le mot *charge* est surchargé ; à la deuxième page, sixième ligne, la lettre *a* du mot *franc* est foulée.

Il a été aujourd'hui déposé par Me N....., notaire soussigné, au greffe du tribunal civil de....., pour en vérifier les écriture et signature (*ou* au greffe du tribunal civil de....., à raison de l'inscription en faux formée contre le testament), ainsi qu'il a été ordonné par un jugement de ce tribunal en date du....., et en conséquence de la sommation faite en vertu de ce jugement, à Me N....., à la requête de M. Arsène HARDY, propriétaire, demeurant à....., suivant exploit du ministère de Me....., huissier à....., en date du.....

(1) Carré, *Proc.*, n° 888.

(2) Loret, *sur l'art. 22 de la loi du 25 vent. an XI* ; Dict. not. *copie figurée*, n° 4.

622. Les art. 203 C. Pr. et 455 C. d'inst. crim. ne mentionnent pas le procureur de la rép. comme devant vérifier et certifier la copie figurée; on en a conclu que, dans les cas prévus par ces articles, il suffit qu'elle soit vérifiée et certifiée par le président du tribunal (1); mais cette double formalité étant prescrite par la loi de ventôse, il sera prudent de s'y conformer dans tous les cas.

623. Ce qui est dit *supra nos 615 à 622* s'applique aux notaires de l'Algérie. (*Arrêté 30 déc. 1842, art. 50.*)

§ 6. — MENTIONS

SOMMAIRE

FORMULES

624. On justifie : d'un payement, par la représentation de l'acte de quittance qui le constate; d'une ratification, par la représentation de l'acte de ratification; d'un remploi, par la représentation de l'acte

---

Le tout en conformité de l'art. 22 de la loi du 25 ventôse an XI, et de l'art. 205 (*ou* de l'art. 221) du code de procédure civil.

Fait au palais de justice, à....., les jour, mois et an susdits.

(Signature du notaire.)

Nous, président du tribunal civil de....., et procureur de la rép. près le même tribunal, en conformité des dispositions de l'art. 22 de la loi du 25 ventôse an XI, et de l'art. 205 (*ou* 221) du code de procédure civile, avons vérifié et certifié la copie ci-dessus du testament de M. Hardy, que nous avons trouvée conforme à l'original.

Fait en notre cabinet, au palais de justice, à....., le.....

(Signature du greffier.) (Signatures du président et du procureur de la rép.)

MENTIONS

FORMULE 141. — Mention de quittance. (Nos 624 à 626.)

M..... s'est libéré, sans deniers d'emprunt, de la somme de....., formant le prix principal de la vente dont expédition est ci-contre, ainsi que le constate une quittance passée devant Me....., notaire à....., soussigné, qui en a gardé minute, et son collègue (*ou* assisté de témoins), le.....

FORMULE 142. — Mention de ratification. (Nos 624 à 626.)

M....., a ratifié purement et simplement le partage dont expédition (*ou* extrait) est ci-contre, ainsi que le constate un acte passé devant Me....., notaire à....., soussigné, qui en a gardé minute, et son collègue (*ou* assisté de témoins), le.....

FORMULE 143. — Mention de remploi. (Nos 624 à 626.)

Le remploi promis ci-contre a été effectué au moyen de l'acquisition que Mme..... a faite de M....., d'une maison sise à....., rue....., n°....., moyennant un prix de....., payé comptant, avec les déclarations et l'acceptation nécessaires pour rendre Mme..... propriétaire de l'immeuble acquis, en remploi de celui qui lui était propre, vendu par le contrat dont expédition est ci-contre; ainsi que le tout résulte d'un contrat passé devant Me....., notaire à....., soussigné, qui en a gardé minute, et son collègue, (*ou* assisté de témoins), le.....

(1) Carré, *Proc.*, n° 838.

duquel il résulte, etc. Mais, d'une part, ceux à qui la justification est due peuvent vouloir se contenter d'une simple mention sur leur titre ; et d'un autre côté il est toujours utile, afin d'éviter les recherches, qu'une pareille mention soit faite sur le titre duquel résulte l'obligation ou l'engagement. Cette mention se place à la suite de la grosse ou de l'expédition, et de préférence à la marge, en face même de la stipulation.

625. Il est également utile, lorsque les actes de libération ou d'exécution ne sont pas en suite des actes d'obligation, d'en faire mention sur la minute même de ces derniers actes, mais d'une manière beaucoup plus laconique.

626. La mention sur les grosses et expéditions doit être faite sous forme de simple annotation, comme dans les FORMULES 141 à 143. Si elle contenait les mêmes détails qu'un extrait, elle serait susceptible d'être considérée comme un extrait, et le notaire serait passible d'une amende et d'un droit de timbre pour inobservation du nombre des lignes et syllabes prescrit pour les expéditions.

CHAPITRE NEUVIÈME

LÉGALISATION

SOMMAIRE

627. Avant d'entrer en fonctions, les notaires doivent déposer leurs signature et paraphe au greffe de chaque tribunal de première instance de leur département et au secrétariat de la mairie de leur résidence, et, de plus, en ce qui concerne les notaires de cantons, au greffe de la justice de paix de leur ressort, *infra n° 629*. Les notaires à la résidence des cours d'appel doivent, en outre, faire ce dépôt au greffe des autres tribunaux de première instance de leur ressort. (*Loi 25 vent. an XI, art. 49, et supra n° 61.*)

628. Cette mesure a pour effet de donner aux signatures des notaires, apposées sur les actes, expéditions, grosses et extraits qu'ils délivrent, force obligatoire sans légalisation : pour les notaires autres que ceux des cours d'appel (c'est-à-dire ceux des deuxième et troisième classes), dans l'étendue de leur département; et, pour les notaires à la résidence des cours d'appel (c'est-à-dire ceux de première classe), dans l'étendue du ressort de la cour.

629. Mais en dehors du département, pour les notaires de deuxième et troisième classes, et en dehors du ressort de la cour d'appel pour les notaires de première classe, les signatures des notaires apposées sur les actes, expéditions, grosses et extraits qu'ils délivrent ne font foi qu'autant qu'elles sont légalisées. La légalisation est faite par le président du tribunal de première instance de la résidence du notaire ou, en cas d'empêchement, par un juge. (*Loi 25 vent. an XI, art. 28.*) Elle peut aussi être faite, en ce qui concerne les notaires des cantons, par le juge de paix; c'est ce qui résulte d'une loi du *2 mai 1861*, portant : « *Art. 1er*. Les juges de paix qui ne siégent pas au chef-lieu du ressort d'un tribunal de première instance sont autorisés à légaliser, concurremment avec le président du tribunal, les signatures des notaires qui résident dans leur canton et celles des officiers de l'état civil des communes qui en dépendent, soit en totalité, soit en partie. — *Art. 2*. Les notaires et les officiers de l'état civil sont tenus de déposer leurs signatures et leurs paraphes au greffe de la justice de paix où la légalisation peut être donnée. »

630. La mention de légalisation est écrite au greffe du tribunal de première instance ou de paix; le greffier y appose le cachet du tribunal. Il est dû au greffier une rétribution de 25 centimes par chaque légalisation. (*Décret 24 mai 1854, art. 1er, 10°, et loi du 2 mai 1861, art. 5.*) Cette rétribution ne peut être exigée par le greffier de justice de paix si l'acte, la copie ou l'extrait sont dispensés du timbre. (*Ibid.*)

631. Les signatures des notaires ainsi légalisées font foi dans toute la France.

632. Les actes destinés à être légalisés soit par le président du tribunal seul, ou par le juge de paix seul, soit par les ministres et agents diplomatiques dans les cas prévus *infra n° 634*, doivent avoir leurs marges entièrement en blanc, ou assez de blanc à la fin de l'acte pour que toutes les légalisations puissent y être apposées; autrement ils seraient refusés, les ministres et les légations étrangères refusant de légaliser lorsque la formalité ne peut avoir lieu qu'en posant la légalisation sur le corps de l'acte.

633. Lorsqu'un acte notarié passé en France est produit dans les colonies françaises, autres que l'Algérie, il doit, outre la légalisation dont il est parlé *supra n° 629*, être légalisé par le ministre de la justice et visé par le ministre de la marine (1).

634. L'acte notarié destiné à l'étranger est légalisé par le président ou le juge de paix, dont la signature est légalisée par le ministre de la justice; ensuite, celle de ce ministre est visée par le ministre des affaires étrangères; enfin, cette dernière signature est certifiée vraie par l'ambassadeur, consul ou autre agent diplomatique à Paris, du pays étranger où l'acte doit être produit. (*Ordonn. 25 oct. 1833 art. 10.*)

635. Les signatures des notaires apposées sur les actes passés dans les colonies françaises, autres que l'Algérie, sont d'abord légalisées ainsi qu'il est dit *supra n° 629*, puis par le gouverneur de la colonie. (*Ordonn. 21 août 1825, 9 fév. 1827, 27 août 1828.*) Les actes sont ensuite visés par le ministre des colonies.

636. Quant aux signatures des actes passés en Algérie et des grosses ou expéditions qui en sont délivrées, elles sont légalisées, savoir : celles des notaires et des officiers de l'état civil résidant aux chefs-lieux des tribunaux de première instance par le président du tribunal de première instance de la résidence du signataire, et celles des notaires et des officiers de l'état civil résidant dans les localités autres que les chefs-lieux des tribunaux de première instance par le juge de paix du canton du signataire, concurremment avec le président du tribunal civil de sa résidence. (*Arrêté min. guerre, 30 déc. 1842, art. 23; décret du 19 oct. 1859.*) Cette légalisation est exigée dans le cas seulement où les actes, grosses ou expéditions doivent être employés en dehors de l'Algérie (2) [*même arrêté, art. 23*]; aucune légalisation n'étant exigée lorsque les actes, grosses ou expéditions sont employés dans l'intérieur de l'Algérie, en raison du dépôt des signatures et paraphes des notaires à tous les greffes de l'Algérie, *supra n° 169*.

637. Les actes passés dans un pays étranger destinés à être produits en France doivent, pour y faire foi, avoir été légalisés par l'ambassadeur ou le consul français dans le pays étranger (3), et visés au ministère des affaires étrangères de France. Si la France n'a point d'envoyé dans ce pays, les actes doivent être légalisés par le ministre du pays étranger accrédité à Paris, et visés au ministère des affaires étrangères de France. (*Ordonn. 20 mai 1818, art. 26; 26 juillet 1821 et 25 octobre 1833, art. 9.*)

637 *bis*. Les actes notariés, ainsi que tous actes de l'état civil et autres pièces, délivrés en Alsace-Lorraine et produits en France, et réciproquement, n'ont besoin d'être légalisés que par le président du tribunal ou par un juge de paix. (*Arrangement avec l'Allemagne, 14 juin 1872.*) Il en est de même à l'égard des actes à produire pour contracter mariage en France par les Belges, et en Belgique par les Français. (*Décret, 22 oct. 1879.*)

638. Les actes concernant les Français, passés à l'étranger devant le chancelier du consulat français, sont légalisés par le consul français ou celui qui le remplace; puis la signature du consul ou de celui qui le remplace est légalisée par le ministre des affaires étrangères de France. (*Ordonn. 25 oct. 1833, art. 9.*)

---

(1) Ordonn. roy. 9 fév. 1827 et 27 août 1828.

(2) En ce qui concerne les actes passés en France destinés à l'Algérie, et réciproquement ceux passés en Algérie pour être produits en France, ils ne sont assujettis à aucune autre légalisation que celle du président ou du juge de paix, *supra n° 636*.

(3) Roll., *légalis.*, n° 39; Colmar 1er avril 1862.

CHAPITRE DIXIÈME

EXÉCUTOIRE DU JUGE DE PAIX

SOMMAIRE

FORMULE

639. Les notaires et tous autres officiers publics qui ont fait pour les parties l'avance de droits d'enregistrement peuvent prendre exécutoire du juge de paix de leur canton [FORM. 144] pour en poursuivre le remboursement. (*Loi 22 frim. an VII, art. 30.*) Ils le peuvent de même pour leurs avances de droits de timbre de minute et d'amende de contravention de timbre (1); mais non pour toutes autres avances, telles que droits d'expédition, de répertoire, de bourse commune (2), d'inscriptions, transcriptions, etc.

640. Le droit de se faire délivrer un exécutoire peut être exercé même par le notaire démissionnaire, et il passe à ses héritiers ou autres ayants droit (3).

641. Pour obtenir l'exécutoire, le notaire présente requête au juge de paix et produit sa minute, afin que ce magistrat puisse contrôler les énonciations de la requête (4). Le juge de paix rend son ordonnance au bas de la requête, puis la pièce est mise au rang des minutes du greffe, et le greffier en délivre une grosse exécutoire.

642. L'opposition et toutes les contestations sur l'exécutoire sont jugées suivant les formes particulières aux instances poursuivies par l'administration de l'enregistrement, c'est-à-dire par le tribunal civil sur simples mémoires respectivement signifiés, et sans autres frais que ceux de timbre, enregistrement et signification de jugement. (*Loi 22 frim. an VII, art. 30, 65.*)

643. L'exécutoire délivré par le juge de paix ne confère pas hypothèque sur les biens du débiteur (5).

FORMULE 144. — Exécutoire délivré par le juge de paix. (Nos 639 à 643.)

A Monsieur le juge de paix du canton de.....

Me......, notaire à......, a l'honneur d'exposer :

Qu'il lui est dû par M. Luc LOISON, marchand, demeurant à...., rue...., pour avances de droits de timbre et enregistrement, à raison d'un contrat passé devant lui, le....., contenant vente à M. LOISON, par M. Léon BLARD, rentier, demeurant à....., savoir :

1° Timbre de la minute..	3 fr.
2° Enregistrement à la date du....., f°....., c°....................	484
Ensemble..	487

Pourquoi, et sous réserve des autres déboursés et des honoraires qu'il répétera en temps et lieu, il requiert, en vertu de l'art. 30 de la loi du 22 frimaire an VII, qu'il vous plaise, Monsieur le juge de paix, lui accorder l'exécutoire nécessaire pour avoir payement de cette somme de quatre cent quatre-vingt-sept francs; à faire lequel payement le sieur LOISON sera contraint par les voies de droit, et vous ferez justice.

A....., le..... mil huit cent.....

(Signature.)

(1) Dict. not. *exécutoire du juge de paix*, nos 4 et suiv.; Cass. 4 avril 1826.

(2) Trib Saint-Marcellin, 2 déc. 1858; J. N. 16668.

(3) Dict. not. *exécut. du juge de paix*, nos 8 et 9; Bousquet, n° 6; Augier, n° 4; Bioche, n° 3; Cass. 4 août 1825.

(4) Si l'exécutoire est demandé par un notaire démissionnaire ou par les héritiers d'un notaire, la représentation de la minute ne peut être faite par eux, c'est alors au titulaire de l'étude à en faire la représentation.

(5) Dict. not. *loc. cit.*, nos 18 et suiv.; Valette, *Rev. du droit franç.*, IV; Dalloz, *hyp.*, p. 173, n° 16; Troplong, *priv.*, n° 447; Cass. 28 janv. 1828; voir cependant Serrigny, *Rev. crit.*, IX, p. 504; Duranton, XIX, 334; Pont, *Priv.*, n° 582.

CHAPITRE ONZIÈME

DIVERS ACTES SIMPLES

SOMMAIRE

§ 1. — ACTES DE NOTORIÉTÉ

SOMMAIRE

FORMULES

644. On appelle acte de notoriété l'acte dans lequel deux ou un plus grand nombre de personnes (1) attestent devant un officier public un fait comme étant de notoriété publique.

(1) Dict. not. *notoriété*, nº 9.

645. Le but de cet acte, dans les cas où il est admis, est de mettre à l'abri contre tous recours les tiers qui ont traité sur la foi des faits y attestés. Ainsi, le débiteur d'une succession paye aux héritiers du défunt indiqués en un acte de notoriété dressé à défaut d'inventaire, il doit être valablement libéré quoique les héritiers véritables se présentent ensuite (1), *infra n° 929*.

646. Ceux qui dans les actes de notoriété attestent les faits sont de véritables témoins, conséquemment ils ne doivent pas être dans les cas de reproche prévus par l'art. 283 C. pr., par exemple, être intéressés aux faits attestés, ni parents ou alliés jusqu'au degré de cousin germain inclusivement, ni serviteurs ou domestiques des intéressés. En outre, ils doivent, par leur état et leur moralité, inspirer de la confiance et bien connaître les faits attestés (2). En cas de fausse attestation faite sciemment, ils sont passibles de dommages-intérêts envers les tiers qui en ont éprouvé un préjudice (3).

647. Il n'est pas nécessaire que les attestants sachent signer; cependant, cela est préférable, afin que leur signature donne plus de force à leur attestation (4).

648. Les actes de notoriété ont pour objet : 1° de constater la non-existence d'héritiers à réserve; 2° de constater, à défaut d'inventaire, le nombre et la qualité des héritiers appelés à une succession; 3° de rectifier certaines erreurs et omissions dans les actes lorsqu'il y a lieu.

I. ACTES DE NOTORIÉTÉ CONSTATANT LA NON-EXISTENCE D'HÉRITIERS A RÉSERVE

649. Lorsqu'une disposition universelle (c'est-à-dire le don ou le legs de tous les biens meubles et immeubles que le donateur ou testateur laissera au jour de son décès) est faite soit sous forme de testament authentique, soit sous forme d'institution contractuelle, soit sous forme de donation entre époux, le donataire ou légataire est saisi de plein droit de la succession par le fait seul du décès (C. N., 1006), pourvu qu'au décès du testateur il n'y ait pas d'héritiers à réserve.

650. Si la disposition universelle est faite par testament olographe, le légataire est également saisi, mais à la charge de se faire envoyer en possession par le président du tribunal, pourvu aussi qu'il n'existe pas d'héritiers à réserve.

651. Dans les deux cas, la preuve de la non-existence d'héritiers à réserve se fait par un acte de notoriété [Form. 145] constatant que le défunt n'a laissé aucun descendant ni aucun ascendant, les descendants et les ascendants ayant seuls droit à une réserve.

I. ACTES DE NOTORIÉTÉ CONSTATANT LA NON-EXISTENCE D'HÉRITIERS A RÉSERVE

FORMULE 145. — Non-existence d'héritiers à réserve. (Nos 649 à 652.)

Par-devant Me..... et l'un des ses collègues, notaires à....., soussignés,

Ont comparu :

M. Charles Bon, marchand de nouveautés, demeurant à.....,

Et M. Louis Lair, rentier, demeurant aussi à......

Lesquels ont, par ces présentes, déclaré avoir parfaitement connu M. Jean Dubois, en son vivant propriétaire, demeurant à.....,

Et ils ont attesté comme étant de notoriété publique :

Que M. Dubois est décédé en son domicile à....., le.....,

Et qu'il n'a laissé aucun ascendant ni aucun descendant, par conséquent aucun héritier à réserve.

Qu'en conséquence, le legs universel fait par M. Dubois à M. Honoré Dubois, son neveu, marchand, demeurant à....., suivant son testament reçu par Me....., l'un des notaires soussignés, en présence de quatre témoins, le....., a pu recevoir sa pleine et entière exécution.

A l'appui de leur déclaration, en ce qui concerne le décès, les comparants ont représenté un extrait de l'acte de décès de M. Jean Dubois, inscrit à la mairie de....., le

(1) Gagneraux, I, 129; Cass. 5 août 1815.
(2) Dict. not. *notoriété*, nos 10 et suiv.
(3) Dict. not. *ibid.*, n° 17; Nancy, 20 mars 1841.
(4) Dict. not. *ibid.*, n° 15.

652. L'acte de notoriété doit constater qu'il n'existe *aucun descendant ni aucun ascendant*; toute autre formule pourrait induire en erreur. En effet, supposons un défunt laissant un aïeul et des frères ou sœurs : l'aïeul est exclu par ceux-ci (C. N., 750); mais que les frères ou sœurs renoncent, l'aïeul devient héritier réservataire. On voit par là combien aurait été trompeur l'acte de notoriété constatant qu'au décès il n'existait *pas d'héritier à réserve*, ou même que le défunt ne laissait *pas d'ascendants pour lui succéder*. Si, avec un aïeul et des frères ou sœurs renonçants, le défunt a laissé un légataire universel, la renonciation profite-t-elle à celui-ci ou à l'aïeul? C'est une question controversée que nous examinerons plus loin.

653. En ce moment, bornons-nous à constater la nécessité d'indiquer toujours l'existence des ascendants, même lorsqu'ils sont exclus par des frères ou sœurs, comme dans la Form. 146.

II. ACTES DE NOTORIÉTÉ ÉTABLISSANT LES QUALITÉS HÉRÉDITAIRES

654. Les successibles qui veulent justifier de leurs qualités, et conséquemment de leurs droits à la succession, sont tenus de représenter un extrait d'intitulé d'inventaire [Form. 115], ou, à défaut d'inventaire, un acte de notoriété passé devant notaire.

655. L'acte de notoriété, n'étant admissible qu'à défaut d'inventaire, doit énoncer qu'il n'en a pas été fait (1).

---

lendemain de son décès; cet extrait, délivré par M. le maire de..... et dûment légalisé, est demeuré ci-joint, après avoir été des comparants certifié véritable, et que dessus il a été apposé une mention d'annexe signée des comparants et des notaires.

Dont acte.

Fait et passé, etc.

FORMULE 146. — Ascendants exclus par des frères, sœurs ou descendants d'eux.
(Nos 652 et 653.)

Par-devant Me.....

Ont comparu M.............., etc.

Mêmes comparutions qu'en la formule précédente.

Lesquels ont, par ces présentes, déclaré avoir parfaitement connu M. Jean Dubois, en son vivant propriétaire, demeurant à.....

Et ils ont attesté, comme étant de notoriété publique:

Que M. Dubois est décédé en son domicile à....., le.....;

Qu'il n'a laissé aucun descendant;

Qu'il n'a laissé aucun autre ascendant que M. Louis Dubois, propriétaire, demeurant à....., son aïeul maternel,

Et qu'il a laissé pour seul et unique successible M. Théodore Dubois, négociant, demeurant à....., son frère germain.

Le tout sauf l'effet du legs universel fait par le défunt à M. Honoré Dubois, son neveu, suivant son testament reçu par Me....., notaire à....., le.....

A l'appui etc... *(Le surplus comme en la formule précédente.)*

II. ACTES DE NOTORIÉTÉ ÉTABLISSANT LES QUALITÉS HÉRÉDITAIRES

FORMULE 147. — Héritiers en ligne directe descendante. (Nos 654 à 660.)

Par-devant Me.....

Mêmes comparutions qu'en la formule 145.

Lesquels ont, par ces présentes, déclaré avoir parfaitement connu M. Léon Dubois, en son vivant négociant, demeurant à.....,

---

(1) Dict. not., *notoriété*, n° 48.

656. On doit indiquer dans l'acte de notoriété :

657. *En ce qui concerne le défunt*, ses nom, prénoms, profession, domicile, le lieu et la date de son décès; s'il était célibataire, marié ou veuf. Dans ces deux derniers cas, on indique les nom et prénoms de son conjoint; et si le conjoint est survivant, le régime auquel ils étaient soumis, ainsi que les droits de donataire ou de légataire que le survivant peut avoir dans la succession.

658. *En ce qui concerne les héritiers*, leurs noms, prénoms, professions, domiciles, leur degré de parenté et la quotité héréditaire revenant à chacun d'eux. Si parmi les héritiers il existe des mineurs, des interdits, des prodigues pourvus d'un conseil judiciaire, on doit l'indiquer avec les nom, prénoms, profession et domicile des tuteurs, curateurs, conseils judiciaires, ainsi que les délibérations de conseils de famille et les décisions judiciaires qui les ont nommés.

659. L'acte de notoriété, bien que faisant preuve du nombre et de la qualité des héritiers, ne fait pas preuve du décès. A l'appui de la déclaration on doit donc annexer un extrait de l'acte de décès, et cet extrait doit être expédié à la suite de l'expédition de l'acte de notoriété (1).

660. Lorsqu'une succession est dévolue à des descendants, voir *infra* Form. 280 *et les nos 1699 à 1707.*

661. Lorsqu'une succession est dévolue à des père, mère, frères et sœurs, neveux et nièces, voir *infra* Form. 285 *et* 286 *et les nos 1716 à 1718.*

Et ils ont certifié comme étant de notoriété publique :

Que M. Dubois est décédé en son domicile à....., le....., époux de Mme Rose Lamare, restée sa veuve, avec laquelle il était commun en biens aux termes de leur contrat de mariage passé devant Me....., notaire à....., le.....,

Qu'après son décès il n'a pas été fait d'inventaire;

Et qu'il a laissé pour seuls héritiers, chacun pour moitié ses deux enfants :

1° M. Louis Dubois, négociant, demeurant à.....

2° M. Paul Dubois, employé, demeurant à.....;

Ou bien en cas de représentation :

Et qu'il a laissé pour seuls héritiers, savoir :

1° M. Louis Dubois, négociant, demeurant à....., son fils, pour moitié;

2° Et M. Charles Dubois et Mlle Louise Dubois, majeurs, sans profession, demeurant aussi à....., ses petits-enfants, conjointement pour l'autre moitié, soit chacun pour un quart, par représentation de M. Paul Dubois, leur père, décédé fils de M. Léon Dubois.

Le tout sauf les avantages de survie que M. Léon Dubois a pu conférer à Mme Rose Lamare restée sa veuve, soit en vertu de leur contrat de mariage ci-dessus relaté, soit en vertu de toutes autres dispositions.

A l'appui de leur déclaration en ce qui concerne le décès, etc..... *(Le surplus comme en la formule 145.)*

Dont acte.

Fait et passé, etc.

FORMULE 148. — Père, mère, frères et sœurs. (Nos 661.)

Par-devant Me....., etc. *(Mêmes comparutions qu'en la formule 145.)*

Lesquels ont, par ces présentes, déclaré avoir parfaitement connu M. Athanase Boulnois, en son vivant propriétaire, demeurant à....., veuf non remarié de Mme Lise Talbot,

Et ils ont certifié, comme étant de notoriété publique :

Que M. Boulnois est décédé en son domicile, à....., le.....;

Qu'après son décès il n'a pas été fait d'inventaire,

Et qu'à défaut de descendants, il a laissé pour seuls héritiers, savoir :

---

(1) Dict. not. *notoriété*, n° 47.

662. Si la succession est dévolue à des frères et sœurs, voir FORM. 282 *et les nos 1709 à 1711.*

663. Si elle est dévolue à des frères et sœurs germains et consanguins, voir FORM. 283 *et nos 1712 à 1715.*

664. Si elle est dévolue à des frères et sœurs germains, utérins et consanguins, voir FORM. 284 *et nos 1712 à 1715.*

665. Lorsqu'une succession est dévolue à des ascendants à défaut de descendants et de frères et sœurs ou descendants d'eux, voir *infra* FORM. 287 *à* 289 *et les nos 1719 à 1726.*

Pour moitié conjointement, soit chacun pour un quart, M. André BOULNOIS et Mme Rose LHABIT, épouse de ce dernier, demeurant ensemble à....., ses père et mère,

Et pour l'autre moitié conjointement, soit chacun pour un sixième, ses trois frères et sœurs germains, qui sont : MM. Jean et Paul BOULNOIS, et Mlle Louise BOULNOIS, sans profession, domiciliés à.....

A l'appui de leur déclaration, en ce qui concerne, etc. *(Le surplus comme en la formule 145.)*

FORMULE 149. — Frères et sœurs germains, utérins et consanguins. (Nos 662 à 664.)

PAR-DEVANT Me..... *(Mêmes comparutions qu'en la formule 145.)*

Lesquels ont, par ces présentes, déclaré avoir parfaitement connu M. Honoré TALBOT, en son vivant négociant, demeurant à....., veuf non remarié de Mme LUCE PLET,

Et ils ont certifié, comme étant de notoriété publique :

Que M. TALBOT est décédé en son domicile, à....., le.....;

Qu'après son décès il n'a pas été fait d'inventaire,

Et qu'à défaut de descendants et d'ascendants il a laissé pour seuls héritiers, savoir :

Pour cinq douzièmes, comme prenant une moitié dans la moitié afférente à la ligne paternelle, et un tiers dans la moitié afférente à la ligne maternelle, M. Jean TALBOT, propriétaire, demeurant à....., son frère germain.

Pour un quart ou trois douzièmes, comme prenant l'autre moitié dans la ligne paternelle, M. Paul TALBOT, marchand, demeurant à....., son frère consanguin;

Et pour chacun un sixième ou deux douzièmes, comme prenant chacun un tiers dans la ligne maternelle, M. Georges DESHAYES et Mlle Louise DESHAYES, sans profession, demeurant à....., son frère et sa sœur utérins.

A l'appui de leur déclaration en ce qui concerne le décès, etc. *(Le surplus comme en la formule 145.)*

FORMULE 150. — Ascendants. (No 665.)

PAR-DEVANT Me..... *(Mêmes comparutions qu'en la formule 145.)*

Lesquels ont, par ces présentes, déclaré avoir parfaitement connu M. Denis BELET, en son vivant célibataire, cultivateur, demeurant à.....

Et ils ont certifié, comme étant de notoriété publique:

Que M. BELET est décédé en son domicile, à....., le.....;

Qu'après son décès il n'a pas été fait d'inventaire,

Et qu'à défaut de descendants, et de frères ou de sœurs ou descendants d'eux, il a laissé pour seuls héritiers, savoir :

Pour la moitié dévolue à la ligne paternelle, M. Charles BELET, son père, propriétaire-cultivateur, demeurant à.....;

Et pour la moitié dévolue à la ligne maternelle, M. Georges DUCRESSON, propriétaire, et Mme Elise GUILBAULT, épouse de ce dernier, demeurant ensemble à....., ses aïeul et aïeule, soit chacun pour un quart dans le total.

A l'appui de leur déclaration, etc. *(Le surplus comme en la formule 145.)*

666. Pour le cas d'une succession dévolue à des collatéraux autres que frères et sœurs, voir *infra* Form. 290 *et n°s 1727 à 1730.*

667. Lorsque dans une succession un ou plusieurs enfants naturels concourent avec les héritiers légitimes, voir *infra* Form. 293 à 295 *et n°s 1762 à 1780.*

668. En ce qui concerne l'acte de notoriété ayant pour objet de constater l'absence d'un successible, voir *infra n° 928.*

669. L'acte de notoriété, dans ce cas [Form. 153], est utile pour constater l'absence, afin que les scellés, s'ils ont été apposés, puissent être levés sur la seule réquisition des héritiers présents, et aussi

FORMULE 151. — Collatéraux autres que frères et sœurs. (N° 666.)

Par-devant Me..... *(Mêmes comparutions qu'en la formule 145.)*

Lesquels ont, par ces présentes, déclaré avoir parfaitement connu M. Eugène Merlac, en son vivant célibataire, propriétaire, demeurant à.....

Et ils ont certifié, comme étant de notoriété publique :

Que M. Merlac est décédé en son domicile, à....., le.....;

Qu'après son décès il n'a pas été fait d'inventaire;

Et qu'à défaut de descendants, d'ascendants, et de frères ou de sœurs ou descendants d'eux, il a laissé pour seuls héritiers, savoir :

Pour la moitié dévolue à la ligne paternelle : 1° M. Jean Merlac, rentier, demeurant à.....; 2° et M. Louis Merlac, négociant, demeurant à....., ses deux oncles, soit chacun un quart dans le total,

Et pour la moitié dévolue à la ligne maternelle : 1° M. Désir Euloge, négociant, demeurant à.....; 2° M. Honoré Euloge, avoué, demeurant à.....; 3° et Mme Jeanne Euloge, épouse de M. Charles Stoc, rentier, avec lequel elle demeure à....., ses cousins germains, soit chacun un sixième dans le total.

A l'appui de leur déclaration en ce qui concerne le décès, etc. *(Le surplus comme en la formule 145.)*

FORMULE 152. — Descendants concourant avec un enfant naturel. (N° 667.)

Par-devant Me..... *(Mêmes comparutions qu'en la formule 145.)*

Lesquels ont, par ces présentes, déclaré avoir parfaitement connu M. Louis Debas, en son vivant propriétaire, demeurant à....., veuf non remarié de Mme Eulalie Pontois,

Et ils ont certifié, comme étant de notoriété publique:

Que M. Debas est décédé en son domicile à....., le.....;

Qu'après son décès il n'a pas été fait d'inventaire,

Et qu'il a laissé pour seuls héritiers, chacun pour moitié, mais ne prenant chacun que quatre neuvièmes à raison de l'existence d'un enfant naturel, ses deux enfants, qui sont : 1° M. Léon Debas, négociant, demeurant à.....; 2° et M. Jules Debas, propriétaire, demeurant à.....;

Plus, comme ayant droit à un neuvième dans sa succession, M. Paul Debas, son enfant naturel reconnu, fabricant de draps, demeurant à.....

A l'appui de leur déclaration en ce qui concerne le décès, etc. *(Le surplus comme en la formule 145.)*

FORMULE 153. — Absence d'un successible. (N°s 668 et 669.)

Par-devant Me..... *(Mêmes comparutions qu'en la formule 145.)*

Lesquels ont, par ces présentes, déclaré avoir parfaitement connu M. Louis Bellet, peintre-vitrier, ayant demeuré à Paris, rue....., puis à N....., rue.....

Et ils ont certifié comme étant de notoriété publique :

Que M. Bellet a disparu dans le courant du mois de....., mil huit cent.....;

pour constater que les héritiers présents ont droit à la succession, à l'exclusion du successible dont l'existence n'est pas prouvée.

670. Lorsqu'une succession est dévolue pour le tout à un enfant naturel à défaut de successibles, voir *infra* FORM. 297 *et nos 1794 et suiv.*

671. Il y a lieu aussi de dresser un acte de notoriété pour constater la disparition d'un individu, afin de le faire déclarer absent. [FORM. 155.]

672. L'acte de notoriété, dans ce cas, ne saurait remplacer l'enquête prescrite par l'art. 116 C. Nap.; mais il sert pour obtenir l'envoi en possession provisoire des héritiers présomptifs, *infra n° 903.*

Que depuis cette époque il n'a pas donné de ses nouvelles;

Qu'en conséquence son existence ne peut être reconnue aujourd'hui, de même qu'elle ne pouvait être reconnue le....., époque du décès de M. Pierre BELLET, en son vivant propriétaire, demeurant à....., père de M. Louis BELLET.

Dont acte. Fait et passé, etc.

FORMULE 154. — Succession dévolue pour le tout à un enfant naturel, à défaut d'héritiers. (N° 670.)

PAR-DEVANT Me..... *(Mêmes comparutions qu'en la formule 145.)*

Lesquels ont, par ces présentes, déclaré avoir parfaitement connu Mlle Louise MONBAR, en son vivant couturière, demeurant à.....,

Et ils ont certifié comme étant de notoriété publique :

Que Mlle MONBAR est décédée en son domicile à....., le.....

Et qu'elle n'a laissé aucun héritier légitime connu, au degré successible, soit en ligne directe, soit en ligne collatérale;

Mais qu'elle a laissé, comme ayant droit à la totalité des biens composant sa succession, en vertu des dispositions de l'art. 758 du Code civil, M. Aimé MONBAR, négociant, demeurant à....., son enfant naturel reconnu, suivant acte passé devant Me....., notaire à....., qui en a gardé minute, en présence de témoins, le.....

Dont acte. Fait et passé, etc.

FORMULE 155. — Acte de notoriété pour faire déclarer une absence. (Nos 671 et 672.)

PAR-DEVANT Me...... *(Mêmes comparutions qu'en la formule 145.)*

Lesquels ont, par ces présentes, déclaré avoir parfaitement connu M. Jean DUBLÉ, propriétaire, ayant demeuré à......

Et ils ont affirmé comme étant de notoriété publique :

Que dans le courant du mois de..... mil huit cent....., M. DUBLÉ a quitté son domicile pour faire un voyage dans le midi de la France;

Que depuis cette époque il n'a point reparu à son domicile et n'a donné à personne de ses nouvelles soit par lettre, soit autrement, laissant ses biens et affaires sans aucune administration, notamment une maison sise à....., rue....., dont les loyers n'ont été touchés ni par lui, ni par personne pour lui;

Que toutes les recherches sur les causes de cette disparition ont été infructueuses et n'ont fait connaître aucune nouvelle résidence de M. DUBLÉ;

Qu'en cet état d'incertitude sur son existence il y a lieu, par tel tribunal qu'il appartiendra, de déclarer son absence;

Enfin que M. DUBLÉ, lors de sa disparition, était célibataire;

Et qu'à défaut de descendants et d'ascendants, ses seuls présomptifs héritiers au jour sa disparition sont :

1° M. Louis DUBLÉ, négociant, demeurant à.....;

2° Mlle Jeanne DUBLÉ, rentière, demeurant à.....;

Son frère et sa sœur, chacun pour moitié.

Dont acte. Fait et passé, etc.

III. ACTES DE NOTORIÉTÉ RECTIFICATIFS D'ERREURS

673. On a dit, *supra n° 654*, que l'intitulé d'inventaire fait preuve du nombre et de la qualité des héritiers.

674. Mais si l'intitulé d'inventaire présente des omissions ou des inexactitudes, il y a lieu de le rectifier par un acte de notoriété. [Form. 156.]

675. Par exemple : 1° si l'on a compris au nombre des héritiers un successible dont l'existence n'est pas reconnue; 2° si l'on a omis un ou plusieurs héritiers; 3° si la veuve du défunt se déclare enceinte après l'inventaire, ce qui donne lieu à l'augmentation du nombre des héritiers, ou même à l'exclusion des héritiers constatés en l'inventaire; 4° si l'inventaire ne relate pas que les parents y indiqués sont les seuls héritiers; 5° si les noms, prénoms, profession, demeure, parenté, quotité héréditaire de quelques-uns des successibles sont inexactement indiqués.

676. Lorsque la rectification a pour effet de diminuer la quotité héréditaire des successibles compris en l'inventaire, ou de les exclure, il est utile de les faire intervenir à l'acte de notoriété, s'ils y consentent, pour qu'ils approuvent les faits y constatés; et il doit être fait mention de cet acte en marge de l'intitulé d'inventaire, afin que les extraits à en délivrer énoncent l'acte rectificatif.

677. Si les successibles portés en l'inventaire refusent leur concours à l'acte rectificatif, l'héritier réclamant doit introduire une instance contre eux devant le tribunal et obtenir un jugement de rectification.

678. Lorsque dans un inventaire on a fait représenter un successible dont l'existence n'est pas reconnue, *supra n° 675*, il sera utile d'obtenir un jugement du tribunal établissant que la succession est dévolue aux seuls héritiers présents, en conformité de l'art. 136 du Code civil, ce jugement sera rendu sur le vu d'un acte de notoriété. [Form. 153.]

III. ACTES DE NOTORIÉTÉ RECTIFICATIFS D'ERREURS

FORMULE 156. — Rectification d'un intitulé d'inventaire. (Nos 673 à 678.)

Par-devant Me....., *(Mêmes comparutions qu'en la formule 145.)*

Lesquels ont, par ces présentes, déclaré avoir parfaitement connu Mme Rose Chéron, en son vivant rentière, demeurant à....., veuve de M. Charles Labbé;

Et ils ont certifié comme étant de notoriété publique :

Que Mme veuve Labbé est décédée en son domicile à....., le.....,

Qu'après son décès il a été fait inventaire par Me....., l'un des notaires soussignés, qui en a gardé minute, et son collègue, le....., à la requête de :

1° M. Louis Labbé, professeur, demeurant à.....;

2° Et Mlle Elise Labbé, majeure, sans profession, demeurant à.....;

En présence de Me....., notaire, demeurant à.....,

Commis à l'effet de représenter à l'inventaire M. Léon Labbé, sans résidence ni domicile connus, en vertu d'une ordonnance de M. le président du tribunal civil de....., en date du.....,

MM. et Mlle Labbé, en qualité d'habiles à se porter seuls héritiers, chacun pour un tiers de Mme Labbé, leur mère;

Qu'il est de notoriété publique que, lors du décès de Mme veuve Labbé, M. Léon Labbé était absent depuis le mois de..... mil huit cent.....;

Que depuis cette époque, il n'a pas donné de ses nouvelles;

Que dès lors, son existence n'étant pas reconnue, la succession de Mme Labbé doit être dévolue exclusivement à M. Louis Labbé et à Mlle Elise Labbé, chacun pour moitié, en vertu de l'art. 136 du Code civil;

Qu'en conséquence, les seuls habiles à se porter héritiers de Mme Labbé sont M. Louis Labbé et Mlle Elise Labbé, chacun pour moitié.

Dont acte. Fait et passé, etc.

679. Les actes de notoriété ont aussi pour objet de constater et rectifier des erreurs ou omissions de noms et de prénoms dans tous actes ou pièces quelconques.

680. Ainsi : 1° un certificat d'inscription de rente sur l'État contient une erreur dans le nom ou les prénoms du titulaire : la rectification s'obtient sur la justification d'un acte de notoriété constatant l'erreur et l'identité de la personne [Form. 157]; on annexe à cet acte l'extrait de l'acte de naissance du titulaire de la rente (*loi 8 fruct. an V, art. 1er; décis. min. fin. 2 juillet 1814*);

2° Une inscription hypothécaire contient des erreurs sur le nom ou les prénoms du créancier : ces erreurs se rectifient sur la production d'un pareil acte de notoriété;

3° Le conservateur des hypothèques, requis de délivrer un état d'inscriptions sur un individu, y comprend des inscriptions prises contre un autre individu ayant les même nom, prénoms, profession et

FORMULE 157. — Erreur de nom. (Nos 679 et 680.)

Par-devant Me..... (*Mêmes comparutions qu'en la formule 145.*)

Lesquels ont, par ces présentes, déclaré parfaitement connaître M. Louis-Charles Lebot, propriétaire, demeurant à.....

Et ils ont attesté pour vérité et notoriété publique :

Que M. Lebot est propriétaire de cent vingt francs de rente trois pour cent sur l'État français, inscrits au grand livre de la dette publique sous le n° 102643 de la série 3e;

Que c'est à tort et par erreur que, dans le certificat d'inscription de cette rente, le nom de famille de M. Lebot a été écrit Lebeau au lieu de Lebot, seule manière de l'écrire;

Et qu'il y a parfaite identité de personne entre M. Louis-Charles Lebot et la personne nommée Louis-Charles Lebeau dans le certificat d'inscription de rente dont il s'agit.

A l'appui de leur déclaration, les comparants ont représenté un extrait de l'acte de naissance de M. Lebot, inscrit à la mairie de....., le..... Cet extrait, délivré par M. le maire de....., le....., dûment légalisé, est demeuré ci-joint après avoir été des comparants certifié véritable, et que dessus il a été apposé une mention d'annexe signée des comparants et des notaires.

Dont acte.

Fait et passé, etc.

FORMULE 158. — Acte de notoriété pour obtenir le rejet d'une inscription hypothécaire délivrée par suite de similitude de nom. (N° 680, 3°.)

Par-devant Me..... (*Mêmes comparutions qu'en la formule 145.*)

Lesquels ont, par ces présentes, déclaré parfaitement connaître :

1° M. Louis-Charles Abard, cultivateur, demeurant à.....;

2° M. Louis-Charles Abard, charron, demeurant au même lieu;

Et ils ont attesté, pour vérité et notoriété :

Que M. Abard, charron, est débiteur envers M. Charles Richard, propriétaire, demeurant à....., d'une somme de....., pour le montant de l'obligation qu'il a souscrite au profit de ce dernier, suivant acte passé devant Me....., notaire à....., le....., et pour raison de laquelle il a été pris une inscription au profit de M. Richard contre M. Abard, charron, au bureau des hypothèques de....., le....., vol....., n°...;

Que M. Abard, cultivateur, n'a jamais été débiteur d'aucune somme envers M. Richard, et que c'est seulement à cause de la similitude de noms et prénoms que l'inscription du... vol....., n°..., a été comprise dans un état délivré par M. le conservateur des hypothèques de....., le.....;

Qu'en conséquence, cette inscription doit être rejetée de l'état dont il vient d'être parlé, ainsi que de tous autres où elle aurait pu figurer.

Dont acte.

Fait et passé, etc.

demeure que celui contre lequel l'état est demandé; pour faire rejeter ces inscriptions de l'état, il faut justifier au conservateur soit d'un consentement spécial de la part des créanciers, soit d'un acte de notoriété constatant que, malgré les similitudes de nom, prénom, etc., l'individu grevé des inscriptions à rejeter n'est pas le même que celui contre lequel l'état a été requis. [FORM. 158.]

§ 2. — CERTIFICATS DE PROPRIÉTÉ

SOMMAIRE

FORMULES

681. Le certificat de propriété est l'acte par lequel un notaire atteste le droit à la propriété ou à l'usufruit, en faveur de nouveaux titulaires ou ayants droit, de rentes sur l'État, de cautionnements de fonctionnaires, de livrets de caisses d'épargnes, etc...

682. Le droit de délivrer les certificats de propriété appartient aux notaires détenteurs des minutes des actes constatant la mutation. (*Loi 28 floréal an VII, art. 6; instr. min. fin., 1er mai 1819, art. 37.*) Les certificats de propriété, de même que les autres actes des notaires, doivent être portés sur le répertoire, *supra* n° 259, et enregistrés dans les délais déterminés par l'art. 20 de la loi du 22 frim. an VII (1); toutefois, voir *infra* n° 720. Il n'est pas nécessaire d'y énoncer que les actes publics en vertu desquels ils sont délivrés ont été dûment enregistrés (2).

683. Dans le cas de mutation par décès, s'il n'existe aucun acte authentique ni testament établissant les droits du nouveau propriétaire, le certificat de propriété est délivré par le juge de paix du domicile du décédé sur l'attestation de deux témoins. (*Loi 28 floréal an VII, art. 6; arrêtés 12 vent. et 5 germ. an VIII, 27 prairial an X; décret 18 septembre 1806, art. 1er; décis. min. fin. 14 et 20 juin 1814, 1er mai 1819; cour des comptes, 24 juin 1855.*) Cependant, même dans ce cas et d'après un usage constant, les notaires délivrent les certificats de propriété sur le vu d'un acte de notoriété dressé par eux (3).

684. Toutefois, ce droit a été contesté aux notaires; l'on a décidé que le notaire n'est pas, dans ce cas, le fonctionnaire désigné par la loi, et que, s'il délivre le certificat, il engage sa responsabilité, spécialement au cas de transfert d'une rente par un héritier failli au préjudice de ses créanciers (4); ce jugement, il est vrai, a été infirmé en appel sur le chef de la condamnation en responsabilité, aucun préjudice n'ayant été éprouvé, puisque la rente, en raison de sa nature insaisissable, n'était point le gage des créanciers; mais la cour a maintenu le principe que le notaire engage sa responsabilité en délivrant un pareil certificat (5); aussi, il a été conseillé aux notaires de s'abstenir dans ce cas. Néanmoins, les notaires ont conservé l'usage de délivrer les certificats de propriété sur le seul vu d'un acte de notoriété, et le Trésor continue de les admettre sans difficulté.

685. Le notaire qui délivre un certificat de propriété serait responsable, suivant les décisions citées au numéro précédent, non-seulement de la vérité des faits qu'il atteste, mais encore de l'état et de la capacité des nouveaux propriétaires; toutefois, une telle responsabilité nous paraît devoir être subordonnée aux circonstances (6). Le certificat doit être pur et simple; en conséquence, le notaire ne peut y insérer des énonciations tendant à présenter comme sujet à contestation le droit à une rente (7).

686. Le notaire est suffisamment requis de délivrer le certificat de propriété par la demande verbale des intéressés et par la remise du titre qui y donne lieu; tel est du moins l'usage assez généralement

CERTIFICATS DE PROPRIÉTÉ

I. RENTES SUR L'ÉTAT

FORMULE 159. — Acte de réquisition de certificat de propriété lorsque le titre appartient à une seule personne. (N° 686.)

Par-devant Me.....

A comparu M. Honoré Dubois, négociant, demeurant à.....

Agissant en qualité de légataire universel de M. Jean Dubois, son oncle, en son vivant propriétaire, demeurant à....., rue....., n°....., où il est décédé le....., aux termes de son testament reçu par Me....., l'un des notaires soussignés, qui en a gardé minute, en présence de quatre témoins, le.....; duquel legs M. Honoré Dubois s'est trouvé saisi de plein droit, M. Jean Dubois n'ayant laissé aucun héritier à réserve, ainsi que le constate un acte de notoriété reçu par Me....., l'un des notaires soussignés, qui en a gardé minute, et son collègue, le.....

(1) Instr. régie, 17 sept. 1823, n° 1094, et 15 juin 1848, n° 1814, § 5; J. N. 4691, 13333,

(2) Sol. régie, 19 mai 1851; J. N. 14469.

(3) Décis. min. fin. 1852; J. N. 14948; Dict. not. *certificat de propriété*, nos 42, 43.

(4) Trib. Seine, 12 janvier 1853; J. N. 14892.

(5) Paris, 31 juill. 1853; Cass. 8 mai 1854; J. N. 15013, 15240.

(6) Cass. 8 août 1827; Bordeaux, 6 mars 1844.

(7) Cass. 9 août 1853; Nancy, 6 déc. 1853; Agen, chambres réunies, 20 juin 1854; J. N. 15047, 15214, 15249; CONTRA Bordeaux, 2 juin 1853. V. Pau, 26 juill. 1864; Jur. N. 12793.

suivi; mais à Paris et dans quelques autres grandes villes le notaire se fait requérir par les parties intéressées, soit par l'acte établissant les droits des parties, soit par un acte particulier [Form. 159]; cette réquisition devient même indispensable si la rente doit être fractionnée sans partage préalable [*infra* Form. 164]; cependant, l'intervention des parties au certificat remplirait le même but, *infra nos 696, 702.*

686 *bis.* La délivrance de certificats de propriété est prescrite par la loi dans les cas suivants : 1° de mutations de rentes sur l'État, *infra nos 687 à 711*; 2° de remboursements de cautionnements de fonctionnaires, *infra nos 712 à 714*; 3° de remboursements de livrets de caisses d'épargnes, *infra n° 696*; 4° de remboursements de titres sur la caisse de retraite pour la vieillesse, *infra n° 697*; 5° de payements d'arrérages dus aux décès de pensionnaires de l'État, *infra nos 719 à 721*. En outre, des compagnies industrielles et de finances, par exemple, les compagnies de chemins de fer, exigent quelquefois des certificats de propriété à l'appui de mutations d'actions et obligations; mais, comme cela n'est pas prescrit par la loi, les notaires peuvent s'y refuser. Quant à la Banque de France, elle n'admet pas de certificats de propriété; l'on doit, à l'appui des mutations, lui fournir les pièces justificatives.

I. RENTES SUR L'ÉTAT

687. Lorsque le titulaire d'un certificat d'inscription de rente sur l'État veut en faire le transfert, il doit remplir les formalités tracées par la loi du 28 floréal an VII.

688. Si les héritiers ou autres représentants du titulaire d'une rente veulent soit en faire le transfert, soit la faire immatriculer en leurs noms, ils doivent représenter, outre le titre :

1° Un certificat de propriété [Form. 160] établissant leurs droits à la rente, et contenant leurs noms,

---

Lequel a dit qu'il dépend de la succession de M. Jean Dubois un certificat de cinq cents francs de rente trois pour cent, sur l'Etat français, inscrit au grand livre de la dette publique, au nom de M. Jean Dubois, sous le n° 14617 de la série troisième (*ou* un cautionnement de la somme de trois mille francs, versé au Trésor public par M. Jean Dubois, en qualité de percepteur et de receveur communal à la résidence de.....)

Que voulant, soit faire immatriculer en son nom, soit transférer cette rente (*ou* obtenir le remboursement du cautionnement), il requiert Me....., l'un des notaires soussignés, de lui délivrer le certificat de propriété nécessaire à cet effet, en vertu des actes ci-dessus énoncés, étant en sa possession.

Dont acte.

Fait et passé à.....

L'an mil huit cent.....

Et après lecture.....

FORMULE 160. — Certificat de propriété pour une rente sur l'État. — Un légataire universel.
(Nos 687 à 691.)

DETTE PUBLIQUE

3 p. 100

Inscription au grand livre

N° 14617 3e série Rente : 500 francs

Au nom de Dubois (Jean)

Je soussigné Louis-Éloi Boulay, notaire à.....

Attendu le décès arrivé à....., le....., de M. Jean Dubois, en son vivant propriétaire, demeurant à....., rue....., veuf de Mme Louise Collet, ainsi que le constate son acte de décès inscrit à la mairie de....., le....., dont un extrait, délivré par M. le maire de....., est demeuré annexé à l'acte de notoriété ci-après relaté,

Vu :

1° Le certificat d'inscription de rente ci-dessus relaté;

2° La minute, étant en ma possession, du testament de M. Dubois, reçu par moi, en présence de quatre témoins, le....., aux termes duquel M. Dubois a légué à M. Honoré

prénoms et domiciles, la qualité en laquelle ils procèdent et possèdent, l'indication de leurs portions dans la rente, et l'époque de leur jouissance. (*Loi 28 flor. an VII, art. 6; décret 27 prair. an X; ordonn. 31 mai 1838, art. 174.*)

2° Un certificat constatant l'acquit des droits de mutation sur le titre de rente, délivré sans frais par le receveur d'enregistrement du domicile du défunt, visé par le directeur d'enregistrement au chef-lieu du département, et légalisé par le préfet. (*Loi 8 juill. 1852, art. 25.*)

689. Le décès du titulaire de la rente doit être justifié au Trésor. S'il y a eu inventaire, le décès est suffisamment établi par l'énonciation de l'inventaire, sans qu'il soit nécessaire de produire l'acte de décès, ni même de le relater dans le certificat de propriété; mais s'il n'a point été fait d'inventaire, l'on doit ou produire au Trésor un extrait de l'acte de décès, ou constater dans le certificat de propriété qu'un extrait de l'acte de décès est annexé à la minute d'un acte reçu par le notaire certificateur.

690. Il faut, lorsqu'il y a plusieurs ayants droit, indiquer la portion revenant à chacun; à quel titre ils en sont propriétaires : comme *héritiers, donataires, légataires* ou *cessionnaires*; les différents actes établissant la mutation, tels que : inventaire, partage, transport, donation, testament, soit olographe, soit devant notaire, etc. S'il s'agit d'un testament olographe, l'on énonce que le légataire s'est fait envoyer en possession de son legs, et l'on relate l'ordonnance rendue par le président du tribunal. Si le titulaire décédé a laissé une veuve commune ou non commune, le certificat en fait mention, ainsi que de son droit de propriété si elle est commune. On énonce également si le titulaire est décédé célibataire, si, parmi les ayants droit, il y a des mineurs, des interdits ou des prodigues, et dans ce cas les noms des tuteurs, curateurs et conseils judiciaires. (*Formule annexée au décret du 18 sept. 1806.*)

691. Toutes les pièces visées par le notaire doivent être au rang de ses minutes, afin qu'il puisse énoncer qu'elles sont en sa possession; il doit donc se faire déposer préalablement toutes celles qu'il n'aurait pas dans son étude. Si la pièce déposée est un acte sous seings privés, les parties doivent intervenir au dépôt et reconnaître leurs signatures, afin que l'acte acquière l'authenticité, *infra n° 707*.

692. Nous avons dit, *supra n° 690*, que le certificat de propriété doit indiquer, lorsqu'il y a plusieurs ayants droit, la portion revenant à chacun.

693. Si la portion revenant à chacun a été fixée par un partage ou autre acte contenant division de la rente, c'est cette portion que le certificat de propriété doit relater après avoir visé le partage ou l'acte de division.

Dubois, son neveu, négociant, demeurant à....., l'universalité des biens meubles et immeubles qu'il laisserait à son décès, et, à cet effet, l'a institué pour son légataire universel;

3° La minute, étant aussi en ma possession, d'un acte de notoriété reçu par moi et l'un de mes collègues, notaires à....., le....., duquel il résulte que M. Jean Dubois n'a laissé aucun ascendant ni aucun descendant, par conséquent aucun héritier à réserve;

4° La minute, étant en ma possession, d'un acte reçu par moi et l'un de mes collègues, notaires à....., cejourd'hui, portant réquisition de délivrer le présent certificat;

Certifie que la rente sur l'État ci-dessus relatée appartient en pleine propriété et jouissance, avec tous arrérages échus et à échoir, à M. Honoré Dubois, négociant, demeurant à.....

En foi de quoi j'ai délivré le présent;

A....., le..... (Signature du notaire.)

FORMULE 161. — Réquisition de délivrance de certificat de propriété par une veuve et des héritiers. — Division de la rente. (Nos 693 à 697.)

Par-devant Me..... et l'un de ses collègues, notaires à....., soussignés,

Ont comparu :

1° Mme Louise Laville, propriétaire, demeurant à....., veuve de M. Honoré Lajoy, en son vivant avocat, demeurant à....., où il est décédé le.....;

Ayant été commune en biens avec M. Lajoy, son mari, aux termes de leur

694. Lorsque le titre de rente est resté indivis, il suffit, s'il doit être vendu, de constater la portion aliquote appartenant à chaque héritier ou autre représentant dans la rente.

695. Si le titre commun ne doit pas être vendu, et si, par conséquent, la rente doit être immatriculée au nom des héritiers ou autres représentants, chacun pour sa portion, il faut énoncer, non-seulement la portion aliquote, mais aussi la somme revenant à chacun. [Form. 162.]

696. Toutefois, comme le Trésor ne délivre de certificats d'inscription de rente que pour des sommes rondes, sans fraction de franc (*décret 7 juill. 1848, art. 4*), s'il arrive, par la division, qu'un franc se trouve fractionné, il faut que la fraction soit attribuée à l'une des parties, soit par l'acte de réquisition [Form. 161], soit par le certificat de propriété lui-même [Form. 162], qui en ce cas doit être signé des parties. (*Voir infra nos 702, 703.*)

697. Lorsqu'on divise une rente sujette à fraction de franc et que parmi les parties il y a un mineur ou autre incapable, on doit lui attribuer le chiffre le plus élevé : cette manière de procéder a été consacrée par l'usage et admise par le Trésor.

---

contrat de mariage passé devant Me....., notaire à....., qui en a gardé minute, et son collègue, le.....

En outre, donataire, aux termes du même contrat, de l'usufruit, avec dispense de fournir caution, de la moitié des biens meubles et immeubles laissés par son mari;

Enfin, agissant encore au nom et comme tutrice naturelle et légale de Mlle Élise Lajoy, sa fille mineure, domiciliée avec elle;

2° M. Charles Lajoy, avocat, demeurant à.....;

Mlle Lajoy et M. Lajoy héritiers chacun pour un tiers de M. Honoré Lajoy, leur père, ainsi que le constate l'intitulé de l'inventaire après son décès, dressé par Me..., l'un des notaires soussignés, en date, au commencement, du.....; qualité qui n'a été acceptée pour la mineure Lajoy que sous bénéfice d'inventaire, suivant déclaration faite au greffe du tribunal civil de....., le.....;

3° Et M. Henri Leleu, négociant, demeurant à.....;

En qualité de cessionnaire des droits successifs mobiliers et immobiliers de M. Robert Lajoy, propriétaire, demeurant à....., dans la succession de M. Honoré Lajoy, moyennant un prix payé comptant, suivant acte passé devant Me..., l'un des notaires soussignés, qui en a gardé minute, et son collègue, le.....; lequel sieur Robert Lajoy était héritier pour le dernier tiers de M. Lajoy, son père, ainsi que le constate le même intitulé d'inventaire.

Lesquels ont dit :

Il dépend de la communauté ayant existé entre M. Honoré Lajoy et la dame restée sa veuve une rente de huit cents francs, trois pour cent, sur l'État français, inscrite sur le grand livre de la dette publique au nom de M. Honoré Lajoy, sous le n° 74321 de la série deuxième.

D'après les qualités ci-dessus prises, cette rente appartient aux comparants dans les proportions suivantes :

A Mme veuve Lajoy, en pleine propriété, en qualité de commune, pour moitié, soit quatre cents francs, ci........................	400 fr. » c.
A la succession de M. Lajoy en nue propriété, et à Mme veuve Lajoy en usufruit, comme donataire de son mari, pour moitié de la seconde moitié, soit un quart dans le total, ou deux cents francs, ci...	200 »
Et à la succession de M. Lajoy en pleine propriété, pour l'autre moitié de la seconde moitié, soit un quart du total, ou deux cents francs, ci..	200 »
Somme égale........................	800 »

Il est convenu entre les comparants, afin d'éviter les fractions de francs, que les deux

698. Lorsque parmi les intéressés il se trouve un mineur, il faut exiger une acceptation sous bénéfice d'inventaire de la succession; c'est le seul moyen d'éviter une renonciation ultérieure qui viendrait modifier les droits fixés par le certificat de propriété. Il n'est pas nécessaire que l'acte d'acceptation soit déposé pour minute au notaire; il suffit que celui-ci en ait une connaissance certaine et qu'il en mentionne la date dans son certificat.

699. Ce qui vient d'être dit est prescrit dans l'intérêt des ayants droit; quant au Trésor, il accepte sans difficulté les certificats de propriété et opère les mutations et les transferts, sans exiger la justification de l'acceptation bénéficiaire au nom des mineurs.

700. Pour la Formule 162, qui donne lieu à nos explications, il existe un contrat de mariage, visé dans le certificat. Si à défaut de contrat de mariage les époux sont soumis à la communauté légale, il suffit de l'énoncer; cependant, lorsque le mariage a été célébré postérieurement à la promulgation de la loi du 19 juillet 1850, c'est-à-dire depuis le 1er janvier 1851, *infra n° 1001, 10°*, il est utile de déposer au rang des minutes du notaire certificateur une copie de l'acte de mariage qui constate l'absence de contrat.

701. Le certificat d'origine dont il est question en la formule 162 se délivre sur une demande faite au ministre des finances, direction de la dette inscrite, dans la forme indiquée *infra nos 724 et suiv.*

portions de rente revenant à la succession, l'une en nue propriété, l'autre en pleine propriété, seront divisées entre les représentants de M. Honoré Lajoy, ainsi qu'il suit :

M. Charles Lajoy prendra pour son tiers :	
En pleine propriété, soixante-sept francs, ci....................	67 fr. » c.
En nue propriété, soixante-six francs, ci....................	66 »
Mlle Lajoy prendra aussi pour son tiers :	
En pleine propriété, soixante-sept francs, ci....................	67 »
En nue propriété, même somme, ci....................	67 »
Enfin, M. Leleu prendra également pour son tiers :	
En pleine propriété, soixante-six francs, ci....................	66 »
En nue propriété, soixante-sept francs, ci....................	67 »
Somme égale à moitié de la rente.........	400 »

Voulant faire immatriculer en leurs noms la rente dans les proportions ci-dessus déterminées, les comparants requièrent Me....., l'un des notaires soussignés, de leur délivrer le certificat de propriété nécessaire à cet effet, en vertu des actes susénoncés étant en sa possession.

Dont acte.

Fait et passé, etc.

FORMULE 162. — Certificat de propriété. — Rente sur l'État. — Veuve et enfants. Certificat d'origine. [*Cas de la réquisition qui précède.*] (Nos 692 à 703.)

DETTE PUBLIQUE

Rente trois pour cent

N° 74321 Série 2e Rente : 800 francs

Au nom de Lajoy (Honoré)

Je, soussigné....., notaire à.....,

Attendu le décès arrivé à....., le....., de M. Honoré Lajoy, en son vivant avocat, demeurant à...,

Vu :

1° Le certificat d'inscription de rente dont l'énoncé précède;

2° La minute étant en ma possession, comme successeur immédiat de Me....., d'un

702. L'intervention des parties intéressées est nécessaire au certificat de propriété :

1° S'il contient division de la rente avec attribution de la différence formée par une fraction de franc, *supra n° 696* ;

2° S'il s'agit de prorata de pensions sur l'État, les départements ou les communes, *infra n° 721* ;

3° Si la vente de la rente doit se faire, non pour le compte de chaque partie divisément, mais pour le compte de la masse de la succession, pour ensuite faire porter le partage sur le produit de la vente;

---

contrat passé devant ledit Me...., qui en a gardé minute, et son collègue, notaires à...., le....., contenant les clauses et conditions civiles du mariage d'entre M. Lajoy et Mme Louise Laville, restée sa veuve, propriétaire, demeurant à....., aux termes duquel les futurs époux ont adopté le régime de la communauté réduite aux acquêts, et ont fait donation entre-vifs, au profit du survivant, pour le cas arrivé d'existence d'enfant, de l'usufruit, avec dispense de fournir caution, de la moitié des biens meubles et immeubles que le premier mourant laisserait au jour de son décès;

3° L'original d'un certificat d'origine délivré le..... par M. le directeur de la dette inscrite, lequel constate que la rente susrelatée provient de mutation par voie de transfert remontant au....., en conséquence dépend de la communauté qui a existé entre M. et Mme Lajoy;

4° La minute, étant en ma possession, de l'inventaire après le décès de M. Lajoy, dressé par moi et l'un de mes collègues, notaires à....., en date au commencement du.....; duquel il résulte que M. Lajoy a laissé pour seuls héritiers, chacun pour un tiers, ses trois enfants : 1° M. Charles Lajoy, avocat, demeurant à.....; 2° M. Robert Lajoy, propriétaire, demeurant aussi à.....; 3° et Mlle Élise Lajoy, mineure sous la tutelle légale de Mme veuve Lajoy, sa mère susnommée, qualité qui n'a été acceptée pour la mineure Lajoy que sous bénéfice d'inventaire, suivant déclaration faite au greffe du tribunal civil de....., le.....;

5° La minute, étant aussi en ma possession, d'un contrat reçu par moi et l'un de mes collègues, notaires à....., le....., aux termes duquel M. Robert Lajoy a cédé à M. Henri Leleu, négociant, demeurant à....., moyennant un prix payé comptant, tous ses droits successifs mobiliers et immobiliers dans la succession de M. Lajoy;

6° Et la minute, étant également en ma possession, d'un acte reçu par moi et mon collègue, notaires à....., le....., contenant division de la rente sur l'État susénoncée, entre les parties dans la proportion de leurs droits, et réquisition de délivrer le présent certificat de propriété.

Certifie :

Que la rente sur l'État, de huit cents francs, énoncée en tête des présentes, appartient :

Premièrement, à Mme veuve Lajoy, en pleine propriété comme commune, pour moitié, ou quatre cents francs, ci.......		400 fr. » c.
Deuxièmement, à la même dame, en usufruit, comme donataire de son mari, et à la succession de M. Lajoy en nue propriété pour moitié de la seconde moitié, soit deux cents francs; Laquelle somme sera immatriculée :		
Aux noms de Mme veuve Lajoy pour l'usufruit et de M. Charles Lajoy pour la nue propriété, jusqu'à concurrence du tiers (la fraction déduite), ou soixante-six francs, ci.......	66 fr. » c.	
Aux noms de Mme veuve Lajoy pour l'usufruit, et de Mlle Élise Lajoy pour la nue propriété, jusqu'à concurrence du second tiers, ou soixante-sept francs, ci......	67 »	200 »
Et aux noms de Mme veuve Lajoy pour l'usufruit et de M. Henri Leleu pour la nue propriété, jusqu'à concurrence du dernier tiers, ou soixante-sept francs, ci......	67 »	
A reporter.........		600 »

dans ce cas, le certificat contient le consentement des propriétaires avec réserve de se régler définitivement sur leurs droits lors du partage (1) ;

4° Si les parties prenantes n'ont pas encore pris qualité, et que le notaire veuille se mettre à l'abri contre tout reproche pour le cas où les suites du certificat de propriété auraient pour effet d'entraîner adition d'hérédité (2).

Report............		600 fr. » c.
Troisièmement, enfin, à la succession de M. Lajoy, en pleine propriété pour l'autre moitié de la seconde moitié, soit deux cents francs;		
Laquelle somme sera immatriculée en pleine propriété :		
Au nom de M. Charles Lajoy jusqu'à concurrence d'un tiers, ou soixante-sept francs, ci............................	67 fr. » c.	
Au nom de Mlle Élise Lajoy jusqu'à concurrence d'un autre tiers, ou soixante-sept francs, ci...............	67 »	200 »
Et au nom de M. Henri Leleu jusqu'à concurrence du dernier tiers (la fraction déduite), ou soixante-six francs, ci..	66 »	
Somme égale au total de la rente...........		800 »

Le tout avec droit à tous arrérages échus et à échoir.

En foi de quoi j'ai délivré le présent.

A....., le.....

Si la division a lieu par le certificat de propriété même, à défaut de réquisition, on modifie ainsi le certificat après avoir visé les pièces jusqu'au n° 5 inclusivement :

Certifie que la rente sur l'État de huit cents francs, énoncée en tête des présentes, appartient, savoir :

A Mme veuve Lajoy en pleine propriété, comme commune pour moitié, ci...	1/2
A la même dame, en usufruit, comme donataire de son mari, et à la succession de M. Lajoy, en nue propriété, pour moitié de la seconde moitié dévolue à la succession de M. Lajoy, soit un quart......................................	1/4
Et à la succession de M. Lajoy, en pleine propriété, aussi pour l'autre moitié de la seconde moitié, soit un quart, ci......................................	1/4
Soit séparément à chacun de M. Charles Lajoy, Mlle Élise Lajoy et M. Henri Leleu, pour un douzième en pleine propriété, et pour un douzième en nue propriété grevé de l'usufruit de Mme veuve Lajoy.	
Total égal à l'unité......................	4/4

A ces présentes sont intervenus :

1° Mme veuve Lajoy,

Agissant tant en son nom personnel qu'au nom et comme tutrice naturelle et légale de Mlle Elise Lajoy, sa fille mineure;

2° M. Charles Lajoy ;

3° Et M. Henri Leleu,

Tous ci-dessus nommés, qualifiés et domiciliés;

Lesquels ont déclaré faire, ainsi qu'il suit, la division de la rente, selon leurs droits susfixés :

(1) Dict. not. *certificat de propriété*, n° 94.

(2) Instruction chamb. not. Paris, 8 mai 1824.

703. Cette intervention n'a pas pour effet de modifier la nature du certificat de propriété, qui doit toujours être l'attestation d'un seul notaire, corroborée pour ce cas par une déclaration des parties ; nous ne pensons donc pas qu'il soit nécessaire, à cause de l'intervention, de le faire assister d'un notaire en second ni de témoins (1).

704. Nous avons vu, *supra n° 682*, que le droit de délivrer les certificats de propriété appartient au notaire détenteur de la minute des actes d'où la mutation résulte. Mais il peut arriver que les divers actes établissant la mutation aient été reçus successivement par plusieurs notaires : à quel notaire, dans ce cas, appartient la délivrance du certificat de propriété ? c'est au notaire détenteur de l'acte fixant la propriété dans

Premièrement, Mme veuve Lajoy prendra en pleine propriété, pour sa moitié comme commune, quatre cents francs, ci................		400 fr. » c.
Deuxièmement, Mme veuve Lajoy aura l'usufruit, et la succession de M. Lajoy aura la nue propriété de moitié de la seconde moitié, soit deux cents francs.		
Et cette dernière somme sera immatriculée :		
Aux noms de Mme veuve Lajoy pour l'usufruit, et de M. Charles Lajoy pour la nue propriété, jusqu'à concurrence du tiers (la fraction déduite), ou soixante-six francs, ci.................	66 fr. » c.	
Aux noms de Mme veuve Lajoy pour l'usufruit, et de Mlle Élise Lajoy pour la nue propriété, jusqu'à concurrence du second tiers, ou soixante-sept francs, ci...........	67 »	200 »
Et aux noms de Mme veuve Lajoy pour l'usufruit, et de M. Henri Leleu pour la nue propriété, jusqu'à concurrence du dernier tiers, ou soixante-sept francs, ci......	67 »	
Troisièmement, enfin, la succession de M. Lajoy aura la pleine propriété de l'autre moitié de la seconde moitié, soit deux cents francs.		
Et cette dernière somme sera immatriculée en pleine propriété :		
Au nom de M. Charles Lajoy, jusqu'à concurrence d'un tiers, ou soixante-sept francs, ci...............	67 fr. » c.	
Au nom de Mlle Élise Lajoy, jusqu'à concurrence d'un second tiers, ou soixante-sept francs, ci..............	67 »	200 »
Et au nom de M. Henri Leleu, jusqu'à concurrence du dernier tiers (la fraction déduite), ou soixante-six francs, ci.	66 »	
Somme égale au total, huit cents francs, ci........		800 »

Le tout avec droit aux arrérages échus et à échoir.
En foi de quoi j'ai délivré le présent.
A....., le.....
Et après lecture, les parties intervenantes ont signé avec moi.

FORMULE 163. — Certificat de propriété par le détenteur de minutes, et d'expéditions déposées. Attribution par liquidation. Rectification d'erreurs de prénoms. (Nos 704 à 710.)

DETTE PUBLIQUE

4 1/2 p. 100

Inscription au grand livre

N° 521343 Série 4e Rente : 150 francs

Au nom de Simon (Louis-Désiré)

(1) Contra Pradier, *rev. du not.* 1862, II, p. 186.

les mains des parties prenantes au jour du certificat (*loi 28 flor. an VII, art. 6*); ainsi y a-t-il un contrat de mariage, un testament, un inventaire, un acte de délivrance de legs, un partage, détenus dans différentes études, la délivrance appartient au notaire détenteur du partage si la valeur est échue ou a été attribuée par le partage, et au notaire détenteur du testament lorsque le droit à la propriété de la chose résulte d'un legs particulier. Si les seuls actes à viser sont un contrat de mariage et un acte de notoriété après décès, comme ce dernier acte a seulement pour effet de constater les quotités héréditaires, le certificat doit être délivré par le notaire détenteur de la minute du contrat de mariage : il ne s'agit pas ici d'une question de concurrence entre notaires, mais plutôt d'une question de capacité, le Trésor n'admettant que les certificats délivrés par les notaires compétents (1).

705. Pour la délivrance des certificats, lorsque les actes sont détenus dans plusieurs études, l'usage s'était généralement établi de faire déposer pour minute au notaire compétent les expéditions des autres actes relatifs à la mutation et passés devant d'autres notaires (2).

706. Puis, à une certaine époque, le Trésor avait cru devoir exiger que tous les notaires détenteurs des actes relatifs à la mutation concourussent à la délivrance du certificat de propriété : chacun d'eux devait viser les actes dont il était détenteur et l'attestation était donnée par tous les notaires.

707. Mais M. le ministre de la justice, par une circulaire du 4 mai 1860 (J. N. 16865), a répudié ce mode de procéder, considéré par lui comme une infraction aux *art. 6 et 25 de la loi du 25 vent. an XI*, et aux dispositions des lois fiscales; suivant cette circulaire, et d'après l'*art. 1er du décret du 18 sept. 1806*, c'est au notaire détenteur de la minute de l'inventaire ou du partage qu'il appartient exclusivement de délivrer le certificat de propriété, sauf à cet officier public à faire déposer ou annexer dans son étude les actes et

DETTE PUBLIQUE
3 p. 100
Inscription au grand livre
N° 71365 Série 3e Rente : 220 francs
Au nom de SIMON (Désiré)

JE SOUSSIGNÉ, Paul X....., notaire à.....

ATTENDU le décès arrivé à....., le....., de M. Louis-Désiré SIMON, en son vivant propriétaire, demeurant à.....

VU :

1° L'expédition déposée au rang de mes minutes, suivant acte reçu par moi et l'un de mes collègues, notaires à....., le....., d'un contrat passé devant Me....., qui en a gardé minute, et l'un de ses collègues, notaires à....., le....., contenant les clauses et conditions civiles du mariage d'entre M. Louis-Désiré SIMON et Mme Césarine DUBOIS, restée sa veuve, propriétaire, demeurant à.....; aux termes duquel les futurs époux ont adopté le régime de la communauté réduite aux acquêts;

2° L'expédition déposée au rang de mes minutes, aux termes du même acte, d'un acte passé devant Me....., notaire à....., qui en a gardé minute, en présence de témoins, le....., contenant donation entre-vifs par M. Louis-Désiré SIMON, à Mme Césarine DUBOIS, aujourd'hui sa veuve, de la moitié en pleine propriété des biens meubles et immeubles qu'il laisserait au jour de son décès;

3° La minute, étant en ma possession, de l'inventaire après le décès de M. SIMON, dressé par moi et l'un de mes collègues, notaires à....., le....., duquel il résulte que M. SIMON a laissé pour seuls héritiers, savoir : de la moitié dévolue à la ligne paternelle, M. Ernest SIMON, pharmacien, demeurant à...., son cousin au cinquième degré; et de la moitié dévolue à la ligne maternelle, M. Louis HUARD, propriétaire, demeurant à....., et Mlle Louise HUARD, mineure, sans profession, domiciliée à....., chez son tuteur

(1) Pradier, *rev. not.* 1862, II, p. 190.

(2) Délib. not. Paris, 9 vent. an XIII, art. 17; Cour des comptes 24 juin 1835; Dict. not. *certificat de propriété*, n° 85.

expéditions d'actes qui lui manquent, et qu'il est tenu d'avoir en sa possession aux termes de la disposition finale du modèle annexé à ce décret. [Form. 163.] Pareil dépôt doit avoir lieu s'il s'agit d'un jugement, d'une ordonnance du président, d'un acte passé au greffe du tribunal, d'un acte sous seings privés; dans ce dernier cas, avec reconnaissance d'écriture, *supra n° 691*.

708. Si quelques-uns des actes à viser ont été passés devant notaire en Algérie ou dans les colonies, il suffit au notaire certificateur d'en faire déposer les expéditions au rang de ses minutes (1).

709. *Et vice versa* pour les actes de la métropole à viser par les notaires certificateurs en Algérie ou dans les colonies.

---

ci-après nommé, ses cousins au quatrième degré, chacun pour moitié, soit chacun un quart dans le total; la mineure Huard ayant pour tuteur datif M. César Lecoq, son oncle, propriétaire, demeurant à....., nommé à cette fonction, qu'il a acceptée, suivant délibération du conseil de famille de cette mineure, prise sous la présidence de M. le juge de paix du canton de....., ainsi qu'il résulte du procès-verbal que ce magistrat en a dressé, assisté de son greffier, le.....; M. Lecoq ayant, en vertu de la même délibération, accepté pour sa pupille, sous bénéfice d'inventaire, la succession de M. Simon, aux termes d'une déclaration faite au greffe du tribunal civil de....., le.....;

4° L'expédition déposée au rang de mes minutes, suivant acte reçu par moi et l'un de mes collègues, notaires à....., le....., d'une déclaration passée au greffe du tribunal civil de....., le....., contenant renonciation par Mme veuve Simon à la communauté qui avait existé entre elle et son mari;

5° La minute, étant en ma possession, de la liquidation de la succession de M. Simon, dressée par moi, le....., en vertu d'un jugement me commettant, rendu par le tribunal civil de....., le....., aux termes de laquelle la rente de cent cinquante francs, quatre et demi pour cent, avec tous arrérages, a été attribuée à Mme veuve Simon, et la rente de deux cent vingt francs, trois pour cent, a été attribuée, aussi avec tous arrérages, pour cent vingt francs à M. Ernest Simon, et pour les cent francs de surplus à Mlle Louise Huard;

6° La grosse déposée au rang de mes minutes, suivant acte reçu par moi et l'un de mes collègues, notaires à....., le....., d'un jugement rendu par le tribunal civil de....., le....., aux termes duquel le tribunal a homologué purement et simplement la liquidation dont l'énoncé précède;

7° Deux certificats, l'un délivré par M^e^....., avoué près le tribunal civil de....., le....., constatant que ce jugement a été signifié aux parties intéressées, et notamment au subrogé-tuteur de la mineure Huard, conformément à l'art. 444 du code de procédure civile, et l'autre par le greffier du même tribunal, le....., attestant qu'il n'a été formé contre le jugement aucune opposition ni appel; certificats qui ont été déposés au rang de mes minutes, suivant acte reçu par moi et l'un de mes collègues, le.....;

8° Enfin la minute, étant en ma possession, d'un acte de notoriété reçu par moi et l'un de mes collègues, notaires à....., le....., duquel il résulte : *premièrement*, que c'est à tort et par erreur que dans le certificat d'inscription de deux cent vingt francs de rente trois pour cent susrelaté, M. Simon a été seulement prénommé *Désiré*, tandis que ses véritables prénoms sont *Louis-Désiré*, ainsi que le constate son acte de naissance inscrit à la mairie de....., le....., dont une copie délivrée par M. le maire de....., le....., est demeurée annexée à la minute de cet acte de notoriété; *deuxièmement*, et qu'il y a parfaite identité de personne entre M. Louis-Désiré Simon et la personne nommée Désiré Simon dans le certificat d'inscription.

---

(1) Dict. not. *certificat de propriété*, n° 51.

710. On doit apporter tous ses soins à orthographier les noms et prénoms du titulaire de la rente, de manière qu'ils soient identiquement les mêmes que ceux portés au certificat d'inscription de rente. Lorsqu'il y a une erreur dans l'orthographe des nom et prénoms, ou une omission ou interversion de prénom, il faut la rectifier par un acte de notoriété indiquant l'identité de personne, *supra* Form. 157 *et nº 680*, et le notaire vise cet acte de notoriété dans le certificat de propriété. (*Loi 8 fructidor an V.*)

711. Lorsque l'ayant droit à une rente est un époux survivant comme successible de son conjoint à défaut d'héritiers [Form. 164 et 165], voir, pour l'indication des formalités prescrites, *infra nos 1795 à 1799.*

Certifie :

Premièrement, que la rente de cent cinquante francs quatre et demi pour cent susénoncée appartient en pleine propriété et jouissance, avec tous arrérages échus et à échoir, à Mme Césarine Dubois, veuve de M. Louis-Désiré Simon.

Deuxièmement, et que la rente de deux cent vingt francs trois pour cent, aussi susénoncée, appartient en pleine propriété et jouissance, avec tous arrérages échus et à échoir :

Jusqu'à concurrence de cent vingt francs, à M. Ernest Simon;

Et jusqu'à concurrence des cent francs de surplus, à Mlle Louise Huard, mineure sous la tutelle dative de M. César Lecoq.

En foi de quoi j'ai délivré le présent.

A....., le.....

Formule 164. — Acte de dépôt des pièces d'envoi en possession par l'époux survivant envoyé en possession de la succession de son conjoint à défaut d'héritiers. (Nº 711.)

Par-devant Me.....

A comparu M. Jacques Béliard, négociant, demeurant à.....

Lequel, ayant fait procéder à l'inventaire après le décès arrivé à....., le....., de Mme Laure Dubois, son épouse, par le ministère de Me....., l'un des notaires soussignés, le....., a, par ces présentes, déposé à Me....., et l'a requis de mettre au rang de ses minutes, à la date de ce jour, pour qu'il en soit délivré expédition ou extrait à qui il appartiendra, les pièces ci-après énumérées relatives à l'envoi en possession qu'il a obtenu, à défaut de parents au degré successible, de la succession de Mme Laure Dubois, son épouse :

1º L'original d'un placard dressé par Me....., avoué, près le tribunal civil de....., le....., portant la mention suivante : Enregistré à..... (*copier l'enregistrement*), duquel il résulte que M. Béliard a demandé l'envoi en possession des biens dépendant de la succession de Mme Laure Dubois, son épouse;

2º Un exemplaire du journal le....., feuille du....., signé de l'imprimeur, légalisé par le maire de....., et enregistré, contenant l'insertion du placard susénoncé;

3º Trois procès-verbaux du ministère de....., huissier à....., en date des....., écrits sur des exemplaires du placard et constatant son apposition aux endroits voulus par la loi;

4º Trois exemplaires du journal le....., feuilles des....., contenant l'insertion du même placard, signés de l'imprimeur, légalisés par le maire de....., et enregistrés;

5º Enfin la grosse d'un jugement rendu par le tribunal civil de....., le....., aux termes duquel M. Béliard a été envoyé en possession de la succession de Mme Laure Dubois, son épouse.

Toutes ces pièces sont demeurées ci-jointes après avoir été de M. Béliard certifiées véritables, et que sur chacune d'elles il a été apposé une mention d'annexe, qui a été signée de M. Béliard et des notaires.

Dont acte.

Fait et passé, etc.

II. CAUTIONNEMENTS DE FONCTIONNAIRES

712. Lorsqu'un fonctionnaire public, sujet à cautionnement, a cessé ses fonctions et qu'il veut s'en faire rembourser le montant, il doit fournir les justifications prescrites par le décret du 18 septembre 1806 et relatées sur le titre du cautionnement.

FORMULE 165. — Certificat de propriété délivré à un époux survivant envoyé en possession à défaut d'héritiers. (N° 711.)

DETTE PUBLIQUE

Rente 3 p. 100

Inscription au grand livre

N° 41263 Série 7e Rente : 250 francs

Au nom de DUBOIS (Laure) femme BÉLIARD

JE SOUSSIGNÉ....., notaire à.....

ATTENDU le décès arrivé à....., le....., de Mme Laure DUBOIS, en son vivant épouse de M. Jacques BÉLIARD, négociant, avec lequel elle demeurait à.....

VU :

Premièrement, le titre de rente ci-dessus relaté;

Deuxièmement, la minute, étant en ma possession, d'un acte de notoriété reçu par moi et l'un de mes collègues, notaires à....., le.....; duquel il résulte que Mme BÉLIARD n'a laissé pour lui succéder aucun parent au degré successible;

Troisièmement, la minute, étant en ma possession, de l'inventaire après le décès de Mme BÉLIARD, dressé par moi et l'un de mes collègues, notaires à......., le......., à la requête de M. BÉLIARD seul, en l'absence d'héritiers connus de son épouse;

Quatrièmement, les pièces suivantes déposées au rang de mes minutes, suivant acte reçu par moi et l'un de mes collègues, notaires à....., le..... :

1° L'original d'un placard, etc....

Copier l'énonciation des pièces déposées sur la formule qui précède.

CERTIFIE que la rente de deux cent cinquante francs, trois pour cent, susrelatée appartient en pleine propriété et jouissance, avec tous arrérages échus et à échoir, à M. Jacques BÉLIARD, négociant, demeurant à......

En foi de quoi j'ai délivré le présent.

A....., le.....

II. CAUTIONNEMENTS DE FONCTIONNAIRES

FORMULE 166. — Certificat de propriété pour un cautionnement de fonctionnaire; légataire universel en vertu d'un testament olographe. (Nos 712 à 714.)

TRÉSOR PUBLIC

Certificat d'inscription sur le livre des cautionnements

Registre B F° 60 Somme capitale : 3,000 francs

Au nom de DUBOIS (Jean), en qualité de percepteur des contributions directes et de receveur communal à la résidence de....

JE SOUSSIGNÉ....., notaire à.....,

ATTENDU le décès arrivé à....., le....., de M. Jean DUBOIS, en son vivant célibataire, percepteur des contributions directes et receveur communal à la résidence de....., ainsi que le constate son acte de décès....., etc. (*Le surplus de la phrase comme en la formule 160.*)

VU :

1° Le certificat d'inscription de cautionnement ci-dessus transcrit;

713. Si la demande de remboursement est formée par les héritiers ou autres représentants du titulaire, ils doivent produire un certificat de propriété [Form. 166] établissant leurs droits au cautionnement. (*Décret du 18 septembre 1806, art. 1er.*)

714. Les formes de ce certificat de propriété sont les mêmes que celles indiquées *supra nos 690 et suiv.*

III. LIVRETS DE CAISSES D'ÉPARGNES; TITRES SUR LA CAISSE DE RETRAITE POUR LA VIEILLESSE

715. Le propriétaire d'un livret de caisse d'épargnes qui veut toucher tout ou partie des sommes déposées en fait la demande dans les formes tracées par les statuts de la caisse.

716. Si la demande est faite par les héritiers ou autres représentants du propriétaire du livret, ils doivent justifier d'un certificat de propriété [Form. 167] établissant leurs droits au montant du livret. (*Loi 30 mars 1853, art. 3.*)

717. Même justification doit être faite par les héritiers ou autres représentants du titulaire de sommes

2° L'original du testament de M. Dubois, fait sous la forme olographe, en date à....., du....., déposé au rang de mes minutes, par acte du....., en vertu d'une ordonnance de M. le président du tribunal civil de....., contenue en son procès-verbal d'ouverture et de description en date du.....; aux termes duquel testament, M. Dubois a légué à M. Honoré Dubois, son neveu, négociant, demeurant à....., l'universalité des biens meubles et immeubles qu'il laisserait à son décès, et en conséquence l'a institué pour son légataire universel;

3° La minute, étant en ma possession, d'un acte de notoriété reçu par moi et l'un de mes collègues, notaires à....., le....., duquel il résulte que M. Jean Dubois n'a laissé aucun descendant ni aucun ascendant, par conséquent aucun héritier à réserve;

4° La grosse déposée au rang de mes minutes, par acte du....., en conséquence étant en ma possession, d'une ordonnance sur requête rendue par M. le président du tribunal civil de....., le....., aux termes de laquelle M. Honoré Dubois a été envoyé en possession du legs universel à lui fait.

Certifie que la somme de trois mille francs montant du cautionnement susrelaté appartient en pleine propriété et jouissance, avec tous intérêts échus et à échoir, à M. Honoré Dubois, négociant, demeurant à.....

En foi de quoi, j'ai délivré le présent.

A....., le..... (Signature du notaire.)

III. LIVRETS DE CAISSES D'ÉPARGNES

FORMULE 167. — Certificat de propriété pour un livret de caisse d'épargnes. Même légataire en vertu d'un testament mystique. (Nos 715 à 718.)

VILLE DE..... CAISSE D'ÉPARGNES ET DE PRÉVOYANCE

Livret no 8539

No 6762 des comptes ouverts au grand livre

Au nom de Dubois (Jean)

Je soussigné....., notaire à.....

Attendu le décès arrivé à....., le....., etc. (*Le surplus comme en la formule 160.*)

Vu .

1° Le livret de caisse d'épargnes dont l'énoncé précède;

2° L'original du testament de M. Dubois, fait sous la forme mystique, en date à....., du....., ainsi que le constate l'acte de suscription reçu par moi, en présence de six témoins, le même jour; lequel testament a été ouvert par M. le président du tribunal civil de....., le....., et déposé au rang de mes minutes, par acte du....., en vertu d'une ordonnance, etc. (*Le surplus de la phrase comme en la formule 166.*)

versées à la caisse des retraites pour la vieillesse, lorsque celui-ci a fait la réserve du capital. (*Loi 28 mai 1853, art. 8, supra n° 537* bis.)

718. Les formes, dans ces deux cas, sont les mêmes que celles indiquées *supra n°s 690 et suiv.*

IV. ARRÉRAGES DE PENSIONS SUR L'ÉTAT

719. Lorsque le titulaire d'une pension sur l'État, les départements ou les communes, vient à décéder et qu'un prorata d'arrérages se trouve dû au jour de son décès, les héritiers ou autres représentants du titulaire peuvent le toucher en justifiant, par un certificat de propriété [Form. 168], de leur droit à ces arrérages. (*Ordonn. 16 oct. 1822.*) Il en est de même à raison de tous autres traitements, ainsi que de toutes sommes qui peuvent être dues par l'État, les départements ou les communes.

720. Les certificats de propriété produits pour le payement de sommes dues par l'État à *titre de pension, de rémunération ou de secours* sont exempts de l'enregistrement (1).

721. Quand les certificats de propriété ont pour objet des arrérages de pensions sur l'État, les départements ou les communes, les héritiers ou autres représentants du titulaire doivent y intervenir pour

---

3° La minute étant en ma possession d'un acte de notoriété, etc. (*Le surplus de la phrase comme en la même formule.*)

4° La grosse déposée, etc. (*Le surplus comme en la même formule.*)

Certifie que le montant du livret de caisse d'épargnes susrelaté appartient en pleine propriété et jouissance, avec tous intérêts échus et à échoir, à M. Honoré Dubois, négociant, demeurant à.....

En foi de quoi, j'ai délivré le présent.

A....., le.....

IV. ARRÉRAGES DE PENSIONS SUR L'ÉTAT

FORMULE 168. — Certificat de propriété pour arrérages de pension sur l'État. — Donataire en vertu d'une institution contractuelle. (N°s 719 à 721.)

PENSIONS MILITAIRES

Somme annuelle : 1,530 francs n° 74337

Au nom de Dubois (Jean)

Je soussigné....., notaire à.....

Attendu le décès arrivé à....., le....., de M. Jean Dubois, en son vivant célibataire, capitaine en retraite, demeurant à....., ainsi que, etc. (*Le surplus comme en la formule 160.*)

Vu :

1° Le certificat de pension militaire dont l'énoncé précède;

2° La minute étant en ma possession d'un contrat passé devant moi, en présence de témoins, le....., contenant les clauses et conditions civiles du mariage d'entre M. Honoré Dubois, négociant, demeurant à......, et Mme Rosalie Braillard, aux termes duquel M. Jean Dubois a fait donation entre-vifs, à titre d'institution contractuelle, à M. Honoré Dubois, son neveu, de l'universalité des biens meubles et immeubles qu'il laisserait à son décès, et en conséquence l'a institué pour son donataire universel ;

3° La minute étant en ma possession d'un acte de notoriété, etc.... (*Le surplus de la phrase comme en la formule 166.*)

Certifie que le prorata de la pension militaire dû au jour du décès de M. Jean Dubois appartient en pleine propriété à M. Honoré Dubois, négociant, demeurant à.....

A ces présentes est intervenu M. Honoré Dubois, susqualifié et domicilié.

---

(1) Décis. min. fin. 1er août 1821, 15 janv. 1823 et 29 oct. 1842; Instr. régie, 15 juin 1848, n° 1814, § 5; J. N. 3865; 4335, 11462; 13433.

attester que le titulaire de la pension ne jouissait d'aucun traitement ni d'aucune autre pension. (*Ordonn. 16 oct. 1822; instr. régie, 4 mars 1823, nº 1075.*)

§ 3. — PERTE DE TITRE DE RENTE

SOMMAIRE

FORMULE

722. Si une inscription de rente sur l'État se trouve perdue, le titulaire peut s'en faire délivrer une autre en remplissant les formalités suivantes : il se présente devant le maire de sa commune, en présence de deux témoins qui attestent son individualité; il déclare avoir perdu son titre de rente et faire à M. le ministre des finances la demande d'un nouveau certificat d'inscription. La déclaration ainsi faite [Form. 169], écrite sur papier timbré, enregistrée et légalisée, est produite au ministre des finances, qui, après s'être assuré de sa régularité, autorise le directeur de la dette inscrite à débiter le compte de l'inscription perdue, et à la porter à compte nouveau, par transfert de forme, dans les six mois de l'envoi de la demande. Il est ensuite remis au réclamant un extrait original de l'inscription de ce nouveau compte. (*Décret 13 messidor an XII.*)

723. Ce qui vient d'être dit ne s'applique qu'à l'inscription nominative; quant aux inscriptions au porteur, le ministre des finances n'est pas tenu de remplacer celles qui ont été perdues. (*Conseil d'État, 27 août 1840.*)

Lequel m'a déclaré que M. Jean Dubois ne jouissait d'aucun traitement sous quelque dénomination que ce fût, à la charge de l'Etat, des départements, ni des communes, ni d'aucune autre pension ou solde de retraite, soit à la charge de l'Etat, soit sur les fonds de la caisse des invalides de la marine.

En foi de quoi j'ai délivré le présent certificat, que M. Honoré Dubois a signé avec moi après lecture.

A....., le..... (Signatures de la partie et du notaire.)

PERTE DE TITRE DE RENTE

FORMULE 169. — Déclaration de perte d'une inscription de rente. (Nos 722 et 723.)

Devant nous, maire de la ville de.....,

A comparu M. Louis-Pierre Perrier, propriétaire, demeurant en cette ville, rue.....;

Lequel nous a déclaré qu'ayant adiré le certificat constatant, sous le nº 41203 de la série troisième, son inscription au grand livre de la dette publique, pour une rente trois pour cent de deux cent cinquante francs, à lui délivrée le....., il lui a été impossible d'en percevoir les arrérages depuis le....., ce dernier semestre ayant été touché sur la quittance signée par le titulaire, le.....

Pourquoi il demande à M. le ministre des finances la délivrance d'un nouveau certificat de cette inscription de rente, s'engageant à rapporter celui adiré s'il parvient à le retrouver.

La présente déclaration reçue par nous, en présence de MM. Charles Debon et Louis Carley, tous les deux propriétaires, demeurant à....., témoins qui ont attesté parfaitement connaître M. Perrier et savoir qu'il est bien la même personne que celle à laquelle appartient la rente de deux cent cinquante francs susénoncée.

De tout quoi nous avons signé la présente déclaration avec le titulaire et les deux témoins susnommés.

A....., en l'hôtel de ville, le.....

§ 4. — DEMANDE D'ORIGINE

SOMMAIRE

FORMULE

724. Les rentes sur l'État sont inscrites avec la seule indication des nom et prénoms du titulaire, et ne portent point l'énonciation d'origine. Or, une rente inscrite au nom du mari peut ou lui appartenir ou appartenir à sa femme, ou dépendre de la communauté; d'où naît la nécessité d'en connaître l'origine lorsqu'il y a lieu de liquider la communauté ou la succession du titulaire de la rente. D'un autre côté, une rente a pu être inscrite à tort au nom d'une personne, et une autre personne peut s'en croire propriétaire; il y a aussi nécessité, en ce cas comme en d'autres cas analogues, de connaître l'origine de l'inscription de rente.

725. La demande d'origine peut être faite par les parties; habituellement elle est faite par le notaire liquidateur. [Form. 170.] On l'adresse à M. le ministre des finances, en ajoutant sur la suscription de la lettre : *Bureau de la dette inscrite.*

726. La demande d'origine doit être écrite sur timbre (*loi 13 brum. an VII, art. 12*); mais elle n'est point sujette à l'enregistrement, et ne doit pas être portée sur le répertoire. Quant au certificat du ministre, il est exempt de timbre et d'enregistrement.

FORMULE 170. — Demande d'origine d'une rente. (Nos 724 à 726.)

DETTE PUBLIQUE

3 p. 100

Extrait d'inscription au grand livre

N° 43615 Série 3e Rente : 430 francs

Au nom de Charles Lehard

A Son Excellence Monsieur le Ministre des finances

Monsieur le Ministre,

Le soussigné Me....., notaire à....., département de....., chargé de liquider tant la succession de M. Charles Lehard, en son vivant propriétaire, demeurant à....., où il est décédé le....., que la communauté ayant existé entre M. Lehard et Mme Louise Carville, restée sa veuve, se trouve dans l'impossibilité de connaître l'origine du titre de rente susrelaté.

En conséquence, il a l'honneur de vous prier, monsieur le Ministre, de vouloir bien lui délivrer un certificat énonçant si M. Lehard est seul propriétaire de la rente, et à quel titre il en est propriétaire.

Il a l'honneur d'être avec respect,

De Votre Excellence,

Monsieur le Ministre,

Le très-humble et très-obéissant serviteur,

A....., le.....

(Signature.)

§ 5. — CERTIFICATS DE VIE

SOMMAIRE

FORMULES

727. La rente viagère n'étant due que pendant la vie de la personne sur la tête de laquelle elle a été constituée, celui qui en est propriétaire ne peut en demander les arrérages qu'en justifiant de son existence ou de celle de la personne sur la tête de laquelle elle a été constituée. (*C. N., 1983.*)

728. Cette justification se fait par la représentation d'un certificat de vie. [Form. 171.]

729. Les certificats de vie délivrés par les notaires le sont sous deux formes différentes : lorsque ces certificats sont produits à l'appui de la réclamation d'arrérages de rentes ou pensions dues par des particuliers ou de pensions de retraites sur les fonds départementaux ou communaux, ils sont soumis au timbre, à l'enregistrement et à l'inscription sur le répertoire (1). Lorsque les certificats sont produits par des pensionnaires de l'Etat, des départements, des communes, ou par des membres de la Légion d'honneur, ils sont délivrés de la manière indiquée *infra nos 732 et suiv.*

730. Les certificats de vie de personnes majeures se font à la réquisition de ces personnes [Form. 171]. Ceux des mineurs se font à la réquisition des personnes les ayant sous leur autorité ou administration,

---

FORMULE 171. — Certificat de vie pour toucher une rente sur particulier.

(Nos 727 à 731.)

Par-devant Me..... et l'un de ses collègues, etc...

A comparu M. Charles Durand, propriétaire, demeurant à....., né à....., département de....., le.....,

Lequel a requis les notaires soussignés de lui donner acte de son existence et de sa comparution devant eux; ce qui lui a été octroyé pour lui servir à en justifier à qui de droit.

Dont acte.

Fait et passé, etc.

FORMULE 172. — Certificat de vie constatant l'existence de l'enfant sur la tête duquel repose une rente. (Nos 730 et 731.)

Par-devant Me.....,

A comparu M. Charles Durand, rentier, demeurant à.....,

Lequel a représenté aux notaires soussignés M. Georges Durand, son fils mineur, issu de son mariage avec Mme Thérèse Leblanc, né à....., le....., et qui demeure avec lui;

---

(1) Cass., 19 nov. 1817; Instr., 4 nov. 1887; *Rép.*, 3981.

mais sur la représentation de ces enfants [FORM. 172]; l'acte est signé par l'enfant, ou porte la déclaration qu'il ne sait signer.

731. Il en est de même si le pensionnaire ou rentier est interdit; dans ce cas, le certificat est délivré à la réquisition du tuteur et sur la représentation de l'interdit.

732. Les certificats de vie délivrés aux pensionnaires de l'État, des départements ou des communes le sont sur l'attestation d'un seul notaire. (*Décret 21 août 1806; ordonn. 6 janv. 1839; instr. min. fin. 27 juin 1839.*)

733. L'attestation se fait sur des imprimés fournis par le Trésor, et sur la justification, par le pensionnaire, de son acte de naissance et de son titre de pension, et aussi de son individualité s'il n'est pas connu du notaire.

734. Le certificat de vie est délivré sur papier non timbré : 1° aux militaires retraités (1); 2° aux veuves de militaires retraités (2); 3° aux employés et veuves ou orphelins d'employés des douanes et des administrations des poudres et salpêtres, pour recevoir leurs pensions sur les fonds de retenue (3); 4° aux membres de la Légion d'honneur et aux médaillés militaires, pour toucher leurs traitements (4); 5° aux donataires français dépossédés (5); 6° aux titulaires de récompenses nationales (6); 7° aux titulaires d'inscriptions de rentes viagères sur la caisse des retraites pour la vieillesse, afin d'en toucher les arrérages (7); 8° aux titulaires de pensions et subventions annuelles sur les fonds de la liste civile impériale.

735. Quant aux certificats servant à percevoir les arrérages de rentes viagères et de pensions civiles, ecclésiastiques, et des administrations financières, ils doivent être délivrés sur des formules au timbre de soixante centimes (8).

736. Outre le remboursement du droit de timbre ou du prix du papier, il est alloué aux notaires, pour la délivrance de chaque certificat de vie aux pensionnaires et rentiers de l'État, une rétribution ainsi

---

et a requis les notaires soussignés de lui donner acte de l'existence de son enfant et de la présentation qu'il leur en a faite, ce qui a été octroyé à M. DURAND père pour lui servir à en justifier à qui de droit.

Dont acte.

Fait et passé à.....

L'an mil huit cent.....

Et après lecture, MM. DURAND, père et fils, ont signé avec les notaires.

FORMULE 173. — Certificats de vie aux pensionnaires de l'État, des départements des communes. (Nos 732 à 737.)

Le Trésor fournit pour la rédaction de ces certificats des imprimés au prix de trois francs le cent pour ceux non timbrés, et au prix de cinquante centimes par feuille pour ceux timbrés. Il suffit aux notaires de remplir les blancs (en écriture parfaitement lisible), de les dater et de les signer après y avoir mis l'empreinte de leur cachet.

Lorsque le titulaire ne peut se présenter devant le notaire pour cause d'infirmité, il suffit de représenter au notaire un certificat du maire constatant l'existence du titulaire et son empêchement de se présenter. Alors le certificat de vie délivré par le notaire est modifié de la manière suivante :

On supprime dans la formule ces mots :

Est vivant pour s'être présenté devant moi,

Et on les remplace par ceux-ci :

Était vivant le....., ainsi que le constate l'attestation du maire de la commune de....., en date du même jour, visée par le juge de paix du canton de..... (*ou* par le sous-préfet

---

(1) Ordonn. roy. 20 juin 1817; instr. régie, 17 août 1817, n° 787.

(2) Décis. min. fin. 17 juill. 1822; instr. gén. 17 août suiv., n° 1051.

(3) Décis. min. fin. 14 août 1822, 27 juill. et 20 mars 1827; Instr. gén. 17 août 1822, n° 1051 et 30 avril 1827, n° 1206.

(4) Décis. min. fin. 22 août 1817 et 28 fév. 1826; instr. gén 16 juin 1826, n° 1189, § 9; instr. grand chancelier, 5 juin 1861.

(5) Mêmes décis. de 1826 et instr.

(6) Instr. min. fin. 27 juin 1809.

(7) Décret 18 août 1853.

(8) Décis. min. fin. 23 mai et 7 juill. 1818; instr. gén. 11 sept. 1818, n° 857.

fixée pour chaque trimestre à percevoir : de 600 fr. et au-dessus, 50 c.; de 600 fr. à 301 fr., 35 c.; de 300 à 101 fr., 25 c.; de 100 à 50 fr., 20 c.; au-dessous de 50 fr., rien. (*Décrets 6 nov. 1853 et 2 août 1860.*) Cette rétribution se calcule non d'après la somme que les titulaires reçoivent annuellement, mais uniquement sur celle qui leur revient par trimestre.

737. Quand un rentier viager ou pensionnaire est atteint d'une maladie ou d'infirmités qui l'empêchent de venir requérir lui-même son certificat de vie, le notaire n'est autorisé à délivrer ce certificat que sur le vu d'une attestation du maire de la commune, visée par le sous-préfet ou le juge de paix, et constatant l'existence du titulaire, sa maladie ou ses infirmités. Le certificat de vie doit contenir la mention détaillée de cette attestation [FORM. 173], qui reste déposée entre les mains du notaire, et ne peut servir pour une autre échéance de payement (1).

738. Le rentier viager ou pensionnaire de l'État, des départements ou des communes, s'adresse à tel notaire que bon lui semble pour l'obtention de son certificat de vie, même en dehors de la circonscription de son canton; mais, dès qu'il a fixé son choix sur un notaire, il ne lui est plus permis de requérir le ministère d'un autre notaire qu'après avoir obtenu du premier un *exeat* [FORM. 174] portant qu'il lui a déclaré l'intention de faire à l'avenir certifier ailleurs son existence. (*Instr. min. fin. 27 juin 1839.*)

739. Ce certificat doit être fait sur papier au timbre de soixante centimes; il n'est pas sujet à l'enregistrement. (*Instr. min. fin. 19 avril 1822.*)

de.....), constatant que M..... est hors d'état, à cause de ses infirmités, de se transporter à mon domicile, et énonçant en outre que M...... a déclaré ne recevoir aucun traitement, etc. (*Le surplus comme en la formule.*)

Laquelle attestation est restée en ma possession.

En foi de quoi j'ai délivré le présent.

A....., le.....

(Signature du notaire.)

FORMULE 174. — Exeat ou certificat de changement de domicile. (Nos 738 et 739.)

JE, SOUSSIGNÉ....., notaire à.....,

Certifie que M. Louis DEVAUX, capitaine en retraite, demeurant à....., jouissant d'une pension militaire de....., sous le n°..., et auquel j'ai délivré plusieurs certificats de vie pour la perception de sa pension, m'a déclaré qu'étant sur le point de quitter son domicile actuel, son intention était de faire recevoir à l'avenir son certificat de vie par tel autre notaire qu'il lui plaira de choisir.

Fait à....., le.....

(Signature du notaire.)

(1) Décret 23 sept. 1806, art. 1 et 2; instr. min. fin. 27 juin 1839, art. 17.

DEUXIÈME PARTIE

DROIT CIVIL

CODE CIVIL

TITRE PRÉLIMINAIRE

DE LA PUBLICATION, DES EFFETS ET DE L'APPLICATION DES LOIS EN GÉNÉRAL

SOMMAIRE

FORMATION, PROMULGATION ET PUBLICATION DES LOIS

740. L'initiative des lois appartient au Président de la République, concurremment avec les membres des deux Chambres. Les projets de lois émanés du chef de l'Etat ou de l'initiative de membres de l'une des deux Chambres sont soumis à deux délibérations de l'une et de l'autre des Chambres; si l'urgence a été déclarée, une seule délibération suffit. — Le Président de la République promulgue les lois dans le mois qui suit la transmission au gouvernement de la loi définitivement votée par les deux Chambres. Il doit promulguer dans les trois jours les lois dont la promulgation par un vote exprès dans l'une et l'autre des deux Chambres, a été déclarée urgente. Dans le délai fixé pour la promulgation, le Président de la République peut, par un message, demander aux deux Chambres une nouvelle délibération qui ne peut être refusée. (*Lois 25 fév. 1875, art. 3; 16 juill. 1875, art. 7; Règlement Sénat, 10 juin 1876, art. 67, 88, 96; Règlement Chambre des députés, 16 juin 1876, art. 50, 69, 77.*)

741. Les lois ainsi votées et promulguées sont exécutoires dans tout le territoire français dans les délais ci-après : celles qui sont insérées seulement au *Bulletin des lois*, dans le département de la résidence du gouvernement (la Seine) un jour après que le *Bulletin des lois* a été reçu de l'imprimerie nationale par le ministre de la justice, lequel constate sur un registre l'époque de la réception; et dans chacun des autres départements, après l'expiration du même délai, augmenté d'autant de jours qu'il y a de fois dix myriamètres (100 kilomètres) entre la ville où la promulgation a été faite et le chef-lieu de chaque département, suivant le tableau annexé à l'arrêté du 25 thermidor an XI. (*C. Civ., art. 1er, et ordonn.*

roy. 27 nov. 1816, art. 1er, 2 et 3.) Lorsqu'une distance excède une dizaine de myriamètres, les unités de myriamètres comptent pour un jour (1); exemple : une loi est promulguée à Paris le 1er mai, elle est exécutoire à Paris le 3, et à Bourg (Ain), se trouvant à une distance de 43 myriamètres 2 kilomètres de Paris, le 8. — Et à l'égard des lois insérées au *Journal officiel de la République française*, lequel, pour ce sujet, remplace le *Bulletin des lois* : à Paris, un jour franc après cette insertion, et, partout ailleurs, dans l'étendue de chaque arrondissement, un jour après que le *Journal officiel* qui les contient est parvenu au chef-lieu de cet arrondissement. (*Décret 5 nov. 1870, art. 2.*)

742. Néanmoins, dans les cas et les lieux où le gouvernement juge convenable de hâter l'exécution des lois en les faisant parvenir extraordinairement aux préfets, ceux-ci prennent incontinent un arrêté par lequel ils ordonnent que les lois seront imprimées et affichées partout où besoin sera. Les lois sont exécutées à compter du jour de la promulgation faite dans cette forme. (*Ordonn. roy. 27 nov. 1816, art. 4 et 18 janv. 1817; Décret 5 nov. 1870, art. 2.*)

742 *bis*. Les tribunaux et les autorités administratives et militaires peuvent, selon les circonstances, accueillir l'exception d'ignorance alléguée par les contrevenants, si la contravention a eu lieu dans le délai de trois jours francs, à partir de la promulgation. (*Décret 5 nov. 1870, art. 4.*)

743. Après la promulgation des lois, il peut être utile de régler leur exécution; ces règlements ont lieu par décrets du Président de la République, après avis du conseil d'Etat. (*Loi 24 mai 1872, art. 8.*) Ces décrets sont exécutoires par suite des promulgations et publications qui en sont faites dans les formes tracées *supra nos 741 et 742* (2). (*Ordonn. roy. 27 nov. 1816, art. 3, et Décret 5 nov. 1870.*)

744. Une loi est exécutoire tant qu'elle n'est pas abrogée par une autre loi; elle ne peut être abrogée par le non-usage, ni par un usage contraire; ainsi une loi prescrit une formalité pour la validité d'un acte, par exemple, l'assistance à un acte notarié d'un second notaire ou de deux témoins (*L. 25 vent. an XI, art. 9*), on prend l'habitude de faire signer l'acte par le second notaire ou par les témoins, après coup et hors la présence des parties; cette habitude devient un usage général; cependant cet usage n'a pas pour effet d'abroger la loi, et les actes faits en contravention à la loi peuvent être annulés pour inobservation des formes (3). Toutefois, depuis la loi du 21 juin 1843, la présence réelle du notaire en second ou des deux témoins n'est plus exigée que pour les actes indiqués *supra nos 365 et suiv.*

745. Algérie. — La promulgation en Algérie est réglée par un décret du 27 *octobre 1858*, portant :

Art. 1er. La promulgation des lois, décrets et règlements exécutoires en Algérie est confiée au ministère de l'Algérie et des colonies (4), et résulte de l'insertion au bulletin officiel des actes de ce ministère.

Art. 2. La promulgation est réputée connue :

1° A Paris, le jour de la réception du bulletin au secrétariat général du ministère;

2° Au chef-lieu de chaque province de l'Algérie, un jour après la réception du bulletin par le préfet du département;

3° Dans les circonscriptions administratives secondaires, après l'expiration du même délai, augmenté d'autant de jours qu'il y a de fois cinq myriamètres de distance entre le chef-lieu de la province et celui de la circonscription.

Art. 3. Dans les circonstances extraordinaires, la promulgation peut être faite à son de caisse ou par voie d'affiches. Les actes ainsi promulgués sont immédiatement exécutoires.

DE L'EFFET DES LOIS

746. La loi ne dispose que pour l'avenir, elle n'a point d'effet rétroactif. (C. N. 2.)

(1) Levasseur, *portion disponible*, n° 200; Richelot, *principe du droit*, I, 17; Demolombe, I, 27; Duvergier sur Toullier, I, p. 44; Cass. 21 mars et 23 avril 1831; CONTRA Duranton, I, 146; Zachariæ, § 24, note 7; Valette sur Proudhon, I, p. 18; Marcadé, 1, 3; Valette, I, p. 33.

(2) Zachariæ, § 25; Demolombe, I, 26; Cass. 21 juin 1843 et 4 août 1845.

(3) Lagrange, *examen crit.*, p. 47; Zachariæ, § 22, note 9; Aubry et Rau, I, p. 39; Blondeau, *introd.*; Duvergier sur Toullier, I, 162; Dalloz, *lois*, sect. 7, n° 12; Demolombe, I, 35; Marcadé, 1, 5; Mourlon, I, 94; Nancy, 26 juin 1826; Cass. 30 juin 1827, 3 oct. 1828, 5 mars 1829, 24 sept. 1830, 25 janv. et 16 nov. 1841, 20 juin 1848 et 14 mai 1852; Paris, 20 avril 1848; CONTRA Toullier, I, 162; Duranton, I, 107 et 108; Trolley, I, 14; Nîmes, 15 juin 1830.

(4) Maintenant le gouverneur général de l'Algérie.

747. Les lois de police et de sûreté, ayant pour objet le maintien du bon ordre et de la tranquillité publique, obligent tous ceux, sans exception, qui habitent le territoire français (*C. N.*, *3*), même les étrangers résidant ou non résidant, comme ceux qui passent en France en voyageant (1).

748. Les immeubles, même ceux possédés par des étrangers, sont régis par la loi française (*C. N.*, *3*). Les lois qui régissent les immeubles et même les meubles, d'après une doctrine qui tend à s'établir (2), s'appellent *lois réelles* ou *statuts réels*; telles sont celles qui ont pour objet : la distinction des biens en meubles ou immeubles, les droits d'usufruit, d'usage et d'habitation, les servitudes ou services fonciers, la transmission des biens par succession, donation, legs; la fixation de la quotité disponible; la prohibition de disposer en faveur de l'enfant naturel au delà de la quotité fixée par la loi, l'inaliénabilité des biens dotaux, le retour légal, la prohibition des substitutions, la défense de donner les biens à venir autrement que par contrat de mariage (3), etc... *Exemple de l'application d'un statut réel* : Un Anglais est propriétaire en France de biens meubles et immeubles; il décède en Angleterre, laissant quatre enfants; si les biens étaient situés en Angleterre ils appartiendraient à l'aîné, en vertu du droit d'aînesse encore en vigueur dans ce pays; mais, étant situés en France, ils sont partageables par quart entre les enfants selon les règles de l'art. 745 C. N. (4).

749. Les lois concernant l'état et la capacité des personnes régissent les Français, même résidant à l'étranger, (*C. N.*, *3*), tant qu'ils conservent la qualité de Français. Ces lois s'appellent *lois personnelles* ou *statuts personnels*; telles sont celles qui ont pour objet : l'âge et les consentements requis pour le mariage, la paternité et la filiation, la puissance maritale, la minorité, la majorité, l'interdiction, l'émancipation, la défense à la femme d'agir sans l'autorisation de son mari, etc... *Exemple de l'application d'un statut personnel* : Un fils et une fille de famille, français, résidant à l'étranger, ne peuvent s'y marier avant l'âge de dix-huit ans pour le fils, et de quinze ans pour la fille, ni sans les consentements requis, même lorsque le mariage a lieu dans un pays qui le permet avant cet âge et sans le consentement des parents.

750. En ce qui concerne la forme des actes, elle est toujours régie par la loi du pays dans lequel les contractants se trouvent; ainsi les Français se trouvant dans un pays étranger peuvent reconnaître un enfant naturel, faire un contrat de mariage, tester, disposer ou recevoir par donation, vendre, acheter, échanger, etc., en suivant les formes réglées pour ces actes par les lois du pays; ils peuvent même employer la forme des actes sous seings privés si la loi du pays étranger le permet (5), encore bien qu'il s'agisse d'immeubles situés en France (6).

DE L'APPLICATION DES LOIS

751. Les tribunaux ont pour mission d'appliquer les lois, de juger sur les questions qui donnent lieu à litige; on a vu, *supra nos 14 et suiv.*, ce qu'est l'organisation judiciaire en France.

752. Le juge qui refuse de juger sous prétexte du silence, de l'obscurité ou de l'insuffisance de la loi, peut être poursuivi comme coupable de déni de justice (*C. N.*, *4*), c'est-à-dire pris à partie selon les règles tracées par les art. 505 à 516 du Code de procédure, et puni d'une amende de deux cents à cinq cents francs, ainsi que de l'interdiction de toutes fonctions publiques pendant un délai variable de 5 à 20 ans. (*C. Pén. 185.*)

753. Il est défendu aux juges de prononcer par voie de disposition générale et réglementaire sur les causes qui leur sont soumises (*C. N.*, *5*), sous peine d'être déclarés coupables de forfaiture et punis de la dégradation civique. (*C. Pén. 127.*)

754. On ne peut déroger par des conventions particulières aux lois qui intéressent l'ordre public et les bonnes mœurs. (*C. N.*, *6.*)

---

(1) Demolombe, I, 71; Cass. 17 nov. 1834.

(2) Les meubles sont, comme les immeubles, soumis à la loi du pays où ils se trouvent; Lagrange, *examen crit.* p. 32; Marcadé, 3, 6, et *revue crit.*, 1851, p. 79; Rouen, 25 mai 1813; Riom, 7 avril 1835; Cass. 29 août 1837 et 17 juill. 1850; CONTRA Pothier, *chose*, § 3; Merlin, *lois*, § 6; Chabot, art. 726; Duranton, I, 90; Zachariæ, § 29, note 11; Valette sur Proudhon, I, p. 97; Demolombe, I, 94; Paris, 1er fév. 1836, 3 fév. 1838, 6 janv. 1862, 29 nov. 1865, 24 déc. 1866; J. N. 18170.

(3) Cass. 3 mai 1815.

(4) Rodière, *revue de législ.*, 1850, I, p. 180 et s.; Demangeat, *revue prat.*, 1856, I, p. 63; Demolombe, I, 91; Grenoble, 25 août 1848; CONTRA Fœlix, *droit international privé*, n° 42; Savigny, VIII, § 364. V. Paris, 24 déc. 1866; J. N. 18170.

(5) Merlin, *test.*, sect. 2, § 4, art. 1er; Fœlix, p. 95; Demolombe, I, 106; Paris, 11 mai 1816 et 22 nov. 1828; Cass. 6 fév. 1843; CONTRA Duranton, I, p. 56; Demangeat, n° 83; Ducaurroy, Bonnier et Roustaing, I, 26. V. Cass. 18 avril 1865; J. N. 18338.

(6) Marcadé, 3, 7; Paris, 11 mai 1816, 22 nov. 1828; Cass. 20 déc. 1841.

[illegible]

LIVRE PREMIER

DES PERSONNES

TITRE PREMIER

DE LA JOUISSANCE ET DE LA PRIVATION DES DROITS CIVILS

SOMMAIRE

CHAPITRE PREMIER

DE LA JOUISSANCE DES DROITS CIVILS

§ 1. — FRANÇAIS

755. L'exercice des droits civils, c'est-à-dire le droit de faire tous les actes de la vie civile, est indépendant de la qualité de citoyen, à laquelle sont attachés les droits politiques; cette qualité ne s'acquiert et ne se conserve que conformément à la loi constitutionnelle. (*C. civ., 7.*)

756. Tout Français jouit des droits civils. (*C. civ., 8.*)

757. On est Français par la naissance ou par le bienfait de la loi.

758. Sont Français par leur naissance : 1° l'enfant légitime né en France ou à l'étranger, d'un père français (*C. civ., 10*), par naissance ou par option; il en est ainsi des enfants mineurs d'un Alsacien-Lorrain qui a opté pour la nationalité française (1); 2° l'enfant naturel reconnu, né en France ou à l'étranger, d'un père français, quand même la mère étrangère l'aurait aussi reconnu (2); 3° l'enfant naturel né en France ou à l'étranger, d'une femme française, et non reconnu par son père (3); 4° l'enfant né en France de père et mère légalement inconnus, c'est-à-dire non reconnu (4); 5° l'enfant né en France d'un étranger qui lui-même y est né, à moins que dans l'année qui suit l'époque de sa majorité, telle qu'elle est fixée par la loi française, il ne réclame la qualité d'étranger par une déclaration faite, soit devant l'autorité municipale du lieu de sa résidence, soit devant les agents diplomatiques ou consulaires accrédités en France par le gouvernement étranger (*Loi 7 février 1851, art. 1er*), en justifiant qu'il a conservé sa nationalité d'origine par une déclaration en due forme de son gouvernement, laquelle demeure annexée à la déclaration, qui peut être faite par procuration spéciale et authentique. (*Loi 16 déc. 1874, art. 1er.*)

759. Deviennent Français par le bienfait de la loi : 1° l'enfant (légitime ou naturel) né (5) en France d'un étranger (6) qui réclame, dans l'année qui suit sa majorité (7), la qualité de Français, pourvu que, dans le cas où il résiderait en France, il déclare que son intention est d'y fixer son domicile, et que, dans le cas où il résiderait en pays étranger, il fasse sa soumission de fixer en France son domicile et qu'il l'y établisse dans l'année à compter de l'acte de soumission (*C. civ., 9*). Il peut encore être admis, même après l'année qui suit l'époque de sa majorité, à faire la déclaration dont il vient d'être parlé s'il se trouve dans l'une des deux conditions suivantes : 1° s'il sert où s'il a servi dans les armées françaises; 2° s'il a satisfait à la loi du recrutement sans exciper de son extranéité (*loi 22 mars 1849*); 2° les individus naturalisés français (*loi du 29 juin 1867*); 3° les enfants de l'étranger naturalisé français, qui étaient mineurs lors de la naturalisation, s'ils réclament la qualité de Français dans le délai d'un an du jour de leur majorité, en remplissant les formalités indiquées n° 1er ci-dessus (*loi 7 février 1851, art. 2*); 4° les enfants nés en France ou à l'étranger, de l'étranger naturalisé Français, qui étaient majeurs à l'époque de la naturalisation, s'ils ont demandé la qualité de Français dans l'année qui a suivi ladite naturalisation (8),

(1) Paris, 13 août 1883. Voir Cass., 3 août 1871, 19 août 1874, 7 janv. 1879, 7 déc. 1883; *Rép.* 1569, 1683.

(2) Valette sur Proudhon, I, p. 122; Demolombe, I, 149; Marcadé, 8-2; Aubry et Rau, § 69-4; Demante, I, p. 71; Douai, 19 mai 1835; Cass., 15 juill. 1840, 22 déc. 1874; Caen, 18 nov. 1852; Metz, 8 août 1855. CONTRA Duranton, I, 124; Mourlon, I, p. 93, *note*.

(3) Toullier, I, 260; Duranton, I, 122; Demolombe, I, 149; Massé et Vergé, § 53-15; Marcadé, 8-2; Laurent, I, 330.

(4) Marcadé, 8-2; Demolombe, I, 154; Massé et Vergé, § 53-2; Demante, I, p. 74; Aubry et Rau, § 69-6; Poitiers, 26 juin 1829; Liége, 12 fév. 1881. CONTRA Laurent, I, 328; Cass.-Belg., 24 juin 1880; *Rép.* 151.

(5) Il ne suffirait pas que l'enfant eût été conçu en France : Duranton, I, 130; Demolombe, I, 164; Marcadé, 9-2; Massé et Vergé, § 53-5; Aubry et Rau, § 70-I; Laurent, I, 333; Cass., 15 janv. 1840.

(6) Ou l'enfant né d'un sujet sarde, en Savoie ou dans l'arrondissement de Nice, avant leur réunion à la France. (*Décret 30 juin 1860.*)

(7) Fixée, selon la loi française, à vingt et un an; Duranton, I, 129; Massé et Vergé, § 53-6, et Aubry et Rau, § 70-5; Cass., 31 déc. 1860. CONTRA Valette sur Proudhon, I, p. 180; Demolombe, I, 165; Marcadé, 9-2; Duvergier sur Toullier, I, 261; Laurent, I, 336; Demante, I, p. 80; Seine, 30 nov. 1883; *Rép.* 15, 4.

(8) Massé et Vergé, § 53-13; Aubry et Rau, § 71-35; Marcadé, 9-3; Demolombe, I, 165 *sexto*.

en se conformant aux mêmes formalités (*même loi art. 2*); 5° l'enfant né en France (1) ou en pays étranger, d'un Français qui avait perdu cette qualité, en remplissant à quelque époque de sa vie que bon lui semble les formalités tracées *infra n° 768, 1°* (*C. civ., 10*); 6° l'étrangère qui a épousé un Français (*C. civ., 12*); 7° les habitants d'une province réunie à la France (2); ce qui, conséquemment, s'applique aux indigènes musulmans des provinces de l'Algérie qui, néanmoins, sont régis, quant à leur état et à leur capacité, par la loi musulmane, à moins que, sur leur demande, ils ne soient admis à jouir des droits de citoyens français; et, dans ce cas, ils sont régis par la loi française (3).

759 *bis*. Sont admis pendant leur minorité à s'engager dans les armées de terre ou de mer ou à entrer dans les écoles du gouvernement, en déclarant avec l'autorisation de leurs parents ou de la famille qu'ils renoncent à la nationalité étrangère et acceptent la nationalité française : 1° l'enfant né en France d'un étranger qui lui-même y est né; 2° l'enfant né à l'étranger d'un naturalisé français; 3° l'enfant né d'un Français qui avait perdu sa nationalité mais l'a recouvrée; 4° l'enfant né en France d'une française mariée à un étranger qui a recouvré la qualité de Français; 5° l'enfant orphelin de père et de mère, né en France d'une femme mariée à un étranger (*Lois 16 déc. 1874, 14 fév. 1882, 28 juin 1883*).

§ 2. — ÉTRANGER

760. On appelle étranger celui qui n'est pas Français, soit parce qu'il n'est pas né Français, *supra n° 758*, et n'est pas devenu Français, *supra n° 759*, soit parce que, né ou devenu Français, il a perdu cette qualité, *infra nos 767*.

761. L'étranger jouit en France des mêmes droits civils que ceux qui sont accordés aux Français par les traités de la nation à laquelle cet étranger appartient (*C. civ., 11*), sauf en ce qui concerne les successions et donations, les étrangers ayant le droit de succéder, de disposer et de recevoir de la même manière que les Français dans toute l'étendue du territoire français. (*Loi 14 juillet 1819.*)

762. Toutefois l'étranger qui a été admis par autorisation du chef de l'Etat à établir son domicile en France y jouit de tous les droits civils (*C. civ., 13*), à compter du jour de sa majorité, fixée selon la loi de son pays (4); mais il perd cette jouissance : 1° s'il cesse d'habiter en France (*C. civ., 13*); 2° si l'autorisation d'habiter la France lui est retirée (5). La résidence de l'étranger en France, quelque prolongée qu'elle soit, ne saurait lui faire acquérir un domicile (6).

763. L'étranger, même non résidant en France, peut être cité devant les tribunaux français pour l'exécution des obligations par lui contractées avec un Français; peu importe qu'elles aient été contractées en France ou à l'étranger (*C. civ., 14*), ou que le Français envers lequel un étranger s'est obligé, soit lui-même établi en pays étranger (7). Pour savoir devant quel tribunal l'action doit être portée, il faut distinguer : si l'étranger a une résidence en France, elle est portée devant le tribunal du lieu de sa résidence (*C. pr., 59*); mais s'il n'en a pas, elle est portée devant le juge du lieu où l'obligation a été contractée (*C. pr., 420*), et si elle a été contractée en pays étranger, devant le tribunal du lieu du domicile du Français demandeur (8).

764. Un Français peut être traduit devant un tribunal de France pour des obligations par lui contractées en pays étranger, même avec un étranger. (*C. civ., 15.*)

765. Lorsque l'étranger, en qualité de demandeur, forme une action contre un Français (9), il

(1) Duranton, I, 128; Demolombe, I, 166; Marcadé, 10-2; Massé et Vergé, § 53-9; Mourlon, I, p. 100; Laurent, 1, 343; Aubry et Rau, § 70-17.

(2) Duranton, I, 333; Demolombe, II, 157; Aubry et Rau, § 72-3; Laurent, 1, 354; Alger, 24 fév. 1862; voir Chambéry, 4 mai 1875; Cass., 26 mars 1877, 23 nov. 1881; *Rép.* 560.

(3) Sénat.-Consulte, 14 juill. 1865; voir Alger, 1er juin et 26 juill. 1869; Cass., 16 juin 1869.

(4) Marcadé, 13-3.

(5) Demolombe, 1, 270; Demante, I, p. 99; Aubry et Rau, § 79-7; Paris, 25 avril 1834. Voir loi 3 déc. 1867, art. 3 et 7.

(6) Paris, 29 juill. 1872; Cass., 12 janv. 1869; Toulouse, 22 mai 1880.

(7) Duranton, I, 102; Fœlix, n° 161; Coin-Delisle, 14-13; Aubry et Rau, § 747 *bis*-7; Demolombe, I, 249; Cass. 26 janv. 1836 et 8 juill. 1840.

(8) Marcadé, 14-2; Massé, II, 218; Fœlix, p. 216; Massé et Verger, § 62-5; Demolombe, I, 252; Demangeat sur Fœlix, I, p. 327, note *a*; Cass., 9 mars 1863.

(9) Si l'étranger est demandeur contre un individu aussi étranger, ce dernier ne jouit pas du privilège attaché à la qualité de Français et ne peut exiger que le demandeur donne caution : Toullier, I, 119; Duranton, I, 166; Dalloz, *exception*, § 1, p. 11; Massé et Vergé, § 60; Aubry et Rau, § 747 *bis*-22. Demolombe, I, 255; Marcadé, 16-2; Orléans, 26 juin 1828; Pau, 3 déc. 1836; Cass., 13 avril 1842, 17 juill. 1877, 15 janv. 1878. CONTRA Carré et Chauveau, n° 702; Demangeat, *condit. civ. des étrang.*, p. 400; Demante, I, 30 *bis*; Valette sur Proudhon, I, p. 157; Paris, 28 mars 1832 et 30 juill. 1834.

est tenu, si le défendeur le requiert, de donner une caution appelée caution *judicatum solvi* (1), pour le payement des frais et dommages-intérêts auxquels il pourrait être condamné, et jusqu'à concurrence de la somme fixée par le jugement qui l'a ordonnée. (*C. N., 16; Pr., 166, 167.*)

766. Cependant, l'étranger en est dispensé dans les sept cas suivants : 1° si l'action est en matière de commerce (*C. N., 16; Pr., 425*); 2° si l'étranger demandeur consigne la somme jusqu'à concurrence de laquelle il doit donner caution (*C. Pr., 167*); 3° si l'étranger justifie qu'il possède en France des biens d'une valeur suffisante pour assurer le payement de la somme dont il vient d'être parlé (*C. N., 16; Pr., 167*); 4° si l'étranger agit en vertu d'un titre exécutoire (2); 5° si les traités passés entre la France et le pays de l'étranger le dispensent de cette caution (3) (*Arg. C. N., 11*); 6° si les traités passés entre la France et le pays de l'étranger permettent l'exécution dans ce pays des jugements français (4); 7° si l'étranger a été admis par le chef de l'Etat à jouir des droits civils en France (5). (*Arg. C. N., 13.*)

CHAPITRE DEUXIÈME

DE LA PRIVATION DES DROITS CIVILS

SECTION 1. — DE LA PRIVATION DES DROITS CIVILS PAR LA PERTE DE LA QUALITÉ DE FRANÇAIS

767. Perdent la qualité de Français :

1° Ceux à qui la naturalisation est acquise (6) en pays étranger (*C. N., 17, 1°*);

2° Ceux qui acceptent, sans l'autorisation du gouvernement français, des fonctions publiques conférées par un gouvernement étranger (*C. N., 17, 2°*);

3° Ceux qui s'établissent en pays étranger sans esprit de retour (7); toutefois les établissements de commerce ne peuvent jamais être considérés comme ayant été faits sans esprit de retour (*C. N., 17, 3°*); mais si, outre l'établissement de commerce, le Français a un autre établissement qui indique la perte de l'esprit de retour, son établissement de commerce cesse d'être un obstacle à la perte de la qualité de Français (8);

4° La femme française qui épouse un étranger (*C. N., 19*);

5° Le Français qui, sans l'autorisation du gouvernement, prend du service militaire chez l'étranger ou s'affilie à une corporation militaire étrangère; de plus, il ne peut rentrer en France qu'avec la permission du gouvernement, et recouvrer la qualité de Français qu'en remplissant les conditions imposées à l'étranger pour devenir Français, c'est-à-dire par un stage de dix années; le tout sans préjudice des peines prononcées par la loi criminelle contre les Français qui ont porté les armes contre leur patrie (*C. N., 21*);

6° Les habitants d'une portion du territoire français réunie au territoire d'une puissance étrangère (9)

(1) Il n'est pas nécessaire que la caution soit domiciliée dans le ressort de la cour d'appel, il suffit qu'elle soit domiciliée en France; Marcadé, *16*, 1.

(2) Merlin, *caut. judicatum solvi*, § 1, n°s 3 et 12; Carré, n° 698; Coin-Delisle, *16*, 13; Duranton, I, 164; Massé, II, 140; Zach., § 60; Demolombe, I, 255; Paris, 8 germ. an XIII; Cass. 9 avril 1807; Bordeaux, 3 fév. 1835.

(3) Marcadé, *16*, 3; Demolombe, I, 259; Bastia, 16 fév. 1844; Marseille, 10 avril 1865; Chambéry, 2 janv. 1867.

(4) Merlin, *loc. cit.*; Coin-Delisle, *16*, 8; Marcadé, *16*, 3; CONTRA Massé et Vergé sur Zach., § 60, note 18.

(5) Demolombe, I, 259 et 266.

(6) La seule autorisation obtenue par un Français de jouir des droits civils en pays étranger ne lui fait pas perdre sa qualité de Français; Dict. not., *Français*, n° 54; Demolombe, I, 179; Cass. 19 janv. 1819, 29 août 1822; Bordeaux, 14 mars 1850; Paris, 27 juill. 1859.

(7) Lorsqu'un Français perd ainsi la qualité de Français, la femme qui l'a suivi reste Française; car en suivant son mari elle accomplit un devoir que la loi lui prescrit; Duranton, I, 189; Demolombe, I, 183; Coin-Delisle, n° 2; Valette sur Proudhon, I, p. 126; Marcadé, *19*, 2; Mourlon, I, p. 94, 109; Dict. not., *Français*, n° 74; Paris, 21 juill. 1818 et 7 août 1840; CONTRA Zach., § 69, note 9; Massé, III, 48; Fœlix, *rev. étrang.*, X, p. 446.

(8) Coin-Delisle, *17*, 17; Richelot, p. 144; Marcadé, *17*, 2; Demante, I, 34 *bis*; Demolombe, I, 182; Zach., Aubry et Rau, I, p. 218.

(9) Merlin, *aubaine*, § 10; Massé, III, 40; Zach., § 09; Demolombe, I, 178; Mourlon, I, p. 111.

768. Recouvrent la qualité de Français :

1° Celui qui a perdu la qualité de Français pour l'une des causes indiquées *supra n° 767, 1°, 2° et 3°*, en rentrant en France avec l'autorisation du gouvernement, en déclarant qu'il veut s'y fixer et qu'il renonce à toute distinction contraire à la loi française (*C. N., 18*);

2° La femme française devenue étrangère par son mariage avec un étranger, *supra n° 767, 4°*, qui devient veuve, ou est divorcée d'avec son mari en vertu de la loi du pays de ce dernier (1) ; mais, dans les deux cas, pourvu qu'elle réside en France ou qu'elle y rentre avec l'autorisation du gouvernement et en déclarant qu'elle veut s'y fixer (*C. N., 19*) ;

3° Le Français qui a perdu la qualité de Français pour la cause exprimée au *n° 767, 5°*, en se conformant aux prescriptions y indiquées.

769. Les individus qui recouvrent la qualité de Français dans les quatre cas indiqués au numéro précédent ne peuvent s'en prévaloir qu'après avoir rempli les conditions qui leur sont imposées par la loi, *supra n° 768*, et seulement pour l'exercice des droits ouverts à leur profit depuis cette époque. (*C. N. 20.*)

SECTION 2. — DE LA PRIVATION DES DROITS CIVILS PAR SUITE DE CONDAMNATIONS JUDICIAIRES

§ 1. — PEINES — CONDAMNATIONS CONTRADICTOIRES OU PAR CONTUMACE — PRESCRIPTION

770. La loi, dans le but de sauvegarder l'ordre social, a dû réprimer les crimes et régler le mode de punition de ceux qui s'en sont rendus coupables.

771. Les peines en matière criminelle sont ou afflictives et infamantes, ou seulement infamantes. (*C. pén. 6.*)

772. Les peines afflictives et infamantes sont : 1° la mort; 2° les travaux forcés à perpétuité; 3° la déportation ; 4° les travaux forcés à temps; 5° la détention; 6° la réclusion [*C. pén.*, 7] (2).

773. Les peines seulement infamantes sont : 1° le bannissement (3); 2° la dégradation civique. (*Infra n° 788, C. pén. 8.*)

774. La peine des travaux forcés ne peut être prononcée contre un individu âgé de soixante ans accomplis au moment du jugement; elle est remplacée par celle de la réclusion pour le même temps, c'est-à-dire à perpétuité ou à temps. (*Loi 30 mai 1854, art. 5.*)

775. Les peines dont il est ci-dessus question sont prononcées par arrêt de la cour d'assises, ou par arrêt de la haute cour de justice.

775 *bis*. Les peines en matière correctionnelle sont : 1° l'emprisonnement à temps; 2° l'interdiction à temps de certains droits civiques, civils ou de famille; 3° l'amende. (*C. pén. 9.*) Elles sont prononcées par les tribunaux de police correctionnelle, sauf appel à la cour d'appel, *supra n° 15, 2° et 3°*.

776. Les condamnations sont prononcées contradictoirement ou par contumace.

777. *Condamnations contradictoires.* — La condamnation est contradictoire lorsqu'elle a été prononcée en présence du condamné; dans ce cas, le condamné, en matière criminelle, a trois jours francs après l'arrêt de la cour d'assises pour se pourvoir en cassation. (*C. instr. crim. 373.*) En matière correctionnelle, l'appel doit avoir lieu dans les dix jours du jugement, et le recours en cassation dans les trois jours de l'arrêt. (*C. instr. crim. 203 et 418.*)

778. Si le condamné ne se pourvoit pas en cassation, la condamnation devient irrévocable après l'expiration du délai de trois jours dont il vient d'être parlé. S'il y a eu pourvoi et qu'un arrêt de rejet soit intervenu, c'est du jour de la prononciation de cet arrêt que la condamnation devient irrévocable (4).

779. La durée des peines temporaires compte du jour où la condamnation est devenue irrévocable. (*C. pén. 23.*)

(1) Duranton, I, 193; Demolombe, I, 170; Marcadé, 19, 2; Zach., Aubry et Rau, I, p. 244; Lyon, 11 mai 1835.

(2) L'exécution de ces peines est réglée : celle de mort par les *art. 12, 13, 14 Code pén.*; celle des travaux forcés par les *art. 15, 16, 19 Code pén. et par la loi du 30 mai 1854*; celle de la déportation par l'*art. 17 Code pén. et par la loi du 8 juin 1850*; celle de la détention par l'*art. 20 Code pén.*; celle de la réclusion par l'*art. 21 Code pén.*

(3) L'exécution de la peine du bannissement est réglée par l'*art. 32 Code pén.*

(4) Demante, I, 72 *bis*; Bertauld, *Code pén.*, p. 247; Cass. 13 octobre 1842.

780. *Condamnation par contumace.* — La condamnation est par contumace lorsqu'elle est prononcée contre un accusé qui n'a pu être saisi ou ne s'est pas présenté. (*C. instr. crim. 465 et suiv.*)

781. Un extrait du jugement de condamnation par contumace est, dans les huit jours de la prononciation, inséré dans l'un des journaux du département du dernier domicile du condamné. Il est affiché, en outre, à la porte : 1° de ce dernier domicile; 2° de la maison commune du chef-lieu d'arrondissement où le crime a été commis; 3° du prétoire de la cour d'assises. (*Loi du 2 janvier 1850.*)

782. Les effets que la loi attache à l'exécution par effigie sont produits à partir de la date du dernier procès-verbal constatant l'accomplissement de la formalité de l'affiche dont est question au numéro précédent. (*Même loi.*)

783. Les biens du contumax sont, à partir de cette époque, considérés et régis comme biens d'absent. Le compte du séquestre est rendu à qui de droit après que la condamnation est devenue irrévocable par l'expiration du délai donné pour purger la contumace (*C. instr. crim. 471*), c'est-à-dire par l'expiration du temps fixé pour la prescription de la peine, *infra n° 785*; toutefois, durant le séquestre, il peut être accordé des secours à la femme, aux enfants, au père ou à la mère de l'accusé s'ils sont dans le besoin. Ces secours sont réglés par l'autorité administrative. (*C. instr. crim., 475.*)

784. Si le condamné par contumace se constitue prisonnier ou s'il est arrêté avant que la peine soit éteinte par la prescription, le jugement rendu par contumace et les procédures faites contre lui depuis l'ordonnance de prise de corps ou de se représenter sont anéantis de plein droit, et il est procédé à son égard dans la forme ordinaire. Toutefois, quant à sa capacité civile, voir *infra n° 808.* (*C. instr. crim. 476.*)

785. *Prescription des peines.* — Les peines portées par les arrêts ou jugements rendus en matière criminelle ou correctionnelle, soit contradictoirement, soit par contumace (1), se prescrivent par vingt ans révolus pour celles en matière criminelle, et par cinq années révolues pour celles en matière correctionnelle, à compter de la date des arrêts ou jugements rendus en dernier ressort; et, à l'égard des peines prononcées par les tribunaux de première instance, à compter du jour où ils ne peuvent plus être attaqués par la voie de l'appel. (*C. instr. crim. 635, 636.*) En aucun cas, la prescription ne réintègre le condamné dans ses droits civils pour l'avenir (2). (*C. N., 32.*)

§ 2. — EFFETS CIVILS DES PEINES AFFLICTIVES TEMPORAIRES

786. La condamnation à la peine des travaux forcés à temps, de la détention, de la réclusion ou du bannissement, emporte la dégradation civique. La dégradation civique est encourue du jour où la condamnation est devenue irrévocable, *supra n° 778*, et, en cas de condamnation par contumace, du jour de l'exécution par effigie, *supra n° 781.* (*C. pén. 28.*)

787. Quiconque a été condamné à la peine des travaux forcés à temps, de la détention ou de la réclusion, est de plus, pendant la durée de sa peine (3), en état d'interdiction légale; il lui est nommé un tuteur et un subrogé-tuteur pour gérer et administrer ses biens dans les formes prescrites pour les nominations des tuteurs et subrogés-tuteurs aux interdits, *infra n° 1390.* (*C. pén. 29.*) Les biens du condamné lui sont remis après qu'il a subi sa peine, et le tuteur lui rend compte de son administration. (*C. p. 30.*) Pendant la durée de la peine, il ne peut lui être remis aucune somme, aucune provision, aucune portion de ses revenus. (*C. pén. 31.*) Toutefois, le gouvernement peut accorder aux condamnés aux travaux forcés à temps l'exercice dans la colonie de quelques-uns des droits civils dont ils sont privés par leur état d'interdiction légale, *infra n° 816.*

788. La dégradation civique consiste : 1° dans la destitution et l'exclusion des condamnés de toutes fonctions, emplois ou offices publics; 2° dans la privation du droit de vote, d'élection, d'éligibilité, et en général de tous les droits civiques et politiques et du droit de porter aucune décoration; 3° dans l'incapacité d'être juré, expert, d'être employé comme témoin dans les actes et de déposer en justice autrement que pour y donner de simples renseignements; 4° dans l'incapacité de faire partie d'aucun conseil de famille et d'être tuteur, curateur, subrogé-tuteur ou conseil judiciaire, si ce n'est de ses propres

(1) Carnot, III, p. 615; Bourguignon, *art. 635 instr. crim.*; Maugin, *action publique*, II, 297; le Sellyer, VI, 2294; Cass. 5 août 1825.

(2) Jousse, I, p. 583; Carnot, *art. 635 instr. crim.*; Legraverend, II, p. 772; Bourguignon, II, p. 521; Raute, II, p. 554.

(3) Le condamné par contumace n'est point en état d'interdiction légale, *infra n° 807.*

enfants et sur l'avis conforme de la famille; 5° dans la privation du droit de port d'armes, du droit de faire partie de la garde nationale, de servir dans les armées françaises, de tenir école ou d'enseigner et d'être employé dans aucun établissement d'instruction à titre de professeur, maître ou surveillant. (*C. pén. 34.*) Toutefois, le gouvernement peut accorder aux libérés des travaux forcés à temps, qui ont subi leur peine dans une colonie, l'exercice dans la colonie des droits dont ils sont privés par les troisième et quatrième paragraphes du présent numéro. (*Loi 30 mai 1854, art. 12.*)

§ 3. — EFFETS CIVILS DES PEINES AFFLICTIVES PERPÉTUELLES

I. LÉGISLATION DU CODE ; MORT CIVILE

789. Selon le Code civil, la peine de mort, la peine des travaux forcés à perpétuité et celle de la déportation entraînaient comme accessoire la mort civile. (*C. N. 22, 23, 24; C. pén. 18.*)

790. La mort civile avait pour effet de faire considérer le condamné comme mort aux yeux de la loi et de le priver de toute espèce de droits, sauf ceux dont la jouissance était nécessaire à la conservation de son existence naturelle (1).

791. En conséquence, par la mort civile, le condamné perdait la propriété de ses biens; sa succession était ouverte de même que s'il fût mort naturellement et sans testament; il ne pouvait plus ni recueillir par succession, donation ou legs, si ce n'était à titre d'aliments, ni transmettre, à ces divers titres, les biens qu'il avait acquis depuis la mort civile encourue; il ne pouvait être nommé tuteur ni concourir aux opérations relatives à la tutelle; il ne pouvait être témoin dans un acte ni être admis à porter témoignage en justice; il ne pouvait procéder en justice ni en demandant ni en défendant que sous le nom et par le ministère d'un curateur spécial qui lui était nommé par le tribunal où l'action était portée. Il était incapable de contracter un mariage qui produisît aucun effet civil; le mariage qu'il avait contracté précédemment était dissous quant à tous ses effets civils, de sorte que son conjoint pouvait se remarier de même que s'il fût mort naturellement. Son époux et ses héritiers pouvaient exercer respectivement les droits et les actions auxquels sa mort naturelle aurait donné ouverture. (*C. N. 25.*) Il perdait, avec la puissance maritale, le titre et la puissance de père; son consentement n'était pas requis au mariage de ses enfants; il ne pouvait pas émanciper, etc.

792. Les condamnations contradictoires n'emportaient la mort civile qu'à compter du jour de leur exécution, soit réelle, soit par effigie. (*C. N. 26.*) L'exécution réelle était : pour la peine de mort, le moment où le condamné était mis à mort; pour les travaux forcés, l'entrée du condamné au bagne ou son embarquement pour le lieu d'exécution de la peine; et pour la déportation, l'entrée du condamné dans le lieu du territoire français fixé pour la déportation, ou l'embarquement du condamné pour le lieu de déportation. L'exécution par effigie avait lieu dans la forme indiquée *supra n° 781*. Dans l'intervalle de la condamnation à l'exécution, le condamné restant capable pouvait recueillir une succession, et s'il mourait avant l'exécution, son testament était valable (2).

793. Les condamnations par contumace, *supra n° 781*, n'emportaient la mort civile qu'après les cinq années qui suivaient l'exécution du jugement par effigie, *supra n° 780*, et pendant lesquelles le condamné pouvait se représenter (*C. N.*, 27); mais, pendant ce temps, il était privé de l'exercice de ses droits civils; de plus, ses biens étaient administrés et ses droits exercés de même que ceux des absents. (*C. N., 28, supra n° 783.*)

794. Lorsque le condamné par contumace se présentait volontairement dans les cinq années à compter du jour de l'exécution, ou lorsqu'il avait été saisi et constitué prisonnier dans ce délai, le jugement était anéanti de plein droit; l'accusé était remis en possession de ses biens; il était jugé de nouveau, et si, par ce nouveau jugement, il était condamné à la même peine ou à une peine différente emportant également la mort civile, elle n'avait lieu qu'à compter du jour de l'exécution du second jugement. (*C. N., 29.*)

795. Lorsque le condamné par contumace, qui ne s'était représenté ou qui n'avait été constitué prisonnier qu'après les cinq ans, était absous par le nouveau jugement ou n'était condamné qu'à une peine qui n'emportait pas la mort civile, il rentrait dans la plénitude de ses droits civils pour l'avenir, et à compter du jour où il avait reparu en justice; mais le premier jugement conservait pour le passé les

(1) Marcadé, I, p. 177.

(2) Marcadé, 26, 4.

effets que la mort civile avait produits dans l'intervalle écoulé depuis l'époque de l'expiration des cinq ans jusqu'au jour de la comparution en justice. (*C. N., 30.*)

796. Si le condamné par contumace mourait dans le délai de grâce de cinq années sans s'être représenté ou sans avoir été saisi ou arrêté, il était réputé mort dans l'intégrité de ses droits, mais non avec l'exercice de ses droits civils, qui étaient suspendus par l'effet de la condamnation (1). Le jugement de condamnation était anéanti de plein droit, sans préjudice, néanmoins, de l'action de la partie civile, laquelle ne pouvait être intentée contre les héritiers du condamné que par la voie civile. (*C. N., 31.*)

797. En aucun cas, la prescription de la peine, *supra n° 785*, ne réintégrait le condamné dans ses droits civils pour l'avenir. (*C. N., 32.*)

798. Les biens acquis par le condamné depuis la mort civile encourue, et dont il se trouvait en possession au jour de sa mort naturelle, appartenaient à l'État par droit de déshérence. Néanmoins, il était loisible au chef de l'État de faire, au profit de la veuve, des enfants ou parents du condamné, telles dispositions que l'humanité lui suggérait. (*C. N., 33.*)

II. LÉGISLATION ACTUELLE; INTERDICTION LÉGALE

799. La peine de la mort civile, qui depuis longtemps soulevait de nombreuses critiques, avait été d'abord abolie, en ce qui concernait les condamnés à la déportation, par une loi du 8 juin 1850 portant: « En aucun cas, la condamnation à la déportation n'emporte mort civile; elle entraîne la dégradation « civique. — De plus, tant qu'une loi nouvelle n'aura pas statué sur les effets civils des peines perpé« tuelles, les déportés seront en état d'interdiction légale, conformément aux art. 29 et 31 du Code « pénal. — Néanmoins, hors le cas de déportation dans une enceinte fortifiée, les condamnés auront « l'exercice des droits civils dans le lieu de la déportation. Il pourra leur être remis, avec l'autorisation « du gouvernement, tout ou partie de leurs biens. — Sauf l'effet de cette remise, les actes par eux faits « dans le lieu de la déportation ne pourront engager ni affecter les biens qu'ils possédaient au jour de « leur condamnation, ni ceux qui leur sont échus par succession ou donation. » (*Art. 3.*)

800. La mort civile a été abolie définitivement par une loi du 31 mai 1854, dont nous croyons utile de rapporter le texte entier avec les explications qu'il nécessite.

801. « Art. 1er. La mort civile est abolie. »

802. L'abolition de la mort civile a fait disparaître, dans la position du condamné, des conséquences que réprouvait l'humanité : ainsi, sa succession ne s'ouvre plus; il conserve ses biens; il peut recueillir par succession *ab intestat*; son mariage n'est pas dissous; ses conventions matrimoniales continuent de subsister, à moins que l'autre époux n'obtienne sa séparation de corps, *infra n° 1071*. En un mot, les principaux effets de la mort civile, *supra nos 789 et suiv.*, sont désormais effacés; mais il est atteint, d'une part, par la dégradation civique et, d'autre part, par l'interdiction légale (2) aux termes de l'article suivant.

803. « Art. 2. Les condamnations à des peines afflictives perpétuelles emportent la dégradation « civique et l'interdiction légale établies par les art. 28, 29 et 31 du Code pénal. »

804. Les peines afflictives perpétuelles sont : 1° la mort (3); 2° les travaux forcés à perpétuité; 3° la déportation, *supra n° 772*; 4° et la réclusion perpétuelle remplaçant les travaux forcés à perpétuité pour les individus âgés de soixante ans accomplis au moment du jugement, *supra n° 774*.

805. Il y a lieu de distinguer si la condamnation à l'une des peines qui viennent d'être indiquées est contradictoire ou par contumace.

806. Si elle est contradictoire, la dégradation civique et l'interdiction légale sont encourues à partir du jour où la condamnation est devenue irrévocable (4), *supra n° 778*, et il y a lieu à la nomination d'un tuteur et d'un subrogé-tuteur, conformément à ce qui est dit *supra n° 787*.

(1) Marcadé, art. 31.
(2) Demolombe, I, p. 335, n° 4, *2e édition*.
(3) Au premier abord il semble étrange de ranger la condamnation à mort parmi les peines perpétuelles. Nous l'y comprenons sous plusieurs points de vue : d'abord cette peine entraîne l'incapacité de disposer et de recevoir par donation entre-vifs et par testament; d'un autre côté la peine peut être commuée; puis il peut se faire que le condamné s'évade, ou que la condamnation ne soit que par contumace; dans tous ces cas, le condamné est frappé de l'incapacité de disposer et de recevoir, *infra nos 812, 814, 815*.
(4) Demante, I, n° 72 *bis*, et *Revue crit.*, 1857, I, p. 78; Berthauld, *Code pén.*, p. 247; Humbert, *conséq. des peines pénales*, n° 317 *bis*; Demolombe, I, p. 339; CONTRA Aubry et Rau sur Zach., I, p. 318; Delsol, I, p. 56. Selon eux, l'interdiction légale n'est encourue que du jour de l'exécution.

807. Si elle est par contumace, la dégradation civique est encourue du jour de l'exécution par effigie, *supra n° 781*; mais le condamné, ne subissant pas sa peine, n'est point frappé d'interdiction légale (1), et il n'y a pas lieu de lui nommer un tuteur ni un subrogé-tuteur; ses biens restent sous le séquestre, et ils continuent d'être régis par l'administration des domaines comme biens d'absents, *supra n° 783*.

808. La dégradation civique et l'interdiction légale, dans le cas du présent article, durent jusqu'à la mort du condamné; elles ne peuvent cesser auparavant que par sa réhabilitation. (*Code instr. crim. 619; toutefois voir infra n° 816.*)

809. En ce qui concerne le militaire frappé de condamnation à une peine afflictive perpétuelle, cette condamnation emporte la dégradation civique et l'interdiction légale, s'il a été condamné pour un crime de droit commun, en vertu des lois pénales ordinaires. (*L. 9 juin 1857, art. 188.*) Mais s'il a été condamné pour un crime prévu par les lois spéciales aux militaires et en vertu de ces lois, sa condamnation, lorsqu'elle n'entraîne pas la dégradation militaire, ne lui fait pas encourir non plus la dégradation civique ni l'interdiction légale (2).

810. « Art. 3. Le condamné à une peine afflictive perpétuelle ne peut disposer de ses biens, en tout « ou en partie, soit par donation entre-vifs, soit par testament, ni recevoir à ce titre, si ce n'est pour « cause d'aliments. Tout testament par lui fait antérieurement à sa condamnation contradictoire devenue « définitive est nul. Le présent article n'est applicable au condamné par contumace que cinq ans après « l'exécution par effigie. »

811. L'incapacité de disposer par donation ou testament et de recevoir aux mêmes titres était attachée auparavant à la mort civile; il en était de même de la disposition annulant le testament fait antérieurement à la condamnation. (*C N. 25.*)

812. Par suite de l'incapacité résultant de l'art. 3, le condamné ne peut disposer ni par donation entre-vifs, ni par testament au profit de quelque personne que ce soit, pas même de son conjoint ou de ses enfants; il ne peut pas dès lors faire entre eux le partage anticipé de ses biens, ni les doter, même en se conformant aux règles tracées par l'art. 511 C. N. (3); il ne peut non plus recevoir ni par donation entre-vifs, ni par testament (si ce n'est pour cause d'aliments) de quelque personne que ce soit, ni de son conjoint, ni de ses enfants, ni de ses ascendants qui ne peuvent pas non plus, dès lors, le comprendre dans un partage anticipé (4).

813. Mais les dispositions entre-vifs pour le cas de survie, bien qu'ayant quelque similitude avec le testament, n'étaient point annulées par la mort civile encourue postérieurement, et ne le sont pas non plus sous la législation actuelle par l'interdiction légale postérieure; ainsi, lorsque le condamné a disposé avant la condamnation sous forme de donation entre-vifs, soit par donation entre époux, soit par institution contractuelle, la donation reste valable à raison du droit irrévocablement acquis au donataire à partir du jour de la donation (5).

814. Les prohibitions résultant du présent article ne sont applicables au condamné par contumace que cinq ans après l'exécution par effigie; dans l'intervalle des cinq ans, il peut disposer et recevoir par donation entre-vifs et par testament; il en résulte que s'il meurt avant l'expiration des cinq ans son testament, à quelque époque qu'il ait été fait, est valable. Mais s'il meurt après l'expiration de cinq ans, le testament par lui fait, soit avant sa condamnation, soit dans l'intervalle des cinq ans, est nul. Si après l'expiration des cinq ans, et avant la prescription de la peine, le condamné vient à être arrêté ou à se représenter volontairement, le jugement rendu par contumace et les procédures faites contre lui sont anéantis de plein droit, *supra n° 784*; il est jugé de nouveau, et s'il est absous ou n'est plus condamné à une peine afflictive perpétuelle, il recouvre, non seulement pour l'avenir, mais aussi pour le passé, la capacité et les droits dont il était privé en vertu du l'art. 3 de la présente loi (6).

---

(1) Rouher, *Exposé des motifs*; Demante, *loc. cit.*; Boitard, *Droit pén.*, *art. 29*; Berryat-Saint-Prix, *Exécution des jugem.*, p. 95; Aubry et Rau sur Zach., I, p. 318; Humbert, *Conséq. des condamn. pén.*, p. 347 et 348; Valette, *Explic. somm.*, I, p. 20; Demolombe, I, p. 340; Frédéric Duranton, *Rev. prat.*, 1858, I, p. 5; Mourlon, I, 222; instr. gén. régie 20 janv. 1855, n° 2021; J. N. 15463; CONTRA Riché, *rapporteur de la loi au Corps législatif*; Berthauld, *Cours de droit pén.*, p. 274 et 275, et *Revue prat.*, III, p. 241 et suiv., et 1858, I, p. 131.

(2) Berthauld, *Cours de Code pén.*, p. 264; Humbert, *conséq. des condamn.*, n° 226; Demolombe, I, n° 197.

(3) Valette, *Explic. somm.*, I, p. 23; Humbert, n° 437; Demolombe, I, p. 351.

(4) Demolombe, I, p. 349.

(5) Marcadé, *25, 13*; Demante, I, *49 bis*; Hanin, *conséq. de condamn. pén.*, n° 343; Humbert, n° *444*; Berthauld, *Code pén.*, p. 255 et 256; Demolombe, I, p. 348.

(6) Demante, *Revue crit.*, 1857, I, p. 78; Humbert, n° 440 et suiv.; Valette, *Explic. somm.*, I, p. 27; Demolombe, I, 354; CONTRA Ortolan, *Éléments de droit pén.*, n° 1894; Berthauld, *Code pén.*, p. 259, *quest. controv.*, p. 29 et suiv., et *Rev. prat.*, 1857, I, p. 215.

815. Ce qui fait encourir au condamné l'incapacité édictée par l'art. 3, c'est la condamnation elle-même, et non pas seulement la durée effective de la peine; en effet, s'il vient à être mis en liberté parce qu'il aura obtenu sa grâce ou une commutation de peine, ou s'il a conservé sa liberté en prescrivant la peine, il ne reste pas moins pendant la durée de son existence sous le coup des incapacités légales, à moins qu'il n'ait été relevé de ces incapacités par la réhabilitation ou par une dispense formelle du gouvernement en vertu de l'art. 4 (1).

816. « Art. 4. Le gouvernement peut relever le condamné à une peine afflictive perpétuelle de tout « ou partie des incapacités prononcées par l'article précédent. Il peut lui accorder l'exercice dans le « lieu d'exécution de la peine des droits civils ou de quelques-uns de ces droits, dont il a été privé par « son état d'interdiction légale. Les actes faits par le condamné dans le lieu d'exécution de la peine ne « peuvent engager les biens qu'il possédait au jour de sa condamnation, ou qui lui sont échus à titre « gratuit depuis cette époque. »

817. Par cette disposition, la loi défère au gouvernement le soin d'apprécier le repentir sincère du condamné, et lui attribue le pouvoir de le relever de tout ou partie des incapacités prononcées par la loi (2); toutefois, le dernier alinéa de l'art. 4 contient une restriction importante, c'est que les engagements qu'il lui devient ainsi loisible de contracter ne peuvent s'exécuter que sur les biens acquis par lui à titre onéreux depuis sa condamnation.

818. « Art. 5. Les effets de la mort civile cessent pour l'avenir à l'égard des condamnés actuelle- « ment morts civilement, sauf les droits acquis aux tiers. L'état de ces condamnés est régi par les « dispositions qui précèdent. »

819. Ainsi le partage qui a été fait des biens du condamné est maintenu, le mariage continue d'être dissous, l'ex-mort civilement et son conjoint sont toujours libres de contracter un autre mariage, etc. (3).

820. « Art. 6. La présente loi n'est pas applicable aux condamnations à la déportation pour crimes « commis antérieurement à sa promulgation. »

821. On a vu, *supra n° 799*, que la loi du 8 juin 1850 accorde au déporté des droits que la nouvelle loi n'accorde plus; ainsi, aux termes de la première loi, le déporté simple a l'exercice des droits civils dans le lieu de la déportation; il peut lui être remis, avec l'autorisation du gouvernement, tout ou partie de ses biens. Ces dispositions sont abrogées implicitement par la loi du 31 mai 1854, mais elles continuent de produire leur effet à l'égard des condamnés à la déportation pour crimes commis antérieurement à la promulgation de cette dernière loi.

TITRE DEUXIÈME

DES ACTES DE L'ÉTAT CIVIL

SOMMAIRE

---

(1) Instr. gén. régie, 20 janv. 1855, n° 2021; J. N. 15463; Berthauld, *Cours de Code pén.*, p. 245; Ortolan, *droit pénal*, n° 1553; Mourlon, I, 221 et 229; Valette, *Explic. somm.*, I, p. 22; Humbert, n° 437; Demolombe, I, p. 346; CONTRA Cass. 14 août 1865; J. N. 18377.

(2) Rouher, *Discours au Corps législatif.*

(3) Voir le rapport de M. Riché.

CHAPITRE PREMIER

DISPOSITIONS GÉNÉRALES

822. Les actes de l'état civil (1) sont reçus, dans chaque commune, par les maires et adjoints, qu'on appelle aussi officiers de l'état civil (2) [*loi 28 pluv. an VII, art. 13*]; sous ce rapport, ils sont fonctionnaires de l'ordre judiciaire et sont soumis, non aux préfets, mais aux procureurs de la république.

823. La comparution des parties aux actes de l'état civil a lieu soit en personne, soit par des mandataires, à moins que la comparution en personne ne soit obligatoire (*C. N., 36*), par exemple pour contracter mariage (3).

824. Les actes de l'état civil sont soumis aux formalités suivantes :

1° Ils énoncent l'année, le jour et l'heure où ils sont reçus, les prénoms, noms, âge, profession et domicile de tous ceux qui y sont dénommés (*C. N., 34*);

---

(1) Les actes de l'état civil sont relatifs aux naissances, mariages et décès, et fixent l'état civil des individus. Ceux de la ville de Paris ont été brûlés lors de l'insurrection de la Commune; mais leur rétablissement a été ordonné par les lois des 12 février 1872 et 5 juin 1875.

(2) Les membres des autorités sanitaires exercent les fonctions d'officiers de l'état civil dans les lieux réservés · les actes de naissance et de décès sont dressés en présence de deux témoins; expédition des actes de naissance et de décès est adressée dans les vingt-quatre heures à l'officier ordinaire de l'état civil de la commune où est situé l'établissement, lequel en fait la transcription. (*Loi 3 mars 1822.*)

(3) Duranton, I, 287; Vazeille, I, 184; Demolombe, III, 210; Marcadé, art. 36; Bastia, 2 avril 1849; CONTRA Merlin, *mariage*, sect. 4, § 4; Toullier, I, 574.

2° Ils ne peuvent contenir, soit par note, soit par énonciation quelconque, que ce qui doit être déclaré par les comparants (*C. N.*, *35*);

3° Ils sont reçus en présence de témoins, mâles, majeurs, parents ou non des comparants, et choisis par les personnes intéressées. (*C. N.*, *37.*) La loi n'exige pas qu'ils soient Français (1);

4° Ils sont lus par l'officier de l'état civil aux comparants et aux témoins, ce que l'acte doit mentionner (*C. N.*, *38*);

5° Ils sont signés par l'officier de l'état civil, les comparants et les témoins; ou mention est faite de la cause qui empêche les comparants et les témoins de signer (*C. N.*, *39*);

6° Ils sont dans chaque commune inscrits de suite, sans aucun blanc, sur un ou plusieurs registres tenus doubles. Les ratures et les renvois sont approuvés et signés de la même manière que le corps de l'acte. Il n'y est rien écrit par abréviation, et aucune date n'est mise en chiffre. (*C. N.*, *40*, *42.*)

825. Les registres de l'état civil sont, avant de servir à l'inscription des actes, cotés et paraphés sur chaque feuillet par le président du tribunal de première instance ou par le juge qui le remplace. (*C. N.*, *41.*) A la fin de chaque année ils sont clos et arrêtés par l'officier de l'état civil; puis, dans le mois, l'un des doubles est déposé aux archives de la commune, et l'autre, avec les procurations et autres pièces qui doivent demeurer annexées aux actes de l'état civil, est remis au greffe du tribunal de première instance. (*C. N.*, *43*, *44.*)

826. Toute personne peut se faire délivrer des extraits des registres de l'état civil par le dépositaire de ces registres, c'est-à-dire soit par le maire ou ses adjoints, soit par le greffier du tribunal civil. Les extraits délivrés conformes aux registres et légalisés par le président ou un juge du tribunal de première instance font foi jusqu'à l'inscription de faux (*C. N.*, *45*), lors même que les registres n'existeraient plus (2).

827. Il est dû, outre le droit de timbre à 1 fr. 80 c., pour chaque extrait d'acte de naissance ou de décès, savoir : dans les communes au-dessous de 50,000 âmes de population, 30 c.; dans celles au-dessus de 50,000 âmes, 60 c.; à Paris, 75 c. Et pour chaque extrait d'acte de mariage : dans les communes au-dessous de 50,000 âmes, 60 c.; dans les autres, 1 fr.; à Paris, 1 fr. 50 c. (*Décret 12 juillet 1807 et loi 28 avril 1816, art. 62 et 63.*)

828. Lorsqu'il n'a pas existé de registres, ou qu'ils sont perdus, ou que le feuillet sur lequel on prétend que l'acte a été inscrit est déchiré, ou encore que la tenue des registres a été interrompue pendant quelque temps (3), la preuve de ces faits est reçue tant par titres que par témoins; et, dans ces cas, les mariages, naissances et décès peuvent être prouvés tant par les registres et papiers émanés des père et mère décédés que par témoins. (*C. N.*, *46.*)

829. A l'étranger, les actes de l'état civil concernant les Français doivent, pour faire foi, être reçus suivant les distinctions suivantes : si l'acte concerne à la fois des Français et des étrangers, il doit être rédigé dans les formes usitées dans le pays où ils se trouvent, et par les officiers du pays (4); s'il ne concerne que des Français, il peut être reçu soit dans les formes et par les officiers du pays où ils se trouvent (5), soit, conformément aux lois françaises, par les agents diplomatiques ou par les consuls (6). (*C. N.*, *47*, *48.*)

830. Dans tous les cas où la mention d'un acte relatif à l'état civil doit avoir lieu en marge d'un autre acte déjà inscrit, elle est faite à la requête des parties intéressées, par l'officier de l'état civil, sur les registres courants, ou sur ceux qui ont été déposés aux archives de la commune, et par le greffier du tribunal de première instance, sur les registres déposés au greffe; à l'effet de quoi l'officier de l'état civil en donne avis, dans les trois jours, au procureur de la rép qui veille à ce que la mention soit faite d une manière uniforme sur les deux registres. (*C. N.*, *49*, *Pr.*, *857.*)

831. Toute contravention à ce qui est dit *supra nos 822 à 830*, de la part des fonctionnaires y dénom-

(1) Marcadé, *art. 37*; Coin-Delisle, *ibid.*; Duranton, I, 288; Rief, n° 34; Zachariæ, § 75; Valette sur Proudhon, I, p. 208; Demolombe, *2e édition*, I, 281; CONTRA Richelot, I, p. 139.

(2) Bonnier, *preuves*, n° 744; Demolombe, I, 318; Marcadé, *45*, 3; Massé et Vergé, § 80, note 4; Bourges, 17 fév. 1845; CONTRA Duranton, I, 299; Zachariæ, § 80; Richelot, I, 152; Rief, n° 66.

(3) Marcadé, *46*, 3; Demolombe, I, 322

(4) Duranton, I, 235; Coin-Delisle, *art. 48*; Demolombe, I. 312; Marcadé, *art. 48*; Zach., § 77; Cass. 10 août 1819; CONTRA Vazeille, *mariage*, I, p. 186.

(5) Aix, 20 mars 1852.

(6) Duranton, I, 234; Demolombe, I, 312; Marcadé, *art. 48*; Zach., § 77, note 12. En ce qui concerne les actes de l'état civil reçus par les consuls, voir *ordonn. roy. 23 oct. 1833*.

més, est poursuivie devant le tribunal de première instance et punie d'une amende qui ne peut excéder 100 fr. (*C. N.*, *50.*)

832. Tout dépositaire des registres est civilement responsable des altérations qui y surviennent, sauf son recours, s'il y a lieu, contre les auteurs des altérations. (*C. N.*, *51.*)

833. Toute altération, tout faux dans les actes de l'état civil, toute inscription de ces actes faite sur une feuille volante, et autrement que sur les registres à ce destinés, donnent lieu aux dommages-intérêts des parties, sans préjudice des peines portées au Code pénal. (*C. N.*, *52*, *Pén.*, *145 à 148 et 192.*)

834. Le procureur de la rép est tenu de vérifier l'état des registres lors du dépôt qui en est fait au greffe; il dresse un procès-verbal sommaire de la vérification, poursuit les contraventions ou délits commis par les officiers de l'état civil et requiert contre eux la condamnation aux amendes. (*C. N.*, *53*, *instr. crim.*, *22.*)

835. Dans tous les cas où le tribunal de première instance connaît des actes relatifs à l'état civil, les parties intéressées peuvent se pourvoir contre le jugement (*C. N.*, *54*); sur l'appel, la cour d'appel juge en audience solennelle, toutes chambres réunies. (*Décret 30 mars 1808, art. 22.*)

CHAPITRE DEUXIÈME

DES ACTES DE NAISSANCE

836. On doit ici distinguer : 1° s'il s'agit d'un enfant dont la naissance est connue; 2° si l'enfant a été trouvé; 3° s'il est né en mer.

§ 1. — ENFANT DONT LA NAISSANCE EST CONNUE

837. Les déclarations de naissance doivent être faites, avec présentation de l'enfant, à l'officier de l'état civil du lieu, dans les trois jours (1) de l'accouchement (*C. N.*, *55*), sous peine, pour celui qui devait faire la déclaration (2), *infra n° 838*, et ne l'aurait pas faite, d'un emprisonnement de six jours à six mois, et d'une amende de 16 fr. à 300 fr. (*C. pén.*, *346.*)

838. Ceux que la loi oblige à faire cette déclaration sont : 1° le père; 2° à défaut du père, les docteurs en médecine ou en chirurgie, sages-femmes, officiers de santé ou autres personnes qui ont assisté à l'accouchement; 3° et, lorsque la mère est accouchée hors de son domicile, la personne chez qui elle est accouchée. (*C. N.*, *56.*) (3.)

839. L'acte de naissance est rédigé de suite, en présence de deux témoins. (*Même art.*, *supra n° 824*, *3o.*)

840. L'acte de naissance énonce : 1° le jour, l'heure et le lieu de la naissance; 2° le sexe de l'enfant; 3° les prénoms qui lui sont donnés et qu'on doit prendre parmi les noms en usage dans les différents calendriers, ou ceux des personnages connus de l'histoire ancienne (*loi 11 germ. an XI*); 4° les prénoms, noms, profession et domicile des père et mère; 5° et ceux des témoins. (*C. N.*, *57.*)

§ 2. — ENFANT TROUVÉ

841. Toute personne qui a trouvé un enfant nouveau-né est tenue de le remettre à l'officier de l'état civil, ainsi que les vêtements et autres effets trouvés avec l'enfant, et de déclarer toutes les circonstances du temps et du lieu où il a été trouvé (*C. N.*, *58*); le tout sous peine d'un emprisonnement de six jours à six mois, et d'une amende de 16 fr. à 300 fr. (*C. pén.*, *347.*)

842. Il en est dressé un procès-verbal détaillé, qui énonce en outre : 1° l'âge apparent de l'enfant;

(1) Après le délai de trois jours, la déclaration ne peut plus avoir lieu qu'en vertu d'un jugement rendu conformément à l'art. 99 C. N. (*Avis du conseil d'État 12 brum. an XII*); Demolombe, I, 292.

(2) Qu'il soit Français ou étranger; Demolombe, I, 271.

(3) V. Cass. 28 fév. 1867; Agen, 1er mai 1867.

2° son sexe; 3° les noms qui lui sont donnés; 4° l'autorité civile à laquelle il est remis; ce procès-verbal est inscrit sur les registres. (*C. N.*, *58.*)

§ 3. — ENFANT NÉ PENDANT UN VOYAGE EN MER

843. S'il naît un enfant pendant un voyage en mer, l'acte de naissance est dressé dans les vingt-quatre heures, en présence du père, s'il est présent, et de deux témoins pris parmi les officiers du bâtiment ou, à leur défaut, parmi les hommes de l'équipage. Cet acte est rédigé, savoir : sur les bâtiments de la marine de l'Etat, par l'officier d'administration de la marine; et sur les bâtiments appartenant à un armateur ou négociant, par le capitaine, maître ou patron de navire. L'acte de naissance est inscrit à la suite du rôle d'équipage. (*C. N.*, *59.*)

844. Au premier port où le bâtiment aborde, soit de relâche, soit pour toute autre cause que celle de son désarmement, les officiers de l'administration de la marine, capitaine, maître ou patron, sont tenus de déposer deux expéditions authentiques des actes de naissance qu'ils ont rédigés, savoir : dans un port français, au bureau du préposé à l'inscription maritime, et dans un port étranger, entre les mains du consul. L'une de ces expéditions reste déposée au bureau de l'inscription maritime ou à la chancellerie du consulat; l'autre est envoyée au ministre de la marine, qui fait parvenir une copie, de lui certifiée de chacun desdits actes, à l'officier de l'état civil du domicile du père de l'enfant, ou de la mère si le père est inconnu; cette copie est inscrite de suite sur les registres. (*C. N.*, *60.*)

845. A l'arrivée du bâtiment dans le port du désarmement, le rôle d'équipage est déposé au bureau du préposé à l'inscription maritime, qui envoie une expédition de l'acte de naissance, de lui signée, à l'officier de l'état civil du domicile du père de l'enfant, ou de la mère si le père est inconnu; cette expédition est inscrite de suite sur les registres. (*C. N.*, *61.*)

CHAPITRE TROISIÈME

DES ACTES DE MARIAGE

Voir infra nos 989 et suiv., 999 et suiv., 1006 et suiv.

CHAPITRE QUATRIÈME

DES ACTES DE DÉCÈS

846. L'inhumation des personnes décédées est soumise aux trois conditions suivantes : 1° que vingt-quatre heures se soient écoulées depuis le décès, à moins de cas prévus par les règlements de police; 2° que l'officier de l'état civil se soit assuré du décès, soit en se transportant lui-même auprès du cadavre, soit en confiant ce soin à un homme de l'art, et qu'il ait autorisé l'inhumation (*C. N.*, 77); 3° qu'un acte de décès ait été dressé dans les vingt-quatre heures (1).

847. L'acte de décès est dressé par l'officier de l'état civil du lieu du décès, sur la déclaration de deux témoins, *supra n° 824, 3°*, qui sont, autant que possible, les plus proches parents ou voisins, ou la personne chez laquelle le décès a eu lieu, et un parent ou autre. (*C. N.*, *78.*)

848. Il énonce : 1° les prénoms, nom, âge, profession et domicile de la personne décédée; 2° les prénoms et nom de l'autre époux, si elle était mariée ou veuve; 3° les prénoms, nom, âge, professions, domiciles et degré de parenté des déclarants; 4° et, autant qu'on pourra le savoir, les prénoms, noms, profession et domicile des père et mère du décédé, et le lieu de sa naissance. (*C. N.*, *79.*)

(1) Marcadé, 77, 3; Demolombe, I, 302.

849. Le cas prévu aux deux numéros précédents est celui qui arrive le plus ordinairement; mais il existe d'autres cas extraordinaires que la loi a dû prévoir; ce sont les suivants :

850. PREMIER CAS. *Décès dans les hôpitaux militaires, civils ou autres maisons publiques.* — Les supérieurs, directeurs, administrateurs et maîtres de ces maisons en donnent avis dans les vingt-quatre heures à l'officier de l'état civil, qui s'y transporte pour s'assurer du décès et en dresser l'acte conformément à ce qui est dit *supra n° 847;* il est tenu, en outre, dans lesdits hôpitaux et maisons, des registres destinés à inscrire les déclarations de décès. L'officier de l'état civil envoie copie de l'acte de décès à celui du dernier domicile du décédé, qui l'inscrit sur ses registres. (*C. N.*, 80.)

851. DEUXIÈME CAS. *Décès avec des signes ou indices de mort violente ou d'autres circonstances qui la font soupçonner.* — L'inhumation ne peut avoir lieu qu'après la visite du cadavre par un officier de police assisté d'un docteur en médecine ou en chirurgie, qui dresse procès-verbal et transmet de suite à l'officier de l'état civil du lieu du décès les renseignements énoncés dans son procès-verbal. L'officier de l'état civil dresse l'acte de décès sur ces renseignements, et en envoie une copie à celui du domicile de la personne décédée, s'il est connu; cette copie est inscrite sur les registres. (*C. N., 81, 82, infra n° 854.*)

852. TROISIÈME CAS. *Exécution à mort.* — Le greffier criminel adresse dans les vingt-quatre heures, à l'officier de l'état civil du lieu de l'exécution, les renseignements énoncés *supra n° 848*, d'après lesquels l'acte de décès est rédigé. (*C. N., 83, infra n° 854.*)

853. QUATRIÈME CAS. *Décès dans les prisons ou maisons de réclusion et de détention.* — Il en est donné avis sur-le-champ par les concierges et gardiens à l'officier de l'état civil, qui s'y transporte et rédige l'acte de décès ainsi qu'il est dit *supra n° 850.* (*C. N., 84; infra n° 854.*)

854. Dans les deuxième, troisième et quatrième cas qui précèdent, les actes de décès sont simplement rédigés dans les formes prescrites *supra n° 848*, sans aucune mention des circonstances de mort violente, ou dans les prisons, ou d'exécution à mort. (*C. N., 85.*)

855. CINQUIÈME CAS. *Décès pendant un voyage en mer.* — L'acte de décès est dressé dans les vingt-quatre heures, en présence de deux témoins (officiers ou, à défaut, hommes de l'équipage), sur les bâtiments de l'État, par l'officier de l'administration de la marine, et sur les bâtiments de commerce, par le capitaine, maître ou patron. L'acte de décès est inscrit à la suite du rôle d'équipage. Au premier port où le bâtiment aborde, celui qui a dressé l'acte de décès est tenu d'en déposer deux expéditions conformément à l'art. 60, *supra n° 844*; puis, à l'arrivée du bâtiment dans le port du désarmement, le rôle d'équipage est déposé au bureau du préposé à l'inscription maritime, qui est tenu d'envoyer une copie de l'acte de décès à l'officier de l'état civil du domicile du décédé; ce dernier l'inscrit de suite sur ses registres. (*C. N., 86, 87.*)

856. SIXIÈME CAS. *Décès d'un enfant avant que sa naissance ait été enregistrée.* — Le cadavre est présenté à l'officier de l'état civil, qui n'exprime pas qu'un tel enfant est décédé, mais seulement qu'il lui a été présenté sans vie; il reçoit de plus la déclaration des témoins, touchant les noms, prénoms, qualités et demeure des père et mère, et l'indication des an, jour et heure auxquels l'enfant est sorti du sein de sa mère. Cet acte est inscrit à sa date sur les registres de décès, sans qu'il préjuge la question de savoir si l'enfant a eu vie ou non. (*Décret 14 juillet 1806.*)

857. SEPTIÈME CAS. *Décès des employés aux mines pendant leurs travaux, sans qu'on ait pu retrouver leurs corps.* — Les directeurs des mines font dresser un procès-verbal par le maire ou autre officier public; ce procès-verbal est transmis au procureur de la rép., qui, sur l'autorisation du tribunal, le fait annexer au registre de décès. (*Décret 3 janvier 1813, art. 19.*)

858. HUITIÈME CAS. *Décès d'individus consumés dans un incendie ou engloutis dans les flots, sans qu'on ait pu retrouver leurs cadavres.* — Les parties intéressées à faire constater le décès font dresser un procès-verbal comme au numéro précédent; ce procès-verbal est également transmis au procureur de la rép., qui, sur l'autorisation du tribunal, le fait annexer au registre de décès (1).

(1) Marcadé, 87 4; Richelot, I, 188; Demolombe, I, 308.

CHAPITRE CINQUIÈME

DES ACTES DE L'ÉTAT CIVIL CONCERNANT LES MILITAIRES HORS DU TERRITOIRE DE LA FRANCE

859. Lorsque les militaires ou autres personnes employées à la suite des armées sont en France, ils restent soumis aux règles ordinaires pour les actes de l'état civil qui les concernent.

860. S'ils sont hors du territoire de la France, les actes de l'état civil les concernant continuent d'être rédigés dans les formes prescrites par les dispositions précédentes, sauf les exceptions suivantes. (*C. N., 88.*)

861. Les fonctions d'officiers de l'état civil sont remplies : 1° dans chaque corps d'un ou plusieurs bataillons ou escadrons, par le major; 2° dans les corps de moins d'un bataillon, par le trésorier ou officier payeur du corps; 3° pour les officiers sans troupes et les employés de l'armée, par les intendants et sous-intendants militaires; 4° et pour les décès arrivés dans les hôpitaux, par les directeurs de ces hôpitaux. (*C. N., 89; 97; arrêté 1er vend. an XII; ordonn. 29 juillet 1817, et instr. min. 8 mars 1823.*)

862. Il est tenu dans chaque corps de troupe un registre pour les actes de l'état civil relatifs aux individus de ce corps, et un autre à l'état-major de l'armée ou du corps d'armée pour les actes relatifs aux officiers sans troupes et aux employés. Ces registres, cotés et paraphés dans chaque corps par l'officier qui le commande, et à l'état-major par le chef de l'état-major général, sont conservés de la même manière que les autres registres des corps et états-majors, et déposés aux archives de la guerre à la rentrée des corps ou armées sur le territoire de l'empire. (*C. N., 90, 91.*)

863. *Naissance.* — Les déclarations de naissance à l'armée sont faites dans les dix jours qui suivent l'accouchement. (*C. N., 92.*) L'officier qui inscrit la naissance est tenu, dans le délai de dix jours, d'en adresser un extrait à l'officier de l'état civil du dernier domicile du père de l'enfant, ou de la mère si le père est inconnu. (*C. N., 93.*)

864. *Mariages.* — Les publications de mariage des militaires et employés à la suite des armées sont faites au lieu de leur dernier domicile, *infra, n° 874*; elles sont mises, en outre, vingt-cinq jours avant la célébration du mariage à l'ordre du jour du corps pour les individus qui tiennent à un corps, et à celui de l'armée ou du corps d'armée pour les officiers sans troupes et pour les employés qui en font partie. (*C. N., 94.*) Immédiatement après l'inscription sur le registre de l'acte de célébration du mariage, l'officier chargé de la tenue du registre en envoie une expédition à l'officier de l'état civil du dernier domicile de chacun des époux. (*C. N., 95.*)

865. *Décès.* — Les actes de décès sont dressés sur l'attestation de trois témoins par les officiers indiqués *supra n° 861*; extrait de ces actes est envoyé dans les dix jours à l'officier de l'état civil du dernier domicile du décédé. (*C. N., 96.*) En cas de décès dans les hôpitaux militaires ambulants ou sédentaires, l'acte en est rédigé par le directeur desdits hôpitaux, et une copie en est envoyée à celui des officiers de l'armée chargé des fonctions d'officier de l'état civil, relativement au décédé, *supra n° 861*, lequel en fait parvenir une expédition à l'officier de l'état civil du dernier domicile du décédé. (*C. N., 97.*) De plus, une double expédition des registres de décès est, dans les deux cas, adressée tous les mois à l'intendant militaire, qui les fait passer au ministre. (*Instr. min. 8 mars 1823.*)

866. L'officier de l'état civil du domicile des parties, auquel il a été envoyé de l'armée l'expédition d'un acte de l'état civil, est tenu de l'inscrire de suite sur les registres. (*C. N., 98.*)

CHAPITRE SIXIÈME

DE LA RECTIFICATION DES ACTES DE L'ÉTAT CIVIL

867. Il peut arriver qu'un acte de l'état civil présente des irrégularités. Ainsi, par exemple : 1° si l'acte de naissance d'une fille porte qu'elle est du sexe masculin; 2° si l'acte de naissance porte que l'enfant est né en mariage, tandis que le père était décédé avant l'époque présumée de la conception; 3° si dans l'acte de naissance, mariage ou décès, les noms ont été mal orthographiés, etc...

868. Aucune modification, aucune rectification ne peut être faite à un acte irrégulier (*C. Pr., 857*) qu'en vertu d'un jugement du tribunal compétent, c'est-à-dire de celui de la situation des registres (1), sur la requête présentée par les parties intéressées et sur les conclusions du procureur de la rép. Les parties intéressées à contredire la rectification y sont appelées s'il y a lieu. Appel peut être fait du jugement dans les délais ordinaires. (*C. N., 99; Pr., 856, 857, 858; avis du conseil d'État, 13 niv. an X.*)

869. Le procureur de la rép. ne peut d'office provoquer la rectification (2), si ce n'est dans les deux cas suivants : 1° si elle intéresse l'ordre public; par exemple, lorsqu'un enfant est inscrit comme né d'une femme mariée et d'un homme autre que le mari, ou lorsqu'elle a pour objet d'assurer l'exécution des lois qui interdisent les altérations de noms et les usurpations de titres (3); 2° si elle intéresse un indigent. (*Décis. minist. 6 brum. an XI, avis du conseil d'État 12 du même mois, et tarif crim., 122.*)

870. Dans tous les cas, le jugement de rectification ne peut, à quelque époque que ce soit, être opposé aux parties qui ne l'auraient point requis ou qui n'y auraient pas été appelées (*C. N., 100*), et qui peuvent toujours l'attaquer soit par tierce opposition (*C. Pr., 474 et suiv.*), soit par action principale pour obtenir un jugement contraire au premier.

871. Les jugements de rectification sont inscrits sur les registres par l'officier de l'état civil aussitôt qu'ils lui ont été remis; mention expresse en est faite en marge de l'acte réformé, conformément à ce qui est prescrit en l'art. 49, *supra n° 850*; et l'acte ne peut plus être délivré qu'avec les rectifications ordonnées, à peine de tous dommages-intérêts contre l'officier public qui l'aurait délivré. (*C. N., 101; Pr., 857; avis cons. d'État, 4 mars 1808.*)

TITRE TROISIÈME

DU DOMICILE

SOMMAIRE

FORMULES

---

(1) Duranton, I, 342; Toullier, I, 341; Carré, n° 2893; Rief, n° 315; Coin-Delisle, *art. 99*; Marcadé, 99, 3; Zachariæ, § 79; Demolombe, I, 334; Metz, 25 avril 1861; Mon. Trib. 1861, p. 348.

(2) Mais il peut interjeter appel du jugement qui a ordonné la rectification, qu'il ait été ou non partie au jugement; Orléans, 17 mars et 29 déc. 1860; Agen, 26 juin 1860 et 23 avril 1861; Metz, 31 juill. 1860; Angers, 5 déc. 1860; Paris, 22 fév. 1861; Rouen, 18 mars 1861; Nîmes, 6 mai 1861; Cass. 22 janv. et 24 nov. 1862; J. N. 16949, 17331; CONTRA Dijon, 11 mai 1860; Douai, 18 août 1860; Bordeaux, 28 août 1860 et 3 mars 1862; Cass. 21 nov. et 19 déc. 1860; J. N. 17006.

(3) Metz, 31 juill. 1860; Angers, 5 déc. 1860; Cass. 22 janv. et 24 nov. 1862, 23 mars 1867; J. N. 17331; Jur. N. 13381; CONTRA Cass. 21 nov. 1860; J. N 17006; voir Toulouse, 12 juill. 1862; Seine, 18 août 1865; Besançon, 6 fév. 1866; Orléans, 27 avril 1866; Poitiers, 9 juill. 1866; Cass. 20 nov. 1866; Paris. 3 juin 1867

872. Pour faire exécuter les conventions arrêtées, les engagements contractés, il est nécessaire de connaître la demeure fixe, officielle de celui avec qui on traite : c'est cette demeure qui est le siége du domicile ; le domicile est ou *réel* ou *élu*.

§ 1. — DOMICILE RÉEL

873. Le domicile réel est celui déterminé par la loi ; il est fixé pour tout Français, quant à l'exercice de ses droits civils (1), au lieu où il a son principal établissement. (*C. N.*, *102.*) [FORM. 175.].

874. Lorsqu'on a un domicile acquis dans une commune, on le conserve tant que l'on n'a pas manifesté l'intention contraire et que l'on n'a pas fixé ailleurs son principal établissement. Ainsi, un jeune homme majeur, ayant son domicile chez ses parents, va dans une ville étudier le droit ou apprendre un état ; pendant tout le temps qu'il reste dans la ville, s'il n'y fixe pas son établissement par un mariage ou autrement, il n'y a qu'une simple résidence et il conserve son domicile d'origine (2), c'est-à-dire le domicile du lieu d'où il est parti et où on présume qu'il a l'espoir de revenir. [FORM. 175, 6°.] Il en est de même en ce qui concerne les soldats sous les drapeaux et les marins à bord de leurs navires (3). [FORM. 175, 8°.] Il en est de même aussi des condamnés pendant qu'ils subissent leur peine, à moins qu'ils ne soient interdits légalement, auquel cas ils ont leur domicile chez leur tuteur (4).

875. La résidence tient lieu de domicile à ceux qui n'ont pas de domiciles déterminés en France ; tels sont les étrangers (5), les marchands colporteurs (6), les comédiens ambulants (7).

876. Le changement de domicile s'opère par le fait d'une habitation réelle dans un autre lieu, joint à l'intention d'y fixer son principal établissement (*C. N.*, *103*), intention dont la preuve s'établit *expressément* ou *tacitement* : *expressément*, lorsqu'elle résulte d'une déclaration faite tant à la mairie du lieu qu'on a quitté qu'à celle du lieu où l'on a transféré son domicile (*C. N.*, *104*) ; *tacitement*, lorsqu'à défaut de déclaration expresse elle résulte des circonstances (*C. N.*, *105*) dont l'appréciation est laissée à la sagesse des tribunaux. Il ne suffit donc pas de la double déclaration à la mairie pour opérer le changement de domicile, il faut de plus une habitation réelle dans le lieu où l'on veut établir son nouveau domicile ; or, comme on ne peut pas juridiquement être sans domicile (8), on garde le domicile du lieu qu'on a quitté, lors même qu'on aurait cessé de l'habiter depuis quelque temps, jusqu'à ce qu'on soit allé habiter le lieu du nouveau domicile, de sorte que si dans l'intervalle la personne meurt, sa succession est ouverte, selon l'art. 110, au lieu du domicile qu'elle a quitté (9).

877. Le citoyen appelé à une fonction publique temporaire ou révocable, ou à une fonction à vie, mais révocable, conserve le domicile qu'il avait auparavant [FORM. 175, 2°], à moins d'intention contraire manifestée expressément ou tacitement (10), *supra* n° *876*. (*C. N.*, *106*.)

FORMULE 175. — Indications de domiciles réels. (Nos 873 à 882.)

1° M. Louis VINCARD, propriétaire, et Mme Héloïse DUCELLIER, son épouse, de lui autorisée, demeurant ensemble à ....

2° M. Denis LEGRAND, employé aux contributions indirectes à la résidence de....., domicilié à..... (N° 877.)

(1) Cette étude a pour objet le *domicile civil* seul : outre ce domicile, on distingue encore le *domicile politique* qui s'établit par une résidence de six mois (*décret organ. 2 fév. 1852, art. 1*), et le *domicile quant au mariage* qui s'établit par six mois d'habitation continue. (*C. N.*, *74.*)

(2) Marcadé, *103*, 1 ; Duranton, I, 370 ; Zachariæ, § 87, note 1 ; Demolombe, I, 354.

(3) Mourre, *Œuvres jud.*, IV, p. 416 ; Boncenne, *Pr.*, II, p. 205 ; Carré et Chauveau, *Pr. quest.*, 351, 352 ; Zachariæ, § 87, note 1 ; Demolombe, I, 354 ; Bordeaux, 4 juin 1862 ; Mon. Trib. 1862, p. 712.

(4) Duranton, I, 372, 373 ; Boncenne, II, p. 204 ; Massé et Vergé sur Zach., § 87, note 1.

(5) Pigeau, *Pr. civ.*, p. 198 ; Carré sur Chauveau, n° 391 *ter* ; Massé, II, 223 ; Massé et Vergé sur Zach., § 87, note 2 ; Cass. 27 juin 1809 et 20 août 1811.

(6) Nouguier, *Trib. comm.*, II, p. 394 ; Rodière, *Pr.* I, p. 110 ; Douai, 31 mars 1843.

(7) Encyclopédie des huissiers, *exploit*, n° 190 ; Carré sur l'art. 69 *Pr.* ; Boncenne, *Pr.*, II, p. 205 ; Demolombe, I, 348 ; Nîmes, 4 pluv. an IX.

(8) Toullier, I, 371 ; Proudhon, I, p. 243 ; Duranton, I, 360 ; Richelot, I, 224 ; Demolombe, I, 348 ; Cass. 22 janv. 1850.

(9) Marcadé, *105*, 2 ; Demolombe, I, 352 ; Mourlon, I, 326, Caen, 13 août 1838 ; Toulouse, 26 fév. 1850 ; Cass. 7 mai 1839 ; 30 juill. 1850 ; Paris, 26 juill. 1862 ; J. N. 17614.

(10) Marcadé, *106*, 2, Zach., § 89, note 1 ; Demolombe, I, 360 ; Dijon, 24 juill. 1828 ; Bourges, 24 fév. 1831 ; Limoges, 12 mars 1844 ; Cass. 11 juill. 1831, 22 juin 1832.

878. L'acceptation par le moyen de la prestation de serment (1) de fonctions *conférées à vie* et *irrévocables* (2) emporte translation immédiate du domicile du fonctionnaire dans le lieu où il doit exercer ses fonctions. (*C. N. 107.*) [Form. 175, 7°.]

879. Ceux qui sont dans un état d'incapacité civile ou sous la puissance d'autres personnes n'ont pas de domicile propre; ils ont le même domicile que la personne sous la puissance de laquelle ils se trouvent.

880. Ainsi : 1° La femme mariée n'a point d'autre domicile que celui de son mari (*C. N. 108*) [Form. 175, 3°], sauf les trois exceptions suivantes. *Première exception.* Si elle est séparée de corps elle a son domicile propre (3) [Form. 175, 4°]. *Deuxième exception.* Si elle est tutrice de son mari, elle a son domicile propre, et c'est le mari qui a son domicile chez sa femme (4); mais si le mari interdit avait un tuteur autre que sa femme, il aurait son domicile chez son tuteur, et sa femme aurait le même domicile (5). *Troisième exception.* Si la femme interdite a pour tuteur une autre personne que son mari, elle a son domicile chez son tuteur et n'a que sa résidence avec son mari (6).

2° Le mineur non émancipé a son domicile chez ses père et mère ou tuteur (*C. N. 108*); si le mineur a un tuteur autre que ses père ou mère, parce que ceux-ci ont été excusés, exclus ou destitués de la tutelle, il a son domicile chez son tuteur et n'a que sa résidence chez ses père ou mère (7). [Form. 175, 5°.] L'enfant naturel mineur non émancipé a son domicile chez son père, s'il l'a reconnu; à défaut, chez sa mère; à défaut de père et de mère, chez la personne qui l'a pris à sa charge (8).

3° Le majeur interdit, soit légalement, soit judiciairement, a son domicile chez son tuteur. (*C. N. 108.*)

881. Les majeurs et les mineurs émancipés (9) qui servent ou travaillent habituellement chez autrui ont le même domicile que la personne qu'ils servent ou chez laquelle ils travaillent, lorsqu'ils demeurent avec elle dans la même maison (*C. N. 109*), parce qu'alors ils y ont leur principal établissement [Form. 175, 9°]; mais si le serviteur ou l'employé quoique demeurant chez son maître a son domicile de droit chez un autre, par exemple, la femme chez son mari, l'interdit chez son tuteur, il conserve ce domicile (10).

882. Le lieu où une succession s'ouvre est déterminé par le domicile. (*C. N., 110.*)

3° Mme Charlotte Grandpré, épouse assistée et autorisée de M. Louis Ledanois, marchand de rouenneries, avec lequel elle est domiciliée à..... (No 880.)

4° Mme Désirée Luthine, rentière, demeurant à....., épouse séparée de corps de M. Charles Mesnard. (No 880.)

5° M. Louis Merlin, sans profession, mineur domicilié de droit chez M. Joseph Creton, son tuteur, propriétaire, demeurant à....., mais résidant de fait chez Mme Louise Denel, sa mère, veuve Philippe, demeurant à..... (No 880, 2°.)

6° M. Charles Eymard, étudiant en droit, résidant à Paris, rue....., mais domicilié à..... (No 874.)

7° M. Jean Louis Dubreuil, président du tribunal civil de...., demeurant en cette ville. (No 878.)

8° M. Désiré Brulard, soldat au quinzième régiment de ligne, troisième bataillon, deuxième compagnie, en garnison à....., domicilié à..... (No 874.)

9° M. Paul Bulard, valet de chambre au service de M. le duc de Bel-Air, à....., où il est domicilié. (No 881.)

---

(1) Marcadé, *107*, 2; Demolombe, I, 364.

(2) Marcadé, *107*, 1; Demolombe, I, 364; Paris, 17 août 1810; Cass. 11 mars 1812.

(3) Bugnet sur Pothier, I, p. 3; Proudhon et Valette, I, p. 244; Duranton, I, 365; Boncenne, *Pr.*, II, p. 203; Demolombe, I, 358; Demante, I, 132 *bis*; Richelot, I, 242; Roll., *domicile*, no 15; Marcadé, *108*, 1; Mourlon, I, 332; Massé et Vergé sur Zach., § 89, note 4; Dijon, 28 avril 1807; Nîmes, 13 août 1841; Orléans, 25 nov. 1848; contra Merlin, *domicile*, § 5; Zach., § 89.

(4) Marcadé, *108*, 1; Demolombe, I, 363; Mourlon, I, 336; Roll., *domicile*, no 116; Duranton, I, 366; Zach., § 89, note 7.

(5) Marcadé, *108*, 1; Demolombe, I, 363; Duranton, I, 371; Mourlon, I, 336; Massé et Vergé sur Zach., § 89, notes 4 et 7: contra Richelot, I, 244, et Aubry et Rau, I, p. 513.

(6) Mourlon, I, 335.

(7) Mourlon, I, 334; Marcadé, *108*, 2; Duranton, I, 367; Bugnet sur Pothier, *introd. aux cout.*, note 19, no 2; Zach., § 89, note 6; Demolombe, I, 359.

(8) Marcadé, *108*, 2; Duranton, I, 368; Demolombe, I, 361; Massé et Vergé sur Zach., § 89, note 5.

(9) Mourlon, I, 337.

(10) Massé et Vergé sur Zach., I, p. 123; Demante, I, 133; Mourlon, I, 337; Demolombe, I, 368.

§ 2. — DOMICILE ÉLU.

883. Le domicile élu [Form. 176] est celui choisi par une personne dans un lieu qui n'est pas celui de son domicile légal, et où elle accepte juridiction pour l'exécution d'un acte; on peut donc lui faire à ce domicile, ainsi qu'à ses héritiers ou représentants (1) toutes les significations et poursuites relatives à cet acte, et les assigner devant le tribunal du lieu de ce domicile (*C. N., 111; Pr., 59*) avec citation préalable en conciliation devant le juge de paix du même lieu (2).

884. Lorsque les parties ont élu domicile en leurs demeures respectives, ce domicile se conserve pour l'exécution de l'acte au lieu où elles demeuraient lors de sa passation, nonobstant tout changement ultérieur (3).

885. Le domicile élu dans l'étude d'un officier ministériel, considéré plutôt comme fonctionnaire que comme individu, subsiste malgré son décès ou sa démission. En ce cas, l'élection de domicile se transmet à son successeur (4).

886. Si le domicile est élu chez une personne privée et qu'elle vienne à mourir, son mandat expire, et il y a lieu à une nouvelle élection de domicile chez une autre personne dans le même endroit; mais à défaut de cette nouvelle élection, et jusqu'à sa notification régulière, les significations et ajournements pourraient être faits valablement au domicile primitivement élu (5). [*Arg. C. N., 2156.*]

887. L'élection de domicile peut être faite soit par l'acte même qui renferme la convention (*C. N., 111*), soit après coup et par un second acte (6). [Form. 177.]

888. L'élection de domicile a lieu habituellement dans l'acte même; si ce domicile est élu dans l'intérêt réciproque des contractants, ou de l'un d'eux, les parties liées par cette clause ne peuvent, à moins de consentement contraire, faire les significations au domicile réel, ni assigner devant le juge du domicile réel (7).

889. Mais une seule des parties peut, pour l'exécution d'un acte ne contenant pas élection de domicile, élire domicile postérieurement par un acte unilatéral [Form. 177]; alors l'autre partie a l'option pour les significations, demandes et poursuites entre le domicile réel et le domicile élu.

FORMULE 176. — Élection de domicile contenue dans un acte. (Nos 883 à 891.)

I. *En l'étude du notaire*

Pour l'exécution du présent acte, les parties élisent domicile à....., en l'étude de Me X......, l'un des notaires soussignés, et par suite en celle de ses successeurs.

II. *En divers lieux*

Pour l'exécution des présentes, les parties élisent domicile savoir : M. Petit à N.....; en l'étude de Me X....., l'un des notaires soussignés, et par suite en celle de ses successeurs; et M. Auzoux, à Paris, rue....., n°......, en l'étude de Me Z....., notaire, et par suite en celle de ses successeurs.

FORMULE 177. — Acte d'élection de domicile. (N° 889.)

Par-devant Me.....

A comparu Me Louis Petit, négociant, demeurant à.....,

Lequel, pour l'exécution d'un acte passé devant Me X....., qui en a gardé minute,

---

(1) Toullier, I, 368; Duranton, I, 381; Demante, I, 115; Nouguier, II, p. 399; Carré et Chauveau, *Pr.*, n° 273; Boncenne, II, p. 218; Marcadé, *art. 111*; Demolombe, I, 480; Zach., § 92.

(2) Cass. 9 déc. 1851; Jur. N. 9634; contra Chauveau, *Pr.*, I, p. 236, et *Journ. des avoués*, n° 1244.

(3) Massé et Vergé sur Zach., § 92, note 20; Marcadé, *art.* 111; Nouguier, II, p. 395; Mourlon, I, 344; Roll., *domicile élu*, n° 14; Cass. 24 janv. 1816, 12 fév. 1817; Amiens, 30 avril 1829; Bordeaux, 22 août 1844.

(4) Duranton, I, 384; Roll., *domicile élu*, n° 16; Dict. not., *ibid.*, n° 11; Marcadé, *111*, 4; Demolombe, I, 372; Cass. 19 janv. 1814.

(5) Aubry et Rau, I, p. 528; Massé et Vergé, I, p. 130; Demolombe, I, 372; Mourlon, I, 350.

(6) Valette sur Proudhon, I, p. 244; Mourlon, I, 343; Zach., § 92, note 3; Demolombe, I, 373; Cass. 25 nov. 1840.

(7) Duranton, I, 382; Roll., *domicile élu*, nos 6, 7; Pigeau, *Pr.*; I, p. 170 et 171; Thomine, *Pr.*, I, p. 148; Boitard, I, p. 230; Carré et Chauveau, *compét.*, II, 554, et *Pr.* n° 270; Marcadé, *art. 111*; Nouguier, *Trib. comm.*, II, p. 298; Demolombe, I, 376; Zach., Massé et Vergé, § 88, note 8.

890. Le domicile élu par une partie dans l'acte même qui renferme les conventions peut être transporté chez une autre personne de la même commune [Form. 178], et ce changement est obligatoire pour l'autre partie contractante du jour où il lui est notifié (1); mais si le domicile primitif n'a été élu que dans un acte unilatéral postérieur, l'autre partie conserve l'option entre le domicile réel et le nouveau domicile élu (2).

891. Lorsque le notaire (ou autre officier ministériel) dans l'étude duquel il a été fait une élection de domicile, reçoit copie d'une signification adressée à l'une des parties, il est tenu à peine de responsabilité de lui faire parvenir cette copie (3); toutefois l'élection de domicile étant un véritable mandat entre celui qui l'a faite et la personne chez laquelle le domicile est élu, la responsabilité ne serait encourue qu'en cas d'acceptation du mandat. Mais une acceptation tacite étant suffisante et pouvant se présumer assez facilement, tout notaire recevant une signification à domicile élu fera bien d'appeler la personne à qui elle est adresssée et de lui en faire la remise sous récépissé consigné sur un registre spécial; et si la partie ne peut, à cause de son éloignement, se rendre à l'étude, le notaire doit lui envoyer la signification par la poste (4), en y joignant une lettre d'envoi dont il conserve mention sur le même registre spécial.

---

et l'un de ses collègues, notaires à....., le....., contenant diverses conventions entre le comparant et M. Ladislas Auzoux, négociant, demeurant à Paris, rue....., n°.....

A déclaré élire domicile à Paris, rue....., n°....., au cabinet de M. Benoit, agent d'affaires.

En conséquence, il consent que toutes demandes, significations, sommations et poursuites, à raison de ces conventions, lui soient faites au domicile qu'il vient d'élire, et produisent le même effet que si elles avaient lieu à son domicile réel.

Pour faire notifier ces présentes à qui besoin sera, tout pouvoir est donné au porteur d'une expédition.

Dont acte. Fait et passé, etc.

FORMULE 178. — Changement d'élection de domicile. (N° 890.)

Par-devant M^e.....

A comparu M. Louis Petit, négociant, demeurant à.....,

Lequel, pour arriver au changement d'élection de domicile faisant l'objet du présent acte, a exposé ce qui suit :

Par acte passé devant Me X....., qui en a gardé minute, et l'un de ses collègues, notaires à N....., le....., M. Petit comparant, et M. Ladislas Auzoux, négociant, demeurant à Paris, rue....., n°....., ont arrêté entre eux diverses conventions.

Suivant autre acte passé aussi devant Me X....., qui en a gardé minute, et l'un de ses collègues, le....., M. Petit, pour l'exécution de l'acte qui vient d'être énoncé, a déclaré élire domicile à Paris, rue....., n°....., au cabinet de M. Benoit, agent d'affaires.

Ceci exposé, M. Petit déclare révoquer l'élection de domicile ci-dessus mentionnée, et élire domicile pour l'exécution du même acte, à Paris, rue....., n°....., en l'étude de Me Z....., notaire, et par suite en celle de ses successeurs.

En conséquence, il consent que toutes demandes, significations, sommations et poursuites à raison desdites conventions lui soient faites au nouveau domicile qu'il vient d'élire et produisent le même effet que si elles avaient lieu à son domicile réel.

Pour faire notifier ces présentes à qui besoin sera, tout pouvoir est donné au porteur d'une expédition.

Dont acte. Fait et passé, etc.

---

(1) Duranton, I, 381; Mourlon, I, 349; Boncenne, II, p. 217; Nougnier, II, p. 398; Zach., § 92; Demolombe, I, 372; Roll., *domicile élu*, n° 17; Cass., 19 janv. 1814; Lyon, 2 juill. 1861; Mon. Trib. 1862, p. 283.

(2) Demolombe, I, 376.

(3) Demolombe, I, 372; Boileux, *art 111*, Journ. Palais, 1852, II, 137; Cass. 9 mars 1837; Paris, 15 juin 1850; Nancy, 22 déc. 1853; J. N. 15161; contra Merlin, *déclaration*; Roll., *domicile élu*, n° 21.

(4) Jugé que lorsque le notaire affirme avoir envoyé par la poste à la partie intéressée un acte signifié en son étude il n'est pas tenu de prouver l'envoi, surtout si les documents de la cause donnent à supposer qu'il a fait cet envoi; Paris, 18 juin 1855; J. N. 15587.

TITRE QUATRIÈME

DES ABSENTS

SOMMAIRE

FORMULES

CHAPITRE PREMIER

DES DIVERSES PÉRIODES DE L'ABSENCE

PREMIÈRE PÉRIODE. — PRÉSOMPTION D'ABSENCE

892. Lorsqu'un individu a disparu de son domicile sans laisser de procuration [ou qu'il a laissé une procuration insuffisante (1), ou qui vient à cesser (*C. N.*, 122), ou qui ne peut servir parce que le

(1) Demolombe, II, 32; Marcadé, *art. 112.*

mandataire a des intérêts contraires aux siens (1)], et qu'il ne donne point de ses nouvelles, laissant ses biens et ses affaires à l'abandon, il y a, aux yeux de la loi, présomption de son absence.

893. Dans les premiers temps, on peut croire que l'absent reviendra bientôt, et l'on ne doit s'immiscer dans l'administration de ses biens qu'autant qu'il y a *nécessité* (2); il est statué sur ce point par le tribunal de première instance du domicile de l'absent (3) sur la demande des parties intéressées (*C. N.*, *112*), c'est-à-dire des créanciers, locataires, propriétaires d'immeubles tenus à location par l'absent, de l'époux présent, des héritiers présomptifs (4), et de tous autres ayant un intérêt né et actuel (5), où même un intérêt purement éventuel, comme : un créancier éventuel ou à terme, un vendeur avec faculté de rachat, un donateur avec stipulation de droit de retour (6); quant aux légataires, comme ils ne peuvent être connus qu'après l'ouverture du testament et que cette ouverture ne doit avoir lieu qu'après la déclaration d'absence, ils ne sont pas compris parmi les parties intéressées (7).

894. Le ministère public est spécialement chargé de veiller aux intérêts des personnes présumées absentes, et doit être entendu sur toutes les demandes qui les concernent (*C. N.*, *114*); il est même considéré comme partie principale et peut provoquer les mesures à prendre pour l'administration des biens (8).

895. Le tribunal, en nommant un administrateur ou curateur (9) [Form. 179], peut lui donner l'administration de tous les biens ou seulement d'une partie déterminée. (*C. N.*, *112*.)

896. Pour obtenir ce jugement, la partie intéressée présente requête, avec pièces et documents à l'appui, au président du tribunal, qui commet un juge sur le rapport duquel il est statué en audience publique, le ministère public entendu. (*C. Pr.*, *859*.)

897. Si une succession était échue au présumé absent avant sa disparition ou ses dernières nouvelles (on verra, *infra n° 928*, que si elle lui échoit après il ne la recueille pas), ou s'il était intéressé dans une société (10), son absence ne peut faire obstacle aux inventaires, comptes, partages et liquidations; il y est représenté par un notaire que le tribunal commet à la requête de la partie la plus diligente. (*C N.*, *113*.) [Form. 180.]

FORMULE 179. — Administrateur des biens d'un présumé absent. (Nos 892 à 896.)

M. Jean Dubois, propriétaire, ancien avoué, demeurant à N.....,

« Agissant en qualité d'administrateur des biens de M. Louis-Théodore Oury, proprié-
« taire, ayant demeuré en dernier lieu à N....., et n'ayant pas donné de ses nouvelles
« depuis le.....; en conséquence présumé absent; nommé à cette fonction suivant juge-
« ment rendu par le tribunal civil de N....., le.....

FORMULE 180. — Notaire représentant un présumé absent. (Nos 897 à 899.)

M. X....., notaire, demeurant à N.....,

« Agissant ici au nom de M. Louis-Théodore Oury, propriétaire, ayant demeuré à
« N....., aujourd'hui sans résidence ni domicile connus, et n'ayant pas donné de ses

(1) Talandier, p. 53; Demolombe, II, 33; Metz, 15 mai 1823.

(2) La question de décider s'il y a *présomption d'absence* et le savoir s'il y a *nécessité* est laissée à l'appréciation des Tribunaux; Toullier, I, 385; Duranton, I, 391, 392; Talandier, p. 33; Proudhon, I, p. 136; Plasman, I, p. 15; Dict. not., *absence*, n° 22; Roll., *ibid.*, nos 26 et suiv.

(3) L'absence pouvant donner lieu à une ouverture fictive de la succession, le Tribunal du dernier domicile de l'absent est compétent pour statuer sur les mesures conservatoires, même lorsqu'il s'agit de mesures à prendre à l'égard de biens situés hors du ressort de ce Tribunal; Duranton, II, p. 404; Plasman, I, p. 25; Demolombe, II, 20; Massé et Vergé sur Zach., § 9, note 4; Dict. not., *absence*, n° 37; Roll., *ibid.*, n° 47; contra Proudhon, I, p. 258; Toullier, I, 390; Talandier, p. 36; Marcadé, *art. 112*.

(4) De Moly, n° 102; Talandier, p. 39; Plasman, I, p. 28; Demolombe, II, 26; Zach., Massé et Vergé, § 95, note 6; Demante, I, 141 *bis*; Valette sur Proudhon, I, p. 257; Dict. not., *absence*, n° 43; Roll., *absence*, nos 33, 38; contra Toullier, I, 325; Proudhon, I, p. 131; Marcadé, *112*, 3.

(5) Toullier, I, 325; Proudhon, I, p. 131; Marcadé, *112*, 3; Talandier, p. 47; de Moly, n° 106; Plasman, I, n° 29; Duranton, I, 401; Demolombe, II, 26.

(6) Talandier, p. 47; de Moly, n° 106; Plasman, I, n° 29; Duranton, I, 401; Mourlon, I, 407; Dict. not., *absence*, n° 42; Roll., *absence*, n° 32; contra Toullier, I, 325; Proudhon, I, p. 131; Marcadé, *112*, 3.

(7) Demolombe, II, 27; Massé et Vergé sur Zach., § 95, note 6; contra Mourlon, I, 404.

(8) Pigeau, *Pr.* I, p. 173 et 444; Proudhon, I, p. 185; Toullier, I, 305; Duranton, I, 307; Talandier, p. 95; Dict. not., *absence*, nos 46 et 51; Roll., *absence*, n° 39; Demolombe, II, 29; Marcadé, *112*, 4; Cass. 8 avril 1812; Riom, 20 mars 1816; Metz, 15 mars 1823; contra de Moly, *nos* 120 et suiv.

(9) Duranton, I, 400; Toullier, I, 391; Plasman, I, p. 33; Marcadé, *112*, 7; Demolombe, II, 36; Massé et Vergé, § 95, note 11; Dict. not., *absence*, n° 48; Cass. 25 août 1813.

(10) De Moly, n° 96; Plasman, I, p. 60, 61; Marcadé, *art. 113*; Demolombe, II, 40; Dict. not., *absence*, n° 75; Roll., *absence*, n° 68; contra Toullier, I, 392.

898. Il ne faut pas confondre le notaire ainsi commis pour représenter les présumés absents avec celui qui peut être nommé pour représenter à la levée des scellés et à l'inventaire les intéressés simplement non présents, c'est-à-dire demeurant hors de la distance de cinq myriamètres. Dans ce dernier cas, le notaire est nommé d'office par le président seul, tandis que pour le présumé absent la nomination émane du tribunal entier (*C. N., 928, 931*). Toutefois nous pensons que, pour la levée des scellés et l'inventaire, le président du tribunal pourrait valablement commettre un notaire ponr représenter les présumés absents aussi bien que les non présents (1).

899. Un seul notaire peut représenter aux opérations de levée de scellés et d'inventaire plusieurs personnes absentes, à moins qu'elles n'aient des intérêts opposés; dans ce cas, de même que pour le partage, où les intérêts sont toujours opposés, il doit être nommé un notaire pour chacun des présumés absents (2).

900. Si le père a disparu laissant des enfants mineurs issus d'un commun mariage, la mère en a la surveillance et elle exerce tous les droits du mari quant à leur éducation, à l'administration de leurs biens (*C. N. 141*) et à la jouissance légale des biens des enfants (3).

901. Mais si la mère était décédée, la surveillance des enfants est déférée, six mois après la disparition du père, par le conseil de famille, à un tuteur provisoire qui doit être choisi de préférence parmi les ascendants les plus proches (4) [Form. 181]; ce qui s'applique aussi : 1° au cas où la mère, existant lors de la disparition, décède avant la déclaration d'absence (*C. N., 142*); 2° au cas où l'époux disparu laisse des enfants mineurs issus d'un précédent mariage. (*C. N., 143.*)

902. Si, au lieu d'une simple présomption d'absence, l'absence est déclarée et que les ayants droit soient envoyés en possession des biens de l'absent, il y a lieu à nomination d'un tuteur et d'un subrogé-tuteur au mineur héritier présomptif (5); mais s'il y a un époux présent et optant pour la continuation de la communauté, il n'y a pas lieu à nomination d'un subrogé-tuteur tant que la communauté existe, à moins que l'absent n'ait laissé des biens dont la jouissance fût exclue de la communauté; relativement à ces biens, il y aurait à demander l'envoi en possession provisoire au nom des enfants mineurs, sauf l'administration et la jouissance légale de leur mère; on devrait dans ce cas, suivant un auteur, nommer un subrogé-tuteur aux enfants (6), ce qui nous paraît très-contestable.

« nouvelles depuis le....., conséquemment présumé absent, nommé à l'effet de représenter M. Oury au présent inventaire (*ou* compte, partage, liquidation), suivant jugement du tribunal civil de N..... (*ou* ordonnance rendue sur requête par M. le président du tribunal civil de N.....), le....., et dont la grosse (*ou* l'original) est demeurée ci-annexée après que dessus mention de l'annexe a été apposée. »

FORMULE 181. — Tuteur provisoire de l'enfant mineur d'un présumé absent.

(Nos 900 à 902.)

M.....,

« Agissant au nom et comme tuteur provisoire du mineur Louis-Théodore Sédieu, son neveu, sans profession, domicilié avec lui, fils de Jean-Jérôme Sédieu, commerçant à N....., où il demeurait, qui a disparu en décembre mil huit cent....., et depuis n'a pas donné de ses nouvelles, et de Mme Honorine Janin, décédée, épouse de M. Sédieu; nommé à cette fonction qu'il a acceptée, suivant délibération du conseil de famille du mineur Sédieu, prise sous la présidence de M. le juge de paix du canton de N....., ainsi qu'il résulte du procès-verbal que ce magistrat en a dressé, assisté de son greffier, le.....

---

(1) Chauveau, *Tarif*, II, p. 340; Debelleyme, *Ordonnances Pr.*, I, p. 135; Dict. not., *absence*, n° 77; contra Marcadé, *115*, 2.

(2) Toullier, I, 307; Talandier, p. 73; Demolombe, II, 42; Dict. not., *absence*, n° 80; Roll., *absence*, n° 69; contra Marcadé, *115*, 2 : selon ce dernier auteur, il faut, même en ce qui concerne l'inventaire, un notaire pour chaque absent.

(3) Duranton, I, 521; de Moly, p. 111; Magnin, I, 113; Marcadé, *141*, 2; Demolombe, II, 218; contra Plasman, p. 305; Talandier, p. 316; Dict. not., *absence*, n° 387; Mourlon, I, 509; Limoges, 28 avril 1812.

(4) Valette sur Proudhon, p. 307; Demolombe, II, 321. Selon Marcadé, 142, 11; Aubry et Rau, I, p. 569 et 570; Mourlon, I, 506, note, le tuteur provisoire doit être légal s'il existe des ascendants, *infra nos 1211 et suiv.*, ou datif à défaut d'ascendants, *infra nos 1214 et suiv.*

(5) Demolombe, II, 334 et suiv.; Marcadé, *art. 143*; Massé et Vergé sur Zach., § 107.

(6) Marcadé, *143*, 5.

DEUXIÈME PÉRIODE. — DÉCLARATION D'ABSENCE — ENVOI EN POSSESSION PROVISOIRE — ADMINISTRATION LÉGALE

903. Si l'absence se prolonge après quatre années révolues [dix années si l'absent a laissé une procuration (*C. N., 121*), quand même elle viendrait à cesser (*C. N., 122*)] du jour de la disparition ou de la date (1) des dernières nouvelles, l'incertitude de la vie de l'absent augmente; la loi ne suppose pas encore qu'il soit mort, elle n'établira cette présomption qu'à partir de la troisième période; mais il devient urgent de pourvoir d'une manière plus générale à l'administration des biens de l'absent, et il convient de confier cette administration à ceux que la loi appellerait à lui succéder. En conséquence, les héritiers présomptifs de l'absent au jour de sa disparition ou de ses dernières nouvelles, ou à défaut de parents habiles à hériter les enfants naturels (2) (*C. N., 758*), ou le conjoint présent (*C. N., 140, 767*), ou même l'État (*C. N., 768*), et les créanciers des héritiers ou autres successeurs, comme exerçant les droits de leurs débiteurs conformément à l'art. 1166 C. N. (3), ou leurs cessionnaires (4), et en un mot tous ceux qui ont un droit subordonné à la condition du décès de l'absent (5), peuvent faire déclarer son absence (6) et demander l'envoi en possession de ses biens (*C. N., 115, 120*); voici les formalités à remplir pour atteindre ce but : supposons la disparition ou la dernière nouvelle à la date du 1er avril 1850; quatre ans après, le 2 avril 1854 (7), les intéressés présentent requête au président du tribunal du dernier domicile (8) de l'absent, qui commet un juge sur le rapport duquel intervient, par exemple le 15 juin 1854, un jugement du tribunal en audience publique, le ministère public entendu, qui, après avoir considéré les motifs de l'absence et les causes qui ont pu empêcher d'avoir des nouvelles de l'individu présumé absent (*C. N., 117*), ordonne, à moins que la demande ne lui paraisse de suite mal fondée (9), qu'une enquête contradictoire avec le procureur de la rép. soit faite dans l'arrondissement du domicile et dans celui de la résidence s'ils sont distincts l'un de l'autre. (*C. N., 116, Pr., 859.*) Le ministère public envoie ce jugement au ministre de la justice qui le rend public (*C. N., 118*) par la voie du ***J. officiel;*** un an après le jugement ordonnant l'enquête (*C. N., 119*), c'est-à-dire le 16 juin 1855 (10), le même tribunal sur le vu de l'enquête et selon les formes indiquées, *supra n° 896* (*Pr., 860*), prononce la déclaration d'absence (11) et l'envoi en possession provisoire des biens de l'absent (12), à la charge par ceux au profit desquels cet envoi est prononcé de donner caution (13) pour la sûreté de leur administration (*C. N., 120*). [Form. 182.] Le jugement de déclaration d'absence est aussi envoyé au ministre de la justice pour être rendu public (*C. N., 118*) par la voie du ***J. officiel.***

904. Lorsque les héritiers présomptifs (à défaut de conjoint optant pour la continuation de la communauté, *infra n° 915*) ont obtenu l'envoi en possession provisoire, le testament de l'absent, s'il en existe un, est ouvert à la réquisition des parties intéressées ou du procureur de la rép. et les légataires, les donataires ou leurs héritiers et autres représentants, s'ils sont décédés depuis la présomption de mort,

FORMULE 182. — Envoyés en possession provisoire. (Nos 903 à 914.)

M. Charlemagne Oury, négociant, demeurant à N....., rue.....,

Et M. Philippe Bertin, propriétaire, et Mme Thérèse Oury, son épouse.....

« M. Oury et Mme Bertin envoyés en possession provisoire, chacun pour moitié des

(1) Valette sur Proudhon, I, p. 272; Demolombe, II, 57; Massé et Vergé sur Zach., § 97, note 3; Mourlon, I, 390; Marcadé, *115*, 3; Dict. not., *absence*, n° 114; Roll., *ibid.*, n° 90; CONTRA Duranton, I, 414; de Moly, n° 47; Zach., *loc. cit.*; Plasman, I, p. 98, qui disent *du jour de la réception.*

(2) Marcadé, *art. 140*; Demolombe, II, 71; Massé et Vergé sur Zach., § 89, note 2.

(3) Demolombe, II, 78; Plasman, II, p. 95; Massé et Vergé sur Zach., § 98, note 4; Metz, 7 août 1820.

(4) Bordeaux, 21 juin 1838.

(5) Valette sur Proudhon, I, p. 270; Toullier, I, 346; Duranton, I, 420; Plasman, I, p. 124; Marcadé, *123*, 2; Demolombe, II, 59; Dict. not., *absence*, n° 120; Roll., *ibid.*, n° 99; Mourlon, I, 403.

(6) Ce droit n'appartient pas au ministère public; Demante, n° 51; Duranton, I, 420 *bis*; Valette sur Proudhon, p. 271; Demolombe, II, 62; Zach., § 97.

(7) Dix ans après, le 2 avril 1860, si l'absent a laissé une procuration.

(8) Duranton, I, 421; Marcadé, *115*, 4; Dict. not., *absence*, n° 129; Roll., *ibid.*, n° 102.

(9) Demolombe, II, 63; Marcadé, *art. 116*; Zach., § 97.

(10) Le 16 juin 1861, si l'absent a laissé une procuration.

(11) On décide qu'il n'y a lieu à statuer quant à présent; Roll., *absence*, n° 117.

(12) La déclaration d'absence et l'envoi en possession peuvent être prononcés soit par un seul jugement, soit par deux jugements séparés; C. n° 120; Carré, *Pr.*, n° 2908; Toullier, I, 426; Duranton, I, 441; Valette sur Proudhon, I, p. 284; Zach., § 98; Dict. not., *absence*, n° 177; Cass. 17 nov. 1808; CONTRA Proudhon, I, p. 284.

(13) La caution doit être reçue dans les formes judiciaires : *Pr. 517 et s.*; elle peut être remplacée par une hypothèque; Roll., *absence*, n° 161. Si l'envoyé en possession ne peut fournir ni caution ni hypothèque, les règles des art. 602, 603 C. N. sont applicables : Zach., § 98, note 8; Duvergier sur Toullier, I, 426; Demolombe, II, 93; Roll., *absent*, n° 163; Cass. 2 avril 1823; Liège, 8 janv. 1848.

ainsi que tous ceux qui avaient sur les biens de l'absent des droits subordonnés à la condition de son décès, peuvent les exercer provisoirement à la charge de donner caution. (*C. N.*, *123*.)

905. Les héritiers présomptifs sont envoyés en possession de tous les biens en capitaux, fonds et fruits existant au jour de la déclaration d'absence; mais, au cas où l'absent vient à reparaître, ils ne peuvent conserver aucune part des fruits échus antérieurement (1); leur droit de rétention d'une part des fruits se borne à ceux courus depuis la déclaration d'absence, *infra n° 914*.

906. La possession provisoire n'est qu'un dépôt, qui donne à ceux qui l'obtiennent l'administration des biens de l'absent et qui les rend comptables envers lui, en cas qu'il reparaisse ou qu'on ait de ses nouvelles. (*C. N. 125*.)

907. Ceux qui ont obtenu l'envoi provisoire ou l'époux qui a opté pour la continuation de la communauté, *infra n° 915*, doivent, en présence du procureur de la rép. ou d'un juge de paix requis par lui, faire procéder : les envoyés en possession, à l'inventaire du mobilier et des titres de l'absent, afin d'en faciliter la restitution s'il y a lieu; et le conjoint administrateur légal, à l'inventaire tant du mobilier et des titres de l'absent que du mobilier et des titres de la communauté (2), afin de faciliter ultérieurement et la restitution des biens de l'absent et le partage de la communauté selon son état au jour de la déclaration d'absence, *supra n° 905*. (*C. N.*, *126*.)

908. Le tribunal ordonne, s'il y a lieu, de vendre tout ou partie du mobilier. Il est fait emploi du prix de la vente, ainsi que des fruits échus au jour de la déclaration d'absence (*C. N.*, *126*) et des créances recouvrées (3).

909. Ceux qui ont obtenu l'envoi provisoire peuvent requérir, pour leur sûreté, qu'il soit procédé, par un expert nommé par le tribunal, à la visite des immeubles, à l'effet d'en constater l'état; son rapport est homologué en présence du procureur de la rép; les frais en sont pris sur les biens de l'absent. (*C. N.*, *126*.) A défaut de cette formalité, il y a présomption qu'ils les ont reçus en bon état (4), sauf la preuve contraire (5).

910. Les frais d'administration, de déclaration d'absence, d'envoi en possession, d'inventaire et autres actes conservatoires, étant faits dans l'intérêt de l'absent et pour l'exécution du mandat que la loi confère aux envoyés en possession, sont aussi pris sur les biens de l'absent (6).

911. Après le jugement de déclaration d'absence, toute personne qui a des droits à exercer contre l'absent ne peut les poursuivre que contre ceux qui ont été envoyés en possession des biens ou qui en ont l'administration légale (*C. N.*, *134*); mais on ne peut poursuivre l'exécution des titres exécutoires contre les envoyés en possession que huit jours après les leur avoir signifiés (7). [*C. N.*, *877*.] Au surplus, les dettes se divisent entre les envoyés en possession de même qu'entre les héritiers (8).

912. Les envoyés en possession sont simplement successeurs aux biens, d'où il résulte que, n'étant point héritiers réels, ils ne sont pas tenus *ultra vires* au payement des dettes de l'absent (9), et pour cela il n'est pas nécessaire qu'ils acceptent sous bénéfice d'inventaire (10).

913. L'envoi en possession peut finir dans trois cas :

1° Si l'on a la preuve de l'existence de l'absent, soit qu'il reparaisse, soit qu'il donne de ses nouvelles, *infra n° 925* (*C. N.*, *131*);

« biens de M. Louis-Théodore Oury, leur frère, propriétaire, ayant demeuré à N.....;
« déclaré en état d'absence, le tout ainsi qu'il résulte d'un jugement rendu par le tribu-
« nal civil de N....., le....., signifié à M. le procureur de la rép. du tribunal civil de N.....;

(1) Duranton, I, 496; Mourlon, I, 410; Zach., § 101, note 2; Marcadé, *123*, 4; Trib. Seine, 21 déc. 1861; Mon. Trib. 1862, p. 55.

(2) Duranton, I, 460, 465; de Moly, n° 366; Plasman, p. 281; Demolombe, II, 281 et 293; CONTRA Toullier, I, 466 et 470; Marcadé, *art. 126*; Massé et Vergé sur Zach., § 99, note 6 : selon ces derniers auteurs, on doit seulement, d'après les termes de l'art. 126, inventorier les biens de l'absent.

(3) Orléans, 22 nov. 1850.

(4) Proudhon, I, 157; Toullier, I, 430; Duranton, I, 474; Demolombe, II, 97; Zach., § 100.

(5) Marcadé, *art. 126*.

(6) Duranton, I, 476; Zach., § 100; Pigeau, III, p. 325; Demolombe, II, 99; Marcadé, *126*, 4; Mourlon, I, 416; Dict. not., *absence*, n° 251; Roll., *ibid.*, n° 165; CONTRA de Moly, n° 430; Colmar, 4 mars 1815.

(7) Proudhon, I, p. 295; Demolombe, II, 136; Zach., § 100, note 22.

(8) Proudhon, I, p. 269, note 6; de Moly, n° 734; Plasman, p. 240 et suiv.; Demolombe, II, 136.

(9) Marcadé, *134*, 3; Plasman, p. 208; Demolombe, II, 136; Zach., § 100; Mourlon, I, 428.

(10) Duranton, I, 492; Marcadé, *134*, 3; Demolombe, II, 136; Massé et Vergé sur Zach., § 100, note 23; CONTRA Proudhon, I, p. 259.

2° Si l'on a la preuve de son décès (*C. N., 130*);

3° Si le laps de trente ans est écoulé depuis l'envoi en possession, ou si l'absent a atteint l'âge de cent ans révolus, *infra n° 924*. (*C. N. 129.*)

914. Les fruits des biens de l'absent sont perçus par les envoyés en possession, héritiers présomptifs, donataires, légataires, etc...; mais si l'absent vient à reparaître ou à donner de ses nouvelles (1), ou si son décès vient à être prouvé, ce qui entraîne l'ouverture de sa succession au jour de son décès prouvé au profit des héritiers les plus proches à cette époque (*C. N., 130*), et que ces héritiers soient autres que les envoyés en possession, ces derniers sont tenus de restituer les biens de l'absent, *supra n° 905*, à celui-ci, ou, s'il est décédé, à ses héritiers au jour de son décès. (*C. N., 130.*) Toutefois, quant aux fruits échus (2) depuis l'envoi en possession provisoire, ils peuvent garder les quatre cinquièmes si l'absent reparaît avant quinze ans du jour de sa disparition ou de ses dernières nouvelles, et les neuf dixièmes s'il ne reparaît qu'après quinze ans. Après trente ans écoulés aussi du jour de la disparition ou des dernières nouvelles (3), ou après cent ans du jour de la naissance de l'absent (4), ils peuvent garder la totalité des fruits perçus. (*C. N., 127.*) Les fruits ainsi attribués aux envoyés en possession pour partie, et réservés pour le surplus à l'absent, sont les revenus nets par chaque année de la masse des biens existant au jour de la déclaration d'absence, *supra n° 905*, c'est-à-dire après déduction des charges annuelles considérées comme devant être acquittées par les fruits (5), telles que les intérêts de capitaux, les arrérages de rentes, les réparations d'entretien (6), etc.

915. L'époux commun en biens (c'est-à-dire marié sous le régime de la communauté, soit légale soit conventionnelle) et l'époux marié sous le régime dotal avec société d'acquêts (7), en optant (8) pour la continuation de la communauté ou de la société d'acquêts, après la déclaration d'absence prononcée [FORM. 183], peuvent empêcher l'envoi en possession provisoire et l'exercice provisoire de tous les droits subordonnés à la condition de survie de l'absent, et prendre, si c'est la femme, ou conserver, si c'est le mari, l'administration des biens de l'absent (9). Si l'époux, lors de la déclaration d'absence, ou après avoir opté pour la continuation de la communauté (10) ou de la société d'acquêts, en demande la dissolution provisoire, il exerce ses reprises et tous ses droits légaux ou conventionnels, à la charge de donner caution pour les objets susceptibles de restitution. La femme, en optant pour la continuation de la communauté ou de la société d'acquêts, conserve le droit d'y renoncer (11). [*C. N., 124.*] La femme, pour faire cette option, doit être autorisée par justice (12).

« par exploit du ministère de....., huissier à N....., en date du....., et non suivi « d'opposition ni appel, ce dont les comparants ont justifié. »

« Et, en cette qualité, ayant fourni une caution suffisante ainsi que le constate un « procès-verbal dressé au greffe du même tribunal, à la date du.....

FORMULE 183. — Époux administrateur légal. (N°s 915 à 920.)

Mme Adélaïde BUZOT, propriétaire, demeurant à N....., rue....., épouse de M. Louis-Théodore OURY, déclaré absent, suivant jugement rendu par le tribunal civil de N....., le....., signifié à M. le procureur de la rép., suivant exploit du ministère de....., huissier

(1) De plus, si l'ex-absent, après avoir donné de ses nouvelles, ne reparaît pas et ne donne plus de ses nouvelles, on peut, après le délai de quatre ans ou de dix ans de la date de ses nouvelles, demander de nouveau la déclaration d'absence et l'envoi provisoire dans la même forme que ci-dessus : Marcadé, *art 131*.

(2) A l'égard des fruits pendants par branches ou par racines au jour de la réclamation, ils appartiennent en entier à ceux à qui la restitution est faite : Plasman, I, p. 161 ; Marcadé, *127*, 5 ; Demolombe, II, 121 et suiv.; Massé et Vergé sur Zach., § 101, note 2 ; Dict. not., *absence*, n° 244 ; CONTRA Duranton, I, 498 ; Talandier, p. 216.

(3) Toullier, I, 432 ; de Moly, n° 87 ; Mourlon, I, 434 ; Valette sur Proudhon, I, p. 288 ; Demolombe, II, 125 ; Zach., Massé et Vergé, § 101, note 4 ; CONTRA Duranton, I, 127 ; Marcadé, *127*, 3, qui ne font courir les trente ans que du jour de la déclaration d'absence.

(4) Marcadé, *127*, 2.

(5) Marcadé, *127*, 9 ; Demolombe, II, 127 ; Zach., § 101.

(6) Les dépenses de grosses réparations étant à la charge des fonds sont prises sur les biens fonds ou capitaux de l'absent, et par conséquent occasionnent aussi une diminution du revenu annuel : Marcadé, *127*, 9 ; Demolombe, II, 127.

(7) Toullier, I, 467 ; Duranton, I, 450 ; de Moly, n° 561 ; Plasman, p. 275 ; Marcadé, *124*, 2 et 15 ; Dict. not., *absence*, n° 260, 261 ; Roll., *ibid.*, n° 238 ; Bellot, *contr. de mar.*, II, p. 23 ; Rodière et Pont, *ibid.*, I, 742 ; Demolombe, II, 276 ; Zach., § 99, note 2.

(8) Par acte passé au greffe du tribunal civil : arg. art. 1457 C. N. ; Dict. not., *absence*, n° 262 ; Roll., *ibid.*, n° 240.

(9) Mais, à l'égard des biens dont la jouissance a été laissée à l'absent par contrat de mariage, l'option ne peut empêcher l'envoi provisoire : Marcadé, *124*, 2 et 15 ; CONTRA de Moly, p. 136 ; Dict. not., *absence*, n° 268 ; Roll., *ibid.*, n° 244.

(10) Duranton, I, 462 ; Marcadé, *124*, n° 11 ; Roll., *absence*, n° 260.

(11) Marcadé, *124*, 16 ; Toullier, I, 471 ; Duranton, I, 463 ; Dict. not., *absence*, n° 282 ; Roll., *ibid.*, n° 261.

(12) Marcadé, *124*, 4 ; Roll., *absence*, n° 245.

916. L'art. 124 n'obligeant point le conjoint administrateur légal à fournir caution, il en est dispensé (1).

917. L'époux qui a opté pour la continuation de la communauté ou de la société d'acquêts doit remplir les formalités indiquées *supra n° 915*.

918. Les droits de l'époux administrateur ne sont pas les mêmes, selon que c'est le mari ou la femme qui a cette qualité. Ainsi, le mari continue l'administration avec tous les droits y attachés, en sorte qu'il conserve les pouvoirs d'aliéner, hypothéquer, etc. (2) les biens communs, sans que les aliénations et hypothèques puissent être critiquées ultérieurement, lors même qu'elles se trouveraient avoir eu lieu après le décès de la femme si le mari n'en avait pas connaissance (3); mais il ne peut, bien entendu, aliéner ni hypothéquer les biens de la femme. Si, au contraire, c'est la femme qui est présente, elle prend l'administration des biens communs comme biens d'absent; elle ne peut donc pas plus aliéner ou hypothéquer les biens communs (4) que ceux de son mari.

919. L'administration légale cesse : 1° par la preuve de l'existence du conjoint absent; 2° par la preuve de son décès; 3° par le laps de trente ans écoulé depuis la déclaration d'absence, ou de cent ans depuis la naissance de l'absent; 4° par la mort de l'époux présent; 5° par la renonciation de l'époux administrateur à la continuation de la communauté (5) ou de la société d'acquêts. Dans le premier cas, la société conjugale est censée n'avoir jamais eu d'interruption. Dans le deuxième cas, elle est dissoute du jour du décés de l'absent (6). Dans les autres cas, elle est dissoute du jour de la disparition ou de la date des dernières nouvelles de l'absent, et elle est partagée entre les ayants droit selon ce qu'elle était au jour de sa dissolution, en faisant entrer dans la masse tant les biens existant au jour de la disparition, ou ceux qui en sont la représentation, que les fruits courus jusqu'au jour de la déclaration d'absence (7), *supra n° 905*.

920. Le conjoint qui a opté pour la continuation de la société conjugale et a, ainsi, conservé l'administration des biens, *supra n° 915*, a droit dans la même proportion que les envoyés en possession provisoire, *supra n° 914*, aux fruits qu'il a perçus postérieurement à la déclaration d'absence, tant sur la part de l'absent dans les biens communs que sur ses biens propres (8) (*C, N., 127*); toutefois : 1° si la restitution a lieu parce que l'absent a reparu ou a donné de ses nouvelles, *supra n° 919, 1°*; comme alors les effets de l'absence cessent (*C. N., 131*), et que la communauté est censée ne pas avoir eu d'interruption, le conjoint administrateur n'a droit personnellement à aucune rétention de fruits; 2° si la restitution a lieu par suite de la preuve du décès de l'absent, *supra n° 919, 2°*, dans ce cas, la communauté n'a eu aucune interruption jusqu'au jour de ce décès, et le conjoint administrateur n'a droit personnellement à aucune rétention des fruits courus jusque là; mais quant à ceux courus depuis le jour du décès jusqu'au moment où l'on a eu connaissance de ce décès, ils lui appartiennent dans la proportion susindiquée. Dans les autres cas du n° 919, le conjoint administrateur a droit à la rétention des fruits dans la proportion de l'art. 127 depuis le jour de la déclaration d'absence jusqu'à celui de la cessation de son administration (9).

à N....., en date du....., et non suivi d'opposition ni appel, ce dont la comparante a justifié.

« Mme Oury ayant opté pour la continuation de la communauté qui existait entre elle « et son mari, aux termes de leur contrat de mariage, passé devant M^e^....., notaire « à....., le.....; et ayant pris l'administration des biens de son mari absent, ainsi que « le tout résulte du jugement susrelaté déclarant l'absence et d'une déclaration passée au « greffe du tribunal civil de N....., le.....

---

(1) Duranton, I, 465; Proudhon et Valette, I, p. 318; Mourlon, I, 452; Demolombe, II, 283; Zach., § 99, note 10; Marcadé, *124* 3; Plasman, I, p. 282; Rodière et Pont, I, 744; Bellot, *contr. de mar.*, II, p. 12; Dict. not., *absence*, n° 272; Roll., *ibid.*, 248: CONTRA de Moly, n° 580; Toullier, I, 467; Talandier, p. 164; Paris, 9 janvier 1826. V. Seine, 23 mars 1867; J. N. 18923.

(2) Toullier, I, 469; Duranton, II, 451; Plasman, p. 279; Mourlon, I, 448; Demolombe, II, 285; Pont, *privilége*, n° 654; CONTRA Proudhon et Valette, I, p. 318.

(3) Marcadé, *124*, 8 et suiv.; voir cependant Mourlon, I, 448.

(4) Marcadé, *124*, 4; Pont, *privilége*, n° 654.

(5) Demolombe, II, 293; Marcadé, *art. 124*; Zach., § 99; Plasman, p. 280; Valette sur Proudhon, I, p. 315.

(6) Demolombe, II, 293; Marcadé, *art. 124*; Massé et Vergé sur Zach., § 99, note 11; Mourlon, I, 447.

(7) Marcadé, *art. 124* et *art. 125*, n° 4; Demolombe, II, 293.

(8) Marcadé, *127*, 6; Roll., *absence*, n° 276.

(9) Marcadé, *127*, 6; Mourlon, I, 455; Toullier, I, 472; Duranton, I, 464; Proudhon et Valette, I, p. 319 et suiv.; de Moly, n° 570; Demolombe, II, 286.

921. Les envoyés en possession provisoire, le conjoint administrateur légal ne sont que de simples administrateurs et ne peuvent faire que des actes d'administration; à l'égard des actes d'aliénation, tels que vente, échange, hypothèque, etc., ils ne leur sont permis qu'en cas de nécessité, et après avoir obtenu l'autorisation du tribunal (1). (*C. N., 128, 2126.*) [FORM. 183 *bis.*]

922. Mais les envoyés en possession peuvent aliéner les droits et espérances qu'ils ont sur les biens meubles et immeubles de l'absent; c'est un *alea* qu'on ne peut considérer comme un pacte sur une succession future (2).

923. Ils peuvent aussi procéder entre eux au partage provisoire (3) des biens de l'absent, en se conformant aux règles prescrites en matière de succession.

TROISIÈME PÉRIODE. — ENVOI EN POSSESSION DÉFINITIVE

924. Si l'absence s'est prolongée pendant trente années à partir du jour de la déclaration d'absence (4), qu'il y ait eu envoi en possession provisoire ou administration légale, ou si l'absent a atteint l'âge de cent ans révolus, et que depuis la déclaration d'absence il n'ait point reparu ni donné de ses nouvelles, il devient probable qu'il n'existe plus et la loi le présume mort (5); comme conséquence, la communauté ou la société d'acquêts, s'il en existait, est définitivement dissoute; la succession de l'absent est ouverte, le tout à la date de sa disparition ou de ses dernières nouvelles; les cautions sont déchargées et tous les ayants droit peuvent demander le partage des biens de l'absent et faire ordonner l'envoi en possession définitive par le tribunal qui a prononcé l'absence. (*C. N., 129.*) [FORM. 184.]

925. Si l'absent reparaît, ou si son existence est prouvée après l'envoi définitif, à quelque époque que ce soit (6), il recouvre ses biens dans l'état où ils se trouvent, le prix de ceux qui ont été aliénés, ou les biens provenant de l'emploi qui a été fait du prix de ses biens vendus. (*C. N., 132.*)

926. Ses enfants et autres descendants directs peuvent aussi, en prouvant leur filiation, et sans qu'ils aient besoin de prouver le décès, faire les réclamations énoncées au n° qui précède (*C. N., 133*), mais seulement dans les trente ans (7) après l'envoi définitif. Quant aux héritiers collatéraux, ils ne peu-

FORMULE 183 *bis*. — Hypothèque par l'envoyé en possession ou le conjoint administrateur. (N°s 921 à 923.)

Après les comparutions des deux formules qui précèdent, on ajoute :

M. OURY et M. et Mme BERTIN (*ou* Mme veuve OURY), autorisés à faire le présent emprunt et à hypothéquer les immeubles qui seront ci-après désignés, aux termes d'un jugement rendu par le tribunal civil de N....., le.....

FORMULE 184. — Envoyés en possession définitive. (N°s 924 à 927.)

M. Charlemagne OURY, pharmacien, demeurant à N.....

Et M. Philippe BERTIN, propriétaire, et Mme Thérèse OURY, son épouse, de lui autorisée, demeurant ensemble à.....

« M. OURY et Mme BERTIN envoyés en possession définitive, chacun pour moitié, des « biens de M. Louis-Théodore OURY, leur frère, propriétaire, ayant demeuré à....., « déclaré absent suivant jugement rendu par le tribunal civil de....., le....., ainsi « qu'il résulte d'un autre jugement du même tribunal en date du....., signifie, etc... » (*Le surplus comme en la formule 182.*)

(1) Marcadé, *127*, 9; Duranton, I, 484; Pigeau, *Pr.*, II, p. 305; Persil, *art. 2124*; Mourlon, I, 422; Roll., *absence*, n° 186 et *hypothèque*, n° 202; de Moly, n° 477; Demolombe, II, 111; Zach., § 100; Pont, *priv.*, n° 652; CONTRA Toullier, I, 431; Demante, *encyclop.*, n° 88 : selon ces auteurs, l'autorisation du conseil de famille doit avoir lieu au préalable.

(2) Marcadé, *128*, 2; Demolombe, II, 130, 131.

(3) Duranton, I, 303; Marcadé, *art. 129*; Demolombe, II, 128; Zach., § 100; Angers, 28 août 1828.

(4) Marcadé, *129*, 4; Demolombe, II, 148; Massé et Vergé sur Zach., § 102, note 1; Mourlon, I, 461.

(5) Talandier, p. 227; Toullier, I, 447; Duranton, I, 510; Demolombe, II, 154; Marcadé, *art. 129*; Zach., § 103.

(6) Il n'y a pas de prescription contre son action en restitution : Duranton, I, 510; Mourlon, I, 477.

(7) Ce temps de trente ans est invariable; on ne pourrait demander qu'il fût augmenté en invoquant la suspension ou l'interruption de la prescription : Proudhon, I, p. 335; Duranton, I, 513; Talandier, p. 235; Marcadé, *133*, 6; CONTRA Toullier, I, 435; de Moly, n° 690; Zach., I, 310; Plasman, I, p. 249; Vazeille, I, p. 325; Mourlon, I, 480.

vent faire ces réclamations après l'envoi définitif qu'en prouvant le décès, et seulement pendant les trente ans qui suivent le décès (1); s'ils ne prouvent pas le décès, leur réclamation n'est recevable qu'autant qu'elle est faite dans les trente ans de l'envoi en possession provisoire (2).

927. Dans les cas des nos 925 et 926, les restitutions ont lieu sous la réserve des fruits acquis conformément à l'art. 127 C. N. (*Supra nos 914 et 920.*)

CHAPITRE DEUXIÈME

EFFETS DE L'ABSENCE RELATIVEMENT AUX DROITS ÉVENTUELS QUI PEUVENT COMPÉTER A L'ABSENT

928. Lorsqu'un individu (3) dont l'existence n'est pas reconnue est appelé à recueillir une succession, elle est dévolue, à son exclusion, à ceux qui auraient concouru avec lui, ou à ceux qui l'auraient recueillie à son défaut (4), *C. N., 136* [Form. 185]; et si les représentants de cet individu réclament les droits qu'il aurait eus dans cette succession, ils doivent, pour être recevables dans leur demande, prouver qu'il existait au jour de son ouverture (*C. N., 135*), sauf le cas de représentation, *infra n° 1703*. Mais, bien entendu, si l'absent reparaît ou si son décès a eu lieu postérieurement à l'ouverture de la succession, lui ou ses représentants peuvent réclamer pendant trente ans (5), du jour de l'ouverture de la succession à laquelle il était appelé, ses droits à cette succession par la voie de la pétition d'hérédité (*C. N., 137, 2262*); jusqu'à cette réclamation, les héritiers apparents gagnent les fruits par eux perçus de bonne foi. (*C. N., 138.*)

929. Les héritiers présents, en recueillant la succession à l'exclusion de celui dont l'existence n'est pas reconnue, sont immédiatement saisis, à l'égard des tiers, de la totalité de la succession (6); conséquemment, ils ne sont pas tenus de faire inventaire (7), ni de fournir caution (8), ni de faire nommer un notaire pour représenter l'absent (9); si les scellés ont été apposés, ils peuvent les faire lever sans

FORMULE 185. — Héritier recueillant une succession à l'exclusion d'un individu dont l'existence n'est pas reconnue. (Nos 928 à 930.)

M. Louis Dubois, propriétaire, demeurant à.....,

« Seul et unique héritier de M. Georges Dubois, son frère, en son vivant propriétaire, « demeurant à....., où il est décédé le....., ainsi que le constate l'intitulé de l'inven« taire après son décès, dressé par Me....., notaire à....., le.....

« Étant fait observer que M. Georges Dubois a eu un fils du nom de Léon Dubois, « ayant été médecin à....., mais qu'il a disparu en....., sans jamais donner de ses « nouvelles; en sorte que son existence n'est pas reconnue, et que la succession de « M. Georges Dubois s'est trouvée exclusivement dévolue au comparant en vertu de

(1) Toullier, I, 454; Proudhon, I, p. 181; Duranton, I, 511; Dict. not., *absence*, n° 33; Marcadé, *135*, 3; contra de Moly, n° 689.

(2) Marcadé, *135*, 3; Mourlon, I, 479.

(3) Absent déclaré ou absent présumé, peu importe : Proudhon, I, p. 138; Toullier, I, 477; de Moly, n° 62; Demante, n° 107; Demolombe, II, 203; Zach., § 105; Duranton, I, 535; Mourlon, I, 486; Dict. not., *absence*, n° 344; Roll., *ibid.*, n° 320; Marcadé, *135*, 1; Cass. 16 fév. 1807 et 30 août 1826; Agen, 4 janv. 1808; Paris, 27 mai 1808; Rennes, 9 avril 1810; Colmar, 24 déc. 1816, 26 juin 1823; Poitiers, 29 avril 1807; Metz, 3 janv. 1860.

(4) Toutefois en ce qui concerne les militaires absents, voir *infra n° 952*.

(5) Et même plus s'il y a eu interruption ou suspension de la prescription : Cass. 10 nov. 1824.

(6) Montpellier, 17 mars 1859; J. N. 16675.

(7) Toullier, I, 480; de Moly, p. 389; Proudhon, I, p. 144; Demante, nos 54 et 56; Plasman, p. 343; Marcadé, *art. 137*, Mourlon, I, 490; Demolombe, II, 213; Zach., § 105, note 8; contra Duranton, I, 394; Roll., *absent*, n° 50.

(8) Demolombe, II, 213; Marcadé, *art. 137*; Zach., § 105, note 8; Rennes, 19 avril 1810.

(9) Toullier, I, 480; Demante, n° 116; Plasman, p. 68; Demolombe, II, 210 à 213; Zach., § 105, note 8; Marcadé, *136*, 3; Dict. not., *absence*, n° 78; Roll., *ibid.*, nos 67, 321; Paris, 27 mai 1808, 14 janv. et 9 avril 1861; 24 mars 1863, 25 avril 1806; J. N. 17788; Rennes, 9 avril 1810; Bordeaux, 16 mai 1832 et 16 déc. 1835; Amiens, 14 déc. 1838; Caen, 1er juill. 1850; J. N. 14158; contra Duranton, I, 394; Dict. not., *absence*, n° 349; de Moly, n° 632; Metz, 26 août 1812; Riom, 20 mars 1816; Paris, 26 fév. 1826.

description (1), et si l'absent ou ses représentants font par la suite les réclamations dont il est question *supra n° 928*, ils ne peuvent faire annuler les aliénations consommées de bonne foi par l'héritier apparent ni exercer de recours contre les tiers acquéreurs, quand même l'insolvabilité de l'héritier apparent serait un obstacle à la restitution de leurs droits (2).

930. Lorsque l'absent qui a été exclu d'une succession reparaît, et qu'il réclame ses droits à des cohéritiers qui ont partagé la succession à son exclusion, si l'un des cohéritiers est insolvable, c'est l'absent seul (et non ses autres cohéritiers avec lui) qui perd la part contributive à la charge de l'insolvable (3).

CHAPITRE TROISIÈME

EFFETS DE L'ABSENCE RELATIVEMENT AU MARIAGE

931. L'absence déclarée, même suivie d'envoi en possession définitive, n'a point pour effet de dissoudre le mariage; le conjoint de l'absent ne peut donc contracter un nouveau mariage tant qu'il n'a point la preuve de son décès (*C. N., 147, avis du conseil d'État 7 avril 1805*), quand même le conjoint absent aurait atteint sa centième année depuis sa disparition (4). Cependant, s'il parvient à contracter un autre mariage, ce nouveau mariage ne peut être attaqué tant que l'absence dure; mais, si l'absent reparaît ou donne de ses nouvelles, le nouveau mariage peut être attaqué par l'ex-absent, ou s'il a seulement donné de ses nouvelles par son fondé de pouvoir muni de la preuve de son existence. (*C. N., 139.*)

CHAPITRE QUATRIÈME

ABSENCE MILITAIRE

932. La disposition de l'art. 136, *supra n° 928*, ne s'applique pas aux militaires absents : une *loi du 11 ventôse an II* et une autre *du 16 fructidor même année*, non abrogées par le Code Nap. (5), portent

« l'art. 136, C. Nap.; ainsi que le tout résulte d'un acte de notoriété reçu par M°....., « qui en a gardé minute, et son collègue, notaires à....., le.....

FORMULE 186. — Curateur au militaire absent. (N°s 932 et 933.)

M. Louis-Désiré Ansoult, propriétaire, demeurant à.....

« Agissant en qualité de curateur de M. Louis-Jérôme Ansoult, son neveu, soldat au « cinquante-huitième de ligne, qui était devant Sébastopol (Crimée), et a disparu dans « la nuit du.... mai mil huit cent cinquante cinq, en repoussant une sortie de l'ennemi, « nommé à cette fonction, qu'il a acceptée, suivant délibération du conseil de famille de « l'absent prise devant M. le juge de paix du canton de....., ainsi qu'il résulte du « procès-verbal que ce magistrat en a dressé, assisté de son greffier, le.....

(1) Marcadé, *136*, 3.

(2) Chabot, *art. 756*; Malpel, *succession*, n° 211; Zach., Massé et Vergé, § 103, note 9; Duvergier, *vente*, I, 225; Demolombe, II, 243 à 250; Cass. 3 août 1815, 26 août 1833, 20 janv. 1841, 16 janv. 1843; Caen, 21 fév. 1814; Rouen, 12 avril 1826, 10 juill. 1834, 25 mai 1839 et 3 juin 1843; Montpellier, 18 janv. 1827 et 11 janv. 1830; Toulouse, 5 mars 1833; Limoges, 27 déc. 1838; Trib. Seine, 31 août 1826; Bourges (audience solennelle), 24 août 1843; Paris, 28 janv. 1848, 24 déc. 1866; J. N. 11555, 11793, 13386, 18710; CONTRA Toullier, *addition* au t. IX; Duranton, I, 559 à 579; Grenier, *hyp*, I, p. 101; Proudhon, *usuf.*, n° 1319; Lagrange, *examen crit.*, p. 222; Troplong, *hyp.*, n° 468, et *vente*, n° 960; Vazeille, *succession*, p. 70; Plasman, p. 168; Marcadé, *137*, 4; Mourlon, I, 495; Poitiers, 10 avril 1832; Orléans, 27 mai 1836; Montpellier, 9 mai 1838; Rennes, 12 août 1844; J. N. 12112. V. Cass. 26 fév. 1867; J. N. 18825.

(3) Marcadé, *137*, 6; CONTRA Duranton, I, 579.

(4) De Moly, n° 511; Demolombe, II, 260; Zach., § 106.

(5) Demolombe, II, 341 et suiv.; Marcadé, I, n° 512; Dict. not. *absence*, n° 413; Cass. 9 mars 1824 et 23 août 1837; Poitiers, 5 juill. 1826; Bourges, 2 nov. 1826; Riom, 18 déc. 1828; Orléans, 12 août 1829; Limoges, 15 nov. 1829; Bordeaux, 27 janv. 1847; J. N. 9798, 13013; CONTRA Cass. 9 mars 1819; Colmar, 24 déc. 1816; Nancy, 24 janv. 1820; Paris, 27 août 1821; Nîmes, 28 janv. 1823.

que, si parmi ceux appelés à une succession il se trouve des militaires, marins, ou autres personnes attachées aux armées de terre ou de mer, le juge de paix, immédiatement après l'apposition des scellés, doit leur faire connaître l'ouverture de la succession, s'il sait à quel corps d'armée ils sont attachés, et en instruire pareillement le ministre de la guerre, ce qui doit être constaté à la suite du procès-verbal d'apposition de scellés par une copie des lettres; si, dans le délai d'un mois, l'héritier ne donne pas de ses nouvelles ou n'envoie pas sa procuration, le maire de la commune du lieu de l'ouverture de la succession doit convoquer devant le juge de paix un conseil de famille à l'effet de nommer un curateur à l'absent [Form. 186], dont les fonctions consistent à faire lever les scellés, procéder à l'inventaire, vendre les meubles, en recevoir le prix, et administrer les immeubles; le tout à la charge de rendre compte.

933. Ainsi, lorsqu'une succession échoit à un militaire absent, elle n'est pas dévolue à son exclusion à ceux qui auraient concouru avec lui, ou l'auraient recueillie à son défaut; il recueille sa part et il est représenté par un curateur à toutes les opérations auxquelles l'ouverture de la succession donne lieu (1); mais si l'absent ne se représente pas et que son absence vienne à être déclarée et l'envoi en possession prononcé, ceux qui auraient concouru à la succession avec l'absent, ou l'auraient recueillie à son défaut, ont seuls droit à la part de cette succession qui lui serait revenue (2).

TITRE CINQUIÈME

DU MARIAGE

SOMMAIRE

(1) Talandier, p. 347; Marcadé, I, n° 512; Cass. 9 mars 1819, 17 fév. 1829; Orléans, 12 août 1829; Paris, 22 mars 1825; Poitiers, 5 juill. 1826; Bourges, 2 nov. 1826; Bordeaux, 20 nov. 1826; Riom, 18 déc. 1828; CONTRA Rouen, 29 janv. 1817; Metz, 1er mars 1827.

(2) Marcadé, I, n° 514; Dict. not., *absence*, n° 452; Cass. 20 juin 1831; CONTRA Roll., *absence*, n° 389 : selon cet auteur, le curateur doit retenir la part de l'absent jusqu'à son décès prouvé ou sa centième année.

FORMULES

934. Le mariage est la société de l'homme et de la femme qui s'unissent pour perpétuer leur espèce et pour s'aider par des secours mutuels à porter le poids de la vie en partageant leur commune destinée (1).

(1) Discours de l'orateur du gouvernement.

CHAPITRE PREMIER

DES QUALITÉS ET CONDITIONS REQUISES POUR POUVOIR CONTRACTER MARIAGE

§ 1. — EMPÊCHEMENTS — PROHIBITIONS — DISPENSES

EMPÊCHEMENTS

935. Il y a empêchement au mariage :

1° Pour défaut de puberté, en ce qui concerne l'homme, avant dix-huit ans révolus; en ce qui concerne la femme, avant quinze ans révolus (*C. N., 144*), à moins de dispenses d'âge accordées par le chef de l'Etat pour des motifs graves (*C. N., 145*) et dans les formes indiquées *infra n° 940*;

2° Pour celui qui est dans les liens du mariage, en ce sens qu'on ne peut contracter un second mariage avant la dissolution du premier (*C. N., 147*);

3° Momentanément pour la femme devenue veuve ou dont la mariage a été déclaré nul (1), pendant les dix mois qui suivent la dissolution ou l'annulation du mariage précédent (*C. N., 228*);

4° Pour celui qui est incapable de donner un consentement; ainsi : l'interdit, l'individu atteint d'imbécillité, de démence (2);

5° Pour celui qui est engagé dans les ordres sacrés ou qui a fait des vœux religieux dans une congrégation légalement autorisée (3);

6° Pour celui qui est en état d'impuissance naturelle ou accidentelle; l'époux qui a été induit en erreur en croyant son conjoint apte au but du mariage, qui est la procréation, peut en demander la nullité (4).

7° Pour celui contre lequel le divorce a été prononcé pour cause d'adultère; il ne peut se remarier avec son complice. (*C. civ., 298.*)

936. Il y a aussi empêchement relatif au mariage pour les officiers, sous-officiers et soldats en activité de service dans les armées de terre ou de mer et dans la gendarmerie; pour les intendants et sous-intendants militaires, leurs adjoints et les élèves en cette partie; pour les officiers de santé militaires; enfin, pour les officiers réformés et jouissant d'un traitement de réforme. Ils ne peuvent se marier : les officiers, qu'avec la permission par écrit du ministre de la guerre ou de la marine, sous peine de destitution et de perdre, tant pour eux que pour leurs veuves et leurs enfants, tout droit à une pension ou récompense militaire, et les sous-officiers et soldats qu'avec la permission par écrit du conseil d'administration de leur corps. (*Décrets des 16 juin, 3 août, 28 août 1808; avis du conseil d'État du 21 décembre 1808, et ordonn. roy. du 29 oct. 1820.* Voir aussi *décis. min. guerre 17 déc. 1843, 19 avril 1844, 21 août 1852; 18 fév. et 12 août 1875*; **J. N. *16400, 17550, 21138*.**

PROHIBITIONS

937. Le mariage est prohibé pour cause de parenté :

1° En ligne directe, entre tous les ascendants et descendants légitimes ou naturels, même non reconnus (5), et les alliés dans la même ligne (*C. N., 161*);

2° En ligne collatérale, entre le frère et la sœur, légitimes ou naturels, et les alliés au même degré (*C. N., 162*); entre l'oncle et la nièce, la tante et le neveu (*C. N., 163*); entre le grand-oncle et la petite-nièce, la grand'tante et le petit-neveu (6); à moins, en ce qui concerne les beaux-frères et belles-sœurs,

(1) Toullier, II, 663; Duranton, II, 129; Marcadé, *art. 228*; Demolombe, III, 124; Zach., § 128, note 7; Trèves, 30 avril 1806.

(2) Marcadé, *146*, 1; Zach., § 110; Mourlon, I, 533.

(3) Duranton, II, 201; Malher de Chassat, *statuts*, n° 175; Dict. not., *mariage*, n° 50; Fœlix, *Revue étrang.*, 1837, p. 92; Marcadé, I, n° 564; Mourlon, I, 564; circ. min. just. 14 janv. 1806 et 20 janv. 1807; Bordeaux, 20 juill. 1807; Turin, 30 mai 1811; Paris, 27 déc. 1828 et 14 janv. 1832; Limoges, 17 janv. 1846; Alger, 11 déc. 1851; Cass. 21 fév. 1833 et 23 fév. 1847; Agen, 6 juill. 1860; J. N. 17016; CONTRA Zach., § 129; Toullier et Duvergier, I, 560; Vazeille, I, 94; Valette, I, p. 415; Richefort, I, 217; Demolombe, III, 131; Trib. Périgueux, 31 juill. 1862; Gênes (Italie), 16 juill. 1866.

(4) Vazeille, I, 93; Chardon, *dol*, I, 23; Valette, I, 395; Demolombe, III, 254; Mourlon, I, 563; Zach., Massé et Vergé, § 110, note 9; Marcadé, I, n° 567; Trèves, 27 janv. 1808 et 1er juill. 1810; CONTRA Cass. 15 avril 1862; Chambéry, 28 janv. 1867; J. N. 17407, 18843; voir Toullier et Duvergier, I, 525, qui n'admettent la nullité que pour l'impuissance accidentelle.

(5) Proudhon, II, p. 178; Vazeille, I, 107; Demolombe, III, 107; Marcadé, *161*, 2; Caen, 3 avril 1833. CONTRA Valette, II, p. 178; Duranton, II, 166.

(6) Décision de l'Empereur, 7 mai 1808; Toullier, I, 538; Valette sur Proudhon, I, p. 401; Duranton, II, 168; Demolombe, III, 105; Marcadé, *art. 163*; Zach., § 126, note 7.

oncles, tantes, neveux et nièces, grands-oncles, grand'tantes, petits-neveux et petites-nièces, de dispenses accordées par le Gouvernement pour des motifs graves (*C. N., 164*) et dans les formes indiquées *infra n° 940*.

938. Le mariage est aussi prohibé pour cause de parenté juridique résultant de l'adoption : 1° entre l'adoptant, l'adopté ou les descendants de celui-ci; 2° entre les enfants adoptifs du même individu; 3° entre l'adopté et les enfants qui peuvent survenir à l'adoptant; 4° entre l'adopté et le conjoint de l'adoptant, et réciproquement entre l'adoptant et le conjoint de l'adopté. (*C. N., 348.*)

OBTENTION DE DISPENSES

939. On a vu, *supra nos 935, 1°, et 937, 2°*, qu'on peut obtenir des dispenses d'âge et de parenté pour le mariage.

940. Pour obtenir ces dispenses, on fait une pétition au chef de l'Etat; la pétition est remise au procureur de la rép. du domicile du lieu de la célébration du mariage s'il s'agit de dispenses de parenté, et du domicile de l'impétrant s'il s'agit de dispenses d'âge; le procureur de la rép. met son avis au pied de la pétition; puis elle est adressée au ministre de la justice, qui fait un rapport au chef de l'Etat, et, sur ce rapport, le Président rend un arrêté par lequel il délivre la dispense (1). Cet arrêté est, à la diligence du procureur de la rép. et en vertu d'ordonnance du président du tribunal, enregistré au greffe du tribunal civil du lieu de la célébration du mariage. Une expédition de l'arrêté, dans laquelle il est fait mention de l'enregistrement, demeure annexée à l'acte de célébration de mariage. (*Arrêté du 20 prairial an XI, art. 1, 2 et 5.*)

§ 2. — **DU CONSENTEMENT**

941. Le mariage, élevé par la religion à la dignité de sacrement, est, en droit civil, un contrat assujetti pour sa validité aux règles du consentement. (*C. N., 146.*)

942. Le consentement prescrit est d'abord celui des contractants, puis celui des père et mère ou autres ascendants (2). A défaut d'ascendants, voir *infra n° 952*.

943. Le fils, jusqu'à l'âge de vingt-cinq ans accomplis, la fille, jusqu'à l'âge de vingt et un ans accomplis, ne peuvent contracter mariage sans le consentement de leurs père et mère (*C. N., n° 148*), ou du survivant si l'un d'eux est mort, ou de celui qui est capable si l'un d'eux est dans l'impossibilité de manifester sa volonté (*C. N., 149, infra n° 943 bis*); ou, à défaut des père et mère (morts ou dans l'impossibilité de manifester leur volonté), des aïeuls et aïeules (*C. N., 150*); ou enfin, à défaut de ceux-ci, des autres ascendants les plus proches dans chacune des deux lignes, de sorte que, s'il y a un aïeul dans une ligne et seulement un bisaïeul dans l'autre ligne, le consentement de l'un et de l'autre est requis (3). S'il y a dissentiment entre ceux dont le consentement est requis, voir *infra n° 986*.

FORMULE 187. — Consentement à mariage par des ascendants. (Nos 941 à 949.)

PAR-DEVANT Me.....

ONT COMPARU :

M. Louis-Abraham MICHAULT, propriétaire, et Mme Adeline HÉDOUIN, son épouse de lui autorisée, demeurant ensemble à....., rue.....

Lesquels ont, par ces présentes, déclaré consentir au mariage que M. Louis-Théodore MICHAULT, leur fils, né à....., le....., employé au ministère des finances, demeurant à Paris rue....., n°....., se propose de contracter avec Mlle Noémi DUHAMEL, sans profession, demeurant à....., rue....., chez ses père et mère, née à....., le....., du mariage d'entre M. Louis DUHAMEL, négociant, et Mme Victorine MASSON.

(1) Il est dû un droit de sceau et d'enregistrement pour l'obtention de ces dispenses (*loi 28 avril 1816, art. 55*); mais il peut être fait remise de tout ou partie de ces droits si les impétrants justifient qu'ils sont hors d'état de les acquitter. (*Loi 21 avril 1832.*)

(2) Les ascendants appelés à consentir au mariage, sont ceux sous l'autorité desquels l'enfant se trouve : d'abord, les père et mère; à défaut, les ascendants les plus proches. *Voir n° 943.*

(3) Demolombe, III, 47 et 49; Marcadé, *150*, 3; CONTRA Valette sur Proudhon, I, p. 397 : selon cet auteur on ne doit consulter que le plus proche en degré.

943 *bis.* Le père, la mère ou autre ascendant est dans l'impossibilité de manifester sa volonté dans le sens du n° 943 : 1° lorsqu'il est absent, que son absence ait été déclarée ou qu'elle soit seulement présumée (1); 2° lorsqu'il est interdit (2); 3° lorsqu'il est en démence sans intervalle lucide (3); 4° lorsqu'il est condamné à une peine entraînant l'interdiction légale, *supra n° 805*. Cette impossibilité se constate, pour l'absent, l'interdit et le condamné, par la représentation des jugements d'enquête à fin d'absence, de déclaration d'absence, d'interdiction ou de condamnation; et, pour le présumé absent et le fou, par un acte de notoriété délivré par le juge de paix du lieu où l'ascendant a eu son dernier domicile connu, et contenant la déclaration de quatre témoins appelés d'office par le juge de paix (4). (*C. N., 155.*)

944. Ce qui est dit *supra n° 943* s'applique aussi à l'enfant naturel reconnu, mais seulement en ce qui concerne ses père et mère s'il a été reconnu par les deux, ou celui qui l'a reconnu s'il n'a été reconnu que par l'un d'eux (*C. N. 158*), car l'enfant naturel n'a point civilement d'autre ascendant que ses père et mère. Si l'enfant n'a pas été reconnu, ou si, ayant été reconnu, ses père et mère sont morts ou dans l'impossibilité de manifester leurs volontés, voir *infra n° 952*.

945. C'est à la seule qualité de père, mère ou d'ascendant qu'est attaché le droit de consentir au mariage. Il est indifférent que le père, la mère ou l'ascendant qui donne son consentement soit ou ne soit pas le tuteur de l'enfant qui se marie; ainsi, la mère remariée et non maintenue dans la tutelle n'est pas moins apte à consentir au mariage de l'enfant issu de son premier mariage (5).

946. Les contractants doivent donner leur consentement en personne (6); quant aux père et mère et autres ascendants, ils ont la faculté de le donner soit en personne, soit par écrit. [FORM. 187.] La femme mariée en deuxièmes noces peut, quant aux enfants de son premier mariage, le donner sans l'autorisation de son mari (7).

947. Le consentement donné par écrit a lieu par un acte devant notaire (*C. N., 73*) qui peut être délivré en brevet, et dont l'original (ou une expédition s'il est en minute) demeure annexé à l'acte de mariage.

948. Il peut être révoqué tant que la célébration n'a pas eu lieu (8).

949. L'acte de consentement à mariage doit contenir l'indication : 1° des noms, prénoms, profession et domicile des parties consentantes, ainsi que leur degré de parenté; 2° des noms, prénoms, professions et domiciles des deux futurs conjoints. (*C. N., 73.*) A défaut de l'indication du futur conjoint de celui auquel le consentement est donné, le maire peut refuser de procéder au mariage (9).

En conséquence, ils autorisent tous officiers de l'état civil et tous ministres du culte à procéder au mariage sur la seule représentation du présent acte.

S'il y a lieu de rectifier l'orthographe du nom ou l'omission d'un prénom des père et mère dans l'acte de naissance, infra n° 998, *on ajoute :*

En outre, les comparants déclarent que c'est à tort et par erreur que, dans l'acte de naissance de leur fils susnommé, inscrit à la mairie de....., le....., le nom de famille a été écrit MICHOT, tandis que la véritable manière de l'écrire est MICHAULT; et ils attestent qu'il y a parfaite identité entre M. Louis-Théodore MICHAULT, leur fils, et la personne nommée Louis-Théodore MICHOT dans cet acte de naissance.

Dont acte. Fait et passé, etc.

(1) Marcadé, *149*, 2; Demolombe, III, 44; Massé et Vergé sur Zach., § 127, note 13.

(2) Marcadé, *149*, 3.

(3) Marcadé, *149*, 3; CONTRA Toullier, I, 540; Roll., *consent. à mar.*, n° 16 : selon ces auteurs l'interdiction doit être prononcée.

(4) Marcadé, *149*, 3; Roll., *consent. à mar.*, n° 17.

(5) Marcadé, *149*, 4; Duranton, II, 90; Demolombe, III, 43; Zach., § 127, note 13; Bastia, 3 fév. 1836.

(6) Vazeille, I, 180; Duranton, II, 287; Rief, n° 32; Demante, n° 75; Zach., § 112, note 11; Bastia, 2 avril 1849; J. N. 13897; CONTRA Toullier, I, 574; Coin-Delisle sur l'*art. 75* : selon ces auteurs ils peuvent être représentés par des mandataires.

(7) Huteau d'Origny, p. 217; Roll., *consent. à mar.*, n° 9.

(8) Duranton, II, 93; Vazeille, n° 121; Roll., *consent. à mar.*, n° 36.

(9) Demolombe, III, 53; Massé et Vergé sur Zach., § 112, note 8; Marcadé, *art. 73*; Duranton, II, 91; Vazeille, n° 116; Mourlon, I, 552; CONTRA Roll., *consent. à mar.*, n° 26; Coin-Delisle, *art. 73*; Chardon, *puiss. patern.*, n° 204.

950. Au lieu de donner leur consentement par écrit, les parents peuvent constituer un mandataire par acte authentique (1) [Form. 188] à l'effet de consentir au mariage (2). Au cas d'une procuration, il nous semble que, le mandataire étant le représentant des personnes dont le consentement est requis, il n'est point indispensable qu'elle contienne l'indication du nom du futur conjoint (3). Cependant, il est toujours préférable de l'énoncer pour éviter toute difficulté. La procuration peut être donnée en blanc (4).

951. Le mandataire peut lui-même se dispenser d'assister en personne au mariage en donnant son consentement par écrit (5).

952. A défaut de père et mère ou autres ascendants (morts ou dans l'impossibilité de manifester leurs volontés, *supra n° 945 bis*), les fils ou filles mineurs de vingt et un ans ne peuvent contracter mariage sans le consentement du conseil de famille (*C. N., 160*), lequel, par délibération prise devant le juge de paix, délègue l'un de ses membres, qui peut aussi consentir soit en personne, soit par écrit [Form. 189], dans la forme indiquée *supra nos 947 et suiv.* Si le mineur de vingt et un ans est enfant naturel non reconnu, ou si, étant reconnu, ses père et mère sont morts ou dans l'impossibilité de manifester leurs volontés, il ne peut contracter mariage qu'après avoir obtenu le consentement d'un tuteur *ad hoc* nommé par le conseil de famille. (*C. N., 159.*)

953. Mais, après l'âge de vingt et un ans accomplis, le fils ou la fille dont les père et mère et autres ascendants sont morts ou dans l'impossibilité de manifester leur volonté, *supra n° 945*, n'ont plus besoin de requérir de consentement pour se marier (6), à la condition toutefois, au cas d'impossibilité ou d'incapacité, d'en justifier de la manière indiquée *supra n° 945 bis.*

FORMULE 188. — Procuration pour consentir à un mariage. (Nos 950 et 951.)

Par-devant Me.....

Ont comparu :

M. *(Mêmes comparutions qu'en la formule 187.)*

Lesquels ont constitué pour leur mandataire M.....

A l'effet de représenter les comparants au mariage que M....., leur fils, né à....., le....., demeurant à....., a l'intention de contracter avec Mlle.....; en conséquence se présenter devant tous officiers de l'état civil et tous ministres du culte, faire toutes affirmations, donner tous consentements, signer tous actes et registres de l'état civil, substituer, et généralement faire tout ce qui sera utile et nécessaire.

Dont acte. Fait et passé, etc.

FORMULE 189. — Consentement du délégué du conseil de famille. (Nos 952 et 953.)

Par-devant Me.....

A comparu M. Lucien Labbé, propriétaire.....

Agissant au nom et comme délégué par le conseil de famille (au nom et comme tuteur *adhoc* s'il s'agit d'un enfant naturel), de M. Louis-Désiré Mercier, sans profession, domicilié à...., chez M. Labbé comparant, son tuteur; mineur, sans père, mère ni autre ascendant; nommé à l'effet de consentir au mariage de M. Mercier, suivant délibération de son conseil de famille, prise sous la présidence de M. le juge de paix du canton de....., ainsi qu'il résulte du procès-verbal que ce magistrat en a dressé, assité de son greffier, le.....

Lequel a déclaré, etc.... *(Le surplus comme formule 187.)*

(1) Arg. C. N., 73; Roll., *consent. à mar.*, n° 29.
(2) Vazeille, n° 117; Roll., *loc. cit.*, n° 28.
(3) Roll., *loc. cit.*, n° 30; contra Vazeille, n° 117.
(4) Roll., *loc. cit.*, n° 31.
(5) Huteau d'Origny, p. 229; Roll., *loc. cit.*, n° 32.
(6) Marcadé, *155*, 2; Roll., *consent. à mar.*, n° 14, et *acte resp.*, n° 13; Toullier, I, 542.

954. On a vu, *supra n° 943*, que, jusqu'à l'âge de vingt et un ans pour les filles et de vingt-cinq ans pour les fils, les enfants ne peuvent contracter mariage sans le consentement de leurs père et mère ou autres ascendants.

955. Après cet âge, les enfants ne sont plus assujettis à ce consentement; toutefois, quel que soit leur âge et eussent-ils même déjà été mariés, le respect qu'ils doivent à leurs parents leur fait un devoir de requérir le conseil de leur père et mère ou autres ascendants; c'est pourquoi les enfants [les enfants naturels reconnus à l'égard de leur père ou mère (*C. N.*, *158*] sont tenus, avant de contracter mariage, de demander, par un acte respectueux et formel [Form. 190], le conseil de celui ou de ceux dont le consentement est requis, *supra n° 943*. (*C. N.*, *151*.)

956. De vingt et un à vingt-cinq ans accomplis pour les filles, et de vingt-cinq à trente ans accomplis pour les fils, l'acte respectueux non suivi de consentement au mariage est renouvelé deux autres fois de mois en mois, et un mois après le troisième acte il peut être passé outre à la célébration du mariage. (*C. N.*, *152*.)

957. Après l'âge de vingt-cinq ans accomplis pour les filles (1), et de trente ans accomplis pour les fils, il peut être, à défaut de consentement sur un seul acte respectueux, passé outre un mois après à la célébration du mariage. (*C. N.*, *153*.)

958. L'acte respectueux doit être reçu dans la forme authentique, en minute (2), par deux notaires, ou par un notaire assisté de deux témoins. (*C. N.*, *154*.)

959. Il se divise en deux parties (3) : dans la première, formant un acte distinct signé de l'enfant, du notaire et des témoins (4), l'enfant demande respectueusement le conseil de ses père et mère ou autres ascendants; dans la deuxième partie, le notaire, assisté des témoins, *infra n° 965*, fait la notification dont il est parlé *infra n° 965*. Lorsque le notaire rédacteur de l'acte respectueux ne peut lui-même le notifier aux père et mère en raison de ce qu'il n'a pas le droit d'instrumenter dans le lieu de la résidence de ces derniers, il peut être requis de faire opérer la notification par l'un des notaires de cette résidence, à son choix (5).

960. L'enfant peut être représenté à l'acte respectueux par un mandataire (6) porteur d'un pouvoir authentique (7) qui peut être un brevet. Lorsque trois actes respectueux doivent être notifiés, une seule procuration contenant le mandat de les faire suffit pour le premier acte respectueux et les deux renouvellements, sans qu'il soit besoin de trois procurations, une pour chaque acte (8).

FORMULE 190. — Acte respectueux à défaut de consentement. (Nos 954 à 962.)

1° *Réquisition et notification séparées*

L'an....., le....., à....., heures du matin;
A....., rue....., en l'étude de Me....., notaire;
Par-devant ledit Me....., notaire à....., soussigné;
Assisté de M....., et M....., témoins instrumentaires;
A comparu M. Louis-Théodore Dubois, employé au ministère de....., demeurant à Paris, rue....., n°.....;

Majeur de plus de vingt cinq ans, étant né à....., le....., du mariage d'entre M. Abraham Dubois, propriétaire, et Mme Adéline Hédouin, demeurant ensemble

(1) Toullier, I, 548; Proudhon, I, p. 218; Rief, n° 215; Chardon, *puiss. pat.*, n° 246; Vazeille, n° 135; Duranton, II, 18; Huteau d'Origny, p. 234; Marcadé, *art. 154*; Roll., *acte resp.*, nos 3 et 88; Dict. not., *acte resp.*, n° 160; Zach., § 128, note 25; Bordeaux, 22 mai 1806 et 29 sept. 1836; Besançon, 24 mai 1808; Bourges, 2 janv. 1810; Paris, 21 sept. 1815.

(2) Huteau d'Origny, p. 58. V. Paris, 16 janv. 1865; J. N. 18193.

(3) Dict. not., *actes resp.*, n° 41, tel est l'usage général; toutefois, voir *infra n° 982 et la note*.

(4) Dict. not., n° 43; Demolombe, III, 75; Massé et Vergé sur Zach., § 128, note 22; Toulouse, 2 fév. 1830; Lyon, 23 déc. 1831; contra Roll., *actes resp.*, nos 37, 81; Rennes, 16 fév. 1826 : selon lesquels la signature de l'enfant suffit.

(5) Toulouse, 27 nov. 1861, J. N., 17416.

(6) Roll., *actes resp.*, n° 42; Paris, 10 mars 1825.

(7) Roll., *actes resp.*, n° 34.

(8) Chauveau, *Journ. avoués*, XLII, p. 383; Demolombe, III, 79; Aubry et Rau, § 463-26; Laurent, II, 337; Roll., *actes resp.*, n° 44; Caen, 11 avril 1822 et 24 fév. 1827; Rouen, 7 oct. 1824; Paris, 29 nov. 1876; Bourges, 14 mai 1878. Contra Bruxelles, 30 avril 1825; Rouen, 19 mars 1828; Douai, 8 janv. 1828; Seine, 9 août 1828.

961. Le défaut d'acte respectueux dans le cas où il est prescrit donne lieu à une peine, *infra n° 1003*, contre l'officier de l'état civil qui a procédé au mariage (*C. N.*, *157*), mais il n'entraîne pas nullité du mariage (1).

962. Si les père et mère ou ascendants sont absents ou dans l'impossibilité de manifester leur volonté et qu'il n'y ait pas d'autre ascendants, l'acte respectueux n'est plus nécessaire; alors il peut être passé outre à la célébration du mariage de même que s'il n'y avait pas d'ascendants. Il doit être justifié de l'absence ou de l'impossibilité, *supra n°s 943 et 953*. (*C. N.*, *155*.)

963. L'acte respectueux est notifié, à un jour non férié (2), à celui ou à ceux dont le consentement est requis, *supra n° 943*, par deux notaires ou par un notaire assisté de deux témoins. (*C. N.*, *154*.) La présence réelle du notaire en second ou des deux témoins est exigée (3).

964. Lorsque la mère ou autre ascendante est remariée, c'est à elle seule que l'acte respectueux est notifié, et non à son nouveau mari, dont le consentement n'est pas nécessaire (4).

965. Il n'est pas nécessaire que l'enfant (ni son mandataire) se transporte avec le notaire chez les ascendants; il suffit qu'il ait requis le notaire de faire la notification, et que le notaire la fasse avec la seule assistance des témoins (5).

966. La notification est faite à chacun des ascendants nommément, et il y aurait nullité si elle n'était faite qu'à l'un d'eux (6).

à....., rue....., ainsi qu'il en a justifié par la représentation d'un extrait de son acte de naissance qui lui a été de suite rendu.

Lequel a déclaré que, par ces présentes, il demande respectueusement à M. et Mme Dubois, ses père et mère, leur conseil sur le mariage qu'il se propose de contracter avec Mlle Noémi Duhamel, sans profession, demeurant à....., rue....., n°....., chez ses père et mère, née à....., le....., du mariage d'entre M. Louis Duhamel, négociant et Mme Victorine Masson.

Et il a requis Me....., notaire soussigné, de se transporter au domicile de M. et Mme Dubois, ses père et mère, pour leur faire la notification du présent acte respectueux.

Et après lecture, le comparant a signé avec les témoins et le notaire.

(Signatures.)

NOTIFICATION

PRÉSENCE DES PÈRE ET MÈRE. (Nos 963 à 974.)

Et, le même jour....., à.....,

En conséquence de la réquisition contenue en l'acte de ce jour, dont la minute précède,

Me....., notaire à....., soussigné, toujours assisté de M......, et M......, témoins instrumentaires,

S'est transporté avec les témoins au domicile, à....., rue....., de M. et Mme Dubois, père et mère ci-dessus nommés.

Et il leur a notifié, en parlant à leurs personnes, l'acte respectueux dont la minute

---

(1) Bigot de Préameneu, *discours au Corps législatif*; Toullier, I, 550; Zach., § 128; Duranton, II, 104 et 115; Roll., *actes resp.*, n° 16; Dict. not., *ibid.*, n° 176; Cass. 12 fév. 1833; CONTRA Toulouse, 29 juill. 1828.

(2) Roll., *actes resp.*, n° 53, et *Fêtes*, n° 18; ann. not., II, p. 369; Massé, liv. I, chap. 6; Berryat-Saint-Prix, p. 89; Demolombe, III, 82; CONTRA Agen, 27 août 1829.

(3) Voir *supra n° 566*; CONF. Lyon, 23 mai 1831; Massé et Vergé sur Zach., § 128, note 20.

(4) Roll., *actes resp.*, n° 8; Dict. not., *ibid.*, n° 8; Demolombe, III, 63.

(5) Toullier, I, 401; Duranton, II, 111; Demolombe, III, 71; Vazeille, n° 138; Zach., § 128, note 21; Roll., *actes resp.*, n° 40; Dict. not., *ibid.*, n° 101; Marcadé, *art. 154*; Amiens, 10 mai 1822; Rouen, 6 mars 1806; Cass. 4 nov. 1807; Bordeaux. 22 mai 1806, 29 sept. 1836 et 2 avril 1823; Agen, 1er fév. 1817; Caen, 20 juill. et 12 août 1818; Douai, 22 avril 1819, 8 janv. 1828 et 27 mai 1833; Paris, 26 avril 1836; Lyon, 15 déc. 1841; Colmar, 12 juin 1844; Toulouse, 27 nov. 1861; J. N. 17416; CONTRA de Poly, *puiss. pat.*, I, p. 221; Valette, I, p. 378; Caen, 1er prairial an XIII; voir Seine, 22 juill. 1865; J. N. 18335.

(6) Roll., *actes resp.*, nos 55 et suiv.; Dict. not., *ibid.*, n° 81; Bruxelles, 5 mai 1808; Douai, 25 janv. 1815.

967. Lorsque les père et mère sont judiciairement séparés de corps, la notification est faite au domicile de chacun d'eux (1). Si la séparation n'est que de fait, on peut ne notifier qu'au domicile du mari; mais il est plus prudent de notifier à chaque demeure (2).

968. C'est un devoir pour l'enfant et les notaires de faire tout ce qui est possible pour que la notification soit faite aux ascendants eux-mêmes, c'est-à-dire en parlant à leurs personnes (3); cependant, pour le cas où les ascendants ne se trouveraient pas en leurs demeures, voir *infra n° 975*.

969. Le procès-verbal fait mention des réponses. (*C. N., 154.*) Chacun de ceux à qui on fait la notification doit faire une réponse (4); mais les ascendants ne sont pas tenus de répondre; alors il suffit de constater leur refus (5).

970. Les réponses sont relatées par le notaire d'une manière textuelle; cependant, si elles sont injurieuses, le notaire doit s'abstenir de rapporter ce qu'il y a d'injurieux, et, si l'enfant réplique à la réponse de ses parents, ce doit être avec tout le respect qui leur est dû (6).

971. Si les ascendants ne se trouvent pas en leur demeure et que la notification soit faite à domicile, *infra n° 975*, il n'y a pas de réponse à relater; alors les ascendants ont un mois pour faire leur réponse, s'ils jugent convenable de la faire.

972. Les réponses sont signées des ascendants; s'ils ne savent ou ne peuvent signer, on en fait mention, à moins qu'ils ne refusent de signer, ce qui doit être constaté.

973. Copie de l'acte respectueux et de la notification est laissée à chacun des ascendants, à peine de nullité, même lorsque ce sont deux époux (7), ce qui est constaté tant sur la minute de l'acte de notification que sur les copies (8).

974. Le procès-verbal de notification est signé du notaire et des témoins ou des deux notaires. Il en est de même assez habituellement des copies remises aux ascendants (9), quoiqu'à la rigueur la signature du second notaire ou des témoins semble superflue sur la copie.

---

précède, et par lequel M. Louis-Théodore Dubois, leur fils, demande respectueusement leur conseil, sur le mariage qu'il se propose de contracter avec Mlle Noémi Duhamel, sans profession, demeurant à....., rue....., chez ses père et mère ci-dessus nommés.

Sur l'interpellation à eux faite, M. et Mme Dubois ont dit, savoir :

M. Dubois, que par les motifs qu'il a déjà fait connaître à son fils, et qu'il ne croit pas utile de répéter ici, il désaprouve le mariage projeté, et persévère dans son refus d'y consentir.

Et Mme Dubois, que par les mêmes motifs elle refuse aussi son consentement.

Et après lecture, M. et Mme Dubois ont signé. (Signatures.)

De tout ce que dessus, il a été dressé le présent procès-verbal qui a été rédigé au domicile de M. et Mme Dubois;

Les jour, mois et an susdits.

Et à l'instant, Me....., notaire soussigné, a laissé à M. Dubois et à Mme Dubois, séparément, une copie signée des notaire et témoins, tant du présent procès-verbal que de l'acte respectueux qui précède.

Après lecture, les notaire et témoins ont signé. (Signatures.)

---

(1) Biochc, *actes resp.*, n° 33; Dict. not., *ibid.*, n° 88.

(2) Roll., *actes resp.*, nos 61, 62; Chauveau, *loc. cit.*, p. 385; Dict. not., *actes resp.*, n° 89.

(3) Roll., *actes resp.*, n° 58; Caen, 4 déc. 1812; Bruxelles, 2 avril 1823.

(4) Roll., *loc. cit.*, n° 67; Douai, 25 janv. 1815.

(5) Toullier, I, 549; Marcadé, *art. 154*; Roll., *actes resp.*, n° 66; Cass. 11 juill. 1827; Nîmes, 8 juill. 1830; Paris, 26 avril 1836, 28 janv. 1839.

(6) Roll., *actes resp.*, n° 73; Dict. not., *ibid.*, n° 103.

(7) Chauveau, p. 385; Vazeille, n° 134; Demolombe, III, 62; Massé et Vergé sur Zach., § 128, note 24; Roll., *acte resp.*, n° 75; Dict. not., *ibid.*, n° 115; Caen, 12 déc. 1812; Douai, 25 janv. 1815; Montpellier, 1er juill. 1817; Bruxelles, 11 juill. 1821; Paris, 10 mars 1825; Amiens, 18 janv. 1840; CONTRA Zach. *loc. cit.*; Bruxelles, 29 mars 1820 et 9 janv. 1824.

(8) Pr. 68; Huteau d'Origny, p. 40; Roll., *actes resp.*, n° 79.

(9) Dict. not., *actes resp.*, n° 146; Bordeaux, 13 fruct. an XIII; Paris, 12 fév. 1811; Rennes, 1er juin 1859; CONTRA Demolombe, III, 77; Caen, 10 déc. 1819; Montpellier, 31 déc. 1821; Pau, 1er mai 1824; Toulouse, 7 juin 1830; Douai, 27 mai 1835; Paris, 26 avril 1836; Lyon, 30 août 1848; J. N. 9239, 13531.

975. Si l'on était obligé de notifier l'acte respectueux aux parents eux-mêmes, ceux-ci, en s'absentant de leur demeure, pourraient rendre impossible l'accomplissement de la formalité; aussi, bien qu'on doive faire tout ce qui est possible pour les rencontrer, *supra* n° 968, s'ils sont absents de leur demeure, la notification peut avoir lieu à domicile, conformément aux dispositions de l'article 68 C. pr. (1).

976. Ainsi, lorsqu'un seul des père et mère est trouvé au domicile commun, c'est à lui que la notification est faite.

977. Mais on lui laisse deux copies, dont une pour lui et l'autre pour son conjoint.

978. Si les père et mère sont tous deux absents, on notifie et on remet les copies à un de leurs parents s'il s'en trouve à leur domicile. (*C. Pr.*, *68*.)

979. Si l'on ne trouve ni père, ni mère, ni parents, les copies sont remises à un serviteur (2). C Pr., 68.]

L'UN DES PÈRE ET MÈRE EST ABSENT DE LA DEMEURE. (Nos 975 à 977.)

Et le même jour.....

En conséquence, etc...

Me....., assisté, etc.....

S'est transporté avec les témoins au domicile, à....., de M. et Mme Dubois, où ils n'ont trouvé que M. Dubois père, qui a déclaré que la dame son épouse était absente, et qu'il ne pouvait préciser l'instant de son retour.

Et il a notifié à M. et Mme Dubois, parlant à M. Dubois, l'acte respectueux, etc...

Sur l'interpellation à lui faite de répondre, M. Dubois a dit, etc...

Après lecture, M. Dubois a signé. (Signature.)

De tout ce que dessus il a été dressé, etc...

Et à l'instant Me....., notaire soussigné, a laissé à M. Dubois deux copies séparées, signées des notaire et témoins, tant du présent procès-verbal que de l'acte respectueux qui précède, dont une pour lui, et l'autre pour la dame son épouse.

Après lecture, etc...

LES PÈRE ET MÈRE ET LES PARENTS SONT ABSENTS; REMISE DES COPIES A UN SERVITEUR. (Nos 978 et 979.)

Et le même jour, etc...

En conséquence, etc...

Me....., etc....., assisté....., etc...

S'est transporté avec les témoins au domicile, à....., de M. et Mme Dubois, où, en l'absence de M. et Mme Dubois, et sans qu'il y ait d'autres parents à leur demeure, ils ont trouvé Mlle Lucie Lassaigne, qui, ayant dit être attachée au service de M. et Mme Dubois, leur a déclaré que M. et Mme Dubois étaient absents de leur demeure, et qu'elle ne pouvait préciser l'instant de leur retour;

Et il a notifié à M. et Mme Dubois, en parlant à Mlle Lucie Lassaigne, leur domestique, l'acte respectueux, etc...

Requise de signer, Mlle Lassaigne s'y est refusée.

Et à l'instant, Me....., notaire soussigné, a laissé à M. et Mme Dubois, par la remise qu'il en a faite à Mlle Lassaigne, deux copies séparées, signées des notaire et témoins, tant du présent procès-verbal que de l'acte respectueux qui précède, dont une pour M. Dubois et l'autre pour Mme Dubois.

Après lecture, etc...

(1) Toullier, I, 509; Vazeille, n° 136; Duranton, I, 549; Valette sur Proudhon, I, 378; Chardon, n° 246; Bioche, *actes resp.* n° 36; Dict. not., *ibid.*, n° 118; Lyon, 22 avril 1812, 28 oct. 1827 et 15 déc. 1841; Caen, 23 janv. 1813 et 12 août 1818; Colmar, 6 avril 1813; Grenoble, 1er déc. 1818; Douai, 22 avril 1819; Amiens, 10 mai 1821 et 8 avril 1825; Toulouse, 27 juin et 21 juill. 1821; Pau, 1er mai 1824; Rennes, 2 mars 1825; Cass. 11 juill. 1827; Paris, 26 avril 1836; Bordeaux, 29 sept. 1836 et 2 avril 1838; Riom, 28 janv. 1839; J. N. 9240, 10343; CONTRA Caen, 12 déc. 1812; Bruxelles, 5 avril 1825.

(2) Caen, 28 janv. 1850; Seine, 22 juill. 1865, J. N. 14155, 18335.

980. Enfin, s'il ne se trouve ni père, ni mère, ni parents, ni serviteur, les copies sont remises à un voisin (1), qui signe la minute de la notification. (*C. Pr.*, *68*.)

981. Si le voisin ne peut ou ne veut signer, le notaire remet les copies au maire ou, à son défaut, à l'un des adjoints, ou, à leur défaut, au premier conseiller municipal (2), qui vise l'original sans frais (3) [*C. Pr.*, *68*], ou plutôt signe la minute de la notification.

981 *bis*. Dans tous les cas de remise des copies à d'autres personnes que les parents auxquels la notification est faite, l'acte respectueux doit, à peine de nullité, constater la cause de cette remise, et par conséquent que les ascendants ni aucun parent, serviteur, etc., ne se trouvaient au domicile des ascendants (4).

982. On a vu, *supra n° 959*, que l'acte respectueux se divise en deux parties distinctes : 1° la réquisition; 2° la notification. C'est ce qui doit avoir lieu, en effet, toutes les fois que l'enfant n'est pas présent à la notification (5).

983. Mais si l'enfant se rend avec le notaire et les témoins chez ses parents, il paraît tout rationnel de ne faire qu'un seul acte portant la demande de conseil par l'enfant à ses père et mère ou autres ascen-

LES PÈRE ET MÈRE, PARENTS ET SERVITEURS SONT ABSENTS; LE VOISIN REFUSE DE RECEVOIR LES COPIES QUI SONT REMISES AU MAIRE. (Nos 980 à 981 *bis*.)

Et le même jour, etc...

En conséquence, etc...

Me....., etc., assisté, etc...

S'est transporté avec les témoins au domicile, à....., de M. et Mme Dubois, où n'ayant trouvé ni M. et Mme Dubois, ni parents, ni personne attachée à leur service, les portes étant fermées, et aucune réponse n'ayant été faite à leur demande, le notaire s'est rendu avec les témoins en la demeure de M....., plus proche voisin des époux Dubois, qui s'est refusé à signer la minute de la notification, pourquoi le notaire s'est transporté avec les témoins à l'hôtel de ville, salle de la mairie;

Et il a notifié à M. et Mme Dubois, en parlant à M....., maire de la ville de....., l'acte respectueux, etc...

Après lecture, M. le maire a signé pour valoir de visa de l'original.

(Signature.)

Et à l'instant, Me....., notaire soussigné, a laissé à M. et Mme Dubois, par la remise qu'il en a faite à M....., maire, avec prière de les faire parvenir à M. et Mme Dubois, deux copies séparées, signées des notaire et témoins, tant du présent procès-verbal que de l'acte respectueux qui précède, dont une pour M. Dubois et l'autre pour Mme Dubois.

Après lecture, les notaire et témoins ont signé.

(Signatures.)

2° *Réquisition et notification en présence de l'enfant.* (Nos 982 et 983.)

L'an....., le....., heures du matin;

A....., rue....., n°....., en la demeure de M. et Mme Dubois, père et mère ci-après nommés;

Par-devant Me....., notaire à....., soussigné;

Assisté de....., etc...

A comparu M. Louis-Théodore Dubois, etc...

Majeur de plus de vingt-cinq ans, etc...

(1) Montpellier, 1er juill. 1817; Besançon, 19 fév. 1861; J. N. 17047; contra Caen, 12 déc. 1822; Agen, 1er fév. 1817; Cass. 11 juill. 1827; Montpellier, 17 août 1855; Jur. N. 10588, selon lesquels les copies peuvent être remises au maire sans que le refus d'un voisin ait été constaté. V. Bourges, 22. sept. 1866; J. N. 18618.

(2) Circ. min. just. 6 juill. 1810; Bordeaux, 2 avril 1838; Riom, 28 janv. 1839; J. N. 10343.

(3) Roll., *actes resp.* n° 78; contra Bruxelles, 11 déc. 1816.

(4) Besançon, 19 fév. 1861; J. N. 17047.

(5) Huteau d'Origny, p. 238; Chauveau, p. 385, 386; Douai, 27 mai 1835; Bordeaux, 2 avril 1838; J. N. 10343; Roll., *actes resp.* n° 33, en conseillant cette division, décident qu'il suffit d'un seul acte portant réquisition, signé seulement de l'enfant, puis notification hors la présence de l'enfant.

dants, la réponse des parents et la notification du tout à ceux auxquels l'acte respectueux est adressé (1). [Form. 190, 2°.]

984. Jusqu'à l'âge de vingt-cinq ans accomplis pour les filles et de trente ans accomplis pour les fils, l'acte respectueux doit être renouvelé jusqu'à deux fois, de mois en mois, *supra n° 956*. [Form. 191.] On décide presque généralement que le délai d'un mois doit s'entendre de quantième à quantième; ainsi, un acte respectueux en date du 26 juin peut être renouvelé le 26 juillet (2); mais nous pensons qu'il est prudent, afin d'éviter toute difficulté, de laisser le mois s'accomplir. Ainsi, un acte respectueux étant du 26 juin, il vaut mieux ne le renouveler que le 27 juillet (3).

985. Les actes de renouvellement sont assujettis aux mêmes formalités que l'acte primitif.

Lequel, en présence des notaire et témoins soussignés, a demandé respectueusement à M. et Mme Dubois, ses père et mère, susnommés, leur conseil sur le mariage qu'il se propose de contracter avec Mlle Noémi Duhamel, etc...

Après lecture, M. Dubois a signé. (Signature.)

Sur l'interpellation à eux faite, M. et Mme Dubois ont dit, savoir :

M. Dubois, etc...

Et Mme Dubois, etc...

De tout ce que dessus, il a été dressé, etc...

Et à l'instant, pour valoir notification, Me....., notaire soussigné, a laissé, etc.....

Après lecture, M. Dubois fils, le notaire et les témoins ont signé.

(Signatures.)

FORMULE 191. — Renouvellement de l'acte respectueux. (Nos 984 et 985.)

L'an....., le....., heures du matin;

A....., rue....., en l'étude de Me....., notaire;

Par-devant ledit Me....., notaire à....., soussigné;

Assisté de M....., etc...

A comparu M. Louis-Théodore Dubois, etc...

Majeur de plus de vingt-cinq ans, etc...

Lequel, renouvelant un premier acte respectueux dressé par Me....., notaire soussigné, en présence de témoins, le....., et notifié le même jour par le même notaire..... (*ou* un premier et un deuxième actes respectueux dressés par Me....., notaire soussigné, en présence de témoins, le premier le....., et le second le....., notifiés par le même notaire à la date des mêmes jours);

A déclaré que, par ces présentes, il demande de nouveau respectueusement à M. et Mme Dubois, ses père et mère, leur conseil sur le mariage, etc...

Et il a requis Me....., notaire soussigné, de se transporter au domicile, etc...

Après lecture, le comparant a signé avec les témoins et le notaire.

(Signatures.)

Et le même jour.....;

En conséquence...;

Tout ce qui est laissé en blanc et le surplus comme en la formule 190.

---

(1) Huteau d'Origny; Chauveau, *loc. cit.*; Roll., *actes resp.* n° 32; Dict. not., *ibid.* n° 42; Douai, 27 mai 1835; Bordeaux, 2 avril 1838; J. N. 10343; contra Lyon, 23 déc. 1831.

(2) Vazeille, n° 155; Duranton, I, 107; Chauveau, p. 388; Zach., § 128, note 26; Demolombe, III, 67; Chardon, n° 246 Souquet, *mariage*, n° 33; Dict. not., *actes resp.*, n° 156; Paris, 19 oct. 1809; Bruxelles, 29 mars 1820; Lyon, 23 déc. 1831; Bordeaux, 19 juin 1844; contra Huteau d'Origny, p. 235.

(3) Voir Caen, 28 janv. 1850; J. N. 14155.

986. Nous avons dit, *supra n° 943*, quels consentements sont nécessaires pour contracter mariage; mais ceux dont le consentement est requis peuvent ne pas être d'accord entre eux : l'un peut consentir, l'autre refuser, ce qui constitue le dissentiment. Lorsque ce dissentiment a lieu entre le père et la mère, le consentement du père suffit. (*C. N.*, *148*.) S'il y a dissentiment entre l'aïeul et l'aïeule de la même ligne, le consentement de l'aïeul suffit; et si le dissentiment existe entre les deux lignes, ce partage emporte consentement. (*C. N.*, *149*.)

987. Il ne suffit pas, pour que l'officier de l'état civil procède au mariage, de lui faire connaître le

---

FORMULE 192. — Acte respectueux pour constater le dissentiment. (Nos 986 à 988.)

L'an....., le....., heures du matin;

A....., en l'étude de Me....., notaire;

PAR-DEVANT ledit Me....., notaire à....., soussigné;

Assisté de MM....., etc...

A COMPARU M. Louis-Théodore DUBOIS, marchand de nouveautés, demeurant à....., né à....., le....., du mariage d'entre M. Abraham DUBOIS, propriétaire, et Mme Adeline HÉDOUIN, demeurant ensemble à.....;

Lequel, a, par ces présentes, déclaré :

Qu'un mariage est projeté entre lui et Mlle Noémi DUHAMEL, sans profession, demeurant à....., chez ses père et mère, née à....., le....., du mariage d'entre M. Louis DUHAMEL, négociant, et Mme Victorine MASSON;

Que pour contracter ce mariage le consentement de ses père et mère lui est nécessaire;

Que M. DUBOIS, son père, consent à son mariage, mais que Mme sa mère, née HÉDOUIN, a fait connaître son intention de ne pas donner son consentement, ce qui constituerait le dissentiment prévu par l'art. 148, C. N.;

Qu'en conséquence, dans le but de constater ce dissentiment, s'il y a lieu, il demande respectueusement à Mme sa mère ses conseils sur le mariage qu'il se propose de contracter avec Mlle DUHAMEL.

Le comparant requiert Me....., notaire soussigné, de se transporter à....., au domicile de Mme sa mère, pour lui faire la notification du présent acte respectueux.

Après lecture, le comparant a signé avec les témoins et le notaire.

(Signatures.)

Et le même jour.....;

En conséquence de la réquisition contenue en l'acte dont minute précède;

Me....., notaire à....., soussigné, toujours assisté de MM.....;

S'est transporté au domicile, à....., de M. et Mme DUBOIS, père et mère, ci-dessus nommés;

Et il a notifié à Mme DUBOIS, née HÉDOUIN, parlant à sa personne, l'acte respectueux dont la minute précède, par lequel M. Louis-Théodore DUBOIS demande respectueusement à Mme DUBOIS, sa mère, ses conseils sur le mariage qu'il se propose de contracter avec Mlle Noémi DUHAMEL, sans profession, demeurant à.....

Requise de répondre, Mme DUBOIS a dit que, par les motifs qu'elle a déjà fait connaître à son fils, elle persévère à refuser son consentement.

Après lecture, Mme DUBOIS a signé. (Signature.)

De tout ce que dessus, il a été dressé le présent procès-verbal, qui a été fait et rédigé au domicile de M. et Mme DUBOIS, père et mère, les jour, mois et an susdits.

Et à l'instant, Me..... a laissé à Mme DUBOIS une copie, signée des notaire et témoins, tant du présent procès-verbal que de l'acte respectueux qui précède.

Après lecture, les notaire et témoins ont signé. (Signatures.)

dissentiment, il faut lui en faire la justification par la représentation d'un acte respectueux fait à la personne qui refuse son consentement (1).

988. L'acte respectueux, dans ce cas, ayant pour unique but de constater que l'ascendant a été consulté, il peut être requis, même par l'enfant âgé de moins de vingt et un ans, et il n'est pas nécessaire de le renouveler ni d'observer le délai d'un mois prescrit par les art. 152 et 153 du Code civ. (2).

CHAPITRE DEUXIÈME

DES FORMALITÉS RELATIVES A LA CÉLÉBRATION DU MARIAGE

§ 1. — PUBLICATIONS

989. Le mariage intéresse à la fois les deux familles des futurs conjoints et la société; il est donc utile qu'avant sa célébration il soit rendu public, afin que les empêchements susceptibles de se produire, *supra* n° 955, puissent être révélés avant le mariage par la voie de l'opposition, *infra* nos 1006 *et suiv.*

990. Les publications ont lieu par deux fois, à huit jours d'intervalle, un jour de dimanche, devant la porte de la maison commune, par l'officier de l'état civil; elles énoncent, ainsi que l'acte qui en est dressé : 1° les prénoms, noms, professions et domiciles des futurs époux, leur qualité de majeurs ou de mineurs; 2° les prénoms, noms, professions et domiciles de leurs pères et mères; 3° les jours, lieux et heures où les publications ont été faites. Cet acte est inscrit sur un seul registre, qui est coté et paraphé ainsi qu'il est dit *supra* n° 825, et déposé, à la fin de chaque année, au greffe du tribunal de l'arrondissement. (*C. N.*, 63.)

991. Un extrait de l'acte de publication est et reste affiché à la porte de la maison commune pendant les huit jours d'intervalle de l'une à l'autre publication. Le mariage ne peut être célébré avant le troisième jour, depuis et non compris celui de la seconde publication. (*C. N.*, 64.) Ainsi, la première publication est faite le dimanche 10 juin 1863, la deuxième le dimanche 17 : le mariage ne peut avoir lieu avant le mercredi 20 (3).

992. Si le mariage n'a pas été célébré dans l'année à compter de l'expiration du délai des publications, c'est-à-dire dans l'intervalle du 20 juin 1863 au 19 juin 1864 inclusivement, il ne peut plus être célébré qu'après que de nouvelles publications auront été faites dans les formes et les délais ci-dessus prescrits. (*C. N.*, 65.)

993. Les futurs conjoints peuvent être dispensés pour causes graves de la seconde publication. (*C. N.*, 169.) Cette dispense est accordée, s'il y a lieu, au nom du gouvernement, par le procureur de la rép. du lieu du domicile du mariage; elle est déposée au secrétariat de la commune où le mariage doit être célébré. Le secrétaire en délivre une expédition, dans laquelle il est fait mention du dépôt et qui demeure annexée à l'acte de célébration du mariage (*arrêté du 20 prairial an XI, art. 3 et 4*); mais, dans ce cas, le mariage ne peut avoir lieu avant le troisième jour depuis la première publication, c'est-à-dire le mercredi (4).

994. Les publications sont faites à la municipalité du lieu où chacun des futurs conjoints a son domicile. (*C. N.*, 166.) Si le domicile actuel n'est établi que par six mois de résidence, les publications sont faites, en outre, à la municipalité du dernier domicile (5). [*C. N.*, 167.] De plus, si les futurs conjoints

(1) Vazeille, n° 118; Duranton, n° 77; Chardon, n° 164; Huteau d'Origny, p. 233; Marcadé, *148*, 2; Roll., *consent. à mar.*, n° 6, et *actes resp.*, n° 14; Dict. not., *actes resp.*, nos 10, 82, 83; Bruxelles, 5 mai 1808; Caen, 12 déc. 1812; Douai, 25 janv. 1815; Riom, 30 juin 1817.

(2) Vazeille, n° 134; Huteau d'Origny, p. 234 et 235; Roll., *actes resp.*, nos 89 et 90; Dict. not., *actes resp.*, n° 153; Riom, 30 juin 1817.

(3) Marcadé, *art. 64*; Toullier, I, 566; Duranton, II, 229 Vazeille, I, 157; Coin-Delisle, *art. 64*; Demolombe, III, 186; Zach., § 111.

(4) Marcadé, *art. 169*; Demolombe, III, 186; Mourlon, I, 579.

(5) Duranton, II, 230; Vazeille, I, 154; Marcadé, *art. 167*, Demolombe, III, 189; Valette sur Proudhon, I, p. 187; Zach.; § 111.

ou l'un d'eux sont, relativement au mariage, sous la puissance d'autrui, c'est-à-dire la femme âgée de moins de vingt et un ans révolus, et l'homme âgé de moins de vingt et un ans révolus s'il n'a plus aucun ascendant, et de moins de vingt-cinq ans révolus s'il a des ascendants, les publications sont faites, en outre, à la municipalité du domicile de ceux sous la puissance desquels ils se trouvent. (*C. N.*, *168.*)

§ 2. — REMISES DE PIÈCES A L'OFFICIER DE L'ÉTAT CIVIL. — ERREUR DANS L'ORTHOGRAPHE DES NOMS ET PRÉNOMS

995. Afin que l'officier de l'état civil puisse s'assurer de la régularité des pièces et rédiger l'acte de mariage, il est d'usage de lui remettre les pièces exigées par la loi vingt-quatre ou quarante-huit heures avant la célébration.

996. Ces pièces sont :

1° L'acte de naissance de chacun des futurs. Celui des époux qui est dans l'impossibilité de se le procurer peut y suppléer en rapportant un acte de notoriété délivré par le juge de paix du lieu de sa naissance ou par celui de son domicile (*C. N.*, *70*), contenant : *premièrement*, la déclaration faite par sept témoins, de l'un ou de l'autre sexe, parents ou non parents, des prénoms, nom, profession et domicile du futur époux, et de ceux de ses père et mère s'ils sont connus; *deuxièmement*, le lieu et, autant que possible, l'époque de sa naissance et les causes qui empêchent d'en rapporter l'acte; *troisièmement*, la signature par les témoins avec le juge de paix, ou, s'il en est qui ne savent ou ne peuvent signer, leur déclaration à cet égard. (*C. N.*, *71.*) Cet acte de notoriété est soumis au tribunal de première instance du lieu de la célébration du mariage, qui, le ministère public entendu, donne ou refuse son homologation, selon qu'il trouve suffisantes ou insuffisantes les déclarations des témoins et les causes qui empêchent de rapporter l'acte de naissance (*C. N.*, 72);

2° L'acte authentique de consentement, *supra n° 947*, si ceux qui sont appelés à donner leur consentement ne comparaissent pas en personne;

3° L'acte de décès des pères et mères, à moins que les aïeuls et aïeules, assistant au mariage à défaut des pères et mères, n'attestent ce décès; dans ce cas, il doit être fait mention de leur attestation dans l'acte de mariage. (*Avis du conseil d'État 27 messidor an XIII, art. 1er.*) Si les pères, mères, aïeuls ou aïeules, dont le consentement ou conseil est requis, sont décédés, et si l'on est dans l'impossibilité de produire l'acte de leur décès ou la preuve de leur absence, selon ce qui est dit *supra n° 945*, il peut être procédé à la célébration du mariage des majeurs, sur leur déclaration par serment que le lieu du décès et celui du dernier domicile de leurs ascendants leur sont inconnus; cette déclaration doit être certifiée aussi sous serment par les quatre témoins de l'acte de mariage, lesquels affirment que, quoiqu'ils connaissent les futurs époux, ils ignorent le lieu du décès de leurs ascendants et de leur dernier domicile. Les officiers de l'état civil doivent faire mention dans l'acte de mariage de ces déclarations (*même avis, art. 2*);

4° L'acte de décès du dernier conjoint si l'un des futurs est veuf;

5° La permission de l'autorité militaire si le futur est officier, soldat, etc., *supra n° 936*;

6° Le certificat de libération du service militaire, ou le congé (1);

7° La dispense de la deuxième publication, *supra n° 993*;

8° Les certificats constatant que les publications ont eu lieu, et qu'il n'est point survenu d'opposition (*C. N.*, *69*);

9° Le certificat du notaire qui a reçu le contrat de mariage.

997. Chacune de ces pièces doit être légalisée par le président du tribunal civil du domicile du signataire; toutefois, les actes émanés des notaires ne sont sujets à légalisation que dans les cas exprimés *supra n° 629*.

998. Dans le cas où le nom d'un des futurs ne serait pas orthographié dans son acte de naissance comme celui de son père, et dans celui où l'on aurait omis quelques-uns des prénoms de ses parents, le témoignage des pères et mères ou aïeuls assistant au mariage, et attestant l'identité, doit suffire pour procéder à la célébration du mariage. Il doit en être de même dans le cas d'absence des pères et mères

(1) Paris, 29 avril 1856; J. N. 15793.

ou aïeuls, s'ils attestent l'identité dans leur consentement donné en la forme légale. (Form. 187.) En cas de décès des pères, mères ou aïeuls, l'identité est valablement attestée : pour les mineurs, par le conseil de famille ou par le tuteur *ad hoc*, et pour les majeurs, par les quatre témoins de l'acte de mariage. Dans le cas où les erreurs se trouvent dans l'acte de décès des pères, mères ou aïeuls, la déclaration sous serment des personnes dont le consentement est nécessaire pour les mineurs, et celles des parties et des témoins pour les majeurs, sont également suffisantes. Ces formalités ne sont exigibles que lors de l'acte de célébration, et non pour les publications, qui doivent toujours être faites conformément aux notes remises par les parties aux officiers de l'état civil. (*Avis conseil d'État 19 mars 1808.*)

§ 3. — CÉLÉBRATION DU MARIAGE

999. Le mariage est célébré publiquement devant l'officier de l'état civil du domicile de l'un des époux. Ce domicile, quant au mariage, s'établit par six mois d'habitation continue dans la même commune (*C. N. 74, 165*); il est donc distinct du domicile réel, s'il y en a un ailleurs, et c'est au seul domicile de cette résidence continuée pendant six mois (1) que le mariage peut avoir lieu. Les militaires, tant qu'ils se trouvent sur le territoire Français, ne peuvent contracter mariage que devant les officiers de l'état civil des communes où ils ont résidé sans interruption pendant six mois, ou devant l'officier de l'état civil de la commune où leurs futures épouses ont acquis le domicile qui vient d'être fixé, et après avoir rempli les formalités prescrites *supra nos 989 et suiv.* (*Avis conseil d'État, 4e jour complémentaire an XIII.*)

1000. Le jour désigné par les parties après les délais des publications, l'officier de l'état civil, dans la maison commune (2), en présence de quatre témoins parents ou non parents, fait lecture aux parties des pièces mentionnées *supra nos 996 et suiv.*, relatives à leur état et aux formalités du mariage, et du chapitre VI du titre *du mariage*, sur les droits et les devoirs respectifs des époux. Il interpelle les futurs époux, ainsi que les personnes qui autorisent le mariage si elles sont présentes, d'avoir à déclarer s'il a été fait un contrat de mariage, et, dans le cas de l'affirmative, la date de ce contrat, ainsi que les nom et lieu de résidence du notaire qui l'a reçu. Il reçoit de chaque partie, l'une après l'autre, la déclaration qu'elles veulent se prendre pour mari et femme; il prononce, au nom de la loi, qu'elles sont unies par le mariage, et il en dresse acte sur-le-champ. (*C. N.*, *75*.)

1001. On énonce dans l'acte de mariage :

1° Les prénoms, noms, professions, âge, lieux de naissance et domiciles des époux (*C. N.*, *76*);

2° S'ils sont majeurs ou mineurs (*même art.*);

3° Les prénoms, noms, professions et domiciles des pères et mères (*même art.*);

4° Le consentement des pères et mères, aïeuls et aïeules, et celui de la famille dans les cas où il est requis (*même art.*);

5° Les actes respectueux, s'il en a été fait (*même art.*);

6° Les publications dans les divers domiciles (*même art.*);

7° Les oppositions s'il y en a; leur mainlevée, ou la mention qu'il n'y a point eu d'opposition (*même art.*);

8° La déclaration des contractants de se prendre pour époux, et le prononcé de leur union par l'officier public (*même art.*);

9° Les prénoms, noms, âge, professions et domiciles des témoins, et leur déclaration s'ils sont parents ou alliés des parties, de quel côté et à quel degré (*même art.*);

10° La déclaration, faite sur l'interpellation prescrite par l'art. 75, qu'il a été ou qu'il n'a pas été fait de contrat de mariage, et, autant que possible, la date du contrat s'il existe, ainsi que les noms et lieu de résidence du notaire qui l'a reçu, le tout à peine contre l'officier de l'état civil de l'amende fixée par l'art. 50, *supra no 831*. Si cette dernière déclaration a été omise ou est erronée, la rectification de l'acte

(1) Marcadé, *74*, 1 ; Duranton, II, 221 et suiv. ; Zach., § 112, note 1 ; CONTRA Vazeille, I, 179 ; Toullier, II, 57 ; Coin-Delisle, art. *74* ; Valette sur Proudhon, I, 383 ; Massé et Vergé, 112, note 1. Suivant ces auteurs, les parties ont le choix entre le domicile réel et le domicile de la résidence.

(2) La loi établit là une règle générale ; cependant on décide que le mariage célébré dans la maison de l'un des époux est valable. Proudhon, I, p. 220 ; Toullier, I, 642 ; Marcadé, art. *191* ; Demolombe, III, 206 ; Zach., § 112, note 12 ; Cass. 21 juin 1814 ; Toulouse, 26 mars 1824 ; Rouen, 10 juill 1829.

en ce qui touche l'omission ou l'erreur peut être demandée par le procureur de la rép. sans préjudice du droit des parties intéressées conformément à l'art. 99, *supra n° 868* (*même art.*);

11° L'attestation, lorsqu'il y a lieu, par les aïeuls et aïeules du décès des père et mère, *supra n° 996, 3°*;

12° La déclaration sous serment, s'il y a lieu, que le lieu du décès et celui du dernier domicile des père et mère ou autres ascendants sont inconnus, *supra n° 996, 3°*.

13° L'attestation de l'identité, au cas où l'acte de naissance d'un futur conjoint contient une erreur dans l'orthographe du nom de famille ou l'omission d'un prénom des père et mère, et au cas d'omission d'une lettre ou d'un prénom dans l'acte de décès des père et mère ou aïeuls, *supra n° 998*.

1002. Les officiers de l'état civil qui ont procédé à la célébration des mariages contractés par des fils n'ayant pas atteint l'âge de vingt-cinq ans accomplis, ou par des filles n'ayant pas atteint l'âge de vingt et un ans accomplis, sans que le consentement des pères et mères, celui des aïeuls et aïeules et celui de la famille, dans le cas où ils sont requis, soient énoncés dans l'acte de mariage, sont, à la diligence des parties intéressées et du procureur de la rép. du domicile du lieu du mariage, condamnés à l'amende portée par l'art. 192, *infra n° 1028*, et en outre à un emprisonnement dont la durée ne peut être moindre de six mois. (*C. N.*, *156*.)

1003. Lorsqu'il n'y a pas eu d'actes respectueux, dans les cas où ils sont prescrits, l'officier de l'état civil qui a célébré le mariage est condamné à la même amende et à un emprisonnement qui ne peut être moindre d'un mois. (*C. N.*, *157*.)

§ 4. — MARIAGE EN PAYS ÉTRANGER

1004. Le mariage contracté en pays étranger entre Français, ou entre deux individus dont l'un est Français et l'autre étranger, est valable s'il a été célébré conformément à ce qui est dit *supra n° 829*, pourvu qu'il ait été précédé des publications (1) prescrites *supra nos 989 et suiv.*, et que le Français n'ait point contrevenu aux dispositions contenues aux art. 144 à 164. (*C. N.*, *170*.)

1005. Dans les trois mois après le retour du Français sur le territoire de la France, l'acte de célébration du mariage contracté en pays étranger est transcrit sur le registre public des mariages du lieu de son domicile (*C. N.*, *171*); cette formalité est prescrite seulement comme mesure d'ordre et n'est point exigée à peine de nullité (2).

CHAPITRE TROISIÈME

DES OPPOSITIONS AU MARIAGE

1006. Le droit de former opposition à la célébration du mariage appartient :

1° A la personne engagée par mariage avec l'un des deux futurs conjoints (*C. N. 172*);

FORMULE 193. — Opposition à mariage par un ascendant (3). (Nos 1006 à 1008.)

L'an....., le.....;

Sur la réquisition de M. Vincent Delarbre, propriétaire, demeurant à....., qui élit domicile à....., en la demeure de M....., et agit en qualité de père de M. Charles Delarbre, issu de son mariage avec Mme Rose Brasseur, son épouse;

(1) Le défaut de publication n'est pas une cause de nullité du mariage, à moins qu'il n'ait eu pour but de faire fraude à la loi française et de rendre le mariage clandestin. Valette sur Proudhon, I, 412 ; Demolombe, III, 222 et suiv. ; Massé et Vergé sur Zach., § 114, note 13 ; Cass. 18 août 1841, 9 novembre 1846 et 20 novembre 1866; Bordeaux, 14 mars 1850 et 14 janv. 1852 ; Paris, 9 juill. 1853; Aix, 27 janv. 1859; Pau, 24 mars 1859 et 20 mars 1861 ; Bastia, 7 mai 1859; Trib. Seine, 4 fév. 1860, 16 déc. 1865, 29 juin 1866; CONTRA Marcadé, *170*, 2; Paris, 10 déc. 1827, 30 mars et 4 juill. 1829 ; Bruxelles, 9 juin 1828; Cass. 9 mars 1831, 6 mars 1837, 17 août 1841; Montpellier, 15 janv. 1839, selon lesquels le défaut de publication est toujours une cause de nullité.

(2) Zach., § 114 ; Vazeille, I, 189 ; Duranton, II, 240 ; Marcadé, art. *171* ; Demolombe, III, 229 ; Toullier, IV, 579 : Cass. 16 juin 1829 et 12 fév. 1833 ; Bordeaux, 14 mars 1850 ; Trib. Seine, 4 fév. 1860 ; Bastia, 5 avril 1853 ; Pau, 11 juill. 1848 et 20 mars 1861.

(3) Il y a controverse sur la question de savoir si les oppositions à mariage sont du ministère exclusif des huissiers, ou si les notaires peuvent aussi y procéder. Voir *n° 1007, note 4.*

2° Au père, à son défaut à la mère, à leur défaut aux aïeuls et aïeules ou autres ascendants, quel que soit l'âge des futurs conjoints (*C. N.*, *173*);

3° A défaut d'ascendant, au frère ou à la sœur, à l'oncle ou à la tante, au cousin ou à la cousine germains, majeurs, mais seulement dans deux cas : 1° lorsque le consentement du conseil de famille requis par l'art. 60, *supra n° 952*, n'a pas été obtenu; 2° lorsque l'opposition est fondée sur l'état de démence du futur époux; dans ce dernier cas, le tribunal, sur la demande en mainlevée de l'opposition, peut la prononcer ou maintenir l'opposition, à la charge par l'opposant de provoquer l'interdiction et d'y faire statuer dans un délai déterminé. (*C. N.*, *174*.) Quant au tuteur ou au curateur d'un futur conjoint interdit (1 *bis*), mineur ou majeur, il peut former opposition au mariage dans les deux cas qui viennent d'être indiqués, pourvu qu'il y ait été autorisé par le conseil de famille, qu'il peut convoquer. (*C. N.*, *175*.)

1007. Les actes d'opposition doivent contenir : 1° l'énonciation de la qualité qui donne à l'opposant le droit de former opposition; 2° l'élection d'un domicile au lieu où a son domicile quant au mariage, *supra n° 99*, celui des futurs qui donne lieu à l'opposition (2), sans que toutefois cette élection de domicile emporte virtuellement attribution de juridiction; en ce sens que celui au mariage duquel on s'oppose peut, à son choix, assigner l'opposant soit devant le tribunal du lieu où le domicile est élu, soit devant le tribunal du domicile de l'opposant (3); 3° et, à moins qu'il ne soit fait à la requête d'un ascendant, les motifs de l'opposition : le tout à peine de nullité et de destitution de l'officier ministériel (4) qui aurait signé l'acte d'opposition. (*C. N.*, *176*.) [Form. 193.]

1008. Ces actes sont, à peine de nullité (5) : 1° signés sur l'original et sur la copie par les opposants ou par leurs fondés de procuration spéciale et authentique; 2° signifiés, avec la copie de la procuration, à la personne ou au domicile des deux futurs conjoints (6), et à l'officier de l'état civil d'une des communes où les publications ont été faites (7), qui met son visa sur l'original (*C. N.*, *66*), et fait sans délai une mention sommaire des oppositions sur le registre des publications; il fait aussi mention, en marge de l'inscription desdites oppositions, des jugements ou des actes qui en font mainlevée et dont expédition lui a été remise. (*C. N.*, *67*.)

M^e^....., notaire à....., soussigné, assisté de MM....., témoins instrumentaires requis, s'est transporté avec les deux témoins : 1° à la mairie de....., où étant, et parlant à M. Leneveu, maire de cette commune, qui a visé le présent original; 2° à....., au domicile de M. Charles Delarbre, fils du requérant; 3° et à....., au domicile de Mlle Charlotte Ducellier, parlant à leurs personnes;

M. Delarbre père a déclaré à chacun d'eux, en présence des notaire et témoins soussignés, qu'il s'oppose à la célébration du mariage projeté entre M. Delarbre, son fils, et Mlle Ducellier, pour les causes qu'il se réserve de déduire s'il y a lieu. *(Si l'opposition est signifiée par un collatéral :)* M..... a déclaré..... qu'il s'oppose à la célébration du mariage projeté entre M....., et Mlle..... par le motif..... *(Énoncer les causes de l'opposition.)*

Et il a requis acte de cette opposition, que Me..... a à l'instant notifiée aux personnes susnommées.

De tout ce que dessus il a été dressé le présent procès-verbal, dans les lieux susindiqués, les jour, mois et an susdits;

Et, après lecture, M. Delarbre père a signé avec les témoins et le notaire.

Une copie des présentes, signée de M. Delarbre père, des témoins et du notaire, a été à l'instant remise par Me....., notaire soussigné, à chacun de : M. Leneveu, maire; M. Delarbre fils, et Mlle Ducellier.

---

(1) Trib. Boulogne-sur-Mer, 15 fév. 1867; J. N. 18828.

(1 *bis*) Marcadé, art. *175*; Demolombe, III, 148.

(2) Marcadé, *176*, 4; Zach., § 120, note 7.

(3) Paris, 1er fév., 1858, 17 mai 1859; Cass. 5 juill. 1859.

(4) L'opposition à mariage est un acte extra-judiciaire du ministère exclusif de l'huissier et les notaires ne peuvent le notifier : Mourlon, I, 630; Demolombe, III, 153. Voir cependant Bioche, *mariage*, n° 20.

(5) Marcadé, art. *176*; Demolombe, III, 154; contra Vazeille, I, 171; Coin-Delisle, art. *66*.

(6) Demolombe, III, 158; Zach., § 120, note 3.

(7) Marcadé, *66*, 3; Duranton, II, 40; Vazeille, I, 172; Demolombe, III, 160; Massé et Vergé, § 120, note 4.

1009. L'opposant peut donner mainlevée de son opposition au mariage, soit dans la forme authentique, c'est-à-dire par acte devant notaire (*arg. 67, C. N.*) [Form. 194], soit dans la forme de l'opposition, c'est-à-dire par une signification revêtue de la signature de l'opposant, soit au moyen du consentement de l'opposant au mariage (1).

1010. Si, à défaut de mainlevée amiable, il y a lieu à demande en mainlevée judiciaire de l'opposition, le tribunal de première instance prononce dans les dix jours (*C. N., 177*); et, s'il y a appel, il y est statué dans les dix jours de la citation (*C. N., 178*). Si l'opposition est rejetée, les opposants, autres néanmoins que les ascendants, peuvent être condamnés à des dommages-intérêts. (*C. N., 179.*)

1011. Lorsqu'il y a opposition, l'officier de l'état civil ne peut célébrer le mariage avant qu'on lui en ait remis la mainlevée, sous peine de trois cents francs d'amende et de tous dommages-intérêts (*C. N., 68*), quand même l'opposition serait irrégulière (2).

1012. S'il n'y a point d'opposition, il doit en être fait mention dans les certificats de publication délivrés par les maires de chacune des communes où elles ont été faites, ainsi que dans l'acte de mariage. (*C. N., 69, supra nos 996, 8°, et 1001, 7°.*)

CHAPITRE QUATRIÈME

DES DEMANDES EN NULLITÉ DE MARIAGE — PREUVES DU MARIAGE — MARIAGE PUTATIF

§ 1. — NULLITÉS

1013. Les mariages peuvent être nuls, ou seulement annulables.

1014. Les mariages sont nuls, c'est-à-dire inexistants, lorsqu'il y manque l'une des conditions essentielles exigées pour leur validité, par exemple : s'il n'y a point différence de sexe entre les conjoints, ou s'il y a eu absence de consentement à raison de l'état de démence ou d'interdiction de l'un des

FORMULE 194. — Mainlevée d'opposition à mariage. (Nos 1009 à 1012.)

Par-devant Me.....,

A comparu M. Vincent Delarbre, propriétaire, demeurant à.....,

Lequel a déclaré donner mainlevée pure et simple de l'opposition qu'il a formée au mariage de M. Charles Delarbre, son fils, employé, demeurant à....., avec Mlle Charlotte Ducellier, sans profession, demeurant à....., par exploit du ministère de....., huissier à....., en date du..... (*ou* par procès-verbal du ministère de Me....., notaire à....., en date du.....);

Voulant que cette opposition soit considérée comme nulle et non avenue.

Dont acte. Fait et passé, etc.

FORMULE 195. — Approbation d'un acte de mariage. (Nos 1013 à 1028.)

Par-devant Me.....,

A comparu Mme Véronique-Barbe Dulong, sans profession, demeurant à....., veuve de M. Jean-Louis Marcel;

Laquelle, ayant une parfaite connaissance du mariage de Mme Louise-Désirée Lemaire, son arrière-petite fille, âgée de dix-neuf ans, domiciliée à....., avec M. Vincent-

(1) Demolombe, III, 164; Marcadé, art. 67

(2) Zach., § 119; Duranton, II, 203; Coin-Delisle, art. 68; Demolombe, III, 163; contra Marcadé, art. 68.

conjoints; dans ces cas, le mariage ne peut être ratifié, ce qui n'existe point n'étant pas susceptible de ratification. (*Infra au titre des contrats et obligations.*)

1015. Les mariages sont seulement annulables, c'est-à-dire peuvent donner lieu à une demande en nullité, lorsqu'ils se trouvent seulement entachés d'un vice susceptible le plus souvent d'être réparé ou couvert; mais la nullité n'a pas lieu de plein droit et doit toujours être prononcée par les tribunaux (1).

1016. C'est uniquement des mariages annulables que s'occupe le présent paragraphe.

1017. Les *nullités* sont *relatives* ou *absolues* : elles sont *relatives* lorsqu'elles ne peuvent être intentées que par telles personnes déterminées; elles sont *absolues* lorsqu'elles peuvent être proposées par tous ceux qui ont intérêt d'attaquer le mariage.

1018. Les *nullités relatives* sont au nombre de deux :

1019. *Première nullité* : Le mariage qui a été contracté sans le consentement libre des deux époux ou de l'un deux, c'est-à-dire sous la pression d'une contrainte physique ou morale, ne peut être attaqué que par les époux ou par celui des deux dont le consentement n'a pas été libre. Il en est de même lorsqu'il y a eu erreur sur la personne (2), c'est-à-dire dans le cas de substitution frauduleuse de personne au moment de la célébration, ou si l'erreur procède de ce que l'un des époux s'est fait agréer en se présentant comme membre d'une famille qui n'est pas la sienne et s'est attribué des conditions d'origine et de filiation qui ne lui appartiennent point (3); le mariage est attaquable de la part de celui seul des deux époux qui a été induit en erreur (*C. N.*, *180*). Dans tous les cas, la demande en nullité cesse d'être recevable : 1° par la ratification tacite résultant de ce qu'il y a eu cohabitation continuée pendant six mois, depuis que l'époux a acquis sa pleine liberté ou que l'erreur a été par lui reconnue (*C. N.*, *181*); 2° par la ratification expresse (4) consentie par l'époux après qu'il a eu recouvré sa liberté ou découvert l'erreur; 3° par l'expiration du temps requis pour la prescription, soit trente ans (5).

1020. *Deuxième nullité* : Le mariage contracté sans le consentement des père et mère, des ascendants, ou du conseil de famille dans les cas où le consentement était nécessaire, *supra n° 953*, ne peut être attaqué que par ceux dont le consentement était requis ou par celui des deux époux qui avait besoin de ce consentement (*C. N.*, *182*); mais l'action en nullité ne peut plus être intentée par aucun d'eux toutes les fois que le mariage a été approuvé, expressément [FORM. 195] ou tacitement, par ceux dont le consentement était nécessaire (6), ou s'il s'est écoulé une année sans réclamation de leur part depuis qu'ils ont eu connaissance du mariage. Elle ne peut être intentée non plus par l'époux lorsqu'il a ratifié expressément le mariage par une déclaration formelle (7), ou tacitement, en laissant écouler une année sans réclamer depuis qu'il a atteint l'âge compétent pour consentir par lui-même au mariage (*C. N.*, *183*) : vingt et un ans pour la fille, et vingt-cinq ou vingt et un ans pour le fils, selon qu'il a ou n'a plus d'ascendants (8).

1021. Les *nullités absolues* peuvent être invoquées soit par les époux eux-mêmes, soit par tous ceux

---

Jules DELATTRE, marchand, demeurant en la même ville, célébré à la mairie de....., le....., ainsi que le constate un acte dressé à cette date; sans que le consentement de la comparante, seule ascendant de Mme Louise-Désirée LEMAIRE, ait été requis,

Et voulant réparer le vice résultant du défaut de son consentement,

---

(1) Marcadé, II, 617 et *art. 180*, n° 4; Demolombe, III, 240; Zach., § 108, note 3; Mourlon, I, 646.

(2) L'erreur sur les qualités de la personne est-elle une cause de nullité? Doit-on distinguer entre les qualités substantielles ou secondaires, civiles, morales, sociales ou autres? Ce sont là des points encore vivement controversés. Suivant une jurisprudence récente, l'erreur sur les qualités serait insuffisante pour entraîner la nullité; Paris, 4 fév. 1860; Orléans, 6 juill. 1861; Bordeaux, 21 mars 1866; Cass. 24 avril 1862; J. N. 17050, 17404; CONFORME Toullier, I, p. 248; Aubry et Rau, § 462, notes 7 et 10; Mourlon, I, 678, *note*; CONTRA Toullier, I, 515; Duranton, II, 56; Marcadé, *180*, 4; Demolombe, III, 240; Zach., § 180, note 3; Pont, *Revue crit.*, XVIII, p. 193; Valette, *Explic. somm.*, p. 165; Colmar, 6 déc. 1811; Bourges, 6 août 1827; Trib. Boulogne, 26 août 1853; Trib. Chaumont, 9 juin 1858; Trib. Agen, 6 juill. 1860; Cass. 11 fév. 1861; J. N. 17016, 17050.

(3) Colmar, 6 déc. 1811; Bourges, 6 août 1827; Trib. Seine, 18 juin 1862; arg. Cass. 24 avril 1862; J. N. 17404, 17402.

(4) Marcadé, *181*, 2; Demolombe, III, 264; Duranton, II, 282; Vazeille, I, 261; Zach., § 127.

(5) Marcadé, *181*, 3; Zach., § 127, note 7; CONTRA Duranton, II, 278; Valette, I, p. 433; Demolombe, III, 268. Selon ces auteurs, la prescription est de dix ans, en vertu de l'art. 1304.

(6) Il suffit de la ratification du père au cas de dissentiment avec la mère, et de l'ascendant d'une ligne au cas de dissentiment avec ceux de l'autre ligne, *supra, n° 986* : Valette, I, p. 435; Duvergier sur Toullier, I, 614; Demolombe, III, 375, Marcadé, *183*, 2.

(7) Marcadé, *183*, 3.

(8) Duranton, II, 307; Vazeille, I, 271; Zach., Massé et Vergé, § 127, note 30; Valette, I, p. 436; Demolombe, III, 284; Marcadé, *183*, 3; CONTRA Toullier et Duvergier, I, 613. Selon ces auteurs, l'âge est toujours de vingt et un ans.

qui y ont un intérêt pécuniaire ou moral, comme : l'époux au préjudice duquel un second mariage aurait été contracté, *infra* n° *1023*, les ascendants et le conseil de famille qui ont intérêt au maintien des mœurs dans la famille (1); soit par le ministère public. (*C. N.*, *184*, *191*.) Mais ce dernier ne peut agir que du vivant des deux époux, afin de les faire condamner à se séparer (*C. N.*, *190*), et sous les exceptions portées au numéro suivant. Quant aux parents collatéraux ou aux enfants nés d'un autre mariage, ils ne peuvent demander la nullité du mariage du vivant des deux époux qu'autant qu'ils ont un intérêt pécuniaire né et actuel. (*C. N.*, *187*, *191*.) Les *nullités absolues* sont au nombre de cinq :

1022. *Première nullité* : L'impuberté. Sont impubères : le mari avant dix-huit ans, et la femme avant quinze ans. (*C. N.*, *144*, *184*.) Mais la demande ne peut plus être intentée : 1° lorsqu'il s'est écoulé six mois depuis que les époux ou l'époux ont atteint l'âge compétent; 2° lorsque, si c'est la femme seule (2) qui n'avait point cet âge, elle a conçu avant l'échéance de six mois. (*C. N.*, *185*.) Les père, mère ou autres ascendants et le conseil de famille qui ont consenti au mariage, ne sont point recevables à en demander la nullité. (*C. N.*, *186*.)

1023. *Deuxième nullité* : Un premier mariage encore existant (*C. N.*, *147*, *184*). L'époux au préjudice duquel est contracté le second mariage peut en demander la nullité même du vivant de l'époux qui était engagé avec lui (*C. N.*, *188*); mais si les nouveaux époux opposent la nullité du premier mariage, la validité ou la nullité de ce mariage doit être jugée préalablement. (*C. N.*, *189*.)

1024. *Troisième nullité* : La parenté des époux au degré prohibé (*C. N.*, *184*), *supra* nos *937 et 938*.

1025. *Quatrième nullité* : Le défaut de publicité ou la clandestinité. (*C. N.*, *165*, *191*.)

1026. *Cinquième nullité* : L'incompétence de l'officier public qui a célébré le mariage. (*C. N.*, *165*, *191*.)

1027. Relativement à ces deux dernières nullités, le tribunal peut déclarer que les contraventions sont insuffisantes pour annuler le mariage, et conséquemment le maintenir; mais l'officier public et les parties contractantes, ou ceux sous la puissance desquels elles ont agi, sont passibles de l'amende dont il est parlé au numéro suivant. (*C. N.*, *193*.)

1028. Si le mariage n'a point été précédé des deux publications requises, ou s'il n'a pas été obtenu les dispenses permises par la loi, ou si les intervalles prescrits dans les publications et célébrations n'ont point été observés, il n'y a pas lieu à nullité; mais le procureur de la rép. fait prononcer contre l'officier public une amende qui ne peut excéder trois cents francs, et contre les parties contractantes, ou ceux sous la puissance desquels elles ont agi, une amende proportionnée à leur fortune. (*C. N.*, *192*.)

§ 2. — PREUVES DU MARIAGE

1029. La célébation du mariage se prouve : 1° par la représentation d'un acte inscrit sur les registres de l'état civil (*C. N.*, *194*) 2° par les registres et papiers émanés des père et mère décédés, ou par témoins, lorsqu'il n'a pas existé de registres ou qu'ils sont perdus ou déchirés, etc., *supra* n° *828* (*C. N.*, *46*); 3° par le résultat de l'instruction criminelle, si l'acte a été mis à dessein hors d'état de servir soit par l'officier de l'état civil, soit par tout autre, *infra* n° *1031*. Nul ne peut, en dehors de ces trois cas, réclamer le titre d'époux et les effets civils du mariage. (*C. N.*, *194*.) Ainsi la possession d'état ne peut dispenser les prétendus époux qui l'invoquent respectivement de faire la preuve de la célébration du mariage (*C. N.*, *195*). Cependant, lorsqu'il y a possession d'état, et que l'acte de célébra-

---

A, par ces présentes, déclaré donner son approbation à ce mariage, voulant qu'il soit définitif et produise son effet de même que s'il avait eu lieu avec son consentement; en conséquence elle renonce à exercer l'action en nullité qu'elle peut avoir contre ce mariage.

La comparante consent que ces présentes soient mentionnées partout où besoin sera.

Dont acte. Fait et passé, etc.

---

(1) Proudhon, I, p. 430; Vazeille, nos 216 et 246; Allemand, nos 531 et suiv.; Marcadé, art. *184*; Demolombe, III, 304; Cass. 15 nov. 1848; J. N. 13556; CONTRA Duranton, II, 328; Toullier, I, 633.

(2) Marcadé, art. *185*; Demolombe, III, 349; Zach., § 121 note 24.

tion même irrégulier est représenté, les époux sont respectivement non recevables à demander la nullité de l'acte de mariage (*C. N.*, *196*); mais cette nullité peut toujours être invoquée contre eux par les tiers.

1030. Néanmoins, même au cas où la célébration du mariage ne peut être prouvée, on n'est pas admis à contester la légitimité des enfants issus de deux époux qui ont vécu publiquement comme mari et femme, lorsqu'ils appuient leur qualité d'enfants légitimes sur les trois conditions suivantes : 1° s'il leur est impossible d'obtenir des renseignements de leur père ou mère, parce qu'ils sont ou décédés, ou absents, ou atteints de folie (1); 2° s'ils jouissent de la possession d'état d'enfant légitime non contredite par leur acte de naissance; 3° si les père et mère ont eu pendant leur vie la possession d'état d'époux. (*C. N.*, *197*.) Mais ceux qui contestent la qualité d'enfants légitimes sont admis à prouver (2) que le mariage n'a pas été célébré, ou que, s'il a été célébré, il était entaché de nullité, *supra nos 1013 et suiv.*

1031. Lorsque l'acte de célébration du mariage a été mis hors d'état de servir parce qu'il a été biffé, déchiré, lacéré, dénaturé, le coupable du délit, qu'il soit officier de l'état civil ou individu privé, est poursuivi criminellement en cour d'assises (s'il a été inscrit sur une feuille de papier volante, l'officier de l'état civil est poursuivi correctionnellement); et si la preuve de la célébration légale du mariage se trouve acquise par le résultat de la procédure, que les parties intéressées se soient ou non (3) portées parties civiles, l'inscription de l'arrêt (ou du jugement) sur les registres de l'état civil assure au mariage, à compter du jour de sa célébration, tous les effets civils, tant à l'égard des époux qu'à l'égard des enfants issus de ce mariage. (*C. N.*, *198*.) Si les époux ou l'un d'eux sont décédés sans avoir agi, l'action civile peut être intentée au criminel par tous ceux qui ont intérêt de faire déclarer le mariage valable et par le procureur de la rép. (*C. N.*, *199*.) Si le coupable est décédé lorsque l'action est intentée, elle est dirigée au civil par le procureur de la rép. en présence des parties intéressées ou sur leur dénonciation. (*C. N.*, *200*.)

§ 3. — MARIAGE PUTATIF

1032. L'union appelée *mariage putatif* est celle qui ne constitue pas un mariage valable, mais que les parties ou l'une d'elles ont *réputé*, ont cru tel, et que la loi, en considération de cette bonne foi, veut aussi *réputer* tel en lui donnant les effets civils (4).

1033. Le mariage qui a été déclaré nul produit néanmoins les effets civils, tant à l'égard des époux qu'à l'égard des enfants, lorsqu'il a été contracté de bonne foi (*C. N.*, *201*), c'est-à-dire lorsqu'il a été contracté avec la croyance erronée (5) qu'il était permis. Si la bonne foi n'existe que de la part de l'un des deux époux, le mariage ne produit les effets civils qu'en faveur de cet époux et des enfants issus de ce mariage. (*C. N.*, *202*.) Dans les deux cas, il légitime, d'après l'art. 331, *infra n° 1117*, les enfants naturels reconnus que les conjoints avaient eus ensemble avant leur union (6). Le mariage putatif se dissout à partir du jugement prononçant la nullité, ce qui donne lieu au partage de la communauté et à l'exercice des droits des époux (7).

---

(1) Toullier, II, 877; Duranton, II, 235; Vazeille, I, 214; Valette sur Proudhon, II, p. 75; Bonnier, *Preuves*, n° 128; Allemand, I, 440; Demolombe, III, 396; Marcadé, *197*, 2; Massé et Vergé sur Zach., § 116, note 9; CONTRA Zach., § 116, note 9; Richefort, *Etat des fam.*, I, 80.

(2) Marcadé, *197*, 3; Duranton, III, 111; Toullier, II, 878; Demolombe, III, 402; Zach., § 116, note 10.

(3) Valette, p. 106; Marcadé, *5e édition*, *198*, 3; Massé et Vergé sur Zach., § 116, note 14; CONTRA Demolombe, III, 410.

(4) Marcadé, *201*, 1; Mourlon, I, 356.

(5) Que l'erreur soit de fait ou de droit : Zach., § 125; Demolombe, III, 357 et 359; Marcadé, *202*, 2; Paris, 18 déc. 1837; Limoges, 25 août 1841 et 5 janv. 1842; Cass. 11 août 1841; CONTRA Toullier, I, 658; Duranton, II, 351; Vazeille, I, 272; Colmar, 14 juin 1838; Poitiers, 7 janv. 1845.

(6) Duranton, II, 356; Zach., § 125; Valette sur Proudhon, II, p. 170; Duvergier sur Toullier, I, 657; Demolombe, III, 365 et 366; Marcadé, *202*, 3; CONTRA Proudhon, II, p. 170; Toullier, I, 657.

(7) Marcadé, *202*, 4; Zach., § 125, note 4.

CHAPITRE CINQUIÈME

DES OBLIGATIONS QUI NAISSENT DU MARIAGE

1034. Le mariage fait naître des obligations et des devoirs. En premier lieu, les époux contractent l'obligation de nourrir, entretenir et élever leurs enfants. (*C. N., 203.*) [Form. 196 *bis.*] Quel que soit l'âge de ceux-ci et se fussent-ils mariés contre la volonté de leurs père et mère (1), s'ils ne peuvent trouver dans leur éducation ou leur position sociale des ressources suffisantes (2), s'ils n'ont pas eux-mêmes des enfants ou autres descendants qui puissent subvenir à leur subsistance (3), ils sont admis à réclamer des aliments à leurs père et mère (4), ou à leurs autres ascendants si les père et mère ne peuvent en fournir (5), ce qui s'applique aussi aux enfants naturels (6) à l'égard de leurs père et mère seulement, et non des ascendants de ceux-ci (7), et aux enfants adultérins ou incestueux (*C. N., 762, 763, 764*); mais l'enfant n'a pas d'action contre ses père et mère pour un établissement par mariage ou autrement. (*C. N., 204.*)

1035. La loi a aussi consacré l'obligation imposée par la nature aux enfants de fournir des aliments à leurs père et mère (8) et autres ascendants qui sont dans le besoin. (*C. N., 205.*) [Form. 196.] Les gendres et belles-filles, en entrant dans la famille, sont astreints aux mêmes obligations envers leurs beaux-pères et belles-mères si ceux-ci n'ont point d'enfants ou autres descendants ni ascendants en état de leur en fournir (9); mais cette obligation cesse : 1° lorsque la belle-mère a convolé en secondes noces; 2° lorsque celui des époux qui produisait l'affinité et les enfants issus de son union avec l'autre époux sont décédés. (*C. N., 206.*)

1036. Par réciprocité, les beaux-pères et belles-mères doivent des aliments à leurs gendres et belles-filles qui sont dans le besoin. (*C. N., 207.*)

1037. La charge de fournir des aliments est imposée aux descendants dans l'ordre suivant : 1° ceux qui recueilleraient la succession du réclamant; 2° s'ils ne le peuvent pour le tout ou pour une portion, ceux qui la recueilleraient à leur défaut pour le tout ou pour le complément, et ainsi de suite (10).

FORMULE 196. — Constitution de pension alimentaire. (Nos 1034 à 1045.)

PAR-DEVANT Me ....., ONT COMPARU : M. Louis GUÉRIN, employé, demeurant à.....;

Et M. Jules DAVID, pâtissier, et Mme Honorine GUÉRIN, son épouse de lui autorisée, demeurant ensemble à.....;

Lesquels, en conformité de l'art. 205 du C. C., ont, par ces présentes, créé et constitué, au profit et sur la tête de Mme Rose GUÉRIN, mère de M. GUÉRIN et de Mme DAVID, demeurant à....., veuve de M. Vincent GUÉRIN, ici présente et ce acceptant,

Une pension alimentaire, incessible et insaisissable, de SIX CENTS FRANCS par an, qui sera payable à Mme veuve GUÉRIN, en sa demeure, chaque année, en quatre termes égaux, les ....., pour faire le payement du premier trimestre, le .....; celui du second, le....., et ainsi de suite pendant la vie et jusqu'au jour du décès de Mme veuve GUÉRIN.

---

(1) Toullier, II, 614; Duranton, II, 384; Dict. not., *aliments*, n° 49; Cass. 7 déc. 1808; Caen, 15 avril 1828.

(2) Demolombe, IV, 2; Marcadé, *art. 203*; Paris, 13 avril 1833 et 18 janv. 1862; J. N. 17335; voir Paris, 12 janv. 1867; J. N. 18717.

(3) Proudhon, I, p. 236; Demolombe, IV, 35; Marcadé, *art. 205*; CONTRA Vazeille, II, 492.

(4) La dette d'aliments entre les père et mère est solidaire, Paris, 28 janv., 13 juin 1836, 26 juill. 1862; CONTRA Caen, 1er mai 1862; Sirey, 1862, II, p. 514.

(5) Duvergier sur Toullier, II, 612; Demolombe, IV, 23; Dict. not.., *aliments*, n° 7; Marcadé, *207*, 1 et 3; Cass. 28 oct. 1807; Lyon, 23 août 1831.

(6) Marcadé, *203*, 1; Demante, *Progr.*, I, 238; Demolombe, IV, 16; Cass. 16 novembre 1808 et 27 août 1811; Paris, 9 mars 1860; J. N. 16821.

(7) Toullier, II, 979; Vazeille, *mariage*, II, 501; Duranton, II, 379, et VI, 268; Zach., § 567; Cass. 7 juill. 1807.

(8) Même naturels : Chardon, n° 287; Duranton, II, 396.

(9) Marcadé, *207*, 3; Demolombe, IV, 35; Zach., § 131.

(10) Zach., § 131; Marcadé, *207*, 3; Demolombe, IV, 47.

1038. Les époux se doivent mutuellement des aliments, *infra n° 1046, note 1;* la réclamation d'aliments à des descendants ou à des ascendants ne peut donc avoir lieu qu'autant que le réclamant n'a pas de conjoint, ou, s'il a un conjoint, qu'autant qu'il est dans l'impossibilité de lui en fournir (1).

1039. Par aliments, l'on entend tout ce qui est nécessaire aux besoins du requérant en nourriture, vêtements, logement, chauffage, éclairage, entretien, assistance, soins nécessaires et frais médicaux, comme aussi l'obligation de payer les dettes du réclamant ayant pour cause des besoins alimentaires (2). Les arrérages des pensions alimentaires ne sont pas de plein droit payables par avance (3).

1040. La dette alimentaire n'est ni solidaire ni indivisible entre ceux qui la doivent (4); mais le tribunal, en fixant la pension alimentaire, peut dire qu'il y aura solidarité et indivisibilité (5).

1041. Pour la fixation des aliments, l'on doit avoir égard aux besoins de celui qui les réclame et à la fortune de celui qui les doit. (*C. N., 208.*) Ainsi, l'obligation de fournir des aliments, lorsqu'ils sont dus par plusieurs, doit être répartie entre ceux qui les doivent dans la proportion de leur fortune (6). Si ensuite les parties sont replacées dans un tel état que l'une ne puisse plus en fournir et que l'autre n'en ait plus besoin, ou que la pension soit devenue insuffisante, il peut y avoir lieu à décharge ou à réduction (*C. N., 209*), ou à augmentation (7).

1042. Si le besoin des père et mère et autres ascendants provient de ce que leurs biens sont insuffisants, les enfants doivent fournir ce qui manque sans pouvoir exiger ce que les parents possèdent (8).

1043. Tous ceux, autres que les père et mère, qui sont tenus à une dette d'aliments doivent les fournir en argent, à moins qu'ils ne justifient qu'ils sont dans l'impossibilité de payer une pension alimentaire; alors le tribunal peut ordonner qu'ils recevront dans leur demeure, nourriront et entretiendront ceux auxquels ils doivent des aliments. (*C. N., 210.*) A l'égard des père et mère (9), pour les aliments qu'ils doivent à leurs enfants, gendres et belles-filles, les tribunaux sont libres de les dispenser du payement en argent dès qu'il n'y voient pas d'inconvénient (10). [*C. N., 211.*]

1044. La pension alimentaire est incessible lorsqu'elle est due en vertu de la loi (11); mais non si elle n'est due qu'en vertu d'une convention et par une personne non obligée par la loi à la fournir (12).

1045. Dans les deux cas, elle est insaisissable (13), pourvu que, dans le deuxième cas, elle ait été constituée à titre purement gratuit. (*C. Pr., 581.*)

Les parties contribueront dans le service de cette pension alimentaire : M. Guérin, pour QUATRE CENTS FRANCS, et M. et Mme David, solidairement entre eux, pour DEUX CENTS FRANCS.

Dont acte. Fait et passé, etc.

FORMULE 196 *bis*. — Titre clérical. (N° 1034.)

PAR-DEVANT M^e^ ....., A COMPARU M. Louis BLAY, charron, demeurant à .....;

Lequel, voulant faciliter à M. Léon BLAY, son fils, domicilié avec lui, l'entrée dans les ordres sacrés, a, par ces présentes, déclaré lui constituer *à titre clérical*, ce accepté par M. BLAY fils, à ce présent,

Une rente annuelle et viagère, incessible et insaisissable, de la somme de SIX CENTS FRANCS, qu'il s'oblige à lui payer, pendant sa vie, chaque année, en quatre termes égaux,

---

(1) Zach., § 131.

(2) Zach., § 131, Demolombe, IV, 55.

(3) Paris, 27 nov. 1866; J. N. 18669.

(4) Demolombe, IV, 63; Marcadé, *207*, 1; Roll., *aliments*, n° 57; Mourlon, I, 751; Lyon, 3 janv. 1832; Toulouse, 4 déc. 1833; Pau, 30 mai 1837; Bordeaux, 14 déc. 1841; Limoges, 19 déc. 1846; CONTRA Proudhon, *des Pers.*, I, p. 255 et *usuf.*, I, 62; Riom; 15 mars 1830; Grenoble, 19 avril 1831 et 28 janv. 1836; Rennes, 30 mars 1833; Paris, 13 juin 1836; Cass. 3 août 1837; Bordeaux, 24 juin 1846.

(5) Demolombe, IV, 63; Dict. not., *alim.*, n° 90; Cass. 3 août 1837 Pau, 26 déc. 1866; J. N. 19001; CONTRA Marcadé, *207*, 4.

(6) Marcadé, *209*, 2; Roll., *alim.*, n° 56; Zach., § 131.

(7) Zach., § 131, note 27; Colmar, 19 janv. 1824.

(8) Roll., *alim.*, n° 17; Marcadé, *207*, 4; Bordeaux, 16 fév. 1828; Douai, 23 mai 1839; CONTRA Toullier, II, 613.

(9) Et non les autres ascendants : Marcadé, *211*, 1; Massé et Vergé, § 131, note 37; CONTRA Vazeille, II, 108; Zach., *loc. cit.*

(10) Marcadé, *211*, 1.

(11) Duvergier, *vente*, n° 214; Troplong, *vente*, n° 227.

(12) Demolombe, IV, 78; Cass. 31 mars 1826, 1er avril 1844.

(13) Duranton, II, 426; Demolombe, IV, 78.

CHAPITRE SIXIÈME

DES DROITS ET DES DEVOIRS RESPECTIFS DES ÉPOUX

1046. La loi règle avec une grande sollicitude tout ce qui concerne le mariage. Elle n'a pas omis de déclarer que les époux se doivent mutuellement fidélité, secours, assistance (1) [*C. N., 212*]; que le mari étant le protecteur naturel de sa femme, celle-ci lui doit l'obéissance. (*C. N., 213.*) Ainsi, elle est obligée d'habiter avec lui, de le suivre partout où il lui plaît de résider (*C. N., 214*), même en pays étranger (2), et elle peut être contrainte à l'exécution de cette obligation par la saisie de ses revenus (3), même par l'emploi de la force publique (4). Toutefois, la femme peut être déliée de ce devoir par le juge pour des causes graves, par exemple, si le mari n'a pas de résidence fixe (5), ou s'il ne peut offrir à sa femme un logement convenable (6) et compatible avec son état de santé (7).

1047. Quant au mari, il est obligé de recevoir sa femme, de la traiter comme maîtresse de la maison (8) et de lui fournir tout ce qui est nécessaire pour les besoins de la vie, selon ses facultés et son état. (*C. N., 214.*) Si le mari refuse de recevoir sa femme, il n'y a pas de moyen direct pour l'y contraindre (9); mais il peut être condamné à lui servir une pension proportionnée à ses moyens de fortune (10), et même à des dommages-intérêts (11).

1048. Comme conséquence du devoir de soumission à elle imposé, la femme fût-elle non commune,

---

à partir du jour où M. Blay fils aura été ordonné prêtre, pour faire le payement du premier trimestre le jour même de l'ordination, celui du second trois mois après, et ainsi de suite.

Le service de cette rente aura lieu en la demeure du constituant, et ne pourra être effectué qu'en bonnes espèces d'or ou d'argent, et non autrement.

En raison de la destination de ladite rente, il est convenu qu'elle ne sera acquise à M. Blay fils que par le fait de son ordination, et que, s'il n'est pas ordonné prêtre, la présente constitution sera considérée comme nulle et non avenue.

Dont acte. Fait et passé, etc.

FORMULE 197. — Autorisation maritale. (Nos 1046 à 1058.)

1° *Mari et femme s'obligeant ensemble.* (No 1051.)

M. Gervais Bertin, propriétaire, et Mme Désirée Leloutre, son épouse, de lui autorisée, demeurant à.....

---

(1) Comme conséquence de ce devoir d'assistance, les époux sont tenus de se fournir mutuellement des aliments : Marcadé, art. *112*; Demolombe, IV, 84; Riom, 22 déc., 1857; même lorsqu'ils sont séparés de corps : Toullier, II, 780; Duranton, II, 633; Vazeille, II, 588; Demolombe, IV, 84; Cass. 8 mai 1810, 28 juin 1815, 8 juill. 1815, 2 avril 1861; J. N. 17127; même lorsque la séparation de corps a été prononcée pour cause d'adultère de celui des époux qui réclame des aliments : Lyon, 15 mars et 16 juill. 1835; à moins cependant, dans tous les cas ci-dessus, que le dénûment de l'époux qui réclame n'ait pour cause son inconduite, et que d'ailleurs son âge et sa santé ne lui permettent de travailler pour subvenir à ses besoins : Demolombe, IV, 87; Cass. 8 juill. 1850. La pension alimentaire fixée par le jugement de séparation ne s'éteint pas par le décès de celui des époux qui la doit : Cass. 2 avril 1861; J. N. 17127. — Lorsque les époux sont seulement séparés de fait, ils ne peuvent se demander de pension alimentaire : Paris, 9 juill. 1858; J. N. 16392.

(2) Marcadé, 214, 2; Proudhon, I, p 260; Duranton, II, 435, Rodière et Pont, *contr. de mar.*, I, 55; Demolombe, IV, 90; Zach., § 133, note 3.

(3) Vazeille, II, 291; Roger, *saisie-arrêt*, n° 202 *bis*; Demolombe, IV, 105; Chauveau, *Journ. avoués*, XXXVII, p. 673.; Zach., § 135, note 4; Cubain, *droit des femmes*, n° 16; Chardon, n° 13; Marcadé, *214*, n° 2; Paris, 14 mars 1834; Nîmes, 11 juin 1806; Riom. 13 août 1810; Toulouse, 24 août 1818; Aix, 29 mars 1831 et 23 mars 1840; Colmar, 10 juill. 1833; Rouen, 10 janv. 1861; CONTRA Duranton, II, 439.

(4) Toullier, XIII, 109; Vazeille, II, 293; Coin-Delisle, *2065*, 4; Zach., § 133, note 4; Odilon Barrot, Encyclopédie, *abandon d'époux*; Valette sur Proudhon, I, p. 453; Troplong, *contr. par corps*, n° 258; Demolombe, IV, 107; Marcadé, *214*, 2; Mourlon, I, 758; Paris, 29 mai 1808 et 31 mars 1855; Pau, 10 avril 1810 et 11 mars 1863; Colmar, 10 juill. 1833; Nancy, 11 avril 1826; Cass. 9 août 1826; Aix, 29 mars 1831 et 23 mars 1840; Dijon, 25 juill. 1840; CONTRA Duranton, II, 440; Cubain, n° 116; Chardon, nos 10 et suiv.; Roll., *abandon d'époux*, n° 3 et *mar.*, n° 63; Toulouse, 21 août 1818; Bourges, 17 mai 1808; Riom, 6 avril 1818; Metz, 18 juin 1818.

(5) Demolombe, IV, 95; Marcadé, art. *214*; Zach., § 133.

(6) C'est à dire la recevoir selon son état : Chardon, *puiss. marit.*, I, 24; Vazeille, I, 296; Demolombe, IV, 95; Zach., § 133; Bruxelles, 11 mars 1807; Paris, 3 oct. 1810; Rouen, 21 nov. 1812; Paris, 19 avril 1817; Cass. 9 janv., 1826; Douai, 9 mai 1860; Grenoble, 29 mars 1860.

(7) Rodière et Pont, *contr. de mar.*, I, 55; Demolombe, IV. 93; Marcadé, art. *214*; Zach., § 133.

(8) Zachariæ, § 133.

(9) Toullier, XIII, 110; Demolombe, IV, 110; Zach., § 133.

(10) Zachariæ, § 133.

(11) Demolombe, IV, 110; Lyon, 30 nov. 1811.

ou séparée de biens, ou même séparée de corps (1), ne peut ester en justice (2) [sauf le cas où elle est poursuivie en matière criminelle ou de police, *C. N.*, *216*], donner, hypothéquer, aliéner, acquérir à titre gratuit ou onéreux, sans le concours de son mari ou son autorisation par écrit. (*C. N.*, *215*, *217*.)

1049. Toutefois, la femme peut tester sans l'autorisation de son mari. (*C. N.*, *226*, *905*.)

1050. Elle peut, sans autorisation, prendre un livret de caisse d'épargne postale, en retirer le montant. (*L. 9 avril 1881, art. 6*), faire des versements à la caisse des retraites (*L. 20 juill. 1886, art. 13*.)

1051. L'autorisation du mari peut être donnée par l'acte même contenant l'engagement soit du mari et de la femme [Form. 197, 1°], soit de la femme seule [Form. 197, 2°]; et, dans ces cas, il n'y a plus nécessité comme autrefois (3) de se servir, à peine de nullité, du mot sacramentel : *autorisation*; le simple concours du mari suffit pour habiliter la femme (4).

1052. Elle peut aussi être donnée par écrit, *infra n° 1059*. [Form. 197, 3°.]

1053. L'autorisation peut également être donnée par un mandataire spécial du mari, *infra n° 1062*.

1054. Le défaut d'autorisation de la femme par son mari, *supra n° 1048*, ou par justice, *infra n° 1055*, entraîne une nullité qui peut être opposée par la femme, par le mari ou par leurs héritiers (*C.*, *N.*, *225*), et même, suivant quelques auteurs, par les créanciers de la femme (5); mais l'action en nullité, qui se prescrit par dix ans du jour de la dissolution du mariage (*C. N.*, *1304*), peut être couverte par la ratification du mari et de la femme (6) pendant le mariage, et de la femme ou ses héritiers après la dissolution du mariage.

1055. La femme peut se faire autoriser en justice (*C. Pr. 861 et suiv.*), soit pour ester en justice, soit pour contracter, au cas de refus de son mari de l'autoriser (*C. N.*, *218*), ou au cas d'impossibilité ou d'incapacité de la part du mari, par exemple s'il est mineur (*C. N.*, *224*), en état d'absence présumée ou déclarée (*C. Pr.*, *863*), interdit (*C. N.*, *222*), pourvu d'un conseil judiciaire (7), frappé d'une condamnation contradictoire ou par contumace, emportant peine afflictive ou infamante, mais seulement pendant

2° *Femme s'obligeant seule.* (N° 1051.)

Mme Désirée Leloutre, épouse assistée et autorisée de M. Jacques Bertin, propriétaire, avec lequel elle demeure à.....

3° *Femme s'obligeant avec l'autorisation écrite de son mari.* (N° 1052.)

Mme ....., épouse de M....., propriétaire, avec lequel elle demeure à.....
« Mme....., spécialement autorisée à l'effet des présentes, par M....., son mari,
« suivant acte passé devant Me....., et l'un de ses collègues, notaires à....., le.....,
« dont le brevet original, etc... »

4° *Femme autorisée par justice.* (Nos 1055 à 1058.)

Mme Désirée Leloutre, propriétaire, épouse de M. Gervais Bertin, avec lequel elle demeure à.....

(1) Duranton, II, 623; Vazeille, II, 587; Massol, *séparation de corps*, p. 230; Demolombe, IV, 119; Zach., § 134, note 5.

(2) Même lorsqu'elle plaide contre son mari en nullité de mariage : Cass. 19 mai 1858. V. Alger, 11 déc. 1866.

(3) Pothier, *puiss. marit.*, nos 15 et 75; Merlin, *autor. mar.*, section 6, § 1er; Colmar, 23 déc. 1809.

(4) Toullier, II, 618; Duranton, II, 443; Roll., *autorisation maritale*, n° 49; Mourlon, I, 794.

(5) Grenier, *hyp.*, nos 33 et 34; Toullier, VII, 567; Zach., Massé et Vergé, § 134, note 65; Duranton, II, 512; Vazeille, n° 384, Marcadé, 225, 3; Roll., *autor. mar.*, n° 216; Cass. 10 mai 1853; J. N. 14971; contra Chardon, n° 130; Cubain, n° 120; Bruxelles, 30 janv., 1808; Angers, 1er août 1810, Grenoble, 2 août 1827.

(6) Et non du mari seul : Toullier, II, 648; Duranton, II, 518, Benoît, *dot*, I, 224; Chardon, n° 165; Cubain, n° 135; Demolombe, IV, 211; Mourlon, I, 792; Valette sur Proudhon, I; p. 467; Cass. 12 fév. 1828 et 26 juin 1839; Rouen, 18 nov. 1825; Grenoble, 26 juill. 1828; Paris, 12 janv. 1815 et 23 fév. 1849; contra Vazeille, II, 379; Zach., Massé et Vergé, § 134, note 45; Demante, I, 300 *bis*; Duvergier sur Toullier, II, 648; Marcadé, 225, 1; Roll., *autor. marit.*, n° 230; Riom, 23 janv. 1809; Colmar, 28 nov. 1816; Dijon, 1er août 1818 et 19 juill. 1862; J. N. 17554.

(7) Demolombe, IV, 226; Rennes, 7 déc. 1840; Paris, 13 nov. 1866; J. N. 18701; contra Magnin, *minor.*, I, 909; Paris, 27 août 1833, selon lesquels le mari peut autoriser sa femme avec l'assistance de son conseil.

la durée de la peine (*C. N.*, *221*); ou au cas de demande en séparation de corps. (*C. Pr.*, *878*, *de biens*; *C. Pr.*, *865*.) [Form. 197, 5°.]

1056. Pour obtenir cette autorisation, la femme, après avoir fait constater, par une sommation, le refus de son mari de l'autoriser, présente requête au président du tribunal civil du lieu du domicile commun (1), qui rend une ordonnance portant permission de citer le mari, à jour indiqué, à la chambre du conseil ponr déduire les motifs de son refus. Le mari entendu, ou faute par lui de se présenter, il est rendu, sur les conclusions du ministère public, un jugement en audience publique [et non en la chambre du conseil (2)], qui statue sur la demande de la femme. (*C. N.*, *219*; *Pr.*, *861*, *862*.)

1057. Si le mari est mineur, il peut néanmoins être appelé pour donner des renseignements (3); mais s'il est en état d'absence présumée ou déclarée ou d'interdiction, ou sous le coup d'une condamnation emportant peine afflictive ou infamante, il y a inutilité ou impossibilité de l'appeler; il suffit à la femme de présenter requête au président du tribunal, qui ordonne la communication au ministère public et commet un juge pour faire son rapport au jour indiqué. Si le mari est interdit, la femme joint à la requête le jugement d'interdiction. (*C. N.*, *221*; *Pr.*, *863 et 864*.)

1058. La femme autorisée par justice à former une demande devant le tribunal ne peut appeler du jugement intervenu qu'autant qu'elle obtient une nouvelle autorisation du tribunal, à peine de nullité de son appel (4), à moins que le tribunal, en accordant à la femme l'autorisation de plaider, ne lui ait en même temps donné en termes explicites l'autorisation d'appeler (5).

1059. L'autorisation maritale, lorsqu'elle est donnée par écrit [Form. 198], ne peut être que spéciale à un ou plusieurs objets, le mari ne pourrait donc abdiquer son autorité maritale en donnant à la femme l'autorisation générale de disposer de ses biens (6). Cette autorisation générale, même donnée par contrat de mariage, n'est valable qu'en ce qui concerne l'administration des biens de la femme. (*C. N.*, *223*.)

1060. Il est indifférent que l'écrit contenant autorisation soit sous seing privé ou authentique, encore bien qu'il soit produit pour un acte ne pouvant avoir lieu que dans la forme authentique (7).

1061. Si, du consentement exprès ou tacite (8) de son mari (*C. comm.*, 7) [Form. 199], la femme est marchande publique, elle peut, sans son autorisation, s'obliger, mais non ester en justice (*C. N.*, *215*),

---

« Mme Bertin, spécialement autorisée à l'effet des présentes, à raison de refus (*ou* de « de l'incapacité, de l'absence) de son mari, par un jugement du tribunal civil de première « instance de....., le....., dont la grosse est demeurée ci-jointe, après que dessus il « a été apposé une mention de l'annexe signée des notaires. »

FORMULE 198. — Acte d'autorisation maritale. (Nos 1059 et 1060.)

Par-devant Me.....,

A comparu M. Gervais Bertin, propriétaire, demeurant à.....;

Lequel a, par ces présentes, déclaré autoriser spécialement Mme Désirée Lion, son épouse, à l'effet de :

Vendre, etc... *(Voir pour le surplus les formules de procuration.)*

FORMULE 199. — Autorisation à la femme pour faire le commerce. (No 1061.)

A l'effet d'exercer personnellement la profession de marchande de....., à.....; faire en conséquence sans l'assistance de M....., et comme seule intéressée, toutes opé-

---

(1) Toutefois, si la femme est défenderesse à une action intentée contre elle devant un tribunal autre que celui du lieu du domicile commun, c'est au tribunal qui connait de l'action à l'autoriser si son mari ne comparait pas : Marcadé, *219*, 1.

(2) Bertin, *chambre du conseil*, p. 33; Nîmes, 9 janv. 1828; Orléans, 9 mai 1849; Poitiers, 18 avril 1850; Cass. 5 juin 1850 et 4 mai 1863; contra Thomine, *Proc.*, no 1088; Carré et Chauveau, *quest.*, 2925; Chardon, no 295; Riom, 29 janv. 1829; Bordeaux, 27 fév. 1834.

(3) Marcadé, art. *224*; Pigeau, I, p. 86; Toullier, II, 653; Zach., § 134, note 38.

(4) Mimerel, *Revue crit.*, 1858; I, p. 111; Cass. 5 août 1840; 4 mars 1845, 15 déc. 1847, 18 août 1857; contra Demolombe, IV, 285 et suiv.

(5) Cass. 3 mai 1853, 1er mars 1858; contra Mimerel, *Revue crit.*, 1858, I, p. 115.

(6) Voir Cass. 10 mai 1853, 1er fév. 1861; Bordeaux, 9 déc. 1847; Caen, 27 janv. 1851; J. N. 13242, 14971, 17964.

(7) Duranton, no 446; Cubain, no 161.

(8) Toullier, XII, 241; Pardessus, no 63; Duranton, II, 475; Marcadé, art. *210*; Demolombe, IV, 198; Mourlon, I, 801; Massé, III, 164; Zach., § 134, note 30; Cass. 14 nov. 1820, 1er mars 1826, 27 mars 1832, 27 avril 1844; Paris, 5 mars 1835; voir Grenoble, 27 janv. 1863.

pour ce qui concerne son négoce; alors elle oblige aussi son mari s'il y a communauté entre eux (*C. civ.*, *220*), et elle peut, en ce qui concerne ce commerce, engager, aliéner, hypothéquer ses immeubles (1). [*C. comm.*, *7*]. La femme n'est pas réputée marchande publique si elle ne fait que détailler les marchandises du commerce de son mari, mais seulement quand elle fait un commerce séparé. (*C. civ.*, *220.*)

1062. Il peut se faire que le mari, tout en autorisant sa femme, veuille lui donner un surveillant; alors il peut instituer un mandataire pour autoriser sa femme [Form. 200]; mais, de même que l'autorisation, la procuration ne peut être que spéciale (2).

CHAPITRE SEPTIÈME

DE LA DISSOLUTION DU MARIAGE

1063. Le mariage se dissout : 1° par la mort de l'un des époux; 2° par l'annulation du mariage prononcée judiciairement, *supra* n° *1033*; 3° par le divorce légalement prononcé. (*C. civ.*, *227.*)

CHAPITRE HUITIÈME

DES SECONDS MARIAGES

1064. La femme ne peut contracter un nouveau mariage qu'après dix mois révolus depuis la dissolution du mariage précédent (*C. civ.*, *228*), ce temps étant celui le plus long de la gestation.

1065. Quant au mari, il peut contracter un nouveau mariage aussitôt après la dissolution ou l'annulation du précédent mariage.

rations commerciales et tous actes permis à la marchande publique, relativement à cette profession.

FORMULE 200. — Procuration à l'effet d'autoriser la femme. (N° 1062.)

Par-devant M^e^.....,

A comparu M. Gervais Bertin, propriétaire, demeurant à.....;

Lequel a, par ces présentes, constitué pour son mandataire M.....,

Auquel il donne pouvoir de, pour lui et en son nom :

Autoriser Mme Désirée Leloutre, épouse du comparant, à l'effet de :

Vendre soit par adjudication, soit à l'amiable, etc... (*Voir les formules de procuration.*)

(1) Marcadé, 220; Pont., *Priv.*, n° 611.

(2) Roll., *autoris. marit.*, n° 103.

TITRE SIXIÈME

DU DIVORCE ET DE LA SÉPARATION DE CORPS

SOMMAIRE

CHAPITRE PREMIER

DU DIVORCE

1066. Le divorce était permis par le Code civil (*art. 229 à 305 anciens*). Il fut aboli par la loi du 8 mai 1816 abrogative des art. 229 à 305. La loi du 27 juillet 1884 le rétablit sous de légères modifications; mais la loi du 8 avril 1886 le modifia dans de larges mesures en ce qui concerne la procédure. Ce sont les dispositions modifiées que nous allons expliquer; nous ferons remarquer que les lois sur le divorce ont été déclarées applicables à l'Algérie et aux colonies par les lois des 27 juillet 1884, art. 5, et 18 avril 1886, art. 5 et par les décrets des 25 août 1884 et 11 novembre 1887.

1066 *bis*. Le divorce peut être demandé : 1° par le mari, pour cause d'adultère de sa femme (*Code civ., 229*); 2° par la femme, pour cause d'adultère de son mari (*C. civ., 230*), sans qu'il soit besoin qu'il ait tenu sa concubine dans le domicile conjugal; 3° par chacun des époux, en cas d'excès, sévices ou injures graves de la part de l'autre époux (*C. civ., 231*); en voir le détail dans notre *Commentaire du divorce*, nos 127 à 174; 4° en cas de condamnation de l'un des époux à une peine afflictive et infamante, par son conjoint (*C. civ., voir ibid., nos 177 à 185*; 5° par chacun des époux, en cas de séparation de corps, à titre de conversion de séparation en jugement de divorce, *infra* no 1080 ; 6° par l'un et l'autre des époux quand les torts sont réciproques (1). — L'absence de l'un des époux, quelque prolongée qu'elle soit, n'est pas une cause de divorce (2).

1067. Le droit de demander le divorce appartient à celui des époux qui allègue les causes y don-

(1) Defrénois, *Divorce*, 335, 350, voir Seine, 18 fév. 1887 et 16 janv. 1888; *Rép.* 3485, 4097.

(2) Defrénois, *Ibid.*, 186 à 188, voir cep. Paris, 7 avril 1887; Cambrai, 16 juin 1887; *Rép.*, 3764, 3851.

nant lieu. On discute sur la question de savoir si elle peut être intentée par l'interdit judiciaire (1); elle est permise au nom de l'interdit légal avec son consentement (*C. civ.*, *234*); quant au prodigue, il doit pour le demander être assisté de son conseil (2). Les héritiers et les créanciers de l'époux offensé n'ont pas qualité pour former la demande, ni poursuivre sur l'action si le demandeur décède avant que le divorce soit définitif (3).

1068. Le tribunal compétent est celui du domicile du mari et, en cas de conversion de séparation en divorce ou de demande principale en divorce après séparation, le tribunal du domicile du défendeur (4). Après que l'instance est liée par la comparution devant le président, l'exception d'incompétence n'est plus admissible (5). Cette compétence s'étend à tous les actes d'exécution du jugement, mêmes aux opérations de liquidation et partage (6).

1068 *bis*. D'après l'art. 235 ancien, si quelques-uns des faits allégués donnaient lieu à une poursuite criminelle de la part du ministère public, l'action en divorce restait suspendue jusqu'après la décision de la juridiction répressive. La loi du 18 avril 1886 n'ayant pas reproduit cette disposition, il appartient au tribunal saisi de l'action en divorce de suspendre l'instance en pareil cas ou de la laisser se continuer.

1069. L'époux demandeur présente, en personne, la requête, rédigée par un avoué, énumérant ses griefs contre son conjoint, au président du tribunal ou le juge qui en fait fonctions. S'il est empêché, le magistrat se transporte à son domicile afin de recevoir sa demande. Pour l'interdit légal, la requête est présentée par son tuteur sur sa réquisition ou avec son autorisation (*C. civ.*, *234*). — Le juge, auquel le demandeur présente sa requête, l'entend et lui fait les observations qu'il juge convenables. Si le demandeur persiste, il rend, au bas de la requête, une ordonnance portant que les époux comparaîtront devant lui au jour et à l'heure qu'il indique et commet un huissier pour notifier la citation (*C. civ.*, *235*). Par la même ordonnance, le juge peut autoriser l'époux demandeur à avoir une habitation séparée et, s'il s'agit de la femme, indiquer le lieu de sa résidence provisoire (*C. civ.*, *236*) qui, suivant les circonstances, peut être le domicile conjugal (7).

1069 *bis*. La citation, contenant copie de la requête et de l'ordonnance, est signifiée à l'époux défendeur, par l'huissier commis, et sous pli fermé, trois jours au moins avant la comparution, outre les délais de distance, le tout à peine de nullité (*C. civ.*, *237*). — Au jour et à l'heure fixés, le juge entend les parties en personne. Si l'une des parties est empêchée de se présenter, le juge détermine le lieu où sera tentée la conciliation ou donne commission pour entendre le défendeur (*C. civ.*, *238*); mais non le demandeur, celui-ci étant tenu de comparaître devant le juge conciliateur et non ailleurs (8). En cas de non conciliation ou si le défendeur fait défaut, le juge rend une ordonnance constatant, soit la non conciliation, soit le défaut et autorise le demandeur à assigner devant le tribunal. — Le juge statue : 1° à nouveau, s'il y a lieu, sur la résidence de l'époux demandeur; 2° sur la garde provisoire des enfants; 3° sur la remise des effets personnels; 4° et, suivant la faculté que la loi lui accorde, sur la demande d'aliments, s'il y a lieu. — Les époux, au lieu de recourir au tribunal, peuvent s'entendre sur la garde des enfants et la pension alimentaire à servir. — L'ordonnance du juge est exécutoire par provision; néanmoins, elle est susceptible d'appel (9). — Par le fait de l'ordonnance du juge, la femme est autorisée à faire toutes procédures pour la conservation de ses droits et à ester en justice jusqu'à la fin de l'instance et des opérations qui en sont les suites (*C. civ.*, *238*).

1070. Lorsque le tribunal est saisi de l'action en divorce, les mesures provisoires prescrites par le juge peuvent être modifiées ou complétées au cours de l'instance par jugement du tribunal, sans préjudice du droit conféré au président ou le juge qui en fait les fonctions de statuer en référé, en tout état de cause, sur la résidence de la femme. — Le juge, suivant les circonstances, avant d'autoriser le demandeur à assigner à fin de divorce, peut ajourner les parties à un délai n'excédant pas vingt jours, sauf à ordonner les mesures provisoires nécessaires. — L'époux demandeur en divorce

(1) Defrénois, *Divorce*, 754.

(2) Defrénois, *Ibid.*, 197; Seine, 6 janv., 1888; *Rép.* 4075.

(3) Defrénois, *Ibid.*, 198 et 199.

(4) Defrénois, *Ibid.*, 202, 203.

(5) Defrénois, *Ibid.*, 201; Paris, 5 août 1886; *Rép.* 3193.

(6) Cass., 28 mars 1808.

(7) Defrénois, *Divorce*, 401 à 404; Paris, 24 nov. 1884; 25 fév. 1885; *Rép.* 2298, 2783.

(8) Defrénois, *Ibid.*, 792; Alger, 2 fév. 1885; *Rép.*, 2621.

(9) Defrénois, *Ibid.*, 804, 805. Voir Paris, 13 août 1886, 3 fév. 1887; Poitiers, 9 mai 1887; *Rép.* 2682, 3939.

doit user de la permission d'assigner à lui accordée par l'ordonnance du juge, dans un délai de vingt jours à partir de cette ordonnance. S'il n'en a pas usé dans ce délai, les mesures provisoires ordonnées à son profit cessent de plein droit (*C. civ., 238*).

1070 *bis.* La cause est instruite et jugée dans la forme ordinaire, le ministère public entendu. — Le demandeur, en tout état de cause, a la faculté de transformer sa demande en divorce en demande de séparation de corps. — Le défendeur peut, par un simple acte de constitution, introduire une demande reconventionnelle en divorce (*C. civ., 239*); mais seulement quand l'action principale tend au divorce. Si elle a pour objet une demande en séparation de corps, la demande reconventionnelle à fin de divorce ne peut être formée par des conclusions, il faut l'introduire par une demande principale en divorce (1). — Il appartient aux tribunaux d'ordonner le huis clos, si cette mesure leur paraît utile. — La reproduction des débats par la voie de la presse, dans les instances en divorce, est interdite à peine d'une amende de 100 à 2,000 fr. (*C. civ., 239 et Loi, 30 juill. 1881 art. 39*).

1071. Suivant l'art. 261 ancien, le divorce pour cause de condamnation était prononcé sur une simple requête et la justification que la condamnation se trouvait définitive. Cette disposition n'ayant pas été reproduite, la demande doit être formée par assignation contre le tuteur à l'interdit (2) et jugée dans la forme ordinaire.

1072. Le tribunal, sur la demande de l'une des parties intéressées, ou de l'un des membres de la famille (3), ou sur les réquisitions du ministère public, ou même d'office, ordonne toutes les mesures provisoires qui lui paraissent nécessaires dans l'intérêt des enfants. Le tribunal statue aussi sur les demandes relatives aux aliments pour la durée de l'instance. Le tribunal statue également sur les provisions. Enfin le tribunal connaît de toutes les autres mesures urgentes (*C. civ., 240*).

1072 *bis.* La femme est tenue de justifier, toutes les fois qu'elle en est requise, de sa résidence dans la maison indiquée, faute de quoi le mari est en droit de refuser la provision alimentaire et, en outre, si elle est demanderesse en divorce, la faire déclarer non recevable à continuer ses poursuites (4) (*C. civ., 241*).

1073. L'un ou l'autre des époux, dès la première ordonnance et en obtenant l'autorisation du juge donnée à charge d'en référer, a la faculté de prendre, pour la garantie de ses droits, des mesures conservatoires, notamment requérir l'apposition des scellés sur les biens de la communauté. Ce droit appartient aussi à la femme même non commune, pour la conservation de ceux de ses biens dont le mari a l'administration ou la jouissance. Les scellés sont levés à la requête de la partie la plus diligente, la femme aussi bien que le mari; les objets et valeurs sont inventoriés et prisés, l'époux qui est en possession en est constitué gardien judiciaire, à moins qu'il n'en soit décidé autrement (*C. civ., 242*). Si les époux sont d'accord pour faire procéder à un inventaire sans scellés, il n'est pas nécessaire qu'ils soient apposés (5). Lorsque l'inventaire est requis par le mari et la femme, mariés en communauté, comme le mari continue d'avoir l'autorité maritale, c'est à lui, suivant nous, qu'appartient le choix du notaire (6).

1074. Lorsque postérieurement à la date de l'ordonnance dont il est fait mention en l'art. 238, *supra*, n° 1070, le mari a contracté des obligations à la charge de la communauté ou aliéné des immeubles qui en dépendent, si la femme prouve que ces obligations et aliénations ont été contractées ou faites en fraude de ses droits dans la communauté (7), elles doivent être déclarées nulles (*C. civ., 243*).

1075. L'action en divorce s'éteint : 1° par la réconciliation (8) des époux survenue, soit depuis les faits allégués dans la demande, soit depuis cette demande, son effet est de rendre le demandeur non recevable dans sa demande, sauf à en intenter une nouvelle pour cause survenue ou découverte depuis la réconciliation et, dans ce cas, en se prévalant des anciennes causes à l'appui de sa demande; 2° par le décès de l'un des époux survenu avant que le jugement soit devenu irrévocable par la transcription sur les registres de l'état civil (*C. civ., 244*).

---

(1) Defrénois, *Divorce*, 824; Seine, 26 mars 1887; Lorient, 6 avril 1887; Cass., 22 fév. 1888; *Rép.*, 3647, 3648.

(2) Paris, 7 avril 1887; *Rép.*, 3649.

(3) Voir Paris, 17 juill. 1886; *Rép.* 3219, 3152.

(4) Voir Paris, 5 janv. 1888; *Rép.* 4072.

(5) Defrénois, *Divorce*, 435.

(6) T. Redon, 3 avril 1885. CONTRA Agen, 10 mai 1886; *Rép.* 2386, 3129.

(7) Douai, 28 nov. 1885; *Rép.* 3102.

(8) Defrénois, *Divorce*, 326 à 341.

1076. Lorsqu'il y a lieu à enquête, elle est faite conformément aux art. 252 et suiv. C. proc. — Les parents, à l'exception des descendants (1), et les domestiques peuvent être entendus comme témoins (*C. civ., 245*). La preuve des faits allégués s'établit selon les règles du droit commun.

1077. Quand la demande en divorce est formée pour toute autre cause que la condamnation de l'un des époux à une peine afflictive et infamante, le tribunal, encore que les griefs soient bien établis, a la faculté de ne pas prononcer de suite le divorce et d'ordonner un sursis ne devant pas excéder six mois, en maintenant ou prescrivant pendant ce temps l'habitation séparée et les mesures provisoires (2). Après l'expiration du sursis ordonné par le tribunal, qui ne saurait être prolongé, si les époux ne se sont pas réconciliés, chacun d'eux, le défendeur comme le demandeur, a le droit de faire citer l'autre à comparaître devant le tribunal, dans le délai de la loi, pour entendre prononcer le divorce (*C. civ., 246*).

1078. Sur la citation de l'une ou de l'autre des parties, le tribunal est tenu de prononcer immédiatement le divorce, sans qu'il lui soit permis de rouvrir le débat ni de refuser de faire droit à la réquisition du divorce, même lorsqu'elle émane du défendeur. Si le tribunal n'a pas ordonné le sursis, il statue après l'enquête sur l'action portée devant lui, en conséquence, prononce le divorce ou rejette la demande (3).

1079. Lorsque l'assignation à fin de divorce n'a pas été signifiée à la partie défenderesse en personne et que cette partie a fait défaut, le tribunal a la latitude, avant de prononcer le jugement sur le fond, d'ordonner l'insertion dans les journaux d'un avis destiné à faire connaître à cette partie la demande dont elle a été l'objet. — Le jugement ou l'arrêt qui prononce le divorce par défaut est signifié par huissier commis. Si cette signification n'a pas été faite à personne, le président ordonne sur simple requête la publication du jugement par extrait dans les journaux qu'il désigne (*C. civ., 247*). — L'opposition est recevable dans le mois de la signification si elle a été faite à personne, et, en cas contraire, dans les huit mois qui suivent le dernier acte de publication. — L'appel est recevable pour les jugements contradictoires dans les délais fixés par les art. 443 et suiv. du C. de proc. — S'il s'agit d'un jugement par défaut, le délai ne commence à courir qu'à partir du jour où l'opposition n'est plus recevable. — La cause, en appel, s'instruit à l'audience ordinaire et comme affaire urgente. — Les demandes reconventionnelles peuvent se produire en appel sans être considérées comme demandes nouvelles. — Le délai pour se pourvoir en cassation court du jour de la signification à partie pour les arrêts contradictoires, et pour les arrêts par défaut du jour où l'opposition n'est plus recevable. Le pourvoi est suspensif (*C. civ., 248*), même lorsqu'il a lieu sur un incident soulevé au cours de la procédure (4). — Le jugement ou l'arrêt qui a prononcé le divorce n'est pas susceptible d'acquiescement (*C. civ., 249*). La requête civile est admise contre le jugement ou l'arrêt qui a prononcé le divorce.

1080. Lorsque la séparation de corps a duré trois ans, le jugement peut être converti en jugement de divorce sur la demande formée par l'un des époux (*C. civ., 310*), non seulement celui qui était demandeur, mais aussi le défendeur. Le délai de trois ans court du jour où la décision qui a prononcé la séparation est devenue définitive (5). — La demande en conversion est introduite par assignation à huit jours, en vertu d'une ordonnance rendue par le président; cette ordonnance nomme un juge rapporteur, ordonne la communication au ministère public et fixe le jour de la comparution. La demande est débattue en chambre du conseil. — La cause en appel est débattue et jugée en chambre du conseil, sur rapport, le ministère public entendu. L'arrêt est rendu en audience publique (*C. civ., 310*), non solennelle (*Décret, 30 avril 1885*). — L'action à fin de conversion est purement personnelle, à ce titre la compétence appartient, non au tribunal qui a prononcé la séparation, mais à celui du domicile du défendeur (6). — Les dépens de cette instance doivent être mis à la charge de l'époux contre lequel la séparation à été prononcée, même lorsqu'il est demandeur à l'action en con-

(1) Voir Riom, 11 juill. 1887; *Rép.* 3911.

(2) Defrénois *Divorce*, 863 à 868; Péronne, 6 mai 1887; *Rép.*, 3852.

(3) Voir Seine, 18 fév. 1887; *Rép.*, 3485.

(4) Besançon 1er juin 1885; Dijon, 30 déc. 1886; *Rép.* 3597.

(5) Seine, 29 août et 31 déc. 1884; Amiens, 3 janv. 1885; *Rép.* 2141, 2269, 2364.

(6) Laurent, III, 211; Blois, 20 août 1884; Versailles, 27 août 1884; Nimes, 11 mars 1885. CONTRA : Nantes, 31 déc. 1884; *Rép.* 2069, 2142, 2689.

version, à moins que les torts de l'autre époux postérieurs à la séparation soient de nature à faire prononcer le divorce aussi contre lui (1).

1080 *bis.* Extrait du jugement ou de l'arrêt qui prononce le divorce est inséré aux tableaux exposés tant dans l'auditoire des tribunaux civil et de commerce que dans les chambres des avoués et des notaires. Pareil extrait est inséré dans l'un des journaux qui se publient dans le lieu où siège le tribunal ou, s'il n'y en a pas, dans l'un de ceux publiés dans le département (*C. civ., 250*).

1081. Le dispositif du jugement ou de l'arrêt est transcrit sur les registres de l'état civil du lieu où le mariage a été célébré. Mention est faite de ce jugement ou arrêt en marge de l'acte de mariage, conformément à l'art. 49 C. civ. Si le mariage a été célébré à l'étranger, la transcription est faite sur les registres de l'état civil du lieu où les époux avaient leur domicile et mention est faite en marge de l'acte de mariage, s'il a été transcrit en France (*C. civ., 251*). — La transcription est faite à la diligence de la partie qui a obtenu le divorce (2); à cet effet, la décision est signifiée, dans un délai de deux mois à partir du jour où elle est devenue définitive, à l'officier de l'état civil compétent, pour être transcrite sur les registres; si la signification est faite par un avoué, il doit être muni d'un pouvoir spécial (3). A cette signification doivent être joints les certificats énoncés en l'art. 548 C. proc. et, en outre, s'il y a un arrêt un certificat de non pourvoi. A défaut par la partie qui a obtenu le divorce de faire la signification dans le premier mois, l'autre partie a le droit, concurremment avec elle, de faire cette signification dans le mois suivant. Si le divorce a été prononcé à la fois contre l'un et contre l'autre des époux, chacun d'eux a le droit, dans le premier mois comme dans le second, de faire la signification à l'officier de l'état civil à fin de transcription. — Cette transcription est faite par les soins de l'officier de l'état civil, le cinquième jour de la réquisition, non compris les jours fériés, sous les peines édictées par l'art. 50 du Code civil. — Le jugement dûment transcrit remonte, quant à ses effets entre époux, au jour de la demande (*C. civ., 252*); à compter de cette date, la communauté est dissoute.

1082. A défaut par les parties d'avoir requis la transcription dans le délai de deux mois, le divorce est considéré comme nul et non avenu (4) (*C. civ., 252*), et le conjoint qui l'a obtenu ne peut plus le demander pour les mêmes causes, mais seulement pour des causes nouvelles faisant revivre les anciennes (5). Le décès de l'un des époux avant la transcription du jugement aurait aussi pour effet de faire considérer le divorce comme nul et non avenu (6).

1082 *bis.* Le divorce rend les époux étrangers l'un à l'autre et il peut être décidé, suivant les circonstances, que les engagements d'un époux envers les parents de l'autre cessent de produire leur effet (7). La femme divorcée n'a plus le droit dans les actes civils et judiciaires de faire usage du nom de son ex-mari et doit être désignée par ses prénoms et nom de demoiselle, auxquels on ajoute; *femme divorcée.* Le mari divorcé est fondé à s'opposer à ce que la femme à laquelle il a été uni continue à porter son nom (8). La femme divorcée perd le domicile qu'elle avait avec son mari et en acquiert un nouveau, suivant les règles du droit commun.

1083. Après que le divorce est devenu définitif, si les époux veulent se réunir, une nouvelle célébration du mariage est nécessaire. Cette réunion est interdite si l'un ou l'autre a, postérieurement au divorce, contracté un nouveau mariage suivi d'un second divorce. — Les époux, en se réunissant, ne peuvent adopter un régime matrimonial autre que celui qui réglait originairement leur union. — Après la réunion des époux, il n'est reçu de leur part aucune nouvelle demande en divorce, pour quelque cause que ce soit, autre que celle d'une condamnation à une peine afflictive et infamante prononcée contre l'un d'eux depuis leur réunion (*C. civ., 295*); mais les époux conservent le droit de demander leur séparation de corps, sans pouvoir le convertir en divorce.

1083 *bis.* Le mari divorcé est libre de contracter un nouveau mariage aussitôt après que le divorce est devenu définitif par la transcription du jugement. Quant à la femme divorcée, elle ne

(1) Charolles, 28 août 1884; Nevers, 13 août 1884; Boulogne-sur-Mer, 17 avril 1885; Caen, 3 fév. 1885; *Rép.* 2068, 2516.

(2) Voir Nancy, 14 janv. 1888; *Rép.* 4071.

(3) Nancy, 14 janv. 1888; *Rép.* 4071.

(4) Voir cep. Paris, 8 mars 1887; *Rép.* 3768.

(5) Saint-Etienne, 24 mars 1887; CONTRA : Auch, 3 nov. 1885; *Rép.* 2990, 3621.

(6) Saint-Etienne, 24 mars 1887 précité; Grenoble, 10 sept. 1887; *Rép.* 3621, 4041.

(7) Laon, 18 juill. 1887; *Rép.* 3850.

(8) T. Lyon, 4 mai 1886; Seine, 14 juin 1887; Dijon, 27 juill. 1887; Nimes, 8 août 1887; *Rép.* 3073, 3218, 3711, 4039.

peut se remarier que dix mois après la même époque (*C. civ.*, *296*). — Dans le cas de divorce admis en justice pour cause d'adultère, il est interdit à l'époux coupable de se marier avec son complice (*C. civ.*, *298*), mais à la condition que l'adultère ait été constaté (1). Cette interdiction constitue un empêchement simplement prohibitif, de sorte que si, néanmoins, le mariage était contracté, il ne serait pas nul (2).

1084. Les enfants sont confiés à l'époux qui a obtenu le divorce, à moins que le tribunal, sur la demande de la famille ou du ministère public, n'accorde, pour le plus grand avantage des enfants, que tous ou quelques-uns d'eux seront confiés aux soins, soit de l'autre époux, soit d'une tierce personne (*C. civ.*, *302*). — Quelle que soit la personne à laquelle les enfants sont confiés, les père et mère conservent respectivement le droit de surveiller l'entretien et l'éducation de leurs enfants, et sont tenus d'y contribuer à proportion de leurs facultés (*C. civ.*, *303*), suivant convention entre eux ou décision de justice. — La puissance paternelle continue d'appartenir au père, même à l'égard des enfants confiés à la mère; comme corollaire, c'est à lui qu'appartient l'administration légale de leurs biens; s'il vient à en être privé, cette administration passe à la mère. — Le droit d'émanciper les enfants mineurs continue d'appartenir au père, à son défaut à la mère, sauf le cas où l'émancipation aurait pour objet de rendre sans effet les mesures ordonnées au sujet de la garde des enfants ou de faire échec à la destitution de la tutelle. — Les père et mère ont le droit de visites à l'égard des enfants non confiés à leur garde, en se conformant aux conditions réglées par le tribunal qui demeure compétent pour les modifications à y apporter (3).

1085. La dissolution du mariage par le divorce ne prive les enfants issus de ce mariage d'aucun des avantages qui leur étaient assurés par les lois ou par les conventions matrimoniales de leurs père et mère ; mais il n'y a d'ouverture aux droits des enfants que de la même manière et dans les mêmes circonstances où ils se seraient ouverts s'il n'y avait pas eu de divorce (*C. civ.*, *304*).

1085 *bis*. L'époux contre lequel le divorce a été prononcé perd, de plein droit (4), tous les avantages que l'autre époux lui avait faits, soit par contrat de mariage, soit depuis le mariage contracté (*C. civ.*, *299*), sous forme de libéralité à celui-ci, à quelque titre que ce soit. Le divorce prononcé respectivement contre chacun des époux, entraîne la révocation des avantages faits par l'un et par l'autre (5). — L'époux qui a obtenu le divorce conserve les avantages à lui faits par l'autre époux, encore qu'ils aient été stipulés réciproques et que la réciprocité n'ait pas lieu (*C. civ.*, *300*). — En cas de conversion de séparation en divorce, la révocation continue de frapper celui des époux contre lequel la séparation a été prononcée, lors même que la conversion aurait eu lieu sur la demande de l'autre époux.

1086. Si les époux ne se sont fait aucun avantage, ou si ceux stipulés ne paraissent pas suffisants pour assurer la subsistance de l'époux qui a obtenu le divorce, même par conversion de séparation en divorce (6), le tribunal peut lui accorder sur les biens de l'autre époux une pension alimentaire ne devant pas excéder le tiers de ses revenus. Cette pension est révocable dans le cas où elle cesserait d'être nécessaire (*C. civ.*, *301*). Mais l'époux contre lequel le divorce a été prononcé n'a droit de réclamer à son conjoint aucune pension alimentaire (7), même, en cas de conversion, celle que le demandeur en séparation de corps avait été condamné à lui servir (8) ; et si le divorce a été prononcé respectivement contre chacun des époux, même par conversion de séparation en divorce, aucun d'eux n'a droit à des aliments (9). Les époux ont le droit, par une convention entre eux, de fixer le chiffre de la pension et les conditions de son service.

---

(1) Melun, 25 fév. 1887; Paris, 2 août 1887; *Rép.* 3508, 3767.

(2) Paris, 26 juill. 1887; *Rép.* 3738.

(3) Defrénois. *Divorce*, 513, 514; Orléans, 8 janvier 1885; Cass., 25 août 1884; 24 nov. 1886; *Rép.* 2466, 2839, 3576.

(4) Defrénois, *Ibid.*, 530.

(5) Defrénois, *ibid.*, 538; Seine, 18 fév. 1887; *Rép.* 3485.

(6) Bruxelles, 25 juin 1883; T. Lyon, 8 janv. 1885; Paris, 15 mars 1887; *Rép.* 2297, 3680.

(7) Nîmes, 19 mai 1886; *Rép.* 3412. CONTRA : Laurent, III, 389.

(8) Seine, 3 janv. 1885; Aix, 17 mars 1886; Riom, 27 janv. 1887. CONTRA : Douai, 29 juin 1885; *Rép.* 2272, 2207, 3125, 3710.

(9) Cass., 7 avril 1873; Paris, 20 oct. 1886; Cass., 24 nov. 1886; Orléans, 30 mars 1887; Seine, 16 janv. 1888; *Rép.* 2297, 3680 4006.

CHAPITRE DEUXIÈME

DE LA SÉPARATION DE CORPS

1087. Dans le cas où il y a lieu à demande en divorce, il est libre aux époux de former une demande en séparation de corps (*C. civ., 306*). Voir *supra* n° 1066 *bis*. De même qu'en ce qui concerne le divorce, la séparation de corps ne peut avoir lieu par le consentement mutuel des époux (*C. civ., 307*).

1087 *bis*. Le droit de former la demande est le même qu'en matière de divorce, *supra* n° 1067; et la compétence, qui appartient au tribunal du domicile du mari, s'étend à tous les actes d'exécution, *supra* n° 1068.

1088. La demande en séparation de corps est intentée, instruite et jugée de la même manière que toute autre action civile (*C. civ., 307*). L'époux demandeur est tenu de présenter, au président du tribunal de son domicile, requête contenant sommairement les faits, il y joint les pièces à l'appui (*C. proc., 875*). Le tuteur de la personne judiciairement interdite peut, avec l'autorisation du conseil de famille, présenter la requête et suivre l'instance à fin de séparation (*C. civ., 307*).

1088 *bis*. Les articles 236 à 244 sont applicables à l'instance en séparation de corps (*C. civ., 307*). Voir les règles à ce sujet, *supra* n°s 1069 à 1075. Il y a lieu à apposition des scellés et à l'inventaire comme il est dit *supra* n° 1073. — Les fins de non recevoir sont les mêmes qu'en cas de demande en divorce, *supra* n° 1075.

1089. Le jugement est rendu sur les conclusions du ministère public et, quand les débats ont été contradictoires, il devient définitif deux mois après la signification au défendeur, à moins qu'il n'ait interjeté appel. Il n'appartient pas aux juges, comme en matière de divorce, de prescrire un sursis avant de statuer (1). — Le jugement rendu par défaut devient définitif après son exécution, sans opposition. L'opposition est recevable même après le procès-verbal de carence et la liquidation de reprises, s'ils n'ont pas été portés à la connaissance du défendeur (2). — L'appel doit être formé dans les deux mois de la date du jugement s'il a repoussé la demande, et dans les deux mois de la signification s'il a prononcé la séparation. La cour statue en audience ordinaire (*Ordonn. roy., 16 mai 1835*). — Le pourvoi en cassation doit être formé dans les deux mois de la signification de l'arrêt de la cour. Il n'est pas suspensif (3).

1089 *bis*. L'extrait du jugement qui prononce la séparation de corps, contenant la date, la désignation du tribunal, les noms, prénoms, profession et demeure des époux, est déposée aux greffes des tribunaux civil et de commerce et aux chambres des notaires et d'avoués du domicile du mari, et, à défaut de tribunal de commerce, à la mairie du domicile du mari, et inséré à chacun de ces lieux au tableau à ce destiné (*C. proc., 880; Comm., 66*).

1090. La séparation de corps n'a pas, comme le divorce, pour effet de dissoudre le mariage; elle relâche seulement les obligations qui en naissent, notamment en ce qui concerne la cohabitation. Elle ne crée non plus aucun empêchement au mariage, en ce sens que l'époux contre lequel elle a été prononcée pour adultère est libre, après le décès de son conjoint, de se marier avec son complice (4).

1091. Les règles en matière de divorce sont applicables relativement à la garde des enfants (5), aux droits et devoirs des époux pour leur entretien et éducation (6), *supra* n°s 1084, 1085; à la révocation des avantages (7), *supra* n° 1085 *bis*.

---

(1) Duranton, II, 610; Demante, II, 16 *bis;* Demolombe, IV, 486; Valette, I, p. 144; Massé et Vergé, § 155-5; Aubry et Rau, § 493-18; Pigeau, *Proc.*, II, p. 569; Chauveau sur Carré *Quest.*, 2985; Montpellier, 1er prair. an XIII; Bastia, 2 août 1824; Rennes, 21 fév. 1826. CONTRA : Carré, *Quest.*, 2985; Massol, p. 132.

(2) T. Amiens, 3 janv. 1885; *Rép.* 2364.

(3) Carré, *Quest.* 2987; Duranton, II, 605; Demolombe, IV, 492; Aubry et Rau, § 493-19; Laurent, III, 340; Bordeaux, 17 messid. an XIII.

(4) Toullier, I, 155; Demolombe, III, 128; Aubry et Rau, § 463-11.

(5) Toullier, II, 577; Duranton, II, 673; Demolombe, IV, 511; Laurent, III, 350; Aubry et Rau, § 494-18; Cass., 23 janv. 1841, 17 juin 1845, 22 janv. 1867, 2 déc. 1873, 24 juill. 1878, 23 fév. 1881. Voir Paris, 7 juill. 1881; Seine, 17 fév. 1883; Cass., 13 août 1884; *Rép.* 381, 387, 1401, 2592. CONTRA : Marcadé, 311-3; Massé et Vergé, § 156-12; Demante, II, 216-2;

(6) Demolombe, IV, 611; Aubry et Rau, § 494, p. 302; Cass., 6 juin 1857, 30 mars 1859, 3 fév. 1875, 24 juill. 1878.

(7) Proudhon et Valette, I, p. 544; Troplong, *Don.*, III, 1348; Marcadé, 311-1 et 2; Demante, II, 29 *bis;* Demolombe, IV, 521; Cass., 23 mai et 17 juill. 1845, 28 août 1846, 25 avril et 18 juin 1849, 30 août 1865; Caen, 29 janv. 1872, 11 fév. 1880; Douai, 22 fév. 1887; *Rép.* 3739. CONTRA : Aubry et Rau, § 494-32; Laurent, III, 354; Cass., 13 fév. 1826, 30 mai 1836, 21 déc. 1842, 21 nov. 1843.

1091 *bis*. Le mariage n'étant pas rompu, les époux continuent de se devoir la fidélité conjugale, ainsi que les secours alimentaires dont l'un a besoin et que l'autre est en état de lui fournir.

1092. La demande en séparation de corps implique celle en séparation de biens; en conséquence ses effets, à cet égard, ne datent pas seulement du jour de la prononciation de la séparation, mais remontent rétroactivement au jour où la demande en séparation a été introduite devant le tribunal (1); à plus forte raison quand la femme, pendant l'instance, à conclu à la séparation de biens (2). Néanmoins, sauf ce dernier cas, l'effet rétroactif n'est pas produit à l'égard des tiers et la séparation de biens ne leur est opposable qu'à partir de la publication du jugement de séparation de corps (3).

1092 *bis*. La séparation de corps cesse par la dissolution du mariage qui résulte : 1° du décès de l'un des époux; 2° de la conversion du jugement de séparation de corps en divorce. — Elle cesse aussi par la réconciliation des époux qui fait renaître tous les effets du mariage; elle doit être librement consentie par les deux époux et ne saurait être imposée par l'époux demandeur en séparation, même lorsqu'elle a été prononcée pour cause d'adultère (4). Les effets de la réconciliation sont d'anéantir les conséquences de la séparation de corps, à l'égard des époux; et si, par la suite, l'époux qui l'a obtenue la provoque de nouveau, ce ne peut être que pour des faits nouveaux, faisant revivre les anciens.

1093. La cessation de la séparation par la réconciliation des époux ne produit son effet que quant aux personnes et non à l'égard des biens, de sorte que la séparation des biens continue de les régir (5). Les avantages entre époux révoqués par la séparation de corps revivent de plein droit par l'effet de la réconciliation (6), alors surtout que la communauté a été rétablie (7).

TITRE SEPTIÈME

DE LA PATERNITÉ ET DE LA FILIATION

SOMMAIRE

(1) Marcadé, 1444-2; Toullier et Duvergier, II, 776; Troplong, *Contr. de mar.*, 1386; Massé et Vergé, § 648-7; Aubry et Rau, § 494-18; Limoges, 17 juin 1835; Paris, 18 juin 1855, 27 déc. 1860, 25 avril 1863, 8 avril 1869; Besançon, 15 fév. 1864; Bordeaux, 28 mai 1873; Cass., 20 mars 1855, 13 mai 1862, 6 août 1868, 12 mai 1869; Caen, 23 fév. 1881; *Rép.* 159, 382. CONTRA : Duranton, II, 622; Valette, I, p. 541; Demolombe, IV, 315; Rodière et Pont, 2179; Laurent, XXII, 338, 339.

(2) Rodière et Pont, 2180; Laurent, XXII, 338; Cass., 13 mai 1862, 12 mai 1869; Paris, 12 janv. 1882; *Rép.* 647.

(3) Duranton, II, 611; Aubry et Rau, § 494-19; Demolombe, IV, 494; Cass., 14 mars 1837, 12 mai 1869; Limoges, 21 déc. 1869; Lyon, 16 juill. 1881; *Rép.* 1149. CONTRA : Laurent, XXII. 339; Paris, 18 juin 1855, 27 déc. 1860; Besançon, 15 fév. 1864.

(4) Pothier, *Comm.*, 526; Marcadé, 311-5; Demolombe, IV, 532; Laurent, III, 349; Demante, II, 31 *bis*; Aubry et Rau, § 495-4; Angers, 19 fév. 1839; Cass., 3 fév. 1841. CONTRA : Duranton, II, 525 et 618; Massé et Vergé, § 157-2.

(5) Pothier, *Comm.*, 254; Marcadé, 1451-1; Rodière et Pont, 2225; Troplong, 1466; Paris, 16 avril 1807; Grenoble, 4 juin 1840.

(6) Duranton, II, 620; Caen, 15 avril 1885; *Rép.* 3529. CONTRA : Aubry et Rau, § 496, p. 212.

(7) Valette sur Proudhon, I, p. 550; Demolombe, IV, 554; Laurent, III, 358.

FORMULES

CHAPITRE PREMIER

DE LA FILIATION DES ENFANTS LÉGITIMES OU NÉS DANS LE MARIAGE

1094. La conception est entourée de tant de mystère qu'il n'est pas possible de connaître d'une manière précise le jour où un enfant a été conçu, ni l'homme qui l'a engendré ; de là, la règle générale établie par la loi, que l'enfant né pendant le mariage a pour père le mari (*C. N.*, *312*) : on donne à cet enfant la qualification d'*enfant légitime*.

1095. Néanmoins le mari (1) peut désavouer l'enfant dans quatre cas :

1° En prouvant que, pendant le temps qui a couru depuis le trois centième jusqu'au cent quatre-vingtième jour avant la naissance de cet enfant, il était, soit par suite d'éloignement, soit par l'effet de quelque accident, dans l'impossibilité physique (2) de cohabiter avec sa femme. (*C. N.*, *312*.) Mais le mari ne peut, en alléguant son impuissance naturelle, ni son impuissance accidentelle, même antérieure au mariage, désavouer l'enfant (*C. N.*, *313*) ;

2° En cas d'adultère de la femme, mais seulement lorsqu'à la preuve de l'adultère il joint la preuve que la naissance de l'enfant lui a été cachée (3) [ou aux héritiers du mari, *infra n° 1098*, s'il est décédé avant l'accouchement (4)]; auxquels cas le mari (comme ses héritiers) est admis à proposer tous les faits propres à justifier qu'il n'en est pas le père (*C. N.*, *313*) ;

3° En cas de jugement ou même de demande en divorce ou de séparation de corps, lorsque la naissance a lieu trois cents jours après la décision qui a accordé à la femme un domicile séparé, et moins de cent quatre-vingts jours depuis le rejet définitif de la demande, ou depuis la réconciliation. L'action en désaveu

---

FORMULE 201. — Désaveu de paternité. (Nos 1094 à 1100.)

PAR-DEVANT Me.....;

A COMPARU M. Louis BENOIT, propriétaire, demeurant à.....;

Lequel, préalablement au désaveu faisant l'objet des présentes, a exposé ce qui suit :

Le seize juin mil huit cent....., le comparant s'est embarqué au Hâvre pour New-York (États-Unis d'Amérique) sur le paquebot à vapeur *l'Australia*, et a débarqué à New-York le huit juillet suivant, ainsi que le constate une mention apposée sur le registre de bord de ce paquebot.

M. BENOIT comparant a séjourné à New-York, puis à Philadelphie et à Washington, ce qui est constaté par des visa apposés sur son passe-port par les consuls français résidant dans ces trois villes.

A la date du huit décembre de la même année, le comparant a pris passage à New-York sur le navire à voiles *le Requin*, pour revenir en France, et a débarqué à Dieppe le trois janvier mil huit cent....., ce qui résulte d'une mention apposée sur le registre de bord de ce navire.

---

(1) Si le mari est interdit judiciairement ou légalement, l'action en désaveu peut être formée par son tuteur : Demolombe, V, 118 ; Cass. 24 juill. 1844 ; Chambéry, 28 janv. 1862 ; Jur. N., 12112.

(2) Et absolue ; ainsi il suffit que l'impossibilité ait cessé un seul instant pendant la période légale pour que le désaveu ne soit pas admissible : Paris, 3 janv. 1859 ; Cass. 8 nov. 1859 ; Trib. Lyon, 24 juin 1859. V. Alger, 12 nov. 1866.

(3) Paris, 20 avril 1861.

(4) Marcadé, *Revue crit.*, 1852, p. 452 ; Cass. 8 déc. 1851 ; J. N. 14586.

n'est pas admise s'il y a eu réunion de fait entre les époux [*loi 18 avril 1886*]; mais c'est à ceux qui allèguent la réconciliation ou la réunion de fait qu'il incombe d'en faire la preuve (1);

4° Lorsque l'enfant est né avant le cent quatre-vingtième jour qui suit le mariage, *infra n° 1101*.

1096. En outre, la légitimité de l'enfant né trois cents jours après la dissolution du mariage peut être contestée (*C. N., 315*) par toute personne y ayant intérêt, et, suivant la majorité des auteurs, l'enfant doit être, en pareil cas, nécessairement déclaré illégitime (2).

1097. Le désaveu par le mari doit être fait : dans le mois s'il se trouve sur le lieu de la naissance de l'enfant; dans les deux mois après son retour si, à la même époque, il est absent; dans les deux mois après la découverte de la fraude si on lui a caché la naissance de l'enfant. (*C. N., 316.*)

1098. Il peut arriver que le mari meure sans avoir fait sa réclamation, mais étant encore dans le délai utile pour la faire; alors ses héritiers et ses successeurs universels (3), tels que l'État, les légataires universels ou à titre universel (4) peuvent (5), dans tous les cas où la loi permet le désaveu au mari (6), l'exercer à sa place; à cet effet, ils ont deux mois pour contester la légitimité de l'enfant, c'est-à-dire pour le désavouer (7), à compter de l'époque où cet enfant s'est mis en possession des biens du mari, ou de l'époque où les héritiers sont troublés par l'enfant dans cette possession. (*C. N., 317.*)

1099. Le désaveu se forme par acte devant notaire [Form. 201], ou sous seings privés (8), ou même par un simple acte extrajudiciaire contenant désaveu par le mari ou ses successeurs, avec indication des faits à l'appui; cet acte est signifié (9) par huissier à l'enfant ou à son représentant; et il est censé non avenu s'il n'est suivi dans le mois de la signification d'une action en justice (10) dirigée contre un tuteur *ad hoc* nommé à l'enfant, ou contre l'enfant lui-même s'il est majeur; dans les deux cas (11) en présence de la mère. (*C. N., 318.*)

1100. Lorsque le tribunal, sur l'action en désaveu, décide que le mari n'est pas le père, l'enfant est considéré comme enfant naturel s'il a été conçu hors mariage, et comme adultérin s'il a été conçu pendant le mariage (12).

Il est arrivé en sa demeure à....., où avait continué de séjourner Mme Anna Berté, son épouse, le quatre du même mois de janvier.

Le sept juin, présent mois, conséquemment plus de trois cents jours depuis le départ du comparant et moins de cent quatre-vingts jours depuis son retour, la dame son épouse, née Berté, est accouchée d'un enfant du sexe masculin dont la conception remonte à une époque où le comparant était absent, de sorte que celui-ci refuse de se reconnaître le père de cet enfant.

Néanmoins, l'enfant a été inscrit, à la date du....., sur les registres de l'état civil de....., sous le prénom de Jean, comme étant issu du mariage d'entre M. et Mme Benoit.

Ceci exposé, le comparant, usant des dispositions de l'art. 312 du Code civil, déclare repousser la paternité de cet enfant, et en conséquence le désavouer formellement.

Dont acte. Fait et passé, etc.

---

(1) Demante, II, 40; Mourlon, I, 879; Duvergier, *Recueil de lois*, I., p. 473; Dalloz, *patern. et fil.*, n° 65; Valette, *Journ. Audience*, 6 août 1858; Durnisseau, *ibid.*, 25 août 1858; Quenault, *Rev. crit.*, 1857, II, p. 308; Hérold, *Revue prat.*, VII, p. 308; Paris, 18 fév. 1854; Trib. Laon, 27 mai 1856; Trib. Amiens, 3 fév. 1857; Bordeaux, chambres réunies, 16 juin 1858; Trib. Seine, 8 juin 1860, Nancy, 12 janv. 1861; J. N. 17117; contra Marcadé, *315*, 4; Massé et Vergé, § 156, note 5; Amiens, 30 juin 1853.

(2) Toullier et Duvergier, II, 020; Proudhon et Valette, II, p. 46; Duranton, III, 56 à 59; Massé et Vergé, § 161, note 24; Chardon, *dol*, II, p. 189; Mourlon, I, 890; Richefort, p. 82; Demolombe, V, 86; Marcadé, *315*, 2; Grenoble, 12 avril 1809; Aix, 8 janv. 1812; contra Maleville, *art. 315*; Allemand, *mar.*, n° 704; Limoges, 18 juin 1840. V. Cass. 15 déc. 1863; J. N. 17938.

(3) Mais non la femme qui ne saurait avoir qualité pour exercer l'action contre son enfant : Trib. Seine, 7 juill. 1860.

(4) Duranton, III, 80; Proudhon et Valette, II, p. 66; Toullier, II, 835; Marcadé, *317*, 1; Richefort, n° 63; Mourlon, I, 896; Demolombe, V, 130; Dict. not., *désaveu de paternité*, n° 34; contra Bedel, *de l'adultère*, n° 81.

(5) Mais non les légataires particuliers : Duranton, III, 80 à 83; Proudhon et Valette, II, p. 65, 67; Duvergier sur Toullier, II, 825; Mourlon, I, 897; Demolombe, V, 130; Marcadé, *317*, 1; Roll., *désaveu de paternité*, n° 6; Dict. not., *ibid.*, n° 34; contra Toullier, II, 825.

(6) Toullier, II, 841; Duranton, III, 73; Zach., § 161; Valette, II, p. 56; Demolombe, V, 121; Marcadé, *317*, 1.

(7) Marcadé, *317*, 2.

(8) Duranton, III, 94; Zach., § 161, note 53.

(9) Duranton, III, 95.

(10) Devant le tribunal du domicile du tuteur *ad hoc* donné à l'enfant : Caen, 19 mars 1857; Jur. N. 10142.

(11) Marcadé, *art. 318*; Massé et Vergé, § 161, note 61.

(12) Marcadé, *319*, 3.

1101. L'enfant né avant le cent quatre-vingtième jour du mariage peut être désavoué par le mari, *supra n° 1094, 4°*; toutefois, suivant l'*art. 314, C. N.*, ce désaveu ne peut plus avoir lieu : 1° si le mari a eu connaissance de la grossesse avant le mariage, à plus forte raison s'il l'a reconnue par un acte devant notaire ou sous seings privés (1) [Form. 202]; 2° s'il a assisté à l'acte de naissance, comme témoin ou comme déclarant (2), et si cet acte est signé de lui ou contient la déclaration qu'il ne sait signer ; 3° si l'enfant n'est pas déclaré viable. Jugé à cet égard que la déclaration faite dans un contrat de mariage, en vue de légitimer un enfant naturel, conserve son effet comme reconnaissance de cet enfant, nonobstant la caducité du contrat pour non célébration du mariage (3).

CHAPITRE DEUXIÈME

DES PREUVES DE LA FILIATION DES ENFANTS LÉGITIMES

1102. La filiation des enfants légitimes se prouve :

1° Par les actes de naissance inscrits sur les registres de l'état civil (*C. N., 319*);

2° A défaut de ce titre, par la possession constante de l'état d'enfant légitime (*C. N., 320*), qui s'établit par une réunion suffisante de faits indiquant les rapports de filiation et de parenté entre un individu et la famille à laquelle il prétend appartenir, et dont les principaux sont : que l'individu a toujours porté le nom du père auquel il prétend appartenir; que le père l'a traité comme son enfant et a pourvu, en cette qualité, à son éducation, à son entretien et à son établissement; qu'il a été reconnu constamment pour tel dans la société et par la famille (*C. N., 321*) : ces différentes preuves peuvent être faites par témoins, même lorsqu'il n'y a pas de commencement de preuve par écrit (4) ;

3° A défaut de titre et de possession d'état, ou si l'enfant a été inscrit sous de faux noms, ou comme né de père et mère inconnus, par la preuve testimoniale. Néanmoins, cette preuve ne peut être admise que lorsqu'il y a commencement de preuve par écrit, ou lorsque les présomptions ou indices résultant de faits dès lors constants sont assez graves pour déterminer l'admission. (*C. N., 323.*) [Form. 203.] Le commencement de preuve par écrit résulte des titres de famille, des registres et papiers domestiques du père ou de la mère, des actes publics ou privés, même de simples lettres missives (5), émanés d'une partie engagée dans la contestation, ou qui y aurait intérêt si elle était vivante. (*C. N., 324.*)

1103. Mais la preuve contraire peut se faire par tous les moyens propres à établir que le réclamant

FORMULE 202. — Reconnaissance de paternité par contrat de mariage. (N° 1101.)

Le futur époux reconnaît que l'enfant dont la future épouse est enceinte a été conçu de ses œuvres.

FORMULE 203. — Enfant dont la naissance a été inscrite sous un faux nom. (Nos 1102 à 1105.)

M. Jean-Louis Dubois, marchand épicier, demeurant à.....;

« Seul et unique héritier de M. Théodore Dubois, son père, en son vivant propriétaire, « demeurant à....., où il est décédé le.....; étant fait observer que M. Dubois comparant est né à....., le....., et qu'il a été porté sur les registres de l'état civil de la « ville de....., comme né de M. Honoré Dousib, mais qu'aux termes d'un jugement « rendu par le tribunal civil de....., le....., il a été reconnu que le nom porté en

(1) Roll., *légitimité*, n° 43; Zach., § 161, note 13.

(2) Demolombe, V, 69; Zach., § 161.

(3) Grenoble, 6 août 1861; Revue N. 157.

(4) Richefort, I, 114; Bonnier, *preuves*, n° 133; Mourlon, I, 912; Demolombe, V, 212; Zach., § 162, note 14; Pau, 9 mai 1829; Toulouse, 4 juin 1842. V. Cass. 13 juin 1865; J. N. 18351.

(5) Demolombe, V, 246; Marcadé, 324, 2; Caen, 5 juill. 1843.

notaire (1), en minute ou en brevet (2) [Form. 206], avec constatation de la présence réelle du second notaire ou des témoins, *supra n° 563*.

1124. Mais la procuration à l'effet de reconnaître un enfant naturel ne vaut pas reconnaissance, et si elle est révoquée avant que l'acte de reconnaissance ait été passé l'enfant n'est pas reconnu (3).

TITRE HUITIÈME

DE L'ADOPTION ET DE LA TUTELLE OFFICIEUSE

SOMMAIRE

FORMULES

CHAPITRE PREMIER

DE L'ADOPTION

1125. Ceux à qui les bienfaits de la paternité ont été refusés, soit parce qu'ils ont vécu dans le célibat, soit pour cause de stérilité, soit parce qu'ils ont eu le malheur de perdre leurs enfants, peuvent trouver dans l'adoption (4) une image de la paternité.

FORMULE 207. — Consentement à adoption. (Nos 1125 à 1132.)

Par-devant Me.....;

Ont comparu : M. Abraham Dubois, propriétaire, et Mme Adeline Hédouin, son épouse, de lui autorisée, demeurant ensemble à.....;

(1) Roll., *reconn.*, n° 8; Zach., § 167; Riom, 26 fév. 1817; CONTRA Duranton, III, 222.

(2) Roll., *reconn.*, n° 9; Paris, 1er fév. 1822; Bourges, 6 juin 1860; J. N. 16923.

(3) Bourges, 6 juin 1860; Cass. 22 juill. 1861; J. N. 16923.

(4) Qui peut être d'un parent, d'un étranger et même d'un enfant naturel, *infra* n° 1130, note 1.

1126. L'adoption a pour effet de créer à l'enfant une seconde famille qu'on appelle famille civile; ainsi :

1° Il conserve son nom propre, auquel il ajoute celui de l'adoptant (1) [*C. N.*, *347*];

2° Il reste dans sa famille naturelle et y conserve tous ses droits (*C. N.*, *348*), en même temps qu'il acquiert des droits de successibilité dans la succession de l'adoptant, *infra n° 1134*;

3° Il reste tenu de fournir des aliments à ses père et mère et autres ascendants et peut en réclamer d'eux, en même temps qu'il est tenu d'en fournir à l'adoptant et peut lui en réclamer. (*C. N.*, *349*.)

4° Les prohibitions du mariage continuent de subsister entre l'adopté et ses parents naturels, en même temps qu'une prohibition de mariage s'établit entre lui et l'adoptant, le conjoint de l'adoptant, les autres enfants légitimes, naturels ou adoptifs de l'adoptant, et entre l'adoptant, l'adopté, son conjoint et ses descendants. (*C. N.*, *348*.)

1127. Deux époux peuvent être adoptés par une même personne (2); mais nul ne peut être adopté par plusieurs, si ce n'est par deux époux. (*C. N.*, *344*, *infra n° 1130*, *1°*.)

1128. Pour pouvoir adopter (3), il faut :

1° Être âgé de plus de cinquante ans et avoir quinze ans de plus que l'adopté (*C. N.*, *343*), à moins que l'adoption n'ait lieu pour le motif énoncé *infra n° 1129*, auquel cas il suffit que l'adopté soit majeur et plus âgé que l'adoptant (*C. N.*, *345*);

2° N'avoir, à l'époque de l'adoption, aucun descendant légitime né ou conçu. (*C. N.*, *343*, *345*.) Conséquemment, l'existence d'un enfant naturel (4) ou d'un enfant adoptif (5) ne ferait pas obstacle;

3° Si l'adoptant est marié et que son conjoint n'adopte pas, obtenir son consentement (6). [*C. N.*, *344*, *345*]. Toutefois, voir *infra n° 1150*;

4° Avoir fourni des secours et donné des soins non interrompus à l'adopté dans sa minorité et pendant six ans au moins (*C. N.*, *345*), sauf dans le cas exprimé au numéro suivant;

5° Jouir d'une bonne réputation (*C. N.*, *355*);

6° Avoir la jouissance de ses droits civils (7).

1129. L'adoption peut aussi être conférée en l'absence des causes indiquées au *n° 1128*, *1° et 4°*, mais seulement à celui qui a sauvé la vie à l'adoptant, soit dans un combat, soit en le retirant des flammes ou des flots (*C. N.*, *345*), soit dans toute autre circonstance où il a exposé sa vie pour sauver celle de l'adoptant (8). Cette adoption s'appelle *adoption rémunératoire*.

Lesquels ont, par ces présentes, déclaré consentir à l'adoption de M. Louis-Théodore Dubois, leur fils, né à....., le....., employé au ministère des finances, demeurant à Paris, rue....., n°....., par M. Louis Duhamel, négociant, et Mme Victorine Masson, épouse de ce dernier, demeurant ensemble à Paris, rue..... n°.....

En conséquence, ils autorisent tous juges de paix à recevoir l'acte d'adoption sur la seule représentation des présentes.

Dont acte. Fait et passé, etc.

---

(1) Si l'adoptant est une femme mariée ou veuve, c'est le nom de famille de l'adoptante qu'on ajoute, et non celui de son mari : Toullier, II, 1007; Demolombe, VI, 145; Zach., § 179, note 3; Marcadé, *349*, 1.

(2) Zachariæ, § 175, note 13; Rief, *adopt.*, p. 57; Toullier, I, p. 148; Demolombe, VI, p. 56; Marcadé, *549*, 2; CONTRA Grenier, *adopt.*, n° 36; Duranton, III, 291.

(3) La question de savoir si un prêtre peut adopter est controversée. Pour l'affirmative : Lettres évêque Maroc 7 janv. 1841 et archev. Paris 2 juin 1841; Valette sur Proudhon, II, p. 224; Ducaurroy, I, 516; Demolombe, VI, 55; Rief, *adopt.*, p. 50; Richefort, II, 345; Massé et Vergé, § 175, note 5; Pont, *Revue de lég.*, XXI, p. 507; Blondeau, Valette, Demante, Pardessus, de Vatimesnil, Dalloz, Loiseau, Bonjean, *consult. à l'arrêt de Cass. ci-après*; Paris, 19 fév. 1842; Cass. 26 nov. 1844; CONTRA Marcadé, *346*, 8; Duranton, III, 286; Roll., *adopt.*, n° 6; Cormenin, Odilon Barrot et Ledru-Rollin; *consult. au même arrêt de Cass.*; Zach., § 175, note 5.

(4) Grenier, *adopt.*, n° 10; Toullier, II, 286; Demolombe, VI, 19; Zach., § 175, note 2.

(5) Arg. 348 C. N.; Toullier, II, 236; Duranton, III, 291; Demolombe, VI, 18; Marcadé, *346*, 5; Roll., *adopt.*, n° 10; Grenier, *ibid.*, n° 10.

(6) Peu importe que les époux soient séparés de corps : Rief, p. 46; Demolombe, VI, 26.

(7) Marcade, *346*, 2.

(8) Marcadé, *346*, 7; Duranton, III, 284; Valette sur Proudhon, p. 147; Zach., § 180, note 1; Duvergier sur Toullier, II, 989; Demolombe, VI, 59; Mourlon, I, 995; Dict. not., *adoption*, n° 23; voir Bayeux, 3 mai 1866; J. N. 18522.

1130. Pour pouvoir être adopté (1), il faut :

1° N'avoir pas encore été adopté ou n'être pas simultanément adopté par un autre, si ce n'est par le conjoint de l'adoptant (*C. N.*, *344*), *supra n° 1127*;

2° Être majeur;

3° Si l'adopté a encore ses père et mère ou l'un d'eux, qu'il obtienne leur consentement (2) jusqu'à vingt-cinq ans accomplis, quel que soit son sexe, ou, après cet âge, qu'il requière leur conseil par un acte respectueux, *infra n° 1113*. (*C. N.*, *346*.) Toutefois, voir *infra n° 1147*;

4° Être citoyen français (3) et jouir de ses droits civils.

1131. Le consentement à adoption par les père et mère peut être donné par écrit, dans la forme ordinaire [Form. 207.], *supra nos 947 et suiv.*

1132. Ils peuvent même donner une procuration à l'effet de consentir, *supra nos 950 et 951*, de même que l'adoptant peut constituer un mandataire à l'effet d'adopter. [Form. 208.]

1133. L'acte respectueux à fin d'adoption, dont il est parlé *supra n° 1130, 3°*, doit être fait dans les mêmes formes que pour le mariage; mais il n'a pas besoin d'être renouvelé, et l'adoption devient possible un mois après l'acte respectueux (4). [Form. 209.]

FORMULE 208. — Procuration pour adopter. (N° 1132.)

Par-devant Me.....;

A comparu M. Jean-Charles Vincent, propriétaire, demeurant à.....;

Lequel a, par ces présentes, constitué pour son mandataire;

M. Charles Dubin, avocat, demeurant à.....;

Auquel il donne pouvoir de, pour lui et en son nom :

Conférer l'adoption à M. Léon Noel, étudiant, demeurant à....., fils majeur de M. Charles Noel, rentier, et de Mme Louise Jubé, épouse de ce dernier, demeurant ensemble à.....;

A cet effet : se présenter devant tout juge de paix compétent; passer tous consentements; signer tous actes d'adoption, en poursuivre l'homologation devant le tribunal, puis la confirmation par la cour d'appel; faire toutes inscriptions d'adoption sur tous registres de l'état civil; constituer tous avoués et avocats; signer tous actes et registres; substituer en tout ou en partie; et généralement faire ce qui sera nécessaire pour arriver à l'adoption.

Dont acte. Fait et passé, etc.

FORMULE 209. — Acte respectueux à fin d'adoption. (N° 1133.)

Voir formule 190 et suiv.

(1) La question de savoir si un enfant naturel peut être adopté par ses père ou mère est très-controversée. Affirmative : Locré, 5, p. 426 et *Rev. lég.*, V, p. 378; Duranton, III, 293; Grenier, n° 35; Richefort, II, 284; Dict. not., *adoption*, n° 11; Proudhon et Valette, II, p. 217, 220; Zach., § 175, note 10; Duvergier sur Toullier, II, 988; Mourlon, I, 997, *note*; Taulier, I, p. 460; Bruxelles, 15 frim. et 12 prairial an XII, 22 avril 1807; Paris, 9 nov. 1807, 29 août 1834, 13 nov. 1835, 29 janv. 1836, 13 mai 1854, 20 avril 1860; Grenoble, 28 mars et 19 déc. 1808, 27 mars 1809, 10 mars 1825; Rouen, 12 mai 1808 et 16 mai 1855; Caen, 18 fév. 1811; Angers, 29 juin 1824, 28 mars 1828, 12 juill. 1844; Douai, 12 fév., 1er mai et 30 août 1824; Bordeaux, 1er fév. 1826, 11 fév. 1829, 20 janv. 1845; Poitiers, 17 mai 1828; Rennes, 14 fév. et 24 mars 1828, 30 mars 1835, 10 janv. 1838; Orléans, 4 mai 1832; Lyon, 6 fév. 1833, 15 mai 1833; Toulouse, 13 mars et 2 juin 1835; Riom, 30 mai 1838. Dijon, 30 mars 1844; Montpellier, 24 avril 1845; Cass. 6 fév., 1833, 28 avril 1841, 1er avril 1846, 3 juin 1861; J. N. 10044, 10965, 12265, 12666, 15242, 16924. Négative : Toullier, II, 988; Malleville, I, p. 346; Delaporte, II, p. 150; Coulon, *quest.*, I, p. 56; Chabot et Bellost-Jolimont, *756*, 34; Loiseau, p. 10; Magnin, I, n° 262; Pont, *Revue lég.*, 1846, I, p. 475; Poujol, 757, 12; Molinier, *Revue droit franç.*, 1844, p. 171; Cotelle, I, p. 92; Odilon Barrot, Encycl., *adoption*, n° 2; Rief, p. 57; Dubodan, *Revue étrang.*, IV, p. 703; Benech (*brochure*); Demolombe, VI, 50 à 52; Marcadé, *346*, 4; Roll., *adopt.*, n° 14; Paris, 13 germ. an XII; Nîmes, 18 flor., 3 prair. an XII et 30 déc. 1812; Besançon, 1er pluv. an XIII; Pau, 1er mai 1826; Bourges, 22 mars 1830; Angers, 21 août 1839; Cass. 16 mars 1843; J. N. 11602. Mais les enfants adultérins ou incestueux ne peuvent être adoptés par leurs père et mère : Roll., *adopt.*, nos 15, 16; Dict. not., *ibid.*, n° 16; Toullier, I, p. 461; Odilon Barrot, Encycl., *adoption*, n° 43; Cass. 13 juill. 1826 et 26 juin 1832; contra Grenier, n° 35; Rouen, 15 fév. 1813.

(2) Au cas de dissentiment le consentement du père ne suffit pas : Proudhon, II, p. 128; Demolombe, VI, 33, Duranton, III, 289; Zach., § 175, note 7; contra Marcadé, *346*, 6.

(3) Duranton, III, 277; Grenier, n° 34 *bis*; Odilon Barrot, n° 31; Coin-Delisle, p. 30, n° 9; Boileux, I, p. 16; Marcadé, *346*, 2; Demolombe, VI, 48; Massé et Vergé, § 64, note 2; Besançon, 18 janv. 1808; Dijon, 31 janv. 1824; Cass. 5 août 1823, 22 nov. 1825, 7 juin 1826; contra Demangeat, p. 362; Taulier, I, p. 457; Zach., § 64, note 2.

(4) Toullier, II, 987; Proudhon, II, p. 128; Duranton, III, 289; Marcadé, *346*, 6; Zach., § 175, note 7.

1134. L'adoption ne crée de parenté qu'entre l'adoptant, l'adopté et les descendants de celui-ci, et l'adopté n'acquiert aucun droit de successibilité sur les biens des parents de l'adoptant; mais il a sur sa succession les mêmes droits que ceux qu'y aurait l'enfant né en mariage, quand même il surviendrait d'autres enfants de cette qualité nés depuis l'adoption (*C. N.*, *350*) [Form. 210], et quand même l'adopté, étant enfant naturel de l'adoptant, aurait des frères et sœurs naturels reconnus de l'adoptant (1).

1135. Si l'adopté vient à prédécéder l'adoptant laissant des descendants, ceux-ci le représentent dans la succession de l'adoptant et y ont les mêmes droits que leur auteur (2), *infra n° 1704*.

1136. Les formes de l'adoption sont les suivantes :

1° Acte d'adoption passé devant le juge de paix du domicile de l'adoptant, constatant le consentement à l'adoption par l'adoptant, l'adopté et les père et mère de celui-ci, s'il en a, ou la justification que leur conseil a été requis. (*C. N.*, *353*.) Si l'adoptée est une femme mariée, elle doit être autorisée de son mari (3);

2° Remise d'une expédition de cet acte dans les dix jours (4) suivants au procureur de la rép. près le tribunal civil du domicile de l'adoptant, pour être soumis à l'homologation de ce tribunal (*C. N.*, *354*);

3° Jugement du tribunal rendu en la chambre du conseil, le ministère public entendu, constatant que les renseignements convenables ont été pris et qu'on a vérifié : 1° si toutes les conditions de la loi ont été remplies; 2° si l'adoptant jouit d'une bonne réputation. Puis, sans aucune autre forme de procédure et sans énoncer de motif, prononçant en ces termes : *Il y a lieu* ou *il n'y a pas lieu à l'adoption* (*C. N.*, *355*, *356*);

4° Envoi des pièces dans le mois (5) du jugement, par la partie la plus diligente, au procureur général près la cour d'appel, pour être soumises à la cour, qui, après avoir instruit dans les mêmes formes que le tribunal, confirme le jugement (en audience publique) ou le réforme (en la chambre du conseil), dans les deux cas, sans énoncer de motif et dans les termes suivants : *Le jugement est confirmé* ou *le jugement est réformé*; *en conséquence*, *il y a lieu* ou *il n'y a pas lieu à l'adoption*. Au cas de confirmation, la cour ordonne que l'arrêt sera affiché aux lieux et à tel nombre d'exemplaires qu'elle détermine. (*C. N.*, *357*, *358*);

5° Inscription dans les trois mois de l'arrêt, à peine de déchéance, de l'acte d'adoption et de l'arrêt qui l'admet, ces deux actes se complétant l'un par l'autre (6), sur les registres de l'état civil du domicile de l'adoptant. Cette inscription a lieu à la requête de l'une ou l'autre des parties, et sur le vu d'une expédition en forme de l'arrêt. (*C. N.*, *359*.)

1137. Si, après que l'acte d'adoption a été reçu par le juge de paix et porté devant les tribunaux, mais avant que ceux-ci aient définitivement prononcé, l'adoptant vient à mourir (7), l'instruction est

FORMULE 210. — Qualité héréditaire de l'adopté. (Nos 1134 à 1137.)

M. Dubois-Duhamel, habile à se porter héritier pour un tiers (8) de M. Louis Duhamel, son père adoptif, en son vivant négociant, demeurant à Paris, rue....., n°....., où il est décédé le.....; adopté par M. Duhamel, ainsi qu'il résulte d'un procès-verbal dressé par M. le juge de paix de....., assisté de son greffier, le....., homologué suivant jugement du tribunal civil de....., en date du....., confirmé par un arrêt de la cour impériale de....., rendu le.....; lesdits procès-verbal et arrêt inscrits sur les registres de l'état civil de la mairie de....., le.... , ainsi que M. Dubois-Duhamel en a justifié par la représentation d'un extrait des registres de l'état civil de.....; lequel extrait est demeuré ci-joint, après avoir été de M. Dubois-Duhamel, certifié véritable, et que dessus il a été apposé une mention le constatant, signée de M. Dubois-Duhamel et des notaires.

(1) Paris, 20 avril 1860; J. N. 16924.

(2) Massé et Vergé, § 179 note 15; Proudhon, I, p. 138; Toullier, II, 1015; Duranton, I, 314; Vazeille, *art. 740*; Colu-Delisle, *914*, 14; Marcadé, *750*, 4; Roll., *adopt.*, n° 48; Cass. 2 déc. 1812; Paris, 27 janv. 1824; CONTRA Grenier, *adopt.*, n° 37; Demolombe, VI, 139.

(3) Duranton, III, 292; Roll., *adopt.* (*consent. à*), n° 8; Demolombe, VI, 38; Zach., § 175, note 6.

(4 et 5) Ces délais ne sont pas de rigueur : Toullier, VII, 503; Demolombe, VI, 98; Zach., § 176, note 2.

(6) Toullier, I, p. 463; Demolombe, VI, 105.

(7) Ou à tomber en démence : Marcadé, *art. 360*; Demolombe, VI, 147.

(8) On suppose dans cette formule que depuis l'adoption il est né à l'adoptant deux enfants légitimes.

continuée, et l'adoption prononcée s'il y a lieu; mais les héritiers de l'adoptant peuvent remettre au procureur de la rép. tous mémoires et toutes observations contre l'adoption. (*C. N., 360.*)

1138. Si l'adopté, après avoir recueilli les libéralités de l'adoptant ou la succession de ce dernier, vient à mourir sans descendants légitimes ni enfants adoptifs (1), les choses à lui données par l'adoptant ou qu'il a recueillies dans sa succession, et qui existent encore en nature à l'époque du décès de l'adopté, font retour à l'adoptant ou à ses descendants légitimes (2) [Form. 211], qui les recueillent à titre successif, c'est-à-dire à la charge de contribuer aux dettes et sans préjudice des droits des tiers. Quant à tous autres biens de l'adopté (de même que ceux provenus de l'adoptant si celui-ci et ses descendants ont prédécédé l'adopté), ils sont recueillis par ses propres parents, selon l'ordre réglé au titre *des Successions*. (*C. N., 351.*)

1139. Lorsque l'adopté a laissé des descendants, ce retour ne peut plus être exercé; toutefois, si ces descendants meurent eux-mêmes sans postérité avant l'adoptant, celui-ci a droit au retour spécifié au numéro qui précède; mais s'il a prédécédé les descendants de l'adopté, ses héritiers, même en ligne descendante, ne peuvent exercer ce droit. (*C. N., 352.*)

1140. Le droit de retour dans les divers cas énoncés aux deux numéros qui précèdent s'exerce suivant les règles indiquées par l'article 747 du Code civil, pour le retour légal de l'ascendant (3), *infra nos 1733 et suiv.*

CHAPITRE DEUXIÈME

DE LA TUTELLE OFFICIEUSE

1141. On ne peut adopter un enfant avant sa majorité, *supra no 1130*, 2°; mais on peut (4) s'attacher un enfant à un titre légal pendant sa minorité en devenant son tuteur officieux (5). (*C. N., 361.*) [Form. 212.] Pour cela il faut :

1° Être âgé de plus de cinquante ans (*C. N., 361*);

2° N'avoir point de descendants légitimes nés ou conçus (*C. N., 362*);

3° Obtenir le consentement de son conjoint (*C. N., 362*);

4° Être capable d'exercer la tutelle ordinaire (*C. N., 361, 362*), *infra nos 1256 et suiv.*);

FORMULE 211. — Descendants de l'adoptant exerçant le retour de choses provenues de l'adoptant; qualités héréditaires. (Nos 1138 à 1140.)

M. Duhamel et Mme Lora, enfants légitimes de M. Louis Duhamel, en son vivant négociant, demeurant à....., où il est décédé le....., et en cette qualité, habiles à hériter de M. Louis-Théodore Dubois-Duhamel, en son vivant rentier, demeurant à....., où il est décédé le....., sans laisser de descendants légitimes; mais seulement quant aux choses à lui données par M. Louis Duhamel, dont il était fils adoptif, ou qu'il a recueillies dans sa succession, et qui existaient encore en nature lors du décès de M. Dubois-Duhamel.

FORMULE 212. — Tuteur officieux. (Nos 1141 à 1148.)

M. Louis-Vincent Delord, propriétaire, demeurant à.....;

« Agissant au nom et comme tuteur officieux de M. Luc Mauger, âgé de dix huit ans, « domicilié à....., chez le comparant, fils de M. Boniface Mauger, journalier, et de la « dame Véronique Blas, épouse de ce dernier, demeurant ensemble à.....; ainsi que

(1) Toullier, IV, 240; Chabot, 747, 6; Duranton, VI, 220; Marcadé, 315, 2; contra Benoit, *dot*, II, 104.

(2) Mais non aux autres enfants adoptifs de l'adoptant, l'adopté, dans ce cas, n'étant pas considéré comme un descendant : Aubry et Rau sur Zach., § 608, no 16; Bordeaux, 23 août 1834; Cass. 14 fév. 1833; J. N. 15475; contra Demolombe, VI, 174.

(3) Marcadé, 352, 3.

(4) Une femme aussi bien qu'un homme : Demolombe, VI, 221; Zach., § 182.

(5) Qu'il s'agisse d'un parent, d'un non parent ou même d'un enfant naturel.

5° Que l'enfant soit âgé de moins de quinze ans (*C. N., 364*);

6° Que l'enfant ne soit pas déjà pourvu d'un tuteur officieux, à moins que ce ne soit le mari ou la femme de celui qui réclame cette tutelle (*Arg., C. N., 344, 1°*);

7° Obtenir le consentement des père et mère de l'enfant ou du survivant d'eux, ou, à leur défaut, du conseil de famille, ou enfin, si l'enfant n'a pas de parents connus, des administrateurs de l'hospice où il a été recueilli, ou de la municipalité (1) du lieu de sa résidence. (*C. N., 361.*)

1142. Cette tutelle se forme par déclaration devant le juge de paix du domicile de l'enfant. (*C. N., 363.*) Il n'est pas nécessaire qu'elle soit inscrite sur les registres de l'état civil.

1143. On doit adjoindre un subrogé-tuteur au tuteur officieux, lors même que l'enfant n'aurait pas de biens personnels (2).

1144. Le tuteur officieux est soumis aux mêmes dispositions légales que tout autre tuteur; ainsi, ses immeubles sont grevés de l'hypothèque légale de l'enfant (3).

1145. En outre, la tutelle officieuse entraîne pour le tuteur officieux, sans préjudice de toutes stipulations particulières, l'obligation de nourrir le pupille, de l'élever, de le mettre en état de gagner sa vie (*C. N., 364*), et, si l'enfant était antérieurement en tutelle, de prendre l'administration de ses biens à charge de rendre compte, sans pouvoir imputer les dépenses de l'éducation sur les revenus du pupille (*C. N., 365, 370*); mais sans que cette administration nuise aux droits de jouissance légale des père ou mère (4).

1146. On verra, *infra* n° *1149*, que le tuteur officieux peut conférer à son pupille l'adoption testamentaire; mais s'il meurt sans avoir fait cette adoption, ses héritiers sont tenus de fournir au pupille, durant sa minorité, des moyens de subsistance, dont la quotité et l'espèce, s'il n'y a été antérieurement pourvu par une convention particulière, sont réglés soit amiablement entre les représentants respectifs du tuteur et du pupille, soit judiciairement, en cas de contestation (5). [*C. N., 367.*].

1147. A sa majorité, l'enfant peut être adopté par le tuteur officieux en observant les dispositions rapportées *supra* n^os^ *1128, 1130, 1131, 1132, 1133, 1136, 1137*. (*C. N., 368.*)

1148. Mais si, dans les trois mois qui suivent la majorité du pupille, les réquisitions par lui faites au tuteur officieux à fin d'adoption sont restés sans effet et que le pupille ne se trouve point en état de gagner sa vie, le tuteur officieux peut être condamné à indemniser le pupille de l'incapacité où il se trouve de pourvoir à sa subsistance. Cette indemnité se résout en secours propres à lui procurer un métier; le tout sans préjudice des stipulations qui auraient pu avoir lieu dans la prévoyance de ce cas. (*C. N., 369.*)

1149. Après cinq ans de tutelle officieuse, le tuteur, dans la prévision de son décès avant la majorité du pupille, peut lui conférer l'adoption par acte testamentaire (6) [olographe, mystique ou authentique]

« cette qualité de tuteur officieux résulte d'un procès-verbal dressé par M. le juge de paix « du canton de....., assisté de son greffier, le....., constatant la demande et les con- « sentements relatifs à la tutelle officieuse par M. Delord, comparant et M. et Mme Mauger, « père et mère du mineur. »

FORMULE 213. — Adoption testamentaire. (N°s 1149 et 1150.)

Par-devant M^e^....., etc.,

A comparu M. Louis-Vincent Delord, propriétaire, demeurant à.....;

Lequel a dicté au notaire soussigné, en présence des témoins, son testament ainsi qu'il suit :

---

(1) Du maire et non pas du conseil municipal : Demolombe, VI, 249; Massé et Vergé sur Zach., § 182, note 4; contra Marcadé, *art. 361*.

(2) Magnin, II, 551; Chardon, n° 72; Demolombe, VI, 237; contra Marcadé, *art. 370*; Zach., Massé et Vergé, § 182, note 7.

(3) Duranton, III, 341; Grenier, *hyp.*, I, 281; Magnin, n° 551; Demolombe, VI, 236; Zach., § 183, note 1; contra Marcadé, *art. 370*; Massé et Vergé sur Zach., *loc. cit.*, qui ne l'admettent que dans le cas où l'enfant a des biens personnels.

(4) Marcadé, *365*, 3; Proudhon, II, p. 145; Toullier, II, 1029; Duranton, III, 339; Demolombe, VI, 235; Zach., § 183, note 2.

(5) Voir Trib. Lyon, 13 août 1859; J. N. 16717.

(6) Pourvu que le testament ait été précédé des formalités voulues pour la tutelle officieuse, auxquelles il ne peut être suppléé, même par la reconnaissance d'enfant naturel : Cass. 23 juin 1857; J. N. 16116.

[Form. 213], fait à une date postérieure à l'échéance des cinq ans (1). Alors, si le tuteur officieux vient à décéder avant la majorité de son pupille (2), ou après un délai si court depuis sa majorité qu'il n'ait pu lui conférer l'adoption entre-vifs (3), le pupille acquiert la qualité d'enfant adoptif, à moins cependant que le tuteur officieux ne laisse des descendants légitimes nés ou conçus. (*C. N., 366.*)

1150. Dans ce cas, il n'est pas nécessaire d'obtenir le consentement des père et mère ni de requérir leur conseil. Il n'est pas nécessaire non plus que le tuteur officieux, s'il est marié, obtienne le consentement de son conjoint (4) [*Arg. C. N., 344*], ni que l'adoption soit homologuée en justice, ni qu'elle soit inscrite sur les registres de l'état civil (5).

1151. Le mineur parvenu à son âge de majorité peut accepter ou répudier l'adoption testamentaire il y a donc nécessité, lorsqu'il entend en profiter, de faire une acceptation (6) par acte devant notaire (7) [Form. 214], afin de faire inscrire sur les registres de l'état civil du domicile de l'adoptant l'adoption et l'acceptation (8), sans cependant que le défaut d'acceptation emporte aucune déchéance, *supra n° 1150.*

« Aux termes d'un procès-verbal dressé par M. le juge de paix de....., le...... j'ai « pris la tutelle officieuse de Luc Mauger, aujourd'hui encore mineur, fils de Boniface « Mauger et de Véronique Blas, son épouse. »

« Dans la prévision de ma mort avant la majorité de mon pupille, ou après un délai « trop court après sa majorité pour que je puisse l'adopter; je déclare adopter par ces « présentes Luc Mauger, auquel je confère tous les droits attachés à la qualité d'enfant « adoptif. »

Ce testament a été, etc. (*Voir formule de testament par acte public.*)

FORMULE 214. — Acceptation d'adoption testamentaire. (N° 1151.)

Par-devant Me.....;

A comparu M. Luc Mauger-Delord, majeur, étudiant en droit, domicilié à.....,

Lequel a exposé ce qui suit :

Par procès-verbal dressé par M. le juge de paix du canton de....., assisté de son greffier, le....., M. Louis-Vincent Delord, propriétaire, demeurant à....., a pris la tutelle officieuse du comparant.

Aux termes du testament de M. Delord, reçu par Me....., notaire à....., en présence de quatre témoins, le....., M. Delord, dans la prévision de son décès avant la majorité du comparant, lui a conféré l'adoption.

M. Delord est décédé à....., pendant la minorité du comparant, le....., sans laisser de descendants légitimes nés ou conçus, ainsi que le constate un acte de notoriété reçu par Me..... qui en a gardé minute, et l'un de ses collègues, notaires à....., le.....

Ceci exposé, M. Mauger-Delord, comparant, déclare accepter expressément l'adoption à lui conférée par M. Delord.

Ces présentes seront mentionnées sur les registres de l'état civil du domicile de M. Delord, en conformité de l'art. 359 du Code civil.

Dont acte. Fait et passé, etc.

---

(1) Duranton, III, 304; Valette sur Proudhon, II, p. 270; Demante, *Thémis*, VII, p. 149; Vazeille, II, p. 270; Demolombe, VI, 73; Marcadé, *366*, 1; Cass. 26 nov. 1856; J. N. 15957; contra Odilon Barrot, Encyclop., *adoption*, n° 63; Zach., § 180, note 8.

(2) Cass. 26 nov. 1856; J. N. 15957

(3) Demolombe, VI, 75; Marcadé, *366*, 1; Chardon, n° 83; Zach., Massé et Vergé, § 180, note 6.

(4) Duranton, III, 307; Marcadé, *art. 366*; Zach., § 180.

(5) Proudhon, II, 133; Marcadé, *art. 366*; Demolombe, VI, 126; Zach., § 180; contra Proudhon, II, p. 209; Odilon Barrot, n° 62.

(6) Grenier, *adoption*, n° 20; Demolombe, VI, 80, Duranton, III, 304; Roll., *accept. d'adoption*, n° 4; Marcadé, *366*, 2; Proudhon, II, p. 134; Zach., Massé et Vergé, § 180, note 9.

(7) Roll., *accept. d'adoption*, n° 3.

(8) Grenier, *adoption*, n° 29; Roll., *accept. d'adoption*, n° 4.

TITRE NEUVIÈME

DE LA PUISSANCE PATERNELLE

SOMMAIRE

FORMULES

§ 1. — AUTORITÉ

1152. L'enfant, à tout âge, doit honneur et respect à ses père et mère. (*C. N.*, *371.*) (1).

1153. Il reste sous leur autorité jusqu'à sa majorité ou son émancipation. (*C. N.*, *372.*) Le père seul (2) a l'exercice de cette autorité durant le mariage (*C. N.*, *373*); quant à la mère, elle ne l'exerce qu'après le décès du mari; toutefois, si durant le mariage le père vient à être privé de l'exercice de la puissance paternelle par suite de présomption d'absence, *supra n° 900*, interdiction judiciaire ou légale, *supra n° 787* et *infra n° 1361*, ou condamnation correctionnelle pour excitation de ses propres enfants à la débauche (*C. pén.*, *335*), c'est à la mère que cet exercice appartient (3).

1154. Comme conséquence de l'autorité dont il vient d'être parlé, l'enfant, jusqu'à sa majorité ou son émancipation, doit résider chez ses père et mère, quand même il serait pourvu d'un tuteur autre que son père ou sa mère, *supra n° 880, 2°*. Il ne peut quitter la maison paternelle sans la permission de celui, père ou mère, sous l'autorité duquel il se trouve, si ce n'est pour enrôlement volontaire, après l'âge de vingt ans révolus. S'il veut s'engager avant cet âge, il doit justifier du consentement de ses père, mère

FORMULE 215. — Consentement à l'enrôlement militaire. (Nos 1154 et 1155.)

PAR-DEVANT Me. . . . . ;

A COMPARU M. Louis DORÉ, marchand épicier, demeurant à. . . . . ;

Lequel a, par ces présentes, déclaré consentir à ce que M. Georges DORÉ, son fils, sans

(1) V. Seine, 23 janv. 1867; M. T., 1867, 263.

(2) Il appartient aux tribunaux de réglementer ce droit en cas de contestations.

(3) Pothier, *des Pers.*, liv. VI. section 2; Vazeille, *mariage*, II, p. 465; Mourlon, I, 1026; Valette sur Proudhon, II, p 254; Zach., § 186, allemand, 1071; Demolombe, VI, 296; Marcadé, *art. 373*; CONTRA Proudhon, *loc. cit.*

ou tuteur [FORM. 215], ce dernier autorisé par une délibération du conseil de famille. (*C. N.*, *374 et loi 27 juill. 1872, art. 46, 6°.*)

1155. Le consentement des père et mère ou tuteur se donne, soit par l'acte même d'engagement contracté devant le maire du chef-lieu de canton (*même loi, art. 34*), soit dans la vue de cet engagement, par acte devant notaire.

1156. Même après la majorité ou l'émancipation, l'enfant est encore sous l'autorité de ses parents dans diverses circonstances; ainsi, il ne peut contracter mariage ni être adopté sans le consentement de ses père et mère ou autres ascendants, ou sans avoir requis leur conseil, *supra nos 943 et 1150, 5°.*

1157. De même, l'enfant qui veut se faire ordonner ecclésiastique (pour être ordonné il faut être âgé de vingt-deux ans accomplis), et qui est âgé de moins de vingt-cinq ans, ne peut être admis dans les ordres sacrés qu'après avoir justifié du consentement de ses parents [FORM. 216], ainsi que cela est prescrit par les lois civiles pour le mariage des fils âgés de moins de vingt-cinq ans accomplis, *supra n° 943.* (*Décret 28 fév. 1810, art. 4.*)

1158. De même encore, les novices des congrégations religieuses (les élèves et novices de ces congrégations ne peuvent contracter des vœux si elles n'ont seize ans accomplis, et au-dessous de vingt et un ans elles ne peuvent les contracter que pour un an) sont tenus, pour contracter leurs vœux, de présenter les consentements demandés, pour contracter mariage, par les art. 148, 149, 150, 159 et 160 du Code Napoléon [FORM. 217], *supra nos 943 et suiv.* (*Décret 18 fév. 1809, art. 7.*)

1159. Les consentements, dans les cas prévus aux deux numéros qui précèdent, sont aussi donnés par actes devant notaire.

1160. Tout ce qui vient d'être dit s'applique aux enfants naturels. Si un enfant naturel a été reconnu par son père et par sa mère, le droit d'autorité, de garde et d'éducation sont égaux entre le père et la mère; mais le père seul a l'exercice de ces droits; c'est chez lui que l'enfant doit résider, et c'est son autorisation qu'il doit obtenir pour s'enrôler avant l'âge de vingt ans; à moins, cependant, que les tribunaux, sur la demande de la mère, ne décident que l'enfant lui sera confié (1). Les tribunaux peuvent même ordonner que l'enfant sera confié à un tiers s'il est constaté que son intérêt l'exige (2).

---

profession, domicilié avec lui, né à....., le....., contracte un engagement volontaire dans les armées françaises pour le temps prescrit par la loi.

Il l'autorise, en conséquence, à signer à cet effet tous actes, registres et procès-verbaux.

Dont acte. Fait et passé, etc.

FORMULE 216. — Consentement à l'ordination. (N° 1157.)

PAR-DEVANT Me.....;

ONT COMPARU M. Louis SAINT, rentier, et Mme Lise LAFOI, son épouse de lui autorisée, demeurant ensemble à.....

Lesquels ont, par ces présentes, déclaré consentir à ce que M. Charles SAINT, leur fils, né à....., le....., entre dans les ordres sacrés, et qu'il reçoive l'ordination et le titre de prêtre.

Dont acte. Fait et passé, etc

FORMULE 217. — Consentement au noviciat.

PAR-DEVANT Me.....;

A COMPARU M. Louis DEVIN.....,

Lequel a, par ces présentes, déclaré consentir à ce que Mlle Louise DEVIN, sa petite-fille, née à...., le..., issue du mariage d'entre M. Charles DEVIN, fils du comparant, et Mme Charlotte DUCHEMIN, tous les deux décédés, entre au noviciat dans la congrégation des carmélites, au couvent de....., et qu'elle y soit reçue à faire des vœux comme sœur religieuse.

Dont acte. Fait et passé, etc.

---

(1) Marcadé, 385, 4. V. Paris, 29 avril 1864.

(2) Lyon, 8 mars 1859; J. N. 16734.

§ 2. — CORRECTION

1161. Comme corollaire du droit d'autorité paternelle, la loi donne *à celui qui a l'exercice de cette autorité* le droit de réprimer les écarts de ses enfants, suivant les distinctions ci-après :

1162. Le père qui a des sujets de mécontentement très-graves sur la conduite d'un enfant a les moyens de correction suivants (*C. N., 375*) :

1163. *Premier cas* : Si l'enfant est âgé de moins de seize ans commencés, c'est-à-dire n'a pas quinze ans accomplis, et qu'en outre : 1° le père ne soit pas actuellement (1) sous les liens d'un autre mariage ; 2° l'enfant n'ait pas de biens personnels ou n'exerce pas d'état, le père peut le faire détenir pendant un temps qui ne peut excéder un mois; et, à cet effet, le président du tribunal d'arrondissement doit, sur sa demande, délivrer l'ordre d'arrestation. (*C. N., 376.*)

1164. *Deuxième cas* : Depuis l'âge de seize ans commencés, c'est-à-dire au-dessus de quinze ans accomplis, jusqu'à la majorité ou l'émancipation, et même au-dessous de quinze ans si le père est actuellement (2) sous les liens d'un autre mariage que celui dont l'enfant est issu (*C. N., 380*), ou si l'enfant a des biens personnels ou exerce un état (*C. N., 382*), le père ne peut agir que par voie de réquisition, et demander la détention de son enfant que pendant un temps qui ne peut excéder un mois si l'enfant est au-dessous de seize ans commencés, et de six mois si l'enfant est entré dans sa seizième année. A cet effet, il s'adresse au président du tribunal, qui, après en avoir conféré avec le procureur de la rép., délivre l'ordre d'arrestation ou le refuse. (*C. N., 377.*)

1165. Dans les deux cas, le président peut abréger le temps de la détention requis par le père. (*C. N., 377.*)

1166. Il n'y a, dans l'un et l'autre cas, aucune écriture ni formalité judiciaire, si ce n'est l'ordre même d'arrestation, dans lequel les motifs ne sont pas énoncés. Le père est seulement tenu de souscrire une soumission de payer tous les frais et de fournir les aliments convenables. (*C. N., 378.*)

1167. Le père est toujours maître d'abréger la durée de la détention par lui ordonnée ou requise. (*C. N., 379.*)

1168. Si, après sa sortie, l'enfant tombe dans de nouveaux écarts, la détention peut être de nouveau ordonnée, de la manière prescrite selon celui des deux cas ci-dessus qui se trouve applicable. (*Même art.*)

1169. La mère, dans les cas où elle exerce l'autorité paternelle, c'est-à-dire lorsqu'elle est veuve, ou lorsque le mari est privé de l'exercice de la puissance paternelle, *supra n° 1155*, a aussi le droit de correction; mais elle ne peut faire détenir son enfant, même au-dessous de quinze ans, qu'avec le concours des deux plus proches parents paternels, ou, à défaut de parents paternels, de deux personnes connues pour avoir eu des relations d'amitié avec le père (3), *infra n° 1255*, et seulement par voie de réquisition, *supra n° 1164*. Si elle est remariée, elle ne peut requérir la détention. (*C. N., 381.*)

1170. En ce qui concerne la mère remariée et maintenue dans la tutelle, ou le tuteur même ascendant, s'ils ont des sujets de mécontentement graves sur la conduite du mineur, ils peuvent porter leurs plaintes au conseil de famille, et, s'ils y sont autorisés par ce conseil, provoquer la réclusion du mineur, ainsi qu'il est prescrit, *supra n° 1164*. (*C. N., 468.*)

1171. L'enfant détenu, mais seulement lorsqu'il a des biens personnels ou lorsqu'il exerce un état (4), peut adresser un mémoire au procureur général près la cour d'appel. Celui-ci se fait rendre compte par le procureur de la rép. près le tribunal de première instance, et fait son rapport au président de la cour d'appel, qui, après en avoir donné avis au père et après avoir recueilli tous les renseignements, peut révoquer ou modifier l'ordre délivré par le président du tribunal de première instance. (*C. N., 382.*)

1172. Tout ce qui est dit au présent paragraphe est commun aux père et mère des enfants naturels légalement reconnus (*C. N., 383*), mais avec les distinctions suivantes : si l'enfant naturel a été reconnu

(1 et 2) Si le père est redevenu veuf, il recouvre la faculté de faire détenir, selon le cas exprimé n° 1163, son enfant âgé de moins de seize ans commencés : Toullier, II, 1058; Proudhon, II, 246; Duranton, III, 355; Demante, I, 375; Vazeille, II, 425; Zach., § 187, note 16; Taulier, I, p. 484; Marcadé, *382*, 2; CONTRA Demolombe, VI, 324; Massé et Vergé sur Zach., § 187, note 16; Mourlon, I, 1043.

(3) Zach., § 187, note 18: Valette sur Proudhon, II, p. 247; de Belleyme, *ordonn. sur référés*, I, p. 14; Demolombe, VI, 353; Marcadé, *382*, 3; CONTRA Toullier, I, 483.

(4) Duranton, III, 355: Chardon, *puiss. pat.*, n° 29: Marcadé, *382*, 4; CONTRA Zach., Massé et Vergé, § 187, note 23: Demolombe, VI, 331.

par son père et par sa mère et que les tribunaux n'aient point confié à la mère l'exercice des droits d'autorité et d'éducation, *supra n° 1160*, c'est au père seul qu'appartient le droit de correction (1); mais si, l'enfant ayant été reconnu par les père et mère, le père est mort, absent, interdit ou déchu de la puissance paternelle, ou si l'exercice de la puissance paternelle a été confiée à la mère, ou si l'enfant n'a été reconnu que par sa mère, c'est à la mère qu'appartient le même droit; mais elle ne peut l'exercer, quel que soit l'âge de l'enfant, que par voie de réquisition, avec le concours de deux membres d'un conseil de famille, et sous la condition qu'elle ne soit pas mariée (2).

§ 3. — JOUISSANCE LÉGALE

1173. Le père, durant le mariage, même après le divorce et la séparation de corps (3), et après le décès de l'un des époux, le survivant d'eux, a la jouissance légale [FORM. 218] des biens (4) de leurs enfants jusqu'à l'âge de dix-huit ans accomplis, ou leur émancipation si elle a lieu avant cet âge (*C. civ., 384*), quand même la tutelle appartiendrait à un autre (5); mais ce droit n'appartient pas aux père et mère naturels (6), ni à celui des père et mère contre lequel le divorce a été prononcé (*C. civ., 386*).

1174. Les charges de la jouissance légale sont :

1° Celles auxquelles sont tenus les usufruitiers (*C. N., 385*), mais sans obligation de fournir caution, *infra n° 1499*;

2° La nourriture, l'entretien, l'éducation des enfants selon leur fortune (*C. N., 385*);

3° Le payement des arrérages ou intérêts de capitaux (*C. N., 385*) courus postérieurement à l'ouverture de la jouissance légale, et non pas aussi ceux courus antérieurement (7);

4° Les frais de dernière maladie (*C. N., 385*) de la personne par la mort de laquelle les biens arrivent à l'enfant (8);

5° Les frais des funérailles de la même personne (*C. N., 385*), dans lesquelles on comprend les dépenses de concession de terrain et de monument funèbre (9), ainsi que le deuil de la veuve et des domestiques (10).

1175. Cette jouissance cesse à l'égard de la mère dans le cas d'un second mariage (*C. N., 386*), et ne revit pas par le décès du second mari (11); mais elle ne cesse pas au cas d'inconduite notoire (12).

FORMULE 218. — Comparution dans un acte d'une mère ayant la jouissance légale des biens de ses enfants. (Nos 1173 à 1178.)

Mme Lucile-Victoire FLESSELLE, propriétaire, vivant de ses revenus, demeurant à....., veuve de M. Mathieu-Louis BOUDINET, en son vivant rentier, demeurant à....., où il est décédé le.....;

« Usufruitière à titre de jouissance légale des biens de : 1° M. Charles BOUDINET, âgé de « huit ans; 2° Mlle Virginie BOUDINET, âgé de six ans; 3° et M. Florentin-Denis BOUDINET, « âgé de quatre ans, enfants mineurs issus du mariage d'entre Mme BOUDINET comparante, « et M. BOUDINET, son mari décédé. »

(1) Marcadé, *385*, 2; Demolombe, VI, 629; CONTRA Duranton, III, 360.

(2) Marcadé, *385*, 3 et 4; Demolombe, VI, 646 et 647.

(3) Marcadé, *511*, 2 et *387*, 7; Demolombe, VI, 559; Zach., § 189, note 18.

(4) De tous les biens qui sont sujets à l'usufruit d'après les règles établies, *infra nos 1466 et suiv.*, même du droit à un bail : Montpellier, 13 mars 1856; Cass. 19 janv. 1857; J. N. 16049.

(5) Marcadé, *387*, 8; Demolombe, VI, 481; Dict. not. *usufr. légal*, n° 13.

(6) Toullier, II, 973; Proudhon et Valette, II, p. 252; Duranton, III, 364; Richefort, II, 273; Chardon, *puiss. pat.*, n° 118; Zach., § 189, note 2; Taulier, I, p. 504; Cadrès, n° 177; Mourlon, I, 1057; Demolombe, VI, 649; Marcadé, *384*, 4; Roll., *enfant nat.*, n° 56; Pau, 13 fév. 1822; CONTRA Favard, *enf. nat.*, § 2; n° 2; Loiseau, p. 550; Salviat, *usuf.*, II, p. 110.

(7) Zach., § 189, note 15; Duranton, III, 401; Frédéric Duranton, *Revue histor.*, 1858, p. 157; Roll., *usufr. légal*, n° 67; Lyon, 16 fév. 1835; Nîmes, 16 juill. 1856; CONTRA Toullier, II, 1069, note; Proudhon, *usuf.*, II, 206; Massé et Vergé sur Zach., § 189, note 15; Vazeille, II, p. 256; Allemand, II, 1704; Demolombe, VI, 544; Marcadé, *585*, 3; Mourlon, I, 1063.

(8) Toullier et Duvergier, II, 1069; Proudhon et Valette, II, p. 257; Zach., § 189, note 16; Duranton, III, 401; Mourlon, , 1064; Chardon, *puiss. pat.*, n° 152; Demolombe, VI, 547; Marcadé, *385*, 4; Roll. *usuf. légal*, n° 69; Dict. not., *ibid.*, n° 94; Caen, 20 déc. 1840.

(9) Pont, *priv.*, n° 73; Paris, 26 nov. 1825.

(10) Proudhon, *usuf.*, n° 212; Toullier, XIII, 269; Zach., § 189, note 16; Demolombe, VI, 548; Persil, *priv.*, I, p. 23; Rodière et Pont, *cont. de mar.*, I, 796; Duranton, IX, 48; Taulier, VII, p. 122; Pont, *priv.*, *2101*, 4; Agen, 28 août 1834; Caen, 15 juill. 1835; Douai, 22 juill. 1854; Valence, 29 avril 1866; Journ. du N. 1867, 131; CONTRA Grenier, *hyp.*, n° 301; Troplong, *hyp.*, n° 136; Roll, *frais fun.*, n° 4; Lyon, 6 fév. 1835.

(11) Proudhon, I. 144; Duranton, III, 386; Chardon, n° 161; Marcadé, *art. 386*, Demolombe, VI, 562; Mourlon, I, 1066; Dict. not, *usuf. légal*, n° 25; Zach., Massé et Vergé, § 189, note 19; CONTRA Taulier, I, p. 496.

(12) Duranton, III, 388; Massé et Vergé sur Zach., § 189, note 18; Magnin, *min.*, p. 308; Taulier, I, p. 47; Demolombe, VI, 365; Marcadé, *387*, 6; Roll., *usuf. légal*, n° 19; Dict. not., *ibid*, n° 27; Limoges, 30 juill. 1813; Besançon, 1er août 1844; Montpellier, 25 août 1864; J. N. 18109; CONTRA Vazeille, *mar.*, n° 431; Chardon, *dol.*, n° 328; Limoges, 16 juill. 1807 et 2 avril 1810.

1176. La jouissance légale cesse aussi pour les causes suivantes :

1° Le décès de l'enfant (1) ;

2° La condamnation prononcée contre l'usufruitier légal pour avoir excité, favorisé ou facilité la débauche de ses enfants (*C pén.*, *334*, *335*) ;

3° La renonciation de l'usufruitier à son droit de jouissance (2), sauf pour les créanciers de l'usufruitier le droit de faire annuler la renonciation si elle leur préjudicie (3) ;

4° La déchéance judiciairement prononcée pour abus de jouissance (*C. N.*, *618*) ;

5° Le défaut d'inventaire des biens communs de la part du survivant des époux mariés en communauté dans les trois mois du décès (*C. N.*, *1442*), et il ne peut être relevé de la déchéance, même lorsqu'il a fait faire inventaire après les trois mois (4), à moins qu'avant l'échéance du délai de trois mois il n'ait obtenu une prorogation du délai et n'ait fait faire inventaire avant l'échéance de ce nouveau délai.

1177. La jouissance légale ne s'étend pas aux biens que les enfants peuvent acquérir par un travail et une industrie séparés, ni à ceux qui leur sont donnés ou légués sous la condition expresse que les père et mère n'en jouiront pas (*C. N.*, *387*), sans que, dans ce dernier cas, la condition puisse jamais atteindre les biens qui formeraient la réserve légale de l'enfant (5).

1178. Elle n'a pas lieu non plus pour les biens provenant d'une succession dont l'usufruitier légal aurait été exclu comme indigne. (*C. N.*, *730*.)

TITRE DIXIÈME

DE LA MINORITÉ, DE LA TUTELLE ET DE L'ÉMANCIPATION

SOMMAIRE

---

(1) Proudhon, I, 126 ; Duranton, III, 392 ; Zach., § 188, note 6 ; Demolombe, VI, 556 ; Marcadé, *art. 387*.

(2) Proudhon, nos 214, 216 ; Demolombe, VI, 567 ; Zach., § 189, note 21 ; Duranton, III, 403 ; Marcadé, *387*, 5 ; Roll., *usuf. légal* ; n° 85 ; Lyon, 16 fév. 1833.

(3) Magnin, *min.*, I, 282 ; Marcadé, *art. 386* ; Demolombe, VI, 595 ; Massé et Vergé sur Zach., § 189, note 21 ; Amiens, 20 août 1817 ; Cass. 11 mai 1819 ; CONTRA Toullier, VI, 368 ; Duranton, III, 394 ; Proudhon, n° 2399.

(4) Toullier, XIII, 17 ; Duranton, III, 389 ; Troplong, *cont. de mar*, n° 1291 ; Odier, *ibid.*, n° 307 ; Rodière et Pont, *ibid.*, I, 770 ; Marcadé, *1442*, 3 ; Pont, *Revue crit.*, 1854, p. 30 ; Douai, 15 nov. 1833 ; Cologne, 15 juill. 1832 ; CONTRA Bellot, *contr. de mar.*, IV, p. 345 ; Proudhon, *usuf.*, n° 174 ; Demolombe, VI, 573 ; Roll., *usufr. légal*, n° 27 ; Caen, 18 août 1838 et 18 août 1842.

(5) Toullier, II, 1067 ; Proudhon, II, p. 263 ; Duranton, III, 376 ; Vazeille, *mariage*, II, 447 ; Zach., Massé et Vergé, § 188, note 9 ; Demolombe, VI, 513 ; Marcadé, *387*, 2 ; Roll., *usuf légal*, n° 45 ; Dict. not., *ibid.*, n° 65 ; Cass. 12 nov. 1828 ; CONTRA Valette sur Proudhon, II, p. 264 ; Duvergier sur Toullier, II, 1067, Troplong, *don. et test.*, n° 828.

FORMULES

CHAPITRE PREMIER

DE LA MINORITÉ

1179. Le mineur est l'individu de l'un et de l'autre sexe qui n'a point encore l'âge de vingt et un ans accomplis. (*C. N.*, *388.*) Ainsi, un enfant naît le 1er juillet 1842, à trois heures de l'après-midi, le 1er juillet 1863, à trois heures, il a vingt et un ans accomplis, cesse d'être mineur, et conséquemment est majeur (1), *infra n° 1359*. Si son acte de naissance ne faisait point connaître l'heure de sa naissance, il ne serait majeur qu'à l'expiration de la journée du 1er juillet 1863, soit à minuit (2).

CHAPITRE DEUXIÈME

DE LA TUTELLE

SECTION 1. — DE L'ADMINISTRATION LÉGALE ET DE LA TUTELLE DES PÈRE ET MÈRE

1180. Le père est, durant le mariage, administrateur [Form. 219] des biens de ses enfants mineurs non émancipés [ce qui ne s'applique pas au père naturel (3)]; il est comptable, quant à la propriété et aux revenus, des biens dont il n'a pas la jouissance, et, quant à la propriété seulement, de ceux des biens dont la loi lui donne l'usufruit. (*C. N.*, *389.*)

1181. Si le père est déchu de la puissance paternelle, c'est à la mère que passe cette puissance, *supra n° 1155*, et, comme conséquence, c'est à elle qu'appartient l'administration légale (4).

1182. Si le père et la mère sont tous deux empêchés, il est donné aux enfants un administrateur judiciaire (5). Il n'y a donc jamais lieu à tutelle pendant le mariage, même en cas de séparation de corps ou de biens (6).

1183. L'administrateur légal n'est point grevé d'hypothèque légale (7), et la loi ne lui donne ni conseil de famille ni subrogé-tuteur.

1184. Il s'ensuit que pour les actes que le tuteur peut faire avec la seule autorisation du conseil de famille et sans homologation du tribunal, l'administrateur légal peut les faire seul. Ainsi, il peut

FORMULE 219. — Administrateur légal. (Nos 1180 à 1188.)

M. Julien-Désiré Cauchois, propriétaire, demeurant à.....;
« Agissant au nom et comme administrateur légal, pendant le mariage, des biens de :
« 1° M. Désiré Cauchois; 2° Mlle Marie Cauchois, ses deux enfants mineurs, sans profession,
« domiciliés avec lui, nés savoir : le premier à....., le....., la deuxième à.....,
« le.....; tous deux issus du mariage d'entre M. Cauchois et Mme Vitaline Doublet, son
« épouse, demeurant avec lui. »

(1) Pau, 9 mars 1861; Mon. Trib. 1861, p. 522.

(2) Marcadé, *388*, 3; Fréminville, *minor.*, I, 3; Zach., § 195, note 2.

(3) Marcadé, *390*, 2; Dict. not., *admin. légale*, n° 4; Roll., *enf. nat.*, n° 64, *supra n° 1175*.

(4) Marcadé, II, 148.

(5) Marcadé, *art. 390*; Massé et Vergé sur Zach., § 195, note 5.

(6) Demolombe, VII, 26; Marcadé, *art. 390.*

(7) Duranton, III, 415; Roll., *admin. légal*, n° 3; Dict. not., *ibid.*, n° 16; Aubry, *rev. de droit franç. et étr.*, 1844, p. 661; Demolombe, VI, 420; Mourlon, I, 1074; Marcadé, II, 147; Cass. 16 déc. 1829 et 4 juill. 1842; Toulouse, 26 août 1818 et 25 fév. 1845; Grenoble, 14 fév. 1850; J. N. 4049, 6457, 14248; CONTRA Persil, *art. 2121*, n° 36; Battur, *hyp.*, II, 365; Colmar, 22 mai 1816; Toulouse, 22 déc. 1813; J. N. 3163.

accepter et répudier les successions échues à son enfant, les dons et legs qui lui sont faits, intenter les actions immobilières ou y acquiescer, et provoquer un partage en son nom (1).

1185. Mais, dans le cas où l'homologation du tribunal est nécessaire au tuteur, par exemple, pour emprunter, aliéner, hypothéquer les immeubles du mineur, transiger en son nom, l'administrateur légal sans consulter, bien entendu, un conseil de famille qui n'existe pas, s'adresse directement au tribunal seul, qui statue en chambre du conseil (2).

1186. L'administration légale donnée au père n'est pas d'ordre public, d'après la doctrine la plus accréditée ; en sorte que si des biens sont donnés à l'enfant sous la condition que le père n'en aura pas l'administration, cette condition doit recevoir son exécution (3).

1187. Si l'administrateur légal est d'une inconduite notoire, ou si sa gestion prouve l'incapacité ou l'infidélité, le tribunal, à la demande du procureur de la rép. agissant d'office sur les observations de parents ou d'amis (4), peut lui enlever l'administration (5).

1188. Lorsque l'enfant a des intérêts opposés avec son père, administrateur légal, il est donné au mineur un représentant momentané nommé par le conseil de famille, qui prend le nom d'administrateur légal *ad hoc* (6) [Form. 220], lequel ne reçoit pas non plus de subrogé-tuteur, même pour la vente des biens du mineur, l'art. 962 C. pr. étant inapplicable en pareil cas (7).

1189. Après la dissolution du mariage, arrivée par le décès de l'un des époux, la tutelle des enfants mineurs (8) et non émancipés appartient de plein droit au survivant des père et mère (*C. N.*, *390*) [Form. 221], quand même le survivant serait mineur, sauf l'assistance de son curateur en ce qui con-

FORMULE 220. — Administrateur légal *ad hoc*. (N° 1188.)

M. Réné-Martin Durand, propriétaire, demeurant à..... ;

« Agissant au nom et comme administrateur légal *ad hoc*, à l'effet des présentes, de :
« 1° M. Désiré Cauchois ; 2° Mlle Marie Cauchois, mineurs, sans profession, demeurant
« à....., chez leurs père et mère, nés savoir : le premier à....., le..... ; la deuxième
« à....., le..... ; tous deux issus du mariage d'entre M. Julien-Désiré Cauchois, pro-
« priétaire, et Mme Vitaline Doublet, épouse de ce dernier, demeurant ensemble à.....,
« nommé à cette fonction qu'il a acceptée, à cause de l'opposition d'intérêt existant entre
« les mineurs Cauchois et leur père, suivant délibération du conseil de famille de ces
« mineurs, prise sous la présidence de M. le juge de paix du canton de....., ainsi qu'il
« résulte du procès-verbal que ce magistrat en a dressé, assisté de son greffier, le..... »

FORMULE 221. — Père tuteur naturel et légal. (N°s 1189 et 1190.)

M. Julien-Désiré Cauchois, propriétaire, demeurant à..... ;

« Agissant au nom et comme tuteur naturel et légal de : 1° M. Désiré Cauchois ;
« 2° Mlle Marie Cauchois, ses deux enfants mineurs, sans profession, demeurant avec lui,
« nés : le premier à....., le......, et la seconde à....., le..... ; tous deux issus de
« son mariage avec Mme Marie-Louise-Vitaline Doublet, décédée, son épouse.

(1) Marcadé, II, 150 ; Dict. not., *admin. légale*, n° 11 ; Massé et Vergé sur Zach., § 207, note 12 ; Bourges, 11 fév. 1863 ; Paris, 30 avril 1867 ; J. N. 18838 ; contra Demolombe, VI, 426.

(2) Marcadé, II, 150 ; Bertin, *chambre du conseil*, I, p. 309 ; Trib. Seine, 17 fév. 1848, 19 janv. 1851, 29 mai 1852, 11, 15 et 18 juin 1852 ; contra Aubry, *loc. cit.* ; Demolombe, VI, 446 ; Dict. not., *admin. légale*, n° 13.

(3) Proudhon, *usuf.*, n° 240 ; Duvergier sur Toullier, II, 1068 ; Vazeille, *mar.*, n° 458 ; Roll., *admin. légale*, n° 4 ; Dict. not., *tutelle*, n° 11 ; Hennequin, *traité de lég.*, I, p. 189 ; Chardon, *puiss. pat.*, n° 135 ; Duranton, III, 375 ; Demolombe, VI, 458 ; Paris, 24 mars 1812 et 5 déc. 1854 ; Nîmes, 20 déc. 1837 ; Caen, 20 nov. 1840 ; Orléans, 31 janv. 1854 ; Cass. 11 déc. 1828 et 26 mai 1836 ; J. N. 7160, 10085, 15376, 15840 ; contra Toullier, II, 1068 ; Marcadé, II, 152 ; Taulier, I, p. 499 ; Besançon, 25 nov. 1807 ; Caen, 11 août 1825 ; Rouen, 29 mai 1845, selon lesquels la condition est contraire à la loi et dès lors est réputée non écrite.

(4) Marcadé, II, 151 ; Demolombe, VI, 399.

(5) Zach., § 207, note 17 ; Valette, II, p. 283 ; Chardon, II, 40 ; Fréminville, I, 17 ; Demolombe, VI, 427 ; Marcadé, II, 151 ; Dict. not., *tutelle*, n° 24 ; Paris, 20 août 1825 ; Limoges, 28 fév. 1846 ; Cass. 16 déc. 1829, 20 juill. 1842, 20 juin 1843 ; J. N. 11444, 11606, 12865.

(6) Bertin, I, p. 308 ; Marcade, II, 149 ; Demolombe, VI, 422.

(7) Bertin, I, p. 408 ; Trib. Seine, 16 août 1849.

(8) La mère d'origine française, devenue étrangère par son mariage, mais ayant après le décès de son mari recouvré la qualité de française, est tutrice légale de ses enfants même étrangers : Cass., 13 janv. 1873.

cerne les actes pour lesquels il aurait lui-même besoin d'assistance (1). On appelle cette tutelle *tutelle naturelle et légale* (2).

1190. Le père est tenu de se charger de la tutelle de ses enfants; quant à la mère, elle peut la refuser, mais elle doit en remplir les devoirs jusqu'à ce qu'elle ait fait nommer un tuteur (*C. N.*, *394*). Dans ce cas, la tutelle devient dative, quand même il y aurait d'autres ascendants mâles (3).

1191. Bien que la tutelle appartienne au survivant des père et mère, néanmoins le père peut nommer à la mère survivante et tutrice un conseil spécial sans l'assistance duquel elle ne peut faire aucun acte relatif à la tutelle. (*C. N.*, *391*, *infra n° 1195*.)

1192. Cette nomination de conseil ne peut être faite que de l'une des manières suivantes : 1° par acte de dernière volonté, c'est-à-dire dans l'une des formes voulues pour les testaments; 2° par une déclaration faite ou devant le juge de paix, assisté de son greffier, ou devant notaire (*C. N.*, *392*) [Form. 222]; dans ce dernier cas, l'acte contenant la déclaration est reçu dans la forme ordinaire (4) : c'est par inadvertance qu'un auteur (5) enseigne que cet acte doit être reçu par deux notaires et deux témoins, ou un notaire et quatre témoins.

1193. Le conseil ainsi donné à la femme, ne remplissant pas une charge publique comme le tuteur, n'est pas tenu d'accepter cette mission (6).

1194. Si le conseil n'accepte pas, ou lorsqu'il vient à mourir pendant la tutelle, la femme demeure

FORMULE 222. — Nomination de conseils à la mère tutrice. (Nos 1191 à 1196.)

Par-devant Me.....;

A comparu M. Théodore Morel, propriétaire, demeurant à.....;

Lequel, pour le cas où il viendrait à décéder pendant la minorité de ses enfants, ou de quelques-uns d'entre eux, et avant Mme Zoé Marcel, son épouse;

Et pour le cas aussi où la dame son épouse accepterait la tutelle naturelle et légale de leurs enfants mineurs;

A, par ces présentes, nommé pour conseils à la mère tutrice : 1° M. Auguste Bollé, avoué, près le tribunal civil de....., demeurant à.....; 2° M. Philippe Brice, négociant, demeurant à....., sans l'assistance desquels elle ne pourra faire aucun acte relatif à la tutelle.

Dont acte. Fait et passé, etc.

FORMULE 223. — Mère tutrice assistée d'un conseil. (Nos 1191 à 1196.)

Mme Zoé Marcel, propriétaire, demeurant à....., veuve de M. Théodore Morel,

« Agissant au nom et comme tutrice naturelle et légale de : 1° M. Charles Morel; « 2° Mlle Blanche Morel, sans profession, domiciliés avec elle, ses deux enfants mineurs, « nés, le premier à....., le... , la seconde à....., le.....; tous deux issus de son « mariage avec M. Morel; »

« Avec l'assistance de : 1° M. Auguste Bollé, avoué près le tribunal civil de....., « demeurant à.....; 2° M. Phillippe Brice, négociant, demeurant à....., ici présents,

(1) Zach., § 207, note 21; Marcadé, *art. 442*; Demolombe, VII, 465.

(2) La question de savoir si les père et mère naturels ont comme les père et mère légitimes la tutelle légale de leurs enfants mineurs, est vivement controversée. Affirmative Loiseau, *enf. nat.*, p. 537; Magnin, n° 502; Cadrès, *enf. nat.*, n° 180; Marchand, *minor.*, n° 36; Taulier, II, p. 22; Vazeille, *mariage*, n° 478; Chardon, *puiss. pat.*, n° 80; Cubain, *droit des femmes*, n° 42; Carré, *just. de paix*, n° 1872; Bioche, *tutelle*, n° 12; Dict. not., *tutelle*, n° 20; Toulouse, 1er sept. 1809; Bruxelles, 4 fév. 1811; Colmar, 24 mars 1813; Riom, 13 janv. 1817; Grenoble, 21 juill. 1836; Douai, 13 fév. 1844; Trib. Saint-Pierre-Martinique, 29 nov. 1845; Cass. 20 avril 1850; arg. Cass. 27 janv. 1857; Poitiers, 5 mai 1858; J. N. 8491, 9935, 15999, 16343. Négative Duranton, III, 431; Duvergier sur Toullier, II, 1093; Coin-Delisle, Encyclop. *juges de paix*, III, p. 55; Mazerat, n° 447; Fréminville, n° 33; Allemand, *mar.*, n° 1069; Marcadé, *390*, 2; Demolombe, VIII, 382, et *Revue crit.*, 1851, p. 134; Massé et Vergé sur Zach., § 207, note 20; Boileux, *art. 390*; Roll., *enf. nat.*, n° 66; Girard de Vasson, *Revue crit.*, 1857, II, p. 363; Bellot, *Revue prat.*, 1858, I, p. 179; Toulouse, 25 juill. 1809; Paris, 9 août 1811 et 24 juill. 1835; Amiens, 23 juill. 1814; Grenoble, 5 avril 1819; Agen, 19 fév. 1830; Lyon, 11 juin 1836; arg. Paris, 24 juin 1856; J. N. 15828.

(3) Marcadé, *art. 394*; Toullier, II, 1107; Duranton, III, 422; Chardon, n° 52.

(4) Roll., *tutelle*, n° 48, 3°.

(5) Marcadé, *art. 392*.

(6) Demolombe, VII, 88.

entièrement libre dans sa gestion, et ni le conseil de famille ni le tribunal ne peuvent lui nommer un autre conseil pour le remplacer (1).

1195. Si le père spécifie les actes pour lesquels le conseil est nommé, la tutrice est habile à faire les autres sans son assistance. (*C. N., 391.*) [FORM. 223.]

1196. Mais, en ce qui concerne les actes pour lesquels le conseil est nommé, elle ne peut les faire qu'avec son assistance, c'est-à-dire de son avis conforme; en cas de dissentiment entre la mère et le conseil, c'est au conseil de famille à prononcer (2).

1197. Lors du décès du mari, si la femme est enceinte, il est nommé un curateur au ventre par le conseil de famille (*C. N., 393*) [FORM. 224], ce qui n'a lieu toutefois qu'autant qu'il n'y a pas d'autres enfants du mariage sous la tutelle de la mère (3).

1198. Le curateur au ventre est chargé et de surveiller la mère pour prévenir la supposition ou la substitution d'enfant, et d'administrer les biens de la succession pour le compte de celui ou ceux qui se trouveront plus tard y avoir droit (4).

1199. A la naissance de l'enfant, la mère en devient tutrice légale, et le curateur en est de plein droit le subrogé-tuteur. (*C. N., 393.*)

1200. Si la mère tutrice veut se remarier, elle doit, avant l'acte de mariage, convoquer le conseil de famille qui décide si la tutelle lui sera conservée; à défaut de cette convocation, elle perd la tutelle de plein droit (5) et son nouveau mari est solidairement responsable de toutes les suites de la tutelle qu'elle a indument conservée. (*C. N., 395.*)

1201. Lorsque le conseil de famille, dûment convoqué, conserve la tutelle à la mère, il lui donne

---

« conseils de Mme MOREL, tutrice, nommés pour assister Mme MOREL à tous les actes relatifs
« à la tutelle, par M. MOREL, son mari, suivant acte passé en minute devant Me....., « notaire à....., le..... »

FORMULE 224. — Curateur au ventre. (Nos 1197 à 1199.)

M. Stanislas DAMIENS, fabricant, demeurant à.....;

« Agissant en qualité de curateur au ventre de l'enfant dont Mme Ernestine BARA, pro-« priétaire, demeurant à....., veuve de M. Symphorien DUMONT, a déclaré être enceinte « lors du décès de son mari; nommé à cette fonction qu'il a acceptée, suivant délibéra-« tion du conseil de famille de cet enfant, prise sous la présidence de M. le juge de paix « du canton de....., assisté de son greffier, le.....; et, en cette qualité, ayant l'adminis-« tration des biens dépendant de la succession de M. DUMONT jusqu'à la naissance de « l'enfant. »

FORMULE 225. — Mère remariée maintenue tutrice. (Nos 1200 à 1202.)

M. Rémy COULAS, propriétaire, et Mme Ernestine BARA, son épouse de lui autorisée, demeurant ensemble à.....; Mme COULAS, veuve en premières noce de M. Symphorien DUMONT;

« Agissant, Mme COULAS, en qualité de tutrice naturelle et légale, et M. COULAS, en « qualité de cotuteur de Mlle Aline DUMONT, mineure, née à....., le....., du mariage « d'entre Mme COULAS et M. DUMONT, son premier mari; Mme COULAS maintenue dans la « tutelle, et M. COULAS nommé cotuteur, antérieurement à leur mariage, suivant délibé-

---

(1) Duranton, III, 421; Magnin, I, 451; Demolombe, VII, 105; Zach., Massé et Vergé, § 247, note 9; CONTRA Bousquet, *art. 391*.

(2) Demolombe, VIII, 92; Demante, II, 140 *bis*; Mourlon, I, 1082.

(3) Marcadé, 393, 2; Demolombe, VIII, 70; voir Duranton, III, 429.

(4) Marcadé, *393*, 1.

(5) Conséquemment, les actes que la mère fait après la déchéance sont nuls dans l'intérêt des mineurs, mais ils ne le sont pas contre eux au profit des tiers: Duranton, III, 426; Demolombe, VII, 120; Roll., *tutelle*, no 29; Marcadé, *396*, 4, *notes;* Limoges, 17 juill. 1822; Cass. 28 mai 1823. Voir Seine, 29 mars 1867.

nécessairement pour cotuteur le second mari, qui devient solidairement responsable avec sa femme de la gestion postérieure au mariage. (*C. N.*, *396*.) [FORM. 225.]

1202. Si c'est après la déchéance de la mère que le conseil de famille est appelé à statuer sur la question de tutelle, la tutelle devient dative (1), et cependant peut encore être donnée à la mère; elle n'appartient donc pas, dans ce cas, aux autres ascendants, la tutelle légitime des ascendants, *infra n° 1211*, n'ayant lieu qu'après le décès du survivant des père et mère (2).

SECTION II. — DE LA TUTELLE DÉFÉRÉE PAR LE PÈRE OU LA MÈRE

1203. Le survivant des père et mère, même mineur (3), peut choisir à ses enfants mineurs (4) un tuteur parent ou même étranger, pour le temps où il n'existera plus (*C. N.*, *397*), pourvu cependant qu'il conserve la tutelle jusqu'au jour de son décès et que cette tutelle soit légitime; car l'époux survivant ne peut exercer cette faculté dans les trois cas suivants : 1° s'il est exclu ou destitué de la tutelle (5); 2° s'il refuse la tutelle (au cas où c'est la femme), ou s'il en est excusé (6); 3° si, à raison de déchéance de la tutelle et de nomination par le conseil de famille, *supra n° 1201*, il est tuteur datif (7).

1204. Conséquemment, la mère remariée et non maintenue avant son nouveau mariage dans la tutelle légitime des enfants de son premier mariage ne peut leur choisir un tuteur. (*C. N.*, *399*.)

1205. Mais la circonstance que le mari a nommé un conseil à la mère tutrice ne fait pas obstacle

---

« ration du conseil de famille de cette mineure, prise sous la présidence de M. le juge « de paix du canton de....., ainsi qu'il résulte du procès-verbal que ce magistrat en a « dressé, assisté de son greffier, le..... »

FORMULE 226. — Acte de nomination de tuteur par le survivant des père et mère. (Nos 1203 à 1210.)

PAR-DEVANT Me.....;

A COMPARU :

Mme Lucile MOURON, propriétaire, demeurant à....., veuve de M. Denis LANTEUIL;

« Tutrice naturelle et légale de Mlle Maria LANTEUIL, sa fille mineure, née à....., « le....., de son mariage avec M. LANTEUIL;

Laquelle, pour le cas où elle viendrait à décéder avant la majorité de mademoiselle sa fille,

Lui a, par ces présentes, choisi pour tuteur M. Léon MOURON, son frère, propriétaire, demeurant à....., auquel elle confère tous les droits attachés à cette qualité.

Dont acte.

Fait et passé, etc.

FORMULE 227. — Tuteur élu par le survivant des père et mère. (Nos 1203 à 1210.)

M. Léon MOURON.....;

« Agissant au nom et comme tuteur de Mlle Maria LANTEUIL, sans profession, domi- « ciliée avec lui, mineure, née à....., le....., issue du mariage d'entre M. Denis « LANTEUIL et Mme Lucie MOURON, l'un et l'autre décédés, le mari le....., et la femme « le.....; choisi pour exercer cette fonction de tuteur par Mme veuve MOURON, née « LANTEUIL, mère de la mineure, et sa tutrice naturelle et légale, suivant acte passé

---

(1) Marcadé, *596*, 1; Toullier, II. 1107; Duranton, III, 446; Magnin, I, 187; Cass. 26 fév. 1807; Paris, 24 juin 1856; Jur. N. 10806; Montpellier, 13 juin 1866; J. N. 18643.

(2) Paris, 24 juin 1856; Jur. N. 10806.

(3) Zach., § 208; Demolombe, VII, 152.

(4) Mais non à ses enfants majeurs interdits, *infra* n° *1375*.

(5) Valette sur Proudhon, II, p. 293; Demolombe, VII, p. 158; Marcadé, *597*, 1; Duranton, III, 436; Roll., *tutelle*, n° 43; Chardon, nos 38 et 39; Zach., § 208, note 7.

(6) Marcadé, *597*, 1; Mourlon, I, 1101; Demolombe, VII, 163; Zach., § 208, note 8; CONTRA Duranton, III, 438.

(7) Marcadé, *597*, 1; CONTRA Demolombe, VII, 164; Zach., § 208, note 10

au droit de la mère de choisir un tuteur à ses enfants. Elle n'a pas besoin pour faire ce choix de l'assistance du conseil (1).

1206. La tutelle déférée par le survivant des père et mère s'appelle *tutelle testamentaire* (2).

1207. Cette tutelle ne peut être déférée que de l'une des manières suivantes : 1° par acte de dernière volonté, c'est-à-dire dans l'une des formes voulues pour les testaments; 2° par une déclaration faite ou devant le juge de paix du domicile de l'époux (3), assisté de son greffier, ou devant notaire (*C. N., 392, 398*), *supra n° 1192*. [Form. 226, 227.] Dans tous les cas, la nomination est révocable comme le serait une disposition à cause de mort.

1208. En élisant un tuteur, le survivant peut ordonner que l'administration de la personne du mineur, c'est-à-dire la garde et l'éducation de l'enfant, sera confiée à une autre personne (4); mais l'enfant, dans ce cas, a toujours son domicile chez son tuteur, *supra n° 880*, 2°.

1209. Le tuteur élu par le père ou la mère n'est pas tenu d'accepter la tutelle s'il n'est d'ailleurs dans la classe des personnes qu'à défaut de cette élection spéciale le conseil de famille eût pu en charger. (*C. N., 401.*)

1210. Lorsque la mère remariée et maintenue dans la tutelle légitime a fait choix d'un tuteur aux enfants de son premier mariage, ce choix n'est valable qu'autant qu'il est confirmé par le conseil de famille (*C. N., 400*), et quand même elle serait redevenue veuve sans enfant de son second mariage (5).

SECTION III. — DE LA TUTELLE LÉGITIME DES AUTRES ASCENDANTS

1211. Lorsque le survivant des père et mère vient à décéder étant tuteur de ses enfants mineurs (6), et sans avoir fait choix d'un tuteur, la tutelle passe de plein droit aux ascendants mâles (7) [Form. 228], dans l'ordre ci-après : l'aïeul paternel, à son défaut l'aïeul maternel; et ainsi en remontant de manière que l'ascendant paternel soit toujours préféré à l'ascendant maternel du même degré. (*C. N., 402.*) Si, à défaut d'aïeul, la concurrence s'établit entre deux bisaïeuls paternels, la tutelle passe de plein droit à celui des deux qui se trouve être l'aïeul paternel du père du mineur. (*C. N., 403.*) Si la même concurrence a lieu entre deux bisaïeuls de la ligne maternelle, la nomination est faite par le conseil de famille, qui ne peut néanmoins que choisir l'un de ces ascendants. (*C. N., 404.*)

1212. Ce qui vient d'être dit s'applique au cas où le survivant a fait choix d'un tuteur qui décède

---

« devant Me....., qui en a gardé minute et l'un de ses collègues, notaires à.....,
« le..... »

Si la mère ayant choisi un tuteur était remariée, on ajoute :

« Cette qualité de tuteur ainsi conférée à M. Mouron, par Mme....., a été confirmée « par délibération du conseil de famille de la mineure, prise sous la présidence de M. le « juge de paix du canton de....., ainsi qu'il résulte du procès-verbal que ce magistrat « en a dressé, assisté de son greffier....., le.....

FORMULE 228. — Ascendant tuteur légitime. (Nos 1211 à 1213.)

M. Stanislas Boucher, propriétaire, demeurant à.....;
« Agissant au nom et comme tuteur légitime de Théodore Boucher, son petit-fils,

---

(1) Zach., § 208, note 4; Demolombe, VII, 152.

(2) Marcadé, 397, 2; Massé et Vergé sur Zach., § 208, note 1; Mourlon, I, 1098.

(3) Zach., § 208, note 14.

(4) Marcadé, *450*, 1; Toullier II, 1184; Duranton, III, 529; Zach., § 198, note 3; Magnin, 1, 466; Chardon, *puiss. pat.*, n° 34; Paris, 24 pluv. et 15 mess. an XII; Rouen, 5 mai 1814 et 8 mai 1840; Cass. 8 août 1815.

(5) Duranton, III, 436; Demolombe, VII, 167 et 170.

(6) Si au jour du décès du dernier mourant des père et mère l'enfant a un tuteur datif, soit parce que le dernier mourant n'a pas accepté la tutelle, soit parce qu'il a été exclu ou destitué, la tutelle dative continue et il n'y a pas lieu à la tutelle des ascendants. Marcadé, *402*, 2; Duranton, III, 447 et 451; Zach., § 209, note 1; Mourlon, I, 1105; Dict. not., *tutelle*, n° 94; Demolombe, VII, 178; Cass. 26 fév. 1807; Paris, 24 juill. 1835; Toulouse, 18 mai 1832.

(7) Les ascendantes autres que les mères n'ont pas droit à la tutelle légitime, mais elles peuvent être nommées tutrices datives; quant à toutes autres parentes, elles ne peuvent être tutrices de mineurs à aucun titre : Marcadé, *402*, 1; Demolombe, VII, 183; Zach., § 209, note 4.

avant l'ouverture de la tutelle (1); mais il y a lieu à la tutelle dative et non à celle des ascendants si le tuteur choisi décède après l'ouverture de la tutelle (2) ou s'il refuse (3), ou est incapable, comme aussi s'il est exclu ou destitué de la tutelle (4).

1213. Au cas de tutelle légitime de l'ascendant, si l'ascendant le plus proche est excusé, exclu ou destitué avant ou après son acceptation, il n'y a pas lieu à dévolution à l'ascendant qui le suit dans l'ordre établi par les art. 402 et suiv., la tutelle devient dative, *infra n° 1214*. Mais si l'ascendant le plus proche vient à décéder, la tutelle passe à l'ascendant qui le suit et qui se trouve alors le plus proche (5).

SECTION IV. — DE LA TUTELLE DÉFÉRÉE PAR LE CONSEIL DE FAMILLE

1214. Lorsqu'un enfant mineur non émancipé reste sans père ni mère, ni tuteur élu par ses père et mère, ni ascendants mâles, comme aussi lorsque le tuteur élu ou appelé par la loi se trouve exclu de la tutelle, ou destitué, ou est valablement excusé, il est pourvu par un conseil de famille à la nomination d'un tuteur appelé *tuteur datif* (*C. N., 405*) [Form. 229], et qui ne peut refuser la tutelle à moins qu'il ne se trouve dans l'un des cas prévus *infra n° 1251*; toutefois la mère n'étant pas tenue d'accepter la tutelle, *supra n° 1190*, on doit par analogie conclure que les autres ascendantes, au cas de nomination par le conseil de famille, *supra n° 1211, renvoi 2*, peuvent aussi la refuser (6).

1215. Le conseil de famille est convoqué, soit sur la réquisition et à la diligence des parents du mineur, de ses créanciers, ou d'autres personnes intéressées, soit même d'office et à la poursuite du juge de paix du domicile du mineur. Toute personne peut dénoncer à ce juge de paix, le fait qui donne lieu à la nomination d'un tuteur. (*C. N., 406.*)

1216. Le conseil de famille, en élisant un tuteur pour l'administration des biens du mineur, peut confier la garde et l'éducation du mineur à une autre personne (7), *supra n° 1208 et le renvoi.*

1217. La tutelle commence : pour le tuteur légal ou légitime, à partir de l'instant où il a connaissance du décès qui donne ouverture à la tutelle; pour le tuteur testamentaire, à partir de l'ouverture de l'acte qui le nomme tuteur, s'il assiste à cette ouverture, sinon du jour où l'acte lui est notifié (8); et pour le tuteur datif, du jour de la délibération du conseil, s'il est présent, sinon à la date de la notification de sa nomination. Cette notification lui est faite dans les trois jours de la délibération, outre un jour par trois myriamètres de distance entre le lieu où s'est tenue l'assemblée et le domicile du tuteur, par un membre délégué du conseil de famille (*C. N., 418*; *Pr. 882*), ou au cas de négligence de ce membre par toute autre personne intéressée (9).

« sans profession, domicilié avec lui, né à...., le...., du mariage de M. Arcius Boucher, « son fils, et Mme Louise Delly, tous deux décédés à....., le mari le....., et la femme « le..... »

FORMULE 229. — Tuteur datif. (Nos 1214 à 1218.)

M. Noël Pouchard, cultivateur, demeurant à.....;

« Agissant, au nom et comme tuteur datif de M. Honoré Pouchard, son neveu, « mineur, sans profession, domicilié avec lui, né à....., le....., du mariage d'entre « M. Bernard Pouchard et Mme Zoé Valon, l'un et l'autre décédés à....., le mari

---

(1) Toullier, II, 117; Duranton, III, 441; Massé et Vergé sur Zach., § 209, note 1; Marcadé, *art. 405*; contra Chardon, nos 46 et 47; Bioche, *tutelle*, n° 41; Demolombe, VII, 179; Mourlon, I. 1105. Selon ces auteurs, le seul choix d'un tuteur, fût-il décédé lors de l'ouverture de la tutelle, donne lieu à la tutelle dative.

(2) Marcadé, *art. 405*, Demolombe, VII, 180; Massé et Vergé sur Zach., § 209, note 1; Toullier, II, 1107; Mourlon, I, 1105; contra Duranton, III, 441; Chardon, n° 45.

(3) Marcadé, Toullier, Duranton, Massé et Vergé, Chardon, *loc. cit.*, Demolombe, VII, 179; contra Magnin, I, 478; Bruxelles, 14 mars 1819.

(4) Toullier, Duranton, Massé et Vergé, *loc. cit.*, Chardon, n° 52; Valette sur Proudhon, II, p. 295; Marcadé, *art. 405*; Demolombe, VII, 179; Boileux, *art. 397*; Bioche, *tutelle*, n° 41; Chardon, n° 45; Rouen, 18 déc. 1839.

(5) Marcadé, *art. 402*; Demolombe, VII, 186; Zach., Massé et Vergé, § 209, note 2; Dict. not., *tutelle*, n° 89.

(6) Duranton, III, 504; Demolombe, VII, 443; Massé et Vergé sur Zach., § 214; note 2; contra Ducaurroy, I, 602.

(7) Dict. not., *tutelle*, n° 196; Cass. 8 août 1815; Dijon, 14 mai 1862; Cass. 14 déc. 1863; J.N. 17608, 17933.

(8) Marcadé, *art, 418*, Dict. not., *tutelle*, n° 207.

(9) Thomine, *proc.*, n° 1037; Carré et Chauveau, *ibid.*, n° 2793.

1218. La tutelle est une charge personnelle qui ne passe point aux héritiers du tuteur. Ceux-ci sont seulement responsables de la gestion de leur auteur; et, s'ils sont majeurs, ils sont tenus de la continuer jusqu'à la nomination d'un nouveau tuteur (*C. N., 419*), *infra n° 1318.*

1219. Lorsque la tutelle est dative, ou testamentaire (1), si le mineur, domicilié en France, possède des biens dans les colonies, ou réciproquement, l'administration spéciale de ces biens est donnée à un protuteur (*C. N., 417*) nommé par le conseil de famille qui a élu le tuteur (2). [FORM. 230.] Le survivant des père ou mère en élisant un tuteur peut aussi élire un protuteur (3).

1220. Le tuteur et le protuteur sont indépendants et non responsables l'un envers l'autre pour leurs gestions respectives. (*C. N., 417.*)

1221. Il n'y a pas de protuteur dans la tutelle légale ou légitime, mais le tuteur peut se faire autoriser par le conseil de famille à mettre les biens d'outre mer sous la direction d'un administrateur salarié gérant sous sa responsabilité (4) [*C. N., 454*], *infra n° 1270.*

1222. La tutelle des enfants admis dans les hospices (5) appartient de droit à la commission administrative de l'hospice où ils résident; cette commission remplit le rôle de conseil de famille, et délègue l'un de ses membres pour remplir les fonctions de tuteur. (*Loi 15 pluv. an XIII; décret 19 janv. 1811, art. 15.*)

1223. L'administrateur tuteur n'est pas grevé d'hypothèque légale. (*Même loi, art. 5.*)

1224. Les biens que l'enfant possède sont administrés par le receveur de l'hospice sous la garantie de son cautionnement. (*Ibid.*)

1225. Tant que l'enfant est à l'hospice, les revenus qu'il peut avoir sont perçus au compte de la

---

« le....., et la femme le.....; nommé à cette fonction qu'il a acceptée, suivant délibération du conseil de famille de ce mineur prise sous la présidence de M. le juge de paix du canton de...., ainsi qu'il résulte du procès-verbal que ce magistrat en a dressé, assisté de son greffier, le..... »

FORMULE 230. — Protuteur. (Nos 1219 à 1221.)

M. Georges DELISLE, négociant, demeurant à.....;

« Agissant, au nom et comme protuteur de Victor DROUET, mineur, sans profession, « domicilié à Oran (Algérie), né à....., le....., du mariage d'entre M. Bernard « DROUET et Mme Zoé DELAS, l'un et l'autre décédés à Oran, le mari le....., et la femme « le....., et en cette qualité ayant l'administration des biens du mineur DROUET situés « en France; nommé à cette fonction suivant délibération du conseil de famille de ce « mineur, prise sous la présidence de M. le juge de paix d'Oran, assisté de son greffier, « le..... »

FORMULE 231. — Tuteur d'un enfant admis dans les hospices. (Nos 1222 à 1225.)

M. Désiré LENOBLE, propriétaire, demeurant à.....;

« Agissant en qualité de membre de la commission administrative de l'hospice « de....., délégué pour remplir les fonctions de tuteur de Charles BIENVENU, mineur, né « à....., le....., admis à cet hospice, où il a son domicile; ainsi qu'il résulte d'une « délibération de la commission administrative de l'hospice de....., prise en la forme « administrative sous la présidence de M. le maire de....., le..... »

---

(1) Demolombe, VII, 203; Massé et Vergé sur Zach., § 196, note 2.

(2) Marcadé, *417*, 1; Freminville, I, 173; Magnin, I, 494; Demolombe, VII, 206; Mourlon, I, 1109; Dict. not., *tutelle*, n° 113; Massé et Vergé sur Zach., § 196, note 2; CONTRA Valette sur Proudhon, II, p. 319.

(3) Marcadé, *417*, 2.

(4) Marcadé, *417*, 1; Toullier, II, 1123; Duranton, III, 469; Massé et Vergé sur Zach., § 196, note 2; Roll., *tutelle*, n° 10; CONTRA Demolombe, VII, 202; Mourlon, I, 1109.

(5) Peu importe que l'enfant ait encore l'un de ses père et mère ou tous deux: Demolombe, VII, 390; Rouen, 24 fév. 1842; cour d'assises Yonne, 19 déc. 1859; Trib. Puy, 20 juill. 1861; J. N. 17245.

maison jusqu'à concurrence de ses dépenses; les revenus qui excèdent ses dépenses (1) et les capitaux de cent cinquante francs et au-dessus sont placés soit à la caisse d'épargnes, soit à la caisse d'amortissement, faute de quoi l'hospice doit de plein droit l'intérêt des sommes non employées (2); quant aux capitaux au-dessous de cent cinquante francs, la commission en dispose suivant qu'elle le juge convenable. (*Même loi, art. 6 et 7.*)

SECTION V. — DU SUBROGÉ-TUTEUR

1226. Dans toute tutelle — et aussi dans toute protutelle (3) — il y a un subrogé-tuteur nommé par le conseil de famille [Form. 232], dont les fonctions consistent à surveiller la gestion du tuteur, puis à agir pour les intérêts du mineur lorsqu'ils sont en opposition avec ceux du tuteur (*C. N., 420*); autrement il est sans qualité pour agir au nom du mineur, lors même qu'il aurait été spécialement autorisé par délibération du conseil de famille (4).

1227. Lorsque la tutelle est légale, testamentaire ou légitime, *supra nos 1189, 1206 et 1211*, le tuteur doit, avant d'entrer en fonctions, faire nommer un subrogé-tuteur par le conseil de famille : s'il ne le fait pas, le conseil de famille, convoqué sur la réquisition de parents, créanciers ou autres parties intéressées, ou d'office par le juge de paix, peut, s'il y a eu dol de la part du tuteur, lui retirer la tutelle, sans préjudice des indemnités dues au mineur. (*C. N., 421.*)

1228. Lorsque la tutelle est dative, *supra n° 1214*, la nomination du subrogé-tuteur a lieu immédiatement après celle du tuteur. (*C. N., 422.*)

1229. En aucun cas, le tuteur ne vote pour la nomination du subrogé-tuteur. (*C. N., 423.*) Il ne peut provoquer la destitution du subrogé-tuteur ni voter dans les conseils de famille qui sont convoqués pour cet objet. (*C. N., 426.*)

1230. Hors le cas de frères germains, *infra n° 1236*, le subrogé-tuteur est pris dans celle des deux lignes à laquelle le tuteur n'appartient point. (*C. N., 423.*) Si par la suite le tuteur vient à mourir et qu'un nouveau tuteur soit pris dans la ligne à laquelle le subrogé-tuteur appartient, ce dernier doit être remplacé (5).

1231. Le subrogé-tuteur ne remplace pas de plein droit le tuteur lorsque la tutelle devient vacante ou qu'elle est abandonnée par absence; mais il doit en ce cas, sous peine d'être responsable des dommages qui pourraient en résulter pour le mineur, provoquer la nomination d'un nouveau tuteur. (*C. N., 424.*)

1232. Les fonctions de subrogé-tuteur cessent à la même époque que la tutelle (*C. N., 425*), *infra n° 1318.*

FORMULE 232. — Subrogé-tuteur. (Nos 1226 à 1233.)

M. Balthazar Dumesnil, fabricant, demeurant à.....;

« Agissant en qualité de subrogé-tuteur de : 1° M. Désiré-Vincent Cauchois, né « à....., le.....; 2° et Mlle Marie Cauchois, née à....., le....., domiciliés à....., « mineurs sous la tutelle légale de M. Julien-Désiré Cauchois, leur père, propriétaire, « demeurant à.....; nommé à cette fonction, qu'il a acceptée, suivant délibération du « conseil de famille de ces mineurs, prise sous la présidence de M. le juge de paix du « canton de....., ainsi qu'il résulte du procès-verbal que ce magistrat en a dressé, « assisté de son greffier, le..... »

Si le subrogé-tuteur agit à cause de l'opposition d'intérêts entre le tuteur et son pupille, on ajoute :

« Et en cette qualité agissant au nom des deux mineurs Cauchois, et remplissant les « fonctions de tuteur, à raison de l'opposition d'intérêts existant entre eux et M. Cauchois, « leur père et tuteur légal. »

(1 et 2) Cass. 21 mai 1849; Jur. not. 6615.

(3) Marcadé, *417*, 2; Demolombe, VII, 212; Duranton, III, 517; Massé et Vergé sur Zach., § 196, note 5 et § 211, note 2; Roll., *subrogé-tuteur*, n° 8; CONTRA Magnin, I, 494.

(4) Trib. Chaumont, 7 août 1861.

(5) Toullier, II, 1132, Magnin, I, 565; Demolombe, VII, 367; Zach., § 213; Nancy, 14 mars 1826.

1233. Le subrogé-tuteur, n'ayant qu'une mission de surveillance, n'est astreint à aucune comptabilité ni à aucune responsabilité à raison de la gestion. Cependant, il est des actes qu'il doit requérir à défaut par le tuteur de le faire; ainsi, lorsqu'il n'oblige point le père tuteur ou la mère tutrice à faire inventaire des biens de la communauté d'entre le conjoint survivant et le conjoint prédécédé, il est solidairement tenu avec le tuteur au payement des condamnations prononcées au profit des mineurs pour raison du préjudice causé par le défaut d'inventaire. (*C. N., 1442.*)

SECTION VI. — DES CONSEILS DE FAMILLE ET DES AVIS DE PARENTS

1234. Lorsqu'un mineur entre en tutelle, la loi veut qu'il ait un conseil de famille (1), dont les fonctions consistent à délibérer sur les nominations et destitutions de tuteurs, subrogés-tuteurs, curateurs; à donner son avis sur les moyens de gérer la fortune du mineur, et à autoriser les actes que le tuteur ne peut faire qu'avec cette autorisation.

1235. Le conseil de famille est composé, non compris le juge de paix, de six parents ou alliés pris tant dans la commune où la tutelle est ouverte que dans la distance de deux myriamètres, moitié du côté paternel, moitié du côté maternel, et en suivant l'ordre de proximité dans chaque ligne. Le parent est préféré à l'allié du même degré, et, parmi les parents ou alliés (2) du même degré, le plus âgé à celui qui l'est le moins. (*C. N., 407.*)

1236. Les frères germains du mineur et les maris des sœurs germaines sont seuls exceptés de la limitation de nombre posée en l'art. 407. S'ils sont six, ou au delà, ils sont tous membres du conseil de famille, qu'ils composent seuls avec les ascendantes veuves et les ascendants valablement excusés de la tutelle, s'il y en a. S'ils sont en nombre inférieur, les autres parents ne sont appelés que pour compléter le conseil. (*C. N., 408.*)

1237. Lorsque les parents ou alliés de l'une ou de l'autre ligne se trouvent en nombre insuffisant sur les lieux ou dans la distance désignée *supra n° 1235*, le juge de paix appelle soit des parents ou alliés domiciliés à de plus grandes distances, soit, dans la commune même (3), des citoyens connus pour avoir eu des relations habituelles d'amitié avec le père ou la mère du mineur. (*C. N., 409.*)

1238. Le juge de paix peut, lors même qu'il y aurait sur les lieux un nombre suffisant de parents ou alliés, permettre de citer, à quelque distance qu'ils soient domiciliés, des parents ou alliés plus proches en degrés ou de mêmes degrés que les parents ou alliés présents; de manière, toutefois, que cela s'opère en retranchant quelques-uns de ces derniers et sans excéder le nombre réglé par les précédents articles. (*C. N., 410.*)

1239. Une fois le conseil de famille constitué au chef-lieu de canton du lieu de l'ouverture de la tutelle, c'est-à-dire du lieu de l'événement primitif qui a fait tomber l'enfant en tutelle, autrement dit le lieu du domicile qu'avait à son décès le premier mourant de ses père et mère, ce conseil se perpétue au même lieu jusqu'à la majorité du pupille, sans avoir égard au domicile actuel ou futur, ni du survivant

FORMULE 232 *bis*. — Procuration pour assister à un conseil de famille. (N°s 1234 à 1250.)

PAR-DEVANT M[e].....;

A COMPARU M. Denis BOULET, filateur, demeurant à.....;

Membre du conseil de famille du mineur Charles BOULET, son neveu, né à....., le....., du mariage d'entre M. Louis BOULET et Mme Charlotte LECLERC, en leur vivant demeurant à....., où ils sont décédés, le mari le....., et la femme le.....;

Lequel a, par ces présentes, constitué pour son mandataire :

M.....;

A l'effet de représenter le constituant à toutes les réunions du conseil de famille du

(1) Nous avons vu, n° 1182, qu'il n'en est pas de même du mineur qui est sous l'administration légale de son père.

(2) Marcadé, *art. 407.* V. Seine, 24 fév. 1865; J. N. 18220.

(3) Il faut que les amis soient de la commune même où la tutelle s'est ouverte : Cass. 19 août 1850; J. N. 14173.

ni du tuteur ou des tuteurs successifs qui peuvent être nommés, et sans qu'on ait à distinguer si la tutelle est légale, légitime ou dative (1).

1240. Le délai pour comparaître est réglé par le juge de paix à jour fixe, mais de manière qu'il y ait toujours entre la citation notifiée et le jour indiqué pour la réunion du conseil un intervalle de trois jours au moins, quand toutes les parties citées résident dans la commune ou dans la distance de deux myriamètres. Toutes les fois que, parmi les parties citées, il y en a qui sont domiciliées au delà de cette distance, le délai est augmenté d'un jour par trois myriamètres. (*C. N.*, *411*; *Pr.*, *1033*.)

1241. Les parents, alliés ou amis, ainsi convoqués, sont tenus, sous peine (à moins d'excuse légitime) d'une amende qui ne peut excéder cinquante francs, et est prononcée sans appel par le juge de paix (*C. N.*, *413*), de se rendre en personne, ou de se faire représenter par un mandataire spécial. [Form. 232 *bis*.] Le fondé de pouvoir ne peut représenter plus d'une personne. (*C. N.*, *412*.)

1242. Si, au cas de non-comparution, il y a excuse suffisante, et qu'il convienne soit d'attendre le membre absent, soit de le remplacer, en ce cas, comme en tout autre où l'intérêt du mineur semble l'exiger, le juge de paix peut ajourner l'assemblée ou la proroger. (*C. N.*, *414*.)

1243. Le conseil de famille se tient de plein droit chez le juge de paix, à moins qu'il ne désigne lui-même un autre local; la présence des trois quarts au moins de ses membres convoqués, c'est-à-dire non compris le juge de paix, est nécessaire pour qu'il délibère. (*C. N.*, *415*.)

1244. Le conseil est présidé par le juge de paix qui y a voix délibérative et prépondérante en cas de partage. (*C. N.*, *416*.) Ainsi lorsque, de six membres, trois sont pour et trois contre, le juge de paix, en votant pour ou contre, n'use que de sa voix délibérative; mais lorsque, de cinq membres, trois sont pour et deux contre, si le juge de paix vote dans le dernier sens, sa voix étant prépondérante, il y a décision dans ce sens.

1245. Les décisions des conseils de famille doivent être prises à la majorité absolue et non à la majorité relative (2), sauf recours au tribunal si les membres ne peuvent s'entendre de manière à former une majorité absolue (3).

1246. Toutes les fois que les délibérations du conseil de famille ne sont pas unanimes, l'avis de chacun des membres qui le composent est mentionné dans le procès-verbal. Les tuteur, subrogé-tuteur ou curateur, même les membres de l'assemblée, peuvent se pourvoir contre la délibération ; ils forment leur demande contre les membres qui ont été d'avis de la décision, sans qu'il soit nécessaire de les appeler en conciliation. La cause est jugée sommairement. (*C. Pr.*, *883*, *884*.) (4).

1247. Dans tous les cas où il s'agit d'une délibération sujette à homologation, une expédition de la délibération est présentée au président, lequel, par ordonnance au bas de la délibération, ordonne la communication au ministère public et commet un juge pour en faire le rapport à jour indiqué (*C. Pr.*, *885*), puis le procureur de la rép. donne ses conclusions au bas de l'ordonnance; la minute du jugement d'homologation est mise à la suite des conclusions, sur le même cahier. (*C. Pr.*, *886*.)

1248. Si le tuteur, ou autre membre chargé de poursuivre l'homologation, ne le fait pas dans le délai fixé par la délibération, ou, à défaut de fixation, dans le délai de quinzaine, un des membres de

---

mineur Boulet; prendre part à toute délibérations et à tous votes; nommer pour tuteur et subrogé-tuteur telle personne qu'il plaira au mandataire, accepter celle de ces fonctions qui serait conférée au constituant; régler tout mode de gestion; donner ou refuser toutes autorisations; signer tous procès-verbaux; substituer et généralement faire le nécessaire.

Dont acte. Fait et passé, etc.

---

(1) Duranton, III, 453; Valette, II, p. 314; Duvergier sur Toullier, II, 1114; Dict. not., *conseil de famille*, n° 20; Demolombe, VII, 348; Cass. 11 mai 1842; Aix, 9 mai 1846; Nîmes, 2 mars 1848; Nancy, 1er juill. 1853; Besançon, 21 mai 1858; Paris, 19 janv. 1860; J. N. 11379, 13390, 15107; CONTRA Toullier, II, 1114; Zach., § 203, note 5; Marcadé, *410*, 3. Selon ces auteurs, ceci ne s'applique qu'à la tutelle dative. Voir aussi Cass. 4 mai 1846; J. N. 12804; Seine, 22 mars 1866; J. N. 18499.

(2) Duranton, III, 466; Zach., Massé et Vergé, § 202, note 21; Valette, I, p. 323; Duvergier sur Toullier, II, 1121; Ducaurroy, I, p. 614; Demolombe VII, 313 à 317; Marcadé, *416*, I; Metz, 16 fév. 1813; Aix, 10 mars 1840; CONTRA Proudhon, I, p. 191; Toullier, II, 1121; Dict. not., *conseil de fam.*, n° 45.

(3) Demolombe, VII, 315; Mourlon, I, 1128; Massé et Vergé sur Zach., § 202, note 21; Aix, 10 mars 1840.

(4) V. Montpellier, 13 juin 1866; J. N. 18344.

l'assemblée peut poursuivre l'homologation contre le tuteur, et aux frais de celui-ci, sans répétition. (*C. Pr., 887.*)

1249. Ceux des membres de l'assemblée qui croient devoir s'opposer à l'homologation le déclarent, par acte extrajudiciaire, à celui qui est chargé de la poursuivre; et s'ils n'ont pas été appelés, ils peuvent former opposition au jugement. (*C. Pr., 888.*)

1250. Les jugements rendus sur délibération du conseil de famille sont sujets à l'appel. (*C. Pr., 889.*)

SECTION VII. — DES CAUSES QUI DISPENSENT DE LA TUTELLE ET DE LA SUBROGÉE-TUTELLE

1251. Sont dispensés de la tutelle, autre que celle légale, et de la subrogée-tutelle (*C. N., 427, 428*):

1° Les personnes désignées dans les titres 3, 5, 6, 8, 9, 10 et 11 de l'acte du 18 mai 1804 (*C. N., 427*), c'est-à-dire les membres de la famille régnante, les amiraux, les maréchaux de France, les inspecteurs généraux, les sénateurs, les ministres et conseillers d'État, les députés au Corps législatif;

2° Les présidents et conseillers à la Cour de cassation, le procureur général et les avocats généraux en la même cour (*C. N., 427*), et aussi les présidents et conseillers à la Cour des comptes (*loi du 16 septembre 1807*);

3° Les préfets (*C. N., 427*);

4° Tous citoyens exerçant une fonction publique dans un département autre que celui où la tutelle s'établit (*C. N., 427*); ce qui s'applique non-seulement aux ecclésiastiques desservant des cures ou des succursales, mais aussi à toutes personnes agréées par le gouvernem. et exerçant pour les cultes une des fonctions qui exigent résidence (*avis du conseil d'État, 20 novembre 1806*);

5° Les militaires en activité de service, et tous autres citoyens qui remplissent, hors du territoire de la France, une mission du gouvernement (*C. N., 428*) authentique ou non; mais dans ce dernier cas, si elle est contestée, la dispense n'est prononcée qu'après la représentation faite par le réclamant du certificat du ministre dans le département duquel se place la mission articulée comme excuse (*C. N., 429*);

6° Tout citoyen non parent ni allié, s'il existe dans la distance de quatre myriamètres des parents ou alliés en état de gérer la tutelle (*C. N., 432*);

7° Celui qui est âgé de soixante-cinq ans accomplis (*C. N., 433*);

8° Celui qui est atteint d'une infirmité grave et dûment justifiée (*C. N., 434*);

9° Celui qui est déjà pourvu de deux tutelles (*C. N., 435*);

10° Celui qui, époux ou père, est déjà chargé d'une tutelle, à moins que la nouvelle tutelle ne soit celle de ses enfants (*même art.*);

11° Celui qui a cinq enfants légitimes nés (1), parmi lesquels on compte les enfants morts en activité de service, mais non les autres enfants morts, à moins qu'ils n'aient eux-mêmes laissé des enfants actuellement existants. (*C. N., 436.*) La survenance d'enfant, pendant la tutelle, ne peut autoriser à l'abdiquer. (*C. N., 437.*)

1252. Aux cas des cinq premiers paragraphes du numéro qui précède, si les personnes pour lesquelles existe la cause d'excuse acceptent cependant la tutelle, elles ne sont plus admises à s'en faire décharger pour cette cause. (*C. N., 430.*)

1253. Si le tuteur nommé est présent à la délibération qui lui défère la tutelle, il doit sur-le-champ, et sous peine d'être déclaré non recevable dans toute réclamation ultérieure, proposer ses excuses, sur lesquelles le conseil de famille délibère. (*C. N., 438.*)

1254. Si le tuteur nommé n'a pas assisté à la délibération qui lui a déféré la tutelle, il peut faire convoquer le conseil de famille pour délibérer sur ses excuses. Ses diligences à ce sujet doivent avoir lieu dans le délai de trois jours, à partir de la notification qui lui a été faite de sa nomination; lequel délai

(1) La conception du cinquième enfant ne suffirait pas pour qu'il y eût excuse : Marcadé, art. 436.

est augmenté d'un jour par trois myriamètres de distance du lieu de son domicile à celui de l'ouverture de la tutelle; passé ce délai, il est non-recevable. (*C. N.*, *439.*)

1255. Si ses excuses sont rejetées, il peut se pourvoir devant les tribunaux pour les faire admettre; mais il est, pendant le litige, tenu d'administrer provisoirement. (*C. N.*, *440.*)

1256. S'il parvient à se faire exempter de la tutelle, ceux qui ont rejeté l'excuse peuvent être condamnés aux frais de l'instance; s'il succombe il est condamné lui-même. (*C. N.*, *441.*)

1257. Peuvent se faire décharger de la tutelle (autre que celle légale), et aussi de la subrogée-tutelle (*C. N.*, *426*) :

1° Ceux à qui les fonctions indiquées sous les cinq premiers paragraphes du *n° 1249* ont été conférées postérieurement à l'acceptation et gestion de la tutelle ou de la subrogée-tutelle, en faisant convoquer, dans le mois, un conseil de famille pour y être procédé à leur remplacement. Mais si, à l'expiration des services, fonctions ou missions, le nouveau tuteur réclame sa décharge, ou que l'ancien redemande la tutelle, elle peut lui être rendue par le conseil de famille [*C. N.*, *431*];

2° Celui qui, ayant été nommé tuteur, ou subrogé-tuteur, avant soixante-cinq ans, a atteint l'âge de soixante-dix ans (*C. N.*, *433*) ;

3° Celui à qui une infirmité grave, et dûment justifiée, est survenue depuis sa nomination. (*C. N.*, *434.*)

SECTION VIII. — DE L'INCAPACITÉ, DES EXCLUSIONS ET DESTITUTIONS DE TUTELLE ET SUBROGÉE-TUTELLE

1258. *Incapacité.* — Ne peuvent être tuteurs, subrogés-tuteurs (*C. N.*, *426*), ni membres d'un conseil de famille, ni mandataires d'un membre du conseil de famille (1), ni curateurs (2) :

1° Le mineur, excepté le père ou la mère légitimes (3) ;

2° Les interdits (*C. N.*, *442*; *2°*), mais non les prodigues pourvus d'un conseil judiciaire (4), sauf à les faire exclure ou destituer pour gestion attestant l'incapacité, conformément à l'*art. 444, 2°* (5) ;

3° Les femmes autres que la mère et les ascendantes (*C. N.*, *442*, *3°*);

4° Tous ceux qui ont, ou dont les père ou mère ont, avec le mineur, un procès dans lequel l'état de ce mineur, sa fortune, ou une partie notable de ses biens sont compromis (*C. N.*, *442*, *4°*);

5° Les étrangers qui n'ont pas été admis à la jouissance des droits civils (6).

1259. *Exclusion, destitution.*— Sont exclus de la tutelle et de la subrogée-tutelle (*C. N.*, *426*), et même destituables s'ils sont en exercice :

1° Ceux qui sont frappés d'une condamnation à une peine afflictive ou infamante (*C. N.*, *443*);

2° Ceux à qui les fonctions de tuteur ont été interdites comme peine simplement correctionnelle (*C. pén.*, *42*, *43*);

3° Les gens d'une inconduite notoire (*C. N.*, *444*, *1°*), quand même ce serait le père ou la mère (7);

4° Ceux dont une gestion quelconque atteste l'incapacité ou l'infidélité. (*C. N.*, *444*, *2°*.)

1260. Tout individu qui, pour l'une des causes indiquées au numéro qui précède, a été exclu ou destitué d'une tutelle ne peut être membre d'un conseil de famille (*C. N.*, *445*) ; toutefois, celui à qui les fonctions de tuteur ont été interdites par une peine correctionnelle, *supra n° 1257, 2°*, n'est privé de faire partie d'un conseil de famille qu'autant que la condamnation correctionnelle porte spécialement sur l'interdiction du droit de vote dans les assemblées de famille.

1261. Toutes les fois qu'il y a lieu à une destitution de tuteur, elle est prononcée par le conseil de famille, convoqué à la diligence du subrogé-tuteur, ou d'office par le juge de paix. Celui-ci ne peut se

(1) Orléans, 12 janv. 1850.

(2) Demolombe, VIII, 248; Marcadé, *art. 480*; Zach., § 237.

(3) L'exception ne s'applique pas aux père et mère naturels : Marcadé, *442*, 1; Massé et Vergé sur Zach., § 201, note 20.

(4) Marcadé, *442*, 2; Demolombe, VII, 512; Massé et Vergé sur Zach., § 201, note 21; Cass. 21 nov. 1848; Jur. N. 8511.

(5) Marcadé, *442*, 2.

(6) Demolombe, I, 245 et suiv.; Massé et Vergé, § 61, note 8; Colmar, 25 janv. 1817, Bastia, 3 juin 1838; Paris, 21 mars 1861; J. N. 17089; CONTRA Demangeat, p. 365.

(7) Duranton, III, 431; Demolombe, VII, 495; Zach., § 228, note 4; Besançon, 4 août 1808; Toulouse, 23 nov. 1830 et 18 mai 1832.

dispenser de faire cette convocation, quand elle est formellement requise par un ou plusieurs parents ou alliés du mineur, au degré de cousin germain, ou à des degrés plus proches. (*C. N., 446.*)

1262. S'il s'agit de l'exclusion d'un tuteur légal, ascendant ou testamentaire, et qu'il n'existe pas de subrogé-tuteur, le conseil doit être convoqué d'office par le juge de paix, ou sur la réquisition des parents, ou sur la demande des créanciers ou autres parties intéressées, conformément à l'*art. 421 C. N.* (1).

1263. Toute délibération du conseil de famille qui prononce l'exclusion ou la destitution du tuteur est motivée, et ne peut être prise qu'après avoir entendu ou appelé le tuteur. (*C. N., 447.*)

1264. Si le tuteur adhère à la délibération, il en est fait mention, et le nouveau tuteur entre aussitôt en fonctions. S'il y a réclamation, le subrogé-tuteur, ou un membre du conseil de famille spécialement délégué, poursuit l'homologation de la délibération devant le tribunal de première instance qui prononce, sauf l'appel. Le tuteur exclu ou destitué peut lui-même, en ce cas, assigner le subrogé-tuteur, ou le membre chargé de poursuivre l'homologation, pour se faire déclarer maintenu en la tutelle. (*C. N., 448.*)

1265. Les parents ou alliés qui ont requis la convocation peuvent intervenir dans la cause, qui est instruite et jugée comme affaire urgente. (*C. N., 449.*)

SECTION IX. — DE L'ADMINISTRATION DU TUTEUR ET DES COMPTES DE LA TUTELLE

1266. Le tuteur, comme tout gérant, doit compte de sa gestion, *infra n° 1519.* [FORM. 233.]

1267. Le compte doit être rendu : 1° au pupille lui-même s'il est devenu majeur, *infra n° 1520* ; 2° au pupille lui-même, assisté de son curateur, s'il est mineur émancipé, *infra n° 1521* ; 3° au nouveau tuteur, en présence du subrogé-tuteur si l'ancien tuteur est décédé, démissionnaire ou destitué, *infra n°s 1522, 1523.* Avant de parler du compte de tutelle, nous allons voir quelle est l'administration du tuteur.

FORMULE 233. — Compte de tutelle. (N°s 1266 à 1328.)

COMPTE RENDU par M. Louis-Philippe RUAULT, propriétaire, demeurant à....., soussigné :

A : 1° M. Joseph BERTIN, son neveu, étudiant en droit, domicilié à....., résidant à Paris, majeur depuis le 10 août 1863 ;

2° M. Théodore BERTIN, son autre neveu, élève en pharmacie, demeurant à..... ;

« Mineur, né à....., le....., émancipé d'âge, suivant délibération de son conseil de « famille prise sous la présidence de M. le juge de paix du canton de....., ainsi qu'il « résulte du procès-verbal que ce magistrat en a dressé, assisté de son greffier, le 12 août « 1863 ; »

« Ayant pour curateur à son émancipation M. Gervais DAVID, marchand de « rouenneries, demeurant à....., nommé par la même délibération ; »

3° M. Ladislas MOUTON, fabricant, demeurant à..... ;

« Agissant au nom et comme tuteur datif de la mineure Louise BERTIN, née à....., « le....., sans profession, domiciliée à....., chez son tuteur ; nommé à cette fonction, « qu'il a acceptée, en remplacement de M. RUAULT, soussigné, démissionnaire, suivant « délibération du conseil de famille de la mineure BERTIN, prise sous la présidence de « M. le juge de paix du canton de....., ainsi qu'il résulte du procès-verbal que ce « magistrat en a dressé, assisté de son greffier, le 24 août 1863. »

« En présence de M. Ludovic MOUCHARD, marchand de fer, demeurant à....., « subrogé-tuteur de la mineure BERTIN, nommé à cette fonction, qu'il a acceptée, par « la délibération du....., qui vient d'être énoncée. »

De la gestion et de l'administration que M. RUAULT a eues, en qualité de tuteur datif,

(1) Marcadé, *art. 446.*

§ 1. — DE L'ADMINISTRATION DU TUTEUR

I. GARDE DU PUPILLE, MODE D'ADMINISTRATION

1268. Le tuteur prend soin de la personne du mineur et le représente dans tous les actes de la vie civile; il administre les biens en bon père de famille et répond des dommages-intérêts qui pourraient résulter d'une mauvaise gestion. (*C. N., 450; infra n° 1297.*)

1269. Lors de l'entrée en exercice de toute tutelle autre que celle du père ou de la mère non remariée (1), le conseil de famille règle par aperçu, et selon l'importance des biens régis, la somme à laquelle pourra s'élever la dépense annuelle du mineur et celle d'administration de ses biens. (*C. N., 454.*)

1270. Le même acte spécifie si le tuteur est autorisé à s'aider dans sa gestion d'un ou plusieurs administrateurs particuliers, salariés et gérant sous sa responsabilité. (*Même art.*)

1271. Le conseil détermine positivement la somme à laquelle commencera pour le tuteur, autre que le père (2) ou la mère non remariée (3), l'obligation d'employer l'excédant des revenus sur les dépenses;

---

depuis le six octobre 1859, jour de sa nomination (4), des biens de : 1° M. Louis-Joseph BERTIN; 2° M. Théodore BERTIN; 3° et Mlle Louise BERTIN.

Pour l'intelligence de ce compte, il est fait l'exposé préliminaire qui suit :

EXPOSÉ PRÉLIMINAIRE (5)

1re OBSERVATION

Décès de Mme BERTIN; — inventaire; — indivision conservée

Mme Augustine BRÉANT, en son vivant épouse de M. Victor BERTIN, est décédée à....., le.....

Elle a laissé pour seuls héritiers, chacun pour un quart, ses quatre enfants issus de son mariage avec M. BERTIN : 1° Mme Thérèse BERTIN, aujourd'hui épouse de M. Paul BENOIT, marchand orfèvre, demeurant à.....; 2° M. Joseph BERTIN; 3° M. Vincent BERTIN; 4° Mlle Louise BERTIN, ces trois derniers mineurs, et, en outre, pour donataire de la moitié en usufruit de ses biens meubles et immeubles, M. BERTIN, son mari survivant, aux termes de leur contrat de mariage passé devant Me....., qui en a gardé minute, et son collègue, notaires à....., le.....

Par suite de ce décès, M. BERTIN est devenu tuteur légal de ses trois enfants mineurs, et M. RUAULT, aujourd'hui rendant, a été élu leur subrogé-tuteur, suivant délibération du conseil de famille de ces mineurs, prise sous la présidence de M. le juge de paix du canton de....., le.....

L'inventaire, après le décès de Mme BERTIN, a été dressé par Me....., qui en garde minute, et son collègue, notaires à....., le....., à la requête de M. BERTIN et de M. et Mme BENOIT, en présence de M. RUAULT, subrogé-tuteur.

Il n'a point été procédé au partage ni de la communauté d'entre M. et Mme BERTIN, ni de la succession de Mme BERTIN, de sorte que, M. BERTIN étant aussi décédé ainsi qu'il va être dit, les deux successions se sont confondues.

M. BERTIN a conservé la jouissance légale des biens de ses trois enfants mineurs jusqu'au jour de son décès.

2e OBSERVATION

Décès de M. BERTIN; — apposition de scellés

M. Victor BERTIN est lui-même décédé en son domicile à....., le 14 septembre 1859.

Il a aussi laissé pour héritiers, chacun pour un quart, ses quatre enfants susnommés :

(1 et 3) Zach., § 219; Demolombe, VII, 146 et 630; Rouen, 6 août 1827; Agen, 14 déc. 1830. V. Seine, 17 avril 1866; J. N. 18519.

(2) Zach., § 219; Toulouse, 2 juill. 1821.

(4) *Supra*, n° 1217

(5) L'exposé préliminaire dans le compte de tutelle est d'une haute utilité. S'il est clair, précis, s'il rapporte les faits d'une manière exacte, il sert à simplifier le compte et le rend intelligible pour tout le monde.

faute de quoi le tuteur doit les intérêts à cinq pour cent (1) de toute somme non employée, quelque modique qu'elle soit. Dans les deux cas, le tuteur a un délai de six mois pour faire l'emploi, passé lequel il doit les intérêts à défaut d'emploi. (*C. N.*, *455*, *456*.)

1272. Toutefois, le tuteur ne doit l'intérêt des intérêts que pendant la tutelle ; car après la cessation de la tutelle, s'il conserve la gestion des biens de son pupille, ce n'est plus à titre de tuteur, mais simplement à titre de *negotiorum gestor* (2) ; toutefois ces intérêts ne sont pas prescriptibles par cinq ans (3).

1273. Lorsque le tuteur a fait pour son pupille plus de dépenses que de recettes, il ne peut, à moins que le conseil de famille ne les lui ait alloués, porter au compte les intérêts de l'excédant des dépenses (4).

1274. Il a été décidé que le conseil de famille a le droit de modifier les pouvoirs du tuteur datif lors de sa nomination, et particulièrement ceux de la mère tutrice qui convole ; par exemple de fixer le mode d'administration, d'obliger à un emploi des deniers, d'interdire au tuteur de toucher et de placer les deniers du pupille hors la présence du subrogé-tuteur (5).

II. ACCEPTATION, RÉPUDIATION DE SUCCESSION, LEGS OU COMMUNAUTÉ

1275. Le tuteur ne peut accepter ni répudier une succession échue aux mineurs sans une autorisation préalable du conseil de famille, qui n'a pas besoin d'être homologuée (6) ; l'acceptation ne peut avoir lieu que sous bénéfice d'inventaire. (*C. N.*, *461*.)

1° Mme Benoit ; 2° M. Joseph Bertin ; 3° M. Vincent Bertin ; 4° Mlle Louise Bertin, ces trois derniers alors encore mineurs.

Les scellés ont été apposés au domicile de M. Bertin, ainsi que le constate un procès-verbal dressé par M. le juge de paix du canton de....., assisté de son greffier, le 15 du même mois de septembre.

3e OBSERVATION

Nomination du soussigné aux fonctions de tuteur. (Nos 1269 à 1274.)

Suivant délibération du conseil de famille des trois mineurs Bertin, prise sous la présidence de M. le juge de paix du canton de....., assisté de son greffier, le 6 octobre 1859, ont été nommés : M. Ruault, tuteur des trois mineurs Bertin, et M. Mouton leur subrogé-tuteur ; fonctions qu'ils ont immédiatement acceptées.

Suivant la même délibération, le conseil de famille a réglé par aperçu à une somme de 1800 fr. la dépense annuelle de chacun des mineurs, et le tuteur a été autorisé à s'aider, pour la gestion de la fortune de ses trois pupilles, d'un administrateur à son choix, dont le salaire ne pourrait dépasser le chiffre de 400 fr. par chaque année.

En outre, il a fixé, pour chacun des mineurs, à 1000 fr. la somme à laquelle devrait commencer pour le tuteur l'obligation d'employer l'excédant des revenus sur la dépense, mais sans déterminer le mode d'emploi.

Et il a décidé que le tuteur serait tenu de fournir au subrogé-tuteur un état de situation de sa gestion tous les deux ans, à l'époque du 1er janvier. (No 1319.)

Enfin, le conseil de famille a autorisé M. Ruault, tuteur, à accepter sous bénéfice d'inventaire les successions de M. et Mme Bertin.

---

(1) Lors même que le conseil lui aurait permis de faire les placements à 4 p. 100 ; s'il n'en trouvait pas de plus avantageux : Lyon, 19 août 1853 ; J. N. 15144.

(2) Proudhon, *usuf.*, no 234 ; Zach., § 219, note 30 ; Demolombe, VIII, 22 ; Fréminville, no 1135 ; Mimerel, *Revue de lég.*, 1853, p. 836 ; Magnin, *minor.*, no 688 ; Boileux, *art. 457*, Nancy, 19 mai 1830 ; Grenoble, 16 janv. 1832 ; Bourges, 28 avril 1838 ; Agen, 23 fév. 1853 ; Lyon, 19 août 1853 ; J. N. 7291, 15144, CONTRA Troplong, *presc.*, no 487 ; Chardon, *puiss. tutél.*, no 535 ; Toullier, II, 1273 ; Cass. 28 nov. 1842 ; Pau, 19 août 1850 ; Cass. 9 juill. 1866 ; J. N. 18603.

(3) Troplong, *prescript.*, no 1027 ; Dict. not., *compte de tutelle*, no 87 ; Nancy, 19 mars 1830 ; J. N., 7291.

(4) Dict. not., *compte de tutelle*, no 91 ; Lyon, 6 fév. 1835.

(5) Roll., *tutelle*, no 139 ; Dict. not., *ibid.*, no 240 ; Rouen, 8 août 1827 ; Agen, 14 déc. 1830 ; Limoges, 28 fév. 1846 ; Cass. 20 juill. 1842, 20 juin 1845 ; Seine, 17 avril et 29 mai 1866 ; J. N. 12863, 18519, 18638 ; CONTRA Magnin, *minor.*, no 455 ; Grenoble, 28 juill. 1832 ; Rouen, 30 nov. 1840 ; Caen, 30 déc. 1845.

(6) Duranton, III, 577 ; Demolombe, VII, 696 ; Marcadé, *art. 461* ; Dict. not., *tutelle*, no 288 ; Zach., § 221, note 25 ; Toulouse, 5 et 11 juin 1829.

1276. Il en est de même des legs universels ou à titre universel faits au mineur (1).

1277. Le tuteur, pour renoncer à une communauté au nom du mineur, doit être autorisé par délibération du conseil de famille; cette délibération n'a pas non plus besoin d'être homologuée (2).

1278. Dans le cas où la succession répudiée au nom du mineur n'a pas été acceptée par un autre, elle peut être reprise soit par le tuteur, autorisé à cet effet par une nouvelle délibération du conseil de famille, soit par le mineur devenu majeur, ainsi qu'on le dira *infra n° 1865*. (*C. N.*, *462*.)

III. INVENTAIRE, VENTE DU MOBILIER

1279. Dans les dix jours de l'entrée en fonctions du tuteur, il doit requérir la levée des scellés s'ils ont été apposés, et faire procéder immédiatement à l'inventaire des biens du mineur, en présence du subrogé-tuteur (*C. N.*, *451*); ce qui s'applique aussi au cas où une succession échoit au mineur pendant la tutelle (3).

1280. Toutefois, si le tuteur est le survivant des père et mère mariés en communauté, le délai fixé par l'*art. 451* est modifié par l'*art. 1442*, qui accorde au conjoint survivant un délai de trois mois pour faire inventaire (4).

1281. A défaut par le tuteur, même le père ou la mère survivant, d'avoir fait procéder à l'inventaire d'une succession mobilière échue au pupille, celui-ci peut faire preuve de la consistance de cette succession, tant par titres que par témoins, ou par la commune renommée (5) [*C. N.*, *1415 et 1504*], et même, dans certains cas, par serment (6).

1282. S'il est dû quelque chose au tuteur par le mineur, il doit le déclarer dans l'inventaire, à peine de déchéance, et ce, sur la réquisition que l'officier public est tenu de lui faire et dont mention est faite au procès-verbal. (*C. N.*, *451*.) Si le notaire ne faisait pas la réquisition, c'est sur lui que retomberait la conséquence de l'omission (7), *infra n° 1324*.

1283. Dans le mois qui suit la clôture de l'inventaire, le tuteur fait vendre en présence du subrogé-

4e OBSERVATION

Acceptation bénéficiaire. (Nos 1275 à 1278.)

Par déclaration passée au greffe du tribunal civil de....., le 9 octobre 1859, M. Ruault, en vertu de l'autorisation contenue en la délibération de conseil de famille qui vient être énoncée, a, au nom des trois mineurs Bertin, accepté sous bénéfice d'inventaire les successions de M. et Mme Bertin, leurs père et mère.

5e OBSERVATION

Levée de scellés; — *inventaire.* (Nos 1279 à 1282.)

Aux termes d'un procès-verbal dressé par Me....., qui en a gardé minute, et l'un de ses collègues, notaires à....., le 13 octobre 1859, il a été, à la requête de M. et Mme Benoit et de M. Ruault, tuteur, en présence de M. Mouton, subrogé-tuteur, et au fur et à mesure de la levée des scellés, procédé à l'inventaire après le décès de M. Bertin.

Cet inventaire contient la déclaration par le tuteur qu'il n'était créancier envers ses pupilles que des frais de la délibération du conseil de famille relatée sous la troisième observation.

6e OBSERVATION

Vente du mobilier. (Nos 1283 et 1284.)

Le mobilier dépendant des successions de M. et Mme Bertin a été vendu aux enchères,

(1) Roll., *tutelle*, n° 223; Marcadé, *461*, 2; Duranton, III, 581; Proudhon, *usuf.*, I, 138; Demolombe, VII, 703.

(2) Roll., *ren. à comm.*, n° 28; Dict. not., *tutelle*, n° 289; Cass. 22 nov. 1813.

(3) Marcadé, *451*, 3.

(4) Marcadé, *451*, 4; Massé et Vergé sur Zach.; § 219, note 4; CONTRA Demolombe, VII, 550.

(5) Marcadé, *art. 451*; Zach., § 219; Mourlon, I, 1169; Demolombe, VII, 569 et VIII, 69; Dict. not., *tutelle*, n° 213; Caen, 8 nov. 1856; J. N. 16038.

(6) Toullier, II, 1197; Marcadé, Zach. et Demolombe, *loc. cit.*

(7) Marcadé, *451*, 2; Demolombe, VII, 558; Massé et Vergé, § 219, note 11.

tuteur, aux enchères, tous les meubles corporels autres que ceux que le conseil de famille l'a autorisé à conserver en nature. (*C. N.*, *452*; *Pr. 617 à 625, 945 à 952.*)

1284. Les père et mère, tant qu'ils ont la jouissance légale des biens du mineur, sont dispensés de vendre les meubles s'ils préfèrent les garder pour les remettre en nature. Dans ce cas, ils en font faire, à leurs frais, une estimation à juste valeur, par un expert qui est nommé par le subrogé-tuteur et prête serment devant le juge de paix; et ils rendent la valeur estimative de ceux des meubles qu'ils ne peuvent représenter en nature. (*C. N.*, *453.*)

IV. PARTAGE, LICITATION

1285. Lorsqu'il y a lieu à un partage dans lequel des mineurs sont intéressés, il ne peut avoir lieu qu'en justice, avec l'observation des formes prescrites par les *art. 466 et 838 du C. N.*, *966 et suiv. du C. de Pr.*, *infra n° 2130*; tout autre partage n'est considéré que comme provisionnel (*C. N.*, *466*), *infra n° 2128.*

à la requête de M. et de Mme Benoit et de M. Ruault, tuteur, en présence de M. Mouton, subrogé-tuteur, par le ministère de Me....., commissaire priseur à.....; ainsi qu'il résulte du procès-verbal que cet officier public a dressé à la date des 4, 5 et 6 novembre 1859.

Le produit net de cette vente s'est élevé à 3,248 fr.

7e OBSERVATION

Liquidation et partage. (Nos 1285 et 1286.)

Sur la demande en liquidation et partage des successions de M. et Mme Bertin, père et mère, intentée à la requête de M. et Mme Benoit, contre M. Ruault, tuteur, il est intervenu, le 6 janvier 1860, un jugement du tribunal civil de....., qui a ordonné la liquidation et le partage de ces successions, a dit que les immeubles seraient vus et visités par des experts qui en formeraient quatre lots égaux, et a commis Me....., notaire à....., pour procéder à la liquidation mobilière et au tirage au sort des lots.

Liquidation mobilière. Me....., en vertu de la mission à lui confiée, a procédé aux opérations de compte, liquidation et partage des successions mobilières de M. et Mme Bertin, suivant état en date du 1er mars 1860, approuvé par les parties aux termes d'un procès-verbal dressé par lui le même jour, et homologué par le tribunal civil de....., suivant jugement en date du deux mai suivant.

La jouissance divise a été fixée au 1er mars 1860.

La masse active s'est élevée :

En fonds, dans lesquels, en ce qui concerne les mineurs, l'on a compris les fruits courus jusqu'au jour du décès de M. Bertin, à..........	29,000 f. » c.	
En fruits courus du jour du décès de M. Bertin, à celui de la jouissance divise, à..........	....	1,200 f. » c.
La masse passive s'est montée :		
A la charge des fonds, à..........	5,000 »	
A la charge des fruits, à..........	....	160 »
Reliquat actif..........	24,000 »	1,040 »
Dont le quart pour chacun des enfants était :		
En fonds de..........	6,000 »	
En fruits de..........	... .	260 »
Réunion..........	6,260 f. » c.	

Pour remplir les mineurs de leurs droits, il a été attribué à chacun d'eux, savoir :

A *M. Joseph* Bertin : 1° une somme de quatre mille francs, due par M. Charles David, cultivateur demeurant à....., pour le montant de l'obligation qu'il a souscrite au profit

1286. Le tuteur ne peut provoquer le partage au nom du mineur sans l'autorisation du conseil de famille, même lorsqu'il s'agit du partage de choses purement mobilières, la loi ne distinguant pas (1), mais

de M. Bertin père, suivant acte passé devant Me....., notaire à....., le 2 décembre 1858, productive d'intérêts à 5 p. 100 par an, payables le 2 décembre de chaque année........ 4,000 f. » c.

2° Cinquante et un francs pour l'intérêt de cette somme, du 2 décembre 1859 au jour de la jouissance divise........ 51 »

3° Deux actions du chemin de fer du Nord, nos 48228 et 49312, pour........ 1,600 »

4° Et six cent neuf francs à toucher de M....., commissaire priseur, sur le produit de la vente mobilière, ci........ 609 »

Somme égale........ 6,260 »

A *M. Théodore* Bertin : 1° une somme de deux mille quatre cents francs, due par M. Théodore Buisson, épicier, demeurant à....., en vertu d'un jugement rendu par le tribunal de commerce de....., le....., productive d'intérêts à 5 p. 100, payables le 3 novembre de chaque année........ 2,400 f. » c.

2° Quarante francs pour l'intérêt de cette somme, du 3 novembre 1859 au jour de la jouissance divise........ 40 »

3° Une action de la Banque de France, inscrite livre C, f° 48, pour.. 3,100 »

4° Et sept cent vingt francs à toucher de M....., commissaire-priseur, sur le produit de la vente mobilière, ci........ 720 »

Somme égale........ 6,260 »

Et à *Mlle Louise* Bertin : 1° une somme de trois mille francs, due par M. Jean Goujon, vigneron, demeurant à....., pour le montant de l'obligation qu'il a souscrite au profit de M. Bertin père, suivant acte passé devant Me....., notaire à....., le....., productive d'intérêts à 5 p. 100 par an, payables le 4 février de chaque année.... 3,000 f. » c.

2° Cent soixante et un francs pour l'intérêt de cette somme, du 4 février 1859 au jour de la jouissance divise........ 161 »

3° Quarante francs de rente 4 1/2 p. 100, sur l'État français, au nom de M. Bertin père, inscrits au grand livre de la dette publique, n° 3841 de la 3e série, pour........ 912 »

4° Soixante-douze francs de rente 3 p. 100, sur l'État français, inscrits au nom de M. Bertin père, au grand livre de la dette publique, n° 48312 de la 2e série, pour........ 1,748 »

5° Et quatre cent trente-neuf francs à toucher de M....., commissaire priseur........ 439 »

Somme égale........ 6,260 »

M. et Mme Benoit ont été chargés de l'acquit des dettes s'élevant à 5,160 fr., avec pareille somme laissée en commun, et qu'ils ont reçu le pouvoir de toucher à cet effet.

Partage des immeubles. Les experts, commis par le jugement du 6 janvier 1860, ont visité les immeubles, ont déclaré qu'une maison sise à...., rue...., était impartageable, et ont composé quatre lots des autres immeubles, ainsi qu'il résulte du rapport par eux dressé à la date du 2 mars 1860, déposé au greffe du tribunal civil de...., le 8 du même mois, et entériné par jugement du tribunal civil de...., en date du 2 avril suivant.

(1) Riom, 13 août 1858.

il peut sans cette autorisation répondre à une demande en partage dirigée contre le mineur (*C. N., 465 et 817*); peu importe, dans ce cas, que le partage comprenne seulement des biens immobiliers, ou qu'il comprenne à la fois des biens mobiliers et des biens immobiliers.

1287. La licitation d'immeubles indivis avec un mineur ne peut être faite qu'en justice, avec les formalités prescrites pour l'aliénation des biens des mineurs; les étrangers y sont toujours admis. *C. N., 460, 839; Pr. 955 et suiv.*)

Suivant procès-verbal dressé par M^e...., qui en a gardé minute, et l'un de ses collègues, notaires à...., le 25 avril 1860, il a été procédé entre M. et Mme Benoit et M. Ruault, tuteur, en présence de M. Mouton, subrogé-tuteur, au tirage au sort des lots; il en est résulté qu'il est échu aux mineurs, savoir :

A *M. Joseph* Bertin, le troisième lot, composé de :

1° Une maison sise à...., rue....,

« Louée à M. Dufils, débitant de tabacs, demeurant à...., pour un temps qui « devait expirer le 24 décembre 1861, moyennant un loyer annuel de 1,200 fr., « payable le 25 décembre de chaque année, les impôts à la charge du propriétaire; »

2° Et deux pièces de terre, sises à...., contenant ensemble 8 hectares 74 ares,

« Affermées à M. Duchesne, cultivateur, demeurant à...., pour un temps qui « devait expirer le 1er octobre 1860, moyennant, outre la charges des impôts, un « fermage annuel de 700 fr., payable le 25 décembre de chaque année. »

A *M. Théodore* Bertin, le premier lot, composé de : six pièces de terre en labour, sises commune de....., d'une contenance réunie de 14 hectares 75 ares;

« Affermées à M. Désir Dubois, propriétaire, demeurant à....., pour un temps « qui expirera le 29 septembre 1864, moyennant, outre la charge des impôts, un « fermage annuel de 1,650 fr. payable le 25 décembre de chaque année. »

A *Mlle Louise* Bertin, le troisième lot, composé de :

1° Une maison sise à....., rue.....;

« Louée à M. Dumont, propriétaire, demeurant à....., pour un temps qui expirera « le 29 septembre 1864, moyennant un loyer annuel de 800 fr., payable le 25 décembre « de chaque année; les impôts à la charge du propriétaire; »

2° Et une pièce de terre en labour, sise commune de....., de la contenance de 9 hectares 83 ares;

« Affermée à M. Élie Laroche, cultivateur, demeurant à....., pour un temps qui « expirera le 1er octobre 1865, moyennant, outre la charge des impôts, un fermage « annuel de 1,050 fr., payable le 25 décembre de chaque année. »

Il a été dit que chacun des copartageants aurait droit aux loyers et fermages des biens entrés dans son lot, à partir du 25 décembre 1859; quant à l'année de fermage échue à cette époque, elle a été comprise dans la liquidation et attribuée à M. et Mme Benoit pour servir d'autant à l'acquit des dettes.

M. Ruault a payé en l'acquit de chacun des mineurs une somme de 195 fr. pour frais de partage.

8e OBSERVATION

Licitation. (N°s 1287 à 1289.)

M. Ruault, tuteur des trois mineurs Bertin, dûment autorisé par délibération de leur conseil de famille prise sous la présidence de M. le juge de paix du canton de....., le 11 octobre 1860, a intenté contre M. et Mme Benoit une demande en licitation de la maison sise à....., rue....., restée indivise entre les quatre enfants Bertin, ainsi qu'on le voit en la 7e observation.

Sur cette demande, il est intervenu, le 26 novembre 1860, un jugement du tribunal civil de....., qui a ordonné la vente à titre de licitation de cet immeuble, à l'audience des criées du tribunal civil de....., sur la mise à prix de 20,000 fr.

1288. De même que pour le partage, le tuteur doit, pour l'intenter au nom du mineur, être autorisé par le conseil de famille (1), et il n'a pas besoin de cette autorisation pour y répondre. (*C. N.*, *460*.)

1289. Sur la question de savoir si le tuteur peut se rendre adjudicataire, voir *infra n° 1515*.

V. RECOUVREMENTS, PLACEMENTS, TRANSFERT D'ACTIONS ET DE RENTES, BAUX

1290. Le tuteur a le droit de recevoir toutes les sommes dues au mineur (2), d'en donner quittance avec mainlevée des inscriptions, de payer les sommes dues par le mineur. (*C. civ.*, *471*.) Le mineur de 16 ans peut prendre un livret de caisse d'épargne postale et en retirer le montant (*Loi 9 avril 1881, art. 6*), comme aussi faire des versements à la caisse nationale de retraite (*Loi 20 juill. 1886, art. 13*).

1291. Le tuteur ne peut, sans recevoir la créance, donner mainlevée de l'inscription de privilège ou d'hypothèque qui y est attachée (3); en sorte que pour donner une mainlevée sans recevoir la créance, de même que pour transférer l'hypothèque sur un autre immeuble, le tuteur devrait être autorisé par une délibération du conseil de famille homologuée par le tribunal (4).

1292. Lorsque le mineur est créancier d'un failli, le tuteur ne doit pas prendre part au concordat si la créance est hypothécaire (5); il en est autrement si la créance est chirographaire (6). (*C. comm.*, *508*.)

1293. Le tuteur peut cultiver lui-même les biens du mineur; cette faculté devient même quelquefois une nécessité, et dans ce cas il est tenu compte au mineur du produit des récoltes, en déduisant les frais de culture et les dépenses d'engrais et de semences (7).

1294. Si au lieu de cultiver les biens de son pupille, le tuteur les afferme, les baux ne peuvent être faits pour plus de neuf ans; s'ils sont faits pour un temps qui excède neuf années, ils ne sont, en cas de cessation de la tutelle, obligatoires vis-à-vis du mineur ou de ses héritiers (8) que pour le temps qui reste à courir soit de la première période de neuf ans si les parties s'y trouvent encore, soit de la seconde,

---

Après l'accomplissement des formalités voulues par la loi, et suivant jugement rendu en l'audience des criées du même tribunal, le 4 janvier 1861, en présence de M. Mouton, subrogé-tuteur, M. Louis Mesnard, fabricant, demeurant à....., s'est rendu adjudicataire de la maison dont il s'agit, moyennant un prix principal de 24,000 fr., stipulé payable dans le délai de quatre mois et productif d'intérêt à 5 p. 100 par an, à partir du jour de l'adjudication.

M. Mesnard s'est libéré de ce prix, plus de 400 fr. pour intérêts, aux mains de M. et Mme Benoit, pour un quart, soit 6,100 fr., et de M. Ruault, tuteur pour trois quarts, soit 18,300 fr., ainsi que le constate une quittance passée devant Me....., notaire à....., le 5 mai 1861.

9e OBSERVATION

Recouvrements divers; — placements; — transfert d'actions et de rentes; — baux. (Nos 1290 à 1301.)

M. Ruault, rendant, a fait pour chacun des mineurs divers recouvrements et payements qui seront compris dans les recettes et les dépenses.

En outre, il a fait les actes d'administration que voici :

M. Joseph Bertin.

M. Ruault a transféré deux actions du chemin de fer du Nord, dont le produit sera porté dans les recettes.

---

(1) Sans qu'il soit nécessaire de faire homologuer la délibération par le tribunal : Demante, I, 217 bis; Demolombe, XV, 560; CONTRA Dutruc, *part.*, n° 262; Angers, 19 juin 1851.

(2) Voir jug. Trib. Lyon, 21 mars 1862; Mon. trib. 1862, p. 437.

(3) Troplong, *hyp.*, III, 738 *bis*; Grenier, *hyp.*, II, 521; Persil, *2157*, 7; Duranton, X, 490; Roll., *mainlevée d'insc.*, *n° 17*; Demolombe, VII, 666; Cass. 22 juin 1818 et 18 juill. 1843; CONTRA Tarrible, *radiation*, p. 63.

(4) Grenier, *hyp.*, n° 524; Roll., *mainlevée d'insc.*, n° 48; Metz, 16 juin 1824.

(5) Massé, *droit comm.*, III, 140; Cass. 18 juill. 1843. Voir Paris, 17 juill. 1866; J. N. 18611.

(6) Massé, *loc. cit.*, n° 139.

(7) Duranton, III, 548; Demolombe, VII, 644; Zach., § 221.

(8) Pendant la tutelle, le tuteur est le représentant légal du mineur; il peut donc, dans l'intérêt de ce dernier, demander la nullité du bail qu'il a fait des biens du mineur pour tout ce qui excède neuf ans, sauf à être condamné *en son nom propre* à des dommages-intérêts envers le locataire; Marcadé, *460*, 3; Demolombe, VII, 640; Mourlon, I, 1189; CONTRA Cass. 7 fév. 1865; J. N. 18244.

et ainsi de suite, de manière que le fermier n'ait que le droit d'achever la jouissance de la période de neuf ans où il se trouve ; quant aux baux de neuf ans ou au-dessous que le tuteur a passés ou renouvelés des biens de son pupille, plus de trois ans avant l'expiration du bail courant s'il s'agit de biens ruraux, et plus de deux ans avant la même époque s'il s'agit de maisons, ils sont sans effet, à moins que leur exécution n'ait commencé avant la cessation de la tutelle. (*C. N.*, *1429*, *1430*, *1718*.) Mais les baux qu'il passe ou renouvelle pour le temps prescrit, et moins de trois ans ou de deux ans, selon les cas, avant l'expiration du bail courant, sont toujours exécutoires, quand même leur exécution ne devrait commencer qu'à la majorité du mineur (1).

1295. Le tuteur, lorsque ses pouvoirs n'ont pas été modifiés, *supra* n° *1274*, n'est soumis à aucune autre restriction en ce qui concerne la location des biens de son pupille ; ainsi le conseil de famille ni le ministère public ne peuvent le contraindre à mettre la location aux enchères (2), et il peut faire les baux devant notaire ou sous seings privés, de même qu'il peut louer verbalement pour le temps fixé par l'usage des lieux. S'il est de l'intérêt du mineur que le bail soit consenti pour une durée de plus de neuf ans, le tuteur doit se faire autoriser à l'effet de passer le bail par une délibération du conseil de famille de son pupille ; et cette délibération n'est pas sujette à l'homologation du tribunal lorsque le bail n'excède pas dix-huit ans (3).

1296. Le tuteur ne peut prendre à ferme les biens de son pupille à moins que le conseil de famille

---

La maison sise à....., rue....., a été louée au rendant lui-même, ainsi qu'on le verra en l'observation suivante.

Quant aux deux pièces de terres sises à....., M. Ruault les a affermées à M Lecœur, propriétaire-cultivateur, demeurant à....., pour neuf années qui ont commencé à courir le 1er octobre 1860, moyennant, outre la charge des impôts, un fermage annuel de 760 fr., payable le 25 décembre de chaque année, ainsi qu'il résulte d'un bail passé devant Me....., notaire à....., le 4 février 1860.

M. Théodore Bertin.

L'action de la Banque de France à lui attribuée a été transférée par M. Ruault, à la date du 24 mai 1862.

Mlle Louise Bertin.

Un ordre a été ouvert sur les prix de la vente des immeubles affectés à la garantie de la créance de 3,000 fr., attribuée à la mineure Louise Bertin, aux termes de la liquidation analysée sous la 7e observation ; mais M. Ruault, tuteur, ayant omis de produire à cet ordre, la créance de la mineure n'est pas venue en ordre utile, et il n'a été touché pour elle que 1,800 fr. sur le capital de la créance, ainsi que le constate une quittance passée devant Me....., notaire à....., le 4 août 1862. Comme les 1,200 fr. de surplus sont devenus irrecouvrables par suite de la négligence du tuteur, celui-ci en est responsable et les portera en recette quoique ne les ayant pas reçus, sauf, bien entendu, son recours contre le débiteur.

La rente de 40 fr. 4 1/2 p. 100 sur l'État français a été transférée par M. Ruault, tuteur, à la date du 24 mai 1862.

La rente de 72 fr. 3 p. 100 a aussi été transférée par M. Ruault, dûment autorisé à cet effet par délibération du conseil de famille aussi à la date du 24 mai 1862.

Le produit de ces deux rentes sera porté dans les recettes.

10e observation

Bail au tuteur. (No 1296.)

Suivant acte passé devant Me....., notaire à....., le 15 décembre 1861, M. Mouton,

---

(1) Toullier, II, 1206 ; Freminville, I, 531 ; Magnin, II, 672 ; Demolombe VII, 644 ; Massé et Vergé, § 221, note 9 ; contra Duranton, III, 545 ; Zach., § 221, note 9.

(2) Proudhon, II, 214 ; Demolombe, VII, 638 ; Zach., § 221, note 8 ; Cass. 11 août 1818 ; Rouen, 30 nov. 1840.

(3) Demolombe, VIII, 351 ; Paris, 24 juill. 1862 ; J. N. 17494.

n'ait autorisé le subrogé-tuteur à lui en passer bail. (*C. N.*, *450*.) Le bail, dans ce cas, est soumis aux conditions qui viennent d'être rapportées.

1297. Le tuteur est responsable de sa gestion; ainsi, par exemple, s'il n'a pas produit à un ordre auquel son pupille était intéressé; s'il n'a pas fait les diligences nécessaires pour l'acceptation d'une donation faite au mineur, il a mal géré et il est responsable du préjudice qui en est résulté (1). Le tuteur serait aussi responsable s'il n'avait pas entretenu les immeubles de son pupille; il peut donc, de sa seule autorité, faire les réparations d'entretien; quant aux grosses réparations, il convient de prendre l'avis de la famille (2).

1298. La loi du 24 mars 1806 et un décret du 24 septembre 1813, autorisaient les tuteurs des mineurs et interdits, sans l'autorisation du conseil de famille, à transférer les rentes sur l'Etat de 50 francs et au-dessous, appartenant à leurs pupilles (3); comme aussi, une action de la Banque de France ou des portions d'actions qui, réunies, n'excédaient pas en totalité une action entière.

1299. Quant aux rentes au-dessus de 50 francs, et aux actions de la Banque de France au delà d'une, le tuteur ne pouvait les transférer qu'avec l'autorisation du conseil de famille, qui n'était pas sujette à l'homologation du tribunal (4 et 5).

1300. Mais le tuteur pouvait transférer sans autorisation les actions industrielles et les valeurs au porteur (6) de son pupille, quelle qu'en fût l'importance (7).

1301. Ces loi et décret ont été abrogés par la loi du 27 février 1880, qui dispose que le tuteur ne peut aliéner les rentes, actions, parts d'intérêts, obligations et autres meubles incorporels quelconques du mineur ou de l'interdit, sans l'autorisation du conseil de famille, et l'homologation du tribunal quand la valeur à aliéner dépasse un chiffre de 1,500 francs. Cette loi oblige aussi le tuteur à convertir en titres nominatifs les titres au porteur appartenant à son pupille, et à faire emploi des capitaux dont il opère le recouvrement. Voir cette loi avec nos explications dans notre *Supplément de Jurisp.*, I, p. 5.

1302. Le tuteur (à moins que le conseil de famille n'ait restreint son administration en fixant le mode d'emploi des capitaux du mineur, ce qui ne peut avoir lieu à l'égard du père, ou de la mère non-remariée), est seul juge du mode d'emploi des capitaux du mineur; il peut les employer en placements

subrogé-tuteur du mineur Joseph Bertin, autorisé à cette effet par délibération du conseil de famille, a loué pour 3, 6 ou 9 années, qui ont commencé à courir le 24 décembre 1861, à M. Ruault, tuteur, la maison sise à....., appartenant à ce mineur, moyennant, sans charge d'impôt, un loyer de 1,200 fr., payable le 25 décembre de chaque année.

11e OBSERVATION

Acquisition d'un immeuble au nom de Théodore. (N° 1302.)

Par contrat passé devant Me....., notaire à....., le 25 septembre 1862, M. Ruault a acquis au nom du mineur Théodore Bertin, de M. Charles Nouvel, propriétaire, demeurant à....., une pièce de terre en labour sise commune de....., de la contenance de 2 hectares, attenant à l'une de celles échues à Théodore par le partage relaté sous la 7e observation, moyennant cinq mille cinq cents francs, payés comptant.

7e observation, moyennant cinq mille cinq cents francs, payés comptant.	5,500 fr. » c.
En outre, M. Ruault a payé à Me....., pour frais du contrat d'acquisition..	500 »
Total........................	6,000 »

Il a été fait observer que l'immeuble acquis était affermé à M. Leblé, cultivateur

(1) Duranton, III, 616; Dict. not., *tutelle*, n° 373; Roll., *tutelle*, n° 265; Troplong, *don.*, n° 1135; Cass. 28 nov. 1842; Bordeaux, 14 avril 1859; J. N. 16745.

(2) Demolombe, VII, 648; Dict. not., *tutelle*, n° 248.

(3) Il en est de même d'un titre de rente appartenant par indivis à plusieurs mineurs ayant le même tuteur lorsque la part de chacun n'excède pas 50 francs : Trib. Seine, 9 nov. 1858; J. N. 16474.

(4) Jug. Trib. Seine, 3 janv., 9 mars et 29 juill. 1852; Paris, 24 déc. 1860; J. N. 17084.

(5) Bertin, I, p. 282; Trib. Seine, 27 sept. 1851.

(6) Excepté cependant les rentes sur l'État au porteur au-dessus de 50 francs. *supra*, n° *1299*.

(7) Bertin, I, p. 287; Marcadé, *460*, 2; Valette sur Proudhon, II, p. 372; Demolombe, VII. 591, 598; Trib. Seine, 8 janv. 1851, 4 janv. 1854, 13 janv. 1858, 14 janv. 1859.

sur billets ou sur hypothèque, ou en achat de rentes sur l'État, d'actions ou obligations industrielles ou de finances, ou en livrets sur la caisse d'épargne, ou en acquisition d'immeubles (1), même à crédit (2).

VI. DONATION AU MINEUR

1303. La donation faite au mineur ne peut être acceptée par le tuteur qu'avec l'autorisation du conseil de famille, (*C. N.*, *463*), *toutefois voir au titre des donations et testaments.*

1304. La donation régulièrement acceptée pour le mineur a, à son égard, le même effet qu'à l'égard du majeur. (*C. N.*, *463*.)

VII. ACTION IMMOBILIÈRE; TRANSACTION

1305. Aucun tuteur ne peut introduire en justice une action relative aux droits immobiliers du mineur, ni acquiescer à une demande relative aux mêmes droits, sans l'autorisation du conseil de famille. (*C. N.*, *464*.)

1306. Mais il a le pouvoir de défendre aux actions immobilières dirigées contre le mineur; toutefois, comme on pourrait lui reprocher plus tard d'avoir défendu à une action dirigée à juste titre contre le mineur, ce qui tendrait à le rendre responsable des frais d'un procès témérairement soutenu, il est

---

à....., pour un temps qui expirera le 29 septembre 1864, moyennant, outre la charge des impôts, un fermage annuel de 200 fr., payable le 25 décembre de chaque année, et que l'acquéreur en aurait la jouissance par la perception à son profit des fermages représentatifs de la récolte de 1863, payables le 25 décembre 1863.

12e OBSERVATION

Donation au mineur Joseph Bertin. (Nos 1303, 1304.)

Par acte passé devant Me....., notaire à....., qui en a gardé minute, en présence de témoins, le 12 mai 1861, M. Edgar LAVILLE, manufacturier, demeurant à....., a fait donation entre-vifs, à titre purement gratuit, à M. Joseph BERTIN, son filleul, ce qui a été accepté pour lui par M. RUAULT, tuteur, dûment autorisé à cet effet par délibération de son conseil de famille, d'une usine à usage de manufacture de draps, avec tous les ustensiles en dépendant, sise à....., dont M. LAVILLE, donateur, a réservé l'usufruit à son profit pendant sa vie. Il a été déclaré que cette usine était louée à M. GRANDVILLE, fabricant de draps, moyennant, outre la charge des impôts, un loyer de 1,550 fr., payable chaque année en deux termes, les 1er janvier et 1er juillet.

M. RUAULT, rendant compte, a payé pour frais de cette donation 4,200 fr.

13e OBSERVATION

Contestation par les héritiers Laville; — transaction. (Nos 1305 à 1308.)

M. Edgar LAVILLE est décédé à....., le 25 juin 1861, laissant des héritiers à réserve. Ceux-ci ont prétendu que la donation faite par M. LAVILLE au mineur Joseph BERTIN était supérieure à la quotité disponible d'une somme de 18,000 fr., et ont intenté contre le donataire l'action en réduction de la donation.

M. RUAULT, pour ne pas laisser peser sur lui la responsabilité des suites de la défense, a convoqué le conseil de famille pour être autorisé à défendre sur la demande ou à y acquiescer; et suivant délibération prise sous la présidence de M. le juge de paix du canton de....., le 6 août 1861, le conseil de famille, par le motif que M. LAVILLE avait fait, antérieurement à la donation, le partage anticipé entre ses enfants d'immeubles d'une grande importance dont ceux-ci devaient effectuer le rapport fictif pour le calcul de la

---

(1) Toullier, II, 1221; Duranton, III, 568; Demolombe, VII, 676; Massé et Vergé, § 221, note 12; Pont, *priv.*, no 1343; Mourlon, I, p. 560; Dict. not., *tutelle*, no 264; Rouen, 6 janv. 1846; Bourges, 2 avril 1852; CONTRA Taulier, II, p. 66.

(2) Duranton, III, 570, Cass. 5 janv. 1863; Sirey, 1863, I, p. 9; CONTRA Demolombe, VII, 677.

toujours prudent pour le tuteur de prévenir, en pareil cas, le conseil de famille, et de lui demander l'autorisation soit d'acquiescer, soit de défendre à l'action, soit de transiger (1).

1307. Le tuteur ne peut transiger au nom du mineur, même sur une action mobilière (2), qu'après y avoir été autorisé par le conseil de famille (3), et de l'avis de trois jurisconsultes désignés par le procureur de la rép. près le tribunal de première instance; la transaction n'est valable qu'autant qu'elle a été homologuée par le tribunal de première instance, après avoir entendu le procureur de la rép. (*C. N.*, *467*; *Pr.*, *885 et suiv.*)

1308. Le tuteur ne peut dans aucun cas compromettre au nom du mineur (4). [*C. Pr.*, *1004*.]

VIII. ALIÉNATION, HYPOTHÈQUE

1309. Le tuteur, même le père ou la mère, ne peut emprunter pour le mineur, ni aliéner ou hypothéquer ses biens immeubles sans y être autorisé par le conseil de famille; cette autorisation ne doit être accordée que pour cause d'une nécessité absolue ou d'un avantage évident. Dans le premier cas, le conseil de famille ne doit accorder son autorisation qu'après qu'il a été constaté, par un compte sommaire présenté par le tuteur, que les deniers, effets mobiliers et revenus du mineur sont insuffisants; le conseil de

quotité disponible, qu'en conséquence l'immeuble donné était de beaucoup inférieur au montant de la quotité disponible, a autorisé M. Ruault à plaider.

Une instance s'est engagée;

Mais les parties, pour éviter les frais de contestation en justice, ont proposé de part et d'autre de transiger.

Par suite, et aux termes d'un acte passé devant M°....., notaire à....., le 12 décembre 1861, les héritiers de M. Laville, d'un part, et d'autre part M. Ruault, en sa qualité de tuteur, dûment autorisé par le conseil de famille, et de l'avis de trois jurisconsultes désignés par M. le procureur de la rép. près le tribunal civil de....., ont transigé sur la contestation dont il s'agit. Par cette transaction, le don fait au mineur Bertin a été considéré comme excédant la quotité disponible de 12,000 fr., et en conséquence il a été réduit de pareille somme, que M. Ruault, au nom de son pupille, s'est obligé à payer aux héritiers Laville le 13 juin 1862, sans intérêt; tous les frais ont été mis à la charge du mineur.

Cette transaction, ayant été homologuée par jugement du tribunal civil de....., le 24 décembre 1861, est devenue définitive.

14e OBSERVATION

Transport d'une créance du mineur Joseph Bertin; — emprunt en son nom; — payement aux héritiers Laville. (Nos 1309 à 1313.)

Suivant délibération du conseil de famille du mineur Joseph Bertin, prise sous la présidence de M. le juge de paix de....., assisté de son greffier, le 4 mars 1862, le conseil de famille a autorisé M. Ruault, tuteur :

1° A vendre, après les publications ordinaires, la créance de 4,000 fr. due au mineur Joseph Bertin par M. David, (7e observation,) sur la mise à prix de 3,800 fr.;

2° A emprunter au nom du même mineur une somme de 8,000 fr. avec hypothèque sur les immeubles composant le lot à lui échu par le partage analysé sous la 7e observation;

Le tout afin de réunir somme nécessaire pour solder les héritiers Laville.

Sur requête présentée par M. Ruault, le tribunal civil de..... a homologué cette délibération par jugement du 24 mars 1862, mais seulement pour ce qui concernait

(1) Marcadé, *art. 464*.

(2) Demolombe, VII, 747; Marcadé, *art. 467*; Zach., § 221, note 43.

(3) Sans cette autorisation la transaction ne pourrait être soumise à l'homologation du tribunal : Paris, 4 fév. 1848; J. N. 13320.

(4) Marcadé, *art. 467*; Duranton, V, 597; Zach., § 221; Mourlon, I, 1200; Cass. 28 janv. 1839.

famille indique, dans tous les cas, les immeubles qui doivent être vendus ou hypothéqués (1), et toutes les conditions qu'il juge utiles. (*C. N. 457.*)

1310. Les délibérations du conseil de famille relatives à cet objet ne sont exécutées qu'après que le tuteur en a demandé et obtenu l'homologation devant le tribunal de première instance du domicile du mineur, qui statue en chambre du conseil sur le rapport de l'un des juges, après avoir entendu le procureur de la rép. (*C. N. 458 ; Pr., 885 et suiv.*)

1311. Les créances non exigibles, et les rentes sur particuliers appartenant à des mineurs ne peuvent, à peine de nullité des cessions (2), être aliénées par le tuteur qu'avec l'autorisation du conseil de famille qui règle le mode d'aliénation (3). et l'homologation du tribunal au delà de 1,500 fr., *supra* n° 1301).

1312. Quant aux créances exigibles, le tuteur peut, sans autorisation du conseil de famille, en consentir la cession équivalant à remboursement (4) ; cependant il peut être utile, afin d'éviter toute difficulté, d'obtenir l'autorisation du conseil de famille.

1313. Si la vente du mobilier incorporel (créances, rentes sur particuliers, etc.), a lieu aux enchères comme provenant d'une succession acceptée au nom du mineur sous bénéfice d'inventaire, les formalités à remplir ne sont pas celles prescrites pour les immeubles, mais celles tracées pour les ventes de mobilier par les *art. 945 et suiv. du C. de Pr. civile.*

1314. La vente, *supra n° 1310*, des biens immeubles appartenant à des mineurs, a lieu avec l'accomplissement des formes judiciaires prescrites par les *art. 459, C. N.; 953 et suiv., C. Pr.*

1315. Le tuteur ne peut, dans aucun cas, se rendre acquéreur des immeubles de son pupille

---

l'emprunt : l'autorisation de transporter n'ayant pas été considérée comme sujette à homologation.

Après l'accomplissement des formalités voulues par la loi pour la vente du mobilier, et suivant procès-verbal d'adjudication dressé par Me..... et l'un de ses collègues, notaires à....., le 26 mai 1862, il a été procédé, à la requête de M. Ruault, tuteur, en présence du subrogé-tuteur, à la vente de la créance, qui a été adjugée à M. Louis Petit, rentier, demeurant à....., moyennant, outre les frais, 3,850 fr., qu'il a de suite payés à M. Ruault, tuteur, ainsi que le constate le procès-verbal.

Aux termes d'un acte passé devant le même notaire, le 28 mai 1862, M. Ruault, en sa qualité de tuteur du mineur Joseph Bertin, a emprunté à M. Léon Huard, propriétaire, demeurant à....., une somme de 8,000 fr. stipulée remboursable le 28 mai 1862, et productive d'intérêts à 5 p. 100 par an à partir du jour de l'adjudication, payables le 28 mai de chaque année, avec hypothèque sur les immeubles échus à Joseph Bertin, par le partage susrelaté.

Et par autre acte passé aussi devant Me....., le même jour 28 mai 1862, le tuteur a payé aux héritiers de M. Laville la somme de 12,000 fr. pour le retranchement de la donation faite au mineur Joseph Bertin, en vertu de la transaction énoncée en l'observation précédente, ci

....	12,000 fr.	» c.
Plus deux mille cinq cents francs pour frais de contestation et de transaction	2,500	»
Ensemble	14,500	»

M. Ruault a en outre payé les frais d'autorisation et d'homologation, et ceux des actes de transport et d'emprunt; le tout sera ci-après compris aux dépenses.

---

(1) Marcadé, *art. 457*; Demolombe, VII, 741.

(2) Cass. 12 déc. 1835 ; J. N. 15687.

(3) Marcadé, *460*, 2 ; Proudhon, *des personnes*, II, p. 221 ; Demolombe, VII, 598 ; Bertin, *chamb. du cons.*, p. 288 ; Magnin, I, 665 ; Douai, 28 juin 1843 ; Jur. N. 10351. CONTRA Zach., § 221, note 1 ; Chardon, *puiss. tutell.*, p. 363 ; Freminville, *minor.*, n° 234 ; Taulier, II, p. 262 ; Boileux, *art. 452* ; Paris, 18 fév. 1826 ; Nîmes, 15 déc. 1853 ; Jur. N. 10351, selon lesquels le tuteur peut céder une créance mobilière du mineur sans l'autorisation du conseil de famille.

(4) Chardon, III, p. 363 ; Marcadé, *460*, 2 ; Demante, II, 220 *bis* ; Valette sur Proudhon, II, p. 379 ; Taulier, II, p. 62 ; Demolombe, VII, 597 ; Dalloz, *minor.*, 452 ; Paris, 28 fév. 1826 ; Bordeaux, 8 juill. 1829 ; Nîmes, 15 déc. 1853 ; Jur. N. 10351.

(*C. N.*, *450*, *1596*), même lorsque la vente est faite en justice (1) ; ce qui s'applique aussi aux cotuteurs, protuteurs (2), au père administrateur légal (3), mais non aux subrogés-tuteurs (4). La prohibition cesse si le tuteur, cotuteur, protuteur, etc., a des droits soit en propriété, soit en usufruit dans les immeubles ; dans ces deux cas, il peut s'en rendre acquéreur (5), si d'ailleurs le mineur a été représenté à la licitation par un tuteur *ad hoc* (6).

1316. Le tuteur, cotuteur, protuteur, ne peut non plus accepter la cession d'aucun droit ou créance contre son pupille (*C. N.*, *450*), à peine de nullité. La nullité ne peut être invoquée que par le pupille ou ses représentants ; elle ne peut donc pas être invoquée par le tuteur ni par ceux qui ont traité avec lui (7).

1317. La gestion du tuteur finit à la majorité, à l'émancipation ou à la mort du mineur, ou encore par la démission du tuteur dûment acceptée par le conseil de famille (8), ou par sa destitution ; ou enfin par la mort du tuteur. *Voir supra n° 1217.*

15e OBSERVATION

Vente de l'usine appartenant à M. Joseph Bertin. (Nos 1314 à 1316.)

L'usine, sise à....., provenant de la donation par M. LAVILLE (12e observation), étant sujette à des réparations très-coûteuses, M. RUAULT a cru qu'il était de l'intérêt de son pupille d'en faire la vente ; à cet effet, il a réuni le conseil de famille du mineur devant M. le juge de paix du canton de....., et par délibération en date du 14 juillet 1862, le conseil de famille a autorisé M. RUAULT, en qualité de tuteur, à faire vendre l'usine, après l'accomplissement des formalités voulues par la loi, sur la mise à prix de 35,000 fr.

Par jugement en date du 18 août 1862, le tribunal civil de..... a homologué la délibération qui vient d'être énoncée, en conséquence, a autorisé la vente de l'usine sur la mise à prix de 35,000 fr., et a commis Me....., notaire à....., pour y procéder.

Après l'accomplissement de toutes les formalités prescrites, et suivant procès-verbal d'adjudication dressé par Me....., notaire à....., le 24 octobre 1862, il a été procédé à la vente de l'usine, en présence du subrogé-tuteur.

M. Éloi GRANVILLE, manufacturier, demeurant à....., a été déclaré adjudicataire moyennant un prix principal de 38,600 fr., qui a été stipulé payable le 24 octobre 1864, et productif d'intérêts à 5 p. 100 par an, payables les 24 avril et 24 octobre de chaque année, à compter du jour de l'adjudication.

Ce prix est toujours dû.

16e ET DERNIÈRE OBSERVATION

Fin de la tutelle. (No 1317.)

La tutelle ayant fini pour M. Joseph BERTIN par sa majorité, et pour M. Théodore BERTIN par son émancipation, Mlle Louise BERTIN est seule restée sous la tutelle de M. RUAULT.

M. RUAULT a réuni le conseil de famille de la mineure Louise BERTIN, sous la présidence de M. le juge de paix du canton de....., le 24 août 1863 ; il a exposé que son grand âge le rendait impropre à l'administration des biens de la mineure, et il a prié le conseil de vouloir bien agréer la démission qu'il faisait de ses fonctions de tuteur : le con-

(1) Troplong, *vente*, n° 187 ; Pigeau, *Pr.*, II, p. 138 ; Lachaize, *vente des immeubles*, I, 370 ; Duranton, XVI, 135 ; Duvergier, I, 187 ; Chauveau sur Carré, *quest.* 2393 ; Paris, 28 janv. 1826 et 11 déc. 1835 ; CONTRA Thomine, *Proc.*, II, 805 ; Persil fils, *commentaire de loi du 2 juin 1841* n° 267 ; Colmar, 16 fév. 1808.

(2) Duvergier, I, 188 ; Marcadé, *1596*, 1 ; de Fréminville, *minor.*, I, 164 ; Zach., § 222, note 1 ; Paris, 28 janv. 1826.

(3) Demolombe, VI, 441 ; CONTRA Aubry, *Rev. de droit français et étranger*, I, p. 661.

(4) Duranton XVI, 154 ; Duvergier, *vente*, I, 188 ; Zach., § 222, note 1 ; Marcadé, *1596*, 1 ; Coin-Delisle, *Rev. crit.*, 1853, p. 360 ; Riom, 4 avril 1829 ; Bordeaux, 30 mai 1840 ; Cass. 24 déc. 1832 ; Agen, 12 juin 1853 ; Grenoble, 4 janv. 1854 ; J. N. 10760, 14859 ; CONTRA Troplong, *vente*, n° 187 ; Magnin, II, 1185 ; Fréminville, I, 164 ; Roll., *vente judic.*, n° 215 ; Bioche, *vente judic.*, n° 98 ; Demolombe, VII, 375 ; Lyon, 7 déc. 1821 ; Riom, 25 fév. 1843 ; Toulouse, 15 mai 1850 ; J. N. 14137.

(5) Demolombe, VII, 754 ; Valette sur Proudhon, II, p. 397 ; Bioche, *vente judic.*, n° 203 ; Chauveau, *Journ. des avoués*, 1852, p. 35 ; Roll., *vente judic.*, n° 211 ; Dalloz, *minor.*, n° 566 ; Paris, 12 avril 1856 ; Montpellier, 10 juin 1862 ; Pau, 14 août 1866.

(6) Valette, Demolombe, Dalloz, *loc. cit.* Cependant jugé que la présence du subrogé-tuteur à la vente rend inutile la nomination d'un tuteur *ad hoc* : Montpellier, 10 juin 1862 ; J. N. 17451.

(7) Toullier, II, 1232 ; Duranton, III, 600 ; Marcadé, *450*, 3.

(8) Roll., *tutelle*, n° 285 ; Toulouse, 17 fév. 1835.

§ 2. — DES COMPTES DE LA TUTELLE

1318. Le tuteur, même un hospice, *supra n° 1225*, est comptable de sa gestion lorsqu'elle finit (*C. N.*, *469*); *supra n° 1266*.

1319. Tout tuteur autre que le père et la mère peut être tenu, même durant la tutelle, de remettre au subrogé-tuteur des états de situation de sa gestion, sans frais, sur papier libre et sans aucune formalité de justice, aux époques fixées par le conseil de famille, sans néanmoins que le tuteur puisse être astreint à en fournir plus d'un par année. (*C. N.*, *470*.)

1320. Le compte de la tutelle qui a fini par la majorité du pupille se rend au pupille lui-même. (*C. N.*, *471*.)

1321. Si le pupille est mineur émancipé, le compte de tutelle lui est rendu avec l'assistance de son curateur (*C. N.*, *471*, *480*), sans aucune formalité judiciaire (1).

1322. Lorsque le mineur non émancipé est pourvu d'un nouveau tuteur par suite de la démission, de la destitution, ou du décès du premier tuteur, le compte de tutelle est rendu au nouveau tuteur (2) dans la forme amiable, sans qu'il soit besoin de consulter le conseil de famille, ni de faire homologuer le compte par le tribunal (3). Le nouveau tuteur doit donc se faire rendre compte de la gestion du tuteur qui l'a précédé, et par suite il demeure seul comptable de la gestion de son prédécesseur (4).

1323. Le compte de tuteur à tuteur, faisant connaître la situation du mineur au jour de l'entrée en gestion du nouveau tuteur, sert de base au compte ultérieur et tient lieu d'inventaire; en conséquence il doit être rendu en présence du subrogé-tuteur (5), et s'il est dû quelque chose au nouveau tuteur par le mineur, il doit le déclarer dans l'acte d'approbation à peine de déchéance (6) [*Arg. C. N.*, *451*]; et ce, sur la réquisition du notaire dont mention est faite dans l'acte, *supra n° 1282*.

1324. Le compte se divise par sections : une première section fait connaître la situation de la fortune du mineur à l'époque de l'ouverture de la tutelle; puis il est fait autant de sections qu'il s'est écoulé d'années durant la gestion du tuteur. Chacune de ces sections est divisée en trois chapitres : l'un compre-

seil de famille a accepté cette démission; il a nommé M. Mouton aux fonctions de tuteur, en remplacement de M. Ruault, et M. Mouchard aux fonctions de subrogé-tuteur.

DIVISION DU COMPTE. (Nos 1318 à 1323.)

Le compte sera divisé en autant de sections qu'il comprendra d'années;

Chaque année aura un compte de recettes et un compte de dépenses.

On distinguera pour chaque mineur, dans les recettes, les revenus d'avec les capitaux; et dans les dépenses, celles qui sont à la charge des revenus d'avec celles à la charge des capitaux.

On terminera par une récapitulation de l'actif réalisé ou restant à recouvrer, et une indication du passif restant à acquitter.

Dans une première section, on va présenter la situation de fortune des mineurs à l'époque de l'ouverture de la tutelle.

1re SECTION

Situation de la fortune des mineurs lors de l'ouverture de la tutelle. (N° 1324.)

La fortune des mineurs Bertin, à l'époque de la nomination de M. Ruault aux fonc-

(1) Proudhon, II, p. 677; Duranton, III, 610; Magnin, I, 758; Championnière, et Rigaud, II, 1050; Zach., § 230, note 6; Marcadé, *471*, 3; Cass. 23 août 1837; Rouen, 28 août 1844; CONTRA Toullier, II, 1250; Agen, 10 sept. 1824; Limoges, 3 avril 1838.

(2) Toullier, II, 1246; Duranton, III, 615; Marcadé, *471*, 1; Zach., § 230; Pigeau, *Proc.*, II, p. 366; Roll., *compte de tuteur à tuteur*, n° 4; Bourges, 15 mai 1826; Bordeaux, 1er fév. 1828; Cass. 25 juin 1839; Poitiers, 25 août 1846; Lyon, 12 avril 1848; J. N. 13443.

(3) Pigeau, *Proc.*, II, p. 366; Zach., § 230, note 6; Duranton, III, 611; Demolombe, VIII, 55; Marcadé, *art. 471*; Roll., *loc. cit.*, n° 5; Rouen, 28 août 1844; Poitiers, 25 août 1846; CONTRA Toullier, II, 1250; Agen, 19 fév. 1824; Limoges, 3 avril 1838.

(4) Dict. not., *compte de tuteur à tuteur*, n° 3; Cass. 25 juin 1839; J. N. 10464.

(5) Marcadé, *451*, 1, et *471*, 1; Zach., § 219, note 1; Toullier, II, 1246; Duranton, III, 615; Roll., *compte de tuteur à tuteur*, nos 3 et 4; Dict. not., *ibid.*, n° 5.

(6) Marcadé, *451*, 2.

nant les recettes, le second les dépenses, et le troisième établissant la balance. On porte dans le chapitre des recettes toutes les sommes que le tuteur a reçues pour son pupille en capital, intérêts, arrérages,

tions de tuteur, consistait uniquement en leurs droits dans les successions de leurs père et mère alors indivises et depuis liquidées, ainsi qu'on l'a vu en la 7e observation.

Il n'y avait pas lieu à la reddition aux mineurs d'un compte de tutelle par la succession de leur père, puisque d'une part la succession de leur mère était restée indivise, et que d'autre part leur père avait joui de leurs biens à titre d'usufruitier légal jusqu'au jour de son décès; les deux successions ont donc pu être confondues sans inconvénient dans la liquidation.

2e SECTION

1re Année. — Du 6 octobre 1859 au 5 octobre 1860

CHAP. Ier. — **Recettes.** (Nos 1324 et 1326.)

	Joseph		Théodore		Louise	
	CAPITAUX	REVENUS	CAPITAUX	REVENUS	CAPITAUX	REVENUS
1° Le 6 mai 1860, reçu de M....., commissaire priseur, suivant décharge à lui donnée à la date de ce jour (7e obs.) :						
Pour JOSEPH..........................	609	»	»	»	»	»
Pour THÉODORE........................	»	»	720	»	»	»
Pour LOUISE..........................	»	»	»	»	439	»
2° Le 22 juin suivant, reçu 36 fr. pour six mois d'arrérages de la rente de 72 fr. 3 p. 100 sur l'État, appartenant à LOUISE............	»	»	»	»	»	36
3° Le 1er juillet suivant, reçu de la compagnie du chemin de fer du Nord, pour intérêts des deux actions de JOSEPH............	»	40	»	»	»	»
4° Le 22 du même mois, reçu pour un dividende, échu ce jour, de l'action de la Banque de France de THÉODORE...........	»	»	»	80	»	»
5° Le 22 septembre suivant, reçu pour deux semestres échus ce jour de la rente de 36 fr. 4 1/2 p. 100, appartenant à LOUISE....	»	»	»	»	»	36
Totaux..............	609	40	720	80	439	72
CHAP. II. — **Dépenses.** (Nos 1325 et 1326.)						
1° Éducation, nourriture, entretien pendant l'année :						
De JOSEPH............................	»	1,400	»	»	»	»
De THÉODORE..........................	»	»	»	1,150	»	»
De LOUISE............................	»	»	»	»	»	1,000
2° Le 18 octobre 1856, payé au greffe du tribunal civil pour frais de l'acceptation bénéficiaire relatée sous la 4e observation, 18 fr. soit à la charge de chaque mineur..........	6	»	6	»	6	»
3° Le 26 du même mois, payé au greffier de la justice de paix, pour frais de la délibération du conseil de famille relatée sous la 3e observation, 24 fr.; soit à la charge de chaque mineur..............................	8	»	8	»	8	»
A reporter.....	14	1,400	14	1,150	14	1,000

loyers, fermages et autres fruits, et les dommages-intérêts dont le tuteur est tenu, soit pour avoir laissé dégrader les immeubles, soit pour d'autres fautes dont il doit répondre (1); on y porte aussi l'intérêt dû

	Joseph		Théodore		Louise	
	CAPITAUX	REVENUS	CAPITAUX	REVENUS	CAPITAUX	REVENUS
Reports.....	14	1,400	14	1,150	14	1,000
4° Le 27 février suivant, payé au bureau d'enregistrement de....., pour droits de mutation à la charge des mineurs, 1,200 fr., soit pour chacun d'eux..........................	400	»	400	»	400	»
5° Le 8 mai suivant, payé à Me....., notaire à....., 195 fr. pour chacun des mineurs, pour frais du partage relaté sous la 7e observation, ci..............................	195	»	195	»	195	»
6° Le 3 juillet suivant, payé pour impôts de l'année 1860,						
De la maison de Joseph................	»	97	»	»	»	»
De la maison de Louise................	»	»	»	»	»	73
Et les impôts personnels de chacun des mineurs..........................	»	3	»	3	»	3
7° Le 5 octobre suivant, payé à M. Durand, agent d'affaires à....., pour frais de gestion pendant l'année 1860, 201 fr., soit à la charge de chaque mineur......................	»	67	»	67	»	67
Totaux...............	609	1,567	609	1,220	609	1,143

Chap. III. — **Balance.**

Recettes totalisées sous le chapitre Ier....	609	40	720	80	439	72
Dépenses totalisées sous le chapitre II.....	609	1,567	609	1,220	609	1,143
Reliquats :						
1° Pour Joseph, en dépenses (revenus)....	»	1,527				
2° Pour Théodore, en dépenses (revenus)..	»	»	»	1,140		
En recette (capitaux), à déduire des dépenses..........................	»	»	111	111		
Reste en dépenses...................	»	»	»	1,029		
3° Pour Louise, en dépenses...........	»	»	»	»	170	1,071

3e SECTION

2e *Année. — Du 6 octobre 1860 au 5 octobre 1861*

Chap. Ier. — **Recettes.** (Nos 1324 et 1326.)

1° Le 3 novembre 1860, reçu de Buisson, pour une année d'intérêt échue ce jour de 2,400 fr. dus à Théodore..................	»	»	»	120	»	»
A reporter.....	»	»	»	120	»	»

(1) Dict. not., *compte de tutelle*, nos 72 et suiv.

par le tuteur à défaut d'emploi, *supra nos 1271 à 1273*, intérêt qui court à partir de l'échéance des six mois (1); cependant si le tuteur, au lieu de placer les deniers du mineur, les a employés à son profit, il en

	Joseph		Théodore		Louise	
	CAPITAUX	REVENUS	CAPITAUX	REVENUS	CAPITAUX	REVENUS
Reports.....	»	»	»	120	»	»
2° Le 2 décembre suivant, reçu de David pour un an d'intérêt échu ce jour des 4,000 fr. dus à JOSEPH..........................	»	200	»	»	»	»
3° Le 22 du même mois, reçu pour six mois d'arrérages de la rente de 72 fr. 3 p. 100 appartenant à LOUISE....................	»	»	»	»	»	36
4° Le 24 du même mois, reçu de Duchesne, pour une année de fermage échue ce jour des terres de JOSEPH........................	»	700	»	»	»	»
5° Le même jour reçu de Laroche pour une année de fermage échue ce jour des terres de LOUISE........................	»	»	»	»	»	1,050
6° Le même jour reçu de Dufils, pour une année de loyer échue ce jour de la maison de JOSEPH..............................	»	1,200	»	»	»	»
7° Le 26 du même mois, reçu de Dubois, une année de fermage échue le 25 des terres de THÉODORE..........................	»	»	»	1,650	»	»
8° Le 27 du même mois, reçu de Dumont, une année de loyer échue le 25 de la maison de LOUISE...........................	»	»	»	»	»	800
9° Le 2 janvier suivant, reçu de la compagnie du chemin de fer du Nord, pour dividende des deux actions de JOSEPH..........	»	43	»	»	»	»
10° Le 22 du même mois, reçu de la Banque de France le dividende échu ce jour de l'action de THÉODORE..................	»	»	»	80	»	»
11° Le 4 février suivant, reçu de Goujon, pour deux années d'intérêt échues ce jour des 3,000 fr. dus à LOUISE..................	»	»	»	»	»	300
12° Le 22 mars suivant, reçu six mois échus ce jour des 36 fr. de rente 4 1/2 p. 100 sur l'État, appartenant à LOUISE............	»	»	»	»	»	18
13° Le 29 du même mois, reçu 450 fr. pour 3/4 du prorata de loyer jusqu'au 4 janvier précédent de la maison laissée en commun, soit pour chacun des mineurs.........	»	150	»	150	»	150
14° Le 5 mai suivant, reçu de M. Mesnard, pour chacun des mineurs, 6,000 fr. sur le prix de vente relaté sous la 7e observation........	6,000	»	6,000	»	6,000	»
Plus pour intérêt......................	»	100	»	100	»	100
A reporter.....	6,000	2,393	6,000	2,100	6,000	2,454

(1) Dict. not., *ibid.*, n° 81.

devient le débiteur et il en doit l'intérêt à compter du jour où il les a reçus (1). Les intérêts et autres fruits payés au tuteur et les intérêts dus par le tuteur à défaut d'emploi, ou l'excédant, si une partie a

	Joseph		Théodore		Louise	
	CAPITAUX	REVENUS	CAPITAUX	REVENUS	CAPITAUX	REVENUS
Reports	6,000	2,393	6,000	2,100	6,000	2,454
15° Le 22 juin suivant, reçu 6 mois échus ce jour de la rente de 72 fr. 3 p. 100 sur l'État, appartenant à Louise, ci.	»	»	»	»	»	36
16° Le 2 juillet suivant, reçu de la compagnie du chemin de fer du Nord, pour dividendes des deux actions de Joseph..........	»	50	»	»	»	»
17° Le 22 du même mois, reçu de la Banque de France, pour dividende échu ce jour de l'action de Théodore..............	»	»	»	100	»	»
18° Le 18 septembre suivant, reçu six mois échus ce jour de la rente de 36 fr. 4 1/2 p. 100 sur l'État, appartenant à Louise......	»	»	»	»	»	18
Totaux..............	6,000	2,443	6,000	2,200	6,000	2,508
Chap. II. — Dépenses. (Nos 1325 et 1326.)						
1° Reliquats en dépenses du compte de l'année précédente........................	»	1,527	»	1,029	170	1,071
2° Éducation, nourriture, entretien pendant l'année :						
De Joseph..........................	»	1,400	»	»	»	»
De Théodore........................	»	»	»	1,200	»	»
De Louise..........................	»	»	»	»	»	1,100
3° Le 12 juin 1861, payé à Me....., notaire à....., en l'acquit de Joseph, pour frais de la donation relatée sous la 12e observation	4,200	»	»	»	»	»
4° Le 26 du même mois, payé pour impôts :						
De la maison de Joseph..............	»	97	»	»	»	»
De la maison de Louise..............	»	»	»	»	»	73
Impôt personnel de chacun des mineurs..	»	3	»	3	»	3
5° Le 12 septembre suivant, par acte passé devant Me....., notaire à....., prêté à Désiré Duhamel, propriétaire, demeurant à....., 6,000 fr. au nom de Théodore, et 6,000 fr. au nom de Louise..................	»	»	6,000	»	6,000	»
6° Le 2 octobre suivant, payé à Breton, maçon à....., pour réparations :						
A la maison de Joseph................	»	162	»	»	»	»
A la maison de Louise................	»	»	»	»	»	346
Totaux..............	4,200	3,189	6,000	2,232	6,170	2,593

(1) Duranton, III, 565 ; Dict. not., *loc. cit.*, n° 85.

été employée à l'acquit des dépenses, deviennent des capitaux et produisent eux-mêmes des intérêts à l'échéance des six mois (1); c'est ce qui donne lieu au compte par année, autrement dit par échelette.

	Joseph		Théodore		Louise	
	CAPITAUX	REVENUS	CAPITAUX	REVENUS	CAPITAUX	REVENUS
CHAP. III. — **Balance.**						
Recettes	6,000	2,443	6,000	2,200	6,000	2,508
Dépenses	4,200	3,189	6,000	2,232	6,170	2,593
Reliquats : 1° Pour JOSEPH, en recettes (capitaux)	1,800					
En dépenses (revenus), à déduire des recettes	746	746				
Reste en recettes	1,054					
2° Pour THÉODORE, en dépenses (revenus)	»	»	»	32		
3° Pour LOUISE, en dépenses	»	»	»	»	170	85
4e SECTION						
5e Année. — Du 6 octobre 1861 au 5 octobre 1862						
CHAP. Ier. — **Recettes.** (Nos 1324 et 1326.)						
1° Reliquat en recettes du compte de JOSEPH de l'année précédente	1,054	»	»	»	»	»
2° Le 2 décembre 1861, reçu de David 200 fr. pour une année d'intérêt échue ce jour des 4,000 fr. dus à JOSEPH	»	200	»	»	»	»
3° Le 22 du même mois, reçu six mois échus ce jour de la rente de 72 fr. 3 p. 100 sur l'État, appartenant à LOUISE	»	»	»	»	»	36
4° Le 24 du même mois, reçu de Dufils une année de loyer échue ce jour de la maison de JOSEPH	»	1,200	»	»	»	»
5° Le même jour, reçu de Laroche une année de fermages échue ce jour des terres de LOUISE, ci	»	»	»	»	»	1,050
6° Le 25 du même mois, reçu de Lecœur une année de fermages échue ce jour des terres de JOSEPH	»	760	»	»	»	»
7° Le même jour, reçu de Dubois une année de fermages échue ce jour des terres de THÉODORE	»	»	»	1,650	»	»
8° Le 26 du même mois, reçu de Dumont une année de loyer échue le 25 de la maison de LOUISE, ci	»	»	»	»	»	800
9° Le 2 janvier suivant, reçu du chemin de fer du Nord le dividende des deux actions de JOSEPH	»	48	»	»	»	»
A reporter	1,054	2,208	»	1,650	»	1,886

(1) Toullier, II, 1217; Dict. not., *loc. cit.*, n° 85; Nancy, 19 mars 1830; Lyon, 16 fév. 1835; J. N. 7291, 8863.

1325. On comprend dans le chapitre des dépenses toutes les sommes généralement quelconques que le tuteur a payées en l'acquit du mineur, notamment les frais de scellés, d'inventaire, de nourriture,

	Joseph		Théodore		Louise	
	CAPITAUX	REVENUS	CAPITAUX	REVENUS	CAPITAUX	REVENUS
Reports.....	1,054	2,208	»	1,650	»	1,886
10° Le 22 du même mois, reçu de la Banque de France le dividende de l'action de Théodore.....	»	»	»	90	»	»
11° Le 4 février suivant, reçu de Goujon un an d'intérêt échu ce jour des 3,000 fr. dus à Louise.....	»	»	»	»	»	150
12° Le 3 mars suivant, reçu de Buisson le remboursement de la créance due à Théodore. Principal.....	»	»	2,400	»	»	»
Intérêt du 3 novembre 1860 au jour du remboursement.....	»	»	»	160	»	»
13° Le 22 du même mois, reçu six mois de la rente de 36 fr. 4 1/2 p. 100, appartenant à Louise.....	»	»	»	»	»	18
14° Le 16 avril suivant, transféré les deux actions du chemin de fer du Nord, appartenant à Joseph, pour.....	1,730	»	»	»	»	»
15° Le 24 mai suivant, transféré les rentes sur l'État appartenant à Louise;						
Celle de 36 fr. 4 1/2 p. 100, pour.....	»	»	»	»	780	»
Celle de 72 fr. 3 p. 100, pour.....	»	»	»	»	1,663	»
16° Le même jour, transféré l'action sur la Banque de France appartenant à Théodore, pour.....	»	»	2,975	»	»	»
17° Le 26 du même mois, reçu de M. Petit le prix de la vente à lui faite de la créance de Joseph sur M. David (14e observation).....	3,850	»	»	»	»	»
18° Le même jour, reçu de M. Huard le montant de l'emprunt fait pour Joseph, énoncé en la 14e observation.....	8,000	»	»	»	»	»
19° Le 4 août suivant, reçu de Goujon 1,800 fr. à compte sur la créance de Louise, s'appliquant pour 1,725 fr. au principal, et pour 75 fr. aux intérêts. Il est resté dû sur le capital 1,275 fr. qui n'ont pu être touchés par suite de l'omission du tuteur de produire à l'ordre, et dont celui-ci est responsable (9e observation); cette somme figurera dans la section suivante.....	»	»	»	»	1,725	75
20° Le 12 septembre suivant, reçu de Duhamel, pour Théodore et Louise, une année d'intérêt, échue ce jour, des 6,000 fr. prêtés à Duhamel au nom de chacun d'eux.....	»	»	»	300	»	300
Totaux.....	14,634	2,208	5,375	2,200	4,168	2,429

pension et entretien du pupille, etc., en un mot on alloue au tuteur toutes les dépenses suffisamment justifiées et dont l'objet a été utile. (*C. N.* 471.)

CHAP. II. — **Dépenses.** (Nos 1325 et 1326.)	Joseph		Théodore		Louise	
	CAPITAUX	REVENUS	CAPITAUX	REVENUS	CAPITAUX	REVENUS
1° Reliquats en dépenses des comptes de THÉODORE et LOUISE pendant l'année précédente.	»	»	»	32	170	85
2° Éducation, nourriture, entretien pendant l'année :						
De JOSEPH........................	»	1,400	»	»	»	»
De THÉODORE........................	»	»	»	1,250	»	»
De LOUISE........................	»	»	»	»	»	1,100
3° Le 1er janvier 1862, payé à M. Durand, agent d'affaires à...., pour gestion des biens des mineurs pendant l'année 1861, 300 fr., soit à la charge de chacun d'eux...........	»	100	»	100	»	100
4° Le 28 mai suivant, payé au nom de JOSEPH 14,500 fr. aux héritiers Laville, pour la cause énoncée en la 14e observation.........	14,500	»	»	»	»	»
5° Le 26 juin suivant, payé pour impôts de l'année 1862 :						
De la maison de..., appartenant à JOSEPH.	»	97	»	»	»	»
De la maison appartenant à LOUISE.......	»	»	»	»	»	73
Impôt personnel de chacun des mineurs..	»	3	»	3	»	3
6° Le 2 juillet suivant, payé au nom de JOSEPH, à Me...., notaire à...., 262 fr. pour les frais de l'obligation et de la quittance relatées en la 14e observation, ci..............	262	»	»	»	»	»
7° Le même jour, payé à Me Hémard, avoué à...., pour frais de délibération de conseil de famille et d'homologation énoncées en la même observation, ci........................	193	»	»	»	»	»
8° Le 12 août suivant, par acte devant Me...., notaire à...., prêté à Jérôme Chatellier, cultivateur à...., au nom de LOUISE....	»	»	»	»	4,000	»
9° Le 25 septembre suivant, payé pour THÉODORE, principal et frais de l'acquisition relatée sous la 11e observation............	»	»	6,000	»	»	»
Totaux...............	14,955	1,600	6,000	1,385	4,170	1,361
CHAP. III. — **Balance**						
Recettes...........................	14,634	2,208	5,375	2,200	4,168	2,429
Dépenses...........................	14,955	1,600	6,000	1,385	4,170	1,361
Reliquats :						
1° Pour JOSEPH, en recettes (revenus).....	»	608				
En dépenses (capitaux), à déduire des recettes................................	321	321				
Reste en recettes................	»	287				
2° Pour THÉODORE, en recettes (revenus)..	»	»	»	815		
A reporter.....	»	»	625	815	2	1,068

1326. Les recettes se divisent en capitaux et revenus, et les dépenses en charges des capitaux et

	Joseph		Théodore		Louise	
	CAPITAUX	REVENUS	CAPITAUX	REVENUS	CAPITAUX	REVENUS
Reports.....	»	»	625	815	2	1,068
En dépenses (capitaux), à déduire des recettes..........	»	»	625	625		
Reste en recettes..............	»	»	»	190		
3° Pour Louise, en recettes (revenus)....	»	»	»	»	»	1,068
En dépenses (capitaux), à déduire des recettes..........	»	»	»	»	2	2
Reste en recettes..............	»	»	»	»	»	1,066
5e SECTION						
4e Année. — Du 6 octobre 1862 au 12 septembre 1863						
CHAP. Ier. — **Recettes.** (Nos 1324 et 1326.)						
1° Reliquats en recettes du compte de l'année précédente..........	»	287	190	»	1,066	»
2° Intérêt à défaut d'emploi des 190 fr. formant le reliquat en revenu du compte de Théodore, du 6 avril 1863 (expiration des six mois) au 12 septembre suivant. (N° 1271.)....	»	»	»	4	»	»
3° Intérêt à défaut d'emploi des 1,066 fr. formant le reliquat en revenu du compte de Louise, du 6 avril 1863 (expiration des six mois) au 12 septembre suivant. (N° 1271.)........	»	»	»	»	»	23
4° Le 24 octobre 1862, touché de M. Grandville, pour Joseph, prorata de loyers de l'usine de...., couru du 25 juin 1861, jour du décès de M. Laville, à celui de la vente. (15e observ.)	»	2,100	»	»	»	»
5° Le 24 déc. suivant, dû par M. Ruault, rendant, pour une année de loyer, échue ce jour, de la maison de Joseph..............	»	1,200	»	»	»	»
6° Le même jour, reçu de Laroche une année de fermage, échue ce jour, des terres de Louise..........	»	»	»	»	»	1,050
7° Le même jour, reçu de Dubois une année de fermage, échue ce jour, des terres de Théodore..........	»	»	»	1,650	»	»
8° Le 25 du même mois, reçu de Dumont une année de loyer, échue ce jour, de la maison de Louise..........	»	»	»	»	»	800
9° Le 25 du même mois, reçu de Lecœur une année de fermage, échue ce jour, des terres de Joseph..........	»	760	»	»	»	»
10° Le 24 avril suivant, reçu de Grandville six mois d'intérêt, échus ce jour, des 38,600 fr. par lui dus à Joseph, pour prix de vente de l'usine..........	»	965	»	»	»	»
A reporter.....	»	5,312	190	1,654	1,066	1,873

revenus. Cette division a pour but, en ce qui concerne les revenus, de fixer le reliquat dont le tuteur doit l'intérêt à défaut d'emploi, *supra* n° 1275.

	Joseph		Théodore		Louise	
	CAPITAUX	REVENUS	CAPITAUX	REVENUS	CAPITAUX	REVENUS
Reports.....	»	5,312	190	1,654	1,066	1,873
11° Le 12 août suivant, reçu de Chatellier les intérêts, échus ce jour, de la somme à lui prêtée par Louise....................	»	»	»	»	»	200
12° A la date du 12 septembre suivant, 1,275 fr., dont le rendant est comptable envers Louise, comme formant le complément irrécouvrable de la créance Goujon, dont le rendant est responsable, ainsi qu'on le voit en la 4e sect., chap. Ier, 19°, ci................	»	»	»	»	1,275	»
Plus, 74 fr. pour intérêt de cette somme, à défaut d'emploi, du 4 février 1863 (expiration des six mois du jour du recouvrement) au 12 septembre suivant, ci..............	»	»	»	»	»	42
Totaux...............	»	5,312	190	1,654	2,341	2,115
Réunion...............	»	»	1,844		4,456	

Chap. II. — Dépenses. (Nos 1325 et 1326.)						
1° Éducation, nourriture, entretien pendant l'année :						
De Joseph, en vertu d'une délibération du conseil de famille du 2 janvier 1863........	»	2,500	»	»	»	»
De Théodore, en vertu de la même délibération..............................	»	»	»	2,000	»	»
De Louise..............................	»	»	»	»	»	1,200
2° Le 14 décembre 1862, payé à M. Breton, maître maçon à...., pour réparations :						
A la maison de Joseph................	»	300	»	»	»	»
A la maison de Louise................	»	»	»	»	»	400
3° Le 1er janvier suivant, payé à M. Durand, agent d'affaires à...., pour gestion des biens des mineurs pendant l'année 1862, 300 fr., soit à la charge de chaque mineur..........	»	100	»	100	»	100
4° Le 28 mai suivant, payé à M. Huard 400 fr. pour une année d'intérêt, échue ce jour, des 8,000 fr. qu'il a prêtés à Joseph....	»	400	»	»	»	»
5° Le 18 juin suivant, payé pour impôts de l'année 1863 :						
De la maison de Joseph................	»	98	»	»	»	»
De la maison de Louise................	»	»	»	»	»	75
Impôt personnel de chacun des mineurs..	»	3	»	3	»	3
Totaux...............	»	3,401	»	2,103	»	1,778

1326 *bis*. Il est très utile, avant de clore le compte, de résumer la position du mineur par la récapitulation de l'actif restant à recouvrer et l'indication du passif restant à acquitter.

CHAP. III. — **Balance.**

JOSEPH

Les recettes s'élèvent à	5,312 fr. » c.
Et les dépenses à	3,401 »
Reliquat du compte en faveur de JOSEPH, dix-neuf cent onze francs, ci.	1,911 »

THÉODORE

Les recettes s'élèvent à	1,844 fr. » c.
Et les dépenses à	2,103 »
Reliquat du compte en faveur de M. RUAULT, rendant, deux cent cinquante-neuf francs, ci	259 »

LOUISE

Les recettes se montent à	4,456 fr. » c.
Et les dépenses à	1,778 »
Reliquat du compte en faveur de LOUISE, deux mille six cent soixante-dix-huit francs, ci	2,678 »

Récapitulation de l'actif composant la fortune des oyants compte à l'époque de la reddition du compte ; — passif restant à acquitter. (N° 1326 *bis*.)

§ 1. — ACTIF

M. Joseph BERTIN.

1° Une maison sise à....., rue..... (7° obs.);

2° Prorata de loyer de cette maison depuis le 25 décembre 1862, sur le pied de 1,200 fr. par an, dû par M. RUAULT, rendant (10° obs.) ;

3° Deux pièces de terre sises à....., contenant ensemble 8 hectares 75 ares (7° obs.) ;

4° Prorata de fermage de ces terres, depuis le 25 décembre 1862, sur le pied de 760 f. par an, dû par M. Lecœur (9° obs.) ;

5° Créance de 38,600 fr. sur M. Grandville, pour prix de vente (15° obs.) ;

6° Prorata d'intérêt de cette somme depuis le 24 avril 1863 ;

7° Et 1,911 fr. pour le reliquat du présent compte.

M. Théodore BERTIN.

1° Sept pièces de terre à....., d'une contenance réunie de 18 hectares 75 ares (7° et 11° obs.) ;

2° Prorata des fermages de six de ces pièces de terre, depuis le 25 décembre 1862, sur le pied de 1,650 fr. par an, dû par M. Dubois (7° obs.);

3° Prorata de fermage de la pièce de terre acquise, couru depuis le même jour, sur le pied de 200 fr. par an, dû par M. Leblé (11° obs.) ;

4° Créance de 6,000 fr. due par M. Duhamel, pour prêt (*compte 3° section, chap.* 2, n° 5) ;

5° Prorata d'intérêt de cette créance depuis le 12 septembre 1862.

Mlle *Louise* BERTIN.

1° Une maison sise à....., rue..... (7° obs.) ;

2° Prorata de loyer depuis le 25 décembre 1862, sur le pied de 800 fr. par an, dû par DUMONT (7° obs.) ;

1327. Le compte définitif de la tutelle est rendu aux frais de l'oyant compte; le tuteur peut en avancer les frais, sauf à les porter en dépense. (*C. N.*, *471.*) Si le compte est nécessité par le changement de tuteur survenu par suite de destitution du précédent tuteur, les frais de compte sont, pour le tout, à la charge du tuteur destitué (1).

1328. Si le compte est rendu judiciairement, les frais de contestation sont à la charge de la partie qui succombe (2); quant à la partie des frais et dépens nécessités par la disposition du jugement qui constitue le titre même de reddition de ce compte, elle est toujours à la charge du mineur ou de l'interdit (3).

1329. Tout traité intervenu entre le tuteur (4) ou ses héritiers (5) et le mineur (6) devenu majeur est nul s'il n'a été précédé de la reddition du compte de tutelle détaillé et de la remise des pièces justifi-

3° Terres à Arnières contenant 9 hectares 83 ares (même obs.);

4° Prorata de fermage depuis le 25 décembre 1862, sur le pied de 1,050 fr. par an, dû par M. Laroche (même obs.);

5° Créance de 6,000 fr. due par M. Duhamel, pour prêt (*compte, 3e sect. chap. 2, n° 5*);

6° Intérêt de cette créance depuis le 12 septembre 1862;

7° Créance de 4,000 fr. due par M. Chatellier, pour prêt (*compte, 4e sect., chap. 2, n° 7*);

8° Intérêt de cette créance depuis le 14 août 1863,

9° Et 2,678 fr. pour le reliquat du présent compte.

§ 2. — PASSIF

M. Joseph Bertin.

1° 8,000 fr. dus à M. Huard, pour prêt (14e obs.);

2° Intérêt de cette somme depuis le 14 décembre 1862.

M. Théodore Bertin.

259 fr. dus à M. Ruault, rendant, pour le reliquat du présent compte.

FRAIS DU COMPTE. (Nos 1327 et 1328.)

Les frais du présent compte de tutelle, ceux de récépissé et ceux d'approbation seront, comme de droit, à la charge des oyants compte, chacun pour un tiers.

AFFIRMATION

Le présent compte ainsi terminé, M. Ruault l'affirme sincère et véritable, et le présente aux oyants.

Fait à....., le douze septembre mil huit cent soixante trois.

(Signature.)

FORMULE 234. — Récépissé du compte de tutelle. (Nos 1329 à 1332.)

Par-devant Me.....;

Ont comparu :

1° M. Louis-Joseph Bertin, étudiant en droit, domicilié à....., résidant à Paris, rue....., majeur depuis le douze août mil huit cent soixante-trois;

(1) Marcadé, *471*, 2; Demolombe, VIII, 103; Massé et Vergé sur Zach., § 230, note 7; Mourlon, I, 1216.

(2) Pigeau, II, p. 394; Carré, *question 1860*; Toullier, II, 1251; Roll, *compte de tutelle*, n° 80; Dict. not., *ibid.*, n° 112; Massé et Vergé, § 230, note 7; Lyon, 16 fév. 1835; Bordeaux, 2 juin 1836; Cass. 7 fév. 1847; Pau, 19 août 1850.

(3) Cass. 11 mars 1857; Jur. N. 11095.

(4) Ce qui ne s'applique pas au père administrateur légal : Agen, 17 mars 1854; Cass. 30 janv. 1866; J. N. 15262, 18459.

(5) Limoges, 3 juin 1850; contra Cass. 19 mai 1863.

(6) Il n'en est pas de même du traité intervenu entre l'ex-tuteur et l'héritier du mineur : Trib. Lyon, 29 déc. 1852; J. N. 14898.

catives, le tout constaté par un récépissé de l'oyant compte ayant date certaine (1), dix jours au moins avant le traité. (*C. N.*, *472*.) [FORM. 234.]

1330. Les traités dont il vient d'être parlé sont seulement ceux relatifs à la gestion du tuteur, c'est-à-dire ceux touchant directement ou indirectement au compte de tutelle (2); quant à toutes conventions n'ayant point de rapport avec la tutelle, elles seraient inattaquables (3).

2° M. Théodore BERTIN, élève en pharmacie, demeurant à.....;

Mineur émancipé d'âge, suivant délibération de son conseil de famille, prise sous la présidence de M. le juge de paix du canton de....., ainsi qu'il résulte du procès-verbal que ce magistrat en a dressé, assisté de son greffier, le douze août mil huit cent soixante-trois,

Assisté de M. Gervais DAVID, marchand, demeurant à....., ici présent, curateur à son émancipation, nommé par la délibération qui vient d'être énoncée;

3° M. Ladislas MOUTON, fabricant, demeurant à.....;

Agissant au nom et comme tuteur datif de Mlle Louise BERTIN, mineure, âgée de quinze ans, sans profession, domiciliée à....., nommé à cette fonction, qu'il a acceptée, en remplacement de M. RUAULT ci-après nommé, suivant délibération du conseil de famille de cette mineure, prise sous la présidence de M. le juge de paix du canton de....., assisté de son greffier, le vingt-quatre août mil huit cent soixante-trois;

En présence de M. Ludovic MOUCHARD, propriétaire, demeurant à.....;

Agissant en qualité de subrogé-tuteur de la mineure Louise BERTIN, nommé à cette fonction par la délibération qui vient d'être relatée.

Lesquels ont, par ces présentes, reconnu que M. Louis-Philippe RUAULT, propriétaire, demeurant à....., ici présent, ayant été tuteur datif de M. Joseph BERTIN, M. Théodore BERTIN et Mlle Louise BERTIN, a remis, à l'instant, à chacun de M. Joseph BERTIN, M. Théodore BERTIN et M. MOUTON, tuteur de Mlle Louise BERTIN :

Premièrement. Une copie certifiée du compte présenté par M. RUAULT de la gestion et de l'administration qu'il a eues en cette qualité des biens des trois mineurs BERTIN; ce compte rédigé par acte sous seing privé, en date de ce jour, dont l'original non encore enregistré, mais devant l'être avant ou avec ces présentes, est demeuré ci-joint, après avoir été des parties certifié véritable par une mention d'annexe signée d'elles et des notaires.

Deuxièmement. Et les pièces justificatives à l'appui de ce compte, se composant, savoir :

Celles remises à M. Joseph BERTIN, *de* :

1° Un extrait de la liquidation mobilière relatée au compte sous la 7e observation;

2° Un extrait du partage énoncé sous la même observation;

3° Une expédition de la quittance du vingt-huit mai mil huit cent soixante deux, relatée sous la 14e observation;

4° Une grosse du procès-verbal d'adjudication mentionnée sous la 15e observation;

5° Les baux à MM. Dufils, Duchesne, Lecœur et Ruault, énoncés sous les 7e, 9e et 10e observations;

6° Vingt-six pièces qui sont : quittances, mémoires acquittés, mandats relatifs aux dépenses que M. Ruault a faites pour M. Joseph BERTIN.

---

(1) Roll., *compte de tutelle*, n° 117.

(2) Demolombe, VII, 569; Metz, 10 mars 1821; Nîmes, 2 juin 1830; Douai, 20 janv. 1844; Caen, 8 nov. 1856; Cass. 5 juin 1850; Paris, 8 mars 1867; J. N. 11928, 14093, 16038, 18970.

(3) Magnin, I, p. 715; Duranton, III, 638; Marcadé, *art. 472*; Roll, *compte de tutelle*, nos 106; Dict. not., *ibid.*, n° 154; Nîmes, 15 mars 1816; Paris, 5 janv. 1820; Caen, 10 mai 1857; Cass. 7 août 1810, 14 déc. 1818, 22 mai 1822, 16 mai 1831, 1er juin 1847, 10 avril 1849; Nîmes, 23 juin 1851; J. N. 14495; CONTRA Merlin, *tuteur*; Riom, 26 août 1816; Paris, 2 août 1821; Nîmes, 8 juin 1830.

1331. Est essentiellement relative à la tutelle la mainlevée de l'hypothèque légale du mineur; en conséquence, est nulle une pareille mainlevée donnée par un mineur devenu majeur avant l'expiration des dix jours qui suivent la reddition du compte (1).

1332. Mais sont valables : la renonciation à son hypothèque légale faite par le mineur devenu majeur, en faveur de tiers acquéreurs de l'ex-tuteur, ou la subrogation par le mineur en faveur de tiers, dans l'effet de son hypothèque légale, en garantie de prêts faits à l'ex-tuteur (2).

1333. Le compte de tutelle peut être rendu indifféremment dans la forme authentique [FORM. 235] ou dans la forme sous-seings privés [FORM. 233]; mais on préfère, lorsqu'il y a beaucoup de chiffres, le

---

Celles remises à M. Théodore BERTIN :

1° Un extrait de la liquidation mobilière relatée sous la 7e observation;

2° Un extrait du partage énoncé sous la même observation;

3° Le bail à M. Dubois, mentionné sous la même observation;

4° La grosse de l'obligation de six mille francs souscrite par M. Duhamel,

5° L'expédition du contrat d'acquisition d'immeuble relaté sous la 11e observation;

6° Et dix-huit pièces qui sont : quittances, mémoires, mandats acquittés relatifs aux dépenses que M. Ruault a faites pour M. Théodore BERTIN.

Et celles remises à M. MOUTON, *tuteur de Mlle Louise* BERTIN, *de* :

1° Un extrait de la liquidation mobilière relatée sous la 7e observation;

2° Un extrait du partage énoncé sous la même observation;

3° Les baux faits à MM. Dumont et Laroche, mentionnés sous la même observation;

4° La grosse de l'obligation de six mille francs souscrite par M. Duhamel;

5° La grosse de l'obligation de quatre mille francs souscrite par M. Chatellier;

6° Et seize pièces qui sont : quittances, mémoires et mandats acquittés relatifs aux dépenses que M. Ruault a faites pour Mlle Louise BERTIN.

M. Joseph BERTIN, M. Théodore BERTIN, assisté de son curateur, et M. MOUTON, tuteur de la mineur Louise BERTIN, se réservent d'examiner le compte de tutelle, ainsi que les pièces à l'appui pendant le délai (3) voulu par la loi, pour ensuite l'approuver ou le contester suivant qu'il y aura lieu.

Dont acte. Fait et passé à....., en l'étude de Me.....;

L'an mil huit cent soixante-trois, le douze septembre.

Et après lecture, les parties ont signé avec les notaires.

FORMULE 235. — Compte de tutelle et récépissé par le même acte. (No 1333.)

PAR-DEVANT Me.....;

A COMPARU :

M. Louis-Philippe RUAULT, propriétaire, demeurant à.....;

Lequel a, par ces présentes, rendu à :

1° M. Joseph BERTIN, etc.

Le surplus comme en la formule 233 jusqu'après l'affirmation du tuteur, puis on ajoute

RÉCÉPISSÉ

Au présent acte sont intervenus :

1° M. Joseph BERTIN....;

2° M. Théodore BERTIN....;

Ce dernier, mineur émancipé assisté de M. DAVID, son curateur :

---

(1) Roll., *compte de tutelle*, n° 112; Caen, 17 déc. 1827; Dijon, 26 mars 1840; Riom, 9 janv. 1860; Jur. N. 11548; CONTRA Rouen, 14 août 1843; J. N. 11807.

(2) Cass. 1er juill. 1847 et 10 avril 1849; Bourges, 20 fév. 1852; J. N. 13789.

(3) Le délai est de dix jours au moins, *infra* n° 1330.

faire dans cette dernière forme, afin de pouvoir porter les sommes et les dates en chiffres, et d'abréger ainsi le travail. Cela, bien entendu, n'est possible que lorsque le rendant compte sait signer.

1334. Dix jours après l'acte de récépissé du compte de tutelle, *supra n° 1329*, le rendant et les oyants compte peuvent, d'un commun accord, l'approuver [Form. 236], afin de le rendre définitif. Si, au contraire, le compte donne lieu à des contestations, elles sont poursuivies et jugées comme les autres contestations en matière civile. (*C. N., 473. — C. Pr., 527 et suiv.*)

3° M. Ladislas Mouton.... ;
Agissant en qualité de tuteur datif de Mlle Louise Bertin.... ;
En présence de M. Ludovic Mouchard.... ;
Subrogé-tuteur de Mlle Louise Bertin.... :
Tous ci-dessus nommés, qualifiés et domiciliés.

Lesquels ont reconnu que M. Ruault a remis à l'instant, à chacun de M. Joseph Bertin, M. Théodore Bertin et M. Mouton, tuteur de Mlle Louise Bertin :

Premièrement. Un double du compte de tutelle qui précède;

Deuxièmement. Et les pièces justificatives à l'appui, etc.

Le surplus comme en la formule 234.

FORMULE 236. — Approbation de compte de tutelle. (Nos 1334 à 1336.)

Et aujourd'hui, vingt trois septembre mil huit cent soixante trois;
Par-devant Me..... ;
Ont comparu :
M. Louis-Philippe Ruault, propriétaire, demeurant à....., d'une part;
M. Joseph Bertin, etc. (*le surplus comme en la formule 234*);
M. Théodore Bertin, etc. (*le surplus comme en la même formule avec la même assistance*);
M. Ladislas Mouton, etc. (*le surplus comme en la même formule*);
En présence de M. Ludovic Marchand, etc. (*le surplus comme en la même formule*), d'autre part;

Lesquels ont dit :

Aux termes d'un acte sous seing privé en date du douze de ce mois, annexé à l'acte de récépissé qui va être relaté, M. Ruault a présenté à M. Joseph Bertin, M. Théodore Bertin et M. Mouton, tuteur de Mlle Louise Bertin, le compte de la gestion et de l'administration qu'il a eues des biens de MM. Joseph et Théodore Bertin et de Mlle Louise Bertin, comme ayant été leur tuteur datif.

Cet acte constate un reliquat en recettes :

En faveur de M. Joseph Bertin, de dix neuf cent onze francs;

En faveur de Mlle Louise Bertin, de deux mille six cent soixante dix-huit francs;

Et un reliquat en dépenses en faveur de M. Ruault sur M. Théodore Bertin, oyant compte, de deux cent cinquante-neuf francs.

Par autre acte passé devant Me....., notaire à....., le même jour, M. Joseph Bertin, M. Théodore Bertin, assisté de M. David, son curateur, et M. Mouton, tuteur de Mlle Louise Bertin, en présence de M. Mouchard, son subrogé-tuteur, ont reconnu que M. Ruault a remis à chacun d'eux un double du compte de tutelle et les pièces justificatives à l'appui de ce compte.

M. Joseph Bertin, M. Théodore Bertin, M. David, son curateur, M. Mouton, tuteur de Mlle Louise Bertin, reconnaissent, ainsi que M. Mouchard, subrogé-tuteur, avoir examiné le compte et les pièces à l'appui, et, ayant trouvé le tout parfaitement exact et régulier, ils déclarent approuver purement et simplement le compte de tutelle rendu par M. Ruault.

En conséquence, le reliquat de ce compte reste définitivement fixé :

En faveur de M. Joseph Bertin, à dix neuf cent onze francs;

1335. La somme à laquelle s'élève le reliquat dû par le tuteur porte intérêt sans demande à compter de la clôture du compte. Les intérêts de ce qui est dû au tuteur par le mineur ne courent que du jour de la sommation de payer qui a suivi la clôture du compte. (*C. N., 474.*) (1).

1336. Toute action du mineur contre son tuteur (2), relativement aux frais de la tutelle, se prescri par dix ans, à compter de la majorité. (*C. N., 475.*)

CHAPITRE TROISIÈME

DE L'ÉMANCIPATION

1337. Le mineur est émancipé de plein droit par le mariage. (*C. N., 476.*)

1338. La femme émancipée par son mariage a pour curateur légal son mari [Form. 237]; il n'y a

---

En faveur de Mlle Louise Bertin, à deux mille six cent soixante-dix-huit francs ;

Et en faveur de M. Ruault, à deux cent cinquante-neuf francs, dus par M. Théodore Bertin.

M. Mouton reconnaît avoir reçu à l'instant de M. Ruault la somme de deux mille six cent soixante-dix-huit francs, formant le reliquat du compte en faveur de Mlle Louise Bertin, sa pupille, et il donne quittance de ce reliquat à M. Ruault, sans réserve.

Quant à la somme de dix-neuf cent onze francs, formant le reliquat du compte en faveur de M. Joseph Bertin, elle lui sera payable à toute réquisition, avec intérêt à cinq pour cent par an, à partir de ce jour.

Et M. Ruault reste créancier de deux cent cinquante-neuf francs formant le reliquat en sa faveur du compte rendu à M. Théodore Bertin.

Par suite, M. Mouton, au nom de Mlle Louise Bertin, et M. Théodore Bertin, assisté de son curateur, se désistent de tous droits d'hypothèque légale contre M. Ruault ; ils donnent mainlevée pure et simple, et consentent à la radiation définitive de l'inscription de cette hypothèque, prise au profit de M. Théodore Bertin et Mlle Louise Bertin, contre M. Ruault, tuteur, au bureau des hypothèques de....., le....., vol....., n°.....

En opérant la radiation de cette inscription, M. le conservateur sera déchargé.

M. Joseph Bertin, resté créancier du reliquat du compte en sa faveur, fait réserve de son hypothèque légale contre M. Ruault, et notamment de l'inscription prise à son profit, contre M. Ruault, au même bureau des hypothèques, à pareille date et sous mêmes vol. et n°.

Les pièces justificatives remises aux oyants compte, aux termes de l'acte de récépissé ci-dessus relaté, restent en leur possession.

M. Mouton, sur l'interpellation qui lui a été faite par Me......, l'un des notaires soussignés, de déclarer s'il lui est dû quelque chose par la mineure Louise Bertin, sa pupille, a répondu qu'elle ne lui doit rien et qu'il n'a pas encore fait de dépenses pour elle. (N° 1324.)

Mention des présentes est consentie pour avoir lieu sur toutes pièces où besoin sera.

Dont acte.

Fait et passé, etc.

---

(1) V. Cass. 14 juill. 1864, 1er août 1866 ; J. N. 18091, 18625.

(2) Quant à l'action du tuteur contre son ex-pupille, elle ne se prescrit, comme toutes les autres actions, que par trente ans ; Valette sur Proudhon, II, p. 420 ; Duranton, III, 647 ; Duvergier sur Toullier, II, 279 ; Taulier, II, p. 82 ; Massé et Vergé, § 230, note 15 ; Demolombe, VIII. 156 ; Dalloz, *minor.*, n° 684 ; Lyon, 11 janv. 1862 ; J. N. 17565 ; contra Toullier, II, 279 ; Magnin, I, p. 586 ; Vazeille *prescript.*, n° 136 ; Montpellier, 13 avril 1847 ; J. N. 17565 ; Paris, 14 juill. 1864 ; J. N. 18091.

donc pas lieu de lui faire nommer un curateur par le conseil de famille (1); si c'est le mari qui se trouve émancipé par le mariage, et qu'il ait besoin de l'assistance d'un curateur, c'est à son conseil de famille à lui en nommer un.

1339. Le mineur non marié peut être émancipé par son père, ou à défaut de père par sa mère, lorsqu'il a atteint l'âge de quinze ans révolus (*C. N.*, *477*) [FORM. 238], et cela quand même les père et mère auraient été exclus ou destitués de la tutelle, ou la mère remariée non maintenue dans la tutelle (2); cependant, s'il apparaissait que l'émancipation n'a d'autre objet que d'éluder et de rendre sans effet l'exclusion ou la destitution de la tutelle, il appartiendrait aux tribunaux, à la demande du tuteur ou autre membre du conseil de famille, de faire défense aux juges de paix de recevoir l'acte d'émancipation (3), ou d'annuler cet acte.

1340. L'émancipation s'opère par la seule déclaration du père ou de la mère, reçue par le juge de paix assisté de son greffier. (*C. N.*, *477.*)

1341. Le père ou la mère peut se faire représenter à l'émancipation par un mandataire (4).

1342. Jugé, mais à tort selon nous, que la mère remariée a besoin de l'autorisation de son mari pour émanciper l'enfant de son premier mariage (5).

1343. La curatelle du mari est la seule qui soit légitime. Toute autre curatelle est dative; ainsi, le mineur émancipé pendant le mariage de ses père et mère n'a pas pour curateur légal son père (6).

1344. Les dispositions rapportées *supra nos 1339 à 1343* s'appliquent à l'enfant naturel légalement reconnu (7).

1345. Le mineur resté sans père ni mère peut aussi, mais seulement à l'âge de dix-huit ans accomplis, et sur la réquisition de son tuteur ou d'un ou plusieurs parents ou alliés du mineur au degré de cousin germain ou à un degré plus proche (*C. N.*, *479*), ou même sur sa réquisition personnelle (8),

---

FORMULE 237. — Mineur émancipé par le mariage. (Nos 1337 à 1353.)

Mme Louise DUVAL, épouse assistée et autorisée de M. Charles DURAND, avocat, avec lequel elle demeure à.....;

« Mme DURAND, mineure émancipée par son mariage, ayant pour curateur légal M. DU-« RAND, son mari. »

FORMULE 238. — Mineur émancipé par son père. (Nos 1339 à 1353.)

M. Désiré DUVAL, commis de magasin, demeurant à.....;

« Mineur né à....., le....., mais émancipé par M. Charles DUVAL, son père, mar-« chand de nouveautés, demeurant à....., suivant déclaration reçue par M. le juge de « paix du canton de....., ainsi qu'il résulte du procès-verbal que ce magistrat en a « dressé, assisté de son greffier, le..... »

S'il est assisté de son curateur, on ajoute :

« Assisté de M. DUVAL, son père et son curateur, nommé à cette fonction, etc. (*Le « surplus comme en la formule 239.*) »

---

(1) Pigeau, [illegible], p. 98; Zach., § 238, note 6; Duranton, III, 678; Vazeille, *mariage*, II, 349; Demolombe, VIII, 233; Mourlon, I, 1245; Marcadé, *480*, 2; Magnin, n° 1399; Roll., *curatelle*, nos 17, 18; Dict. not., *ibid.*, n° 19; Pau, 11 mars 1811; Paris, 15 fév. 1838; J. N. 10114.

(2) Toullier, II, 1287; Zach., § 227, note 11; Demolombe, VIII, 201; Proudhon, II, p. 252; Magnin, I, 747; Duranton, III, 656; Fréminville, II, 1031; Marcadé, *447*, 2; Roll., *émancipation*, n° 8; Dict. not., *ibid.*, n° 19; Colmar, 17 juin 1807; Bruxelles, 6 mai 1808; Bordeaux, 14 juill. 1838 et 7 janv. 1852; J. N. 10804, 14617.

(3) Zach., Massé et Vergé, § 227, note 11; Marcadé, *447*, 2; Demante, *progr.*, I, p. 271; Bordeaux, 7 janv. 1852; J. N. 14617.

(4) Fréminville, II, 1030; Demolombe, VIII, 197; Magnin, n° 746; Roll., *émancipation*, n° 9; Dict. not., *ibid.*, n° 10.

(5) Trib. Mantes, 21 déc. 1840; Jur. N. 5446; CONTRA Dalloz et Vatimesnil, *consult.*, Jur. N. 5446; Roll., *émancip.*, n° 10; Dict. not., *ibid.*, n° 28; Fréminville, II, n° 1031; Demolombe, VIII, 203.

(6) Valette sur Proudhon, II, p. 440, *explic. somm.*, p. 312; Demante, II, 248; Demolombe, VIII, 236; Dict. not., *curatelle*, n° 25; Mourlon, I, 1246; Caen, 27 juin 1812; Limoges, 2 janv. 1821; CONTRA Duranton, III, 678; Marcadé, *480*, 2.

(7) Marcadé, *477*, 2; Toullier, II, 1287; Duranton, III, 657; Chardon, II, 180; Demolombe, VIII, 373; Roll., *enf. nat.*, n° 73, et *émancipation*, n° 11; Dict. not., *émancipation*, n° 35; Limoges, 2 janv. 1821.

(8) Proudhon, II, p. 253; Toullier, I, 1290; Zach., § 227, note 21; Marcadé, *479*, 2; CONTRA Duranton, III, 662; Dict. not., *émancipation*, n° 35.

être émancipé si le conseil de famille l'en juge capable. En ce cas, l'émancipation résulte de la délibération qui l'autorise, et de la déclaration que le juge de paix, comme président du conseil de famille, fait dans le même acte *que le mineur est émancipé.* (*C. civ., 478.*) [FORM. 239.]

1346. Après l'émancipation par le survivant des père et mère, ou après la prononciation de l'émancipation conférée par le conseil de famille, le conseil de famille convoqué au lieu de l'ouverture de la tutelle (1) nomme un curateur au mineur. (*C. civ., 480.*)

1347. S'il existe entre le mineur émancipé et son curateur un procès ou des intérêts à débattre, pour lesquels l'assistance d'un curateur soit nécessaire, on lui nomme un curateur *ad hoc* (2).

1348. Le mineur émancipé fait, sans l'assistance de son curateur, les actes de pure administration; ainsi il passe les baux dont la durée n'excède pas neuf années (*C. civ., 1429, 1430, 1718*), reçoit ses revenus, en donne décharge, vend ses récoltes, ses objets mobiliers corporels (3) et les produits de son travail ou de son industrie (4), sans être restituable contre ses actes, quand le majeur ne l'est pas lui-même. (*C. civ., 481.*)

1349. Le mineur émancipé a le droit, avec l'assistance de son curateur, d'intenter une action immobilière, y défendre, provoquer un partage (5), y défendre, recevoir et donner quittance d'un capital; au dernier cas, le curateur surveille l'emploi du capital reçu. (*C. civ., 482.*)

1350. Le mineur émancipé ne peut sans une autorisation de son conseil de famille, faire d'emprunt sous quelque prétexte que ce soit (*C. civ., 483*); ni vendre ou aliéner ses immeubles; ni transiger; ni hypothéquer ses immeubles, même à la garantie des obligations qu'il a capacité de contracter seul (6); ni accepter ou répudier une succession; ni acquiescer à une action immobilière; en un mot, il ne peut faire aucun acte que ceux d'administration, et il doit, dans tous ces cas, observer les formes prescrites au mineur non émancipé (*C. civ., 484*), *supra nos 1275, 1298, 1314.*

1351. Le mineur émancipé au cours de la tutelle, même assisté de son curateur, doit, pour l'aliénation de ses meubles incorporels, observer les formes prescrites pour le mineur non émancipé, *supra n° 1301.* Cette disposition ne s'applique pas au mineur émancipé par le mariage (7) (*Loi, 27 février 1880, art. 4*), ni au mineur émancipé pendant le mariage de ses père et mère (8).

1352. Le mineur émancipé ne peut compromettre dans aucun cas. (*C. Pr., 83, 6°, et 1004.*)

1353. Les obligations contractées par le mineur émancipé dans la limite de ces pouvoirs, peuvent, en cas d'excès, être réduites par les tribunaux, qui prennent à ce sujet en considération la fortune du mineur, la bonne ou mauvaise foi des personnes qui ont contracté avec lui, l'utilité ou l'inu-

FORMULE 239. — Mineur émancipé par le conseil de famille. (Nos 1345 à 1353.)

M. Laurent DENIZE, clerc de notaire, demeurant à.....;

« Mineur, né à....., le....., du mariage d'entre M....., et Mme....., tous deux « décédés, émancipé par délibération de son conseil de famille prise sous la présidence « de M. le juge de paix du canton de....., ainsi qu'il résulte du procès-verbal que ce « magistrat en a dressé, assisté de son greffier, le..... »

S'il est assisté de son curateur, on ajoute :

« Assisté de M. Ladislas CAUCHOIS, propriétaire, demeurant à.....; son curateur; « nommé à cette fonction, qu'il a acceptée, par la délibération de conseil de famille, en « date du....., qui vient d'être relatée. »

(1) Aubry et Rau, § 131-2; Cass., 17 déc. 1849; Douai, 22 déc. 1863, 31 mai 1870.

(2) Demolombe, VIII, 252 et 253; Marcadé, *art.* 480; Demante, II, 248 *bis*-3.

(3) Cass., 4 mars 1862. Voir Demolombe, VIII, 278; Aubry et Rau, § 132-3; Laurent, V, 218; Cass., 7 juill. 1870.

(4) Marcadé, *art.* 481.

(5) Duranton, III, 690, 691; Valette sur Proudhon, II, p. 434; Toullier, II, 1207; Marcadé, 484-1; Aubry et Rau, § 133-13; Laurent, V, 226; Bordeaux, 25 janv. 1826; CONTRA Proudhon, p. 259; Magnin, II, 980.

(6) Demolombe, VIII, 289; Massé et Vergé, § 241-14; Grenier, *hyp.*, I, 37; Proudhon et Valette, II, p. 438; Duvergier sur Toullier, II, 1298; Marcadé, 484-1; Demante, II, 253 *bis*-4; Aubry et Rau, § 132-12 et 134-3; Laurent, V, 223; CONTRA Toullier, II, 1298; Duranton, III, 673.

(7) Cass., 13 août 1883, Defrénois, *Loi de février* n° 34 et *Rép.*, 1710.

(8) Circ. dette inscrite, 10 mars 1880; Circ. Min. Just., 20 mai 1880; Defrénois, *Loi de février*, nos 37, 38.

tilité des dépenses. (*C. N.*, *484.*) Dans ce cas, s'il a été émancipé autrement que par son mariage (1), il peut être privé du bénéfice de l'émancipation par ceux qui seraient appelés à la lui conférer, en suivant les mêmes formes que celles exigées pour émanciper (*C. N.*, *485*); alors il rentre en tutelle pour y rester jusqu'à sa majorité accomplie (*C. N.*, *486*), et il est replacé de plein droit sous la tutelle, si elle était légale ou légitime; mais, si elle était testamentaire ou dative, il y a lieu à une nouvelle nomination de tuteur par le conseil de famille (2).

1354. Le mineur émancipé qui fait un commerce est réputé majeur pour les faits relatifs à ce commerce (*C. N.*, *487*); toutefois, il ne peut commencer les opérations de son commerce, ni être réputé majeur, quant aux engagements par lui contractés pour faits de commerce : 1° s'il n'a été autorisé à faire le commerce par son père [Form. 240], ou par sa mère en cas de décès, interdiction ou absence du père, ou, à défaut du père et de la mère, par une délibération du conseil de famille homologuée par le tribunal civil; 2° si, en outre, l'acte d'autorisation n'a été enregistré et affiché au tribunal de commerce du lieu où le mineur veut établir son commerce. (*C. comm.*, *art. 2.*)

1355. Les mineurs émancipés, autorisés à faire le commerce ainsi qu'il vient d'être dit, peuvent engager ou hypothéquer leurs immeubles; mais ils ne peuvent les aliéner qu'en suivant les formalités prescrites par les art. 459 et suiv. du Code Nap., *supra n° 1307, et C. comm., art. 6.*

1356. L'autorisation de faire le commerce est irrévocable; toutefois, si le mineur vient à être privé du bénéfice de l'émancipation et rentre en tutelle, l'autorisation est de plein droit révoquée (3).

1357. L'enfant admis dans un hospice peut être émancipé si la commission administrative de l'hos-

FORMULE 240. — Autorisation au mineur émancipé pour faire le commerce.
(Nos 1354 à 1356.)

Par-devant Me.....;

A comparu M. Charles Dubois, propriétaire, demeurant à.....;

Lequel a, par ces présentes, déclaré autoriser M. Paul Dubois, son fils, commis de nouveautés, demeurant à....., le....., émancipé suivant déclaration passée par M. Dubois, comparant, devant M. le juge de paix du canton de....., le....., à faire le commerce de nouveautés ou tout autre commerce, à....., ou à tel autre lieu qu'il plaira à M. Dubois fils de choisir; et, en conséquence, à faire toutes les opérations commerciales y relatives, ainsi que tous actes permis par la loi aux commerçants.

Pour faire mentionner et publier ces présentes partout où besoin sera, tout pouvoir est donné au porteur d'une expédition.

Dont acte. Fait et passé, etc.

FORMULE 241. — Émancipation d'un enfant admis dans un hospice. (Nos 1357 et 1358.)

M. Désiré Bienvenu, sans profession, enfant admis à l'hospice de....., où il est domicilié;

« Mineur émancipé par M. Désiré Lenoble, propriétaire, demeurant à....., ayant agi « en qualité de membre de la commission administrative de l'hospice et comme tuteur « du mineur Bienvenu; émancipation qui a été conférée d'après l'avis de la commission « administrative de l'hospice en date du....., suivant déclaration faite devant M. le juge « de paix du canton de....., assisté de son greffier, le..... »

S'il est assisté de son curateur, on ajoute :

« Assisté de M. Léon Durand, receveur de l'hospice, demeurant à....., son curateur « de droit. »

(1) Marcadé, *486*, 1; Toullier, II, 1303; Proudhon, II, p. 264; Duranton, III, 675; Roll., *émancip.*, n° 31; Dict. not., *ibid.*, n° 39; Demolombe, VIII, 351.V. Troyes, 11 mai 1864; J. N. 18031.

(2) Proudhon, II, p. 266; Duranton, III, 676; Magnin, I, 783; Toullier, II, 1303; Marcadé, *486*, 2; Roll., *émancipation*, n° 33; Mourlon, I, 1265; contra Demante, II, 257 *bis*; Valette, *explic. somm.*, p. 337.

(3) Pardessus, n° 58; Roll., *autorisation pour faire le comm.*, n° 7.

pice l'en juge capable; la déclaration d'émancipation est faite, d'après son avis, par celui des membres qui avait été désigné tuteur, *supra* n° 1222, et qui est seul tenu de comparaître à cet effet devant le juge de paix. [Form. 241.] L'acte d'émancipation est délivré sans autres frais que ceux de timbre et d'enregistrement. (*Loi 15 pluv. an XIII, art. 4.*)

1358. Le receveur de l'hospice remplit, à l'égard de l'enfant émancipé, les fonctions de curateur. (*Même loi, art. 5.*)

TITRE ONZIÈME

DE LA MAJORITÉ, DE L'INTERDICTION ET DU CONSEIL JUDICIAIRE

SOMMAIRE

FORMULES

CHAPITRE PREMIER

DE LA MAJORITÉ

1359. La majorité est fixée à vingt et un ans accomplis; à cet âge on est capable de tous les actes de la vie civile. (*C. N., 488.*)

1360. L'usage s'est introduit, lorsqu'une femme non mariée est partie dans un acte, de mentionner sa qualité de majeure [Form. 242]; cette indication est même exigée par le Trésor.

CHAPITRE DEUXIÈME

DE L'INTERDICTION

1361. Il est une restriction naturelle apportée à la capacité du majeur, c'est lorsqu'il est dans un état habituel d'imbécillité, de démence ou de fureur; alors sa faiblesse est comparable à celle de l'enfance; il ne peut ni gérer sa fortune ni donner un consentement éclairé à aucun des actes de la vie civile; il y a donc nécessité de l'interdire (1), même lorsque son état présente des intervalles lucides. (*C. N., 489.*)

1362. Comme l'interdiction a principalement pour but la conservation des biens de l'incapable, et qu'aussitôt sa majorité il pourrait faire un acte contraire à ses intérêts, l'interdiction peut être provoquée même pendant sa minorité (2).

1363. Le droit de provoquer l'interdiction appartient à tout parent (3), au conjoint (*C. N., 490*) même séparé de corps (4) [la femme dûment autorisée en justice (5)]; au tuteur d'un parent mineur (6); au subrogé-tuteur d'enfants mineurs lorsque la personne à interdire est leur père tuteur légal (7); il appartient même au procureur de la rép. au cas de fureur, à défaut par le conjoint ou les parents d'agir, et au cas de démence ou d'imbécillité, lorsqu'il n'y a ni parents ni conjoint connus. (*C. N., 491.*)

1364. L'interdiction ne peut être volontaire, et un individu ne peut provoquer sa propre interdiction (8).

1365. La demande en interdiction, dans laquelle on énonce article par article les faits d'imbécillité, de démence ou de fureur, et à laquelle on joint les pièces justificatives et l'indication des témoins, est formée par requête présentée au président du tribunal du domicile du défendeur (9), qui ordonne la

FORMULE 242. — Comparution de majeur. (Nos 1359 et 1360.)

Mlle Laure Milon, majeure, propriétaire, demeurant à.....

FORMULE 243. — Administrateur provisoire d'une personne dont l'interdiction est demandée. (Nos 1361 à 1380 *bis*.)

M. Vincent Dulard, propriétaire, demeurant à.....;

« Agissant en qualité d'administrateur provisoire de la personne et des biens de « M. Hildevert Grandhomme, vivant de ses revenus, demeurant à....., défendeur à la « demande en interdiction formée contre lui; M. Dulard, nommé à cette qualité suivant « jugement rendu par le tribunal civil de....., le..... »

(1) La femme atteinte d'hystérie peut être interdite quand il en résulte un affaiblissement de son état intellectuel la plaçant habituellement dans un état de démence (Cass., 16 août 1875; S. 75. I, 402.)

(2) Marcadé, *art. 489*; Toullier, II, 1314; Duranton, III, 716; Proudhon, II, p. 313; Dict. not., *interd.*, nº 19; Roll., *interd.*, nos 5 et 14; Demolombe, VIII, 440; Marchand, *minor.*, p. 415; Zach., § 233; Mourlon, I, 1274; Massé, *droit comm.*, III, 146; Valette, *explic. somm.*, p. 344; Metz, 30 août 1823; Dijon, 24 avril 1830; Bourges, 22 déc. 1862; Jur. N. 12331.

(3) Et non aux alliés : Toullier, II, 1317; Demolombe, VIII, 475; Zach., § 234, note 2; Marcadé, *art. 494*; Duranton, VII, 718; Dict. not., *interd.*, nº 18; Roll., *ibid.*, nº 8; Metz, 14 mars 1843; Caen, 21 mars 1861; Rennes, 3 août 1865; J. N. 18852.

(4) Duranton, III, 720; Demolombe, VIII, 456 et 457; Montpellier, 14 déc. 1841.

(5) Marcadé, *art. 490*; Duranton, III, 721; Roll., *interd.*, nº 9; Dict. not., *ibid.*, nº 22; Demolombe, VIII, 459 et 460; contra Toulouse, 8 fév. 1823.

(6) Duranton, III, 719; Magnin, *minor.*, nº 832; Zach., § 234, note 3; Toullier, II, p. 102; Demolombe, VIII, 450; Roll., *interd.*, nº 11; Dict. not., *ibid.*, nº 20; Bruxelles, 15 mai 1807 et 3 août 1808; Limoges, 20 janv. 1842; Douai, 29 nov. 1848.

(7) Caen, 21 mars 1861; Cass. 9 fév. 1863; Sirey, 63, I, p. 16.

(8) Duvergier sur Toullier, II, 1373; Valette sur Proudhon, II, p. 521; Mourlon, I, 1276; Dict. not., *interd.*, nº 17; Duranton, III, 724; Pigeau, II, p. 592; Demiau, p. 597; Berryat-Saint-Prix, p. 684; Chauveau sur Carré, *quest. 3031 bis*; Zach., I, p. 233; Demolombe, VIII, 472; contra Marcadé, *art. 491*; Demante, II, 263 *bis*.

(9) Marcadé, *art. 492*; Toullier, II, 1319; Duranton, III, 725; Roll., *interd.*, 17; Dict. not., *ibid.*, nº 26; Carré et Chauveau, nº 3013; Demolombe, VIII, 482; Zach., § 234, note 9; Cass. 23 juill. 1840.

communication de la requête au ministère public, et commet un juge pour faire le rapport à jour indiqué. (*C. N., 492, 493; Pr., 890, 891.*) Sur le rapport du juge et les conclusions du procureur de la rép. le tribunal ordonne que le conseil de famille, composé ainsi qu'il est dit *supra nos 1235 et suiv.* (1), se réunira pour donner son avis sur l'état de la personne dont l'interdiction est demandée. (*C. N.. 494; Pr., 892.*)

1366. Ceux qui ont provoqué l'interdiction ne peuvent faire partie de ce conseil; à l'exception cependant de l'époux ou de l'épouse et des enfants (2) de la personne dont l'interdiction est provoquée, qui peuvent y être admis, mais sans avoir voix délibérative. (*C. N., 495.*)

1367. La requête et l'avis du conseil de famille sont signifiés au défendeur; puis, après avoir reçu l'avis, conforme ou non, du conseil de famille, le tribunal interroge le défendeur en la chambre du conseil : s'il ne peut s'y présenter, il est interrogé dans sa demeure par l'un des juges à ce commis, assisté du greffier. Dans tous les cas, le procureur de la rép. est présent à l'interrogatoire. (*C. N., 496; Pr., 893.*) — Si le défendeur refuse absolument de se présenter à l'interrogatoire ou de répondre, le tribunal peut passer outre (3).

1368. Si l'interrogatoire et les pièces produites sont insuffisantes, et si les faits peuvent être justifiés par témoins, le tribunal ordonne, s'il y a lieu, l'enquête, qui se fait en la forme ordinaire. Il peut ordonner, si les circonstances l'exigent, que l'enquête sera faite hors la présence du défendeur; mais, dans ce cas, son conseil peut le représenter. (*C. Pr., 893.*)

1369. Après le premier interrogatoire, le tribunal commet, s'il y a lieu, *un administrateur provisoire* pour prendre soin de la personne et des biens du défendeur (4). (*C. N., 497.*) [Form. 243.]

1370. Le jugement sur une demande en interdiction ne peut être rendu qu'à l'audience publique, sur les conclusions du ministère public, les parties entendues ou appelées. (*C. N., 498, 515.*)

1371. L'appel interjeté par l'individu dont l'interdiction a été prononcée est dirigé contre celui qui l'a provoquée. L'appel interjeté par ce dernier, ou par un des membres de l'assemblée, l'est contre celui dont l'interdiction a été provoquée. (*C. Pr., 894.*) Dans les deux cas, la cour d'appel peut, si elle le juge nécessaire, interroger de nouveau, ou faire interroger par un commissaire, la personne dont l'interdiction est demandée (*C. N., 500*); l'arrêt sur l'appel est aussi rendu sur les conclusions du ministère public. (*C. N., 515.*)

1372. Comme il y a nécessité de rendre publique l'incapacité de l'interdit pour qu'on ne traite plus avec lui, un extrait du jugement, même frappé d'appel (5), et de l'arrêt portant interdiction, doit, à la diligence des demandeurs, être levé, signifié à partie et placardé, dans les dix jours, sur les tableaux qui doivent être affichés dans la salle de l'auditoire du tribunal et dans les études des notaires de l'arrondissement. (*C. N., 501, et loi 25 vent. an XI, art. 18.*)

1373. L'interdit est assimilé au mineur pour sa personne et pour ses biens; en conséquence, s'il n'y a pas d'appel du jugement d'interdiction, ou s'il est confirmé sur l'appel, il est pourvu à la nomination d'un tuteur et d'un subrogé-tuteur [Form. 246] à l'interdit, dont les fonctions et les obligations sont les mêmes que celles des tuteurs et subrogés-tuteurs de mineurs. (*C. N., 505 et 509; Pr. 895.*)

1374. Le mari est de droit le tuteur de sa femme interdite (*C. N., 506*) [Form. 244], excepté lorsque les époux sont séparés de corps (6).

FORMULE 244. — Mari, tuteur légal de sa femme interdite. (No 1374.)

M. Charles Montdor, propriétaire, demeurant à.....;

« Agissant au nom et comme tuteur légal de Mme Désirée Leduc, sa femme, demeu-
« rant avec lui, interdite suivant jugement rendu par le tribunal civil de....., le..... »

(1) Cass. 19 avril 1850; J. N. 14173.

(2) Si le conjoint ou les enfants ne sont pas demandeurs, ils peuvent faire partie du conseil de famille avec voix délibérative : Valette, *explic. somm.*, p. 350; Duranton, III, 729; Marcadé, *art. 495*; Demante, II, 267 *bis*; Demolombe, VIII, 500; Paris, 15 juin 1857; contra Toullier, II, 1322.

(3) Nîmes, 20 fév. 1861.

(4) L'administrateur provisoire n'a pas qualité pour représenter l'interdit en justice et défendre aux actions intentées contre lui : Cass. 22 janv. 1855; J. N. 15438.

(5) Marcadé, *art. 501*.

(6) Demolombe, VIII, 568; Chardon, no 351; Zach., § 235, note 5; Dijon, 18 mars 1857; J. N. 16085.

1375. Tous autres tuteurs doivent être nommés par le conseil de famille, *supra nos 1214 et suiv.* [Form. 245], qui peut choisir la femme s'il le juge convenable (1), et alors régler la forme et les conditions de l'administration, sauf le recours devant les tribunaux de la part de la femme qui se croirait lésée par l'arrêté de la famille; la tutelle de l'interdit, sauf celle du mari, est donc toujours dative (2); les règles à suivre pour la nomination du tuteur et du subrogé-tuteur sont celles indiquées *supra nos 1214 et suiv., 1226 et suiv.* (*C. N., 505 et 507 ; Pr., 895.*)

1376. L'administrateur provisoire, *supra no 1369*, cesse ses fonctions lors de la nomination du tuteur et rend compte à celui-ci s'il ne l'est pas lui-même. (*C. N., 505; Pr., 895.*)

1377. Nul, à l'exception des époux, des ascendants et descendants, n'est tenu de conserver la tutelle d'un interdit au delà de dix ans; à l'expiration de ce délai, le tuteur peut demander et doit obtenir son remplacement. (*C. N., 508.*)

1378. L'interdiction produit son effet du jour du jugement, tous actes postérieurs passés par l'interdit sont nuls (*C. N., 502*); quant à ceux antérieurs, ils peuvent être annulés si la cause de l'interdiction existait notoirement à l'époque de leur passation (*C. N., 503*); ils peuvent aussi, au cas de démence, être annulés après le décès de l'incapable, mais seulement si l'interdiction a été provoquée avant son décès, à moins que la preuve de la démence ne résulte de l'acte même qui est attaqué. (*C. N., 504.*)

1379. Les revenus de l'interdit doivent être employés à le faire soigner afin d'accélérer sa guérison, selon les caractères de sa maladie et l'état de sa fortune; le conseil de famille peut arrêter qu'il sera traité dans son domicile, ou qu'il sera placé dans une maison de santé et même dans un hospice. (*C. N., 510.*)

1380. Si les causes qui ont déterminé l'interdiction viennent à cesser, l'interdit peut, en remplissant les mêmes formalités que celles pour parvenir à l'interdiction, faire ordonner la mainlevée de l'interdiction, et après le jugement de mainlevée reprendre l'exercice de ses droits. (*C. N., 512; Pr., 896.*)

1380 *bis*. Lors du mariage de l'enfant d'un interdit, les conventions matrimoniales, la dot ou l'avancement d'hoirie sont réglés par une délibération du conseil de famille, homologuée par le tribunal. (*C. N., 511.*)

CHAPITRE TROISIÈME

DU CONSEIL JUDICIAIRE

1381. Il peut arriver que l'individu dont l'interdiction est demandée ne soit pas suffisamment dépourvu d'intelligence pour que le tribunal prononce l'interdiction; alors le tribunal peut, en rejetant la demande en interdiction, nommer un conseil judiciaire (3) au défendeur. (*C. N., 499.*)[Form. 247.] (4)

FORMULE 245. — Tuteur datif d'un interdit. (No 1375.)

M. Marc Lenoir, marchand, demeurant à..... ;

« Agissant au nom et comme tuteur de M. Balthazar Duclair, sans profession, domi-
« cilié avec lui, interdit suivant jugement rendu par le tribunal civil de....., le.....;
« nommé à cette fonction, qu'il a acceptée, suivant délibération du conseil de famille de
« l'interdit, prise sous la présidence de M. le juge de paix du canton de....., ainsi qu'il
« résulte du procès-verbal que ce magistrat en a dressé, assisté de son greffier, le..... »

(1) Duranton, III, 572; Magnin, *minor.*, I, 866; Chardon, *puiss. marit.*, no 37; Marcadé, *art. 507*, note; Mourlon, I, 1296; Demolombe, VIII, 565; Roll., *interd.*, no 45; Dict. not., *ibid.*, no 78; Cass. 27 nov. 1816; Orléans, 9 août 1847.

(2) Le père tuteur de son fils interdit ne peut lui nommer un tuteur testamentaire : Duranton, III, 751; Toullier, II, 1336; Chardon, no 230; Marcadé, *art. 509*; Demante, I, 562; Demolombe, VIII, 563; Zach., § 235, note 4.

(3) La femme ne peut être nommée conseil judiciaire de son mari prodigue : Trib. Semur, 16 janv. 1861.

(4) V. Paris, 7 janv. 1856, 13 nov. 1863 : J. N. 17938.

1382. Et ceux qui ont le droit de provoquer l'interdiction, à l'exception du ministère public (1), peuvent, pour le cas où la demande en interdiction est permise (2), comme aussi en cas de prodigalités, de manie de procès (3), demander et obtenir, dans les mêmes formes que pour l'interdiction, *supra nos 1365 à 1370*, la nomination d'un conseil judiciaire. (*C. N.*, *513*, *514*, *515*.)

1383. L'appel interjeté par l'individu pourvu d'un conseil judiciaire est dirigé contre le provoquant (*C. Pr.*, *894*) et jugé sur les conclusions du ministère public. (*C. N.*, *515*.)

1384. De même que pour l'interdiction, *supra no 1362*, le mineur prodigue peut être pourvu d'un conseil judiciaire pour l'époque où il atteindra sa majorité (4).

1385. La dation d'un conseil judiciaire doit, comme l'interdiction, *supra no 1372*, être affichée dans l'auditoire du tribunal et dans les études des notaires de l'arrondissement. (*C. N.*, *501*; *Pr.*, *897*.) Elle produit son effet du jour du jugement; en conséquence, tous actes passés postérieurement sans l'assistance du conseil sont nuls de droit (*C. N.*, *502*); en outre, les obligations souscrites par un prodigue, même avant la demande en nomination d'un conseil judiciaire, peuvent être annulées pour dol et fraude de la part du bénéficiaire, si celui-ci avait une connaissance personnelle des intentions de la famille de former cette demande (5).

1386. La dation d'un conseil judiciaire a pour objet de rendre l'individu qui en est frappé incapable de plaider, transiger, emprunter, recevoir un capital mobilier ni en donner décharge (6), aliéner ni grever ses biens d'hypothèque, ni constituer une antichrèse sur l'un de ses immeubles (7), sans l'assistance de son conseil (*C. N.*, *499*, *513*); même avec cette assistance, il ne peut contracter une société commerciale en nom collectif (8).

1387. Mais il peut, sans cette assistance, tester (9), faire une donation entre époux pendant le mariage (10), reconnaître un enfant naturel (11); et en outre faire, comme le mineur émancipé, tous actes de simple administration. Il peut aussi, sans l'assistance de son curateur, se marier (12); dans ce cas, s'il ne fait pas de contrat de mariage, il est soumis au régime de la communauté légale (13); s'il fait un contrat de mariage, il doit être assisté de son conseil pour les conventions et dispositions de futur à futur dont ce contrat est susceptible, spécialement pour une donation de biens à venir (14).

1388. La dation d'un conseil judiciaire ne peut être levée qu'en observant les formalités tracées pour la faire prononcer. (*C. N.*, *514*.)

1389. Si le conseil judiciaire vient à décéder, le prodigue ne recouvre pas l'exercice de ses droits;

FORMULE 246. — Subrogé-tuteur de l'interdit. (No 1373.)

Voir formule 232.

FORMULE 247. — Prodigue pourvu d'un conseil judiciaire. (Nos 1381 à 1389 *bis*.)

M. Charles-Désiré Doudou, sans profession, demeurant à.....

« Assisté de M. Honoré Mascrier, propriétaire, demeurant à....., ici présent, conseil « judiciaire de M. Doudou; nommé à cette fonction, aux termes d'un jugement rendu par « le tribunal civil de première instance de....., le..... »

---

(1) Duranton, III, 803; Roll., *conseil jud.*, no 9; Dict. not., *ibid.*, no 11; Zach., § 248; voir cependant Demolombe, VIII, 703.

(2) Mourlon, I, 1285; Agen, 4 mai 1836.

(3) Toullier, II, 1370; Metz, 27 fév. 1812; Bordeaux, 28 fév. 1854; J. N. 3812, 15415.

(4) Demolombe, VIII, 696; Dict. not., *conseil jud.*, no 9; Nîmes, 22 avril 1839; Bourges, 5 mai 1846; Douai, 30 juin 1847; J. N. 13180.

(5) Dict. not., *conseil jud.*, no 43; Paris, 10 mars 1854; J. N. 15408; Paris, 12 janv. 1867.

(6) Le conseil peut exiger qu'il soit fait emploi des capitaux reçus : Demolombe, VIII, 726; Dict. not., *conseil jud.*, no 21; Caen, 6 mai 1850; Jur. N. 8990; CONTRA Roll., *conseil jud.*, no 36.

(7) Paris, 10 mars 1854; J. N. 15408.

(8) Cass. 3 déc. 1850; J. N. 14242.

(9) Toullier, II, 1379; Duranton, III, 801; Grenier, *don*, no 107; Demolombe, VIII, 734, et XVIII, 373; Zach., § 249, note 6; Coin-Delisle, *901*, 11; Marcadé, *513*, 1; Roll., *testam.*, no 10, et *cons. jud.*, no 41; Dict. not., *conseil jud.*, no 32; Troplong, *don.*, nos 465 et 532; Lyon, 21 août 1825; Cass. 24 fév. 1849.

(10) Roll., *Jur. not.*, art. 9835; Dict. not., *conseil jud.*, no 31.

(11) Marcadé, *513*, 1; Demolombe, VIII, 740; Huteau d'Origny, p. 186; Roll., *reconn. d'enfant naturel*, no 13.

(12) Toullier, II, 1379; Duranton, III, 800; Demolombe, VIII, 718; Roll., *conseil jud.*, no 37; Marcadé, *513*, 1; Caen, 19 mars 1838 et 25 déc. 1856.

(13) Marcadé, *1398*, 4; Dict. not. *conseil jud.*, no 25; Limoges, 27 mai 1867; C. 14030; CONTRA Demolombe, VIII, 740.

(14) Marcadé, *513*, 1; Demolombe, VIII, 740; Dict. not., *conseil jud.*, no 25; Amiens, 21 juill. 1852; Bordeaux, 8 fév. 1855; Pau, 31 juill. 1855; Agen, aud. solenn. 21 juill. 1857; J. N. 14808, 15514, 16211; CONTRA Troplong, *contr. de mar.*, no 497; Cass. 25 déc. 1856.

son incapacité continue, et il y a lieu de lui nommer un autre conseil, soit à la requête de toute personne intéressée, soit à sa propre requête (1).

1389 *bis.* Si le conseil judiciaire refuse au prodigue son assistance pour plaider, recevoir, etc., il ne peut être suppléé à cette assistance par l'autorisation de justice; seulement le prodigue peut, si le refus est abusif, provoquer ou la révocation de son conseil, ou la nomination d'un conseil *ad hoc,* selon les circonstances (2).

APPENDICE AU TITRE ONZIÈME

INTERDITS LÉGALEMENT — ALIÉNÉS NON INTERDITS

§ 1. — INTERDITS LÉGALEMENT

1390. Il est encore une autre incapacité, c'est celle du condamné à une peine infamante, telle que : travaux forcés à perpétuité ou à temps, déportation, détention, réclusion; il est, pendant la durée de sa peine, en état d'interdiction légale, et il lui est nommé un tuteur et un subrogé-tuteur [Form. 248 et 249] pour gérer et administrer ses biens, dans les formes prescrites pour les nominations des tuteurs et subrogés-tuteurs aux interdits (3). *Voir supra n° 787 et n°s 803 et suiv.*

§ 2. — ALIÉNÉS NON INTERDITS

1391. Il peut se faire qu'un individu soit en état d'aliénation mentale et qu'il ne soit pas interdit; si cet individu est placé dans un établissement d'aliénés, le mode d'administration de ses biens est réglé par la *loi du 6 juillet 1838.*

1392. Les commissions administratives ou de surveillance des hospices et établissements publics d'aliénés exercent, à l'égard des personnes non interdites qui y sont placées, les fonctions d'administrateurs provisoires. Elles désignent un de leurs membres pour les remplir [Form. 250]; l'administrateur

FORMULE 248. — Tuteur d'un condamné. (N° 1390.)

M. Charlemagne Durand, propriétaire, demeurant à.....,

« Agissant au nom et comme tuteur de M. Vincent Durand, son frère, sans profes-
« sion, domicilié à....., interdit légalement, par suite de la condamnation prononcée
« contre lui suivant arrêt de la cour d'assises de...., en date du....; nommé, etc. »
(Le surplus comme en la formule 245.)

FORMULE 249. — Subrogé-tuteur d'un condamné.

Voir formule 232.

FORMULE 250. — Membre de la commission de l'hospice exerçant les fonctions d'administrateur provisoire des biens d'un aliéné. (N°s 1391 et 1392.)

M. Désiré Benoit, propriétaire, demeurant à.....,

« Agissant en qualité de membre de la commission administrative de l'hospice
« de....., et comme administrateur provisoire des biens de M. Théodule Marchand,

(1) Demolombe, VIII, 776.
(2) Demolombe, VIII, 762; Orléans, 15 mai 1847; Besançon, 11 janv. 1851; Jur. N. 9185; contra Magnin, I, p. 723; Chardon, *puiss. tutell.*, n° 278.

(3) Le mari est de plein droit tuteur de sa femme condamnée, *supra n° 1374* : Valette, *priv.*, p. 282, note 1; Pont, *priv.*, p. 496, note 1.

ainsi désigné procède au recouvrement des sommes dues à la personne placée dans l'établissement et à l'acquittement de ses dettes, passe des baux qui ne peuvent excéder trois ans, et peut même, en vertu d'une autorisation spéciale accordée par le président du tribunal civil du domicile de l'aliéné (1), faire vendre le mobilier. Les sommes provenant soit de la vente, soit des autres recouvrements sont versées directement dans la caisse de l'établissement et sont employées, s'il y a lieu, au profit de l'aliéné; le cautionnement du receveur est affecté à la garantie des deniers par privilége sur les créances de toute autre nature. (*Même loi, art. 31.*)

1393. Toutefois, s'il est préférable que l'administration des biens de l'aliéné soit confiée à une personne en dehors de la commission administrative, le tribunal, sur la demande des parents, du conjoint, ou de la commission administrative, ou sur la provocation d'office du procureur de la république, peut nommer en chambre du conseil, après délibération du conseil de famille et sur les conclusions du ministère public, un administrateur provisoire aux biens de l'aliéné. (*Même loi, art. 31 et 32.*) [Form. 251.] Pour l'aliénation des valeurs mobilières de l'aliéné, cet administrateur provisoire doit remplir les formalités prescrites au tuteur du mineur, *supra* n° 1301. (*Loi 27 février 1880, art. 8.*)

1394. Lorsque l'aliéné est engagé dans une contestation judiciaire au moment de son entrée dans l'établissement d'aliénés, ou si une action est intentée postérieurement contre lui, il lui est désigné par le tribunal, sur la demande de l'administrateur provisoire ou du procureur de la rép. un mandataire spécial chargé de le représenter en justice; le tribunal peut aussi, dans le cas d'urgence, désigner un mandataire spécial à l'effet d'intenter au nom de l'aliéné une action mobilière ou immobilière; l'administrateur provisoire peut dans les deux cas être désigné pour mandataire spécial. (*Même loi, art. 33.*)

1395. Sur la demande de l'intéressé, de l'un de ses parents, de son conjoint, d'un ami, ou sur la provocation d'office du procureur de la rép. le tribunal peut nommer en chambre du conseil, par jugement non susceptible d'appel, en outre de l'administrateur provisoire, un curateur à la personne de tout individu non interdit placé dans un établissement d'aliénés [Form. 252], lequel doit veiller : 1° à ce que ses revenus soient employés à adoucir son sort et à accélérer sa guérison; 2° à ce qu'il soit rendu au libre exercice de ses droits aussitôt que sa situation le permettra; ce curateur ne peut pas être choisi parmi les héritiers présomptifs de l'aliéné. (*Même loi, art. 38.*)

« sans profession, domicilié à....., aliéné admis à l'hospice de.....; désigné pour « remplir cette fonction par délibération de la commission administrative de l'hospice, « prise en la forme administrative sous la présidence de M. le maire de....., le..... »

FORMULE 251. — Administrateur provisoire et mandataire spécial d'un aliéné. (Nos 1393 et 1394.)

M. Édouard Marchand, négociant, demeurant à.....,

« Agissant en qualité d'administrateur provisoire des biens de M. Théodule Marchand, « sans profession, domicilié à....., aliéné admis à l'hospice de.....; nommé à cette « fonction, suivant jugement rendu par le tribunal civil de....., le..... »

Si l'administrateur est en outre mandataire spécial et agit en cette qualité, on ajoute :

« En outre, M. Édouard Marchand, agissant en qualité de mandataire spécial, à l'effet « des présentes, de M. Théodule Marchand, en vertu d'un jugement rendu par le tribunal « civil de ....., le..... »

FORMULE 252. — Curateur d'un aliéné. (N° 1395.)

M. Éloi Grancourt, cafetier, demeurant à.....,

« Agissant au nom et comme curateur à la personne de M. Théodule Marchand, sans « profession, domicilié à....., aliéné admis à l'hospice de.....; nommé à cette fonction, « suivant jugement rendu par le tribunal civil de....., en chambre du conseil, « le..... »

---

(1) Durieu et Roche. n° 134; Dalloz, n° 245; Demolombe, VIII, 809.

1396. A défaut d'administrateur provisoire, le président du tribunal, à la requête de la partie la plus diligente, commet un notaire pour représenter les personnes non interdites placées dans les établissements d'aliénés, dans les inventaires, comptes, partages et liquidations dans lesquels elles sont intéressées (*même loi, art. 36*) [Form. 253]; mais seulement lorsque la succession s'est ouverte avant leur entrée dans l'établissement; si c'est après, elles doivent être représentées par un mandataire spécial *supra n° 1394* (1). — L'ordonnance qui commet le notaire est rendue dans la forme indiquée *supra n° 898*; lorsque dans une même succession il se trouve plusieurs aliénés, sur la question de savoir si le notaire peut les représenter tous, voir *supra n° 899*.

1396 *bis*. Les pouvoirs conférés en vertu de l'art. 32, *supra n° 1393*, cessent de plein droit dès que la personne placée dans un établissement d'aliénés n'y est plus retenue (*même loi, art. 37*); il en est de même des fonctions du curateur (2).

FORMULE 253. — Notaire représentant un aliéné. (N° 1396.)

M. Louis Plé, notaire, demeurant à.....,

« Agissant au nom de M. Eustache Lenoir, sans profession, domicilié à....., aliéné « admis à l'hospice de.....; commis à l'effet de représenter M. Lenoir au présent inven- « taire (ou compte, partage, liquidation), suivant ordonnance rendue sur requête par « M. le président du tribunal civil de....., le....., dont l'original est demeuré ci-joint « après avoir été revêtu d'une mention signée des notaires. »

(1) Aix, 6 juill. 1865; Jur. N. 12938.

(2) Bordeaux, 20 juin 1865.

LIVRE DEUXIÈME

DES BIENS, ET DES DIFFÉRENTES MODIFICATIONS DE LA PROPRIÉTÉ

TITRE PREMIER

DE LA DISTINCTION DES BIENS

SOMMAIRE

FORMULES

1397. Tous les biens sont meubles ou immeubles (*C. N., 516*); cette distinction est utile dans un grand nombre de cas, notamment dans les suivants : au cas de mariage sous un régime qui attribue les meubles à la communauté; si, par suite de legs, les biens meubles sont dévolus à l'un et les biens immeubles à un autre; si une hypothèque a été donnée sur un immeuble auquel soient attachés des objets mobiliers par leur nature, *infra n° 1400*; pour la perception des droits d'enregistrement, lorsque ces droits sont à un taux différent pour les meubles et les immeubles (1), etc

CHAPITRE PREMIER

DES IMMEUBLES

1398. Les biens sont immeubles : par nature, par destination, par l'objet auquel ils s'appliquent (*C. N.*, *517*) et par la détermination de la loi.

§ 1. — DES IMMEUBLES PAR LEUR NATURE

1399. Sont immeubles par leur nature [Form. 254] :

1° Les fonds de terre (*C. N.*, *518*);

2° Les productions de la terre venues sans culture ou avec la culture, comme les récoltes et les fruits, mais seulement tant qu'ils sont pendants par branches ou par racines; à mesure que les récoltes sont coupées ou les fruits recueillis, ils deviennent meubles; si une partie seulement de la récolte est coupée, cette partie seule est meuble. (*C. N.*, *520*.) Les coupes ordinaires de bois taillis ou de futaies aménagées sont immeubles, lors même que l'époque de la coupe serait passée; mais les bois deviennent meubles au fur et à mesure qu'ils sont abattus. (*C. N.*, *521*.) Les produits des mines et carrières sont immeubles tant qu'ils sont dans le sein de la terre, et deviennent meubles aussitôt leur extraction (*loi 21 avril 1810, art. 6*);

3° Les maisons et bâtiments élevés sur pilotis ou fondements. (*C. N.*, *518*.) Si une partie de construc-

§ 1. — DÉSIGNATION DE BIENS IMMEUBLES

FORMULE 254. — Immeubles par nature. (N° 1399.)

1° Une pièce de terre labourable, située commune de....., lieu dit....., de la contenance de....., figurée au plan cadastral de cette commune, sous la section B, n° 143, bornant d'un côté au nord....., d'autre côté....., d'un bout à l'ouest....., d'autre bout.....;

2° Une pièce de terre labourable, plantée de vingt arbres à haut vent et de dix arbres fruitiers, située, etc. (*le surplus comme au 1°*);

3° Une pièce de terre en nature de prairie, plantée de vingt peupliers et entourée de fossés mitoyens, située, etc. (*le surplus comme au 1°*);

4° Une pièce de terre plantée en vignes, garnie d'échalas, située, etc...;

5° Un bois, appelé le bois de....., situé commune de....., de la contenance de....., y compris les fossés, figuré au plan cadastral, etc...;

6° Une maison d'habitation, située à....., rue....., n°....., construite en pierres et briques, couverte en ardoises, ayant sa principale entrée par une grande porte ouvrant sur la rue de l'....., et une autre entrée par une petite porte ouvrant sur l'allée.....; composée : sous le rez-de-chaussée, de cave voûtée avec caveau; au rez-de-chaussée de vestibule, cuisine, salle à manger, office, grand et petit salons, cabinet de travail; au premier étage, de quatre chambres à feu avec cabinets; au-dessus de trois chambres en mansarde et un grenier; cour pavée dans laquelle sont des bâtiments à usage de buanderie, laverie, écurie, remise, bûchers, lieux d'aisance à l'anglaise; jardin dans lequel est édifiée

(1) Dict. not., *meubles-immeubles*, n°s 5 et suiv.

tion vient à être démolie pour faire une réparation, ou par suite d'un coup de vent, les matériaux ne sont séparés de la construction que momentanément, et ils continuent d'être immeubles (1);

4° Les moulins à eau ou à vent fixés sur piliers, *ou* faisant partie d'un bâtiment. (*C. N., 519.*) C'est par erreur que le texte de la loi porte la particule conjonctive *et*; une seule des deux conditions suffit pour que les moulins soient immeubles (2).

§ 2. — DES IMMEUBLES PAR DESTINATION

1400. Sont immeubles par destination [Form. 255] :

1° Les animaux que le propriétaire du fonds livre au fermier ou au métayer pour la culture, qu'ils soient estimés ou non, et tant qu'ils demeurent attachés au fonds par l'effet de la convention; à l'égard de ceux qu'il donne à cheptel à d'autres qu'au fermier ou métayer, ils sont meubles (*C. N.*, 522);

2° Les objets que le propriétaire (3) d'un fonds y a placés pour le service et l'exploitation de ce fonds, tels sont : les animaux attachés à la culture (4), les ustensiles aratoires, les semences données aux fermiers ou colons partiaires, les pigeons des colombiers, les lapins des garennes, les ruches à miel, les poissons des étangs, les pressoirs, chaudières, alambics, cuves et tonnes, les ustensiles nécessaires à l'exploitation (5)

---

une serre et sont plantés des arbres fruitiers, des arbustes et des espaliers; le tout, porté au plan cadastral section B, n°s 103, 104 et 105, contient, y compris l'emplacement des bâtiments....., et se trouve borné d'un côté par M.... (le mur de séparation est mitoyen), d'autre côté M.... (le mur de séparation est aussi mitoyen), d'un bout une ruelle, d'autre bout la rue;

7° Un moulin à eau monté à l'anglaise, faisant de blé et autres grains farine, mû par la rivière....., garni de ses roues, meules, mouvants, tournants, travaillants et autres accessoires; fixé sur mur et piliers en brique, couvert en ardoises, ayant deux étages, situé à....., rue.....; maison à usage d'habitation pour le fermier attenant au moulin, composée de : cuisine, salle à manger, deux chambres dont une à feu, mansardes et grenier; autre bâtiment en face à usage de hangar et écurie, avec grenier au-dessus, le tout édifié sur un terrain de la contenance de....., section....., n^{os}....., du plan cadastral, bornant d'un côté....., etc.

FORMULE 255. — Immeubles par destination. (N° 1400.)

1° Une ferme située à....., etc. (*la désigner*);

Ensemble quatre chevaux, un sous poil rouge âgé de quatre ans, un autre sous poil noir âgé de six ans, un troisième sous poil blond âgé de huit ans et le quatrième sous poil blanc âgé de treize ans; six vaches, deux sous poil noir âgées l'une de deux ans, l'autre de cinq ans, deux sous poil brun âgées l'une de trois ans, l'autre de quatre ans, une cinquième sous poil rouge et blanc âgée de huit ans, et la sixième sous poil blond âgée de neuf ans; et quatre-vingts moutons de différents âges; le tout livré par le propriétaire au fermier pour la culture de la ferme;

Plus les ustensiles aratoires, comprenant une voiture à quatre roues, une autre à deux roues, un tombereau, deux herses en fer, deux autres en bois; les pigeons du colombier, six ruches à miel, un pressoir à cidre, une cuve à vin de la capacité de vingt hectolitres,

---

(1) Zach., § 254, note 30; Toullier, III, 19; Duranton, IV, 111; Roll., *meubles immeubles*, n° 10; Marcadé, *art.* 532; Mourlon, I, 1388.

(2) Toullier, III, 111; Marcadé, *art. 519*; Duranton, IV, 22; Demolombe, IX, 121; Mourlon, I, 1355; Cass. 11 mai 1831; J. N. 8538. Voir cependant Trib. Douai, 27 juin 1850; J. N. 14206.

(3) Ou ceux qui le représentent, soit comme mandataires, soit en qualité de *negotiorum gestores*. Il n'en serait pas de même si les objets étaient placés par un fermier, un usufruitier ou un emphytéote en leurs noms propres : Proudhon, *dom. privé*, I, 166; Marcadé, *art. 524*; Demante, II, 339 *bis*; Demolombe, IX, 210; Dict. not., *meubles-immeubles*, n° 101; Zach. Massé et Vergé, § 254, note 2; Mourlon, I, 1365, *note*; CONTRA Duranton; IV, 59; Taulier, II, p. 153; Dalloz, *biens*, n° 119; en ce qui concerne l'emphytéote, Paris, 20 avril 1853; J. N. 14964.

(4) C'est-à-dire ceux employés au labour et au charriage, ceux qui donnent le laitage et ceux dont le fumier est nécessaire à l'amendement des terres : Proudhon, I, 177; Hennequin, I, p. 23; Troplong, *vente*, n° 323; Marcadé, *art. 524*; Demolombe, IX, 235 et 239; Dict. not., *meubles-immeubles*, n° 67; Zach., § 254, note 8; Douai, 7 mai 1828; Bordeaux, 14 déc. 1829; Bourges, 24 février 1837.

(5) V. Metz, 27 juin 1866; J. N. 18075.

des forges, papeteries et autres usines, les pailles et engrais (*C. N.*, *524*), les échalas d'une vigne (1), les fruits réservés pour semences par le propriétaire qui exploite (2);

3° Les effets mobiliers que le propriétaire est censé avoir attachés au fonds à perpétuelle demeure (*C. N.*, *524*), tels sont : les objets scellés à chaux, plâtre ou ciment, ou qui ne peuvent être détachés sans être fracturés ou détériorés, ou sans détériorer ou briser la partie du fonds à laquelle ils sont attachés; les glaces d'un appartement, les tableaux et autres ornements, lorsque le parquet sur lequel ils sont attachés fait corps avec la boiserie, ou lorsque, par toute autre disposition, le propriétaire manifeste l'intention de placer les glaces, tableaux et autres ornements à perpétuelle demeure (3); les statues, lorsqu'elles sont placées dans des niches pratiquées exprès pour les recevoir, ou sur des piédestaux scellés (4), encore qu'elles puissent être enlevées sans fracture ou détérioration (*C. N.*, *525*);

4° Les tuyaux servant à la conduite des eaux dans une maison ou un héritage (*C. N.*, *523*);

5° Les arbres d'une pépinière mis par le propriétaire dans son propre fonds; mais si les arbres ont été mis dans la pépinière, non par le propriétaire, mais par le fermier ou par un usufruitier, le dépôt dans la pépinière ne leur donne pas la qualité d'immeubles (5).

§ 3. — DES IMMEUBLES PAR L'OBJET AUQUEL ILS S'APPLIQUENT

1401. Sont immeubles par l'objet auquel ils s'appliquent [FORM. 256] :

1° L'usufruit des choses immobilières (*C. N.*, *526*), et aussi le droit d'usage, le droit d'habitation (6);

2° Les servitudes ou services fonciers (*C. N.*, *526*);

---

les pailles et engrais, les chantiers des caves et celliers, les échalas des vignes et généralement les objets réputés immeubles par l'art. 524 du Code Napoléon; le tout comme ayant été placé par le propriétaire pour le service et l'exploitation de la ferme;

2° Une maison située à....., etc. (*voir formule 254, 6°*);

On comprend avec la maison les effets mobiliers réputés immeubles par l'art. 525 du Code Napoléon, tels sont : dans la cuisine, un buffet et un garde-vaisselle, scellés en plâtre; dans le grand salon, deux glaces et trois tableaux faisant corps avec la boiserie; dans le petit salon, une glace faisant aussi corps avec la boiserie; dans la salle à manger et dans chacune des quatre chambres du premier étage, une glace faisant corps avec la tenture; dans le vestibule, quatre statues placées dans des niches; dans le jardin, trois statues placées sur des piédestaux scellés;

Le réservoir se trouvant dans la cour de la maison est alimenté par l'eau de la rivière, qui s'y trouve conduite par un tuyau faisant partie du fonds;

3° Un terrain en pépinière, etc. (*voir formule 254, 1°*);

Ensemble les arbres en pépinière que le propriétaire a placés dans ce terrain.

FORMULE 256. — Immeubles par l'objet auquel ils s'appliquent. (N° 1401.)

1° L'usufruit, pendant la vie de....., d'une pièce de terre en nature de labour, située à....., etc.;

2° Le droit de passage dans la cour faisant partie d'une maison située à....., rue....., pour accéder de....., etc.;

3° La jouissance, à titre de bail emphytéotique jusqu'au....., d'une pièce de terre située....., etc.;

---

(1) Demolombe, IX, 251; Dict. not., *meubles-immeubles*, n° 90.

(2) Duranton, IV, 57; Proudhon, I, 122; Hennequin, I, p. 28; Dalloz, *biens*, n° 84; Marcadé, *art. 524*; Demolombe, IX, 248; Taulier, II, p. 148; Dict. not., *meubles-immeubles*, n° 69; Massé et Vergé sur Zach., § 254, note 11; Lyon, 29 juill. 1848; CONTRA Zach., *loc. cit.*

(3) Dalloz, *biens*, n°s 111 et s.; Proudhon, I, 149; Dict. not., *meubles-immeubles*, n° 96; Demolombe, IX, 309; Cass. 8 mai 1850; Paris, 10 juill. 1834, 19 juin 1843 et 14 mars 18.3; Trib. Versailles, 21 juin 1855; Seine, 28 juill. 1865; J. N. 14927, 15584, 18422; CONTRA Hennequin, *traité de législ.*, I, p. 50, 55; Coin-Delisle, *rev. crit.*, 1854, p. 24; Paris, 20 fév. 1833; J. N. 8304.

(4) Marcadé, *art. 525*; Demolombe, IX, 312; Massé et Vergé sur Zach., § 254, note 23; Mourlon, I, 1376; CONTRA Toullier, III, 15; Proudhon, I, 155.

(5) Marcadé, *520*, 2; Mourlon, I, 1358.

(6) Marcadé, *526*, 2; Roll., *meubles-immeubles*, n° 103; Dict. not., *ibid.*, n° 104; Duranton, IV, 72; Dalloz, *biens*, n° 137; Demolombe, IX, 335; Massé et Vergé sur Zach., § 256, notes 4 et 5.

3° L'emphytéose (1), et aussi le contrat de superficie, qui est la cession d'une construction avec réserve de reprendre le sol lorsque la construction aura disparu (2), et le bail à domaine congéable (3); quant aux autres baux, voir *infra n° 1406*;

4° Les actions qui tendent à revendiquer un immeuble (*C. N., 526*), telles sont notamment : la faculté de rachat (*C. N., 1659*), le droit de faire annuler pour cause d'erreur, dol, violence (*C. N., 1110, 1111, 1116*), de rescision (*C. N., 887, 1674*), l'action en révocation d'une donation (*C. N., 953*), l'action de la femme dont l'immeuble dotal a été aliéné sans emploi, soit qu'elle agisse contre le tiers détenteur en nullité de la vente, soit qu'elle agisse en reprise contre son mari ou les héritiers de celui-ci, et alors même qu'elle aurait accepté la société d'acquêts (4).

§ 4. — DES IMMEUBLES PAR LA DÉTERMINATION DE LA LOI

1402. Sont immeubles par la détermination de la loi [Form. 257] : les actions de la Banque de France immobilisées par une déclaration du titulaire. (*Décret 16 janv. 1807, art. 7.*) Voir *infra n°s 4076, 5658, 5967.*

CHAPITRE DEUXIÈME

DES MEUBLES

1403. Les biens sont meubles par leur nature ou par la détermination de la loi. (*C. N., 527.*)

§ 1. — DES MEUBLES PAR LEUR NATURE

1404. Sont meubles par leur nature [Form. 258] :

1° Les corps qui peuvent se transporter d'un lieu à un autre, soit qu'ils se meuvent par eux-mêmes comme les animaux, soit qu'ils ne puissent changer de place que par l'effet d'une force étrangère, comme

---

4° La faculté d'exercer le rachat à titre de réméré d'une pièce de terre en nature de labour, située commune de....., etc.;

5° L'action en rescision, pour cause de vileté de prix, de la vente d'une maison sise à....., etc.

FORMULE 257. — Immeubles par la détermination de la loi. (N° 1402.)

Une action immobilisée de la Banque de France, inscrite dans le registre B, f° 81 des actions immobilisées, au nom de Lise Nervez, épouse de Léon de Vergé, demeurant à.....

§ 2. — DÉSIGNATION DE BIENS MEUBLES

FORMULE 258. — Meubles par nature. (N° 1404.)

Les meubles et objets mobiliers dont la désignation suit :

Meubles fongibles :

Deux hectolitres de blé, un hectolitre de cidre, quarante bouteilles de vin, cinq cents gerbes de blé, huit cents bottes de foin, une somme de mille francs en argent.

---

(1) Marcadé, *526*, 3; Persil, *2118*, 15; Duranton, IV, 80, et XIX, 268; Troplong, *priv.*, n° 405, et *louage*, n° 31; Duvergier, *louage*, I, 154; Battur, II, 246; Dict. not., *meubles-immeubles*, n° 106; Paris, 10 mai 1831, 20 avril 1853; Douai, 15 déc. 1832; Cass. 15 juill. 1832, 1er avril 1840, 24 juill. 1843, 18 mai 1847, 6 mars 1850, 17 nov. 1852, 26 avril 1853; J. N. 10649, 13054, 14911, 14963; CONTRA Fœlix et Henrion, *rentes foncières*, p. 28; Aubry et Rau sur Zach., I, p. 414 et 415; Valette, n° 128; Demolombe, IX, 491; Proudhon, *usuf.*, n° 97; Toullier, III, 101; Grenier, *priv.*, I, p. 433; Pont, *priv.*, n° 390.

(2) Pont, *priv.*, n° 391; Dict. not., *meubl.-immeubl.*, n° 107.

(3) Pont, *priv.*, n° 392; Dict. not., *loc. cit.*

(4) Caen, 17 juill. 1857; Cass. 16 nov. 1859; J. N. 16754.

les choses inanimées. (*C. N.*, *528*.) On divise cette première classe de meubles en meubles fongibles et en meubles non fongibles : les meubles fongibles sont ceux qui se consomment immédiatement par l'usage, comme les grains, le vin, le blé, les fruits, les fourrages, l'argent, etc.; les meubles non fongibles sont ceux qui sont susceptibles d'un usage répété et qu'on peut employer sans les détruire, comme une voiture, un cheval, une armoire, des livres, des vêtements, etc. (1);

2° Les bateaux, bacs, navires, moulins et bains sur bateaux, et généralement toutes usines non fixées par des piliers et ne faisant point partie de la maison (*C. N.*, *531*) : la saisie de quelques-uns de ces objets est cependant, à cause de leur importance, soumise à des formes particulières (*C. pr.*, *620*);

3° Les matériaux provenant de la démolition d'un édifice, et ceux assemblés pour en construire un nouveau, jusqu'à ce qu'ils soient employés par l'ouvrier dans une construction. (*C. N.*, *532*.) Toutefois, voir *supra n° 1399, 3°*.

§ 2. — DES MEUBLES PAR LA DÉTERMINATION DE LA LOI

1405. Sont meubles par la détermination de la loi [Form. 259] :

1° Les obligations et actions qui ont pour objet des sommes exigibles (2), ou des effets mobiliers (*C. N.*, *529*), encore bien qu'elles soient causées pour prix de vente d'immeubles, ou qu'elles soient garanties par hypothèque, par antichrèse (3);

2° Les actions ou intérêts dans les compagnies de finance, de commerce ou d'industrie, encore que des immeubles dépendant de ces entreprises appartiennent aux compagnies. Ces actions ou intérêts sont réputés meubles, à l'égard de chaque associé seulement, tant que dure la société (*C. N.*, *529*);

Meubles non fongibles :

1° Un cheval sous poil gris, âgé de quatre ans, une vache sous poil bai, âgée de six ans, dix moutons, deux porcs, une armoire en noyer à deux battants, garnie de trois tablettes, fermant à clef; une commode en merisier à dessus de marbre avec trois tiroirs fermant à clef; deux fauteuils en acajou, garnis de velours d'Utrecht, etc.;

2° Un navire trois-mâts, à voile, appelé *le Coureur*, garni de ses mâts, cordages, voiles, chaloupe et autres ustensiles; un bac servant de passage sur la rivière.....; un moulin à vent, garni de ses roues, volants, voiles et autres accessoires, posé sur un socle en bois ne faisant pas partie d'un bâtiment;

3° Les matériaux provenant de la démolition d'un maison située à.....; rue....., plus dix mille briques et divers bois, le tout assemblé pour la construction d'une maison.

FORMULE 259. — Meubles par la détermination de la loi. (N° 1405.)

1° Une créance de DEUX MILLE FRANCS en principal, due à M. LEROY par M. Léon BIAT, rentier, demeurant à....., comme formant le prix principal de la vente que M. LEROY lui a faite de..... ares de terre en labour, sises à....., lieu dit....., section....., n°....., suivant contrat passé devant M^e^....., notaire à....., le.....; cette somme a été stipulée exigible le....., et productive d'intérêts à 5 p. 100 par an, payables le..... de chaque année; elle est garantie par le privilége et l'action résolutoire sur l'immeuble vendu, conservés par une inscription d'office prise au bureau des hypothèques de....., le....., vol....., n°.....;

2° Une créance de TROIS MILLE FRANCS, due à M. LEROY par M. Denis LECŒUR, propriétaire, demeurant à....., et formant le montant de l'obligation pour prêt que ce dernier a souscrite au profit de M. LEROY, suivant acte passé devant M°...., notaire à...., le....; cette somme a été stipulée exigible le....., et productive d'intérêts à 5 p. 100 par an, payables le....., de chaque année; elle est garantie par une hypothèque sur divers

---

(1) Marcadé, *536*, 2; Demolombe, IX, 42 et suiv.

(2) C'est-à-dire qui peuvent être exigées, par opposition aux rentes perpétuelles dont le créancier ne peut exiger le remboursement. Voir pour les rentes *infra n° 1405, 3°*.

(3) Zach., § 256; Demolombe, IX, 408; Rodière et Pont, *contr. de mar.*, I, 327.

toutefois, les actions de la Banque de France peuvent être immobilisées, *supra n° 1402*, sauf à leur rendre ensuite la qualité de meubles en remplissant les formalités de transcription et de purge prescrites par la loi du *17 mai 1834, art. 5*;

3° Les rentes perpétuelles ou viagères soit sur l'État, soit sur particuliers (*C. N.*, *529*), qu'elles soient créées à prix d'argent ou pour prix de vente d'immeubles. A ce sujet, on fait observer que toute rente établie à perpétuité pour le prix de vente d'un immeuble, ou comme condition de la cession à titre onéreux ou gratuit d'un fonds immobilier, est essentiellement rachetable. Il est néanmoins permis au créancier de régler les clauses et conditions du rachat; il lui est aussi permis de stipuler que la rente ne pourra lui être remboursée qu'après un certain temps, lequel ne peut jamais excéder trente ans. Toute stipulation contraire est nulle. (*C. N.*, *530*.)

1406. Le droit à un bail d'immeubles [Form. 260] ne confère au preneur qu'un droit personnel, et conséquemment est meuble (1). Toutefois, voir *supra n° 1401, 5°*.

§ 3. — SIGNIFICATION DES MOTS MEUBLES, MEUBLES MEUBLANTS, BIENS MEUBLES, ETC.

1407. La loi définit les mots *meubles*, *meubles meublants*, *biens meubles*, etc., employés dans les dispositions de la loi ou dans les conventions des parties (*C. N.*, *535*); cependant, lorsque ces mots sont

immeubles sis commune de....., conservée par une inscription prise au profit de M. Leroy, contre M. Lecœur, au bureau des hypothèques de....., le....., vol....., n°.....;

3° Une action de la Banque de France, au nom de M. Denis Papin, rentier à....., inscrite sur le registre B, f° 81;

4° Deux actions au porteur du chemin de fer du Nord, libérées, portant les n°s 10408 et 11225;

5° Un titre de deux cents francs de rente 3 p. 100 sur l'État français, inscrit sur le grand livre de la dette publique au nom de M. Lemire (Adrien), sous le n° 11348 de la série 3°;

6° Une rente annuelle et perpétuelle de cent quarante francs, au capital de deux mille huit cents francs, due à M. Audoin par M, Jacques Petit, cultivateur, demeurant à....., pour le prix de la vente que M. Audoin lui a faite de un hectare de terre en labour, sis à....., lieu dit....., section....., n°....., suivant contrat passé devant M°....., notaire à....., le.....; cette rente payable chaque année en deux termes égaux, les....., est garantie par....., etc. *(le surplus comme au n° 1er de la présente form.)*;

7° Une rente annuelle et perpétuelle de cent francs, au capital de deux mille francs, due à M. Audoin, par M. Jacques Petit, cultivateur, demeurant à....., comme ayant été constituée à prix d'argent par M. Petit, au profit de M. Audoin, suivant acte passé devant M°....., notaire à....., le....; cette rente, payable chaque année le....., est garantie, etc. *(le surplus comme au n° 2)*;

8° Une rente annuelle et viagère de trois cents francs, due à M. Audoin par M. Jacques Petit, cultivateur, demeurant à....., comme ayant été constituée à prix d'argent par M. Petit, au profit, sur la tête et pendant la vie de M. Audoin, suivant acte, etc. *(Le surplus comme au n° 7.)*

FORMULE 260. — Droit à un bail. (N° 1406.)

La jouissance à titre de bail, pour dix-huit années qui ont commencé à courir le....., et expireront à pareille époque de l'année....., etc. *(Désigner les immeubles et énoncer sommairement le bail.)*

(1) Toullier, III, 388, 390; Proudhon, *usuf.*, I, 102; Demante, II, 432; Duranton, IV, 73; Dalloz, *louage*, n°s 5 et 7, et *biens*, n° 212; Championnière et Rigaud, IV, 3032; Duvergier, *louage*, I, 247; Marcadé, *526*, 5; Roll., *meubles-immeubles*, n° 104, et *bail*, n° 6; Dict. not., *bail*, n° 14; Demolombe, IX, 492; Pont, *priv.*, n° 385; Taulier, VI, p. 210; Valette, *priv.*, n° 195; Caen, 24 janv. 1848; Bourges, 28 fév. 1852; Grenoble (chambr. réun.), 4 janv. 1860; Cass. 22 fév. 1831, 14 nov. 1832, 13 avril 1859, 6 mars 1861; Paris, 11 avril 1866; J. N. 18528; contra Troplong, *louage*, n°s 5 à 20; Fréminville, *minor.*, I, 528.

employés dans les conventions des parties, il est toujours prudent d'indiquer ce qu'ils comprennent; car la loi, à cet égard, n'a établi que de simples présomptions contre lesquelles on peut rechercher et faire prévaloir l'intention, la pensée des parties (1).

1408. Le mot *meubles* [Form. 261] ne comprend pas l'argent comptant, les pierreries, les créances, les livres, les médailles, les instruments des sciences, des arts et métiers; le linge de corps, les chevaux, équipages, armes, grains, vins, foins et autres denrées; il ne comprend pas non plus ce qui fait l'objet d'un commerce (*C. N.*, *533*); mais il comprend l'argenterie (2).

1409. Les mots *meubles meublants* [Form. 262] ne comprennent que les meubles destinés à l'usage et à l'ornement des appartements, comme tapisseries, lits, siéges, glaces, pendules, tables, porcelaines et autres objets de cette nature; les tableaux et les statues qui font partie du meuble d'un appartement y sont aussi compris, mais non les collections de tableaux qui peuvent être dans les galeries ou pièces particulières; il en est de même des porcelaines; celles seulement qui font partie de la décoration d'un appartement sont comprises sous la dénomination de meubles meublants (*C. N.*, *534*); l'argenterie n'y est pas comprise (3).

1410. L'expression *biens meubles,* celle de *mobilier* (4) ou *d'effets mobiliers* [Form. 263] comprennent généralement tout ce qui est censé meubles d'après les règles établies *supra* nos *1403 à 1405.* (*C. N.*, *535.*)

1411. La vente ou le don d'une maison meublée [Form. 264] ne comprend que les meubles meublants. (*C. N.*, *535.*)

§ 3. — QUOTITÉ OU GÉNÉRALITÉ DE BIENS MEUBLES

FORMULE 261. — Meubles. (Nos 1407 et 1408.)

Je lègue à..... les meubles qui se trouveront garnir, au jour de mon décès, la maison que je possède à.....; en conséquence, le présent legs comprendra tout ce qui se trouvera dans cette maison, à l'exception de : l'argent comptant, l'argenterie, les pierreries, les créances, les livres, les médailles, les instruments des sciences, des arts et métiers, le linge de corps, les chevaux, équipages, armes, grains, vins, foins et autres denrées, et les marchandises faisant l'objet de mon commerce.

FORMULE 262. — Meubles meublants. (No 1409.)

Je lègue à..... les meubles meublants qui se trouveront garnir, au jour de mon décès, la maison que je possède à.....; en conséquence, le présent legs ne comprendra que les meubles destinés à l'usage et à l'ornement des appartements, tels que : tapisseries, lits, siéges, glaces, pendules, tables, porcelaines et autres objets de cette nature, tableaux, statues, mais non les collections de porcelaines se trouvant dans un des placards du salon, ni les tableaux et statues se trouvant dans la galerie, ni les statues du jardin.

FORMULE 263. — Biens meubles; mobilier; effets mobiliers. (No 1410.)

Je lègue à..... les biens meubles (*ou* le mobilier; les effets mobiliers) qui se trouveront dans ma succession au jour de mon décès; en conséquence, le présent legs comprendra l'universalité des biens meubles dont je serai propriétaire à l'époque de mon décès.

FORMULE 264. — Maison meublée. (No 1411.)

Je lègue à..... la maison meublée que je possède à.....; en conséquence, le présent legs comprendra, outre la maison, les meubles meublants qui se trouveront la garnir au jour de mon décès, c'est-à-dire les meubles destinés à l'usage et à l'ornement, etc... *(Le surplus comme en la formule 262.)*

(1) Marcadé, 535, 1; Demolombe, IX, 442; Dict. not., *meubl.-immeubl.*, nos 164 et suiv.; Paris, 21 juin 1806; Bruxelles, 9 mars 1813; Bordeaux, 11 juin 1828; Aix, 18 mai 1837; Pau, 27 nov. 1857; Lyon, 2 avril 1840; Cass. 8 mai 1816, 26 fév. et 1er août 1832, 3 mars 1836, 3 mai 1837.

(2) Roll., *meubles-immeubles*, no 38; Dict. not., *ibid*, no 157.

(3) Duranton, IV, 176; Roll., *meubles-immeubles*, no 38; Dict. not., *ibid.*, no 157.

(4) Voir Douai, 1er mars 1851; Paris, 24 mars 1859; J. N. 16726. Bordeaux, 25 juill. 1865; J. N. 18449.

1412. La vente ou le don d'une maison avec tout ce qui s'y trouve [FORM. 265] ne comprend pas l'argent comptant ni les créances et autres droits dont les titres peuvent être déposés dans la maison; tous les autres effets mobiliers y sont compris. (*C. N.*, *536.*)

CHAPITRE TROISIÈME

DES BIENS DANS LEUR RAPPORT AVEC CEUX QUI LES POSSÈDENT

1413. Les biens considérés par rapport à leurs propriétaires se distinguent en : 1° biens des particuliers; 2° biens de l'État et du domaine public; 3° biens des communes; 4° biens des établissements publics.

1414. *Biens des particuliers.* Les particuliers ont la libre disposition des biens qui leur appartiennent, sous les modifications établies par les lois (*C. N.*, *537*), *infra nos 1425 et suiv.*

1415. *Biens de l'État et du domaine public.* Ces biens sont :

1° Les chemins, routes et rues à la charge de l'État, les fleuves et rivières navigables ou flottables, les rivages, lais et relais de la mer, les ports, les hâvres, les rades, et généralement toutes les portions du territoire français qui ne sont pas susceptibles d'une propriété privée (*C. N.*, *538*);

2° Tous les biens vacants et sans maître, et ceux des personnes qui décèdent sans héritiers, ou dont les successions sont abandonnées (*C. N.*, *539*, *infra n° 1660*);

3° Les portes, murs, fossés, remparts des places de guerre et des forteresses (*C. N.*, *540*);

4° Les terrains, fortifications et remparts des places qui ne sont plus places de guerre, s'ils n'ont été valablement aliénés, ou si la propriété n'en a pas été prescrite contre lui (*C. N.*, *541*);

5° Les propriétés et les forêts nationales.

1415 bis. Toutefois, il faut éviter ici la confusion qui se trouve dans le texte législatif, et distinguer le domaine de l'État d'avec le domaine public. L'État est susceptible, comme les communes, de posséder des biens à titre privé; tels sont ceux indiqués *supra n° 1415, 2°, 4° et 5°*; quant aux biens assujettis à un service public, *même n°, 1° et 3°*, ils dépendent du domaine public, et ceux-ci seulement sont imprescriptibles (*C. N.*, *541*), *infra nos 1421 et 1422.*

1416. *Biens des communes.* Les biens communaux sont ceux à la propriété ou au produit desquels les habitants d'une ou plusieurs communes ont un droit acquis. (*C. N.*, *542.*)

1417. *Biens des établissements publics.* Ce sont ceux des hospices, fabriques, séminaires, colléges, dotations de l'armée, établissements ecclésiastiques, etc.

1418. Les biens qui n'appartiennent pas à des particuliers sont administrés et ne peuvent être aliénés que dans les formes et suivant les règles qui leur sont particulières. (*C. N.*, *537.*)

1419. On peut avoir sur les choses ou un droit de propriété, ou un simple droit de jouissance (usufruit, usage, habitation), ou seulement des services fonciers à prétendre (servitudes). [*C. N.*, *543.*]

FORMULE 265. — Maison avec tout ce qui s'y trouve. (N° 1412.)

Je lègue à..... la maison dont je suis propriétaire, située à....., avec tout ce qui s'y trouvera au jour de mon décès; en conséquence, sauf l'argent comptant et les titres de créance et autres droits, le présent legs comprendra tous les effets mobiliers qui se trouveront dans la maison.

APPENDICE

ALGÉRIE

1420. *Biens des particuliers.* La propriété est inviolable, sans distinction entre les possesseurs indigènes et les possesseurs français et autres (*loi 16 juin, 1851, art. 10*); peu importe que les droits de propriété et les droits de jouissance appartiennent aux particuliers, ou aux tribus, ou à des fractions de tribus; ces droits ayant été reconnus tels qu'ils existaient au moment de la conquête ou tels qu'ils avaient été maintenus, réglés ou constitués postérieurement par le gouvernement français(1) [*même loi, art. 12*), et chacun ayant le droit de jouir et de disposer de sa propriété de la manière la plus absolue, en se conformant à la loi. (*Même loi, art. 14.*)

Biens du domaine public et de l'État. Ces biens sont :

1421. Sous le nom de *domaine public* : 1° les biens de toute nature que le Code civil et les lois générales de la France déclarent non susceptibles de propriété privée; 2° les canaux d'irrigation, de navigation et de dessèchement exécutés par l'État, ou pour son compte, dans un but d'utilité publique, et les dépendances de ces canaux; les aqueducs et les puits à l'usage du public; 3° les lacs salés, les cours d'eau de toute sorte et les sources. Néanmoins, ont été reconnus et maintenus tels qu'ils existaient les droits privés de propriété, d'usufruit ou d'usage, légalement acquis antérieurement à la promulgation de la loi du 16 juin 1851 sur les lacs salés, les cours d'eau et les sources. (*Même loi, art. 1 et 2.*)

1422. Et sous le nom de *domaine de l'État* : 1° les biens qui, en France, sont dévolus à l'État, soit par les art. 33, 539, 541, 713, 723 du Code civil, et par la législation sur les épaves, soit par suite de deshérence, en vertu de l'art. 768 du Code civil, en ce qui concerne les Français et les étrangers, et en vertu du droit musulman, en ce qui concerne les indigènes; 2° les biens et droits mobiliers et immobiliers provenant du *beylick*, et de tous autres réunis au domaine par des arrêtés ou ordonnances rendus antérieurement à la promulgation de la loi du 16 juin 1851; 3° les biens séquestrés qui auront été réunis au domaine de l'État dans les cas et suivant les formes prévus par l'ordonnance du 31 octobre 1845; 4° les bois et forêts, sous la réserve des droits de propriété et d'usage régulièrement acquis avant la promulgation de la loi du 16 juin 1851. (*Même loi, art. 1 et 4.*)

1423. *Biens des départements.* Le domaine départemental se compose : 1° des édifices et bâtiments domaniaux qui sont ou seront affectés aux différents services de l'administration départementale; 2° des biens meubles et immeubles et des droits attribués aux départements par la législation générale de la France. (*Même loi, art. 8.*)

1424. *Biens des communes.* Le domaine communal se compose : 1° des édifices et bâtiments domaniaux qui sont ou seront affectés aux services de l'administration communale; 2° des biens déclarés biens communaux, et des droits conférés aux communes par la législation générale de la France; 3° des biens et des dotations qui sont ou qui pourront être attribués aux communes par la législation spéciale de l'Algérie. (*Même loi, art. 9.*)

1424 *bis.* Un sénatus-consulte *du 22 avril 1863, relatif à la constitution de la propriété en Algérie dans les territoires occupés par les Arabes*, porte :

Article premier. Les tribus de l'Algérie sont déclarées propriétaires des territoires dont elles ont la jouissance permanente et traditionnelle, à quelque titre que ce soit.

Tous actes, partages ou distractions de territoires intervenus entre l'État et les indigènes, relativement à la propriété du sol, sont et demeurent confirmés.

Art. 2. Il sera procédé administrativement et dans le plus bref délai :

1° A la délimitation des territoires des tribus;

2° A leur répartition entre les différents douars de chaque tribu du *Tell* et des autres pays de culture, avec réserve des terres, qui devront conserver le caractère de biens communaux;

(1) Voir Cass. 18 juin 1861 et 24 déc. 1862 Sirey, 1863, I, p. 95.

3° A l'établissement de la propriété individuelle entre les membres de ces douars, partout où cette mesure sera reconnue possible et opportune.

Des décrets impériaux fixeront l'ordre et les délais dans lesquels cette propriété individuelle devra être constituée dans chaque douar.

Art. 3. Un règlement d'administration publique déterminera : 1° Les formes de la délimitation des territoires des tribus; 2° les formes et les conditions de leur répartition entre les douars et de l'aliénation des biens appartenant aux douars; 3° les formes et les conditions sous lesquelles la propriété individuelle sera établie, et le mode de délivrance des titres.

Art. 4. Les rentes, redevances et prestations dues à l'État par les détenteurs des territoires des tribus continueront à être perçues comme par le passé, jusqu'à ce qu'il en soit autrement ordonné par des décrets impériaux rendus en la forme des règlements d'administration publique.

Art. 5. Sont réservés les droits de l'Etat à la propriété des biens du *beylick* et ceux des propriétaires des biens *melk*. — Sont également réservés : le domaine public, tel qu'il est défini par l'art. 2 de la loi du 16 juin 1851, ainsi que le domaine de l'État, notamment en ce qui concerne les bois et forêts, conformément à l'art. 4, 4°, de la même loi.

Art. 6. Le second et le troisième paragraphe de l'art. 14 de la loi du 16 juin 1851 (1) sur la constitution de la propriété en Algérie sont abrogés (2); néanmoins, la propriété individuelle qui sera établie au profit des membres des douars ne pourra être aliénée que du jour où elle aura été régulièrement constituée par la délivrance des titres.

Art. 7. Il n'est pas dérogé aux autres dispositions de la loi du 16 juin 1851, notamment à celles qui concernent l'expropriation pour cause d'utilité publique et le séquestre.

1424 *ter*. Les modes d'établissement et de conservation des propriétés en Algérie ont été réglés par les lois des 26 juillet 1873, 14 juill. 1879 et 28 avril 1887 (notre *supplém. de Législ.*, II, p. 177). — A l'égard des bois et forêts, voir loi 9 déc. 1885 (*Ibid.*, p. 17).

TITRE DEUXIÈME

DE LA PROPRIÉTÉ

SOMMAIRE

(1) Ces paragraphes portent : « Aucun droit de propriété ou de jouissance portant sur le sol du territoire d'une tribu ne pourra être aliéné au profit de personnes étrangères à la tribu. — A l'État seul est réservée la faculté d'acquérir ces droits dans l'intérêt des services publics ou de la colonisation, et de les rendre en tout ou partie susceptibles de libre transmission. »

(2) Voir, pour l'exécution du sénatus-consulte du 22 avril 1863, les décrets des 23 mai 1863 et 13 déc. 1866.

1425. La propriété est le droit de jouir et disposer des choses de la manière la plus absolue, pourvu qu'on n'en fasse pas un usage prohibé par les lois ou par les règlements. (*C. N.*, *544.*)

1426. Nul ne peut être contraint de céder sa propriété si ce n'est pour cause d'utilité publique, et moyennant une juste et préalable indemnité. (*C. N.*, *545.*)

1427. La propriété d'une chose, soit mobilière, soit immobilière, donne droit sur tout ce qu'elle produit et sur ce qui s'y unit accessoirement, soit naturellement, soit artificiellement. Ce droit s'appelle *droit d'accession*. (*C. N.*, *546.*)

CHAPITRE PREMIER

DU DROIT D'ACCESSION SUR CE QUI EST PRODUIT PAR LA CHOSE

1428. Les fruits naturels ou industriels de la terre, — les fruits civils, — le croît des animaux appartiennent au propriétaire par droit d'accession. (*C. N.*, *547.*)

1429. Les fruits produits par la chose n'appartiennent au propriétaire qu'à la charge de rembourser les frais des labours, travaux et semences faits par des tiers (*C. N.*, *548*), et il importe peu que le tiers ait su ou non que le terrain n'était pas à lui.

1430. Le simple possesseur fait les fruits siens (1), c'est-à-dire conserve les fruits qu'il a recueillis et perçus, lorsqu'il possède de bonne foi; dans le cas contraire, il est tenu de rendre les produits avec la chose au propriétaire qui la revendique. (*C. N.*, *549.*) (2).

1431. Le possesseur est de bonne foi quand il possède comme propriétaire en vertu d'un titre translatif de propriété dont il ignore les vices (*C. N.*, *550*); par exemple, s'il possède à titre d'héritier, donataire, légataire, acheteur, coéchangiste, etc., et si la personne qui lui a transmis le bien n'en est pas propriétaire, ou est incapable, ou si l'acte de transmission est nul pour vice de forme.

1432. Il cesse d'être de bonne foi du moment où ces vices lui sont connus. (*C. N.*, *550.*)

CHAPITRE DEUXIÈME

DU DROIT D'ACCESSION SUR CE QUI S'UNIT ET S'INCORPORE A LA CHOSE

1433. Tout ce qui s'unit et s'incorpore à la chose appartient au propriétaire suivant les règles ci-après établies. (*C. N.*, *551.*)

(1) Même antérieurs à sa prise de possession : Cass. 5 juill. 1834; Paris, 13 août 1848; J. N. 13512.

(2) V. Cass. 19 déc. 1864, 19 avril 1865; J N. 18176, Jur. N. 12804.

SECTION I. — DU DROIT D'ACCESSION RELATIVEMENT AUX CHOSES IMMOBILIÈRES

1434. La propriété du sol emporte la propriété du dessus et du dessous. Le propriétaire peut faire au-dessus toutes les plantations et constructions qu'il juge à propos, sauf les exceptions établies au titre des *servitudes ou services fonciers*. Il peut faire au-dessous toutes les constructions et fouilles qu'il juge à propos et tirer de ces fouilles tous les produits qu'elles peuvent fournir, sauf les modifications résultant des lois et règlements relatifs aux mines et des lois et règlements de police. (*C. N., 552.*)

1435. Toutes constructions, plantations et ouvrages sur un terrain, ou dans l'intérieur, sont présumés faits par le propriétaire, à ses frais, et lui appartenir, si le contraire n'est prouvé; sans préjudice de la propriété qu'un tiers pourrait avoir acquise ou pourrait acquérir par prescription, soit d'un souterrain sous le bâtiment d'autrui, soit de toute autre partie de bâtiment. (*C. N., 553.*)

1436. Le propriétaire du sol qui a fait des constructions, plantations et ouvrages avec des matériaux qui ne lui appartenaient point doit en payer la valeur; il peut être aussi condamné à des dommages-intérêts, s'il y a lieu; mais le propriétaire des matériaux n'a pas le droit de les enlever. (*C. N., 554.*)

1437. Lorsque les plantations, constructions et ouvrages ont été faits par un tiers, avec ses matériaux ou avec les matériaux d'autrui (1), pour connaître les droits du propriétaire du fonds, il faut distinguer : 1° s'ils ont été faits par un tiers possesseur de bonne foi, *supra n° 1431*, le propriétaire du fonds ne peut demander leur suppression, mais il a le choix ou de rembourser la valeur des matériaux, et du prix de la main-d'œuvre, ou de rembourser une somme égale à celle dont le fonds a augmenté de valeur; — 2° s'ils ont été faits par un tiers non possesseur, ou possesseur de mauvaise foi, le propriétaire du fonds a le choix : — ou de conserver les plantations, constructions et ouvrages, en remboursant au tiers la valeur des matériaux et du prix de la main-d'œuvre, sans égard à la plus ou moins grande augmentation de valeur que le fonds a pu recevoir; — ou d'obliger le tiers à les enlever à ses frais, pour remettre les choses en leur état antérieur et en outre lui payer des dommages-intérêts pour le préjudice qu'il a pu éprouver. (*C. N., 555.*) Dans tous les cas où le propriétaire conserve les constructions, plantations, ouvrages, etc., à la charge d'une indemnité, celui à qui l'indemnité est due peut, tant qu'il n'est pas remboursé, retenir l'immeuble qu'on revendique contre lui (2).

1438. Les attérissements et accroissements qui se forment successivement et imperceptiblement aux fonds riverains d'un fleuve ou d'une rivière s'appellent *alluvion*. L'alluvion profite au propriétaire riverain, soit qu'il s'agisse d'un fleuve ou d'une rivière navigable, flottable ou non, à charge dans le premier cas, de laisser le marche-pied ou chemin de halage, conformément aux règlements. (*C. N., 556.*)

1439. Il en est de même des relais que forme l'eau courante qui se retire insensiblement de l'une de ses rives en se portant sur l'autre : le propriétaire de la rive découverte profite de l'alluvion, sans que le riverain du côté opposé y puisse venir réclamer le terrain qu'il a perdu. Ce droit n'a pas lieu à l'égard des relais de la mer. (*C. N., 557.*)

1440. Les lacs et étangs étant des propriétés privées dont les limites avec les propriétés voisines sont fixées par des bornes ou autrement, l'alluvion n'a pas lieu à leur égard; le propriétaire conserve toujours le terrain que l'eau couvre quand elle est à la hauteur de la décharge de l'étang, encore que le volume de l'eau vienne à diminuer. Réciproquement, le propriétaire de l'étang n'acquiert aucun droit sur les terres riveraines que son eau vient à couvrir dans les crues extraordinaires. (*C. N., 558.*)

1441. Si un fleuve ou une rivière, navigable ou non, enlève par une force subite une partie considérable et reconnaissable d'un champ riverain et la porte sur un champ inférieur, ou sur la rive opposée, le propriétaire de la partie enlevée peut réclamer sa propriété; mais il est tenu de former sa demande dans l'année : après ce délai il n'y est plus recevable, à moins que le propriétaire du champ auquel la partie enlevée a été unie n'ait pas encore pris possession de celle-ci. (*C. N., 559.*)

1442. Les fleuves et les rivières navigables, ou flottables avec radeaux, appartiennent à l'État; les îles, îlots, attérissements qui se forment dans leur lit en sont l'accessoire, et comme tels appartiennent aussi à

(1) Marcadé, *555*, 7.
(2) Toullier, III, 130, et XIV, 327; Troplong, *hypothèque*, n° 260; Massé et Vergé sur Zach., § 297, note 7; Marcadé, *555*, 5; Rennes, 8 fév. 1841.

l'État, à moins qu'il n'y ait titre ou prescription contraire (*C. N., 560*); mais si les attérissements, au lieu de se former dans le lit même de la rivière ou du fleuve, se forment sur ses bords, ils appartiennent aux propriétaires riverains, en vertu de l'art. 556 (1), *supra n° 1438*.

1443. Les rivières non navigables et non flottables avec radeaux, et leur lit, appartiennent aux propriétaires riverains (2), chacun pour la moitié longeant sa propriété, en supposant une ligne tracée au milieu de la rivière; les îles et attérissements qui s'y forment, en étant l'accessoire, appartiennent aussi aux propriétaires riverains où l'île s'est formée : si l'île n'est pas formée d'un seul côté, elle appartient aux propriétaires riverains des deux côtés, à partir de la ligne qu'on suppose tracée au milieu de la rivière. (*C. N., 561.*)

1444. Si une rivière ou un fleuve, en se formant un bras nouveau, coupe et embrasse le champ d'un propriétaire riverain et en fait une île, ce propriétaire conserve la propriété de son champ, encore que l'île se soit formée dans un fleuve ou dans une rivière navigable ou flottable. (*C. N., 562.*)

1445. Si un fleuve ou une rivière navigable, flottable ou non, se forme un nouveau cours en abandonnant son ancien lit, les propriétaires des fonds nouvellement occupés prennent, à titre d'indemnité, l'ancien lit abandonné et les îles qui s'y sont formées (3), chacun dans la proportion du terrain qui lui a été enlevé (*C. N., 563*); le droit de propriété des riverains sur les rivières non navigables ni flottables et sur les îles qui s'y sont formées, *supra n° 1443*, est donc résoluble dans ce cas.

1446. Les pigeons, lapins, poissons, qui passent dans un autre colombier, garenne ou étang, appartiennent au propriétaire de ces objets, sauf indemnité et dommages-intérêts envers l'ancien possesseur (4) s'ils y ont été attirés par fraude et artifice. (*C. N., 564.*)

SECTION II. — DU DROIT D'ACCESSION, RELATIVEMENT AUX CHOSES MOBILIÈRES

1447. Le droit d'accession, quand il a pour objet deux choses mobilières appartenant à deux maîtres différents, est entièrement subordonné aux principes de l'équité naturelle. Les règles suivantes servent d'exemple au juge pour se déterminer, dans les cas non prévus, suivant les circonstances particulières (*C. N., 565*) :

1448. *Première règle; adjonction.* Lorsque deux choses appartenant à différents maîtres, qui ont été unies de manière à former un tout, sont néanmoins séparables, en sorte que l'une puisse subsister sans l'autre, le tout appartient au maître de la chose qui forme la partie principale, à la charge de payer à l'autre la valeur de la chose qui a été unie. (*C. N., 566.*)

1449. Trois moyens sont offerts par la loi pour reconnaître quelle chose est la principale :

1° On répute partie principale celle à laquelle l'autre n'a été unie que pour l'usage, l'ornement ou le complément de la première (*C. N., 567*); ainsi la poignée est l'accessoire de l'épée; les boutons sont l'accessoire de l'habit; la reliure est l'accessoire du livre; le cadre est l'accessoire du tableau. Cependant si la chose unie est beaucoup plus précieuse que la chose principale, et si elle a été employée à l'insu du propriétaire, celui-ci peut demander que la chose unie soit séparée pour lui être rendue, même quand il pourrait en résulter quelque dégradation de la chose à laquelle elle a été jointe (*C. N., 568*); par exemple : à votre habit, vous avez, à mon insu, uni des boutons en or qui m'appartiennent, je puis vous contraindre à me les restituer; à votre épée en acier, vous avez, à mon insu, uni une garde en or et diamants qui m'appartient, je puis aussi vous contraindre à séparer la garde et à me la rendre.

2° Si l'on ne peut reconnaître quelle chose est l'accessoire de l'autre, on répute partie principale celle qui est la plus considérable en valeur. (*C. N., 569.*)

3° Enfin, si l'on ne peut reconnaître quelle chose est l'accessoire de l'autre, et que les deux choses

---

(1) Cass. 16 fév. 1836, 6 août 1848.

(2) Toullier, III, 144; Duranton, V, 208; Pardessus, *serv.*, n° 74; Fournel, *voisin.*, I, 372; Carré, *just. de paix*, II, 1505; Chardon, *alluv.*, n° 46; Dubreuil, *eaux*, tit. 2, chap. 2; Daviel, *cours d'eaux*, n° 530; Troplong, *prescript.*, I, 145; Hennequin, *législ.*, I, p. 214; Cormenin, *cours d'eaux*, § 3; Dufour, *droit administrat.*, II, 1198; Championnière, *revue de législ.*, XXI, p. 11; Marcadé, *art. 561*; Amiens, 28 janv. 1834; Toulouse, 2 mai 1834; CONTRA Proudhon, *dom. public*, III, 933; Tarvé, *trav. publics, cours d'eaux*; Foucard, *droit administr.*, t. III; Caron, *act. possess.*, n° 162; Nadault, *usines*, t. II; Demolombe, X, 128; Metz, 27 mars 1860; Cass. 10 juin 1846, 6 mai 1861, 8 mars 1865, 16 juill. et 6 nov. 1866; J. N. 12711, 17230.

En Algérie, toutes les rivières et tous les cours d'eau quelconques appartiennent à l'État ou plutôt au domaine public, *supra n° 1421*.

(3) Marcadé, *art. 563*. V. Cass. 6 nov. 1867.

(4) Duranton, IV, 423; Marcadé, *564*, 1, Massé et Vergé sur Zach., § 297, note 29.

aient une valeur à peu près égale, on répute partie principale celle qui est la plus considérable en volume. (*Même art.*)

1450. *Deuxième règle; spécification.* Si un artisan ou une personne quelconque a employé une matière qui ne lui appartenait pas à former une chose d'une nouvelle espèce, soit que la matière puisse ou non reprendre sa première forme, celui qui en était le propriétaire a le droit de réclamer la chose qui en a été formée, en remboursant le prix de la main-d'œuvre. (*C. N., 570.*) Si cependant la main-d'œuvre était tellement importante qu'elle surpassât de beaucoup la valeur de la matière employée, l'industrie serait alors réputée la partie principale, et l'ouvrier aurait le droit de retenir la chose travaillée, en remboursant le prix de la matière au propriétaire (*C. N., 571*); ainsi, c'est toujours l'accessoire qui suit le principal; exemple : si vous avez coulé un vase avec un lingot d'or ou d'argent m'appartenant, l'industrie est l'accessoire de la matière et j'ai le droit de réclamer le vase en remboursant le prix de votre main-d'œuvre; mais si avec un bloc de pierre m'appartenant vous avez sculpté une statue d'une valeur surpassant de beaucoup celle de la pierre, la matière n'est plus que l'accessoire et vous avez le droit de retenir la statue en remboursant le prix du bloc de pierre.

1451. Lorsqu'une personne a employé en partie la matière qui lui appartenait et en partie celle qui ne lui appartenait pas à former une chose d'une espèce nouvelle, sans que ni l'une ni l'autre des deux matières soit entièrement détruite, mais de manière qu'elles ne puissent pas se séparer sans inconvénient, la chose est commune aux deux propriétaires, en raison, quant à l'un, de la matière qui lui appartenait; quant à l'autre, en raison à la fois et de la matière qui lui appartenait, et du prix de la main-d'œuvre. (*C. N., 572.*)

1452. *Troisième règle; du mélange.* Lorsqu'une chose a été formée par le mélange de plusieurs matières appartenant à divers propriétaires, mais dont aucune ne peut être regardée comme la matière principale, si les matières peuvent être séparées, celui à l'insu duquel les matières ont été mélangées peut en demander la division. Mais si les matières ne peuvent plus être séparées sans inconvénient, ils en acquièrent en commun la propriété dans la proportion de la quantité, de la qualité et de la valeur des matières appartenant à chacun d'eux. (*C. N., 573.*)

1453. Si la matière appartenant à l'un des propriétaires était de beaucoup supérieure à l'autre par la quantité et le prix, le propriétaire de la matière supérieure en valeur pourrait réclamer la chose provenue du mélange, en remboursant à l'autre la valeur de sa matière. (*C. N., 574.*

RÈGLES COMMUNES AUX TROIS PRÉCÉDENTES

1454. Lorsque la chose reste en commun entre les propriétaires des matières dont elle a été formée, elle doit être licitée au profit commun. (*C. N., 575.*)

1455. Dans tous les cas où le propriétaire dont la matière a été employée à son insu à former une chose d'une autre espèce peut réclamer la propriété de cette chose, il a le choix de demander la restitution de sa matière en mêmes nature, quantité, poids, mesure et bonté, ou sa valeur. (*C. N., 576.*)

1456. Ceux qui ont employé des matières appartenant à d'autres, et à leur insu, peuvent aussi être condamnés à des dommages-intérêts, s'il y a lieu; sans préjudice des poursuites par voie extraordinaire, si le cas y échet. (*C. N., 577.*)

APPENDICE

CONFUSION MOMENTANÉE D'OBJETS MOBILIERS

1457. Les objets mobiliers, le linge de corps et de ménage d'une personne peuvent, en tout ou en partie, se trouver mélangés avec les objets mobiliers et le linge d'un autre ménage, sans que cette confu-

FORMULE 266. — Déclaration de propriété de meubles.

PAR-DEVANT Mᵉ.....;

ONT COMPARU :

M. Louis DIDIER, propriétaire, demeurant à.....; D'UNE PART;

sion entraîne association ni communauté; c'est ce qui arrive lorsqu'une personne va habiter chez une autre avec laquelle elle vit en commun, et chez qui elle apporte son mobilier.

1458. Si ces personnes viennent à cesser de vivre en commun, celle qui s'est réunie au ménage de l'autre reprend, en partant, le mobilier qu'elle y a apporté; ou si cette personne vient à décéder, ses héritiers reprennent son mobilier. Dans les deux cas, c'est à celui qui réclame la reprise à faire la preuve de son apport (*C. N., 1923 et 1924*); d'où naît la nécessité, dans le but d'éviter les difficultés qui pourraient naître, de constater les objets mobiliers apportés par un acte descriptif appelé autrefois *acte d'incommunauté* ou *d'incommunité*, et aujourd'hui *déclaration de propriété de meubles.*

1459. L'acte d'incommunauté produit encore l'effet, au cas de décès de l'une des personnes dont le mobilier est mélangé, de faire obstacle à l'apposition des scellés sur les objets mobiliers du survivant; en conséquence, les scellés ne peuvent être apposés que sur les meubles qui appartiennent distinctement au défunt, d'après les indications de l'acte d'incommunauté (1).

Et M. Léon Vallée, son oncle maternel, rentier, demeurant au même lieu,

D'AUTRE PART;

Lesquels ont dit :

M. Vallée, depuis le....., s'est installé dans la maison de M. Didier, son neveu, du consentement de ce dernier, et doit continuer d'y habiter en commun avec lui, ce qui peut donner lieu à la confusion momentanée de leur mobilier respectif.

Cette habitation commune ne devant entraîner aucune association ni communauté, les comparants constatent ainsi qu'il suit le mobilier apporté par M. Vallée :

1° Une couche de lit à bateau, etc. *(Décrire de manière à être reconnus tous les objets mobiliers.)*

En conséquence, lorsque M. Vallée cessera d'habiter avec M. Didier, il ne pourra reprendre que les objets qui viennent d'être décrits, dans l'état où ils se trouveront alors; plus cependant, ceux dont il justifiera être devenu propriétaire postérieurement au présent acte, par les factures et quittances des marchands ou autrement.

Si l'acte d'incommunauté a lieu entre un père et l'un de ses enfants, et que les autres enfants interviennent à l'acte, on ajoute :

A ces présentes sont intervenus :

1° M.....;

Tous enfants et présomptifs héritiers, chacun pour....., de M.....;

Lesquels, ayant pris communication de l'acte qui précède par la lecture que leur en a donnée Me....., l'un des notaires soussignés, ont reconnu que les objets mobiliers ci-dessus décrits composent tout le mobilier de leur père, et que ces objets ont été désignés d'une manière suffisante pour en permettre la reprise lorsqu'il y aura lieu, et dans l'état où ils se trouveront.

Dont acte.

Fait et passé, etc.

---

(1) Caen, 12 et 16 mai 1845, 10 août 1847; J. N. 12467, 13559. V. Cass. 2 août 1864. J. N. 18107.

TITRE TROISIÈME

DE L'USUFRUIT, DE L'USAGE ET DE L'HABITATION

SOMMAIRE

FORMULES

CHAPITRE PREMIER

DE L'USUFRUIT

1460. L'usufruit est le droit de jouir des choses dont un autre a la propriété, comme le propriétaire lui-même, mais à la charge d'en conserver la substance (*C. N., 578*) et sous les restrictions indiquées *infra nos 1485, 1489*.

1461. L'usufruit est établi par la volonté de l'homme (*C. N., 579*) [Form., 267]; par la prescription (1); par la loi. (*C. N., 384, 579, 753, 754.*).

1462. L'usufruit qui naît de la volonté de l'homme s'établit soit par convention à titre onéreux (vente, échange, partage, etc.) ou gratuit (donation), soit par acte de dernière volonté (testament, institution contractuelle, donation entre époux); en observant, selon les cas, les formes voulues par la loi pour la validité de l'acte constitutif du droit d'usufruit.

1463. L'usufruit peut être établi ou purement, c'est-à-dire sans aucun terme ni condition, ou sous une condition soit suspensive, soit résolutoire, ou à certain jour, c'est-à-dire pour finir après un temps déterminé (*C. N., 580*); et si, dans ce dernier cas, l'usufruit est établi jusqu'à ce qu'un tiers ait atteint un âge fixe, il dure jusqu'à cette époque quand même le tiers viendrait à mourir avant l'âge fixé (*C. N., 620*), *infra n° 1514 2°*; à moins qu'il ne soit établi en considération de l'âge du tiers (2); mais si c'est l'usufruitier qui vient à mourir avant l'âge fixé, qu'on ait pris pour terme l'âge d'un tiers ou l'âge de l'usufruitier, il s'éteint par ce décès (3).

1464. L'usufruit peut être établi sur toute espèce de biens meubles et immeubles (*C. N., 581*), *infra n° 1466*.

SECTION I. — DES DROITS DE L'USUFRUITIER

1465. L'usufruitier a le droit de jouir de toute espèce de fruits, soit naturels, *infra n° 1468*, soit industriels, *infra n° 1477*, soit civils, *infra n° 1484*, que peut produire l'objet dont il a l'usufruit. (*C. N., 582.*)

1466. Si l'usufruit comprend des choses fongibles (Form., 267 1°), c'est-à-dire des choses dont on ne peut faire usage sans les consommer (4), comme l'argent, les grains, les liqueurs, les marchandises d'un fonds de commerce (5), etc., l'usufruitier a le droit de s'en servir, c'est-à-dire de les consommer, d'en

---

FORMULE 267. — Constitution d'usufruit. (Nos 1460 à 1516.)

Par-devant Me.....,

A comparu M. Louis Mesnard, propriétaire, demeurant à.....;

Lequel a, par ces présentes, fait donation entre-vifs par préciput et hors part,

A M. Charles Mesnard, son frère, propriétaire, demeurant à....., ici présent et ce acceptant.

De l'usufruit sur la tête et pendant la vie de M. Charles Mesnard, donataire, toutefois sous la limite ci-après indiquée pour raison de la carrière désignée sous le numéro dix-huit.

Des biens meubles et immeubles (n° 1464) dont la désignation suit :

DÉSIGNATION

Biens meubles

1° meubles fongibles. (Nos 1465 et 1466.)

Huit hectolitres de blé, estimés deux cents francs, ci.................. 200 fr.

---

(1) Toullier, III, 393; Proudhon, II, 750; Troplong, *presc.*, n° 855; Duranton, IV, 502; Marcadé, II, 563 et *art. 759*, n° 2; Vazeille, *prescrip.*, nos 136 et 369; Demolombe, X, 241; Zach., § 304, note 4; Mourlon, I, 1506; Roll., *usuf.*, n° 84; Dict. not., *ibid.*, n° 69; Cass. 17 juill. 1816 et 4 fév. 1823; contra Salviat, II, p 54.

(2) Marcadé, *art. 620*; Duranton, IV, 508; Massé et Vergé sur Zach., § 311, note 3.

(3) Marcadé, *617, 4*; Proudhon, n° 11; Roll., *usuf.*, n° 11.

(4) L'usufruit de choses fongibles s'appelle *quasi usufruit*; Marcadé, *581*, 3; Roll., *usuf.*, n° 43; Zach., § 306; Demolombe, X, 285; Mourlon, I, 1509, 1525.

(5) Zach., § 225 ; Mourlon, I, 1533; Dict. not., *usuf.*, n° 243; Cass. 9 messidor an XI; Rouen, 5 juill. 1824; Toulouse, 18 déc. 1832; Paris, 27 mars 1841; Cass. 13 déc. 1842; Trib. Seine, 29 août 1851; J. N. 11541, 11493. Suivant ces autorités, le fonds de commerce pris dans son ensemble, c'est-à-dire avec l'achalandage et le matériel, doit être considéré comme une chose fongible, surtout quand il a été livré à l'usufruitier sur estimation. Nous croyons cependant cette opinion contestable : une estimation peut sans doute avoir pour effet de rendre fongibles des meubles qui ne le sont pas, mais à la condition qu'elle soit contradictoire et acceptée des deux parts, non à titre de simple renseignement, mais comme devant servir de base à la restitution à faire au nu-propriétaire à la cessation de l'usufruit; l'estimation en ce cas opère novation, vaut vente à l'usufruitier (*art. 1551 C. N.*); mais on conçoit que pour consacrer un pareil résultat il faut que l'intention des parties ressorte clairement soit des termes, soit de l'esprit de la convention. Voir Dalloz, *contr. de mariage*, n° 2373.

disposer comme propriétaire (1), mais à la charge d'en rendre à la fin de son usufruit de pareille quantité et qualité ou leur estimation (*C. N. 587*); l'estimation s'entend de celle faite lors de la prise de possession par l'usufruitier (2). S'il n'y a pas d'estimation, l'usufruitier doit rendre une pareille quantité et qualité (3).

1467. L'usufruit de choses non fongibles (Form., 267, 2°), c'est-à-dire de celles qui, sans se consommer de suite, se détériorent peu à peu par l'usage, comme du linge, des meubles meublants, donne à l'usufruitier le droit de s'en servir pour l'usage auquel elles sont destinées, et il n'est obligé de les rendre à la fin de l'usufruit que dans l'état où elles se trouvent, non détériorées par son dol ou par sa faute (*C. N., 589*); si donc il ne peut représenter tous les objets, il n'est tenu d'aucune indemnité pour ceux qu'il prouve avoir péri par vétusté ou par accidents de force majeure; à défaut de cette preuve, il doit le prix des objets (4).

1468. L'usufruit établi sur des animaux ne formant pas un troupeau (Form., 267, 3°) donne à l'usufruitier le croît, le lait, les toisons et tous autres produits de ces animaux, ce qu'on appelle *fruits naturels*, ainsi que le droit de se servir des animaux pour le travail auquel ils sont destinés. (*C. N., 582, 583.*) Si les animaux ou quelques-uns d'eux viennent à périr sans la faute de l'usufruitier, celui-ci n'est pas tenu d'en rendre d'autres, ni d'en payer l'estimation (*C. N., 615*); mais il doit compte au propriétaire des peaux ou de leur valeur (5), à moins que les animaux n'aient été enterrés avec leurs peaux, en vertu de règlements de police, alors l'usufruitier n'est tenu qu'à la preuve du fait (6).

1469. Lorsque l'usufruit est établi sur un troupeau (Form. 267, 4°), l'usufruitier profite aussi des croît, lait, toison, produits, travail, mais à la charge de remplacer les bêtes mortes par le croît; et si le troupeau vient à périr entièrement par accident ou par maladie, sans la faute de l'usufruitier, celui-ci ne

Deux hectolitres de vin de Bordeaux, estimés trois cents francs, ci....... 300 fr.
Mille gerbes de blé, estimées mille francs, ci........................ 1,000
Une somme de mille francs en numéraire, ci........................ 1,000
Un porc gras, pesant cent kilos, destiné à la consommation de l'usufruitier, estimé cent cinquante francs, ci.................................. 150

2° MEUBLES NON FONGIBLES. (N° 1467.)

Une armoire en noyer, à deux battants, fermant à clef, estimée cent cinquante francs, ci.. 150
Huit chaises en merisier foncées de paille, estimées vingt-cinq francs, ci.. 25
Trente-six assiettes en porcelaine, estimées huit francs, ci............. 8
Douze paires de draps en toile, estimées trois cents francs, ci........... 300

3° BESTIAUX. (N° 1468.)

Un cheval sous poil gris, âgé de quatre ans, estimé six cents francs, ci... 600
Un mulet sous poil brun, âgé de huit ans, estimé cent quatre-vingts francs, c.. 180
Une vache sous poil noir, âgée de trois ans, estimée trois cents francs, ci. 300
Un âne sous poil gris, âgé de dix ans, estimé cent francs, ci........... 100

4° TROUPEAU. (N° 1469.)

Un troupeau comprenant quatre-vingts moutons mérinos, trente agneaux et trois béliers, estimé quinze cents francs, ci........................ 1,500
Un autre troupeau comprenant cent vingt-cinq moutons, huit béliers et quatre vingt dix-neuf agneaux, estimé dix-huit cents francs, ci............. 1,800

(1) Proudhon, n° 2630; Marcadé, *art. 587*; Demolombe, X, 289; Zach., § 305.

(2) Marcadé, *art. 587*; Zach., Massé et Vergé, § 306, note 8; Demolombe, X, 294; Roll., *usuf.*, n°s 225 et 535, arg. Paris, 27 mars 1824; CONTRA Proudhon, n° 2634.

(3) Duranton, IV, 577; Marcadé, *art. 587*; Demolombe, X, 293.

(4) Marcadé, art. *589*; Demolombe, X, 302 *bis*.

(5) Marcadé, *616*, 3; Demolombe, X, 312; Dict. not., *usuf.*, n° 272.

(6) Marcadé, *616*, 3; Mourlon, I, 1614.

doit compte au propriétaire que des peaux ou de leur valeur (*C. N.*, *616*), et il est libéré de cette charge si les animaux ont été enterrés avec leurs peaux, *supra n° 1468*. Si le troupeau ne périt pas entièrement, ne restât-il que quelques têtes (1), l'usufruitier est tenu de remplacer, jusqu'à concurrence du croît, les têtes des animaux qui ont péri (*C. N.*, *616*), sans qu'on puisse l'obliger d'en acheter avec le produit du croît antérieurement vendu (2).

1470. L'usufruit d'une créance et d'une rente perpétuelle (Form. 267, 5° et 6°) donne à l'usufruitier le droit de percevoir les intérêts et arrérages appelés *fruits civils*, et qu'il acquiert jour par jour à proportion de la durée de son usufruit. (*C. N.*, *582*, *584*, *586*.)

1471. L'usufruitier a le droit de poursuivre le remboursement de la créance et d'en toucher le capital sans l'intervention du nu-propriétaire (3); de même si le remboursement de la rente perpétuelle est offert ou peut être exigé, l'usufruitier a aussi le droit d'en toucher le capital sans l'intervention du nu-propriétaire (4); cependant, ce droit ayant été contesté sérieusement, il est prudent de faire intervenir le nu-propriétaire à l'acte de remboursement de rente (5). A l'extinction de l'usufruit, il y a lieu à restitution au propriétaire des capitaux touchés.

1472. Mais l'usufruitier ne peut ni faire le transport, ni consentir la novation des créances soumises à son usufruit (6). A plus forte raison, il ne peut donner mainlevée d'une hypothèque sans recevoir la créance, ni consentir la translation des hypothèques qui conservent les créances et rentes.

1473. L'usufruitier de rentes sur l'État, d'actions et obligations de compagnies industrielles ou de finances (Form. 267, 7°), ne peut les transférer; son droit se borne à percevoir les intérêts et dividendes (7) aussi appelés *fruits civils*; cependant si les valeurs deviennent remboursables, l'usufruitier peut toucher les capitaux, *supra n° 1471*.

1474. Si l'usufruit comprend des actions dans une société de finance ou d'industrie, et que la société fasse une nouvelle émission d'actions ou une émission d'obligations, en donnant aux actionnaires un droit de préférence proportionné au nombre d'actions leur appartenant, c'est le nu-propriétaire qui a le

5° CRÉANCE. (N° 1470 à 1472.)

Une créance de deux mille francs en principal, due à M. Ménard, donateur, par M. Théodore Bliard, cultivateur, demeurant à....., comme formant le prix principal de la vente que M. Ménard lui a faite de....., etc. *(Le surplus comme en la form. 259.)*

6° RENTE PERPÉTUELLE. (N° 1470 à 1472.)

Une rente annuelle et perpétuelle de cent francs, au capital de deux mille francs, exempte de retenue, due au donateur par M. Jacques Petit, cultivateur, demeurant à....., pour le prix de la vente que M. Ménard lui a faite de....., etc. *(Le surplus comme en la formule 259, 6°.)*

Étant fait observer que si le capital de la rente est offert ou devient exigible, l'usufruitier pourra le recevoir seul et sans l'intervention du nu-propriétaire.

7° RENTES SUR L'ÉTAT, ACTIONS. (N° 1473 et 1474.)

Deux cents francs de rente 3 p. 100 sur l'État français, portés au nom du donateur au grand livre de la dette publique, série troisième, n° 11348.

Douze actions au porteur des chemins de fer de l'Est, revêtues du timbre d'abonnement et portant les n° 14320 à 14332.

Si la compagnie des chemins de l'Est fait une émission de nouvelles actions ou une émission d'obligations en accordant aux actionnaires un droit de préférence, ce droit appartiendra exclusivement au nu-propriétaire.

(1) Marcadé, *616*, 3.

(2) Duranton, IV, 630; Marcadé, *616*, 2; Demolombe, X, 315; Massé et Vergé sur Zach., § 308, note 17; CONTRA Proudhon, n° 1095.

(3) Proudhon, n° 1031; Roll., *usuf*, n° 231, 234; Demolombe, X, 323; Nancy, 17 fév. 1844. Voir Trib. Lyon, 21 mars 1862.

(4) Proudhon, n° 1044; Roll., *usuf.*, n° 237. Voir Bordeaux, 9 avril 1845; J. N. 12473.

(5) Bordeaux, 9 avril 1845; Jur. N. 7310; J. N. 12473.

(6) Proudhon, n° 1054; Roll., *usuf.*, n° 237; Dict. not., *ibid.*, n° 251; Demolombe, X, 321; Bordeaux, 19 avril 1847; J. N. 13248. Voir Dijon, 27 janv. 1864; Jur. N. 12880.

(7) Trib. Seine, 30 juillet 1857.

droit de profiter de cette préférence, et non pas l'usufruitier; car l'émission a pour effet d'augmenter la mise sociale et ainsi d'amoindrir le droit de propriété attaché à chacune des actions anciennes qui se trouve reporté sur chacune des actions nouvelles. Quant à l'usufruitier, son droit se borne à jouir des actions grevées de son usufruit, à en percevoir périodiquement les intérêts et dividendes avec les chances d'augmentation ou de diminution; il n'a donc aucun droit sur les nouvelles actions attribuées au nu-propriétaire, lors même que, par leur participation aux produits de la société, elles sont une cause de diminution du revenu des anciennes.

1475. L'usufruit d'une rente viagère (FORM. 267, 8°) donne à l'usufruitier, pendant la durée de son usufruit, le droit d'en percevoir les arrérages également appelés fruits civils, sans être tenu à aucune restitution. (*C. N., 588.*)

1476. L'usufruit peut porter sur le droit à un bail (FORM., 267 9°); alors l'usufruitier est tenu du payement des fermages et loyers et de l'exécution des charges du bail pendant la durée de son usufruit (1).

1477. L'usufruit d'immeubles (FORM. 267, 10° à 13°) donne à l'usufruitier le droit d'en jouir selon l'usage auquel ils sont destinés; il peut habiter lui-même les maisons et bâtiments, cultiver lui-même les terres, et alors recueillir à son profit tous les fruits et récoltes, qu'ils soient les produits spontanés de la terre, ce qu'on appelle *fruits naturels*, ou qu'ils soient obtenus par la culture, ce qu'on appelle *fruits industriels*. (*C. N., 582, 583, 595.*) Les fruits naturels et industriels pendants par branches ou par racines au moment où l'usufruit s'ouvre appartiennent à l'usufruitier; et ceux qui sont dans le même état au moment où finit l'usufruit appartiennent au propriétaire, sans récompense de part ni d'autre des labours et semences, mais aussi sans préjudice de la portion de fruits qui pourrait être acquise au colon partiaire s'il en existe un au commencement ou à la cessation de l'usufruit. (*C. N., 585.*)

1478. Si, à la cessation de l'usufruit, une récolte qui aurait dû avoir été faite depuis longtemps a été retardée, même par un cas de force majeure (2), et n'est pas faite, elle est également acquise au propriétaire, sans indemnité envers l'usufruitier ou sa succession; cependant si l'usufruitier, avant son décès, dans la forme et en temps ordinaire, a vendu sur pied des fruits et récoltes non encore détachés à l'époque de son décès, la vente reçoit son exécution (3), mais le propriétaire a seul droit au prix.

1479. L'usufruitier, au lieu d'occuper lui-même les immeubles, peut louer les maisons et affermer

---

8° RENTE VIAGÈRE. (N° 1475.)

Une rente annuelle et viagère de mille francs, due à M. MÉNARD, donateur, par M.... *(Le surplus comme en la formule 259, 8°.)*

9° DROIT A UN BAIL. (N° 1476.)

Le droit au bail fait au donateur par M....., suivant acte passé devant Me....., le....., pour..... années du....., de....., moyennant....., etc.

Biens immeubles

10° MAISON. (Nos 1477 à 1482.)

Une maison d'habitation située à....., consistant en cuisine, chambre à feu, chambre froide, grenier sur le tout, grange, écurie, étable à vaches, cellier, cave, four, bûcher et autres bâtiments accessoires, le tout construit en briques, couvert en tuiles, édifié sur un terrain en cour, jardin et verger, enclos de murs, de la contenance, y compris l'emplacement des bâtiments, de un hectare vingt-huit ares dix centiares, section A, nos..... du plan cadastral, bornant, etc.

11° LABOUR. (Nos 1477 à 1482.)

Une pièce de terre en nature de labour, sise commune de....., lieu dit....., etc.

---

(1) Proudhon, n° 367; Roll., *usufruit*, nos 49 et 238; Montpellier, 13 mars 1856; Cass. 19 janv. 1857; J. N. 16049.

(2) Marcadé, *585*, 2; Proudhon, n° 1178; Duranton, IV, 558; Roll., *usufruit*, n° 293.

(3) Duranton, IV, 454; Toullier, III, 401; Roll., *usuf.*, n° 203; Dict. not., *ibid.*, n° 190; Demolombe, X, 358; Cass. 21 juillet 1818; CONTRA Proudhon, n° 991; Marcadé, *586*, 6.

les terres (1) [*C. N.*, *595*]; il peut aussi, en vertu de son droit d'administration, consentir toutes résiliations de baux (2).

1480. Les baux par l'usufruitier ne peuvent être faits pour plus de neuf ans; s'ils sont faits pour un temps qui excède neuf années, ils ne sont, en cas d'extinction de l'usufruit, obligatoires (3) vis-à-vis du propriétaire que pour le temps qui reste à courir soit de la première période de neuf ans si les parties s'y trouvent encore, soit de la seconde, et ainsi de suite, de manière que le fermier n'ait que le droit d'achever la jouissance de la période de neuf ans où il se trouve; quant aux baux de neuf ans ou au-dessous que l'usufruitier a passés ou renouvelés plus de trois ans avant l'expiration du bail courant s'il s'agit de biens ruraux, et plus de deux ans avant la même époque, s'il s'agit de maisons, ils sont sans effet (3), à moins que leur exécution n'ait commencé avant l'extinction de l'usufruit. (*C. N.*, *595*, *1429*, *1430*.)

1481. Les loyers et fermages sont des *fruits civils*; l'usufruitier les acquiert jour par jour, c'est-à-dire à proportion de la durée de son usufruit. (*C. N.*, *584*, *586*.) Ainsi l'usufruit comprend une ferme qui est affermée moyennant un fermage payable en deux termes, les 25 décembre et 25 juin qui suivent chaque récolte, l'usufruitier décède le 20 décembre 1862, ses héritiers ont droit à tous les fermages représentatifs de la récolte de 1862 quoiqu'ils ne soient payables que les 25 décembre 1862 et 25 juin 1863, plus au prorata du fermage représentatif de la récolte de 1863 depuis l'époque qui est réputée être celle de la prise de possession annuelle jusqu'au jour du décès. Le propriétaire a le même droit à l'ouverture de l'usufruit (4).

1482. L'usufruitier ne peut changer la superficie du fonds, ni sa destination (5); cependant si dans un terrain en vigne, les vignes périssent par vétusté, l'usufruitier n'est pas tenu de les replanter, il peut les arracher et convertir le sol en labour (6).

1483. Lorsque l'usufruit comprend des bois taillis (Form. 267, 14°), l'usufruitier profite des coupes en observant l'ordre et la quotité réglée par l'aménagement ou l'usage, sans indemnité toutefois en faveur de l'usufruitier ou de ses héritiers pour les coupes ordinaires soit de taillis, soit de baliveaux, soit de futaie qu'il n'aurait pas faites pendant sa jouissance. (*C. N.*, *590*.)

1484. L'usufruitier profite encore, toujours en se conformant à l'usage des anciens propriétaires, des parties de bois de haute futaie qui ont été mises en coupes réglées (Form. 267, 14°), soit que ces coupes se fassent périodiquement sur une certaine étendue du terrain, soit qu'elles se fassent d'une certaine quantité d'arbres pris indistinctement sur toute la surface du domaine (7). [*C. N.*, *591*.]

1485. Dans tous les autres cas (Form. 267, 15°), l'usufruitier ne peut profiter des arbres; il peut

12° PRAIRIE. (Nos 1477 à 1482.)

Une pièce de terre en nature de prairie, située commune de....., lieu dit....., de la contenance de....., etc.

13° VIGNE. (Nos 1477 à 1482.)

Une pièce de terre plantée de vignes, sise commune de....., lieu dit....., de la contenance de....., etc.

14° TAILLIS ET HAUTE FUTAIE EN COUPES RÉGLÉES. (Nos 1483 et 1484.)

Un bois taillis dans lequel sont excrus des arbres de haute futaie mis par le propriétaire en coupes réglées, situé commune de....., lieu dit....., de la contenance de....., compris au plan cadastral de cette commune sous le numéro....., de la section....., bornant....., etc.

(1) Lorsque le bail a eu lieu à vil prix, ce qui suppose un concert frauduleux entre l'usufruitier et le preneur, le propriétaire, à la cessation de l'usufruit, n'est pas obligé de l'entretenir : Caen, 13 août 1812. Voir cependant Douai, 27 déc. 1822.

(2) Paris, 26 avril 1850.

(3) Le propriétaire seul peut se prévaloir de cette nullité; quant à l'usufruitier et au preneur, ils ne seraient pas recevables à le faire : Duvergier, *louage*, I, 41; Demolombe, X, 335; Metz, 29 juill. 1818; Douai, 18 mars 1852; CONTRA Duranton, IV, 587.

(4) Proudhon, nos 918 et 923; Toullier, III, 400; Roll., *usuf.*, nos 192 et 198; Marcadé, *586*, 3, Mourlon, I, 1523; Rouen, 22 janv. 1828; Paris, 22 juin 1865; J. N. 18402.

(5) Proudhon, no 1112; Duranton, IV, 463, Roll., *usuf.*, nos 4 et 267; Marcadé, *578*, 3; Demolombe, X, 447. Voir Lyon, 20 janv. 1844; J. N. 13612.

(6) Proudhon, no 1472; Salvyat, *usuf.*, I, 192; Demolombe, X, 225, 447; Orléans, 6 janv. 1848; J. N. 13612.

(7) Voir Cass. 14 mars 1838; Orléans, 14 juill. 1849; Bordeaux, 1er déc. 1856; Riom, 22 juill. 1862; J. N. 16017, 17012.

seulement employer, pour faire les réparations dont il est tenu, les arbres arrachés ou brisés par accident; il peut même, pour cet objet, en faire abattre s'il est nécessaire, mais à la charge d'en faire constater la nécessité avec le propriétaire. (*C. N.*, *592.*)

1486. L'usufruitier peut prendre dans les bois des échalas pour les vignes, il peut aussi prendre sur les arbres les produits annuels ou périodiques, le tout suivant l'usage du pays ou la coutume des propriétaires. (*C. N.*, *593.*)

1487. Les arbres qu'on peut tirer d'une pépinière (Form. 267, 16°) sans la dégrader ne font partie de l'usufruit qu'à la charge par l'usufruitier de se conformer aux usages des lieux pour le remplacement. (*C. N.*, *590.*)

1488. Les arbres fruitiers (Form. 267, 17°) qui meurent, ceux mêmes qui sont arrachés ou brisés par accident, appartiennent à l'usufruitier, à la charge de les remplacer par d'autres. (*C. N.*, *594.*)

1489. L'usufruitier jouit, de la même manière que le propriétaire, des mines, carrières, tourbières, puits à marne, etc. (Form. 267, 18°), qui sont en exploitation à l'ouverture de l'usufruit; mais il n'a aucun droit aux mines, carrières, tourbières, puits à marne, etc., dont l'exploitation n'est point encore commencée, ni au trésor qui pourrait être découvert pendant la durée de l'usufruit. (*C. N.*, *598.*) Cependant il peut creuser dans les terres un puits à marne ou une carrière pour y prendre la marne et les matériaux nécessaires pour l'entretien des biens soumis à son usufruit (1).

1490. L'usufruit peut être établi sur un bien dont le disposant n'a que la nue propriété (Form. 267, 19°); l'usufruitier, dans ce cas, entre en jouissance lorsque l'usufruit vient à se consolider à la nue propriété (2).

1491. L'usufruit peut aussi être établi sur un droit d'usufruit (3) [Form. 267, 20°]; alors l'usufruitier

---

15° HAUTE FUTAIE NON MISE EN COUPES RÉGLÉES. (Nos 1485 et 1486.)

Un parc dans lequel sont des arbres de haute futaie en allées et en quinconces, et un bois se composant d'arbres de haute futaie, le tout non mis en coupes réglées; ce parc est situé dans la commune de..... et figure sous le n°....., de la section..... du plan cadastral, il est enclos de murs et contient....., etc.

16° PÉPINIÈRE. (N° 1487.)

Un terrain en nature de pépinière, dans lequel se trouve une grande quantité d'arbres en pépinières, tels que pommiers, poiriers, etc., situé....., etc.

17° ARBRES FRUITIERS. (N° 1488.)

Une pièce de terre en labour plantée de..... arbres fruitiers, sise commune de....., lieu dit....., etc.

18° CARRIÈRE. (N° 1489.)

Un terrain en nature de friche, dans lequel est une carrière de pierres en exploitation, ensemble les outils et ustensiles nécessaires pour l'extraction des pierres *(les détailler)* faisant partie de la carrière; ce terrain sis commune de....., lieu dit....., de la contenance de....., etc.

19° NUE PROPRIÉTÉ. (N° 1490.)

Une maison sise à....., etc.; grevée de l'usufruit de M....., en conséquence le donataire n'en prendra possession qu'au décès de ce dernier.

20° DROIT D'USUFRUIT. (N° 1491.)

L'usufruit auquel M. Ménard, donateur, a droit pendant sa vie d'une pièce de terre en nature de labour, située commune de....., lieu dit....., etc.

---

(1) Proudhon, n° 1208; Dict. not., *usufr.*, nos 36 et 233; Roll., *usufr.*, n° 323; Marcadé, *art. 598*; Demolombe, X, 433.

(2) Salvyat, *usufr.*, n° 21; Roll., *usufr.*, n° 47; Dict. not., *ibid.*, n° 54; Toullier, V, 277; Duranton, IV, 480; Proudhon, n° 33; Zach., XV, 305; Marcadé, *art. 894*; Cass. Belgique, 27 mars 1833; Rouen, 20 déc. 1852; J. N. 14886.

(3) Proudhon, n° 333; Duranton, IV, 480; Roll., *usufr.*, n° 46; Marcadé, *581*, 3; Demolombe, X, 329; Mourlon, I, 1539; Rouen, 20 déc. 1852; J. N. 14886.

à la fin de sa jouissance rend le droit d'usufruit lui-même; et si la personne sur la tête de laquelle l'usufruit est établi vient à décéder avant le second usufruitier, l'usufruit s'éteint par ce décès.

1492. L'usufruitier jouit comme le ferait le propriétaire des droits de servitude, de passage et généralement de tous les droits dont le propriétaire peut jouir (*C. N.*, *597*) [Form. 267, 21°]; comme conséquence il a, à l'exclusion du propriétaire, le droit de chasse et de pêche sur les objets soumis à l'usufruit (1); mais l'usufruitier doit supporter les servitudes passives qui peuvent grever les immeubles, et il serait responsable des servitudes actives qu'il laisserait éteindre par le non usage, comme des servitudes passives qu'il laisserait acquérir par prescription.

1493. L'usufruitier jouit de l'augmentation survenue par alluvion (Form. 267, 21°) à l'objet dont il a l'usufruit (*C. N.*, *556*, *557*, *596*); il jouit également de l'ancien lit d'une rivière lorsque la rivière a abandonné ce lit pour prendre son cours dans un fonds soumis à l'usufruit (2). [*C. N.*, *563*.] Mais l'usufruitier n'a pas le droit de jouir des accroissements dont parlent les art. 559 et 561 C. N. (3).

1494. L'usufruitier peut jouir par lui-même ou donner à bail, *supra nos 1477 et suiv.*, il peut même céder à titre gratuit ou onéreux l'exercice de son droit d'usufruit. (*C. N.*, *595*.) Mais il doit, lui ou son cessionnaire, jouir en bon père de famille (4).

1495. L'usufruitier a droit à la jouissance de l'objet grevé de son usufruit, à partir du jour de l'ouverture de l'usufruit (*C. N.*, *604*); cependant si l'usufruit résulte d'un legs particulier, l'usufruitier n'a droit aux fruits et intérêts qu'à compter du jour de la demande en délivrance du legs ou du jour où la délivrance a été amiablement consentie (5).

1496. Le propriétaire ne peut par son fait ni de quelque manière que ce soit nuire aux droits de l'usufruitier. (*C. N.*, *599*.)

SECTION II. — DES OBLIGATIONS DE L'USUFRUITIER

I. INVENTAIRE; — ÉTAT

1497. L'usufruitier prend les choses dans l'état où elles sont, mais il ne peut entrer en jouissance

---

21° SERVITUDES ALLUVION. (Nos 1492 et 1493.)

L'usufruitier supportera les servitudes passives, apparentes ou occultes, continues ou discontinues, dont les biens sujets à l'usufruit peuvent être grevés, et il profitera de celles actives s'il en existe.

Si le fonds soumis à l'usufruit vient à être augmenté par alluvion, l'usufruitier jouira de cette augmentation; mais il ne jouira pas des accroissements qui pourront survenir par toute autre accession.

CONDITIONS

Jouissance. (Nos 1494 à 1496.)

M. Ménard, donataire, aura la jouissance de l'usufruit à lui donné à compter d'aujourd'hui; à l'exception cependant de la maison désignée sous le numéro dix-neuf, grevée de l'usufruit de M....., dont il ne jouira qu'à partir du décès de ce dernier, s'il lui survit.

Le donataire sera tenu de jouir en bon père de famille.

Inventaire; — *état.* (Nos 1497 à 1499.)

L'usufruitier sera tenu, avant de se mettre en possession des objets sujets à l'usufruit, de faire faire à ses frais, contradictoirement avec le donateur :

---

(1) Toullier, IV, 19; Proudhon, n° 1209; Duranton, IV, 285, Troplong, *Louage*, n° 161; Roll., *usufr.*, n° 327; Marcadé, *art. 597*; Demolombe, X, 335.

(2) Proudhon, n° 530; Zach., § 308, note 21; Marcadé, *596*, 2; Demolombe, X, 333; Mourlon, I, 1555.

(3) Proudhon, n° 529, et *dom. public*, n° 1293; Zach., § 308; Duvergier sur Toullier, IV, 416; Marcadé, *596*, 1; Mourlon, I, 1554; Demolombe, X, 333; CONTRA Duranton, IV, 580.

(4) Proudhon, n° 4; Duranton, IV, 463; Dict. not., *usuf.*, n° 152.

(5) Proudhon, I, 393; Duranton, IV, 520; Zach., Massé et Vergé, § 308, note 5; Duvergier sur Toullier, III, 423; Marcadé, *604*, 2; Mourlon, I, 1577; Demolombe, X, 517; Vazeille, *art. 1015*; Roll., *déliv. de legs*, n° 57; Bordeaux, 23 avril 1844; J. N. 12089; CONTRA Toullier, III, 423. Voir Paris, 31 juill. 1865; Nîmes, 30 avril 1866; J. N. 18348, 18514.

qu'après avoir fait dresser, à ses frais (1), en présence du propriétaire ou lui dûment appelé, un inventaire des meubles et un état des immeubles sujets à l'usufruit. (*C. N., 600.*)

1498. Mais, la loi étant muette à cet égard, l'usufruitier n'est ni tenu à la restitution des fruits perçus, ni déchu de son droit d'usufruit à raison du défaut d'inventaire (2).

1499. L'usufruitier peut être dispensé de faire inventaire (3); mais cette dispense, lorsqu'elle est stipulée, a seulement pour objet de le décharger des frais d'inventaire; elle n'empêche pas le nu-propriétaire d'en faire faire un à ses frais (4). Cependant l'usufruitier est tenu des frais d'inventaire nonobstant la dispense, si l'inventaire a pour but de constater l'actif, afin de fixer la quotité disponible à raison de la disposition en usufruit (5).

II. CAUTION

1500. L'usufruitier est tenu de fournir caution de jouir en bon père de famille (*C. N., 601*); s'il n'en trouve pas, il peut fournir une affectation hypothécaire sur des immeubles de valeur suffisante (6); si l'usufruitier ne trouve pas de caution et n'offre pas d'affectation hypothécaire, les immeubles sont donnés à ferme ou mis en séquestre, les denrées sont vendues; le nu-propriétaire peut exiger que les meubles qui dépérissent par l'usage soient aussi vendus; puis les sommes soumises à l'usufruit, ainsi que le prix des denrées et des meubles, sont placés et l'usufruitier jouit des intérêts, fermages et loyers (*C. N., 602, 603*), sans que le retard de fournir caution le prive des fruits qui lui sont dus du moment où l'usufruit est ouvert (*C. N., 604*); *toutefois, voir supra n° 1495.* Cependant l'usufruitier peut demander et les juges peuvent ordonner, suivant les circonstances, qu'une partie des meubles nécessaires pour son usage lui soit délaissée, sous sa simple caution juratoire et à la charge de les représenter à l'extinction de l'usufruit. (*C. N., 603.*)

1501. L'usufruitier peut être dispensé de fournir caution par l'acte constitutif d'usufruit. (*C. N., 601.*) Malgré la dispense de fournir caution, l'usufruitier peut néanmoins être obligé à faire emploi, si les valeurs soumises à l'usufruit sont déclarées insaisissables et incessibles (7); et il peut être contraint à fournir caution s'il donne de justes soupçons de malversation (8) ou s'il a diverti ou recelé des effets de la succession d'où l'usufruit lui est provenu (9); il n'en est pas de même pour le cas où il est devenu insolvable (10). Le créancier de l'usufruitier qui saisit et veut faire vendre son droit d'usufruit mobilier doit fournir caution, quoique l'usufruitier en ait été dispensé (11).

1501 *bis.* Sont dispensés de plein droit de fournir caution : 1° les père et mère ayant la jouissance légale des biens de leurs enfants (*C. N., 601*); 2° le vendeur ou le donateur, sous réserve d'usufruit (*même art.*); 3° le mari usufruitier légal des biens de sa femme. (*C. N., 1550.*) Mais ne jouissent pas de cette dispense : l'acquéreur de l'usufruit d'un bien dont le vendeur se réserve la nue propriété (12), ni les

---

1° L'inventaire exact des meubles, objets mobiliers, bestiaux, troupeaux,
2° Et un état des immeubles.

Dispense de fournir caution. (N°s 1500 à 1503 *bis.*)

M. Ménard, donateur, dispense expressément le donataire de fournir caution pour raison de l'usufruit donné; cette dispense s'appliquera même au prix des immeubles soumis

---

(1) Proudhon, n° 792; Roll., *usuf.*, n° 113; Dict. not., *ibid.*, n° 334; Marcadé, *600*, 2. V. Rouen, 23 déc. 1864; J. N. 18330.

(2) Proudhon, II, p. 273; Marcadé, *600*, 2; Roll., *usuf.*, n° 119; Dict. not., *ibid.*, n° 325 à 330; Zach., § 307; Angers, 7 mai 1834; Bastia, 25 juin 1835; Cass. 23 fév. 1836, 17 juill. 1861; Nîmes, 5 janv. 1833; J. N. 17231; CONTRA Toulouse, 29 juill. 1829; Bordeaux, 16 janv. 1838.

(3) Troplong, *donations*, n° 260; Toullier, III, 420; Duranton, IV, 398; Marcadé, *600*, 3; Roll., *usuf.*, n° 107; Dict. not., *ibid.*, n° 335; Zach., § 307; Agen, 3 niv. an XIV; Bruxelles, 20 juin 1810; CONTRA Proudhon, n° 800; Pau, 24 août 1833.

(4) Troplong, *don.*, n°s 260 et 2579; Marcadé, *600*, 3; Salviat, I, p. 104; Zach., § 307; Proudhon, n° 801; Mourlon, I, 1585; Duranton, IV, 599; Roll., *usuf.*, n° 107; Dict. not., *ibid.*, n° 336; Demolombe, X, 474; Paris, 20 vent. an XI; Poitiers, 29 avril 1807; Bruxelles, 18 déc. 1811 et 12 juin 1812; Pau, 24 août 1835; Agen, 22 juin 1853.

(5) Toullier, III, 430; Zach., § 307; Duranton, IV, 598; Troplong, *don.*, n° 2579; Marcadé, *art. 600*, Dict. not., *usuf.*, n° 339.

(6) Marcadé, *603*, 1; Zach., Massé et Vergé, § 307, note 13; Duranton, IV, 603; Toullier, III, 422; Troplong, *cautionn.*, n° 592; Demolombe, X, 505; Dict. not., *usuf.*, n° 357; Limoges, 12 mars 1851; J. N. 14339; CONTRA Proudhon, n° 846.

(7) Cass. 14 mai 1849; J. N. 13909.

(8) Nancy, 17 fév. 1844; Cass. 21 janv. 1845; J. N. 12273; Caen, 19 mai 1854.

(9) Toulouse, 2 juin 1862.

(10) Dict. not., *usuf.*, n° 368; Paris, 23 avril 1809, 10 fév. 1814, 6 janv. 1826; CONTRA Roll., *usuf.*, n°s 134 et suiv.

(11) Paris, 3 août 1857; J. N. 16194.

(12) Duranton, IV, 610; Zach § 307, note 19; Marcadé, *601*, 1; Demolombe, X, 491; Dict. not., *usuf.*, n° 378; CONTRA Proudhon, n° 830; Roll., *usuf.*, n° 133.

père ou mère succédant à leurs enfants, en concours avec des collatéraux simples, et comme tels ayant droit, en vertu de l'art. 754 du Code civil, à l'usufruit du tiers de la moitié à laquelle ils ne succèdent pas (1).

1502. La dispense de fournir caution stipulée par le titre constitutif d'usufruit produit son effet même dans le cas où, en vertu de donations faites entre époux dans les termes de l'art. 1094 C. N., l'usufruit frappe sur des biens faisant partie de la réserve légale d'un ascendant ou d'un descendant (2), ou sur des biens soumis à un droit de retour conventionnel avec consentement à la disposition en usufruit (3). Telle est, du moins, après une longue controverse, la jurisprudence la plus récente.

1503. Lorsque la nature de l'objet soumis à l'usufruit a été changée, si par exemple, par suite de licitation, un immeuble a été vendu et a été ainsi converti en un capital mobilier, l'usufruitier dispensé de fournir caution peut toucher le prix de vente sans être astreint à fournir caution (4); cependant l'usufruitier devenu insolvable ne peut toucher le prix qu'à la charge de fournir caution (5).

1503 *bis.* La dispense de caution stipulée en faveur du mari survivant a pour effet de l'affranchir de l'hypothèque légale du chef de sa femme dès le décès de celle-ci, et sans qu'il soit besoin de liquidation préalable lorsque la donation est d'une quotité déterminée (6). Voir *infra* n° *5797*.

III. CHARGES ANNUELLES

1504. L'usufruitier est tenu, pendant sa jouissance, de toutes les charges annuelles de l'héritage, telles que les contributions, frais de garde, de curage des fossés et rivières et autres qui, dans l'usage, sont charges des fruits. (*C. N., 608.*)

1505. Quant aux charges extraordinaires imposées à la propriété pendant la durée de l'usufruit, tels que : emprunts forcés, contributions extraordinaires, elles doivent être acquittées par le propriétaire, et

---

à l'usufruit et qui, pour une cause quelconque, pourront être vendus pendant la durée de l'usufruit; en conséquence, l'usufruitier aura le droit de toucher les prix de vente sans l'intervention du nu-propriétaire.

Ou bien :

Toutefois si, pour une cause quelconque, un ou plusieurs des immeubles soumis à l'usufruit viennent à être vendus, l'usufruitier ne pourra toucher les prix de vente qu'à la condition de fournir caution ou une affectation hypothécaire. A défaut par l'usufruitier de fournir une caution ou une affectation hypothécaire, les prix seront placés au nom de l'usufruitier pour l'usufruit, et pour la nue propriété au nom du nu-propriétaire, soit en prêts hypothécaires, soit en achat de rentes trois pour cent sur l'État au choix de l'usufruitier.

Impôts. (Nos 1504 et 1505.)

L'usufruitier acquittera pendant la durée de son usufruit les contributions et autres charges publiques de toute nature auxquelles les biens soumis à l'usufruit peuvent et pourront être assujettis.

A l'égard des emprunts forcés, contributions extraordinaires et autres charges qui

---

(1) Duranton, IV, 608; Demolombe, X, 489; Roll., *usuf.*, n° 131, et *succession*, n° 179; Marcadé, *601*, 1 et *art. 754*; Chabot, *754*. 4; Vazeille, *754*, 2; Zach., Massé et Vergé, § 235, note 10; Mourlon, I, 1582.

(2) Troplong, *don.*, nos 2576, 2577; Demante, II, 442 *bis*; Dict. not., *usuf.*, n° 370; Orléans, 12 déc. 1822; Rouen, 13 juin 1840 et 2 fév. 1855; Limoges, 8 août 1843 et 9 juill. 1846; Pau, 24 août 1835, 11 juill. 1845 et 19 janv. 1860; Paris, 2 mai 1845, 19 déc. 1846, 3 août 1847, 28 janv. 1857, 1er mars 1864; Trib. Mâcon, 1er juin 1859; Pau, 2 juin 1862; Bourges, 16 déc. 1862; Cass., 17 mai 1843, 1er juin 1847, 26 août 1861, 12 mars 1862; J. N. 11683, 12453, 12818, 12940, 13111, 16292, 16596, 17262, 17455, 17956; CONTRA Marcadé, *601*, 2, et *1097*, 4; Proudhon, n° 824; Duranton, IV, 611; Coin-Delisle, *1094*, 12; Ponsot, *cautionn.*, n° 408; Demolombe, X, 493; Zach., Massé et Vergé, § 307, note 16; Devilleneuve, 1840, II, 317; Roll., *usuf.*, nos 128 et 129; Nancy, 21 mai 1825; Douai, 20 mars 1833 et 18 mars 1842; Paris, 9 nov. 1836; Rouen, 24 fév. 1842 et 17 fév. 1844; J. N. 11922; Bourges, 29 janv. 1841; Toulouse, 27 nov. 1841; Orléans, 23 fév. 1860; J. N. 17012.

(3) Cass. 12 mars 1862; J. N. 17455; Bourges, 16 déc. 1862.

(4) Bordeaux, 9 juill. 1846; Paris, 3 août 1847 et 25 août 1848; Cass. 11 mai 1849; J. N. 13099, 13691; CONTRA Bourges, 10 déc. 1832; J. N. 8463; Paris, 28 juin 1867.

(5) Proudhon, n° 866; Ponsot, *cautionn.*, n° 409; Demolombe, X, 500; Massé et Vergé sur Zach., § 307, note 16; Bourges, 10 déc. 1832; Lyon, 15 janv. 1836; Paris, 8 mars 1865.

(6) Dict. not., *hyp.*, n° 580 et *usuf.*, n° 383; Paris, 9 mars 1844, 19 déc. 1846, 28 janv. et 7 avril 1858; J. N. 12018, 12940, 16292, 16302. Voir cependant Paris, 26 nov. 1836; J. N. 9552. Voir aussi Grenoble, 26 déc. 1833 et 10 juill. 1854; Cass. 3 déc. 1834, 15 nov. 1837, 5 nov. 1867; Paris, 24 août 1837 et 19 déc. 1846; Douai, 29 août 1844; J. N. 10068, 12115, 12940.

l'usufruitier doit lui tenir compte des intérêts; mais si l'usufruitier en fait l'avance, il a, ou ses héritiers, la répétition du capital à l'extinction de l'usufruit. (*C. N.*, *609*.) A défaut par le propriétaire et l'usufruitier d'acquitter les charges, il y a lieu à la vente des biens soumis à l'usufruit jusqu'à concurrence du montant des sommes à payer (1).

IV. RÉPARATIONS; — AMÉLIORATIONS

1506. L'usufruitier n'est tenu qu'aux réparations d'entretien (2); quant aux grosses réparations, c'est au propriétaire à les faire s'il le juge convenable (3); toutefois, si les grosses réparations sont occasionnées par le défaut de réparation d'entretien depuis l'ouverture de l'usufruit, l'usufruitier en est tenu. (*C. N.*, *605*.) Les grosses réparations sont le rétablissement des gros murs, voûtes, poutres, couvertures entières, guides, murs de soutènement et de clôture quand il s'agit de les refaire en entier; toutes les autres réparations sont d'entretien. (*C. N.*, *606*.)

1507. Le propriétaire qui fait les grosses réparations ne peut réclamer à l'usufruitier l'intérêt de ses dépenses (4).

1508. Ni le propriétaire, ni l'usufruitier ne sont tenus de rebâtir ce qui est tombé de vétusté ou ce qui a été détruit par cas fortuit. (*C. N.*, *607*.)

1509. Lorsqu'une partie seulement de la chose soumise à l'usufruit est détruite, l'usufruit se conserve sur ce qui reste (*C. N.*, *623*); ainsi le bâtiment détruit était établi sur un domaine dont il faisait partie, l'usufruitier jouit du sol et des matériaux; mais si le bâtiment détruit forme seul l'objet de l'usufruit, l'usufruitier n'a le droit de jouir ni du sol ni des matériaux, ce qui entraîne l'extinction de l'usufruit (*C. N.*, *624*), *infra n° 1514*, *4°*.

1510. L'usufruitier ne peut, à la cessation de l'usufruit, réclamer aucune indemnité pour les améliorations qu'il prétendrait avoir faites, encore que la valeur de la chose en fût augmentée (5); cependant il peut, ou ses héritiers, enlever les glaces, tableaux et autres ornements qu'il aurait fait placer, mais à la charge de rétablir les lieux dans leur premier état. (*C. N.*, *599*.)

1511. On décide aussi que l'usufruitier ou ses héritiers n'ont droit ni au remboursement des dépenses, ni à l'enlèvement des matériaux, ni à aucune indemnité, à raison des constructions et planta-

---

pourront être imposés sur les biens pendant le même temps, ils seront comme de droit payés par le propriétaire, et l'usufruitier lui tiendra compte de l'intérêt des sommes déboursées, si mieux n'aime ce dernier faire l'avance des charges, qui, dans ce cas, lui seront restituées à l'extinction de son usufruit.

Réparations; — destructions; — améliorations; — constructions. (Nos 1506 à 1511.)

Si des réparations deviennent nécessaires pendant la durée de l'usufruit, elles seront faites, savoir : les réparations d'entretien par l'usufruitier, et les grosses réparations par le nu-propriétaire; toutefois, si des grosses réparations sont occasionnées par le défaut de réparations d'entretien depuis l'ouverture de l'usufruit, l'usufruitier en sera aussi tenu.

Si un bâtiment vient à s'écrouler par suite d'accident, ou de vétusté, ni le propriétaire, ni l'usufruitier ne seront tenus de le rebâtir; mais l'usufruitier jouira du sol et des matériaux.

Les améliorations que l'usufruitier pourra faire pendant la durée de l'usufruit aux objets soumis à son usufruit, et les constructions et plantations qu'il pourra faire, ne don-

---

(1) Marcadé, *art 609*.

(2) S'il fait les grosses réparations après avoir fait constater le refus du propriétaire de les faire, il a l'action en remboursement contre le nu-propriétaire, à l'extinction de l'usufruit, à raison de la plus-value en résultant à cette époque; Zach., § 309; Duranton, IV, 620; Proudhon, nos 1685 et 1686; Dict. not., *usuf.*, n° 554; Mourlon, I, 1599; Marcadé, *607*, 2; Demolombe, X, 591; Amiens, 23 fév. 1821; Douai, 2 déc. 1834; CONTRA Bourges, 13 juin 1843; Colmar, 18 mars 1853; J. N. 15414.

(3) Le nu-propriétaire ne peut jamais, à moins de stipulation contraire, être forcé de faire les grosses réparations, même celles nécessaires à l'ouverture de l'usufruit. Toullier, III, 443; Proudhon, n° 1675; Roll., *usuf.* n° 417; Dict. not., *ibid.*, n° 553; Duranton, VI, 615; Zach., § 309; Marcadé, *607*, 1; Demolombe, X, 584; Douai, 2 déc. 1834, Caen, 7 nov. 1840; Paris, 11 octob. 1860; Toulouse, 9 fév. 1865; Jur. N. 13018; CONTRA Salviat, I, p. 169.

(4) Proudhon, n° 1699; Roll., *usuf.*, n° 374; Zach., § 309; Duranton, IV, 618; Demolombe, X, 596; CONTRA Marcadé, *art. 609*.

(5) Colmar, 18 mars 1853. V. Cass. 21 déc. 1863; J. N. 17231

tions faites par l'usufruitier sur le fonds grevé de l'usufruit (1). Cependant cette opinion est fortement controversée.

V. USURPATIONS

1512. Pendant la durée de l'usufruit, si un tiers commet une usurpation sur le fonds grevé d'usufruit ou attente autrement aux droits du nu-propriétaire, l'usufruitier est tenu d'en prévenir celui-ci dans le délai des assignations (huit jours francs, plus un jour par trois myriamètres de distance entre son domicile et celui du nu-propriétaire) [*C. Pr.*, *72*, *1033*] (2), à peine d'être responsable du dommage, comme il le serait de dégradations commises par lui-même. (*C. N.*, *614*.)

1513. Si le trouble ou le procès intenté ne concerne que la jouissance de l'usufruitier, c'est à celui-ci d'y défendre seul et à ses frais. (*C. N.*, *613*.)

SECTION III. — COMMENT L'USUFRUIT PREND FIN

1514. L'usufruit s'éteint :

1° Par le décès de l'usufruitier (*C. N.*, *617*), ou du tiers jusqu'à la mort duquel l'usufruit a été constitué (3);

2° Par l'expiration du temps pour lequel il a été constitué. (*Même art.*) Si l'usufruit a été accordé jusqu'à ce qu'un tiers ait atteint un âge fixe, il dure jusqu'à cette époque, encore que le tiers soit mort avant l'âge fixé (*C. N.*, *620*), *supra n° 1465*;

3° Par la consolidation, ou la réunion sur la même tête des deux qualités d'usufruitier et de nu-propriétaire (*C. N.*, *617*), sauf le rétablissement de l'usufruit si l'acte de consolidation venait à être annulé (4);

4° Par la perte totale de la chose sur laquelle l'usufruit est établi, *supra n° 1509* (*C. N.*, *617*);

5° Par le non usage du droit pendant trente ans (*même art.*);

6° Par l'abus que l'usufruitier fait de sa jouissance, en commettant des dégradations sur le fonds ou en le laissant dépérir faute d'entretien, sauf à ses créanciers à intervenir dans la contestation pour s'opposer à la cessation de l'usufruit en offrant la réparation des dégradations commises et des garanties pour l'avenir. Dans tous les cas, les juges peuvent, suivant la gravité des circonstances, ou prononcer l'extinction absolue de l'usufruit, ou n'ordonner la rentrée du propriétaire dans la jouissance de l'objet qui en est grevé que sous la charge de payer annuellement à l'usufruitier ou à ses ayants cause une

---

neront lieu à aucune indemnité en sa faveur, quand même la valeur du fonds s'en trouverait augmentée; cependant il pourra enlever les glaces, tableaux et autres ornements qu'il aura fait placer, à la charge de rétablir les lieux dans leur premier état.

Usurpations; — procès. (N°s 1512 et 1513.)

L'usufruitier sera tenu de dénoncer au propriétaire les usurpations qui seront commises sur le fond grevé d'usufruit dans les huit jours du trouble, à peine d'en être personnellement responsable.

Toutefois l'usufruitier se défendra seul à raison des troubles qui ne concerneront que sa jouissance.

Extinction de l'usufruit. (N°s 1514 et 1515.)

L'usufruit s'éteindra à la mort de l'usufruitier, sauf en ce qui concerne l'immeuble numéro dix-huit, pour lequel l'usufruit s'éteindra lorsque l'usufruitier atteindra l'âge de

---

(1) Proudhon, n° 1441; Toullier, III, 427; Salviat, I. p. 154; Dict. not., *usuf.*, n° 144; Cass. 23 mars 1825; Bourges, 24 fév. 1837; CONTRA Duvergier sur Toullier, II, p. 172; Demante, II, 439 *bis*; Demolombe, X, 696; Duranton, IV, 380; Marcadé, *555*, 6; Massé et Vergé sur Zach., § 312, note 2. Il ne faut pas confondre les constructions nouvelles ni même les améliorations, *supra n° 1510*, avec les grosses réparations, *supra n° 1505*.

(2) Marcadé, *614*, 3.

(3) Toullier, III, 389; Duranton, IV, 508; Zach., § 311, note 3.

(4) Marcadé, *art. 617*; Proudhon, n° 2075; Toullier, III, 456; Duranton, IV, 667; Roll., *usuf.*, n° 459; Dict. not., *ibid.*, n° 603; Demolombe, X, 684.

somme déterminée jusqu'à l'instant où l'usufruit aurait dû cesser (*C. N., 618*), ou condamner l'usufruitier à des dommages et intérêts en faveur du nu-propriétaire (1), ou obliger l'usufruitier à fournir caution bien qu'il en ait été dispensé par l'acte constitutif de l'usufruit (2);

7° Par le laps de temps de trente années, si l'usufruit a été accordé à un établissement public (*C. N., 619*); et sans qu'on puisse, par une convention, étendre cet usufruit à une durée plus longue que trente ans (3);

8° Par la renonciation de l'usufruitier, sauf à ses créanciers à la faire annuler si elle leur est préjudiciable (*C. N., 622*);

9° Par la prescription acquise au profit d'un tiers (4);

10° Par l'accomplissement de la condition résolutoire à laquelle l'usufruit est soumis (5);

11° Par la résolution du droit de celui qui a constitué l'usufruit; par exemple si l'immeuble ne lui appartenait pas, ou s'il en était propriétaire en vertu d'une donation révoquée depuis par la survenance d'enfant (6).

1515. Mais la vente par le nu-propriétaire de l'objet soumis à l'usufruit ne nuit en aucune manière au droit de l'usufruitier. (*C. N., 621.*)

1516. La renonciation à l'usufruit (Form. 267 *bis*) en faveur du nu-propriétaire, *supra n° 1514, 8°*, même alors qu'elle est faite gratuitement, n'est pas soumise aux formalités des donations; elle peut donc être faite par acte sous seings privés (7). Il n'est pas nécessaire pour sa validité qu'elle soit acceptée par le nu-propriétaire (8); mais tant qu'elle n'a pas été acceptée elle peut être révoquée par l'usu-

---

soixante ans s'il vit jusque-là; car, s'il décède avant d'avoir atteint cet âge, l'usufruit, sur cet objet, s'éteindra aussi par son décès.

L'usufruit s'éteindrait avant ces époques, conformément aux dispositions de l'art. 618 du Code civil, si l'usufruitier abusait de sa jouissance, soit en commettant des dégradations sur le fonds, soit en le laissant dépérir faute d'entretien.

Transcription

Une expédition des présentes sera transcrite au bureau des hypothèques de....., etc.
(*Le surplus comme en la formule de la donation entre-vifs.*)

Évaluation pour l'enregistrement

Pour la perception du droit d'enregistrement, les immeubles dont l'usufruit est donné sont évalués à un revenu brut annuel de.....

Dont acte. Fait et passé, etc.

FORMULE 267 *bis*. — **Renonciation à usufruit.** (N° 1516.)

Par-devant Me.....;

A comparu M. Charles Monnier, propriétaire, demeurant à.....;

Lequel a, par ces présentes, déclaré renoncer purement et simplement :

En faveur de Mme Louise Monnier, sa fille, épouse de M. Jean Brière, cultivateur, demeurant à....., ici présente, et ce acceptant avec l'autorisation de son mari, aussi présent.

A l'usufruit auquel il a droit pendant sa vie, en vertu de la réserve qu'il a faite, par le

---

(1) Cass. 10 janv. 1859.

(2) Proudhon, n° 867; Ponsot, *cautionn.*, n° 409; Mourlon, I, 1633; Demolombe X, 722; Dict. not., *usuf.*, n° 616; Nancy, 17 fév. 1844; Cass. 21 janv. 1845; Paris, 8 mars 1865.

(3) Zach., § 311, Marcadé, *617*, 4; Demolombe, X, 669; contra Proudhon, I, 331; Duranton, IV, 633; Vazeille, *presc.*, n° 369.

(4) Marcadé, II, 563; Mourlon, I, 1626; Demolombe, X, 740; Paris, 1er mars 1808.

(5) Marcadé, II, 564; Proudhon, n° 1925; Demolombe, X, 739, Zach. § 311.

(6) Marcadé, II, 565; Demolombe, X, 737; Zach., § 311; Dict. not., *usuf.*, nos 701 et suiv.

(7) Proudhon, n° 2206; Demolombe, X, 733; Dict. not., *donat.*, n° 44 et *usuf.*, n° 665; Roll., *usuf.*, nos 477, 478; Rouen, 22 janv. 1846; Bordeaux, 23 déc. 1847; Rouen, 19 mai 1862; J. N. 17602; Agen, 19 déc. 1866; Jur. N. 13285.

(8) Roll., *usuf.*, nos 477 et 478; Dict. not., *ibid.*, n° 666, Proudhon, n° 2206; Rouen, 22 janv. 1846; Bordeaux, 23 déc. 1847; Jur. N. 7435, 8170.

fruitier (1). La renonciation n'a pas pour effet de décharger l'usufruitier des obligations personnelles imposées par le contrat de constitution, par exemple de payer le prix convenu (2); en outre, elle ne peut nuire aux tiers intéressés; ainsi elle serait nulle à l'égard du cessionnaire du droit d'usufruit, de l'antichrésiste (3), si, d'ailleurs, les contrats constatant ces droits ont été transcrits conformément à la loi du 23 mars 1855.

SECTION IV. — DE LA CONTRIBUTION AUX DETTES PAR L'USUFRUITIER

1517. Lorsque l'usufruit a été constitué par testament ou autre disposition à cause de mort, et qu'il est universel ou à titre universel, l'usufruitier contribue avec le propriétaire au payement des dettes de la succession ainsi qu'il suit (Form. 268) : s'il s'agit d'un usufruit universel, il doit supporter l'intérêt de la totalité des dettes; si l'usufruit n'est qu'à titre universel, c'est-à-dire ne porte que sur les biens meubles, ou sur les biens immeubles, ou sur une quotité des uns ou des autres (4) [*C. N., 610, 612, 1010*]; l'usufruitier n'est tenu que d'une portion correspondante de l'intérêt des dettes; le capital reste en tous cas à la charge du propriétaire (5).

1518. Maintenant, comment et par qui doivent être acquittées les dettes grevant les biens soumis à l'usufruit? Le moyen tout naturel de faire contribuer à ce payement l'usufruitier pour les intérêts et le propriétaire pour le capital, c'est de payer avec les capitaux soumis à l'usufruit, s'il y en a; et s'il n'y en

partage anticipé ci-après énoncé, d'une pièce de terre en nature de labour, située commune de....., lieu dit....., de la contenance de....., section....., n°..... du plan cadastral, entrée dans le lot échu à Mme Brière, par le partage anticipé que M. Monnier père a fait de ses biens entre tous ses enfants, suivant acte passé, en présence de témoins, devant Me....., notaire à....., qui en a gardé minute, le.....;

En conséquence, l'usufruit de cet immeuble se réunit à la nue propriété, aux mains de Mme Brière.

Et elle en aura la jouissance, dans l'état où il se trouve, à compter d'aujourd'hui.

Dont acte. Fait et passé, etc.

FORMULE 268. — Contribution aux dettes par l'usufruitier. (Nos 1517 à 1523.)

Par-devant Me.....,

Ont comparu :

M. Charles Durand, horloger, demeurant à....., d'une part;

Et M. Auguste Lechat, propriétaire, demeurant à....., d'autre part;

Lesquels, pour arriver à déterminer la contribution par chacun d'eux aux dettes grevant les biens dont M. Lechat a l'usufruit, ont exposé ce qui suit :

EXPOSÉ

M. Gabriel Durand, en son vivant propriétaire, demeurant à....., est décédé à....., le....., laissant pour seul et unique héritier M. Durand, comparant, son frère.

Par le testament de M. Gabriel Durand, reçu, en présence de témoins, par Me....., notaire à....., qui en a gardé minute, le....., le testateur a légué à M. Lechat, comparant, l'usufruit de tous les biens immeubles qu'il laisserait à son décès, à l'exception cependant d'une maison sise à....., rue....., dont M. Durand a légué l'usufruit à titre particulier à M. André Bourand, rentier, demeurant à.....; en outre M. Durand a légué à Mlle Anna Duret, sa domestique, une rente annuelle et viagère de trois cents francs.

M. Durand, comparant, a consenti l'exécution de ce testament, suivant acte passé devant Me....., notaire à....., qui en a gardé minute, et son collègue, le.....

(1) Proudhon, n° 2211; Dict. not., *usuf.*, n° 667.
(2) Proudhon, n° 2182; Dict. not., *usuf.*, n° 670.
(3) Proudhon, n° 2222; Dict. not., *usuf.*, n° 675.
(4) Cass. 2 déc., 1839; Rouen, 2 mars 1853; J. N. 10387, 14941.
(5) Marcadé, *612*, *6*.

a pas, de vendre des biens sujets à l'usufruit [dont le choix en cas de désaccord est déterminé par le tribunal (1)] jusqu'à concurrence du montant des dettes. (*C. N.*, *612.*)

1519. L'usufruitier peut éviter la vente en faisant l'avance de la somme pour laquelle le fonds doit contribuer; alors il est subrogé dans les droits des créanciers (2) et le capital lui est restitué à la fin de l'usufruit, sans aucun intérêt. (*C. N.*, *612.*) Mais à défaut de restitution en fin de l'usufruit, les intérêts de la somme avancée courent de plein droit contre le nu-propriétaire à partir du jour de l'extinction de l'usufruit et non pas à partir du jour de la demande; l'art. 1153 ne régissant que les rapports de débiteur à créancier n'est pas applicable dans ce cas (3).

1520. A défaut par l'usufruitier de faire cette avance, le propriétaire peut aussi éviter la vente en payant le capital; dans ce cas l'usufruitier lui tient compte de l'intérêt des sommes versées pendant la durée de l'usufruit. (*C. N.*, *612.*)

1521. Les arrérages des rentes perpétuelles ou viagères et les pensions alimentaires dont une succession est grevée (4) sont acquittés par le légataire universel de l'usufruit dans leur intégralité, et par le légataire à titre universel de l'usufruit dans la proportion de sa jouissance, sans aucune répétition de leur part. (*C. N.*, *610.*)

1522. L'usufruitier à titre particulier n'est pas tenu des dettes auxquelles le fonds est hypothéqué;

L'inventaire après le décès de M. Gabriel Durand a été dressé par Me....., notaire à....., qui en a gardé minute, et son collègue, le.....

Cet inventaire constate que les meubles, objets mobiliers, créances et valeurs dépendant de la succession de M. Durand s'élevaient à dix-huit mille francs.

Et que sa succession était grevée, outre la rente viagère léguée à Mlle Duret, de diverses dettes s'élevant à quinze mille francs.

Les comparants ont fait entre eux l'estimation des immeubles grevés de l'usufruit de M. Lechat; ils déclarent que le montant de cette estimation est de quarante-huit mille francs.

Ces faits exposés, il a été arrêté et convenu ce qui suit :

CONTRIBUTION

Les dettes de la succession de M. Durand s'élèvent, ainsi qu'on le voit en l'exposé, à quinze mille francs, ci		15,000 fr.
Par suite d'une proportion établie, ces dettes sont à la charge, savoir :		ÉGAL
De la succession mobilière, qui est d'une importance de dix-huit mille francs, pour quatre mille quatre vingt-onze francs, ci	4,091 fr.	
Et de la succession immobilière qui s'élève à quarante-huit mille francs, pour dix mille neuf cent neuf francs, ci.	10,909	
Égalité	15,000 ci	15,000

En conséquence, les immeubles soumis à l'usufruit de M. Lechat doivent contribuer dans le payement des dettes de la succession de M. Durand, pour une somme de dix mille neuf cent neuf francs qui sera acquittée par M. Durand, nu-propriétaire, mais à la condition par M. Lechat de lui payer annuellement les intérêts de cette somme au taux de cinq pour cent par an à compter du décès de M. Gabriel Durand.

D'après la même proportion, la rente viagère de trois cents francs léguée à Mlle Duret sera acquittée pendant la durée de l'usufruit :

Par M. Lechat, pour doux cent dix-huit francs,

---

(1) Caen, 13 juill. 1858; Jur. N. 11302; contra Proudhon, no 1915; Roll., *usuf.*, no 422 selon lesquels le choix appartient au nu-propriétaire. V. Bordeaux, 26 juin 1863; J. N. 17905.

(2) Proudhon. no 1907.

(3) Amiens, 26 août 1858; Cass. 23 avril 1860; J. N. 16868.

(4) Non pas seulement celles léguées. Marcadé, *610*, 4; Proudhon, no 1812; Roll., *usuf.*, no 394.

si, dans le but d'éviter l'expropriation ou le délaissement, il est forcé de les payer, il a son recours contre le propriétaire. (*C. N.*, *611*.)

1523. Les parties peuvent, par des conventions particulières, fixer le mode de payement des dettes à la charge des biens grevés d'usufruit.

CHAPITRE DEUXIÈME

DE L'USAGE ET DE L'HABITATION

1524. Les droits d'usage et d'habitation s'établissent et s'éteignent de la même manière que l'usufruit. (*C. N.*, *625*.)

1525. L'usage des bois et forêts est réglé par des lois particulières. (*C. N.*, *636*, *forest. 58 à 85*, *88*, *89*, *111 à 115*, *118 à 121*.)

1526. Les droits d'usage et d'habitation sont réglés par les titres qui les établissent et reçoivent, d'après leurs dispositions, plus ou moins d'étendue (*C. N.*, *628*); si les titres ne s'expliquent pas sur leur étendue, ils sont réglés ainsi qu'il suit (*C. N.*, *629*) :

1527. Celui qui a l'usage des fruits d'un fonds ne peut en exiger qu'autant qu'il lui en faut pour ses besoins et ceux de sa famille; il peut en exiger même pour les enfants, fussent-ils naturels ou adoptifs (1), qui lui sont survenus depuis la concession de l'usage (*C. N.*, *630*); mais non pour ses ascendants (2).

1528. Il va de soi que l'usager ne peut réclamer la portion de fruits correspondante à ses besoins qu'autant que le fonds grevé du droit d'usage produit cette portion; si la récolte d'une année est insuffisante, il ne peut faire aucune réclamation à raison du déficit, à moins de stipulation contraire.

1529. Celui qui a un droit d'habitation dans une maison a droit au logement nécessaire pour lui,

---

Et par M. Durand, pour quatre vingt-deux francs.

Bien entendu, M. Bourand, usufruitier à titre particulier, n'est tenu à aucune dette.

Dont acte. Fait et passé, etc.

FORMULE 269. — Constitution de droits d'usage et d'habitation. (Nos 1524 à 1538.)

Par-devant Me.....;

A comparu M. Théodule Cochard, propriétaire, demeurant à.....,

Lequel a, par ces présentes, fait donation entre-vifs par préciput et hors part,

A M. Vincent Cochard, son frère, journalier, demeurant à....., ici présent, et ce acceptant :

Premièrement. D'un droit d'usage, consistant :

1° Dans le droit de prendre chaque année sur la récolte en pommes à faire dans un enclos situé à....., lieu dit....., section....., n°..... du plan cadastral, de la contenance de....., appartenant au donateur, la quantité de pommes nécessaire pour fournir de cidre M. Cochard, donataire, sa femme et leurs enfants nés et à naître, tant qu'ils habiteront avec leur père; cette quantité est dès à présent fixée, pour chaque année, à quatre hectolitres par tête;

2° Et dans le droit de prendre chaque année dans un bois taillis situé commune

---

(1) Duranton, V, 19; Zach., § 233, note 10; Marcadé, 630, 1; Demolombe, X, 778; Dict. not., *usage*, n° 51.

(2) Proudhon, n° 2277; Duranton, V, 19, Marcadé, 630 1; Demolombe, X, 779, Dict. not., *usage*, nos 46, 47.

son conjoint, ses enfants, même naturels ou adoptifs (1), et ses domestiques (2); et cela, quand même il n'aurait pas été marié et n'aurait pas eu d'enfant au moment de la concession du droit. (*C. N.*, *632*, *633*.)

1530. Les droits d'usage et d'habitation peuvent, de même que l'usufruit, être conférés ou purement, ou à condition, ou à certain jour, *supra n° 1463*.

1531. Si l'usager absorbe la totalité des fruits, il a le droit de s'en servir sans délivrance; mais s'il n'en prend qu'une partie, il doit se la faire délivrer par le propriétaire (3).

1532. L'usager et celui qui a un droit d'habitation doivent jouir en bon père de famille. (*C. N.*, *627*.)

1533. Ils ne peuvent, de même que dans le cas d'usufruit, entrer en jouissance sans avoir donné préalablement caution et sans avoir fait des états et inventaires (*C. N.*, *626*), à moins qu'ils n'en aient été dispensés, *supra nos 1497 à 1503*.

---

de....., lieu dit....., de la contenance de..... hectares, porté au plan cadastral sous le n°..... de la section....., appartenant au donateur, la quantité de bois nécessaire au chauffage de M. Cochard, donataire, de sa femme et de ses enfants nés et à naître, tant qu'ils habiteront avec leur père; cette quantité est dès à présent fixée pour chaque année à un stère de bois de cotret, et vingt-cinq bourrées, le tout par tête;

Deuxièmement. Et d'un droit d'habitation dans une propriété située commune de....., lieu dit....., appartenant à M. Cochard, donateur; ce droit, étant concédé pour le logement de M. Cochard, donataire, de sa femme et de ses enfants nés et à naître, tant qu'ils habiteront avec leur père, est dès à présent fixé aux objets dont l'indication suit : la cuisine, la chambre à feu, le cabinet, grenier dessus, cave dessous et le bûcher, le tout formant le corps de bâtiment au fond de la cour, ensemble les meubles et objets mobiliers garnissant l'habitation, la portion de jardin derrière ce corps de bâtiment et le droit de passage dans la cour pour accéder à l'habitation.

Conditions

1° Le donataire aura droit à l'usage et à l'habitation donnés pendant sa vie, à partir du.....; le propriétaire des fonds soumis au droit d'usage fera chaque année à l'usager, et à ses frais, la délivrance des récoltes et des bois auxquels il aura droit;

2° Il devra jouir en bon père de famille;

3° Il est dispensé de fournir caution, ainsi que tous états de lieux; mais il sera fait inventaire des meubles et objets mobiliers garnissant l'habitation, aux frais du donataire, avant sa prise de possession;

4° Il fera aux bâtiments composant l'habitation les réparations d'entretien qui deviendront nécessaires; il tiendra le jardin en bon état de culture, et il acquittera les impôts de la totalité de l'immeuble soumis à son habitation;

5° Il contribuera chaque année, à proportion de moitié, dans les frais de culture, d'entretien, de garde et d'impôts des objets sur lesquels les droits d'usage sont établis;

6° Il ne pourra céder ni sous-louer les droits d'usage et d'habitation à lui conférés, à peine d'extinction de son droit;

7° De son côté, le donateur s'oblige à faire les grosses réparations et à faire jouir paisiblement le donataire et les siens.

Pour la perception du droit d'enregistrement, les droits d'usage et d'habitation cédés sont évalués à une valeur annuelle, impôts compris, de.....

Une expédition des présentes sera transcrite au bureau des hypothèques, afin que les droits constitués soient opposables aux tiers.

Dont acte. Fait et passé, etc.

---

(1) Duranton, V, 19; Zach., § 313, note 10; Marcadé, *630*, 1; Demolombe, X, 778; Dict. not., *usage*, n° 51.

(2) Marcadé, *630*, 1.

(3) Proudhon, n° 2763; Roll., *usage*, n° 45; Marcadé, *630*, 2.

1534. Lorsque l'usager absorbe tous les fruits du fonds ou s'il occupe la totalité de la maison, il est assujetti, comme l'usufruitier, aux frais de culture, aux réparations d'entretien et au payement des contributions. (*C. N., 635.*)

1535. S'il ne prend qu'une partie des fruits ou s'il n'occupe qu'une partie de la maison, il contribue au prorata de ce dont il jouit. (*C. N., 635.*)

1536. L'usager et celui qui a un droit d'habitation ne peuvent ni céder leurs droits ni les louer (*C. N., 631, 634*), ni les hypothéquer (1), ni vendre au marché les fruits perçus (2).

1537. Les droits d'usage et d'habitation sont insaisissables (3).

1538. Tout acte constitutif d'usage et d'habitation doit être transcrit au bureau des hypothèques de la situation des biens; jusqu'à la transcription, il n'est pas opposable aux tiers. (*Loi du 23 mars 1855, art. 2 et 3.*)

TITRE QUATRIÈME

DES SERVITUDES OU SERVICES FONCIERS

SOMMAIRE

---

(1) Troplong, *priv.*, n° 403; Proudhon, nos 48 et 2751; Duranton, V, 23; Zach., § 313; Dict. not., *usage*, n° 68, Roll., *usage*, nos 11 et 52, et *habitation*, n° 7; Marcadé, *art. 631*, Demolombe, X, 786.

(2) Duranton, V, 25; Proudhon, n° 2739; Roll., *usage*, nos 3 et 54; Marcadé, *art. 631*; Demolombe, X, 769. Voir cependant Dict. not., *usage*, n° 69.

(3) Duranton, V, 23; Troplong, *priv.*, n° 777 *bis*; Roll., *usage*, n° 51; Demolombe, X, 789; Taulier, II, p. 346; Demante, II, 477 *bis*; Chambéry, 8 mars 1862; Sirey, 1862, II, p. 530.

1539. Une servitude est une charge imposée sur un immeuble qu'on appelle *fonds servant*, pour l'usage et l'utilité d'un autre immeuble qu'on appelle *fonds dominant* (*C. N.*, *637*). La servitude n'établit aucune prééminence d'un héritage sur l'autre (*C. N.*, *638*); elle ne peut être imposée ni à la personne, ni en faveur de la personne, mais seulement à un fonds et pour un fonds, et pourvu, d'ailleurs, qu'elle n'ait rien de contraire à l'ordre public. (*C. N.*, *686*.)

FORMULE 270. — Règlement de servitudes. (Nos 1539 à 1645.)

PAR-DEVANT Me....., ;

ONT COMPARU :

M. Charlemagne LION, propriétaire, demeurant à....., D'UNE PART ;

1540. Les servitudes dérivent :

1° De la situation naturelle des lieux (*C. N.*, *639*), quand il s'agit du parcours des eaux pluviales et de source, de bornage, de clôture;

2° Des obligations imposées par la loi (*C. N.*, *639*), lorsqu'elles ont pour objet l'utilité publique et communale, comme les alignements des rues, la construction et l'entretien des routes, chemins et autres ouvrages publics et communaux, le marche-pied le long des rivières navigables ou flottables (*C. N.*, *649*, *650*, *652*), ou l'utilité des particuliers, comme la mitoyenneté, les vues, l'égout des toits, le droit de passage (*C. N.*, *649*, *651*, *652*);

3° Des conventions entre les propriétaires (*C. N.*, *659*) [Form. 270], lorsqu'elles sont établies par les propriétaires sur leurs propriétés ou en faveur de leurs propriétés; dans ce dernier cas, l'usage et l'étendue des servitudes se règlent par le titre qui les constitue, à défaut de titre par la loi. (*C. N.*, *686*.)

CHAPITRE PREMIER

DES SERVITUDES QUI DÉRIVENT DE LA SITUATION DES LIEUX

§ 1. — DES EAUX

1541. La nature, en imprimant aux terrains leur pente, a soumis les fonds inférieurs à recevoir les eaux qui découlent des fonds plus élevés (1); donc, les fonds inférieurs, même séparés du fonds supérieur par un chemin public (2) ou par un mur (3), sont assujettis, sans indemnité, envers ceux qui sont plus élevés, à recevoir les eaux qui en découlent naturellement sans que la main de l'homme y ait contribué (*C. N.*, *640*); ce qui s'applique aux eaux pluviales, à celles provenant de la fonte des neiges, d'infiltration, ou enfin de sources formant un cours plus ou moins régulier (4) [Form. 270, 1°]. Le proprié-

---

Et M. Théodore Daix, aussi propriétaire, demeurant à....., d'autre part,

Lesquels ont dit :

MM. Lion et Daix sont propriétaires de divers immeubles, maisons, cours, vergers, jardins, terres de labour, prés, bois, usines, attenant les uns aux autres.

A raison de ces voisinages, il existe des servitudes d'un fonds sur l'autre, ainsi que diverses mitoyennetés de murs, haies, fossés.

Des difficultés nombreuses ont déjà été soulevées par l'exercice réciproque de ces servitudes.

Les comparants, voulant se régler à raison des difficultés actuellement pendantes, et se mettre respectivement à l'abri contre toutes réclamations ultérieures, ont fixé ainsi qu'il suit les droits de servitude et de mitoyenneté existant entre leurs propriétés.

1° EAUX COURANTES; — SOURCES. (Nos 1541 à 1545.)

MM. Lion et Daix sont propriétaires de deux maisons contiguës, situées à..... , rue..... : celle de M. Lion portant le numéro..... et celle de M. Daix le numéro...... Le terrain de la maison de M. Lion étant plus élevé que celui de la maison de M. Daix, les eaux, découlant naturellement du fonds de M. Lion, se précipitent dans celui de M. Daix et de là s'échappent dans la rivière ; M. Daix sera tenu à perpétuité de conserver et d'entretenir le fossé par lequel ces eaux s'écoulent, établi à l'extrémité de son jardin, de manière qu'il n'y ait jamais d'obstacle à l'écoulement des eaux.

---

(1) Demolombe, XI, 16; Mourlon, I, 1668.

(2) Daviel, III, 763; Duranton, V, 159; Marcadé, *art. 640*; Demolombe, XI, 20; Zach., § 317, note 2; Cass. 8 janvier 1834; 3 août 1852.

(3) Daviel, III, 755; Demolombe, XI, 22; Aix, 1er mars 1810; Cass. 3 août 1852.

(4) Pardessus, I, 82; Duranton, V, 153; Demolombe, XI, 20; Cass. 13 juin 1814; Bordeaux, 15 mars 1830.

taire inférieur ne peut point élever de digue qui empêche cet écoulement. Le propriétaire supérieur ne peut rien faire qui aggrave la position du fonds inférieur (1) [*C. N.*, *640*]; toutefois, le propriétaire riverain d'un ravin qui se convertit pendant les pluies en cours d'eau torrentiel peut faire des travaux défensifs sur son fonds (2).

1542. Si l'eau vient par le fait du propriétaire du fonds supérieur, par exemple s'il a construit un puits artésien et qu'il ne lui soit pas possible de perdre cette eau sur son terrain, ni de la faire écouler sur la voie publique, le propriétaire du fonds inférieur est de même assujetti à la recevoir, mais il lui est dû indemnité (3).

1543. Celui qui a une source dans son fonds ou qui dispose d'eaux pluviales (4) ou souterraines (5) peut en user à sa volonté, sauf le droit que le propriétaire du fonds inférieur peut avoir acquis par titre ou par la destination du père de famille (6), *infra n° 1626*, ou par la prescription résultant d'une jouissance non interrompue pendant l'espace de trente années, à compter du moment où le propriétaire du fonds inférieur a fait et terminé des ouvrages apparents destinés à faciliter la chute et le cours de l'eau (7) dans sa propriété (*C. N.*, *641*, *642*), c'est-à-dire destinés à lui procurer les eaux autrement que par un simple écoulement (8); les ouvrages, du moins en partie, doivent être établis sur le fonds même où naît la source (9).

1544. Le propriétaire de la source ne peut en changer le cours lorsqu'elle fournit aux habitants d'une commune, village ou hameau, l'eau qui leur est nécessaire (10), sauf au propriétaire à réclamer aux habitants une indemnité qui est réglée par experts; mais si le propriétaire laisse écouler trente années sans réclamer d'indemnité, les habitants se trouvent avoir acquis par prescription l'usage de la source (*C. N.*, *643*) sans indemnité (11).

1545. La conservation et l'aménagement des sources d'eaux minérales intéressant la société à raison de l'effet curatif de ces eaux, leur possession peut être déclarée d'utilité publique; dans ce

Une source existe dans le jardin de M. Lion; l'eau en provenant va par un petit caniveau dans un réservoir au milieu du jardin de M. Lion, puis elle se dirige par un autre caniveau construit par M. Daix vers le jardin de ce dernier, où elle est reçue dans un autre petit caniveau qui la dirige dans un réservoir au milieu du jardin de M. Daix, et ensuite vers la rue.....; dans cette rue, elle sert à alimenter un grand ruisseau à l'usage des habitants. M. Daix n'a point de titres constatant son droit aux eaux de la source, mais comme le caniveau qu'il a construit dans le jardin de M. Lion existe depuis plus de trente ans, et qu'il a toujours joui paisiblement de l'eau qu'il amène, M. Lion reconnaît le droit de servitude appartenant à M. Daix sur les eaux de la source se trouvant dans son jardin et il s'oblige à lui en laisser la jouissance comme par le passé.

(1) Le propriétaire de la source ne peut en corrompre ou salir les eaux en y jetant des matières infectes, ou en les employant au rouissage du chanvre ou à tout autre usage nuisible : Daviel, III, 707; Duranton, V, 164; Demolombe, XI, 36; Cass. 17 juin 1841, 23 août 1843, 9 janv. 1856; Douai, 3 mars 1845; Rouen, 18 mars 1839 et 8 juin 1841.

(2) Duranton, V, 162; Pardessus, I, 92; Garnier, III, 677; Daviel, I, 384; Taulier, II, 367; Demolombe, XI, 30; Aix, 19 mai 1813; Montpellier, 29 juin 1859; Cass. 11 juill. 1860.

(3) Marcadé, *640*, 2; Massé et Vergé sur Zach., § 317, note 4; Duranton, V, 166; Duvergier sur Toullier, III, 509; Daviel, III, 901; Demolombe, XI, 26; Cass. 8 janv. 1834.

(4) Solon, n° 46; Pardessus, I, 79; Proudhon, n° 1330; Troplong, *presc.*, n° 147; Demolombe, XI, 105 et 118; Marcadé, *art. 641*; Demante, II, 495 *bis*; Zach., § 318, note 2; Dict. not., *servit.*, n° 159; Cass. 14 déc. 1823 et 21 juill. 1845; Caen, 26 fév. 1844; J. N. 12110.

(5) Demolombe, XI, 65; Garnier, III, 713; Daviel, III, 893; Cass. 15 juin 1835, 19 juill. 1837.

(6) Duranton, V, 186; Daviel, III, 770; Garnier, III, 721; Zach., § 318; Demolombe, XI, 83; Caen, 18 fév. 1825; Cass. 20 déc. 1825 et 30 juin 1841; Bourges, 13 déc. 1825; Pau, 28 mai 1851.

(7) Ce qui s'applique aussi aux eaux pluviales : Proudhon, IV, 1331; Demante, II, 495 *bis*; Pardessus, I, 103; Daviel, III, 797; Troplong, *presc.*, I, 148; Marcadé, *642*, 5; Duvergier sur Toullier, III, 132, *note a*; Demolombe, XI, 109; Cass. 19 juin 1840.

(8) Demolombe, XI, 73.

(9) Il ne suffit donc pas que les ouvrages aient été faits indifféremment sur le fonds où existe la source ou sur le fonds inférieur : Toullier, III, 365, *notes*; Garnier, II, 48; Proudhon, n° 1372; Taulier, III, 164; Demolombe, XI, 79 et 80; Troplong, *presc.*, n° 144; Daviel, n° 575; Dict. not., *cours d'eau*, n° 11; Roll., *eaux*, n° 184; Duranton, V. 181; Metz, 28 avril 1824; Bordeaux, 1er juill. 1834, 31 juill. 1844; Limoges, 22 janv. 1839; Grenoble, 25 nov. 1840; Rouen, 15 déc. 1843; Pau, 10 mars 1849 et 16 déc. 1859; Colmar, 24 août 1850; Paris, chamb. réunies, 15 mai 1858; Caen, 30 mars 1859; Douai, 3 déc. 1859; Cass. 25 août 1812, 15 avril 1822, 6 juill. 1825, 5 juill. 1837, 30 nov. 1841, 27 janv. 1845, 15 avril 1845, 15 fév. 1854, 31 juill. 1854, 18 mars 1857, 8 fév. et 2 août 1858, 9 janv. 1860, 30 juill. 1862; CONTRA Pardessus, n° 200; Zach., Massé et Vergé, § 318, note 5; Marcadé, *642*, 2; Demante, II, 493 *bis*.

(10) Il ne suffirait pas que l'eau fût seulement avantageuse aux habitants : Rennes, 20 déc. 1860. V. Cass. 23 janv. 1867

(11) Pardessus, n° 138; Zach., § 318; Marcadé, *art. 643*; Duranton, V, 189; Demante, II, 494 *bis*; Daviel, III, 788; Taulier, II, p. 366; Mourlon, I, 1677; Demolombe, XI, 98; CONTRA Proudhon, n° 1388.

cas, elles se trouvent, au regard de leurs propriétaires et des tiers, en dehors des dispositions rapportées sous les deux numéros qui précèdent (1). [*Loi 22 juillet 1856.*]

1546. Celui dont la propriété borde immédiatement (2) une eau courante ne dépendant point du domaine public (3) ni d'une propriété individuelle (4) peut s'en servir à son passage pour l'irrigation de ses propriétés, à la charge de rendre ensuite à son cours naturel le résidu de l'eau non absorbée sans pouvoir la perdre dans ses bétoires ni la conduire dans des citernes ou réservoirs (5). Celui dont cette eau traverse l'héritage peut de même en user dans l'intervalle qu'elle y parcourt, mais à la charge de la rendre, à la sortie de son fonds, à son cours ordinaire (*C. N., 644*); toutefois, dans les deux cas, on doit obtenir l'autorisation de l'administration et observer les règlements administratifs sur la matière (6). [*Décret 25 mars 1852, tableau D, nos 2 et 3, et 13 avril 1861, art. 2, no 5.*] S'il s'élève une contestation entre les propriétaires auxquels les eaux peuvent être utiles, les tribunaux, en prononçant, doivent concilier l'intérêt de l'agriculture avec le respect dû à la propriété; et, dans tous les cas, les règlements particuliers et locaux sur le cours et l'usage des eaux doivent être observés. (*C. N., 645.*) [Form. 270, 2°.]

1547. Un propriétaire riverain d'un cours d'eau peut, d'après les principes exprimés *infra no 1548*, se servir de ces eaux pour l'irrigation de ses propriétés non riveraines (7); mais il ne peut transmettre les eaux à un propriétaire non riverain (8), à moins que celui-ci n'ait prescrit l'usage de ces eaux ou qu'il n'y ait droit en vertu d'un titre ou par l'effet de la destination du père de famille (9).

1548. Tout propriétaire qui veut se servir pour l'irrigation de ses propriétés des eaux naturelles ou artificielles (10) dont il a le droit de disposer (11) peut obtenir le passage de ces eaux sur les fonds intermédiaires, et les propriétaires des fonds inférieurs doivent recevoir les eaux qui s'écoulent des terrains ainsi arrosés (12); la même faculté de passage sur les fonds intermédiaires peut être accordée au propriétaire d'un terrain submergé en tout ou en partie, à l'effet de procurer aux eaux nuisibles leur écoule-

2° COURS D'EAU; — IRRIGATION. (Nos 1546 à 1550.)

M. Daix est propriétaire d'une prairie sise à...., lieu dit...., de la contenance de...., section....., n°..... du plan cadastral, dont l'irrigation a lieu par l'eau du grand fossé d'irrigation dérivé de la rivière.....

M. Lion est propriétaire d'une autre prairie, derrière celle de M. Daix, de la contenance de....., section....., n°..... du plan cadastral. Ces deux prairies n'en faisaient qu'une autrefois, conséquemment M. Lion a droit, par l'effet de la destination du père de famille, à l'irrigation de sa prairie; cette irrigation a lieu par le fossé dont il vient d'être parlé; l'eau arrive dans la prairie de M. Lion, après avoir traversé celle de M. Daix, et s'y déverse au moyen d'une vanne qu'on lève, lorsque la prairie de M. Daix a été suffisamment baignée.

A cet égard, il est convenu que, dans les époques d'arrosage, M. Daix fera baigner sa prairie chaque semaine depuis dimanche huit heures du soir jusqu'à lundi même heure;

(1) Demolombe, XI, 102.

(2) La disposition n'est point applicable si le fonds est séparé du cours d'eau par la voie publique ou par un chemin particulier appartenant à un tiers : Daviel, n° 598; Garnier, n° 771; Zach., § 319; Demolombe, XI, 139; Toulouse, 26 nov. 1833; Bordeaux, 2 juin 1840; Angers, 28 janv. 1847.

(3) Dépendent du domaine public les cours d'eau navigables et flottables, *supra n° 1415, 1°.*

(4) Demolombe, XI, 127; Garnier, III, 760; Proudhon, n° 1085; Daviel, n° 844; Demante, II, 495 *bis*; Duranton, V, 236; Pardessus, n° 111; Zach., § 319; Marcadé, *art. 644*; Ballot, *Rev. prat.*, 1858, I, p. 53; Colmar, 12 janv. 1812; Bordeaux, 2 juin 1840; Pau, 16 déc. 1859; Cass. 28 nov. 1815, 9 déc. 1818, 14 août 1827, 5 juin 1832, 17 mars 1840, 24 juin 1841, 15 avril 1845, 21 juin 1859; 5 août 1862. V. Paris, 23 mai 1867.

(5) Duranton, V, 240 *bis*; Daviel, II, 588; Demante, II, 495 *bis*; Demolombe, XI, 155.

(6) Demolombe, XI, 172; Paris, 8 août 1836; Cass. 15 nov. 1838 et 9 mai 1843; Conseil d'État 20 mai 1843, 15 déc. 1833.

(7) Demolombe, XI, 150, 210; Bertin, *chamb. du cons.*, n° 290; Demante, II, 495 *bis* et III, 498 *bis*; Cass. 2 fév. 1836, 8 nov. 1854; Lyon, 15 nov. 1854; contra Duranton, II, 209 at 231; Pardessus, I, 105; Daviel, *sur loi 29 avril 1845, art. 1er*; de Gérando, III, p. 97; Ballot, *Revue prat.*, 1858, I, p. 55.

(8) Daviel, II, 589, 590; Ballot, *Rev. prat.*, 1858, I, p. 62; de Parieu, *Revue de lég.*, 1845, p. 46; Duvergier, *Lois annotées*, 1847, p. 183; Devilleneuve et Carrette, 1847, p. 82; Montpellier, 17 fév. 1852; Douai, 29 janv. 1859; contra Demolombe, XI, 151; Garnier, p. 11 et suiv.; Demante, II, 498 *bis*; Agen, 7 fév. 1856.

(9) Duranton, V, 231; Daviel, II, 589; Dubreuil, I, 121; Demolombe, XI, 151.

(10) Ce qui comprend les eaux vives ou mortes, courantes ou stagnantes, celles de sources, celles des rivières navigables, flottables ou non, celles provenant d'un puits artésien, de la pluie, de la fonte des neiges ou des glaces, et généralement tout ce qu'on entend par le mot *eau* : Garnier, *Comm. de loi 29 avril 1845*, p. 4; Demante, II, 495 *bis*; Demolombe, XI, 206; Mourlon, I, 1693.

(11) Soit parce qu'elles lui appartiennent, soit parce qu'il a le droit d'en user en vertu d'une servitude de prise d'eau : Demante, II, 498 *bis*; Daviel, p. 14; Demolombe, XI, 209; Nîmes, 6 déc. 1832; Montpellier, 17 fév. 1852; Cass. 16 juin 1862.

(12) Mais sans pouvoir les utiliser à leur profit : Bertin, nos 328 et suiv.; Garnier, p. 26; Ballot, *Revue prat.*, 1858, I, p. 63; Demolombe, XI, 214.

ment. Dans les trois cas, il est dû une juste et préalable indemnité (1) aux propriétaires sur lesquels a lieu le passage de l'eau; mais on excepte de la servitude les maisons, cours, jardins, parcs et enclos attenant aux habitations. Les contestations auxquelles peuvent donner lieu l'établissement de la servitude, la fixation du parcours de la conduite d'eau, de ses dimensions et de sa forme, et les indemnités dues, sont portées devant les tribunaux comme en matière sommaire, et, s'il y a lieu à expertise, il peut n'être nommé qu'un seul expert. (*Loi 29 avril 1845.*)

1549. En outre, le propriétaire qui veut se servir des mêmes eaux naturelles et artificielles pour l'irrigation de ses propriétés peut obtenir la faculté d'appuyer sur la propriété du riverain opposé (si elle n'est point un bâtiment, une cour ou un jardin attenant à une habitation) les ouvrages d'art nécessaires à sa prise d'eau, à la charge d'une juste et préalable indemnité (1); sauf à ce dernier à demander l'usage commun du barrage en contribuant pour moitié aux frais d'établissement et d'entretien; dans ce cas il n'est pas dû d'indemnité et celle qui aurait été payée doit être rendue. Lorsque cet usage commun n'est réclamé qu'après le commencement ou la confection des travaux, celui qui le demande doit supporter seul l'excédant de dépenses auquel donnent lieu les changements à faire au barrage pour le rendre propre à l'irrigation des deux rives. Les contestations auxquelles peut donner lieu l'application des dispositions qui précèdent sont portées devant les tribunaux. Il y est procédé comme en matière sommaire; en cas d'expertise, il suffit d'un seul expert. (*Loi 11 juillet 1847.*)

1550. Dans les deux cas, l'acte constatant la convention entre les propriétaires ou, à défaut de convention amiable, le jugement constituant la servitude, doivent être transcrits pour être opposables aux tiers (2).

1551. Lorsqu'un moulin ou autre usine est mû par l'eau d'un canal creusé de main d'homme, et qui est la propriété d'un particulier, pour connaître les droits du propriétaire de l'usine sur le canal, il faut distinguer si le canal lui appartient ou s'il n'a qu'une servitude d'aqueduc : dans le premier cas, l'usinier est propriétaire du canal, du lit, de ses bords, et de l'eau qu'il renferme; les propriétaires riverains sont donc sans aucun droit sur les eaux, ils ne peuvent aucunement s'en servir, ni pêcher, ni s'approprier aucun des produits du bord (3); dans le deuxième cas, le lit et les bords appartiennent aux propriétaires riverains, ils recueillent seuls les produits du lit et des bords et ont seuls droit à la pêche; mais comme leur fonds est grevé d'une servitude d'aqueduc et que la hauteur de l'eau est nécessaire pour la force motrice de l'usine, ils ne peuvent y faire aucune prise d'eau (4). Cependant, dans les deux cas, les propriétaires riverains peuvent acquérir un droit de prise d'eau sur le canal, soit par titre, soit par prescription, *supra* n° 1545, soit par l'effet de la destination du père de famille (5). [Form. 270, 3°.]

---

et M. Lion fera baigner la sienne depuis le lundi huit heures du soir jusqu'au mardi à la même heure; pendant lequel temps M. Daix devra tenir constamment levées les vannes du fossé d'irrigation traversant sa prairie et donnant sur celle de M. Lion. L'entretien de ce fossé et la réparation des vannes, ainsi que leur remplacement, lorsqu'il sera nécessaire, auront lieu à frais communs entre MM. Daix et Lion.

3° CANAL; — MOULIN. (Nos 1551 à 1553.)

M. Daix est propriétaire d'un moulin situé à....., mû par l'eau de la rivière....., qui arrive par un canal creusé de main d'homme à travers un pré appartenant à M. Lion.

MM. Daix et Lion ne justifient ni l'un ni l'autre de leur droit à la propriété exclusive du canal;

Mais ils reconnaissent que M. Lion, comme propriétaire du pré traversé, a seul la propriété du canal, lit, eau et bords, et que M. Daix a seulement le droit à l'eau déversée par ce canal, ce qui constitue en sa faveur une servitude sur le fonds de M. Lion.

---

(1) Qui doit être fixée en une somme d'argent et non en une obligation de servir une rente ou une redevance annuelle : Garnier, p. 32; Bertin, n° 308; Bourguignat, *Guide du draineur*, n° 37; Demolombe, XI, 225; Cass. 14 déc. 1859; CONTRA Dumay sur Proudhon, IV, 1452.

(2) Mourlon, *Revue prat.*, 1858, II, p. 459.

(3) Pardessus, I, 112; Daviel, III, 844 à 846; Demolombe, XI, 128; Cass. 28 nov. 1815, 9 déc. 1818, 13 juin 1827, 7 août 1839; 17 mars 1840; Caen, 28 juill. 1848.

(4) Demolombe, XI, 128.

(5) Duranton, V, 239; Pardessus, I, 112; Demolombe, XI, 136; Cass. 13 juin 1827 et 27 mars 1832.

1552. Le droit de l'usinier à la propriété exclusive du canal peut résulter d'un titre ou de la prescription, ou de la destination du père de famille; l'usage de l'eau du canal comme force motrice de l'usine ne suffit pas pour établir son droit de propriété, et si ni lui ni le propriétaire du terrain traversé par le canal n'établissent leur droit à la propriété du lit et des bords, la présomption légale est contre l'usinier, car, aux termes de l'art. 552, la propriété du sol emporte la propriété du dessus et du dessous, et, par conséquent, le propriétaire du terrain est de droit propriétaire du lit et des bords du canal (1).

1553. Même lorsque l'usinier n'a l'usage des eaux du canal qu'à titre de servitude, c'est à lui qu'incombe la charge de l'entretenir et de le curer; en effet, les travaux pour l'usage et la conservation de la servitude doivent être faits par celui qui l'exerce; mais le propriétaire du terrain est tenu de lui livrer le passage nécessaire pour l'entretien et le curage (2).

1554. Tout propriétaire qui veut assainir son fonds par le *drainage* ou autre mode de desséchement peut, moyennant une juste et préalable indemnité (3), en conduire les eaux souterrainement ou à ciel ouvert, à travers les propriétés qui séparent ce fonds d'un cours d'eau ou de toute autre voie d'écoulement (4); sont exceptés de cette servitude les maisons, cours, jardins, parcs et enclos attenant aux habitations. (*Loi 10 juin 1854, art. 1.*) [Form. 270, 4°.]

1555. Les propriétaires de fonds voisins ou traversés ont la faculté de se servir des travaux faits ainsi qu'il vient d'être dit pour l'écoulement des eaux de leur fonds. Ils supportent dans ce cas : 1° une part proportionnelle dans la valeur des travaux dont ils profitent; 2° les dépenses résultant des modifications que l'exercice de cette faculté peut rendre nécessaires; et 3°, pour l'avenir, une part contributive dans l'entretien des travaux devenus communs. (*Même loi, art. 2.*)

1556. Les contestations auxquelles peuvent donner lieu l'établissement et l'exercice de la servitude, la fixation du parcours des eaux, l'exécution des travaux de drainage et d'asséchement, les indemnités et les frais d'entretien sont portés en premier ressort devant le juge de paix du canton, qui, en prononçant, doit concilier les intérêts de l'opération avec le respect dû à la propriété. S'il y a lieu à expertise, il peut n'être nommé qu'un seul expert. (*Même loi, art. 5.*)

1557. Des associations de propriétaires constituées en syndicats peuvent s'établir pour l'assainissement de leurs propriétés, et elles peuvent obtenir pour leurs travaux la déclaration d'utilité publique. (*Même loi, art. 3 et 4.*)

1558. La servitude sur le libre écoulement des eaux pour le drainage étant établie par la loi elle-même est exempte de la transcription (5).

En conséquence, les produits du lit et des bords du canal et le droit de pêche appartiennent exclusivement à M. Lion, mais il n'a aucun droit de prise d'eau dans le canal.

L'entretien et le curage du canal sont, comme de droit, à la charge du propriétaire du moulin; et pour ces entretien et curage il a tout droit de passage sur le terrain de M. Lion.

4° DRAINAGE. (Nos 1554 à 1558.)

M. Lion est propriétaire d'une pièce de terre en nature de labour et pépinière, autrefois en marais, située à....., lieu dit....., de la contenance de....., section....., n°..... du plan cadastral; pour arriver à l'assainissement de cet immeuble, M. Lion l'a fait drainer, et afin de faire écouler les eaux venant des drains, M. Lion, après avoir indemnisé M. Daix, propriétaire d'une prairie voisine portée au plan cadastral, section....., n°....., a creusé à travers cette prairie un fossé à ciel ouvert, par lequel ces eaux sont conduites dans la rivière.

---

(1) Duranton, V, 240; Daviel, III, 833 *bis*, Demolombe, XI, 631; Cass. 21 déc. 1830, 13 janv. 1835, 4 déc. 1838; CONTRA Dubreuil, I, 164; Proudhon, III, 1082; Colmar, 12 juill. 1812; Lyon, 17 juill. 1830; Cass. 23 nov. 1840, 22 fév. 1843, 13 août 1850, 24 déc. 1860, 10 juill. 1861; Pau, 4 juill. 1856 et 16 déc. 1859. Paris, 26 déc. 1865, 13 juin 1866.

(2) Demolombe, XI, 128; Bordeaux, 22 janv. 1828; Cass. 15 déc. 1835.

(3) Voir *n° 1549, renvoi 7*, qui est applicable ici.

(4) On ne comprend pas par voie d'écoulement les fossés des routes ni ceux des chemins ou de toute autre voie publique : les propriétaires ne peuvent conduire leurs eaux dans ces fossés qu'après une autorisation administrative. *Circ. min. de l'agric., comm. et trav. pub. 9 nov. 1856.*

(5) Mourlon, *rev. prat.*, 1858, II, p. 460.

§ 2. — DU BORNAGE DES PROPRIÉTÉS CONTIGUËS

1559. Tout propriétaire peut obliger son voisin, même l'État, les communes et les établissements publics, au bornage de leurs propriétés contiguës. (*C. N., 646.*) [Form. 270, 5°.] Lorsque le bornage est judiciaire, il est du ressort, à charge d'appel, du juge de paix de la situation des biens (1). [*Proc., loi 25 mai 1838, art. 6, 2°.*]

1560. Le bornage se fait à frais communs (*C. N., 646*); c'est-à-dire l'achat des bornes, les dépenses de plantation et le coût du procès-verbal de bornage sont supportés par moitié; quant aux frais de mesurage, chaque propriétaire y contribue proportionnellement à la contenance de son terrain (2).

1561. L'action en bornage appartient non-seulement au propriétaire, mais aussi à l'usufruitier (3), à l'usager s'il perçoit les fruits par lui-même (4), à l'emphytéote (5); mais, dans ces différents cas, le bornage n'est pas opposable au propriétaire (6); de même le bornage fait par le mari seul d'un bien propre à la femme n'est pas opposable à cette dernière (7); en ce qui concerne le mineur ou l'interdit, l'action en bornage ne peut être intentée par le tuteur sans l'autorisation du conseil de famille (8); ces deux dernières solutions sont, il est vrai, contestables et contestées. Quant à l'antichrésiste et au fermier, comme ils possèdent pour le propriétaire, ils n'ont pas qualité pour demander le bornage (9).

1562. L'opération préliminaire au bornage est le mesurage des propriétés contiguës : si une propriété a plus que sa contenance et que l'autre ait moins, il y a lieu à restitution de la part de celui qui

---

Le fossé dont il vient d'être parlé sera curé et entretenu par M. Lion; les vannes qu'il serait nécessaire d'y placer, et leur entretien et remplacement, seront aux frais de ce dernier.

M. Daix se réserve, pour l'assainissement de sa prairie, la faculté de se servir de ces travaux, aux conditions déterminées par la loi.

5° BORNAGE. (Nos 1559 à 1563.)

M. Lion possède une pièce de terre en labour, sise commune de....., lieu dit....., de la contenance de....., portée au plan cadastral, section....., n°.....; pour fixer les limites séparant cette pièce de terre d'avec une autre pièce de terre appartenant à M. Daix, située au même lieu, de la contenance de....., comprise au plan cadastral sous le n°..... de la section.....; MM. Lion et Daix les ont fait mesurer par un géomètre choisi d'accord entre eux, qui a trouvé dans chacune des deux pièces de terre la contenance ci-dessus indiquée; puis aussitôt après le mesurage, le géomètre a procédé en leur présence et de leur consentement à la plantation de trois bornes en grès sur la ligne de division de ces deux pièces, une à chaque extrémité, et la troisième au milieu; chaque borne est d'une grosseur de....., et d'une hauteur de....., et sous chacune d'elles on a placé quatre morceaux de briques pour servir de témoins.

Les frais de mesurage ont été acquittés par M. Lion pour deux tiers, et par M. Daix pour un tiers; quant aux frais d'achat de bornes et de plantations, ils ont été supportés par moitié.

Au moyen de ces mesurage et plantation de bornes, la ligne de séparation des deux pièces de terre se trouve irrévocablement fixée.

---

(1) Toullier, III, 173; Duranton, V, 254; Demante, II, 500 *bis*; Marcadé, *646*, 1; Augier, *Bornage*, n° 8; Carou, n° 503; Demolombe, XI, 243; Rennes; 19 juin 1838.

(2) Pardessus, I, 129; Curasson, § 3, n° 23; Demolombe, XI, 276; Mourlon, I, 1706.

(3) Pardessus, nos 118 et 333; Duranton, V, 257; Toullier, III, 181; Carré, *comp. civil*, I. 231; Proudhon, n° 1243; Curasson, II, p. 433; Marcadé, *art. 646*; Zach., § 320; Mourlon, I, 1707; Dict. not., *bornage*, n° 25; Demolombe, XI, 256; Bordeaux, 23 juin 1836; CONTRA Carou, n° 498; Dalloz, *servit.*, n° 193; Hennequin, II, p. 353.

(4) Mais non s'il les reçoit du propriétaire : Massé et Vergé sur Zach., § 320, note 3.

(5) Duranton, III, 258; Marcadé,, *646*, 3; Demolombe, XI, 257; Dict. not., *bornage*, n° 28.

(6) Pardessus, n° 118; Toullier, III, 181; Proudhon, *usuf.*, n° 1243; Duranton, III, 257; Roll., *bornage*, n° 15; Marcadé, *646*, 3; Demolombe, XI, 256; Bordeaux, 23 juin 1836.

(7) Duranton, III, 253; Roll., *bornage*, n° 19; Carou, I, 498; Curasson, II, p. 320; Vaudoré, I, p. 37; Taulier, II, p. 372; CONTRA Massé et Vergé sur Zach., § 320, note 2.

(8) Curasson, II, p. 443; Carou, I, 198; Marchand, *minor*, n° 62; CONTRA Toullier, III, 182; Massé et Vergé, § 320, note 2.

(9) Carré, *compét. civ.* I, 231; Toullier III, 181; Curasson, p. 434; Neveu-Dérotrie, p. 54.

a plus à celui qui a moins; si les quantités sont supérieures ou inférieures à celles de la totalité des deux terrains soumis au bornage et qu'il ne soit pas prouvé que l'une des deux parties doit exclusivement gagner ce qui est en plus, ou perdre ce qui est en moins, l'avantage ou la perte résultant de l'excédant ou du déficit est réparti proportionnellement à l'étendue des deux propriétés (1).

1563. Le bornage a lieu habituellement par la plantation d'une pierre à chaque extrémité de la ligne de séparation des deux héritages, et si cette ligne n'est pas droite, on place une borne aux différents angles qu'elle présente; alors il est utile de tracer dans le procès-verbal de bornage le plan des deux héritages, afin de bien préciser la ligne de division. En plantant les bornes, on place habituellement sous les pierres servant de bornes des morceaux ou de pierres, ou de briques, ou d'ardoises, en témoignage de l'opération, et qu'on appelle en effet *des témoins.* Le procès-verbal de bornage doit indiquer la forme et la dimension des bornes, ainsi que la nature des témoins (2).

§ 3. — DU DROIT DE CLOTURE

1564. Tout propriétaire peut clore son héritage (3) [Form. 270, 6°] sans cependant que la clôture puisse nuire aux droits de passage dont l'héritage serait grevé. (*C. N., 647.*) Le propriétaire qui clot son héritage perd son droit au parcours et vaine pâture, en proportion du terrain qu'il y soustrait. (*C. N., 648.*)

1565. La clôture a lieu par la construction d'un mur sur le terrain de celui qui se clot; par la plantation sur son terrain d'une haie vive, *infra n° 1592*, ou d'une haie sèche qui peut être plantée à la limite de la ligne de séparation (4); par des fossés creusés sur le terrain de celui qui se clot, en laissant entre ce fossés et le terrain du voisin un certain espace qu'on appelle *franc-bord*, et qui demeure sa propriété (5).

1565 *bis.* Toute clôture (murs, haies vives ou mortes, palissades, treillages, fossés), qui sépare des héritages, est réputée mitoyenne, à moins qu'il n'y ait qu'un seul des héritages en état de clôture ou s'il y a titre, prescription ou marque contraire (*C. civ., 666 nouveau*).

CHAPITRE DEUXIÈME

DES SERVITUDES ÉTABLIES PAR LA LOI

1566. Nous avons dit, *supra n° 1540, 2°*, quelles sont en règle générale les servitudes établies par la loi.

6° CLOTURE D'HÉRITAGE, MUR, HAIE, FOSSÉ. (Nos 1564 et 1565.)

M. Lion a clos en partie par des murs, en partie par des haies, en partie par un fossé, la pépinière dont il est propriétaire à....., bornant une prairie possédée par M. Daix. M. Daix reconnaît que le mur a été construit sur le terrain de M. Lion, à la limite de la ligne de séparation, que la haie a été plantée conformément à la loi, à une distance de cinquante centimètres de la même ligne, et que le fossé a été creusé sur le terrain de M. Lion, en laissant un espace de trente-trois centimètres au delà de la berge du côté de M. Lion, pour servir de franc-bord.

(1) Dunod, *prescr.*, p 68; Pardessus, I, 123; Demolombe, XI, 273.

(2) Toullier, IV, 171; Roll., *bornage*, n° 164; Demolombe, XI, 275.

(3) Cette faculté est un droit dont l'abandon ne se présume pas; celui qui promet de ne point faire de construction dans une distance déterminée peut donc se clore, surtout lorsque la hauteur de la maçonnerie destinée à recevoir une grille n'excède pas un mètre : Metz, 9 mars 1859.

(4) Pardessus, n° 187; Garnier, p. 228; Demolombe, XI, 334.

(5) Toullier, II, 227; Duranton, V- 364; Pardessus, n° 186; Garnier, *des chem.* n° 319; Daviel, n° 859; Solon, n° 267; Demolombe, XI, 464; Roll., *fossé*, n° 25; Caen, 14 juill. 1825; Dijon, 22 juin 1836; Cass. 22 fév. 1827, 11 avril 1848; 3 juill. 1849.

SECTION I. — DE LA MITOYENNETÉ DES MURS, FOSSÉS, HAIES, ETC.

§ 1. — DU MUR MITOYEN ; — DE L'EXHAUSSEMENT

1567. Dans les villes et les campagnes, tout mur servant de séparation entre bâtiments jusqu'à l'héberge, ou entre cour et jardin, et même entre enclos dans les champs, est présumé mitoyen s'il n'y a titre ou marque du contraire. (*C. N., 653.*) [Form. 270, 7°.] Il y a marque de non-mitoyenneté lorsque la sommité du mur est droite et à plomb de son parement d'un côté, et présente de l'autre un plan incliné ; lors encore qu'il n'y a que d'un côté ou un chaperon, ou des filets et corbeaux de pierre qui y auraient été mis en bâtissant ; dans ces cas, le mur est censé appartenir exclusivement au propriétaire du côté duquel sont l'égout ou les corbeaux et filets de pierre. (*C. N., 654.*)

1568. Il y a encore présomption de non-mitoyenneté, même dans les villes, en ce qui concerne le mur existant entre un bâtiment et un enclos ; car le mur est une partie intégrante du bâtiment, et l'art. 653 étant exclusif de la présomption dans ce cas, il est présumé appartenir au propriétaire du bâtiment (1), à moins que le mur porte encore du côté du terrain non bâti les vestiges d'un ancien bâtiment, tels que jambages de cheminées ou autres marques quelconques (2).

1569. Mais les marques de non mitoyenneté sont bien entendu sans effet s'il y a des titres (3) établissant la mitoyenneté du mur ou prouvant qu'il appartient à l'autre propriétaire (4).

1570. Le mur mitoyen, ou toute autre clôture mitoyenne, doivent être entretenus à frais communs ; mais le voisin peut se soustraire à cette obligation en renonçant à la mitoyenneté (*C. civ., 667 nouv.*) *infra, n° 1646.* Si l'un des copropriétaires fait l'avance de tous les frais d'un mur mitoyen, il a pour le remboursement de ces frais une action réelle qu'il peut exercer contre l'acquéreur, tiers détenteur de la propriété voisine (5).

1571. Tout propriétaire peut faire bâtir contre un mur mitoyen et y faire placer des poutres ou solives dans toute l'épaisseur du mur à 54 millimètres près, sans préjudice du droit qu'a le voisin de faire réduire à l'ébauchoir la poutre jusqu'à la moitié du mur, dans le cas où il voudrait lui-même asseoir des poutres dans le même lieu ou y adosser une cheminée. (*C. N., 657.*) Mais l'un des voisins ne peut pratiquer dans le corps d'un mur mitoyen aucun enfoncement, ni y appliquer ou appuyer aucun ouvrage sans le consentement de l'autre, ou sans avoir, à son refus, fait régler par experts les moyens nécessaires pour que le nouvel ouvrage ne soit pas nuisible aux droits de l'autre. (*C. N., 662.*)

7° MUR MITOYEN ; — EXHAUSSEMENT. (N°s 1567 à 1574.)

Les cours des maisons de MM. Lion et Daix sont séparées par un mur en moellons et terre, d'une longueur de vingt mètres, d'une hauteur de deux mètres soixante centimètres, y compris chaperon, et d'une épaisseur de quarante-quatre centimètres.

Les titres de propriété de ces deux maisons sont muets sur les droits de MM. Lion et Daix à la propriété de ce mur, mais, le chaperon du mur étant des deux côtés, il y a présomption de mitoyenneté ; au surplus, MM. Lion et Daix déclarent que ce mur est mitoyen.

Contre une portion de ce mur, vers la rue, M. Lion a fait bâtir un bâtiment à usage de cuisine, et a fait placer, comme il en a le droit, des poutres et solives dans l'épaisseur du mur mitoyen à plus de cinquante-quatre millimètres près ; ce qui est ainsi reconnu par M. Daix, lequel se réserve de bâtir lui-même contre la même portion de mur, et de faire, alors, les travaux permis par l'art. 657 du Code civil.

---

(1) Duranton, V, 303, Zach., § 322, note 2 ; Demante, II, 507 *bis* ; Taulier, II, p. 379 ; Demolombe, XI, 323 ; Duvergier sur Toullier, III, 187 ; Marcadé, *653*, 2 ; Mourlon, I, 1730 ; Dict. not., *mitoyenn.*, n° 9 ; Rennes, 9 juill. 1821 ; Pau, 28 août 1834, Orléans, 19 janv. 1849 ; Cass., 4 juin 1845 ; Pau, 7 fév. 1862 ; Cass. 10 juill. 1865 ; CONTRA Pardessus, n° 159 ; Solon, n° 135, selon lesquels dans les villes il y a présomption de mitoyenneté jusqu'à la hauteur de clôture.

(2) Taulier, II, p. 379 ; Demolombe, XI, 322 ; Caen, 1er juill. 1857.

(3) On ne peut par la preuve testimoniale suppléer à l'absence du titre : Marcadé, *art. 653* ; Pardessus, I, 161 ; Duranton, V, 308 ; Demolombe, XI, 333 ; Angers, 3 janv. 1850 ; CONTRA Taulier, II, p. 380.

(4) Duranton, V, 311 ; Zach., § 322, note 4 ; Marcadé, *654*, 2 ; CONTRA Pardessus, n° 161.

(5) Demante, II, 488 *bis* ; Demolombe, XI, 10 et 367 ; Paris, 22 janv. 1834 et 3 avril 1844 ; Cass. 21 mars 1843. V. Paris, 30 déc. 1864, 26 nov. 1866, 11 avril 1867 ; J. N. 18202.

1572. Tout copropriétaire (1) peut faire exhausser le mur mitoyen (2) [Form. 270, 7°]; mais il doit payer seul la dépense de l'exhaussement, les réparations d'entretien au-dessus de la hauteur de la clôture commune, et en outre l'indemnité de la charge en raison de l'exhaussement et suivant la valeur. (*C. N.*, *658*.) Si le mur mitoyen n'est pas en état de supporter l'exhaussement, celui qui veut l'exhausser doit ou le faire reconstruire en entier à ses frais, ou, s'il le laisse subsister, lui donner à ses frais un surcroît d'épaisseur (3); dans les deux cas, l'excédant d'épaisseur se prend de son côté (*C. N.*, *659*) et il n'y a plus lieu à indemnité (4).

1573. Le voisin qui n'a pas contribué à l'exhaussement peut en acquérir la mitoyenneté en payant la moitié de la dépense qu'il a coûtée et la valeur de la moitié du sol fourni pour l'excédant d'épaisseur s'il y en a (*C. N.*, *660*), *infra n° 1575*, et même en restituant l'indemnité qu'il a reçue s'il acquiert la mitoyenneté peu après l'exhaussement.

1574. Celui qui exhausse un mur devient propriétaire de la partie exhaussée. Il peut donc établir dans cette partie de mur les jours dont nous parlerons *infra n° 1599* (5); mais si le voisin acquiert la mitoyenneté de la partie exhaussée, il peut exiger que les jours soient bouchés (6), *infra n° 1578*.

§ 2. — DE L'ACQUISITION DE LA MITOYENNETÉ

1575. Tout propriétaire joignant un mur a de même la faculté de le rendre mitoyen en tout ou en partie (Form. 270, 8°) en remboursant (7) au maître du mur (8) la moitié de sa valeur (9) ou la moitié de la valeur de la portion qu'il veut rendre mitoyenne, et moitié de la valeur du sol sur lequel le mur est bâti. (*C. N.*, *661*.) Si le mur ne joignait pas immédiatement sa propriété, mais n'en était qu'à une très-faible distance, il pourrait de même en acquérir la mitoyenneté en payant aussi la valeur du terrain intermédiaire (10).

1576. La faculté d'acquérir la mitoyenneté s'applique à toute espèce de murs, qu'ils soient dans les villes ou les campagnes, qu'ils soutiennent un bâtiment ou qu'ils servent seulement de clôture, qu'il s'agisse d'un édifice public ou affecté à un usage privé, comme un hôtel de préfecture (11); toutefois,

---

M. Daix a l'intention de faire exhausser le surplus du mur dont il vient d'être parlé; il est convenu que, pour faire cet exhaussement, M. Daix sera tenu de démolir le mur actuellement existant et d'en construire à la place un autre à ses frais, d'une épaisseur de soixante-six centimètres en prenant de son côté l'excédant d'épaisseur, soit vingt-deux centimètres; les réparations d'entretien au-dessus de la hauteur de clôture actuelle seront aux frais de M. Daix, en sa qualité de propriétaire de la partie exhaussée du mur.

8° ACQUISITION DE MITOYENNETÉ. (Nos 1575 à 1578.)

Au bout de la cour de chacune des maisons de MM. Lion et Daix, M. Lion a fait construire à ses frais, sur son terrain, un mur de séparation en briques d'une longueur de seize mètres et d'une hauteur de trois mètres y compris chaperon; M. Daix déclare ici

---

(1) Voir Caen, 28 mai 1851; J. N. 14595.

(2) Même lorsque l'exhaussement est sans utilité actuelle pour celui qui veut l'opérer, et n'a d'autre but que de causer un préjudice au voisin; Paris, 8 juill. 1858; Cass. 11 avril 1854. Voir cependant Demolombe, XI, 398.

(3) Marcadé, *art. 659;* Demolombe, XI, 405. V. Paris, 30 déc. 1864, 25 janv. 1867; Seine, 31 janv. 1866; Cass. 18 avril 1866.

(4) Demolombe, XI, 402, 404; Mourlon, I, 1744.

(5) Toullier, II, 527; Duranton, V, 333; Pardessus, I, 211; Demante, II, 513 *bis*; Demolombe, XI, 408; Dict. not., *mitoyenn.*, n° 68; CONTRA Douai, 17 fév. 1840.

(6) Marcadé, *art. 675;* Cass. 1er déc. 1813 et 5 déc. 1814.

(7) C'est-à-dire en forçant le propriétaire du mur à lui vendre la mitoyenneté, ce qui donne lieu à un démembrement de la propriété, en sorte que s'il existe des créanciers inscrits l'acquéreur peut exiger que toutes garanties lui soient données contre le recours de ces créanciers: Caen, 14 déc. 1860. — Mais l'aliénation étant forcée, il n'y a pas lieu à garantie des vices cachés de la chose: Paris, 1er août 1861; Cass. 17 fév. 1864.

(8) Avant la prise de possession. Toutefois si le propriétaire n'est pas payé, il a le privilége et l'action résolutoire de vendeur qu'il conserve contre tout tiers détenteur de l'héritage, à raison duquel le mur est devenu mitoyen, pourvu, bien entendu, que l'acte de cession ait été transcrit: Demolombe, XI, 367; Dalloz, *priv.*, n° 427; Paris, 22 janv. 1834 et 3 avril 1841; Cass. 21 mars 1843.

(9) Réelle, et en quelque matière qu'il soit bâti: Marcadé, *661*, 2; Demante, II, 515 *bis*; Demolombe, XI, 365; voir Paris, 1er août 1861.

(10) Pardessus, n° 154; Taulier, II, p. 392; Roll., *mitoyenn.*, n° 34; Marcadé, *661*, 1; Demolombe, XI, 354; Mourlon, I, 1716; Bourges, 9 déc. 1837; Caen, 27 janv. 1860; Jur. not. 11685 CONTRA Cappeau, II, p. 499; Duranton, V, 324; Duvergier sur Toullier, II, 193; Demante, II, 515 *bis*; Douai, 14 août 1845; Cass. 26 mars 1862; Pau, 24 déc. 1862; Mon. Trib., 1862, p. 474, et 1863, p. 450.

(11) Demolombe, XI, 356

cette faculté cesse d'exister si le mur soutient un édifice public placé hors du commerce par sa destination même, comme une prison, une église (1); mais elle ne s'applique pas aux clôtures en planches et pieux, quelle qu'en soit la solidité (2).

1577. Les frais de l'acquisition sont à la charge de celui qui acquiert la mitoyenneté, ainsi que ceux d'expertise si les parties ne peuvent tomber d'accord sur la fixation du prix, quand même les offres faites auraient été suffisantes (3), ce qui, dans ce dernier cas, est bien rigoureux.

1578. Les jours de souffrance pratiqués dans le mur par le propriétaire ne font pas obstacle à l'acquisition de la mitoyenneté; alors ils doivent être bouchés (4) à frais communs (5), quand même ils auraient plus de trente ans de date (6). Peu importe que l'acquéreur de la mitoyenneté fasse ou non des constructions (7); il peut toujours les faire supprimer, à moins cependant qu'il ne soit obligé, en vertu d'une convention, à ne pas nuire à ces jours ou qu'il ne les ait laissé subsister pendant trente ans, depuis l'époque où il a acquis la mitoyenneté (8); cette faculté ne peut non plus être exercée lorsque les jours ne constituent pas des jours de souffrance, mais bien des ouvertures ordinaires, c'est-à-dire des vues ou des fenêtres ouvrantes légalement acquises par titre, prescription ou destination du père de famille (9).

§ 3. — DES CLOTURES DANS LES VILLES ET FAUBOURGS

1579. Chacun peut contraindre son voisin, dans les villes et faubourgs, à contribuer aux constructions et réparations de la clôture faisant séparation de leurs maisons, cours et jardins, situés ès dites villes et faubourgs, dont la hauteur est fixée suivant les usages et règlements locaux (FORM. 270, 9°); à défaut d'usages et règlements, les murs de séparation doivent avoir au moins trois mètres vingt centimètres de hauteur compris le chaperon, dans les villes de 50,000 âmes et au-dessus, et deux mètres soixante centimètres dans les autres. (*C. N.*, *663*.) Si le terrain est plus élevé d'un côté que de l'autre par le fait du propriétaire du terrain le plus élevé, l'autre propriétaire ne peut être contraint à contribuer aux frais de clôture qu'à la hauteur prescrite de son côté; quant à l'élévation à la hauteur voulue du côté du propriétaire qui a surélevé son terrain, elle est aux frais de ce dernier (10).

1580. La disposition rapportée au numéro qui précède étant d'ordre public, l'un des propriétaires

---

acquérir la mitoyenneté de ce mur, et il a fixé avec M. LION la valeur de la moitié de ce mur et de la moitié du sol sur lequel il est bâti à une somme de trois cents francs, laquelle somme il a de suite payée à M. LION, qui le reconnaît et lui en donne quittance.

A ce moyen le mur devient mitoyen, dans l'état où il se trouve; en conséquence, les marques de non-mitoyenneté du côté de M. LION sont sans objet.

9° CONSTRUCTION D'UN MUR DE CLOTURE. (Nos 1579 à 1581.)

Les jardins des maisons de MM. LION et DAIX, sises à....., rue....., sont séparées par une vieille haie dont les bois sont morts pour la plupart; les parties conviennent de construire à frais communs sur l'emplacement de cette haie, autrement dit sur la ligne séparative de leurs propriétés, dans le délai de six mois de ce jour, un mur de séparation

---

(1) Pardessus, I, 43; Demolombe, XI, 356; Toulouse, 13 mai 1831; Cass. 5 déc. 1838.

(2) Demolombe, XI, 357 *bis*; Cass. 15 déc. 1857.

(3) Roll., *mitoyenn.*, n° 41; Pardessus, I, 158; Demolombe, XI, 366; Limoges, 12 avril 1820; Riom, 11 juill. 1838; CONTRA Massé et Vergé sur Zach., § 322, note 23; Toullier, II, 195; Duranton, V, 328.

(4) Duranton, V, 325; Pardessus, I, 211; Demante, II, 515 *bis*; Marcadé, *art. 675*; Duvergier sur Toullier, II, 527, Demolombe, XI, 370; Dict. not., *mitoyenn.*, n° 35; Cass. 1er déc. 1813, 3 juin 1850; Toulouse, 28 déc. 1832 et 8 fév. 1844; Paris, 28 juin 1836; Caen, 17 mars 1849 et 7 juin 1861; CONTRA Toullier, II, 527; Pardessus, I, 172; Poitiers, 28 déc. 1841, Cass. 7 janv. 1847.

(5) Demolombe, XI, 378; Caen, 29 juill. 1854.

(6) Marcadé, *art. 675*; Demolombe, XI, 371; Duranton, V, 325; Cass. 31 déc. 1810, 30 mai 1838; 2 fév. 1863; J. N. 17669.

(7) Duranton, V, 325; Pardessus, n° 211; Marcadé, *661*, 1 et *rev. crit.*, I, p. 71; Demolombe, XI, 359; Roll., *jours*, n° 21; Cass. 1er déc. 1813, 5 déc. 1814, 29 fév. 1848, 3 juin 1850; Toulouse, 28 déc. 1832 et 8 fév. 1844; Paris, 18 juin 1836; CONTRA Toullier, III, 527; Cappeau, II, p. 104.

(8) Marcadé, *661*, 1 et *rev. crit.*, I, p. 71; Demolombe, XI, 360; Cass. 19 janv. 1825, 21 juill. 1836, 23 juill. 1850; Bordeaux, 18 janv. 1850; Paris, 3 janv. 1861; Cass. 3 mars 1862.

(9) Duranton, V, 326; Demante, II, 515 *bis*; Demolombe, XI, 374; Dict. not., *mitoyenn.*, n° 38; Bordeaux, 10 mai 1822, 8 mai 1828, 27 juill. 1845; Grenoble, 20 juill. 1822, 3 déc. 1830; Paris, 20 mai 1836; Pau, 3 fév. 1859; Montpellier, 12 mars 1862; Cass. 19 janv. 1825, 21 juill. 1836, 23 juin 1850, 3 mars 1862; M. T. 1862, p. 353; CONTRA Bastia, 25 mai 1839.

(10) Marcadé, *663*, 1; Demolombe, XI, 384; Pardessus, n° 150; Roll., *clôture*, n° 11; Dict. not., *ibid.*, n° 71; Rouen, 6 nov. 1835.

limitrophes ne peut y renoncer au profit de l'autre, ni même les deux ensemble, et réciproquement (1).

1581. Toutefois, le voisin qui ne veut pas contribuer dans les frais de construction du mur de clôture peut s'en dispenser en abandonnant au propriétaire qui veut se clore, *infra nos 1646 et 1649*, la portion de terrain lui appartenant sur laquelle doit porter de son côté la moitié du mur à construire (2), *infra no 1646*.

§ 4. — DES CAS OU LES DIFFÉRENTS ÉTAGES D'UNE MAISON APPARTIENNENT DIVISÉMENT A PLUSIEURS

1582. Lorsque les différents étages d'une maison appartiennent à divers propriétaires (FORM. 270, 10°), si le titre de propriété ne règle pas le mode de réparation et reconstruction, elles doivent être faites ainsi qu'il suit : — Les gros murs et le toit sont à la charge de tous les propriétaires, chacun en proportion de la valeur de l'étage qui lui appartient. — Le propriétaire de chaque étage fait le plancher sur lequel il marche. — Le propriétaire du premier étage fait l'escalier qui y conduit; le propriétaire du deuxième étage fait, à partir du premier étage, l'escalier qui conduit chez lui, et ainsi de suite. (*C. N.*, *664*.)

1583. Le propriétaire qui possède ainsi partie d'une maison peut se dispenser de contribuer aux réparations et reconstructions en abandonnant aux autres propriétaires la partie dont il est propriétaire (3), *infra no 1649*.

1584. Le terrain sur lequel est construit une maison ainsi possédée par plusieurs appartient aux différents propriétaires en proportion de la valeur de chaque étage (4). Si donc une partie de la maison est expropriée pour cause d'utilité publique, le propriétaire du rez-de-chaussée ne peut s'emparer exclusivement de la parcelle de terrain restant (5).

§ 5. — DU FOSSÉ MITOYEN (*)

1585. Tous fossés entre deux héritages sont présumés mitoyens s'il n'y a titre, prescription ou marque contraire. [FORM. 270, 11°.] Il y a marque de non mitoyenneté lorsque la levée ou le rejet de la terre se trouve d'un côté seulement du fossé; et, dans ce cas, le fossé est censé appartenir exclusivement

(*) Les art. 666 à 669 nouv., décrétés par loi du 20 août 1881 (notre *Supplém.*, I, p. 162).

---

en briques d'une épaisseur de cinquante centimètres prise pour moitié sur chacun d'eux, et d'une hauteur y compris le chaperon de deux mètres soixante centimètres; lequel mur sera mitoyen.

10° MAISON DONT LES ÉTAGES APPARTIENNENT DIVISÉMENT A MM. LION ET DAIX. (Nos 1582 à 1584.)

A côté de la maison de M. LION, se trouve une maison portant le n°.... de la rue...., appartenant, savoir : la cave, le rez-de-chaussée et le premier étage à M. LION, et le deuxième étage avec le grenier à M. DAIX. Il est convenu que la maison sera réparée et reconstruite, savoir : les gros murs et le toit par M. LION, pour deux tiers, et par M. DAIX, pour un tiers; et le surplus conformément à ce qui est réglé par l'art. 664 du Code civil. Le terrain de cette maison est commun entre eux par moitié.

11° FOSSÉ MITOYEN. (Nos 1585 à 1587.)

Deux prairies, sises à....., lieu dit.....: l'une, section....., n°....., appartenant à M. LION, l'autre, section....., n°....., appartenant à M. DAIX, sont divisées par un

---

(1) Sebire et Carteret, *clôture*, n° 11; Demolombe, XI, 378; Cass. 27 nov. 1827; CONTRA Rouen, 24 fév. 1844.

(2) Toullier, III, 163; Zach., Massé et Vergé, § 325, note 5; Marcadé, *665*, 2; Dict. not., *abandon de mitoyenn.*, n° 11; Sébire et Carteret, *clôture*, n° 13; Caen, 12 déc. 1817 et 28 mai 1838; Cass. 29 déc. 1819 et 5 mars 1828; Toulouse, 7 janv. 1834; Douai, 5 fév. 1840; Angers, 12 mars 1847; Bordeaux, 14 juin 1855; Paris, 28 nov. 1861; Cass. 3 déc. 1862 et 7 nov. 1864. CONTRA Pardessus, n° 168; Duranton, V, 319; Demante, II, 517 *bis*; Taulier, II, p. 394; Demolombe, XI, 379; Amiens, 15 août 1838; Paris, 29 juill. 1823; Angers, 23 avril 1819; Bordeaux, 7 déc. 1827. V. Paris, 13 juill. 1864.

(3) Demolombe, XI, 435, 449; Pardessus, I, 192.

(4) Mourlon, I, 1753; voir Pau, 7 fév. 1862.

(5) Paris, 8 fév. 1856; Cass. 24 avril 1858 et 22 août 1860 Montpellier, 6 fév. 1860; M. T. 1860, p. 481

à celui du côté duquel le rejet se trouve (*C. civ., 666 nouv.*); il en est de même lorsque des bornes sont placées sur l'un des côtés du fossé; le fossé, dans ce cas, est présumé appartenir au voisin dans l'héritage duquel il se trouve (1).

1586. Le fossé mitoyen doit être entretenu à frais communs, sauf le droit de se décharger de cette obligation en renonçant à la mitoyenneté (2) *infra, n° 1647*. La faculté d'abandon cesse, si le fossé sert habituellement à l'écoulement des eaux (*C. civ., 667 nouv.*).

1587. Le voisin dont l'héritage joint un fossé non mitoyen ne peut contraindre le propriétaire de ce fossé à lui céder la mitoyenneté. Le copropriétaire d'un fossé mitoyen qui ne sert qu'à la clôture peut le détruire jusqu'à la limite de sa propriété, à la charge de construire un mur sur cette limite. (*C. civ., 668 nouv.*)

§ 6. — DE LA HAIE MITOYENNE (*)

1588. Toute haie, vive ou morte, qui sépare des héritages, est réputée mitoyenne. Il y a exception quand un seul des héritages est en état de clôture ou s'il y a titre, prescription ou marque contraire (*C. civ., 666 nouv.*) [Form. 270, 12°]; ou si des bornes régulières attribuent à l'un des héritages la propriété exclusive de la haie (3); ou, encore, si l'un des héritages est clos d'un côté par la haie et des trois autres côtés par des murs, des haies, des fossés ou une rivière (4).

1589. La prescription acquisitive de la mitoyenneté d'une haie est de trente ans, ou même dix vingt ans lorsqu'il y a titre et bonne foi; la possession annale ne suffit pas (5).

1590. Le voisin dont l'héritage joint une haie non mitoyenne, ne peut contraindre le propriétaire de cette haie à lui céder la mitoyenneté. Le propriétaire d'une haie mitoyenne peut la détruire jusqu'à la limite de sa propriété à la charge de construire un mur sur cette limite. (*C. civ., 668 nouv.*)

1590 *bis*. La haie mitoyenne doit être entretenue à frais communs; mais le voisin peut se soustraire à cette obligation en renonçant à la mitoyenneté. (*C. civ., 667 nouv.*) Tant que dure la mitoyenneté de la haie, les produits en appartiennent aux propriétaires par moitié. (*C. civ., 669 nouveau.*)

1591. Les arbres qui se trouvent dans la haie mitoyenne sont mitoyens comme la haie. Les arbres plantés sur la ligne séparative des deux héritages sont aussi réputés mitoyens. Lorsqu'ils meurent ou lorsqu'ils sont coupés ou arrachés, ces arbres sont partagés par moitié. Les fruits sont recueillis à frais communs et partagés aussi par moitié, soit qu'ils tombent naturellement, soit que la chute en ait été provoquée, soit qu'ils aient été cueillis. (*C. civ., 670 nouv.*)

(*) Les art. 666 à 670 nouv., décrétés par loi du 20 août 1881 (notre *Supplém.*, I, p. 162).

---

fossé d'une largeur de un mètre. Les titres de propriété de ces deux prairies sont muets sur la propriété de ce fossé, mais, lors des curages, le rejet des terres a toujours eu lieu des deux côtés; il y a donc présomption de mitoyenneté, et MM. Lion et Daix déclarent le fossé mitoyen; conséquemment le curage, lorsqu'il sera nécessaire, et l'entretien auront lieu à frais communs.

12° HAIE MITOYENNE. (Nos 1588 à 1591.)

Deux enclos sis à....., lieu dit....., l'un de la contenance de....., section....., n°.... du plan cadastral, appartenant à M. Lion, l'autre de la contenance de....., section....., n°.... du plan cadastral, appartenant à M. Daix, sont divisés par une haie que les comparants déclarent être mitoyenne, les deux héritages étant en état de clôture. Il est

(1) Daviel, II, 852; Pardessus, I, 183; Duranton, V, 349; Demolombe, XI, 453; Aubry et Rau, § 222-68 et 78; Laurent, VII, 570, 571; Cass., 20 mars 1828; Rouen, 12 mai 1838.

(2) Pardessus, I, 184; Duranton, V, 360; Demolombe, XI, 461; Demante, II, 523 *bis*; Aubry et Rau, § 522-73; Laurent, VII, 575.

(3) Demolombe, XI, 474.

(4) Duranton, V, 368; Marcadé, *art.* 670; Pardessus, I, 187; Bourguignat, n° 127; Demolombe, XI, 472; Laurent, VII, 578.

(5) Duvergier sur Toullier, III, 229; Marcadé, 670, 3; Demante, II, 524 *bis*; Demolombe, XI, 349 et 475; Laurent, VII, 581; Angers, 7 juill. 1830; Bourges, 31 mars 1832, 20 juin 1835, 31 mars 1837; Douai, 15 fév. 1836; Poitiers, 23 juin 1836; Cass., 13 déc. 1836, 17 janv. 1838; CONTRA Toullier, III, 229; Pardessus, I, 325; Duranton, V, 314 et 370; Bordeaux, 5 mai 1858.

§ 7. — DE LA DISTANCE REQUISE POUR LA PLANTATION D'ARBRES ET DE HAIES (*)

1592. Il n'est permis d'avoir des arbres, arbrisseaux et arbustes près de la limite de la propriété voisine, qu'à la distance prescrite par les règlements particuliers actuellement existants ou par des usages constants et reconnus et, à défaut de règlements et usages, qu'à la distance de deux mètres de la ligne séparative des deux héritages, pour les plantations dont la hauteur dépasse deux mètres, et à la distance d'un demi mètre pour les autres plantations (*C. civ., 671 nouv.*). C'est du cœur de l'arbre, c'est-à-dire de la moitié de sa grosseur à la limite du fond, que la distance légale doit se mesurer (1). La règle est applicable sans distinction entre les biens urbains et les biens ruraux, entre les terrains clos et ceux non clos, entres les terres cultivées, les chemins privés et même les bois (2). — Les arbres, arbustes et arbrisseaux de toutes espèces peuvent être plantés en espaliers, de chaque côté du mur séparatif, sans que l'on soit tenu d'observer aucune distance, pourvu qu'ils ne dépassent pas la crète du mur. Si le mur n'est pas mitoyen, le propriétaire seul a le droit d'y appuyer ses espaliers. (*Même art.*)

1593. Le voisin peut exiger que les arbres, arbrisseaux et arbustes, plantés à une distance moindre que la distance légale, soient arrachés ou réduits à la hauteur qui vient d'être indiquée, quelque minime que soit la différence (3); à moins qu'il n'y ait titre, destination du père de famille ou prescription trentenaire. (*C. civ., 672 nouv.*)

1593 *bis*. Lorsque le voisin a acquis le droit d'avoir des arbres à une distance moindre, sans qu'une convention lui ait conféré le droit de les conserver, et qu'ils meurent ou viennent à être coupés ou arrachés, le voisin ne peut les remplacer qu'en observant les distances légales. (*Même art.*)

1594. Celui sur la propriété duquel avancent les branches des arbres du voisin peut contraindre celui-ci à les couper, sans que la destination du père de famille puisse être invoquée dans le but de les conserver (4). Ce droit est imprescriptible. Les fruits tombés naturellement de ces branches appartiennent au voisin. (*C. civ., 673 nouv.*)

1594 *bis*. Si ce sont les racines qui avancent sur l'héritage du voisin, celui-ci a le droit de les couper lui-même. Ce droit est aussi imprescriptible. (*C. civ., 673 nouv.*)

(*) Les art. 671 à 673 nouveau, décrétés par la loi du 20 août 1881 (notre *Supplém.*, I, p. 167).

---

convenu que cette haie sera élaguée et entretenue : la moitié du côté du sud par M. Lion, et l'autre moitié du côté du nord par M. Daix.

Il existe dans cette haie un certain nombre d'arbres forestiers et fruitiers; à ce sujet les parties conviennent : En ce qui concerne les arbres forestiers, que lorsqu'ils auront atteint leur croissance, suivant les usages locaux, ils seront arrachés et vendus à profit commun sans pouvoir être remplacés. A l'égard des arbres fruitiers, il sera fait chaque année la récolte des fruits en commun et le partage aura lieu par moitié, tant qu'ils existeront; mais s'ils viennent à mourir ou à être arrachés par accidents, ils ne devront pas être remplacés.

Enfin il est formellement stipulé qu'aucune des parties ne pourra, pendant un délai de vingt années, user du droit de détruire la haie à la limite de sa propriété en construisant un mur.

13° ARBRES. (Nos 1592 à 1594.)

M. Daix reconnaît que les arbres à haute tige plantés par M. Lion sur la propriété dont il est question au numéro six sont à une distance, conformément à loi, de deux mètres de la ligne de séparation.

Les branches de quelques-uns de cet arbres avancent sur la propriété de M. Daix; ce dernier, à raison des excellentes relations de bon voisinages existant entre M. Lion et lui,

(1) Duranton, V, 388; Solon, 243; Aubry et Rau, t. II, p. 213; Laurent, VIII, 8. Contra Demolombe, XI, 406, selon lequel c'est à partir de la surface.

(2) Voir Demolombe, XI, 485, 486; Aubry et Rau, t. II, p. 211; Laurent, VIII, 4; Nimes, 14 juin 1833; Caen, 19 fév. 1859; Cass., 13 mars 1850, 28 nov. 1853, 24 juill. 1860, 25 mars 1862.

(3) Pardessus, I, 195; Garnier, p. 227; Vaudoré, III, p. 247; Demolombe, XI, 498; Aubry et Rau, § 197-16; Laurent, VIII, 9; Cass., 29 mars 1828, 5 mars 1850, 2 juill. 1867.

(4) Bastia, 3 mars 1856; Paris, 15 juin 1865; Cass., 16 juill. 1835, 9 juill. 1867.

§ 8. — DU DROIT DE TOUR D'ÉCHELLE

1595. Quelques coutumes établissaient pour le propriétaire d'un mur ou d'un bâtiment le droit d'aller de l'autre côté poser les échafaudages et échelles nécessaires pour réparer ou reconstruire le mur ou le toit, c'est ce qu'on appelait *droit de tour d'échelle* (Form. 270, 14°); d'autres coutumes obligeaient celui qui construit un mur ou un bâtiment à laisser derrière une distance d'un pied pour servir de tour d'échelle; même à défaut de justification que cette distance avait été laissée, on la présumait appartenir au propriétaire du mur, à moins de titre contraire. Le Code n'ayant point renouvelé ce droit de tour d'échelle, il se trouve ne plus exister (1), à moins que la construction, pour les pays où on laissait un pied de tour d'échelle, ne remonte à une époque antérieure à la promulgation du Code. Il s'ensuit : 1° que celui qui construit un mur de clôture ou un bâtiment peut faire sa construction à l'extrême limite de son terrain (2); s'il fait sa construction en laissant un espace de terrain sur la limite, il doit planter des bornes pour la déterminer, faute de quoi le propriétaire limitrophe serait présumé propriétaire du terrain se trouvant au delà du mur; 2° que sauf le cas où le droit de tour d'échelle résulte d'un titre, celui qui répare ou reconstruit un mur doit poser les échafaudages, échelles et matériaux, de son côté. De même celui qui construit ou répare un toit du côté de son voisin doit poser une échelle de son côté allant jusqu'au faîte du toit, puis il attache à cette échelle d'autres petites échelles descendant sur le toit du côté du voisin (3); en cas d'impossibilité, le passage doit lui être accordé momentanément, mais non à titre de servitude (4) et sauf indemnité.

1596. Celui qui a le droit de tour d'échelle sur la propriété de son voisin n'a point un droit de passage habituel dans la propriété de ce dernier, et il ne peut exiger la remise d'une clef des lieux par lesquels la servitude s'exerce (5).

SECTION II. — DE LA DISTANCE ET DES OUVRAGES INTERMÉDIAIRES REQUIS POUR CERTAINES CONSTRUCTIONS

1597. Celui qui veut creuser un puits ou une fosse d'aisance près d'un mur mitoyen ou non [Form. 270, 15°]; celui qui veut y construire cheminée ou âtre, forge, four ou fourneau, y adosser une étable

---

n'exige point que ces branches soient coupées; il se réserve toutefois de les faire couper plus tard s'il le juge à propos.

M. Daix, tant qu'il voudra bien laisser subsister les branches dont il vient d'être parlé, consent que M. Lion aille dans son pré cueillir et ramasser les fruits produits par ces branches, et ce sans indemnité.

14° DROIT DE TOUR D'ÉCHELLE. (Nos 1595 et 1596.)

Un acte passé devant Me....., qui en a gardé minute, et l'un de ses collègues, notaires à....., le....., constate que M. Daix, à raison du bâtiment à usage de pavillon se trouvant dans son jardin, a un droit de tour d'échelle dans le jardin de M. Lion, le long du pavillon, pour la réparation et la reconstruction du mur et du toit du côté de M. Lion.

A la suite du pavillon, il se trouve un mur d'une longueur de vingt mètres, appartenant à M. Daix, dont la construction remonte à une époque antérieure à la promulgation du Code Napoléon; derrière ce mur, se trouve un terrain en verger appartenant à M. Lion; les parties déclarent et reconnaissent que M. Daix est propriétaire derrière son mur, du côté de M. Lion, de trente-trois centimètres de terrain pour le tour d'échelle.

15° FOSSE D'AISANCE. (N° 1597.)

M. Lion a fait construire sur son terrain, au bout du jardin, une fosse d'aisance, à un

---

(1) Toullier, III, 559; Pardessus, n° 228; Duranton, V, 316; Marcadé, *681*, 2; Garnier, *act. possess.*, p. 320; Roll., *Tour d'Echelle*, n° 6; Demolombe, XI, 423. V. Paris, 21 nov. 1865.

(2) Cappeau, *lois rur.*, I, p. 523; Pardessus, n° 154; Vaudoré, p. 82; Marcadé, *681*, 2; Roll., *mur*, n° 11; Dict. not., *mur*, n° 9.

(3) Toullier, III, 550; Demolombe, XI, 424; Bourges, 3 août 1831; Bordeaux, 20 déc. 1836.

(4) Dict. not., *tour d'échelle*, n° 7; Demolombe, XI, 424; Bruxelles, 28 mars 1833; Bordeaux, 20 déc. 1836.

(5) Caen, 11 déc. 1855; Rennes, 2 janv. 1867.

ou établir contre ce mur un magasin de sel ou amas de matières corrosives, est obligé de laisser la distance prescrite par les règlements et usages particuliers sur ces objets, ou à faire les ouvrages prescrits par les mêmes règlements et usages pour éviter de nuire au voisin. (*C. N.*, *674*.)

SECTION III. — DES VUES SUR LA PROPRIÉTÉ DE SON VOISIN

1598. L'un des voisins ne peut, sans le consentement de l'autre, pratiquer dans le mur mitoyen aucune fenêtre ou ouverture, en quelque manière que ce soit, même à verre dormant (*C. N.*, *675*), *supra n° 1584*, à moins que le droit d'y avoir des jours n'ait été acquis par la prescription de trente ans (1), *supra n° 1578*, ou que l'héritage voisin n'ait été réuni à la voie publique (1 *bis*).

1599. Le propriétaire d'un mur non mitoyen joignant immédiatement l'héritage (2) d'autrui peut pratiquer dans ce mur des jours ou fenêtres à fer maillé et verre dormant (Form. 270, 16°); ces fenêtres doivent être garnies d'un treillis de fer, dont les mailles ont dix centimètres d'ouverture au plus, et d'un châssis à verre dormant (*C. N.*, *676*), c'est-à-dire scellé; il ne suffirait pas de clouer le battant supportant le carreau (3). Elles ne peuvent être établies qu'à deux mètres soixante centimètres au-dessus du plancher ou sol de la chambre qu'on veut éclairer, si c'est au rez-de-chaussée, et à un mètre quatre-vingt-dix centimètres au-dessus du plancher pour les étages supérieurs. (*C. N.*, *677*.)

1600. On ne peut avoir des vues droites ou fenêtres d'aspect, ni balcons ou autres semblables saillies sur l'héritage clos ou non clos (4) de son voisin, s'il n'y a un mètre quatre-vingt-dix centimètres de distance entre l'héritage du voisin et le mur où on les pratique (*C. N.*, *678*), en comptant depuis le parement extérieur du mur où l'ouverture se fait, et, s'il y a des balcons ou autres semblables saillies, depuis leur ligne extérieure jusqu'à la ligne de séparation des deux propriétés. (*C. N.*, *680*.)

1601. On ne peut avoir des vues de côté ou obliques sur l'héritage clos ou non clos de son voisin, s'il n'y a soixante centimètres de distance (*C. N.*, *679*), en comptant à partir de l'arête du jambage de la fenêtre ou croisée (5).

1602. Mais, dans les deux cas, lorsque des vues existent à une distance moindre, en vertu de titres ou de la destination du père de famille (6), ou de la prescription de trente ans, *infra n° 1622, 2°*, on ne peut demander leur suppression; et si le bâtiment vient à être démoli, les vues peuvent être rétablies, mais dans l'état où elles étaient, sans augmentation ni agrandissement, ce qui doit surtout être strictement observé à l'égard des vues acquises par prescription (7).

---

mètre du terrain de M. Daix. M. Daix reconnaît que les travaux prescrits par les règlements et les usages locaux ont été observés, de manière qu'aucune réclamation n'est à faire à ce sujet.

16° JOURS, VUES. (Nos 1598 à 1609.)

Les maisons de MM. Lion et Daix, sises rue....., nos....., ont l'une sur l'autre les jours et vues ci-après indiqués :

De la maison de M. Lion, il dépend un bâtiment à usage de cuisine, avec cabinet au-dessus, dont le mur, joignant immédiatement le jardin de M. Daix, appartient à M. Lion; dans ce mur il a été pratiqué deux fenêtres garnies d'un treillis de fer dont les mailles ont dix centimètres d'ouverture, et d'un châssis à verre dormant, savoir : une fenêtre au rez-de-chaussée à deux mètres soixante centimètres au-dessus du plancher, et une autre au premier étage, à un mètre quatre vingt-dix centimètres au-dessus du plancher.

M. Daix possède vers le milieu de son jardin, du côté de M. Lion, et parallèlement

---

(1) Cass. 3 mars 1862. — (1 *bis*) Cass. 31 déc. 1866.

(2) Mais une porte pleine, qui a pour destination l'accès du propriétaire de la maison sur sa propriété, ne peut être considérée comme une vue ; elle peut donc être établie sans l'observation de la distance : Demolombe, XII, 551 ; Caen, 2 mars 1853; Montpellier, 14 nov. 1856; contra Toullier, III, 562; Caen, 27 avril 1857.

(3) Demolombe, XII, 553; Trib. Caen, 25 mars 1840.

(4) Peu importe même que l'héritage du voisin soit une terre de labour non close : Pardessus, I, 209; Taulier, II, p. 410; Demolombe, XII, 530 et 561.

(5) Pardessus, I, 206; Duranton, V, 413; Taulier, II, p. 415; Demolombe, XII, 552.

(6) Zach., § 329; Demolombe, XII, 579.

(7) Pardessus, I, 285; Toullier, III, 643; Demolombe, XII, 867; Roll., *servitudes*, n° 157; Dict. not.. *vues*, n° 52; Cass. 15 janv. 1834. V. Nîmes, 9 déc. 1862.

1603. Celui sur l'héritage duquel portent les vues acquises par titre ou par la destination du père de famille ne peut nuire aux droits acquis par le propriétaire de l'héritage dominant; ainsi il ne peut construire à la limite extrême de son héritage un mur de clôture ou un bâtiment qui empêche d'user du droit de vue; dans ce cas, il doit laisser au moins une distance d'un mètre quatre-vingt-dix centimètres entre sa construction et la fenêtre, balcon, etc. (1).

1604. Il en est de même si le droit de vue a été acquis par prescription, celui sur l'héritage duquel portent les vues ne peut les intercepter par des constructions à la limite extrême de son héritage (2), et, s'il construit, il doit laisser la distance d'un mètre quatre-vingt-dix centimètres dont il vient d'être parlé (3).

1605. Une vue, bien que pratiquée pour être oblique, peut cependant être droite, c'est ce qui arrive lorsqu'à la fenêtre est joint un balcon : de la fenêtre le regard tombe en obliquant sur la propriété voisine, mais du balcon le regard tombe perpendiculairement sur la même propriété, ce qui constitue une vue droite (4) assujettie aux distances prescrites, *supra n° 1600*.

1606. Mais les fenêtres, balcons et devantures de boutiques établies sur la voie publique le long de la façade des maisons ne sont assujettis à aucune distance; ainsi un balcon régnant le long de la façade d'une maison peut s'étendre des deux côtés jusqu'à l'extrémité de cette maison, sans que les voisins de droite et gauche puissent le faire arrêter à la distance de soixante centimètres (5).

1607. De même la maison se trouvant dans une petite rue ayant moins d'un mètre quatre-vingt-dix centimètres de largeur peut avoir des fenêtres d'aspect sur la rue sans que le propriétaire de face puisse s'y opposer (6).

1608. Il est permis d'avoir des fenêtres ou croisées à une distance moindre que celle voulue par la loi lorsque de ces fenêtres ou croisées la vue sur l'héritage voisin est interceptée par un mur; peu importe que le mur appartienne à celui qui a pratiqué les vues (7), ou qu'il soit mitoyen (8), ou même qu'il appartienne au propriétaire voisin (9), sauf le droit de ce dernier de faire supprimer les jours ou les reporter à la distance légale, en cas de démolition ou de ruine du mur et sans que la prescription coure contre lui tant que la vue est interceptée par le mur (10).

---

au mur en longueur de ce jardin, un pavillon ayant premier étage, percé au premier étage de deux fenêtres ayant vue droite sur le jardin de M. Lion, et à une distance de vingt centimètres seulement de ce jardin; ces fenêtres ne sont pas à la distance prescrite et il n'y a pas de titres de leur existence, mais comme leur établissement remonte à plus de trente ans, M. Lion reconnaît être tenu de les supporter. Au cas de démolition du pavillon, il pourra être rétabli avec les mêmes vues; étant fait observer que chaque fenêtre est garnie de six carreaux, et a un mètre soixante centimètres de hauteur sur un mètre trente centimètres de largeur.

Le premier corps de bâtiment de chacune des maisons de MM. Lion et Daix est en alignement sur la cour de ces maisons; les fenêtres, du côté de ces cours, constituent donc des vues par côté ou obliques d'un héritage sur l'autre; mais les comparants reconnaissent qu'elles sont à plus de soixante centimètres de distance de la ligne de séparation.

---

(1) Marcadé, *679*, 4; Toullier, III, 533; Duranton, V, 520; Pardessus, II, 237 et 312, Demante, II, 535 *bis*; Taulier, II, p. 418; Demolombe, XII, 578, 579; Cass. 24 juin 1823 et 26 juill. 1831; Pau, 12 déc. 1834 et 17 juil. 1861; Paris, 29 janv. 1841 et 28 fév. 1841; Grenoble, 13 mars 1861.

(2) Duranton, V, 326; Roll., *vues*, n° 30; Duvergier sur Toullier, III, 534; Marcadé, *679*, 3; Demante, II, 535 *bis*; Vazeille, *presc.*, I, p. 413, 418; Taulier, II, p. 418; Demolombe, XII, 580; Massé et Vergé sur Zach., § 329, note 16; Bordeaux, 10 mai 1822, 1er déc. 1827, 8 mai 1828; Montpellier, 28 déc. 1825 et 15 nov. 1847; Cass. 1er déc. 1835, 21 juill. 1836 et 22 août 1853; CONTRA Toullier, III, 534; Pardessus, n° 285; Cass. 20 juin 1810, 23 avril 1817; Nîmes, 21 déc. 1826; Pau, 12 avril 1828; Bastia, 19 nov. 1334.

(3) Marcadé, *679*, 4; Demolombe, XII, 581; Cass. 28 fév. 1814; Grenoble, 3 déc. 1830; Trib. Macon, 27 fév. 1861.

(4) Toullier, III, 522; Duranton, V, 413; Pardessus, I, 207; Taulier, II, p. 416; Marcadé, *679*, 1; Roll., *vues*, n° 18; Demolombe, XII, 547; Cass. 16 janv. 1839.

(5) Marcadé, *679*, 2; Demolombe, XII, 567; Cass. 31 janv. 1826, 16 janv. 1839; 27 août 1849; 1er juill. 1861; CONTRA Toulouse, 18 avril 1820; Dijon, 7 mai 1847, 8 janv. 1848.

(6) Zach., § 330, note 12; Toullier et Duvergier, III, 528; Pardessus, I, 204; Duranton, V, 412; Demante, II, 533 *bis*; Taulier, II, p. 417; Demolombe, XII, 566; Marcadé, *679*, 2; Dict. not., *vues*, n° 13; Dijon, 13 mars 1840; Besançon, 26 nov. 1846; Cass. 1er mars 1848, 27 août 1849.

(7) Demolombe, XII, 568.

(8) Demolombe, XII, 568; Dict. not., *vues*, n° 14.

(9) Toullier, II, 528; Duranton, V, 409, 410; Pardessus, I, 204; Marcadé, *678*, 2; Taulier, II, p. 417; Demolombe, XII, 569; Cass. 24 déc. 1838, 7 nov. 1849; Caen, 2 mars 1853.

(10) Duranton, V, 410; Taulier, II, p. 417; Demolombe, XII, 569; Dict. not., *vues*, n° 15; Cass. 24 déc. 1838; CONTRA Toullier, III, 528. V. Lyon, 4 nov. 1864.

1609. On ne peut reconnaître le caractère de vues assujetties à la distance légale à celles qui ne donnent que sur le toit du voisin, s'il n'existe sur ce toit aucune ouverture, fenêtre ou tabatière (1), ni aux vues qui sont pratiquées dans le toit lui-même et qui ne regardent que le ciel (2).

SECTION IV. — DE L'ÉGOUT DES TOITS

1610. Tout propriétaire doit établir ses toits ou placer des gouttières de manière que les eaux pluviales s'écoulent sur son terrain ou sur la voie publique et non sur le fonds de son voisin (*C. N. 681*) [Form. 270, 17°], à moins de titre contraire ou de prescription. Mais du moment où les eaux tombent sur son fonds, on ne peut le contraindre à faire des travaux pour les empêcher d'aller sur le fonds voisin (3).

1611. Ainsi le propriétaire qui fait construire un bâtiment près de la ligne séparative de son fonds d'avec le fonds du voisin doit ou établir des gouttières sans avancement sur le fonds du voisin (4), ou laisser entre son bâtiment et le fonds limitrophe un espace de terrain appelé *larmier* destiné à recevoir les eaux qui tombent du toit. La largeur du larmier est fixée par l'usage des lieux; le propriétaire du bâtiment, bien entendu, en conserve la propriété; si aucune preuve n'établit ni pour le propriétaire du bâtiment ni pour le propriétaire voisin la propriété de la bande de terrain appelée larmier, celui à qui appartient le bâtiment en est présumé le propriétaire comme étant un accessoire de son bâtiment; si le voisin prétend en être propriétaire, c'est à lui d'en apporter la preuve (5).

SECTION V. — DU DROIT DE PASSAGE (*)

1612. Le propriétaire dont les fonds sont enclavés et qui n'a sur la voie publique aucune issue, ou qu'une issue insuffisante (6), pour l'exploitation soit agricole soit industrielle de sa propriété (7), peut réclamer un passage sur les fonds de ses voisins, même ceux dépendant du domaine public, à la charge d'une indemnité proportionnée au dommage qu'il peut occasionner. (*C. civ., 682 nouv.*) Ce droit appartient non-seulement à celui qui a la pleine propriété d'un fonds, mais aussi à toute personne qui, en vertu d'un droit réel, a la faculté d'exploiter l'héritage enclavé, comme l'usufruitier, l'usager, l'emphytéote (8);

(*) Les art. 682 à 685 nouv. C. civ., décrétés par loi du 20 août 1881. (Notre *supplém.*, I, p. 174.)

Le même corps de logis est aussi en alignement sur la rue, et les devantures de boutiques ainsi que les fenêtres des deux côtés sont à une distance moindre que soixante centimètres de la ligne de séparation; mais ces devantures et fenêtres n'étant ni de face, ni obliques, ne constituent point des vues assujetties à l'observation des distances.

17° Égouts des toits. (Nos 1610 et 1611.)

Les parties reconnaissent, par la manière dont leurs toits ont été établis et leurs gouttières placées, que les eaux pluviales de chacun d'eux s'écoulent sur son terrain ou sur la voie publique.

Cependant l'égout du toit du pavillon se trouvant dans le jardin de M. Daix tombe depuis sa construction dans le jardin de M. Lion, sans qu'il y ait de titre, mais à raison de la prescription établie en faveur de la propriété de M. Daix, cet égout se continuera,

---

(1) Duranton, V, 409, 410; Marcadé, 678-2; Demolombe, XII, 570; Aubry et Rau, § 196-33; Cass., 7 nov. 1849, 2 fév. 1863; Orléans, 27 mai 1858, 29 juill. 1865; Pau, 20 nov. 1865; Rennes, 31 déc. 1880; Auxerre, 1er fév. 1881; Troyes, 9 fév. 1881; *Rép.*, 32, 180. Contra Laurent, VIII, 44; Dijon, 26 mai 1842; Lyon, 4 nov. 1864.

(2) Pardessus, I, 207; Demolombe, XII, 571.

(3) Marcadé, 681-1; Pardessus, I, 213; Demante, II, 536 *bis*; Demolombe, XII, 589; Aubry et Rau, § 196-6; Laurent, VIII, 67.

(4) Demolombe, XII, 586.

(5) Demolombe, XII, 587 à 595; Aubry et Rau, § 192-17; Laurent, VIII, 72; Bordeaux, 20 nov. et 14 déc. 1833; Amiens, 20 fév. 1840; Cass., 28 juill. 1851; Paris, 24 août 1864; Orléans, 4 nov. 1886; *Rép.*, 3553.

(6) Marcadé, 682-1; Demolombe, XII, 609, 610; Demante, II, 537 *bis*-2; Laurent, VIII, 79; Aubry et Rau, § 243-5; Cass., 25 août 1827, 16 fév. 1835, 31 juill. 1844, 8 mars 1852, 10 avril 1872, 14 mai 1879, 13 juill. 1880, 27 avril 1881, 17 janv. 1882, 30 janv. 1884; *Rép.*, 181, 403, 804, 1314, 2148, 2317, 3742.

(7) S'il n'y a pas de dommage, aucune indemnité n'est due: Demolombe, XII, 627; Demante, II, 537 *bis*; Pardessus, I, 221.

(8) Demolombe, XII, 600; Aubry et Rau, § 243-2; Laurent, VIII, 74.

quant à celui qui jouit comme fermier, il doit s'adresser à son propriétaire, et c'est à celui-ci à réclamer le passage (1).

1613. Le passage doit régulièrement être pris du côté où le trajet est le plus court du fonds enclavé à la voie publique. Néanmoins il doit être fixé dans l'endroit le moins dommageable à celui sur le fonds duquel il est accordé (*C. civ., 683 nouv.*); ainsi si le trajet est plus court en passant à travers une cour, un jardin, un clos, et plus long en passant sur une terre de labour, le dommage étant moins grand pour le propriétaire de cette terre, c'est de son côté que le passage doit être pris (2). Le propriétaire enclavé peut aussi choisir le trajet le plus long si son intérêt l'exige, par exemple si le fonds par lequel le trajet serait le plus court offrait des difficultés de passage (3); peu importe, dans ces divers cas, que les fonds assujettis au passage appartiennent à un ou à plusieurs.

1614. Si l'enclave résulte de la division d'un fonds par suite d'une vente, d'un échange, d'un partage ou de tout autre contrat, même pour cause d'utilité publique (4), le passage ne peut être demandé que sur les terrains qui ont fait l'objet de ces actes. Toutefois, dans le cas où un passage suffisant ne pourrait être établi sur les fonds divisés, l'art. 682 serait applicable (*C. civ., 684 nouv.*). Il en serait de même si le passage par la parcelle aboutissant à la voie publique présentait des difficultés à raison de la conformation des lieux (5).

1614 *bis*. L'assiette et le mode de servitude de passage pour cause d'enclave sont déterminés par trente ans d'usage continu. L'action en indemnité, dans le cas prévu par l'art. 682, est prescriptible, et le passage peut être continué quoique l'action en indemnité ne soit plus recevable. (*C. civ., 685 nouv.*)

1615. Les propriétaires, par conventions entre eux, peuvent établir sur leurs fonds, tels droits de passage qu'ils jugent convenable. Les actes desquels résultent ces droits de passage doivent fixer d'une manière précise le mode d'exercice de la servitude (6).

1616. Lorsque l'héritage qui a droit au passage ou à toute autre servitude vient à être divisé, le droit de passage, de même que la servitude, reste dû pour chaque portion, sans néanmoins que la condition du fonds assujetti soit aggravée; ainsi tous les propriétaires sont obligés d'exercer le droit de passage par le même endroit. (*C. civ., 700.*)

1616 *bis*. En ce qui concerne la propriété des chemins et sentiers d'exploitation, la contribution aux

---

toutefois à la charge par M. Lion de placer une gouttière afin que l'eau ne tombe qu'à un seul endroit.

18° DROIT DE PASSAGE. (Nos 1612 à 1616.)

M. Lion, ainsi qu'on l'a dit ci-dessus sous le numéro deux, est propriétaire d'une prairie sise à....., lieu dit....., laquelle n'a aucune issue sur la voie publique; pour l'exploitation de cette prairie, M. Lion, ainsi que la loi le lui permet, passe sur la prairie de M. Daix, se trouvant entre celle de M. Lion et le chemin..... Pour l'exercice de ce passage il est convenu ce qui suit : M. Lion payera chaque année dix francs à M. Daix, à titre d'indemnité de passage ; le passage sera pris au long du grand fossé.

Il sera dit plus loin, au sujet de la reconstruction par M. Daix d'un bâtiment à usage de cuisine et chambre, que la maison de M. Lion a droit de passage dans le corridor de ce bâtiment, de six heures du matin à huit heures du soir, pour accéder au lavoir établi sur la rivière ; ce droit de passage résulte de conventions intervenues entre MM. Lion et Daix, suivant acte passé devant Me....., notaire à....., le.....

---

(1) Demolombe, XII, 600; Aubry et Rau, § 243-2; Laurent, VIII, 75; Cass., ; 16 juin 1880; *Rép.* 34.

(2) Duranton, V, 420; Pardessus, I, 219; Demante, II, 538 *bis*; Demolombe, XII, 618; Aubry et Rau, § 243-21; Laurent, VIII, 93; Cass., 1er mai 1811; Besançon, 23 mai 1818.

(3) Demolombe, XII, 619; Laurent, VIII, 93; Aubry et Rau, § 243-21; Paris 5 avril 1861; Cass., 29 déc. 1847, 16 juill. 1878, 7 mai 1879.

(4) Alger, 15 juin 1867; Paris, 18 nov. 1869, 5 fév. 1881; *Rép.* 33.

(5) Cass., 15 janv. 1868, 25 fév. 1874.

(6) Demolombe, XII, 926 et suiv.; voir Lyon 27 juin 1849; Bordeaux, 22 déc. 1851, 10 mars 1861, 9 juill. 1863; Cass., 15 avril 1868, 8 nov. 1886; Paris, 17 janv. 1883; Toulouse, 12 juin 1883; *Rép.* 1240, 1480, 3532.

travaux nécessités par leur entretien et leur mise en état de viabilité, les contestations auxquelles ils sont susceptibles de donner lieu, et la renonciation au droit de propriété pour s'affranchir de la contribution aux dépenses, voir la loi du 20 août 1881, art. 33 à 37. (Notre *supplém.*, I, p. 162.)

CHAPITRE TROISIÈME

DES SERVITUDES ÉTABLIES PAR LE FAIT DE L'HOMME

SECTION I. — DES DIVERSES ESPÈCES DE SERVITUDES QUI PEUVENT ÊTRE ÉTABLIES SUR LES BIENS

1617. Les servitudes établies par le fait de l'homme sont celles qui dérivent des conventions entre les propriétaires, *supra n° 1540, 3°*.

1618. Elles sont établies ou pour l'usage des bâtiments, ou pour celui des fonds de terre. (*C. N., 687*).

1619. Elles sont *urbaines* ou *rurales*, *continues* ou *discontinues*, *apparentes* ou *non apparentes* :

1° Les servitudes sont : *urbaines* lorsqu'elles sont établies pour l'utilité des bâtiments, qu'ils soient à la ville ou à la campagne ; *rurales*, lorsqu'elles sont établies pour l'utilité des fonds de terre (*C. N., 687*) ;

2° Les servitudes sont *continues* lorsque sans le fait actuel de l'homme elles sont d'un usage continuel, tels sont : les conduites d'eaux (1), les égouts, les vues (2), etc.; elles sont *discontinues* lorsqu'elles ne s'exercent qu'avec le fait actuel de l'homme, tels sont les droits de passage (3), puisage, pacage, etc.;

3° Les servitudes sont *apparentes* lorsqu'elles s'annoncent par des ouvrages extérieurs, tels qu'une porte, une fenêtre, un aqueduc; elles sont *non apparentes* lorsqu'elles n'ont pas de signes extérieurs de leur existence, comme, par exemple, la prohibition de bâtir sur un fonds, ou de ne bâtir qu'à une hauteur déterminée (4). (*C. N., 689.*)

1620. Les propriétaires peuvent conférer sur leurs fonds telles servitudes que bon leur semble; les stipulations à cet égard peuvent être tellement nombreuses et diverses qu'il ne serait pas possible de les indiquer toutes; nous relaterons seulement ici les plus usuelles :

1° *La servitude de conduite d'eau,* dont il est parlé *supra nos 1545 et suiv.*;

19° DROIT DE PUISAGE. (N° 1620.)

M. Daix a fait creuser un puits dans sa cour près du mur mitoyen séparatif de sa propriété d'avec celle de M. Lion, et y a établi une pompe.

Il concède à M. Lion, qui accepte,

Le droit de prendre à cette pompe chaque jour, de huit à dix heures du matin, l'eau nécessaire pour les besoins du ménage. A cet effet, dans le délai de deux mois de ce jour, MM. Daix et Lion feront établir, à frais communs, dans le mur mitoyen, à la distance de deux mètres de la pompe, une porte qui servira de passage à M. Lion pour l'accès de la pompe. Cette porte fermera du côté de M. Daix par un verrou, et du côté de M. Lion par une serrure; M. Daix sera tenu, chaque jour, de huit à dix heures du matin, de laisser ouvert le verrou placé de son côté, afin que M. Lion puisse ouvrir la

---

(1) Même lorsqu'il faut ouvrir une écluse chaque fois que l'eau doit s'écouler : Pardessus, n° 40; Daviel, n° 913; Duranton, V, 482; Zach., § 333, note 4; Demolombe, XII, 710; Pau, 11 juin 1834; Cass. 18 juin 1851 ; CONTRA Aix, 25 mai 1848.

(2) Un droit de vue qui s'exerce par une fenêtre constitue une servitude *continue et apparente.*

(3) Un droit de passage constitue une servitude *discontinue et non apparente* lorsqu'il s'exerce sans trace extérieure ; il constitue une servitude *apparente et discontinue* lorsqu'il s'exerce au moyen d'une porte.

(4) La prohibition de bâtir constitue une servitude *continue et non apparente.*

2° *La servitude d'égout et de port d'eau.* Elle donne au propriétaire du fonds dominant le droit d'égout de ses toits sur le fonds assujetti, et aussi, mais seulement si le titre en porte la stipulation expresse, le droit de conduire les eaux ménagères du fonds dominant à la voie publique, en les faisant passer sur le fonds assujetti (1);

3° *La servitude de vue, supra nos 1598 et suiv.*;

4° *La servitude de ne point bâtir sur un fonds, ou de ne point bâtir au delà d'une certaine hauteur.* Elle a pour but de ménager au fonds dominant des vues ou un aspect plus agréables (2) [Form. 270, 20°];

5° *La servitude d'appui,* qui donne au propriétaire du fonds dominant le droit d'appuyer sa maison ou son mur sur le mur ou la maison du voisin (3);

6° *La servitude de saillie,* qui consiste dans le droit de faire avancer un balcon, un toit, ou tout autre ouvrage en saillie sur le fonds du voisin (4);

7° *La servitude de tour d'échelle, supra n° 1595;*

8° *La servitude de passage, supra n° 1615;*

9° *La servitude de puisage* [Form. 270, 19°], qui consiste dans le droit de puiser de l'eau au puits, à la pompe, à la citerne, ou à la fontaine d'autrui, pour les besoins d'une maison, pour l'arrosage d'un jardin ou d'un champ, ou pour le service d'une exploitation industrielle (5);

10° *La servitude d'abreuvage,* qui consiste dans le droit de mener boire à la fontaine, à l'étang ou à la mare d'autrui les animaux placées sur un fonds pour son exploitation (6);

11° *La servitude de pacage ou de pâturage,* qui consiste dans le droit de mener paître sur le fonds d'autrui, les animaux placés sur un domaine pour son exploitation (7);

12° *La servitude de pressurage,* qui consiste dans le droit d'user du pressoir d'autrui pour le pressurage des récoltes provenant d'un fonds; les réparations du pressoir sont à la charge du propriétaire du fonds dominant et du propriétaire du fonds servant, en proportion du temps pendant lequel ils peuvent de part et d'autre en user (8);

13° *La servitude de prise,* qui consiste dans le droit de prendre de la marne, de la pierre, du sable, du bois dans le fonds d'autrui; d'y faire cuire de la chaux pour l'engrais, la culture et l'amélioration d'un fonds (9).

---

porte et user de la servitude de puisage; en dehors du temps susfixé, M. Daix aura le droit de fermer la porte de son côté, et M. Lion ne serait point recevable à en demander l'ouverture.

Cette concession a lieu moyennant une somme de deux cents francs que M. Lion a payée à l'instant à M. Daix.

Et en outre, à la charge par M. Lion, qui s'y oblige, de contribuer pour un tiers dans les frais de réparation et de reconstruction de la pompe et du puits lorsqu'il y aura lieu.

Il est bien entendu que la servitude de puisage résultant des présentes est concédée pour l'usage de la maison de M. Lion; en conséquence, le droit de puisage sera exercé, selon les règles ci-dessus déterminées, tant par M. Lion que par ses locataires, ainsi que par tous tiers acquéreurs de la maison.

20° INTERDICTION DE CONSTRUIRE AU DELA D'UNE HAUTEUR DÉTERMINÉE. (N° 1620.)

M. Lion a fait pratiquer sur le sommet de sa maison, vers l'ouest, une terrasse de laquelle il a vue sur la campagne par dessus la cour et le jardin de M. Daix.

Pour conserver à sa maison l'aspect dont elle jouit du haut de cette terrasse, M. Lion a demandé à M. Daix de ne point élever sur son terrain de construction qui y fasse obstacle.

---

(1) Demolombe, XII, 915.
(2) Demolombe XII, 920 et suiv.
(3) Demolombe, XII, 924.
(4) Demolombe, XII, 925.
(5) Demolombe, XII, 927.
(6) Demolombe, XII, 928 à 930.
(7) Demolombe, XII, 931 à 934.
(8) Demolombe, XII, 888 et 935; Caen, 16 déc. 1822, 20 déc. 1823, 6 janv. 1841, 13 nov. 1841, 23 janv. 1849.
(9) Demolombe, XII, 936.

1621. Ces diverses servitudes sont réglées par le titre qui les a établies, ou, à défaut d'indication dans le titre, par les besoins du propriétaire du fonds dominant et les ressources du fonds assujetti, et par l'usage des lieux, ce qui est laissé à l'appréciation du tribunal de la situation du fonds assujetti.

SECTION II. — COMMENT S'ÉTABLISSENT LES SERVITUDES

1622. Les servitudes *continues et apparentes* s'acquièrent :

1° Par titre (1) [*C. N., 690*]; à défaut de titre écrit, le droit à une servitude peut être établi, soit par l'aveu de la partie, soit par la délation du serment, soit même par la preuve testimoniale s'il y avait un commencement de preuve par écrit, ou si le titre avait été détruit par force majeure (2);

2° Par la prescription (3) de trente ans (*C. N., 690*) [FORM. 270, 21°], et non par celle de dix ou vingt ans (4). La prescription de trente ans doit résulter d'une possession à titre de propriétaire, sans interruption ni suspension; la possession à titre de simple tolérance dûment constatée serait insuffisante pour faire acquérir la prescription, quelque longue qu'eût été sa durée (5), à moins cependant qu'elle ne fût invoquée par le successeur à titre singulier, par suite de sa propre possession pendant trente ans (6);

3° Par la destination du père de famille, *infra n° 1626*.

1623. Les servitudes *continues non apparentes*, et les servitudes *discontinues, apparentes ou non apparentes*, ne se caractérisant en général que par une possession équivoque et précaire, qui peut être le résultat de la tolérance, de la familiarité et des rapports de bon voisinage (7), ne peuvent s'établir par la prescription, quelque longue qu'ait été la possession, fût-elle-même immémoriale; elles ne peuvent donc s'établir que par titre (*C. N., 691*), et le titre ne peut être remplacé que par un titre recognitif (8) de la servitude, émané du propriétaire du fonds asservi (*C. N., 695*); ce serait en vain que le titre du propriétaire qui prétend à la servitude énoncerait le droit à cette servitude; ce titre, étranger à l'autre propriétaire, ne pourrait être invoqué contre lui (9), quelque ancienne que fût l'énonciation (10).

Ce dernier a accédé à cette demande, et, dans le but de donner toute sécurité à M. LION, M. DAIX déclare ici s'interdire formellement, tant pour lui que pour tous ceux qui posséderont sa propriété par la suite, de faire aucune construction, dans sa cour ni dans son jardin, susceptible de faire obstacle à l'aspect dont on jouit de la terrasse de M. LION; en conséquence, les constructions qui seront élevées, par la suite, sur ce terrain ne pourront excéder douze mètres de hauteur, y compris toits et cheminées.

21° ÉTABLISSEMENT PAR PRESCRIPTION DE LA SERVITUDE D'APPUI. (N°s 1622 à 1627.)

M. DAIX, à une époque qui remonte à plus de trente ans, a fait construire au fond de son jardin, sur le bord de la rivière, un lavoir pour les besoins de sa maison; ce lavoir est appuyé d'un côté sur un mur que M. DAIX a fait construire dans ce but, et de l'autre sur portion d'un mur appartenant à M. LION.

M. DAIX n'avait pas obtenu de M. LION l'autorisation d'appuyer le lavoir sur le mur de

(1) Si le titre est un acte sous seings privés qui n'a pas acquis date certaine, la servitude n'est pas opposable aux tiers : Demolombe, XII, 752 *bis*; Cass. 28 juill. 1858; il en est de même, bien que l'acte ait acquis date certaine, ou soit authentique, s'il n'a pas été transcrit, *infra n° 1645*.

(2) Demante, II, 545 *bis*; Dict. not., *usuf.*, n° 153; Demolombe, XII, 730; Bourges, 7 janv. 1829; Cass. 16 nov. 1829; Paris, 14 juin 1843.

(3) On ne peut acquérir de servitudes par prescription sur les immeubles qui sont imprescriptibles : Pardessus, II, 34; Troplong, *presc.*, n° 156; Roll., *serv.*, n° 37; Cass. 1er déc. 1823, 19 avril 1825; Paris, 18 fév. 1851. Toutefois, voir Cass. 7 nov. 1860.

(4) Toullier, III, 630; Pardessus, II, 284; Zach., § 336, note 7; Dict. not., *servit.*, n° 168; Curasson, *Code forest.*, II, p. 282; Demolombe, XII, 781; Marcadé, *690*, 2; Paris, 25 août 1834; Cass. 10 déc. 1834, 20 déc. 1836, 28 mars 1837, 16 avril 1838, 18 nov. 1845, 31 déc. 1845, 14 nov. 1853; Orléans, 30 déc. 1835; Caen, 13 avril 1836; Aix, 3 oct. 1836; Limoges, 14 et 20 fév. 1837; Bordeaux, 29 mai 1838; Pau, 17 juill. 1861; CONTRA Vazeille, *presc.*, n° 419; Duranton, V, 593; Troplong, *presc.*, n° 853; Carou, *act. possess.*, n° 19; Dijon, 13 janv. 1830.

(5) Duranton, II, 116; Marcadé, *2220*, 2; Demolombe, XII, 779; Cass. 23 janv. 1843 et 14 juin 1852.

(6) Demolombe, XII, 779.

(7) Toullier, III, 622, Proudhon, *usuf.*, n° 3583; Marcadé, *2229*, 1; Demolombe, XII, 786; Dict. not., *servit.*, n° 170.

(8) Le titre récognitif, dans ce cas, remplace le titre primordial et dispense de la représentation de ce titre, même lorsque sa teneur n'y est pas spécialement relatée; l'art. 1337 n'est pas applicable ici : Pardessus, II, 269; Duvergier sur Toullier, III, 603; Demante, II, 550 *bis;* Bonnier, *preuves*, n° 736; Demolombe, XII, 757; Cass. 16 nov. 1829, 2 mars 1836, 23 mai 1855; Paris, 9 avril 1866; CONTRA Mourlon, I, 1822, *note*.

(9) Demolombe, XII, 752.

(10) Toullier, VIII, 165; Pardessus, II, 268; Zach., § 336, note 6; Demolombe, XII, 753; Bordeaux, 23 mai 1834.

1624. La prescription ne peut donc jamais remplacer le titre pour les servitudes indiquées au numéro précédent, alors même qu'elle serait invoquée par celui qui a possédé avec titre et bonne foi dans le sens de l'art. 2265 C. N. (1), ou avec une contradiction opposée au propriétaire du fonds prétendu assujetti (2), ou, à la fois, avec titre et bonne foi, et la contradiction dont il vient d'être parlé (3).

1625. Quand on établit une servitude, on est censé accorder tout ce qui est nécessaire pour en user; ainsi, la servitude de puiser de l'eau à la fontaine d'autrui emporte nécessairement le droit de passage (*C. N., 696*); il en est de même si la servitude se trouve établie par prescription ou par destination du père de famille (4). Mais, dans tous les cas, le passage n'est dû que pour aller puiser l'eau, il ne pourrait en être fait usage pour aucun autre motif.

1626. La destination du père de famille vaut titre à l'égard des servitudes continues et apparentes. (*C. N., 692.*) [FORM. 270, 22°.] Il n'y a destination du père de famille que lorsqu'il est prouvé que les deux fonds actuellement divisés [ou que les diverses parties d'un seul immeuble actuellement divisé (5)], ont appartenu au même propriétaire, et que c'est par lui que les choses ont été mises ou *laissées* (6) dans l'état duquel résulte la servitude. (*C. N., 693.*) La preuve de ces deux faits s'établit soit par titre, soit par la preuve testimoniale (7).

1627. Si le propriétaire de deux héritages entre lesquels il existe un signe apparent de servitude (8) [ou d'un seul héritage dont la division donnerait lieu à l'existence d'un signe apparent de servitude sur une portion en faveur de l'autre portion (9)], dispose de l'un des héritages (ou de portion de son héritage), sans que le contrat contienne aucune convention relative à la servitude, elle continue d'exister activement ou passivement en faveur du fonds aliéné ou sur le fonds aliéné (*C. N., 694*); peu importe dans ce dernier cas que la servitude soit continue ou discontinue (10); ou que le signe apparent existe sur le fonds dominant ou sur le fonds assujetti (11).

---

ce dernier, et depuis il n'a point acquis de droit au mur; il n'a non plus payé aucune indemnité à raison de l'appui.

En conséquence, M. LION est resté propriétaire de la portion du mur servant d'appui au lavoir.

Mais M. DAIX, par l'effet de sa possession sans réclamation pendant un délai de trente ans, a prescrit le droit de conserver son lavoir appuyé sur ce mur, et conséquemment s'est trouvé avoir acquis par prescription la servitude d'appui.

22° SERVITUDE RÉSULTANT DE LA DESTINATION DU PÈRE DE FAMILLE. (Nos 1626 et 1627.)

M. LION possédait deux maisons contiguës, sises à....., rue....., nos 8 et 10, celle n° 10 ayant dans le côté vers l'ouest deux fenêtres, chacune d'une hauteur de....., et d'une largeur de....., desquelles la vue plane immédiatement sur le jardin de celle n° 8.

Par contrat passé devant Me....., le....., M. LION a vendu à M. DAIX la maison

---

(1) Duranton, V, 593; Zach., § 336, note 7; Duvergier sur Toullier, III, 629; Vazeille, *presc.*, I, 416; Troplong, *ibid.*, n° 857; Demante, II, 546 *bis*; Demolombe, XII, 788; CONTRA Toullier, III, 629; Proudhon, *usuf.*, n° 3529; Poncet, *actions*, n° 96; Bélime, *possession*, n° 258.

(2) Duranton, II, 576; Taulier, II, p. 445; Pardessus, II, 276; Bélime, n° 257; Demolombe, XII, 789; CONTRA Troplong, *presc.*, II, 857; Proudhon, *usuf.*, n° 3583.

(3) Duvergier sur Toullier, III, 629, *note A*; Pardessus, II, 276; Demolombe, XII, 791; CONTRA Toullier, III, 637; Bélime, n° 260; Jocotton, *act. civ.*, n° 211; Taulier, II, p. 444.

(4) Demolombe, XII, 830.

(5) Marcadé, 693, 3; Demolombe, XII, 826; Pardessus, II, 288; Massé et Vergé sur Zach., § 337, note 10; Cass. 13 juin 1814, 26 avril 1837, 24 fév. 1840 et 19 nov. 1847; Toulouse, 21 juill. 1836; Angers, 7 juin 1838.

(6) Mourlon, I, 1829; Dict. not., *destin. du père de fam.*, n° 11.

(7) Toullier, III, 610; Duranton, V, 574; Marcadé, 693, 2; Demante, II, 548 *bis*; Taulier, II, p. 448; Mourlon, I, 1830; Demolombe, XII, 810; Paris, 30 janv. 1810; CONTRA Pardessus, II, 290, 291, selon lequel la preuve du premier fait ne peut être établie par témoins qu'autant qu'il y a un commencement de preuve par écrit.

(8) C'est-à-dire une charge dont l'existence doive survivre à la séparation, pour l'usage et l'utilité de l'une des portions : Demolombe, XII, 822; Toullier, III, 615; Caen, 27 mars 1833, 20 fév. 1855; Paris, 15 mai 1862, M. T. 1862, p. 341.

(9) Marcadé, *693, 3*; Demolombe, XII, 826; Cass. 26 avril 1837, 24 fév. 1840, 17 nov. 1847; CONTRA Pardessus, II, 288; Massé et Vergé sur Zach., § 337, note 10; Cass. 10 mai 1825.

(10) Voir Pardessus, II, 289 et 300; Duranton, V. 570; Zach., Massé et Vergé, § 337, note 10; Roll., *serv.*, n° 167, Caron, n° 270; Marcadé, *art. 694* et *rev. crit.*, 1852, p. 73; Demolombe, XII, 820; Lyon, 11 juin 1831; Caen, 15 nov. 1836; Paris, 21 avril 1837; Cass. 26 avril 1837, 8 juin 1842, 17 nov. 1847, 7 déc. 1850, 30 nov. 1853; Riom, 12 déc. 1857; Paris, 15 mai 1862; CONTRA Toullier, III, 613; Garnier, *act. possess.*, p. 324; Paris, 16 fév. 1832; Cass. 24 fév. 1840.

(11) Demolombe, XII, 824; Caen, 25 nov. 1841; Cass. 2 avril 1854.

SECTION III. — DU DROIT DU PROPRIÉTAIRE DU FONDS AUQUEL LA SERVITUDE EST DUE

1628. On verra *infra n° 1648*, quel est le droit du propriétaire dominant relativement aux travaux à faire pour l'usage et la conservation de la servitude; qui doit acquitter la dépense des travaux, et comment le propriétaire du fonds grevé peu s'affranchir de cette dépense lorsqu'elle est à sa charge.

1629. Si l'héritage pour lequel la servitude a été établie vient à être être divisé, voir *supra n° 1616*.

1630. Le propriétaire du fonds grevé de servitude ne peut rien faire qui tende à en diminuer l'usage, ou à le rendre plus incommode. Ainsi, il ne peut changer l'état des lieux, ni transporter l'exercice de la servitude dans un endroit différent de celui où elle a été primitivement assignée. Mais cependant, si cette assignation primitive était devenue plus onéreuse au propriétaire du fonds assujetti, ou si elle l'empêchait de faire des réparations avantageuses, il pourrait offrir au propriétaire de l'autre fonds un endroit aussi commode pour l'exercice de ses droits, et celui-ci ne pourrait pas le refuser (*C. N.*, *701*); en cas de désaccord, c'est évidemment à la justice qu'il appartient de décider si l'un est fondé à offrir et l'autre à refuser (1).

1631. De son côté, celui qui a un droit de servitude ne peut en user que suivant son titre, sans pouvoir faire, ni dans le fonds qui doit la servitude, ni dans le fonds à qui elle est due, des changements qui aggravent la condition du premier. (*C. N.*, *702*.)

1632. Lorsqu'on reconstruit un mur mitoyen ou une maison, les servitudes actives et passives se continuent à l'égard du nouveau mur, ou de la nouvelle maison, sans toutefois qu'elles puissent être aggravées, et pourvu que la reconstruction se fasse avant que la prescription soit acquise (*C. N.*, *665*), *infra n° 1656*. [Form. 270. 23°.]

SECTION IV. — COMMENT LES SERVITUDES S'ÉTEIGNENT

1633. Les événements qui donnent lieu à l'extinction des servitudes sont les suivants :

1634. I. *Le changement de l'état des lieux.* Ainsi, les servitudes cessent lorsque, par le fait soit du hasard et d'un événement de force majeure, soit du propriétaire du fonds dominant (2), soit même du

---

n° 8. Ce contrat n'indique point que la maison vendue à M. Daix soit grevée d'une servitude de vue en faveur de la maison restée à M. Lion; mais, à raison de la destination du père de famille, cette servitude est acquise de plein droit à la maison de M. Lion dans les limites ci-dessus mentionnées.

23° RECONSTRUCTION D'IMMEUBLE GREVÉ DE SERVITUDES. (Nos 1628 à 1632.)

Au fonds du jardin de la maison sise à....., rue....., n°....., appartenant à M. Daix, il existait un bâtiment à usage de cuisine et chambre, ayant droit de vue immédiate sur le jardin de M. Lion; et dans le corridor duquel bâtiment le propriétaire de la maison de M. Lion avait le droit de passer de six heures du matin à huit heures du soir pour accéder au lavoir établi sur la rivière; ce bâtiment a été démoli il y a deux ans, et il est en voie de reconstruction par M. Daix.

Il est entendu que M. Daix a le droit de rétablir les servitudes de vues qui existaient anciennement sur le jardin de M. Lion, et que M. Daix sera tenu de rétablir le corridor tel qu'il existait autrefois, afin que M. Lion puisse user du droit de passage dans ce corridor de six heures du matin à huit heures du soir pour accéder au lavoir, comme par le passé.

24° EXTINCTION DE SERVITUDES. (Nos 1633 à 1644.)

I. Aux termes d'un acte passé devant Me...., notaire à...., qui en a gardé minute, et son collègue, le six août mil huit cent vingt-cinq, M. Lion a cédé à M. Daix un droit

---

(1) Pardessus, I, 170; Demolombe, XII, 902; Cass. 6 avril 1831.

(2) Mais non par le fait du propriétaire du fonds servant : Pardessus, II, 294; Demolombe, XII, 971; Cass. 16 avril 1838.

tiers (1), les choses se trouvent en tel état qu'on ne peut plus en user (*C. N., 705*); par exemple : les eaux d'un fleuve emportent le fonds grevé de servitude; la fontaine sur laquelle existait un droit de puisage a tari, soit par une cause inconnue, soit parce qu'un propriétaire voisin en creusant son fonds a intercepté la source qui l'alimentait; la maison qui avait une servitude de vue, ou qui devait une servitude d'appui, est détruite, etc... Elles revivent si les choses sont rétablies (2) de manière qu'on puisse en user, à moins qu'il ne se soit déjà écoulé un espace de temps suffisant pour faire présumer l'extinction de la servitude, *infra n° 1636* (*C. N., 704*), c'est-à-dire un délai de trente ans à partir du jour où la servitude a cessé (3), sauf interruption ou suspension à raison de l'existence de mineurs ou autres personnes privilégiées (4).

1635. II. *La confusion*, résultant de la réunion dans la même main du fonds qui doit la servitude et de celui à qui elle est due (*C. N., 705*); mais la servitude revit si l'acte en vertu duquel la réunion a eu lieu se trouve résolu ou rescindé.

1636. III. *La prescription*, résultant du non usage pendant trente ans (*C. N., 706*) [Form. 270, 24°]; peu importe que l'usage ait eu lieu antérieurement ou n'ait pas même été commencé (5), si d'ailleurs le propriétaire du fonds dominant a eu la possibilité de l'exercer (6). Les trente années de non usage doivent être entières, puisqu'elles ont pour objet de faire présumer la renonciation à la servitude; la prescription avec titre et bonne foi de dix et vingt ans ne serait pas recevable (7). Les trente ans commencent à courir du jour où l'on a cessé d'en jouir, lorsqu'il s'agit de servitudes discontinues, et du jour où il a été fait un acte contraire à la servitude s'il s'agit de servitudes continues. (*C. N., 707.*) L'acte contraire doit être un fait matériel, un travail, un ouvrage quelconque, soit du propriétaire du fonds dominant, soit du propriétaire du fonds grevé, qui change l'état des lieux et fait obstacle à la jouissance de la servitude; une simple signification par laquelle le propriétaire du fonds grevé décla-

---

de passage dans son jardin, d'une largeur de deux mètres sur un parcours de quinze mètres, pour que M. Daix puisse accéder de sa cour à la rivière; cette cession a eu lieu moyennant deux cents francs payés comptant.

Afin d'exercer ce droit de passage, M. Daix a percé une ouverture dans le mur séparatif de sa propriété d'avec le jardin de M. Lion, et il y a placé à ses frais une porte fermant avec serrure.

A l'époque du dix mai mil huit cent trente, M. Daix a acquis d'un sieur..... la portion de terrain qui se trouvait entre sa propriété et la rivière, et il y a réuni cette portion, de sorte que sa propriété s'est trouvée border la rivière.

Après cette acquisition, M. Daix, n'ayant plus besoin de passer par le jardin de M. Lion pour accéder à la rivière, a bouché la porte qui lui servait de communication avec ce jardin.

Les parties déclarent que depuis mil huit cent trente M. Daix n'a aucunement exercé le droit de passage qui lui avait été concédé sur le jardin de M. Lion; qu'il n'a fait aucun acte conservatoire de son droit; d'où il résulte que la servitude de passage est éteinte par l'effet de la prescription résultant du non usage pendant plus de trente ans.

---

(1) Demolombe, XII, 974.

(2) La question de savoir si le rétablissement des choses a eu lieu de manière à faire revivre la servitude est laissée à l'appréciation des Tribunaux : Marcadé, *rev. crit.*, 1852, p. 72; Massé et Vergé sur Zach., § 341, note 2; Demolombe, XII, 974; Colmar, 27 mai 1844; Cass. 21 mai 1851; Bordeaux, 14 août 1855.

(3) Demante, II, 562 *bis*; Demolombe, XII, 980.

(4) Duranton, V, 654; Pardessus, II, 296; Demante, II, 562 *bis*; Duvergier sur Toullier, III, 697, *note A*; Mourlon, *rev. crit.*, VI, p. 291; Demolombe, XII, 979; Cass. 30 déc. 1839, 27 fév. 1844 et 20 janv. 1845; contra Toullier, III, 690; Marcadé, *art. 703*; Taulier, II, p. 462; Zach., Massé et Vergé, § 341, note 2, selon lesquels la prescription s'applique au cas seulement où la servitude cesse par le fait du propriétaire du fonds dominant, ou du propriétaire du fonds grevé, ou par le fait illicite d'un tiers, de sorte qu'il n'y a pas lieu à extinction de la servitude par prescription, si la prescription cesse par une cause naturelle et une force majeure.

(5) Massé et Vergé sur Zach., § 341, note 6; Pardessus, II, 310; Demolombe, XII, 992; Limoges, 22 mars 1811; Caen, 5 avril 1837 et 26 mai 1841; Rennes, 18 nov. 1843.

(6) Pardessus, II, 310; Demolombe, XII, 993.

(7) Zach., Massé et Vergé, § 341, note 4; Toullier, III, 690; Pardessus, II, 306; Marcadé, *707*, 3; Demolombe, XII, 1004; Paris, 25 août 1834; Orléans, 31 déc. 1835; Caen, 13 avril 1836, 19 mai 1841 et 29 juill. 1851; Aix, 3 oct. 1826; Cass. 20 déc. 1836, 28 mars 1837, 16 avril 1838, 18 nov. 1845, 31 déc. 1845, 14 nov. 1853; Limoges, 14 fév. 1837; Bordeaux, 29 mai 1838; Dijon, 8 mars 1844; Metz, 2 juill. 1846; Agen, 20 nov. 1857; contra Duranton, V, 691; Duvergier sur Toullier, III, 689; Demante, II, 565 *bis*; Taulier, II, p. 466; Troplong, *presc.*, II, 853; Vazeille, *ibid.*, I, 419; Nancy, 14 mars 1842.

rerait qu'il entend ne plus être soumis à la servitude serait insuffisante (1). Dans tous les cas, c'est à celui qui réclame la servitude, s'il n'est pas en possession, à prouver, en établissant qu'il a exercé son droit de servitude depuis moins de trente ans, que la servitude est due (2); cette preuve peut se faire même par témoins (3).

1637. Toutefois, 1° si l'héritage en faveur duquel la servitude est établie appartient à plusieurs par indivis, la jouissance de l'un empêche la prescription à l'égard de tous (*C. N.*, *709*); 2° si parmi les copropriétaires il s'en trouve un contre lequel la prescription n'ait pu courir, comme un mineur, il aura conservé le droit de tous les autres (*C. N.*, *710*); cependant, s'il intervient un partage qui ait pour effet de faire entrer le fonds dominant dans le lot d'un copropriétaire majeur, ce dernier est censé en avoir été toujours propriétaire, et la prescription a pu s'accomplir contre lui sans qu'il soit fondé à invoquer la suspension de prescription résultant de la minorité, le mineur étant censé n'en avoir jamais été propriétaire (4). (*Arg. C. N.*, *883*.)

1638. Le mode de servitude peut se prescrire comme la servitude même, et de la même manière (*C. N.*, *708*); par exemple, j'avais le droit de pratiquer sur votre fonds un aqueduc d'un mètre de largeur, et je n'y ai établi, depuis trente ans, qu'un aqueduc d'un demi-mètre de largeur; mon droit est restreint par la prescription (5).

1639. IV. *La remise* à titre gratuit ou onéreux qu'en fait le propriétaire du fonds dominant (6), avec l'observation des conditions et des formes requises pour la validité de l'acte, *infra n° 1645*; toutefois, la remise peut être tacite, par exemple, si le propriétaire du fonds dominant autorise, par écrit, le propriétaire du fonds grevé à faire des travaux permanents et définitifs qui aient pour effet d'annihiler la servitude (7).

1640. V. *L'abandon* du fonds grevé de servitude, *infra nos 1649 et suiv.*

1641. VI. *La résolution* du droit de celui qui a constitué la servitude; par exemple, si le fonds servant ne lui appartenait pas, ou s'il en était propriétaire en vertu d'une donation révoquée depuis par la survenance d'enfant (8).

1642. VII. *L'arrivée du terme ou l'avènement de la condition* sous lesquels la servitude avait été établie; par exemple, si vous avez le droit de tirer de l'eau à ma pompe jusqu'à ce que vous en ayez établi une sur votre propre fonds (9).

II. M. Lion possède un petit jardin sis à....., lieu dit....., de la contenance de six ares environ, porté au plan cadastral sous la section....., n°.....; pour accéder de ce jardin au chemin de....., M. Lion a le droit de passage à pied, cheval et brouettes, à toute heure de jour et de nuit, sur une ruelle close de haies des deux côtés, d'un parcours de vingt-cinq mètres, appartenant à M. Daix, comme ayant fait partie d'un terrain à usage de jardin longeant cette ruelle, et qui est aussi la propriété de M. Daix.

Cette servitude résulte d'un acte passé devant Me....., qui en a gardé minute, et son collègue, notaires à....., le quatorze août mil hui cent cinq, suivant lequel la ruelle doit avoir une largeur de trois mètres.

Mais M. Daix, à une époque qui remonte à plus de trente ans, en replantant les haies de chaque côté de la ruelle, a anticipé sur cette ruelle et ne lui a laissé qu'une largeur de deux mètres.

M. Lion n'a fait aucune réclamation contre cette diminution de largeur; il en résulte que le mode de la servitude se trouve restreint par l'effet de la prescription résultant du

---

(1) Pardessus, II, 308; Demolombe, XII, 1006.

(2) Proudhon et Curasson, *droits d'usage*, II, 603; Massé et Vergé sur Zach., § 314, note 4; Pardessus, II, 308; Taulier, II, p. 465; Bonnier, *preuves*, n° 36; Demolombe, XII, 1015; Caen, 16 août 1828; Pau, 25 fév. 1835; Cass. 16 août 1828, 6 fév. et 3 avril 1833, 11 juin 1834, 16 mars 1836, 15 fév. 1842, 19 nov. 1845.

(3) Demolombe, I, 1016; Pau, 20 fév. 1835; Cass. 13 janv. 1840.

(4) Cass. 2 déc. 1845, 29 août 1853; CONTRA Duranton, V 470; Demante, II, 568 *bis*; Demolombe, XII, 999.

(5) Voir Cass. 5 juin 1860; J. N. 16888.

(6) Marcadé, II, 677; Zach., § 341; Duranton, V, 648; Demolombe, XII, 1036 et suiv.

(7) Pardessus, II, 313; Duranton, V, 651; Demante, II, 564; Marcadé, II, 677; Demolombe, XII, 1041; Caen, 13 déc. 1850.

(8) Demolombe, XII, 1048 et suiv.

(9) Marcadé, II, 676; Demolombe, XII, 1053 et suiv.

1643. VIII. *L'expropriation* pour cause d'utilité publique du fonds grevé, sauf indemnité au propriétaire du fonds dominant. (*Loi du 3 mai 1841, art. 21.*)

1644. IX. *Le rachat* en numéraire ou en cantonnement s'il s'agit de droits de pâturage, pacage, ramage, etc., dans les bois et forêts. (*C. forest., 64 et suiv., 112 et suiv.*)

SECTION V. — TRANSCRIPTION DES ACTES OU JUGEMENTS CONSTITUTIFS OU EXTINCTIFS DE SERVITUDE

1645. Tout acte constitutif de servitude, tout jugement qui en déclare l'existence en vertu d'une convention verbale, toute acquisition de mitoyenneté par acte ou par jugement, tout acte ou jugement duquel résulte l'extinction d'une mitoyenneté ou d'un droit de servitude sont soumis à la formalité de la transcription pour être opposables aux tiers. (*Loi 23 mars 1855, art. 2, §§ 1 et 3.*)

CHAPITRE QUATRIÈME

ABANDON DE MITOYENNETÉ ET D'UN FONDS GREVÉ DE SERVITUDE

1646. On a vu, *supra n° 1570*, que les copropriétaires d'un mur mitoyen sont tenus à la réparation et à la reconstruction de ce mur, proportionnellement à leurs droits; cependant tout copropriétaire d'un mur mitoyen, même dans les villes et les faubourgs (1), *supra n° 1581*, peut se dispenser de contribuer aux réparations et reconstructions en abandonnant le droit de mitoyenneté [FORM. 271], pourvu que le mur mitoyen ne soutienne pas un bâtiment qui lui appartienne (*C. N., 656*), et pourvu encore que la reconstruction ou la réparation n'ait point été nécessitée par son fait (2).

1647. De même le copropriétaire d'une haie mitoyenne, d'un fossé mitoyen, d'un puits mitoyen, etc.,

---

non-usage pendant un délai de plus de trente ans, en ce sens que M. LION a perdu le droit d'exiger que la ruelle soit reportée à une largeur conforme à celle indiquée au titre primordial de la servitude; en conséquence, la ruelle qui sert de passage à M. LION est maintenue à une largeur de deux mètres.

Transcription. (N° 1645.)

Une expédition du présent acte sera transcrite au bureau des hypothèques de.....; afin que les servitudes qui y sont constatées puissent, dans tous les cas, être opposables aux tiers.

Élection de domicile.

Voir formule 176.
Dont acte. Fait et passé, etc.

FORMULE 271. — Acte d'abandon de mitoyenneté. (Nos 1646 à 1657.)

PAR-DEVANT M^e^.....;
ONT COMPARU :
M. Léon DANOIS, propriétaire, demeurant à....., D'UNE PART;
Et M. Louis DURU, aussi propriétaire, demeurant à....., D'AUTRE PART;

---

(1) Toullier, III, 218; Marcadé, *663*, 2; Cass. 29 sept. 1819 et 5 mars 1828; Paris, 14 nov. 1860; Cass. 3 déc. 1862; M. T. 1863, p. 2; CONTRA Pardessus, n° 168; Demolombe, XI, 379; Duranton, V, 319; Toussaint, *Code de la propriété*, n° 839; Amiens, 11 déc. 1861. V. Seine, 6 oct. 1866.

(2) Marcadé, *art. 656;* Pardessus, I, 166 et 168; Demante, II, 510 *bis*; Demolombe, XI, 393; Mourlon, I, 1738.

peut s'affranchir de la charge de contribuer aux frais de réparation et de rétablissement en abandonnant la mitoyenneté (1).

1648. Celui auquel est due une servitude a droit de faire, même sur le fonds servant, à ses frais, tous les ouvrages nécessaires pour en user et pour la conserver. (*C. N.*, *697*, *698*.) Mais si le titre d'établissement de la servitude assujettit le propriétaire du fonds grevé à faire ces ouvrages à ses frais, ils sont bien entendu à sa charge (*C. N.*, *698*), sauf à lui à s'en affranchir en abandonnant son fonds (2) au propriétaire du fonds dominant. (*C. N.*, *699*.)

1649. De même, le voisin obligé à la clôture dans les villes et les faubourgs, *supra n° 1579*, le propriétaire de partie d'une maison, *supra n° 1582*, peuvent s'affranchir, l'un des dépenses de clôture, l'autre des dépenses de réparation et de reconstruction, en abandonnant : le premier, le terrain sur lequel le mur est construit, le second, la partie de maison dont il est propriétaire.

1650. Celui qui a fait l'abandon de la mitoyenneté d'un mur peut racheter ensuite cette mitoyenneté en payant la moitié de la valeur du mur et du sol sur lequel il est assis (3).

1651. L'acte d'abandon doit être accepté par celui en faveur de qui il est fait, ou doit lui être signifié; jusque là il est révocable (4).

1652. Si, après l'abandon, le mur vient à crouler parce que celui en faveur de qui l'abandon a eu lieu n'a pas fait les réparations et reconstructions, l'abandon est considéré comme non avenu, et celui qui l'a fait peut reprendre ses matériaux et son terrain (5). Au cas où le cédant a fait de la réparation et de la reconstruction une condition de son abandon dûment acceptée, il peut forcer le propriétaire du mur à faire les réparations et reconstructions.

1653. L'abandon de mitoyenneté ne pouvant nuire aux droits acquis par des tiers, il est utile d'indi-

---

Lesquels ont exposé ce qui suit :

M. Danois et M. Duru sont propriétaires voisins à....., en la rue....., chacun d'une maison portant, celle de M. Danois, le numéro....., et celle de M. Duru, le numéro....., auxquelles attiennent leurs jardins; ces jardins sont séparés dans toute leur longueur par un mur mitoyen.

Ce mur est en ce moment dans un état de délabrement et a besoin, à certains endroits, d'être réparé, et à d'autres d'être reconstruit.

M. Danois entend ne contribuer pour aucune somme dans les dépenses de réparation et de reconstruction.

En conséquence, usant de la faculté que lui laisse l'art. 656 du Code civil, M. Danois, dans le but de s'affranchir des dépenses de réparation et de reconstruction, abandonne purement et simplement,

A M. Duru, qui accepte (N° 1651),

Le droit de mitoyenneté appartenant à la maison dont il est propriétaire sur le mur de séparation dont il s'agit, ainsi que sur le sol de ce mur.

M. Duru, à ce moyen, aura la pleine propriété et la jouissance de ce mur et de son emplacement, à partir d'aujourd'hui, à la charge par lui, bien entendu, de faire les réparations et reconstructions nécessaires. (N° 1652.)

La mitoyenneté dudit mur existe depuis sa construction qui a eu lieu en l'année....., et le droit abandonné dépend de la maison dont M. Danois est propriétaire....., etc.

(Établir l'origine de propriété.) [N° 1653.]

---

(1) Pardessus, I, 184; Roll., *haie*, n° 33, et *abandon de mitoyenneté*, n° 2; Dict. not., *haie*, n°s 18, 19.

(2) C'est-à-dire la portion du fonds qui est assujettie, et non pas la totalité du fonds assujetti : Toullier, II, 680; Duranton, VI, 615; Roll., *abandon de fonds grevé*, n° 3; Zach., § 338, note 8; Marcadé, 699, 2; CONTRA Pardessus, II, 316; Demolombe, XII, 882; Caen, 17 mars 1840.

(3) Pothier, *société*, n° 223; Fournel, *voisinage*, I, p. 5; Pardessus, n° 169; Toullier, III, 221; Roll., *abandon de mitoyenn.* n° 15; Dict. not., *ibid.*, n° 9; Mourlon, I. 1737.

(4) Pardessus, n° 185; Roll., *abandon de fonds grevé*, n° 10

(5) Duranton, V, 320; Toullier, III, 220; Pardessus, n°s 168 et 185; Roll., *mitoyenn.*, n° 116 et *abandon de mitoyenn.*, n° 14; Dict. not., *aband. de mitoyenn.*, n° 8; Marcadé, *art. 656* Mourlon, I, 1737.

quer l'origine de propriété, afin que sur la transcription, *infra n° 1655*, un état d'inscription puisse être levé tant contre le cédant que contre les anciens propriétaires.

1654. Il est utile aussi d'indiquer si le cédant est ou non grevé d'hypothèque légale, afin que celui en faveur de qui l'abandon a lieu puisse, s'il le juge convenable, remplir les formalités de purge d'hypothèque légale.

1655. L'acte constatant l'abandon n'est opposable aux tiers qu'autant qu'il a été transcrit au bureau des hypothèques de la situation des immeubles. (*Loi 23 mars 1855, art. 2 et 3.*)

1656. Une évaluation du droit abandonné ou une déclaration estimative est nécessaire pour la perception du droit d'enregistrement. (*Loi 22 frim. an VII, art. 16.*)

1657. Les frais de l'acte d'abandon et ceux de la signification sont à la charge de celui qui fait l'abandon (1).

M. Danois déclare sous les peines de droit : qu'il est célibataire, qu'il n'est et n'a jamais été tuteur. (N° 1654.)

M. Duru fera transcrire une expédition des présentes, au bureau des hypothèques de.....; et si l'état sur transcription fait connaître l'existence d'inscriptions, M. Danois s'oblige d'en rapporter main-levées et certificats de radiation, à toute demande. (N° 1655.)

Pour la perception du droit d'enregistrement, le droit de mitoyenneté abandonné est évalué à..... (N° 1656.)

Pour l'exécution des présentes, etc. *(Voir formule 176.)*

Dont acte aux frais de M. Danois. (N° 1657.)

Fait et passé, etc.

---

(1) Roll., *abandon de fonds grevé de servitude* n° 12.

TABLE ALPHABÉTIQUE

DES

FORMULES CONTENUES DANS LE PREMIER VOLUME

*

n'est pas l'enfant de la mère qu'il prétend avoir, ou même, la maternité prouvée, qu'il n'est pas l'enfant du mari de la mère. (*C. N.*, *325*.)

1104. Toutefois, nul ne peut réclamer un état contraire à celui que lui donnent son titre de naissance et la possession conforme à ce titre. Et réciproquement, nul ne peut contester l'état de celui qui a une possession conforme à son acte de naissance. (*C. N.*, *322*.)

1105. L'instance introduite par l'enfant pour obtenir la reconnaissance de sa filiation légitime s'appelle *action en réclamation d'état*. Cette action, qui ne peut être connue que des tribunaux civils (*C. N.*, *326*), et, au cas de suppression d'état, doit être jugée par les tribunaux civils avant de l'être au criminel (*C. N.*, *327*), est imprescriptible quant à l'enfant (1). [*C. N.*, *328*.] A l'égard des héritiers ou autres successeurs universels (2) de l'enfant, s'il est décédé sans avoir réclamé, ils ne peuvent l'intenter qu'autant qu'il est décédé mineur, ou dans les cinq ans après sa majorité (*C. N.*, *329*) ; et encore pourvu qu'ils y aient un intérêt pécuniaire né et actuel. Mais si elle a été commencée par lui, ses héritiers ou autres successeurs universels, y ayant un intérêt pécuniaire né et actuel, peuvent la suivre, à moins qu'il ne s'en soit désisté, soit expressément (3) [Form. 203 *bis*], soit tacitement en laissant passer trois ans sans poursuites, à compter du dernier acte de procédure. (*C. N.*, *330*.)

CHAPITRE TROISIÈME

DES ENFANTS NATURELS — RECONNAISSANCE ET LÉGITIMATION

1106. L'enfant naturel, autrefois appelé *bâtard*, est celui qui est né de deux personnes non mariées

« l'acte de naissance était un nom supposé et que feu M. Dubois était le père du com-
« parant. »

« Ainsi que le tout est constaté en l'intitulé de l'inventaire après le décès de M. Théo-
« dore Dubois, dressé par Me....., qui en a gardé minute, et l'un de ses collègues, notaires
« à...., le..... »

FORMULE 203 *bis*. — Désistement de l'instance en réclamation d'état. (No 1105.)

Par-devant Me.....;

A comparu M. Désir Moulin, élève en pharmacie, demeurant à.....;

Lequel a, par ces présentes, déclaré se désister expressément de l'action en réclamation d'état qu'il a formée comme se prétendant enfant légitime de M. Charles Manoir, en son vivant propriétaire, demeurant à....., où il est décédé le....., contre M. Gervais Manoir, droguiste, demeurant à....., frère et seul héritier de M. Charles Manoir, suivant exploit introductif d'instance devant le tribunal civil de première instance de...., signifié par exploit de....., huissier à....., en date du.....

A ce moyen, l'instance sera considérée comme non avenue.

Dont acte.

Fait et passé, etc.

FORMULE 204. — Reconnaissance d'enfant naturel. (Nos 1106 à 1124.)

Par-devant Me.....;

En présence des témoins instrumentaires ci-après nommés;

(1) Mais non quant à ses enfants; ils ne peuvent pas réclamer comme petits-enfants, mais seulement comme héritiers : Toullier, II, 910; Proudhon, II, p. 119; Duranton, III, 151; Demolombe, V, 304; Demante, II, 253 *bis*; Hérold, *Revue prat.*, X, p. 129; Mourlon, I, 936.

(2) Marcadé, *330*, 2; Proudhon, II, p. 83; Toullier, II, 914, Duranton, III, 158; Demolombe, V, 297; Mourlon, I, 934.

(3) Marcadé, 330, 4; Duranton, III, 156; Mourlon, I, 933; Demolombe, V, 294; Zach., § 160, note 11.

ensemble, et qui n'étaient ni l'une ni l'autre engagées dans les liens du mariage à l'époque de sa conception.

1107. Cet enfant, tant qu'il n'a pas été reconnu, se trouve isolé sur la terre, sans famille, sans droit à aucune succession, à moins, à l'égard de sa mère seulement, qu'il n'obtienne la reconnaissance *judiciaire* ou *forcée*, en prouvant, même par témoins lorsqu'il y a déjà un commencement de preuve par écrit : 1° l'accouchement de sa mère ; 2° qu'il est identiquement le même que l'enfant dont elle est accouchée ; alors il acquiert la qualité d'enfant naturel. (*C. N.*, *341*.) Quant à la possession d'état, on décide généralement qu'elle ne peut faire preuve de la filiation naturelle (1), à moins qu'elle ne soit appuyée d'un acte de naissance portant indication de la mère (2) ou d'un commencement de preuve par écrit.

1108. La recherche de la paternité est interdite ; pourtant, au cas d'enlèvement ou de viol (3), si l'époque de l'enlèvement ou de la violence coïncide avec celle de la conception, *supra n° 1101*, le ravisseur peut être, sur la demande des parties intéressées, déclaré père naturel de l'enfant (*C. N.*, *340*); ce qui s'appelle aussi *reconnaissance judiciaire* ou *forcée*.

1109. C'est seulement en faveur de l'enfant que la reconnaissance judiciaire peut être demandée, et non pas dans l'intérêt d'héritiers de la femme qui voudraient prouver la filiation naturelle pour faire réduire une donation ou un legs fait à l'enfant (4).

1110. L'enfant naturel peut être volontairement reconnu (5), même avant sa naissance (6) [Form. 205],

---

A COMPARU M. Jean-Louis FERAY, propriétaire, demeurant à....., rue.....;

Lequel a, par ces présentes, reconnu pour son enfant naturel Louis-Désiré VAUTIER, né à....., le....., inscrit sur les registres de l'état civil de....., à la date du lendemain, comme étant né de Mlle Elvina VAUTIER, lingère, demeurant à....., et de père inconnu.

En conséquence, il consent que M. Louis-Désiré VAUTIER ajoute à son nom celui de FERAY, de manière à porter à l'avenir le nom patronymique de FERAY.

Pour faire mentionner ces présentes partout où besoin sera, notamment en marge de l'acte de naissance de cet enfant, tous pouvoirs sont donnés au porteur d'une expédition des présentes.

Dont acte.

Fait et passé, etc.

L'an.....;

En présence de MM....., témoins instrumentaires;

Après lecture, le comparant a signé avec les témoins et le notaire.

La lecture du présent acte par Me....., et la signature par le comparant ont eu lieu en présence des témoins instrumentaires.

FORMULE 205. — Reconnaissance avant la naissance, par le père, en présence de la mère. (No 1110.)

PAR-DEVANT Me.....;

A COMPARU M. Jean-Louis FERAY, propriétaire, demeurant à.....;

---

(1) Toullier, II, 970; Dalloz, *paternité*, n° 645; Loiseau, p. 474 ; Zach., Massé et Vergé, § 170, note 2; Marcadé, *342*, 6, et *Revue crit.*, 1851, p. 150, 642, 725 ; Roll., *enf. nat.*, n° 36; Bourges, 2 mai 1837 et 4 janv. 1839; Paris, 26 avril 1852 et 17 juill. 1858; Lyon, 20 avril 1853; Metz, 21 juin 1853; Pau, 20 juin 1855 et 24 juin 1857; Cass. 3 et 17 février 1851; J. N. 14321; CONTRA Proudhon et Valette, II, p. 150, 153; Duranton, III, 238; Richefort, II, 237 *bis*; Bonnier, n° 144; Allemand, *mariage*, II, 468; Demolombe, V, 480 et *Revue crit.*, 1851, p. 662; Neyremaud, *Revue crit.*, 1857, II, p. 298; Paris, 27 juin 1812 et 26 juill. 1849; Rouen, 20 mai 1829 et 19 déc. 1844; Bastia, 1er déc. 1834; Lyon, 31 déc. 1835; Limoges, 4 avril 1848. V. Cass. 13 avril 1864; J. N. 18035.

(2) Limoges, 4 avril 1848; Paris, 10 mai 1851 ; 2 fév. 1865, 4 fév. 1867; Cass. 7 janv. 1852, 1er juin 1853; J. N. 14569, 15008; CONTRA Cass. 17 fév. 1851 ; Lyon, 3 août 1851 ; Rennes, 23 mars 1859; Caen, 1er mars 1860; Agen, 27 nov. 1866; Lyon, 20 juin 1867.

(3) Loiseau, p. 418; Toullier, II, 941 : Valette, II, p. 130; Richefort, II, 306; Toullier, I, 434; Demolombe, V, 491; Zach., § 169, note 6; Marcadé, *342*, 2.

(4) Duranton, III, 342; Hélie, *C. pén.* V, p. 183; Demolombe, V, 527 ; Marcadé, *342*, 8; Massé et Vergé, § 170, note 1 ; Roll., *enf. nat.*, n° 25, 37; Amiens, 9 août 1821 et 23 janv. 1838; Paris, 29 avril 1844; Colmar, 4 mai 1844; Cass. 20 nov. 1843 et 4 fév. 1851; Caen, 1er mars 1860; CONTRA Chardon, *dol*, III, 392; Pont, *Revue crit.*, 1851, p. 578 et *Revue lég.*, XIX, p. 254; Richefort, III, 336; Valette, II, p. 140; Zach., § 169; Cass 12 juin 1823 et 7 avril 1830.

(5) La reconnaissance d'un enfant naturel lui procure le droit de venir à la succession du père ou de la mère qui l'a reconnu, *infra* nos 1762 et suiv.

(6) Chabot, *art. 756*; Toullier, II, 955; Duranton, III, 211; Roll., *reconn. d'enf. nat.*, n° 30; Zach., § 167; Demolombe, V, 414; Mourlon, I, 937; Marcadé, *334*, 2; Cass. 16 déc. 1811; Paris, 1er fév. 1812; Metz, 19 août 1824; Grenoble, 13 janv. 1840; Aix, 10 fév. 1806 et 3 déc. 1807; Trib. Seine, 6 mars 1861.

par ses père et mère ou par l'un d'eux (*C. N. 334*), sans que la minorité de celui qui passe la renonciation ni le défaut d'autorisation maritale soient un obstacle à sa validité (1).

1111. La reconnaissance même forcée (2) qui a lieu *pendant le mariage*, par l'un des époux, d'un enfant qui n'est pas né de son conjoint ne peut nuire à celui-ci, ni quant aux avantages à lui concédés par cet époux avant ou depuis la reconnaissance (3), ni quant à son droit de successibilité résultant de l'art. 767 du Code civ. (4). Elle ne saurait nuire non plus aux enfants nés de ce mariage ni à leurs descendants (*C. N.*, *337*); même à raison d'un legs fait à l'enfant naturel par le conjoint auteur de la reconnaissance; dans ce cas, le legs n'est pas seulement réductible, il est nul pour le tout (5). Mais la reconnaissance, après la dissolution du mariage, d'un enfant naturel né avant ce mariage produit son effet même à l'égard des enfants issus du mariage dissous (6).

1112. Les père et mère d'un enfant naturel peuvent le reconnaître après son décès, afin que la reconnaissance profite à ses descendants légitimes (7); mais non dans le but d'appréhender sa succession (8).

1113. La reconnaissance ne produit d'effet qu'à l'égard de celui qui la fait, quand même l'autre, père ou mère, y serait indiqué. (*C. N.*, *336*.)

1114. La reconnaissance, de même que la réclamation de maternité de la part de l'enfant, peut être contestée par tous ceux qui y ont un intérêt (*C. N.*, *339*) moral ou pécuniaire (9). Quant à l'enfant reconnu, il peut, dans tous les cas, contester la reconnaissance s'il prétend qu'elle lui attribue une fausse paternité ou une fausse maternité (10).

1115. La reconnaissance n'a pas pour effet de faire acquérir à l'enfant naturel les droits d'enfant légitime (*C. N.*, *338*), comme nous le verrons *infra n° 1762*.

1116. La reconnaissance faite par le père ne donne point à l'enfant le droit de porter le nom patronymique de son père si ce nom ne lui a pas été donné dans son acte de naissance ou dans l'acte de reconnaissance (11); cependant, ce point peut souffrir difficulté.

1117. Si les père et mère de l'enfant naturel viennent à contracter mariage ensemble [à quelque époque que ce soit, quand même les deux ou l'un d'eux auraient, dans l'intervalle de la naissance à ce mariage, contracté mariage avec une autre personne depuis décédée (12)], et qu'ils l'aient reconnu

---

Lequel, en présence et de l'assentiment de Mlle Elvina VAUTIER, lingère, demeurant à.....;

A par ces présentes reconnu que l'enfant dont Mlle Elvina VAUTIER est enceinte depuis environ cinq mois est le fruit de leurs relations intimes.

En conséquence, il consent que cet enfant, lors de sa naissance, soit inscrit sur les registres de l'état civil comme étant le fruit de ses œuvres, qu'il jouisse de tous les droits attachés à la qualité d'enfant du comparant et porte son nom.

Dont acte, etc.

Le surplus comme en la formule précédente.

---

(1) Mourre, *Œuvres jud.*, p. 299 et 667; Toullier, II, 962; 962; Proudhon, II, p. 116; Duranton, III, 258; Roll., *reconn.*, n° 10 Dict. not., *ibid.*, nos 9 et suiv.; Marcadé, 337, 1; Demolombe, V, 388; Cass. 22 juin 1813 et 4 nov. 1835.

(2) Demolombe, V, 466; Dalloz, *patern.*, n° 690; Marcadé, 337, 7; Richefort, II, 281; Lyon, 20 avril 1853; Cass. 17 fév. 1851 et 16 déc. 1861; J. N. 14321 et 17324; CONTRA Toullier, II, 958; Duranton, III, 255; Toullier, I, p. 434; Rouen, 20 mai 1829; Paris, 9 mars 1860; J. N. 16821. V. Lyon, 17 mars 1863; J. N. 17782.

(3) Duranton, III, 253; Proudhon, II, p. 103; Roll., *reconn.*, n° 20; Trib. Seine, 21 fév. 1046; CONTRA Demolombe, V, 470; Marcadé, 337, 3; Caen, 24 vent. an XII.

(4) Marcadé, 337, 2.

(5) Poitiers, 5 mai 1858. Voir aussi Cass. 19 nov. 1856; J. N. 15943, 16343.

(6) Proudhon, I, p. 147; Chabot, 756, 7; Toullier, VII, 939; Duranton, III, 234; Zach., § 167, note 42; Demolombe, V, 461; Marcadé, 337, 4; Roll., *reconn.*, n° 24; Cass. 6 janv. 1808; Paris, 17 juill. 1841; CONTRA Lyon, 17 mars 1863; J. N. 17782.

(7) Duranton, III, 264; Zach., § 167, note 11; Demolombe, V, 416; Marcadé, 334, 2.

(8) Vazeille, 765, 2; Duranton, III, 363; Zach., § 167, note 11; Roll., *reconn.*, n° 32; Paris, 25 mai 1835 et 26 avril 1852; Pau, 9 juill. 1844; Nancy, 26 juill. 1850; CONTRA Loiseau, p. 444; Richefort, n° 263; Valette sur Proudhon, II, p. 150; Demolombe, V, 416; Douai, 20 juill. 1852; Cass. 7 janv. 1852; J. N. 14569.

(9) Marcadé, 339, 1; Demolombe, V, 439; Cass. 10 fév. 1847, 27 janv. 1857; Lyon, 22 mai 1862; Colmar, 15 fév. 1866; J. N 18565.

(10) Toullier, II, 964; Duranton, III, 260; Proudhon, II, p. 119; Demolombe, V, 412; Roll., *reconn.*, n° 86; Marcadé, 339, 1; Zach., § 167 et 168; Rouen, 15 mars 1826; Nîmes, 2 mai 1837; Paris, 21 déc. 1839; Cass. 22 janv. 1840. V. Paris, 27 juill. 1867.

(11) Massé et Vergé, § 166, note 4; Cass. 2 brum. an XII, 22 juin 1819; CONTRA Toullier, II, 973.

(12) Toullier, II, 923; Richefort, II, 216; Zach., § 163, note 3; Marcadé, 337, 4.

tous les deux avant le mariage, volontairement ou judiciairement, ou qu'ils le reconnaissent dans l'acte même de célébration du mariage, il devient de plein droit légitime. (*C. N.*, *331*.) Alors il a les mêmes droits que s'il était né en mariage (*C. N.*, *333*); et si, à l'époque du mariage, l'enfant naturel est décédé, la légitimation profite à ses descendants légitimes. (*C. N.*, *332*.)

1118. A l'égard des enfants adultérins, *supra* n° *1100*, et des enfants incestueux, il sont exclus de la famille, et comme tels ne peuvent être admis à la recherche soit de la paternité, soit de la maternité (*C. N.*, *342*), ni être reconnus (*C. N.*, *335*), ni être légitimés. (*C. N.*, *331*.)

1119. Cependant, si les enfants incestueux sont nés hors mariage, ils sont légitimes s'ils ont été reconnus par le mariage de leurs père et mère contracté en vertu de dispenses, les dispenses ayant pour effet d'effacer, même pour le passé, l'empêchement au mariage (1).

1120. La reconnaissance volontaire d'une paternité adultérine ou incestueuse est sans effet et ne peut jamais être invoquée ni par l'enfant ni contre lui. Cette reconnaissance, étant nulle de plein droit (2), n'autorise même pas une demande d'aliments.

1121. La reconnaissance d'un enfant naturel, lorsqu'elle n'a pas été faite dans l'acte de naissance de l'enfant, ne peut avoir lieu que par acte authentique (3). [FORM. 204.] (*C. N.*, *334*.) En conséquence, elle peut être faite par un testament mystique (4), mais non par un testament olographe (5). On exige pour l'acte de reconnaissance, lorsqu'il est passé devant notaire, la présence réelle du notaire en second ou des témoins instrumentaires, *supra* n° *565*.

1122. Lorsque la reconnaissance a été reçue par l'officier de l'état civil qui a dressé l'acte de naissance, elle est inscrite sur les registres à sa date, et il en est fait mention en marge de l'acte de naissance. (*C. N.*, *49*, *62*.) Cette double formalité, bien qu'elle soit utile aussi lorsque l'acte de reconnaissance est reçu par un autre officier public, n'est pas exigée pour sa validité (6).

1123. La reconnaissance peut être faite par un mandataire en vertu d'une procuration passée devant

---

FORMULE 206. — Procuration pour reconnaître un enfant naturel. (N°s 1123, 1124.)

PAR-DEVANT Mᵉ.....;

A COMPARU Mˡˡᵉ Elvina VAUTIER, lingère, demeurant à.....;

Laquelle a constitué pour son mandataire :

M. Amand DUBOIS, libraire, demeurant à.....;

A l'effet de :

Reconnaître pour enfant naturel de la constituante Louis-Désiré VAUTIER, né à....., le....., inscrit sur les registres de l'état civil de....., à la date du lendemain, comme étant né de la comparante et de père inconnu;

A cet effet, se présenter devant tous notaires ou tous officiers de l'état civil, passer tous actes de reconnaissance, signer tous actes et registres de l'état civil, faire faire toutes mentions de reconnaissance, et généralement faire le nécessaire.

Dont acte. Fait et passé, etc.

---

(1) Toullier, II, 933; Magnin, *minor.*, I, 255; Richefort, n° 225; Grenoble, 8 mars 1838; Trib. Nancy, 31 mai 1858; Paris, 14 juin 1858, 20 juill. 1867; Amiens, 11 janv. 1864; Cass. (3 arrêts) 22 janv. 1867; J. N. 16366, 18136, 18713, 18960; CONTRA Duranton, III, 177; Proudhon et Valette, II, p. 108; Zach., Massé et Vergé, § 163, note 10; Duvergier sur Toull., II, 933; Demolombe, V, 354; Mourlon, I, 939; Marcadé, *331*, 2; Orléans, 25 avril 1833; Colmar, 13 mars 1866; J. N. 18485.

(2) Chabot, *762*, 3; Duranton, III, 195 à 209; Poujol, *762*, 3; Roll., *enfants adult. et incestueux*, n° 16; Dict. not., *ibid.*, n° 14; Duvergier sur Toullier, II, 967, 969; Demolombe, V, 581, 587; Marcadé, *335*, 2 et *762*, 1; Cass. 1ᵉʳ août 1827, 18 mars 1828, 8 fév. 1836, 4 déc. 1837, 5 fév. 1841, 18 mars 1846, 19 avril 1847, 1ᵉʳ mai 1861, 22 janv. 1867; Trib. Seine, 29 juill. 1858, 9 mai et 28 nov. 1863; Bordeaux, 17 nov. 1859 et 6 déc. 1862; Limoges, 19 mars 1862; J. N. 17169, 18714; CONTRA Toullier, II, 967, 969; Valette, II, p. 157, 158; Vazeille, *art. 335*; Bedel, *adult.*, n°s 70, 72; Fouet de Conflans, *762*, 4; Troplong, *don.*, n° 630; Bayle-Mouillard sur Grenier, *don.*, I, p. 567; Rennes, 31 déc. 1834; Lyon, 25 mars 1835; Paris, 14 déc. 1835; Bourges, 4 janv. 1837.

(3) Par acte authentique on entend tout acte d'un officier public; ainsi : par l'officier de l'état civil sur les registres de naissance, soit avant, soit après l'acte de naissance; — par un notaire; — par un juge de paix assisté de son greffier dans son procès-verbal de conciliation; — par un huissier dans un exploit sur une demande extrajudiciaire de reconnaissance, etc. : Toullier, IX, 120; Duranton, III, 211; Roll., *reconn.*, n° 43 et s.; Valette, I, p. 149; Demolombe, V, 398, 399; Mourlon, I, 950; Marcadé, *334*, 1; Colmar, 25 janv. 1859.

(4) Duranton, III, 217; Zach., § 167, note 16; Demolombe, V, 404; CONTRA Mourlon, I, 952.

(5) Chabot, *art. 756*; Mourlon, I, 952; Duranton, III, 213; Demolombe, V, 399; Coulon *quest. de droit*, II, p. 279; Dalloz, *patern.*, n° 539; Roll., *reconn.*, n° 61; Paris, 27 floréal an XIII; Angers, 25 thermidor an XIII; Limoges, 6 juill. 1832; Cass. 11 juin 1810, 7 mai 1833, 7 déc. 1840, 18 mars 1862, Nîmes, 2 mai 1837; Alger, 4 juin 1857; Bordeaux, 18 juin 1861; Paris, 22 août 1866; Agen, 27 nov. 1866.

(6) Massé et Vergé, § 162, note 5. CONTRA Marcadé, 62, 2 et 334, 4.

FORMULES SPÉCIALES A L'ALGÉRIE

TABLE GÉNÉRALE

DES

MATIÈRES DU PREMIER VOLUME

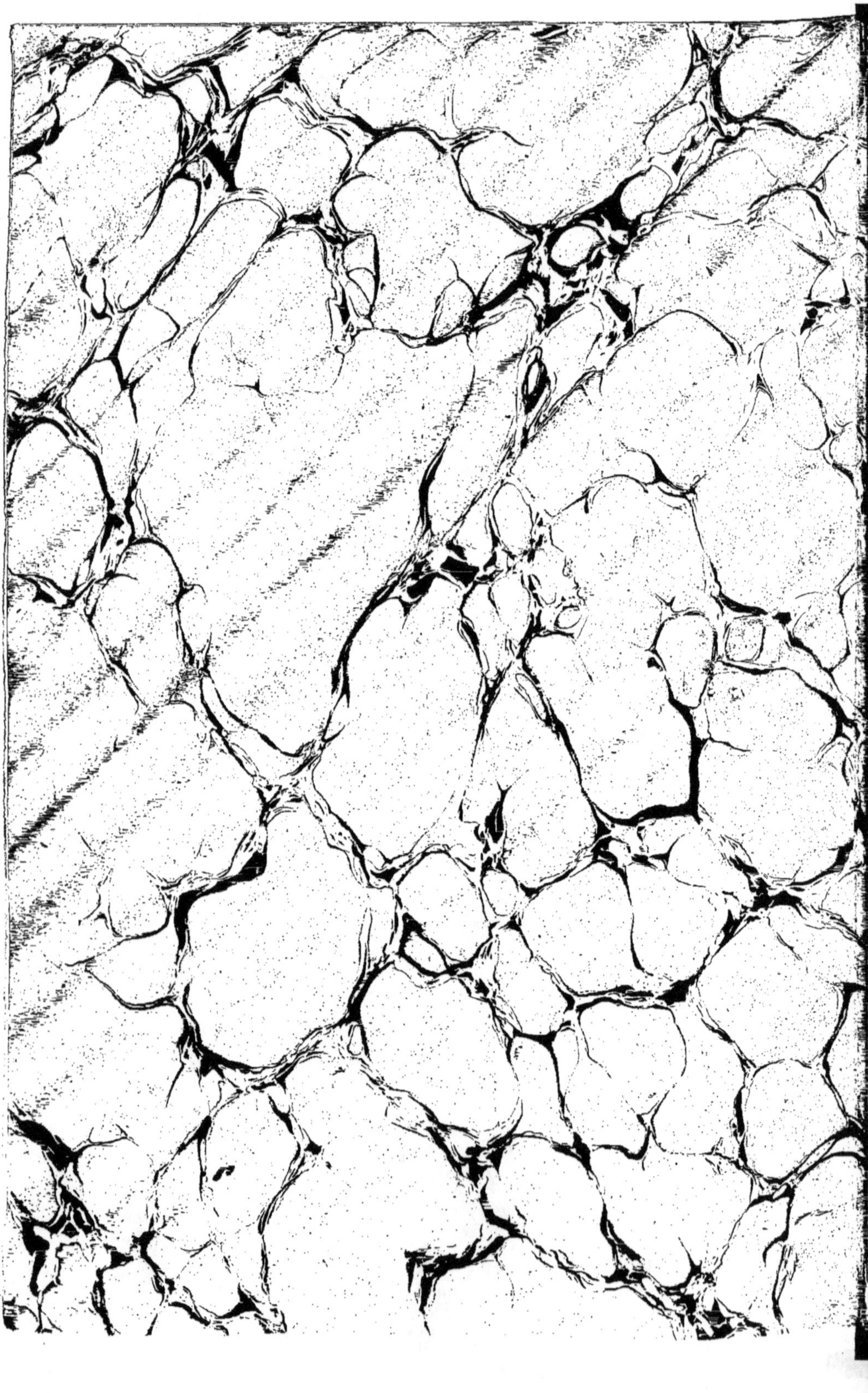

www.ingramcontent.com/pod-product-compliance
Lightning Source LLC
Chambersburg PA
CBHW031613210326
41599CB00021B/3166